U0946480

内蒙古自治区统计局·编

Compiled by Inner Mongolia Autonomous Regional Bureau of Statistics

内蒙古统计年鉴

INNER MONGOLIA STATISTICAL YEARBOOK

2009

（总第22期　NO. 22）

中国统计出版社

China Statistics Press

（京）新登字041号

图书在版编目（CIP）数据

内蒙古统计年鉴. 2009/内蒙古自治区统计局 编.

—北京：中国统计出版社，2009.11

ISBN 978-7-5037-5657-3

Ⅰ.内…

Ⅱ.内…

Ⅲ.统计资料-内蒙古-2009-年鉴

Ⅳ.C832.26-54

中国版本图书馆CIP数据核字(2009)第044389号

内蒙古统计年鉴-2009

作　　者 / 内蒙古自治区统计局

责任编辑 / 郑淼淼　熊 威

E－ mail / yearbook@stats.gov.cn

责任校对 / 包利军　崔京英

封面设计 / 赵贵新　李占玲

出版发行 / 中国统计出版社

通信地址 / 北京市西城区三里河月坛南街57号 中国统计出版社

邮　　编 / 100826

电　　话 / (010)63376907

印　　刷 / 呼和浩特市新城区宏业印刷厂

经　　销 / 新华书店

开　　本 / 889 × 1194　毫米 1/16

字　　数 / 180万字

印　　张 / 59

印　　数 / 1-2000册

版　　别 / 2009 年11月第 1 版

版　　次 / 2009 年11月第 1 次印刷

书　　号 / ISBN 978-7-5037-5657-3/C · 2184

定　　价 / 300.00元

《内蒙古统计年鉴》编辑委员会

Editorial Board and Staff

编 辑 说 明

一、《内蒙古统计年鉴》是一部按年度连续出版的大型统计资料书。本《年鉴》通过大量的统计数据，全面反映了2008年内蒙古社会、经济和科技发展变化情况，是国内外各界人士了解内蒙古、认识内蒙古的重要统计资料工具书。

二、年鉴全书分为两部分。第一部分为特载，载入了自治区党政部门重要文件和2008年国民经济和社会发展统计公报。第二部分为统计资料，分为25个细目。即:1.行政区划和自然资源；2.综合；3.国民经济核算；4.人口；5.就业人员和职工工资；6.固定资产投资；7.能源生产和消费；8.财政；9.物价指数；10.人民生活；11.城市概况；12.农业；13.工业；14.建筑业；15.运输和邮电；16.国内贸易；17.对外经济贸易；18.旅游；19.金融和保险；20.教育、科技和文化；21.体育、卫生、社会福利、环境保护和其他；22.盟市资料；23.旗县区资料；24.企业资料；25.附录。为了便于读者查阅，每个细目编排了主要统计指标解释。

三、本年鉴的统计数据大部分来自政府统计部门和业务部门年度统计报表，一部分来自抽样调查。

四、与《内蒙古统计年鉴-2008》相比较，本年鉴做了如下调整：

1. 由于财政统计方法制度的改革和新的财政收支统计口径的实行，年鉴财政部分主要指标口径做了调整，从2007年开始取消财政总收入（原口径），口径调整为地方财政总收入。年鉴其它部分涉及财政的数据也依此进行了调整。

2. 根据商务厅统计方法制度的改革，对外经济贸易部分把进出口主要商品由以前按数量统计调整为按总值统计。

3.由于行业统计方法制度的改革，就业、农业、工业等部分的版面和数据也做了相应的改动与调整。

五、资料中所使用的数量单位均采用国际统一标准计量单位。

六、本年鉴部分数据合计数或相对数由于单位取舍不同而产生的计算误差均未作机械调整。

七、本年鉴各表式中，有关对全表的注解均在该表上方，对表中部分指标的注解则在该表下方。

八、本年鉴表中的符号使用说明：空格表示该项统计指标数据不足本表最小单位数、不详或无该项数据；“#”表示其中的主要项。

PREFACE

Ⅰ. Inner Mongolia Statistical Yearbook is a regular large scale statistical reference book published yearly. With a vast amount of statistical data, the yearbook reflects various aspects of Inner Mongolia's socio – economic, science and technology development. It is really an important and efficient statistical reference book for people of various circles in and outside China to know and understand Inner Mongolia.

Ⅱ. The yearbook has two parts: Special articles and Statistics. The first part consists of important documents of the Party and the government and Statistical Bulletin of the National Economic and Social Development in Inner Mongolia for 2008. The second part consists of all the 25 chapters as follow: 1.Division of Administrative Areas and Natural Resources; 2.General Survey; 3. National Accounts; 4. Population; 5.Employment and Wages; 6.Investment in Fixed Assets; 7.Production and Consumption of Energy; 8. Government Finance; 9. Prices Indices; 10. People's Livelihood; 11. General Survey of Cities; 12. Agriculture; 13. Industry; 14. Construction; 15. Transport, Postal and Tele–communications Services; 16. Domestic Trade; 17. Foreign Trade and Economic Cooperation; 18. Tourism; 19. Banking and Insurance; 20. Education, Science and Culture; 21. Sports, Public Health, Social Welfare, Environmental Protection and Other; 22. Information of Leagues and Cities; 23. Information of Banners and Counties (Districts and Cities); 24. Information of Enterprises; 25. Appendix. In order to make it convenient for readers to consult, we edit exploratory notes on main statistical indicators of every chapter.

Ⅲ. Most of the data in this yearbook sources are from annual statistical reports of government agencies, another part sources from sample survey.

Ⅳ.Comparing with the content of Inner Mongolia Statistical Yearbook–2008, we changed the content as follow:

1. Because of financial system' s reform and implements of the new financial revenue and expenditure caliber, so government finance and data related it of 2007 are adjusted.

2. According to the reform of statistical method in Business Bureau, imports and exports of foreign trade in volume are adjusted to Value.

3. According to the reform of statistical method in other industries,some data and tables of Employment ,Agriculture and Industry are adjusted.

Ⅴ. The units of measurement used in this yearbook are internationally standard measurement units.

Ⅵ. Statistical discrepancies due to rounding are not adjusted in this yearbook

Ⅶ. The notes concerning the whole table are placed at the upper part of table, while the notes concerning individual indicators are placed at the lower part.

Ⅷ. Notations used in this yearbook: blank space indicates that the figure is not large enough to be measured with the smallest unit in the table, or data are unknown or are not available; "#" indicates a major breakdown of the total.

内蒙古自治区统计局

自治区统计局党组书记、局长 胡敏谦

自治区党委副书记、自治区副主席任亚平与自治区统计局局长胡敏谦研究经济普查工作

胡敏谦局长带队中央党校中青一班来内蒙古调研

自治区统计局学习实践科学发展观总结大会

全区统计工作会议在呼和浩特召开

为兴安盟扶贫投建的卫生所及计生工作站揭牌仪式

基层基础建设达标包头现场会

包头市经济社会发展情况座谈会

经济普查工作办主任苑虹接受电视台记者采访

全区统计工作文艺汇演，自治区统计局合唱《为内蒙古喝彩》

全区统计工作文艺汇演，呼伦贝尔市统计局演出《呼伦贝尔人》

内蒙古自治区发展和改革委员会

自治区发改委主任　梁铁城

梁铁城主任考察新奥集团二甲醚项目

自治区党委书记储波参加发展改革委学习实践活动动员大会

梁铁城主任考察工业园区

第二期发展改革研究班

自治区发改委在乌审旗进行“保增长、惠民生，进百县、促落实”调研

发改委组织庆七一表彰先进大会

内蒙古自治区财政厅

自治区财政厅厅长 常军政

自治区党委副书记、自治区副主席任亚平在财政厅调研指导工作

自治区财政厅厅长常军政陪同自治区副主席连辑检查“两免一补”落实情况

自治区财政厅厅长常军政代表内蒙古自治区政府签订日元贷款协议

自治区财政厅副厅长张华与处室同志一道在革命老区访贫问苦

自治区财政厅副厅长刘义胜考察菜篮子工程

内蒙古自治区国土资源厅

为促进自治区经济社会又好又快发展 提供国土资源支撑和保障

内蒙古自治区国土资源厅厅长白盾为内蒙古兴安银铅冶炼厂投产启动点火仪式

内蒙古自治区矿业权交易服务中心挂牌仪式

自治区副主席赵双连与盟市领导签订耕地保护责任

内蒙古自治区国土资源厅是主管全区土地、矿产等自然资源的规划、管理、保护与合理利用及测绘行政管理的政府职能部门。2000年组建以来，积极贯彻落实科学发展观，坚持发展为第一要务，认真履行保护资源、保障发展、维护权益、服务社会的职能，全区国土资源综合保障能力和服务水平明显提升，为加快自治区经济结构战略性调整，进一步提高综合竞争力，推进新型工业化、农牧业产业化和城镇化战略，做大做强优势特色产业，促进经济社会又好又快发展提供了重要支撑和资源保障。

【土地资源概况】

内蒙古自治区总面积118.3万平方公里，占全国土地面积的12.3%，居全国第3位。截止2008年底，全区农用地、建设用地、未利用地分别占全区总面积的82.60%、1.28%、16.12%。全区常住人口2413.73万，人均土地面积4.91公顷，其中人均耕地4.45亩，居全国首位。

新中国成立60年来，自治区加强耕地保护和土地开发利用管理，调整土地利用结构、提高土地利用水平和效果，使土地资源在内蒙古国民经济和社会快速发展中发挥出重要的支撑保障作用。

内蒙古是国家13个粮食主产区之一。通过土地复垦、土地开发整理，极大地改善了农村牧区的生产生活条件，确保了全区耕地占补平衡。2000年以来，全区共安排土地整理项目426个，总投资32.17亿元，整理土地规模25.04万公顷，新增耕地2.1万公顷，改造中低产田6.5万公顷，项目区村民人均增加耕地1—3亩，内蒙古成为全国少有的耕地数量增加的省区，为确保全区粮食产量连年攀高奠定了扎实基础，促进了新农村新牧区建设。

深化土地使用制度改革，积极推行土地有偿使用。2008年全区土地资产总收益117.72亿元，同比增长74%。其中，招拍挂出让收益已经占到全区土地总收益的84%。土地收益为自治区经济发展和城镇建设提供了有力的资金保障。

【矿产资源概况】

新中国建立以来，地质工作者用艰辛和汗水唤醒了内蒙古多年沉睡的丰富地下宝藏，矿产资源勘查开发显示出生机和活力，在促进经济社会又好又快发展中发挥重要作用。

1950年4月，举世闻名的白云鄂博铁稀土矿的地质勘查，拉开了自治区工业化的序幕。为建设我国少数民族地区第一座钢铁基地——包钢奠定了资源基础。包头市、乌海市、鄂尔多斯市、霍林郭勒市等一批城镇因矿而诞生、因矿而发展兴起，丰富的矿产资源优势不断转变为强劲的经济优势和发展优势。

改革开放以来，特别是2004年至2008年这五年，是新中国成立以来，内蒙古自治区地质勘查工作投入最多，发展最快，取得成果最大的时期。五年来，国家共为我区投入地质勘查资金12.1亿元，自治区政府共投入地质勘查专项资金44.73亿元，拉动社会投入矿产勘查资金105.73亿元。我区形成了“政府投资引导、市场化运作、多方参与”滚动发展的矿产勘查新机制。目前在内蒙古工作的地勘队伍已涉及国内10多个省市，总数已超过100家。地质勘查工作大投入取得了丰硕的地质成果，带来了显著的社会和经济效益。

如今的内蒙古矿产资源丰富、主要矿种储量大，能源矿产品种齐全、金属矿产资源富集、稀土资源得天独厚、非金属矿优势明显。截至2008年底，全区已发现矿种136种，占全国发现矿种的79.5%；有26种矿产保有资源储量居全国前3位，66（亚）种矿产保有储量居全国前10位，20种矿产的人均占有量是全国的两倍以上。全区已查明煤炭资源保有储量7016亿吨，稀土氧化物保有资源储量7893.24万吨，跃居全国第一位。全区查明铁矿资源储量34.74亿吨，初步改变了我区铁矿资源紧缺的局面；全区已查明金资源储量281.813吨，银资源储量25976.91吨。铜、铅、锌、钼4种主要有色金属资源储量已达2998.46万吨。丰富的矿产资源不仅为自治区发展优势特色产业提供了资源保障，也使我区具备了建设国家能源战略接续基地的资源条件，而且有效保障了国家能源安全。

2008年全区矿业产值达到近千亿元（不包括油气矿产），是2004年的7倍，占当年全区工业总产值的26%。随着我区矿产资源开发利用不断向广度和深度拓展，以煤电、天然气为主的能源工业，以煤化工、天气化工、氯碱化工为主的化学工业，以钢、铁、铝、铅、锌为主的冶金工业等具有我区特色的资源性产业，已成为推动我区经济发展的主导力量。全区绝大多数盟市矿产资源开发利用及其延伸产业都占到当地经济总量的20%—46%，比五年前提高了5—10个百分点，矿产资源的开发利用有力地促进了各地财政收入大幅度增长和地区总体实力的大幅提升。

矿产资源有偿使用制度不断深化。除国家、自治区批准的项目外，全区非煤矿山矿业权实行了一律市场出让。2003年全区矿业权收益仅为3000多万元， 2008年底突破了90亿元；据不完全统计，自治区和盟市国土资源行政主管部门累计以招标拍卖挂牌方式出让矿业权2000余宗，矿业权成交价款约170亿元。

地下水勘查和矿山地质环境治理成效显著。60年来，水文地质工作者先后为包钢、包头市、乌海市、鄂尔多斯市、呼和浩特市等十余座城市找到供水水源地和提供地下水资料。实施了百余项大面积找水和重点找水援救工程，解决了近百个旗县及重要口岸、工业园区的缺水问题和当地群众饮用水困难作出了重要贡献。水资源地质勘查工作，被当地群众誉为是德政工程、致富工程、和谐工程。

近年来，自治区安排的地质环境治理和地质遗迹保护资金逐年增加，地质环境治理工作全面加强，建设绿色矿山、构建和谐矿业已成为资源开发的目标要求，多数矿山地质环境正在恢复治理。2008年全区用于地质环境治理和地质遗迹保护资金达5亿元，排在全国前列。截止2008年底，全区建成世界地质公园1处、国家地质公园2处、矿山公园2处、自治区地质公园5处。克什克腾世界地质公园、阿拉善国家沙漠地质公园揭碑开园，地质公园的社会效果、科普价值和历史意义正在发挥。2008年全区三处世界和国家地质公园全年实现旅游收入超过10亿元，有力地带动了地方经济发展。

【基础测绘工作】

全区基础测绘工作经过几代人不懈努力，逐步由传统的测绘技术手段向新技术集成生产和新技术体系转变，生产能力大幅度提高，服务领域不断拓宽。全区应完成1：1万地形图测绘5万余幅，1980年前尚属空白，到2002年仅完成不足10%，随着新技术的应用和投入的增加，截止2008年全区1：1万地形图测绘覆盖面积已达30.4万平方公里，覆盖率达25.7%；有力支持了自治区各部门和社会用户的需求。测制各种比例尺地形图9513幅，完成国家等级水准、堪界测绘7831公里。向社会提供6万余幅地形图，近万余幅挂图和图集，航摄相片1万余张，和数以万计的大地成果点。为城市规划发展提供了基础资料，为政府宏观决策提供了地理信息依据。

阿拉善沙漠地质公园申报世界公园答辩会现场

大兴安岭中南段找矿实现新突破，现已建成多处大型选矿厂

内蒙古自治区环境保护厅

2009年全区环保工作会议

自治区党委书记储波、自治区政府主席巴特尔关注环保工作

2009年 2月5日储波书记、巴特尔主席等领导视察内蒙古自治区环保厅在监控平台室观看全区的监控情况

2008年11月24日环保厅组织全区召开主要污染物减排核查暨污染源普查数据汇总审核会议

根据中共中央和国务院办公厅批准印发的《内蒙古自治区人民政府机构改革方案》（厅字[2009]4号），内蒙古自治区环境保护局更名为内蒙古自治区环境保护厅，由内蒙古自治区人民政府直属机构调整为内蒙古自治区人民政府组成部门，正厅级。

主要职能职责：

负责贯彻执行国家和自治区环境保护法律、法规、政策和基本制度。拟订并组织实施自治区环境保护政策、规划、环境功能区划、地方环境保护标准、基准和技术规范。参与制定环境保护有关的法规和重大经济政策、经济社会发展中长期规划、以及相关专项规划。

负责自治区境内重大环境问题的统筹协调和监督管理。负责自治区环境污染防治的监督管理。组织实施国家和自治区主要污染物排放总量控制制度、排污许可证制度和排污权交易制度；组织实施环境保护目标责任制和污染物总量控制考核并公布考核结果。负责城市环境综合整治定量考核；负责环境监察、环保行政稽查和受理环境投诉案件。负责对国家限制进口和定点加工企业年度申请进口的审查；参与应对气候变化工作。

负责提出自治区环境保护资产投资的规模和方向以及国家和自治区财政性资金安排的建议和意见。负责排污费的核定、征收和使用。按国家和自治区规定审批自治区重大区域开发和建设项目环境影响评价文件；组织审查自治区有关综合规划、专项规划以及盟（市）经济社会发展规划的环境影响评价的文件；负责开发和建设项目竣工的环境保护验收以及在建开发和建设项目日常环境保护监督管理。

监督对生态环境有影响的自然资源开发利用活动、重要生态环境建设和生态破坏恢复工作；指导、协调、监督各种类型的自然保护区、风景名胜区、森林公园的环境保护工作；协调和监督自治区野生动植物保护、湿地环境保护、荒漠化防治工作；组织协调自治区生物多样性保护；牵头负责生物物种资源保护（含生物遗传资源）工作；负责自治区核安全、辐射安全和放射性废物安全的监督管理。制定自治区水体、大气、土壤、噪声、光、恶臭、固体废物、危险废物、有毒化学品、持久性有机污染物、机动车尾气和产污强度等污染防治管理制度并组织实施。

组织建设和管理自治区环境监测网和环境信息网；组织实施环境质量监测和污染源监督性监测；组织对环境质量状况进行调查评估、预测预报，建立和实行环境质量公告制度，统一发布自治区环境综合性报告和重大环境信息。执行国家环境统计、监测和信息发布的制度和规范；制定自治区环境统计、监测和信息发布的制度和规范并组织实施；负责自治区环境保护科技工作、环境保护国际合作与对外交流。组织自治区环境保护重大科学研究和技术工程示范；负责环境保护产业发展；参与指导和推动自治区循环经济。组织、指导、协调自治区环境保护宣传教育工作，推动社会公众和社会组织参与环境保护。

承办环境保护部和自治区政府交办的其他事项。

根据上述职能职责，自治区环境保护厅设12个内设机构。

近年来，在自治区党委和政府的正确领导下，通过全区环保系统广大干部职工的共同努力，全区环境保护工作取得了重大进展，国家考核我区的两项主要污染物减排指标连续两年实现了"双降"；全区环境质量逐年得到提高；污染防治、环境监管、环保执法、环保基础能力建设、环保宣传教育等得到显著加强，有力的促进了自治区经济社会的快速发展。面对新形势和新任务，今后自治区环境保护厅将以科学发展观为指导，进一步提升工作水平和能力，全面推进环保各项事业，为自治区经济社会又好又快发展做出积极地贡献。

2009年自治区环境保护厅厅长苏青赴赤峰市、锡林郭勒盟督查环保工作情况

中国人民银行呼和浩特中心支行

中国人民银行呼和浩特中心支行党委书记、行长 赵志华

团结奋进的人民银行呼和浩特中心支行领导班子

中国人民银行呼和浩特中心支行工作受到自治区表彰

中国人民银行行长周小川视察呼和浩特中心支行

深入牧区了解牧区生活、生产情况

全国金融知识展览呼和浩特巡展暨内蒙古金融博览会开幕式

认真落实国家信贷政策

开展金融知识宣传

内蒙古银监局

内蒙古银监局党委书记、局长 薛纪宁

2003年10月16日内蒙古银监局正式挂牌成立

内蒙古银监局在包头市主持召开内蒙古银行业推进小企业贷款工作现场会

内蒙古银监局全体女同志亲手为四川大地震遇难同胞扎制白花。朵朵白花凝结着内蒙古银监局全体干部职工对四川大地震遇难同胞的哀思

中国银行业监督管理委员会党委书记、主席刘明康一行到内蒙古考察，同内蒙古银监局干部座谈

抗震救灾期间，内蒙古银监局党委书记、局长薛纪宁（右一）同志深入银行业金融机构指导抗震救灾金融服务工作

内蒙古银监局干部在送金融知识下乡活动中，耐心地向农牧民讲解金融知识

中国银联内蒙古分公司

中国银联内蒙古分公司总经理：戈 岚

中国银联是经国务院同意，中国人民银行批准设立的中国银行卡组织，成立于2002年3月，总部位于上海。中国银联处于银行卡产业核心和枢纽地位，充分发挥银行卡组织的职能作用，对银行卡产业发展发挥基础性作用，各银行通过银联跨行交易清算系统，实现银行卡跨银行、跨地区和跨境通用。

作为中国银联在全国第29家分支机构，中国银联内蒙古分公司于2007年5月18日正式成立，秉承总公司“积极承担社会职责与历史使命”的理念，从“服务地方政府，服务地方经济和服务地方百姓和服务地方金融”着手，构建政府推动、行业自律和市场机制相结合的产业机制，与各银行卡主体一道，从满足人民群众需求出发，紧紧围绕打造银行卡网络服务“畅通工程”、公务卡“阳光工程”、公共支付“便民工程”、服务地方经济和特色企业“品牌工程”、银行卡知识“普及工程”，努力构建我区“银行卡信息跨行转接中心”、“银行卡数据分析中心”、“银行卡风险管理控制中心”，让全区人民共享银行卡联网通用带来的便利。

在内蒙古自治区党委政府、人民银行呼和浩特中心支行和内蒙古银监局等相关部门的正确领导和大力支持下，中国银联内蒙古分公司协同各商业银行积极开展各项工作，2007至2008年连续两年，我区银行卡跨行交易总笔数和总金额增速均居全国前列，截止2008年底全区银行卡累计发卡1997.83万张，银行卡特约商户达9857家，POS机具达19010台，ATM机具达2194台，银行卡渗透率达到14.4%。内蒙古自治区累计发卡量、POS机具保有量、ATM机具保有量、银行卡渗透率等业务指标提前并超额完成了《自治区银行卡产业发展五年规划（2006－2010）》的阶段性目标。

中国银联内蒙古分公司2008年被全国妇联等单位授予“巾帼文明岗”荣誉称号，被自治区政府授予2008年度全区金融系统“优质服务奖”。中国银联内蒙古分公司将一如既往，再接再厉，与相关各方精诚合作，共同创造内蒙古银行卡产业更加美好的明天！

中国银联内蒙古分公司与中国邮政银行内蒙古分行签署全面合作协议

内蒙古自治区农牧民工银行卡特色服务开通仪式，人民银行呼和浩特中心支行副行长额尔德尼等领导出席大会

2008年9月中国银联内蒙古分公司携手全区15家发卡机构联合开展“草原迎盛世 刷卡在青城”大型银行卡宣传活动，人民银行呼和浩特中心支行行长赵志华等领导光临指导

“银行卡刷卡无障碍示范街”挂牌仪式
自治区政府金融办副主任李毅刚等领导光临

2009年6月内蒙古银行卡专业委员会隆重成立

内蒙古地区银行卡受理市场规范研讨会

中国银联内蒙古分公司联手首府12家发卡机构开展“规范银行卡市场建设促进银行卡产业发展”活动，共同加强银行卡安全管理，预防和打击银行卡犯罪

中国银行内蒙古自治区分行

中行内蒙古分行张凤槐行长考察贷款企业

中行内蒙古分行张凤槐行长会见来访的企业领导

中行内蒙古分行召开会议部署年度工作

中行内蒙古分行与重点客户签订合作协议

中行内蒙古分行与地方政府签订全面金融服务协议

中行内蒙古分行召开业务推介会

中行内蒙古分行以全新的理念加快网点建设步伐

穿越改革开放的风雨，中国银行积淀了厚重的历史底蕴。见证自治区的历史性飞跃，中国银行内蒙古分行为自治区的改革发展竭尽心力。

一路踏歌而来，今天的中国银行内蒙古分行在不断地追求卓越。与自治区经济社会一起成长，今天的内蒙古分行已经成为自治区重要的金融力量。

中国银行内蒙古自治区分行成立于1980年。在近30年的发展历程中，内蒙古分行紧跟时代发展步伐，立足自治区经济建设主战场，热情服务全区各族人民，创造了优异的银行价值。截至2009年6月，全行有分支机构240家，员工4900人，资产总额逾900亿元。2008年以来，在以张凤槐行长为首的领导班子带领下，中国银行内蒙古分行以支持地方经济建设为己任，一年多的时间投入信贷资金200多亿元，有力地支持了自治区电力、煤炭、乳业、化工、交通等7大行业的发展，与包钢、包铝、蒙牛、伊利、鄂尔多斯集团、伊泰集团等大型企业集团建立了良好的合作关系，成功介入了白音华煤电、大唐托电、华能伊敏煤电、亿利化工、新包神铁路等一大批自治区重点建设项目，为保增长、促发展、惠民生、建和谐加油助力。

中国工商银行内蒙古分行

ZHONGGUOGONGSHANGYINHANGNEIMENGGUFENHANG

中国工商银行行长杨凯生一行与内蒙古自治区主席巴特尔等领导举行会谈

工行内蒙古分行与自治区交通厅签定《300亿元金融合作框架协议》仪式

工行内蒙古分行郝彬行长、崔亮、刘志忠副行长一行深入分行营业部基层营业网点调研并慰问员工

工行内蒙古分行领导和全体员工积极踊跃向汶川地震灾区捐款

工行内蒙古分行郝彬行长一行在华电包头发电有限公司进行工作调研

工行内蒙古分行机关党委召开"纪念建党87周年暨表彰大会"。分行机关5个党支部、22名优秀党员和22名优秀党务工作者受到了表彰

工行内蒙古分行党委书记、行长郝彬代表分行党委慰问基层特困员工

中国建设银行股份有限公司
内蒙古自治区分行

建设银行内蒙古分行2009年工作会议

受表彰的先进集体和先进个人

建设银行内蒙古分行荣获“质量·服务双满意金融机构”

纪念建党88周年演唱会

营业网点

中国农业银行内蒙古分行

行长　徐金超

自治区主席巴特尔与中国农业银行项俊波董事长互赠礼品

内蒙古自治区政府与中国农业银行签订战略合作协议签约仪式

农行内蒙古分行自1979年7月恢复至今，历经30年的改革与发展，从一家功能单一的国有专业银行发展成为资金实力雄厚，服务功能齐全，员工队伍整齐，企业信誉卓著，经营效益良好的现代化国有股份制商业银行。该行现辖属13个二级分行、131个支行、598个营业机构，是唯一一家在全区所有101个旗县市区都设有分支机构的国有商业银行，所属员工12000余人。依托于连接城乡、在区内同业中覆盖面最广的电子化金融服务网络，农行的结算手段处于同业领先水平。

农行内蒙古分行秉承“以客户为中心”的服务理念，以提升金融业务综合营销能力和服务水平为重点，不断贴近城乡居民日益旺盛的投资理财需求，完善多层次营销服务体系，目前该行已将对公业务、个人业务、卡业务以及电子银行业务等多个方面的200多个金融产品整合在“伴你成长”战略品牌下，并分为金钥匙、金光道、金穗卡、金e顺“四金”产品系列。

从1979年农行恢复成立到2008年末，农行内蒙古分行各项存款余额增长了181倍，各项贷款余额增长了40倍。截至2009年3月末，全行人民币各项存款余额1185亿元，本外币各项贷款余额569亿元，资金实力明显增强，业务领域不断拓宽，经营效益大幅提升。

多年来，农行内蒙古分行始终以支持地方经济发展为己任，特别是近五年来，累放各项贷款1600多亿元，情倾“三农”、惠助各业、服务万家，支持遍及内蒙古经济建设和社会生活多领域，实现了与自治区经济社会发展大好来势的相互顺应和相得益彰。2006年被内蒙古自治区政府授予支持地方经济“突出贡献奖”，2007年荣获“内蒙古百姓口碑最佳单位”称号，2008年被内蒙古自治区政府授予金融“优质服务奖”，被内蒙古自治区消费者协会授予“质量与服务双满意金融机构”并再次荣获“内蒙古百姓口碑诚信金奖单位”称号。

农行内蒙古自治区分行办公大楼

锡盟农行答谢客户迎新春音乐会

金融博览会农行展厅

中国农业发展银行内蒙古自治区分行

ZHONGGUONONGYEFAZHANYINHANGNEIMENGGUFENHANG

农发行内蒙古分行党委书记、行长 卢纯才

农发行内蒙古分行领导班子成员：卢纯才、贾楞、赵焕英、郭子强、刘瑞恒

农发行内蒙古分行

中国农业发展银行内蒙古自治区分行成立于1995年2月13日。现辖12个盟市分行，71个县支行，现有在岗职工1980人。自成立至今始终坚持农业政策性银行的办行方向，支农支牧力度逐年加大，形成了以粮油信贷业务为主体，以支持农牧产品生产加工转化和农村牧区基础建设、农牧业综合开发为两翼、以中间业务为补充的“一体两翼”信贷支农支牧格局。建行以来到2008年末，累计发放粮油购销储贷款1187亿元，支持购销储粮食996亿公斤，确保了国家和自治区的粮油安全，促进了农民增收，没有因资金供应不到位出现“卖粮难”和“打白条”问题。特别是2004年以来至2008年底，立足区域性特色优势产业，择优对产业化龙头和加工企业投放贷款184.88亿元。投放化肥、糖、肉、羊毛等专项储备贷款45.82亿元。发放农村路网、水网、电网、能源、环境改造等基础设施建设和农业综合开发贷款70.57 亿元。发放农林牧副小企业贷款4.41亿元。投放农业科技贷款2.48亿元。投放农村流通体系建设和农业生产资料贷款7000万元。与此同时，全区农发行也取得了贷款、存款、中间业务和利润“四突破”的良好效益。2008年末，全行贷款余额423亿元，突破400亿元，同比增加54.8亿元；存款余额132.12亿元，突破100亿元，同比增加39.57亿元；中间业务收入1123.4万元，突破1000万元，同比增加306.4万元；账面利润12.12亿元，突破10亿元，同比增加3.95亿元。

卢纯才行长视察獭兔养殖

农发行内蒙古分行营业室

内蒙古自治区农村信用社联合社

理事长 佟铁顺

佟铁顺理事长与诺贝尔和平奖获得者孟加拉格莱珉银行董事长尤努斯就开展技术合作亲切交谈

一、机构情况

1951年11月，内蒙古第一家信用社敖汉旗贝子府信用社成立。截至1952年底，全区共有6个信用社。

截至2008年底，全区共有机构网点2345家，其中：法人机构180家，非法人机构2165家。其中：自治区联社1家，农村商业银行1家，农村合作银行3家，统一法人旗县联社76家，两级法人旗县联社8家，支行50家，分理处65家，信用社1020家，信用分社836家，储蓄所285家。

二、员工队伍现状

信用社建社之初，每个社一般配备2名社干，1名主任，1名会计。

截至2008年末，全区农村信用社员工总数为23668人，其中：自治区联社59人，农村商业银行、农村合作银行1310人，旗县联社22358人。

全区农村信用社员工队伍构成状况如下：

（一）岗位情况。高管人员1362人，业务人员20738人，其他人员1568人；业务人员中：会计出纳1815人，储蓄11400人，信贷3528人，信息科技人员283人，风险管理人员864人，审计稽核人员445人，其他业务人员2403人。

（二）文化程度。硕士研究生61人，本科3235人，专科9317人，高中中专及以下11055人。

（三）年龄结构。35岁以下8789人，36岁-45岁9894人，46岁-55岁4598人，56岁以上387人。

（四）性别结构。男职工11597人，女职工12071人。

（五）职称情况。按专业结构分，高师113人，中师5380人，助师5488人，员及以下12687人。

核心业务系统上线、金牛卡发行仪式

第一家农商行开业

内蒙古自治区农村信用社联合社创立大会

营业厅

中国邮政储蓄银行内蒙古分行

ZHONGGUOYOUZHENGCHUXUYINHANGNEIMENGGUFENHANG

中国邮政储蓄银行内蒙古分行于2008年1月17日正式成立，现下辖12个盟市二级分行，一个直属营业部，388个支行。目前，形成了以储蓄存款为主的负债业务；以国内、国际汇款、转账、银行卡、代理保险、代理国债、代销基金、理财产品为主的中间业务；以协议存款、银团贷款、质押贷款、小额信用贷款为主的资产业务。随着邮政储蓄体制改革的推进，业务创新日趋活跃，正在不断地开办更多的商业银行业务。到2008年底，全区邮政储蓄存款余额达到300亿元，市场占有率达到10%。通过邮政储蓄和汇兑办理的资金结算规模超过280多亿元；在邮政储蓄机构开立的账户达到742万户，持有邮政储蓄绿卡的客户达到260万户。

经过22年的建设，邮政金融服务渠道日益完善，技术水平不断提高,已由单一的柜台服务，向全方位的包括营业网点、自助终端、电子支付等多种方式转变，服务手段从手工向电子化提高，邮政金融业务的核心竞争能力显著增强。成为我区城乡网络覆盖面最广、联网网点数量最多、客户交易规模很大的个人金融服务网络。

信贷业务商户

理财业务

信贷业务农户

个人业务

内蒙古保险行业协会

内蒙古保监局局长　智鹏飞

内蒙古自治区政府副主席布小林为首届“保险双星”颁奖

内蒙古自治区保险行业协会成立于2001年8月，是内蒙古保险业的行业自律组织，是非营利性的社会团体。协会下设人身保险协调委员会、财产保险协调委员会、中介协调委员会及秘书处等四个机构。目前，协会日常办事机构由办公室、财险部、寿险部、宣传部、考务中心、学会秘书处、协会中介部七个部门组成。为加强行业交流，协会创办了《内蒙古保险》、《呼和浩特保险信息》《内蒙古保险中介》和“内蒙古保险信息网”等内部刊物和网站，加大了会员公司宣传力度，成为公众了解保险的窗口。

协会的工作宗旨是：为会员提供服务，维护行业利益，促进行业发展。协会的工作核心是服务，其基本职责为：保险行业协会的基本职责为：自律、维权、服务、交流。

自律：维护公平竞争的市场环境，通过签订自律公约、制定行业标准和行业指导性条款来约束不正当行为；弘扬诚实守信的职业道德，建立健全保险业诚信体系；加强保险从业人员和中介机构的自律管理，监督执业行为，进行自律惩戒。

维权：参与决策论证，提出有利行业发展的建议；开展调查研究，反映行业呼声；加强与监管机关和政府部门沟通，维护会员和消费者合法权益。

服务：以会员需要和行业发展需求为导向，切实增强提供服务的主动性和针对性，努力为会员单位，保险消费者及决策机关提供服务，促进行业健康发展。

交流：通过协会会员间、与国内外保险业间、与其他行业间的交流与合作，沟通情况、收集信息、引进技术、推广经验、反映业内动态，为会员、保险公司客户和社会公众服务。

截至2009年4月，内蒙古保险行业协会会员公司共有25家，其中，财产险会员公司13家，人身险会员公司12家。另有11家盟市保险行业协会以团体会员身份加入省保险行业协会。

内蒙古保险行业协会副会长、秘书长　张玉峰

内蒙古保险行业协会召开全国少数民族地区及部分省市保险行业协会秘书长工作交流会

获得首届“保险双星”的明星们

安华农业保险股份有限公司 内蒙古分公司

副总裁 张剑锋

安华农业保险股份有限公司是在国家重视“三农”发展，提出健全农业风险保障体系，探索建立政策性农业保险制度的大背景下，于2004年12月经中国保险监督管理委员会批准成立的首家综合性经营、商业化运作，并为政府代办政策性业务的全国性专业化保险公司。

安华农业保险股份有限公司内蒙古分公司于2006年6月13日开业，公司的发展得到了内蒙古自治区党委、政府、内蒙古保监局及社会各界的大力支持，凭借其先进的经营理念、独特的企业文化、高素质的员工队伍迅速发展壮大。

公司确定了根植农村、安身农业、贴近农民、服务“三农”的企业宗旨、以创新为动力，以服务创品牌、积极探索农业经营发展的新思路、新模式、稳步开拓综合性保障的“三农”保险发展之路。公司拥有工程师、畜牧师、农艺师、园艺师、精算师等一大批专业人才，为向客户提供全方位的服务奠定了坚实的基础。

全区已设立了呼和浩特、包头、鄂尔多斯、通辽、赤峰、巴彦淖尔、兴安盟、乌海、呼伦贝尔、乌兰察布10家盟市中心支公司，43家旗县营销服务部，基本形成了覆盖全区的销售服务网络。

公司诚信立业、开拓创新、追求卓越，以严谨的作风、优质的服务、专业的技术、规范的管理大力开拓保险市场。公司目前经营的保险产品分农村、涉农、城市三大部分，十八个类别。

2007年安华农业保险内蒙古分公司在自治区政府、财政厅、农牧业厅、保监局的大力支持下，承保农作物面积978.26万亩，赔款金额16868.22万元。2008年，承保范围进一步扩大，承保农作物2263.23万亩，赔款18328万元，全区共计201420户农户受益。养殖业共承保牲畜30097头只，保费收入为568.94万元，总计赔款金额为383.15万元。为自治区开展农业保险起到积极的推动作用。

安华保险内蒙古分公司将继续按照自治区政府农业保险工作的安排部署，在全区范围内积极开办了政策性农业保险业务。并借助不同的宣传平台，深入到农户，大力加强农业保险宣传工作；逐步开发适应市场需求的农险产品，以适应农牧业发展的需要；发挥专业技术优势，组织各级分支机构专业人员，深入田间地头开展咨询和防灾、防损服务；积极开展“创建优质文明服务窗口”活动，制定和完善了系统化的客户服务流程，维护畅通的接报案和投诉渠道，公司客户服务电话为：95105667，以保证全区理赔服务水平的全面提高。

我公司将继续坚持“机制创新、产品创新、管理创新、思维创新、理论创新”，探索经营发展的新思路、新模式，立足“三农”实际，在自治区政府的高度重视下，在各有关部门的大力支持和帮助下，积极推进我区农业保险的发展，为自治区农牧业经济的发展提供有力的保险保障。

农业会议

表彰奖励

捐赠仪式

工作会议

领导视察

员工队伍

业务竞赛

呼和浩特铁路局

局党委书记 黄 民

局长 林奋强

K90次大草原号列车员

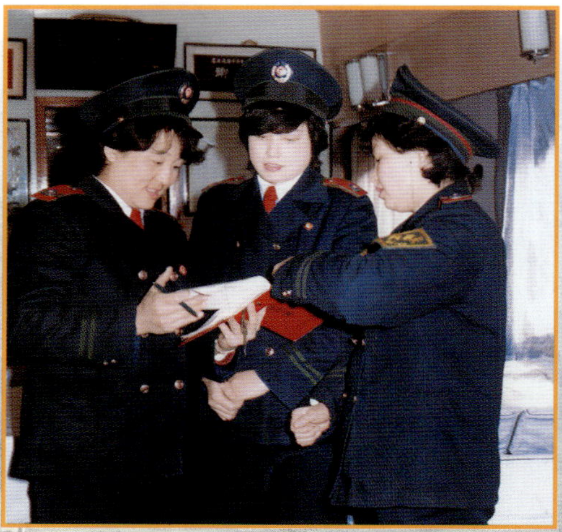

包头客运段K264次女子“三八”包乘队

呼和-通辽 K502次列车草原巾帼号

内蒙古建筑勘察设计研究院勘测有限责任公司

总经理 燕晓宁

设计呼市体育馆

设计白塔机场

东达广场

内蒙古建筑勘察设计研究院勘测有限责任公司是全国首家完成转企建制的省级建筑勘察设计单位，公司前身为内蒙古建筑勘察设计研究院勘测分院，成立于1954年，在社会主义计划经济时期，是我区唯一一家以工业与民用建筑为主的甲级勘察设计单位，承揽了全区90%以上大型建筑的勘察设计任务，为我区的经济建设做出了突出贡献。转制后的内蒙古建筑勘察设计研究院勘测有限责任公司，以市场为导向，立足本区，开拓外埠，走向世界。

公司在2002年被建设部首批批准为工程勘察综合类甲级资质，2005年通过了ISO9001质量管理体系认证。

公司有强大的专家群体和丰富的人力资源，其中国家注册土木工程师（岩土）6名，高级技术人员11名，中级技术人员25名，并且在自治区评选出的8名勘察大师中，我公司燕晓宁及李树晔两名高级工程师也名列其中，成为自治区勘察设计行业先进技术的领航人。公司配备有先进的野外勘察、地基与基础施工设备及国内一流的岩土工程室内外试验检测设备。

改革开放以来在市场经济浪潮的冲击下，随着勘察市场的准入，一大批勘察设计单位涌入这一行业中，尽管如此，我公司仍以雄厚的专家群体、先进的技术装备和一流的技术服务在勘察领域中占据着十分重要的地位。公司的管理者、科技人员本着“团结、拼博、求实、奉献”的企业精神，“诚实、守信、正气、一流”的企业形象，“精心勘测施工，发展岩土事业，满足顾客要求，持续改进提高”的质量方针，以高效优质的服务为自治区的经济建设打下了坚实的基础，赢得了国内外客商的信任。

我公司近几年发展势头良好，国内外的一些大型的建筑项目的工程勘察、基础施工、基坑支护、降水工程屡屡中标。如蒙古国香格里拉大酒店的岩土工程勘察，蒙古国希尔顿饭店的基坑支护与降水工程的设计。国内的新希望家园的岩土工程勘察，东达广场的岩土工程勘察、降水施工、基坑支护。我公司拥有较强科研力量，几十年来，在工程地质及水文地质、岩土工程检测、基坑支护、降水施工等方面取得了系统的高水平的研究成果。荣获全区科学技术进步一等奖、自治区优秀勘察设计一等奖14次。

公司经过近五十年的发展，现已成为全区技术力量雄厚、专业设置齐全的综合性岩土工程勘察、设计、施工、检测（监测）、咨询、科研企业。

内蒙古自治区医院附属卫校

团结奋进的校领导班子

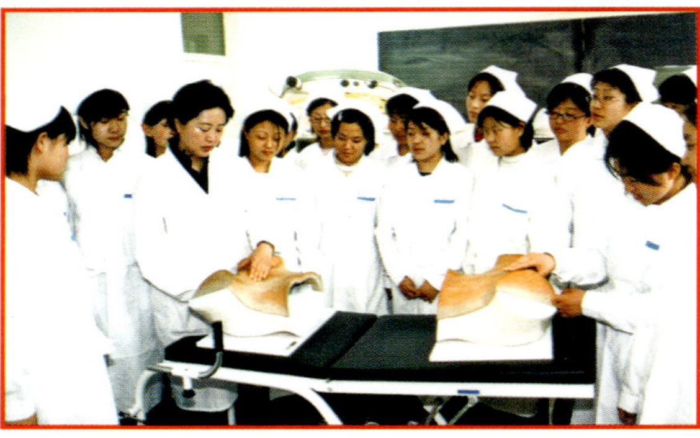

教师正在做产科检查示教

教职工合唱团正在演出

内蒙古自治区医院附属卫校是一所全日制普通中等专业学校，学校属于处级事业单位，建校50年，先后培养了万名中、高级医护人员。毕业生分布区内外。尤其是护理专业毕业生，多数在自治区各大医院工作，并成为各医院护理队伍中的骨干力量。学校在确保教学质量的同时，充分利用内蒙古自治区医院“三甲医院”一流的技术力量和先进的设备作为学生的实训基地。医院同时拥有一支素质高、临床经验丰富、稳定的兼职师资队伍作为学校的后盾。学校在全区同类学校中率先开设人文学科（音乐欣赏、形体训练等）。学校的学生毕业后动手能力强，深受用人单位好评。

学校一贯坚持以人为本，大胆探索并依照人才市场需求，多层次、多渠道办学，设法为毕业生就业开辟了绿色通道，主动赴有关用人单位实地考察，了解市场需求，积极推荐学生就业，近年来学生的就业率高达80%以上。

2001年，我校与内蒙古医学院联合办学，成为其教学站。2003年，我校被卫生部、教育部列为全国“技能型紧缺人才培训”基地之一。今年学校计划招收高职（3+2）学生40名，初、高中起点中专学生500余名。专业有护理、助产士，今年开始为全区培养蒙汉兼通，中医蒙医护士50–100名。高职护理专业的学生（招生范围：全区），5年毕业后发内蒙古医学院正式护理大专文凭。

教职工舞蹈排练

目　录
CONTENTS

第一部分 特载
PART ONE SPECIAL ARTICLES

第二部分 统计资料
PART TWO STATISTICS

General Survey

三、国民经济核算
National Accounts

四、人口
Population

五、从业人员和职工工资
Employment and Wages

六、固定资产投资
Investment in Fixed Assets

七、能源生产和消费
Production and Consumption of Energy

八、财政
Government Finance

九、物价指数
Price Indices

十、人民生活
People’s Livelihood

十一、城市概况
General Survey of Cities

十二、农业
Agriculture

十三、工业
Industry

十四、建筑业
Construction

十五、运输和邮电
Transportation, Postal and Telecommunications Services

十六、国内贸易
Domestic Trade

十七、对外经济贸易
Foreign Trade and Economic Cooperation

十八、旅游
Tourism

十九、金融和保险
Banking and Insurance

二十、教育、科技和文化
Education, Science and Culture

二十一、体育、卫生、社会福利、环境保护和其它
Sports, Public Health, Social Welfare, Environmental Protection and Others

二十二、盟市资料
Statistics of Leagues and Cities

二十三、旗县区资料
Statistics of Banners, Counties and Districts

二十四、企业资料
Statistics of Enterprises

二十五、附录
Appendix

2009

NEI MENG GU

第一部分

特　载

PART ONE SPECIAL ARTICLES

在中共内蒙古自治区党委八届八次全委会议上的讲话

Report by Comrade Chu Bo on the Eighth Plenary Session of the Eighth Regional Committee of the Communist Party of China

内蒙古自治区党委书记 储波

(2008 年 10 月 22 日)

这次全委会议的主要任务是，认真学习贯彻党的十七届三中全会精神，研究部署我区农村牧区改革发展工作。

刚刚闭幕的党的十七届三中全会，是在国际形势继续发生深刻变化，我国改革发展进入关键阶段召开的一次非常重要的会议。全会听取和讨论了胡锦涛同志受中央政治局委托所作的工作报告，审议通过了《中共中央关于推进农村改革发展若干重大问题的决定》，会议结束时胡锦涛总书记发表了重要讲话。全会充分肯定了党的十七届一中全会以来中央政治局的工作，高度评价了以胡锦涛同志为总书记的党中央团结带领全党全国各族人民，集中力量办大事，齐心协力解难事，在全面推进社会主义经济建设、政治建设、文化建设、社会建设和党的建设中取得的显著成就。全会通过的《决定》，以邓小平理论和“三个代表”重要思想为指导，深入贯彻落实科学发展观，总结实践经验，集中全党智慧，明确提出了新形势下推进农村改革发展的指导思想、目标任务、重大原则和政策措施，体现了继续解放思想、坚持改革开放、推动科学发展、促进社会和谐的要求，适应了农村经济社会发展的阶段性特征和亿万农民的共同心愿，是指导当前和今后一个时期推进农村改革发展的纲领性文件。胡锦涛总书记在全会结束时的重要讲话，对贯彻落实全会精神、推进农村改革发展提出了明确要求，对当前党和国家工作作了全面部署，具有很强的思想性和指导性。我们一定要把学习贯彻党的十七届三中全会精神作为重要政治任务，结合开展深入学习实践科学发展观活动和纪念改革开放 30 周年活动，认真学习领会、全面贯彻落实，切实把思想和行动统一到中央精神上来。

下面，我就贯彻落实十七届三中全会《决定》和胡锦涛总书记重要讲话精神，全面推进我区农村牧区改革发展问题，讲几点意见。

一、进一步提高对推进新形势下农村牧区改革发展重大意义的认识

高度重视、认真对待、着力解决农业、农村、农民问题，是我们党的一贯战略思想。30 年前，我们党充分尊重农民首创精神，率先在农村发起改革，并以磅礴之势推向全国，领导人民谱写了改革开放的壮丽史诗。农村改革发展的伟大实践，极大地调动了亿万农民的积极性，极大地解放和发展了农村社会生产力，极大地改善了广大农民物质文化生活，为建立和完善我国社会主义初级阶段基本经济制度和社会主义市场经济体制进行了创造性探索，为实现人民生活从温饱不足到总体小康的历史性跨越、推进社会主义现代化作出了巨大贡献，为战胜各种困难和风险、保持社会大局稳定奠定了坚实基础，为成功开辟中国特色社会主义道路、形成中国特色社会主义理论体系积累了宝贵经验。当前，我国发展已站在新的历史起点上。在新的历史起点上，推进全国改革发展，必须加快推进农村改革发展；应对农业农村发展的新形势新任务，必须加快推进农村改革发展；贯彻落实党的十七大提出的实现全面建设小康社会奋斗目标的新要求，必须加快推进农村改革发展。抓住推进农村改革发展这个重点，就能掌握整个改革开放的主动权，就能带动我国经济社会新一轮发展。党的十七届三中全会专题研究推进农村改革发展问题，既是对改革开放 30 周年的最好纪念，也是开创改革开放新局面的必然要求。

改革开放以来，自治区党委、政府团结带领全区各族人民，认真贯彻落实党在农村牧区的各项方针政策，在全国较早推行了家庭联产承包责任制，率先实行草畜双承包责任制，率先落实草原所有权、使用权和承包到户责任制，极大地解放和发展了农村牧区生产力。党的十六大以来，我区主动顺应以工促农、以城带乡的发展要求，坚持解决农牧业问题从发展非农牧产业上找出路、解决农村牧区问题从推进城镇化上找出路、解决农牧民问题从减少农牧民上找出路，扎实推进社会主义新农村新牧区建设，在统筹城乡一体化发展上进行了积极探索。认真贯彻中央“多予少取放活”的方针，早于全国 3 年取消牧业税，早于全国 1 年取消农业税，2006 年完成了全区乡镇机构改革，2007 年在全区推行了“乡财县管”改革。农牧业综合生产能力大幅度提高，全区粮食产量由 1978 年的 99.8 亿斤达到 2007 年的 362 亿斤，增长 2.51 倍，人均粮食占有量从改革开放前的全国第 26 位跃居全国第 3 位，成为全国 13 个粮食主产区之一和 5 个净调出省区之一。预计今年全区粮食产量将达到420亿斤。牲畜存栏由1978年的4166万头只达到2007年的1.1亿头只，牛奶、羊肉、细羊毛、山羊绒、马铃薯等5个主要农畜产品产量居全国第一位。全区百万元以上农畜产品加工企业销售收入达到1517亿元，在全国排第6位，每年可为国家提供100多亿斤商品粮、200万吨肉类、1000万吨牛奶。农牧民生活水平明显提高，人均纯收入由1978年的131元增加到2007年的3953元，由2002年全国第22位上升至第15位。农村牧区绝对贫困人口由1994年的357万人减少到2007年的103万人。与此同时，农村牧区基础设施明显改善，社会事业长足发展。农村牧区30年改革发展的伟大实践，为推动全区经济社会又好又快发展，奠定了坚实基础，积累了丰富经验。

在肯定成绩的同时，我们要清醒地看到，我区农村牧区改革发展还面临许多突出矛盾和问题，主要表现是城乡二元结构造成的深层次矛盾比较突出，农村牧区体制改革和制度建设需要进一步加强。农村牧区发展任务艰巨，“三低一弱”问题仍较突出。“三低”：一是农牧业生产力发展水平较低。生产方式比较粗放，装备水平不高，生产效率较低。全区2/3的农田没有灌溉条件，粮食单产低于全国平均水平20%左右，60%左右的农牧民没有进入产业化链条。二是农村牧区公共服务水平较低。水、电、路、通讯等基础设施建设滞后，教育、卫生、文化等社会事业发展不足，农牧民精神文化生活缺乏。三是农牧民收入水平较低。人均纯收入低于全国平均水平187元。“一弱”：即生态环境比较脆弱。经过长期努力，我区生态保护和建设已初见成效，但生态脆弱的局面没有根本改变。

当前，我区同全国一样，已进入以工促农、以城带乡的发展阶段，进入加快改造传统农牧业、走中国特色农牧业现代化道路的关键时刻，进入加速破除城乡二元结构、形成城乡经济社会发展一体化新格局的重要时期。我们必须牢牢把握当前农牧业发展的阶段性特征，始终坚持把解决好农牧业、农村牧区、农牧民问题作为全党和全部工作的重中之重，切实提高对推进新形势下农村牧区改革发展重大意义的认识，适应农村牧区改革发展的新形势，顺应广大农牧民过上美好生活的新期待，扎扎实实抓好农村牧区改革发展工作。

二、全面推进我区农村牧区改革发展

十七届三中全会决定和胡锦涛总书记重要讲话，对推进新形势下农村改革发展作出了全面部署，各级一定要认真学习、深刻领会、全面贯彻。结合我区实际，推进全区农村牧区改革发展，必须突出重点，着力抓好“改革、发展、统筹、提高”四个关键环节，通过重点突破带动和促进“三农三牧”工作的全面发展。

(一)着力抓好改革，全面加强农村牧区制度建设。当前，我国农村改革发展已进入重在制度建设的新阶段。把成熟的改革措施制度化，探索建立新制度，以制度建设推动农村牧区改革发展不断深化，是完善社会主义市场经济体制的重要任务。党的十七届三中全会对农村制度建设作出全面部署，明确了农村制度建设的重要领域和关键环节，提出了一系列新的政策举措。我们要深刻理解农村牧区制度建设的重大意义，强化农村牧区制度保障，切实解决制约农村牧区经济社会发展的突出矛盾和问题。

要稳定和完善农村牧区基本经营制度。在坚持以家庭承包经营为基础、统分结合双层经营体制的基础上，按照“一个长久不变”、“两个转变”的要求，积极推进农牧业经营体制机制创新，加快农牧业经营方式转变。“一个长久不变”，就是赋予农牧民更加充分而有保障的土地、草牧场承包经营权，现有承包关系要保持稳定并长久不变。“两个转变”，就是家庭经营要向采用先进科技和生产手段的方向转变，增加技术、资本等生产要素投入，着力提高集约化水平；统一经营要向发展农牧户联合与合作，形成多元化、多层次、多形式经营服务体系的方向转变，发展集体经济、增强集体经济组织服务功能，培育农牧民新型合作组织，发展各种农牧业社会化服务组织，鼓励龙头企业与农牧民建立紧密型利益联结机制，着力提高组织化程度。要按照产权明晰、用途管制、节约集约、严格管理的原则，健全严格规范的农村土地管理制度。要实行最严格的耕地保护制度和节约用地制度，层层落实耕地保护责任，划定永久基本农田，确保耕地占补平衡，从严控制城乡建设用地总规模，严格宅基地建设管理。要按照依法自愿有偿的原则，允许农牧民以多种形式流转土地、草牧场承包经营权，发展多种形式的适度规模经营。在流转过程中，不得改变土地、草牧场集体所有性质，不得改变土地、草牧场用途，不得损害农牧民土地、草牧场承包权益。要改革征地制度，严格界定公益性和经营性建设用地，逐步缩小征地范围，完善征地补偿机制。同时，要按照国家统一部署，全面推进集体林权制度改革，抓好国有林场和重点国有林区林权制度改革试点，搞好国有农场体制改革。

要继续深化农村牧区综合改革。针对全部取消农牧业税后的新情况，进一步巩固和发展农村牧区税费改革成果，逐步建立精干高效的基层行政管理体制和覆盖城乡的公共财政制度。继续深化乡镇机构改革，以转变政府职能为重点，强化乡镇政府社会管理和公共服务职能。转变工作方式，创新各类事业站所运行机制，保证各项农牧业社会化服务正常开展。继续深化农村牧区教育管理体制改革，健全完善各级政府责任明确、财政分级投入、经费稳定增长、管理以旗县为主的农村牧区义务教育管理体制。继续深化县乡财政管理体制改革，改革县乡财政管理方式，提高县乡财政自我保障能力，建立县乡公共财政体系，增强乡镇政府社会管理和公共服务职能。要健全民主管理制度，大力发展农村牧区基层民主，加强基层政权建设，扩大村民自治范围，保障农牧民享有更多更切实的民主权利。

要进一步完善农牧业支持保护制度。继续巩固和完善各项强农惠民政策措施，加快建立健全农牧业投入保障、农牧业补贴、农产品价格保护、农牧业生态环境补偿等支持保护制度。要调整财政支出、固定资产投资、信贷投入结构，保证财政对农牧业投入增长幅度高于经常性收入增长幅度，大幅度增加对农村牧区基础设施建设和社会事业发展的投入，大幅度提高政府土地出让收益、耕地占用税新增收入用于农牧业的比例，大幅度增加对农村牧区公益性建设项目的投入。要落实好农民种粮补贴，完善与农牧业生产资料价格上涨挂钩的农资综合补贴动态调整机制，健全农产品价格保护制度，完善农产品市场调控体系，充分发挥市场价格对增产增收的促进作用。要深化国有粮食企业改革，完善粮食流通体制。要充分发挥金融在农村牧区发展中的核心作用，按照创新体制、放宽准入的要求，加快建立商业性金融、合作性金融、政策性金融相结合，资本充足、功能健全、服务完善、运行安全的农村牧区金融体系。要切实加大对农村牧区金融政策支持力度，拓宽融资渠道，引导更多信贷资金和社会资金投向农村牧区。加快农村牧区信用体系建设，建立农村牧区信贷担保机制，发展农村牧区保险事业。加强农畜产品期货市场建设。

（二）着力抓好发展，加快构建现代农牧业产业体系。从我区实际出发，要紧紧抓住农牧业结构优化升级、转变农牧业发展方式、推动农牧业产业化三个方面，加快现代农牧业发展步伐，构建现代农牧业产业体系，提高土地产出率、资源利用率、劳动生产率，增强农牧业抗风险能力、市场竞争能力、可持续发展能力，促进我区农牧业由大区向强区转变。要加快推进农牧业结构优化升级。随着人民生活由温饱型向小康型、富裕型转变，食品消费结构向多元化、高级化方向发展，传统农牧业结构正在向现代农牧业结构转变。我区作为国家重要的农畜产品生产加工基地，要顺应这一发展趋势，加快农牧业产业结构优化升级步伐。要坚持以市场为导向，充分发挥我区的比较优势，举绿色旗、打特色牌、走生态路，大力发展绿色、特色、高效农牧业。绿色，就是要以绿色消费为导向，充分发挥我区绿色资源宝库优势，认真落实国家农畜产品生产、收购、储运、加工、销售各环节的质量安全监管责任，大力发展生态农牧业和绿色、有机、安全农畜产品，努力构建从农田、牧场到餐桌全过程的农畜产品质量安全保障体系，以绿色安全品牌提升我区农畜产品的市场竞争力。特色，就是要在继续巩固和提高目前市场份额较大的几个主导产业的同时，大力扶持和发展具有发展潜力、成长性好的其他新兴产业，鼓励各地根据自身比较优势，加快特色农牧业资源综合开发利用，努力形成多元化优势特色产业体系。高效，就是要在稳定和发展粮食生产的基础上，继续提高畜牧业特别是农区畜牧业比重，高产、优质、高效、生态、安全农畜产品比重，农畜产品精深加工比重，拉长农牧业产业链条，提高农畜产品附加值，增强和发挥农牧业的食物营养、工业原料、就业增收、生态保障、观光旅游、文化传承等多种功能，使农牧业真正成为致富产业。

要积极转变农牧业发展方式。发展现代农牧业，必须抓住转变农牧业发展方式这个关键。要坚持把促进科技进步作为转变发展方式的根本动力，大力推进农牧业科技自主创新，促进农牧业技术集成化、劳动过程机械化、生产经营信息化。加大农牧业科技投入，加强农牧业技术研发和集成，加快开发应用多功能、经济型农牧业装备设施，推进农牧业信息服务技术发展。要加强以水利为中心的农田草牧场基本建设，大力发展设施农牧业和避灾型农牧业，不断提高农牧业抵御自然灾害能力。要优化农牧业生产布局，加快农畜产品生产向区域化、规模化、专业化、集约化、标准化方向发展，建设一批优势农畜产品产业带和生产基地。要注重农牧业资源的节约使用、循环利用、综合开发，积极推广资源节约型生产经营模式，加快发展节约农牧业、循环农牧业、生态农牧业，不断提高农牧业可持续发展水平。

要大力提高农牧业产业化水平。农牧业产业化是近年来自治区经济发展的一大亮点，但与资源优势、产业基础和市场需求相比，差距和潜力都比较大。去年，河南规模以上食品工业销售收入超过 2000 亿元。山东农产品出口创汇额 92.5 亿美元。新疆国家级产业化重点龙头企业达 24 家，比我区多 6 家。各级要清醒认识差距和潜力，继续做大做强农牧业产业化龙头企业，引导中小企业围绕优势特色农畜产品加工业搞配套，加快发展流通型、服务型龙头企业，努力促进农畜产品加工业向产业化集群化方向发展。要坚持以新型工业化引领和带动农牧业产业化，加快初级加工向精深加工、单一产品向系列产品、生产型企业向复合经营型企业转变，培育更多知名品牌，进一步扩大市场份额。要认真吸取三聚氰胺事件的惨重教训，以对人民生命健康安全高度负责的精神，切实抓好质量管理和市场监管，确保食品安全和企业发展。要加快构建覆盖全程、综合配套、便捷高效的社会化服务体系，健全全区乡镇或区域性农牧业技术推广、动植物疫病防控、农畜产品质量监管等公共服务机构。要提高农牧民组织化程度，发展多种形式的专业合作经济组织，鼓励龙头企业建立稳定的农畜产品基地，同农牧民建立紧密型利益联结机制，降低农牧民经营风险，提高农牧民生产收益。

（三）着力抓好统筹，加快形成城乡经济社会发展一体化新格局。促进城乡协调发展，是破解“三农三牧”工作难题的根本出路。要顺应以城带乡、以工促农的发展趋势，继续坚持“三个找出路”的思路，把统筹城乡发展作为提高协调发展和可持续发展水平的重要内容，逐步建立健全以工促农、以城带乡长效机制，促进公共资源在城乡之间均衡配置、生产要素在城乡之间自由流动，加快形成城乡一体化发展新格局。当前和今后一个时期，要努力在提高“三个水平”上下功夫。

一是要在提高县域经济发展水平上下功夫。县域是国民经济的基本单元，是统筹城乡经济社会发展的关键环节。要进一步加大工作力度，不断提高全区县域经济发展水平。要大力发展工业经济。有条件的地方，要立足资源和区位优势，以城镇为中心，以工业园区为载体，大力发展农畜产品加工业和资源转换加工业，接受沿海和周边大城市产业转移，大力发展劳动密集型产业。要大力发展特色经济。坚持差异化发展战略，努力挖掘特色、创造特色、放大特色，做大做强做精做专特色经济，使县域成为特色鲜明、充满活力的经济区域。要大力发展民营经济。加快培育民营经济龙头企业和支柱产业，进一步优化民营经济发展环境，增强民营经济创业能力，着力提高民营经济对财政、就业和增收的贡献率，使其在县域经济发展中发挥更大作用。

二是要在提高农村牧区公共服务供给水平上下功夫。现阶段的城乡差距，很大程度上表现为公共服务的差距。要抓住当前经济发展较快和财政增收较多的有利时机，认真落实“三个高于”的要求，切实加大对农村牧区基础设施和社会事业的投入，努力扩大公共财政覆盖农村牧区范围，加快推进城乡基本公共服务均等化。要以解决农牧民最关心、最直接、最现实的利益问题为重点，扎实推进农村牧区和谐社会建设。坚持广覆盖、保基本、多层次、可持续的原则，加快健全农村牧区社会保障体系，逐步增加公共财政对农村牧区社会保障制度建设的投入。按照个人缴费、集体补助、政府补贴相结合的要求，建立与农村牧区经济发展水平相适应、与其他保障措施相配套的新型农村牧区养老制度。完善农村牧区最低生活保障制度，在基本实现应保尽保的同时，逐步提高保障标准和补助水平。全面落实农村牧区五保供养政策和社会救助制度及优抚政策，加快发展农村牧区社会福利事业。按照先保后征的原则，妥善解决好被征地农牧民的社会保障问题。要坚持不懈地为农牧民办实事，切实解决好困难群众的生产生活问题，保障好农牧民的基本生活。

三是要在提高城镇化水平上下功夫。在继续发展大中城市、增强大中城市对农村牧区辐射带动功能和综合服务能力的同时，突出县城在县域经济社会发展中的龙头地位，进一步提高县城在经济总量、人口总量、财政收入中的比重。要坚持城镇化与新农村新牧区建设双轮驱动，统筹城乡基础设施建设，加强农村牧区村镇建设，加大农村牧区饮水、道路、电力、通信、沼气、环卫等基础设施建设力度，努力改善农村牧区基础设施条件和环境卫生状况。要畅通农牧民转移进城渠道，加快建立城乡统一的劳动力市场，积极推进户籍制度、教育培训和农牧民务工报酬、子女就学、公共卫生、住房租购等社会公共福利改革，让进城务工农牧民与城镇居民享有同等待遇，使在城镇稳定就业和居住的农牧民有序转变为城镇居民。

(四)着力抓好提高，切实提高农牧民素质和收入水平。坚持以人为本，培养造就新型农牧民，促进农牧民全面发展，是推进农村牧区改革发展的重要目标和任务。要着眼于全面提高农牧民素质，大力发展农村牧区各项社会事业，培育造就新型农牧民。要加快发展农村牧区文化事业，大力加强社会主义核心价值体系建设，不断提高农牧民思想道德素质。加强对农牧民的职业技术教育和培训，提高农牧民知识水平和生产技能。加强农村牧区基层文化服务网络和文化阵地建设，建立农村牧区公共文化服务体系，不断满足农牧民日益增长的精神文化需求。广泛开展群众性精神文明创建活动，培育形成健康文明的良好风尚。要大力办好农村牧区教育事业。认真落实“两免一补”政策，改善办学条件，提高教育质量，使每个农牧民子女都能上起学，切实保障经济困难家庭儿童、留守儿童特别是女童平等就学、完成学业。加快普及农村牧区高中阶段教育，重点发展农村牧区中等职业教育。要大力促进农村牧区医疗卫生事业发展。巩固和发展新型农村牧区合作医疗制度，完善医疗救助制度，健全三级医疗卫生服务网络，扩大免费公共卫生服务和免费免疫范围，加大对地方病、传染病及人畜共患病防治力度，加强药品配送监管，努力为农牧民提供更多安全、有效、方便、价廉的基本医疗服务。坚持计划生育的基本国策，完善和落实计划生育奖励扶助制度，推进优生优育，稳定农村低生育水平。提高农牧民收入水平，是推进农村牧区改革发展的重要任务，也是实现自治区第八次党代会奋斗目标的重点和难点。《决定》明确提出：到 2020 年，“农民人均纯收入比 2008 年翻一番，消费水平大幅提升，绝对贫困现象基本消除”。各级要紧紧围绕这一目标，坚持把促进农牧民持续增收作为农牧业和农村牧区工作的中心任务，采取有力措施，广辟农牧民增收渠道，加快形成农牧民增收长效机制。要着力促进农牧民收入来源多元化，在进一步挖掘农牧业内部增收潜力的同时，不断提高农牧民政策增收、家庭经营增收、产业增收、劳务增收、社会保障增收、转移就业增收、财产性增收水平，切实提高增收的稳定性和持续性。要建立农民工工资合理增长机制和工资支付保障制度，严格执行最低工资制度，确保农民工工资按时足额发放。要坚持以创业带动就业、促进增收，引导农村牧区富余劳动力特别是失地农牧民以创业促就业、促增收。要加大扶贫开发力度，积极探索改革扶贫工作方式和资金使用办法，努力走出一条以创业促扶贫的新路子。

三、努力提高党管农村牧区工作的能力和水平

各级党委、政府要加强和改善对农村牧区改革发展的领导，不断提高领导农村牧区工作的能力和水平，切实把党管农村牧区工作的重大原则落到实处。

一是要始终把“三农三牧”工作作为重中之重来抓。要从全局和战略的高度，切实把“三农三牧”工作摆上重要议事日程，做到经常研究、经常部署、经常检查。要认真贯彻落实中央关于农村改革发展的政策措施，在政策制定、工作部署、财力投放、干部配备上切实体现重中之重的要求。要不断完善党领导农村牧区工作的体制机制，强化党委统一领导、党政齐抓共管、农村牧区工作综合部门组织协调、有关部门各负其责的工作格局。党委、政府主要领导要亲自抓农村牧区工作，党委要有负责同志分管农村牧区工作，旗县（市、区）党委要把工作重心和主要精力放在抓农村牧区工作上。要完善体现科学发展观和正确政绩观要求的干部考核评价体系，把经济社会发展、粮食生产、农牧民增收、耕地和草牧场保护、环境治理、和谐稳定作为考核地方党委特别是旗县（市、区）党委领导班子绩效的重要内容。

二是要坚持因地制宜、分类指导，创造性地开展工作。我区地域辽阔，各地农牧业资源禀赋不同，经济形态各异，发展也不平衡，特别是农区、牧区和林区差异较大，推进农村牧区改革发展，必须尊重自然规律、经济规律、社会发展规律和农牧民意愿，针对不同地区、不同情况、不同条件，坚持因地制宜，加强分类指导。要搞好调查研究，积极探索符合地区特点和实际的改革发展路子，科学确定发展目标、重点任务和工作举措。要切实尊重农牧民群众的意愿，尊重农牧民的首创精神，充分调动农牧民的积极性、主动性、创造性，充分发挥他们在推进农村牧区改革发展中的主体作用。要善于发现和总结基层在推进农村牧区改革发展中创造的好做法、好经验，积极推广不同类型、各具特点的先进典型，促进“三农三牧”工作又好又快发展。

三是要加强农村牧区基层组织建设和干部队伍建设。党的农村牧区基层组织是党在农村牧区工作的基础。要以领导班子建设为重点、健全党组织为保证、三级联创活动为载体，大力加强农村牧区基层党组织建设，使之成为密切联系群众、带领群众致富、促进农村牧区稳定的坚强领导核心。要改革完善农村牧区基层组织领导班子选举办法，创新农村牧区党的基层组织设置形式，推广在农村牧区社区、专业合作社和协会、产业链上建立党组织的做法，不断扩大基层党组织工作覆盖面。健全城乡党的基层组织互帮互助机制，构建城乡统筹的基层党建新格局。要切实加强农村牧区基层干部队伍建设，进一步拓宽基层干部队伍来源，提高基层干部队伍素质，关心基层干部生活，抓好培训教育工作，增强带领农牧民建设社会主义新农村新牧区的本领。要进一步加强农村牧区党员队伍建设，探索发展党员新机制，提高发展党员质量，建立健全党内激励、关怀、帮扶机制，建立健全城乡一体党员动态管理机制。

四是要以良好的作风推进农村牧区改革发展。各级党委、政府特别是领导干部要大力发扬党的优良传统和作风，大兴求真务实之风，深入基层，深入群众，加强对农村牧区改革发展重大问题的研究。各级党委、政府领导班子成员要确定农村牧区工作联系点，经常到联系点调查研究，发现问题，解决问题，总结经验，指导面上工作。自治区有关部门要加强对农村牧区改革发展的政策指导和工作支持，对那些需要在面上作出总体安排的事项，对那些需要进一步制定实施细则的事项，对那些需要在有关法律法规修改完善后才能实施的事项，要抓紧研究，在广泛征求意见的基础上作出安排，以利指导和规范有关工作的开展。要切实加强农村牧区党风廉政建设，教育引导广大党员干部坚持做到权为民所用、情为民所系、利为民所谋，讲实话、办实事、求实效，坚决反对形式主义、官僚主义，努力创造实实在在的业绩。

最后，就全面做好当前工作强调几点

在党的十七届三中全会闭幕会上，胡锦涛总书记在深刻分析国内外形势的基础上，对做好当前党和国家工作进行了全面部署。要求全党同志特别是党的高级干部尤其要牢牢记住，越是形势好的时候，越要居安思危、增强忧患意识，越要把前进道路上可能遇到的困难设想得更充分一些，越要把应对措施搞得更周全一些，越要把各方面工作做得更细致一些。

前不久，自治区党委召开常委会议，认真分析了前三季度全区经济社会发展形势。会议认为，今年以来，全区上下认真贯彻党的十七大精神，深入贯彻落实科学发展观，克服各种不利因素，全力支持抗灾保煤、抗震救灾和北京奥运，国民经济继续保持又好又快发展态势。三次产业协调发展，农牧业生产形势良好尤其是粮食生产获得大丰收，工业经济持续较快增长，服务业呈现加快发展态势。三大需求持续增长，产业和产业内部结构继续优化，财政收入持续大幅增长，城乡居民收入稳步提高，物价涨幅继续回落，经济发展质量效益不断提高。民生工作不断加强，“七件实事”、“十项民生工程”进展顺利，就业、社保、住房建设等工作扎实推进。教育、科技、文化、卫生、体育等社会事业全面发展，安全生产形势良好，社会和谐稳定大局进一步巩固和发展。在肯定成绩的同时，也要看到存在的突出矛盾和问题，主要是：国内外形势的重大变化使经济平稳较快发展的不确定不稳定因素增多，部分行业和企业经营困难、效益下降，进出口贸易增幅减缓，节能减排形势严峻。此外，三鹿奶粉事件对我区奶业发展影响较大，消除事件负面影响、恢复消费者信心、促进奶业健康发展仍需做大量工作。我们一定要认真贯彻落实胡锦涛总书记重要讲话精神，结合内蒙古实际，扎扎实实做好当前各项工作。

一是继续保持国民经济又好又快发展的良好态势。今年以来，世界经济增长放缓，国际金融危机加剧，国内经济领域困难和风险增大、自然灾害接连发生。应对国际国内形势的新变化，最重要、最关键的是做好我们自己的工作、办好我们自己的事情。一是要把握形势，增强信心。面对严峻挑战和考验，党中央冷静观察、沉着应对，加强和改善宏观调控，我国经济继续保持平稳较快增长，经济发展的基本面没有改变。我区同全国一样，经济发展的基本面是好的，继续保持了又好又快的发展态势。各级要正确判断、准确把握面临形势，进一步增强推进我区经济社会又好又快发展的信心，增强继续适度增加投资的信心，增强不断扩大消费需求的信心，更加坚定自觉、积极主动地做好各项工作。二是要正视问题，理性应对。在严峻挑战面前，我们既不能回避，也不能绕道，必须正视问题，理性应对。要以开展深入学习实践科学发展观活动为契机，认真查找、着力转变不适应不符合科学发展观的思想观念，着力解决影响和制约科学发展的突出问题，不断提高我区的科学发展水平。要善于化挑战为机遇、变压力为动力，把解决矛盾和困难作为推动科学发展的重要机遇来抓。要以提高协调发展水平和可持续发展水平为主攻方向，切实推进经济发展方式转变。要加快转变农牧业发展方式，大力发展现代农牧业；加快转变工业发展方式，积极推进产业多元、产业延伸、产业升级；加快转变资源开发利用方式，不断提高资源综合开发利用水平。大力调整优化经济结构，着力促进优势特色产业、高新技术产业、服务业、非公有制经济、中小企业发展。继续加强基础设施和生态环境建设。大力发展各项社会事业。三是要服务大局，多作贡献。应对国际国内经济环境的复杂变化，必须从全局出发，牢固树立大局意识和责任意识，在做好自身工作的同时，充分发挥比较优势，努力为国家发展大局多作贡献。从当前来讲，就是要认真贯彻落实国家宏观调控政策措施，全力保障煤电油运生产和供应，努力为缓解国家经济发展瓶颈制约贡献力量。从长远来讲，就是要找准服务国家大局和促进自身发展的结合点，切实抓好粮食生产，抓好能源化工基地建设，抓好生态环境保护和建设，努力为保障国家粮食安全、能源安全、生态安全作贡献。

二是切实抓好以改善民生为重点的社会建设。要坚持把保障和改善民生作为富民强区的战略性工作来抓，加快推进以改善民生为重点的社会建设。要以增收富民为重点，抓紧制定、不断完善、全面落实提高城乡居民收入的各项政策措施，努力使我区城乡居民收入早日达到全国平均水平。坚持把教育摆在优先发展的战略地位，把提高人民健康素质作为改善民生的重要目标，把扩大就业摆在经济社会发展的突出位置，把完善社会保障体系作为富民强区的根本大计，把解决保障性住房问题作为民生工作的重要任务，有计划、分步骤地大力推进各项社会事业和公共服务发展，切实加强民生领域的制度建设，加快推动民生工作由应急解难向建立长效机制转变。

要牢固树立“发展是第一要务，稳定是第一责任”的意识，高度重视、切实做好新形势下的维护稳定工作。增强维护国家安全的意识和责任，加大对敌斗争力度，严密防范和有效打击各种危害国家安全的违法犯罪活动。妥善处理新形势下人民内部矛盾，充分发挥党和政府主导的群众维权机制的作用，建立健全正确处理人民内部矛盾的工作机制。加强思想政治教育，强化基层基础工作，切实做好新形势下的群众工作。加强信访工作，深化旗县（市、区）委书记大接访活动，依法合理解决群众诉求，有效防止和控制越级上访和群体性事件。深入推进“平安内蒙古”建设，依法惩处各种违法犯罪行为，下大力整治群众反映强烈的突出治安问题，确保社会治安大局稳定。

三是不断加强民主政治建设和意识形态工作。发展社会主义民主政治是我们党始终不渝的奋斗目标。要坚持党的领导、人民当家作主、依法治国的有机统一，坚持和完善人民代表大会制度、共产党领导的多党合作和政治协商制度、民族区域自治制度以及基层群众自治制度，始终坚持正确的政治发展道路。大力发展社会主义民主，扩大公民有序政治参与，依法实行民主选举、民主决策、民主管理、民主监督，依法落实人民群众的知情权、参与权、表达权、监督权。加强和改进党对工会、共青团、妇联等人民团体的领导，充分发挥他们在促进科学发展、服务人民群众中的重要作用。进一步深化行政管理体制改革，切实转变政府职能，加快推进服务型政府建设。全面推进依法治区进程，抓好立法工作，加强行政执法和司法工作，搞好社会主义法制宣传教育，强化法律监督，提高全社会的法治化管理水平。

要切实做好意识形态工作。中央多次强调，经济工作搞不好要出大问题，意识形态工作搞不好也要出大问题，在集中精力进行现代化建设的同时，一刻也不能放松意识形态工作。现在，意识形态领域很不平静，特别是渗透与反渗透斗争十分尖锐复杂。国内也出现了一些噪音和杂音。各级党委、政府特别是主要领导干部一定要增强政治意识、政权意识和责任意识，增强政治敏锐性和政治鉴别力，把意识形态工作摆上重要议事日程，自觉从政治上观察和处理问题，经常分析意识形态领域形势，及时掌握思想理论动向和社会舆情动态，及时发现倾向性、苗头性问题，深入研究和探索做好意识形态工作的有效途径和办法，不断改进思想政治教育工作的方式方法，努力提高做好新形势下意识形态工作的能力。要坚持把建设社会主义核心价值体系作为基础工程、灵魂工程来抓，紧紧抓住树立理想信念这个根本，抓住公民道德建设这个中心环节，通过卓有成效的努力，使社会主义核心价值体系为全体社会成员普遍理解接受、自觉遵守奉行。要进一步加强和改进知识分子工作，充分调动广大知识分子的积极性、主动性、创造性。要把握正确的舆论导向，按照谁主管谁负责和属地管理的原则，抓好所属宣传文化单位的领导班子建设，确保阵地巩固、导向正确，确保意识形态安全。

四是进一步推进党的建设新的伟大工程。要按照中央要求，结合自治区实际，切实组织开展好深入学习实践科学发展观活动。目前，我区第一批学习实践活动已经全面启动。要突出实践特色和活动重点，紧紧围绕自治区党委提出的“科学发展、构建和谐、富民强区”的主题以及“三个始终坚持”、“在四个方面下功夫、求实效”、“在五个方面找差距、谋突破”的要求，认真谋划、精心组织好各个阶段、各个环节、各个步骤的工作，务必使学习实践活动取得实效，并为第二、三批学习实践活动打好基础、积累经验。同时，要按照党的十七大对党的建设作出的总体部署，坚持把执政能力建设和先进性建设作为主线，围绕使党始终成为立党为公、执政为民，求真务实、改革创新，艰苦奋斗、清正廉洁，富有活力、团结和谐的马克思主义执政党的目标，以坚定理想信念为重点加强思想建设，以造就高素质党员、干部队伍为重点加强组织建设，以保持党同人民群众的血肉联系为重点加强作风建设，以健全民主集中制为重点加强制度建设，以完善惩治和预防腐败体系为重点加强反腐倡廉建设，继续全面推进党的建设各项工作。

推进新形势下农村牧区改革发展，任务艰巨而繁重。我们要更加紧密地团结在以胡锦涛同志为总书记的党中央周围，高举中国特色社会主义伟大旗帜，深入贯彻落实科学发展观，认真学习贯彻党的十七届三中全会精神，解放思想，改革创新，扎实工作，不断开创我区农村牧区改革发展的新局面。

政 府 工 作 报 告

Report on the Work of the Government

——在内蒙古自治区第十一届人民代表大会第二次会议上

内蒙古自治区主席　巴特尔

现在，我代表内蒙古自治区人民政府向大会报告工作，请予审议，并请自治区政协委员和列席会议的同志们提出意见。

一、2008 年的工作回顾

2008 年是本届政府的开局之年，也是经受严峻考验并取得显著成绩的一年。在党中央、国务院和自治区党委的正确领导下，自治区政府团结带领全区各族人民，深入贯彻落实科学发展观，积极应对各种困难和挑战，实现了经济社会又好又快发展。初步预计，全区生产总值完成 7600 亿元以上，增长 17.5%；地方财政总收入完成 1107.3 亿元，增长 32.5%；城镇居民人均可支配收入和农牧民人均纯收入分别达到 14480 元和 4650 元，均实际增长 11%；居民消费价格总水平上涨 6%；城镇登记失业率 4.1%；节能减排完成了国家下达的指标。

一年来，我们主要做了以下工作。

（一）*努力促进经济较快发展*。农牧业基础地位得到进一步加强，第一产业实现增加值 900 亿元，增长 8%。粮食生产获得大丰收，总产量 420 亿斤，增产 58 亿斤，创历史新高；牧业年度牲畜头数保持在 1 亿头只以上，肉类产量 220 万吨，增长 6.6%。现代农牧业全面推进，优质高产高效作物和良种牲畜比重分别提高 5 个和 1.5 个百分点，设施蔬菜和马铃薯面积分别增长 34%和 127%。产业化经营水平稳步提高，农畜产品加工率达到 63%。工业经济持续快速发展。全部工业增加值 3620 亿元，增长 23%，其中规模以上工业增加值 3400 亿元，增长 24%。能源基地建设不断加强，煤炭产量 4.4 亿吨，发电量 2100 亿度，分别增长 24.3%和 8.7%。装备制造和高新技术产业发展加快，增加值分别增长 30%和 18%。第三产业平稳运行，实现增加值 2600 亿元，增长 14%。交通运输、批发零售等传统服务业稳步发展，金融、保险等现代服务业发展加快，金融机构人民币贷款余额 4700 亿元，增长 25%。消费对经济增长的拉动作用明显增强，社会消费品零售总额 2360 亿元，增长 24%。区域发展进一步协调，东部盟市发展步伐加快。

（二）*积极转变发展方式*。加快自主创新带动产业升级步伐，实施了 18 个重大科技专项，在资源利用等重点领域取得了一批技术创新成果，一批具有国内外先进水平的重大工业项目开工建设。加大生态环境保护和建设力度。全年完成林业生态建设面积 1050 万亩，治理水土流失面积 710 万亩，草原建设规模 7500 万亩，禁牧休牧轮牧面积 7.9 亿亩。生态环境持续改善，可利用草原植被盖度提高 1.1 个百分点。加强资源保护和节约利用，坚持最低开采规模制度，提高资源利用率，煤炭综合回采率提高到 60%。狠抓节能减排，下大力气淘汰落后产能，预计单位 GDP 能耗下降 5%以上，化学需氧量、二氧化硫排放量在消化增量的基础上，分别削减 1.44%和 2%。高度重视安全生产工作，煤炭百万吨死亡率下降到 0.055，全区安全生产状况保持稳定。

（三）*不断增强发展后劲*。加大投资力度，全社会固定资产投资完成 5600 亿元以上，增长 29%，其中工业投资 2890 亿元，增长 30%，建成 230 个、新开工 301 个亿元以上工业项目。新增煤炭产能 1.1 亿吨，电力装机 660 万千瓦，其中风电 120 万千瓦，全区风电装机容量突破 300 万千瓦，居全国第一位。基础设施进一步改善。新增农田有效灌溉面积 116 万亩、节水灌溉面积 313 万亩。交通建设投资创历史新高，公路建设完成投资 261 亿元，新增公路里程 8678 公里；铁路建设完成投资 160 亿元，开工建设 10 条铁路，新增铁路里程 795 公里，在建里程 5300 公里；开工建设二连浩特和阿尔山机场，巴彦淖尔机场项目获得国家批复。加快推进城镇化，城镇化率达到 51.6%，提高 1.4 个百分点。加大资源勘探力度，煤炭、天然气、石油、有色金属等勘探工作取得新进展，资源保障能力进一步增强。

（四）*深入推进改革开放*。国有企业改革不断深化。稳步实施包钢集团战略重组，全面启动了森工集团所属企业改制和剥离办社会工作。东部盟市增值税转型改革全面推开。农村牧区综合改革深入推进。完成了农村牧区义务教育债务化解任务，累计化解债务 39.2 亿元。完善农村牧区基本经营制度，全面启动了集体林权制度改革。加大金融改革创新力度，开展村镇银行、小额贷款公司试点工作，支持农村牧区、中小企业等薄弱环节发展。着力在“东联、北开、西出”上下功夫，进一步扩大对外开放。进出口总额达到 90 亿美元以上，增长 18%，口岸过货量达到 3300 万吨。引进国内（区外）资金到位 2000 亿元，增长 16.8%。加大“引智”力度，一些地区和行业出现了人才流入大于流出的可喜局面。

（五）*切实加强以改善民生为重点的社会建设*。自治区财政用于教育、卫生的支出分别增长 34%和 35.5%。各级各类教育协调发展，办学条件进一步改善，助学体系不断健全，在促进教育公平和均衡发展方面迈出了积极步伐。公共卫生、医疗服务和医疗保障体系建设得到加强，医疗卫生条件明显改善。人口和计划生育工作深入推进，低生育水平保持稳定。文化事业和文化产业健康发展，广播影视、新闻出版、哲学和社会科学事业进一步繁荣，精神文明创建活动不断深入。圆满完成了奥运火炬在我区的传递，竞技体育实现了奥运会金牌零的突破。

加大民生工作力度。新增城镇就业 23.8 万人，其中下岗失业人员再就业 13.9 万人。加强“米袋子”、“菜篮子”工程建设，有效控制物价过快上涨，对低收入群体给予补贴。累计投入资金 140 多亿元，加强“十项民生工作”，1100 多万群众受益。解决了 140 多个苏木乡镇通油路、1600 多个嘎查村通公路、700 多个自然村通电话、2.5 万农牧户通电的问题。筹集资金 3.4 亿元，专项用于茅草屋改造、采煤沉陷区综合治理和棚户区搬迁改造。投入资金 71 亿元，落实“八件实事”，全面兑现了自治区党委、政府的承诺。城镇居民和农村牧区最低生活保障标准人均每月分别提高了 35 元和 20 元，保障范围分别扩大到 82.4 万人和 113.4 万人，基本实现了应保尽保和分类施保；城镇居民基本医疗保险制度全面启动，参保人数达到 214 万人；新型农村牧区合作医疗财政补助标准翻了一番，1180 多万农牧民受益；企业退休人员养老金标准人均每月提高了 105 元；教育资助标准有较大幅度提高，补助覆盖面进一步扩大，在全国率先实现了“两免”城乡全覆盖；新开工建设廉租住房 65 万平方米，发放廉租住房补贴 5.1 亿元，9.6 万户家庭受益；解决了 86.7 万人的安全饮水问题。

（六）*认真抓好政府自身建设*。开展深入学习实践科学发展观活动，增强了科学发展的自觉性和坚定性。自觉接受人大及其常委会依法监督和政协民主监督，认真听取各民主党派、工商联和无党派人士意见。加强政府法制工作，向自治区人大提交了 6 部地方性法规议案，制定、修订、废止了 13 部政府规章。认真贯彻党的民族宗教政策，支持少数民族和民族地区加快发展。积极推进行政管理体制改革，研究确定了政府机构改革方案。深入推进政务公开，电子政务建设得到加强。进一步强化审计工作，加大对重点领域、专项资金的审计监督力度。加强行政监察和政风建设，深入开展廉政建设和反腐败斗争。大力整顿和规范市场秩序，强化食品、药品安全管理和质量技术监督，严厉打击制假售假等违法行为。加强信访工作，群体性上访事件进一步下降。依法严厉打击刑事犯罪，维护了社会治安稳定。积极支持军队和国防后备力量建设。

各位代表，过去的一年很不平凡，既有许多大事和喜事，也遇到许多困难和挑战。我们牢固树立大局意识，积极为国家分忧解难。及时组织电煤生产和外运，为抗击南方低温雨雪冰冻灾害、汶川特大地震提供了有力支持。积极开展对地震灾区的救援，累计向灾区捐赠款物 8.1 亿元，支援四川省大邑县灾后重建资金 3.3 亿元。全力做好各项保障工作，为北京奥运会成功举办作出了积极贡献。加强协调与配合，确保神舟七号载人航天飞行任务的圆满完成，成功举办了世界草原草地大会。同时，采取有效措施，化解了黄河冰凌严峻险情。面对突发奶粉事件，加强应急处置工作，保护奶农利益，帮助企业渡过难关，促进乳业健康发展。面对急剧变化的经济形势，认真贯彻落实国家宏观调控政策，迅速出台应对措施，确保了经济平稳较快增长。

各位代表，过去一年取得的成绩来之不易。这是党中央、国务院和自治区党委正确领导的结果，是全区各族干部群众顽强拼搏、共同奋斗的结果，也是社会各界大力支持和帮助的结果。在此，我代表自治区人民政府，向辛勤工作的各族干部群众，向所有关心支持内蒙古发展的同志们、朋友们，表示衷心的感谢和崇高的敬意！

在看到成绩的同时，我们也清醒地认识到面临的困难和问题。一是经济下行压力加大。受国内外经济环境急剧变化的影响，去年四季度以来，工业增速明显回落，煤炭、钢铁、有色金属等产品价格大幅下跌，电力负荷降低，企业订单减少，经营困难加剧，不少企业停产或半停产，对财税、就业等工作产生了较大影响。二是产业发展的深层次矛盾依然存在。农牧业基础比较薄弱，现代农牧业仍处于起步阶段；优势特色产业发展不均衡，资源精深加工能力不强；非公有制经济和中小企业发展不足，服务业比重偏低。三是协调发展和可持续发展水平还不高。农村牧区公共服务水平比较低，地区间发展不平衡的问题还比较突出，浪费资源和破坏环境的现象仍然存在，节能减排任务艰巨。四是涉及群众切身利益的问题有待进一步解决。城乡居民收入仍然低于全国平均水平，收入增长与经济增长不够协调，部分群众生活还比较困难。就业、物价、住房、社保、教育、卫生、产品质量、安全生产、社会治安等方面，还存在不少群众反映突出的问题。五是政府自身建设和管理需要进一步加强。形式主义、官僚主义、铺张浪费、虚报浮夸、以权谋私、腐败堕落等现象还不同程度存在。对于这些问题，我们要采取有力措施，认真加以解决。

二、2009 年的主要任务

今年是我区经济发展面临严峻挑战的一年。国内外经济形势急剧变化，席卷全球的金融危机尚未见底，不确定因素和风险隐患明显增加，外部经济环境异常严峻，我们可能面临进入新世纪以来最为复杂困难的局面。在严峻的挑战面前，我们既要把困难估计得更充分一些、把应对措施考虑得更周密一些，防止由于估计不足和准备不够而陷入被动；又要善于从变化的形势中捕捉和把握发展机遇、发现和培育有利因素。应当看到：经过改革开放特别是近年来的快速发展，我区综合实力和抵御风险能力明显增强。国家实施扩大内需、促进经济增长的一系列政策措施，加大对基础设施、农牧业、社会事业、民生工作的投入，有利于我区加强薄弱环节建设，提高协调发展和可持续发展水平；随着一批重大建设工程的启动，对能源、原材料的需求将逐步扩大，为我区优势特色产业发展创造了良好机遇；国内外企业重组、产业结构调整步伐加快，有利于我区承接先进生产力转移；市场约束加剧，要求我们必须苦练内功，提升产业层次和核心竞争力，从而为加快转变发展方式创造新的契机。我们坚信：挑战蕴含机遇，困难激发潜能，压力催生动力。只要我们按照党中央、国务院和自治区党委的要求，坚定信心、冷静思考、积极应对，充分利用各种有利条件和因素，坚持用发展的办法解决前进中的困难和问题，就一定能够把国内外经济环境的不利影响减少到最低程度，继续保持经济平稳较快发展。

今年政府工作的总体要求是：全面贯彻党的十七大、十七届三中全会和中央、自治区经济工作会议精神，以邓小平理论和“三个代表”重要思想为指导，深入贯彻落实科学发展观，以保持经济平稳较快发展为首要任务，以扩大内需为根本途径，以加快发展方式转变和结构调整为主攻方向，以深化改革、提高开放水平为强大动力，以保障和改善民生为出发点和落脚点，着力推进“三化”互动和“七个转变”，着力提高协调发展和可持续发展水平，着力解决涉及群众利益的难点热点问题，深入实施科教兴区和人才强区战略，进一步加强精神文明、民主法制和政府自身建设，努力推动经济社会又好又快发展，以优异成绩迎接新中国成立60周年。

今年经济社会发展的主要预期目标是：生产总值增长13%，地方财政总收入增长16%，城镇居民人均可支配收入实际增长11%，农牧民人均纯收入实际增长10%，全社会固定资产投资总额增长25%，社会消费品零售总额增长24%，城镇登记失业率控制在4.6%以内，居民消费价格总水平涨幅控制在4%左右，单位生产总值能耗下降5%以上，化学需氧量和二氧化硫排放量分别控制在27.9万吨和141.12万吨以内，完成“十一五”任务总量的90%和80%。

确定上述预期目标，综合考虑了各方面的因素，力求体现既积极又稳妥的原则。考虑到国内外经济环境的不利影响和各种不确定因素，适当下调了经济增长预期目标，但在全国总体格局中，仍然保持领先水平。这不仅体现了中央“保增长”的要求，有利于稳定社会预期，增强发展信心，而且从我区的发展条件和面临的现实机遇看，这些目标经过积极努力是可以实现的。

在具体工作中，我们要重点把握以下几点：一是扩大内需保增长。坚持扩大投资与启动消费相结合、政府投资与社会投资相结合、中间消费与最终消费相结合，千方百计扩大内需，形成拉动经济增长的合力。二是调整结构促升级。加大产业结构、所有制结构、企业结构和产品结构调整力度，加快推进产业多元、产业延伸、产业升级步伐，增强市场竞争力和抗风险能力。三是改善民生促和谐。越是在困难的时候，越是要高度关注民生。要把经济增长的成效充分体现到民生改善上来，着力提高城乡居民生活水平，认真为群众办实事、解难事，进一步凝聚力量，促进和谐。

今年要重点抓好以下八个方面的工作：

（一）全面落实国家扩大内需政策，促进经济平稳较快增长

加大投资力度。今年要通过推进投资主体多元化，力争完成固定资产投资7100亿元。一是积极争取国家支持。加强项目前期工作，落实好中央投资项目建设条件，加快项目实施进度。积极与国家有关部门对接，多方争取国债及各类专项建设资金。二是充分发挥金融支持作用。加强和改进金融信贷服务，引导和鼓励金融机构增加信贷投放，拓展信贷领域，满足合理资金需求。完善地方金融体系，逐步做大做强城市商业银行等地方金融机构。加强对金融业发展的政策扶持，改善信用环境。三是努力扩大社会投资。发挥政府资金的引导作用，吸引国内外大企业和民间投资。出台鼓励引导社会投资的优惠政策，创新融资方式，积极培育资本市场，实现多元化投资、市场化运作。四是管好用好项目资金。政府主导的公共投资主要投向基础设施、重大民生工程等薄弱环节，严防低水平重复建设。加强资金使用和工程质量监管，切实提高投资效益。

优化投资结构。一是加快农村牧区基础设施建设。努力争取国家千亿斤粮食增产计划份额，启动我区粮食增产工程，加快标准化养殖基地建设。加强病险水库除险加固和大型灌区骨干工程建设，力争新增有效灌溉面积200万亩，节水灌溉面积300万亩。积极推进海勃湾水利枢纽、锡林郭勒供水、绰尔河引水等重大调蓄水工程的前期工作。继续改善农牧民生产生活条件，解决1.3万户农牧民的通电问题，建设乡村道路2.4万公里。进一步加大牧区基础设施建设力度。二是加强交通能源基础设施建设。公路建设力争完成投资300亿元，建设总规模2.2万公里，公路总里程突破15.5万公里，其中一级以上公路达到5000公里。铁路建设力争完成投资300亿元，建设总规模达到7000公里，力争新增铁路里程1500公里，总里程突破1万公里。民航机场建设力争完成投资20亿元，开工建设巴彦淖尔机场，改扩建通辽、鄂尔多斯机场，积极推进霍林河机场和阿拉善通勤航空试点的前期工作。电网建设力争完成投资200亿元，新建500千伏变电站6座。邮政、电信便民设施力争完成投资50亿元。三是加强生态环境保护和建设。继续推进退耕还林、退牧还草、京津风沙源治理等重点生态工程建设，完成1000万亩造林、3000万亩退牧还草任务，治理水土流失面积650万亩。进一步加强湿地保护。大力发展沙产业、草产业等生态后续产业，解决退耕退牧和搬迁农牧民的长远生计问题，巩固和扩大生态建设成果。四是加强保障性住房建设。新建3万套、135万平方米廉租住房，组织实施煤矿、林区和农垦棚户区改造，继续推进农村牧区危房改造工程，加快“城中村”改造。五是加强社会事业基础建设。完成农村牧区初

中校舍改造工程，加快实施义务教育阶段寄宿制学校学生宿舍建设工程，解决20万中小学生的校外借宿问题；力争开工建设内蒙古科技新馆、扩建内蒙古干部保健院，加快内蒙古蒙医医院建设；完成3个盟市级、11个旗县级中蒙医院、181个乡镇卫生院基础设施建设；开工建设568个乡镇综合文化站。

努力扩大消费需求。一是增加城乡居民收入，增强消费能力。认真落实自治区关于促进城乡居民增收的政策措施，强化支农惠农政策，健全企业职工工资正常增长机制，提高企业退休人员养老金水平和城乡居民最低生活保障标准，完善公务员津补贴政策，抓好事业单位工资改革，多渠道增加城乡居民收入。二是改善消费预期，增强消费信心。健全社会保障体系，逐步扩大社会保障覆盖范围，提高保障水平，减少居民消费的后顾之忧，增加即期消费。三是加快发展服务业，培育消费热点。认真贯彻落实鼓励支持服务业发展的政策措施，加快发展商贸餐饮、文化健身、社区服务等生活性服务业，大力发展交通运输、金融保险、信息咨询、科技服务等生产性服务业。发挥会展业和旅游业拉动经济、促进消费的作用，继续改善旅游基础设施条件，挖掘旅游资源的文化内涵，提升旅游业发展层次。四是完善消费政策，优化消费环境。制定出台鼓励消费的政策，完善消费信贷，稳步扩大住房、汽车等大宗消费。精心组织实施“农牧机下乡”和“万村千乡”市场工程，以财政补贴方式支持“家电下乡”，拓展农村牧区消费市场。

（二）以促进农牧业稳定发展、农牧民持续增收为重点，扎实推进社会主义新农村新牧区建设

大力发展现代农牧业。一是优化农牧业结构。突出抓好粮食生产，稳定播种面积，优化品种结构，提高单产水平，继续为维护国家粮食和食品安全作贡献。加快发展现代畜牧业，进一步提高畜牧业特别是农区畜牧业在大农业中的比重。优化农牧业布局结构，加快东部玉米、中部马铃薯、西部农区肉羊和东部草原肉羊肉牛产业带建设。二是转变农牧业发展方式。加快推进农牧业集约化生产，鼓励发展规模化种养，扶持发展各类农牧民专业合作组织，加强中介组织和经纪人队伍建设。着力推进农牧业科技创新，加快先进适用技术的推广应用，提高农牧业设施装备和机械化作业水平。大力发展设施农业，力争设施蔬菜种植面积达到100万亩。三是提升产业化经营水平。做大做强龙头企业，加快规模化、标准化生产基地建设。加强对农牧业产业化的支持和服务，健全农村牧区市场流通体系，完善农畜产品营销网络，切实解决好粮食主产区卖粮难问题。四是着力抓好农畜产品质量安全工作。加强动物防疫、良种繁育和农畜产品质量安全体系建设。继续加大对饲料生产企业、奶站和生鲜乳运输环节的清理整顿力度。积极推广奶联社等新型合作养殖模式，力争新建标准化奶牛养殖小区400个。完善奶农和企业的利益联结机制，帮助乳制品企业解决发展中的困难和问题，重塑企业和品牌形象，促进奶业持续健康发展。

加大农牧业投入，促进农牧民增收。增加财政对“三农三牧”的投入，保证各级财政对农牧业投入增长幅度高于经常性收入增长幅度。大幅度增加对农村牧区基础设施建设和社会事业发展的投入，大幅度提高政府土地出让收益、耕地占用税新增收入用于农牧业的比例，大幅度增加农村牧区公益性建设项目投入。今年自治区本级财政安排农牧林水专项资金增长50%以上。落实提高粮食最低收购价的政策措施，完善农牧业补贴制度，扩大补贴范围，提高补贴标准，促进农牧民政策性增收。加快发展农村牧区二、三产业，拓展农牧民就业增收空间。高度关注并认真解决好牧民的生产生活问题，采取有效措施促进牧民收入增长。地方财政各项支农支牧资金的30%以上要用于“三牧”，其中农牧业产业化资金和扶贫资金的60%要向“三牧”倾斜。整合各类涉农涉牧资金，发挥规模效益，集中财力办大事。加大扶贫开发投入，解决10万绝对贫困农牧民的温饱问题，扶持15万低收入农牧民增收。

深化农村牧区各项改革。一是稳定和完善农村牧区基本经营制度。坚持依法、自愿、有偿原则，鼓励农牧民以多种形式流转土地、草牧场承包经营权，发展多种形式的适度规模经营，鼓励发展种粮养畜专业大户、家庭农牧场、农牧民专业合作社等规模经营主体。二是改革征地制度。实行最严格的耕地保护制度。完善征地补偿机制，妥善解决被征地农牧民的就业、社会保障等问题。三是全面推进集体林权制度改革。今年要基本完成商品林及宜林地的确权工作。四是继续深化农村牧区综合改革。扩大村级公益事业“一事一议”财政奖补试点，建立农村牧区公益事业投入新机制。全面实现财政补贴资金“一卡通”发放，确保资金及时、足额、安全发放到农牧民手中。五是加快农村牧区金融体系建设。探索建立商业银行、政策性银行向农村牧区金融机构批发贷款、农村牧区金融机构向农牧民发放小额贷款的资金传导机制。完善信用社法人治理结构，加快推进村镇银行、资金互助社等新型农村牧区金融机构试点工作，规范和引导民间借贷行为。大力推进农牧业保险体系建设，建立风险分散机制。

（三）推进经济结构战略性调整，加快转变发展方式

千方百计促进工业经济增长。保工业就是保发展、保就业、保稳定、保大局。要切实加强对工业经济运行的组织、调度和协调，及时解决工业运行中的突出矛盾和问题，确保工业经济平稳发展。落实减免税费、优化资源配置、电力多边交易等政策措施，帮助企业减轻负担、降低成本、渡过难关。着力抓好停产企业恢复生产，强化工作措施，逐级抓好落实，争取符合产业政策、环保要求的停产半停产企业尽快恢复正常生产。落实国家重点产业振兴规划，加快企业技术改造步伐，做好技改项目的储备和对接，积极争取国家技改资金。加大工业投资和重点项目、工业园区建设力度，力争完成工业固定资产投资3500亿元，组织实施重点工业项目

150项，切实增强工业经济发展后劲。

优化工业经济结构。巩固和发展优势特色产业。合理安排煤炭和新建电源规模，稳步扩大风电等再生能源建设规模。积极争取国家支持，加快外送电力通道建设。推进产业延伸升级。加快调整冶金工业产品结构，力争深加工转化量提高到50%左右。认真研究国家产业政策，根据政策导向和市场需求，加强对化工产业的调控，避免盲目发展，重点抓好化工续建项目和计划开工项目建设，拓展煤化工领域，为尽快形成千万吨级煤化工生产能力奠定基础。加快发展非资源型产业。抓好以汽车、风电设备、煤矿机械、化工机械为重点的装备制造业，着力扩大产业规模。大力发展以硅材料、稀土材料、生物制药为重点的高新技术产业，突出抓好深加工和应用产品开发。

加大自主创新力度。认真落实自治区中长期科技发展规划纲要，加快创新型内蒙古建设步伐。在化工、冶金、装备制造、新材料及节能环保等重点领域，大力实施技术攻关，突破一批重大关键技术。推进信息化与工业化融合，加快科技成果转化和推广应用。自治区将在3年内组织实施100项工业自主创新产业化项目，加快建设50个自治区重点实验室、50个工程技术研究中心和100户企业技术中心。支持企业与高校、科研院所紧密合作，完善市场化导向的产学研合作机制。落实支持自主创新的政策措施，加大知识产权保护力度。完善人才激励机制，加快培养、引进经济社会发展急需的高素质人才，为推动自主创新提供有力的人才支撑。加强科普工作，提高全民科学素质。

大力支持中小企业和非公有制经济发展。继续实施“一个产业带动百户中小企业”和“一个园区带动百户中小企业”的“双百工程”，提高中小企业配套协作水平。健全中小企业社会化服务体系，突出解决融资难问题。扩大自治区支持中小企业发展资金的规模，通过信用担保、贷款贴息、风险补偿等方式，引导商业银行加大对中小企业的信贷支持。加快发展小额贷款公司，拓宽中小企业融资渠道。大力发展非公有制经济，进一步放宽市场准入，完善扶持政策，为非公有制经济发展创造公平、宽松的环境。

加大节能减排攻坚力度。今年是完成“十一五”节能减排目标的关键一年。要采取有力措施，“倒计时”地分解任务、安排进度，确保完成年度目标。继续强化技术、工程和管理措施，突出抓好工业、交通、建筑等重点领域和重点企业的节能技改，加快火电机组脱硫改造和城镇污水处理设施建设，继续淘汰落后产能。加强环境污染治理，做好重点流域水污染防治，保护集中饮用水源地，确保城乡居民的饮水安全。加强重点城市和工业园区的空气污染防治，做好煤田火区、沉陷区治理和生态恢复工作。大力发展循环经济和环保产业，全面推行清洁生产。完善有利于节能减排的政策措施，严格落实项目建设节能审查和环保“三同时”制度，通过制度约束减少浪费和污染。强化政府主导和企业主体责任，健全统计、监测、考核体系，切实推进依法治理。

加强资源管理。一是规范资源配置行为。切实改变把配置资源作为招商引资唯一条件的做法，严格按照资源转化项目的投资规模、技术水平、市场前景和转化率配置资源，以合理的资源配置推动产业结构优化升级。二是完善资源开发利益分配机制。合理确定资源开发企业、地方政府和人民群众的利益所得，切实提高资源开发的社会效益。三是建立资源开发生态补偿机制。按照“谁受益、谁出资，谁破坏、谁恢复”的原则，督促企业落实环境保护、治理和恢复责任，决不允许把环境污染和生态破坏的代价留给社会、留给子孙后代。四是积极推进资源枯竭型城市经济转型，加快培育接续替代产业。五是整顿和规范资源开发秩序。做好重要战略资源储备工作。严厉打击倒卖矿权、乱采滥挖等违法行为。六是高度重视水资源保护。调整用水结构，推进水权转换，实施引水工程，着力解决工业用水和地区缺水等结构性问题。

（四）统筹兼顾，促进城乡、区域协调发展

稳步推进城镇化。按照统筹城乡、布局合理、功能完善、以大带小的原则，完善城镇体系，促进大中小城市协调发展。科学制定并严格落实城市规划，加强城市基础设施和公共服务设施建设，增强城市综合承载力。稳定发展房地产业，把改善群众居住条件和发挥房地产拉动作用结合起来，加大政府对保障性住房特别是廉租住房的投资建设力度，确保资金、土地供应和优惠政策落实到位。调整住房供应结构，促进中小户型、中低价位普通商品房开发建设。鼓励各地因地制宜地采取措施，拉动住房消费，促进房地产市场稳定健康发展。

加快县域经济发展。大力发展以特色经济为主导、以民营企业为主体、以县城经济为主角的优势产业，突出发展县域特色产业和与大中城市、工业园区配套衔接的产业，搞好产业分工协作。立足比较优势，通过扩大开放，把外部的资金、技术、人才与当地资源要素有机结合起来，把潜在优势转化为现实优势。鼓励发展劳动密集型加工制造业，拓展农牧民就近就业空间。加强旗县所在地和重点小城镇建设，统筹城乡建设规划，促进公共服务设施向农村牧区延伸，加快推进城乡一体化。妥善解决进城务工人员子女上学、社会保障等方面的问题，深化户籍制度改革，促进农牧民向城镇有序转移。

统筹区域发展。鼓励呼包鄂地区继续率先发展，进一步提高产业发展、城市发展、和谐社会建设水平，更好地发挥辐射带动作用。加大对东部盟市支持力度，继续在财政转移支付、项目安排、资源配置等方面给予倾斜，改善发展条件，增强自我发展能力。统筹兼顾，积极支持其他盟市加快发展。继续推进“兴边富民”行动，扶持革命老区、边境地区和人口较少民族地区加快发展。

（五）着力改善民生，促进社会和谐

切实抓好就业工作。把就业摆在更加突出的位置，采取有力措施，全力维护就业形势稳定。一是加强失业调控和预警。建立企业裁员备案、农民工返乡统计报告等制度，抓紧出台帮助企业减轻负担、稳定就业岗位的政策措施。二是鼓励全民创业，以创业带动就业。加大政策扶持力度，放宽市场准入，减轻税费负担，较大幅度地增加各级贷款担保基金的投入，营造鼓励创业的良好环境。三是扩大就业培训规模。积极开展引导性培训、职业技能培训和创业培训，改进培训方式，提高培训质量，增强劳动者特别是农牧民的就业和创业能力。四是进一步加强对“零就业”家庭、4050 人员及其他就业困难群体的就业援助和生活救助。统筹做好高校毕业生就业、复转军人安置工作，鼓励大学生自主创业或到农村牧区工作。对返乡创业的农民工给予政策扶持，鼓励农牧民进城创业。启动对“零转移”家庭的专项援助行动。

完善社会保障体系。做好社会保险扩面征缴工作，研究解决个体工商户、灵活就业人员和农民工的参保问题，努力做到应保尽保。提高养老保险统筹层次，推进农村牧区养老保险试点工作。继续扩大城镇居民基本医疗保险覆盖面，将在校大学生纳入参保范围。落实政府补贴政策，解决好关闭破产企业和困难企业退休人员的医疗保障问题。增加城乡低保补助，完善分类施保办法，保障最困难群体的基本生活。加强社会福利机构建设，进一步提高重点优抚对象的生活水平。认真落实妇女儿童发展纲要，做好老年人和残疾人权益保障工作，鼓励和支持红十字等慈善事业发展。

办好“十件实事”，实施“十项民生工程”。近年来，自治区政府不断加大民生投入，实施民生工程，努力为群众办实事，受到各族群众的热烈拥护。今年尽管财政增收难度加大，但自治区用于民生的投入将进一步增加，自治区本级财政将投入 60 多亿元，新增 18 亿元，着力为群众办好“十件实事”，实施“十项民生工程”。“十件实事”是：城镇居民低保标准人均每月提高 30 元，保障水平进入全国前列；农村牧区低保标准人均每月提高 15 元，在此基础上对牧民低保补助水平再适当提高；企业退休人员人均养老金标准提高10%以上；城镇居民基本医疗保险实际参保人数达到 380 万人以上；新型农村牧区合作医疗参合率按常住人口计算力争达到95%以上，适当提高参合农牧民的住院报销比例和牧民参加新型农村牧区合作医疗的补助标准；安排资金 3.4 亿元，对困难家庭大中专学生进行资助；安排农牧业保险补贴资金 6.6 亿元，惠及 200 多万农牧户；解决 100 万人饮水安全问题；廉租住房实物配租比例力争达到 40%以上；取消地方制定的收费项目 108 项，减轻企业和群众负担 1.6 亿元。此外，在改善农牧民生产生活条件、扶贫开发、教育保障、环境保护等方面，组织实施“十项民生工程”，推动民生工作由应急解难向建立长效机制转变。

加强产品质量和安全生产工作。牢固树立安全发展理念，切实维护人民群众生命健康安全。深入开展食品药品安全专项整治，加强对生产流通全过程的监管，坚决杜绝不合格产品进入市场。继续整顿规范市场秩序，严厉打击损害消费者利益的违法行为。狠抓煤矿和非煤矿山、尾矿库、沉陷区、危险化学品、交通运输、人员密集场所等重点领域的安全监管，坚决关闭不符合安全生产条件的企业，坚决遏制重特大事故发生。强化安全生产责任制，严格落实事故报告、主要领导出现场、属地管理和责任追究制度。进一步完善突发公共事件应急体系，全面加强应急管理，提高预防和处置突发公共事件的能力。

全力维护社会稳定。加强信访工作，完善信访工作体制机制，强化领导责任制，妥善处理信访突出问题及群体性事件。健全社会矛盾排查调处机制，认真解决群众反映强烈的热点难点问题，维护群众合法权益。深入开展平安创建活动，进一步完善社会治安防控体系，加强公安基层基础建设和社会治安综合治理，依法严厉打击各类违法犯罪活动。加强国家安全工作，确保边疆稳定。积极支持军队和国防建设，完善国防动员体系。加大民族工作力度，促进各民族共同团结进步、共同繁荣发展。全面贯彻党的宗教工作方针，充分发挥宗教界人士和信教群众在经济社会发展中的积极作用。

（六）大力发展社会事业，促进经济社会协调发展

坚持优先发展教育。加大教育事业投入，今年自治区本级财政安排教育支出比上年年初预算增加 5.3 亿元。坚持义务教育均衡发展，深入推进标准化中小学建设工程。大力发展城乡职业教育，加快培养高素质技能型人才，组织实施中等职业教育基础能力建设工程。职业院校专业设置要与经济社会发展需要紧密结合，培养更多留得住、用得上的实用人才。教育资金安排要向中等职业教育倾斜，扩大办学规模，改善办学条件，今年要率先在牧区推行免费职业教育。优化高校布局，加强重点学科建设，提高高校生均拨款标准。优先重点发展民族教育，落实优惠政策，提高民族教育办学水平。积极扶持民办教育，鼓励社会力量办学。加强教师队伍建设，健全激励机制，全面落实国务院制定的义务教育学校绩效工资制度，确保义务教育教师平均工资不低于当地公务员平均工资水平，同时对义务教育学校离退休人员发放生活补贴。

推进卫生事业改革和发展。坚持公共医疗卫生的公益性质，深化医药卫生体制改革，积极开展公立医疗机构改革试点工作，推进政事分开、管办分开、医药分开、营利性和非营利性分开。加强医疗服务管理，努力为群众提供安全、有效、方便、价廉的医疗服务，切实解决好看病贵、就医难的问题。完善公共卫生服务体系，抓好重大疾病防治，有效应对突发公共卫生事件。进一步落实卫生事业预防为主的方针，把重点放在农村牧区和贫困地区，加快建设农村牧区三级卫生服务网络和城市社区卫生服务体系。加强人口规划和人口理论研究。做好人口和计划生育工作，稳定低生育水平。实施出生缺陷干预工程，推进优生优育。完善计划生育奖励

扶助制度，启动实施农村牧区政策内孕期妇女“一杯奶”生育关怀行动。

加快文化体育事业发展。加强草原文化研究，强化草原文化核心理念，充分挖掘、整合民族文化资源，着力打造一批富有地区和民族特色的文化艺术精品，提升文化软实力。进一步深化文化体制改革，推进文化产业发展，加快公共文化服务体系建设。加强以“五大文化工程”为重点的基层公共文化服务体系建设，改善农村牧区和基层文化基础设施条件，加快建设一批图书馆、群艺馆、博物馆和文化馆。继续实施广播电视村村通、无线覆盖、农村牧区电影放映工程。加强文化遗产保护。大力发展群众体育，培育壮大体育产业，做好第十一届全运会备战工作。

（七）深化经济体制改革，提高对外开放水平

抓好重点领域和关键环节的改革。加快内蒙古能源发电公司、乌兰水泥集团等国有企业战略重组步伐，推进产权多元化，壮大企业实力。加强国有资产监管，规范国企改制和国有产权转让，防止国有资产流失，保障职工权益。全面实施增值税转型改革，减轻企业税负。做好成品油税费改革实施工作。推进财政管理体制改革，按照基本公共服务均等化的要求，加大对困难旗县转移支付力度，建立县乡基本财力保障制度，提高基层财政保障能力。

提高开放水平，以开放引投资、促发展。全年力争引进国内（区外）资金2200亿元，实际利用外资25亿美元。进一步扩大对外开放。抓住当前国际资源性产品价格回落的时机，鼓励有实力的企业“走出去”，加强与俄罗斯、蒙古国在资源开发领域的合作。落实国家出口退税政策，进一步优化进出口产品结构，扩大高附加值产品出口，增加能源、资源性产品进口，促进对外贸易稳定增长。大力发展口岸经济，提高进口资源落地加工能力。加强口岸基础设施建设，完善和提升口岸服务功能。进一步提高对内开放水平。大力加强与长三角、珠三角和环渤海地区的经济技术合作，承接先进生产力转移。在招商引资工作中，一是坚持大中小并举。加强与中央企业的沟通和协作，积极引进符合产业政策、产业链长、带动力强、技术水平高的大项目、大企业；积极引进有利于扩大就业、开展延伸配套的中小项目、中小企业。二是坚持引资引智结合。加快引进先进技术、高层次人才和现代管理方法，提升发展水平。三是坚持政策、服务配套。增强政策透明度，精简办事程序，提高服务质量，优化投资环境。

（八）加强精神文明、民主法制和政府自身建设

深入开展学习实践科学发展观活动，进一步巩固各族人民团结奋斗的思想基础。加强社会主义核心价值体系建设，大力弘扬抗震救灾精神。做好新闻宣传工作，牢牢把握正确的舆论导向，稳定人心，增强信心，动员全区各族人民齐心协力，共克时艰。加强和谐文化建设，深入开展和谐社区等文明创建活动。加大社区建设力度，充分发挥社区在就业、社保及维护稳定等方面的重要作用。积极推进社会主义民主政治建设。认真执行人大及其常委会的各项决议、决定，自觉接受监督。积极支持政协履行政治协商、民主监督、参政议政的职能。认真办理人大代表议案、建议和政协委员提案，主动听取各民主党派、工商联、无党派人士及各人民团体的意见和建议。支持工会、共青团、妇联等群团组织开展工作。

加强政府自身建设，提高驾驭复杂局面和推动科学发展的能力。这是应对当前严峻挑战、保持经济平稳较快发展的重要保证。一是提高行政效能。认真做好政府机构改革工作，调整机构设置，理顺部门分工，提高工作效率。深化行政审批制度改革，继续取消和调整一批审批项目，规范审批程序，减少中间环节，努力为群众、企业和基层提供优质便捷服务，推进服务型政府建设。二是提高决策水平。规范政府决策行为，凡是涉及经济社会发展的重大决策、与群众利益密切相关的重大事项，都要坚持科学论证、集体决策、社会公示或听证制度，充分听取社会各界的意见。三是坚持依法行政。严格按照法定程序行使权力、履行职责。全面落实行政执法责任制，规范行政执法行为。深化政务公开，确保权力在阳光下运行。四是坚持廉洁从政。深入开展廉政建设和反腐败斗争，加大行政监察工作力度，强化对行政权力的制约监督，严肃查处各种违纪违法行为，坚决纠正损害群众利益的突出问题和部门、行业不正之风。加大审计工作力度，强化对投资项目、专项资金的审计监督。加强财政预算管理和监督，严格控制一般性支出，对公务购车和用车经费、会议经费、公务接待经费、出国经费等支出实行零增长。五是加强政风建设。大力弘扬艰苦奋斗、求真务实作风，坚决制止铺张浪费、虚报浮夸。下大力气整治有令不行、有禁不止、推诿扯皮的不良作风，确保政令畅通。加强对公务员的教育、监督和管理，努力建设一支清正廉洁、作风优良的公务员队伍。

各位代表！今年是完成“十一五”规划目标任务的关键一年，我们面临的形势严峻复杂，任务繁重艰巨。让我们更加紧密地团结在以胡锦涛同志为总书记的党中央周围，高举中国特色社会主义伟大旗帜，以邓小平理论和“三个代表”重要思想为指导，深入贯彻落实科学发展观，坚定信心，迎难而上，同心协力，顽强拼搏，以经济社会又好又快发展的优异成绩，迎接新中国成立60周年！

关于内蒙古自治区2008年国民经济和社会发展计划执行情况与2009年国民经济和社会发展计划草案的报告

Report on the National Economic and Social Development for 2008 and the Draft Plan for 2009 in Inner Mongolia

——在内蒙古自治区第十一届人民代表大会第二次会议上

内蒙古自治区发展和改革委员会

受自治区人民政府委托，向大会提出2008年国民经济和社会发展计划执行情况与2009年国民经济和社会发展计划草案，请予审议，并请自治区政协委员和列席会议的同志们提出意见。

一、2008年国民经济和社会发展计划执行情况

过去的一年，在自治区党委的正确领导下，全区各地坚持以科学发展观为指导，认真贯彻党的十七大、十七届三中全会和胡锦涛总书记视察我区的重要讲话精神，全面落实国家扩大内需的各项政策措施，积极支援抗灾保煤、抗震救灾和北京奥运，在国内外经济环境日益趋紧的形势下，全区经济继续较快增长，经济结构进一步优化，民生状况不断改善，各项社会事业全面进步，年初确定的主要目标能够完成或超额完成。

（一）经济继续较快增长。2008年我区经济增长呈现前高后低明显的阶段性特征，前三季度实现生产总值5169.4亿元，增长18.7%。进入第四季度，受全球性金融危机的影响，经济增长明显放缓，预计全年生产总值达到7600亿元以上，增长17.5%左右。其中，第一产业增长8%，第二产业增长21%，第三产业增长14%。

从产业发展看：农牧业得到加强。粮食生产获得大丰收，预计粮食总产量420亿斤，增产58亿斤。畜产品产量稳定增长，前三季度牛奶产量623.2万吨，增长11.9%；肉类总产量120万吨，增长3%。9月份三鹿奶粉事件发生后，我区奶业生产受到较大冲击，目前仍处于恢复期，预计全年牛奶产量912万吨，与上年基本持平；肉类总产量220万吨，增加14万吨。工业经济稳中趋缓。前三季度全区规模以上工业增加值2557亿元，增长29%。受市场需求萎缩和价格下降影响，9月份以后，主要工业产品增长明显放缓，1—11月份规模以上工业实现增加值3185.3亿元，增长26.4%；预计全年规模以上工业实现增加值3400亿元，增长24%；全部工业增加值3620亿元，增长23%。服务业平稳增长。2008年交通运输、批发零售、住宿餐饮三大行业增长率都比上年有明显提高，1—11月份货物发送量增长24%，增幅比上年同期提高1个百分点；批发零售额增长23.6%，提高5.4个百分点；住宿餐饮增长27.9%，提高5.2个百分点。受市场需求不足的影响，从11月份起运输量开始缩减，对全区第三产业发展形成一定影响。预计全年第三产业增加值达到2600亿元，增长14%左右。

从需求方面看：固定资产投资稳步增长。1—11月份全区50万元以上项目完成固定资产投资5333.3亿元，增长28.6%。为应对金融危机，四季度国家采取了加大投资、刺激内需的政策措施，预计全年全社会固定资产投资完成5600亿元以上，增长29%。消费需求增长加快。1—11月份社会消费品零售总额完成2120.8亿元，增长24.3%，增幅比上年同期提高5.4个百分点，预计全年社会消费品零售总额达到2360亿元，增长24%。居民消费价格逐步回落，前11个月累计上涨6.3%，预计全年上涨6%左右。外贸进出口平稳增长。1—11月份外贸进出口总额达到84.3亿美元，增长21%。其中，出口33.5亿美元，增长24.7%；进口50.8亿美元，增长18.8%。预计全年外贸进出口总额达到90亿美元以上，增长18%。

（二）收入水平持续提高。财政收入较快增长。前三季度，地方财政总收入增长40.3%。9月份以来主要工业产品价格下跌，部分工业企业停产限产，对四季度财政收入产生了一定影响，全年地方财政总收入达到1107.3亿元，增加271.8亿元，增长32.5%。其中，地方财政一般预算收入650.6亿元，增加158.2亿元，增长32.1%。城乡居民收入稳步提高。前三季度全区城镇居民人均可支配收入10693元，增长16.9%，四季度各盟市都提高了津补贴水平，预计全年城镇居民人均可支配收入14480元，比上年增加2100元，实际增长11%。前三季度全区农牧民人均现金收入4701元，增长23.4%，增幅比上年同期提高0.5个百分点。2008年粮食生产获得大丰收，农牧业补贴较大幅度增加，预计全年农牧民人均纯收入4650元，比上年增加697元，实际增长11%。

（三）金融业运行总体平稳。11月末全区金融机构人民币贷款余额4397.4亿元，同比增长19.5%；人民币存款余额6213.6亿元，增长27.6%。11月当月新增贷款72亿元，比前两个月分别多增17.2亿元和16.8亿元，表明近期适度

宽松的货币政策开始发挥作用。金融机构在政策导向下积极扶持农牧业和产业升级创新，1—11月份农牧业贷款和技改贷款分别新增107.9亿元和24.1亿元，同比分别多增36.4亿元和29.5亿元。个人消费信贷继续大幅增长，11月末个人消费贷款余额250.8亿元，比年初增加64.6亿元，增长38.3%。

（四）节能减排取得积极进展。从节能方面看，2008年主要高耗能产品增长大幅度回落，前11个月电石产量增长14.8%，比上年同期回落9.4个百分点；铁合金产量增长4.5%，回落22.4个百分点；焦炭产量增长5.6%，回落33.4个百分点。1—11月份全社会用电量增长7.8%，比上年同期回落24.5个百分点。2008年生产总值增长率比上年小幅回落1个多百分点，但煤炭、电力消耗增长大幅回落，预计全年能耗下降5%以上。从减排方面看，2007—2008年已累计关停小火电机组123.4万千瓦，基本完成了大中型火电机组的脱硫改造任务。2008年新建成污水处理厂10个，新增污水处理能力26万吨/日， 污水处理能力达到150万吨/日。预计化学需氧量和二氧化硫排放量分别下降1.44%和2%。

（五）社会建设进一步加强。教育事业全面发展，普通高校招生规模进一步扩大，招生数量达到10.7万人，增长8.1%。中等职业教育能力建设工程和中西部农村初中校舍改造工程建设稳步推进，18所职业学校、29所农村初中校舍建设如期完成。教育资助力度加大，小学和初中教科书补助标准分别提高20元和40元，困难生活补助分别提高200元和300元。基层卫生服务体系建设加强，开工建设了113所苏木乡镇卫生院、33所旗县医院、25所旗县妇幼保健机构、14所旗县中蒙医院、110个村卫生室。各盟市全部出台了城镇居民基本医疗保险试点办法，参保人数达到181.2万人；新型农村牧区合作医疗不断完善，参保农牧民达到1180.5万人，参合率达到94.7%。文化体育事业繁荣发展，实现了奥运金牌零的突破。

（六）民生状况进一步改善。就业再就业政策全面落实，城镇新增就业23.8万人，超额完成全年目标任务。城镇居民最低生活保障标准由上年的每月172元提高到197元，覆盖82.4万城镇居民。农村牧区最低生活保障范围从90.4万人扩大到113.4万人，补助标准农区达到每人每年678元，牧区每人每年740元，三少民族地区每人每年840元。企业离退休人员基本养老金发放标准达到每月1073元，比上年提高105元。廉租房建设进展顺利，开工建设廉租房65万平方米。解决了86.7万人的安全饮水问题和2.5万农牧户通电问题。

在肯定成绩的同时，我们必须清醒地看到，经济社会发展中还面临许多困难和问题：一是经济下行压力加大。受国际金融危机持续蔓延和全国经济增长明显减速的影响，从第四季度开始，我区经济增长明显放缓，工业增速大幅回落，用电负荷急剧下降，企业利润大幅度缩减，下岗失业人员增加。二是结构性矛盾仍然比较突出。农牧业基础仍然比较薄弱，优势特色产业发展不够均衡，第三产业、中小企业和非公有制经济发展相对滞后。三是经济增长方式仍然比较粗放。经济运行的质量还不高，自主创新能力不强，节能减排任务仍然十分艰巨。四是民生状况有待进一步改善。城乡居民收入水平还比较低，经济增长与收入增长还不够协调，食品安全仍需进一步加强。对于这些问题，我们将继续采取措施，逐步加以解决。

二、2009年国民经济和社会发展的主要任务

按照自治区经济工作会议的总体部署，2009年国民经济和社会发展的主要预期目标是：生产总值增长13%，地方财政总收入增长16%，城镇居民人均可支配收入实际增长11%，农牧民人均纯收入实际增长10%，新增城镇就业20万人，城镇登记失业率控制在4.6%以内，单位生产总值能耗下降5%以上，化学需氧量、二氧化硫排放量分别控制在27.9万吨和141.12万吨以内，居民消费价格总水平涨幅控制在4%左右。实现上述目标，关键是要坚持以科学发展观为指导，认真贯彻落实中央扩大内需的一系列政策措施，把保增长作为经济工作的首要任务，抓投资、调结构、促消费，推动经济社会长期稳定可持续发展。

（一）加强基础设施建设，努力扩大投资需求。立足扩大内需，进一步加强农牧业、水利、交通、城建等基础设施建设，保持固定资产投资适度增长。

加强农村牧区基础设施建设。一是促进粮食稳产增产。加快实施优质粮食工程、大型商品粮基地建设工程和旱作农业工程，争取启动百亿斤粮食增产工程。加大粮食储存设施建设和粮食烘干设备投入，增加粮食收储能力。二是加强“菜蓝子”工程建设。继续对奶牛和生猪养殖基地、牛羊育肥基地、马铃薯基地、蔬菜基地建设进行扶持，力争新建标准化奶牛养殖小区400个，标准化生猪养殖小区300个。加强农畜产品质量安全检验检测体系和动物防疫体系建设，确保农畜产品质量安全。三是改善农村牧区生活条件。加快实施安全饮水、通电、通路、沼气建设等各项工程，对450个贫困村实施“整村推进”扶贫，扶贫移民搬迁4.6万人，解决100万人的安全饮水问题和1.3万户农牧民通电问题，建设乡村道路2.4万公里，完成61个邮政营业网点的改造和建设，新增户用沼气10万户。

加强水利工程建设。一是进一步加强黄河、辽河、嫩江防洪工程建设，争取开工建设黄河宁蒙段防洪工程。二是抓好14个大型灌区骨干工程建设，积极推进尼尔基、绰勒水库下游灌区改造项目前期工作，加强牧区饲草料基地建设，力争新增有效灌溉面积200万亩，节水灌溉面积300万亩。三是加快建设病险水库除险加固工程，按时完成国家规划的大中型病险水库除险加固任务。四是加快推进海渤湾水利枢纽、锡林郭勒供水、绰尔河引水等重大调蓄水工程的前期工作。

加强交通基础设施建设。积极推进煤运通道、出区通道、口岸通道、快速客运通道等铁路、公路项目建设和民航机场建设。铁路方面，新开工鄂尔多斯沿河铁路和南部铁路、锡林浩特至二连和通辽至霍林河增建二线等 20 个铁路项目，加快推进准格尔—张家口、通辽—赤峰—北京以及呼包鄂城际快速铁路等重大项目的前期工作，全区铁路建设总规模达到 7000 公里，新增铁路里程 1500 公里，铁路总里程突破 10000 公里。公路方面，建设包头至树林召、阿荣旗至牙克石、通辽至双辽、赤峰至平庄、白音查干至赛汗塔拉高速公路以及锡林浩特至海拉尔一级公路等重点公路项目，全区一级以上公路达到5000公里，公路总里程达到15万公里。民航机场方面，开工建设巴彦淖尔机场，改扩建通辽、鄂尔多斯机场，积极推进霍林河机场和阿拉善通勤航空试点前期工作，建成二连浩特、阿尔山机场。

加强城镇基础设施建设。一是加强城镇供水管网工程建设。重点抓好城市供水设施改造、缺水旗县供水和重点镇供水设施改造和建设工程，新增城镇供水能力15万立方米/日。二是加强城市集中供热管网改造。重点抓好盟市所在地项目建设，全年完成供热管网改造440公里。积极推进大兴安岭林区“以煤代木”集中供热工程前期工作。三是加快实施“城中村”改造工程，力争新开工 26 个“城中村”改造项目，面积13平方公里。

（二）加快调整产业结构，努力推动产业结构优化升级。控制总量，调整结构，淘汰落后，不断增强产业竞争能力和可持续发展能力。

保持能源工业稳定增长。按照控制产能，稳定产量，扩大外送，改善结构的发展思路，保持能源工业稳定增长。煤炭方面重点推进大型煤炭基地建设，新开工胜利东二号露天一期、准格尔魏家峁露天矿等煤炭项目，建设规模 6350 万吨。建成扎哈淖尔露天矿、白音华二号和四号露天矿等煤炭项目，新增生产能力 3090 万吨。电力方面着力推进外送电源和通道项目、城镇热电联产项目、风电项目和城乡电网改造项目。新开工风电装机规模450万千瓦，热电联产规模100万千瓦，新建500千伏输电线路700公里，220千伏输电线路 1020 公里，启动盟市所在地城市电网改造项目，加快实施农网完善工程。

推动产业延伸升级。制定实施重点产业振兴规划，积极调整原材料工业结构，进一步扩大重轨、水泥等适销对路产品的生产，加快包钢重轨生产线改造，建设大型新型干法水泥生产线。继续把发展煤化工作为产业延伸的突破口，推动已批复项目的落地开工，争取开工建设中天合创300万吨二甲醚、克什克腾 46 亿立方米煤制天然气等重点项目。大力发展装备制造和高新技术产业。装备制造业重点发展以兆瓦级发电机及配套的大部件为重点的风机制造业，以综采设备、大型掘进机和液压容器为重点的煤机制造业，以载重汽车、组装车及零部件为重点的汽车制造业。风机制造形成400万千瓦整机生产能力，汽车制造形成3.5万台重型汽车、30万台柴油发动机和 30 万台自动变速器的生产能力。高新技术产业重点发展稀土、生物医药和硅电子产业。加快推进包头稀土新材料高技术产业基地和呼和浩特生物产业基地建设，形成钕铁硼1.5万吨、永磁电机400万台的生产能力。积极发展硅产业，形成6500吨多晶硅、30万吨有机硅的生产能力。加强科技基础设施建设，开工建设内蒙古科技新馆。认真贯彻落实国家《奶业整顿和振兴规划纲要》，支持乳品企业生产恢复和健康发展。

加快发展第三产业。大力发展面向生产的服务业，积极发展面向生活的服务业，拓宽服务领域，健全服务网络，完善服务设施，增强服务功能，实现服务业发展提速、比重提高、结构提升。现代物流业要引进和培育大型物流企业，重点建设包头新奥蒙华、赤峰红山、鄂尔多斯东胜、满洲里和二连浩特口岸国际物流园等一批大中型物流园区。继续实施“万村千乡”市场建设工程，建设一批农家店和农村物流配送中心。旅游业重点加强世界遗产、国家级风景名胜区、自然保护区、历史文化名镇、国家森林公园和地质公园等重点旅游景区建设，加强环渤海九省区旅游合作，加快建设一批年接待游客能力 50 万人以上的国内知名旅游景区。文化产业着力打造草原文化品牌，重点建设呼和浩特大盛魁文化创意产业园、鄂尔多斯文化创意产业园、锡盟蓝旗元上都世界文化产业园、二连浩特恐龙文化产业园等项目。城乡居民服务业继续加强社区公共服务设施、残疾人综合服务设施建设，争取启动实施城镇养老设施建设项目。

（三）加强生态环境建设，努力推进节能减排。进一步落实国家和自治区已经出台的各项政策措施，继续淘汰落后产能，继续控制“两高”行业过快增长，继续加大监督检查力度，进一步强化节能减排的工程性措施，力争单位生产总值能耗和主要污染物排放有较大幅度下降。

加强污水、垃圾处理设施建设。一是加强城镇污水、垃圾处理设施及配套管网建设，力争建成旗县污水处理厂 23 个、垃圾处理场14个。二是加大重点流域水污染治理力度，继续加强辽河、海河、松花江流域污水处理项目建设，启动实施黄河流域水污染治理工程。

大力推进循环经济项目建设。以钢铁、水泥、电石、铁合金、焦炭等工业余热回收为重点，加快实施工业余热利用项目，建成工业余热发电机组 101 兆瓦。加快城镇既有住房节能改造，改造规模达到340万平方米。积极开展煤矿疏干水利用，新增煤矿疏干水利用能力 1.2 亿立方米。以粉煤灰、尾矿和工业废渣利用为重点，加快实施资源综合利用项目，粉煤灰工业综合利用能力达到800万吨。

加强生态重点工程建设。继续抓好退耕还林、退牧还草、京津风沙源治理、天然林资源保护等生态重点工程建设，进一步加强禁牧、休牧、舍饲圈养以及生态移民等保护性措施，力争全年完成1000万亩的造林任务，完成退牧还草3000万亩。实施好巩固退耕还林成果工程，建设基本口粮田 80 万亩，实施生态移民 2.2 万人。加快推进黄土高原地区生态综合治理、四大沙地及沙漠生态综合治理等重大生态工程的前期工作。

（四）加强以民生为重点的社会事业建设，努力扩大消费需求。采取有效措施，切实把更多的财力投入到发展社会事业和改善民生上来，促进经济社会协调发展。

优先发展教育事业。一是进一步调整完善农村牧区义务教育经费保障机制改革，提高农村牧区义务教育阶段中小学生均公用经费基本标准，达到小学生均 390 元/年、初中生均 590 元/年。二是改善义务教育阶段办学条件，继续实施 20 万义务教育阶段校外寄宿生宿舍、食堂建设工程，加快农村牧区初中校舍改造。三是加强中等职业学校教学及实训基地建设，加快发展高中阶段教育，教育投资要向中等职业教育倾斜。四是提高高等教育办学能力，加强高等院校基础设施、重点学科建设，继续实行自治区直属高校银行贷款财政贴息补助政策。五是支持民族教育和特殊教育发展，加大民族学校基础设施建设投入，完成 25 个特殊教育学校基础设施建设。

加强卫生服务体系建设。加快实施自治区卫生服务体系建设规划。一是加强地市级以上中蒙医院建设。加快建设内蒙古蒙医医院，扩建内蒙古干部保健院，建设完成兴安盟、锡林郭勒盟蒙医院和乌海市中蒙医院，开工建设呼伦贝尔市中蒙医院和巴彦淖尔市蒙医院。二是加强农村牧区三级卫生服务网建设。完成 181 个乡镇卫生院、190 个嘎查村卫生室、11 个旗县中蒙医院基础设施建设，为 683 个乡镇卫生院、12 个旗县中蒙医院、38 个旗县妇幼保健机构配置医疗设备。三是启动城市社区卫生服务体系建设。建设完成盟市所在地 70 个社区卫生服务中心。四是继续实施农村基层计划生育服务设施建设。完成 16 个旗县、190 个乡镇计生服务站基础设施建设和 36 个旗县计生服务站流动服务车配备。

加强公共文化设施建设。重点加强农村牧区基层文化基础设施建设，实施广播电视村村通、无线覆盖等工程，新增通广播电视自然村 11633 个。继续加强旗县图书馆和文化馆建设，加快实施盟市以上图书馆、群众艺术馆和博物馆项目，争取启动文物大县博物馆和乌兰牧骑建设项目。加强乡村群众文化设施建设，开工建设 568 个乡镇综合文化站。

积极扩大社会就业。大力发展服务业、中小企业和非公有制经济，发挥其吸纳就业的主渠道作用。一是进一步落实支持服务业发展的各项政策。逐步扩大服务业引导资金规模，重点支持服务业关键领域、薄弱环节和新兴行业发展。逐步落实服务业与工业用电、用水、用气基本同价政策。二是进一步减轻个体私营企业税费负担。提高个体私营企业营业税起征点，减免房产税和土地使用税。三是改善中小企业融资环境。健全地方金融服务体系，加快组建内蒙古发展银行，积极发展面向中小企业的小额贷款公司。加快中小企业信用担保体系建设，扩大担保基金规模，搭建创业投资服务平台。四是继续实施积极的就业政策。建立健全公共就业服务体系，加强就业培训，搞好大中专毕业生就业指导和服务。积极鼓励自主创业和自谋职业，加大对全民创业的政策支持力度，推动以创业带动就业。切实加强就业援助，继续做好对困难群体的就业帮扶工作，启动对农村牧区“零转移”家庭的援助行动。

增加城乡居民收入。改革收入分配制度，调整国民收入分配结构，逐步提高居民收入在生产总值中的比重和劳动报酬在初次分配中的比重，促进收入增长与经济增长相协调。一是增加农牧业补贴。统筹考虑农业生产资料价格和农畜产品价格变动情况，建立农资价格上涨与提高农资综合直补联动机制，增加农资综合直补。进一步扩大良种补贴和农机具补贴范围，提高补贴标准。继续落实已经出台的能繁母猪补贴和政策性保险等各项政策。以财政补贴方式支持“家电下乡”，扩大农村牧区消费规模。二是提高机关事业单位人员津补贴水平。积极创造条件继续提高机关事业单位人员津补贴水平，努力缩小与全国平均水平的差距。加快建立城镇居民物价补贴和机关事业单位工作人员交通、误餐、住房、取暖等补贴制度。三是建立健全企业职工工资正常增长机制。推动建立企业工资集体协商制度，使职工工资与企业效益实现同步增长。加强对企业特别是国有及国有控股企业的指导和监督，缩小企业职工与高管人员的收入差距。

提高社会保障水平。以基本养老、基本医疗和最低生活保障为重点，进一步增加投入，扩大范围，提高标准。按照国家的安排部署，提高企业退休人员养老金补助标准。继续扩大城镇居民基本医疗保险覆盖面，提高农村牧区合作医疗参合率，提高筹资标准。制定和发布城镇低收入家庭资格认定办法，完善城乡居民最低生活保障制度，继续提高城乡最低生活保障补助标准。加大住房保障工作力度。认真落实国家鼓励住房消费的各项政策，大幅度减免涉及商品住房的各项地方性收费。大力实施保障性安居工程，新建廉租住房 135 万平方米，中央下放煤矿棚户区改造 370 万平方米，大兴安岭林区棚户区改造 15 万平方米，继续推进农村牧区危房改造工程。

（五）继续深化改革，努力扩大开放。应对国内国际的新情况新挑战，必须按照中央的总体部署，进一步加快改革开放步伐。

进一步深化改革。一是全面实施增值税转型改革。从 2009 年 1 月 1 日起，对全区所有行业的企业（增值税一般纳税人）抵扣其购进机器设备所含的增值税，减轻企业税负，鼓励企业投资和技术进步。二是积极推进行政事业性收费改革。根据国家已经出台的行政事业性收费改革政策，对全区行政事业性收费项目进行清理，大幅度削减行政事业性收费项目。三是稳妥有序地推进资源性产品价格形成机制改革。建立健全煤炭等矿产资源有偿使用制度和生态环境补偿机制。认真落实国家成品油价税费改革以及天然气价格、供水价格和排污收费等各项改革政策。四是继续深化国有企业改革。积极推动煤炭、电力、钢铁、有色等行业的并购重组。五是按照国家的要求和部署，积极推进医药卫生体制改革和行政管理体制改革。

扩大对内对外开放。一是认真落实国家出口退税政策，在改善进出口产品结构的基础上，促进对外贸易稳定增长，力争全年进出口总额达到100亿美元以上。二是加大招商引资力度，积极承接国内产业转移，提高招商引资质量，引导国内外资金投向装备制造业、高技术产业、现代服务业以及社会事业、资源节约和环境保护等重点领域，外商直接投资达到25亿美元，引进国内（区外）资金达到2200亿元。三是积极实施“走出去”战略。抓住当前国际资源性产品价格大幅回落的时机，进一步加强与俄蒙在资源开发领域的合作，扩大对外投资，增加战略性资源储备。

面对国际国内的严峻形势，保持经济平稳较快增长，防止出现大的起落，是今年经济工作的首要任务。我们要在党中央、国务院和自治区党委的领导下，坚定不移地贯彻落实科学发展观，抢抓机遇，应对挑战，努力保持全区经济平稳较快发展，以优异成绩迎接国庆60周年。

关于2008年预算执行情况和2009年预算草案的报告

Report on the Implementation of Budgets for 2008 and Draft Budgets for 2009 in Inner Mongolia

——在内蒙古自治区第十一届人民代表大会第二次会议上

内蒙古自治区财政厅

受自治区人民政府委托，现将2008年预算执行情况和2009年预算草案的报告提请本次人民代表大会审议，并请自治区政协各位委员提出意见。

一、2008年全区预算执行情况

2008年是自治区全面贯彻落实党的十七大战略部署的第一年，也是实施自治区“十一五”规划承上启下的一年。在自治区党委的正确领导下，各地区、各部门坚持以科学发展观为指导，认真贯彻落实中央各项方针政策和自治区十一届人大一次会议的有关决定和决议，积极应对各种困难和挑战，自治区经济社会发展保持了增长较快、结构优化、民生改善的良好态势，全区及自治区本级预算执行情况良好，圆满完成了2008年预算确定的各项任务和目标。

2008年年初提请人代会审议的全区地方财政总收入预算为1006亿元，根据2008年12月31日汇总的国库数据，2008年全区地方财政总收入入库1107.3亿元，完成年度预算的110%，比上年增加271.8亿元，增长32.5%，其中：一般预算收入650.6亿元，完成年度预算的110.3%，比上年增加158.3亿元，增长32.1%；上划中央税收收入456.7亿元，完成年度预算的109.7%，比上年增加113.5亿元，增长33.1%。

2008年中央财政对我区各类补助收入785.4亿元，比上年增加128.2亿元，增长19.5%，其中：返还性和财力性转移支付454.9亿元，比上年增加50.4亿元；各类专项转移支付330.5亿元，比上年增加77.8亿元。2008年自治区财政下达盟市补助收入739.9亿元，比上年增加194.6亿元，增长35.7%，其中：返还性和财力性转移支付416.4亿元，比上年增加76.2亿元；各类专项转移支付323.5亿元，比上年增加118.4亿元。

汇总全区地方财政一般预算收入、中央补助收入和上年财政结转结余以及调入资金，2008年全区总财力为1664.1亿元，其中：一般预算收入650.6亿元，中央财政各类补助收入785.4亿元，上年财政结转结余以及调入资金等228.1亿元。

2008年年初全区地方财政支出预算为976亿元。根据2008年12月31日汇总的国库数据，2008年全区地方财政支出1455.5亿元，比上年增加373.2亿元，增长34.5%，转入预算稳定调节基金11亿元后，全区地方财政支出完成调整预算的88.1%。2008年全区财政结转结余资金197.6亿元，主要是由于从2008年第四季度开始，国家实施积极的财政政策，中央加大了对我区的转移支付力度，这部分专款下达较晚，导致部分资金未能在当年及时拨付到位。2008年结转资金，将按规定用途陆续拨付，结余资金将由各级政府统筹安排，经法定程序批准后使用。

2008年，自治区本级一般预算收入完成131.8亿元，完成年度预算的113.5%，加上中央各类补助列自治区本级收入以及上年财政结转结余资金等，自治区本级总财力316.3亿元。自治区本级一般预算支出220亿元，比上年增加40.5亿元，增长22.6%，转入自治区本级预算稳定调节基金11亿元后，完成调整预算的73%。2008年自治区本级财政结余结转资金85.3亿元，结余结转较多，主要是由于中央实施积极财政政策下达专项转移支付资金较晚，在本级形成结转，2009年将继续下达盟市或安排本级支出。

与2008年年初预算相比，自治区本级超收15.7亿元，全部为列收列支的专项收入。2008年年初，经人代会批准，自治区从2007年财政结余和超收收入中筹集35亿元转入2008年本级预算稳定调节基金。按照《自治区本级预算稳定调节基金管理暂行办法》的规定，这笔资金重点用于：化解自治区农村牧区义务教育债务6亿元；全区农村牧区公路建设5亿元；森工集团分离办社会自治区承担经费2.6亿元；种植业和养殖业保险保费补贴2.6亿元；困难旗县义务教育阶段学生住宿、食堂建设补助1.5亿元；中央节能减排专项地方配套9000万元等，结余部分转入2009年预算稳定调节基金。盟市、旗县超收收入的使用情况，分别由各级政府向同级人大常委会报告。

上述各类收支数据，在整理期结束和财政部批复决算后，仍有一些变化，届时向同级人大常委会报告。

2008年全区预算执行主要情况是：

（一）财政收入总体增长较快，但增幅呈现前高后低的阶段性特征

2008年，自治区经济总体实现较快增长，经济运行的协调性、可持续性进一步增强，经济结构不断优化，企业效益稳步提升，带动地方财政总收入突破千亿元大关，实现了

新的历史性跨越。特别是几大主体税种增势强劲，促进了财政收入较快增长及收入结构进一步优化。2008 年地方财政总收入中，税收收入 921.1 亿元，占 83.2%，比上年提高 0.5 个百分点。其中，增值税、营业税、企业所得税和个人所得税四大主体税种共实现收入 755.2 亿元，占全区财政总收入的 68.2%。此外，城镇土地使用税、耕地占用税、车船税等地方税以及行政事业性收费、罚没收入等非税收入也都保持了较高的增长速度。在全年财政收入总体保持较快增长的同时，受经济发展周期性变化的影响，财政收入增幅呈现明显前高后低的走势。进入四季度，由于受国际金融危机和国内经济下滑的影响，自治区经济增长明显放缓，税收收入持续下滑，对财政收入增长产生了一定的影响。2008 年第四季度，全区地方财政总收入增幅为 14.4%，比前三季度回落 25.9 个百分点。其中：税收收入增长 13.4%，增幅下降 28 个百分点。

（二）大幅增加财政投入，农牧业发展和农牧民增收成效显著

认真落实中央和自治区两个 1 号文件精神，按照统筹城乡发展的要求，加大对“三农三牧”的投入力度，支持农村牧区改革发展。2008 年全区财政用于农林水、粮油事务及生态建设方面的支出 259.6 亿元，比上年增加 75.2 亿元，增长 40.8%。一是继续加大各项惠农补贴政策的实施力度。落实各类惠农补贴资金 67.6 亿元，增加 23.5 亿元，其中：粮食直补和农资综合补贴 37.6 亿元，领取补贴的种粮农民达到 1285 万人，人均补贴 292 元，并且全区有 57 个旗县区实现了补贴资金“一卡（折）通”发放；退耕还林现金及粮食补助 22.4 亿元，每亩补贴 160 元，补贴面积 1375 万亩；农牧业良种和农牧机具购置补贴 6.3 亿元，对玉米、大豆等六大农作物实施良种补贴面积 2800 万亩，对 95 万头能繁母猪、142 万头奶牛给予补贴，农牧机具购置补贴覆盖所有农牧业旗县。此外，自治区财政筹措资金 2.5 亿元，对受“三聚氰胺奶粉事件”影响严重地区的奶农、奶站及乳品企业给予临时救助和补贴。二是着力改善农村牧区生产生活条件。自治区财政投入农业综合开发资金 7 亿元，改造中低产田 121 万亩，草原建设 89 万亩。拨付水利基础设施建设资金 12.8 亿元，重点解决 86.7 万农牧民饮水安全、73 座病险水库除险加固等。三是积极推动现代农牧业发展。自治区财政累计投入农牧林业产业化资金 4.4 亿元，集中扶持粮油、蔬菜、生猪等主导产业发展，支持林业产业化基地、龙头企业和服务体系建设。投入现代农牧业生产发展资金 1.9 亿元，重点支持玉米、马铃薯和肉羊产业带建设。兑现全区 34 个产粮（油）大县奖励资金 7.7 亿元。各级财政落实农牧业保险费补贴资金 10 亿元，玉米、小麦、大豆等五个品种农作物参保面积达到 4500 万亩，190 多万农户受益；能繁母猪和奶牛养殖参保率稳步提高，约 26 万养殖户受益。四是支持防灾救灾和扶贫开发。及时拨付防灾救灾资金 7.5 亿元，用于灾民生活救助、防凌防汛、动物疫病防治等经费补助。投入扶贫开发资金 8.6 亿元，支持异地移民搬迁、整村推进、产业化扶贫和边境少数民族旗县发展。筹集资金 3.4 亿元，专项用于兴安盟茅草屋改造和乌海市乌达区、包头石拐等采煤沉陷区综合治理和棚户区居民搬迁改造。五是加快生态建设步伐。争取国家生态建设资金 36 亿元，继续完善财政支持天然林保护、退耕还林、退牧还草、森林生态效益补偿等政策，在 36 个旗县启动集体林权制度改革试点。

（三）注重实效，保障和改善民生取得新进展

紧紧围绕 2008 年年初自治区党委确定的为群众办“八件实事”和做好“十项民生工作”的部署，圆满完成财政资金保障任务。2008 年，全区社会保障和就业支出 191.8 亿元，比上年增加 39.8 亿元，增长 26.2%。一是进一步提高城乡居民最低生活保障水平。累计下拨城镇低保资金 12.2 亿元，使 82.4 万人受益，年内两次提高补差水平，人均每月增加 35 元。累计下拨农村牧区农牧民最低生活保障资金 4.9 亿元，年内两次提高补助标准，人均每月提高 20 元，保障了全区 113.4 万贫困农牧民基本生活。二是继续提高企业退休人员养老金水平。落实国家从 2008 年起连续三年提高企业退休人员基本养老金水平的政策，自治区财政累计下拨资金 34.1 亿元，确保全区 94.5 万名企业退休职工养老金月均增加 105 元，人均每月达到 1073 元。三是大力支持就业和再就业。下拨资金 7.3 亿元，加强对 2261 户零就业家庭的扶持力度，妥善解决破产、转制企业职工解除劳动关系的经济补偿问题，进一步完善和落实失业人员、残疾人等特殊群体就业的税收优惠政策。四是改善城镇低保住房困难家庭居住条件。下达专项补助资金 5.1 亿元，继续扩大廉租住房补贴范围，把人均住房建筑面积 13 平方米以下的城镇低保住房困难家庭全部纳入保障范围，受益家庭 9.6 万户。此外，紧急下拨成品油价格财政补贴资金 6.1 亿元，全区共有 5 万辆出租车、7000 多辆城市公交车、近 6000 辆农村客运车辆受益，有效缓解了成品油价格调整对困难群体和公益性行业的影响。

（四）保障重点支出，各项社会事业加快发展

立足于促进基本公共服务均等化，加快教育、科技、医疗卫生、文化等重点社会事业发展。一是保障教育事业优先发展。2008 年，全区教育支出 205.8 亿元，比上年增加 52.3 亿元，增长 34%。调整完善农村牧区义务教育经费保障机制政策，落实保障经费 19.2 亿元，全面提高农村牧区义务教育阶段学生教科书、公用经费、校舍维修费以及寄宿生生活费补助标准，全面免除义务教育阶段学生学杂费，全区 260 万义务教育阶段中小学生全部实行了“两免一补”政策，率先在全国实现了真正意义上的九年制义务教育。完善和落实家庭经济困难学生资助政策、国家奖助学金政策以及高校助学贷款贴息政策，累计拨付资金 5.3 亿元，对 48.3 万名家庭经济困难的普通高校、高等和中等职业学校的学生给予资

助。下达民族教育发展资金4000万元，支持89所民族教育学校改善了办学条件。下拨职业教育发展资金1.1亿元，支持职业教育实训基地建设项目231个。筹集高等教育发展资金5亿元，支持中央与地方共建高校特色实验室17个，对直属高校改善办学条件银行贷款给予贴息补助。二是促进医疗卫生事业发展。2008年，全区医疗卫生支出59.5亿元，比上年增加15.6亿元，增长35.5%。全面推行新型农村牧区合作医疗制度，下达补助资金7亿元，各级财政补助标准由每人每年40元提高到80元，筹资标准达到90元，全区共有1180.5万农牧民受益。进一步扩大城镇居民基本医疗保险试点范围，下达补助资金1.2亿元，各级财政对参保人员的人均补助水平由40元提高到80元，在制度上全面覆盖城镇非从业居民，比全国计划提前两年实现目标。落实资金2.1亿元，妥善解决关闭破产企业退休职工基本医疗保险问题。积极应对“三聚氰胺奶粉事件”，自治区财政筹措资金1660万元，确保医疗救治资金及时拨付到位。三是创新科技投入体制。2008年，全区科技支出15.4亿元，比上年增加6.2亿元，增长66.8%。继续设立科技创新引导奖励资金1.6亿元，重点支持自治区六大优势特色产业和企业自主创新，搭建了融资平台，放大了财政资金功能，有效支持了科技事业的发展。四是推进文体广播事业发展。2008年，全区文化体育与传媒支出30.9亿元，比上年增加3.2亿元，增长11.6%。继续实施广播电视无线覆盖工程、农村牧区电影放映工程，全面实现了20户以上的已通电自然村全部通广播电视、电影放映覆盖100%行政村的目标；对全区77家公益性博物馆、纪念馆、爱国主义教育基地实行免费开放，提前一年实现国家提出的免费开放目标；全力保障奥运火炬在我区的传递和备战全国第十一届运动会经费；完善利益导向机制，全面落实国家计划生育奖励扶助政策，并在12个旗县启动出生缺陷干预项目试点。

（五）加强和改善宏观调控，促进了自治区经济结构优化和经济发展方式转变

贯彻落实中央和自治区宏观调控政策，加大对经济发展薄弱环节和关键领域的投入力度，支持自治区经济结构调整和经济发展方式转变。2008年，全区用于工业商业事务、城乡社区事务等方面的支出327.9亿元，比上年增加100.2亿元，增长44%。一是大力支持节能减排和环境保护，增强经济发展的可持续性。自治区财政累计投入节能减排资金12.3亿元，进一步完善财政奖补政策，鼓励企业节能技术改造和淘汰落后产能；采取以奖代补的方式，支持了58个城镇、82个旗县的污水处理设施和垃圾处理设施配套管网建设；对呼市、包头等5个地区的60万平方米的建筑物实施节能改造。二是支持新型工业化发展。自治区财政投入资金1.5亿元，在煤炭、电力、农畜产品加工等产业集群初具规模的基础上，推动资源型产业延伸升级。投入资金8000万元，以贷款贴息的方式启动“一个产业带动百户中小企业工程”，对13个行业的135个中小工业企业给予贷款贴息支持，带动银行贷款23.7亿元。三是支持服务业发展。累计筹措资金8400万元，重点扶持了城乡现代物流业、中小企业综合服务、“三农”综合服务等领域的服务业示范项目。落实国家免征工商系统“两费”政策，为全区个体工商户减轻负担1亿元，进一步优化了促进个体工商业发展的市场环境。四是支持城市基础设施和小城镇建设，加快“城中村”改造步伐。自治区财政投入城市基础设施和小城镇建设等方面的资金1.4亿元，主要用于重点中心城市道路建设、“城中村”改造奖励等方面。投入口岸基础设施建设资金和运转经费1.8亿元，为发挥我区区位优势、实现以“大通关”促进大发展创造条件。下达边贸转移支付资金1.2亿元，确保国家边贸政策调整的顺利实施。

（六）加大转移支付力度，提高了基层政府基本公共服务保障能力

按照财力与事权相匹配的原则，进一步加大转移支付力度，重点向困难地区、困难基层、困难群众倾斜。一是进一步完善一般性转移支付办法，重新核定了各地标准财政供养人员数；提高了盟市和旗县的最低支出保障标准；新增了革命老区、少数民族转移支付以及旗县种植业和养殖业保险补贴补助。2008年，自治区下达盟市、旗县一般性转移支付126.4亿元，比上年增加45.2亿元，增长55.6%。二是进一步完善激励性转移支付办法，不断提高对经济发展快、收入质量高的地区的补助力度。下达盟市、旗县激励性转移支付43.2亿元，比上年增加14.6亿元，增长51%。三是认真落实中央缓解县乡财政困难奖补政策，完善对县乡政府缩小财力差距、保障重点支出、精简机构和人员的奖补办法。下达缓解县乡财政困难奖补资金19亿元，比上年增加2.8亿元，增长17.1%，基层财政困难状况得到进一步缓解。四是加大对边境旗县、基层政权的补助力度。自治区对19个边境旗县的66个项目、6个盟市的8个一类口岸以及100个旗县区的226个基层政权建设项目，下达专项转移支付资金3.9亿元，比上年增加4750万元，增长14.7%。重点加强边境旗县的基础设施、公益设施建设，保障边境一类口岸正常运转和建设，进一步改善县乡两级政权的办公条件。

（七）稳步推进各项财税改革，初步形成了有利于科学发展的财政体制机制

继续深化各项财政改革，依法理财和科学理财水平有了新的提高。一是贯彻国家税制改革相关措施，认真落实新企业所得税法及相关配套政策；积极争取国家将我区东部盟市装备制造业等八大行业纳入扩大增值税抵扣范围，并豁免相关企业的历史欠税；制定了全区跨省市（含跨盟市）总分机构企业所得税分配办法，从制度上解决了“总部经济”带来的企业所得税转移问题。二是深化部门预算改革，进一步完善基本支出定额标准体系和以人员为核心的基础信息库，夯实预算管理基础；改进和加强政府结余资金和超收收入的管

理，发挥好自治区本级预算稳定调节基金的作用。三是继续推进国库集中支付制度改革，自治区本级和盟市所有一级预算单位以及 89 个旗县实行了国库集中支付制度改革。扩大了公务卡改革试点范围，自治区本级全部一级预算单位和 9 个二级预算单位纳入了公务卡制度改革试点范围。四是继续深化非税收入收缴管理制度改革，自治区本级已有 58 个部门、1088 个基层执收单位纳入改革范围。全区共有 13 个盟市、46 个旗县区实施了非税收入收缴管理制度改革。五是继续扩大政府采购范围和规模，全区政府采购规模达到 133.8 亿元，节约资金 15 亿元，资金节约率 10.1%。六是深化农村牧区综合改革，全区农村牧区义务教育债务 39.2 亿元全部化解完毕，化债工作走在了全国的前列。七是进一步规范公务员津贴补贴，认真落实艰苦边远地区津贴政策和行政事业单位离退休人员的住房补贴政策。八是深化行政事业单位资产管理改革，出台了本级行政事业单位资产处置和收入管理办法；建立了行政事业单位资产管理系统，实现动态监管；在全区范围内推开国有资产产权登记工作。此外，启动了国有资本经营预算编制工作，进一步推开财政政务公开工作。

2008 年财政运行中也存在着一些亟待解决的问题，如：收入结构不尽合理，可用财力比重尚需提高；财政支出进度不均衡，预算执行效率和效能有待提高；财政困难旗县财力仍然薄弱，基层公共服务的财政保障能力还需进一步增强；财政管理不够精细，依法理财、科学理财水平仍需提高；各级政府的债务负担较重，防范和化解财政风险的任务非常艰巨。我们必须高度重视这些问题，通过不断加快发展、深化改革、严肃法纪和规范管理等综合措施，着力加以解决。

二、2009 年预算草案

根据自治区党委、人大对财政经济工作的总体部署，2009 年全区财政收支预算安排的总体要求是：以邓小平理论和“三个代表”重要思想为指导，深入贯彻落实科学发展观，全面贯彻党的十七大、十七届三中全会和中央、自治区经济工作会议精神，按照中央实施积极财政政策的有关要求，扩大政府公共投资，落实国家结构性减税政策，切实减轻企业和居民税收负担，着力扩大国内需求；完善收入分配政策，增加财政补助规模，积极支持就业和再就业，不断提高城乡居民收入水平；优化财政支出结构，严格控制一般性支出，继续加大财政对“三农三牧”、教育、社会保障、节能减排等重点社会事业的投入力度；深化财政改革，完善财税政策，不断提高财政管理科学化、精细化水平；积极发挥财政职能作用，支持推进经济结构调整和经济发展方式转变，促进自治区经济平稳较快发展。

根据自治区宏观经济发展预期以及目前掌握的增值税转型改革、成品油价格和税费改革、取消工商系统“两费”等 100 项行政性收费以及边贸企业增值税政策调整等税费减收因素， 2009 年全区地方财政总收入安排 1285 亿元，比上年实际完成数增加 178 亿元，增长 16%，高于今年地区生产总值预期增幅 3 个百分点，高于全国财政收入增幅 8 个百分点。2009 年全区地方财政支出预算安排 1379 亿元，加上上年结转和预算执行中中央增加的各类补助，2009 年全年实际总支出预计达到 1680 亿元，比上年实际支出增长 15% 以上。

根据《预算法》的规定，各级政府预算由同级人民政府编制，报同级人民代表大会审查批准。下面，重点报告自治区本级预算的安排情况：

根据现行财政体制划定的收入范围和中央明确的补助数额， 2009 年自治区本级财政一般预算总财力安排 759.7 亿元，其中：一般预算收入 129 亿元；中央财力性补助收入 461.7 亿元；中央专项补助收入 163.9 亿元；盟市上解收入 5.1 亿元。

根据收支平衡的原则，2009 年自治区本级财政一般预算总支出安排 759.7 亿元，其中：上解中央支出 1.4 亿元；按政策和体制规定返还和补助盟市 571.7 亿元；本级一般预算支出安排 186.6 亿元，比上年年初预算数增加 36.5 亿元，增长 24.3%。

2009 年自治区本级财政支出预算按经济分类和功能分类分别编制，从不同角度反映政府的支出活动。按经济分类划分，自治区本级一般预算支出安排情况是：基本支出预算安排 75.1 亿元，占 40.2% ；各类专项支出安排 111.5 亿元，占 59.8%。在基本支出预算中，行政事业单位工资福利支出 32.9 亿元，商品和服务支出即公用经费 21.8 亿元，对个人和家庭的补助支出 20.4 亿元。

按功能分类划分，自治区本级一般预算支出主要安排情况是：

——安排基本公共管理与服务支出 36.3 亿元，比上年年初预算增加 4.1 亿元，增长 12.9%。其中专项资金安排 10.6 亿元，主要用于完善计划生育奖励扶助制度，提高对农村牧区及城镇无业人员独生子女父母奖励标准；加大人才开发、培训和引进投入，鼓励高校毕业生到基层工作和锻炼；落实停征工商系统“两费”后工商部门经费保障政策。

——安排公共安全和国防支出 17.5 亿元，比上年年初预算增加 3.9 亿元，增长 28.7%。其中专项资金安排 6.2 亿元，重点用于公检法司基层单位装备购置和改善办案条件；支持政法机关开展各种专项斗争；支持民兵和预备役部队训练；加强消防、公安边防装备和基础设施建设；支持监狱布局调整。

——安排教育支出 26.6 亿元，比上年年初预算增加 5.3 亿元，增长 25.1%，高于经常性财政收入的增长，符合《教育法》规定的增长要求。其中专项资金安排 15.3 亿元，重点用于城市义务教育阶段学生免学杂费补助，适当提高农村牧区义务教育阶段中小学公用经费、维修费和寄宿生生活费等财政补助标准；继续实施义务教育阶段寄宿制学校学生生活用房建设工程；落实家庭经济困难学生资助政策和国家助学贷款政策；支持职业教育基础能力建设和民族教育事业发展；支持高等院校重点学科和重点实验室建设，对自治区直属高等院校银行贷款给予贴息补助。

——安排科学技术支出 4.9 亿元，比上年年初预算增加 1 亿元，增长 26.1%，高于经常性财政收入的增长，符合《科技进步法》规定的增长要求。其中专项资金安排 4.1 亿元，主要用于继续设立科技发展创新引导奖励资金和自然科学基金；保障自治区重大科技专项顺利实施；支持保护知识产权；鼓励企业加大新材料、新能源、节能环保等方面的研发投入。

安排文化体育与传媒支出 4.4 亿元，比上年年初预算增加 6249 万元，增长 16.4%。其中专项资金安排 2.2 亿元，主要用于推动民族文化建设，支持文化体制改革；实行全区博物馆、纪念馆免费开放；继续实施广播电视“无线覆盖”工程、文化信息资源共享工程和农村牧区电影放映工程；支持备战全国第十一届运动会和全民体育健身工程。

——安排社会保障和就业支出 27.1 亿元，比上年年初预算增加 6.7 亿元，增长 32.8%。其中专项资金安排 14 亿元，重点用于继续提高企业退休人员基本养老金待遇，落实人均月增加 105 元的政策；提高城乡居民最低生活保障补助标准，平均每人每月分别提高 30 元和 15 元；提高优抚对象等人员抚恤和生活补助标准；扩大廉租住房补贴范围；落实促进就业再就业的各项财税扶持政策，继续安排下岗职工再就业小额贷款风险补偿等资金；支持城镇社区建设。

——安排医疗卫生支出 10.2 亿元，比上年年初预算增加 2.1 亿元，增长 26.5%。其中专项资金安排 5.9 亿元，重点用于全面实行新型农村牧区合作医疗制度，将农牧民参合率提高到 95%以上；扩大城镇居民基本医疗保险覆盖范围，实际参保人数达到 380 万人以上；支持城乡公共卫生服务体系建设；加大城乡医疗救助补助水平；妥善解决关闭破产国有企业退休人员基本医疗保险问题。

——安排环境保护和城乡社区事务支出 9 亿元，比上年年初预算增加 3.1 亿元，增长 52.5%。其中专项资金安排 8.6 亿元，主要用于采用以奖代投的方式，支持重点中心城市维护建设和新建城镇污水处理厂管网建设；支持既有建筑节能改造以及企业淘汰落后产能和节能技术改造；加大环境三大体系能力建设和污染源普查、土壤调查；支持城镇建设规划、维护以及“城中村”改造奖励。

——安排农林水事务支出 17.8 亿元，比上年年初预算增加 6.4 亿元，增长 55.5%，高于经常性财政收入的增长，符合《农业法》规定的增长要求。其中专项资金安排 16.1 亿元，主要用于支持粮油、奶业、生猪等生产稳定发展，确保粮食安全和农畜产品有效供给；加强农村牧区饮水安全、小型农田水利等基础设施建设；落实扶贫开发、农业综合开发及现代农业发展项目配套资金；加大种植业和奶牛保险保费补贴力度；推进边境旗县生态移民工程；扩大农村牧区公益事业“一事一议”财政奖补试点范围；扩大支农资金整合以奖代补试点范围。

——安排交通运输、粮油物资储备等事务支出 14 亿元，比上年年初预算增加 9340 万元，增长 6.9%。其中专项资金安排 13.4 亿元，主要用于落实企业优惠政策，鼓励企业扩大投资；支持工业重点项目建设，鼓励承接发达地区工业项目转移，扶持中小企业发展壮大。促进现代物流、旅游等服务业发展；扶持边贸经济发展，加强口岸基础设施建设。继续安排粮食风险基金及粮食挂账利息等各类政策性补贴资金。

——安排其他支出 18.8 亿元，比上年年初预算增加 2.4 亿元，增长 14.6%。其中专项资金安排 15.1 亿元，主要包括预算内基本建设投资 8 亿元，增加 8000 万元；行政事业单位退休人员住房补贴 5500 万元，增加 1000 万元；政府预备费 3 亿元，增加 1 亿元；国庆六十年专项经费 2000 万元。

三、坚持依法理财，强化科学管理，确保圆满完成 2009 年预算

2009 年，自治区经济社会发展面临的国际国内环境十分严峻，为了确保圆满完成 2009 年预算，将在统筹兼顾的基础上，全面加强财政科学化、精细化管理，重点抓好以下工作：

（一）积极筹措配套资金，落实好进一步扩大内需促进经济增长的政策措施

根据国际金融危机蔓延和国内经济下行压力加大的宏观经济发展状况，今年要把贯彻落实中央扩大内需的政策措施和保障自治区经济平稳较快增长，作为财政工作的重要任务来抓。认真贯彻落实国家实施积极财政政策的决策部署，通过调整年初预算安排的各类专项资金结构与中央投资进行对接等项措施，落实中央扩大内需投入的配套资金，全力争取中央专项投资，加大对民生工程、基础设施和生态环境等方面的投入，增强自治区经济发展的后劲。同时，积极引导社会资金投向政府鼓励的项目和符合国家产业政策的领域。落实国家刺激经济的一系列结构性减税政策，全面实施消费型增值税，继续执行好提高个人工资薪金所得减除费用标准、暂免征收储蓄存款利息所得税、降低住房交易税费等政策措施，切实减轻企业和居民负担，促进企业扩大投资需求，增强居民消费能力，拉动自治区经济增长。

（二）加强收入管理，确保完成今年收入目标

2009 年将是财政十分困难的一年，预计全区及本级财政收入增幅将明显回落。为此，在大力支持经济发展、做大经济“蛋糕”的基础上，要支持税务部门依法加强税收征管，严格控制减免税，做到应收尽收，确保财政收入持续稳定增长。积极消化增值税转型、边境贸易税收政策调整、取消工商系统“两费”等税费减收政策的影响，对财政收入完成情况实施动态监控管理。贯彻落实成品油价格和税费改革政策，积极争取中央转移支付，加大对我区公路建设的投资力度。进一步完善政府性基金和非税收入管理，优化财政收入结构，全面清理取消不合理的收费和基金项目，推行行政事业收费和罚没收入与执收执罚单位利益彻底脱钩的财政预算管理办法。

（三）加快财政支出进度，提高预算执行效率

在充分挖掘增收节支潜力的同时，加快预算支出进度，保证重点支出需要。按照财政部的要求，建立分工明确、职责清晰的部门预算责任制度，各部门承担预算执行的主体责任，财政部门承担预算执行的监管责任。对财政部文件已预通知的专项资金，在中央指标下达前，可以先行拨付，确保项目尽早发挥效益。对于自治区本级安排的专项资金，要按照自治区政府出台的《自治区本级财政专项资金管理暂行办法》（内政字〔2004〕155 号）的规定，各部门应严格按照时间进度拨付资金。农、林、水等受季节影响较大的专项资金必须于当年 4 月底以前下达；其他专项资金必须于当年 8 月底以前下达；生态、扶贫、救灾及应对突发性事件的专项资金应及时下达。要加强与税务部门的沟通，提前测算和安排超收收入，确保超收资金在当年发挥效益。此外，财政部门要加强对预算执行进度的动态监控，对进度明显偏慢的支出，在下年度安排预算时要从严控制。

（四）采取多种有效的财政保障方式，不断提高民生保障水平

从 2007 年开始，自治区党委连续三年提出为群众办实事和实施民生工程的安排部署，每年都有新变化、新突破，惠及全区 1000 多万群众。今年，自治区财政将多渠道筹措资金 62.5 亿元，比上年增加 17.6 亿元，全力完成自治区党委确定的为群众办好“十件实事”和重点实施“十项民生工程”的资金保障任务。财政部门将围绕推进公共财政制度建设，积极探索有效的财政保障方式，建立健全保障和改善民生的长效机制。积极争取中央扩大内需专项资金，加快资金拨付进度，重点加大对“三农三牧”、教育、医疗卫生、社会保障、保障性安居工程等民生领域的投入，切实解决涉及群众利益的难点热点问题。合理安排结余资金和超收收入，重点用于解决民生问题以及消化历史欠账。按照《自治区本级预算稳定调节基金管理暂行办法》的规定，适当提高从探矿权、采矿权使用费及价款收入中筹集预算稳定调节基金的比例，加大对民生工程的投入力度，充分发挥预算稳定调节基金促进经济社会平稳协调发展的积极作用。全面落实促进下岗失业人员再就业、加快廉租住房和经济适用房建设、取消 100 项行政事业性收费等保障民生的税费优惠政策，促进民生保障水平不断提高。

（五）完善转移支付办法，促进地区间基本公共服务均等化

以缩小地区间财力差距和促进城乡居民收入提高为重点，按照中央关于建设主体功能区和建立县级基本财力保障机制的政策要求，结合自治区实际，进一步完善转移支付制度，加大对财政困难旗县、边境旗县、少数民族聚居旗县和革命老区旗县的一般性转移支付力度，逐步实现县级财政由“保工资、保运转”向“保工资、保运转、保民生”转变，促进地区间基本公共服务均等化。继续完善激励性转移支付办法，妥善处理发展与受益的分配关系，调动各地增收的积极性。认真落实中央缓解县乡财政困难奖补政策，完善对县乡政府缩小财力差距、保障重点支出、精简机构和人员的奖补办法，建立健全县级基本财力保障机制。及时制定成品油价格和税费改革及边贸政策调整转移支付办法，确保改革顺利推进。

（六）深化财政改革，提高依法理财和科学理财水平

继续推进部门预算改革，合理调整、规范现行定员定额标准体系，开展实物费用定额试点工作；完善事业单位经费保障方式改革；规范专项资金分配方式，进一步提高预算编制的完整性，同时加强项目支出预算的细化工作；逐步扩大财政支出绩效考评范围，研究考评结果公示制度；加快推进盟市、旗县部门预算改革，确保“十一五”期末旗县级以上单位都实行比较规范的部门预算。继续完善财政管理体制，着重研究自治区直接管理县的财政管理体制改革，增强县乡政府提供公共服务的能力。深化国库集中支付制度改革，将本级所有基层预算单位纳入改革范围，在全区所有旗县实行国库集中支付；扩大公务卡改革试点范围，在自治区本级所有预算单位和盟市一级预算单位推行公务卡制度，并在旗县区启动试点工作。加快非税收入管理改革，完善彩票公益金、罚没收入等非税收入征缴制度，严格实行“收支两条线”管理；在全区所有旗县推开非税收入收缴管理制度改革。加强行政事业单位资产管理，研究制定资产配置标准和购置管理办法；继续实行行政事业单位国有资产出租出借收入和处置收入“收支两条线”管理，并逐步纳入预算管理。进一步扩大政府采购范围和规模。严格执行政府性债务举借计划审批制度，坚决制止随意举债行为。深化收入分配制度改革，实施义务教育教师绩效工资，推进事业单位收入分配制度改革。继续开展国有资本经营预算试点。

（七）加强财政监督，进一步提高财政工作的透明度

进一步明确财政资金监管责任，从制度上划清财政部门、主管部门和具体用款单位之间的责任。健全覆盖所有政府性资金和财政运行全过程的监督机制，强化事前和事中监督，促进监督与管理的有机融合。重点加强对政府投资的监督检查和投资评审，做到日常监管与专项检查相结合，坚决查处挤占、挪用、截留资金的行为，保障资金使用的安全、合规、有效，确保中央宏观调控政策有效落实。自觉接受自治区人大常委会对本级预算重点支出、超收收入以及上级财政资金安排使用情况的审查工作。积极配合审计部门的审计监督，坚决查处违反财经纪律的行为，进一步规范财政资金分配，提高财政管理水平。完善财政民主决策机制，积极推

行政务公开，将涉及人民群众切身利益的资金分配和使用情况向社会公开，主动接受社会各界的监督。加快金财工程建设，充分发挥现代科技和信息手段对强化财政管理的作用。

各位代表，今年是新中国成立六十周年，也是推进“十一五”规划顺利实施的关键一年。我们要深入贯彻落实科学发展观，按照自治区党委的决策部署和本次会议对财政工作提出的各项要求，充分利用有利条件，积极克服各种困难，努力完成 2009 年预算收支任务，为促进自治区经济社会又好又快发展做出更大的贡献。

内蒙古自治区
2008年国民经济和社会发展统计公报
Statistical Bulletin of the National Economic and Social Development in Inner Mongolia for 2008

内蒙古自治区统计局

（2009年2月26日）

2008 年，全区各族人民在自治区党委、政府的正确领导下，以邓小平理论和“三个代表”重要思想为指导，深入学习实践科学发展观，努力构建社会主义和谐社会。在国际金融危机不断加剧的形势下，我区各地沉着应对，认真贯彻执行国家出台的扩大内需的政策措施，努力变挑战为机遇，国民经济呈现增长较快、物价涨幅回落、民生状况改善、结构优化、社会和谐稳定的良好态势，社会各项事业全面进步。

一、综　　合

初步核算，全年生产总值 7761.8 亿元，按可比价格计算，比上年增长 17.2%。其中，第一产业增加值 906.98 亿元，增长 7.5%；第二产业增加值 4271.03 亿元，增长 20.5%；第三产业增加值 2583.79 亿元，增长 15.5%。第一产业对经济增长的贡献率为 5%，第二产业对经济增长的贡献率为 61.4%，第三产业对经济增长的贡献率为 33.6%。全区生产总值中一、二、三次产业比例由上年的 12.5：51.8：35.7 调整为 11.7：55.0：33.3。按常住人口计算，全年人均生产总值 32214 元，比上年增长 16.7%，按年平均汇率折算达 4638 美元。

全年居民消费价格总水平比上年上涨 5.7%。其中，食品类价格上涨 14.7%，居住类价格上涨 6.3%，其它消费品和服务类价格均略有上涨或保持稳定。工业品出厂价格和原材料、燃料及动力购进价格分别比上年上涨 12.5%和 11.7%，固定资产投资价格上涨 8.1%，农产品生产价格上涨 11%。[详见附表 1]

年末全区就业人员 1103.07 万人，比上年末增加 21.54 万人，增长 2%。其中，城镇单位就业人员 414.68 万人，比上年末增加 31.19 万人，增长 8.1%。全年领取再就业优惠证的下岗失业人员再就业 14.38 万人，比上年减少 0.92 万人。年末城镇登记失业率为 4.1%，比上年末提高 0.1 个百分点。

全年完成地方财政总收入 1107.31 亿元，其中地方财政一般预算收入 650.64 亿元，分别比上年增长 32.5%和 32.1%。全年地方财政支出 1455.48 亿元，比上年增长 34.5%。其中，社会保障和就业支出 191.82 亿元，比上年增长 26.2%；医疗卫生支出 59.46 亿元，增长 35.5%；教育支出 205.84 亿元，增长 34%。

国民经济和社会发展中存在的主要问题是：经济结构性矛盾依然突出，产业结构调整步伐和升级步伐相对滞后；受需求萎缩和部分产品价格大幅下降的影响，经济增长下行压力增大，亏损企业数量有所增加，亏损企业亏损情况较为严重；受我区产业结构趋于重型化的制约，能源消耗水平依然偏高；城乡居民收入增长与经济增长的协调性仍需加强；就业形势相对比较严峻等。

二、农　　业

全年农作物种植面积 686.08 万公顷，比上年增加 9.93 万公顷。其中，粮食作物种植面积 525.45 万公顷，比上年增加 15.27 万公顷。全年粮食总产量 2130.23 万吨，创历史最高水平，比上年增产 319.16 万吨，增长 17.6%。其中，玉米、大豆和薯类产量分别增长 21.5%、23.8%和 26.4%。全年油料产量 117.54 万吨，增长 48%；甜菜产量 170.04 万吨，增长 43.4%；蔬菜产量 1360.84 万吨，增长 6.5%；水果（含果用瓜）产量 238.16 万吨，增长 15.4%。

牧业年度全区牲畜存栏头数达 10677.2 万头（只），比上年同期下降 1.6%；牲畜总增 6162.89 万头（只），牲畜总增率达 55.8%。牧业年度良种及改良种牲畜总头数 9965.47 万头(只)，比重为 93.3%，比上年同期下降 0.11 个百分点。全年肉类总产量 219.37 万吨，比上年增长 6.3%；牛奶产量 912.2 万吨，增长 0.3%；山羊绒产量 6890 吨，增长 3%；禽蛋产量 45.5 万吨，增长 9.1%；水产品产量 9.82 万吨，增长 4.9%。[详见附表 2]

林业全年完成营造林面积 71.86 万公顷，造林成活率达 85%。其中，人工造林 37.73 万公顷，飞播造林 5.74 万公顷，封山育林 28.39 万公顷。全年完成退耕还林和荒山荒地造林面积 15.5 万公顷，完成天然林资源保护工程造林面积 11.9 万公顷，完成京津风沙源治理工程造林面积 20.21 万公顷，完成“三北”防护林四期工程造林面积 7.22 万公顷，幼林抚育（作业）面积 70.73 万公顷。年末全区森林面积 2050.67 万公顷，森林覆盖率达 17.57%。林业系统自然保护区个数达到 132 个，保护区面积 944.02 万公顷，被保护的物种达到 3430 种。全年实现林业产业产值 199 亿元，其中营林产值 86 亿元。林业产业增加值 105 亿元。

年末全区农牧业机械总动力 2779.44 万千瓦，比上年增长 25.8%；机耕地面积 523.33 万公顷，增长 0.9%；机电井数量 39.31 万眼，增长 2.1 %；年内新增农田有效灌溉面积 7.64 万公顷，新增节水灌溉面积 21.54 万公顷，分别比上年增长 11.5%和 17.6%；全年农村牧区用电量 36.50 亿千瓦时，增长7%；化肥施用量（折纯）154.10万吨，增长10.1%。全年综合治理水土流失面积1024.78万公顷，比上年增长3.5%。

三、工业和建筑业

全年全部工业增加值3798.6亿元，比上年增长23.1%。其中，规模以上工业企业完成增加值3450.25亿元，比上年增长24.5%。在规模以上工业企业中，国有企业增加值增长15.5%，集体企业增加值增长44.9%，股份合作企业增加值增长15.7%，股份制企业增加值增长25.6%，外商及港澳台投资企业增加值增长16.2%，其它经济类型企业增加值增长90.2%。在规模以上工业企业中，轻工业增加值619.82亿元，增长15.1%；重工业增加值2830.43亿元，增长26.9%。

全年规模以上工业新产品产值83.3亿元，比上年增长6.5%；出口交货值217.69亿元，比上年增长15.9%。能源、冶金、化工、装备制造、农畜产品加工业和高新技术六大优势特色产业增加值占90%以上，成为拉动工业生产快速增长的主要动力。原煤、发电量、粗钢和钢材产量分别比上年增长30.2%、11.5%、18.6%和16.2%，载货汽车增长58.9%，其他主要工业产品产量均有不同程度增长。[详见附表3]

2008年1-11月，全区规模以上工业企业主营业务收入7503.88亿元，比上年同期增长43.3%；实现利润614.68亿元，比上年同期增长40.7%。其中，国有及国有控股企业实现利润232.39亿元，同比增长28.5%；规模以上工业亏损企业亏损额57.74亿元，同比增长1.5倍。全年规模以上工业企业产品销售率97.2%，比上年下降0.2个百分点。

全年建筑业增加值472.43亿元，比上年增长3.7%。全区具有建筑业资质等级的建筑施工企业778个，比上年增加30个；施工企业房屋建筑施工面积5168.79万平方米，比上年增长4.5%；竣工房屋面积2984.98万平方米，增长1.9%；房屋建筑竣工率57.8%。全年具有建筑业资质等级的建筑企业实现利润42.59亿元，比上年增长26%；实现税金28.25亿元，比上年下降1.4%。

四、固定资产投资

全年全社会固定资产投资总额5596.45亿元，比上年增长27.1%，增幅比上年回落2.2个百分点。其中，城乡50万元以上项目完成固定资产投资5516.04亿元，增长27.4%。从投资主体看，国有经济单位投资2115.29亿元，增长22.3%；集体单位投资64.32亿元，增长34.2%；个体投资100.7亿元，增长13.9%；其他经济类型单位投资3316.14亿元，增长30.6%。按项目隶属关系分，地方项目完成投资4791.31亿元，增长22.9%；中央项目完成投资805.14亿元，增长58.7%。

在全区固定资产投资中，第一产业投资251.5亿元，增长67%；第二产业投资2916.9亿元，增长30.1%；其中，工业投资2881.76亿元，增长29.8%；第三产业投资2428.05亿元，增长20.7%。从城乡看，城镇固定资产投资5448.91亿元，比上年增长27.1%；全年房地产开发投资736.08亿元，比上年增长47%；其中，经济适用房投资69.16亿元，增长1倍；农村固定资产投资147.54亿元，增长25.2%；其中，非农户投资67.13亿元，增长55.6%。从主要行业投资看，农林牧渔业投资251.50亿元，增长67%；电力、燃气及水的生产和供应业投资753.7亿元，增长12.3%；交通运输、仓储及邮政业投资543.68亿元，增长4%；水利、环境和公共设施管理业投资413.75亿元，增长20%。

全年新开工项目8189个，在建项目投资总规模12206.80亿元，分别比上年增长8.1%和23.1%。在全区城乡50万元以上项目固定资产投资中，全部建成投产项目6756个，项目建成投产率68.2%；新增固定资产2873.49亿元，固定资产交付使用率52.1%。新增主要生产能力有：水泥458万吨，发电机组容量922.3万千瓦。城镇住宅施工面积6902.39万平方米，比上年增长25.5%；城镇住宅竣工面积1932.03万平方米，比上年下降16.2%；其中，经济适用房129.89万平方米，下降5.4%。商品房竣工面积1694.07万平方米，比上年下降7.6%；商品房销售面积2141.01万平方米，增长2.6%；农村牧区竣工住宅面积621万平方米，增长4.2%。

五、国内贸易

全年社会消费品零售总额2363.33亿元，比上年增长24.1%，高于上年4.7个百分点。分城乡看，城市消费品零售额1626.92亿元，增长25%；县的消费品零售额464.73亿元，增长23%；县以下消费品零售额271.68亿元，增长21%。分行业看，批发零售贸易业零售额1849.13亿元，增长23.4%；住宿和餐饮业零售额462.16亿元，增长27.7%；其他行业零售额52.04亿元，增长19.1%。

消费品市场呈现两大亮点：一是消费结构呈现积极变化，汽车、居住、家庭装饰等消费不断扩大，汽车类零售额增长28.8%；家电和通讯类消费品升级步伐加快，家用电器和音像器材类增长19.8%。二是我区作为国家“家电下乡”的试点省区市之一，有力带动了全区农村牧区的消费市场。全年县及县以下实现零售额比上年增长22.3%，比上年加快5.1个百分点。

六、对外经济

全年海关进出口总额89.33亿美元，比上年增长15.4%。其中，出口总额35.79亿美元，增长21.6%；进口总额53.54亿美元，增长11.6%。从主要贸易方式看，一般贸易进出口额达48.67亿美元，占54.5%，比上年增长12.1%；边境小额贸易进出口额达34.99亿美元，占39.2%，比上年增长16.5%。

全年新批准外商直接投资企业125家，实际利用外商直接投资26.51亿美元，比上年增长23.4%。年内全区在工商部门注册的“三资”企业923家。

全年共签订国外工程承包、劳务合作及境外投资协议合同金额1.82亿美元，完成营业额7110万美元。

七、交通、邮电和旅游业

全年各种运输方式完成货运量132227.72万吨，比上年增长28.5%。其中，铁路37464.64万吨，增长26.5%；公路

94762万吨，增长29.3%；民航1.08万吨，下降39.7%。全年各种运输方式完成货物周转量2558.67亿吨公里，比上年增长20.6%。其中，铁路1901.67亿吨公里，增长16.7%；公路656.9亿吨公里，增长33.5%；民航0.1亿吨公里，与上年持平。全年各种运输方式完成客运量44847.08万人，增长15.6%。其中，铁路3898.44万人，增长11.7%；公路40773万人，增长16.4%；民航175.64万人，下降30.5%。全年各种运输方式完成旅客周转量431.95亿人公里，比上年增长14.5%。其中，铁路154.77亿人公里，增长14.9%；公路260.16亿人公里，增长18.5%；民航17.02亿人公里，下降25.6%。年末民用汽车保有量169.99万辆，比上年增长15.2%。其中，私人轿车保有量62.52万辆，增长30.8%。

全年邮电业务总量（2000年不变价）455.88亿元，比上年增长22.3%。其中，电信业务总量444亿元，增长21.6%；邮政业务总量11.88亿元，增长10.3%。年末（本地电话）局用交换机总容量729万门，下降3.1%。年末本地网固定电话用户462万户，下降12%。其中，城市电话用户388万户，下降5.6%；乡村电话用户74万户，下降35.1%。年末移动电话用户1344万户，增长28.4%。年末全区固定及移动电话用户总数达到1806万户，比上年末增加234万户。全区电话普及率（包括固定和移动电话）达到75.41部/百人，增长14.5%。年末全区互联网络用户136万户，下降3.5%。

全年实现旅游总收入468.85亿元，比上年增长20%。其中接待入境旅游人数154.93万人次，增长3.7%；旅游外汇收入5.77亿美元，增长5.9%。国内旅游人数3198.68万人次，比上年增长10%；国内旅游收入429.5亿元，增长22.4%。

八、金融、证券和保险业

年末全区金融机构各项人民币存款余额6341.03亿元，比上年末增加1387.12亿元，增长28%。其中，企业存款余额1752.62亿元，比上年末增加387.82亿元，增长28.4%；储蓄存款余额3211.66亿元，比上年末增加669.74亿元，增长26.4%。年末全区金融机构各项人民币贷款余额4527.86亿元，比上年末增加878.70亿元，增长23.3%。其中，短期贷款余额1776.29亿元，比上年末增加308.06亿元，增长20.2%；中长期贷款余额2589.72亿元，比上年末增加534.27亿元，增长25.3%；个人消费贷款余额256.86亿元，比上年末增加72.98亿元，增长37.6%。全区金融机构现金收入18905.61亿元，现金支出19152.98亿元，均比上年增长6.7%；收支相抵，货币净投放247.37亿元，比上年增长4.6%。

2008年末，全区证券公司开户数已达47.1万户，比上年末增加7.93万户，增长20.2%；受股市震荡调整等因素影响，证券交易额为2528亿元，比上年下降33.3%。

全年保险业实现保费收入141.35亿元，比上年增长44.6%，比上年提高8.7个百分点。其中，财产险实现保费收入53.59亿元，增长43.5%；人身险实现保费收入87.75亿元，增长45.3%。全年保险业赔款与给付支出43.52亿元，增长35.1%。其中，财产险赔款26.52亿元，增长37.3%；人身险赔付17亿元，增长31.8%。

九、教育和科学技术

年末全区共有普通高等学校39所，比上年增加3所；全年招收学生10.71万人，比上年增长8.1%；年末在校学生31.67万人，比上年末增长11.5%，其中，少数民族在校学生9.81万人，在少数民族在校学生中有蒙古族8.63万人，分别增长14.5%和23.4%；全年毕业学生7.36万人，增长10.1%。年末全区有研究生培养单位9个，全年招收研究生3784人，比上年增长7%；年末在校研究生10722人，比上年末增长8.4%，其中，少数民族在校研究生3831人，在少数民族在校研究生中有蒙古族研究生3382人，分别增长14.1%和11.6%。年末有中等职业教育学校300所，比上年增加24所；招收学生10.63万人，比上年下降6.8%；年末在校学生26.93万人，比上年末增长1.6%，其中，少数民族在校学生4.79万人，增长1.6%；全年毕业学生7.49万人，增长20.6%。年末有普通高中324所，全年招收学生18.16万人，比上年下降2.3%；年末在校学生54.11万人，比上年末下降3.6%，其中，少数民族学生14.59万人，少数民族学生中有蒙古族学生12.48万人；全年毕业学生18.76万人，增长10.3%。年末有普通初中990所，全年招收学生27.25万人，比上年增长8.4%；年末在校学生87.54万人，比上年末下降7%，其中，少数民族学生21.13万人，少数民族学生中有蒙古族学生18.37万人；全年毕业学生31.13万人，比上年下降3.4%。全区初中阶段毛入学率99.85%，比上年提高5.7个百分点。年末有小学3605所，全年招收学生25.02万人，比上年下降3.8%；年末在校学生155.27万人，比上年末下降2%；年末毕业学生27.21万人，比上年增长8.2%。全年小学适龄儿童入学率99.73%，基本与上年持平。全区幼儿园在园幼儿30.69万人，比上年增长5.7%。

全年共取得重大科技成果237项，其中，基础理论成果36项，应用技术成果199项，软科学成果2项。全年专利申请2221项，授权专利1328项，分别比上年增长10.2%和1.1%；年内签订各类技术合同1068项，技术合同成交金额9.4亿元。其中向区外输出技术成交金额1.8亿元。

年末全区拥有产品质量检验机构680个，比上年增加131个。其中国家检测中心3个。

十、文化、卫生和体育

年末全区有艺术事业机构148个，从业人员5767人，分别比上年增长0.7%和2.2%；艺术表演团体109个，其中乌兰牧骑68个。年末全区有电影事业机构912个，从业人员3679人；全年生产故事片3部，制作蒙语译制片32部。年末拥有各类电影放映单位810个。拥有文化馆102座，公共图书馆113座，博物馆37座，档案馆140座，已开放各类档案160万卷。年末全区拥有广播电台13座，中短波广播发射台和转播台57座，广播人口覆盖率94.05%，比上年提高1.07个百分点；拥有电视台14座，一千瓦以上电视发射台和转播台92座，电视人口覆盖率92.72%，比上年提高

1.28 个百分点；年末全区有线电视用户 282.91 万户，比上年增长 8.6%。自治区和盟市两级全年出版报纸 34976 万份，其中蒙文版 1547 万份；出版各类期刊 1426 万册，其中蒙文版 134 万册；出版图书 7140.47 万册，其中蒙文版 934 万册。

年末全区共有卫生机构 7966 个，比上年增加 113 个。其中，医院 479 个，农村牧区卫生院 1325 个，疾病预防控制机构 140 个，妇幼卫生机构 114 个，专科疾病防治院（所）54 个。年末全区医疗卫生单位拥有病床 7.4 万张，比上年增长 0.2%。其中，医院拥有病床 5.26 万张，乡镇卫生院拥有病床 1.31 万张，妇幼卫生机构拥有病床 0.24 万张。年末全区拥有卫生技术人员 10.62 万人。其中，医院拥有 5.84 万人，乡镇卫生院拥有 1.72 万人，疾病预防控制机构拥有 0.57 万人，妇幼卫生机构拥有 0.47 万人；执业医师、助理医师 4.9 万人，注册护士 3.12 万人，均比上年有所增加。农村牧区卫生事业不断加强，拥有农村牧区村级卫生室 1.56 万个，拥有乡村医生和卫生员 1.67 万人，分别比上年增长 3.8%和 1.9%。年内开展新型农村合作医疗试点的旗县达到 95 个，覆盖农村牧区人口 1434.4 万人，其中，实际参加农村合作医疗的农牧民 1180 万人，比上年增长 6.5%。

年内全区体育健儿在国内外重大竞赛中获奖牌 1448 枚。其中，国外获奖牌 14 枚。张小平获得北京奥运会拳击比赛冠军，实现了我区在奥运会历史上奖牌零的突破。国内获奖牌 1434 枚，破自治区记录 3 项。

十一、环境保护

全区确定的自然保护区 196 个，比上年增加 4 个。其中，国家级自然保护区 23 个，自治区级自然保护区 60 个。自然保护区面积 1386.33 万公顷，其中国家级自然保护区面积 387.52 万公顷。全区拥有生态示范区 25 个。年末全区环境保护系统拥有职工 5205 人，比上年末增长 17.5%；年末全区拥有各级环境监测站 97 个，环境监测人员 1362 人。全区监测的 15 个城市空气质量达到二级标准的 10 个，达到三级标准的 5 个。

十二、人口、人民生活和社会保障

全年出生人口 23.63 万人，人口出生率 9.81‰；死亡人口 13.34 万人，人口死亡率 5.54‰；人口自然增长率 4.27‰，比上年下降 0.21 个千分点。年末全区常住人口 2413.73 万人，比上年增加 8.67 万人，其中少数民族人口 533.68 万人，在少数民族人口中有蒙古族人口 436.47 万人。城镇人口 1248.26 万人，比上年增长 3.5%，占全区总人口的比重 51.7%；乡村人口 1165.47 万人，比上年下降 2.8%，占全区总人口的比重 48.3%。男性人口 1240.18 万人，女性人口 1173.55 万人。在总人口中，65 岁及以上老年人口达 176.68 万人，占全区总人口的比重为 7.32%，比上年提高 0.2 个百分点。

全年城镇居民人均可支配收入 14431 元，比上年增加 2053 元，增长 16.6%，扣除价格因素实际增长 10.6%。其中，人均财产性收入 324.67 元，人均转移性收入 3030.7 元，分别增长 6.8%和 29.8%。城镇居民人均消费性支出 10827.04 元，增长 16.7%。城镇居民家庭恩格尔系数为 32.8%，比上年上升 2.4 个百分点。全年农牧民人均纯收入 4656 元，比上年增加 703 元，增长 17.8%，扣除价格因素实际增长 11%。其中，人均工资性收入 806.48 元，增长 12.5%；人均家庭经营性收入 3218.01 元，增长 15.5%；人均转移性和财产性收入 631.69 元，增长 40.3%。农牧民人均生活消费支出 3618 元，增长 11.1%。农村牧区居民家庭恩格尔系数为 41%，比上年上升 1.7 个百分点。城乡居民每百户主要耐用品拥有量均有不同程度增长。[详见附表 4]

年末全区参加基本养老保险人数 389.47 万人，比上年增长 5%；参加失业保险职工 225.5 万人，领取失业保险金人数为 7.7 万人；全年参加基本养老保险的离退休人员 102.94 万人，比上年增长 6.6%；养老金社会发放率达到 100%；全年参加基本医疗保险人数 373.7 万人，比上年增长 6%；全年有 265.06 万职工和 108.64 万退休人员参加了基本医疗保险，分别比上年增长 6.6%和 4.6%。全年共有 198.85 万人得到国家最低生活保障救济，比上年增加 28 万人。

年末全区各类社会福利院床位 2.52 万张，比上年增长 2.1%，收养 1.92 万人，增长 2.5%；年末全区城镇建立各种社区服务设施 5109 个，比上年增加 74 个。其中社区服务中心 492 个，比上年增加 51 个。全年筹集社会福利资金 5.07 亿元，销售社会福利彩票 16.53 亿元，分别比上年增长 31.2%和 49.6%；接受社会捐赠 41802 万元。

注：本公报为初步统计数，生产总值及分产业增加值绝对数按现价计算，增长速度按可比价格计算。

附表 1：居民消费价格变动情况

类别	2008 年
居民消费价格指数（上年=100）	105.7
城市	105.4
农村牧区	106.3
食品类	114.7
粮　食	106.7
肉禽及其制品	122.5
蛋	102.1
水产品	114.6
鲜　菜	106.8
鲜　果	111.3
烟酒及用品	102.2
衣着类	100.3
家庭设备用品及服务	100.8
医疗保健及个人用品	101.9
交通和通讯	99.4
娱乐教育文化用品及服务	99.8
居　住	106.3
服务项目	101.4
城　市	100.4
农　村	103.0

附表 2：主要农畜产品产量和牲畜存栏数

产品名称	计量单位	2008 年	比上年增长%
粮食	万吨	2130.23	17.6
其中：小麦	万吨	154.00	-12.5
玉米	万吨	1410.70	21.5
稻谷	万吨	70.50	-13.4
大豆	万吨	106.09	23.8
薯类	万吨	194.61	26.4
油料	万吨	117.54	48.0
甜菜	万吨	170.04	43.4
水果（含果用瓜）	万吨	238.16	15.4
蔬菜	万吨	1360.84	6.5
肉类总产量	万吨	219.37	6.3
猪牛羊肉产量	万吨	192.60	6.0
猪肉	万吨	64.70	7.3
牛肉	万吨	43.10	6.1
羊肉	万吨	84.80	4.9
禽蛋	万吨	45.50	9.1
牛奶	万吨	912.20	0.3
绵羊毛	万吨	9.64	0.7
山羊绒	吨	6890.00	3.0
牧业年度牲畜存栏	万头（只）	10677.20	-1.6
大牲畜	万头	1063.80	3.0
羊	万只	8442.90	-3.8
猪	万口	1170.50	12.5

附表 3：主要工业产品产量

名称	计量单位	2008 年	比上年增长%
精制食用植物油	万吨	34.00	-4.6
成品糖	万吨	22.37	16.9
乳制品	万吨	355.94	-3.0
液体乳	万吨	325.71	-5.7
原盐	万吨	236.81	-5.3
卷烟	亿支	222.50	3.5
纱	万吨	1.68	-63.2
布	万米	5536.93	-62.6
白酒	万升	24294.6	15.8
啤酒	万升	98283.8	17.1
移动电话机	万部	17.59	-87.7
彩色电视机	万部	866.75	4.4
原煤	万吨	47211.58	30.2
天然原油	万吨	174.94	4.5
汽油	万吨	41.97	-7.2
柴油	万吨	42.66	-20.6
天然气	亿立方米	100.21	27.7
发电量	亿千瓦小时	2114.66	11.5
生铁	万吨	1256.55	0.1
粗钢	万吨	1211.03	18.6
钢材	万吨	1047.34	16.2
铁合金	万吨	303.70	-0.2
十种有色金属	万吨	166.86	25.8
水泥	万吨	3424.06	23.4
平板玻璃	万重量箱	1458.32	4.9
化肥（折纯）	万吨	89.05	6.8
载货汽车	辆	25245.00	58.9

附表 4：城乡人民生活

项目	计量单位	2008 年	比上年增长%
城镇居民平均每百户耐用消费品拥有量			
彩色电视机	台	109.34	0.6
电冰箱	台	91.02	1.4
洗衣机	台	92.99	1.6
家用电脑	台	37.25	16.7
家用汽车	辆	8.04	23.9
农牧民平均每百户耐用消费品拥有量			
电视机	台	102.53	0.2
其中：彩电	台	94.81	1.6
电冰箱	台	29.32	12.3
洗衣机	台	52.33	7.8
摩托车	辆	63.35	0.8

第二部分

统计资料

PART TWO STATISTICS

一、行政区划和自然资源

Divisions of Administrative Areas and Natural Resources

资料整理：蔡雨成
Arranged by Cai Yucheng

1-1 自然资源
Natural Resources

项目	Item	2008
土地资源	**Land Resources**	
土地总面积(万平方公里)	Total Land Area(10 000 sq.km)	118.3
# 年末实有耕地面积(万公顷)	Cultivated Land at the Year-end(10 000 hectares)	714.9
耕地面积占土地面积的比重(%)	Composition of Cultivated Land in Total Land Area(%)	6.0
林业用地面积(万公顷)	Area of Afforestated Land(10 000 hectares)	4068.3
森林资源	**Forests Resources**	
森林面积(万公顷)	Forest Area(10 000 hectares)	2366.7
森林覆盖率(%)	Forest-Coverage Rate(%)	20.00
林木蓄积量(亿立方米)	Stock Volume of the Forest(100 million cu.m)	13.6
草原资源	**Prairie Resources**	
草原总面积(万公顷)	Prairie Area(10 000 hectares)	8666.7
# 可利用面积(万公顷)	Utilizable Area(10 000 hectares)	6818.0
水利资源	**Water Resources**	
水资源总量(亿立方米)	Total Water Resources Volume(100 million cu.m)	412.07
地表水资源量	Surface Water Volume	274.80
地下水资源量	Ground Water Volume	235.15
矿产资源	**Mineral Resources**	
煤保有储量(亿吨)	Coal Ensured Reserves(100 million tons)	3275.88
铁矿石保有储量(亿吨)	Iron Ore Ensured Reserves(100 million tons)	33.40
磷矿石保有储量(亿吨)	Phosphate Ore Ensured Reserves(100 million tons)	2.76
稀土氧化物保有储量(万吨)	Rare-earth Ensured Reserves(10 000 tons)	7647.71
铜保有储量(万吨)	Copper Ensured Reserves(10 000 tons)	501.50
铅保有储量(万吨)	Lead Ensured Reserves(10 000 tons)	645.07
锌保有储量(万吨)	Zinc Ensured Reserves(10 000 tons)	1756.04
盐保有储量(万吨)	Salt Ensured Reserves(10 000 tons)	15166.90

注：地表水资源量与地下水资源量之和不等于水资源总量，有重复计算部分。

a)Total Water Resources Volume is not equal to Surface Water Volume plus Ground Water Volume,there is Duplicated Measurement between Surface Water and Ground Water.

1-2 全区行政区划

地 区	Region	旗县级个数(个) Number of Areas at County Level (unit)	旗县(市、区)及名称
全区合计	**Total**	**101**	**旗52个、县17个、盟(市)辖县级市11个、区21个。**
呼和浩特市	Hohhot City	9	新城区、回民区、玉泉区、赛罕区、土默特左旗、托克托县、和林格尔县、清水河县、武川县。
包 头 市	Baotou City	9	东河区、昆都仑区、青山区、石拐区、白云矿区、九原区、土默特右旗、固阳县、达尔罕茂明安联合旗。
呼伦贝尔市	Hulunbeier City	13	海拉尔区、满洲里市、扎兰屯市、牙克石市、额尔古纳市、根河市、阿荣旗、莫力达瓦达斡尔族自治旗、鄂伦春自治旗、鄂温克族自治旗、新巴尔虎右旗、新巴尔虎左旗、陈巴尔虎旗。
兴 安 盟	Xingan League	6	乌兰浩特市、阿尔山市、科尔沁右翼前旗、科尔沁右翼中旗、扎赉特旗、突泉县。
通 辽 市	Tongliao City	8	科尔沁区、霍林郭勒市、科尔沁左翼中旗、科尔沁左翼后旗、开鲁县、库伦旗、奈曼旗、扎鲁特旗。
赤 峰 市	Chifeng City	12	红山区、元宝山区、松山区、阿鲁科尔沁旗、巴林左旗、巴林右旗、林西县、克什克腾旗、翁牛特旗、喀喇沁旗、宁城县、敖汉旗。
锡林郭勒盟	Xilinguole League	12	二连浩特市、锡林浩特市、阿巴嘎旗、苏尼特左旗、苏尼特右旗、东乌珠穆沁旗、西乌珠穆沁旗、太仆寺旗、镶黄旗、正镶白旗、正蓝旗、多伦县。
乌兰察布市	Wulanchabu City	11	集宁区、丰镇市、卓资县、化德县、商都县、兴和县、凉城县、察哈尔右翼前旗、察哈尔右翼中旗、察哈尔右翼后旗、四子王旗。
鄂尔多斯市	Erdos City	8	东胜区、达拉特旗、准格尔旗、鄂托克前旗、鄂托克旗、杭锦旗、乌审旗、伊金霍洛旗。
巴彦淖尔市	Bayannaoer City	7	临河区、五原县、磴口县、乌拉特前旗、乌拉特中旗、乌拉特后旗、杭锦后旗。
乌 海 市	Wuhai City	3	海勃湾区、海南区、乌达区。
阿 拉 善 盟	Alashan League	3	阿拉善左旗、阿拉善右旗、额济纳旗。

Divisions of Administrative Areas in Inner Mongolia

Name of Areas at County(Banner, City and District)

52 Banners, 17 Counties.11 Cities at County Level, 21 Districts under Jurisdiction of Cities.

Xincheng District, Huimin District, Yuquan District, Saihan District, Tumotezuo Banner, Tuoketuo County, Helingeer County, Qingshuihe County, Wuchuan County.

Donghe District, Kundulun District, Qingshan District, Shiguai District, Baiyun Mineral District, Jiuyuan District, Tumoteyou Banner, Guyang County, Daerhanmaomingan Union Banner.

Hailaer District, Manzhouli City, Zhalantun City, Yakeshi City, Eerguna City, Genhe City, Arong Banner, Molidawadawoer Nationality Autonomous Banner, Elunchun Nationality Autonomous Banner, Ewenke Nationality Autonomous Banner, Xinbaerhuyou Banner, Xinbaerhuzuo Banner, Chenbaerhu Banner.

Wulanhaote City, Aershan City, Keerqinyouyiqian Banner, Keerqinyouyizhong Banner, Zhalaite Banner, Tuquan County.

Keerqin District, Huolinguole City, Keerqinzuoyizhong Banner, Keerqinzuoyihou Banner, Kailu County, Kulun Banner, Naiman Banner, Zhalute Banner.

Hongshan District, Yuanbaoshan District, Songshan District, Alukeerqin Banner, Balinzuo Banner, Balinyou Banner, Linxi County, Keshiketeng Banner, Wengniute Banner, Kalaqin Banner, Ningcheng County, Aohan Banner.

Erlianhaote City, Xilinhaote City, Abaga Banner, Sunitezuo Banner, Suniteyou Banner, Dongwuzhumuqin Banner, Xiwuzhumuqin Banner, Taipusi Banner, Xianghuang Banner, Zhengxiangbai Banner, Zhenglan Banner, Duolun County.

Jining District, Fengzhen City, Zhuozi County, Huade County, Shangdu County, Xinghe County, Liangcheng County, Chahaeryouyiqian Banner, Chahaeryouyizhong Banner, Chahaeryouyihou Banner, Siziwang Banner.

Dongsheng District, Dalate Banner, Zhungeer Banner, Etuokeqian Banner, Etuoke Banner, Hangjin Banner, Wushen Banner, Yijinhuoluo Banner.

Linhe District, Wuyuan County, Dengkou County, Wulateqian Banner, Wulatezhong Banner, Wulatehou Banner, Hangjinhou Banner.

Haibowan District, Hainan District, Wuda District.

Alashanzuo Banner, Alashanyou Banner, Ejina Banner.

1-3 边境、牧区、山老区旗县市

地 区	Region	旗县级个数 (个) Number of Areas at County Level (unit)	旗 县(市、 区) 及 名 称
边境旗市	**Banners & Cities of Frontier**	**20**	
包 头 市	Baotou City	1	达尔罕茂明安联合旗。
呼伦贝尔市	Hulunbeier City	6	根河市、陈巴尔虎旗、满洲里市、新巴尔虎右旗、新巴尔虎左旗、额尔古纳市。
兴 安 盟	Xingan League	2	科尔沁右翼前旗、阿尔山市。
锡林郭勒盟	Xilinguole League	5	东乌珠穆沁旗、阿巴嘎旗、苏尼特左旗、二连浩特市、苏尼特右旗。
乌兰察布市	Wulanchabu City	1	四子王旗。
巴彦淖尔市	Bayannaoer City	2	乌拉特中旗、乌拉特后旗。
阿 拉 善 盟	Alashan League	3	阿拉善左旗、阿拉善右旗、额济纳旗。
牧区旗市	**Banners & Cities of Pastoral Area**	**33**	
包 头 市	Baotou City	1	达尔罕茂明安联合旗。
呼伦贝尔市	Hulunbeier City	4	鄂温克族自治旗、新巴尔虎右旗、新巴尔虎左旗、陈巴尔虎旗。
兴 安 盟	Xingan League	1	科尔沁右翼中旗。
通 辽 市	Tongliao City	3	科尔沁左翼中旗、科尔沁左翼后旗、扎鲁特旗。
赤 峰 市	Chifeng City	5	阿鲁科尔沁旗、巴林左旗、巴林右旗、克什克腾旗、翁牛特旗。
锡林郭勒盟	Xilinguole League	9	锡林浩特市、阿巴嘎旗、苏尼特左旗、苏尼特右旗、东乌珠穆沁旗、西乌珠穆沁旗、镶黄旗、正镶白旗、正蓝旗。
乌兰察布市	Wulanchabu City	1	四子王旗。
鄂尔多斯市	Erdos City	4	鄂托克前旗、鄂托克旗、杭锦旗、乌审旗。
巴彦淖尔市	Bayannaoer City	2	乌拉特中旗、乌拉特后旗。
阿 拉 善 盟	Alashan League	3	阿拉善左旗、阿拉善右旗、额济纳旗。
半牧区旗市	**Banners & Cities of Semi-Pastoral Area**	**21**	
呼伦贝尔市	Hulunbeier City	3	扎兰屯市、阿荣旗、莫力达瓦达斡尔族自治旗。
兴 安 盟	Xingan League	3	科尔沁右翼前旗、扎赉特旗、突泉县。
通 辽 市	Tongliao City	4	科尔沁区、开鲁县、库伦旗、奈曼旗。
赤 峰 市	Chifeng City	2	林西县、敖汉旗。
锡林郭勒盟	Xilinguole League	1	太仆寺旗。
乌兰察布市	Wulanchabu City	2	察哈尔右翼中旗、察哈尔右翼后旗。
鄂尔多斯市	Erdos City	4	东胜区、达拉特旗、准格尔旗、伊金霍洛旗。
巴彦淖尔市	Bayannaoer City	2	磴口县、乌拉特前旗。
山老区旗县	**Counties & Banners of Mountain & Old Liberated Area**	**25**	
呼和浩特市	Hohhot City	5	土默特左旗、赛罕区、武川县、和林格尔县、清水河县。
包 头 市	Baotou City	3	土默特右旗、固阳县、达尔罕茂明安联合旗。
赤 峰 市	Chifeng City	2	喀喇沁旗、宁城县。
乌兰察布市	Wulanchabu City	8	卓资县、兴和县、丰镇市、凉城县、察哈尔右翼前旗、察哈尔右翼中旗、察哈尔右翼后旗、四子王旗。
鄂尔多斯市	Erdos City	6	达拉特旗、准格尔旗、鄂托克前旗、鄂托克旗、杭锦旗、乌审旗。
巴彦淖尔市	Bayannaoer City	1	乌拉特前旗。

Banners, Counties and Cities of Frontier, Pure Pastoral Area, Mountain Area and Old Liberated Area

Name of Areas at County(Banner, City & District)

Daerhanmaomingan Union Banner.

Genhe City, Chenbaerhu Banner, Manzhouli City, Xinbaerhuyou Banner, Xinbaerhuzuo Banner，Eerguna City.

Keerqinyouyiqian Banner, Aershan City.

Dongwuzhumuqin Banner, Abaga Banner, Sunitezuo Banner, Erlianhaote City, Suniteyou Banner.

Siziwang Banner.
Wulatezhong Banner, Wulatehou Banner.
Alashanzuo Banner, Alashanyou Banner, Ejina Banner.

Daerhanmaomingan Union Banner.

Ewenke Nationality Autonomous Banner, Xinbaerhuyou Banner, Xinbaerhuzuo Banner, Chenbaerhu Banner.

Keerqinyouyizhong Banner.
Keerqinzuoyizhong Banner, Keerqinzuoyihou Banner, Zhalute Banner.

Alukeerqin Banner Balinzuo, Banner, Balinyou Banner, Keshiketeng Banner, Wengniute Banner.

Xilinhaote City, Abaga Banner, Sunitezuo Banner, Suniteyou Banner, Dongwuzhumuqin Banner, Xiwuzhumuqin Banner, Xianghuang Banner, Zhengxiangbai Banner, Zhenglan Banner.
Siziwang Banner.
Etuokeqian Banner, Etuoke Banner, Hangjin Banner, Wushen Banner.
Wulatezhong Banne, Wulatehou Banner.
Alashanzuo Banner, Alashanyou Banner, Ejina Banner.

Zhalantun City, Arong Banner, Molidawadawoer Nationality Autonomous Banner.
Keerqinyouyiqian Banner, Zhalaite Banner, Tuquan County.
Keerqin District, Kailu County, Kulun Banner, Naiman Banner.
Linxi County, Aohan Banner.
Taipusi Banner.
Chahaeryouyizhong Banner, Chahaeryouyihou Banner.
Dongsheng City, Dalate Banner, Zhungeer Banner, Yijinhuoluo Banner.
Dengkou County, Wulateqian Banner.

Tumotezuo Banner, Saihan District, Wuchuan County, Helingeer County, Qingshuihe County.
Tumoteyou Banner, Guyang County, Daerhanmaomingan Union Banner.
Kalaqin Banner, Ningcheng County.
Zhuozi County, Xinghe County, Fengzhen City, Liangcheng County, Chahaeryouyiqian Banner, Chahaeryouyizhong Banner, Chahaeryouyihou, Siziwang Banner.

Dalate Banner, Zhungeer Banner, Etuokeqian Banner, Etuoke Banner, Hangjin Banner, Wushen Banner.

Wulateqian Banner.

1-4 主要城市气温(2008年)

Monthly Average Temperature of Major Cities(2008)

单位：摄氏度 (°C)

城市	City	1月 Jan.	2月 Feb.	3月 Mar.	4月 Apr.	5月 May	6月 June	7月 July	8月 Aug.	9月 Sept.	10月 Oct.	11月 Nov.	12月 Dec.	年平均 Annual Average
呼和浩特	Hohhot	-12.1	-9.3	3.4	11.4	16.4	20.3	23.7	20.0	15.9	8.2	-0.3	-8.9	7.4
包　头	Baotou	-12.5	-9.4	4.0	12.0	16.7	21.4	24.1	20.0	15.6	7.9	0	-8.6	7.6
海拉尔	Hailaer	-26.6	-20.0	-3.8	5.2	10.3	19.7	21.0	19.4	10.9	2.4	-12.4	-20.4	0.5
乌兰浩特	Wulanhaote	-14.0	-9.0	1.9	11.1	14.2	21.2	24.2	22.1	16.5	7.7	-4.0	-11.5	6.7
通　辽	Tongliao	-13.2	-8.1	3.5	12.1	16.1	21.3	24.6	23.1	17.6	9.9	-1.6	-8.8	8.0
赤　峰	Chifeng	-11.3	-7.4	3.5	11.7	16.2	21.5	25.1	22.5	17.6	10.4	0.1	-7.0	8.6
锡林浩特	Xilinhaote	-20.2	-14.9	-1.1	8.0	11.1	19.3	23.6	19.8	13.7	4.8	-5.6	-14.4	3.7
集　宁	Jining	-14.7	-11.5	0	7.8	13.0	17.0	21.3	17.9	13.7	6.0	-2.5	-10.6	4.8
东　胜	Dongsheng	-11.9	-8.6	3.3	10.1	15.1	19.1	22.2	18.3	14.8	8.1	0.3	-8.0	6.9
临　河	Linhe	-11.9	-8.5	5.1	12.8	17.8	23.1	24.8	21.7	17.0	10.1	1.9	-6.3	9.0
乌　海	Wuhai	-14.1	-9.8	5.5	12.8	18.7	24.2	25.8	22.3	17.6	10.0	1.2	-7.2	8.9
巴彦浩特	Bayanhaote	-12.1	-8.7	5.9	11.4	17.6	22.3	23.9	20.5	16.0	9.8	0.8	-6.1	8.4

1-5 主要城市平均相对湿度(2008年)

Monthly Average Relative Humidity of Major Cities(2008)

单位：% (%)

城市	City	1月 Jan.	2月 Feb.	3月 Mar.	4月 Apr.	5月 May	6月 June	7月 July	8月 Aug.	9月 Sept.	10月 Oct.	11月 Nov.	12月 Dec.	年平均 Annual Average
呼和浩特	Hohhot	60	56	43	40	24	52	51	66	60	56	53	46	51
包　头	Baotou	58	52	39	34	24	45	49	66	64	61	54	48	50
海拉尔	Hailaer	68	71	59	38	47	55	67	53	56	66	72	69	60
乌兰浩特	Wulanhaote	43	37	43	35	44	60	64	61	43	44	48	46	47
通　辽	Tongliao	47	38	44	46	46	64	72	68	52	47	48	39	51
赤　峰	Chifeng	36	34	40	44	34	59	62	65	52	42	44	39	46
锡林浩特	Xilinhaote	64	57	50	43	36	55	48	57	50	50	61	58	52
集　宁	Jining	57	54	46	50	27	61	55	70	63	58	55	49	54
东　胜	Dongsheng	56	50	34	39	26	47	50	64	59	51	45	40	47
临　河	Linhe	57	51	33	31	23	38	49	54	53	47	46	39	43
乌　海	Wuhai	58	50	30	31	23	32	46	51	58	50	47	46	44
巴彦浩特	Bayanhaote	57	52	28	31	23	28	41	46	54	41	40	38	40

1-6 主要城市降水量(2008年)

Monthly Precipitation of Major Cities(2008)

单位：毫米 (millimeters)

城市	City	1月 Jan.	2月 Feb.	3月 Mar.	4月 Apr.	5月 May	6月 June	7月 July	8月 Aug.	9月 Sept.	10月 Oct.	11月 Nov.	12月 Dec.	全年 Annual Total
呼和浩特	Hohhot	6.5	2.9	20.3	11.5	7.9	137.4	165.5	132.7	54.9	24.7	6.7	0	571.0
包　头	Baotou	3.0	0.5	17.3	1.1	0.6	37.2	85.9	68.9	65.8	26.8	13.4	0.7	321.2
海拉尔	Hailaer	1.1	3.7	13.0	2.7	37.0	44.0	133.2	32.4	29.2	44.5	12.0	9.8	362.6
乌兰浩特	Wulanhaote	0		12.8	10.5	91.2	142.8	20.7	48.8	6.2	13.7	2.1	2.1	
通　辽	Tongliao	0	0	14.6	25.9	24.7	63.2	91.1	72.4	28.2	7.8	1.9	0	329.8
赤　峰	Chifeng	0	2.8	7.3	13.3	26.1	64.0	58.6	74.5	15.8	14.2	2.9	0.5	280.0
锡林浩特	Xilinhaote	1.2	0.1	7.2	8.6	13.0	85.1	26.7	62.1	8.1	6.4	5.7	4.4	228.6
集　宁	Jining	2.5	1.8	8.8	41.8	10.0	65.6	79.3	85.0	51.9	24.9	5.0	1.1	377.7
东　胜	Dongsheng	6.0	0.7	13.2	13.4	9.8	55.0	90.6	97.3	85.6	9.9	4.6	0.8	386.9
临　河	Linhe	3.9	0	2.8	5.4	2.1	29.4	52.7	85.5	12.4	2.7	4.0	0	200.9
乌　海	Wuhai	4.2	1.1	4.1	12.0	8.3	12.9	83.1	85.8	20.7	5.0	1.3	1.4	239.9
巴彦浩特	Bayanhaote	10.1	0	6.2	25.8	5.9	16.9	60.1	98.8	51.0	12.3	0.8	3.3	291.2

1-7 主要城市日照时数(2008年)

Monthly Sunshine Hours of Major Cities(2008)

单位：小时 (hours)

城市	City	1月 Jan.	2月 Feb.	3月 Mar.	4月 Apr.	5月 May	6月 June	7月 July	8月 Aug.	9月 Sept.	10月 Oct.	11月 Nov.	12月 Dec.	全年 Annual Total
呼和浩特	Hohhot	144.9	179.5	214.8	232.3	283.7	212.0	257.6	208.0	223.4	210.6	182.9	161.2	2510.9
包　头	Baotou	173.9	229.8	260.6	257.7	320.7	251.8	278.6	230.1	217.8	261.1	219.3	220.2	2921.6
海拉尔	Hailaer	150.0	181.3	192.3	167.7	182.9	144.2	220.7	239.0	183.5	148.1	137.9	101.9	2049.5
乌兰浩特	Wulanhaote	232.0	242.8	205.7	248.3	246.0	209.4	242.3	257.4	296.0	228.3	179.3	177.9	2765.4
通　辽	Tongliao	234.5	250.8	238.2	251.5	282.5	240.2	255.9	284.3	307.1	257.2	202.7	207.5	3012.4
赤　峰	Chifeng	235.9	254.0	238.8	232.9	261.1	261.1	305.5	269.6	297.2	275.6	229.2	210.5	3071.4
锡林浩特	Xilinhaote	208.1	251.0	216.3	237.6	255.7	274.4	292.1	300.4	289.9	253.8	194.3	176.4	2950.0
集　宁	Jining	188.5	235.2	245.7	252.3	295.6	231.9	299.2	230.4	244.4	250.8	222.8	193.2	2890.0
东　胜	Dongsheng	184.1	256.6	273.1	264.2	347.1	268.8	289.7	238.7	221.5	259.4	239.4	241.0	3083.6
临　河	Linhe	178.5	255.0	287.9	281.8	332.1	335.6	312.3	303.8	236.3	274.0	239.5	215.3	3252.1
乌　海	Wuhai	147.8	209.4	277.6	270.0	327.7	341.1	282.4	307.3	207.8	276.9	239.6	212.5	3100.1
巴彦浩特	Bayanhaote	161.6	240.4	282.5	268.2	318.9	320.9	299.7	273.2	199.0	272.5	231.9	203.9	3072.7

主要统计指标解释

行政区划 指国家对行政区域的划分。根据宪法规定，我国的行政区域划分如下：(1)全国分为省、自治区、直辖市；(2)省、自治区分为自治州(盟)、县(旗)、自治县(旗)、市；(3)自治州分为县、自治县、市；(4)旗、县、自治县(旗)分为乡、民族乡、镇；(5)直辖市和较大的市分为区、县(旗)；(6)国家在必要时设立的特别行政区。

国土 指一个主权国家管辖下的领土、领海和领空。

气候 指地球与大气之间长期能量交换与质量交换所形成的一种自然环境状态，它是多种因素综合作用的结果。气候既是人类生活和生产的环境要素之一，又是供给人类生活和生产的重要资源。气温、降水、湿度等气象要素的多年平均值是用来描述一个地区气候状况的主要参数，而各种气象要素某年、某月的平均值(或总量)则可以反映出该时期天气气候状况的重要特征。

自然资源 指人类可以直接从自然界获得 ，并用于生产和生活的物质资源。自然资源一般可以分成可再生资源和非再生资源两大类。可再生资源指在较短时间内可以再生、可以循环利用的资源，包括土地资源、水资源、气候资源、生物资源和海洋资源等。非再生资源指在使用后不能再生的资源，包括矿产资源和地热能源。

土地资源 土地指陆地的表层部分，它主要由岩石、岩石的风化物和土壤构成。土地资源按利用类型可以分为农用地、建筑用地和未利用地。农用地包括耕地、园地、林地、牧草地和水面。建筑用地包括居民点及工矿用地、交通用地和水利设施用地。未利用地指农用地和建筑用地以外的土地，包括滩涂、荒漠、戈壁、冰川和石山等。

耕地面积 指种植各种农作物的土地面积，包括灌溉水田、望天田、水浇地、旱地、菜地等。

林业用地面积 指生长乔木、竹类、灌木、沿海红树林等林木的土地面积，包括有林地、灌木林、疏林地、未成林造林地、迹地、苗圃等。

草地面积 指牧区和农区用于放牧牲畜或割草，植被盖度在 5%以上的草原、草坡、草山等面积。包括天然的和人工种植或改良的草地面积。

森林资源 指森林、林木、林地以及依托森林、林木、林地生存的野生动物、植物和微生物。林木指树木和竹子。森林指以乔木为主体的植物群落，是集生的乔木及与共同作用的植物、动物、微生物和土壤、气候等的总体。

活立木总蓄积量 指一定范围内土地上全部树木蓄积的总量，包括森林蓄积、疏林蓄积、散生木蓄积和四旁树蓄积。

森林面积 指由乔木树种构成，郁闭度 0.2 以上(含 0.2)的林地或冠幅宽度 10 米以上的林带的面积，即有林地面积。森林面积包括天然起源和人工起源的针叶林面积、阔叶林面积、针阔混交林面积和竹林面积，不包括灌木林地面积和疏林地面积。

森林蓄积量 指一定森林面积上存在着的林木树干部分的总材积。它是反映一个国家或地区森林资源总规模和水平的基本指标之一，也是反映森林资源的丰富程度、衡量森林生态环境优劣的重要依据。

森林覆盖率 指一个国家或地区森林面积占土地面积的百分比。在计算森林覆盖率时，森林面积包括郁闭度 0.2 以上的乔木林地面积和竹林地面积，国家特别规定的灌木林地面积、农田林网以及四旁(村旁、路旁、水旁、宅旁)林木的覆盖面积。森林覆盖率是反映森林资源的丰富程度和生态平衡状况的重要指标。计算公式为：

森林覆盖率(%)=森林面积/土地总面积×100%

水资源 水在自然界中以固体、液体和气态三种聚集状态存在，分布于海洋、陆地(包括土壤)以及大气之中，通过水循环形成水资源。水资源包括经人类控制并直接可供灌溉、发电、给水、航运、养殖等用途的地表水和地下水，以及江河、湖泊、井、泉、潮汐、港湾和养殖水域等。水资源是发展国民经济不可缺少的重要自然资源。

地表水和地下水 陆地上的水因空间分布不同，可以分为地表水和地下水。地表水指分别存在于河流、湖泊、沼泽、冰川和冰盖等水体中水分的总称，又称陆地水。地下水指储存在地面以下饱和岩土孔隙、裂隙及溶洞中的水。

内陆水域总面积 指江、河、湖泊、池塘、塘堰、水库等各种流水或蓄水的水面占地面积。

径流 指大气降水扣除损耗外，从地表和地下向流域出口断面汇集的水流。径流可分为地表径流、地下径流和壤中流。地表径流指沿地表向河流、湖泊、沼泽、海洋等汇集的水流；地下径流指沿潜水层或隔水层间的含水层，向河流、湖泊、沼泽、海洋等汇集的地下水水流。

径流量 指在一定时段内通过河流某一过水断面的水量，用以反映一个国家或地区水资源的丰欠程度。计算公式为：

径流量=降水量-蒸发量

矿产资源 矿产指由地质作用形成，富集于地壳中或出露于地表达到工农业利用要求的有用矿物。矿产是一种重要的自然资源，是社会发展的重要物质基础。从某种意义上讲，一个国家对矿产资源开发利用的广度和深度，可以作为这个国家经济发展水平的标志。

矿产保有储量 指探明的矿产储量(包括工业储量和远景储量)，扣除已开采部分和地下损失量后的年末实有储量，是反映国家矿产资源现状的重要指标。

流域 每条河流都有自己的干流和支流，干支流共同组成这条河流的水系。每条河流都有自己的集水区域，这个集水区域就称为该河流的流域。

外流河 指直接或间接流入海洋的河流，供给外流河水的区域称为外流区域。

内陆河 指在陆地内部干燥地区，河水沿途消失于沙漠或注入内陆湖泊的河流。供给内陆河河水的区域称为内陆区域。

气温 指空气的温度，我国一般以摄氏度(℃)为单位表示。气象观测的温度表是放在离地面约 1.5 米处通风良好的百叶箱里测量的。因此，通常说的气温指的是离地面 1.5 米处百叶箱中的温度。其统计计算方法为：

月平均气温是将全月各日的平均气温相加，除以该月的天数而得。

年平均气温是将 12 个月的月平均气温累加后除以 12 而得。

相对湿度 指空气中实际水气压与当时气温下的饱合水气压之比。其统计方法与气温相同。

降水量 指从天气降落到地面的液态或固态(经融化后)水，未经蒸发、渗透、流失而在地面上积聚的深度。其统计计算方法为：

月降水量是将全月各日的降水量累加而得。

年降水量是将 12 个月的月降水量累加而得。

日照时数 指太阳实际照射地面的时间。其统计方法与降水量相同。

Explanatory Notes on Main Statistical Indicators

Administrative Division refers to the division of administrative areas by the state. The Constitution of the People's Republic of China stipulates that the administrative areas in China are divided as:1) The whole country is divided into provinces, autonomous regions and municipalities directly under the central government; 2) Provinces and autonomous regions are divided into autonomous prefectures (leagues) , counties (banners) , autonomous counties and cities; 3) Autonomous Prefectures are divided into counties , autonomous counties and cities; 4) Counties and autonomous counties are divided into townships, nationality townships and towns; 5) Municipalities and large cities are divided into districts and counties, 6) The state establish special administrative regions when necessary.

Territory refers to territorial land, sea and air space under the administration of a sovereign state.

Climate refers to the natural environmental status formed by the long-time exchange of energy and mass between the earth and the air, and is the results of interaction of many factors. Climate is both one of the environment factors and the important resources for the living and production activities of the human being. The average values across several years of meteorological factors such as temperature, rainfall and humidity are used as important parameters to describe the climate of a region, while the average values (or total values) of a given year or month of meteorological factors reflect the key characteristics of climate for that period of time.

Natural Resources refer to material resources that could be obtained from the nature by human being and used for production and living. Natural resources in general can be classified as renewable resources and non-renewable resources. Renewable resources refer to resources that could be renewed and recycled during a relatively short period of time, including land resource, water resource, climate resource, biology resource and marine resource. Non-renewable resources include resources that could not be renewed, such as minerals and geothermal resource.

Land Resource Land refers to the surface of the earth, consisting of mainly rocks and its weathering and earth. Land resource can be classified, by its utilization, as land for agriculture, land for construction and unused land. Land for agriculture includes cultivated land, plantation land, forestland, grassland and waters. Land for construction includes land for residential purpose, for manufacturing and mining, for transportation and for water conservancy projects. Unused land refers to land other than land for agriculture and construction, including beaches, deserts, Gobi, glaciers and Rock Mountains.

Area of Cultivated Land refers to land for the cultivation of various farm crops, including irrigated land, manual-watered land, dry Land and vegetable land.

Area of Afforestated Land refer to land for trees, bamboo, bushes and mangrove, including forest-cover land, bush-covered land, sparse forest land, land Planned for afforestation and nurseries of young trees.

Area of Grassland refers to areas of grassland, grass-slopes and grass-covered hills with a vegetation-covering rate of over 5% that are used for animal husbandry or harvesting of grass. It includes natural, cultivated and improved grassland areas.

Forest Resource refers to forests, trees, forest land and wild animals, plants and microorganism that live on forest and trees. Trees include trees and bamboo. Forest refers to the population of clusters of trees and other plants, animals and microorganism as well as the earth and climate that have interactions with the trees.

Total Standing Stock Volume refers to the total stock volume of trees growing in land, including trees in forest, tress in sparse forest, scattered trees and trees planted by the side of farm houses and along the roads, rivers and fields.

Forest Area refers to the area of forest land where trees and bamboo grow with canopy density above 0. 2, including land of natural woods and planted woods, but excluding bush land and thin forest land. It reflects the total areas of afforestation.

Stock Volume of Forest refers to total stock volume of wood growing in forest area, which shows the total size and level of forest resources of a country or a region. It is also an important indicator illustrating the richness of forest resource and the status of forest ecological environment.

Forest Coverage Rate refers to the ratio of area of afforested land to total land area. This indicator shows the forest resources and afforestation progress of a country or a region. According to regulations of the government, in addition to afforested land, the area of bush forest, the area of forest land inside farm land and the area of trees planted by the side of farm houses and along the roads, rivers and fields should also be included in the area of afforested land in the calculation of the forest coverage-rate. The formula for calculating forest coverage rate is as follows:

Forestry coverage rate (%)=

Area of afforested Land/ Area of Total Land × 100%

Water Resource Water exists in the nature in solid, liquid and gaseous states, is distributed in the ocean, land (including earth) /and air, and constitutes the water resource through the circulation of water. Water resource includes the surface water and underground water that is controlled by the human being for irrigation, power-generation, water supply, navigation and cultivation. It also includes rivers, lakes, wells, springs, tides, gulf and water area for cultivation. Water resource as an important natural resource is indispensable for the development of the national economy.

Surface Water and Underground Water Water on earth can be divided into surface water and underground water according to its distribution. Surface water refers to moisture exists in rivers, lakes, swamps, glaciers, icecaps and so on. It is also called land water. The underground water refers to water deposited underground in the cranny and the hole of saturated rock soil and in the water-eroded cave.

Inland Water Area refers to water area of rivers, lakes, ponds, reservoir, etc.

Runoff refers to the water gathered at the way out of the cross section of drainage area either from the surface or underground after deducting the wastage of the precipitation. Runoff can be divided into surface runoff, underground runoff and within soil runoff. Surface runoff refers to water flow to the rivers, lakes, swamps, and seas on the surface of the earth. Underground runoff refers to water flow to rivers, lakes, swamps, and seas through the water-bearing stratum of confined layer or unconfined layer.

Volume of Runoff refers to the total volume of water running through a certain cross section of a river during a certain period of time, reflecting the water resource condition in a country or a region. The formula for calculating volume or runoff is as follows:

Runoff = Precipitation - Evaporation

Mineral Resources refer to useful minerals that can be used for industrial or agricultural purposes enriched in lithosphere or on earth due to the geological process.

Ensured Mineral Reserves refer to the actual mineral reserves, which equal to the proven mineral reserves (including industrial reserves and prospective reserves) minus extracted parts and underground losses. This indicator shows the current condition of the mineral resources of a country.

Drainage Area Each river has its own main stream and branches to form the water system of the river. Each river has its own catchments area, which is also called as the drainage area of the river.

Out-flowing Rivers refer to rivers directly or indirectly flowing into the sea. The area providing water to the out-flowing rivers is called as out-flowing area.

Inland Rivers refer to rivers in inland dry areas that die away in desert on the way or infuse into inland lakes. The area providing water to the inland rivers is called as inland area.

Temperature refers to the air temperature. China uses centigrade (^{0}C) as the unit. The thermometry used for weather observation is put in a breezy shutter, which is 1. 5 meters high from the ground. Therefore, the commonly used temperature refers to the temperature in the breezy shutter 1. 5 meters away from the ground. The calculation method is as follows:

Monthly average temperature is the summation of average daily temperature of one month divided by the actual days of that particular month.

Annual average temperature is the summation of monthly average of a year divided by 12 months.

Relative Humidity refers to the ratio of actual water vapor pressure to the saturation water vapor pressure under the current temperature. The calculation method is the same as that of temperature.

Volume of Precipitation refers to the deepness of liquid state or solid state (thawed) water falling from the sky to the ground that has not been evaporated, infiltrated or run off. The calculation method is as follows:

Monthly precipitation is the summation of daily precipitation of a month.

Annual precipitation is the summation of 12 months , precipitation of a year.

Sunshine Hours refer to the actual hours of sun irradiating the earth. The calculation method is the same as that of the precipitation.

二、综合

General Survey

资料整理：崔京英
Arranged By Cui Jingying

2-1 平均每天主要社会经济活动

Major Indicators on Average Daily Social and Economic Activities

指　标	Item	1990	1995	2000	2005	2008
全区每天创造的财富	**Autonomous Regional Daily Production**					
生产总值(万元)	Gross Domestic Product(10 000 yuan)	8748	23481	42168	106727	212652
第一产业	Primary Industry	3084	7128	9611	16152	24849
第二产业	Secondary Industry	2806	8460	15961	48581	117015
工 业	Industry	2388	6983	13265	40490	104071
建筑业	Construction	418	1477	2695	8091	12943
第三产业	Tertiary Industry	2858	7893	16596	41994	70789
# 运输邮电业	Transportation, Postal & Telecommunications Services	567	1900	4807	11548	19671
商业饮食业	Commerce	683	2275	5353	12551	21479
财政收入(万元)	Government Revenue(10 000 yuan)	904	2092	4263	14695	30336
财政支出(万元)	Government Expenditures(10 000 yuan)	1668	2799	7152	20126	39851
粮食(吨)	Grain(ton)	26657	28915	34025	45540	58392
油料(吨)	Oil-bearing Grops(ton)	1901	1923	3189	3348	3220
肉类(吨)	Meat(ton)	1469	2243	3929	6299	6010
牛奶(吨)	Cow Milk(ton)	1012	1331	2186	18934	25614
水产品(吨)	Aquatic Products(ton)	83	130	198	226	269
布(万米)	Cloth(10 000 m)	29.55	23.42	9.01	22.84	15.17
乳制品(吨)	Dairy products(ton)	60	83	182	8425	9752
原煤(万吨)	Coal(10 000 tons)	13.05	19.33	19.86	70.16	129.51
发电量(万千瓦小时)	Electricity(10 000 kwh)	4645	7631	12033	28948	58521
钢(吨)	Steel(ton)	7480	9736	11605	22068	33179
成品钢材(吨)	Steel Products(ton)	4807	7062	10381	20487	28694
水泥(吨)	Cement(ton)	6246	9569	17260	44719	93810
每天消费量	**Daily Consumption**					
最终消费(万元)	Final Consumption Expenditure(10 000 yuan)	5937	14778	23936	49576	87666
居民消费(万元)	Resident Consumption(10 000 yuan)	4652	11314	17427	32815	53607

2-1 续表 continued

指 标	Item	1990	1995	2000	2005	2008
农民	Peasants	2368	4984	6517	8477	11880
非农业居民	Non-agricultural Residents	2284	6330	10910	24338	41727
政府消费(万元)	Government Consumption Expenditure (10 000 yuan)	1285	3464	6508	16761	34059
能源消费量(万吨标准煤)	Energy Consumption (10 000 tons of SCE)	6.64	8.95	10.79	29.49	44.57
社会消费品零售总额(万元)	Total Retail Sales of Consumer Goods(10 000 yuan)	3577	8083	13260	36825	64749
每天其他经济活动	**Other Daily Economic Activities**					
资产形成总额(万元)	Gross Capital Formation(10 000 yuan)	3416	10219	17591	77947	156685
固定资产形成	Fixed Capital Formation	1939	7484	12039	73568	151216
存货增加	Changes in Stock	1477	2735	5552	4379	5453
城镇新建住宅面积(万平方米)	Residential Buildings Completed in Urban Areas(10 000 sq.m)	0.96	1.65	2.78	3.40	6.25
农牧民个人新建住宅面积 (万平方米)	Private Residential Building Complated in Rural Areas(10 000 sq.m)	1.36	2.65	2.36	1.40	1.70
货运量(万吨)	Freight Traffic(10 000 tons)	73.09	89.68	122.27	200.22	366.67
客运量(万人)	Passenger Traffic(10 000 persons)	28.70	50.06	64.52	87.98	122.81
进出口总额(万美元)	Total Imports and Exports(USD 10 000)	132.68	307.70	557.80	1414.22	2447.44
邮电业务总量(万元)	Volume of Postal and Telecoms Services(10 000 yuan)	58.07	264.50	1541.00	5471.78	12537.08
城乡存款新增额(万元)	Outstanding Amount of Savings Deposit (10 000 yuan)	822	2496	2140	10129	18349
图书出版(万册)	Books Published(10 000 copy)	21.78	17.97	20.34	24.35	18.44
杂志出版(万册)	Magazines Issued(10 000 copy)	3.46	2.84	4.34	3.79	3.37
报纸出版(万份)	Newspapers Issued(10 000 copy)	44.36	44.62	49.23	169.37	72.23
邮寄函件(万件)	Letters Delivered(10 000 piece)	22.14	45.83	26.51	8.61	11.47
每天人口变动与婚姻	**Daily Population Changes & Marriages**					
出生(人)	Births(person)	1117	1073	645	659	647
死亡(人)	Deaths(person)	293	417	359	357	365
结婚(对)	Marriages(couple)	435	475	416	423	514
离婚(对)	Divorces(couple)	60	75	89	107	138

2-2 社会经济主要指标人均水平

Major per Capita Indicators on Society and Economy

指标	Item	1985	1990	1995	2000	2005	2008
生产总值(元)	**Gross Domestic Product(yuan)**	**809**	**1478**	**3772**	**6502**	**16331**	**32214**
财政收入(元)	**Government Revenue(yuan)**	**67**	**154**	**336**	**657**	**2249**	**4596**
农牧业生产	**Agriculture Production**						
耕地面积(公顷)	Cultivated Land(hectare)	0.25	0.23	0.24	0.31	0.31	0.30
粮食产量(千克)	Output of Grain(kg)	301.37	454.15	464.40	524.60	696.82	884.58
油料产量(千克)	Output of Oil-bearing Crops(kg)	39.66	32.38	30.90	49.20	51.23	48.78
甜菜产量(千克)	Output of Beet Roots(kg)	126.80	110.36	116.00	59.69	57.98	70.57
年末大牲畜(头)	Large Animals at the Year-end(head)	0.37	0.33	0.31	0.26	0.33	0.37
年 末 羊(只)	Sheep and Goats at the Year-end(head)	1.23	1.41	1.46	1.50	2.27	2.06
年末生猪(口)	Hogs at the Year-end(head)	0.23	0.24	0.34	0.31	0.29	0.28
肉类产量(千克)	Output of Meat(kg)	17.90	25.02	36.03	60.58	96.38	91.05
# 牛肉产量(千克)	Output of Beef(kg)	2.35	3.99	4.10	9.23	14.09	18.51
羊肉产量(千克)	Output of Mutton(kg)	4.20	5.96	7.42	13.44	30.37	33.78
猪肉产量(千克)	Output of Pork(kg)	10.88	13.43	20.97	32.37	36.90	28.22
牛奶产量(千克)	Output of Cow Milk(kg)	12.18	17.25	21.37	33.70	289.71	388.03
羊 毛(千克)	Wool(kg)	2.53	2.87	2.64	2.89	4.30	4.41
主要工业产品产量	**Output of Major Industrial Products**						
原 煤(吨)	Coal(ton)	1.60	2.22	3.10	3.06	10.74	19.62
原 盐(吨)	Salt(ton)	0.03	0.04	0.03	0.05	0.09	0.10
发 电 量(千瓦小时)	Electricity(kwh)	401	791	1225	1855	4429	8865
糖(千克)	Sugar(kg)	8.92	7.64	7.51	5.09	6.18	9.28
乳 制 品(千克)	Dairy Products(kg)	0.71	1.03	1.33	2.81	128.90	147.73
呢 绒(米)	Woolen Fabric(m)	0.40	0.49	0.65	0.18	0.26	0.85
水 泥(吨)	Cement(ton)	0.09	0.11	0.15	0.27	0.68	1.42
钢(吨)	Steel(ton)	0.09	0.13	0.16	0.18	0.34	0.50
生 铁(吨)	Pig Iron(ton)	0.09	0.13	0.15	0.19	0.39	0.52
社会消费品零售额(元)	**Total Retail Sales of Consumer Goods(yuan)**	**377**	**610**	**1379**	**2571**	**5635**	**9809**
人民生活	**People's Livelihood**						
职工平均工资(元)	Average Wage of Staff & Workers(yuan)	1095	1846	4134	6974	15985	26114
# 国 有(元)	State-owned Units(yuan)	1169	1971	4407	7261	16598	27316
集 体(元)	Urban Collective-owned Units(yuan)	872	1441	3001	4826	10804	18809
城镇居民可支配收入(元)	Annual Disposable Income of Urban Residents(yuan)	666	1155	2846	5129	9137	14433
城镇居民消费支出(元)	Living Expenditure of Urban(yuan)	595	982	2482	3928	6929	10829
农牧民家庭纯收入(元)	Net Income of Rural Residents(yuan)	400	647	1300	2038	2989	4656
农牧民家庭生活消费支出(元)	Living Expenditure of Residents(yuan)	325	539	1261	1615	2446	3618
城乡居民储蓄存款年末余额(元)	Outstanding Amount of Saving Deposits of Residents at the Year-end(yuan)	144	515	1804	3875	8274	13330

2-3 国民经济和社会发展总量与速度

指标	Item	总量指标				
		1978	1990	1995	2000	2005
人口与就业	**Population and Employment**					
人口(万人)	**Population(10 000 persons)**					
年末总人口	Population at the Year-end	1823.4	2162.6	2284.4	2372.4	2386.4
市镇人口	Urban	397.5	781.1	873.1	1001.1	1126.4
乡村人口	Rural	1425.9	1381.4	1411.3	1371.3	1260.0
男性人口	Male	957.8	1127.6	1187.6	1227.2	1229.3
女性人口	Female	865.6	1035.0	1096.8	1145.2	1157.1
就业(万人)	**Employment(10 000 persons)**					
从业人数	Employment	652.8	924.6	1029.4	1061.6	1041.1
#职工人数	Staff and Workers	227.6	369.7	383.7	263.9	239.6
城镇登记失业人数	Unemployed in Urban Areas		15.2	14.0	12.7	17.8
宏观经济	**Macroeconomic Indicator**					
国民经济核算(亿元)	**National Accounting (100 million yuan)**					
生产总值	Gross Domestic Product	58.04	391.31	857.06	1539.12	3895.55
第一产业	Primary Industry	18.96	112.57	260.18	350.80	589.56
第二产业	Secondary Industry	26.37	102.43	308.78	582.57	1773.21
第三产业	Tertiary Industry	12.71	104.31	288.10	605.74	1532.78
固定资产投资(亿元)	**Investment in Fixed Assets (100 million yuan)**					
全社会固定资产投资总额	Investment in Fixed Assets		70.77	273.06	430.42	2687.84
#国有单位	State-owned Units		56.77	210.00	275.06	1644.71
集体单位	Collective-owned Units		3.06	11.14	27.15	41.14
个体经济	Individuals		10.94	44.09	51.64	84.26
财政(亿元)	**Public Finance(100 million yuan)**					
财政收入	Government Revenue	6.90	32.98	76.35	155.59	536.36
财政支出	Government Expenditures	18.69	60.90	102.18	261.06	734.61
物价总指数(上年=100)	**Price Indices(preceding year=100)**					
商品零售价格总指数	General Retail Price Index	101.0	102.9	116.8	98.8	101.5
居民消费价格总指数	General Consumer Price Index		102.3	117.5	101.3	102.4
农产品生产者价格总指数	Price Indices of Farm Products by Category of Commodities	101.6	95.2	124.7	99.7	103.2
能源生产与消费(万吨标准煤)	**Production and Consumption of Energy(10 000 tons of SCE)**					
能源生产总量	Total Energy production	1070.63	2821.61	4642.02	4701.23	19082.33
能源消费总量	Total Energy Consumption		2423.51	3268.44	3937.54	10764.90

Principal Aggregate Indicators on National Economic and Social Development and Their Related Indices and Growth Rates

Aggregate Data	速度指标(%) Indices and Growth Rates(%)								
2008	指数(2008年比以下各年) Index(2008 as Percentage of the following years)					平均增长速度 Average Annual Growth Rate			
	1978	1990	1995	2000	2005	1979-2008	1991-1995	1996-2000	2001-2005
2413.7	132.4	111.6	105.7	101.7	101.1	0.9	1.1	0.8	0.1
1248.3	314.0	159.8	143.0	124.7	110.8	3.9	2.3	2.8	2.4
1165.5	81.7	84.4	82.6	85.0	92.5	-0.7	0.4	-0.6	-1.7
1240.2	129.5	110.0	104.4	101.1	100.9	0.9	1.0	0.7	0.03
1173.6	135.6	113.4	107.0	102.5	101.4	1.0	1.3	1.2	0.2
1103.3	169.0	119.3	107.2	103.9	106.0	1.8	2.2	0.6	-0.4
240.9	105.8	65.2	62.8	91.3	100.5	0.2	0.7	-7.2	-1.9
19.9		131.1	142.3	156.9	111.9		-1.6	-1.9	6.9
7761.80	3089.5	1008.6	618.4	366.0	166.1	12.1	10.3	11.1	17.1
906.98	670.6	262.8	215.8	158.3	115.3	6.5	4.0	6.4	6.6
4271.03	3898.7	1636.2	894.1	522.7	192.7	13.0	12.8	11.3	22.1
2583.79	6630.7	1213.5	645.1	339.9	154.7	15.0	13.5	13.7	17.0
5604.67		7919.6	2052.5	1302.1	208.5		31.0	9.5	44.2
2786.99		4909.3	1327.1	1013.2	169.5		29.9	5.5	43.0
64.32		2102.0	577.4	236.9	156.3		29.5	19.5	8.7
100.70		920.5	228.4	195.0	119.5		32.1	3.2	10.3
1107.27	16036.7	3357.4	1450.3	711.7	206.4	18.4	18.3	15.3	28.1
1454.57	7783.1	2388.5	1423.6	557.2	198.0	15.6	10.9	20.6	23.0
104.7	409.0	204.0	116.3	113.5	110.0	3.2	11.9	0.5	0.6
105.7		259.3	140.2	124.1	112.2		13.1	2.5	2.0
111.0							15.5	-3.6	
33440.86	3123.5	1185.2	720.4	711.3	175.2	12.2	10.5	0.3	32.3
16268.22		671.3	497.7	413.2	151.1		6.2	3.8	22.3

2-3 续表 1

指 标	Item	总量指标				
		1978	1990	1995	2000	2005
产 业	**Industry**					
农林牧渔业	**Farming, Forestry, Animal Husbandry & Fishery**					
耕地面积(万公顷)	Cultivated Areas(10 000 hectares)	532.60	496.6	549.1	731.70	735.50
从业人员(万人)	Persons Engaged in (10 000 persons)	393.80	477.5	503.0	524.30	529.18
总产值(亿元)	Gross Output(100 million yuan)	28.35	156.92	373.59	543.16	980.21
主要农畜产品产量	Output of Major Farm & Livestock					
粮食(万吨)	Grain(10 000 tons)	499.00	972.97	1055.40	1241.90	1662.20
油料(万吨)	Oil Bearing Crops(10 000 tons)	12.50	69.38	70.20	116.40	122.20
甜菜(万吨)	Beet Roots(10 000 tons)	43.10	236.44	263.50	141.30	138.30
造林面积(万公顷)	Forested Areas(10 000 hectares)	29.79	29.75	40.25	58.90	38.38
肉类(万吨)	Meat(10 000 tons)		53.61	81.89	143.40	229.91
牛奶(万吨)	Cow milk(10 000 tons)		36.95	48.57	79.80	691.08
羊毛(万吨)	Wool(10 000 tons)		6.15	5.99	6.85	10.25
羊绒(吨)	Cashmere(ton)		2076	3114	3815	6646
水产品(万吨)	Aquatic Products(10 000 tons)	1.50	3.04	4.76	7.21	8.26
六月末牲畜总数(万头只)	Livestock(10 000 heads)	4162.3	5307.5	6065.7	7300.47	10615.3
大牲畜(万头)	Large Animals(10 000 heads)	697.5	784.5	783.8	803.31	934.20
羊(万只)	Sheep and Goats(10 000 heads)	2860.5	3955.2	4302.5	5406.23	8713.00
生猪(万口)	Hogs(10 000 heads)	604.30	567.2	979.4	1090.92	968.10
工业生产	**Industrial Production**					
工业总产值(亿元)	Gross Output(100 million yuan)	52.96	263.33	626.52	1202.85	3861.58
轻工业(亿元)	Light Industry(100 million yuan)	22.05	108.51	215.92	464.26	1171.70
重工业(亿元)	Heavy Industry(100 million yuan)	30.91	154.82	410.61	738.59	2689.88
工业增加值(亿元)	Value Added(100 million yuan)	21.84	87.18	254.88	484.19	1477.88
主要工业产品产量	Output of Industrial Products					
原煤(万吨)	Raw Coal(10 000 tons)	2194	4762	7055	7247	25608
原油(万吨)	Crude Oil(10 000 tons)				90.50	146.92
原盐(万吨)	Raw Salt(10 000 tons)	65.18	93.28	76.13	126.68	215.84
发电量(亿千瓦小时)	Electricity(100 million kwh)	37.38	169.54	278.54	439.21	1056.59
糖(包括土糖)(万吨)	Sugar(10 000 tons)	4.23	16.37	17.07	12.04	14.75
乳制品(万吨)	Dairy Products(10 000 tons)	0.31	2.2	3.03	6.65	307.53
呢绒(万米)	Woolen Fabric(10 000 m)	336.80	1041.85	1477.00	421.20	611.76
服装(万件)	Garments(10 000 units)		1046	4868	1794.70	1980.72
机制纸及纸板(万吨)	Machine Made Paper(10 000 tons)	4.25	13.59	19.15	12.19	25.74
水泥(万吨)	Cement(10 000 tons)	91.91	227.97	349.27	630.00	1632.25
钢(万吨)	Steel(10 000 tons)	99	273.01	355.36	423.59	805.49
生铁(万吨)	Pig Iron(10 000 tons)	107	280.66	345.78	440.83	922.69
成品钢材(万吨)	Steel Products(10 000 tons)	36.23	175.47	257.77	378.91	747.77
电视机(万台)	Television Sets(10 000 sets)	0.10	38.45	32.68	51.80	239.09
建筑业	**Construction**					
建筑业从业人数(万人)	Employed Persons(10 000 persons)		27.02	30.98	35.30	26.35
建筑企业总产值(亿元)	Gross output Value(100 million yuan)		27.89	85.52	138.80	381.30
施工房屋面积(万平方米)	Building Floor Space(10 000 sq.m)		1490.00	1010.92	1816.94	2958.88
竣工房屋面积(万平方米)	Completed Floor Space(10 000 sq.m)		1159.80	511.86	1130.00	1623.38
交通运输	**Transportation**					
货运量(万吨)	Freight Traffic(10 000 tons)	8213	26676	32732	44629	73082
铁路	Railways	3861	6909	8347	9648	22060
公路	Highways	4352	19767	24384	34979	51020
空运	Civil Aviation		0.17	1.13	2.00	2.00
客运量(万人)	Passenger Traffic(10 000 persons)	3422	10475	18273	23549	32114
铁路	Railways	1753	2433	2909	3378	3259
公路	Highways	1669	8012	15248	20061	28604
空运	Civil Aviation		30	116	110	251

continued

Aggregate Data	速度指标(%) Indices and Growth Rates(%)								
2008	指数(2008年比以下各年) Index(2008 as Percentage of the following years)					平均增长速度 Average Annual Growth Rate			
	1978	1990	1995	2000	2005	1979-2008	1991-1995	1996-2000	2001-2005
714.90	134.2	144.0	130.2	97.7	97.2	1.0	2.0	5.9	0.1
526.74	133.8	110.3	104.7	100.5	99.5	1.0	1.0	0.8	0.2
1525.74	676.5	302.0	239.7	168.5	116.0	6.6	4.7	7.3	7.7
2131.30	427.1	219.1	201.9	171.6	128.2	5.0	1.6	3.3	6.0
117.54	940.3	169.4	167.4	101.0	96.2	7.8	0.2	10.6	1.0
170.04	394.5	71.9	64.5	120.3	123.0	4.7	2.2	-11.7	-0.4
71.86	241.2	241.5	178.5	122.0	187.2	3.0	6.2	7.9	-8.2
219.37		409.2	267.9	153.0	95.4		8.8	11.8	9.9
934.93		2530.3	1924.9	1171.6	135.3		5.6	10.4	54.0
10.62		172.7	177.3	155.0	103.6		-0.5	2.7	8.4
7642		368.1	245.4	200.3	115.0		8.4	4.1	11.7
9.82	654.7	323.0	206.3	136.2	118.9	6.5	9.4	8.7	2.8
10677.7	256.5	201.2	176.0	146.3	100.6	3.2	2.7	3.8	7.8
1063.8	152.5	135.6	135.7	132.4	113.9	1.4	-0.02	0.5	3.1
8442.9	295.2	213.5	196.2	156.2	96.9	3.7	1.7	4.7	10.0
1170.50	193.7	206.4	119.5	107.3	120.9	2.2	2.3	11.5	-2.4
9894.76	5034.3	1709.7	978.0	557.7	207.8	14.0	11.8	11.9	21.8
2869.48	4978.0	1601.3	949.4	464.0	175.3	13.9	11.0	15.4	21.5
7025.28	4606.8	1638.2	907.5	589.4	219.9	13.6	12.5	9.0	21.8
3798.60	4067.1	1703.8	978.9	541.1	204.7	13.1	11.7	12.6	21.5
47270	2154.5	992.7	670.0	652.2	184.6	10.8	8.2	0.5	28.7
174.94				193.3	119.1				10.2
236.81	363.3	253.9	311.1	186.9	109.7	4.4	-4.0	10.7	11.2
2136.00	5714.3	1259.9	766.9	486.3	202.2	14.4	10.4	9.5	19.2
22.37	528.8	136.7	131.0	185.8	151.7	5.7	0.8	-6.7	4.1
355.94	114819.4	16179.1	11747.2	5352.5	115.7	26.5	6.6	17.0	115.3
2051.26	609.0	196.9	138.9	487.0	335.3	6.2	7.2	-22.2	7.8
2684.22		256.6	55.1	149.6	135.5		36.0	-18.1	2.0
35.53	836.0	261.4	185.5	291.5	138.0	7.3	7.1	-8.6	16.1
3424.06	3725.4	1502.0	980.3	543.5	209.8	12.8	8.9	12.5	21.0
1211.03	1223.3	443.6	340.8	285.9	150.3	8.7	5.4	3.6	13.7
1256.55	1174.3	447.7	363.4	285.0	136.2	8.6	4.3	5.0	15.9
1047.34	2890.8	596.9	406.3	276.4	140.1	11.9	8.0	8.0	14.6
866.75	866750.0	2254.2	2652.2	1673.3	362.5	35.3	-3.2	9.7	35.8
42.80		158.4	138.2	121.2	162.4		2.8	2.6	-5.7
780.05		2796.9	912.1	562.0	204.6				22.4
5277.39		354.2	522.0	290.5	178.4		-7.5	12.4	10.2
3238.71		279.2	632.7	286.6	199.5		-15.1	17.2	7.5
133833	1629.5	501.7	408.9	299.9	183.1	9.7	4.2	6.4	10.6
39070	1011.9	565.5	468.1	405.0	177.1	8.0	3.9	2.9	18.0
94762	2177.4	479.4	388.6	270.9	185.7	10.8	4.3	7.5	7.8
1.07		629.4	94.7	53.5	53.5		46.1	12.1	
44825	1309.9	427.9	245.3	190.3	139.6	9.0	11.8	5.2	6.4
3876	221.1	159.3	133.2	114.7	118.9	2.7	3.6	3.0	-0.7
40773	2443.0	508.9	267.4	203.2	142.5	11.2	13.7	5.6	7.4
176		586.7	151.7	160.0	70.1		31.1	-1.1	17.9

2-3 续表 2

指 标	Item	总量指标 1978	1990	1995	2000	2005
邮电通信业	**Postal & Telecoms Services**					
邮电业务总量(亿元)	Total Revenue(100 million yuan)	0.42	2.12	9.66	56.25	199.72
函 件(万件)	Letters Delivered(10 000 pieces)	6658	8080	16728	9677	3143
报刊期发数(万份)	Newspapers and Magazines Distributed(10 000 copies)	253	346	486	395	194
局用交换机容量(万门)	Capacity of office Telephone Exchange(10 000 lines)	5.08	24.13	105.92	254.30	430.45
电话机(万部)	Telephone sets(10 000 units)	9.96	29.66	85.49	322.20	1254.30
国内贸易	**Domestic Trade**					
社会消费品零售总额(亿元)	Total Retail Sales of Consumer Goods(100 million yuan)	36.83	130.58	313.31	608.55	1344.1
对外经济贸易	**Foreign Trade**					
进出口总额(亿美元)	Exp. & Imp.(USD100 million)	0.16	4.84	11.23	20.36	51.62
进口额	Imports	0.05	1.60	5.15	10.14	30.97
出口额	Exports	0.11	3.25	6.08	10.22	20.65
实际利用外资额(万美元)	Amount of Foreign Capital Actually Utilized(USD 10 000)		2530	10838	54819	140007
国际旅游	**International Tourism**					
来华旅游人数(万人)	Tourists(10 000 persons)		2.04	30.09	39.19	100.16
旅游外汇收入 (万美元)	Earnings (USD 10 000)		648	9052	12645	35207
金融保险	**Finance and Insurance**					
金融机构各项存款(亿元)	Deposits of Banking (100 million yuan)	16.47	169.77	566.34	1270.13	3298.15
金融机构各项贷款(亿元)	Loans of Banking (100 million yuan)	40.33	272.92	819.87	1340.74	2588.57
中资保险公司保险金额(亿元)	Amount Insured (100 million yuan)			1426	1624	10504
中资保险公司保费收入(亿元)	Insurance Premium (100 million yuan)			9.11	24.63	60.87
中资保险公司赔款及给付(亿元)	Chaim and Paymen (100 million yuan)			4.87	7.92	10.76
教育、科技、文化	**Education, Sci., Tech & Culture**					
教育	**Education**					
专任教师数(人)	Full-teachers(person)					
普通高等学校	Higher Education	2949	6755	7070	8856	16189
中等学校	Secondary Schools	81208	96166	98437	101036	107704
小学	Primary Schools	121364	153799	153461	129242	118988
在校学生数(人)	Students Enrollment(person)					
普通高等学校	Higher Education	12567	32428	37248	71967	229354
中等学校	Secondary Schools	1624573	1234474	1304852	1621258	1798804
小学	Primary Schools	2917772	2342865	2343129	2015076	1596381
教育经费支出 (亿元)	Expenditures(100 million yuan)			31.7	55.28	116.22
科技	**Science and Technology**					
科学家、工程师数(人)	Scientists & Engineers(person)			5748	20543	25501
研究与发展经费支出(万元)	Expenditures on R&D (10 000 yuan)			2023.0	24605.8	113208
技术市场成交额(万元)	Transaction in Technical Markets(10 000 yuan)			25000	60287	310620
文化	**Culture**					
出版数量	Publications					
图书(万册·张)	Books(10 000 copies)	3200.00	7948.00	6560.00	7423.34	8888.15
杂志(万册)	Magazines(10 000 copies)		1264.00	1036.00	1585.46	1384.00
报纸(万份)	Newspapers(10 000 copies)		16192.00	16286.00	17967.23	61819
电视节目制作时间(小时)	Time for TV Programs(hours)			9843	12916	71091

continued

Aggregate Data	速度指标(%) Indices and Growth Rates(%)								
2008	指数(2008年比以下各年) Index(2008 as Percentage of the following years)					平均增长速度 Average Annual Growth Rate			
	1978	1990	1995	2000	2005	1979-2008	1991-1995	1996-2000	2001-2005
457.6	108952.4	21584.9	4737.1	813.5	229.1	26.3	35.4	42.2	37.5
4186	62.9	51.8	25.0	43.3	133.2	-1.5	15.7	-10.4	-20.1
224	88.5	64.7	46.1	56.7	115.5	-0.4	7.0	-4.1	-13.3
729.00	14350.4	3021.1	688.3	286.7	169.4	18.0	34.4	19.1	20.0
1344.40	13498.0	4532.7	1572.6	417.3	107.2	17.8	23.6	30.4	31.2
2363.33	6416.9	1809.9	754.3	388.4	175.8	14.9	19.1	14.2	17.2
89.33	55831.3	1845.7	795.5	438.8	173.1	23.5	18.3	12.6	20.5
53.54	107080.0	3346.3	1039.6	528.0	172.9	26.2	26.3	14.5	25.0
35.79	32536.4	1101.2	588.7	350.2	173.3	21.3	13.3	10.9	15.1
285556		11286.8	2634.8	520.9	204.0		33.8	38.3	20.6
154.93		7594.6	514.9	395.3	154.7		71.3	5.4	20.6
57700		8904.3	637.4	456.3	163.9		69.4	6.9	22.7
6341.03	38500.5	3735.1	1119.7	499.2	192.3	22.0	27.2	17.5	21.0
4527.86	11227.0	1659.0	552.3	337.7	174.9	17.0	24.6	10.3	14.1
36044			2527.6	2219.0	343.1			2.6	45.3
141.35			1551.6	573.9	232.2			22.0	19.8
43.52			893.6	549.5	404.5			10.2	6.3
20946	710.3	310.1	296.3	236.5	129.4	6.8	0.9	4.6	12.8
108469	133.6	112.8	110.2	107.4	100.7	1.0	0.5	0.5	1.3
115170	94.9	74.9	75.0	89.1	96.8	-0.2	-0.04	-3.4	-1.6
316700	2520.1	976.6	850.2	440.1	138.1	11.4	2.8	14.1	26.1
1678260	103.3	135.9	128.6	103.5	93.3	0.1	1.1	4.4	2.1
1552708	53.2	66.3	66.3	77.1	97.3	-2.1	0.002	-3.0	-4.6
253.08			798.4	457.8	217.8			11.8	16.0
34089			593.1	165.9	133.7			-1.6	4.4
338950			16754.8	1377.5	299.4			30.7	35.7
994623			3978.5	1649.8	320.2			19.3	38.8
6730	210.3	84.7	102.6	90.7	75.7	2.5	-3.8	2.5	3.7
1229.05		97.2	118.6	77.5	88.8		-3.9	8.9	-2.7
26364		162.8	161.9	146.7	42.6		0.1	2.0	8.1
62828			638.3	486.4	88.4			5.6	40.6

2-3 续表 3

指 标	Item	总量指标				
		1978	1990	1995	2000	2005
家庭、生活、环境	**Family, Livelihood & Environment**					
家庭	**Family**					
城镇居民平均每户家庭人口(人)	Average Household Size in Urban Areas(person)		3.73	3.34	3.08	3.00
农村居民平均每户家庭人口(人)	Average Household Size in Rural Areas(person)	5.78	5.00	4.50	4.10	3.78
婚姻	**Marriages and Divorces**					
结婚数(万对)	Number of Marriages(10 000 couples)		15.88	17.35	15.20	15.45
离婚数(万对)	Number of Divorces(10 000 couples)		2.19	2.75	3.25	3.92
居住	**Housing**					
城市居民人均居住面积(平方米)	Per Capita Net Floor Space of Urban Residents(sq.m)	3.50	8.98	12.06	15.54	26.09
农村居民人均居住面积(平方米)	Per Capita Net Floor Space of Rural Residents(sq.m)		11.90	15.29	17.00	19.70
生活	**People's Livelihood**					
城镇居民人均可支配收入(元)	Per Capita Annual Income of Urban Households(yuan)	301.01	1155.00	2845.72	5129.10	9136.80
农村牧区居民人均纯收入(元)	Per Capita Net Income of Rural Residents(yuan)	131.37	647.45	1300.00	2038.21	2988.87
农民人均纯收入(元)	Farmers(yuan)	126.07	607.15	1208.38	1869.00	2813.35
牧民人均纯收入(元)	Herdsmen(yuan)	188.00	905.67	1870.97	3355.00	4341.18
城乡储蓄存款余额(亿元)	Amount of Saving Deposits in Urban & Rural(100 million yuan)	2.53	93.44	410.82	875.74	1973.60
工资和福利	**Wages and Welfare**					
工资总额(亿元)	Total Wages(100 million yuan)	14.98	66.22	156.12	185.96	387.73
职工平均工资(元)	Average Wage of Staff & Workers(yuan)	712	1846	4134	6974	15985
离休、退休、退职职工人数(万人)	Number of Retired Resigned Staff and Workers(10 000 person)		47.55	55.75	75.45	126.72
离休、退休、退职费(万元)	Pensions for & Retired Staff and Workers(10 000 yuan)				480884	1289082
卫生	**Health Care**					
医院、卫生院(个)	Number of Hospitals(unit)	1723	1856	2003	1988	1834
医生(人)	Number of Doctors(person)	26724	41453	49345	52299	50308
医院、卫生院床位数(张)	Number of Hospital Beds(unit)	24079	57558	61933	63156	64002
市政建设	**City Construction**					
自来水供应量(亿吨)	Tap Water Supply(100 million tons)	0.88	1.88	6.32	6.18	6.11
下水道长度(公里)	Length of Sewer Pipelines(km)		1751	2156	2693	4505
城市煤气和天然气供气量(万立方米)	Volume of Coal & Natural Gas Supply in Urban Areas(10 000 cu.m)		2581	5694	7485	16330
公共汽车总数(辆)	Total Number of Public Buses(unit)	425	911	2078	2128	3594
铺装道路长度(公里)	Length of Paved Roads(km)	677	1509	2229	2771	3867
绿地面积(公顷)	Areas of Green Land(hectare)	2143	7132	13394	16541	24632
环境、灾害	**Environment and Disaster**					
污染治理项目本年完成投资额(亿元)	Investment of Pollution Treatment in the Year(100 million yuan)				5.59	2.57
火灾发生数(起)	Number of Fire Disasters(times)				2096	5422
火灾损失(万元)	Fire Loss(10 000 yuan)				1365	1687
交通事故发生数(起)	Number of Traffic Accidents(times)				9521	8452
交通事故损失(万元)	Loss of Traffic Accidents(10 000 yuan)				2539	2785

continued

Aggregate Data	速度指标(%) Indices and Growth Rates(%)								
2008	指数(2008年比以下各年) Index(2008 as Percentage of the following years)					平均增长速度 Average Annual Growth Rate			
	1978	1990	1995	2000	2005	1979-2008	1991-1995	1996-2000	2001-2005
2.84		76.1	85.0	92.2	94.7		-2.2	-1.6	-0.5
3.61	62.5	72.2	80.2	88.0	95.5	-1.6	-2.1	-1.4	-1.6
18.78		118.3	108.2	123.6	121.6		1.8	-2.6	0.3
5.02		229.2	182.5	154.5	128.1		4.7	3.4	3.8
29.32	837.7	326.5	243.1	188.7	112.4	7.3	3.3	16.3	10.9
21.50		180.7	140.6	126.5	109.1		5.1	2.0	3.0
14433.00	897.6	473.4	367.7	232.7	142.0	13.8	19.8	12.5	12.2
4656.00	725.7	323.5	264.9	177.6	137.9	12.6	15.0	9.4	8.0
4456.53	631.3	303.4	262.8	185.2	140.4	12.6	14.8	9.1	8.5
6194.29	660.5	269.8	226.1	145.4	126.3	12.4	15.6	12.4	5.3
3211.66	126943.1	3437.1	781.8	366.7	162.7	26.9	30.0	16.4	17.6
638.49	4262.3	964.2	409.0	343.3	164.7	13.3	18.7	3.6	15.8
26114	705.1	546.5	476.7	354.7	163.3	12.8	17.5	11.0	18.0
126.68		266.4	227.2	167.9	100.0		3.2	6.2	10.9
1704000				354.3	132.2				21.8
1795	104.2	96.7	89.6	90.3	97.9	0.1	1.5	-0.2	-1.6
49806	186.4	120.2	100.9	95.2	99.0	2.1	3.5	1.2	-0.8
73154	303.8	127.1	118.1	115.8	114.3	3.8	1.5	0.4	0.3
4.99	567.0	265.4	79.0	80.7	81.7	6.0	27.4	-0.4	-0.2
6269		358.0	290.8	232.8	139.1		4.2	4.5	10.8
41736		1617.0	733.0	557.6	255.6		17.1	5.6	16.9
5343	1257.2	586.5	257.1	251.1	148.7	8.8	17.9	0.5	11.1
5175	764.4	342.9	232.2	186.8	133.8	7.0	8.1	4.4	6.9
29849	1392.9	418.5	222.9	180.5	121.2	9.2	13.4	4.3	8.3
21.92				392.1	852.9				-14.4
7754				369.9	143.0				20.9
6748				494.4	400.0				4.3
5080				53.4	60.1				-38.3
1482				58.4	53.2				1.9

2-4 国民经济和社会发展结构

Structural Indicators on National Economic and Social Development

单位：%　　　　(%)

指标	Item	1985	1990	1995	2000	2005	2008
人口城乡结构	**Urban and Rural Structure of Population**						
城镇	Urban	43.4	36.1	38.2	42.2	47.2	51.7
乡村	Rural	56.6	63.9	61.8	57.8	52.8	48.3
人口性别结构	**Sexual Structure of Population**						
男	Male	51.8	52.1	52.0	51.7	51.5	51.4
女	Female	48.2	47.9	48.0	48.3	48.5	48.6
就业产业结构	**Industrial Structure of Employment**						
第一产业	Primary Industry	60.4	55.8	52.1	52.2	53.8	50.4
第二产业	Secondary Industry	20.4	21.8	21.9	17.1	15.6	16.9
第三产业	Tertiary Industry	19.2	22.4	26.0	30.7	30.5	32.7
生产总值三次产业结构	**Industrial Structure of GDP**						
第一产业	Primary Industry	32.7	35.3	30.4	22.8	15.1	11.7
第二产业	Secondary Industry	34.8	32.1	36.0	37.8	45.5	55.0
第三产业	Tertiary Industry	32.5	32.6	33.6	39.4	39.4	33.3
国民总支出中总投资和总消费结构	**Investment and Consumption as Percentage of National Expenditures**						
总投资	Investment	37.6	39.0	43.5	41.7	73.0	73.7
总消费	Consumption	77.5	67.9	62.9	56.8	46.5	41.2
工农业总产值中农、轻、重结构	**Structure of Gross Output Value of Agriculture, Light Industry and Heavy Industry**						
农业	Agriculture	39.3	37.3	38.2	31.1	20.2	13.4
轻工业	Light Industry	24.5	25.8	21.6	27.0	24.2	25.1
重工业	Heavy Industry	36.2	36.9	45.3	43.0	55.6	61.5
农、林、牧、渔业产值结构	**Structure of Gross Output Value of Agriculture**						
农业	Farming	63.9	65.7	62.0	56.8	48.3	47.0
林业	Forestry	6.6	4.0	3.2	4.3	4.1	4.8
牧业	Animal Husbandry	29.2	29.6	34.0	37.8	45.4	45.9
渔业	Fishery	0.6	0.7	0.8	1.1	0.7	0.8
工业总产值中轻、重工业结构	**Structure of Gross Output Value of Industry**						
轻工业	Light Industry	40.3	41.2	34.5	38.6	30.3	29.0
重工业	Heavy Industry	59.7	58.8	65.5	61.4	69.7	71.0
固定资产投资额三次产业投资结构	**Type of Industry as Percentage of Total Investment in FixedAssets Capital Construction**						
第一产业	Primary Industry	9.3	7.6	8.6	11.1	5.2	5.9
第二产业	Secondary Industry	49.0	57.3	64.8	34.3	58.9	59.6
第三产业	Tertiary Industry	41.7	35.1	26.6	54.6	35.9	34.5
教育经费占财政支出的比例	**Educational Expenses as Percentage in Financial Expenditures**	**13.4**	**14.1**	**16.2**	**11.6**	**10.7**	**14.2**

2-4 续表 continued

单位：%　　　　(%)

指标	Item	1985	1990	1995	2000	2005	2008
建筑业总产值结构	**Structure of Gross Output Value of Construction Enterprises**						
土木工程建筑业	Civil Engineering Construction	95.7	96.9	90.0	90.1	94.7	95.1
线路管道设备安装业	Line and Equipment Installation	4.3	3.1	9.5	9.3	4.5	4.2
建筑物装修装饰业	Building Decoration			0.5	0.6	0.8	0.7
货运量结构(按运输方式分)	**Structure of Freight Traffic by Means of Transportation**						
铁路	Railways	48.0	26.0	27.5	21.6	30.2	29.2
公路	Highways	52.0	74.0	72.5	78.4	69.8	70.8
航空	Civil Aviation						
管道	Pipelines						
社会消费品零售总额构成	**Composition of Retail Sales of Consumer Goods**						
市	Cities	50.0	55.0	58.0	60.0	66.9	68.8
县	Counties	27.0	25.9	24.0	24.0	20.7	19.7
县以下	Below Counties	23.0	19.1	18.0	16.0	12.4	11.5
学校在校学生结构	**Structure of Student Enrollment**						
大学生	College and University Students	0.8	0.9	1.0	4.8	6.3	8.9
中学生	Secondary School Students	32.7	34.2	35.4	40.9	49.6	47.3
小学生	Primary School Students	66.5	64.9	63.6	54.3	44.1	43.8
科技经费内部支出结构	**Structure of Internal Expenditures on Scientific and Technological Activities**						
# 劳务费	Service Fees				44.6	19.7	18.6
研究与发展经费支出	Expenditures of Research and Development				35.6	34.0	45.7
城镇居民消费结构	**Consumption Structure of Urban Residents**						
食品类	Food	46.1	48.3	48.4	34.5	31.4	32.8
衣着类	Clothing	20.0	16.5	16.3	14.3	15.1	14.9
用品及其他	Articles for Daily Use and Others	33.9	35.2	29.0	42.6	43.1	42.8
居住	Residence			6.3	8.6	10.4	9.5
农牧民消费结构	**Consumption Structure of Rural Residence**						
食品类	Food			59.7	44.8	43.1	41.0
衣着类	Clothing			7.3	6.9	6.1	6.6
用品及其他	Articles for Daily Use and Others			19.7	32.9	37.1	36.7
居住	Residence			13.3	15.4	13.7	15.7
卫生技术人员结构	**Medical Technical Personnel**						
医生	Doctors	41.9	42.8	48.3	51.9	41.5	45.3
护师、护士	Nurses	14.5	22.9	24.1	25.6	22.3	28.8

2-5 国民经济和社会发展比例和效益

Indicators on Proportions and Efficiency in National Economic and Social Development

指 标	Item	1990	1995	2000	2005	2008
人口与就业	**Population and Employment**					
人口	Population					
出生率(‰)	Birth Rate(‰)	21.2	17.2	12.1	10.1	9.8
死亡率(‰)	Death Rate(‰)	7.2	6.7	5.9	5.5	5.5
自然增长率(‰)	Natural Growth Rate(‰)	14.0	10.5	6.1	4.6	4.3
就业	Employment					
就业者负担人数(人)	Dependency Ratio(person)	1.89	1.86	1.92	1.91	1.97
三次产业从业者比例(以第一产业为100)	Employment Ratio by type of Industry (Employment in Primary industry=100)					
第一产业	Primary Industry	100	100	100	100	100
第二产业	Secondary Industry	39.1	41.9	33.0	29.0	33.4
第三产业	Tertiary Industry	40.3	50.0	58.8	56.7	64.7
城镇登记失业率(%)	Unemployment Rate in Urban Areas(%)	3.49	3.17	3.34	4.26	4.10
宏观经济	**Macro Economy**					
国民经济核算	National Accounting					
三次产业增加值比例(以第一产业为100)	Ratio of Value-added by Type of Industry (Value added in Primary industry=100)					
第一产业	Primary Industry	100	100	100	100	100
第二产业	Secondary Industry	91.0	118.7	166.1	300.8	470.9
第三产业	Tertiary Industry	92.7	110.7	172.7	260.0	284.9
人均生产总值(元)	Per Capita GDP(yuan)	1478	3772	6502	16331	32214
固定资产投资	Investment in Fixed Assets					
全社会固定资产投资占生产总值比例(%)	Proportion of Investment in Fixed Assets to GDP(%)	22.2	31.9	28.0	69.0	72.2
全社会房屋建筑面积竣工率(%)	Rate of Total Floor Space of Buildings Completed in Construction(%)	77.8	80.7	75.5	53.5	38.7
财政	Finance					
地方财政总收入占生产总值比例(%)	Proportion of Local Government Revenue to GDP(%)	10.3	5.1	7.2	8.6	14.3
地方财政总支出占生产总值比例(%)	Proportion of Local Government Expenditures to GDP(%)	19.1	11.9	17.0	18.9	18.7
能源生产与消费	Production and Consumption of Energy					
能源生产弹性系数	Elasticity Ratio of Energy Production	0.66	1.61	0.27	0.94	1.46
能源消费弹性系数	Elasticity Ratio of Energy Consumption	1.09	1.61	0.77	1.06	0.57
每万元生产总值消耗的能源(吨标准煤)	Energy Consumption Per 10 000 yuan GDP(ton of SCE)	7.59	3.81	2.31	2.48	2.16

2-5 续表 1 continued

指 标	Item	1990	1995	2000	2005	2008
产 业	**Industrial**					
农牧业	Agriculture					
人均耕地面积(公顷)	Per Capita Cultivated Land(hectare)	0.23	0.24	0.31	0.31	0.30
农业从业者人均耕地面积(公顷)	Cultivated Land per Agricultural Laborer(hectare)	1.06	1.10	1.39	1.65	1.63
每公顷耕地农业机械总动力(千瓦)	Total Power of Agricultural Machinery per Hectare of Cultivated Land(kw)	1.53	1.64	1.85	2.61	3.89
每公顷耕地用电量(万千瓦小时)	Electric Power Consumption per Hectare of Cultivated Land(10 000 kwh)	229	305	291	398	511
每公顷耕地化肥用量(千克)	Chemical Fertilizer Consumption per Hectare of Cultivated Land(kg)	70	98	102	159	216
每公顷耕地生产的农业产值(元)	Agricultural Output Value per Hectare of Cultivated Land(yuan)	2077	4210	4214	6443	10024
农业从业者人均农产品产量(千克)	Output of Farm products per Agricultural Laborer(kg)					
粮 食	Grain	2070	2105	2366	3719	4847
油 料	Oil-bearing Crops	148	140	222	273	267
甜 菜	Beet Roots	503	525	269	309	387
肉 类	Meat	114	163	273	514	499
每公顷播种面积农产品产量(千克)	Output of Farm Crops per Hectare of Sown Area(kg)					
粮 食	Grain	2511	2547	2800	3800	4056
油 料	Oil-bearing Crops	1340	1260	1324	1759	1667
甜 菜	Beet Roots	24884	18821	23998	36328	34920
工业企业效益(规模以上工业)	Economic Efficiency of Industry					
综合效益指数	Index of Multipurpose Efficiency			88.80	203.61	
总资产贡献率(%)	Ratio of Total Assets to Industrial Output Value(%)			6.69	12.70	14.77
资产负债率(%)	Assets-Liability Ratio(%)			59.46	59.53	62.51
成本费用利润率(%)	Ratio of Profits to Industrial Cost(%)			2.41	8.52	10.54
流动资产周转次数(次/年)	Number of Times of Annual of Turn-over Circulating Funds(times/year)			1.26	2.32	2.77
全员劳动生产率(元/人·年)	Labor Prouctivity(yuan/person·year)	9718	11399	21989	135616	329946
建筑业	Construction					
技术装备率(元/人)	Machinery per Laborer(yuan/person)	2434	3053	5844	11822	9512
产值利税率(%)	Ratio of Per-tax Profits to Gross Output Value(%)	6.2	3.6	4.2	8.3	11.4
全员劳动生产率(元/人)(按总产值计算)	Overall Labor Productivity(yuan/person) (in terms of gross output value per employee)	1369	28440	39319	81750	112223
交通运输业	Transportation					
铁路网密度(公里/万平方公里)	Railway Density(km/10 000 sq.km)	47	49	61	65	61
公路网密度(公里/万平方公里)	Highway Density(km/10 000 sq.km)	366	378	569	1052	1245
铁路货运密度(吨/公里)	Railway Freight Traffic Density(ton/km)	12338	14391	14705	29186	54099
公路货运密度(吨/公里)	Highway Freight Traffic Density(ton/km)	4597	5443	5194	6456	6434
邮电通信业	Postal & Telecommunications Services					
固定电话普及率(部/百人)	Access to Telephones(set/100 persons)	0.8	2.9	8.7	22.7	19.1
移动电话普及率(部/百人)	Access to Mobile Phones(set/100 persons)		0.1	4.9	29.9	55.8
国内贸易	Domestic Trade					
人均社会消费品零售额(元)	Per Capita Retail Sales of Consumer Goods(yuan)	610	1298	2045	5635	9809
对外经济贸易	Foreign Trade					
进出口总额占生产总值比例(%)	Proportion of Total Imports & Exports to GDP(%)	7.9	10.9	11.0	10.7	7.9

2-5 续表 2 continued

指 标	Item	1990	1995	2000	2005	2008
金融保险	Finance and Insurance					
金融机构存款占生产总值比例(%)	Bank Deposits as Percentage of GDP(%)	53.2	66.1	82.5	84.7	81.7
金融机构贷款占生产总值比例(%)	Bank Loans as Percentage of GDP(%)	85.5	95.7	87.1	66.4	58.3
教育、科技、文化	**Education, Science, Tech & Culture**					
教育	Education					
学龄儿童入学率(%)	Rate of School-age Children Enrollment(%)	97.9	98.9	99.5	99.4	99.7
小学升学率(%)	Rate of Graduates of primary Schools Entering Junior Secondary Schools(%)	81.8	90.0	96.1	100.0	100.0
初中升学率(%)	Rate of Graduates of Junior Secondary Schools Entering Senior Secondary Schools(%)	42.1	48.6	60.2	73.0	87.4
学校教师负担系数(%)	Student-teacher Ratio(in percentage)(%)					
高等学校	Colleges and Universities	4.8	5.3	8.1	14.2	15.1
中等学校	Secondary Schools	12.7	13.2	16.1	16.7	15.5
小学学校	Primary Schools	15.2	15.3	15.6	13.4	13.5
科技	Science and Technology					
研究与开发经费支出占生产总值比例(%)	R&D Expenditures as Percentage of GDP(%)		0.09	0.16	0.29	0.40
文化	Culture					
每百万人有艺术表演团体(个)	Number of Troupes per Million Persons(unit)	5.8	5.2	4.9	4.6	4.4
每百万人有公共图书馆(个)	Number of Public Libraries per million Persons(unit)	4.9	4.7	4.6	4.6	4.7
每百万人有博物馆(个)	Number of Museums per million Persons (unit)	0.5	0.7	1.1	1.4	1.5
家庭、生活、环境	**Family, People's Livelihood & Environment**					
家庭	Family					
负担少儿系数(%)	Dependency Ratio of Children(%)	42.1	38.2	29.0	22.4	21.2
负担老年系数(%)	Dependency Ratio of the Aged(%)	5.9	6.8	7.3	8.8	9.6
福利	Welfare					
离退休退职费占工资总额比例(%)	Pensions for Retired Veterans,Retired and Resigned Persons as Percentage of Total Wages(%)			25.9	33.2	26.7
离退休退职人员占在职人员比例(%)	Proportion of the Number of Workers Who Have Retired or Resigned to the Number of Employed Ones(%)	12.9	14.5	28.6	52.9	52.6
卫生	Health Care					
每万人医院数(个)	Number of Hospitals per 10 000 Persons(unit)	0.9	0.9	0.9	0.8	0.8
每万人医生数(个)	Number of Doctors per 10 000 Persons(unit)	19	22	22	21	21
每万人医院床位数(张)	Number of Hospital Beds per 10 000 Persons (unit)	26.6	27.3	28.2	29.1	33.9
市政建设	City Construction					
城市自来水普及率(%)	Percentage of Households with Access to Tap Water(%)	73.4	80.7	89.1	83.9	82.0
城市用气普及率(%)	Percentage of Households with Access to Tap Gas(%)	16.8	40.5	58.6	68.2	74.3
每万人绿地面积(公顷)	Public Green Areas per 10 000 Persons(hectare)	3.3	5.9	7.0	7.8	11.1

主要统计指标解释

可比价格 指计算各种总量指标所采用的扣除了价格变动因素的价格，可进行不同时期总量指标的对比。按可比价格计算总量指标有两种方法：一种是直接用产品产量乘某一年的不变价格计算；另一种是用价格指数进行缩减。

不变价格 指以同类产品某年的平均价格作为固定价格，用于计算各年的产品价值。按不变价格计算的产品价值消除了价格变动因素，不同时期对比可以反映生产的发展速度，新中国成立后，随着工农业产品价格水平的变化，国家统计局先后五次制定了全国统一的工业产品不变价格和农业产品不变价格。从 1952 年到 1957 年使用 1952 年工(农)业产品不变价格。从 1957 年到 1970 年使用 1957 年不变价格，从 1971 年到 1980 年使用 1970 年不变价格，从 1981 年到 1990 年使用 1980 年不变价格，从 1991 年开始使用 1990 年不变价格。

平均增长速度 我国计算平均增长速度有两种方法：一种是习惯上经常使用的“水平法”，又称几何平均法，是以间隔期最后一年的水平同基期水平对比来计算平均每年增长(或下降)速度；另一种是“累计法”，又称代数平均法或方程法，是以间隔期内各年水平的总和同基期水平对比来计算平均每年增长(或下降)速度。在一般正常情况下，两种方法计算的平均每年增长速度比较接近，但在经济发展不平衡、出现大起大落时，两种方法计算的结果差别较大。

本《年鉴》内所列的平均增长速度，除固定资产投资用“累计法”计算外，其余均用“水平法”计算。从某年到某年平均增长速度的年份，均不包括基期年在内。如建国四十三年的平均增长速度是以 1949 年为基期计算的，则写为 1950-1992 年平均增长速度，其余类推。

企业(单位)登记注册类型 是以在工商行政管理机关登记注册的各类企业为划分对象，以工商行政管理部门对企业登记注册的类型为依据，将企业登记注册类型分为内资企业、港澳台商投资企业和外商投资企业三大类。内资企业包括国有企业、集体企业、股份合作企业、联营企业、有限责任公司、股份有限公司、私营公司和其他企业；港澳台商投资企业和外商投资企业分别包括合资经营企业、合作经营企业、独资经营企业和股份有限公司。对不在工商行政管理部门进行登记注册的行政机关、事业单位和社会团体，主要按其经费来源和管理方式进行划分。

国有企业 指企业全部资产归国家所有，并按《中华人民共和国企业法人登记管理条例》规定登记注册的非公司制的经济组织。不包括有限责任公司中的国有独资公司。

集体企业 指企业资产归集体所有，并按《中华人民共和国企业法人登记管理条例》规定登记注册的经济组织。

股份合作企业 指以合作制为基础，由企业职工共同出资入股，吸收一定比例的社会资产投资组建，实行自主经营，自负盈亏，共同劳动，民主管理，按劳分配与按股分红相结合的一种集体经济组织。

联营企业 指两个及两个以上相同或不同所有制性质的企业法人或事业单位法人，按自愿、平等、互利的原则，共同投资组成的经济组织。联营企业包括国有联营企业、集体联营企业、国有与集体联营企业和其他联营企业。

有限责任公司 指根据《中华人民共和国公司登记管理条例》规定登记注册，由两个以上、五十个以下的股东共同出资，每个股东以其所认缴的出资额对公司承担有限责任，公司以其全部资产对其债务承担责任的经济组织。有限责任公司包括国有独资公司以及其他有限责任公司。

股份有限公司 指根据《中华人民共和国公司登记管理条例》规定登记注册，其全部注册资本由等额股份构成并通过发行股票筹集资本，股东以其认购的股份对公司承担有限责任，公司以其全部资产对其债务承担责任的经济组织。

私营企业 指由自然人投资设立或由自然人控股，以雇佣劳动为基础的营利性经济组织。包括按照《公司法》、《合伙企业法》、《私营企业暂行条例》规定登记注册的私营有限责任公司、私营股份有限公司、私营合伙企业和私营独资企业。

其他内资企业 指上述企业之外的其他内资经济组织。

与港澳台商合资经营企业 指港澳台地区投资者与内地企业依照《中华人民共和国中外合资经营企业法》及有关法律的规定，按合同规定的比例投资设立、分享利润和分担风险的企业。

与港澳台商合作经营企业 指港澳台地区投资者与内地企业依照《中华人民共和国中外合作经营企业法》及有关法律的规定，依照合作合同的约定进行投资或提供条件设立、分配利润和分担风险的企业。

港澳台商独资经营企业 指依照《中华人民共和国外资企业法》及有关法律的规定，在内地由港澳台地区投资者全额投资设立的企业。

港澳台商投资股份有限公司 指根据国家有关规定，经外经贸部依法批准设立，其中港、澳、台商的股本占公司注册资本的比例达 25%以上的股份有限公司。凡其中港、澳、台商的股本占公司注册资本的比例小于 25%的，属于内资企业中的股份有限公司。

中外合资经营企业 指外国企业或外国人与中国内地企业依照《中华人民共和国中外合资经营企业法》及有关法律的规定，按合同规定的比例投资设立、分享利润和分担风险的企业。

中外合作经营企业 指外国企业或外国人与中国内地企业依照《中华人民共和国中外合作经营企业法》及有关法律的规定，依照合作合同的约定进行投资或提供条件设立、分配利润和分担风险的企业。

外资企业 指依照《中华人民共和国外资企业法》及有关法律的规定，在中国内地由外国投资者全额投资设立的企业。

外商投资股份有限公司 指根据国家有关规定，经外经贸部依法批准设立，其中外资的股本占公司注册资本的比例达 25%以上的股份有限公司。凡其中外资股本占公司注册资本的比例小于 25%的，属于内资企业中的股份有限公司。

行政机关、事业单位和社会团体 参照企业登记注册类型，主要按其经费来源和管理方式划分。具体规定如下：

(1)行政机关：包括国家机关和政党机关，原则上均列为“国有”。但有特殊规定的，如供销社等，则列为“集体”。

(2)事业单位：包括经国家机构编制部门和有关业务主管部门批准成立的各类事业单位，不包括实行企业化管理的事业单位。事业单位的划分办法如下：

①由国家财政预算拨款或列入财政预算外资金管理以及经费主要来源于国有主管部门或国有上级单位的事业单位，列为“国有”。

②经费主要来源于集体单位的事业单位，列为“集体”。

③公民个人(或个人合伙)开办的事业单位，列为“私营”。

④上述以外的其他事业单位，如果其经费来源不明确，按管理方式进行归类。

(3)社会团体：包括经民政部门批准成立以及未纳入社会团体管理条例范围的工会、妇联等各类社会团体。社会团体的划分办法如下：

①未纳入民政部社会团体管理条例范围的工会、妇联、共青团、青联、工商联、科协、侨联等社会团体，国家拨款设立的基金会或基金管理组织以及经费主要来源于国有业务主管部门或国有上级单位的社会团体，列入“国有”。

②经费主要来源于集体单位的社会团体，列为“集体”。

③公民个人(或个人合伙)开办的社会团体，划为“私营”。

④上述以外的其他社会团体，如果其经费来源不明确，改按管理方式进行归类。

Explanatory Notes on Main Statistical Indicators

Comparable Prices refer to prices that are used to remove the factors of price change in calculating economic aggregates, so as to facilitate comparison of aggregates over time. Two methods are used for calculating economic aggregates at comparable prices: 1. Multiplying the output of products by their constant prices of certain year; 2. Deflation of data at current prices by relevant price index.

Constant Price refers to the average price of a given product in certain year, which is used for comparison of output value over time. As the output value at constant prices removes the factor of price changes, it reflects the trend of production development over time. Since 1949, with the changes in general price level, the State Statistical Bureau has issued nationally unified constant prices five times; the 1952 constant prices for 1952-1957; the 1957 constant prices for 1957-1971; the 1970 constant prices for 1971-1980; the 1980 constant prices for 1981-1990; and the 1990 constant prices have been used since 1991.

Average Annual Growth Rate Two methods for calculating average annual growth rate are applied in China, one is often called "level approach" or the method of calculating geometric average, which is derived by comparing the level of the last year of the interval with that of the beginning year; the other is called accumulative approach or algebraic average or equation method, which is derived by the summation of the actual figure of each year in the interval divided by the figure in the base year.

Usually the results calculated by the two methods are fairly close, but they differed sharply when uneven economic development occurred with striking fluctuations in growth.

The average annual growth rates listed in this statistical yearbook are calculated by "level approach" except for the growth rate of investment in fixed assets. The base years are not listed when the years are listed for average annual growth rates. For instance, the average annual growth rate of 43 years since 1949 is listed as average annual growth rate of 1950-1992 without listing the base year 1949. And the analogy of this is also the same for the rest of the years.

Registration Status of Enterprises Enterprises are classified into 3 categories, namely domestic- funded enterprises, enterprises with investment from Hong Kong, Macao and Taiwan, and enterprises with foreign investment, in the light of the registration status of an enterprise in industrial and commercial administration agencies. Domestic funded enterprises include state owned enterprises, collective owned enterprises, cooperative enterprises, joint ownership enterprises, limited liability corporations, share holding corporations Ltd. , private enterprises and other enterprises. Included in the enterprises with investment from Hong Kong, Macao and Taiwan and enterprises with foreign investment are joint venture enterprises, cooperative enterprises, sole investment enterprises and share holding corporations Ltd. For government agencies, institutions and social organizations which are not requested to be registered in industrial and commercial administration agencies, they are classified mainly by their sources of funds and way of management.

State-owned Enterprises refer to non- corporation economic units where the entire assets are owned by the state and which have registered in accordance with the Regulation of the People's Republic of China on the Management of Registration of Corporate Enterprises. Excluded from this category are sole state funded corporations in the limited liability corporations.

Collective-owned Enterprises refer to economic units where the assets are owned collectively and which have registered in accordance with the Regulation of the People's Republic of China on the Management of Registration of Corporate Enterprises.

Cooperative Enterprises refer to a form of collective economic units (enterprises) where capitals come mainly from employees as their shares, with certain proportion of capital from the outside, where production is organized on the basis of independent operation, independent accounting for profits and losses, joint work, democratic management, and a distribution system that integrates remuneration according to work with dividend according to capital share.

Joint Ownership Enterprises refer to economic units established by two or more corporate enterprises or corporate institutions of the same or different ownership, through joint investment on the basis of equality, voluntary participation and mutual benefits. They include state joint ownership enterprises, collective joint ownership enterprises, joint state-collective enterprises, other joint ownership enterprises.

Limited Liability Corporations refer to economic units established with investment from 2-50 investors and registered in accordance with the Regulation of the people's Republic of China on the Management of Registration of Corporations, each investor bearing limited liability to the corporation depending on its share of investment, and the corporation bearing liability to its debt to the maximum of its total assets. Limited liability corporations include exclusive state-funded limited liability corporations and other limited liability corporations.

Share-holding Corporations Ltd refer to economic units registered in accordance with the Regulation of the People's Republic of China on the Management of Registration of Corporations, with total registered capitals divided into equal shares and raised through issuing stocks. Each investor bears limited liability to the corporation depending on the holding of shares, and the corporation bears liability to its debt to the maximum of its total assets.

Private Enterprises refer to profit-making economic units invested and established by natural persons, or controlled by natural persons using employed labour. Included in this category are private limited liability corporations, private share-holding corporations Ltd. , private partnership enterprises and private funded enterprises registered in accordance with the Corporation Law, Partnership Enterprises Law and Interim Regulations on private Enterprises.

Other Domestic-funded Enterprises refer to domestic-funded economic units other than those mentioned above.

Joint-venture Enterprises with Funds from Hong Kong, Macao and Taiwan refer to enterprises jointly established by investors from Hong Kong, Macao and Taiwan with enterprises in the mainland of China in accordance with the Law of the People's Republic of China on Sino-foreign Joint Venture Enterprises and other relevant laws, where the share of investment, profits and risks is stipulated in the contract.

Cooperative Enterprises with Funds from Hong Kong, Macao and Taiwan established by investors from Hong Kong, Macao and Taiwan with enterprises in the mainland of China in accordance with the Law of the People's Republic of China on Sino-foreign Cooperative Enterprises and other relevant laws, where the investment or provision of facilities, and the share of profits and risks is stipulated in the cooperative contract.

Enterprises with Sole (exclusive) Investment from Hong Kong, Macao and Taiwan refer to enterprises established in the mainland of China with exclusive investment from investors from Hong Kong, Macao and Taiwan in accordance with the Law of the People's Republic of China on Foreign-Funded Enterprises and other relevant laws.

Share-holding Corporations Ltd. with Investment from Hong Kong, Macao and Taiwan refer to established with the approval by organization and staffing departments of the government, but exclude institutions share-holding corporations Ltd. established with the approval from the Ministry of Foreign Trade and Economic Relations in line with relevant state regulations, where the share of investment from Hong Kong, Macao or Taiwan businessmen exceeds 25% of the total registered capital of the corporation. In case the share of investment from Hong Kong, Macao or Taiwan is less than 25% of the total registered capital, the enterprise is to be classified as domestic funded share holding corporation Ltd.

Joint-venture Enterprises with Foreign Investment refer to enterprises jointly established by foreign enterprises of foreigners with enterprises in the mainland of China in accordance with the Law of the People's Republic of China on Sino-foreign Joint Venture Enterprises and other relevant laws, where the share of investment, profits and risks is stipulated in the contract.

Cooperation Enterprises with Foreign Investment refer to enterprises jointly established by foreign enterprises or foreigners with enterprises in the mainland of China in accordance with the Law of the People's Republic of China on Sino-foreign Cooperative Enterprises and other relevant laws, where the investment or provision of facilities, and the share of profits and risks is stipulated in the cooperative contract.

Enterprises with Sole (exclusive) Foreign Investment refer to enterprises established in the mainland of China with exclusive investment from foreign investors in accordance with the Law of the People's Republic of China on Foreign-Funded Enterprises and other relevant laws.

Share-holding Corporations Ltd. with Foreign Investment refer to share-holding corporations Ltd. established with the approval from the Ministry of Foreign Trade and Economic Relations in line with relevant state regulations, where the share of investment from foreign investors exceeds 25% of the total registered capital of the corporation. In case the share of foreign investment is less than 25% of the total registered capital, the enterprise is to be classified as domestic–funded share–holding corporation Ltd.

Government Agencies, Institutions and Social Organizations are classified into following categories by source of funds and way of management taking reference of the registration status of enterprises:

(1) Government agencies include state and party agencies, classified in principles as " state-owned ". There are exceptions, such as supply and marketing cooperatives which are classified as "collective".

(2) Institutions: include institutions of various types where enterprise management system is introduced. Institutions are further classified as follows:

(a) Institutions whose main budget is listed in the Government budget appropriations or extra-budget funds, or allocated from the budget of their competent government agencies. Such institutions are classified as "state-owned".

(b) Institutions whose budget mainly comes from collective units. Such institutions are classified as "collective".

(c) Institutions Established by Individual(group of Citizen) are classified as " Private ".

(d) Institutions other than those mentioned above whose source of budget is not clear. Such institutions are classified by way of management.

(3) Social organizations: include social organizations established with the approval from the Ministry of Civil Affairs, and organizations that are not covered by social organization management regulations such as trade unions, women's federations etc. Social organizations are further classified as follows:

(a) Social organizations that are not covered by social organization management regulations of the Ministry of Civil Affairs such as trade unions, women's federations, communist youth leagues, youth associations, industrial and commerce associations, scientists associations, overseas Chinese associations, etc. , foundations and fund management organizations established with funds from the state, and social organizations whose funds mainly come from the budget of their competent government agencies. Such institutions are classified as "state-owned".

(b) Social organizations whose budget mainly comes from collective units. Such institutions are classified as "collective".

(c) Social organizations established by individual or a group of citizens, which are classified as "private".

(d) Social organizations other than those mentioned above whose source of budget is not clear. Such organizations are classified by way of management.

三、国民经济核算

National Accounts

资料整理：张文军　高　坤
Arranged By Zhang Wenjun, Gao Kun

3-1 生产总值
Gross Domestic Product

本表按当年价格计算。
Data in value terms in this table are calculated at current prices.
单位：亿元 (100 million yuan)

年 份 Year	生产总值 Gross Domestic Product	第一产业 Primary Industry	第二产业 Secondary Industry	工业 Industry	建筑业 Construction	第三产业 Tertiary Industry	#交通运输仓储邮电通讯业 Transportation, Post and Telecommunications	#批发和零售贸易餐饮业 Wholesale, Retail & Catering Trade	人均生产总值(元) Per Capita GDP (yuan)
1952	12.16	8.64	1.37	0.99	0.38	2.15	0.41	0.59	173
1953	15.57	10.44	2.25	1.57	0.68	2.88	0.56	1.02	211
1954	19.46	12.37	3.65	2.57	1.08	3.44	0.77	1.20	249
1955	17.49	10.25	3.53	2.73	0.80	3.71	0.78	1.18	213
1956	24.60	14.11	5.43	3.95	1.48	5.06	1.05	1.57	283
1957	21.27	11.29	5.05	3.80	1.25	4.93	0.65	1.78	232
1958	28.10	12.55	9.65	7.04	2.61	5.90	1.54	2.17	292
1959	35.76	14.75	13.41	9.90	3.51	7.60	2.59	2.65	349
1960	36.56	11.80	17.11	13.17	3.94	7.65	2.17	2.81	325
1961	25.25	11.40	7.25	6.06	1.19	6.60	1.44	2.18	215
1962	25.12	12.75	6.56	5.80	0.76	5.81	1.29	1.61	215
1963	29.02	12.71	9.90	8.24	1.66	6.41	1.49	2.04	243
1964	32.55	14.04	11.43	9.37	2.06	7.08	1.67	2.30	262
1965	35.41	15.21	12.08	9.65	2.43	8.12	2.26	2.57	275
1966	38.32	17.12	13.01	10.33	2.68	8.19	2.00	2.71	289
1967	31.80	13.87	10.43	8.46	1.97	7.50	1.58	2.16	233
1968	32.96	14.87	10.54	8.49	2.05	7.55	1.57	2.11	235
1969	32.90	14.78	10.52	8.40	2.12	7.60	1.56	2.07	227
1970	39.17	17.69	12.94	9.87	3.07	8.54	2.03	2.69	263
1971	41.61	16.82	15.99	12.50	3.49	8.80	2.18	2.56	271
1972	39.36	14.56	15.54	12.12	3.42	9.26	2.13	2.66	247
1973	44.07	16.22	18.14	14.29	3.85	9.71	2.38	2.58	269
1974	43.26	15.97	17.30	13.35	3.95	9.99	2.24	2.74	256
1975	48.55	18.15	20.02	15.52	4.50	10.38	2.49	2.66	280
1976	48.09	18.51	18.77	15.11	3.66	10.81	2.49	2.69	272
1977	51.65	18.91	21.60	16.48	5.12	11.14	2.56	2.73	287

3-1 续表 continued

本表按当年价格计算。
Data in value terms in this table are calculated at current prices.
单位：亿元 (100 million yuan)

年 份 Year	生产总值 Gross Domestic Product	第一产业 Primary Industry	第二产业 Secondary Industry	工 业 Industry	建筑业 Construction	第三产业 Tertiary Industry	#交通运输仓储邮电通讯业 Transportation, Post and Telecommunications	#批发和零售贸易餐饮业 Wholesale, Retail & Catering Trade	人均生产总值(元) Per Capita GDP (yuan)
1978	58.04	18.96	26.37	21.84	4.53	12.71	2.76	2.87	317
1979	64.14	21.03	28.37	23.52	4.85	14.74	2.85	3.25	343
1980	68.40	18.03	32.26	27.30	4.96	18.11	4.12	4.01	361
1981	77.91	27.14	32.04	27.92	4.12	18.73	3.71	4.00	407
1982	93.22	33.32	37.21	32.35	4.86	22.69	5.12	5.20	480
1983	105.88	35.90	41.98	35.90	6.08	28.00	6.58	6.32	535
1984	128.20	42.98	47.74	39.04	8.70	37.48	8.28	10.34	640
1985	163.83	53.54	56.95	45.90	11.05	53.34	10.85	19.65	809
1986	181.58	54.64	61.55	49.74	11.81	65.39	12.59	24.11	888
1987	212.27	62.21	70.42	58.26	12.16	79.64	12.77	32.91	1025
1988	270.81	90.20	85.72	70.28	15.44	94.89	14.30	38.88	1291
1989	292.69	89.08	98.96	83.66	15.30	104.65	18.63	35.58	1377
1990	319.31	112.57	102.43	87.18	15.25	104.31	20.69	24.92	1478
1991	359.66	117.19	124.03	102.74	21.29	118.44	26.84	27.76	1642
1992	421.68	126.86	152.56	120.85	31.71	142.26	32.65	35.04	1906
1993	537.81	149.96	203.46	162.53	40.93	184.39	44.21	47.44	2423
1994	695.06	208.53	254.52	205.98	48.53	232.01	53.93	63.14	3094
1995	857.06	260.18	308.78	254.88	53.90	288.10	69.36	83.03	3772
1996	1023.09	312.82	364.77	304.81	59.96	345.50	89.13	103.70	4457
1997	1153.51	322.52	422.39	355.10	67.29	408.60	114.08	126.82	4980
1998	1262.54	341.62	458.86	382.44	76.42	462.06	126.06	144.96	5406
1999	1379.31	342.91	510.47	425.13	85.34	525.93	145.98	168.59	5861
2000	1539.12	350.80	582.57	484.19	98.38	605.74	175.46	195.39	6502
2001	1713.81	358.89	655.68	541.02	114.66	699.24	204.42	226.46	7216
2002	1940.94	374.69	754.78	614.89	139.89	811.47	244.28	266.54	8162
2003	2388.38	420.10	967.49	773.50	193.99	1000.79	296.80	312.12	10039
2004	3041.07	522.80	1248.27	1015.37	232.90	1270.00	360.39	382.66	12767
2005	3895.55	589.56	1773.21	1477.88	295.33	1532.78	421.52	458.10	16331
2006	4841.82	634.94	2374.96	2025.72	349.24	1831.92	492.72	560.93	20264
2007	6091.12	762.10	3154.56	2742.67	411.89	2174.46	580.26	662.51	25393
2008	7761.80	906.98	4271.03	3798.60	472.43	2583.79	717.99	783.97	32214

注：从2004年开始第一产业为农业、林业、牧业、渔业及农林牧渔服务业。

a)The Primary Industry has included Farming,Forestry, Animal Husbandry, Fishery and Their Services Since 2004.

3-2 生产总值构成

Composition of Gross Domestic Product

本表按当年价格计算。

Data in value terms in this table are calculated at current prices.

单位：% (%)

年份 Year	生产总值 Gross Domestic Product	第一产业 Primary Industry	第二产业 Secondary Industry	工业 Industry	建筑业 Construction	第三产业 Tertiary Industry	#交通运输仓储邮电通讯业 Transportation, Post and Telecommunications	#批发和零售贸易餐饮业 Wholesale, Retail & Catering Trade
1952	100	71.1	11.3	8.1	3.1	17.6	3.4	4.9
1953	100	67.1	14.5	10.1	4.4	18.4	3.6	6.6
1954	100	63.6	18.8	13.2	5.5	17.6	4.0	6.2
1955	100	58.6	20.2	15.6	4.6	21.2	4.5	6.7
1956	100	57.4	22.1	16.1	6.0	20.5	4.3	6.4
1957	100	53.1	23.7	17.9	5.9	23.2	3.1	8.4
1958	100	44.7	34.3	25.1	9.3	21.0	5.5	7.7
1959	100	41.2	37.5	27.7	9.8	21.3	7.2	7.4
1960	100	32.3	46.8	36.0	10.8	20.9	5.9	7.7
1961	100	45.1	28.7	24.0	4.7	26.2	5.7	8.6
1962	100	50.8	26.1	23.1	3.0	23.1	5.1	6.4
1963	100	43.8	34.1	28.4	5.7	22.1	5.1	7.0
1964	100	43.1	35.1	28.8	6.3	21.8	5.1	7.1
1965	100	43.0	34.1	27.3	6.9	22.9	6.4	7.3
1966	100	44.7	34.0	27.0	7.0	21.3	5.2	7.1
1967	100	43.6	32.8	26.6	6.2	23.6	5.0	6.8
1968	100	45.1	32.0	25.8	6.2	22.9	4.8	6.4
1969	100	44.9	32.0	25.5	6.4	23.1	4.7	6.3
1970	100	45.2	33.0	25.2	7.8	21.8	5.2	6.9
1971	100	40.4	38.4	30.0	8.4	21.2	5.2	6.2
1972	100	37.0	39.5	30.8	8.7	23.5	5.4	6.8
1973	100	36.8	41.2	32.4	8.7	22.0	5.4	5.9
1974	100	36.9	40.0	30.9	9.1	23.1	5.2	6.3
1975	100	37.4	41.2	32.0	9.3	21.4	5.1	5.5
1976	100	38.5	39.0	31.4	7.6	22.5	5.2	5.6
1977	100	36.6	41.8	31.9	9.9	21.6	5.0	5.3

3-2 续表 continued

本表按当年价格计算。

Data in value terms in this table are calculated at current prices.

单位：% (%)

年 份 Year	生产总值 Gross Domestic Product	第一产业 Primary Industry	第二产业 Secondary Industry	工 业 Industry	建筑业 Cons-truction	第三产业 Tertiary Industry	# 交通运输仓储邮电通讯业 Transpor-tation, Post and Telecomm-unications	# 批发和零售贸易餐饮业 Wholesale, Retail & Catering Trade
1978	100	32.7	45.4	37.6	7.8	21.9	4.8	4.9
1979	100	32.8	44.2	36.7	7.6	23.0	4.4	5.1
1980	100	26.4	47.2	39.9	7.3	26.4	6.0	5.9
1981	100	34.8	41.1	35.8	5.3	24.1	4.8	5.1
1982	100	35.8	39.9	34.7	5.2	24.3	5.5	5.6
1983	100	33.9	39.6	33.9	5.7	26.5	6.2	6.0
1984	100	33.5	37.2	30.5	6.8	29.3	6.5	8.1
1985	100	32.7	34.8	28.0	6.7	32.5	6.6	12.0
1986	100	30.1	33.9	27.4	6.5	36.0	6.9	13.3
1987	100	29.3	33.2	27.4	5.7	37.5	6.0	15.5
1988	100	33.3	31.7	26.0	5.7	35.0	5.3	14.4
1989	100	30.4	33.8	28.6	5.2	35.8	6.4	12.2
1990	100	35.3	32.1	27.3	4.8	32.6	6.5	7.8
1991	100	32.6	34.5	28.6	5.9	32.9	7.5	7.7
1992	100	30.1	36.2	28.7	7.5	33.7	7.7	8.3
1993	100	27.9	37.8	30.2	7.6	34.3	8.2	8.8
1994	100	30.0	36.6	29.6	7.0	33.4	7.8	9.1
1995	100	30.4	36.0	29.7	6.3	33.6	8.1	9.7
1996	100	30.6	35.7	29.8	5.9	33.7	8.7	10.1
1997	100	28.0	36.6	30.8	5.8	35.4	9.9	11.0
1998	100	27.1	36.3	30.3	6.0	36.6	10.0	11.5
1999	100	24.9	37.0	30.8	6.2	38.1	10.6	12.2
2000	100	22.8	37.9	31.5	6.4	39.3	11.4	12.7
2001	100	20.9	38.3	31.6	6.7	40.8	11.9	13.2
2002	100	19.3	38.9	31.7	7.2	41.8	12.6	13.7
2003	100	17.6	40.5	32.4	8.1	41.9	12.4	13.1
2004	100	17.2	41.0	33.4	7.6	41.8	11.9	12.6
2005	100	15.1	45.5	37.9	7.6	39.4	10.8	11.8
2006	100	13.1	49.1	41.9	7.2	37.8	10.2	11.6
2007	100	12.5	51.8	45.0	6.8	35.7	9.5	10.9
2008	100	11.7	55.0	48.9	6.1	33.3	9.3	10.1

3-3 生产总值指数

Indices of Gross Domestic Product

本表按可比价格计算。

The indices in this table are calculated at comparable prices.

(上年=100) (Preceding year=100)

年份 Year	生产总值 Gross Domestic Product	第一产业 Primary Industry	第二产业 Secondary Industry	工业 Industry	建筑业 Construction	第三产业 Tertiary Industry	#交通运输仓储邮电通讯业 Transportation, Post and Telecommunications	#批发和零售贸易餐饮业 Wholesale, Retail & Catering Trade	人均生产总值 Per Capita GDP
1953	116.3	107.5	159.9	153.7	176.3	127.4	140.6	174.3	110.6
1954	119.4	111.3	160.4	162.3	156.1	117.6	137.8	117.1	112.8
1955	90.7	83.7	97.5	107.0	74.8	107.4	101.6	98.0	86.0
1956	138.7	136.6	152.3	143.2	183.3	131.4	133.3	133.8	131.0
1957	110.9	117.5	98.3	101.7	89.1	106.2	61.9	113.1	105.3
1958	125.3	105.3	184.0	178.6	200.5	127.1	238.5	121.9	119.4
1959	122.9	112.6	139.2	140.7	135.0	125.2	166.9	122.0	115.3
1960	95.8	77.9	126.6	132.1	111.2	86.5	84.1	106.0	87.3
1961	65.3	80.7	39.3	42.6	28.0	95.5	66.1	77.6	62.3
1962	94.7	105.2	84.3	89.1	59.9	86.5	90.4	73.7	95.5
1963	119.7	108.9	148.6	140.0	214.3	115.0	114.4	126.7	117.0
1964	113.2	111.8	117.1	115.5	125.5	111.3	112.6	112.9	108.9
1965	109.8	105.9	113.6	110.8	126.8	112.6	135.1	111.8	105.8
1966	110.0	112.4	114.4	113.7	117.4	99.7	88.4	105.6	106.8
1967	83.3	81.1	81.2	83.0	74.5	91.2	79.4	79.8	81.1
1968	99.9	98.9	102.6	102.0	105.4	98.3	99.2	97.8	96.9
1969	100.8	99.5	103.4	102.5	107.4	99.8	99.2	97.7	97.7
1970	123.3	119.7	140.2	134.0	164.8	105.6	129.6	130.0	120.0
1971	102.1	95.0	106.5	109.1	98.2	108.7	108.0	95.3	99.0
1972	107.8	117.0	97.2	97.0	97.9	110.4	93.1	99.4	104.1
1973	111.7	110.8	116.8	117.9	112.8	105.0	111.7	96.9	108.3
1974	96.2	94.3	95.4	93.5	102.6	101.8	94.0	106.1	93.3
1975	111.3	111.7	115.6	116.2	113.9	103.1	111.1	97.3	108.6
1976	99.4	101.8	94.7	98.4	82.1	103.2	100.0	100.9	97.4
1977	107.0	102.2	114.5	108.5	139.2	103.7	103.2	101.5	105.2

3-3 续表 continued

本表按可比价格计算。

The indices in this table are calculated at comparabl prices.

上年=100 (Preceding year=100)

年 份 Year	生产总值 Gross Domestic Product	第一产业 Primary Industry	第二产业 Secondary Industry	工 业 Industry	建筑业 Construction	第三产业 Tertiary Industry	# 交通运输仓储邮电通信业 Transportation, Post and Telecommunications	# 批发和零售贸易餐饮业 Wholesale, Retail & Catering Trade	人均生产总值 Per Capita GDP
1978	108.0	98.8	117.2	127.3	84.6	108.9	107.7	105.2	106.3
1979	109.8	107.7	108.6	108.4	110.0	116.0	103.3	113.1	107.4
1980	101.7	76.0	113.3	116.6	97.6	122.9	144.5	123.5	100.2
1981	110.6	141.8	96.3	98.2	85.7	103.4	90.0	99.9	109.4
1982	118.6	118.2	117.4	117.3	117.9	121.1	138.1	129.9	116.9
1983	109.8	105.0	109.9	108.5	118.8	116.7	117.4	116.1	107.8
1984	116.1	114.0	110.2	107.3	127.7	128.1	119.3	156.8	116.2
1985	117.2	114.1	108.2	105.5	121.7	133.0	129.3	175.1	114.6
1986	105.9	91.7	105.4	106.4	101.2	120.4	115.6	120.0	104.8
1987	109.0	106.8	107.0	109.3	96.5	112.5	96.2	125.6	107.7
1988	109.8	117.3	111.1	108.1	126.6	103.2	111.9	99.5	108.4
1989	102.7	95.1	104.9	107.2	94.9	106.8	121.6	102.6	101.4
1990	107.5	124.4	99.4	99.2	100.5	103.1	101.1	93.4	105.8
1991	107.5	104.0	110.8	108.2	126.0	107.9	121.4	102.5	106.0
1992	111.0	104.0	115.4	110.7	138.8	113.8	118.4	117.1	109.9
1993	111.7	105.0	113.9	112.3	120.5	115.7	119.2	120.9	111.3
1994	111.2	103.2	113.1	114.8	106.9	116.1	121.6	118.6	109.8
1995	110.1	103.9	111.0	112.7	104.2	114.1	118.8	116.4	108.9
1996	114.4	121.4	111.4	115.2	95.5	112.3	114.3	114.3	113.2
1997	110.8	102.0	114.0	114.9	109.4	114.3	119.0	117.8	109.8
1998	110.7	106.2	109.6	110.0	107.2	114.7	116.8	115.9	109.7
1999	108.8	101.0	110.0	110.7	105.9	112.7	113.5	116.3	108.0
2000	110.8	102.6	111.7	112.2	108.9	114.5	117.4	117.0	110.1
2001	110.7	102.0	110.9	110.2	114.1	115.5	116.1	115.9	110.3
2002	113.2	104.4	115.7	113.9	124.3	115.3	120.2	117.3	113.0
2003	117.9	105.9	127.7	121.8	153.3	114.5	120.3	116.2	117.9
2004	120.5	111.7	122.8	124.9	115.6	122.0	122.1	119.3	120.4
2005	123.8	109.1	134.9	138.5	121.3	118.1	115.4	117.9	123.6
2006	119.0	103.2	127.1	129.8	113.6	115.8	113.4	115.9	118.8
2007	119.1	103.9	125.8	128.1	112.7	115.7	117.4	113.5	118.6
2008	117.2	107.5	120.5	123.1	103.7	115.5	120.4	113.8	116.7

3-4 生产总值指数

Indices of Gross Domestic Product

本表按可比价格计算。

The indices in this table are calculated at comparable prices

1952年=100 (1952=100)

年份 Year	生产总值 Gross Domestic Product	第一产业 Primary Industry	第二产业 Secondary Industry	工业 Industry	建筑业 Construction	第三产业 Tertiary Industry	#交通运输仓储邮电通信业 Transportation, Post and Telecommunications	#批发和零售贸易餐饮业 Wholesale, Retail & Catering Trade	人均生产总值 Per Capita GDP
1952	100	100	100	100	100	100	100	100	100
1953	116.3	107.5	159.9	153.7	176.3	127.4	140.6	174.3	110.6
1954	138.9	119.6	256.6	249.5	275.2	149.8	193.8	204.1	124.8
1955	125.9	100.1	250.1	266.9	206.0	160.9	196.9	200.0	107.4
1956	174.6	136.8	380.9	382.1	377.5	211.3	262.5	267.6	140.7
1957	193.6	160.8	374.2	388.7	336.3	224.5	162.5	302.7	148.2
1958	242.6	169.3	688.6	694.0	674.2	285.4	387.5	368.9	176.9
1959	298.1	190.6	958.4	976.7	910.2	357.3	646.9	450.0	204.1
1960	285.6	148.5	1213.1	1289.8	1011.9	309.1	543.8	477.0	178.1
1961	186.4	119.9	476.5	549.9	283.7	295.1	359.4	370.3	111.0
1962	176.5	126.1	401.8	490.1	169.9	255.4	325.0	273.0	106.0
1963	211.3	137.3	597.2	685.9	364.1	293.8	371.9	345.9	124.0
1964	239.3	153.5	699.5	791.9	457.0	327.0	418.8	390.5	135.1
1965	262.7	162.5	795.0	877.1	579.3	368.3	565.6	456.8	143.0
1966	288.9	182.6	909.8	997.2	680.4	367.2	500.0	460.8	152.7
1967	240.8	148.1	739.2	827.7	506.7	334.9	396.9	367.6	123.8
1968	240.6	146.5	758.6	844.1	534.2	329.1	393.8	359.5	120.1
1969	242.6	145.7	784.6	864.9	573.6	328.3	390.6	351.4	117.3
1970	299.1	174.4	1100.0	1159.0	945.1	346.6	506.3	456.8	140.7
1971	305.3	165.7	1171.8	1264.8	927.7	376.6	546.9	435.1	139.2
1972	329.1	193.9	1138.9	1226.7	908.3	415.8	509.4	432.4	144.9
1973	367.5	214.8	1329.8	1446.2	1024.3	436.5	568.8	418.9	157.0
1974	353.7	202.6	1268.7	1351.8	1050.6	444.4	534.4	444.6	146.5
1975	393.8	226.3	1467.3	1570.2	1197.1	458.4	593.8	432.4	159.1
1976	391.2	230.4	1389.9	1544.8	983.0	473.1	593.8	436.5	155.0
1977	418.7	235.4	1591.6	1676.8	1367.9	490.7	612.5	443.2	163.1

3-4 续表 continued

本表按可比价格计算。

The indices in this table are calculated at comparable prices.

1952年=100 (1952=100)

年 份 Year	生产总值 Gross Domestic Product	第一产业 Primary Imdustry	第二产业 Secondary Industry			第三产业 Tertiary Industry			人均生产总值 Per Capita GDP
				工 业 Industry	建筑业 Construction		# 交通运输仓储邮电通信业 Transportation, Post and Telecommunications	# 批发和零售贸易餐饮业 Wholesale, Retail & Catering Trade	
1978	452.2	232.5	1865.3	2134.7	1157.6	534.2	659.4	466.2	173.4
1979	496.3	250.5	2026.3	2241.9	1459.9	619.5	680.9	527.1	186.3
1980	504.6	190.5	2295.8	2682.5	1280.1	761.5	983.9	651.1	186.7
1981	558.1	270.1	2210.8	2566.6	1276.3	787.4	886.0	650.4	204.2
1982	661.8	319.3	2595.1	3006.4	1514.7	953.9	1223.3	844.7	238.8
1983	726.9	335.4	2850.8	3166.6	2021.3	1113.2	1435.9	980.9	257.5
1984	844.4	382.4	3135.9	3613.9	1900.0	1425.5	1712.8	1538.0	299.1
1985	989.8	436.3	3399.5	3811.0	2318.8	1896.5	2215.0	2692.8	342.7
1986	1048.0	400.2	3582.7	4053.5	2345.9	2282.8	2561.1	3232.3	359.1
1987	1142.1	427.6	3832.2	4429.5	2263.1	2568.3	2463.2	4060.2	386.6
1988	1254.0	501.6	4259.3	4789.9	2865.3	2651.2	2755.3	4038.8	419.2
1989	1288.3	476.7	4470.0	5136.7	2718.9	2831.2	3351.4	4142.3	425.0
1990	1385.2	593.2	4444.5	5095.8	2733.6	2919.0	3386.7	3867.8	449.5
1991	1488.7	616.9	4926.5	5513.1	3445.2	3149.9	4111.9	3965.6	476.5
1992	1652.6	641.8	5687.2	6102.3	4780.7	3584.0	4869.8	4642.3	523.7
1993	1845.3	673.9	6480.5	6855.9	5747.0	4145.0	5804.3	5611.2	582.9
1994	2051.2	695.5	7329.5	7870.2	6143.6	4810.9	7058.0	6652.8	640.1
1995	2259.3	722.6	8133.5	8869.4	6400.8	5490.7	8387.3	7742.0	697.0
1996	2584.3	877.2	9064.7	10218.5	6110.4	6165.5	9589.8	8847.1	789.3
1997	2862.1	894.8	10333.8	11740.1	6686.7	7046.3	11414.7	10423.6	866.4
1998	3167.0	950.2	11322.7	12915.0	7169.1	8080.3	13335.9	12078.4	950.8
1999	3446.7	959.7	12452.7	14299.5	7591.5	9105.7	15130.4	14045.7	1026.8
2000	3817.3	984.7	13912.2	16045.4	8266.6	10422.5	17764.3	16427.2	1130.6
2001	4225.8	1003.9	15423.1	17681.2	9435.2	12033.7	20628.9	19032.6	1246.8
2002	4782.1	1048.1	17842.6	20135.5	11725.3	13879.9	24793.4	22329.2	1409.1
2003	5638.0	1109.9	22784.9	24520.4	17977.0	15886.5	29823.7	25944.0	1661.3
2004	6793.8	1239.8	27878.8	30625.9	20781.0	19381.5	36414.7	30963.5	2005.2
2005	8410.8	1352.6	37744.8	42416.8	25207.4	22889.6	42022.6	36519.5	2478.4
2006	10008.8	1395.9	47973.6	55057.0	28635.6	26506.1	47653.6	42326.1	2944.3
2007	11920.5	1450.3	60350.8	70528.0	32272.3	30667.6	55945.3	48040.2	3492.0
2008	13970.8	1559.1	72722.7	86820.0	33466.3	35421.1	67358.2	54669.7	4075.1

3-5 第三产业增加值
Value-added of the Tertiary Industry

本表按当年价格计算。

Data in value terms in this table are calculated at current prices.

单位：亿元 (100 million yuan)

行业	Sector	2007	2008
总计	**Total**	**2174.46**	**2583.79**
交通运输、仓储和邮政业	Transportation and Postal Services	510.42	640.50
信息传输、计算机服务和软件业	Information Transmission,Computer Services & Software	73.30	81.33
批发和零售业	Wholesale and Retail Trade	458.42	548.42
住宿和餐饮业	Hotel and Restaurants	204.09	235.55
金融业	Banking	137.81	166.85
房地产业	Real Estate	148.04	167.58
租赁和商务服务业	Leasing and Business Services	45.98	51.02
科学研究、技术服务和地质勘查业	Scientific Research, Technical Services & Geological Prospecting	32.19	37.97
水利、环境和公共设施管理业	Water Conservancy, Environment and Public Facilities Administraion	23.56	27.78
居民服务和其他服务业	Services to Households and Other Services	122.22	135.61
教育	Education	123.38	145.49
卫生、社会保障和社会福利业	Health Care, Social Security and Social Welfare	67.51	79.61
文化、体育和娱乐业	Culture, Sports and Entertainment	32.08	35.60
公共管理和社会组织	Public Administration and Social Organizations	195.46	230.49
国际组织	International Organizations		

3-6 第三产业增加值构成
Composition of Value-added of the Tertiary Industry

本表按当年价格计算。
Data in value terms in this table are calculated at current prices.
单位：%　　　　(%)

行 业	Sector	2007	2008
总 计	**Total**	**100.0**	**100.0**
交通运输、仓储和邮政业	Transportation and Postal Services	23.5	24.8
信息传输、计算机服务和软件业	Information Transmission,Computer Services & Software	3.4	3.1
批发和零售业	Wholesale and Retail Trade	21.1	21.2
住宿和餐饮业	Hotel and Restaurants	9.4	9.1
金融业	Banking	6.3	6.5
房地产业	Real Estate	6.8	6.5
租赁和商务服务业	Leasing and Business Services	2.1	2.0
科学研究、技术服务和地质勘查业	Scientific Research, Technical Services & Geological Prospecting	1.5	1.5
水利、环境和公共设施管理业	Water Conservancy, Environment and Public Facilities Administraion	1.1	1.1
居民服务和其他服务业	Services to Households and Other Services	5.6	5.2
教育	Education	5.7	5.6
卫生、社会保障和社会福利业	Health Care, Social Security and Social Welfare	3.1	3.1
文化、体育和娱乐业	Culture, Sports and Entertainment	1.5	1.4
公共管理和社会组织	Public Administration and Social Organizations	8.9	8.9
国际组织	International Organizations		

3-7 第三产业增加值指数

Indices of Value-added of the Tertiary Industry

本表按可比价格计算。

The indices in this table are calculated at comparable prices

上年=100 (Preceding year=100)

行业	Sector	2007	2008
总计	**Total**	**115.7**	**115.5**
交通运输、仓储和邮政业	Transportation and Postal Services	119.3	122.2
信息传输、计算机服务和软件业	Information Transmission,Computer Services & Software	106.7	110.8
批发和零售业	Wholesale and Retail Trade	113.3	116.0
住宿和餐饮业	Hotel and Restaurants	113.8	108.7
金融业	Banking	126.6	115.2
房地产业	Real Estate	116.0	104.7
租赁和商务服务业	Leasing and Business Services	112.7	109.6
科学研究、技术服务和地质勘查业	Scientific Research, Technical Services & Geological Prospecting	113.7	116.1
水利、环境和公共设施管理业	Water Conservancy, Environment and Public Facilities Administraion	121.2	120.9
居民服务和其他服务业	Services to Households and Other Services	109.3	110.0
教育	Education	112.0	116.0
卫生、社会保障和社会福利业	Health Care, Social Security and Social Welfare	114.8	117.6
文化、体育和娱乐业	Culture, Sports and Entertainment	117.2	114.0
公共管理和社会组织	Public Administration and Social Organizations	119.1	116.7
国际组织	International Organizations		

3-8 支出法生产总值和结构

本表按当年价格计算。
Data in value terms in this table are calculated at current prices.

年份 Year	支出法生产总值(亿元) Gross Domestic Product by Expenditure Approach (100 million yuan)	#最终消费 Final Consumption Expenditure	#资本形成总额 Gross Capital Formation	资本形成率(投资率)(%) Capital Formation Rate (%)	最终消费率(消费率)(%) Final Consumption Rate (%)	最终消费 绝对数(亿元) Absolute Figure (100 million yuan)			
						居民消费 Household Consumption Expenditure	农村居民 Rural House	城镇居民 Urban House	政府消费 Government Consumption Expenditure
1978	58.04	42.91	21.20	36.5	73.9	37.76	17.73	20.03	5.15
1979	64.14	50.84	23.18	36.1	79.3	44.68	20.96	23.72	6.16
1980	68.40	62.10	18.88	27.6	90.8	55.83	28.22	27.61	6.27
1981	77.91	76.51	18.80	24.1	98.2	67.08	34.52	32.56	9.43
1982	93.22	88.01	26.10	28.0	94.4	79.07	43.66	35.41	8.94
1983	105.88	94.01	35.58	33.6	88.8	83.79	46.17	37.62	10.22
1984	128.20	106.57	45.81	35.7	83.1	89.38	48.80	40.58	17.19
1985	163.83	127.04	61.60	37.6	77.5	105.12	57.88	47.24	21.92
1986	181.58	144.84	60.22	33.2	79.8	118.22	59.54	58.68	26.62
1987	212.27	166.12	67.84	32.0	78.3	135.28	68.71	66.57	30.84
1988	270.81	184.46	110.15	40.7	68.1	149.57	77.59	71.98	34.89
1989	292.69	199.14	115.48	39.5	68.0	160.50	81.50	79.00	38.64
1990	319.31	216.70	124.68	39.0	67.9	169.79	86.44	83.35	46.91
1991	359.66	245.90	137.00	38.1	68.4	188.61	93.35	95.26	57.29
1992	421.68	271.08	196.10	46.5	64.3	208.10	101.92	106.18	62.98
1993	537.81	328.42	288.52	53.6	61.1	253.40	108.73	144.67	75.02
1994	695.06	420.89	331.11	47.6	60.6	327.89	135.91	191.98	93.00
1995	857.06	539.41	372.98	43.5	62.9	412.97	181.91	231.06	126.44
1996	1023.09	609.65	446.26	43.6	59.6	468.29	201.49	266.80	141.36
1997	1153.51	685.71	474.80	41.2	59.4	517.07	220.25	296.82	168.64
1998	1262.54	721.60	542.31	43.0	57.2	539.13	226.71	312.42	182.47
1999	1379.31	800.77	577.78	41.9	58.1	592.94	224.28	368.66	207.83
2000	1539.12	873.65	642.07	41.7	56.8	636.10	237.88	398.22	237.55
2001	1713.81	974.44	679.54	39.7	56.9	681.07	229.92	451.15	293.37
2002	1940.94	1135.65	862.20	44.4	58.5	794.46	239.68	554.78	341.19
2003	2388.38	1257.47	1339.07	56.1	52.6	848.04	257.25	590.79	409.43
2004	3041.07	1492.27	1945.29	64.0	49.1	962.85	270.61	692.24	529.42
2005	3895.55	1809.52	2845.06	73.0	46.5	1197.75	309.42	888.33	611.77
2006	4841.82	2131.20	3466.11	71.6	44.0	1385.90	350.46	1035.44	745.30
2007	6091.12	2631.52	4494.40	73.8	43.2	1693.96	398.90	1295.06	937.56
2008	7761.80	3199.81	5718.99	73.7	41.2	1956.65	433.62	1523.03	1243.16

Gross Domestic Product and Structure by Expenditure Approach

Final Consumption Expenditure				资本形成总额 Gross Capital Formation			
比重 Proportion				绝对数(亿元) Absolute Figure (100 million yuan)		比重 (资本形成总额=100) Proportion (Gross Capital Formation=100)	
最终消费=100 Final Consumption Expenditure=100		居民消费=100 Household Consumption=100					
居民消费 Household Consumption Expenditure	政府消费 Government Consumption Expenditure	农村居民 Rural Households	城镇居民 Urban Households	固定资本形成总额 Gross Fixed Capital Formation	存货增加 Changes in Inventories	固定资本形成总额 Gross Fixed Capital Formation	存货增加 Changes in Inventories
88.0	12.0	47.0	53.0	16.56	4.64	78.1	21.9
87.9	12.1	46.9	53.1	17.65	5.53	76.1	23.9
89.9	10.1	50.5	49.5	15.78	3.10	83.6	16.4
87.7	12.3	51.5	48.5	15.53	3.27	82.6	17.4
89.8	10.2	55.2	44.8	20.94	5.16	80.2	19.8
89.1	10.9	55.1	44.9	29.66	5.92	83.4	16.6
83.9	16.1	54.6	45.4	40.85	4.96	89.2	10.8
82.7	17.3	55.1	44.9	50.94	10.66	82.7	17.3
81.6	18.4	50.4	49.6	47.57	12.65	79.0	21.0
81.4	18.6	50.8	49.2	53.32	14.52	78.6	21.4
81.1	18.9	51.9	48.1	72.05	38.10	65.4	34.6
80.6	19.4	50.8	49.2	70.68	44.80	61.2	38.8
78.4	21.6	50.9	49.1	70.77	53.91	56.8	43.2
76.7	23.3	49.5	50.5	100.66	36.34	73.5	26.5
76.8	23.2	49.0	51.0	149.24	46.86	76.1	23.9
77.2	22.8	42.9	57.1	219.39	69.13	76.0	24.0
77.9	22.1	41.4	58.6	250.23	80.88	75.6	24.4
76.6	23.4	44.0	56.0	273.16	99.82	73.2	26.8
76.8	23.2	43.0	57.0	276.04	170.22	61.9	38.1
75.4	24.6	42.6	57.4	318.97	155.83	67.2	32.8
74.7	25.3	42.1	57.9	353.40	188.90	65.2	34.8
74.0	26.0	37.8	62.2	389.97	187.80	67.5	32.5
72.8	27.2	37.4	62.6	439.42	202.65	68.4	31.6
69.9	30.1	33.8	66.2	510.02	169.52	75.1	24.9
70.0	30.0	30.2	69.8	729.37	132.83	84.6	15.4
67.4	32.6	30.3	69.7	1228.26	110.81	91.7	8.3
64.5	35.5	28.1	71.9	1817.73	127.56	93.4	6.6
66.2	33.8	25.8	74.2	2685.22	159.84	94.4	5.6
65.0	35.0	25.3	74.7	3353.88	112.23	96.8	3.2
64.4	35.6	23.5	76.5	4356.39	138.01	96.9	3.1
61.1	38.9	22.2	77.8	5519.37	199.02	96.5	3.5

3-9 工农业总产出及指数

Gross Output of Industry and Agriculture & Related Indices

年 份 Year	工农业总产出(亿元, 当年价) Gross Output of Industry and Agriculture (100 million yuan, at Current prices)			指数(以1952年为100, 可比价) Indices of Output of Industry & Agriculture (1952=100, at comparable Prices)		
	总计 Total	农业总产出 Gross Output of Agriculture	工业总产出 Gorss Output of Industry	工农业总产出 Gross Output of Industry & Agriclulture	农业总产出 Gross Output of Agriculture	工业总产出 Gross Output of Industry
1952	13.70	12.10	1.60	100.0	100.0	100.0
1953	16.90	14.35	2.55	109.2	106.0	152.0
1954	20.54	19.77	3.77	123.9	116.2	224.7
1955	20.01	15.60	4.41	120.2	109.2	264.0
1956	25.57	19.52	6.05	151.3	135.7	356.7
1957	17.50	11.20	6.30	134.0	114.1	394.7
1958	27.63	15.60	12.03	191.4	150.9	722.7
1959	36.92	18.14	18.78	236.0	168.0	1127.3
1960	45.14	16.57	28.57	259.7	149.4	1704.7
1961	32.97	17.04	15.93	181.8	128.5	880.0
1962	31.31	17.05	14.26	164.4	120.9	734.7
1963	38.69	17.43	21.26	202.0	134.9	1080.7
1964	43.87	20.82	23.05	235.6	163.1	1186.7
1965	46.20	19.40	26.80	243.0	148.4	1482.7
1966	50.49	20.93	29.56	272.0	160.1	1738.7
1967	41.74	21.46	20.28	238.4	164.2	1210.0
1968	43.27	22.08	21.19	235.9	156.0	1284.0
1969	42.27	19.95	22.32	230.3	140.9	1401.3
1970	51.80	24.00	27.80	298.9	169.8	1990.7
1971	54.76	23.67	31.09	318.9	167.2	2306.7
1972	52.74	21.17	31.57	302.0	146.3	2342.7
1973	60.39	27.72	32.67	348.8	190.5	2424.0
1974	59.35	29.57	29.78	337.4	194.6	2210.0
1975	67.70	30.80	36.90	379.3	199.4	2737.3
1976	68.90	31.29	37.61	387.5	202.0	2819.3
1977	72.51	28.43	44.08	403.5	183.5	3286.7

3-9 续表 continued

年 份 Year	工农业总产出(亿元, 当年价) Gross Output of Industry and Agriculture (100 million yuan, at Current Prices)			指数(以1952年为100, 可比价) Indices of Output of Industry Agriculture (1952=100, at Comparable Prices)		
	总 计 Total	农业总产出 Gross Output of Agriculture	工业总产出 Gorss Output of Industry	工农业总产出 Gross Output of Industry & Agriculture	农业总产出 Gross Output of Agriculture	工业总产出 Gross Output of Industry
1978	81.30	28.40	53.00	440.9	183.9	3810.0
1979	88.98	31.58	57.40	465.8	194.3	4024.0
1980	90.10	30.70	59.40	447.9	168.5	4110.0
1981	101.20	39.40	61.80	479.6	201.8	4120.7
1982	120.90	47.20	73.70	553.2	233.6	4741.3
1983	134.00	52.40	81.50	601.1	250.5	5196.7
1984	151.30	61.30	90.00	659.0	280.7	5617.3
1985	186.10	73.20	112.90	752.1	309.6	6552.7
1986	203.70	77.30	126.50	781.4	293.3	7178.7
1987	238.60	87.70	150.80	856.0	305.3	8072.7
1988	316.20	122.40	193.90	975.9	348.6	9197.3
1989	371.50	128.30	243.10	1056.5	347.0	10356.0
1990	420.30	156.90	263.30	1147.0	412.0	10780.7
1991	468.50	164.10	304.40	1222.3	428.4	11648.9
1992	544.00	180.30	363.70	1336.5	453.2	12965.2
1993	691.16	220.80	470.36	1487.9	484.9	14756.1
1994	831.42	309.32	522.10	1642.0	500.7	16821.9
1995	1013.72	387.20	626.52	1797.9	521.2	18840.5
1996	1210.88	465.32	745.56	2070.8	644.8	21007.2
1997	1361.73	489.43	872.30	2297.6	660.9	24158.3
1998	1476.46	534.38	942.08	2504.3	704.8	26574.1
1999	1587.44	532.31	1055.13	2707.1	712.4	29497.3
2000	1746.01	543.16	1202.85	2961.2	729.9	33036.9
2001	1903.09	555.90	1347.19	3205.9	744.3	36704.0
2002	2122.77	586.97	1535.80	3545.0	780.7	41842.6
2003	2591.05	655.94	1935.11	4246.6	826.1	52297.6
2004	3656.51	851.30	2805.21	5704.0	942.3	73380.7
2005	4841.79	980.21	3861.58	7249.8	1047.8	95923.1
2006	6259.62	1058.50	5201.12	9033.2	1084.5	124700.0
2007	8419.82	1276.45	7143.37	11345.7	1134.4	161985.3
2008	11420.50	1525.74	9894.76	13717.0	1217.2	199404.0

3-10 居民消费水平

Household Consumption

本表绝对数按当年价格计算，指数按可比价格计算。

Absolute figures in this table are calculated at current prices, while indices are calculated at comparable prices.

年份 Year	绝对数(元) Value(yuan)			指数(上年=100) Index(Preceding year=100)			指数(1952=100) Index(1952=100)		
	全部居民 All House-holde	农村居民 Agricul-tural House-holds	城镇居民 Non-agricul-tural House-holds	全部居民 All House-holde	农村居民 Agricul-tural House-holds	城镇居民 Non-agricul-tural House-holds	全部居民 All House-holds	农村居民 Agricul-tural House-holds	城镇居民 Non-agricul-tural House-holds
1952	99	88	171				100.0	100.0	100.0
1953	103	93	165	105.0	105.0	96.4	105.0	105.1	96.4
1954	106	93	173	102.8	100.1	105.0	108.0	105.2	101.3
1955	101	85	179	95.3	91.5	103.5	102.9	96.3	104.8
1956	118	98	205	116.3	114.9	114.5	119.7	110.6	120.0
1957	120	99	209	102.1	101.5	101.9	122.3	112.2	122.3
1958	125	99	228	104.0	99.9	109.2	127.1	112.1	133.5
1959	131	99	232	104.5	99.9	101.3	132.8	112.1	135.3
1960	126	93	205	96.5	93.8	88.6	128.2	105.2	119.9
1961	125	96	191	98.6	103.0	92.9	126.4	108.4	111.3
1962	121	98	187	97.5	102.8	97.9	123.3	111.4	109.0
1963	119	96	183	97.7	97.7	98.0	120.5	108.9	106.8
1964	118	96	190	99.2	99.7	103.9	119.5	108.6	111.0
1965	119	95	190	101.2	99.2	100.3	121.0	107.7	111.3
1966	131	102	212	109.7	107.6	111.1	132.7	115.9	123.6
1967	139	108	225	106.3	105.8	106.2	141.1	122.5	131.2
1968	132	100	221	94.9	92.3	98.2	134.0	113.1	128.9
1969	129	88	236	97.5	88.6	107.2	130.6	100.1	138.2
1970	139	99	241	108.0	111.7	101.9	141.0	111.8	140.8
1971	146	98	273	105.0	99.1	113.1	148.1	110.8	159.3
1972	156	97	303	106.8	99.3	111.2	158.2	110.0	177.2
1973	169	113	305	108.5	116.9	100.5	171.6	128.6	178.0
1974	170	115	310	100.3	101.1	101.6	172.2	130.1	181.0
1975	179	122	321	105.6	106.3	103.6	181.8	138.2	187.5
1976	190	128	343	106.1	105.2	107.0	192.8	145.3	200.7
1977	200	135	355	105.1	105.5	103.5	202.7	153.3	207.6

3-10 续表 continued

本表绝对数按当年价格计算，指数按可比价格计算。

Absolute figures in this table are calculated at current prices, while indices are calculated at comparable prices.

年份 Year	绝对数(元) Value(yuan)			指数(上年=100) Index(Preceding year=100)			指数(1952=100) Index(1952=100)		
	全部居民 All House-holde	农村居民 Agricul-tural House-holds	城镇居民 Non agricul-tural House-holds	全部居民 All House-holde	农村居民 Agricul-tural House-holds	城镇居民 Non-agricul-tural House-holds	全部居民 All House-holds	农村居民 Agricul-tural House-holds	城镇居民 Non-agricul-tural House-holds
1978	207	138	370	103.4	101.8	104.2	209.7	156.1	216.4
1979	239	161	420	115.8	116.8	113.4	242.8	182.3	245.4
1980	295	213	484	123.2	132.5	115.3	299.1	241.5	282.8
1981	350	257	567	115.5	116.2	115.0	345.4	280.7	325.2
1982	407	318	619	115.7	124.1	107.9	399.5	348.2	350.9
1983	423	334	632	104.1	106.3	100.4	416.0	370.3	352.4
1984	446	349	671	100.0	99.0	101.1	416.2	366.7	356.3
1985	519	412	762	105.2	105.5	104.3	438.0	386.8	371.6
1986	578	418	942	107.9	100.5	117.2	472.6	388.9	435.5
1987	653	480	1039	105.2	107.9	101.6	497.3	419.4	442.5
1988	713	541	1086	94.1	97.7	89.4	468.1	409.7	395.4
1989	755	565	1157	92.6	89.8	95.0	433.5	368.1	375.6
1990	786	592	1189	99.3	97.0	101.3	430.5	357.0	380.4
1991	861	633	1330	107.0	107.9	105.7	460.7	385.1	402.2
1992	941	686	1461	103.1	104.2	101.6	474.9	401.4	408.7
1993	1142	779	1755	103.1	100.1	105.2	487.6	402.4	429.8
1994	1460	967	2284	103.2	100.7	104.7	503.4	405.2	450.0
1995	1817	1289	2683	105.3	111.1	100.4	529.9	450.2	451.8
1996	2040	1424	3031	104.2	102.5	104.9	552.2	461.4	474.0
1997	2232	1551	3311	105.7	105.3	105.5	583.8	485.9	500.0
1998	2309	1603	3391	103.9	103.8	103.0	606.8	504.3	515.0
1999	2520	1601	3871	110.0	100.2	115.2	667.3	505.3	593.3
2000	2687	1720	4045	105.3	106.2	103.1	702.7	536.7	611.7
2001	2868	1694	4431	106.2	98.0	108.9	746.1	525.9	666.2
2002	3341	1793	5327	113.9	100.6	118.9	850.2	529.1	792.1
2003	3565	1945	5593	104.7	105.1	103.6	890.3	556.1	820.6
2004	4042	2077	6415	110.7	103.7	111.9	985.3	576.6	918.2
2005	5021	2426	8004	111.6	114.6	108.5	1099.6	660.8	996.2
2006	5800	2816	9043	113.7	113.7	111.4	1250.2	751.3	1109.8
2007	7062	3286	10930	116.5	110.9	115.9	1456.5	833.2	1286.3
2008	8121	3668	12411	110.7	111.2	108.2	1612.3	926.5	1391.8

主要统计指标解释

地区收入总值 指一个地区所有常住单位在一定时期内收入初次分配的最终结果。一地区常住单位从事生产活动所创造的增加值在初次分配中主要分配给该地区的常住单位，但也有一部分以生产税及进口税（扣除生产和进口补贴）、劳动者报酬和财产收入等形式分配给非常住单位；同时，地区外生产所创造的增加值也有一部分以生产税及进口税（扣除生产和进口补贴）、劳动者报酬和财产收入等形式分配给该地区的常住单位，从而产生了地区收入总值的概念。它等于地区生产总值加上来自地区外的净要素收入。与地区生产总值不同，地区收入总值是个收入概念，而地区生产总值是个生产概念。

地区生产总值 是按市场价格计算的地区生产总值的简称。它是一个地区所有常住单位在一定时期内生产活动的最终成果。地区生产总值有三种表现形式，即价值形态、收入形态和产品形态。从价值形态看，它是所有常住单位在一定时期内所生产的全部货物和服务价值超过同期投入的全部非固定资产货物和服务价值的差额，即所有常住单位的增加值之和；从收入形态看，它是所有常住单位在一定时期内所创造并分配给常住单位和非常住单位的初次分配收入之和；从产品形态看，它是最终使用的货物和服务减去进口货物和服务。在实际核算中，地区生产总值的三种表现形态表现为三种计算方法，即生产法、收入法和支出法。三种方法分别从不同的方面反映地区生产总值及其构成。

支出法地区生产总值 指一个地区所有常住单位在一定时期内用于最终消费、资本形成总额，以及货物和服务的净出口总额，它反映本期生产的地区生产总值的使用构成。

最终消费 指常住单位在一定时期内对于货物和服务的全部最终消费支出，也就是常住单位为满足物质、文化和精神生活的需要，从本国经济领土和国外购买的货物和服务的支出；不包括非常住单位在本国经济领土内的消费支出。最终消费分为居民消费和政府消费。

居民消费 指常住住户对货物和服务的全部最终消费支出。居民消费按市场价格计算，即按居民支付的购买者价格计算。购买者价格是购买者取得货物所支付的价格，包括购买者支付的运输和商业费用。居民消费除了直接以货币形式购买货物和服务的消费之外，还包括以其他方式获得的货物和服务的消费支出，即所谓的虚拟消费支出。居民虚拟消费支出包括以下几种类型：单位以实物报酬及实物转移的形式提供给劳动者的货物和服务；住户生产并由本住户消费了的货物和服务，其中的服务仅指住户的自有住房服务；金融机构提供的金融媒介服务；保险公司提供的保险服务。

政府消费 指政府部门为全社会提供公共服务的消费支出和免费或以较低价格向住户提供的货物和服务的净支出。前者等于政府服务的产出价值减去政府单位所获得的经营收入的价值，政府服务的产出价值等于它的经常性业务支出加上固定资产折旧；后者等于政府部门免费或以较低价格向住户提供的货物和服务的市场价值减去向住户收取的价值。

资本形成总额 指常住单位在一定时期内获得的减去处置的固定资产加存货的变动，包括固定资本形成总额和存货增加。

固定资本形成总额 指常住单位购置、转入和自产自用的固定资产，扣除固定资产的销售和转出后的价值，分有形固定资产形成总额和无形固定资产形成总额。有形固定资产形成总额包括一定时期内完成的建筑工程、安装工程和设备工器具购置(减处置)价值，以及土地改良、新增役、种、奶、毛、娱乐用牲畜和新增经济林木价值。无形固定资产形成总额包括矿藏的勘探、计算机软件、娱乐和文学艺术品原件等获得减处置。

存货增加 指常住单位存货实物量变动的市场价值，即期末价值减期初价值的差额。存货增加可以是正值，也可以是负值；正值表示存货上升，负值表示存货下降。它包括生产单位购进的原材料、燃料和储备物资等存货，以及生产单位生产的产成品、在制品等存货等。

货物和服务净出口 指货物和服务出口减货物和服务进口的差额。出口包括常住单位向非常住单位出售或无偿转让的各种货物和服务的价值；进口包括常住单位从非常住单位购买或无偿得到的各种货物和服务的价值。由于服务活动的提供与使用同时发生，因此服务的进出口业务并不发生出入境现象，一般把常住单位从国外得到的服务作为进口，非常住单位从本国得到的服务作为出口。货物的出口和进口都按离岸价格计算。

劳动者报酬 指劳动者因从事生产活动所获得的全部报酬。包括劳动者获得的各种形式的工资、奖金和津贴，既包括货币形式的，也包括实物形式的；还包括劳动者所享受的公费医疗和医药卫生费、上下班交通补贴和单位支付的社会保险费等。对于个体经济来说，其所有者所获得的劳动报酬和经营利润不易区分，这两部分统一作为劳动者报酬处理。

生产税净额 指生产税减生产补贴后的余额。生产税指政府对生产单位生产、销售和从事经营活动以及因从事生产活动使用某些生产要素(如固定资产、土地、劳动力)所征收的各种税、附加费和规费。生产补贴与生产税相反，指政府对生产单位的单方面收入转移，因此视为负生产税，包括政策亏损补贴、粮食系统价格补贴、外贸企业出口退税收入等。

固定资产折旧 指一定时期内为弥补固定资产损耗按照核定的固定资产折旧率提取的固定资产折旧，或按国民经济核算统一规定的折旧率虚拟计算的固定资产折旧。它反映了固定资产在当期生产中的转移价值。各类企业和企业化管理的事业单位的固定资产折旧是指实际计提并计入成本费中的折旧费；不计提折旧的政府机关、非企业化管理的事业单位和居民住房的固定资产折旧是按照统一规定的折旧率和固定资产原值计算的虚拟折旧。原则上，固定资产折旧应按固定资产的重置价格计算，但是目前我国尚不具备对全社会固定资产进行重估价的基础，所以暂时只能采用上述办法。

营业盈余 指常住单位创造的增加值扣除劳动者报酬、生产税净额和固定资产折旧后的余额。它相当于企业的营业利润加上生产补贴，但要扣除从利润中开支的工资和福利等。

直接消耗系数 指某一个部门生产单位总产出需要直接消耗各部门产品和服务的数量，也称为投入系数。它反映该部门与其他部门之间直接的技术经济联系和直接依赖关系。

完全消耗系数 指增加某一个部门单位总产出需要完全消耗各部门产品和服务的数量。完全消耗系数等于直接消耗系数和全部间接消耗系数之和，它是全面揭示国民经济各部门之间技术经济的全部联系和相互依赖关系的主要指标。

Explanatory Notes on Main Statistical Indicators

Gross National Product (GNP) refers to the final result of the primary distribution of the income created by all the resident units of a region during a certain period of time. The value added created by the resident units of a region engaged in production activities is mainly distributed to the resident units of that region while a part of it is distributed to the non resident units in the form of production tax and import duties (minus subsidies to production and import), remuneration for the laborers and property income. At the meantime, a part of the value added created abroad is distributed to the resident units of the region in the form of production tax and import duties (minus subsidies to production and import), remuneration for the laborers and property income. Thus the concept of gross national product is formed, which equals to gross domestic product plus net factor income from abroad. Unlike gross domestic product, which is a concept of production, gross national product is a concept of income.

Gross Domestic Product (GDP) refers to the final products of all resident units in a region during a certain period of time. Gross domestic product is expressed in three different forms, i.e. value, income, and products respectively. The form of value refers to the total value of all products and services produced by all resident units during a certain period of time minus total value of intimidate input of materials and services of the nature of non fixed assets or the summation of the value added of all resident units; the form of income includes all the income created by all resident units and distributed primarily to all resident and non resident units; the form of products refers to the value of all final goods and services for final use by all resident units plus the value of net exports of goods and services during a given period of time. In the practice of national accounting, gross domestic product is calculated with three approaches, i. e. production approach, income approach, and expenditure approach, which reflect gross domestic product and its composition from different aspects.

GDP Calculated with Expenditure Approach refers to total expenditure on final consumption, total capital formation and net export of goods and services by resident units of a region in a certain period of time. It reflects the composition of GDP by its use.

Final Consumption refers to the total expenditure of resident units on final consumption of goods and services in a certain period, namely the expenditure of the resident units for purchases of goods and services from domestic economic territory and abroad to meet the requirements of material, cultural and spiritual life. It excludes the expenditure of non-resident units on consumption in the economic territory of the country. The final consumption is classified into household consumption and government consumption.

Households Consumption refers to the total expenditure of resident households on the final consumption of goods and services. The households consumption is calculated at market prices, namely the purchaser's prices which the households pay; the purchasers' prices of goods are the prices the households pay when they obtain the goods, including the transport and commercial expenses paid by the households. In addition to the consumption of goods and services bought by the households directly with money, the expenditure on goods and services obtained by the households in other ways, i. e. the so called imputed expenditure on consumption, is also included in the households consumption. The imputation expenditure of the households on consumption includes the following types:(a) the goods and services provided to the households by the units in the form of payment in kind and transfer in kind; (b) the goods and services produced and consumed by the households themselves, in which the services refer only to the services provided by the residential buildings owned by the households; (c) the services of financial intermediary provided by the financial institutions; (d) the insurance services provided by the insurance companies.

Government Consumption refers to the expenditure on the consumption of the public services provided by the government to the whole society and the net expenditure on the goods and services provided by the government to the households at free charge or lower prices. The former equals to the output value of the government services minus the value of operating income obtained by the government departments. (The output value of the government services equals to its current operating expenditure plus depreciation of fixed assets) . The latter equals to the market value of the goods and services provided by the government free of charge or at low prices to the households minus the value received by the government from the households.

Total Capital Formation refers to the fixed assets acquired minus those disposed and the change in inventory, including the total fixed assets formation and the increase in inventory.

Total Fixed Capital Formation refers to the value of fixed assets purchased, transferred in by the resident units and those produced and used by themselves deducting the value of fixed assets sold and transferred out.

It can be classified into total tangible assets formation and total intangible assets formation. The total tangible assets formation include the value of the construction projects, installation projects completed and the equipment, apparatus and instruments purchased as well as the value of land improved, the value of draught animals, breeding stock, milk, wool and recreational animals and the newly increased economic forest in a certain period. The total intangible assets formation includes the prospecting of minerals, the acquisition of computer software, the originals of recreational works and works of literature and arts minus the disposal of them.

Increase in Inventory refers to the market value of the change in inventory, i. e. the difference of value between the beginning and the end of the period. The increase in inventory can be positive or negative. A positive value indicates the increase in inventory while a negative value indicates the decrease in stock. The inventory includes the raw materials, fuels and reserve materials purchased by the production units as well as the inventory of finished products, semi finished products, work in progress, etc.

Net Export of Goods and Services refers to the difference of the exports of goods and services minus the imports of goods and services. The imports include the value of various goods and services sold or gratuitously transferred by the resident units to the non-resident units. The imports include the value of various goods and services purchased or gratuitously acquired by the resident units from the non-resident units. Because the provision of services and the use of them happen simultaneously, the import and export of services do not appear to have the phenomena of crossing the border of the country. The acquisition of services by the resident units from abroad is usually treated as import while the acquisition of services by non-resident units in this country is usually treated as export. The export and import of goods are calculated at FOB.

Laborers' Remuneration refers to the whole payment of various forms earned by the laborers from the productive activities they are engaged in. It includes wages, bonuses and allowances the laborers earned in monetary form and in kind. It also includes the free medical services provided to the laborers and the medicine expenses, traffic subsidies and social insurance fee paid by the laborers , working units for them. As the individual economy is concerned, since the laborers , remuneration is not easily distinguished from the operating profit, both are treated as laborers remuneration.

direct interdependence between the sector and other sectors.

Net Taxes on Production refers to the residual of the taxes on production minus the subsidies on production. The taxes on production refers to the various taxes, extra charges and fees levied on the production units on their production, sale and business activities as well as on some factors of production, such as fixed assets, land and labor force, used in the production activities they are engaged in. In contrast to the taxes on production, the subsidies on production refer to the unilateral transfer of part of the government's revenue to the production units and is therefore regarded as negative taxes on production. They include subsidies on the loss due to implementation of government policies, price subsidies to the grain institutions, foreign trade corporations receipts from drawback, etc.

Depreciation of Fixed Assets refers to the depreciation of fixed assets of a given period, drawn in accordance with the stipulated depreciation rate for the purpose of compensating the wear loss or the fixed assets or the depreciation of fixed assets calculated in a fictitious way in accordance with the stipulated unified depreciation rate in the national economic accounting system. It reflects the value of transfer of the fixed assets in the production of the current period. The depreciation of fixed assets in various enterprises and institutions managed as enterprises refers to the depreciation expenses actually drawn and calculated as part of the coast. In government agencies and institutions not managed as enterprises, which do not draw the depreciation expenses, as well as for the houses of residents, the depreciation of fixed assets is the imputed depreciation, which is calculated in accordance with the stipulated unified depreciation rate. In principle, the depreciation of fixed assets should be calculated on the basis of the re purchased value of the fixed assets. However, there is no actual condition to re-evaluate all the fixed assets in China. Therefore, the above-mentioned methods are temporarily adopted at present.

Operating Surplus refers to the balance of the value added created by the resident units deducting the labourers' remuneration, net taxes on production and the depreciation of fixed assets. It is equivalent to the business profit of the enterprises plus subsidies on production, but the wages and welfare expenses paid from the profits should be deducted.

Direct Input Coefficient refers to the volume of products and services of all sectors consumed directly by a certain sector's productive units, which are needed for their total output. It is also named as technical coefficient. It represents the direct technical economical ties and

Total Input Coefficient refers to the volume of products and services of all sectors needed for a certain sectors productive units to increase their total output. Total input coefficient is equal to the sum of direct input coefficient and total indirect input coefficient. It is a major indicator to disclose the technical economical ties and interdependence between sectors of the national economy.

2009 NEI MENG GU

四、人口

Population

资料整理：马莉莉
Arranged By Ma Lili

4-1 历次全国人口普查内蒙古人口基本情况
Basic Statistics on All Region Population Census in 1953, 1964, 1982, 1990 and 2000

单位：万人　　(10 000 persons)

指标	Item	1953	1964	1982	1990	2000
总人口	**Total Population**	**610.02**	**1233.41**	**1927.43**	**2145.65**	**2375.54**
男	Male	343.19	669.28	1005.29	1115.57	1228.90
女	Female	266.83	564.13	922.14	1030.08	1146.64
总户数(万户)	**Total Number of Households (10 000 households)**	**138.70**	**261.39**	**420.00**	**529.34**	**708.16**
家庭户	Family Households			418.75	527.31	695.48
集体户	Non-family Households			1.25	2.03	12.68
各年龄组人口	**Population by Age**					
0-5岁	Age 0-5			237.01	246.92	151.13
6-14岁	Age 6-14			447.58	363.45	354.43
15-64岁	Age 15-64			1173.22	1449.29	1742.85
65岁及以上	Age 65 and Over			69.62	85.99	127.13
民族人口	**Nationality Population**					
汉族	Han Nationality	512.00	1072.94	1627.76	1729.00	1882.39
蒙古族	Mongolian Nationality	88.82	138.45	248.94	337.97	402.92
其他少数民族	other Minority Nationalities	7.24	22.00	50.73	78.67	90.23
15岁及以上人口	**Population Aged 15 and Over**			**1242.84**	**1535.28**	**1869.98**
6岁及以上人口按受教育程度分组	**Population Aged 6 and Over by Educational Level**			**1690.42**	**1898.73**	**2224.41**
大学本科	University				10.83	24.47
大学专科	Three Years College			11.00	20.90	65.88
中专	Specialized Secondary School				42.97	89.66
高中	Senior Secondary School			143.68	173.07	237.22
初中	Junior Secondary School			371.99	546.55	826.65
小学	Primary School			631.58	716.68	739.60
不识字或识字很少	Illiterate and Semi-Illiterate			422.29	332.82	240.93
市镇乡村人口	**Population of Cities, Towns & Countyside**					
市镇人口	City & Town		305.10	556.14	779.69	1013.88
乡村人口	County		928.31	1371.29	1365.96	1361.66

注：1953、1964、1982和1990年数据为年中数(7月1日零时)，2000年数据为2000年11月1日零时快速汇总数。

a)Data on 1953,1964,1982 and 1990 is year-middle data(at zero hour of Jul.1). Data on 2000 is Data at zero hour of Nov.1.

4-2 年末总人口数及构成

Population and Its Composition at the year-end

单位：万人 (10 000 persons)

年 份 Year	年末总人口 Total Population (year-end)	按性别分 By sex		按农业、非农业分 By Agricultural & Non-agricultural Population		按城乡分 By Residence	
		男 Male	女 Female	农业人口 Agricultural	非农业人口 Non-agricaltural	市镇人口 Urban	乡村人口 Rural
1947	561.7	313.9	247.8			68.4	493.3
1949	608.1	334.0	274.1			75.2	532.9
1952	715.9	394.3	321.6			91.9	624.0
1957	936.0	519.3	416.7			175.4	760.6
1965	1296.4	700.1	596.3			268.3	1028.1
1970	1491.0	799.0	692.0			320.8	1170.2
1975	1737.9	918.6	819.3	1306.3	431.6	379.3	1358.6
1978	1823.4	957.8	865.6	1360.8	462.6	397.5	1425.9
1980	1876.5	981.2	895.3	1380.8	495.7	433.1	1443.4
1981	1902.9	994.9	908.0	1390.6	512.3	445.2	1457.7
1982	1941.6	996.0	945.6	1414.6	527.0	565.2	1376.4
1983	1969.8	1009.8	960.0	1431.9	537.9	573.8	1396.0
1984	1993.1	1022.7	970.4	1444.9	548.2	847.1	1146.0
1985	2015.9	1043.6	972.3	1441.2	574.7	874.1	1141.8
1986	2040.7	1058.0	982.7	1451.7	589.0	932.2	1108.5
1987	2066.4	1062.3	1004.1	1456.7	609.7	1004.5	1061.9
1988	2093.9	1083.2	1010.7	1461.9	632.0	1033.8	1060.1
1989	2122.2	1102.4	1019.8	1470.8	651.5	1055.8	1066.5
1990	2162.6	1127.6	1035.0	1496.8	665.7	781.1	1381.4
1991	2183.9	1132.8	1051.0	1506.9	677.0	807.4	1376.4
1992	2206.6	1142.1	1064.5	1519.5	687.1	817.1	1389.5
1993	2232.4	1149.8	1082.6	1525.2	707.2	831.8	1400.6
1994	2260.5	1161.5	1099.0	1534.6	725.9	849.3	1411.2
1995	2284.4	1187.6	1096.8	1541.3	743.1	873.1	1411.3
1996	2306.6	1198.0	1108.6	1546.8	759.8	887.2	1419.4
1997	2325.7	1207.5	1118.2	1549.6	776.1	905.6	1420.1
1998	2344.9	1216.7	1128.2	1552.1	792.8	936.7	1408.2
1999	2361.9	1224.6	1137.3	1553.7	808.2	967.8	1394.1
2000	2372.4	1227.2	1145.2	1535.4	837.0	1001.1	1371.3
2001	2377.5	1228.6	1148.9	1525.9	851.6	1035.1	1342.4
2002	2378.6	1228.3	1150.3	1514.5	864.1	1047.9	1330.7
2003	2379.6	1228.2	1151.4	1500.6	879.0	1064.6	1315.0
2004	2384.4	1229.9	1154.5	1472.6	911.8	1093.5	1290.9
2005	2386.4	1229.3	1157.1	1436.1	950.3	1126.4	1260.0
2006	2392.4	1231.3	1161.1	1435.7	956.7	1163.6	1228.7
2007	2405.1	1237.8	1167.3	1434.4	970.7	1206.1	1198.9
2008	2413.7	1240.2	1173.6	1436.9	976.8	1248.3	1165.5

注：1985-1989年数据是根据1982年、1990年第三、第四次人口普查数据调整的，1990年以后数据是人口变动抽样调查调整数，其余年份为户籍统计数(下表同)。

a)Data in 1985-1989 were adjusted on the basis of the 1982 and 1990 National Population Censuses.Since 1990, data have been stimated on the basis of the annual National Sample Surveys on Population Changes.Data of other years were taken from the annual reports of the Ministry of public Security.(The next table is the same).

4-3 人口出生率、死亡率、自然增长率
Birth Rate, Death Rate and Natural Growth Rate

年份 Year	出生率 Birth Rate(‰)	死亡率 Death Rate(‰)	自然增长率 Natural Growth Rate(‰)	人口机械增长率 Migratory Growth Rate(‰)
1954	58.8	20.9	37.9	17.4
1955	37.5	11.4	26.1	24.4
1956	29.5	7.9	21.6	40.0
1957	37.2	10.5	26.7	16.3
1958	28.4	7.9	20.5	31.7
1959	30.8	11.0	19.8	54.8
1960	29.4	9.4	20.0	94.1
1961	22.1	8.8	13.3	-37.1
1962	38.2	9.0	29.2	-21.7
1963	41.3	8.5	32.8	3.7
1964	41.9	11.8	30.1	0.9
1965	40.0	9.3	30.7	2.8
1966	36.1	8.1	28.0	-2.8
1967	34.9	7.7	27.2	3.5
1968	34.9	7.3	27.6	1.2
1969	32.5	6.8	25.7	8.4
1970	32.3	6.2	26.1	-5.1
1971	29.7	5.6	24.1	18.0
1972	30.7	6.6	24.1	6.3
1973	28.3	5.7	22.6	7.1
1974	25.9	6.1	19.8	12.4
1975	23.3	6.1	17.2	1.8
1976	20.1	5.5	14.6	3.3
1977	18.1	5.4	12.7	3.5
1978	18.5	5.2	13.3	0.6
1979	18.1	4.9	13.2	-0.3
1980	16.5	4.9	11.5	
1981	17.3	4.9	12.4	1.3
1982	21.2	5.7	15.5	-0.8
1983	20.0	5.5	14.5	
1984	18.9	5.5	13.4	-1.7
1985	17.2	5.7	11.5	-0.1
1986	19.1	5.9	13.2	-1.0
1987	19.7	6.1	13.6	-1.1
1988	19.0	5.7	13.3	-0.1
1989	19.3	5.8	13.5	-0.7
1990	21.2	7.2	14.0	-1.1
1991	16.8	7.0	9.8	-1.2
1992	17.1	6.7	10.3	-1.3
1993	18.5	6.8	11.7	-0.5
1994	19.0	6.5	12.5	-0.3
1995	17.2	6.7	10.5	-0.1
1996	16.1	6.4	9.7	0.1
1997	15.2	7.0	8.3	0.1
1998	14.4	6.2	8.2	
1999	13.3	6.1	7.2	-0.2
2000	12.1	5.9	6.1	-0.6
2001	10.8	5.8	5.0	-0.4
2002	9.6	5.9	3.7	-0.7
2003	9.2	6.2	3.1	-1.1
2004	9.5	6.0	3.6	-1.6
2005	10.1	5.5	4.6	-3.8
2006	9.9	5.9	4.0	-1.5
2007	10.2	5.7	4.5	0.8
2008	9.8	5.5	4.3	-0.7

4-4 年末总人口及人口变动

Population and Its Changes at year-end

项 目	Item	2007	2008	2008年比2007年增长(%) Growth Rate
一、总人口(万人)	**Total Population (10 000 persons)**	**2405.06**	**2413.73**	**0.36**
#蒙古族	Mongolian Nationality	429.89	436.47	1.53
其他少数民族	Other Minority Nationalities	96.24	97.21	1.01
按性别分	**By sex**			
男(万人)	Male(10 000 persons)	1237.78	1240.18	0.19
女(万人)	Female(10 000 persons)	1167.28	1173.55	0.54
按城乡分	**By Residence**			
市镇人口(万人)	Urban(10 000 persons)	1206.14	1248.26	3.49
乡村人口(万人)	Rural(10 000 persons)	1198.92	1165.47	-2.79
按农业非农业分	**By Agriculture and Non-agriculture**			
农业人口(万人)	Agriculture(10 000 persons)	1434.38	1436.89	0.17
非农业人口(万人)	Non-agriculture (10 000 persons)	970.68	976.84	0.63
二、人口自然变动	**Population Natural Changes**			
出生人口(万人)	Briths(10 000 persons)	24.49	23.63	-3.51
男	Male	12.81	12.29	-4.06
女	Female	11.68	11.34	-2.91
死亡人口(万人)	Deaths(10 000 persons)	13.74	13.34	-2.91
出生率(‰)	Birth Rate(‰)	10.21	9.81	-0.4
死亡率(‰)	Death Rate(‰)	5.73	5.54	-0.19
自然增长率(‰)	Natural Growth Rate(‰)	4.48	4.27	-0.21

注：本表数据根据人口变动情况抽样调查资料推算。

a)Date in the table have been estimated on the basis of the annual Autonomous Regional Sample Surveys on population Changes.

4-5 民族人口及构成

Population Nationality and Its Composition

单位：人 (person)

项 目	Item	2007	2008	构成% Composition 2007	构成% Composition 2008
汉族	Han	18979713	19132798	78.63	78.54
蒙古族	Mongolian	4276553	4335362	17.72	17.80
回族	Hui	212689	213868	0.88	0.88
满族	Man	506342	513674	2.10	2.11
朝鲜族	Korean	24117	24353	0.10	0.10
达斡尔族	Daur	83610	84478	0.35	0.35
鄂温克族	Ewenki	29085	29589	0.12	0.12
鄂伦春族	Oroqen	5000	5032	0.02	0.02
壮族	Zhuang	1741	1876	0.01	0.01
藏族	Tibetan	1287	1694	0.01	0.01
锡伯族	Xibe	3231	2860	0.01	0.01
苗族	Miao	1434	1493	0.01	0.01
土家族	Tujia	1404	1538	0.01	0.01
彝族	Yi	1073	1048		
维吾尔族	Uygur	195	214		
其他少数民族	Other Minority Nationalities	9978	10342	0.04	0.04
外国人加入中国籍	Foreigners Naturalized China	22	165		

注:本表数据为公安户籍统计数。

a) Date in the Table is Registered Statistics

4-6 年末民族人口数

Population by Nationality at the Year-end

年 份 Year	在 人 口 总 数 中 Total Populational Including							
	汉 族(万人) Han(10000 persons)	蒙古族(万人) Mongolian (10000 persons)	回 族(万人) Hui(10000 persons)	满 族(万人) Man(10000 persons)	朝鲜族 (人) Korean (person)	达斡尔族 (人) Daur (person)	鄂温克族 (人) Ewenki (person)	鄂伦春族 (人) Oroqen (person)
1947	469.6	83.2	4.4	1.7	5601	16281	4998	905
1948	485.8	83.4	4.4	1.7	5679	16374	5056	909
1949	515.4	83.5	4.5	1.8	5718	16484	5118	911
1950	565.9	84.7	4.6	1.8	5921	16932	5269	916
1951	589.6	87.1	4.7	1.9	6242	18060	5546	919
1952	614.4	91.2	5.0	2.0	6590	19129	5611	929
1953	649.3	98.5	5.2	2.1	6841	19480	5667	953
1954	687.6	102.7	5.4	2.2	7120	21304	5976	989
1955	725.6	105.5	5.8	2.3	7589	21883	6313	1067
1956	775.7	108.6	6.2	2.0	10213	22253	5665	1009
1957	811.2	111.6	6.7	2.1	11247	24278	6178	949
1958	857.1	114.1	7.5	2.5	12674	27656	6723	1025
1959	930.7	115.5	8.0	3.0	13209	29884	6593	1124
1960	1049.8	121.4	9.4	3.2	14056	30420	6935	1135
1961	1021.0	123.5	10.5	2.8	12457	30918	7508	1143
1962	1023.5	129.7	10.0	3.2	11934	31201	8558	1129
1963	1061.1	134.6	10.3	3.8	11827	32509	8469	1145
1964	1091.4	140.3	11.2	5.0	11328	34819	9038	1205
1965	1129.4	144.5	11.3	5.3	11412	35980	9191	1272
1966	1158.3	148.3	11.4	5.5	11513	36620	9591	1318
1971	1358.2	169.7	13.2	6.8	13884	40440	11038	1364
1972	1401.7	172.9	13.4	6.9	13426	42966	11195	1409
1973	1444.5	178.5	13.8	7.1	13864	44971	11268	1454
1974	1493.4	182.6	14.2	7.4	14400	46420	11639	1499
1975	1521.7	186.6	14.3	7.6	14862	48333	12426	1544
1976	1549.0	189.5	14.6	7.8	15750	48967	13554	1592
1977	1573.9	193.1	14.7	7.9	15420	52733	12753	1524
1978	1592.9	198.6	15.0	8.0	15403	55372	12657	1579
1979	1617.0	202.1	14.6	8.7	20881	53954	15592	1600
1980	1632.7	209.0	15.3	10.3	16193	56399	14722	1699
1981	1651.5	215.3	15.8	11.0	16062	56801	15245	1754
1982	1637.9	253.2	17.0	23.7	17337	56883	17525	2186
1983	1657.5	260.3	17.0	24.9	17800	59500	18000	2200
1984	1671.0	268.1	17.6	26.0	18400	60500	18300	2300
1985	1686.2	274.7	17.1	27.1	18600	61500	18900	2300
1986	1696.8	285.5	17.7	29.4	19485	64129	19840	2483
1987	1706.9	297.2	18.3	32.3	19743	65167	20412	2561
1988	1721.8	307.3	18.5	34.4	20152	66462	20499	2686
1989	1729.9	315.7	18.8	35.7	21147	69579	20853	2793
1990	1749.1	328.5	18.7	40.0	22380	70959	22494	2976
1991	1758.7	333.1	19.0	40.9	22047	71598	23138	3171
1992	1766.1	338.3	19.5	41.4	22161	72432	23321	3262
1993	1779.4	343.4	19.7	42.1	21963	73574	23928	3242
1994	1791.6	349.6	19.7	42.8	22735	73354	24427	3302
1995	1803.4	356.5	19.9	43.7	22741	72680	24545	3447
1996	1820.0	364.2	20.0	44.8	22772	73689	25059	3436
1997	1836.8	371.8	20.4	45.5	22759	74992	25632	3599
1998	1851.0	378.6	20.4	46.2	23068	73797	25578	3568
1999	1865.5	382.8	21.0	46.0	23825	73818	26001	3813
2000	1832.5	386.0	20.9	47.0	23278	76374	26546	3704
2001	1843.7	391.8	20.8	48.1	23841	77145	26870	3846
2002	1855.0	396.0	21.1	47.8	24009	79202	27423	3968
2003	1860.6	404.0	21.1	48.7	23863	79195	27915	3998
2004	1866.5	408.0	21.3	48.7	24117	79960	28285	4229
2005	1853.8	412.7	21.0	49.1	23503	79248	27931	4791
2006	1880.9	414.4	21.1	49.9	23800	82342	28774	4816
2007	1898.0	427.7	21.3	50.6	24117	83610	29085	5000
2008	1913.3	433.5	21.4	51.4	24353	84478	29589	5032

注：本表数据为公安户籍统计数。

a) Date in the Table is Registered Statistics

主要统计指标解释

人口数 指一定时点、一定地区范围内的有生命的个人的总和。

年度统计的年末人口数指每年 12 月 31 日 24 时的人口数。

市镇总人口和乡村总人口

其定义有两种口径：

第一种口径(按行政建制)

市人口：市管辖区域内的全部人口(含市辖镇，不含市辖区县)；

镇人口：县辖镇的全部人口(不含市辖镇)；

县人口：县辖乡人口。

第二种口径(按常住人口划分)

市人口：设区的市的区人口和不设区的市所辖的街道人口；

镇人口：不设区的市所辖镇的居民委员会人口和县辖镇的居民委员会人口；

县人口：除上述两种人口以外的全部人口。

1952-1980 年数据为第一种口径的数据，1982 年以后的数据为第二种口径的数据。

出生率(又称粗出生率) 指在一定时期内(通常为一年)平均每千人所出生的人数的比率，一般用千分率表示。计算公式为：

出生率=年出生人数/年平均人数×1000‰

式中：出生人数指活产婴儿，即胎儿脱离母体时(不管怀孕月数)，有过呼吸或其他生命现象。年平均人数指年初、年底人口数的平均数，也可用年中人口数代替。

死亡率(又称粗死亡率) 指在一定时期内(通常为一年)一定地区的死亡人数与同期平均人数(或期中人数)之比，一般用千分率表示。计算公式为：

死亡率=年死亡人数/年平均人数×1000‰

人口自然增长率 指在一定时期内(通常为一年)人口自然增加数(出生人数减死亡人数)与该时期内平均人数(或期中人数)之比，一般用千分率表示。计算公式为：

人口自然增长率=(本年出生人数-本年死亡人数)/年平均人数×1000‰

人口自然增长率=人口出生率 － 人口死亡率

在业人口(又称就业人口) 指十五周岁及十五周岁以上人口中从事一定的社会劳动并取得劳动报酬或经营收入的人口。

不在业人口 指十五周岁及十五周岁以上人口中未从事社会劳动的人口，包括在校学生、料理家务、待升学、市镇待业、离退休、退职、丧失劳动能力等非在业人口。

Explanatory Notes on Main Statistical Indicators

Total Population refers to the total number of people alive at a certain point of time within a given area.

The annual statistics on total population is taken at midnight, the 3lst of December.

Urban Population and Rural Population There are two definitions. The first definition (according to the administrative organizational system) :

City population: Total population under the jurisdiction of city (including population of the town under the jurisdiction of city. excluding the population of counties under the jurisdiction of city) .

Town population: Total population of town under the jurisdiction of county (excluding the population of town under the jurisdiction of city) .

County population: Total population of country under the jurisdiction of county) .

The second definition (classified by the permanent population) :

City population: Total population of districts under the jurisdiction of city with district establishment and the population of street under the jurisdiction of city without district establishment.

Town population: Total resident committees population of towns under the jurisdiction of city without district establishment and the resident committee's population of towns under the jurisdiction of county.

County population: Total population except city population and town population.

Data from 1952 to 1980 is the figures according to the first definition. Data since 1982 are the figure according to the second definition.

Birth Rate of (Crude Birth Rate) refers to the ratio of the number of births to the average population during a certain period of time (usually a year) which is often expressed in‰. The following formula is used:

Birth Rate = Number of Births /Average Number of Population ×1000‰

Number of births refers to live births i. e. the births when babies had showed any vital phenomena regardless of the length of pregnancy.

Annual Average Number of Population is the average of the number of population at the beginning of the year and that at the end of the year. Sometimes it is substituted for with the mid year population.

Death Rate (or Crude Death Rate) refers to the ratio of the number of deaths to the average population (or mid year population) during a certain period of time (usually a year) which is often expressed in‰. The following formula is used:

Death Rate =Number of Deaths /Annual Average Number of Population ×1000‰

Natural Growth Rate of Population refers to the ratio of natural increase in population (number of births minus number of deaths) in a certain period of time (usually a year) to the average population (or mid year population) of the same period which is often expressed in‰. The following formulas are applied:

Natural Growth of Population =(Number of Births - Number of Deaths) / Average Number of Population ×1000‰

Natural Growth Rate of Population=Birth Rate–Death Rate

Employed Population refers to population aged 15 or over engaging in social labor which generates income.

Unemployed Population refers to population aged 15 or over not engaging in any social labor which generates income, including students enrolled in schools, house wives, students waiting for entering schools with higher level, urban job seekers, retirees job quitters, disabled, etc.

2009 NEI MENG GU

五、从业人员和职工工资

Employment and Wages

资料整理：金　玮
Arranged by Jin Wei

5-1 就业基本情况
Employment

项 目	Item	1995	2000	2005	2008
就业人员总计(万人)	**Total Number of Employed Persons(10 000 persons)**	**1029.4**	**1061.6**	**1041.1**	**1103.3**
第一产业	Primary Industry	536.8	553.7	560.5	556.7
第二产业	Secondary Industry	225.0	182.4	162.7	186.2
第三产业	Tertiary Industry	267.6	325.5	317.9	360.4
就业人员构成(总计=100)	**Composition of Employed Persons(total=100)**				
第一产业	Primary Industry	52.1	52.2	53.8	50.4
第二产业	Secondary Industry	21.9	17.1	15.6	16.9
第三产业	Tertiary Industry	26.0	30.7	30.5	32.7
按城乡分就业人员(万人)	**Number of Employed Persons by Urban and Rural Areas(10 000 persons)**	**1029.4**	**1061.6**	**1041.1**	**1103.3**
城镇就业人员	**Urban Employed Persons**	**440.0**	**430.1**	**350.3**	**414.9**
# 国有单位	State-owned Units	302.3	201.1	162.0	163.5
城镇集体单位	Urban Collective-owned Units	70.8	25.6	12.4	10.1
股份合作单位	Share Holding Units	5.9	2.9	1.8	1.4
联营单位	Joint-owned Units	0.3	0.6	0.3	0.3
有限责任公司	Limited Liability Corporations		26.0	47.0	45.5
股份有限公司	Share-holding Corporations Ltd.		8.2	14.3	18.3
私营企业	Private Enterprises	7.6	28.6	47.1	80.4
港澳台商投资单位	Units Funded by Entrepreneurs from Hong Kong, Macao & Taiwan	2.0	1.7	1.6	1.4
外商投资单位	Foreign Funded Units	2.2	2.2	2.5	2.8
个体	Self-employed Individuals	36.7	88.2	60.2	89.6
乡村从业人员	**Rural Employed Persons**	**589.4**	**631.5**	**690.8**	**688.4**
# 私营企业	Private Enterprises	2.5	12.8	21.1	18.0
个体	Self-employed Individuals	26.6	71.5	22.1	20.1
职工人数(万人)	**Number of Staff and Workers(10 000 persons)**	**383.7**	**263.9**	**239.6**	**240.9**
国有单位	State-owned Units	302.3	197.3	159.7	161.3
城镇集体单位	Urban Collective-owned Units	70.8	25.4	12.2	9.7
其他单位	Units of Other Types of Ownership	10.6	41.2	67.7	69.9
城镇单位女性就业人员(万人)	**Number of Female Employment in Urban Units(10 000 persons)**	**149.9**	**102.9**	**91.8**	**91.5**
城镇登记失业人数(万人)	**Number of Registered Unemployed Persons in Urban Areas (10 000 persons)**	**13.97**	**12.65**	**17.75**	**19.92**
城镇登记失业率(%)	**Registered Unemployment Rate in Urban Areas(%)**	**3.17**	**3.34**	**4.26**	**4.10**

注：1. 1998年及以后城镇单位就业人员、职工人数统计口径有调整，详见本篇末指标解释。

2. 2008年全社会就业人员中不包括社会自由从业人员。

a)Statistical coverage of staff and workers employed in urban units was adjusted after 1998.Please refer to the explanatory notes at the end of this chapter.

b)Social total number of employed persons doesn't include social self-employed persons in 2007.

5-2 按三次产业划分的年末就业人员
Number of Employed Persons at the Year-end by Type of Industry

年份 Year	就业人员(万人) Total (10 000 persons)	第一产业 Primary Industry	第二产业 Secondary Industry	第三产业 Tertiary Industry	构成(合计=100) Composition in Percentage(total=100) 第一产业 Primary Industry	第二产业 Secondary Industry	第三产业 Tertiary Industry
1952	345.3	302.6	13.0	29.7	87.63	3.76	8.61
1957	400.6	347.4	21.1	32.1	86.72	5.27	8.01
1965	476.8	379.7	45.3	51.8	79.64	9.50	10.86
1970	524.4	405.2	63.6	55.6	77.27	12.13	10.60
1975	607.5	441.6	95.5	70.4	72.69	15.72	11.59
1978	652.8	438.0	120.5	94.3	67.10	18.45	14.45
1980	698.4	460.7	129.7	108.0	65.97	18.57	15.46
1981	731.2	478.8	136.4	116.0	65.48	18.66	15.86
1982	762.4	501.5	140.1	120.8	65.78	18.38	15.84
1983	798.8	515.8	146.7	136.3	64.57	18.37	17.06
1984	827.8	524.5	154.5	148.8	63.36	18.66	17.98
1985	856.6	517.8	174.8	164.0	60.45	20.40	19.15
1986	875.4	521.7	184.6	169.1	59.60	21.08	19.32
1987	891.0	490.3	188.0	212.7	55.03	21.10	23.87
1988	909.7	490.0	200.1	219.6	53.86	22.00	24.14
1989	910.3	491.3	199.1	219.9	53.97	21.87	24.16
1990	924.6	515.5	201.4	207.7	55.76	21.78	22.46
1991	962.9	537.9	208.8	216.2	55.86	21.68	22.45
1992	976.0	531.4	217.1	227.5	54.45	22.24	23.31
1993	1008.2	535.4	220.4	252.4	53.10	21.86	25.04
1994	1033.4	536.5	225.1	271.8	51.92	21.78	26.30
1995	1029.4	536.8	225.0	267.6	52.15	21.85	26.00
1996	1039.0	546.8	223.4	268.8	52.63	21.50	25.87
1997	1050.3	544.6	213.2	292.5	51.85	20.30	27.85
1998	1050.3	542.6	207.1	300.6	51.66	19.72	28.62
1999	1056.7	555.4	185.5	315.8	52.56	17.55	29.89
2000	1061.6	553.7	182.4	325.5	52.20	17.10	30.70
2001	1067.0	550.5	179.3	337.2	51.60	16.80	31.60
2002	1086.1	552.3	173.7	360.1	50.90	16.00	33.10
2003	1005.2	548.7	152.5	303.9	54.59	15.17	30.24
2004	1026.1	559.3	153.0	313.8	54.51	14.91	30.58
2005	1041.1	560.5	162.7	317.9	53.83	15.64	30.53
2006	1051.2	565.3	168.0	317.8	53.78	15.98	30.23
2007	1081.5	569.3	183.6	328.6	52.64	16.98	30.38
2008	1103.3	556.7	186.2	360.4	50.45	16.88	32.67

注：1. 2003年以后就业人员中不包括社会自由就业人员。

2. 2004年三次产业就业人员和构成按相关数据进行了调整。

a)Social total number of employed persons doesn't include social self-employed persons after 2003.

b)The number of employed persons in tertiary industry and its composition in 2004 is adjusted by relation data.

5-3 分行业城镇单位年末女性就业人员(2008年)

Number of Female Employed in Urban Units at the Year-end by Sector(2008)

单位：人 (person)

项 目	Item	合 计 Total	国有单位 State-owned Units	城镇集体单位 Urban Collective-owned Units	其他单位 Units of Other Types of Ownership
总 计	**Total**	**915009**	**638824**	**41292**	**234893**
按企、事业和机关分组	**Grouped by Enterprises, Institutions and Agencies**				
企业	Enterprises	467759	200667	33693	233399
事业	Institutions	356129	347036	7599	1494
机关	Agencies & Organizations	91121	91121		
按国民经济行业分组	**Grouped by Sector**				
农、林、牧、渔业	Farming, Forestry, Animal Husbandry and Fishery	92104	88887	124	3093
采矿业	Mining	30828	7198	1093	22537
制造业	Manufacturing	146282	8447	11891	125944
电力、燃气及水的生产和供应业	Production & Supply of Electric Power, Gas and Water	31201	21322	249	9630
建筑业	Construction	25803	5905	4101	15797
交通运输、仓储和邮政业	Transportation, Storage and Postal Services	40456	33303	934	6219
信息传输、计算机服务和软件业	Information Transmission, Computer Service & Computer Software	18235	15370		2865
批发和零售业	Wholesale and Retail Trade	33896	13992	1932	17972
住宿和餐饮业	Quarters and Catering	14772	6674	1183	6915
金融业	Banking	46752	21708	10197	14847
房地产业	Real Estate	5848	3599	37	2212
租赁和商务服务业	Leasing and Commercial Services	9239	5751	1150	2338
科学研究、技术服务和地质勘查业	Scientific Research,Technical Services & Geological Prospecting	14687	13901	63	723
水利、环境和公共设施管理业	Water Conservancy, Environment and Public Facilities Administration	30264	28288	1146	830
居民服务和其他服务业	Resident Services and Other Services	6883	5466	840	577
教育	Education	184061	182429	143	1489
卫生、社会保障和社会福利业	Health Care, Social Security and Social Welfare	67578	60609	6191	778
文化、体育和娱乐业	Culture, Sports & Recreational Services	14668	14523	18	127
公共管理和社会组织	Public Administration and Social Organizations	101452	101452		
国际组织	International Organizations				

5-4 按登记注册类型和城乡划分的年末就业人员

单位：万人

年份 Year	总 计 Total	城 镇 小 计 Subtotal	# 国有单位 State-owned Units	# 集体单位 Collective-owned Units	# 股份合作单位 Share Holding Units	# 联营单位 Joint-owned Units	# 有限责任公司 Limited Liability Corporations	# 股份有限公司 Share-holding Corporations Ltd.
1952	345.3	49.9	16.9					
1957	400.6	56.3	46.1	9.4				
1965	476.8	101.2	86.5	13.4				
1970	524.4	124.8	110.9	13.9				
1975	607.5	176.9	143.8	32.9				
1978	652.8	227.8	183.2	44.4				
1980	698.4	225.4	200.6	53.7				
1985	856.6	335.6	241.4	79.0				
1987	891.0	359.7	260.2	82.5		0.1		
1988	909.7	373.3	268.3	84.7		0.2		
1989	910.3	375.4	271.0	86.0		0.3		
1990	924.6	386.6	282.3	87.0		0.4		
1991	962.9	404.2	293.2	89.3		0.6		
1992	976.0	415.7	302.1	89.6		1.0		
1993	1008.2	434.2	301.1	87.4	1.2	0.3		
1994	1033.4	453.8	301.7	76.1	5.0	0.4		
1995	1029.4	440.0	302.3	70.8	5.9	0.3		
1996	1039.0	434.7	302.1	66.8	5.9	0.3		
1997	1050.3	444.9	291.9	59.4	7.1	0.2		
1998	1050.3	443.4	252.4	45.7	2.9	0.8	18.1	6.9
1999	1056.7	435.7	232.4	37.8	2.9	0.9	23.4	8.0
2000	1061.6	430.1	201.1	25.6	2.9	0.6	26.0	8.2
2001	1067.0	434.5	188.9	20.5	2.2	0.5	29.3	9.3
2002	1086.1	435.6	177.8	17.7	1.9	0.4	34.4	11.1
2003	1005.2	352.9	169.2	15.8	2.0	0.3	40.2	12.0
2004	1026.1	350.3	166.6	13.5	1.7	0.3	43.3	13.0
2005	1041.1	350.3	162.0	12.4	1.8	0.3	47.0	14.3
2006	1051.2	365.0	160.5	11.5	1.5	0.3	49.3	14.3
2007	1081.5	383.5	162.0	11.1	1.9	0.3	48.1	17.7
2008	1103.3	414.9	163.5	10.1	1.4	0.3	45.5	18.3

Number of Employed Persons at the Year-end by Status of Registration and Residence in Urban and Rural Areas

(10 000 persons)

Urban Area				乡 村Rural Area		
# 私营企业 Private Enterprises	# 港澳台商投资单位 Economic Units Funded by Entrepreneurs from Hong Kong, Macao and Taiwan	# 外商投资单位 Foreign Funded Economic Units	# 个 体 Self-employed individuals	合 计 Sub-total	# 私营企业 Private Enterprises	# 个体 Self-employed Individuals
			33.0	295.4		
			0.8	344.3		
			1.3	375.6		
				399.6		
			0.2	430.6		
			0.2	425.0		
			1.1	443.0		
			15.2	521.0		
			16.9	531.3		
			20.1	536.4		
			18.1	534.9		
			16.9	538.0		
			21.1	558.7		
			23.0	560.3		
3.8	1.0	1.1	28.7	574.0		
5.5	1.4	1.7	38.1	579.6		
7.6	2.0	2.2	36.7	589.4	2.5	26.6
10.8	1.9	2.7	40.7	604.3	3.2	32.9
14.0	2.1	2.8	57.9	605.4	3.7	37.1
23.0	2.3	1.7	73.2	606.9	5.9	48.8
25.1	2.0	2.1	88.0	621.0	13.6	59.7
28.6	1.7	2.2	88.2	631.5	12.8	71.5
30.4	1.7	1.8	96.2	632.5	15.2	73.7
29.0	1.8	2.0	87.9	650.5	22.8	77.6
35.7	1.7	2.5	72.8	652.3	15.6	35.6
44.2	1.1	2.7	56.1	675.8	17.0	21.8
47.1	1.6	2.5	60.2	690.8	21.1	22.1
53.3	1.3	2.7	69.0	686.2	20.3	18.8
61.8	1.5	2.7	75.2	698.0	21.1	18.4
80.4	1.4	2.8	89.6	688.4	18.0	20.1

5-5 分行业年末职工(2008年)

Number of Staff and Workers at the Year-end by Sector(2008)

单位：人 (person)

项 目	Item	合 计 Total	国 有 单 位 State-owned Units	城镇集体单位 Urban Collective-owned Unit	其 他 单 位 Units of Other Types of Ownership
总 计	**National Total**	**2409436**	**1612941**	**97351**	**699144**
按企、事业和机关分组	**Grouped by Enterprises, Institutions and Agencies**				
企业	Enterprises	1388835	610563	81784	696488
事业	Institutions	724263	706040	15567	2656
机关	Agencies & Organizations	296338	296338		
按国民经济行业分组	**Grouped by Sector**				
农、林、牧、渔业	**Farming, Forestry, Animal Husbandry and Fishery**	**276829**	**267796**	**1298**	**7735**
农业	Farming	112028	108808	492	2728
林业	Forestry	96001	96001		
畜牧业	Animal Husbandry	29743	24810	25	4908
渔业	Fishery	4546	4490		56
农、林、牧、渔服务业	Agricultural Services	34511	33687	781	43
采矿业	**Mining**	**172417**	**35872**	**4459**	**132086**
制造业	**Manufacturing**	**389781**	**23260**	**25908**	**340613**
电力、燃气及水的生产和供应业	**Production and Supply of Electric Power, Gas and Water**	**96045**	**65675**	**584**	**29786**
建筑业	**Construction**	**131489**	**26033**	**15146**	**90310**
房屋和土木工程建筑业	Housing and Civil Engineering Construction	122814	22637	13982	86195
建筑安装业	Installation of Buildings	6619	3067	1140	2412
建筑装饰业	Decoration of Buildings	574	62	24	488
其他建筑业	Other Construction	1482	267		1215
交通运输、仓储和邮政业	**Transportation, Storage and Postal Services**	**156643**	**139611**	**2827**	**14205**
铁路运输业	Railway Transport	84812	83803	725	284
道路运输业	Roadway Transport	32679	26279	325	6075
城市公共交通业	Public traffic in Cities	12373	5686		6687
水上运输业	Waterway Transport	166	156		10
航空运输业	Air Transport	3877	3726		151
管道运输业	Pipeline Transport				
装卸搬运和其他运输服务业	Loading,Unloading, Carrying and Transport	2712	125	1777	810
仓储业	Storage	6680	6492		188
邮政业	Postal Services	13344	13344		
信息传输、计算机服务和软件业	**Information Transmission, Computer Service & Computer Software**	**36856**	**32126**		**4730**
电信和其他信息传输服务	Telecommunication and other Information Transmission	36528	32000		4528
计算机服务业	Computer Services	143	82		61
软件业	Software	185	44		141
批发和零售业	**Wholesale & Retail Trade**	**67638**	**33962**	**4173**	**29503**
批发业	Wholesale Trade	35962	25956	1566	8440
零售业	Retail Trade	31676	8006	2607	21063
住宿和餐饮业	**Quarters and Catering**	**24403**	**11218**	**1940**	**11245**
住宿业	Quarters	19175	10826	1280	7069
餐饮业	Catering	5228	392	660	4176

5-5 续表 continued

单位：人 (person)

项 目	Item	合 计 Total	国有单位 State-owned Units	城镇集体单位 Urban Collective-owned Unit	其他单位 Units of Other Types of Ownership
金融业	**Finance**	**78871**	**41838**	**20438**	**16595**
银行业	Banking	66129	34297	20147	11685
证券业	Bond	488	162		326
保险业	Insurance	11001	6550		4451
其他金融活动	Others	1253	829	291	133
房地产业	**Real Estate**	**14880**	**8174**	**72**	**6634**
房地产开发经营	Development & Management	6317	1320	40	4957
租赁和商务服务业	**Leasing and Commercial Services**	**29028**	**18391**	**4051**	**6586**
租赁业	Leasing Services	62	41		21
商务服务业	Commercial Services	28966	18350	4051	6565
科学研究、技术服务和地质勘查业	**Scientific Research ,Technical Services & Geological Prospecting**	**41420**	**39208**	**151**	**2061**
研究与试验发展	Research and Development	9289	9284		5
专业技术服务业	Special Technical Services	17882	15805	133	1944
科技交流和推广服务业	Science and Technological Exchanging and Spreading	3662	3532	18	112
地质勘查业	Geological Prospecting	10587	10587		
水利、环境和公共设施管理业	**Water Conservancy, Environment and Public Facilities Administration**	**62263**	**58261**	**2130**	**1872**
水利管理业	Water Conservancy	17112	16720	62	330
环境管理业	Environment	33174	30700	2054	420
公共设施管理业	Public Facilities Administration	11977	10841	14	1122
居民服务和其他服务业	**Resident Services and Other Services**	**20219**	**17253**	**1855**	**1111**
居民服务业	Resident Services	17135	15727	712	696
其他服务业	Other Services	3084	1526	1143	415
教育	**Education**	**341618**	**338772**	**252**	**2594**
卫生、社会保障和社会福利业	**Health Care, Social Security and Social Welfare**	**111931**	**98701**	**12020**	**1210**
卫生	Health Care	104873	91738	11954	1181
社会保障业	Social Security	3961	3961		
社会福利业	Social Welfare	3097	3002	66	29
文化、体育和娱乐业	**Culture, Sports and Recreational Services**	**32395**	**32080**	**47**	**268**
新闻出版业	Press	4677	4660		17
广播、电视和音像业	Radio ,Television and Audio-visual	12423	12310		113
文化艺术业	Culture and Arts	13387	13356	31	
体育	Sports	1507	1507		
娱乐业	Recreational Services	401	247	16	138
公共管理和社会组织	**Public Administration and Social Organization**	**324710**	**324710**		
中国共产党机关	Chinese Communist Party Agencies	16279	16279		
国家机构	Government Agencies	298924	298924		
人民政协和民主党派	People's Politics Consultative Conference and Democratic Parties	3281	3281		
群众团体、社会团体和宗教组	Mass Organization ,Social Organization and Religious Organization	6226	6226		
基层群众自治组织	Basic Mass Autonomous Organization				
国际组织	**International Organizations**				
国际组织	International Organizations				

5-6 私营企业年末就业人员(2008年)

Number of Employed Persons in Private Enterprises at the Year-end(2008)

单位：户、人 (household)(person)

项 目	Item	合 计 Total			城 镇 Urban Areas			乡 村 Rural Areas		
		户数 Number of Enter-prises	就业人员 Number of Empl-oyed Persons	#投资者 Empl-oyers	户数 Number of Enter-prises	就业人员 Number of Empl-oyed Persons	#投资者 Empl-oyers	户数 Number of Enter-prises	就业人员 Number of Empl-oyed Persons	#投资者 Empl-oyers
总 计	**Total**	**82426**	**984277**	**198858**	**71864**	**804407**	**167906**	**10562**	**179870**	**30952**
农、林、牧、渔业	Farming, Forestry, Animal Husbandry and Fishery	2764	26964	7112	2054	18506	5183	710	8458	1929
采矿业	Mining	2747	59010	7248	1815	32494	4311	932	26516	2937
制造业	Manufacturing	12275	199535	35745	9769	143948	26396	2506	55587	9349
电力、燃气及水的生产和供应业	Production & Supply of Electric Power,Gas & Water	614	10888	1702	501	8578	1426	113	2310	276
建筑业	Construction	3575	66437	11564	3394	59439	10561	181	6998	1003
交通运输、仓储业和邮电业	Transportation, Storage & postal Services	2785	26278	7065	2383	21036	5978	402	5242	1087
信息传输、计算机服务和软件业	Information Transmission,Compute-Service & Software	2417	18492	4078	2180	15700	3596	237	2792	482
批发和零售业	Wholesale & Retail	34648	352996	74447	30552	301353	64435	4096	51643	10012
住宿和餐饮业	Quarters & Catering	2895	33777	6176	2709	30153	5740	186	3624	436
房地产业	Real Estate	3908	43609	10474	3726	39593	9947	182	4016	527
租赁和商业服务业	Leasing & Commercial Services	6440	71669	16361	6179	67272	14987	261	4397	1374
居民服务和其他服务业	Resident Services & Other Services	3302	34509	6449	3075	31812	5852	227	2697	597
卫生、社会保障和社会福利业	Health Care, Social Security & Social Welfare	99	1265	207	88	990	193	11	275	14
文化、体育和娱乐业	Culture, Sports & Recreational Services	457	4334	856	415	3890	772	42	444	84
其他行业	Others	3500	34514	9374	3024	29643	8529	476	4871	845

注：本资料由工商部门提供。

a)The Statistics are provided by the Department of Industry and Commerce.

5-7 个体年末就业人员(2008年)

Number of Self-employed Individuals at the Year-end(2008)

单位:户、人 (household)(person)

项目	Item	合计 Total		城镇 Urban Areas		乡村 Rural Areas	
		户数 Number of Households	就业人员 Number of Employed Individuals	户数 Number of Households	就业人员 Number of Employed Individuals	户数 Number of Households	就业人员 Number of Employed Individuals
总计	**Total**	**582592**	**1097672**	**473841**	**896253**	**108751**	**201419**
农、林、牧、渔业	Farming, Forestry, Animal Husbandry and Fishery	1774	5211	1208	3555	566	1656
采矿业	Mining	1163	7207	611	2926	552	4281
制造业	Manufacturing	28702	76706	21927	56471	6775	20235
电力、燃气及水的生产和供应业	Production & Supply of Electric Power,Gas & Water	79	260	32	121	47	139
建筑业	Construction	241	1131	213	541	28	590
交通运输、仓储和邮电业	Transportation, Storage & postal Services	61754	94978	53494	85167	8260	9811
信息传输、计算机服务和软件业	Information Transmiss-ion,Computer Service & Computer Software	5630	9467	4876	8321	754	1146
批发零售业	Wholesale & Retail	313099	552197	251879	448709	61220	103488
住宿和餐饮业	Quarters & Catering	69727	168484	57481	138537	12246	29947
房地产业	Real Estate	3317	6171	3162	5945	155	226
租赁和商业服务业	Leasing & Commercial Services	3076	6104	2927	5792	149	312
居民服务和其他服务业	Resident Services & Other Services	74999	132674	60094	108508	14905	24166
卫生、社会保障和社会福利业	Health Care, Social Sec-urity & Social Welfare	3104	5673	2661	4892	443	781
文化、体育和娱乐业	Culture, Sports & Recreational Services	4277	9591	3872	8716	405	875
其他行业	Others	11650	21818	9404	18052	2246	3766

注：本资料由工商部门提供。

a)The Statistics are provided by the Department of Industry and Commerce.

5-8 城镇就业及失业人数
Employment and Unemployment in Urban Areas

年 份 Year	当年需要安置人数(人) Number of Need Settled down(person)	当年就业人数(人) New Employment in the Year(person)	年末城镇失业人数(人) Unemployment at year-end(person)			失业青年占城镇失业人数(%) Percentage of Young Unemployed Persons to Total Unemployed Persons In Urban Areas	登记失业率(%) Registered Unemployment Rate in Urban Areas
			合计 Total	失业青年 Youth	# 女青年 Female		
1979		212267	429080				15.01
1980	429100	202696	367280				12.62
1981	464100	344573	283181				9.39
1982	488300	202958	285369				9.11
1983	464100	179283	267539	200340	118998	74.88	8.18
1984	427500	198995	177568	154862	94559	87.21	5.34
1985	335600	178336	138773	116939	73140	84.27	3.97
1986	347000	207440	127726	117477	62683	91.97	3.51
1987	307800	161514	129753	118699	70580	91.48	3.48
1988	268100	140598	123579	116792	67630	94.51	3.69
1989	266700	116515	143681	135679	78826	94.43	3.78
1990	282800	124582	151916	142721	82631	93.95	3.49
1991	292500	140710	146319	136929	80088	93.58	2.68
1992	275300	154848	114894	107026	61745	93.15	3.49
1993	226400	107653	113405	99184	58281	87.46	2.62
1994	215400	88637	123660	111602	65544	90.25	2.86
1995	232084	87033	139713	123135	74850	88.13	3.17
1996	263436	86341	144107	101083	58311	70.14	3.47
1997	258299	105927	145253	102837	59602	70.79	3.40
1998	265256	115162	131138	78096	43191	59.55	3.13
1999	222695	96002	123858	64958	32897	52.45	3.10
2000	239620	106020	126478	61785	32408	48.85	3.34
2001	274460	116527	144689	66892	35535	46.23	3.70
2002	345500	174300	162700				4.10
2003	406755	215118	175889				4.50
2004	430454	245309	185118				4.59
2005	451039	261359	177483				4.26
2006	527624	320781	179786				4.13
2007	511642	319431	184573				4.00
2008	513101	314011	199167				4.10

注：本资料由劳动社会保障厅提供。

a)The Statistics are provided by the Bureau of Labour and Social Insurance

5-9 职工工资总额和指数
Total Wages of Staff and Workers and Related Index

年 份 Year	工资总额(万元) Total Wages(10 000 yuan)				指数(上年=100) Index(preceding year=100)			
	总 计 Total	国有单位 State-owned Units	城镇集体单位 Urban Collective-owned Units	其他单位 Units of Other Types of Ownership	总计 Total	国有单位 State-owned Units	城镇集体单位 Urban Collective-owned Units	其他单位 Units of other Types of Ownership
1952	10337	7099	3238					
1957	39634	34054	5580					
1965	70670	63788	6882					
1970	77531	71047	6484					
1975	111072	99489	11583					
1978	149779	128019	21760		112.7	115.5	98.6	
1980	198255	164897	33358		110.0	109.0	115.0	
1981	210486	175079	35407		104.2	104.2	104.2	
1982	230005	189964	40041		107.4	106.7	111.2	
1983	247989	203182	44807		106.5	105.7	110.6	
1984	292787	234455	58332		112.5	110.0	124.1	
1985	339534	271875	67619	40	106.5	106.5	106.4	
1986	405310	324839	80423	48	113.1	113.3	112.7	113.8
1987	436260	350557	85628	75	99.2	99.5	98.1	143.2
1988	531584	429383	102028	173	104.1	104.7	101.8	196.5
1989	589385	475264	113791	330	96.2	96.0	96.7	165.4
1990	662156	540255	121270	631	110.4	111.7	104.7	187.9
1991	755609	615184	139230	1194	107.7	107.4	108.3	178.6
1992	897992	735751	160172	2069	109.3	110.0	105.8	159.3
1993	1090634	894747	185691	10196	104.3	104.5	99.6	423.4
1994	1410664	1178947	201545	30172	104.1	106.0	87.3	238.1
1995	1561199	1312079	208706	40414	94.5	95.0	88.4	114.4
1996	1758549	1483936	227478	47136	104.6	105.1	101.3	108.4
1997	1853641	1586052	210134	57455	100.8	102.2	88.3	116.5
1998	1747030	1375390	161525	210115	96.2	88.5	77.9	376.2
1999	1779688	1379154	141567	258967	101.6	100.0	87.3	122.9
2000	1859617	1442792	125315	291510	103.2	103.3	87.4	111.1
2001	2105277	1633364	121820	350093	118.3	118.4	86.1	135.2
2002	2374765	1791830	112018	490918	112.8	109.7	92.0	140.2
2003	2723285	1988162	115527	619597	114.7	111.0	103.1	126.2
2004	3230903	2339836	122021	769046	118.6	117.7	105.6	124.1
2005	3877342	2656826	136088	1084428	120.0	113.5	111.5	141.0
2006	4469480	3078254	141470	1249756	115.3	115.9	104.0	115.3
2007	5365887	3660690	159016	1546181	120.1	118.9	112.4	123.7
2008	6384902	4402592	190267	1792043	119.0	120.3	119.7	115.9

注：1998年及以后职工工资总额为在岗职工的工资总额，指数按可比口径计算(以下各表同)。

a)Data on total wages since1998 refer to wages of fully employed staff and workers, and the index was calculated on the basis of comparable coverage (similarly in the following tables).

5-10 职工平均工资及指数
Average Wages of Staff and Workers and Related Index

年 份 Year	职工平均工资(元) Average Wages(yuan)				指数(上年=100) Index(preceding year=100)			
	总计 Total	国有单位 State-owned Units	城镇集体单位 Urban Collective-owned Units	其他单位 Units of Other Types of Ownership	总计 Total	国有单位 State-owned Units	城镇集体单位 Urban Collective-owned Units	其他单位 Units of Other Types of Ownership
1952	400	454	319					
1957	691	729	505					
1965	728	751	544					
1970	648	671	475					
1975	667	707	495					
1978	712	749	563		100.0	105.1	102.1	
1980	796	839	635		104.8	105.4	103.4	
1981	807	851	642		99.5	99.5	99.2	
1982	826	869	669		100.6	100.4	102.5	
1983	862	903	714		103.1	102.7	105.5	
1984	986	1047	801		109.0	110.5	106.9	
1985	1095	1169	872	1023	102.0	102.5	100.0	
1986	1239	1325	982	1034	107.3	107.4	106.7	95.8
1987	1301	1410	1053	1000	96.8	98.1	98.8	89.1
1988	1548	1641	1251	1105	101.7	99.5	101.5	94.4
1989	1685	1779	1381	1451	94.4	94.0	95.7	113.9
1990	1846	1971	1441	1858	107.6	108.8	102.5	125.8
1991	2012	2148	1573	1984	102.8	102.8	103.0	100.7
1992	2339	2493	1823	2292	106.9	106.8	106.6	106.3
1993	2796	2998	2107	2940	102.7	103.2	99.3	110.2
1994	3675	3942	2667	3299	105.7	105.8	101.9	90.3
1995	4134	4407	3001	3906	96.1	95.5	96.1	101.1
1996	4716	4996	3508	4283	106.0	105.4	108.6	102.0
1997	5124	5462	3551	4687	103.9	104.5	96.8	104.6
1998	5792	5979	4184	6367	102.9	101.5	99.5	119.3
1999	6347	6580	4548	6526	109.3	109.7	108.4	102.2
2000	6974	7261	4826	6947	108.5	108.9	104.8	105.1
2001	8250	8737	5525	7579	117.6	119.6	113.8	108.4
2002	9683	10287	6431	8777	116.4	116.8	115.4	114.9
2003	11279	11929	7620	10391	114.8	114.2	116.7	116.6
2004	13324	14209	9010	11965	115.2	116.2	115.4	112.3
2005	15985	16598	10804	15514	120.0	116.8	119.9	129.7
2006	18469	19386	12469	17391	115.5	116.8	115.4	112.1
2007	21884	22822	14338	20980	118.5	117.7	115.0	120.6
2008	26114	27316	18809	24476	119.3	119.7	131.2	116.7

注：职工平均工资指数考虑价格因素。

a)When index of average wages of staff and workers was calculated ,the factor of price was considered.

5-11 分行业全部在岗职工平均工资

Average Wage of All Staff and Workers Being on Duty by Sector

单位：元 (yuan)

项 目	Item	2007	2008	2008年比2007年增长(%) Growth Rate
总 计	**Total**	**21884**	**26114**	**19.3**
按企、事业和机关分组	**Grouped by Enterprises, Institutions & Agencies**			
企业	Enterprises	20696	24503	18.4
事业	Institutions	23174	27578	19.0
机关	Agencies & Organizations	24760	30368	22.6
按国民经济行业分组	**Grouped by Sector**			
农、林、牧、渔业	Farming, Forestry, Animal Husbandry & Fishery	11580	13192	13.9
采矿业	Mining	27334	32246	18.0
制造业	Manufacturing	19148	22423	17.1
电力、燃气及水的生产和供应业	Production and Supply of Electric Power, Gas & Water	36806	41241	12.0
建筑业	Construction	15452	17730	14.7
交通运输、仓储和邮政业	Transportation, Storage & Postal Services	26330	31320	19.0
信息传输、计算机服务和软件业	Information Transmission, Computer Service and Computer Software	26540	29692	11.9
批发和零售业	Wholesale and Retail Trade	15027	18563	23.5
住宿和餐饮业	Quarters and Catering	13365	16092	20.4
金融业	Banking	30214	37404	23.8
房地产业	Real Estate	18075	20651	14.3
租赁和商务服务业	Leasing and Commercial Services	19961	22904	14.7
科学研究、技术服务和地质勘查业	Scientific Research,Technical Services & Geological Prospecting	28138	31094	10.5
水利、环境和公共设施管理业	Water Conservancy, Environment & Public Facilities Administration	18383	20802	13.2
居民服务和其他服务业	Resident Services & Other Services	22933	27970	22.0
教育	Education	25474	30566	20.0
卫生、社会保障和社会福利业	Health Care, Social Security and Social Welfare	24155	29042	20.2
文化、体育和娱乐业	Culture, Sports and Recreational Services	23767	27947	17.6
公共管理和社会组织	Public Administration and Social Organization	24542	30101	22.7
国际组织	International Organizations			

5-12 分行业职工平均工资(2008年)

Average Wage of Staff and Workers by Sector(2008)

单位：元 (yuan)

项目	Item	合计 Total	国有单位 State-owned Units	城镇集体单位 Urban Collective-owned Units	其他单位 Units of Other Types of Ownership
总计	**Total**	**26114**	**27316**	**18809**	**24476**
按企、事业和机关分组	**Grouped by Enterprises, Institutions & Agencies**				
企业	Enterprises	24503	25238	19271	24498
事业	Institutions	27578	27861	16253	18650
机关	Agencies & Organizations	30368	30368		
按国民经济行业分组	**Grouped by Sector**				
农、林、牧、渔业	Farming, Forestry, Animal Husbandry & Fishery	13192	13305	9327	9970
采矿业	Mining	32246	31586	16224	32957
制造业	Manufacturing	22423	21195	14959	23077
电力、燃气及水的生产和供应业	Production and Supply of Electric Power, Gas & Water	41241	39458	15294	45720
建筑业	Construction	17730	21990	16672	16757
交通运输、仓储和邮政业	Transportation, Storage & Postal Services	31320	33015	12327	17839
信息传输、计算机服务和软件业	Information Transmission, Computer Service and Computer Software	29692	29321		32131
批发和零售业	Wholesale and Retail Trade	18563	22141	14567	14997
住宿和餐饮业	Quarters and Catering	16092	16531	13472	16104
金融业	Banking	37404	37073	31773	45088
房地产业	Real Estate	20651	24170	8542	16775
租赁和商务服务业	Leasing and Commercial Services	22904	25749	15940	19068
科学研究、技术服务和地质勘查业	Scientific Research,Technical Services & Geological Prospecting	31094	31626	27440	21347
水利、环境和公共设施管理业	Water Conservancy, Environment & Public Facilities Administration	20802	21142	8833	23561
居民服务和其他服务业	Resident Services & Other Services	27970	30203	15868	15350
教育	Education	30566	30691	18882	15561
卫生、社会保障和社会福利业	Health Care, Social Security and Social Welfare	29042	30544	17783	18937
文化、体育和娱乐业	Culture, Sports and Recreational Services	27947	28032	15660	20339
公共管理和社会组织	Public Administration and Social Organization	30101	30101		
国际组织	International Organizations				

5-13 国有单位年末就业人员和劳动报酬(2008年)
Employed Persons at the Year-end & Earnings in State-owned Units(2008)

项 目	Item	就业人员(人) Number of Employed (person)	# 女 性 Female	在就业人员中 In Employed Persons # 在岗职工(人) Fully Employed Staff & Workers (person)	# 其他从业人员(人) Other Employed Persons
总 计	**Total**	**1634991**	**638824**	**1612941**	**22050**
按企、事业和机关分组	**Grouped by Enterprises, Institutions & Agencies**				
企业	Enterprises	622003	200667	610563	11440
事业	Institutions	713486	347036	706040	7446
机关	Agencies & Organizations	299502	91121	296338	3164
按国民经济行业分组	**Grouped by Sector**				
农、林、牧、渔业	Farming, Forestry, Animal Husbandry & Fishery	268139	88887	267796	343
采矿业	Mining	35872	7198	35872	
制造业	Manufacturing	23342	8447	23260	82
电力、燃气及水的生产和供应业	Production & Supply of Electric Power, Gas & Water	66530	21322	65675	855
建筑业	Construction	26880	5905	26033	847
交通运输、仓储和邮政业	Transportation, Storage & Postal Services	140948	33303	139611	1337
信息传输、计算机服务和软件业	Information Transmission, Computer Service & Computer Software	32745	15370	32126	619
批发和零售业	Wholesale & Retail Trade	34411	13992	33962	449
住宿和餐饮业	Quarters & Catering	11309	6674	11218	91
金融业	Banking	45055	21708	41838	3217
房地产业	Real Estate	8310	3599	8174	136
租赁和商务服务业	Leasing & Commercial Services	19037	5751	18391	646
科学研究、技术服务和地质勘查业	Scientific Research,Technical Services & Geological Prospecting	39401	13901	39208	193
水利、环境和公共设施管理业	Water Conservancy, Environment & Public Facilities Administration	60445	28288	58261	2184
居民服务和其他服务业	Resident Services & Other Services	20599	5466	17253	3346
教育	Education	340786	182429	338772	2014
卫生、社会保障和社会福利业	Health Care, Social Security & Social Welfare	99841	60609	98701	1140
文化、体育和娱乐业	Culture, Sports & Recreational Services	32245	14523	32080	165
公共管理和社会组织	Public Administration & Social Organization	329096	101452	324710	4386
国际组织	International Organizations				

5-13 续表 continued

单位：万元 (10 000 yuan)

行 业	Sector	单位从业人员劳动报酬 Total Remuneration	在岗职工工资总额 Wages of Fully Employed Staff & Workers	其他从业人员劳动报酬 Remuneration for Other Employed Persons
总 计	**Total**	**4432468**	**4402592**	**29876**
按企、事业和机关分组	**Grouped by Enterprises, Institutions & Agencies**			
企业	Enterprises	1572285	1551712	20572
事业	Institutions	1967993	1961468	6525
机关	Agencies & Organizations	892190	889411	2779
按国民经济行业分组	**Grouped by Sector**			
农、林、牧、渔业	Farming, Forestry, Animal Husbandry & Fishery	357289	356858	431
采矿业	Mining	111674	111674	
制造业	Manufacturing	52617	52511	106
电力、燃气及水的生产和供应业	Production & Supply of Electric Power, Gas & Water	258319	257426	893
建筑业	Construction	71225	70881	345
交通运输、仓储和邮政业	Transportation, Storage & Postal Services	461135	458447	2688
信息传输、计算机服务和软件业	Information Transmission, Computer Service &Software	92444	91616	828
批发和零售业	Wholesale & Retail Trade	75908	75499	409
住宿和餐饮业	Quarters & Catering	18887	18770	117
金融业	Banking	159892	154611	5281
房地产业	Real Estate	19966	19892	74
租赁和商务服务业	Leasing & Commercial Services	46700	46325	375
科学研究、技术服务和地质勘查业	Scientific Research,Technical Services & Geological Prospecting	124349	123893	457
水利、环境和公共设施管理业	Water Conservancy, Environment & Public Facilities Administration	124995	123366	1629
居民服务和其他服务业	Resident Services & Other Services	58865	49638	9227
教育	Education	1039106	1037203	1903
卫生、社会保障和社会福利业	Health Care, Social Security & Social Welfare	303322	301623	1699
文化、体育和娱乐业	Culture, Sports & Recreational Services	87779	87552	227
公共管理和社会组织	Public Administration & Social Organization	967999	964811	3188
国际组织	International Organizations			

5-14 城镇集体单位年末就业人员和劳动报酬(2008年)
Employed Persons at the Year-end & Earnings in Urban Collective-owned Units(2008)

项 目	Item	就业人员(人) Number of Employed (person)	#女 性 Female	在就业人员中 In Employed Persons #在岗职工(人) Fully Employed Staff & Workers (person)	#其他从业人员(人) Other Employed Persons
总 计	**Total**	**101131**	**41292**	**97351**	**3780**
按企、事业和机关分组	**Grouped by Enterprises, Institutions & Agencies**				
企业	Enterprises	84728	33693	81784	2944
事业	Institutions	16403	7599	15567	836
机关	Agencies & Organizations				
按国民经济行业分组	**Grouped by Sector**				
农、林、牧、渔业	Farming, Forestry, Animal Husbandry and Fishery	1393	124	1298	95
采矿业	Mining	4464	1093	4459	5
制造业	Manufacturing	26215	11891	25908	307
电力、燃气及水的生产和供应业	Production & Supply of Electric Power, Gas & Water	584	249	584	
建筑业	Construction	16565	4101	15146	1419
交通运输、仓储和邮政业	Transportation, Storage & Postal Services	3354	934	2827	527
信息传输、计算机服务和软件业	Information Transmission, Computer Service & Software				
批发和零售业	Wholesale & Retail Trade	4293	1932	4173	120
住宿和餐饮业	Quarters & Catering	1971	1183	1940	31
金融业	Banking	20564	10197	20438	126
房地产业	Real Estate	72	37	72	
租赁和商务服务业	Leasing & Commercial Services	4219	1150	4051	168
科学研究、技术服务和地质勘查业	Scientific Research,Technical Services & Geological Prospecting	151	63	151	
水利、环境和公共设施管理业	Water Conservancy, Environment & Public Facilities Administration	2770	1146	2130	640
居民服务和其他服务业	Resident Services & Other Services	2036	840	1855	181
教育	Education	252	143	252	
卫生、社会保障和社会福利业	Health Care, Social Security & Social Welfare	12181	6191	12020	161
文化、体育和娱乐业	Culture, Sports & Recreational Services	47	18	47	
公共管理和社会组织	Public Administration & Socia Organization				
国际组织	International Organizations				

5-14 续表 continued

单位：万元 (10 000 yuan)

行 业	Sector	单位从业人员劳动报酬 Total Remuneration	在岗职工工资总额 Wages of Fully Employed Staff & Workers	其他从业人员劳动报酬 Remuneration for Other Employed Persons
总 计	**Total**	**194851**	**190267**	**4585**
按企、事业和机关分组	**Grouped by Enterprises, Institutions & Agencies**			
企业	Enterprises	169138	165058	4079
事业	Institutions	25714	25208	505
机关	Agencies & Organizations			
按国民经济行业分组	**Grouped by Sector**			
农、林、牧、渔业	Farming, Forestry, Animal Husbandry and Fishery	1249	1202	47
采矿业	Mining	7204	7190	13
制造业	Manufacturing	39588	38946	642
电力、燃气及水的生产和供应业	Production & Supply of Electric Power, Gas & Water	847	847	
建筑业	Construction	33774	32174	1599
交通运输、仓储和邮政业	Transportation, Storage & Postal Services	4559	3566	992
信息传输、计算机服务和软件业	Information Transmission, Computer Service & Software			
批发和零售业	Wholesale & Retail Trade	6346	6156	190
住宿和餐饮业	Quarters & Catering	2709	2633	76
金融业	Banking	64743	64462	282
房地产业	Real Estate	62	62	
租赁和商务服务业	Leasing & Commercial Services	6015	5914	101
科学研究、技术服务和地质勘查业	Scientific Research,Technical Services & Geological Prospecting	412	412	
水利、环境和公共设施管理业	Water Conservancy, Environment & Public Facilities Administration	2088	1841	247
居民服务和其他服务业	Resident Services & Other Services	3159	2979	180
教育	Education	482	482	
卫生、社会保障和社会福利业	Health Care, Social Security & Social Welfare	21544	21328	215
文化、体育和娱乐业	Culture, Sports & Recreational Services	74	74	
公共管理和社会组织	Public Administration & Social Organization			
国际组织	International Organizations			

5-15 其他单位年末就业人员和劳动报酬(2008年)
Employed Persons at the Year-end and Earnings in other Types of Ownership(2008)

项 目	Item	就业人员（人）Number of Employed (person)	# 女 性 Female	在就业人员中 In Employed Persons: # 在岗职工（人）Fully Employed Staff & Workers (person)	在就业人员中 In Employed Persons: # 其他从业人员（人）Other Employed Persons
总 计	**Total**	**712166**	**234893**	**699144**	**13022**
按企、事业和机关分组	**Grouped by Enterprises, Institutions & Agencies**				
企业	Enterprises	709479	233399	696488	12991
事业	Institutions	2687	1494	2656	31
机关	Agencies & Organizations				
按国民经济行业分组	**Grouped by Sector**				
农、林、牧、渔业	Farming, Forestry, Animal Husbandry and Fishery	7923	3093	7735	188
采矿业	Mining	132597	22537	132086	511
制造业	Manufacturing	343780	125944	340613	3167
电力、燃气及水的生产和供应业	Production & Supply of Electric Power, Gas & Water	30197	9630	29786	411
建筑业	Construction	90640	15797	90310	330
交通运输、仓储和邮政业	Transportation, Storage & Postal Services	14220	6219	14205	15
信息传输、计算机服务和软件业	Information Transmission, Service & Software	4745	2865	4730	15
批发和零售业	Wholesale & Retail Trade	29570	17972	29503	67
住宿和餐饮业	Quarters & Catering	11271	6915	11245	26
金融业	Banking	24615	14847	16595	8020
房地产业	Real Estate	6685	2212	6634	51
租赁和商务服务业	Leasing & Commercial Services	6692	2338	6586	106
科学研究、技术服务和地质勘查业	Scientific Research,Technical Services & Geological Prospecting	2133	723	2061	72
水利、环境和公共设施管理业	Water Conservancy, Environment & Public Facilities Administration	1872	830	1872	
居民服务和其他服务业	Resident Services & Other Services	1113	577	1111	2
教育	Education	2620	1489	2594	26
卫生、社会保障和社会福利业	Health Care, Social Security & Social Welfare	1225	778	1210	15
文化、体育和娱乐业	Culture, Sports & Recreational Services	268	127	268	
公共管理和社会组织	Public Administration & Social Organization				
国际组织	International Organizations				

5-15 续表 continued

单位：万元 (10 000 yuan)

行 业	Sector	单位从业人员劳动报酬 Total Remuneration	在岗职工工资总额 Wages of Fully Employed Staff & Workers	其他从业人员劳动报酬 Remuneration for Other Employed Persons
总 计	**Total**	**1831227**	**1792043**	**39184**
按企、事业和机关分组	**Grouped by Enterprises, Institutions & Agencies**			
企业	Enterprises	1826165	1787034	39131
事业	Institutions	5062	5009	53
机关	Agencies & Organizations			
按国民经济行业分组	**Grouped by Sector**			
农、林、牧、渔业	Farming, Forestry, Animal Husbandry and Fishery	8006	7836	170
采矿业	Mining	438673	437759	915
制造业	Manufacturing	797204	792845	4359
电力、燃气及水的生产和供应业	Production & Supply of Electric Power, Gas & Water	134345	133387	958
建筑业	Construction	211217	201296	9921
交通运输、仓储和邮政业	Transportation, Storage & Postal Services	23888	23865	24
信息传输、计算机服务和软件业	Information Transmission, Computer Service & Software	15301	15249	51
批发和零售业	Wholesale & Retail Trade	44260	44204	56
住宿和餐饮业	Quarters & Catering	18209	18089	120
金融业	Banking	97276	75112	22164
房地产业	Real Estate	12203	12159	44
租赁和商务服务业	Leasing & Commercial Services	12835	12592	242
科学研究、技术服务和地质勘查业	Scientific Research,Technical Services & Geological Prospecting	4543	4449	94
水利、环境和公共设施管理业	Water Conservancy, Environment & Public Facilities Administration	4357	4357	
居民服务和其他服务业	Resident Services & Other Services	1700	1699	1
教育	Education	4141	4094	47
卫生、社会保障和社会福利业	Health Care, Social Security & Social Welfare	2513	2494	19
文化、体育和娱乐业	Culture, Sports & Recreational Services	557	557	
公共管理和社会组织	Public Administration & Social Organization			
国际组织	International Organizations			

主要统计指标解释

经济活动人口 指在16岁以上，有劳动能力，参加或要求参加社会经济活动的人口；包括从业人员和失业人员。

从业人员 指从事一定社会劳动并取得劳动报酬或经营收入的人员，包括全部职工、再就业的离退休人员、私营业主、个体户主、私营和个体从业人员、乡镇企业从业人员、农村从业人员、其他从业人员(包括民办教师、宗教职业者、现役军人等)。这一指标反映了一定时期内全部劳动力资源的实际利用情况，是研究我国基本国情国力的重要指标。

各单位的从业人员 指在各级国家机关、政党机关、社会团体及企业、事业单位中工作，取得工资或其他形式的劳动报酬的全部人员。包括在岗职工、再就业的离退休人员、民办教师以及在各单位中工作的外方人员和港澳台方人员、兼职人员、借用的外单位人员和第二职业者。不包括离开本单位仍保留劳动关系的职工。各单位的从业人员反映了各单位实际参加生产或工作的全部劳动力。

城镇私营和个体从业人员 城镇私营从业人员指在工商管理部门注册登记，其经营地址设在县城关镇(含城关镇)以上的私营企业从业人员；包括私营企业投资者和雇工。城镇个体从业人员指在工商管理部门注册登记，并持有城镇户口或在城镇长期居住，经批准从事个体工商经营的从业人员；包括个体经营者和在个体工商户劳动的家庭帮工和雇工。

城镇登记失业人员 指有非农业户口，在一定的劳动年龄内，有劳动能力，无业而要求就业，并在当地就业服务机构进行求职登记的人员。

城镇登记失业率 指城镇登记失业人数同城镇从业人数与城镇登记失业人数之和的比。计算公式为：

城镇登记失业率=城镇登记失业人数/(城镇从业人数+城镇登记失业人数)×100%

职工 指在国有经济、城镇集体经济、联营经济、股份制经济、外商和港、澳、台投资经济、其他经济单位及其附属机构工作，并由其支付工资的各类人员，不包括返聘的离退休人员、民办教师、在国有经济单位工作的外方人员和港、澳、台人员(1998年以后的数据均为在岗职工数据，其他相关指标如职工工资总额，职工平均工资等指标也从1998年按此口径进行了相应调整)。

国有单位职工 指在国有经济单位及其附属机构工作，并由其支付工资的各类人员。

城镇集体单位职工 指在城镇集体经济单位及其管理部门工作，并由其支付工资的各类人员。

其他单位职工 指在联营经济、股份制经济、外商投资经济、港、澳、台投资经济单位工作，并由其支付工资的各类人员。

在岗职工 指在本单位工作并由单位支付工资的人员，以及有工作岗位，但由于学习、病伤产假等原因暂未工作，仍由单位支付工资的人员。

职工工资总额 指各单位在一定时期内直接支付给本单位全部职工的劳动报酬总额。工资总额的计算原则应以直接支付给职工的全部劳动报酬为根据。各单位支付给职工的劳动报酬以及其他根据有关规定支付的工资，不论是计入成本的还是不计入成本的，不论是按国家规定列入计征奖金税项目的，还是未列入计征奖金税项目的，不论是以货币形式支付的还是以实物形式支付的，均包括在工资总额内。

奖金 指支付给职工的超额劳动报酬和增收节支的劳动报酬。

津贴和补贴 指为了补偿职工特殊或额外的劳动消耗和因其他特殊原因支付给职工的津贴，以及为了保证职工工资水平不受物价影响支付给职工的物价补贴。

职工平均工资 指企业、事业、机关单位的职工在一定时期内平均每人所得的货币工资额。它表明一定时期职工工资收入的高低程度，是反映职工工资水平的主要指标。计算公式为：

职工平均工资=报告期实际支付的全部职工工资总额/报告期全部职工平均人数

职工平均工资指数 指报告期职工平均工资与基期职工平均工资的比率，是反映不同时期职工货币工资水平变动情况的相对数。计算公式为：

职工平均工资指数=报告期职工平均工资/基期职工平均工资

职工平均实际工资指数 职工平均实际工资指扣除物价变动因素后的职工平均工资。职工平均实际工资指数是反映实际工资变动情况的相对数，表明职工实际工资水平提高或降低的程度。计算公式为：

职工平均实际工资指数=报告期职工平均工资指数/报告期城镇居民消费价格指数×100%

Explanatory Notes on Main Statistical Indicators

Economically Active Population refers to the population aged 16 and over who are capable to work, are participating in or willing to participate in economic activities, including employed persons and unemployed persons.

Employees refers to the persons who are engaged in social labor and receive remuneration payment or earn business income, including: total staff and workers, re-employed retirees, employers of private enterprises, self-employed workers, employers in private and individual economy, employees in township, employed persons in the rural areas, and other employed persons (including teachers in the schools run by the local people, people engaged in religious profession and the servicemen, etc.) . This indicator reflects the actual utilization of total labor force during a certain period of time and is often used for the research on China's economic affairs and national power.

Persons Employed in Various Units refer to all the persons working in government agencies of various levels, political and party organizations, social organizations, enterprises and institutions, and receiving wages or other forms of payment. They include fully employed staff and workers, re-employed retirees, teachers in schools run by the local people, foreigners and Chinese compatriots from Hong Kong, Macao and Taiwan working in various units, part time employees, employees of other units working temporarily at current posts, and employees holding the second job, but exclude staff and workers who have left their working units while keeping their labor contract (employment relation) unchanged. This indicator reflects the total number of laborers actually engaged in production or other operations in various units.

Persons-Employed in Private Enterprises and Self Employed Individuals in Urban Areas Persons employed in private enterprises refer to the persons employed in the private enterprises which have been registered at the departments of industrial and commercial administration and are situated at a county town (i. e. a town where the county government is located) for business operation or at urban areas with the level higher than a county town. The self employed individuals in urban areas refer to persons who hold the certificates of residence in urban areas or have resided in the urban areas for a long time and have been registered at the departments of industrial and commercial administration and approved to be engaged in individual industrial or commercial business, including self-employed persons as well as helpers and hired laborers who work in the individual households engaged in industrial or commercial business.

Registered Urban Unemployed Persons The registered unemployed persons in urban areas refer to the persons who are registered as permanent residents in the urban areas engaged in non agricultural activities, aged within the range of working age, capable to labor, unemployed but desirous to be employed and have been registered at the local employment service agencies to apply for a job.

Registered Urban Unemployment Rate Registered unemployment rate in urban areas refers to the ratio of the number of the registered unemployed persons to the sum of the number of employed persons and the registered unemployed persons. The formula is as follows:

Registered urban unemployment rate = number of registered urban unemployed persons / (urban employed person number + registered urban unemployed person number) ×100%

Staff and Workers refer to the persons who work in (and receive payment there from) enterprises and institutions of state ownership, collective ownership, joint ownership, share holding, foreign ownership, and ownership by entrepreneurs from Hong Kong, Macao, and Taiwan, and other types of ownership and their affiliated units, excluding the retired persons invited to work in the units again, teachers in the schools run by the local people and foreigners and persons coming from Hong Kong, Macao, and Taiwan and working in the state owned economic units. (The figures since 1998 refer to those of fully employed staff and workers. Other relative figures since 1998, such as total wages of staff and workers, average wage of staff and workers, etc. , were adjusted according to the standard) .

Staff and Workers in State owned-Economic Units refer to the persons who work in the state owned economic units or their attached units and are listed in their payrolls.

Staff and Workers of Collective Owned Units in Urban Areas refer to the persons who work in collective owned units in urban areas and their administration departments and receive payment there from.

Staff and Workers in Units of Other types of Ownership refer to those who work in (and receive payment there from) enterprises and institutions of joint ownership, share holding, foreign ownership, and ownership by entrepreneurs from Hong Kong, Macao, and Taiwan.

Fully Employed Staff and Workers refer to persons who work in, and receive wages from their working units, as well as persons who have their work posts, but are temporarily absent from work for reasons of study or on sick, injury or maternal leave and still receive wages from their working units.

Total Wages of Staff and Workers refer to the total remuneration payment to staff and workers in various units during a certain period of time. The calculation of total wages is based on the total remuneration payment to the staff and workers. Therefore, all the wages and salaries and other payments to staff and workers are included in the total wages regardless of their sources, category, and forms (in kind or cash) .

Bonus refers to remuneration payment to workers for extra work and for increasing earnings and practicing economy.

Subsidies and Allowances refer to subsidies paid to staff and workers for compensating special or extra labor and allowances paid to staff and workers to offset the impact of inflation on real wages.

Average Wage of Staff and Workers refers to the average wage in money terms per person during a certain period of time for staff and workers in enterprises, institutions, and government agencies, which reflects the general level of wage income during a certain period of time and is calculated as follows:

Average Wage of Staff and Workers = Total Wages of Staff and Workers in Reference Period / Average Number of Staff and Workers in Reference Period

Index of Average Wage of Staff and Worker refers to the ratio of average wage of staff and workers at the report time to that at the reference time. It reflects the relative changing degree of average wage in money terms at the several of time, which is calculated as following:

Index of Average Wage of Staff and Worker = average wage of staff and workers at the report time / average wage of staff and workers at the reference time

Index of Average Real Wage of Staff and Worker refers to the average wage which has removed the factor of price change. Index of average real wage of staff and worker reflects the relative changing degree of average real wage, and indicates the degree of the rising or declining degree of real wage of staff and worker, which is calculated as following:

Index of Average Real Wage of Staff and Worker = Index of Average Wage of Staff and Worker at the Report Time / Urban Consumer Prices Index at the Report Time ×100%

2009 NEI MENG GU

六、固定资产投资

Investment in Fixed Assets

资料整理：云俊生　陈剑明
Arranged by Yun Junsheng, Chen Jianming

6-1 全社会固定资产投资
Total Investment in Fixed Assets

指标	Item	2007	2008	2008年比2007年增长% Increase Rate in 2008 over 2007(%)
投资总额(亿元)	**Total Investment(100 million yuan)**	**4404.75**	**5604.67**	**27.24**
按登记注册类型分	Grouped by Status of Registration			
国有	State-owned Units	1729.63	2110.81	22.04
集体	Collective-owned Units	47.93	64.32	34.20
股份合作	Cooperative Units	31.97	42.59	33.22
联营	Joint-ownership Economic Units	7.81	29.06	272.09
# 国有联营	State Joint-ownership Economic Units	6.79	17.86	163.03
集体联营	Collective Joint-ownership Enterprises	0.74	1.98	167.57
国有与集体联营	Joint State-collective	0.03	8.50	28233.33
有限责任公司	Limited Liability Corporations	1355.68	1709.63	26.11
# 国有独资	Exclusive State-funded	193.87	183.78	-5.20
股份有限公司	Share-holding Corporations	408.96	599.96	46.70
私营	Private Enterprises	567.26	723.30	27.51
其他	Others	53.50	53.57	0.13
港澳台商投资	Economic Units Funded by Entrepreneurs from Hong Kong.Macao and Taiwan	26.84	64.70	141.06
外商投资	Foreign Funded Economic Units	86.80	106.02	22.14
个人投资	Individuals	88.38	100.70	13.94
# 农村个人（农户）	Rural Individuals	74.73	80.41	7.60
按城乡分组	Grouped by Urban and Rural Area			
城镇	Urban	4286.87	5456.30	27.28
#房地产开发	Real Estate Development	500.89	744.30	48.60
农村	Rural	117.88	148.37	25.87
#非农户	Non-AgriculturalHouseholds	43.15	67.95	57.47
按资金来源分	Grouped by Source of Funds			
国家预算内资金	State Budgetary Appropriation	162.73	234.16	43.89
国内贷款	Domestic Loans	452.59	394.24	-12.89
利用外资	Foreign Investment	30.20	46.67	54.54
自筹资金	Fund Raising	3418.20	4498.95	31.62
其他资金	Others	242.00	269.16	11.22
按构成分	Grouped by Use of Funds			
建筑安装工程	Construction and Installation	3097.45	3789.75	22.35
设备工器具购置	Purchase of Equipment and Instruments	906.55	1258.92	38.87
其他费用	Others	400.75	556.00	38.74
房屋建筑面积(万平方米)	**Floor Space of Buildings(10 000 sq.m)**			
施工面积	Floor Space under Construction	10343.94	12870.75	24.43
竣工面积	Floor Space Completed	4922.51	4975.19	1.07
# 住宅	Residential Buildings	2900.41	2919.21	0.65

注：按资金来源分组为财务拨款数，各项相加不等于投资总额。以下各表同。

a)Total investment grouped by sources of finance refers to financial appropriation, and the broken down figures do not add up to the total. The same as in the following tables.

6-2 全社会固定资产投资(按登记注册类型和产业分)

单位：亿元

年 份 Year	投资总额 Total Investment	# 住宅 Residential Buildings	按登记注册类型分 国有及国有控股 State-owned or Controlling Share Hold Units	集体 Collective-owned Units	#城镇集体 Urban
1985	52.42	11.17	39.10	2.51	1.38
1986	47.57	7.76	37.00	2.52	1.54
1987	53.32	9.65	39.06	3.07	1.86
1988	72.05	12.61	49.23	4.44	2.43
1989	70.68	12.71	52.92	3.98	2.06
1990	70.77	13.71	56.77	3.06	1.32
1991	100.66	19.64	81.63	4.72	1.98
1992	149.24	15.38	123.61	6.52	3.29
1993	217.40	41.26	178.41	7.93	3.72
1994	250.99	46.65	200.74	8.29	2.41
1995	273.06	51.93	210.00	11.14	2.42
1996	275.54	59.47	208.10	11.96	2.87
1997	317.50	59.63	223.35	12.37	2.83
1998	350.16	77.27	225.69	14.69	2.60
1999	383.37	87.06	241.76	24.51	2.63
2000	430.42	87.38	275.06	27.15	3.61
2001	496.43	96.04	269.69	28.00	4.01
2002	715.09	98.35	370.96	27.94	7.54
2003	1209.44	114.27	630.70	33.04	11.16
2004	1808.91	154.19	1191.80	35.69	13.48
2005	2687.84	206.01	1644.71	41.14	14.84
2006	3406.35	374.17	1724.00	61.69	28.73
2007	4404.75	523.85	2222.19	88.61	45.46
2008	5604.67	743.67	2786.99	64.32	59.08

Total Investment in Fixed Assets by Status of Registration and Industry

(100 millon yuan)

			按隶属关系分 By Administrative Relationship	
个体 Individuals	#农村个人投资(农户) Indivdual Investment in Rural Areas	其他类型投资 Others	中央项目 Central Government Projects	地方项目 Local Projects
10.81	8.74		23.44	28.98
8.05	6.00		17.48	30.09
11.19	8.86		17.96	35.36
18.38	14.91		24.63	47.42
13.78	10.84		29.31	41.37
10.94	8.13		29.81	40.96
14.31	11.03		42.16	58.50
19.11	13.27		62.50	86.74
19.68	12.66	11.38	78.02	139.38
30.46	23.23	11.50	92.55	158.44
44.09	36.53	7.83	98.50	174.56
44.18	36.66	11.30	96.53	179.01
45.90	39.01	35.88	142.34	175.16
53.03	40.94	56.75	109.49	240.67
55.06	43.01	62.04	90.28	293.09
51.64	45.88	76.57	60.41	370.01
86.25	48.74	112.49	60.31	436.12
100.57	52.16	215.62	103.75	611.34
138.86	55.68	406.84	129.78	1079.66
79.67	58.24	501.75	150.82	1658.09
84.26	62.05	917.73	255.66	2432.18
76.11	65.57	1544.55	412.73	2993.62
88.38	74.73	2005.58	507.23	3897.52
100.70	80.41	2652.66	808.69	4795.98

6-2 续表 Continued

单位：亿元 (100 million yuan)

年 份 Year	按三次产业分 Grouped by Type of Industry			房屋建筑面积 Floor Space of Buildings		
	第一产业 Primary Industry	第二产业 Secondary Industry	第三产业 Tertiary Industry	施工面积 (万平方米) Floor space under Construction (10 000 sq.m)	竣工面积 (万平方米) Floor Space Completed (10 000 sq.m)	# 住 宅 Residential Buildings
1985	4.85	25.69	33.05	2524.6	2064.4	1379.2
1986	3.49	23.66	28.18	1769.8	1359.5	931.6
1987	1.92	26.55	34.50	1892.3	1518.8	1023.8
1988	5.58	38.89	40.19	1953.1	1513.5	1088.9
1989	5.38	42.05	35.96	1638.0	1282.4	912.5
1990	5.39	40.55	38.54	1490.0	1159.8	844.4
1991	8.02	54.53	57.75	2122.2	1570.8	1167.8
1992	10.18	81.05	73.39	1408.0	1409.7	959.8
1993	7.62	106.17	103.61	1752.9	1885.1	1230.1
1994	11.25	132.09	106.65	2419.0	1907.2	1413.8
1995	18.95	143.34	110.77	2744.2	2216.0	1569.3
1996	16.75	128.90	129.89	2749.9	2099.7	1584.2
1997	24.15	145.14	148.22	2972.9	2476.6	1709.1
1998	29.44	131.69	221.67	3276.4	2638.7	1788.7
1999	37.27	101.92	240.25	3342.6	2555.1	1825.2
2000	38.03	117.76	274.63	3444.1	2599.9	1874.9
2001	40.79	152.86	302.78	3633.2	2618.2	1807.8
2002	80.83	245.55	388.72	3942.5	2805.0	1783.0
2003	90.78	508.49	610.17	5138.3	3416.0	2028.1
2004	110.72	920.37	777.82	5735.2	3542.2	1991.6
2005	129.48	1462.36	1096.00	6448.6	3453.1	1882.5
2006	171.92	1815.51	1418.92	8093.4	4223.0	2444.8
2007	183.41	2222.96	1998.38	10343.9	4922.5	2900.4
2008	286.77	2895.44	2422.47	12870.7	4975.2	2919.2

6-3 全社会固定资产投资(按资金来源和构成分)

Total Investment of Fixed Assets by Source of Finance & Use of Fund

年 份 Year	按资金来源分 Grouped by Source of Finance				按构成分 Grouped by Use of Funds		
	国家预算内资金 State Budgetary Appropriations	国内贷款 Domestic Loans	利用外资 Foreign Investment	自筹和其他资金 Fund Raising and Others	建筑安装工程 Construction and Installation	设备工具器具购置 Purchase of Equipment & Instruments	其他费用 Others
投资额(万元) Investment (10 000 yuan)							
1990	148453	132199	57241	369846	466990	160187	80562
1991	177154	212819	129313	515106	692780	206234	105747
1992	187841	399716	217757	744941	1003377	330977	158877
1993	145484	524756	228825	1153498	1475388	495323	203289
1994	190289	646675	172001	1442919	1538978	657469	278796
1995	175546	583256	232002	1617671	1609643	749927	370991
1996	150246	710872	76386	1661729	1666690	664510	424171
1997	143587	997032	79710	1880868	1937796	753100	484275
1998	266157	888211	45659	2211536	2306538	708744	486673
1999	442502	689372	144490	2442264	2627258	735037	417817
2000	435776	761680	155448	2732802	2985528	870546	448109
2001	437274	1066975	301567	2867155	3439701	939451	585138
2002	1130966	1106042	184314	4071758	4678575	1521943	950372
2003	1242788	2285156	96546	7811394	7896627	2562501	1635268
2004	1289467	3042138	144704	13065722	12162580	4069938	1856578
2005	1553343	5175125	153742	19267580	18378345	5917539	2582513
2006	1575533	4024239	218262	27502516	23918688	6986773	3158053
2007	1627300	4525908	302027	36602031	30974513	9065513	4007482
2008	2341617	3942397	466725	47681029	37897517	12589188	5559989
构成(%) Percentage							
1990	21.0	18.7	8.1	52.2	66.0	22.6	11.4
1991	17.1	20.6	12.5	49.8	69.0	20.5	10.5
1992	12.1	25.8	14.0	48.1	67.2	22.2	10.6
1993	7.1	25.6	11.1	56.2	67.9	22.8	9.3
1994	7.8	26.4	7.0	58.8	62.2	26.6	11.2
1995	6.7	22.4	8.9	62.0	58.9	27.5	13.6
1996	5.8	27.3	2.9	63.9	60.5	24.1	15.4
1997	4.6	32.2	2.6	60.6	61.0	23.7	15.3
1998	7.8	26.1	1.3	64.8	65.9	20.2	13.9
1999	11.9	18.5	3.9	65.7	69.5	19.4	11.1
2000	10.7	18.6	3.8	66.9	69.4	20.2	10.4
2001	9.3	22.8	6.5	61.4	69.3	18.9	11.8
2002	17.4	17.0	2.8	62.8	65.4	21.3	13.3
2003	10.9	20.0	0.8	68.3	65.3	21.2	13.5
2004	7.4	17.3	0.8	74.5	67.2	22.5	10.3
2005	5.9	19.8	0.6	73.7	68.4	22.0	9.6
2006	4.7	12.1	0.7	82.5	70.2	20.5	9.3
2007	3.8	10.5	0.7	85.0	70.3	20.6	9.1
2008	4.3	7.2	0.9	87.6	67.6	22.5	9.9

6-4 按登记注册类型分的全社会固定资产投资(2008年)

指 标	Item	总 计 Total	内资 国 有 State-owned Units	集 体 Collective-owned Units	股份合作 Cooperative Units
投资总额(万元)	**Total Investment(10 000 yuan)**	**56046694**	**21108138**	**643215**	**425897**
按资金来源分	Grouped by Source of Funds				
国家预算内资金	State Appropriations	2341617	2104744	6090	170
国内贷款	Domestic Loans	3942397	1770893	6120	15787
利用外资	Foreign Investment	466725	128042		
自筹资金	Fund Raising	44989457	14766009	601231	356093
其他资金	Others	2691572	991719	30388	41279
按城乡分组	Grouped by Urban and Rural Area				
城镇	Urban	54563029	20819164	590789	420997
#房地产开发	Real Estate Development	7442976	175388	13785	5925
农村	Rural	1483665	288974	52426	4900
# 农村个人	Rural Individuals	804120			
按构成分	Grouped by Use of Funds				
建筑安装工程	Construction and Installation	37897517	15062512	499728	316255
设备、工具器具购置	Purchase of Equipment & Instruments	12589188	3817163	63587	102954
其他费用	Others	5559989	2228463	79900	6688
新增固定资产(万元)	**Newly Increased Fixed Assets (10 000 yuan)**	**35254293**	**15353061**	**585459**	**120046**
房屋建筑面积(万平方米)	**Floor Space of Buildings (10 000 sq.m)**				
施工面积	Floor Space Under Construction	12870.75	2640.29	314.81	38.51
竣工面积	Floor Space Completed	4975.19	1139.58	162.20	16.58
# 住宅	Residential Buildings	2919.21	400.55	82.19	10.63

Total Investment in Fixed Assets by Status of Registration(2008)

Domistic-funded Enterprises					港澳台投资 Economic Units Funded by Entrepreneurs from HK,Macao & Taiwan	外商投资 Foreign Funded Economic Units	个 人 投 资 Indivi-duals	
联营经济 Joint-owned Economic Units	有限责任公司 Limited Liabibity Corp.	股份有限公司 Share-holding Corp.Ltd.	私营 Private Enter-prises	其他 Others				#个体经营 Manage by Individuals
290635	**17096306**	**5999621**	**7232959**	**535698**	**647022**	**1060248**	**1006955**	**135680**
179495	11994	18490	11782	7200			1652	1652
	736992	938057	168702	53200	96908	60400	95338	6107
	66506	11100			108800	152277		
109850	15086477	4994408	6503880	447215	454604	811986	857704	115956
	958590	132658	451858	32039		400	52641	10685
290635	17024116	5997765	7146782	402866	647022	1060248	162645	126290
	4566272	315702	2254766	20100	59228	31810		
	72190	1856	86177	132832			844310	9390
							804120	
137491	10955586	3948309	5262365	413857	283032	517167	501215	96847
127306	4371612	1690040	1221159	76973	296850	486826	334718	34959
25838	1769108	361272	749435	44868	67140	56255	171022	3874
106170	**9778603**	**2424924**	**4711831**	**453970**	**264094**	**472967**	**983168**	**117233**
3.63	5270.46	484.94	2838.76	107.30	102.98	114.60	954.45	35.95
0.86	1435.70	193.85	1062.86	81.24	25.12	7.04	850.15	27.84
	933.92	132.22	660.71	56.49	9.32		633.17	5.45

6-5 按各种分组的国有经济固定资产投资
Investment in Fixed Assets of State-owned Units

指 标	Item	1995	2000	2005	2008
投资总额(万元)	**Total Investment(10 000 yuan)**	**2099845**	**2750621**	**11253580**	**21108138**
按资金来源分	Grouped by Source of Funds				
国家预算内资金	State Budgetary Appropriations	167282	375824	1354101	2104744
国内贷款	Domestic Loans	514959	509425	2641703	1770893
利用外资	Foreign Investment	207128	127053	61032	128042
自筹资金	Fund Raising	939696	1139959	5584185	14766009
其他资金	Others	153491	454853	1133247	1187141
按构成分	Grouped by Use of Funds				
建筑安装工程	Construction and Installation	1173494	1925160	8604982	15062512
设备、工具器具购置	Purchase of Equipment and Instruments	615448	554610	1644986	3817163
其他费用	Others	310903	270851	1003612	2228463
按建设性质分	Grouped by Type of Construction				
#新建	New Construction	820541	588067	6674345	14761848
扩建	Expansion	917390	1258468	2655493	3370126
改建	Reconstruction	242964	604524	1522155	1933706
按产业分	Grouped by Type of Industry				
第一产业	Primary Industry	22483	162552	739787	1741626
第二产业	Secondary Industry	1350248	774968	3969509	7499567
第三产业	Tertiary Industry	488069	1460516	6134414	10927977
按国民经济主要行业分	Grouped by Main Sector				
农业	Agriculture	22483	162552	739787	1784941
工业	Industry	1341029	767129	3950737	7521985
#能源工业	Energy	800786	427666	3473684	6084223
运输邮电业	Transportation, Postal and Telecommunications Services	280048	866275	2996162	4308662
新增固定资产(万元)	**Newly Increased Fixed Assets(10 000 yuan)**	**1766780**	**1877577**	**8086849**	**15353061**
房屋建筑面积(万平方米)	**Floor Space of Buildings(10 000 sq.m)**				
施工面积	Floor Space Under Construction	874.36	1177.96	1688.92	2640.29
竣工面积	Floor Space Completed	493.23	757.69	928.08	1139.58
#住宅	Residential Buildings	281.08	466.73	365.35	400.55

注：1.改建投资中不含单纯建造生活设施投资。

2.按国民经济行业分、按建设性质分和按产业分不含房地产投资和住宅投资，其他统计分组的含。

3.根据新国民经济核算标准，对第一产业投资进行了调整。

a) The investment in reconstruction includes the investment in construction of facilities simply for the improvement of residents'life.

b) The investment in the real estate development is not included in the investment grouped by main sector and by type of construction and Type of Industry

c) Data on primary industry has been adjusted according to the new classification standards of national economic accounting.

6-6 按各种分组的城镇固定资产投资
Investment in Fixed Assets in Urban Area by Group

指 标	Item	2005	2006	2007	2008
投资总额(万元)	**Total Investment(10 000 yuan)**	**25908651**	**33078198**	**42868733**	**54563029**
隶属关系分	**By Administrative Relationship**				
中央项目	Central Government Projects	2552077	4127264	5072316	8086908
地方项目	Local Projects	23356574	28950934	37796417	46476121
按资金来源分	Grouped by Source of Funds				
国家预算内资金	State Budgetary Appropriations	1513537	1535666	1600779	2320866
国内贷款	Domestic Loans	5075839	3925129	4409272	3787073
利用外资	Foreign Investment	151830	217662	302027	466725
自筹资金	Fund Raising	16388628	24635337	33277131	43812057
其他资金	Others	2053712	2021717	2292847	2806371
按构成分	Grouped by Use of Funds				
建筑安装工程	Construction and Installation	17883378	23413807	30342484	37031611
设备、工具器具购置	Purchase of Equipment and Instruments	5568811	6709709	8731774	12240253
其他费用	Others	2456462	2954682	3794475	5291165
按产业分	Grouped by Type of Industry				
第一产业	Primary Industry	943719	1251514	1277005	1917259
第二产业	Secondary Industry	14428784	18035240	22053332	28885464
第三产业	Tertiary Industry	8727722	10277781	14585492	16656726
按国民经济主要行业分	Grouped by Main Sector				
农业	Agriculture	943719	1281825	1327825	1961498
工业	Industry	14366710	18087151	22055069	28783871
# 能源工业	Energy	7912901	9638167	12034870	15935693
运输邮电业	Transportation, Postal and Telecommunications Services	3723972	4116925	5692283	5471548
新增固定资产(万元)	**Newly Increased Fixed Assets(10 000 yuan)**	**16383857**	**20948428**	**30901797**	**33765169**
房屋建筑面积(万平方米)	**Floor Space of Buildings(10 000 sq.m)**				
施工面积	Floor Space Under Construction	5463.91	7248.27	9400.56	11875.95
竣工面积	Floor Space Completed	2509.92	3400.56	4029.85	4073.16
# 住宅	Residential Buildings	1241.76	1846.91	2264.30	2279.79

注： 1.按国民经济行业分、按产业分不含房地产投资和住宅投资，其他统计分组的含。

2.根据新国民经济核算标准，对第一产业投资进行了调整。

a) The investment in the real estate development is not included in the investment grouped by main sector and by Type of Industry .

b) Data on the investment in primary industry has been adjusted according to the new classification standards of national economic accounting.

6-7 国民经济各行业按建设性质分的城镇固定资产投资(2008年)

Investment in Fixed Assets in Urban Area by Type of Construction (2008)

单位：万元 (10 000 yuan)

行业	Sector	投资额 Investmert	#新建 New Construction	#扩建 Expansion	#改建 Reconstruction
全　区	**Autonomous Regional Total**	**47120053**	**33406480**	**7266935**	**4986388**
农、林、牧、渔业	**Farming, Forestry, Animal Husbandry & Fishery**	**1961498**	**1370412**	**463173**	**100597**
农业	Farming	290573	254001	26583	8884
林业	Forestry	483268	244804	201149	35640
畜牧业	Animal Husbandry	717352	606441	105269	5642
渔业	Fishery	920	920		
农、林、牧、渔服务业	Agricultural Services	469385	264246	130172	50431
采矿业	**Mining**	**9483073**	**6175752**	**2077412**	**1104801**
煤炭开采和洗选业	Coal Mining & Processing	4764138	3027821	643649	979748
石油和天然气开采业	Extraction of Petroleum & Natural Gas	2376724	1651517	716207	9000
黑色金属矿采选业	Mining & Dressing of Ferrous Metals	957507	518039	361209	67141
有色金属矿采选业	Mining & Dressing of Nonferrous Metals	941960	609315	308873	23772
非金属矿采选业	Mining & Dressing of Nonmetal Minerals	437644	367060	46774	22740
其他采矿业	Mining of Other Mineral	5100	2000	700	2400
制造业	**Manufacturing**	**11755038**	**8687760**	**1495360**	**1388845**
农副食品加工业	Processing of Agricultural Side-line Food	745618	479112	145232	110364
食品制造业	Food Manufacturing	484850	352653	91707	34729
饮料制造业	Beverage Manufacturing	221400	120786	51724	44900
烟草制品业	Tobacco Products	4334	798		
纺织业	Textile Industry	151258	111972	20546	17240
纺织服装、鞋、帽制造业	Textile Products, Clothes, Shoes & Hats	39968	23602	2710	9626
皮革、毛皮、羽毛（绒）及其制品业	Leather, Furs, Down & Related Products	28617	15954	2400	10263
木材加工及木、竹、藤、棕、草制品业	Timber Processing, Bamboo, Cane, Palm Fiber & Straw Products	110550	69300	19365	14270
家具制造业	Furniture Manufacturing	23590	13790	4860	2890
造纸及纸制品业	Paper-making & Paper Products	90917	77187	5000	8230
印刷业和记录媒介的复制	Printing & Record Pressing	31260	15918	2700	9158
文教体育用品制造业	Cultural, Educational & Sports Goods				
石油加工、炼焦及核燃料加工业	Petroleum Processing , Coke Products & Processing of Nuclear Fuel	1653008	1529707	53538	69763
化学原料及化学制品制造业	Raw Chemical Materials & Chemical Products	2360544	1915196	359930	78986
医药制造业	Medicine Manufacturing	167962	153892	10350	3720
化学纤维制造业	Chemical Fiber Manufacturing				

注：此表未包括房地产投资。

a)Data in this table doesn't include real estate development.

6-7 续表 1 continued

单位：万元 (10 000 yuan)

行业	Sector	投资额 Investment	#新建 New Construction	#扩建 Expansion	#改建 Reconstruction
橡胶制品业	Rubber Products	11475	5275		6200
塑料制品业	Plastic Products	343340	188428	142216	8790
非金属矿物制品业	Nonmetal Mineral Products	1171733	674223	323937	162963
黑色金属冶炼及压延加工业	Smelting & Pressing of Ferrous Metals	856375	486271	9927	338229
有色金属冶炼及压延加工业	Smelting & Pressing of Nonferrous Metals	1251258	1040926	104927	104505
金属制品业	Metal Products	253434	183727	10530	51112
通用设备制造业	Manufacturing of General Purpose Equipment	660612	372271	39721	185495
专用设备制造业	Special Purposes Equipment Manufacturing	215694	180154	8955	21681
交通运输设备制造业	Transportation Equipment Manufacturing	438103	394785	9046	31892
电气机械及器材制造业	Electric Equipment & Machinery	353444	231960	75260	29100
通信设备、计算机及其他电子设备制造业	Manufacturing of Telecommunications, Computer & Other Electronic Equipment	22958	22555	100	
仪器仪表及文化、办公用机械制造业	Instruments, Meters, Cultural & Office Machinery	7002	2112		4890
工艺品及其他制造业	Handicrafts & Other Production	38029	11930		26099
废弃资源和废旧材料回收加工业	Recovering of Abandoned Resource & Waste Material	17705	13276	679	3750
电力、燃气及水的生产和供应业	**Production & Supply of Electric Power,Gas & Water**	**7545760**	**6287927**	**913323**	**286995**
电力、热力的生产和供应业	Production & Supply of Electric Power and Heating Power	6950636	5911283	744233	241397
燃气生产和供应业	Production & Supply of Gas	191187	135144	55733	
水的生产和供应业	Production & Supply of Water	403937	241500	113357	45598
建筑业	**Construction**	**311582**	**202364**	**20305**	**26167**
房屋和土木工程建筑业	Housing & Civil Engineering Construction	236944	157671	14109	10000
建筑安装业	Installation of Buildings	32740	20981		5977
建筑装饰业	Decoration of Buildings	15376		6196	9180
其他建筑业	Other Construction	26522	23712		1010
交通运输、仓储和邮政业	**Transportation, Storage & Postal Services**	**5401083**	**4016885**	**546063**	**693912**
铁路运输业	Railway Transport	1678444	1365672	40893	217530
道路运输业	Roadway Transport	3152429	2248582	405205	429060
城市公共交通业	Public Traffic in Cities	51242	24856	4510	7804
水上运输业	Waterway Transport	38184	38184		
航空运输业	Air Transport	53974	23528	19350	11096
管道运输业	Pipeline Transport	101474	79722	20702	1050
装卸搬运和其他运输服务业	Loading,Unloading,Carrying & Transport	32974	24422	2650	5902
仓储业	Storage	290062	211919	52753	19170
邮政业	Postal Services	2300			2300
信息传输、计算机服务和软件业	**Information Transmission,Computer Service & Computer Software**	**361949**	**102161**	**105660**	**135043**
电信和其他信息传输服务	Telecommunication & other Information Transmission	360527	100739	105660	135043
计算机服务业	Computer Services	1422	1422		
软件业	Software				
批发和零售业	**Wholesale & Retail Trade**	**1075113**	**675347**	**161069**	**205730**
批发业	Wholesale Trade	674528	455286	90380	98880
零售业	Retail Trade	400585	220061	70689	106850
住宿和餐饮业	**Quarters & Catering**	**518468**	**321333**	**69600**	**112096**
住宿业	Quarters	314679	217412	55885	30743
餐饮业	Catering	203789	103921	13715	81353

6-7 续表 2 continued

单位：万元 (10 000 yuan)

行 业	Sector	投资额 Investmert	# 新 建 New Constr-uction	# 扩 建 Expan-sion	# 改 建 Recons-truction
金融业	**Banking**	**166468**	**20286**	**1216**	**63825**
银行业	Banking	155799	15527	1216	59735
证券业	Bond				
保险业	Insurance	2589	1959		630
其他金融活动	Others	8080	2800		3460
房地产业	**Real Estate**	**629692**	**398247**	**37429**	**12202**
房地产业	Real Estate	629692	398247	37429	12202
租赁和商务服务业	**Leasing & Commercial Services**	**120627**	**86529**	**6480**	**17200**
租赁业	Leasing Services	20800	6850		5500
商务服务业	Commercial Services	99827	79679	6480	11700
科学研究、技术服务和地质勘查业	**Scientific Research ,Technical Services & Geological Prospecting**	**303630**	**186819**	**84238**	**28988**
研究与试验发展	Research & Development	25936	19299	4337	
专业技术服务业	Special Technical Services	41065	12144	9733	19188
科技交流和推广服务业	Science & Technology Exchanging & Spreading	10972	2579	2908	4300
地质勘查业	Geological Prospecting	225657	152797	67260	5500
水利、环境和公共设施管理业	**Water Conservancy, Environment & Public Facilities Administration**	**4220739**	**2813163**	**835590**	**544993**
水利管理业	Water Conservancy	330836	172566	122626	31284
环境管理业	Environment	335267	277119	43049	11016
公共设施管理业	Public Facilities Administration	3554636	2363478	669915	502693
居民服务和其他服务业	**Resident Services & Other Services**	**148329**	**87809**	**13865**	**36070**
居民服务业	Resident Services	64310	20065	11815	29570
其他服务业	Other Services	84019	67744	2050	6500
教育	**Education**	**692640**	**451512**	**121415**	**59268**
教育	Education	692640	451512	121415	59268
卫生、社会保障和社会福利业	**Health Care, Social Security &Social Welfare**	**353890**	**156899**	**58119**	**63445**
卫生	Health Care	320301	133417	52852	59895
社会保障业	Social Security	6561	6561		
社会福利业	Social Welfare	27028	16921	5267	3550
文化、体育和娱乐业	**Culture, Sports & Recreational Services**	**572712**	**476974**	**38698**	**45169**
新闻出版业	Press	35598	35598		
广播、电视和音像业	Radio ,Television & Audio-visual	40118	24241	1777	12980
文化艺术业	Culture & Arts	302175	255639	30302	5483
体育	Sports	62461	61462	999	
娱乐业	Recreational Services	132360	100034	5620	26706
公共管理和社会组织	**Public Administration & Social Organization**	**1497762**	**888301**	**217920**	**61042**
中国共产党机关	Chinese Communist Party Agencies	8778	1587	7041	
国家机构	Government Agencies	1165445	666326	160159	38444
人民政协和民主党派	People's Politics Consultative Conference & Democratic Parties				
群众团体、社会团体和宗教组织	Mass Organization ,Social Organization and Religious Organization	108364	26267	42300	22288
基层群众自治组织	Basic Mass Autonomous Organization	215175	194121	8420	310
国际组织	**International Organizations**				
国际组织	International Organizations				

6-8 国民经济各行业城镇固定资产投资和新增固定资产(2008年)

Investment in Fixed Assets in Urban Area & Newly Increased Fixed Assets by Sector(2008)

单位：万元 (10 000 yuan)

行 业	Sector	投资额 Invest-ment	# 地方项目 Local Proiects	新增固定资产 Newly Increased Fixed Assets	# 地方项目 Local Proiects
全　区	**Autonomous Regional Total**	**47120053**	**39068633**	**30592582**	**26583342**
农、林、牧、渔业	**Farming, Forestry, Animal Husbandry & Fishery**	**1961498**	**1960323**	**1749282**	**1748107**
农 业	Farming	290573	290573	241297	241297
林 业	Forestry	483268	482093	460702	459527
畜牧业	Animal Husbandry	717352	717352	672026	672026
渔 业	Fishery	920	920	920	920
农、林、牧、渔服务业	Agricultural Services	469385	469385	374337	374337
采矿业	**Mining**	**9483073**	**5916037**	**3090802**	**2735513**
煤炭开采和洗选业	Coal Mining & Processing	4764138	3548356	1148598	1051135
石油和天然气开采业	Extraction of Petroleum & Natural Gas	2376724	322180	298626	74900
黑色金属矿采选业	Mining & Dressing of Ferrous Metals	957507	957507	796066	796066
有色金属矿采选业	Mining & Dressing of Nonferrous Metals	941960	645250	413407	379307
非金属矿采选业	Mining & Dressing of Nonmetal Minerals	437644	437644	429005	429005
其他采矿业	Mining of Other Mineral	5100	5100	5100	5100
制造业	**Manufacturing**	**11755038**	**10663949**	**6515973**	**6001681**
农副食品加工业	Processing of Agricultural Side-line Food	745618	745618	628948	628948
食品制造业	Food Manufacturing	484850	484350	430389	429889
饮料制造业	Beverage Manufacturing	221400	203382	174615	156597
烟草制品业	Tobacco Products	4334	798	798	798
纺织业	Textile Industry	151258	151258	104047	104047
纺织服装、鞋、帽制造业	Textile Products, Clothes, Shoes & Hats	39968	36418	31482	27932
皮革、毛皮、羽毛（绒）及其制品业	Leather, Furs, Down & Related Products	28617	28617	26593	26593
木材加工及木、竹、藤、棕、草制品业	Timber Processing, Bamboo, Cane, Palm Fiber & Straw Products	110550	110550	109537	109537
家具制造业	Furniture Manufacturing	23590	23590	17950	17950
造纸及纸制品业	Paper-making & Paper Products	90917	90917	102961	102961
印刷业和记录媒介的复制	Printing & Record Pressing	31260	31260	30814	30814
文教体育用品制造业	Cultural, Educational & Sports Goods				
石油加工、炼焦及核燃料加工业	Petroleum Processing , Coke Products & Processing of Nuclear Fuel	1653008	1204285	40279	40279
化学原料及化学制品制造业	Raw Chemical Materials& Chemical Products	2360544	2193782	1025578	1023187
医药制造业	Medicine Manufacturing	167962	167962	157180	157180
化学纤维制造业	Chemical Fiber Manufacturing				

注：此表未包括房地产投资。

a)Data in this table doesn't include real estate development.

6-8 续表 1 continued

单位：万元 (10 000 yuan)

行业	Sector	投资额 Investment	# 地方项目 Local Projects	新增固定资产 Newly Increased Fixed Assets	# 地方项目 Local Projects
橡胶制品业	Rubber Products	11475	11475	7715	7715
塑料制品业	Plastic Products	343340	343340	204251	204251
非金属矿物制品业	Nonmetal Mineral Products	1171733	1169733	727762	720962
黑色金属冶炼及压延加工业	Smelting & Pressing of Ferrous Metals	856375	822936	475112	435532
有色金属冶炼及压延加工业	Smelting & Pressing of Nonferrous Metals	1251258	1237507	827217	673563
金属制品业	Metal Products	253434	253434	207101	207101
通用设备制造业	Manufacturing of General Purpose Equipment	660612	438651	451948	336944
专用设备制造业	Special Purposes Equipment Manufacturing	215694	207694	204665	196665
交通运输设备制造业	Transportation Equipment Manufacturing	438103	300585	324683	205888
电气机械及器材制造业	Electric Equipment & Machinery	353444	320113	131750	83750
通信设备、计算机及其他电子设备制造业	Manufacturing of Telecommunications, Computer & Other Electronic Equipment	22958	22958	12403	12403
仪器仪表及文化、办公用机械制造业	Instruments, Meters, Cultural & Office Machinery	7002	7002	5740	5740
工艺品及其他制造业	Handicrafts & Other Production	38029	38029	39429	39429
废弃资源和废旧材料回收加工业	Recovering of Abandoned Resource & Waste Materical	17705	17705	15026	15026
电力、燃气及水的生产和供应业	**Production & Supply of Electric Power,Gas & Water**	**7545760**	**5614503**	**6678824**	**4325569**
电力、热力的生产和供应业	Production & Supply of Electric Power and Heating Power	6950636	5024879	6263807	3916052
燃气生产和供应业	Production & Supply of Gas	191187	185687	104225	98725
水的生产和供应业	Production & Supply of Water	403937	403937	310792	310792
建筑业	**Construction**	**311582**	**311242**	**270018**	**269478**
房屋和土木工程建筑业	Housing & Civil Engineering Construction	236944	236604	192362	191822
建筑安装业	Installation of Buildings	32740	32740	31285	31285
建筑装饰业	Decoration of Buildings	15376	15376	19849	19849
其他建筑业	Other Construction	26522	26522	26522	26522
交通运输、仓储和邮政业	**Transportation, Storage & Postal Services**	**5401083**	**4389341**	**3250703**	**2973108**
铁路运输业	Railway Transport	1678444	683720	490142	297992
道路运输业	Roadway Transport	3152429	3137411	2200701	2186736
城市公共交通业	Public Traffic in Cities	51242	51242	54504	54504
水上运输业	Waterway Transport	38184	38184	30100	30100
航空运输业	Air Transport	53974	51974	105776	34296
管道运输业	Pipeline Transport	101474	101474	165502	165502
装卸搬运和其他运输服务业	Loading,Unloading,Carrying & Transport	32974	32974	26702	26702
仓储业	Storage	290062	290062	174976	174976
邮政业	Postal Services	2300	2300	2300	2300
信息传输、计算机服务和软件业	**Information Transmission,Computer Service & Computer Software**	**361949**	**143422**	**380566**	**109752**
电信和其他信息传输服务	Telecommunication & other Information Transmission	360527	142000	379144	108330
计算机服务业	Computer Services	1422	1422	1422	1422
软件业	Software				
批发和零售业	**Wholesale & Retail Trade**	**1075113**	**1070844**	**951362**	**949727**
批发业	Wholesale Trade	674528	670259	559581	557946
零售业	Retail Trade	400585	400585	391781	391781
住宿和餐饮业	**Quarters & Catering**	**518468**	**478002**	**474735**	**473435**
住宿业	Quarters	314679	274213	271883	270583
餐饮业	Catering	203789	203789	202852	202852

6-8 续表 2 continued

单位：万元 (10 000 yuan)

行业	Sector	投资额 Investment	# 地方项目 Local Projects	新增固定资产 Newly Increased Fixed Assets	# 地方项目 Local Projects
金融业	**Banking**	**166468**	**52470**	**160150**	**53305**
银行业	Banking	155799	42671	149781	43806
证券业	Bond				
保险业	Insurance	2589	2589	2589	2589
其他金融活动	Others	8080	7210	7780	6910
房地产业	**Real Estate**	**629692**	**629692**	**537971**	**537971**
房地产业	Real Estate	629692	629692	537971	537971
租赁和商务服务业	**Leasing & Commercial Services**	**120627**	**120627**	**92291**	**92291**
租赁业	Leasing Services	20800	20800	20800	20800
商务服务业	Commercial Services	99827	99827	71491	71491
科学研究、技术服务和地质勘查业	**Scientific Research ,Technical Services & Geological Prospecting**	**303630**	**279382**	**241757**	**219009**
研究与试验发展	Research & Development	25936	13036	10399	4299
专业技术服务业	Special Technical Services	41065	41006	48158	48099
科技交流和推广服务业	Science & Technology Exchanging & Spreading	10972	10972	8147	8147
地质勘查业	Geological Prospecting	225657	214368	175053	158464
水利、环境和公共设施管理业	**Water Conservancy, Environment & Public Facilities Administration**	**4220739**	**4195678**	**3263645**	**3245664**
水利管理业	Water Conservancy	330836	323756	340335	340335
环境管理业	Environment	335267	317286	122289	104308
公共设施管理业	Public Facilities Administration	3554636	3554636	2801021	2801021
居民服务和其他服务业	**Resident Services & Other Services**	**148329**	**148329**	**80985**	**80985**
居民服务业	Resident Services	64310	64310	59410	59410
其他服务业	Other Services	84019	84019	21575	21575
教育	**Education**	**692640**	**692226**	**577678**	**577264**
教育	Education	692640	692226	577678	577264
卫生、社会保障和社会福利业	**Health Care, Social Security & Social Welfare**	**353890**	**353890**	**279172**	**279172**
卫生	Health Care	320301	320301	260489	260489
社会保障业	Social Security	6561	6561	1031	1031
社会福利业	Social Welfare	27028	27028	17652	17652
文化、体育和娱乐业	**Culture, Sports & Recreational Services**	**572712**	**570787**	**664821**	**602574**
新闻出版业	Press	35598	35598	53772	53772
广播、电视和音像业	Radio ,Television & Audio-visual	40118	40118	20418	20418
文化艺术业	Culture & Arts	302175	300945	325006	263956
体育	Sports	62461	62461	147482	147482
娱乐业	Recreational Services	132360	131665	118143	116946
公共管理和社会组织	**Public Administration & Social Organization**	**1497762**	**1477889**	**1331847**	**1308737**
中国共产党机关	Chinese Communist Party Agencies	8778	8778	20238	20238
国家机构	Government Agencies	1165445	1145572	994435	971325
人民政协和民主党派	People's Politics Consultative Conference & Democratic Parties				
群众团体、社会团体和宗教组织	Mass Organization ,Social Organization and Religious Organization	108364	108364	95708	95708
基层群众自治组织	Basic Mass Autonomous Organization	215175	215175	221466	221466
国际组织	**International Organizations**				
国际组织	International Organizations				

6-9 按行业分城镇50万元以上施工、投产项目个数(2008年)

Number of Construction Projects over 500 Thousand Yuan under Construction and Put into Use in Urban Area by Sector (2008)

行 业	Sector	施工项目(个) Number of Projects Under Construction (unit)	#新开工项目 Started This Year	全部建成投产项目(个) Number of Projects Started This Year (unit)	项目建成投产率(%) Percentage of Projects Completed and Put into Use
全　　区	**Autonomous Regional Total**	**9719**	**7893**	**7297**	**75.1**
农、林、牧、渔业	**Farming, Forestry, Animal Husbandry & Fishery**	**797**	**722**	**695**	**87.2**
农 业	Farming	133	123	109	82.0
林 业	Forestry	217	196	197	90.8
畜牧业	Animal Husbandry	206	191	186	90.3
渔 业	Fishery	1	1	1	100.0
农、林、牧、渔服务业	Agricultural Services	240	211	202	84.2
采矿业	**Mining**	**970**	**702**	**677**	**69.8**
煤炭开采和洗选业	Coal Mining & Processing	339	180	172	50.7
石油和天然气开采业	Extraction of Petroleum & Natural Gas	26	15	13	50.0
黑色金属矿采选业	Mining & Dressing of Ferrous Metals	241	215	206	85.5
有色金属矿采选业	Mining & Dressing of Nonferrous Metals	162	130	130	80.2
非金属矿采选业	Mining & Dressing of Nonmetal Minerals	199	159	153	76.9
其他采矿业	Mining of Other Mineral	3	3	3	100.0
制造业	**Manufacturing**	**2130**	**1636**	**1517**	**71.2**
农副食品加工业	Processing of Agricultural Side-line Food	301	230	239	79.4
食品制造业	Food Manufacturing	104	80	74	71.2
饮料制造业	Beverage Manufacturing	62	50	50	80.6
烟草制品业	Tobacco Products	2	1	1	50.0
纺织业	Textile Industry	62	47	51	82.3
纺织服装、鞋、帽制造业	Textile Products, Clothes, Shoes & Hats	15	13	11	73.3
皮革、毛皮、羽毛（绒）及其制品业	Leather, Furs, Down & Related Products	16	12	11	68.8
木材加工及木、竹、藤、棕、草制品业	Timber Processing, Bamboo, Cane, Palm Fiber & Straw Products	87	78	80	92.0
家具制造业	Furniture Manufacturing	14	12	10	71.4
造纸及纸制品业	Paper-making & Paper Products	24	15	17	70.8
印刷业和记录媒介的复制	Printing & Record Pressing	16	13	14	87.5
文教体育用品制造业	Cultural, Educational & Sports Goods				
石油加工、炼焦及核燃料加工业	Petroleum Processing , Coke Products & Processing of Nuclear Fuel	40	23	5	12.5
化学原料及化学制品制造业	Raw Chemical Materials& Chemical Products	205	146	130	63.4
医药制造业	Medicine Manufacturing	29	21	20	69.0
化学纤维制造业	Chemical Fiber Manufacturing				

6-9 续表 1 continued

行业	Sector	施工项目（个）Number of Projects Under Construction (unit)	# 新开工项目 Started This Year	全部建成投产项目（个）Number of Projects Started This Year (unit)	项目建成投产率（%）Percentage of Projects Completed and Put into Use
橡胶制品业	Rubber Products	11	8	6	54.5
塑料制品业	Plastic Products	51	45	39	76.5
非金属矿物制品业	Nonmetal Mineral Products	331	289	260	78.5
黑色金属冶炼及压延加工业	Smelting & Pressing of Ferrous Metals	172	82	96	55.8
有色金属冶炼及压延加工业	Smelting & Pressing of Nonferrous Metals	123	72	65	52.8
金属制品业	Metal Products	109	95	93	85.3
通用设备制造业	General Purpose Equipment	166	158	135	81.3
专用设备制造业	Special Purposes Equipment	43	37	31	72.1
交通运输设备制造业	Transportation Equipment	58	43	27	46.6
电气机械及器材制造业	Electric Equipment & Machinery	50	35	21	42.0
通信设备、计算机及其他电子设备制造业	Telecommunications, Computer & Other Electronic Equipment	7	3	3	42.9
仪器仪表及文化、办公用机械制造业	Instruments, Meters, Cultural & Office Machinery	5	4	3	60.0
工艺品及其他制造业	Handicrafts & Other Production	18	17	18	100.0
废弃资源和废旧材料回收加工业	Recovering of Abandoned Resource & Waste Materical	9	7	7	77.8
电力、燃气及水的生产和供应业	**Production & Supply of Electric Power,Gas & Water**	**674**	**492**	**444**	**65.9**
电力、热力的生产和供应业	Electric Power and Heating Power	454	320	281	61.9
燃气生产和供应业	Production & Supply of Gas	48	40	36	75.0
水的生产和供应业	Production & Supply of Water	172	132	127	73.8
建筑业	**Construction**	**118**	**109**	**94**	**79.7**
房屋和土木工程建筑业	Housing & Civil Engineering	93	85	70	75.3
建筑安装业	Installation of Buildings	9	9	8	88.9
建筑装饰业	Decoration of Buildings	7	6	7	100.0
其他建筑业	Other Construction	9	9	9	100.0
交通运输、仓储和邮政业	**Transportation, Storage & Postal**	**1029**	**857**	**688**	**66.9**
铁路运输业	Railway Transport	183	147	150	82.0
道路运输业	Roadway Transport	726	614	445	61.3
城市公共交通业	Public Traffic in Cities	13	11	13	100.0
水上运输业	Waterway Transport	4	3	1	25.0
航空运输业	Air Transport	12	7	9	75.0
管道运输业	Pipeline Transport	9	5	6	66.7
装卸搬运和其他运输服务业	Loading,Unloading,Carrying & Transport	10	10	8	80.0
仓储业	Storage	71	59	55	77.5
邮政业	Postal Services	1	1	1	100.0
信息传输、计算机服务和软件业	**Information Transmission,Computer Service & Computer Software**	**84**	**71**	**74**	**88.1**
电信和其他信息传输服务	Telecommunication & other Information Transmission	83	70	73	88.0
计算机服务业	Computer Services	1	1	1	100.0
软件业	Software				
批发和零售业	**Wholesale & Retail Trade**	**387**	**342**	**333**	**86.0**
批发业	Wholesale Trade	225	202	195	86.7
零售业	Retail Trade	162	140	138	85.2
住宿和餐饮业	**Quarters & Catering**	**231**	**197**	**194**	**84.0**
住宿业	Quarters	116	89	87	75.0
餐饮业	Catering	115	108	107	93.0

6-9 续表 2 continued

行 业	Sector	施工项目(个) Projects Under Construction (unit)	# 新开工项目 Started This Year	全部建成投产项目(个) Projects Started This Year (unit)	项目建成投产率(%) Percentage of Projects Completed and Put into Use
金融业	**Banking**	**38**	**33**	**35**	**92.1**
银行业	Banking	31	27	29	93.5
证券业	Bond				
保险业	Insurance	2	2	2	100.0
其他金融活动	Others	5	4	4	80.0
房地产业	**Real Estate**	**220**	**185**	**178**	**80.9**
房地产业	Real Estate	220	185	178	80.9
租赁和商务服务业	**Leasing & Commercial Services**	**43**	**37**	**33**	**76.7**
租赁业	Leasing Services	5	5	5	100.0
商务服务业	Commercial Services	38	32	28	73.7
科学研究、技术服务和地质勘查业	**Scientific Research ,Technical Services & Geological Prospecting**	**118**	**103**	**102**	**86.4**
研究与试验发展	Research & Development	8	6	5	62.5
专业技术服务业	Special Technical Services	22	20	20	90.9
科技交流和推广服务业	Science & Technology Exchanging & Spreading	8	7	7	87.5
地质勘查业	Geological Prospecting	80	70	70	87.5
水利、环境和公共设施管理业	**Water Conservancy, Environment & Public Facilities Administration**	**1360**	**1167**	**1075**	**79.0**
水利管理业	Water Conservancy	212	168	165	77.8
环境管理业	Environment	88	71	51	58.0
公共设施管理业	Public Facilities Administration	1060	928	859	81.0
居民服务和其他服务业	**Resident Services & Other Services**	**40**	**40**	**34**	**85.0**
居民服务业	Resident Services	29	29	25	86.2
其他服务业	Other Services	11	11	9	81.8
教育	**Education**	**384**	**319**	**281**	**73.2**
教育	Education	384	319	281	73.2
卫生、社会保障和社会福利业	**Health Care, Social Security & Social Welfare**	**174**	**145**	**128**	**73.6**
卫生	Health Care	140	113	104	74.3
社会保障业	Social Security	4	4	3	75.0
社会福利业	Social Welfare	30	28	21	70.0
文化、体育和娱乐业	**Culture, Sports & Recreational Services**	**193**	**147**	**135**	**69.9**
新闻出版业	Press	6	4	5	83.3
广播、电视和音像业	Radio ,Television & Audio-visual	16	14	14	87.5
文化艺术业	Culture & Arts	85	59	50	58.8
体育	Sports	28	19	17	60.7
娱乐业	Recreational Services	58	51	49	84.5
公共管理和社会组织	**Public Administration & Social Organization**	**729**	**589**	**580**	**79.6**
中国共产党机关	Chinese Communist Party Agencies	8	6	7	87.5
国家机构	Government Agencies	620	495	492	79.4
人民政协和民主党派	People's Politics Consultative Conference & Democratic Parties				
群众团体、社会团体和宗教组织	Mass ,Social Organization and Religious Organization	36	30	26	72.2
基层群众自治组织	Basic Mass Autonomous	65	58	55	84.6
国际组织	**International Organizations**				
国际组织	International Organizations				

6-10 城镇固定资产投资新增主要生产能力(2008年)

Newly Increased Productive Capacities ThroughInvestment in Fixed Assets in Urban Area(2008)

能力名称	Item	2008
原煤开采（万吨／年）	Coal Mining (10 000 tons/year)	2355.8
洗煤（万吨／年）	Washer Coal (10 000 tons/year)	657
焦炭（万吨／年）	Coke (10 000 tons/year)	60
天然原油开采（万吨／年）	Petroleum Extraction (10 000 tons/year)	31
天然气开采（亿立方米／年）	Extraction of Petroleum and Natural Gas (10 000 cu.m/year)	0.15
铁矿开采(原矿)（万吨／年）	Iron-ore Mining (10 000 tons/year)	5425.01
生铁（万吨／年）	Iron Smelting (10 000 tons/year)	152.5
粗钢（万吨／年）	Crude Steel (10 000 tons/year)	80
铁合金（折标吨／年）	Iron Alloy,Electric Furnace (10 000 tons/year)	32081.15
铜采矿(原矿)（万吨／年）	Copper Ore Mining (10 000 tons/year)	173.6
铜选矿：	Copper Ore Dressing	
处理原矿（万吨／年）	Crude Ore Dressing (10 000 ton/year)	23
铜含量（吨／年）	Copper Content (ton/year)	1740
铜冶炼（吨／年）	Copper Smelting (ton/year)	123000
铅冶炼 （吨／年）	Piumbum Smeiting (ton/year)	200080
铅锌采矿(原矿)（万吨／年）	Plumbum / Zinc Ore Mining (10 000 tons/year)	396.61
铅锌选矿：	Plumbum and Zinc Ore Dressing	
处理原矿（万吨／年）	Crude Ore Dressing (10 000 tons/year)	360.01
铅含量（吨／年）	Plumbum Content (ton/year)	57176.4
锌含量（吨／年）	Zinc Content (ton/year)	77252.4
锌冶炼（吨／年）	Zinc Smelting (ton/year)	100088
铝加工	Aluminium Processing	190000
银选矿：	Silver Ore Dressing	
处理原矿（吨／年）	Crude Ore Dressing(ton/year)	200000
银含量（公斤／年）	Silver Content(kg/year)	1800
黄金（公斤／年）	Gold (kg/year)	1824
火力发电（万千瓦）	Thermal Power (10 000 kw)	1014
其他发电（万千瓦）	Other Power (10 000 kw)	160.5
输电线路长度(11万伏及以上)（公里）	Length of Electric Cable (over 110 000 va)(km)	4775.04
水泥（万吨／年）	Cement (10 000 tons/year)	741
石墨及炭素制品（吨／年）	Product of Graphite (ton/year)	24630

6-10 续表 continued

能力名称	Item	2008
电石（吨／年）	Calcium Carbide (ton/year)	980030
氮肥（吨／年）	Nitrogen Fertlizers (ton/year)	600000
磷肥（吨／年）	Phosphate (ton/year)	4000
化学农药原药（吨／年）	Chemical Medicine(ton/year)	2000
合成橡胶（吨）	Synthetic Rubber(ton)	3010
精甲醇（吨／年）	Extracted Methanol (ton/year)	1200000
塑料树脂及共聚物（吨／年）	Plastic Resin and Copolymer (ton/year)	120070
电视机（万部/年）	Teievision(10 000 units/year)	20
啤酒（万吨／年）	Beer (10 000 tons/year)	33.5
白酒（万吨／年）	Liquor (10 000 tons/year)	9.33
机制纸浆（万吨／年）	Machine-made Pulp (10 000 tons/year)	10.9
卷烟（箱／年）	Cigrettes(10 000 boxes/year)	240000
新建铁路投产里程（公里）	Length of Newly Built and Operation Railway(km)	288.38
新建公路（公里）	Length of New Railway (km)	10129.58
#高速公路（公里）	Expressway (km)	52
一级公路（公里）	First Class Highway (km)	800.5
二级公路（公里）	Second Class Highway (km)	842.5
改建公路（公里）	Length of Reconstructed Highways (km)	6177.34
#一级公路（公里）	First Class Highway (km)	12.9
二级公路（公里）	Second Class Highway (km)	977
新建独立公路桥梁（延长米）	New-built Separate Highway and Bridge (extended meter)	3775
新建独立公路桥梁（座）	New-built Separate Highway and Bridge (unit)	23
新（扩）建公路客、货运站（个）	New-built or Expanded Passenger & Freight Stations(unit)	35
新（扩）建公路客、货运站（平方米）	New-built or Expanded Passenger & Freight Stations(sq.m)	157397
民航机场跑道（条）	Civil Airport Runway(line)	1
民航机场跑道（米）	Civil Airport Runway(metre)	3600
候机楼（座）	Terminal Buildings(unit)	1
候机楼（平方米）	Terminal Buildings(sq.m)	5847
城市自来水供水能力（万吨/日）	Capacity of City Tap Water Supply (10 000 tons/day)	10.85
城市公共交通车辆购置（辆）	purchase of City Communiting Vehicles (unit)	806
城市污水处理能力（万吨／日）	Disposal Capacity of Sewage (10 000 tons/day)	48.61

6-11 按各种分组的农村固定资产投资
Investment in Fixed Assets in Rural by Group

指 标	Item	2008
投资总额(万元)	**Total Investment(10 000 yuan)**	**679545**
按资金来源分	Grouped by Source of Funds	
国家预算内资金	State Budgetary Appropriations	20751
国内贷款	Domestic Loans	66093
利用外资	Foreign Investment	
自筹资金	Fund Raising	492867
其他资金	Others	53701
按构成分	Grouped by Use of Funds	
建筑安装工程	Construction and Installation	498845
设备、工具器具购置	Purchase of Equipment and Instruments	67049
其他费用	Others	113651
按建设性质分	Grouped by Type of Construction	
# 新建	New Construction	506091
扩建	Expansion	103886
改建	Reconstruction	52701
按产业分	Grouped by Type of Industry	
第一产业	Primary Industry	558182
第二产业	Secondary Industry	34224
第三产业	Tertiary Industry	59365
按国民经济主要行业分	Grouped by Main Sector	
农业	Agriculture	558548
工业	Industry	34229
# 能源工业	Energy	1762
运输邮电业	Transportation, Postal and Telecommunications Services	2800
新增固定资产(万元)	**Newly Increased Fixed Assets(10 000 yuan)**	**687724**
房屋建筑面积(万平方米)	**Floor Space of Buildings(10 000 sq.m)**	
施工面积	Floor Space Under Construction	89.80
竣工面积	Floor Space Completed	89.02
# 住宅	Residential Buildings	18.42

注: 1.改建投资中不含单纯建造生活设施投资。

2.按国民经济行业分、按建设性质分不含房地产投资和住宅投资,其他统计分组的含。

3.根据新国民经济核算标准,对第一产业投资进行了调整。

4.本表统计范围为城市以下非农户投资项目。

a) The investment in reconstruction includes the investment inconstruction of facilities simply for the improvement of esidents'life.

b) The investment in the real estate development is not included in the investment grouped by main sector and by type of construction.

c) Data on the investment in primary industry has been adjusted according to the new classification standards of national economic accounting.

d)Framework in this table is non-farmer Investment.

6-12 国民经济各行业按建设性质分的农村固定资产投资(2008年)

Investment in Fixed Assets of Rural by Construction & Sector(2008)

单位：万元 (10 000 yuan)

行 业	Sector	投资额 Investment	# 新 建 New Construction	# 扩 建 Expansion	# 改 建 Reconstruction	新增固定资产 Newly Increased Fixed Assets
全　　区	**Total**	**679545**	**506091**	**103886**	**52701**	**687724**
农、林、牧、渔业	**Farming, Forestry, Animal Husbandry & Fishery**	**558548**	**444734**	**63444**	**50370**	**572287**
农 业	Farming	262252	231143	27528	3581	274752
林 业	Forestry	6024	2000	4024		6024
畜牧业	Animal Husbandry	224267	183182	28085	13000	226306
渔 业	Fishery	390	390			390
农、林、牧、渔服务业	Agricultural Services	65615	28019	3807	33789	64815
采矿业	**Mining**	**11762**		**10000**	**1762**	**12262**
煤炭开采和洗选业	Coal Mining & Processing	1762			1762	1762
石油和天然气开采业	Petroleum & Natural Gas					
黑色金属矿采选业	Mining of Ferrous Metals					
有色金属矿采选业	Mining of Nonferrous Metals	7800		7800		8300
非金属矿采选业	Mining of Nonmetal Minerals	2200		2200		2200
其他采矿业	Mining of Other Mineral					
制造业	**Manufacturing**	**22117**	**20687**	**1430**		**23117**
农副食品加工业	Processing of Agricultural Food	15097	15097			16097
食品制造业	Food Manufacturing					
饮料制造业	Beverage Manufacturing	2380	1800	580		2380
烟草制品业	Tobacco Products					
纺织业	Textile Industry					
纺织服装、鞋、帽制造业	Textile , Clothes, Shoes & Hats					
皮革、毛皮、羽毛（绒）及其制品业	Leather, Furs, Down & Related Products					
木材加工及木、竹、藤、棕、草制品业	Timber, Bamboo, Cane, Palm Fiber & Straw Products	2200	2200			2200
家具制造业	Furniture Manufacturing					
造纸及纸制品业	Paper-making & Paper Products					
印刷业和记录媒介的复制	Printing & Record Pressing					
文教体育用品制造业	Cultural, Educational & Sports					
石油加工、炼焦及核燃料加工业	Petroleum, Coke Products & Processing of Nuclear Fuel					
化学原料及化学制品制造业	Raw Chemical Materials & Products	1590	1590			1590
医药制造业	Medicine Manufacturing					
化学纤维制造业	Chemical Fiber					

6-12 续表 1 continued

单位：万元 (10 000 yuan)

行业	Sector	投资额 Investment	#新建 New Construction	#扩建 Expansion	#改建 Reconstruction	新增固定资产 Newly Increased Fixed Assets
橡胶制品业	Rubber Products					
塑料制品业	Plastic Products					
非金属矿物制品业	Nonmetal Mineral Products					
黑色金属冶炼及压延加工业	Smelting & Pressing of Ferrous Metals					
有色金属冶炼及压延加工业	Smelting & Pressing of Nonferrous Metals					
金属制品业	Metal Products	850		850		850
通用设备制造业	General Purpose Equipment					
专用设备制造业	Special Purposes Equipment Manufacturing					
交通运输设备制造业	Transportation Equipment Manufacturing					
电气机械及器材制造业	Electric Equipment & Machinery					
通信设备、计算机及其他电子设备制造业	Manufacturing of Telecommunications, Computer & Other Electronic Equipment					
仪器仪表及文化、办公用机械制造业	Instruments, Meters, Cultural & Office Machinery					
工艺品及其他制造业	Handicrafts & Other Production					
废弃资源和废旧材料回收加工业	Recovering of Abandoned Resource & Waste Material					
电力、燃气及水的生产和供应业	**Production & Supply of Electric Power,Gas & Water**	**350**	**350**			**350**
电力、热力的生产和供应业	Production & Supply of Electric Power and Heating Power					
燃气生产和供应业	Production & Supply of Gas					
水的生产和供应业	Production & Supply of Water	350	350			350
建筑业	**Construction**					
房屋和土木工程建筑业	Housing & Civil Engineering Construction					
建筑安装业	Installation of Buildings					
建筑装饰业	Decoration of Buildings					
其他建筑业	Other Construction					
交通运输、仓储和邮政业	**Transportation, Storage & Postal Services**	**5400**	**2800**	**2600**		**5400**
铁路运输业	Railway Transport					
道路运输业	Roadway Transport	2800	2800			2800
城市公共交通业	Public Traffic in Cities					
水上运输业	Waterway Transport					
航空运输业	Air Transport					
管道运输业	Pipeline Transport					
装卸搬运和其他运输服务业	Loading,Unloading,Carrying & Transport					
仓储业	Storage	2600		2600		2600
邮政业	Postal Services					
信息传输、计算机服务和软件业	**Information Transmission,Computer Service & Computer Software**					
电信和其他信息传输服务	Telecommunication & other Information Transmission					
计算机服务业	Computer Services					
软件业	Software					
批发和零售业	**Wholesale & Retail Trade**	**13428**	**6878**	**6550**		**13428**
批发业	Wholesale Trade	13428	6878	6550		13428
零售业	Retail Trade					
住宿和餐饮业	**Quarters & Catering**	**150**	**150**			**150**
住宿业	Quarters					
餐饮业	Catering	150	150			150

6-12 续表 2 continued

单位：万元 (10 000 yuan)

行业	Sector	投资额 Investment	#新建 New Construction	#扩建 Expansion	#改建 Reconstruction	新增固定资产 Newly Increased Fixed Assets
金融业	**Banking**					
银行业	Banking					
证券业	Bond					
保险业	Insurance					
其他金融活动	Others					
房地产业	**Real Estate**	**27008**	**125**	**10950**		**27008**
房地产业	Real Estate	27008	125	10950		27008
租赁和商务服务业	**Leasing & Commercial Services**					
租赁业	Leasing Services					
商务服务业	Commercial Services					
科学研究、技术服务和地质勘查业	**Scientific Research ,Technical Services & Geological Prospecting**	**6034**	**292**	**5742**		**6034**
研究与试验发展	Research & Development					
专业技术服务业	Special Technical Services	5256	292	4964		5256
科技交流和推广服务业	Science & Technology Exchanging & Spreading	778		778		778
地质勘查业	Geological Prospecting					
水利、环境和公共设施管理业	**Water Conservancy, Environment & Public Facilities Administration**	**6825**	**6545**		**280**	**6765**
水利管理业	Water Conservancy	875	875			875
环境管理业	Environment					
公共设施管理业	Public Facilities Administration	5950	5670		280	5890
居民服务和其他服务业	**Resident Services & Other Services**					
居民服务业	Resident Services					
其他服务业	Other Services					
教育	**Education**					
教育	Education					
卫生、社会保障和社会福利业	**Health Care, Social Security & Social Welfare**	**50**	**50**			**50**
卫生	Health Care	50	50			50
社会保障业	Social Security					
社会福利业	Social Welfare					
文化、体育和娱乐业	**Culture, Sports & Recreational Services**	**580**	**580**			**580**
新闻出版业	Press					
广播、电视和音像业	Radio ,Television & Audio-visual					
文化艺术业	Culture & Arts					
体育	Sports					
娱乐业	Recreational Services	580	580			580
公共管理和社会组织	**Public Administration & Social Organization**	**27293**	**22900**	**3170**	**289**	**20293**
中国共产党机关	Chinese Communist Party Agencies					
国家机构	Government Agencies	7713	3620	2870	289	5713
人民政协和民主党派	People's Politics Consultative Conference & Democratic Parties					
群众团体、社会团体和宗教组织	Mass Organization ,Social Organization and Religious Organization					
基层群众自治组织	Basic Mass Autonomous Organization	19580	19280	300		14580
国际组织	**International Organizations**					
国际组织	International Organizations					

6-13 按行业分农村施工、投产项目个数(2008年)

Number of Construction Projects Under Construction and Put into Use in Rural by Sector (2008)

行业	Sector	施工项目(个) Number of Projects Under Construction (unit)	#新开工项目 Started This Year	全部建成投产项目(个) Number of Projects Started This Year (unit)	项目建成投产率(%) Percentage of Projects Completedand Put into Use
全　　区	**Autonomous Regional Total**	**310**	**297**	**299**	**96.5**
农、林、牧、渔业	**Farming, Forestry, Animal Husbandry & Fishery**	**241**	**230**	**233**	**96.7**
农业	Farming	64	62	62	96.9
林业	Forestry	2	2	2	100.0
畜牧业	Animal Husbandry	139	130	135	97.1
渔业	Fishery	1	1	1	100.0
农、林、牧、渔服务业	Agricultural Services	35	35	33	94.3
采矿业	**Mining**	**6**	**6**	**6**	**100.0**
煤炭开采和洗选业	Coal Mining & Processing	1	1	1	100.0
石油和天然气开采业	Petroleum & Natural Gas				
黑色金属矿采选业	Mining of Ferrous Metals				
有色金属矿采选业	Mining of Nonferrous Metals	4	4	4	100.0
非金属矿采选业	Mining of Nonmetal Minerals	1	1	1	100.0
其他采矿业	Mining of Other Mineral				
制造业	**Manufacturing**	**15**	**13**	**14**	**93.3**
农副食品加工业	Processing of Agricultural Food	7	6	7	100.0
食品制造业	Food Manufacturing				
饮料制造业	Beverage Manufacturing	2	2	2	100.0
烟草制品业	Tobacco Products				
纺织业	Textile Industry				
纺织服装、鞋、帽制造业	Textile , Clothes, Shoes & Hats				
皮革、毛皮、羽毛（绒）及其制品业	Leather, Furs, Down Products				
木材加工及木、竹、藤、棕、草制品业	Timber Processing, Bamboo, Cane, Palm Fiber & Straw Products	2	2	2	100.0
家具制造业	Furniture Manufacturing				
造纸及纸制品业	Paper-making & Paper Products				
印刷业和记录媒介的复制	Printing & Record Pressing				
文教体育用品制造业	Cultural, Educational & Sports Goods				
石油加工、炼焦及核燃料加工业	Petroleum Processing , Coke Products & Processing of Nuclear Fuel				
化学原料及化学制品制造业	Raw Chemical Materials & Products	2	2	2	100.0
医药制造业	Medicine Manufacturing				
化学纤维制造业	Chemical Fiber Manufacturing				

6-13 续表 1 continued

行 业	Sector	施工项目(个) Number of Projects Under Construction (unit)	# 新开工项目 Started This Year	全部建成投产项目(个) Number of Projects Started This Year (unit)	项目建成投产率(%) Percentage of Projects Completed Put into Use
橡胶制品业	Rubber Products				
塑料制品业	Plastic Products				
非金属矿物制品业	Nonmetal Mineral Products				
黑色金属冶炼及压延加工业	Smelting & Pressing of Ferrous Metals				
有色金属冶炼及压延加工业	Smelting of Nonferrous Metals	1			
金属制品业	Metal Products	1	1	1	100.0
通用设备制造业	General Purpose Equipment				
专用设备制造业	Special Purposes Equipment				
交通运输设备制造业	Transportation Equipment				
电气机械及器材制造业	Electric Equipment & Machinery				
通信设备、计算机及其他电子设备制造业	Manufacturing of Telecommunications, Computer & Other Electronic Equipment				
仪器仪表及文化、办公用机械制造业	Instruments, Meters, Cultural & Office Machinery				
工艺品及其他制造业	Handicrafts & Other Production				
废弃资源和废旧材料回收加工业	Recovering of Abandoned Resource & Waste Materical				
电力、燃气及水的生产和供应业	**Production & Supply of Electric Power,Gas & Water**	**1**	**1**	**1**	**100.0**
电力、热力的生产和供应业	Production & Supply of Electric Power and Heating Power				
燃气生产和供应业	Production & Supply of Gas				
水的生产和供应业	Production & Supply of Water	1	1	1	100.0
建筑业	**Construction**				
房屋和土木工程建筑业	Housing & Civil Construction				
建筑安装业	Installation of Buildings				
建筑装饰业	Decoration of Buildings				
其他建筑业	Other Construction				
交通运输、仓储和邮政业	**Trans, Storage & Postal Services**	**2**	**2**	**2**	**100.0**
铁路运输业	Railway Transport				
道路运输业	Roadway Transport	1	1	1	100.0
城市公共交通业	Public Traffic in Cities				
水上运输业	Waterway Transport				
航空运输业	Air Transport				
管道运输业	Pipeline Transport				
装卸搬运和其他运输服务业	Loading,Unloading,Carrying & Transport				
仓储业	Storage	1	1	1	100.0
邮政业	Postal Services				
信息传输、计算机服务和软件业	**Information Transmission,Computer Service & Computer Software**				
电信和其他信息传输服务	Telecommunication & other Information Transmission				
计算机服务业	Computer Services				
软件业	Software				
批发和零售业	**Wholesale & Retail Trade**	**9**	**9**	**9**	**100.0**
批发业	Wholesale Trade	9	9	9	100.0
零售业	Retail Trade				
住宿和餐饮业	**Quarters & Catering**	**1**	**1**	**1**	**100.0**
住宿业	Quarters				
餐饮业	Catering	1	1	1	100.0

6-13 续表 2 continued

行业	Sector	施工项目(个) Number of Projects Under Construction (unit)	# 新开工项目 Started This Year	全部建成投产项目(个) Number of Projects Started This Year (unit)	项目建成投产率(%) Percentage of Projects Completedand Put into Use
金融业	**Banking**				
银行业	Banking				
证券业	Bond				
保险业	Insurance				
其他金融活动	Others				
房地产业	**Real Estate**	**6**	**6**	**6**	**100.0**
房地产业	Real Estate	6	6	6	100.0
租赁和商务服务业	**Leasing & Commercial Services**				
租赁业	Leasing Services				
商务服务业	Commercial Services				
科学研究、技术服务和地质勘查业	**Scientific Research ,Technical Services & Geological Prospecting**	**4**	**4**	**4**	**100.0**
研究与试验发展	Research & Development				
专业技术服务业	Special Technical Services	3	3	3	100.0
科技交流和推广服务业	Science & Technology Exchanging & Spreading	1	1	1	100.0
地质勘查业	Geological Prospecting				
水利、环境和公共设施管理业	**Water Conservancy, Environment & Public Facilities Administration**	**7**	**7**	**7**	**100.0**
水利管理业	Water Conservancy	2	2	2	100.0
环境管理业	Environment				
公共设施管理业	Public Facilities Administration	5	5	5	100.0
居民服务和其他服务业	**Resident Services & Other Services**				
居民服务业	Resident Services				
其他服务业	Other Services				
教育	**Education**				
教育	Education				
卫生、社会保障和社会福利业	**Health Care, Social Security & Social Welfare**	**1**	**1**	**1**	**100.0**
卫生	Health Care	1	1	1	100.0
社会保障业	Social Security				
社会福利业	Social Welfare				
文化、体育和娱乐业	**Culture, Sports & Recreational Services**	**1**	**1**	**1**	**100.0**
新闻出版业	Press				
广播、电视和音像业	Radio ,Television & Audio-visual				
文化艺术业	Culture & Arts				
体育	Sports				
娱乐业	Recreational Services	1	1	1	100.0
公共管理和社会组织	**Public Administration & Social Organization**	**16**	**16**	**14**	**87.5**
中国共产党机关	Chinese Communist Party Agencies				
国家机构	Government Agencies	8	8	7	87.5
人民政协和民主党派	People's Politics Consultative Conference & Democratic Parties				
群众团体、社会团体和宗教组织	Mass Organization ,Social Organization and Religious Organization				
基层群众自治组织	Basic Mass Autonomous Organization	8	8	7	87.5
国际组织	**International Organizations**				
国际组织	International Organizations				

6-14 农村新增主要生产能力(2008年)

Newly Increased Productive Capacities of Rural(2008)

能力名称	Item	2008
原煤开采（万吨／年）	Coal Mining (10 000 tons/year)	5
石墨及炭素制品（吨／年）	Product of Graphite(ton/year)	20
铁矿开采(原矿)（万吨／年）	Iron-ore Mining (10 000 tons/year)	
铁矿石成品矿（万吨／年）	Mine of Iron Ore (10 000 tons/year)	
生铁（万吨／年）	Iron Smelting (10 000 tons/year)	
铁合金（折标吨／年）	Iron Alloy, Electric Furnace(10 000 tons/year)	
铜采矿(原矿)（万吨／年）	Copper Ore Mining(10 000 tons/year)	
铅锌采矿(原矿)（万吨／年）	Plumbum / Zinc Ore Mining (10 000 tons/year)	4
铅锌选矿：(1)处理原矿（万吨／年）	Crude Ore Dressing (10 000 tons/year)	
(2)铅含量（吨／年）	Plumbum Content(ton/year)	
(3)锌含量（吨／年）	Zinc Content (ton/year)	
黄金（公斤／年）	Gold (kg/year)	
银选矿：	Silver Ore Dressing	
处理原矿（吨／年）	Crude Ore Dressing (ton/year)	
银含量（公斤／年）	Silver Content (kg/year)	
纯碱（吨／年）	Soda Ash (ton/year)	
白酒（万吨／年）	Liquor(10 000 tons/year)	0.4
新建公路（公里）	Length of New Highways (km)	
# 二级公路（公里）	Second Class Highway (km)	
改建公路（公里）	Lengh of Reconstructed Highways (km)	
新(扩)建客、货运站（个）	New-Built or Expanded Passenger & Freight Stations (unit)	
新(扩)建客、货运站（平方米）	New-Built or Expanded Passenger & Freight Stations (sq.m)	
造林面积（万亩）	Afforested Area (10 000 mu)	
有效灌溉面积（万亩）	Effective Irrigated Area (10 000 mu)	
各类院校：学生席位（个）	All Kinds Of School: Student Seat (unit)	
建筑面积（平方米）	Floor Space(sq.m)	
医院病床（张）	Sick Beds(unit)	
宾馆、旅馆、招待所客房数（间）	Rooms in Guest Houses,hotels and hostels (unit)	
宾馆、旅馆、招待所客房数（平方米）	Rooms in Guest Houses,hotels and hostels (sq.m)	

6-15 农村个人固定资产投资和建房

Individual Investment in Fixed Assets & Building Construction in Rural Areas

年份 Year	投资总额 (万元) Total Investment (10 000 yuan)	# 竣工房屋投资 Investment in Buildings Completed		施工房屋建筑面积 (万平方米) Floor Space of Buildings Under Construction (10 000 sq.m)	竣工房屋建筑面积 (万平方米) Floor Space of Buildings Completed (10 000 sq.m)		竣工房屋造价 (元/平方米) Cost of Buildings Completed (yuan/sq.m)	
		小 计 Subtotal	# 住宅 Residential Buildings		总 计 Total	# 住宅 Residential Buildings	总 计 Total	# 住宅 Residential Buildings
1985	87369	48929	35718	1112	1112	812		44.0
1986	59978		17787	636	590	549		32.4
1987	88573		31132	749	719	613		50.8
1988	149132		38671	696	684	635		60.9
1989	108402		45730	692	668	572		79.9
1990	81263	45120	42971	552	552	495	81.7	86.8
1991	110319	74186	66180	1010	910	782	81.5	84.6
1992	132675	74766	56356	813	770	656	97.1	85.8
1993	126581	62776	53630	1258	900	629	99.8	85.3
1994	195856	109418	102269	1007	967	789	113.2	129.6
1995	365345	193582	177824	1239	1221	967	158.5	183.9
1996	381618	239963	208326	1238	1224	1020	196.0	204.2
1997	390141	230023	174965	1344	1344	1018	171.1	171.9
1998	409854	207169	179393	1382	1216	875	170.4	205.0
1999	430084	231832	196678	1173	1051	863	220.6	227.9
2000	458815	220926	200248	1092	985	860	224.3	232.8
2001	502098	253278	229572	1151	1079	916	234.6	250.6
2002	521562	223103	199163	1117	1047	869	213.1	229.2
2003	556773	220324	195820	1109	1018	848	207.0	221.6
2004	582376	188669	163294	923	880	728	214.4	224.3
2005	620529	207046	170065	738	710	510	291.6	333.5
2006	655749	252738	211770	780	769	583	328.7	363.2
2007	747324	284341	238955	814	794	596	358.1	400.9
2008	804120	334000	304610	905	813	621	410.8	490.5

6-16 房地产开发情况
Main Indicators of Real Estate Development

指标	Item	2007	2008
企业个数(个)	**Number of Enterprises(unit)**	**1415**	**2243**
内资	Domestic Funded	1405	2232
# 国有	State-owned Enterprises	36	36
集体	Collective-owned Enterprises	6	5
股份有限公司	Share-holding Corporations Ltd.	57	121
私营	Private Enterprises	641	831
港、澳、台投资	Funded by Entrepreneurs From Hong Kong.Macao and Taiwan	6	6
外商投资	Foreign Funded	4	5
平均从业人员(人)	**Average Number of Employed Persons(person)**	**40460**	**65588**
内资	Domestic Funded	40081	65139
# 国有	State-owned Enterprises	597	770
集体	Collective-owned Enterprises	443	136
股份有限公司	Share-holding Corporations Ltd.	1616	6269
私营	Private Enterprises	19732	28909
港、澳、台投资	Funded by Entrepreneurs From Hong Kong.Macao and Taiwan	254	288
外商投资	Foreign Funded	125	161
土地开发及购置	**Land Development and Purchase**		
本年土地开发面积(万平方米)	Land Space Developed This Year(10 000 sq.m)	1001.04	1261.13
土地购置费用(万元)	Land Space Purchased Costs(10 000 yuan)	713319	1055384
待开发的土地面积(万平方米)	Land Space Needed to Development(10 000 sq.m)	754.27	570.27
本年土地购置面积(万平方米)	Land Space Purchased This Year(10 000 sq.m)	1817.96	1770.63
房地产开发建设投资总规模及完成投资(万元)	**General Scale of & Actually Completed Investment in Real Estate Development(10 000 yuan)**		
实际需要总投资	Total Investment Actually Needed	10869181	16691362
自开始建设至本年底累计完成投资	Accumulative Investment Actually Made Since Starting of Construction up to the End This Year	7437496	11578612
# 本年完成投资	Investment Made This Year	5008862	7442976
#商品房建设投资	Investment in Commercial Buildings		
全部建成尚需投资	Further Investment Required for the Completion of Construction	3431685	5112750
按用途分的房地产开发完成投资额(万元)	**Actually Completed Investment of Enterprises for Real Estate Development by Use(10 000 yuan)**		
本年完成投资额	Investment Made This Year	5008862	7442976
住宅	Residential Buildings	3838894	5791929
# 别墅、高档公寓	Villas and Good Apartments	263544	498042
经济适用房屋	Economical Houses	337472	687640
办公楼	Office Buildings	134023	245480
商业营业用房	Houses for Business Use	748752	1002976
其他	Others	287193	402591
资金来源小计(万元)	**Source of Funds(10 000 yuan)**	**5050185**	**7416240**
# 国内贷款	Domestical Loans	221729	304243
利用外资	Foreign Investment	9830	
自筹资金	Fund Raising	3954261	6183499
其他资金来源	Others	864365	928498

6-16 续表 continued

指 标	Item	2007	2008
房屋建筑面积(万平方米)	**Floor Space of Buildings(10 000 sq.m)**		
施工面积	Floor Space under Construction	5272.67	7099.08
本年新开工面积	Floor Space Started This Year	3305.29	3831.26
# 住宅	Residential Buildings	2739.55	3108.19
# 经济适用房屋	Economical Houses	240.12	419.77
竣工面积	Floor Space Completed	1832.91	1981.40
# 住宅	Residential Buildings	1552.36	1670.35
# 经济适用房屋	Economical Houses	137.27	156.90
竣工房屋价值(万元)	Value of Buildings Completed(10 000 yuan)	2407903	2879768
竣工房屋造价(元/平方米)	Cost of Buildings Completed(yuan/sq.m)	1313.7	1453.0
按用途分新开工房屋面积(万平方米)	**Floor Space Started of Houses by Use(10 000 sq.m)**		
本年新开工房屋面积	Floor Space of Selling House	3305.29	3831.26
住 宅	Residential Buildings	2739.55	3108.19
#别墅、高档 公 寓	Villas and Good Apartments	156.64	144.74
#经济适用房 屋	Economical Houses	240.12	419.77
办公楼	Office Buildings	84.83	94.25
商业营业用 房	Houses for Business Use	396.82	470.8
其 他	Others	84.09	158.02
商品房屋销售情况	**Selling of Commercial Houses**		
房屋销售面积(万平方米)	Floor Space of Selling House(10 000 sq.m)	2087.67	2396.37
# 住宅	Residential Buildings	1809.73	2093.34
# 经济适用房屋	Economical Houses	188.3	262.25
商品房销售额(万元)	Total Sales Of Commercial House (10 000 yuan)	4690015	5950600
# 住宅	Residential Buildings	3645747	4741826
# 经济适用房屋	Economical Houses	263386	443261
商品房屋销售价格(元/平方米)	Selling Price of House(yuan/sq.m)	2246.5	2483.0
# 住宅	Residential Buildings	2014.5	2265.0
# 经济适用房屋	Economical Houses	1398.8	1690.0
按用途分商品房屋销售面积	**Floor Space of Selling House by Use**		
房屋销售面积(万平方米)	Floor Space of Selling House(10 000 sq.m)	2087.67	2396.37
住 宅	Residential Buildings	1809.73	2093.34
#别墅、高档 公 寓	Villas and Good Apartments	115.12	96.07
#经济适用房 屋	Economical Houses	188.3	262.25
办公楼	Office Buildings	42.86	39.65
商业营业用 房	Houses for Business Use	199.76	223.2
其 他	Others	35.32	40.19
房地产开发企业的资产负债(万元)	**Asset Balance of Enterprises for Real Estate Development（10 000 yuan）**		
实收资本合计	Total Capital Hold	1691239	2554366
# 国家资本金	State Capital	40321	111246
资产总计	Total Assets	7971761	13608172
累计折旧	Total Depreciation	52276	100859
# 本年折旧	Depreciation This Year	13291	34389
负债总计	Total Liabilities	5890481	9866768
所有者权益	Creditors Equity	2081280	3741404
资产负债率(%)	Ratio of Liabilities to Assets	73.9	72.5
经营总收入(万元)	**Total Revenue(10 000 yuan)**	**3771551**	**5583220**
# 土地转让收入	Land Transferred	7941	91497

6-17 按登记注册类型分的房地产开发投资(2008年)

指标	Item	总计 Total	内资 国有 State-owned Units	内资 集体 Collective-owned Units
企业个数(个)	**Number of Enterprises(unit)**	**2243**	**36**	**5**
#亏损企业个数	Loss-Making Enterprises	738	11	
本年完成投资额（万元）	**Investment Completed This Year(10 000yuan)**	**7442976**	**175388**	**13785**
#商品房建设投资	Investment for Commercial Housing Construction			
#土地开发投资	Investment for Land Development	602258	9219	
按构成分	Grouped by Use of Funds			
建筑工程	Construction Projects	5899107	149030	11985
安装工程	Installation Projects	84572	3526	450
设备工器具购置	Purchase of Equipment, Tools and Instruments	39362	244	350
其他费用	Other Funds	1419935	22588	1000
#土地购置费	Purchase of Land	1055384	10816	700
按构成用途分	Grouped by Use of Project			
住宅	Residential Buildings	5791929	158624	10492
#经济适用房	Economical Houses	687640	109440	
别墅、高档公寓	Villa, Top Grade Flat	498042		
办公楼	Office Buildings	245480	23	1597
商业营业用房	Business Buildings	1002976	12257	1430
其他	Others	402591	4484	266
本年新增固定资产(万元)	**Newly Increased This Year(10 000 yuan)**	**3172587**	**99048**	**5879**
资金来源(万元)	**Finance Sources(10 000yuan)**			
国内贷款	Domestic Loans	304243	45412	
利用外资	Foreign Investment			
自筹资金	Fund Raising	6183499	108013	13182
#自有资金	Self-owned	3318004	63814	11402
其他资金来源	Others	928498	22959	
#定金及预收款	Fund Ordered and Pre-received	587285	18383	
土地开发(平方米)	**Land Development (sq.m)**			
本年土地开发面积	Area of Land Development This Year	12611321	558601	
待开发土地面积	Area of Land to be Developed	5702699	181313	
本年购置土地面积	Area of Land Purchased This Year	17706303	338583	29730
本年土地成交价款(万元)	Value of Land Transaction(10 000yuan)	1044190	12901	700

Investment in Real Estate Development by Type of Registration(2008)

Domistic-funded Enterprises						港澳台投资 Economic Units Funded by Entrepreneurs from HK,Macao & Taiwan	外商投资 Foreign Funded Economic Units
股份合作 Cooepative Enterprises	联营经济 Joint-owned Economic Units	有限责任公司 Limited Liabibity Corp.	股份有限公司 Share-holding Corp.Ltd.	私营 Private Enter-prises	其他 Others		
4	**1**	**1225**	**121**	**831**	**9**	**6**	**5**
2		362	27	330	1	1	4
5925		**4566272**	**315702**	**2254766**	**20100**	**59228**	**31810**
		434378	21822	136189	150	500	
4603		3592453	255885	1796305	17400	42236	29210
		45610	7187	25946	1700	153	
		25320	1136	11468	80	764	
1322		902889	51494	421047	920	16075	2600
1300		674818	45668	303582	900	15000	2600
3464		3509739	258113	1761919	14320	48407	26851
		403048	22290	152862			
		402475		90841			4726
		146327	310	94373		2000	850
2161		637721	39859	295081	4720	7292	2455
300		272485	17420	103393	1060	1529	1654
4825		**1752837**	**194048**	**1071056**	**20100**	**24794**	
		134944	13900	104787	700	4500	
5925		3882116	262879	1807004	19400	53170	31810
5925		2161928	101903	928902	13600	10000	20530
		614252	29202	262085			
		364126	27932	176844			
		8284915	606633	2961172		200000	
		3798879	279477	1443030			
18000		9854350	1466100	5701951	47589	200000	50000
1300		613947	43255	338587	900	30000	2600

主要统计指标解释

全社会固定资产投资 固定资产投资是社会固定资产再生产的主要手段。通过建造和购置固定资产的活动，国民经济不断采用先进技术装备，建立新兴部门，进一步调整经济结构和生产力的地区分布，增强经济实力，为改善人民物质文化生活创造物质条件。这对我国的社会主义现代化建设具有重要意义。

固定资产投资额是以货币表现的建造和购置固定资产活动的工作量，它是反映固定资产投资规模、速度、比例关系和使用方向的综合性指标。全社会固定资产投资按经济类型可分为国有、集体、个体、联营、股份制、外商、港澳台商、其他等。

城镇固定资产投资 指城镇各种登记注册类型的企业、事业、行政单位及个体户进行的计划总投资(或实际需要总投资)50万元及50万元以上的建设项目投资、房地产开发投资、城镇和工矿区私人建房投资。县城及以上区域内发生的投资，县及县以上各级政府及主管部门直接领导、管理的建设项目和企业事业单位的投资均为城镇固定资产投资。

房地产开发投资 指房地产开发公司、商品房建设公司及其他房地产开发法人单位和附属于其他法人单位实际从事房地产开发或经营的活动单位统一开发的包括统代建、拆迁还建的住宅、厂房、仓库、饭店、宾馆、度假村、写字楼、办公楼等房屋建筑物和配套的服务设施，土地开发工程(如道路、给水、排水、供电、供热、通讯、平整场地等基础设施工程)的投资；不包括单纯的土地交易活动。

农村投资 包括在农村区域范围内进行固定资产投资活动的企业、事业、行政单位及农村个人投资。

建设总规模 是指在报告期内所有施工项目的计划总投资。这个指标和施工项目相对应。

在建总规模 是指在报告期末所有在建项目的计划总投资。

在建净规模 是指报告期末所有在建项目建成投产尚需的投资总量。

在建净规模＝在建总规模－累计完成投资。

固定资产投资的资金来源 根据固定资产投资的资金来源不同，分为国家预算内资金、国内贷款、利用外资、自筹资金和其他资金来源。

(1)国家预算内资金：指中央财政和地方财政中由国家统筹安排的基本建设拨款和更新改造拨款，以及中央财政安排的专项拨款中用于基本建设的资金和基本建设拨款改贷款的资金等。

(2)国内贷款：指报告期内企、事业单位向银行及非银行金融机构借入的用于固定资产投资的各种国内借款。包括银行利用自有资金及吸收的存款发放的贷款、上级主管部门拨入的国内贷款、国家专项贷款(包括煤代油贷款、劳改煤矿专项贷款等。)、地方财政专项资金安排的贷款、国内储备贷款、周转贷款等。

(3)利用外资：指报告期内收到的用于固定资产投资的国外资金，包括统借统还、自借自还的国外贷款，中外合资项目中的外资，以及对外发行债券和股票等。国家统借统还的外资指由我国政府出面同外国政府、团体或金融组织签订贷款协议、并负责偿还本息的国外贷款。

(4)自筹资金：指建设单位报告期内收到的，用于进行固定资产投资的上级主管部门、地方和企、事业单位自筹资金。

(5)其他资金来源：指报告期内收到的除以上各种拨款、借款、自筹资金之外，其他用于固定资产投资的资金。

固定资产投资按国民经济行业分 建设项目归哪个行业，按其建成投产后的主要产品或主要用途及社会经济活动性质来确定。基本建设按建设项目划分国民经济行业，更新改造、国有单位其他固定资产投资及城镇集体投资根据整个企业、事业单位所属的行业来划分。一般情况下，一个建设项目或一个企业、事业单位只属于一种国民经济行业。为了更准确地反映国民经济各行业之间的比例关系，联合企业(总厂)所属分厂属于不同行业的，原则上按分厂划分行业。

固定资产投资按建设性质分 建设项目的性质一般分为新建、扩建、改建、迁建、恢复。基本建设按建设项目划分建设性质，更新改造、国有单位其他固定资产投资及城镇集体投资等按整个企业、事业单位的建设情况确定建设性质，房地产开发单位、农村投资、城镇工矿区私人建房等投资不划分建设性质。

(1)新建：一般是指从无到有、“平地起家”新开始建设的单位。有的单位原有的基础很小，经过建设后其新增加的固定资产价值超过原有固定资产价值(原值)三倍以上的也算新建。

(2)扩建：一般是指为扩大原有产品的生产能力，在厂内或其他地点增建主要生产车间(或主要工程)、独立的生产线或分厂的企业；事业单位和行政单位在原单位增建业务用房(如学校增建教学用房、医院增建门诊部或病床用房、行政机关增建办公楼等)也作为扩建。

(3)改建：一般是指现有企业、事业单位为了技术进步，提高产品质量，增加花色品种，促进产品升级换代，降低消耗和成本，加强资源综合利用和三废治理、劳保安全等，采用新技术、新工艺、新设备、新材料等对现有设施、工艺条件进行技术改造或更新(包括相应配套的辅助性生产、生活福利设施)。有的企业为充分发挥现有生产能力，进行填平补齐而增建不增加本单位主要产品生产能力的车间等，也属于改建。

固定资产投资按构成分 固定资产投资活动按其工作内

容和实现方式分为建筑安装工程，设备、工具、器具购置，其他费用三个部门。

(1)建筑安装工程(建筑安装工作量)：指各种房屋、建筑物的建造工程和各种设备、装置的安装工程。包括各种房屋建造工程，各种用途设备基础和各种工业窑炉的砌筑工程；为施工而进行的各种准备工作和临时工程以及完工后的清理工作等；铁路、道路的铺设，矿井的开凿及石油管道的架设等；水利工程；防空地下建筑等特殊工程；以及各机械设备的安装工程；为测定安装工程质量，对设备进行的试运工作。在安装工程中，不包括被安装设备本身的价值；

(2)设备、工具、器具购置：指购置或自制达到固定资产标准的设备、工具、器具的价值，固定资产的标准按财务部门规定。新建单位、扩建单位的新建车间按照设计和计划要求购置或自制的全部设备、工具、器具，不论是否达到固定资产标准均计入"设备、工具、器具购置"中。

(3)其他费用：指在固定资产建造和购置过程中发生的，除建筑安装工程和设备、工具、器具购置以外的各种应摊入固定资产的费用。

施工项目 指报告期内曾进行建筑或安装工程施工活动的建设项目，包括报告期内新开工项目、报告期以前开工跨人报告期继续施工的项目以及报告期施过工并在报告期内全部建成投产或停缓建的项目。

全部建成投产项目 工业项目是指设计文件规定形成生产能力的主体工业及其相应配套的辅助设施全部建成，经负荷试运转，证明具备生产设计规定合格产品的条件，并经过验收鉴定合格或达到竣工验收标准，与生产性工程配套的生活福利设施可以满足近期正常生产的需要，正式移交生产的建设项目。非工业项目是指设计文件规定的主体工程和相应的配套工程全部建成，能够发挥设计规定的全部效益，经验收鉴定合格或达到竣工验收标准，正式移交作用的建设项目。

新增生产能力 指通过固定资投资活动而增加的设计能力或工程效益，它是用实物形态表示的固定资产投资的成果，也是考核投资经济效果的重要依据。新增生产能力的计算，是以能独立发挥生产能力或工程效益的单项工程(或项目)为对象。当单项工程(或项目)建成，经有关部门鉴定合格，正式移交投入生产，即可算新增生产能力。

新增生产能力或工程效益有以下几种表现形式：

(1) 用产品数量表示，以工程在单位时间内（一般是一年）所能生产的产品数量（即年产量）表示。如原煤开采用万吨/年表示。

(2) 用单位时间内所能处理的原料数量表示，以工程每天（或小时）所能处理原料的数量表示。

(3) 以新增的主要设备数量或容量表示，如棉纺锭锭数、发电机组容量等。

(4) 以节约的原材料、燃料、动力实物量表示，适用于反映更新改造节约项目的效益。

(5) 以建筑物容积、容量、面积或长度表示，是非工业项目或工程新增效益的一种表现形式。如水库容量、铁路公路里程等。

根据工程的特点，有时需要用两种或两种以上的复合计量单位表示新增生产能力（或工程效益)，如新增内燃机生产能力同时用年产台数、千瓦数表示等。

房屋建筑面积 指从房屋外墙线算起的各层平面面积的总和，包括可供使用的有效面积和房屋结构(如柱、墙)占用的面积。多层建筑按各层(包括地下室)面积总和计算。

住宅建筑面积 指施工和竣工房屋建筑面积中供居住用的施工和竣工房屋建筑面积。

施工面积 指报告期内施工的全部房屋建筑面积。包括本期新开工的面积、上期跨入本期继续施工的房屋面积、上期停缓建在本期恢复施工的房屋面积、本期竣工的房屋面积及本期施工后又停缓建的房屋面积。

竣工面积 指在报告期内房屋建筑按照设计要求已全部完工，达到住人和使用条件，经验收鉴定合格，正式移交使用单位的建筑面积。

房屋建筑面积竣工率 批一定时期内房屋竣工面积占同期房屋施面积的比率。它是从房屋建筑施工速度的角度反映投资效果和建筑业经济效益的指标。

新增固定资产 指通过投资活动所形成的新的固定资产价值，包括已经建成投入生产或交付使用的工程价值和达到固定资产标准的设备、工具、器具的价值及有关应摊入的费用。它是以价值形式表示的固定资产投资成果的综合性指标，可以综合反映不同时期、不同部门、不同地区的固定资产投资成果。

建设项目投产率 指一定时期内全部建成投入生产项目个数与同期正式施工项目个数的比率。它是从项目建设速度的角度反映投资效果的指标。

商品房销售面积 指报告期内出售商品房屋的合同总面积(即双方签署的正式买卖合同中所确定的建筑面积)。由现房销售建筑面积和期房销售建筑面积两部分组成。

商品房销售额 指报告期内出售商品房屋的合同总价款(即双方签署的正式买卖合同中所确定的合同总价)。该指标与商品房销售面积同口径，由现房销售额和期房销售额两部分组成。

固定资产交付使用率 指一定时期新增固定资产与同期完成投资额的比率。它是反映各个时期固定资产动用速度，衡量建设过程中投资效果的一个综合性指标。

Explanatory Notes on Main Statistical Indicators

Total Investment in Fixed Assets in the Whole Country Investment in fixed assets is the essential means for Social reproduction of fixed assets. By means of construction and purchase of fixed assets, more advanced technologies and equipment are adopted in the national economy, and new sectors are established, which promote the adjustment of economic structure and the regional distribution of productive forces and enhance the economic strengths so as to provide the material conditions for improving people's livelihood. This is significant for speeding up the drive of socialist modernization in China.

Amount of investment in fixed assets refers to the volume of activities in construction and purchases of fixed assets in monetary terms. It is a comprehensive indicator which shows the size, pace, proportional relations and use orientation of the investment in fixed assets. Total investment in fixed assets in the whole country includes, by status of economic ownership, the investment by the state owned units, collective units, individuals, joint ownership units, share holding units, as well as investment by businessmen from foreign countries and from Hong Kong, Macao and Taiwan, and by other units.

Urban Investment in Fixed Assets refers to construction projects involving a total planned (or required) investment of 500,000 yuan and over by urban enterprises and institutions of various types of ownership, by administrative units and by individuals, investment in real estate development, and housing investment by individuals in urban areas and in industrial and mining areas. In other words, all investments that take place in county towns and urban areas, investment in construction projects under the direct leadership and management of government agencies at and above county levels and investments by enterprises and institutions at and above county levels are covered in urban investment in fixed assets.

Investment in Real Estate Development It includes the investment by the real estate development companies, commercial buildings construction companies and other real estate development units of various types of ownership in the construction of house buildings, such as residential buildings, factory buildings, warehouses, hotels, guesthouses, holiday villages, office buildings, and the complementary service facilities and land development projects, such as roads, water supply, water drainage, power supply, heating, telecommunications, land leveling and other projects of infrastructure. It excludes the activities in simple land transactions.

Investment in Rural Areas refers to investment in fixed assets by enterprises, institutions and individuals in rural areas.

Total Size of Construction refers to the planned total investment for all construction projects during the reference period.

Total Size of Investment in Projects under Construction refers to the planned total investment of all projects under construction at the end of the reference period.

Net Size of Investment in Projects under Construction refers to the required investment of all projects under construction at the end of the reference period.

Net Size of Investment = Total Size of Investment – accumulated completed investment

Sources of funds for Investment in Fixed Assets State budgetary appropriation, domestic loans, foreign investment, self raised funds, and others.

(1) State budgetary appropriation refers to appropriation in the budget of the central and local governments earmarked for capital construction and for innovation projects, and the special appropriation from the budget of the central government for capital construction and for the transfer fund to banks to be issued as loans for capital construction projects.

(2) Domestic loans refer to various funds borrowed by enterprises and institutions from banks and non bank financial institutions during the reference period for the purpose of investment in fixed assets, including loans issued by banks from their self owned funds and deposit, loans appropriated by higher responsible authorities, special loans by government (including loan for replacing petroleum with coal, special loan for reform through labor coal mines) , loans arranged by local government from special funds, domestic reserve loan, and working loan, etc. .

(3) Foreign Investment refers to foreign funds received during the reference period for the purpose of investment in fixed assets, including foreign funds borrowed and managed by the government, by individual units, foreign fund in joint venture program, and issue of bonds and stocks at the international financial markets. The foreign funds borrowed and managed by the government refer to foreign loans borrowed by the government from foreign governments, organizations, or financial institutions under official agreements signed by both parties, under which government is responsible for the repayment of both the principal and interests of the foreign loans.

(4) Self-raised funds refer to funds received by construction enterprises from their higher responsible authorities, local governments, or raised by enterprises or institutions themselves for the purpose of investment in fixed assets during the reference period.

(5) Others refer to funds received during the reference period which are not included in the above mentioned sources.

Investment in Fixed Assets by Sector The classification of construction projects by sector is determined by the major products or the purpose of the projects when they are put into production or use, and by the nature of their social economic activities. The investment in capital construction is classified by construction projects, while investment in innovation, other investment by state owned units and urban collective units are classified according to the sector which the whole enterprise or institution belongs to. In general, one project or one enterprise or institution can only belong to one sector. In order to reflect more accurately the proportions among various sectors, the branch factories of integrated complex are classified into different sectors according to their economic activities.

Investment in Fixes by Type of Construction The construction projects in general can be classified by the type of construction into new construction, expansion, reconstruction and moving away. In capital construction, the type of construction is determined by the condition of the project. In investment in innovation, in other investment by state owned units and investment by collective owned units, the type of construction is determined by the condition of the whole enterprise or institutions. Investment by type of construction is not applied to investment by real estate development units, investment in rural areas and investment in housing by urban individuals.

(1) New construction in general refers to newly constructed units. In the case in which the value of the original fixed assets is quite small, and the value of newly added fixed assets exceeds the original ones by three times, the expansion construction is considered as new construction.

(2) Expansion refers to construction of new major production workshop or independent production line within a factory or in other locations, or construction of a branch factory so as to increase the production capacity of the original products. Newly constructed business houses in institutions and administrative organizations (such as the newly constructed teaching buildings in schools, clinics or bed building in hospitals, and office buildings in administrative agencies, etc.) Are also classified as expansion.

(3) Reconstruction refers to technical innovation and transformation of the existing equipment and technical conditions undertaken by enterprises and institutions for the purposes of technological advancement, improvement in product quality, enlarging variety of products, promoting new generation of products, reducing production consumption and cost, promoting comprehensive utilization of resources, strengthening treatment of waste gas, waste water and solid wastes, and safety in production, etc. through application of new technologies and techniques, use of new equipment and new materials(including accessory facilities for production or for living and welfare purposes) . Construction of new workshops for improving existing production capacity rather than increasing production capacity is also considered as reconstruction.

Investment in Fixed Assets by Structure refers to the three major parts of investment activities, i. e. construction and installation, purchase of equipment and instrument, and other expenses.

(1) Construction and installation (work volume of construction and installation) refers to the construction of various houses and buildings and installation of various kinds of equipment and instruments, including construction of various houses, equipment foundations and industrial kilns and stoves, preparation works for project construction, and clearing up works post project construction, pavement of railways and roads, drilling of mines and putting up of oil pipes, construction of projects of water conservancy, construction of underground air raid shelters and construction of other special projects, installation of various machinery the quality of installation projects, The value of equipment installed is not included in the value of installation projects.

(2) Purchase of equipment and instruments refers to the total value of equipment, tools, and vessels purchased or self produced which come up to standards for fixed assets. Equipment, tools and vessels purchased or self produced for new work shops by newly established or expanded units are categorized as" purchase of equipment and instruments" no matter whether they come up to the standards for fixed assets or not.

(3) Other expenses refer to expenses occurring during the construction or purchase of fixed assets other than construction, installation or purchase of equipment and instruments.

Projects Under Construction refer to projects having construction and installation activities undertaken in the reference period, including projects started in the reference period, or continued from the previous period, or completed and put into production or suspended in the reference period.

Projects Completed and Put into Use Industrial projects refer to the major projects and accessory facilities completed which result in forming production capacity and have been checked and accepted while the living and welfare facilities have been completed and can ensure normal production and formally put into production.

Non-industrial projects refer to the major projects and accessory facilities completed which possess the designed capacity and have been checked, accepted and formally put into production.

Newly Increased Production Capacity refers to the increase of designed capacity and project efficiency through investment in fixed assets, which reflects the accomplishment of investment in fixed assets in kind. The calculation of newly increased production capacity is based on individual project which operates independently and efficiently. When an individual project is completed and checked and accepted and put into production, it is counted as newly increased production capacity.

The newly increased production capacity and project efficiency are usually expressed in one of the following forms:

(1) output of products, i. e. the output that the project can produce during a given period (usually a year) . For instance, the capacity in coal mining is expressed in 10, 000 tons/year, etc;

(2) raw materials processing capacity, i. e. the volume of raw materials that could be processed by the project per day (or per hour) , such as tons of materials processed per day by a sugar refining project or edible vegetable oil project, or tons of urban sewage processed per day;

(3) number or capacity of major equipment increased, such as number of cotton or silk looms increased, wool spindles increased, or capacity (in kilowatt s) of power generators increased;

(4) saved raw materials, fuels or power, which are mainly used for the efficiency of innovation and transformation projects; and

(5) physical measures (volume, capacity, area, and length) of construction, which is typical for non industrial projects, for instance, the length of new railways, etc.

Features of projects sometimes call for combined use of two or more measurement to reflect the increased production capacity (or project efficiency) , for instance, the new capacity for the production of internal combustion engines are expressed in sets per year and kilowatts per year simultaneously.

Floor Space of Buildings under Construction and Completed refers to total floor space in each story of buildings calculated from the outside line of building walls, including both usable space and the space occupied by constructions like pillars or walls. The floor space of multi story buildings includes the total floor space of each story (including basement) .

Floor Space of Residential Buildings refers to the floor space of the residential buildings under construction and completed among the total space of buildings under construction and completed.

Floor Space Under Construction refers to total floor space of all buildings under construction during the reference period, including floor space of newly started buildings during the reference period, floor space of construction extended from the previous period to the current period, floor space of construction suspended during the previous period and resumed in the current period, floor space of construction completed in the current period, and floor space of construction started and then suspended in the current period.

Floor Space of Buildings Completed refers to the floor space of buildings completed in the reference period, which have come up to the designed standards and have been put into use.

Completion Rate of Floor Space of Buildings refers to the ratio of the floor space of buildings completed in certain period of time to the floor space of buildings under construction in the same period, which reflects the investment result and economic efficiency of the construction industry from the angle of the speed of project construction.

Newly Increased Fixed Assets refer to the newly increased value of fixed assets through investment, including the value of projects completed and put into production, the value of equipment, tools, and vessels considered as fixed assets, as well as the relevant expenses as investment in fixed assets. This is a comprehensive indicator of investment in fixed assets, reflecting the achievements of investment in fixed assets in different periods, different sectors, and different regions.

Rate of Construction Projects Completed and put into Use refers to the ratio of the number of construction projects completed and put into use in certain period of time to the number of projects under construction in the same period, this reflects the investment efficiency from the angle of the speed of projects construction.

Area of Commercial Housing Sold refers to total contracted area of commercial housing (i.e. area of floor space as designated in the formal contracts signed by both sides) during the reference time. It constitutes floor space of completed housing and floor space of future housing.

Value of Commercial Housing Sold refer to total value of contracts (i.e. value of sales/purchase for selling/purchase of commercial housing as designated in the contracts signed by both sides) during the reference time. It has the same coverage as the area of commercial housing sold, constituting completed housing and floor space of future housing

Rate of Projects of Fixed Assets Completed and Put into Operation refers to the ratio of the newly increased fixed assets to the total investment made in the same period. This is a comprehensive indicator, reflecting the speed of the employment of fixed assets and the investment efficiency.

2009

NEI MENG GU

七、能源生产和消费

Production and Consumption of Energy

资料整理：斯　琴
Arranged by Si Qin

7-1 能源生产总量及构成

Total Production of Energy and Its Composition

年 份 Year	能源生产总量 (万吨标准煤) Total Energy Production (10 000 tons of SCE)	占能源生产总量的比重(%)As Percentage of Total Energy Production(%)			
		原 煤 Coal	原 油 Crude Oil	天然气 Natural Gas	水 电 Hydro-power
1978	1070.63	99.83			0.17
1980	1078.94	99.81			0.19
1985	2027.75	99.99			0.19
1986	2007.72	99.85			0.15
1987	2092.12	99.82			0.18
1988	2252.60	99.88			0.12
1989	2688.70	99.90			0.10
1990	2821.61	99.81			0.19
1991	3069.14	99.81			0.19
1992	3221.65	95.43			0.13
1993	3647.44	94.05	3.96		0.04
1994	3994.00	94.27	5.69		0.05
1995	4642.02	94.55	5.41		0.03
1996	4767.47	95.48	4.49		0.03
1997	5354.63	96.46	3.53		0.03
1998	5019.91	96.28	3.66		0.06
1999	4566.42	96.34	3.59		0.05
2000	4701.23	95.90	2.75		0.12
2001	6047.84	96.40	2.01	1.41	0.13
2002	8428.61	97.21	1.40	1.22	0.10
2003	10814.13	97.14	1.22	1.30	0.29
2004	15586.70	97.32	1.04	1.34	0.23
2005	19082.33	95.86	1.10	2.69	0.27
2006	22298.37	95.33	1.10	3.17	0.09
2007	26725.88	94.71	0.89	3.51	0.18
2008	33440.86	94.52	0.75	4.00	0.01

注：电力折算标准煤的系数根据当年平均发电煤耗计算，下表同。

a) The coefficient for conversion of electric power into SCE(standard coal equivalent)is calculated on the basic of the data on the average coal consumption in generating electric power in the same year.The same as in the following tables.

7-2 能源消费总量及构成

Total Consumption of Energy and Its Composition

年 份 Year	能源消费总量(万吨标准煤) Total Energy Production (10 000 tons of SCE)	占能源消费总量的比重(%) As Percentage of Total Energy Consumption(%)				单位GDP能耗(吨标准煤/万元) Energy Consumption Per 10 000 yuan of GDP (ton of SCE/10 000 yuan)	单位工业增加值能耗(吨标准煤/万元) Energy Consumption Per 10 000 yuan of Industrial Value-added (ton of SCE/10 000 yuan)	单位GDP电耗(千瓦时/万元) Electricity Consumption Per 10 000 yuan of Industrial Value-added (kw /10 000 yuan)
		原 煤 Coal	原 油 Crude Oil	天然气 Natural Gas	水 电 Hydro-power			
1985	1870.66							
1986	1856.66	57.38	0.11		0.16			
1987	1967.11	55.76	0.07		0.20			
1988	2035.52	54.25	0.04		0.14			
1989	2250.36	54.89	0.04		0.12			
1990	2423.51	52.77	0.04		0.22			
1991	2505.19	53.30	0.03		0.20			
1992	2554.99	50.50	1.65		0.17			
1993	2676.11	93.00	4.94		0.05			
1994	2812.19	94.63	4.87		0.07			
1995	3268.44	82.38	3.82		0.05			
1996	3144.36	93.87	4.56		0.05			
1997	3708.95	93.23	4.36		0.05			
1998	3440.06	95.44	4.78		0.09	2.42		
1999	3634.88	94.97	4.96		0.06	2.39		
2000	3937.54	93.14	4.58		0.14	2.31		
2001	4453.48	93.34	4.27	0.04	0.16	2.30		
2002	5190.12	93.47	3.47	0.05	0.16	2.35		
2003	6612.77	95.58	2.78	0.41	0.15	2.42		
2004	8601.81	96.71	1.14	0.05	0.16	2.51	6.33	1761.20
2005	10764.90	92.30	1.75	0.78	0.17	2.48	5.67	1714.10
2006	12805.52	89.97	1.55	1.49	0.13	2.41	5.37	1913.10
2007	14649.39	90.50	1.39	2.41	0.33	2.31	4.88	2101.68
2008	16268.22	90.21	1.66	2.50	0.01	2.16	4.19	1887.32

注:单位GDP能耗中电力、热力按等价热值折算。

Electric power & heat are converted on the basic of equal caloric value in the energy consumption per 10 000 yuan of GDP.

7-3 综合能源平衡表
Overall Energy Balance

单位：万吨标准煤　　(10 000 tons of SCE)

项 目	Item	1990	1995	2000	2005	2008
可供消费的能源总量	**Total Energy Available for Consumption**	**2418.00**	**2922.20**	**3996.41**	**9493.38**	**13860.45**
一次能源生产量	Primary Energy Output	2821.61	4642.02	4701.23	19082.33	33440.86
回收量	Recovery of Energy			193.37	391.33	1179.11
进口量	Imports	3.33	4.56		228.02	425.67
出口量(-)	Exports(-)	-16.81	-48.38	-141.96	-11.21	-502.76
年初年末库存差额	Stock Changes in the Year	-57.33	-61.74	47.81	416.06	709.24
能源消费总量	**Total Energy Consumption**	**2423.51**	**3268.44**	**3937.54**	**9642.64**	**13960.91**
在总量中：	Consumption by Sector					
1.农、林、牧、渔业	1.Farming, Forestry, Animal Husbandry & Fishery	83.39	100.09	128.62	319.53	381.43
2.工业	2.Industry	1368.62	1338.90	2059.93	6936.80	10202.86
3.建筑业	3.Construction	29.69	35.69	57.57	105.80	151.25
4.交通运输、仓储及邮电通信业	4.Transportation, Storage, Post & Telecommunications Services	152.46	154.58	151.07	686.73	1056.45
5.批发、零售业和住宿餐饮业	5.Wholesale，Retail Trade, Quarters & Catering	43.72	73.44	92.87	308.58	480.98
6.其他	6.Others	115.66	128.19	80.27	271.38	424.39
7.生活消费	7.Residential Consumption	437.18	155.45	225.40	1006.47	1263.55
在总量中：	Consumption by Usage					
(一)终端消费	(Ⅰ)Final Consumption	2230.72	1986.38	2795.70	8808.27	13112.29
# 工业	Industry	1368.62	1338.90	2059.93	6109.78	9354.24
(二)加工转换损失量	(Ⅱ)Losses in Processing & Transformation	135.67	905.20	1119.59	827.02	848.62
# 炼焦	Coking	43.91	36.52	16.30	255.60	199.93
炼油	Petroleum Refining		1.11	24.69	4.12	79.55
(三)损失量	(Ⅲ)Other Losses	57.12	376.86	22.25	7.34	
平衡差额	**Balance**	**-5.51**	**-346.24**	**58.87**	**-149.26**	**100.47**

注： 1.村办工业包括在工业中(下同)。

2.电力、热力按等价热值折算，因此加工转换损失量中不包括发电、供热损失量。

3.进口量包括我国飞机、轮船在国外加油量；出口量包括外国飞机、轮船在我国加油量。

a)Data on industry include the data of village-run industry.(The same as in the following tables).

b)Electric power & heat are converted on the basic of equal caloric value.Therefore, losses in processing and transformation exclude losses in power generation and heating.

c)Data on imports include the petroleum consumed by the Chinese airplane and ships in refueling abroad.Data on exports include the petroleum consumed by the foreign airplanes and ships in refueling in China.

7-4 石油平衡表
Petroleum Balance

单位：万吨 (10 000 tons)

项目	Item	2007	2008
可供量	**Total Energy Available for Consumption**	**841.63**	**1059.23**
生产量	Output	167.38	174.94
外省(区、市)调入量	Transfer From Other Province(Region、City)	730.75	897.14
本省(区、市)调出量(-)	Transfer to Other Province(Region、City)(-)	-126.28	-109.77
年初年末库存差额	Stock Changes in the Year	2.18	15.93
消费量	**Total Energy Consumption**	**841.63**	**1059.23**
在消费总量中：	Consumption by Sector		
1.农、林、牧、渔业	1.Farming, Forestry, Animal Husbandry and Fishery	77.83	95.93
2.工业	2.Industry	92.27	154.08
3.建筑业	3.Construction	26.84	32.18
4.交通运输、仓储及邮电通信业	4.Transportation, Storage, Post and Telecommunications Services	483.22	590.82
5.批发、零售业和住宿餐饮业	5.Wholesale，Retail Trade, Quarters and Catering	78.77	98.87
6.其他	6.Others	50.32	58.40
7.生活消费	7.Residential Consumption	32.38	28.94
在消费总量中：	Consumption by Usage		
(一)终端消费	(I)Final Consumption	855.98	1039.42
# 工业	Industry	106.61	134.28
(二)中间消费	(II)Intermediate Consumption	133.05	177.24
(用于加工转换)	(Consumed in Transformation)		
发电	Power Generation	0.62	0.37
供热	Heating	0.01	0.03
炼焦	Coking		
制气	Gas Production		
(三)洗选损耗	(III)Losses in Coal Washingand Dressing		
平衡差额	**Balance**		

注：生产量为原油产量。

a)Data on output refer to the output of crude oil.

7-5 煤炭平衡表
Coal Balance Sheet

单位：万吨 (10 000 tons)

项 目	Item	1995	2000	2005	2008
可供量	**Total Energy supply**	**4342.19**	**5817.19**	**13706.67**	**21747.92**
生产量	Output	7055.21	7247.29	25607.69	49042.26
进口量	Imports			248.80	403.78
出口量(-)	Exports(-)	-71.51	-197.59		-780.08
年初年末库存差额	Stock Changes in the Year		117.49	584.06	1162.57
消费量	**Total Energy Consumption**	**4329.02**	**5739.52**	**13921.81**	**21920.72**
在消费总量中:	Consumption by Sector				
1.农、林、牧、渔业	1.Farming,Forestry,Animal Husbandry & Fishery	57.87	75.25	127.82	166.23
2.工业	2.Industry	934.94	1420.45	12359.47	20121.52
3.建筑业	3.Construction	30.75	30.55	76.96	118.36
4.交通运输、仓储及邮电通信业	4.Transport, Storage, Post & Telecomm Services	186.65	99.99	178.67	147.40
5.批发、零售业和住宿餐饮业	5.Wholesale，Retail Trade, Quarters & Catering	65.87	37.58	187.24	314.71
6.其他	6.Others	92.11	38.00	170.40	327.13
7.生活消费	7.Residential Consumption	144.00	143.44	811.25	725.36
在消费总量中:	Consumption by Usage				
(一)终端消费	(Ⅰ)Final Consumption	1512.19	1845.26	4440.07	4452.93
# 工业	Industry	934.94	1420.45	2887.73	2653.74
(二)中间消费	(Ⅱ)Intermediate Consumption	2786.83	3864.26	9471.74	17467.79
(用于加工转换)	(Consumed in Transformation)				
发电	Power Generation	1882.61	2566.34	6277.23	12674.02
供热	Heating	275.56	366.26	808.20	1371.33
炼焦	Coking	60.45	126.06	1590.07	2071.86
制气	Gas Production			1.96	
(三)洗选损耗	(III)Losses in Coal Washing				1350.01
平衡差额	**Balance**	**13.17**	**77.67**	**-215.14**	**172.80**

注：生产量为原煤产量。

a)Data on output refer to the output of raw coal.

7-6 电力平衡表

Electricity Balance Sheet

单位：亿千瓦小时 (100 million kwh)

项 目	Item	1990	1995	2000	2005	2008
可供量	**Total Energy supply**	**169.54**	**278.54**	**439.22**	**1025.27**	**1220.57**
生产量	Output	169.54	278.54	439.22	1025.27	2057.59
水电	Hydro-power	1.34	1.43	5.59	11.38	0.83
火电	Thermal Power	168.50	277.11	432.09	1010.21	1998.77
核电	Nuclear Power					
进口量	Imports					
出口量(-)	Exports(-)					
消费量	**Total Energy Consumption**	**121.82**	**186.83**	**256.07**	**667.72**	**1220.57**
在消费总量中：	Consumption by Sector					
1.农、林、牧、渔业	1.Farming, estry,Animal Husbandry & Fishery	9.10	11.59	16.99	27.73	29.92
2.工业	2.Industry	95.28	145.52	195.65	566.67	1081.63
3.建筑业	3.Construction	1.50	1.79	4.27	2.43	3.49
4.交通运输、仓储及邮电通信业	4.Transportation, Storage, Post & Telecommunications Services	1.45	2.50	4.22	6.14	8.64
5.批发、零售业和住宿餐饮业	5.Wholesale，Retail Trade, Quarters & Catering	1.50	2.94	5.65	8.75	16.77
6.其他	6.Others	4.20	6.88	7.36	14.41	20.66
7.生活消费	7.Residential Consumption	8.79	15.61	22.36	41.80	59.46
在消费总量中：	Consumption by Usage					
(一)终端消费	(Ⅰ)Final Consumption	115.84	186.83	256.07	667.72	1220.57
# 工业	Industry	95.28	145.52	195.65	566.67	1081.63
(二)输配电损失量	(Ⅱ)Losses in Transmission	5.98				

7-7 分行业能源消费总量和主要能源品种消费量(2008年)
Consumption of Total Energy & Its Main Varieties by Sector(2008)

行业	Sector	能源消费总量(万吨标准煤) Total Energy Consumption (10 000 tons of SCE)	煤炭消费量(万吨) Coal Consumption (10 000 tons)	焦炭消费量(万吨) Coke Consumption (10 000 tons)	原油消费量(万吨) Crude Oil Consumption (10 000 tons)	汽油消费量(万吨) Gasoline Consumption (10 000 tons)
消费总量	**Total Consumption**	**13961**	**21921**	**1381**	**189**	**298**
农、林、牧、渔业	**Farming, Forestry, Animal Husbandry & Fishery**	**381**	**166**	**6**		**30**
工业	**Industry**	**10203**	**20122**	**1373**	**189**	**14**
采矿业	**Mining**	**1060**	**1670**	**9**	**9**	**5**
煤炭开采和洗选业	Coal Mining & Processing	784	1535	9		1
石油和天然气开采业	Extraction of Petroleum & Natural Gas	43	5	0	9	0
黑色金属矿采选业	Mining & Dressing of Ferrous Metals	98	45			1
有色金属矿采选业	Mining & Dressing of Nonferrous Metals	90	38	0		2
非金属矿采选业	Mining & Dressing of Nonmetal Minerals	33	46	0		0
其他采矿业	Mining of Other Mineral	12	1			0
制造业	**Manufacturing**	**8018**	**5990**	**1364**	**180**	**7**
农副食品加工业	Processing of Agricultural Side-line Food	158	189	0		1
食品制造业	Food Manufacturing	155	281			0
饮料制造业	Beverage Manufacturing	93	113			0
烟草制品业	Tobacco Products	13	3			0
纺织业	Textile Industry	44	56			1
纺织服装、鞋、帽制造业	Textile Products, Clothes, Shoes & Hats	4	4			0
皮革、毛皮、羽毛(绒)及其制品业	Leather, Furs, Down & Related Products	2	1			0
木材加工及木、竹、藤、棕、草制品业	Timber Processing, Bamboo, Cane, Palm Fiber & Straw Products	38	18			0
家具制造业	Furniture Manufacturing	7	2			0
造纸及纸制品业	Paper-making & Paper Products	48	65			0
印刷业和记录媒介的复制	Printing & Record Pressing	3	0			0
文教体育用品制造业	Cultural, Educational & Sports Goods	2				

注： 1.工业能源消费量中包括村办工业。

2.工业分行业数字中不包括其他石油制品和其他焦化产品，但工业合计中包括。

a)The energy consumption by the industrial sector includes the consumption by village run industry.

b)The consumption of other petroleum products and other coking products (such as benzene etc.) is included in the total consumption of the industrial sector , but not included the various industrial branches.

7-7 续表 1 continued

行 业	Sector	煤油消费量(万吨) Kerosene Consumption (10 000 tons)	柴油消费量(万吨) Diesel Oil Consumption (10 000 tons)	燃料油消费量(万吨) Fuel Oil Consumption (10 000 tons)	天然气消费量(亿立方米) Natural Gas Consumption (100 million cu.m)	电力消费量(亿千瓦小时) Electricity Consumption (100 million kwh)
消费总量	**Total Consumption**	**7**	**696**	**14**	**31**	**1221**
农、林、牧、渔业	**Farming, Forestry, Animal Husbandry & Fishery**		**66**			**30**
工业	**Industry**	**0**	**88**	**14**	**24**	**1082**
采矿业	**Mining**	**0**	**63**	**1**	**0**	**70**
煤炭开采和洗选业	Coal Mining & Processing		50	1		31
石油和天然气开采业	Extraction of Petroleum & Natural Gas		1		0	6
黑色金属矿采选业	Mining & Dressing of Ferrous Metals	0	7	0		14
有色金属矿采选业	Mining & Dressing of Nonferrous Metals	0	4	0		13
非金属矿采选业	Mining & Dressing of Nonmetal Minerals	0	1	0		5
其他采矿业	Mining of Other Mineral		0			3
制造业	**Manufacturing**	**0**	**18**	**9**	**15**	**783**
农副食品加工业	Processing of Agricultural Side-line Food		1		0	7
食品制造业	Food Manufacturing		0	0		3
饮料制造业	Beverage Manufacturing		0			3
烟草制品业	Tobacco Products		0		0	3
纺织业	Textile Industry	0	0		0	2
纺织服装、鞋、帽制造业	Textile Products, Clothes, Shoes & Hats		0		0	0
皮革、毛皮、羽毛(绒)及其制品业	Leather, Furs, Down & Related Products		0			0
木材加工及木、竹、藤、棕、草制品业	Timber Processing, Bamboo, Cane, Palm Fiber & Straw Products	0	1			1
家具制造业	Furniture Manufacturing		0			1
造纸及纸制品业	Paper-making & Paper Products		0	0		3
印刷业和记录媒介的复制	Printing & Record Pressing		0			1
文教体育用品制造业	Cultural, Educational & Sports Goods					0

7-7 续表 2 continued

行 业	Sector	能源消费总量(万吨标准煤) Total Energy Consum-ption (10 000 tons of SCE)	煤炭消费量(万吨) Coal Cons-umption (10 000 tons)	焦炭消费量(万吨) Coke Consum-ption (10 000 tons)	原油消费量(万吨) Crude Oil Consum-ption (10 000 tons)	汽油消费量(万吨) Gasoline Consum-ption (10 000 tons)
石油加工、炼焦及核燃料加工业	Petroleum Processing , Coke Products & Processing of Nuclear Fuel	476	1511	2	180	0
化学原料及化学制品制造业	Raw Chemical Materials & Chemical Products	1998	704	370		0
医药制造业	Medicine Manufacturing	87	95	2		0
化学纤维制造业	Chemical Fiber Manufacturing	3	0			0
橡胶制品业	Rubber Products	4	0			0
塑料制品业	Plastic Products	21	41			0
非金属矿物制品业	Nonmetal Mineral Products	643	762	9		1
黑色金属冶炼及压延加工业	Smelting & Pressing of Ferrous Metals	3138	1291	962		1
有色金属冶炼及压延加工业	Smelting & Pressing of Nonferrous Metals	948	784	16		1
金属制品业	Metal Products	16	7	0		0
通用设备制造业	Manufacturing of General-Purpose Equipment	29	11	1		0
专用设备制造业	Special Purposes Equipment Manufacturing	62	12	2		0
交通运输设备制造业	Transportation Equipment Manufacturing	7	3	0		0
电气机械及器材制造业	Electric Equipment & Machinery	6	32			0
信设备、计算机及其他电子设备制造业	Manufacturing of Telecommunications, Computer & Other Electronic Equipment	3	1			0
仪器仪表及文化、办公用机械制造业	Instruments, Meters, Cultural & Office Machinery	1	0			
工艺品及其他制造业	Handicrafts & Other Production	6	3	0		0
废弃资源和废旧材料回收加工业	Recovering of Abandoned Resource & Waste Materical	1	1	0		0
电力、燃气及水的生产和供应业	**Production & Supply of Electric Power, Gas & Water**	**1125**	**12462**		**0**	**2**
电力、热力的生产和供应业	Production & Supply of Electric Power & Heating Power	1046	12422		0	1
燃气生产和供应业	Production & Supply of Gas	65	33			0
水的生产和供应业	Production & Supply of Water	14	7			0
建筑业	**Construction**	**151**	**118**			**13**
交通运输、仓储及邮电通信业	**Transportation,Storage, Postal & Telecommunications Services**	**1056**	**147**			**149**
批发、零售业和住宿、餐饮业	**Wholesale，Retail Trade, Quarters & Catering**	**481**	**315**			**46**
其他	**Others**	**424**	**327**			**35**
生活消费	**Residential Consumption**	**1264**	**725**	**2**		**12**

7-7 续表 3 continued

行 业	Sector	煤油消费量(万吨) Kerosene Consumption (10 000 tons)	柴油消费量(万吨) Diesel Oil Consumption (10 000 tons)	燃料油消费量(万吨) Fuel Oil Consumption (10 000 tons)	天然气消费量(亿立方米) Nat ural Gas Consumption (100 million cu.m)	电力消费量(亿千瓦小时) Electricity Consumption (100 million kwh)
石油加工、炼焦及核燃料加工业	Petroleum Processing , Coke Products & Processing of Nuclear Fuel	0	1			4
化学原料及化学制品制造业	Raw Chemical Materials & Chemical Products	0	2	0	12	260
医药制造业	Medicine Manufacturing		0			8
化学纤维制造业	Chemical Fiber Manufacturing					1
橡胶制品业	Rubber Products		0			1
塑料制品业	Plastic Products		0	0		1
非金属矿物制品业	Nonmetal Mineral Products	0	4	8	0	35
黑色金属冶炼及压延加工业	Smelting & Pressing of Ferrous Metals	0	4	0	1	243
有色金属冶炼及压延加工业	Smelting & Pressing of Nonferrous Metals	0	2	1	1	194
金属制品业	Metal Products		0	0	0	3
通用设备制造业	Manufacturing of General-Purpose Equipment	0	0	0	0	3
专用设备制造业	Special Purposes Equipment Manufacturing	0	0		1	3
交通运输设备制造业	Transportation Equipment Manufacturing	0	1		0	0
电气机械及器材制造业	Electric Equipment & Machinery	0	0			1
通信设备、计算机及其他电子设备制造业	Manufacturing of Telecommunications, Computer & Other Electronic Equipment		0		0	0
仪器仪表及文化、办公用机械制造业	Instruments, Meters, Cultural & Office Machinery					0
工艺品及其他制造业	Handicrafts & Other Production		0	0		1
废弃资源和废旧材料回收加工业	Recovering of Abandoned Resource & Waste Materical		0			0
电力、燃气及水的生产和供应业	**Production & Supply of Electric Power, Gas & Water**		**7**	**4**	**9**	**228**
电力、热力的生产和供应业	Production & Supply of Electric Power & Heating Power		7	4	5	224
燃气生产和供应业	Production & Supply of Gas		0		4	1
水的生产和供应业	Production & Supply of Water		0			3
建筑业	**Construction**		**20**		**0**	**3**
交通运输、仓储及邮电通信业	**Transportation,Storage, Postal & Telecommunications Services**	**7**	**435**		**1**	**9**
批发、零售业和住宿、餐饮业	**Wholesale，Retail Trade, Quarters & Catering**		**51**		**0**	**17**
其他	**Others**		**24**		**0**	**21**
生活消费	**Residential Consumption**		**13**		**5**	**59**

7-8 能源生产弹性系数

Elasticity Ratio of Energy Production

年份 Year	能源生产比上年增长% Growth Rate of Energy Production over Preceding Year (%)	电力生产比上年增长% Growth Rate of Electricity Production over Preceding Year (%)	生产总值比上年增长% Growth Rate of Gross Domestic Product(GDP) over Preceding Year (%)	能源生产弹性系数 Elasticity Ratio of Energy Production	电力生产弹性系数 Elasticity Ratio of Electricity Production
1984	10.15	14.35	16.4	0.62	0.89
1985	20.49	15.69	18.2	1.15	0.91
1986	-0.99	39.54	5.9	-0.17	6.30
1987	4.20	13.76	9.0	0.47	1.53
1988	7.67	9.33	9.8	0.78	0.95
1989	19.36	11.12	2.7	7.17	4.12
1990	4.94	10.51	7.5	0.66	1.40
1991	8.77	11.31	7.5	1.17	1.51
1992	4.97	17.63	11.0	0.45	1.60
1993	13.22	5.82	11.7	1.13	0.50
1994	9.50	11.07	11.2	0.85	0.99
1995	16.22	6.61	10.1	1.61	0.65
1996	2.70	16.32	14.4	0.19	1.13
1997	12.32	5.62	10.8	1.14	0.52
1998	-6.25	2.39	10.7	-0.58	0.22
1999	-9.03	8.62	8.8	-1.03	0.98
2000	2.95	16.87	10.8	0.27	1.56
2001	28.64	5.98	10.6	2.68	0.56
2002	39.37	11.27	13.2	2.98	0.85
2003	27.99	25.05	17.6	1.59	1.42
2004	44.13	26.09	20.9	2.11	1.25
2005	22.43	31.01	23.8	0.94	1.30
2006	18.96	38.13	19.0	1.00	2.01
2007	19.86	30.36	19.1	1.04	1.59
2008	25.13	11.45	17.2	1.46	0.67

注：生产总值增长速度按可比价格计算，下表同。

a)The growth rates of GDP are calculated at comparable prices.The same as in the following tables.

7-9 能源消费弹性系数
Elasticity Ratio of Energy Consumption

年份 Year	能源消费比上年增长% Growth Rate of Energy Consumption over Preceding Year (%)	电力消费比上年增长% Growth Rate of Electricity Consumption over Preceding Year (%)	生产总值比上年增长% Growth Rate of Gross Domestic Product(GDP) over Preceding Year (%)	能源消费弹性系数 Elasticity Ratio of Energy Consumption	电力消费弹性系数 Elasticity Ratio of Electricity Consumption
1986	1.97	7.94	5.9	0.33	1.35
1987	5.95	9.70	9.0	0.66	1.08
1988	3.48	14.15	9.8	0.36	1.44
1989	10.03	13.95	2.7	3.71	5.17
1990	8.21	13.55	7.5	1.09	1.81
1991	3.37	3.87	7.5	0.45	0.52
1992	1.98	10.65	11.0	0.18	0.97
1993	4.74	39.43	11.7	0.41	3.37
1994	5.08	-17.23	11.2	0.45	-1.54
1995	16.22	-18.43	10.1	1.61	-1.82
1996	-3.80	49.76	14.4	-0.26	3.46
1997	17.96	4.68	10.8	1.66	0.43
1998	-7.25	-10.42	10.7	-0.68	-0.97
1999	5.66	24.91	8.8	0.64	2.83
2000	8.33	8.15	10.8	0.77	0.75
2001	13.10	9.22	10.6	1.24	0.87
2002	16.54	14.57	13.2	1.25	1.10
2003	27.41	26.89	17.6	1.56	1.53
2004	30.08	31.72	20.9	1.44	1.52
2005	25.15	24.67	23.8	1.06	1.04
2006	16.06	32.48	19.0	0.85	1.71
2007	13.69	31.11	19.1	0.72	1.63
2008	9.73	5.20	17.2	0.57	0.30

主要统计指标解释

能源生产总量 指一定时期内全区一次能源生产量的总和，是观察全区能源生产水平、规模、构成和发展速度的总量指标。一次能源生产量包括原煤、原油、天然气、水电、核能及其他动力能(如风能、地热能等)发电量，不包括低热值燃料生产量、生物质能、太阳能等的利用和由一次能源加工转换而成的二次能源产量。

能源消费总量 指一定时期内全区物质生产部门、非物质生产部门和生活消费的各种能源的总和，是观察能源消费水平、构成和增长速度的总量指标。能源消费总量包括原煤和原油及其制品、天然气、电力，不包括低热值燃料、生物质能和太阳能等的利用。能源消费总量分为终端能源消费量、能源加工转换损失量和损失量三部分。

(1)终端能源消费量：指一定时期内全区生产和生活消费的各种能源在扣除了用于加工转换二次能源消费量和损失量以后的数量。

(2)能源加工转换损失量：指一定时期内全区投入加工转换的各种能源数量之和与产出各种能源产品之和的差额，是观察能源在加工转换过程中损失量变化的指标。

(3)能源损失量：指一定时期内能源在输送、分配、储存过程中发生的损失和由客观原因造成的各种损失量，不包括各种气体能源放空、放散量。

能源生产弹性系数 是研究能源生产增长速度与国民经济增长速度之间关系的指标。计算分式为：

能源生产弹性系数=能源生产总量年平均增长速度/国民经济年平均增长速度

国民经济年平均增长速度，可根据不同的目的或需要，用地区收入总值、地区生产总值等指标来计算，本年鉴是采用国内生产总值指标计算的。

电力生产弹性系数 是研究电力生产增长速度与国民经济增长速度之间关系的指标。一般来说，电力的发展应当快于国民经济的发展，也就是说电力应超前发展。计算公式为：

电力生产弹性系数=电力生产量年平均增长速度/国民经济年平均增长速度

能源消费弹性系数 是反映能源消费增长速度与国民经济增长速度之间比例关系的指标。计算公式为：

能源消费弹性系数=能源消费量年平均增长速度/国民经济年平均增长速度

电力消费弹性系数 反映电力消费增长速度与国民经济增长速度之间比例关系的指标。计算公式为：

电力消费弹性系数=电力消费量年平均增长速度/国民经济年平均增长速度

能源加工转换效率 指一定时期内能源经过加工、转换后，产出的各种能源产品的数量与同期内投入加工转换的各种能源数量的比率。它是观察能源加工转换装置和生产工艺先进与落后、管理水平高低等的重要指标。计算公式为：

能源加工转换效率=能源加工、转换产出量/能源加工、转换投入量×100%

Explanatory Notes on Main Statistical Indicators

Total Energy Production refers to the total production of primary energy by all energy producing enterprises in the autonomous region in a given period of time. It is a comprehensive indicator to show the capacity, scale, composition and development of energy production of the country. The production of primary energy includes that of coal, crude oil, natural gas, hydropower and elect recite generated by nuclear energy and other means such as wind power and geothermal power. However, it excludes the production of fuels of low calorific value, bio-energy, solar-energy and the secondary energy converted from the primary energy.

Total Domestic Energy Consumption refers to the total consumption of energy of various kinds by material production sectors, nonmaterial production sectors and households in the autonomous region in a given period of time. It is a comprehensive indicator to show the scale, composition and development of energy consumption. The total energy consumption includes that of coal, crude oil and their products, natural gas and electricity. However, it excludes the consumption of fuel of low calorific value, bio-energy and solar energy. Total domestic energy consumption can be divided into three parts:

(1) Final Energy Consumption: It refers to the total energy consumption by material production sectors. Non material production sectors and households in the autonomous region in a given period of time, but excludes the consumption in conversion o f the primary energy into the secondary energy and the loss in the process of energy conversion.

(2) Loss During the Process of Energy Conversion: It refers to the total input of various kinds of energy for conversion, minus the total output of various kinds of energy in the autonomous region in a given period of time. It is an indicator to show the loss that occurs during the process of energy conversion.

(3) Loss: It refers to the total of the loss of energy during the course of energy transport, distribution and storage and the loss caused by any objective reason in a given period of time. The loss of various kinds of gas due to gas discharges and stocktaking is excluded.

Elasticity Ratio of Energy Production is an indicator to show the relationship between the growth rate of energy production and the growth rat e of the national economy. The formula is:

Elasticity Ratio of Energy Production=Average Annual Growth Rate of Energy Production ÷ Average Annual Growth Rate of National Economy

The average annual growth rate of the national economy can be shown by the gross national product, gross domestic product and other indicators, depending upon the purposes or needs. The gross domestic product is used in calculation of the ratio in this chapter.

Elasticity Ratio of Electricity Production is an indicator to show the relations hip between the growth rate of electricity production and the growth rate of the national economy. Generally speaking, the growth rate of electricity production should be higher than that of the national economy. Its formula is:

Elasticity Ratio of Electricity Production = Average Annual Growth Rate of Electricity Production ÷ Average Annual Growth Rate of National Economy

Elasticity Ratio of Energy Consumption is an indicator to show the relationship between the growth rate of energy consumption and the growth r ate of the national economy. The formula is:

Elasticity Ratio of Energy Consumption=Average Annual Growth Rate of Energy Consumption ÷ Average Annual Growth Rate of National Economy

Elasticity Ratio of Electricity Consumption is an indicator to show the relation ship between the growth rate of electricity consumption and the growth rate of t he national economy. The formula is:

Elasticity Ratio of Electricity Consumption = Average Annual Growth Rate of Electricity ÷ Average Annual Growth Rate of National Economy

Efficiency of Energy Processing and Conversion refers to the ratio of the total output of energy products of various kinds after processing and conversion and the total input of energy of various kinds for processing and conversion in the same reference period. It is an important indicator to show the current conditions of energy processing and conversion equipment, production technique and management. The formula is:

Efficiency of Energy Processing and Conversion = Output of Energy After Processing and Conversion ÷ Input of Energy for Processing and Conversion×100%

2009 NEI MENG GU

八、财政

Government Finance

资料整理：王艳伟
Arranged by Wang Yanwei

8-1 地方财政收支总额及增长速度

Local Government Revenue and Expenditures and Their Increase Rate

年份 Year	地方财政总收入 (万元) Local Government Revenue (10 000 yuan)	地方财政总支出 (万元) Local Government Expenditures (10 000 yuan)	增长速度(%) Incease Rate(%) 地方财政总收入 Local Government Revenue	增长速度(%) Incease Rate(%) 地方财政总支出 Local Government Expenditures
1947	9	39		
1948	110	262	1122.2	571.8
1949	739	786	571.8	200.0
1950	5347	4562	623.5	480.4
1951	5376	6025	0.5	32.1
1952	13335	10280	148.0	70.6
1953	8657	13997	-35.1	36.2
1954	18503	18045	113.7	28.9
1955	21090	17489	14.0	-3.1
1956	27597	29032	30.9	66.0
1957	31385	26771	13.7	-7.8
1958	42764	64432	36.3	140.7
1959	70269	99357	64.3	54.2
1960	89917	122162	28.0	23.0
1961	49529	56471	-44.9	-53.8
1962	33590	37641	-32.2	-33.3
1963	38345	39952	14.2	6.1
1964	43219	49683	12.7	24.4
1965	45967	51808	6.4	4.3
1966	48455	59224	5.4	14.3
1967	40232	47949	-17.0	-19.0
1968	38882	41477	-3.4	-13.5
1969	27680	61706	-28.8	48.8
1970	44088	78582	59.3	27.3
1971	36543	90915	-17.1	15.7
1972	31314	97994	-14.3	7.8
1973	34123	114983	9.0	17.3
1974	26863	124842	-21.3	8.6
1975	27375	129157	1.9	3.5
1976	26587	138332	-2.9	7.1
1977	29339	140470	10.4	1.5

8-1 续表 continued

年 份 Year	地方财政总收入 (万元) Local Government Revenue (10 000 yuan)	地方财政总支出 (万元) Local Government Expenditures (10 000 yuan)	增长速度(%) Incease Rate(%)	
			地方财政总收入 Local Government Revenue	地方财政总支出 Local Government Expenditures
1978	69046	186888	135.3	33.0
1979	45553	210416	-34.0	12.6
1980	41284	183721	-9.4	-12.7
1981	41585	163506	0.7	-11.0
1982	51842	203074	24.7	24.2
1983	69891	228273	34.8	12.4
1984	84556	308604	21.0	35.2
1985	131789	341832	55.9	10.8
1986	160206	438955	21.6	28.4
1987	194326	455597	21.3	3.8
1988	241343	510137	24.2	12.0
1989	286679	558124	18.8	9.4
1990	329763	609023	15.0	9.1
1991	393966	666190	19.5	9.4
1992	390775	720731	-0.8	8.2
1993	561177	882773	43.6	22.5
1994	362969	928235	-35.3	5.1
1995	437028	1021780	20.4	10.1
1996	572571	1263825	31.0	23.7
1997	731774	1429118	27.8	13.1
1998	897747	1817593	22.7	27.2
1999	1008228	2128369	12.3	17.1
2000	1106808	2610629	9.8	22.7
2001	1173825	3359808	6.1	28.7
2002	1329097	4133327	13.2	23.0
2003	1627213	4710924	22.4	14.0
2004	2382753	6027524	46.4	27.9
2005	3350925	7346079	40.6	21.9
2006	5945874	9149716	77.4	24.6
2007	8354915	10823054	40.5	18.3
2008	11072700	14545732	32.5	34.4

8-2 地方财政总收入占生产总值的比重

Local Government Revenue as Percentage to Gross Domestic Product

年 份 Year	地方财政总收入 (亿元) Local Government Revenue (100 million yuan)	生产总值 (亿元) Gross Domestic Products (100 million yuan)	地方财政总收入占生产总值的比重(%) Percentage of Local Government Revenue to GDP(%)
1949	0.07	5.37	1.4
1952	1.33	12.16	11.0
1953	0.87	15.57	5.6
1957	3.14	21.27	14.8
1962	3.36	25.12	13.4
1965	4.60	35.41	13.0
1970	4.41	39.17	11.3
1975	2.74	48.55	5.6
1978	6.90	58.04	11.9
1979	4.56	64.14	7.1
1980	4.13	68.40	6.0
1981	4.16	77.91	5.3
1982	5.18	93.22	5.6
1983	6.99	105.88	6.6
1984	8.46	128.20	6.6
1985	13.18	163.83	8.0
1986	16.02	181.58	8.8
1987	19.43	212.27	9.2
1988	24.13	270.81	8.9
1989	28.67	292.69	9.8
1990	32.98	319.31	10.3
1991	39.40	359.66	11.0
1992	39.08	421.68	9.3
1993	56.12	537.81	10.4
1994	36.30	695.06	5.2
1995	43.70	857.06	5.1
1996	57.26	1023.09	5.6
1997	73.18	1153.51	6.3
1998	89.77	1262.54	7.1
1999	100.82	1379.31	7.3
2000	110.68	1539.12	7.2
2001	117.38	1713.81	6.8
2002	132.91	1940.94	6.8
2003	162.72	2388.38	6.8
2004	238.28	3041.07	7.8
2005	335.09	3895.55	8.6
2006	594.59	4841.82	12.3
2007	835.49	6091.12	13.7
2008	1107.27	7761.80	14.3

8-3 地方财政分项收入

Local Government Revenue by Source

单位：万元 (10 000 yuan)

年份 Year	地方财政总收入 Local Government Revenue	一般预算收入 General Budgetary Financial Revenue	#工商税收 Industrial and Commercial Tax	#契税和耕地占用税 Contract Tax and Tax on The Occupancy of Cultuvated Land	#企业所得税 Income Tax of Enterprises	#国有企业上缴利润 Payed Profits by State-owned Enterprises
1947	9	9			1	
1948	110	110			20	
1949	739	739	149		196	
1950	5347	5347	1852		1568	
1951	5376	5376	2266		1306	
1952	13335	13335	3744		5049	
1953	8657	8657	4507		2550	
1954	18503	18503	7725		5260	
1955	21090	21090	8549		6324	
1956	27597	27597	11797		9328	
1957	31385	31385	12535		9409	
1958	42764	42764	15174		17065	
1959	70269	70269	19237		39150	
1960	89917	89917	24690		52872	
1961	49529	49529	16531		24238	
1962	33590	33590	18027		7788	
1963	38345	38345	19929		9734	
1964	43219	43219	20196		12499	
1965	45967	45967	22577		13144	
1966	48455	48455	21712		16086	
1967	40232	40232	20303		9058	
1968	38882	38882	20537		7549	
1969	27680	27680	20168		1509	
1970	44088	44088	27399		6076	
1971	36543	36543	29455		-1820	
1972	31314	31314	31085		-5822	
1973	34123	34123	34954		-9309	
1974	26863	26863	34257		-16136	
1975	27375	27375	40295		-21044	
1976	26587	26587	43142		-25703	
1977	29339	29339	49579		-29193	

8-3 续表 continued

单位：万元 (10 000 yuan)

年份 Year	地方财政总收入 Local Government Revenue	一般预算收入 General Budgetary Financial Revenue	#工商税收 Industrial and Commercial Tax	#契税和耕地占用税 Contract Tax and Tax on The Occupancy of Cultuvated Land	#企业所得税 Income Tax of Enterprises	#国有企业上缴利润 Payed Profits by State-owned Enterprises
1978	69046	69046	54486		3234	
1979	45553	45553	54648		-20749	
1980	41284	41284	58537		-26724	
1981	41585	41585	62493		-32579	
1982	51842	51842	71540		-35624	
1983	69891	69891	78370		-25171	
1984	84556	84556	86862		-20618	
1985	131789	131789	119871		36495	7429
1986	160206	160206	145866		37092	706
1987	194326	194326	176890		35797	9344
1988	241343	241343	214128		41206	11050
1989	286679	286679	261270		40045	3193
1990	329763	329763	278480		40954	17895
1991	393966	393966	299621		39320	16833
1992	390775	390775	335490		38992	12382
1993	561177	561177	511777		37311	9745
1994	362969	362969	261719		43005	4900
1995	437028	437028	278344		62222	4070
1996	572571	548777	339614		56853	5230
1997	731774	660777	415328		60554	5964
1998	897747	776654	492585		50815	12083
1999	1008228	865714	502477		80821	13766
2000	1106808	950320	546435		105983	12815
2001	1173825	994313	571829		151985	19489
2002	1329097	1128546	673679		90287	40610
2003	1627213	1387157	857381		71615	60521
2004	2382753	1967589	1220909		86995	147494
2005	3350925	2774553	1768690		193550	147758
2006	5945874	3433774	2183213	148893	272831	188849
2007	8354915	4923615	3342205	134741	419186	234394
2008	11072700	6506764	4401399	241064	592789	415549

注：1.1984年以前企业所得税包括国有企业上缴利润和国有企业亏损补贴；

2.1994年以来地方财政收入为分税制财政体制统计口径。

a)Before 1984, Enterprises income tax including payed profits and planned subsidies for the losses of the state-owned enterprises;

b)Since 1994, Revenue of the local governments has been counted by the classification of the structure of the government finance.

8-4 地方财政支出及主要支出项目

Local Government Expenditures by Accounting Item

单位：万元 (10 000 yuan)

项目	Item	2007	2008
地方财政支出	**Local Government Expenditure**	**10823054**	**14545732**
一般公共服务	General Public Services	1940317	2433914
外交	Foreign Affairs	120	354
国防	National Defense	13560	15909
公共安全	Public Security	608509	764478
教育	Education	1535674	2064017
科学技术	Science and Technology	92228	153634
文化体育与传媒	Operating Expenses of Culture , Sports and Media	277115	316243
# 文化	Culture	107328	122536
新闻出版	News Published	10993	12024
社会保障和就业	Social Security and Employment	1520235	1915179
# 社会福利	Social Welfare	11814	16252
医疗卫生	Public Health	438658	598205
环境保护	Environment Protection	610133	796815
城乡社区事务	City and Countryside Community Business	1219317	1704399
农林水事务	Expenses of Agriculture,Forestry,Water	1085176	1607177
交通运输	Transportation	484945	493087
工业商业金融等事务	Operating Expenses of Industrial, Commercial & Finanial Departments	720189	1253567
其他支出	Others	276878	428754

注：数据来自于自治区财政厅年度总决算报表，以下各表同。

a)Date are from final accounts report form of provincial finance department .The same as in the following tables.

8-5 财政用于科学技术的支出
Government Expenditure for Scientific and Technological

单位：万元 (10 000 yuan)

项目	Item	2007	2008
合计	**Total**	**92228**	**153634**
科学技术管理事务	Administrative Affairs of Scientific and Technological	8602	12697
基础研究	Basic Research	1997	3511
应用研究	Applied Research	6525	10832
技术研究与开发	Technological Research and Development	56746	100019
科技条件与服务	Condition and Service of Scientific and Technological	1565	2883
社会科学	Social Sciences	2945	3434
科学技术普及	Scientific and Technological Popularization	7539	9587
科技交流与合作	Scientific and Technological International Exchange and Cooperation	113	22
其他	Others	6196	10649

8-6 财政用于教育支出
Government Expenditure for Education

单位：万元 (10 000 yuan)

项目	Item	2007	2008
合计	**Total**	**1535674**	**2064017**
教育管理事务	Administrative Affairs of Education	29945	41039
普通教育	General Education	1176293	1634858
职业教育	Vocational Education	150773	179514
成人教育	Adult Education	1371	364
广播电视教育	Radio and Television Education	3328	3584
特殊教育	Special Education	3982	6794
教师进修及干部继续教育	Teacher Further Education and Cadre Continuing Education	25501	34693
教育附加及基金支出	Education Surcharge and Fund Expenditure	123331	136396
其他	Others	21150	26775

8-7 财政用于社会保障和就业的支出

Government Expenditure for Social Security and Employment

单位：万元 (10 000 yuan)

项目	Item	2007	2008
合计	**Total**	**1520235**	**1915179**
社会保障和就业管理事务	Administrative Affairs of Social Security and Employment	41046	54827
民政管理事务	Administrative Affairs of Civil Affairs	26238	35992
财政对社会保险基金的补助	Subsidy of Social Insurance Fund from Government Finance	362083	500725
行政事业单位离退休	Expenditure for Retired Persons in Administrative Department	654611	814536
企业改革补助	Subsidy of Enterprise Reform	64266	2987
就业补助	Subsidy of Employment	82748	93145
抚恤	Pensions for Disable and Bereaved Families	32003	43073
退役安置	Retirement Places	31381	33718
社会福利	Social Welfare	11814	16252
残疾人事业	Disabled Persons Enterprise	7587	11231
城市居民最低生活保障	Receiving Minimum Living Allowance in Urban Area	115717	168055
其他城镇社会救济	Others Social Relief In Urban Area	7561	9086
自然灾害生活救助	Life Salvation of Natural Disaster	19723	19540
红十字事业	Red Cross	2885	5809
农村最低生活保障	Receiving Minimum Living Allowance in Rural Area	31012	78938
其他农村社会救济	Others Social Relief In Rural Area	19110	16675
其他	Others	10450	10590

8-8 财政用于农林水事务支出

Government Expenditure for Agriculture,Forestry and Water Conservation

单位：万元 (10 000 yuan)

项目	Item	2007	2008
合计	**Item**	**1085176**	**1607177**
农业	Agriculture	484225	840362
林业	Forestry	162805	184163
水利	Water Conservation	266390	354543
南水北调	South-to-North Water Diversion		90393
扶贫	Poverty Alleviation	101456	128020
农业综合开发	Comprehensive Agricultural Development	67682	94002
其他	Others	2618	6087

8-9 财政用于工业商业金融等事务支出

Government Expenditure for Industry,Trade and Financial

单位：万元 (10 000 yuan)

项目	Item	2007	2008
合计	**Total**	**720189**	**1253567**
采掘业	Mining	32834	34424
制造业	Manufacturing	56074	89796
建筑业	Construction	10472	20988
电力	Production	37990	34121
信息产业	Information Industries	4170	8847
旅游业	Tourism	23360	29155
金融业	Financial Intermediation	9500	7088
安全生产	Production Safety	10147	25255

8-10 各项税收收入
Government Tax Revenue

单位：万元 (10 000 yuan)

年份 Year	税收总额 Total Tax	地方税收 Local Government Tax	工商税收 Industrial and Commercial Tax	农业各税 Agricultural and Related	企业所得税 Income Tax of Enterprises	税收总额占地方财政总收入比重(%) Percentage of Government Tax Revenue to Government Revenue(%)
1947	4	4	4		1	44.4
1948	69	69	26	43	20	62.7
1949	431	431	149	282	196	58.3
1950	3588	3588	1908	1680	1568	67.1
1951	2871	2871	2361	510	1306	53.4
1952	6544	6544	3856	2700	5049	49.1
1953	4981	4981	4546	450	2550	57.5
1954	12373	12373	7867	4544	5260	66.9
1955	14249	14249	8904	5370	6324	67.6
1956	17834	17834	12334	5512	9328	64.6
1957	21579	21579	16209	5550	9409	68.8
1958	25331	25331	19733	5598	17065	59.2
1959	29277	29277	22771	6506	39150	41.7
1960	34050	34050	27640	6410	52872	37.9
1961	23348	23348	18421	4297	24238	47.1
1962	24442	24442	19442	5000	7788	72.8
1963	27163	27163	21167	5996	9734	70.8
1964	29705	29705	22205	7500	12499	68.7
1965	31784	31784	25656	6128	13144	69.1
1966	31722	31722	24744	6978	16086	65.5
1967	30754	30754	23235	7519	9058	76.4
1968	30590	30590	23954	6636	7549	78.7
1969	25668	25668	20403	5265	1509	92.7
1970	37427	37427	27800	9627	6076	84.9
1971	37573	37573	29830	7743	-1820	102.8
1972	36369	36369	31524	4845	-5822	116.1
1973	42897	42897	35397	7500	-9309	125.7
1974	42330	42330	34726	7604	-16136	157.6
1975	47743	47743	40849	6894	-21044	174.4
1976	51665	51665	43677	7988	-25703	194.3
1977	57440	57440	50169	7271	-29193	195.8

8-10 续表 continued

单位：万元 (10 000 yuan)

年 份 Year	税收总额 Total Tax	地方税收 Local Government Tax	工商税收 Industrial and Commercial Tax	农业各税 Agricultural and Related	企业所得税 Income Tax of Enterprises	税收总额占地方财政总收入比重(%) Percentage of Government Tax Revenue to Government Revenue(%)
1978	60750	60750	55111	5639	3234	88.0
1979	63755	63755	57597	6158	-20749	140.0
1980	64858	64858	61190	3668	-26724	157.1
1981	71049	71049	65071	6022	-32579	170.9
1982	81872	81872	75171	6701	-35624	157.9
1983	89833	89833	82205	7628	-25171	128.5
1984	99926	99926	91152	8774	-20618	118.2
1985	130558	130558	119865	10688	36495	99.1
1986	155167	155167	145866	9432	37092	96.9
1987	187130	187130	176890	10483	35797	96.3
1988	228758	228758	214128	15117	41206	94.8
1989	317150	317150	261270	16397	40045	110.6
1990	342192	342192	278480	23565	40954	103.8
1991	355665	355665	299621	23181	39320	90.3
1992	363571	363571	335490	29712	38992	93.0
1993	540247	540247	511777	29736	37311	96.3
1994	631630	312432	261719	58722	43005	174.0
1995	672614	346184	278344	66469	60801	153.9
1996	870713	510884	339614	113751	57519	152.1
1997	988192	607219	415328	130023	61868	135.0
1998	1085216	670633	492585	127233	50815	120.9
1999	1144680	716021	502477	134371	80821	113.5
2000	1226549	777459	546435	126444	105983	110.8
2001	1315328	811744	571829	105819	151985	112.1
2002	1624794	885794	673679	121828	90287	122.2
2003	2018522	1065414	857381	136418	71615	124.0
2004	2704290	1440390	1220909	132486	86995	113.5
2005	4082530	2069822	1768690	107582	193550	121.8
2006	5118845	2606745	2183213	148893	272831	86.1
2007	6910357	3479057	3342205	134741	419186	82.7
2008	9210300	4644481	4401399	241064	592789	83.2

注： 1.农业各税包括农业税、牧业税、耕地占用税、农业特产税和契税。从2006年，农业各税不包括农业税、牧业税和农业特产税。

2.企业所得税中1985-1993年包括国有企业调节税，1994年以后包括地方金融企业所得税，2002年以后包括上划中央税收收入。

a)The agricultural and retail taxes include the agricultural tax, the animal husbandry tax, the tax on the use of cultivated land, the tax on special agricultural products and the contract tax.Since2006,the agricultural and retail taxes do not include the agricultural tax, the animal husbandry tax and the tax on special agricultural products

b)During the Years 1985 to 1993, the income tax levied on state-owned enterprises included the tax for adjusting income. Since 1994,it has also included the income tax levied on banking institutions.

主要统计指标解释

财政收入 指国家财政参与社会产品分配所取得的收入，是实现国家职能的财力保证。财政收入所包括的内容几经变化，目前主要包括：

(1)各项税收：包括增值税、营业税、消费税、土地增值税、城市维护建设税、资源税、城市土地使用税、印花税、个人所得税、企业所得税、关税、农牧业税和耕地占用税等。

(2)专项收入：包括征收排污费收入、征收城市水资源费收入、教育费附加收入等。

(3)其他收入：包括基本建设贷款归还收入、基本建设收入、捐赠收入等。

(4)国有企业计划亏损补贴：这项为负收入，冲减财政收入。

财政支出 国家财政将筹集起来的资金进行分配使用，以满足经济建设和各项事业的需要，主要包括：

(1)基本建设支出：指按国家有关规定，属于基本建设范围内的基本建设有偿使用、拨款、资本金支出以及经国家批准对专项和政策性基建投资贷款，在部门的基建投资额中统筹支付的贴息支出。

(2)企业挖潜改造资金：指国家预算内拨给的用于企业挖潜、革新和改造方面的资金。包括各部门企业挖潜改造资金和企业挖潜改造贷款资金，为农业服务的县办“五小”企业技术改造补助，挖潜改造贷款利息支出。

(3)地质勘探费用：指国家预算用于地质勘探单位的勘探工作费用，包括地质勘探管理机构及其事业单位经费、地质勘探经费。

(4)科技三项费用：指国家预算用于科技支出的费用，包括新产品试制费、中间试验费、 重要科学研究补助费。

(5)支援农村生产支出：指国家财政支援农村集体(户)各项生产的支出。包括对农村举办的小型农田水利和打井、喷灌等的补助费，对农村水土保持措施的补助费，对农村举办的小水电站的补助费，特大抗旱的补助费，农村开荒补助费，扶持乡镇企业资金，农村农技推广和植保补助费，农村草场和畜禽保护补助费，农村造林和林木保护补助费，农村水产补助费，发展粮食生产专项资金。

(6)农林水利气象等部门的事业费用：指国家财政用于农垦、农场、农业、畜牧、农机、林 业、森工、水利、水产、气象、乡镇企业的技术推广、良种推广(示范)、动植物(畜禽、森 林)保护、水质监测、勘探设计、资源调查、干部训练等项费用，园艺特产场补助费，中等专业学校经费，飞播牧草试验补助费，营林机构、气象机构经费，渔政费以及农业管理事业费等。

(7)工业交通商业等部门的事业费：指国家预算支付给工交商各部门用于事业发展的经费， 包括勘探设计费、中等专业学校经费、技术学校经费、干部训练费。

(8)文教科学卫生事业费：指国家预算用于文化、出版、文物、教育、卫生、中医、公费医疗、体育、档案、地震、海洋、通讯、电影电视、计划生育、党政群干部训练、自然科学、 社会科学、科协等项事业的经费支出和高技术研究专项经费。主要包括工资、补助工资、福利费、离退休费、助学金、公务费、设备购置费、修缮费、业务费、差额补助费。

(9)抚恤和社会福利救济费：指国家预算用于抚恤和社会福利救济事业的经费。包括由民政部门开支的烈士家属和牺牲病残人员家属的一次性、定期抚恤金，革命伤残人员的抚恤金，各种伤残 补助费，烈军属、复员退伍军人生活补助费，退伍军人安置费，优抚事业单位经费，烈士纪念建筑物管理、维修费，自然灾害救济事业费和特大自然灾害灾后重建补助费等。

(10)行政事业单位离退休支出：指实行归口管理的行政事业单位离退休经费。

(11)社会保障补助支出：指国家预算用于社会保障的补助支出，包括对社会保障基金的补助、促进就业补助、国有企业下岗职工补助、补充全国社会保障基金等。

(12) 国防支出：指国家预算用于国防建设和保卫国家安全的支出，包括国防费、国防科研事业费、民兵建设以及专项工程支出等。

(13)行政管理费：包括行政管理支出，党派团体补助支出，外交支出、公安安全支出，司法 支出、法院支出，检察院支出和公检法办案费用补助。

(14) 政策性补贴支出：指经国家批准，由国家财政拨给的政策性补贴支出。主要包括粮、棉、油差价补贴，平抑物价和储备糖补贴，农业生产资料价差补贴，粮食风险基金，副食品风险基金，地方煤炭风险基金等。

(15)债务利息支出：指国家预算中用于偿还国内外债务利息的支出。

中央财政收入和地方财政收入 指按财政体制划分的中央本级收入和地方本级收入。1994 年分税制财政体制以后，属于中央财政的收入包括关税、海关代征消费税和增值税，消费税，中央企业所得税，地方银行和外资银行及非银行金融企业所得税，铁道、银行总行、保险总公司等集中缴纳的营业税、所得税、利润和城市维护建设税，增值税的 75%部分，证券交易税(印花税)94%部分和海洋石油资源税。属于地方财政的收入包括营业税，地方企业所得税，个人所得税，城镇土地使用税，固定资产投资方向调节税，城镇维护建设税，房产税，车船使用税，印花税、屠宰税，农牧业税，农业特产税，耕地占用税，契税，增值税 25%部分，证券交易税(印花税)6%部分和除海洋石油资源税以外的其他资源税。

中央财政支出和地方财政支出 指根据政府在经济和社会活动中的不同职责，划分中央和地方政府的责权，按照政府的责权划分确定的支出。中央财政支出包括国防支出，武装警察部队支出，中央级行政管理费和各项事业费，重点建设支出以及中央政府调整国民经济结构、协调地区发展、实施宏观调控的支出。地方财政支出主要包括地方行政管理和各项事业费，地方统筹的基本建设、技术改造支出，支援农村生产支出，城市维护和建设经费，价格补贴支出等。

预算外资金收支 预算外资金指国家机关、事业单位和社会团体为履行或代行政府职能，依据国家法律、法规和具有法律效力的规章而收取、提取和安排使用 的未纳入国家预算管理的各种财政性资金。其范围主要包括：法律、法规规定的行政事业性收费、基金和附加收入等；国务院或省级人民政府及其财政、计划(物价)部门审批的行政事业性收费；国务院及财政部审批建立的基金、附加收入等；主管部门所属单位集中上缴资金 ；用于乡镇政府开支的乡自筹和乡统筹资金；其他未纳入预算管理的财政性资金。社会保障基金在国家财政尚未建立社会保障预算制度以前，先按预算外资金管理制度进行管理，专款 专用。财政部门在银行开设统一的专户，用于预算外资金收入和支出管理。部门和单位的预算外收入必须上缴同级财政专户，支出由同级财政按预算外资金收支计划和单位财务收支计划统筹安排，从财政专户中拨付，实行收支两条线管理。

Explanatory Notes on Main Statistical Indicators

Government Revenue refers to the revenue of the government finance by means of participating in the distribution of the social products, which are the financial resources for ensuring the government to function. The contents of government revenue have been changed several times. Now it includes the following main items:

(1) Various tax revenues, including value added tax, business tax, consumption tax, land value added tax, tax on city maintenance and construction, resources tax, tax on use of urban land, stamp tax, personal income tax, enterprise income tax, tariff, tax on agriculture and animal husbandry and tax on occupancy of cultivated l and, etc.

(2) Special revenues, including revenue collected from imposing fee on sewage treatment, revenue collected from imposing fee on urban water resources, and extra charges for education, etc.

(3) Other revenues, including revenue from the repayment of capital construction l loan, revenue from capital construction projects, and donations and grants.

(4) Planned subsidies for the losses of the state owned enterprises. This is s an item of negative revenue, used to eat up part of the government revenue.

Government Expenditure refers to the distribution and use of the funds the government finance has raise d, so as to meet the needs of economic construction and various causes. It include s the following main items:

(1) Expenditure for capital construction: It refers to the non gratuitous use and appropriation of funds for capital construction in the range of capital construction, outlay of capital as well as the loans on capital construction approved by the government for special purpose or policy purpose and the expenditure with discount paid in an overall way within the amount of the funds appropriated to the departments for capital construction.

(2) Innovation funds of the enterprises: They refer to the funds appropriated from the government budget for the enterprises to tap the latent power, upgrade the technology and carry out innovation, including the innovation fund of the departments, loan of the enterprises for innovation, subsidies on the innovation of the small fertilizer plant, small cement plant, small coal mines, small machinery plant and small steel plant, the expenditure of interest for the loan for innovation.

(3) Geological prospecting expenses: They refer to the expenses appropriated from the government budget to the geological prospecting units for the expenditure of the prospecting work, including the expenditures of the administrative agencies for geological prospecting and their institutional units as well as the geologic al prospecting expenditure.

(4) Expenditures for science and technology promotion: They refer to the expense s appropriated from the government budget for the scientific and technological expenditure, including new products development expenditure, expenditure for intermediate trial and subsidies on important scientific researches.

(5) Expenditure for supporting rural production: It refers to the expenditures appropriated from the government budget for supporting the various expenditures of the rural collective units or households for production, including the subsidies to the small water conservancy projects and well drilling, sprinkling irrigation projects run by the villages; subsidies on the rural water and soil conserving measures; subsidies to the small power stations run by the villages; subsidies to the expenditure for fighting against particularly severe draughts; subsidies on the rural was the land exclamation; fund for supporting the township enterprises; subsidies to the expenditure for popularization of the agricultural technologies and plant protection in the rural areas; subsidies to the expenditure for the protection of grasslands and cattle and fowls; subsidies on afforestation and forest protection in rural areas; subsidies on the rural aquatic products industry; special fund for developing grain production.

(6) Operating expenses of the departments of farming, forestry, water conservancy and meteorology etc. : They refer to the expenses appropriated from the government budget for the expenditures of agricultural exclamation, farms, agriculture, animal husbandry, agricultural machinery, forestry, timber industry, water conservancy, aqua tic products industry, meteorology, technology popularization in township enterprises, popularization (demonstration) of improved varieties, plant (cattle and fowls, forest) protection, water quality monitoring, prospecting and designing, resources investigation, cadres training, subsidies to horticulture gardens, expenditure of specialized secondary schools, subsidies on the experiments of sowing herbage seeds by flights, expenditures of afforestation agencies and meteorology agencies, expenses for fishery administration and operating expenses for agricultural administration, etc.

(7) Operating expenses of the departments of industry, transport and commerce: They refer to the expenses appropriated from the government budget to the departments of industry, transport and commerce for the expenditure of business development, including expenses for prospecting and designing, expenditures of specialized

secondary schools, expenditures of the technical training schools and expenditures or cadres training, etc.

(8) Operating expenses of the departments of culture, education, science and public health: They refer to the expenses appropriated from the government budget for t he expenditures of the causes of culture, publication, cultural relics, education, public health, traditional Chinese medical science, free medical services, sports, archives, earthquake, ocean, communications, broadcasting, film and television, family planning; expenditure for training of cadres of government, party and mass organization; expenditures for natural sciences, social sciences, associations for science and technology and the special expenditure for the high tech researches. They include mainly wages, extra wages, welfare funds, pension for the retirees, stipend, expenses for official business, expenses for equipment purchases, expenses for repairs, business expenses and subsidies to the un its which are unable to support their expenditures by their own earnings.

(9) Pension for the disabled or for the families of the bereaved and relief funds for social welfare: They refer to the funds appropriated from the government bud get for the expenditures of pension for the disabled or for the families of the bereaved and relief funds for social welfare, including the lump sum or regular pension paid by the departments of civil affairs to the members of martyrs families and families of those who died for the public interest, pension to the revolutionary disabled, subsidies for permanent disability of various kinds, subsidies to the military martyrs dependents and the demobilized servicemen, expenditure for settling down the demobilized servicemen, operating expenses of the consoling institutions, expenses for management and repair of the commemorative buildings for the martyrs, the expenses managed by the departments of civil affairs for the retirees and those who have quitted their work, expenses for social relief in rural and urban areas, operating expenses for providing relief to the areas of natural calamity and subsidies on the reconstruction after the particularly severe natural calamities, etc.

(10) Expenditures on retiree : It refers to the expenditures of government agencies and institutions that covered by the state budget.

(11) Expenditures on subsidies to social security system: It refers to expenditure from the state budget for subsidies to the social insurance fund, subsidies to promoting employment, subsidies to laid-off workers of state-owner enterprises, supplement to national social security funds, etc.

(12) Expenditures for national defence: They refer to the funds appropriated from the government budget for the expenditures for building up national defence and safeguarding national security, including expenses of national defence, expenses o f scientific researches on national defence, expenses for building up people's militia and expenditure for special projects, etc.

(13) Administrative expenses: They include expenditure for administration, subsidies to the parties and mass organizations, diplomatic expenditure, expenditure for public security, judicial expenditure, law court expenditure, procuratorial expenditure and subsidies to the expenses for treating the cases by the public security departments, procuratorial organs and law courts.

(14) Expenditure for price subsidies: It refers to the expenditure appropriated, with the approval of the government, from the government budget for the policy subsidies to price adjustment, including the fund for the increase of grain prices, the subsidies to the difference between the selling prices and purchasing prices o f grains, cotton and edible oil, awards in addition to the purchasing prices of cotton, risk fund for non staple food, subsidies on the prices of meat and meat products, subsidies on the price difference for curbing the high market prices of meat, meat products and vegetables and the subsidies approved by the government on the prices of textbooks and newsprint of newspapers and periodicals.

(15) Expenditure on interest of debts: It refers to expenses from the state budget on paying interest of domestic and foreign debts.

Revenue of the central government and revenue of the local governments In accordance with the classification of the structure of the government finance in 1994 on the basis of the classification of channels for collection of tax revenues, the revenue of the central government and the revenue of the local governments have different coverage. The revenue of the central government includes tariff, consumption tax and value added tax levied by the customs, consumption tax, income tax of the enterprises subordinate to the central government, income taxes of the local banks, foreign funded banks and non bank financial institutions, business tax, income tax and profits of railways, head offices of banks, head office of insurance company, which are handed over to the government in a centralized way, tax on city maintenance and construction, 75% of the value added tax, tax on ocean petroleum resources, 94% of the tax on stock dealing (stamp tax) . The revenue of the local governments includes business tax, income tax of the enterprises subordinate to the local government, personal income tax, tax on the use of urban land, tax on the adjustment of the investment in fixed assets, tax on town maintenance and construction, tax on real estates, tax on the use of vehicles and ships, stamp tax, slaughter tax, tax on agriculture and animal husbandry, tax on special agricultural products, tax on the occupancy of cultivated land, contract tax, 25% of the value added tax, 6% of the tax on stock dealing(stamp tax) and tax on resources other than the ocean petroleum resources.

Expenditure of the central government and expenditure of the local governments according to the different functions of the central government and local governments in the economic and social activities, the rights of affairs administration are classified between the central government and local governments; and the classification of the expenditure between the central government and local governments are made on the basis of the classification of the rights of affairs administration between them. The expenditure of the central government includes the expenditure for national defence, expenditure for armed police forces, the administrative expenses and various operating expenses at the level of central government, expenditure for key projects and the expenditure of the central government for adjusting the national economic structure, coordinating the development among different regions and exercising the macro economic regulation and control. The expenditure of the local governments includes mainly the administrative expenses and various operating expenses at the level of local governments, the expenditure for capital construction and technological innovation with the funds raised by the local government, expenditure for supporting rural production, expenditure for city maintenance and construction and expenditure for price subsidies, etc.

Extra-budgetary revenue and expenditure Extra-budgetary fund refers to financial fund of various types not covered by the regular government budgetary management, which is collected, allocated or arranged by government agencies, institutions and social organizations while performing duties delegated to them or on behalf o f the government in accordance with laws, rules and regulations. It mainly covers following items: administrative and institutional fees, funds and extra charges that are stipulated by laws and regulations; administrative and institutional fees approved by the State Council and provincial governments and their financial and planning (price management) departments; funds and extra charges established by the State Council and the Ministry of Finance; funds turned over to competent departments by their subordinate institutions; self raised and collected funds by township governments for their own expenditure; and other financial funds that a re not covered in budgetary management. Social security funds are treated as extra budget fund and managed for its exclusive use, given the circumstance that separate government budgetary system for social security is yet to be designed. Special accounts are opened by the financial departments in banks for the management of revenue and expenditure of extra budgetary fund. Extra budgetary revenue and expenditure is managed separately, namely, revenue of institutions and departments must enter into the special accounts of the financial department s at the same administrative level, and their extra budgetary expenditure is arranged in line with the extra budget plans and appropriated from these accounts.

九、物价指数

Price Indices

资料整理：浩毕斯　赵桂梅　张宝明　刘世友　杨月梅　郭　松
Arranged by Hao Bisi,Zhao Guimei, Zhang Baoming,Liu Shiyou,Yang Yuemei,Guo Song

9-1 各种价格总指数
General Price Indices

(上年=100) (preceding year=100)

年 份 Year	居民消费价格指数 General Consumer Price Index	城市居民消费价格指数 Urban Areas	农村居民消费价格指数 Rural Areas	商品零售价格指数 General Retail Price Index	农产品收购价格指数 General Purchasing Price Index of Farm Products	农村工业品零售价格指数 General Rural Retail Price Index of Industrial Products	工农业商品综合比价指数 General Price Parity Index of Industrial & Farm Products
1952		110.7		109.4	100.1	109.8	109.7
1953		104.7		103.2	113.3	102.2	90.2
1957		97.8		99.3	105.1	98.3	93.5
1962		104.9		108.2	101.7	107.9	106.1
1965		98.6		99.6	99.1	98.1	99.0
1970		100.4		100.1	101.1	100.4	99.3
1975		101.4		100.7	101.8	99.5	98.0
1978		101.5		101.0	101.6	100.0	98.8
1979		102.3		101.9	120.2	99.6	82.9
1980		106.1		105.5	112.0	100.4	89.6
1981		101.9		101.8	106.3	100.9	94.9
1982		101.7		101.7	99.9	101.4	101.5
1983		101.2		101.0	101.6	100.9	99.3
1984	104.0	104.9	102.2	104.4	106.9	103.6	96.9
1985	109.3	108.9	110.0	108.5	113.5	103.9	91.5
1986	105.2	105.5	104.5	105.0	114.1	103.1	90.4
1987	107.8	108.5	106.0	108.1	118.6	105.7	89.1
1988	116.3	117.0	115.0	116.3	124.6	114.3	91.7
1989	115.7	114.7	118.3	115.9	105.1	117.9	112.2
1990	102.3	101.8	103.4	102.9	95.2	107.0	112.4
1991	104.6	106.0	102.5	104.5	95.0	103.4	108.8
1992	107.4	108.7	103.9	106.8	104.0	102.4	98.5
1993	114.1	114.7	112.5	112.5	115.5	110.5	95.7
1994	122.9	124.3	121.3	119.6	144.6	116.7	80.7
1995	117.5	117.1	118.0	116.8	124.7	112.8	90.5
1996	107.6	107.5	107.7	105.8	96.3	105.8	109.9
1997	104.5	104.6	104.3	102.3	94.9	102.7	108.2
1998	99.3	99.3	99.2	98.1	97.3	99.0	101.7
1999	99.8	100.3	99.1	97.7	93.8	97.3	103.7
2000	101.3	101.3	101.2	98.8	99.7	99.6	99.9
2001	100.6	100.6	100.5	100.0	105.7	99.4	94.0
2002	102.3	100.8	105.4	99.4	99.0	99.3	100.3
2003	102.2	101.5	103.5	99.6			
2004	102.9	102.5	103.9	102.7			
2005	102.4	102.0	103.3	101.5			
2006	101.5	101.3	102.0	101.4			
2007	104.6	104.3	105.2	103.6			
2008	105.7	105.4	106.3	104.7			

注：工农业商品综合比价指数是以农产品收购价格指数为100, 下表同。

a)The general purchasing price index of farm products is taken as 100 in calculating the general price parity index of industrial and farm products.The same as in the following table.

9-2 各种价格总指数

General Price Indices

(1978年=100) (1978=100)

年 份 Year	居民消费价格指数 General Consumer Price Index	城市居民消费价格指数 Urban Areas	农村居民消费价格指数 Rural Areas	商品零售价格指数 General Retail Price Index	农产品收购价格指数 General Purchasing Price Index of Farm Products	农村工业品零售价格指数 General Rural Retail Price Index of Industrial Products	工农业商品综合比价指数 General Price Parity Index of Industrial & Farm Products
1978		100.0		100.0	100.0	100.0	
1979		102.3		101.9	120.2	99.6	82.9
1980		108.5		107.5	134.6	100.0	74.3
1981		110.6		109.4	143.1	100.9	70.5
1982		112.5		111.3	143.0	102.3	71.5
1983	100.0	113.8	100.0	112.4	145.2	103.2	71.1
1984	104.0	119.4	102.2	117.3	155.3	106.9	68.8
1985	113.7	130.0	112.4	127.3	176.2	111.1	63.1
1986	119.6	137.2	117.5	133.7	201.1	114.6	57.0
1987	128.9	148.9	124.5	144.5	238.5	121.1	50.8
1988	149.9	174.2	143.2	168.1	297.2	138.4	46.6
1989	173.5	199.8	169.4	194.8	312.3	163.2	52.3
1990	177.5	203.3	175.2	200.5	297.3	174.5	58.7
1991	185.6	215.6	179.6	209.5	282.4	180.5	63.9
1992	199.3	234.3	186.6	223.7	293.7	184.9	63.0
1993	227.5	268.7	209.9	251.7	339.3	204.1	60.2
1994	279.5	334.1	254.6	301.0	490.6	238.2	48.6
1995	328.5	391.2	300.4	351.6	611.8	268.8	43.9
1996	353.4	420.5	323.5	372.0	589.1	284.3	48.2
1997	369.3	439.9	337.4	380.6	559.1	291.9	52.2
1998	366.7	436.8	334.7	373.3	544.0	289.0	53.1
1999	366.0	438.1	331.7	364.7	510.3	281.2	55.1
2000	370.8	443.8	335.7	360.3	508.7	280.1	55.1
2001	372.2	446.5	337.4	360.3	537.7	278.4	51.8
2002	380.8	450.1	355.6	358.1	532.3	276.5	51.9
2003	389.2	456.9	368.0	356.7			
2004	400.5	468.3	382.4	366.3			
2005	410.1	477.7	395.0	371.8			
2006	416.3	487.3	402.9	377.0			
2007	435.4	508.3	423.9	390.6			
2008	460.2	535.7	450.6	409.0			

9-3 居民消费价格分类指数(2008年)

Consumer Price Indices by Category(2008)

(上年=100) (preceding year=100)

项目	Item	全区 Autonomous Regional Indices	城市 Urban Indices	农村 Rural Indices
居民消费价格总指数	**General Consumer Price Index**	**105.7**	**105.4**	**106.3**
非食品价格指数	Non-food Price Index	101.4	100.8	102.3
服务项目价格指数	Service Index	101.4	100.4	103.0
扣除鲜菜鲜果总指数	General Index Except Fresh Vegetables & Fruits	105.6	105.4	106.0
消费品价格指数	Consumer Goods Price Index	106.9	106.7	107.2
食品	**Food**	**114.7**	**114.7**	**114.7**
粮食	Grain	106.7	106.4	107.0
#大米	Rice	102.7	102.5	102.9
面粉	Flour	105.8	105.8	105.9
淀粉	Starches	114.0	110.8	116.3
干豆类及豆制品	Bean and Its Products	127.5	127.5	127.2
油脂	Oil or Fat	132.3	128.9	133.6
#食用植物油	Edible Vegetable Oil	136.9	130.8	140.3
肉禽及其制品	Meal, Poultry and Their Products	122.5	121.5	124.0
食用畜肉及副产品	Meal and Its Products	125.4	123.9	127.2
#猪肉	Pork	118.8	117.8	119.7
牛肉	Beef	138.0	138.6	136.7
羊肉	Mutton	127.6	126.4	129.2
禽	Poultry	108.5	110.1	106.3
加工肉禽	Products of Meal and Poultry	117.0	118.4	112.6
蛋	Eggs	102.1	102.9	100.5
水产品	Aquatic Products	114.6	115.2	113.5
鱼	Fish	117.1	119.1	114.4
其它水产品	Other Aquatic Products	106.4	105.3	109.7
菜	Vegetables	110.4	109.1	112.2
调味品	Flavoring	104.1	104.2	103.9
#盐	Salt	101.2	100.0	101.6
糖	Carbohydrate	101.5	103.6	99.8
#食糖	Sugar	99.5	101.1	98.8
糖果	Candy	101.8	104.8	99.3
茶及饮料	Tea and Beverages	103.6	103.7	103.5
茶叶	Tea	103.5	101.7	104.9
饮料	Beverages	103.6	104.3	102.4
干鲜瓜果	Dried and Fresh Melon and Fruits	112.6	109.7	116.3

9-3 续表 1 continued

(上年=100) (preceding year=100)

项目	Item	全区 Autonomous Regional Indices	城市 Urban Indices	农村 Rural Indices
#鲜瓜果	Fresh Fruits	111.3	107.8	116.1
糕点饼干	Cake & Biscuit	107.3	107.0	107.7
液体乳及乳制品	Milk and Its Products	118.7	120.1	115.8
#杀菌或消毒奶	Sterilized or Disinfected Milk	124.4	125.0	122.6
奶粉	Milk Powder	115.0	113.2	116.8
在外用膳食品	Outdoor Food	113.1	115.3	108.0
#主食	Staple Food	109.8	111.0	107.1
炒菜	Fried Dishes	113.2	116.0	105.5
其它食品	Other Food	105.0	104.2	106.3
烟酒及用品	**Tobacco and Liquor and Articles for Them**	**102.2**	**102.4**	**102.0**
烟草	Tobacco	100.5	100.7	100.5
#国产卷烟	Cigarette Made in China	100.4	100.4	100.5
酒	Alcoholic Drink	103.8	105.2	102.8
#白酒	Liquor	104.1	104.3	104.1
啤酒	Beer	103.8	107.2	100.9
吸烟饮酒用品	Articles for Smoking and Drinking	103.9	100.0	112.3
衣着	**Clothing**	**100.3**	**99.7**	**101.3**
服装	Garments	100.3	99.9	100.9
男式服装	Men's Garment	99.3	98.9	100.1
女式服装	Women's Garment	100.4	100.7	99.9
儿童服装	Children's Garment	103.3	100.6	104.8
衣着材料	Clothing Material	103.3	99.8	104.6
#棉布	Cotton Cloth	104.6	99.9	105.8
化纤布	Chemical Fiber Cloth	101.5	99.8	102.1
毛线	Wool	98.1	99.7	97.1
鞋袜帽	Footwear and Hats	99.6	98.7	100.7
鞋	Shoes	99.3	98.5	100.6
袜子	Socks and Stockings	100.9	100.6	101.1
帽子	Hats	100.2	100.3	100.2
衣着加工服务费	Service Charges of Clothing Processing	103.8	102.6	105.5
家庭设备用品及维修服务	**Household Facilities and Repairing Services**	**100.8**	**100.5**	**101.1**
耐用消费品	Durable Consumer Goods	100.2	100.3	100.0
家具	Furniture	100.2	100.3	100.0
家庭设备	Household Facilities	100.2	100.4	100.0

9-3 续表 2 continued

(上年=100) (preceding year=100)

项目	Item	全区 Autonomous Regional Indices	城市 Urban Indices	农村 Rural Indices
# 洗衣机	Washing Machine	100.2	99.6	100.8
电冰箱(柜)	Refrigerator	99.7	99.4	100.1
电炊具	Electric Cooking Appliances	98.3	97.6	98.9
室内装饰品	Interior Decorations	99.7	99.4	99.8
床上用品	Bed Articles	100.3	98.9	101.7
家庭日用杂品	Daily Use Household Articles	101.0	100.5	101.8
家庭服务及加工维修服务	Family Service and Repairing Service	106.1	106.1	106.1
医疗保健和个人用品	**Medicine & Medical Articles and Personal Necessities**	**101.9**	**101.2**	**102.8**
医疗保健	Medical and Health Care	100.9	100.6	101.3
医疗器具及用品	Medical Appliances and Articles	97.1	102.0	96.9
中药材及中成药	Traditional Chinese Medicine	103.6	102.3	105.7
西药	Western Medicine	100.1	100.2	99.9
保健器具及用品	Health Care Appliances and Articles	100.2	100.1	100.3
医疗保健服务	Medical and Health Care Services	100.2	100.0	100.4
# 挂号费	Registration Fee	100.0	100.0	100.0
手术费	Operation Fee	100.0	100.0	100.0
住院费	Hospitalization Expenses	100.8	100.1	101.8
个人用品及服务	Personal Necessities and Services	104.0	102.5	105.9
化妆美容用品	Cosmetic and Beauties	100.2	100.1	100.3
清洁化妆用品	Articles for Daily Use	100.9	100.2	102.0
个人饰品	Personal Decorations	107.4	105.0	109.9
个人服务	Personal Services	106.9	104.9	109.6
交通和通讯	**Transportation and Communication**	**99.4**	**98.5**	**100.9**
交通	Transportation	102.3	101.5	103.1
交通工具	Means of Transportation	98.9	98.2	99.4
# 摩托车	Motor	98.3	97.4	98.7
自行车	Bike	100.9	100.2	101.6
轿　车	Automobile	97.2	96.5	98.2
车用燃料及零配件	Fuel and Spares of Vehicles	111.8	111.6	111.9
# 汽油	Gasoline	115.5	114.9	116.1
柴油	Diesel Oil	117.0	116.6	117.3
车辆使用及维修费	Utilize and Repair Costs of Vehicles	99.4	99.6	99.0

9-3 续表 3 continued

(上年=100) (preceding year=100)

项目	Item	全区 Autonomous Regional Indices	城市 Urban Indices	农村 Rural Indices
市区公共交通费	Public Traffic in City	100.9	100.1	103.7
# 公共汽车票	Bus Ticket	100.5	100.2	100.8
出租汽车	Taxi	100.4	100.0	105.2
城市间交通费	Traffic between Cities	103.7	103.4	104.0
# 火车票	Train Ticket	100.0	100.0	100.0
长途汽车	Long Distance Bus	106.9	105.8	107.5
通信	Communication	96.1	95.9	96.5
通信工具	Means of Communication	86.8	87.2	85.8
通信服务	Service of Communication	99.5	98.7	101.4
娱乐教育文化用品及服务	**Recreation, Education and Culture Articles & Services**	**99.8**	**99.1**	**100.8**
文娱用耐用消费品及服务	Durable Consumer Goods for Recreation Use and Service	95.4	94.4	96.7
# 电视机	Television	94.2	94.5	93.4
激光视盘机	Video Disc Player	96.7	96.8	94.0
照相机	Camera	96.4	96.3	96.7
电　脑	Computer	92.9	91.0	97.4
教育	Education	101.3	100.6	102.3
教材及参考书	Teaching Materials and Reference Books	99.8	99.8	99.7
学杂托幼费	Tuition and Child Care	101.6	100.7	102.7
文化娱乐类	Cultural and Recreational Articles	99.6	99.7	99.5
文化娱乐用品	Culture and Recreation	99.7	99.2	100.4
书报杂志	Newspapers and Magazines	100.1	100.1	100.0
文娱费	Recreational Fee	99.2	99.9	97.3
旅游	Tourism	101.2	100.0	103.4
居住	**Residence**	**106.3**	**106.2**	**106.6**
建房及装修材料	Housing and Building Decoration Material	103.9	103.4	104.3
# 木材	Wood	104.1	104.3	103.6
水泥	Cement	106.3	103.3	107.7
涂料	Paint	102.3	103.6	101.4
玻璃	Glass	108.7	113.7	104.6
租房	Rent	103.4	102.0	108.9
自有住房	Individual-own House	102.7	101.8	104.7
水、电、燃料	Water, Electricity and Fuels	110.5	110.7	110.2
# 水	Water	103.9	106.1	100.3
电	Electricity	100.0	100.0	100.0

9-4 商品零售价格分类指数(2008年)

Retail Price Indices by Category of Commodities(2008)

(上年=100) (preceding year=100)

项 目	Item	全区 Autonomous Regional Indices	城市 Urban Indices	农村 Rural Indices
商品零售价格指数	**General Retail Price Index**	**104.7**	**104.1**	**106.1**
食品	**Food**	**113.3**	**113.0**	**114.2**
粮食	Grain	106.3	104.9	108.6
淀粉	Starch	115.0	114.3	116.6
干豆类及豆制品	Dry Beans and Bean Products	126.3	125.6	127.5
油脂	Oil or Fat	129.2	126.3	134.7
肉禽及制品	Meal, Poultry	120.6	120.2	121.5
蛋	Eggs	101.2	101.0	101.6
水产品	Aquatic Products	114.4	113.9	115.3
菜	Vegetables	107.0	106.4	108.6
调味品	Condiments	103.3	103.7	102.4
糖	Sugar	101.5	102.6	99.9
干鲜瓜果	Dried and fresh Fruits	111.1	108.6	117.4
糕点饼干面包	Cake, Biscuits and Bread	106.4	105.6	108.1
液体乳及乳制品	Mike and Its Products	116.9	117.7	114.8
在外用膳食品	Out-of-home Food	113.1	115.3	107.6
其他食品	Other Food	104.5	104.8	103.9
饮料烟酒	**Beverages, Tobacco and Liquor**	**101.1**	**100.8**	**101.6**
茶及饮料	Tea and Beverages	101.8	101.2	103.0
烟草	Tobacco	99.4	98.9	100.3
酒	Liquor	102.7	103.0	102.4
服装鞋帽	**Garments, Shoes and Hats**	**98.5**	**97.5**	**100.6**
服装	Garments	98.9	98.2	100.5
鞋袜帽	Shoes, Sock and Cap	97.7	96.1	100.7
其他	Others	97.0	95.2	100.6
纺织品	**Textiled**	**99.2**	**98.0**	**101.5**
衣着材料	Material of Cloth	99.3	98.0	101.4
床上用品	Bedding	99.1	98.1	101.6
家用电器及音像器材	**Household Appliances**	**97.1**	**96.8**	**97.6**
文化办公用品	**Cultural and Office Goods**	**96.6**	**95.5**	**99.3**
日用品	**Articles for Daily Use**	**100.7**	**99.6**	**103.3**
体育娱乐用品	**Sports Entertainment Goods**	**99.0**	**98.7**	**99.5**
交通通信用品	**Transportation and communication**	**93.2**	**92.4**	**94.9**
家　具	**Furniture**	**98.6**	**98.2**	**99.5**
化妆品	**Cosmetics**	**99.4**	**98.9**	**100.4**
金银珠宝	**Jewelry**	**117.9**	**117.5**	**119.1**
中西药品及医疗保健用品	**Traditional Chinese and Western Medicines**	**101.0**	**100.1**	**102.9**
医疗器具及用品	Medical Appliances and Articles	100.9	101.5	99.4
中药材及中成药	Traditional Chinese Medicine	104.4	102.0	108.9
西药	Western Medicines	99.0	98.9	99.0
保健品及器具	Health Care Appliances and Articles	99.6	99.3	100.4
书报杂志及电子出版物	**Newspapers,Magazines and Electronic Publications**	**98.7**	**98.2**	**99.9**
燃料	**Fuels**	**120.7**	**119.9**	**122.8**
建筑材料及五金电料	**Building Materials and Hardwares**	**103.5**	**102.4**	**105.5**

9-5 农产品生产者价格分类指数

Yielding Price Indices of Farm Products by Category of Commodities

(上年=100) (preceding year=100)

项 目	Item	2007	2008
总指数	**General Index**	**114.9**	**111.0**
农产品	**Farm Products**	**114.8**	**106.9**
谷物(原粮)	Grain(Primary Grain)	115.7	108.4
小麦	Wheat	101.0	109.8
稻谷	Rice	104.2	98.8
玉米	Corn	118.6	108.6
杂粮	Other grain	108.6	110.7
马铃薯	Potatos	102.5	100.5
豆类	Legume	122.3	105.5
# 大豆	Soybean	125.3	110.8
油料	Edible Oil	113.0	114.7
甜菜	Sugar Beet	106.0	111.1
牧草	Herbage	118.7	110.9
蔬菜	Vegetables	112.2	99.2
水果	Fruits	117.9	104.5
中药材	Raw Material of Traditional Chinese Medicine	139.6	110.7
林产品	**Forest Products**	**107.7**	**116.6**
畜产品	**Livestock Products**	**116.6**	**115.9**
牛	Cattles	118.9	120.7
羊	Sheep and Goats	117.9	118.4
猪	Hogs	126.2	123.3
家禽	Poultry	119.3	114.2
禽蛋	Poultry's egg	123.6	102.7
牛奶	Milk	102.9	124.4
绵羊毛	Sheep's wool	125.0	95.1
山羊绒	Cashmere	106.4	80.4
水产品	**Aquatic Products**	**101.8**	**111.1**

9-6 农业生产资料价格分类指数

Price Indices of Agricultural Means of Production by Category

(上年=100) (preceding year=100)

项 目	Item	2005	2006	2007	2008
总指数	**General Index**	**108.3**	**101.1**	**103.0**	**114.9**
小农具	Small Farm Tools	100.7	100.1	100.4	104.1
饲料	Forage	103.4	102.9	104.7	118.8
幼禽家畜	Young Livestock & Fowls	109.5	89.4	121.5	127.6
大牲畜	Large Animal	100.9			
半机械化农具	Semi-mechanized Farm Tools	102.4	100.2	100.4	102.5
机械化农具	Mechanized Farm Tools	100.7	100.3	100.6	102.3
化学肥料	Chemical Fertilizer	118.3	101.0	101.1	129.1
农药及农药械	Pesticide & Its Appliances	99.0	100.6	100.0	111.0
化学农药	Chemical Pesticide	99.3	100.6	99.9	113.6
农药械具	pesticidal Appliance	97.8	100.4	100.2	100.6
农机用油	Oil for Farm Machinery	109.9	109.2	103.9	111.4
其他	Others	106.7	101.3	102.3	104.4

9-7 工业品出厂价格分类指数

Ex-factory Price Indices of Industrial Products

(上年=100) (preceding year=100)

项 目	Item	2005	2006	2007	2008
全部工业品	**Total Industry Products**	**105.1**	**103.0**	**105.7**	**112.5**
生产资料	**Means of Production**	**106.5**	**103.8**	**105.9**	**112.7**
采掘工业	Mining & Quarrying Industry	120.1	111.7	107.6	117.1
原材料工业	Raw Materials Industry	104.8	103.0	105.1	109.9
加工工业	Manufacturing Industry	102.1	99.5	105.5	113.1
生活资料	**Consumer Goods**	**100.9**	**100.7**	**104.8**	**111.7**
食品类	Food	100.9	101.4	106.0	115.3
衣着类	Clothing	100.9	101.2	102.1	102.9
一般日用品	Articles for Daily Uses	102.7	102.0	104.8	107.3
耐用消费品	Durable Consumer Goods	96.6	90.9	98.6	95.1

9-8 主要工业原材料购进价格指数

Purchasing Price Index of Majority Industrial Raw Materials

(上年=100) (preceding year=100)

项 目	Item	2005	2006	2007	2008
原材料、燃料、动力购进价格总指数	**General Purchasing Price Index of Raw Materials and Energy**	**109.9**	**105.9**	**104.8**	**111.7**
燃料、动力	Fuels and Energy	114.8	109.8	105.3	113.8
黑色金属材料	Ferrous Metals	107.5	99.7	105.3	115.0
# 钢 材	Steel Products	104.2	98.1	103.8	119.4
有色金属材料和电线	Nonferrous Metals and Wires	117.0	117.7	99.4	98.0
化工原料	Chemical Raw Materials	108.9	100.8	105.0	109.7
木材及纸浆	Wood and Paper Pulps	102.5	102.5	102.6	106.2
建筑材料类及非金属矿	Construction Materials	106.2	102.1	102.8	107.2
其它工业原材料类及半成品	Other Industrial Raw Materials and Semi-products	102.3	104.1	104.7	110.7
农副产品类	Farm and Sideline Products	104.8	101.6	106.7	113.8
纺织原料类	Textile Raw Materials	103.2	104.2	102.0	99.6

9-9 固定资产投资价格指数

Price Indices of Investment in Fixed Assets

(上年=100) (preceding year=100)

项 目	Item	2005	2006	2007	2008
固定资产投资	**Investment in Fixed Assets**	**103.7**	**103.3**	**103.8**	**108.1**
建筑安装工程	Construction and Installation	104.5	104.1	104.6	110.6
设备、工器具购置	Purchase of Equipment,Tools & Instruments	101.2	100.7	100.3	101.1
其他费用	Others	103.4	103.9	105.2	106.2

主要统计指标解释

商品零售价格指数 是反映城乡商品零售价格变动趋势的一种经济指数。零售物价的调整变动直接影响到城乡居民的生活支出和国家的财政收入，影响 居民购买力和市场供需平衡，影响消费与积累的比例。因此，计算零售价格指数，可以从一个侧面对上述经济活动进行观察和分析。

居民消费价格指数 是反映一定时期内城乡居民所购买的生活消费品价格和服务项目价格变动趋势和程度的相对数，是对城市居民消费价格指数和农村居民消费价格指数进行综合汇总计算的结果。利用居民消费价格指数，可以观察和分析消费品的零售价格和服务价格变动对城乡居民实际生活费支出的影响程度。

城市居民消费价格指数 是反映城市居民家庭所购买的生活消费品价格和服务项目价格变动趋势和程度的相对数。城市居民消费价格指数可以观察和分析消费品的零售价格和服务项目价格变动对职工货币工资的影响，作为研究职工生活和确立工资政策的依 据 。

农村居民消费价格指数 是反映农村居民家庭所购买的生活消费品价格和服务项目价格变动趋势和程度的相对数。农村居民消费价格指数可以观察农村消费品零售价格和 服务项目价格变动对农村居民生活消费支出的影响，直接反映农民生活水平的实际变化情况，为分析和研究农村居民生活问题提供依据。

农产品收购价格指数 是反映国有商业、集体商业、个体商业、外贸部门、国家机关、社会团体等各种经济类型的商业企业和有关部门收购农产品价格的变动趋势和程度的相对数。农产品收购价格指数可以观察和研究农产品收购价格总水平的变化情况，以及 对农民货币收入的影响，作为制订和检查农产品价格政策的依据。

农村工业品零售价格指数 是反映农村市场工业品零售价格水平变动趋势和程度的相对数。通过农村工业品零售价格指数，可以观察工业品零售价格变动对农民货币支 出的影响。

工业品出厂价格指数 是反映全部工业产品出厂价格总水平变动趋势和程度的相对数，包括工业企业售给本企业以外所有单位各种产品和直接售给居民用于生 活消费的产品。通过工业品出厂价格指数能观察出厂价格变动对工业总产值的影响。

固定资产投资价格指数 是反映固定资产投资额价格变动趋势和程度的相对数。固定资产投资额是由建筑安装工程投资完成额、设备、工器具购置投资完成额和其他费用投资完成额三部分组成的。编制固定资产投资价格指数应首先分别编制上述三部分投资 的价格指数，然后采用加权算术平均法求出固定资产投资价格总指数。

编制固定资产投资价格指数可以准确地反映固定资产投资中涉及的各类商品和取费项目价格变动趋势和变动幅度，消除按现价计算的固定资产投资指标中的价格变动因素，真实地反映固定资产投资的规模、速度、结构和效益，为国家科学地制定、检查固定资产投资计划并提 高宏观调控水平，为完善国民经济核算体系提供科学的、可靠的依据。

Explanatory Notes on Main Statistical Indicators

Retail Price Index reflects the general change in retail prices of commodities. The change and adjustment in retail prices directly affect the living expenditure of urban and rural residents, government revenue, purchasing power of residents and the equilibrium of market supply and demand, and the ratio of consumption to accumulation. Therefore, the calculation of retail p rice index is useful to analyze the changes of the above economic activities.

Consumer Price Index reflects the trend and degree of changes in prices of consumer goods and services purchased by urban and rural residents, and is a composite index derived from the urban consumer price index and the rural consumer price index. Consumer price index can be used to analyze the impact of consumer price change on actual expenditure for living cost of urban and rural residents.

Urban Consumer Price Index reflects the trend and degree of changes in prices of consumer goods and services purchased by urban households. It can be used to observe and analyze the impact of price changes in consumer goods and services on money wages of staff and workers, and provide basis for policy making concerning t he living cost and wages of staff and workers.

Rural Consumer Price Index reflects the trend and degree of changes in prices of consumer goods and services purchased by rural households. It can be used to observe the impact of change in retail prices of consumer goods and service prices in rural areas on living expenditure of rural households, and t o show the changes in the living standard of peasants. It provides basis for analysis and research on condition of life in rural areas.

Index of Purchasing Prices of Farm Products reflects the trend and degree of changes in purchasing prices of farm products purchased by state owned, collective owned, and individual commercial enterprises, foreign trade sectors, government agencies, social organizations and other units of various types of ownership. It is used to observe the impact of change in purchasing prices of farm products on the cash income of peasants, and serves as basis for the formulation and supervision of pricing policies for farm products.

Retail Price Index of Rural Industrial Products reflects the t rend and degree of changes in prices of industrial products in rural market and can be used to observe the impact of the price change on farmers money expenditure.

Ex-Factory Price Index of Industrial Products reflects the trend and degree of changes in general ex factory prices of all industrial products, including sales of industrial products by an industrial enterprise to all units outside the enterprise, as well as sales of consumer goods to residents. It can be used to analyze the impact of ex-factory prices on gross industrial output value.

Price Index of Investment in Fixed Assets reflects the trend and degree of changes in prices of investment in fixed assets. The investment in fixed assets consists of three components, namely the investment in construction and installation, the investment in Purchases of equipment and instrument, and the investment in other items. Price index of investment in fixed assets is calculated as the weighted arithmetic mean of the price indices of the three components of investment in fixed assets. Removing the factor of price change in the aggregates of investment at current prices, this indicator shows the changes in the pr ices of commodities and fees involved in the investment of fixed assets, and can be used to observe the actual size, growth, structure, and efficiency of investment in fixed assets and provides reliable and scientific data for government planning, management, decision making, and further improving the current national accounting system.

十、人民生活

People's Livelihood

资料整理：高志宇　陈宝华　谢瑞平　方　玲　刘　军　李凤明　朝　鲁
Arranged by Gao Zhiyu, Chen Baohua, Xie Ruiping, Fang Ling, Liu Jun,
Li Fengming, Chao Lu

10-1 人民物质文化生活情况

People's Material & Cultural Life

项 目	Item	1990	1995	2000	2005	2008
就 业	**Employment**					
每一农村劳动力负担人数(人)	Dependents per Rural Laborer(person)	1.68	1.55	1.48	1.42	1.39
每一城镇就业者负担人数(人)	Dependents per Urban Employee(person)	1.89	1.86	1.92	1.91	1.97
城镇登记失业率(%)	Urban Unemployment Rate(%)	3.80	3.17	3.34	4.26	
收 入	**Income of Rural & Urban Residents**					
农村牧区人均纯收入(元)	Per Capita Net Income of Rural(yuan)	647	1300	2038	2989	4656
农民人均纯收入	Peasants	607	1208	1869	2813	4457
牧民人均纯收入	Herdermen	906	1871	3355	4341	6194
农村牧区居民家庭人均纯收入指数(1978=100)	Index of Per Capita Net Income of Rural Residents(1978=100)	224.3	274.0	408.7	526.1	725.7
城镇居民人均可支配收入(元)	Per Capita Disposable Income of Urban Residents(yuan)	1155	2846	5129	9137	14433
城镇居民人均可支配收入指数(1978=100)	Index of Annual Per Capita Disposable Income of Urban Residents(1978=100)	189.6	244.1	385.8	632.3	897.6
职工年平均工资(元)	Average Wages of Staff & Workers (yuan)	1846	4134	6974	15985	26114
消 费	**Consumption**					
农村牧区居民人均消费支出(元)	Expenditure of Rural Residents(yuan)	539	1261	1615	2446	3618
农村居民人均消费支出	Peasants	492	1181	1442	2244	3339
牧区居民人均消费支出	Herdsmen	843	1762	2959	4006	5765
城镇居民人均消费支出(元)	Expenditure of Urban Residents(yuan)	982	2482	3928	6929	10829
恩格尔系数(%)	Engel Coefficient(%)					
城镇居民	Urban Residerts	48.3	48.4	34.5	31.4	32.8
农民家庭	Households of Peasant	59.2	59.7	47.7	45.1	42.5
牧民家庭	Households of Herdsman	48.3	48.1	33.8	34.3	34.6
储 蓄	**Savings**					
城乡居民年底储蓄余额(亿元)	Balance of Savings Deposit of Rural & Urban Residents (100 million yuan)	110	410	876	1974	3212
平均每人储蓄存款余额(元)	Per Capita Balance of Saving Deposit(yuan)	515	1804	3875	8274	13331
住房面积(平方米)	**Per Capita Floor Space(sq.m)**					
农村牧区平均每人居住	Rural Areas	11.9	15.3	17.0	19.7	21.5
城市平均每人居住	Urban Areas	8.98	12.06	15.54	26.09	29.32
城市公用事业	**Public Utilities in Urban Areas**					
自来水普及率(%)	Rate of Access to Tap Water(%)	73.4	80.7	89.1	83.9	82.0
燃气普及率(%)	Rate of Access to Gas(%)	16.8	40.5	58.6	68.2	74.3
每万人拥有绿地面积(公顷)	Green Area per 10 000 Persons(hectare)	3.3	5.9	7.0	7.8	11.2
文 化	**Culture**					
城镇每百户有彩色电视机(台)	Number of Color TV Set per 100 Households in Urban Areas(unit)	53.43	84.22	106.66	113.34	109.40
农村每百户有电视机(台)	TV sets per 100 Households in Rural Areas(unit)	42.14	84.89	96.07	102.00	102.53
广播综合人口覆盖率(%)	Broadcast Covering Rate (%)			85.6	92.6	94.1
电视综合人口覆盖率(%)	TV Covering Rate of Population(%)			81.4	90.2	92.7
每人每年拥有报纸(份)	Newspapers per Capita(copy)	2.06	7.17	7.56	25.92	10.94
每人每年拥有图书杂志(册)	Books & Magazines per capita(copy)	4.30	3.34	3.79	4.31	3.30
教 育	**Education**					
学龄儿童入学率(%)	Enrollment Ratio of School Age Children(%)	97.90	98.90	99.50	99.40	99.73
每万人口中在校大学生数(人)	Number of University Students per 10 000 Persons(person)	15.10	16.39	29.60	96.15	131.44
卫 生	**Public Health**					
每万人有医院、卫生院病床(张)	Number of Hospital Beds per 10 000 Persons(unit)	26.62	27.25	28.24	26.83	30.36
每万人有卫生技术人员(人)	Number of Medical Technical Personnel per 10 000 Persons(person)	45.10	44.97	42.39	43.01	45.67
每万人有医生数(人)	Doctors per 10 000 Persons(person)	19	22	22	21	21

10-2 城乡居民家庭人均收入及指数

年 份 Year	农牧民人均纯收入 Annual Net Income of Rural Households per Capita			
	农牧民 Peasant and Herdsman		农 民 Peasant	
	绝对数(元) Value(yuan)	指数(1978=100) Index	绝对数(元) Value(yuan)	指数(1978=100) Index
1978	131	100.0	126	100.0
1979	164	115.8	156	114.9
1980	192	123.9	181	121.6
1981	241	146.1	228	144.0
1982	288	163.8	273	162.0
1983	325	174.1	294	163.6
1984	368	189.0	336	179.6
1985	400	192.3	360	180.0
1986	382	171.3	340	157.7
1987	426	185.7	389	175.8
1988	547	219.3	500	209.4
1989	553	214.5	478	179.9
1990	647	224.3	607	208.1
1991	651	242.1	618	208.7
1992	719	251.8	672	222.3
1993	829	254.1	778	225.2
1994	1062	266.2	970	228.6
1995	1300	274.0	1208	240.2
1996	1602	314.5	1552	288.7
1997	1780	335.9	1705	304.6
1998	1982	379.2	1911	341.5
1999	2003	403.5	1903	350.3
2000	2038	408.7	1869	340.8
2001	1973	393.2	1784	323.4
2002	2086	411.7	1948	350.3
2003	2268	436.5	2133	373.1
2004	2606	474.0	2465	406.9
2005	2989	526.1	2813	449.6
2006	3342	578.7	3188	501.4
2007	3953	655.0	3750	564.2
2008	4656	725.7	4457	631.3

Per Capita Annual Income of Urban and Rural Household and Related Index

牧 民 Herdsman		城镇居民可支配收入 Annual Disposable Income of Urban Residents per Capita	
绝对数(元) Value(yuan)	指数(1978=100) Index	绝对数(元) Value(yuan)	指数(1978=100) Index
188	100.0	301.0	100.0
236	116.8	350.1	115.5
265	118.8	407.1	124.7
326	137.2	418.3	124.7
387	153.0	452.7	133.6
530	199.5	474.2	138.5
573	206.5	548.8	152.8
650	219.9	666.0	173.0
649	205.1	773.6	187.4
662	203.3	819.7	183.0
850	233.4	915.8	174.8
1038	249.0	1052.8	175.9
906	244.8	1155.0	189.6
868	230.8	1294.7	200.5
1022	264.1	1478.9	210.7
1164	262.5	1883.3	235.2
1664	314.5	2503.0	251.5
1871	292.1	2845.7	244.1
1951	278.1	3431.8	273.9
2345	321.8	3944.7	300.9
2516	345.2	4353.0	334.5
2698	370.5	4770.5	365.5
3354	454.2	5129.1	385.8
3277	441.0	5535.9	411.9
3052	403.9	6051.0	446.7
3201	418.0	7012.9	509.6
3571	444.2	8123.1	575.9
4341	522.8	9136.8	632.3
4502	532.7	10358.0	708.2
5510	624.9	12378.0	811.6
6194	660.5	14433.0	897.6

10-3 城镇居民家庭基本情况
Basic Conditions of Urban Households

项 目	Item	1990	1995
调查户数(户)	**Number of Households Surveyed (household)**	**1400**	**1400**
平均每户家庭人口(人)	**Average Household Size(person)**	**3.73**	**3.34**
平均每户就业人口(人)	**Average Number of Employed Persons per Household(person)**	**1.97**	**1.80**
平均每户就业面(%)	**Percentage of Employment per Household(%)**	**52.79**	**53.89**
平均每一就业者负担人数(包括就业者本人)(人)	**Number of Persons Supported by Each Employee including the employee himself or herself(person)**	**1.89**	**1.86**
平均每人全部年收入(元)	**Per Capita Annual Income(yuan)**	**1160**	**2874**
# 可支配收入	Disposable Income	1155	2846
薪水	Salary		
国有单位职工工资	Wages of Staff & Workers in State-owned Units	704	1941
集体及其它经济类型单位职工工资	Wages of Staff and Workers in Collective owned Units and Units of Other Type of Ownership	104	147
职工从工作单位得到的其他收入	Other Income of Staff and Workers from Their Working Units	61	103
个体经营劳动者收入	Income of Individual Laborèrs	16	62
被聘用或留用的离退休人员收入	Income of Re employed Retirees	7	16
其他就业者收入	Income of Other Employees	4	2
其他劳动收入	Part time Income	28	84
财产性收入	Property Income	11	39
转移性收入	Transfer Income	180	474
其他收入	Other Income		
平均每人消费性支出(元)	**Per Capita Annual Living Expenditures for Consumption(yuan)**	**982**	**2482**
# 食 品	Food	474	1202
衣 着	Clothing	162	405
家庭设备用品及服务	Household Facilities, Articles and Service		168
医疗保健	Medicine and Medical Service	20	100
交通通讯	Transportation and Communications		123
娱乐教育文化服务	Recreation, Education & Cultural Service		224
居 住	Residence		156
杂项商品与服务	Miscellaneous Commodities and Services		104

10-3 续表 continued

项 目	Item	2000	2005	2008
调查户数(户)	**Number of Households Surveyed (household)**	**2300**	**2420**	**2350**
平均每户家庭人口(人)	**Average Household Size(person)**	**3.08**	**3.00**	**2.84**
平均每户就业人口(人)	**Average Number of Employed Persons per Household(person)**	**1.61**	**1.57**	**1.44**
平均每户就业面(%)	**Percentage of Employment per Household(%)**	**52.2**	**52.3**	**50.7**
平均每一就业者负担人数(包括就业者本人)(人)	**Number of Persons Supported by Each Employee including the employee himself or herself(person)**	**1.92**	**1.91**	**1.97**
平均每人全部年收入(元)	**Per Capita Annual Income(yuan)**	**5151**	**9565**	**15195**
# 可支配收入	Disposable Income	5129	9137	14433
薪水	Salary		6669	10284
国有单位职工工资	Wages of Staff & Workers in State owned Units	2909		
集体及其它经济类型单位职工工资	Wages of Staff and Workers in Collective-owned Units and Units of Other Type of Ownership	191		
职工从工作单位得到的其他收入	Other Income of Staff and from Their Working Units		508	
个体经营者净收入	Income of Individuals	495	858	1555
被聘用或留用的离退休人员收入	Income of Re employed Retirees	93		
其他就业者收入	Income of Other Employees	13		
其他劳动收入	Part time Income	187		891
财产性收入	Property Income	59	161	325
转移性收入	Transfer Income	1110	1877	3031
其他收入	Other Income			
平均每人消费性支出(元)	**Per Capita Annual Living Expenditures for Consumption(yuan)**	**3928**	**6929**	**10829**
# 食 品	Food	1353	2178	3553
衣 着	Clothing	561	1048	1617
家庭设备用品及服务	Household Facilities, Articles and Service	289	394	673
医疗保健	Medicine and Medical Service	287	533	870
交通通讯	Transportation and Communications	359	756	1192
娱乐教育文化服务	Recreation, Education & Cultural Service	488	969	1384
居 住	Residence	339	723	1028
杂项商品与服务	Miscellaneous Commodities and Services	252	328	513

10-4 城镇居民家庭基本情况(2008年)

项 目	Item	全 区 All Regional Cities and County Towns
调查户数(户)	**Number of Households Surveyed(household)**	**2349**
平均每户家庭人口(人)	Average Household Size(person)	2.84
平均每户就业人口(人)	Average Number of Employees per Household(person)	1.44
平均每户就业面(%)	Percentage of Employed Persons per Household(%)	0.51
平均每一就业者负担人数(包括就业者本人)(人)	Number of Persons Supported by Each Employee (including the employee himsel for herself)(person)	1.97
平均每人全部年收入(元)	Per Capita Annual Income(yuan)	15195
平均每人可支配收入(元)	Per Capita Disposable Income(yuan)	14433
平均每人消费性支出(元)	Per Capita Annual Living Expenditure(yuan)	10829

10-5 城镇居民家庭平均每人全年消费性支出及构成(2008年)

单位：元

项 目	Item	总平均 Average	最低收入户 lowest Income Households (first decile)	#困难户 Difficult Households (first five percent)
消费性支出	**Total Living Expenditures**	**10828.6**	**4781.29**	**4150.02**
食 品	Food	3553.48	1908.89	1715.38
#粮 食	Grain	352.47	299.43	299.92
肉禽及其制品	Meat, Poultry and Related Products	712.61	389.12	334.21
蛋 类	Eggs	62.41	52.65	52.3
水产品	Aquatic Products	97.9	63.3	32.91
奶及奶制品	Milk and Dairy Products	159.8	107.33	81.11
衣 着	Clothing	1616.56	543.35	431.06
#服 装	Garments	1178.43	354.26	282.83
家庭设备用品及服务	Household Facilities, Articles and Services	672.64	212.74	159.69
#耐用消费品	Durable Consumer Goods	307.92	73.46	53.43
医疗保健	Medicine and Medical Services	869.71	428.29	453.88
交通和通讯	Transportation and Communications	1191.7	369.79	257.4
娱乐教育文化服务	Recreation, Education and Cultural Services	1383.53	645.93	598.69
#文娱用耐用消费品	Durable Consumer Goods for Recreational Use	433.52	146.17	86.67
居 住	Residence	1028.19	518.08	412.01
#住 房	Housing	288.23	73.01	71.34
杂项商品和服务	Miscellaneous Commodities	512.81	154.22	121.9

Basic Conditions of Urban Households(2008)

按收入等级分 Grouped by Percentile of Households							
最低收入户 lowest Income Households (first decile)	# 困难户 Difficult Households (first five percent)	低收入户 Low Income Households (second decile)	中等偏下户 Lower Middle Income Households (second quintile)	中等收入户 Middle Income Households (third quintile)	中等偏上户 Upper Middle Income Households (fourth quintile)	高收入户 High Income Households (ninth decile)	最高收入户 Highest Income Households (tenth decile)
205	**97**	**218**	**458**	**479**	**491**	**253**	**245**
3.13	3.07	3.11	2.94	2.84	2.71	2.50	2.42
1.15	1.09	1.39	1.47	1.09	1.55	1.43	1.44
0.37	0.36	0.45	0.50	0.52	0.57	0.57	0.60
2.72	2.82	2.24	2.00	1.91	1.75	1.75	1.68
5081	4185	7762	10726	14235	19252	25363	42079
4554	3547	7405	10247	13715	18197	23804	40205
4781	4150	6178	8045	9911	13922	17667	26069

Per Capita Annual Living Expenditure of Urban Households and its Composition(2008)

(yuan)

低收入户 Low Income Households (second decile)	中等偏下户 Lower Middle Income Households (second quintile)	中等收入户 Middle Income Households (third quintile)	中等偏上户 Upper Middle Income Households (fourth quintile)	高收入户 High Income Households (ninth decile)	最高收入户 Highest Income Households (tenth decile)
6177.6	**8044.95**	**9910.78**	**13922.26**	**17666.6**	**26069.08**
2273.87	2946.82	3471.2	4338.24	5090.64	7256.85
334.85	350.02	358.39	357.95	371.92	436.7
538.49	627.92	723.11	854.7	893.9	1287.53
54.19	62.82	63.51	69.25	62.94	71.78
47.11	84.97	88.78	105.76	108.7	281.09
99.71	128.78	169	184.45	228.74	293.17
870.92	1162.27	1628.85	2143.04	2701.59	3762.57
608.97	806.24	1168.26	1583.89	2037.26	2920.72
289.49	486.78	572	938.43	1185.03	1815.79
98.16	209.23	226.12	442.52	547.06	1038.56
554.45	668.59	733.72	1025.5	1503.09	2166.05
634.42	745.4	939.93	1628.07	2420.4	3357.79
687.76	1016.68	1073.63	1981.01	2401.64	3346.68
175.84	301.3	322.33	697.76	745.42	1125.29
679.54	741.69	1056.74	1131.98	1457.58	2660.98
110.02	90.27	287.38	344.82	406.93	1342.95
187.17	276.71	434.71	735.99	906.64	1702.38

10-6 按收入等级分的城镇居民家庭平均每人全年现金收入(2008年)

单位：元

项 目	Item	总平均 Average	最低收入户 lowest Income Households (first decile)	#困难户 Difficult Households (first five percent)
实际收入	**Real Income**	**15195**	**5081**	**4185**
#可支配收入	Disposable Income	14433	4554	3547
薪水	Salary	10284	3512	2936
财产收入	Property Income	325	55	38
#利息	Interest	40	0	0
红利	Bonus	68	11	
其它财产租金收入	Other Property and Rent Income	204	45	38
转移收入	Transfer Income	3031	934	723
#离退休金	Pension	2578	609	259
赡养收入	Supporting Income	97	49	54
赠送收入	Giving Income	208	17	18
借贷收入	**Loan Income**	**3397**	**2053**	**1979**
#提取储蓄存款	Withdraw Saving Deposit	3043	1828	1614
收回借出款	Paid back Loan	38	4	3
收回储蓄性保险本金	Withdraw Saving Premium	0		
兑售有价证券	Securities Encashed and Sold			
为购置房屋从银行贷款	Loan from Bank for Buying Housing	149	3	
其它借贷收入	Other Loan Income	10		

Per Capita Annual Cash Income of Urban Households by Level of Income(2008)

(yuan)

低收入户 Low Income Households (second decile)	中等偏下户 Lower Middle Income Households (second quintile)	中等收入户 Middle Income Households (third quintile)	中等偏上户 Upper Middle Income Households (fourth quintile)	高收入户 High Income Households (ninth decile)	最高收入户 Highest Income Households (tenth decile)
7762	**10726**	**14235**	**19252**	**25363**	**42079**
7405	10247	13715	18197	23804	40205
4926	7609	9945	13981	17650	23972
111	101	163	232	456	2437
2	8	9	25	68	373
30	23	25	30	123	539
48	63	88	157	230	1311
1401	1930	2870	3444	6081	9288
1177	1735	2664	3035	5423	6802
48	59	54	89	181	430
74	52	94	193	289	1557
1629	**2053**	**2350**	**4921**	**5650**	**9784**
1406	1875	2079	4462	5063	8694
24	4	49	25	7	272
		1			
51	143	151	235	199	327
	6	4		92	15

10-7 城镇居民家庭平均每人全年购买的主要商品数量

Per Capita Annual Purchases of Major Commodities in Urban Households

项目	Item	1990	1995	2000	2005	2008
粮　　食(千克)	Grain(kg)	134.98	101.17	77.72	80.99	65.50
食用植物油(千克)	Edible Vegetable Oil(kg)	4.45	5.82	5.56	6.14	7.36
猪　　肉(千克)	Pork(kg)	11.43	11.82	11.59	11.61	12.11
牛 羊 肉(千克)	Beef and Mutton(kg)	6.39	5.02	6.61	8.33	8.97
家　　禽(千克)	Poultry(kg)	0.59	1.77	3.25	3.82	3.48
鲜　　蛋(千克)	Fresh Eggs(kg)	2.31	7.92	9.67	8.71	8.77
水 产 品(千克)	Aquatic Products(kg)		3.44	4.30	4.29	4.43
鲜　　菜(千克)	Fresh Vegetables(kg)	162.03	125.87	107.45	103.85	107.88
干　　菜(千克)	Dry Vegetables(kg)					
食　　糖(千克)	Sugar(kg)	1.44	1.14	1.08	0.90	
糖　　果(千克)	Candy(kg)	0.68		0.53	0.63	
卷　　烟(盒)	Cigarettes(pack)	38.06	29.71	26.13	21.69	
白　　酒(千克)	Strong White Spirit(kg)	3.77	3.78	3.17	2.75	2.88
啤　　酒(千克)	Beer(kg)	3.91	6.31	4.95	6.25	5.37
茶　　叶(千克)	Tea(kg)					0.23
鲜 瓜 果(千克)	Fresh Melons and Fruits(kg)	41.50	42.77	63.11	61.19	57.11
鲜　　奶(千克)	Fresh Milk(kg)	2.80	5.83	12.58	20.71	17.36
夹 克 衫(件)	Jackets(piece)					
毛 线 衣(件)	Woollen Sweater(piece)					
衬　　衫(件)	Shirts(piece)					
裤　　子(条)	Pants(piece)			0.54		
棉　　布(米)	Cotton Cloth(m)					
化 纤 布(米)	Chemical Fiber Cloth(m)	1.74		0.50		
呢　　绒(米)	Woolen Fabric(m)					
绸　　缎(米)	Silk and Satin(m)					
毛　　线(千克)	Knitting Wool(kg)					
皮　　鞋(双)	Leather Shoes(pair)	0.55	0.86	0.97		
旅 游 鞋(双)	Jogging Shoes(pair)					
布　　鞋(双)	Cloth Shoes(pair)	0.93				
肥　　皂(块)	Soap(piece)	3.57		1.28		
洗 衣 粉(千克)	Washing Powder for Clothes(kg)	1.43		1.47		
煤　　炭(千克)	Coal(kg)	480.64		205.07	224.54	143.69
液化石油气(千克)	Liquefied Gas(kg)	2.17		8.27	12.53	11.16

10-8 城镇居民家庭平均每百户耐用消费品年末拥有量
Number of Major Durable Consumer Goods Owned Per 100 Urban Households at Year-end

项 目	Item	2007	2008
组合家具(套)	Composite Furniture		
摩托车(辆)	Motorcycle	21.10	28.82
自行车(辆)	Bicycle		
家用汽车(辆)	Automobile	6.49	8.04
洗衣机(台)	Washing Machine	96.56	93.04
电风扇(台)	Electric Fan		
电冰箱(台)	Refrigerator	95.05	91.07
冰 柜(台)	Freezer		
彩色电视机(台)	Color TV Set	108.73	109.40
影碟机(台)	Video Disc Player		
录放像机(台)	Video recorder		
家用电脑(台)	Computer	31.93	37.28
组合音响(套)	Hi -Fi Stereo Component System	14.87	18.37
摄相机(架)	Pickup Camera	4.82	4.36
照相机(架)	Camera	35.08	31.50
钢 琴(架)	Piano	1.10	1.90
中高档乐器(件)	Other High Grade Music Instrument	6.88	4.96
微波炉(台)	Micro Wave Oven	31.42	33.88
空调器(台)	Air Conditioner	9.24	7.72
电炊具(台)	Electric Cooking Utensils		
淋浴热水器(台)	Shower	46.23	46.16
排油烟机(台)	Kitchen Ventilator		
洗碗机(台)	Washing-up Machine	0.61	0.24
消毒碗柜(台)	Sterilized Cupboard	2.20	2.52
饮水机(台)	Drinking Machine		
吸尘器(台)	Dust Catcher		
健身器材(件)	Healthy Equipment	2.18	2.59
移动电话(部)	Mobile Telephone	161.64	161.98
普通电话(部)	Telephone	77.20	62.49
传真机(部)	Fax Machine		

10-9 按收入等级分的城镇居民家庭平均每人全年购买商品数量(2008年)

Per Capita Annual Purchases of Major Commodities of Urban Households by Level of Income(2008)

项 目	Item	总平均 Average	最低收入户 lowest Income House-holds	# 困难户 Diff-icult House-holds	低收入户 Low Income House-holds	中等偏下户 Lower Middle Income House-holds	中等收入户 Middle Income House-holds	中等偏上户 Upper Middle Income House-holds	高收入户 High Income House-holds	最高收入户 Highest Income House-holds
淀粉及薯类(千克)	Starches & Tubers(kg)	27.13	32.09	32.22	23.43	27.36	24.82	25.96	25.56	34.34
大米(千克)	Rice(kg)	35	31.54	30.52	41.56	38.79	35.8	31.48	28.96	31.71
面粉(千克)	Flour(kg)	30.5	33.68	38.39	31.3	31.99	30.16	25.76	22.75	39.65
食用植物油(千克)	Edible Vegetable Oil(kg)	7.36	6.04	5.3	6.47	8.17	7.54	7.2	7.38	8.6
猪肉(千克)	Pork(kg)	12.11	7.87	7.44	9.68	11.3	12.08	13.23	13.67	22.14
牛肉(千克)	Beef(kg)	3.68	1.55	1.36	3.72	3.4	3.82	4.87	3.78	4.98
羊肉(千克)	Mutton(kg)	5.29	2.56	2.12	3.77	4.28	5.36	7.07	7.35	9.21
家禽(千克)	Poultry(kg)	3.48	2.26	1.93	3.08	3.38	3.49	4.1	3.99	4.52
鸡(千克)	Chicken(kg)	3.34	2.23	1.91	2.85	3.32	3.38	3.86	3.74	4.39
禽制品(千克)	Products of Poultry(kg)	3.48	2.26	1.93	3.08	3.38	3.49	4.1	3.99	4.52
鲜蛋(千克)	Fresh Eggs(kg)	8.77	7.72	7.72	8.37	9.33	8.81	9.16	8.11	9.19
鱼(千克)	Fish(kg)	4.00	2.59	2.4	3.31	3.98	4.28	4.78	4.66	4.43
虾(千克)	Shrimp(kg)	0.43	0.09	0.06	0.20	0.35	0.43	0.42	0.47	1.76
水产制品(千克)	Aquatic Products(kg)									
鲜菜(千克)	Fresh Vegetables(kg)	107.88	94.22	97.65	94.65	112.14	108.17	111.88	114.85	123.13
干菜(千克)	Dried Vegetables(kg)									
菜制品(千克)	Products of Vegetables(kg)									
白酒(千克)	liquor(kg)	2.88	1.7	1.71	2.5	3.13	2.94	2.94	3.17	4.23
果酒(千克)	Fruit Wine(kg)	0.08	0.01	0.01	0.02	0.05	0.11	0.1	0.1	0.27
啤酒(千克)	Beer(kg)	5.37	3.21	2.4	4.6	7.21	6.31	4.85	5.12	3.79
其他酒(千克)	Other Liquor(kg)									
鲜果(千克)	Fresh Fruits(kg)	39.75	25.15	26.27	29.76	37.2	40.27	44.85	58.19	57.46
鲜瓜(千克)	Melons(kg)	17.36	11.56	8.65	15.83	17.57	17.71	17.2	21.28	25.3
糕点(千克)	Cake(kg)	3.68	3.03	3.42	3.02	3.38	3.88	4.42	3.72	4.47
鲜乳品(千克)	Fresh Dairy Products(kg)	17.36	10.65	9.87	12.53	15.66	19.36	20.67	20.32	25.96
奶粉(千克)	Milk Powder(kg)	0.41	0.29	0.34	0.29	0.29	0.59	0.44	0.69	0.31
酸奶(千克)	Yogurt Milk(kg)	2.07	0.77	0.67	1.05	1.8	2.08	2.56	3.46	4.25
男士服装(件)	Men's Clothing(piece)									
女士服装(件)	Women's Clothing(piece)									
儿童服装(件)	Children's Clothing (piece)									
鞋类(双)	Shoes(pair)	2.88	2.09	1.9	2.51	2.82	2.94	3.21	3.24	3.72

10-10 按收入等级分的城镇居民家庭平均每百户耐用消费品年末拥有量(2008年)

Number of Durable Consumer Goods Owned Per 100 Urban Households at Year-end by Level of Income(2008)

项 目	Item	总平均 Average	最低收入户 lowest Income Households	# 困难户 Difficult Households	低收入户 Low Income Households	中等偏下户 Lower Middle Income Households	中等收入户 Middle Income Households	中等偏上户 Upper Middle Income Households	高收入户 High Income Households	最高收入户 Highest Income Households
组合家具(套)	Composite Furniture									
摩托车(辆)	Motorcycle	28.82	15.88	10.96	37.01	33.37	33.58	28.58	20.89	24.04
自行车(辆)	Bicycle									
家用汽车(辆)	Automobile	8.04	1.75	0.87	4.46	4.89	7.70	10.11	14.47	22.48
洗衣机(台)	Washing Machine	93.04	78.89	79.94	89.32	92.17	96.99	95.49	99.11	104.18
电风扇(台)	Electric Fan									
电冰箱(台)	Refrigerator	91.07	64.54	59.33	83.62	93.52	97.97	98.81	98.11	100.14
冰 柜(台)	Freezer									
彩色电视机(台)	Color TV Set	109.40	104.79	103.63	112.45	107.65	109.57	111.55	109.46	112.60
影碟机(台)	Video Disc Player									
录放像机(台)	Video recorder									
家用电脑(台)	Computer	37.28	8.86	4.23	20.47	34.02	45.98	47.96	56.95	55.10
组合音响(套)	Hi -Fi Stereo Component System	18.37	5.66	4.91	14.82	15.95	22.44	24.63	22.79	23.88
摄相机(架)	Pickup Camera	4.36	0.08	0.14	2.19	1.40	3.64	6.65	13.33	10.90
照相机(架)	Camera	31.50	7.92	3.61	18.08	26.95	36.53	45.69	42.37	49.35
钢 琴(架)	Piano	1.90			0.24	0.45	2.38	2.47	6.61	4.50
中高档乐器(件)	Other High Grade Music Instrument	4.96	3.51	2.27	2.06	5.24	6.40	4.59	5.80	7.30
微波炉(台)	Micro Wave Oven	33.88	10.03	8.83	19.71	25.58	37.01	44.88	62.77	57.81
空调器(台)	Air Conditioner	7.72	0.20	0.37	2.05	4.44	7.50	11.65	18.43	19.13
电炊具(台)	Electric Cooking Utensils									
淋浴热水器(台)	Shower	46.16	11.76	7.90	25.93	41.20	53.49	60.98	70.30	73.53
排油烟机(台)	Kitchen Ventilator									
洗碗机(台)	Washing-up Machine	0.24				0.14	0.15	0.27	0.87	0.74
消毒碗柜(台)	Sterilized Cupboard	2.52				1.42	3.96	3.77	4.07	5.59
饮水机(台)	Drinking Machine									
吸尘器(台)	Dust Catcher									
健身器材(件)	Healthy Equipment	2.59	1.22	0.14	1.78	0.58	2.02	4.80	5.86	4.91
移动电话(部)	Mobile Telephone	161.98	109.68	92.78	141.52	157.69	175.88	181.55	188.89	189.83
普通电话(部)	Telephone	62.49	50.90	46.12	58.26	58.96	63.57	66.47	77.94	71.74
传真机(部)	Fax Machine									

10-11 农村牧区居民家庭基本情况
Basic Conditions of Rural Households

项 目	Item	1995	2000	2005	2008
调查户数(户)	**Number of Households Surveyed(Household)**	**2060**	**2036**	**2060**	**2060**
调查户常住人口(人)	**Number of Permanent Residentsin the Households Surveyed(person)**	**9293**	**8351**	**7782**	**7433**
平均每户常住人口(人)	Average Number of Permanent Residents per Household(person)	4.50	4.10	3.78	3.61
平均每户整半劳力(人)	Average Number of Able-bodied and Semi-able-bodied Laborers per Household(person)	2.90	2.77	2.67	2.60
平均每个劳动力负担人口(含本人)(人)	Average Number of Persons Supported by a Laborer(including the laborer himself)(person)	1.55	1.48	1.42	1.39
平均每人年收入(元)	**Per Capita Annual Income(yuan)**				
总收入	Total Revenue	2272.40	3440.31	5345.92	8059.17
纯收入	Net Income	1300.00	2038.21	2988.87	4656.00
现金收入	Cash Income		2448.89	4235.13	6399.19
按纯收入分组户数	**Percentage of Households Grouped by**				
占调查户比重(%)	**Per Capita Annual Net Income(%)**				
500元以下	Under500 Yuan		4.17	4.17	3.69
500-800(元)	500-800 Yuan		6.78	3.35	1.46
800-1000(元)	800-1000 Yuan		7.17	3.79	1.89
1000-1500(元)	1000-1500 Yuan		22.94	9.17	5.05
1500-1700(元)	1500-1700 Yuan		8.94	4.32	2.23
1700-2000(元)	1700-2000 Yuan		10.56	8.50	3.25
2000-2500(元)	2000-2500 Yuan		13.31	13.79	7.14
2500-3000(元)	2500-3000 Yuan		8.69	11.60	8.01
3000-4000(元)	3000-4000 Yuan		8.60	16.99	15.29
4000以上(元)	4000 Yuan and over		8.84	24.32	51.99
平均每人年支出(元)	**Per Capita Annual Expenditure(yuan)**				
总支出	Total Expenditure	2236.50	3123.29	5091.91	7520.90
家庭经营费用支出	Expenditure for Household Business		1009.60	2084.79	3064.64
生活消费支出	Expenditure for Consumption		1614.91	2446.17	3618.11
其他非生产性支出	Other Nonproductive Expenditures		158.68	560.95	504.35
现金支出	Cash Expenditure	1826.71	2355.68	4174.02	6399.81
生产费用	Productive Costs	509.33	833.36	1910.02	2828.71
缴纳税金和上交集体承包费支出等	Taxes and Payments to Collective Units		219.15	9.09	9.90
生活消费支出	Expenditure for Consumption	798.80	1170.97	1992.06	3057.30

10-12 农民家庭基本情况
Basic Conditions of Households of Peasants

项目	Item	1995	2000	2005	2008
调查户数(户)	**Number of Households Surveyed(Household)**	**1820**	**1820**	**1840**	**1840**
调查户常住人口(人)	**Number of Permanent Residentsin the Households Surveyed(person)**	**7999**	**7398**	**6888**	**6579**
平均每户常住人口(人)	Average Number of Permanent Residents per Household(person)	4.40	4.06	3.74	3.58
平均每户整半劳力(人)	Average Number of Able-bodied and Semi-able-bodied Laborers per Household(person)	2.80	2.75	2.66	2.60
平均每个劳动力负担人口(含本人)(人)	Average Number of Persons Supported by a Laborer(including the laborer himself)(person)	1.57	1.48	1.41	1.38
平均每人年收入(元)	**Per Capita Annual Income(yuan)**				
总收入	Total Revenue	2053.80	3006.58	4872.38	7536.03
纯收入	Net Income	1208.40	1868.62	2813.35	4456.53
现金收入	Cash Income		2089.00	3809.72	5816.05
按纯收入分组户数	**Percentage of Households Grouped by**				
占调查户比重(%)	**per Capita Annual Net Income(%)**				
500元以下	Under500 Yuan		4.45	4.51	3.21
500-800(元)	500-800 Yuan		7.31	3.33	1.63
800-1000(元)	800-1000 Yuan		7.64	4.13	2.07
1000-1500(元)	1000-1500 Yuan		24.00	9.29	5.38
1500-1700(元)	1500-1700 Yuan		9.45	4.40	2.39
1700-2000(元)	1700-2000 Yuan		10.93	8.64	3.42
2000-2500(元)	2000-2500 Yuan		13.20	14.13	7.34
2500-3000(元)	2500-3000 Yuan		8.02	11.90	8.21
3000-4000(元)	3000-4000 Yuan		7.47	17.39	15.71
4000(元)以上	4000 Yuan and over		7.53	22.28	50.65
平均每人年支出(元)	**Per Capita Annual Expenditure(yuan)**				
总支出	Total Expenditure	2098.10	2679.38	4604.97	6853.86
家庭经营费用支出	Expenditure for Household Business	664.00	804.80	1825.09	2781.15
生活消费支出	Expenditure for Consumption	1180.50	1441.78	2243.79	3339.49
现金支出	Cash Expendiure	1584.30	1992.27	3710.85	5755.47
生产费用	Productive Costs	535.60	690.67	1667.96	2510.40
缴纳税金和上交集体承包费支出等	Taxes and Payments to Collective Units	104.20	176.14	8.32	11.14
生活消费支出	Expenditure for Consumption	689.20	995.18	1780.32	2787.98

10-13 牧民家庭基本情况

Basic Conditions of Households of Herdsmen

项 目	Item	1995	2000	2005	2008
调查户数(户)	**Number of Households Surveyed(Household)**	**240**	**216**	**220**	**220**
调查户常住人口(人)	**Number of Permanent Residentsin the Households Surveyed(person)**	**1294**	**953**	**894**	**854**
平均每户常住人口(人)	Average Number of Permanent Residents per Household(person)	5.39	4.41	4.06	3.88
平均每户整半劳力(人)	Average Number of Able-bodied and Semi-able-bodied Laborers per Household(person)	3.00	2.92	2.72	2.66
平均每个劳动力负担人口(含本人)(人)	Average Number of Persons Supported by a Laborer(including the laborer himself)(person)	1.80	1.51	1.49	1.46
平均每人年收入(元)	**Per Capita Annual Income(yuan)**				
总收入	Total Revenue	3364.60	6807.26	8994.41	12089.30
纯收入	Net Income	1871.00	3354.71	4341.18	6194.29
现金收入	Cash Income	3474.10	5234.96	7512.81	10891.55
按纯收入分组户数占调查户比重(%)	**Percentage of Households Grouped by Per Capita Annual Net Income(%)**				
500元以下	Under 500 Yuan		1.85	1.36	7.73
500-800(元)	500-800Yuan		2.32	3.64	
800-1000(元)	800-1000Yuan		3.24	0.91	0.45
1000-1500(元)	1000-1500Yuan		13.89	8.18	2.27
1500-1700(元)	1500-1700Yuan		4.63	3.64	0.91
1700-2000(元)	1700-2000Yuan		7.41	7.27	1.82
2000-2500(元)	2000-2500Yuan		9.26	10.91	5.45
2500-3000(元)	2500-3000Yuan		14.35	9.09	6.36
3000-4000(元)	3000-4000Yuan		18.06	13.64	11.82
4000(元)以上	4000 Yuan and over		25.00	41.36	63.18
平均每人年支出(元)	**Per Capita Annual Expenditure(yuan)**				
总支出	Total Expenditure	3348.90	6569.29	8843.59	12659.66
家庭经营费用支出	Expenditure for Household Business	1092.50	2599.41	4085.68	5248.53
生活消费支出	Expenditure for Consumption	1762.20	2958.94	4005.48	5764.55
其他非生产性支出	Other Nonproductive Expenditures	75.90	149.92	329.10	954.16
现金支出	Cash Expendiure	3312.50	5176.73	7742.65	11363.61
生产费用	Productive Costs		1941.02	3775.01	5280.91
缴纳税金和上交集体承包费支出等	Taxes and Payments to Collective Units		553.01	15.06	0.35
生活消费支出	Expenditure for Consumption		2535.55	3623.48	5132.11

10-14 农村牧区居民家庭平均每人总收入和纯收入
Per Capita Annual Gross and Net Income of Rural Households

单位：元 (yuan)

项 目	Item	2007	2008
总收入	**Gross Income**	**6787.27**	**8059.17**
工资性收入	Laborers'Remuneration	716.86	806.48
在非企业组织中劳动得到	Obtained from Non-enterprises	139.25	157.19
在本地企业中劳动得到	Obtained from Native Enterprises	291.36	342.69
外出从业得到	Obtained from Going on Business	286.25	306.60
其他	Others		
家庭经营收入	Income from Household Business Operation	5576.66	6590.34
农业收入	Farming	3172.62	3841.19
林业收入	Forestry	21.43	32.12
牧业收入	Animal Husbandry	2207.29	2502.35
渔业收入	Fishery		
工业收入	Industry	24.61	22.43
建筑业收入	Construction	15.80	22.41
交通运输和邮电业收入	Transportation Telecommunication	34.49	47.64
批发零售贸易餐饮业收入	Wholesale and Retail Trade and Catering Services	55.45	65.76
社会服务业收入	Social Services	17.11	15.96
文教卫生业收入	Culture, Education and Health Care	6.18	9.16
其他家庭经营收入	Others	20.14	29.90
转移性和财产性收入	Transfer Income and Property Income	393.75	662.34
纯收入	**Net Income**	**3953.10**	**4656.18**
按收入来源分	**By Source**		
工资性收入	Laborers' Remuneration	716.86	806.48
家庭经营纯收入	Net Income from Household Business	2786.08	3218.01
转移性和财产性收入	Transfer Income and Property Income	450.16	631.69

10-15 农民家庭平均每人总收入和纯收入

Per Capita Annual Gross and Net Income of Household of Peasants

单位：元 (yuan)

项 目	Item	2007	2008
总收入	**Gross Income**	**6187.18**	**7536.03**
基本收入	Basic Income		
劳动者报酬收入	Laborers' Remuneration	747.61	832.81
在非企业组织中劳动得到	Obtained from Non enterprises	144.91	163.54
在本地企业中劳动得到	Obtained from Native Enterprises	302.32	352.94
外出从业得到	Obtained from Going on Business	300.38	316.33
其他	Others		
家庭经营收入	Income from Household Business Operation	4958.76	6053.07
农业收入	Farming	3390.77	4130.84
林业收入	Forestry	20.58	32.91
牧业收入	Animal Husbandry	1370.72	1685.88
渔业收入	Fishery		
工业收入	Industry	38.17	8.43
建筑业收入	Construction	17.86	24.99
交通运输和邮电业收入	Transportation Telecommunication	32.14	39.95
批发零售贸易餐饮业收入	Wholesale and Retail Trade and Catering Services	57.82	70.73
社会服务业收入	Social Services	19.34	18.03
文教卫生业收入	Culture, Education and Health Care	6.99	7.89
其他家庭经营收入	Others	21.2	32.90
转移性和财产性收入	Transfer Income and Property Income	480.81	650.16
按收入来源分	**Net Income By Source**		
纯收入	**Net Income**	**3750.03**	**4456.53**
基本收入	Basic Income		
劳动者报酬收入	Laborers' Remuneration	747.61	832.81
家庭经营纯收入	Net Income from Household Business	2562.39	3003.36
转移性和财产性收入	Transfer Income and Property Income	440.02	620.36

10-16 牧民家庭平均每人总收入和纯收入

Per Capita Annual Gross and Net Income of Households of Herdsmen

单位：元 (yuan)

项 目	Item	2007	2008
总收入	**Gross Income**	**11387.69**	**12089.30**
基本收入	Basic Income		
劳动者报酬收入	Laborers' Remuneration	481.10	603.71
在非企业组织中劳动得到	Obtained from Non-enterprises	95.90	108.25
在本地企业中劳动得到	Obtained from Native Enterprises	207.31	263.76
外出从业得到	Obtained from Going on Business	177.89	231.70
其他	Others		
家庭经营收入	Income from Household Business Operation	10313.66	10729.37
农业收入	Farming	1500.20	1609.76
林业收入	Forestry	27.93	26.02
牧业收入	Animal Husbandry	8620.64	8792.16
渔业收入	Fishery		130.29
工业收入	Industry	57.51	106.87
建筑业收入	Construction		
交通运输和邮电业收入	Transportation Telecommunication	52.47	27.44
批发零售贸易餐饮业收入	Wholesale and Retail Trade and Catering Services	37.26	18.97
社会服务业收入	Social Services		
文教卫生业收入	Culture, Education and Health Care		18.97
其他家庭经营收入	Others	11.95	6.76
转移性和财产性收入	Transfer Income and Property Income	592.92	756.22
纯收入	**Net Income**	**5509.91**	**6194.29**
按收入来源分	**By Source**		
基本收入	Basic Income		
劳动者报酬收入	Laborers' Remuneration	481.10	603.71
家庭经营纯收入	Net Income from Household Business	4500.96	4871.58
转移性和财产性收入	Transfer Income and Property Income	527.84	719.01

10-17 农村牧区居民家庭平均每人生活消费支出

Per Capita Living Expenditure of Rural Households

单位：元 (yuan)

项 目	Item	2007	2008
生活消费支出	**Living Expenditure**	**3256.15**	**3618.11**
按消费类别分	**By Category of Consumption**		
食品	Food	1280.05	1483.61
# 主食	Staple Food	320.28	340.49
副食	Non-staple Food	527.12	666.82
其他食品	Other Food	270.32	302.05
衣着	Clothing	228.44	239.96
居住	Residence	473.98	569.60
家庭设备用品及服务	Household Facilities, Articles and Services	117.64	128.80
医疗保健	Medicine and Medical Services	281.46	320.62
交通通讯	Transportation and Communications	375.58	406.74
文教娱乐用品及服务	Cultural, Education and Recreational Articles and Services	423.75	399.35
其他商品及服务	Other Commodities and Services	75.29	69.43
按消费性质分	**By Source of Consumption**		
货币性消费	**Consumption Paid by Money**	**2761.13**	**3057.30**
食品	Food	827.27	957.29
衣着	Clothing	227.70	239.64
居住	Residence	433.12	535.52
家庭设备用品及服务	Household Facilities, Articles and Services	117.64	128.72
医疗保健	Medicine and Medical Services	281.46	320.62
交通通讯	Transportation and Communications	375.58	406.74
文教娱乐用品及服务	Cultural, Education and Recreation Articles and Services	423.75	399.35
其他商品及服务	Other Commodities and Services	74.62	69.43
实物性消费	**Consumption in kind**	**494.44**	**560.81**
食品	Food	452.88	526.32
衣着	Clothing	0.70	0.32
居住	Residence	40.86	34.08

10-18 农民家庭平均每人生活消费支出

Per Capita Living Expenditure of Households of Peasants

单位：元 (yuan)

项 目	Item	1995	2000	2005	2008
生活消费支出	**Living Expenditure**	**1180.50**	**1441.78**	**2243.79**	**3339.49**
按消费类别分	**By Category of Consumption**				
食品	Food	704.70	687.72	1012.84	1417.51
#主食	Staple Food	362.90	300.46	289.29	339.25
副食	Non-staple Food	239.00	243.29	430.55	636.02
其他食品	Other Food	84.00	106.05	199.70	284.15
衣着	Clothing	86.20	90.85	130.13	211.87
居住	Residence	157.00	216.17	316.94	530.75
家庭设备用品及服务	Household Facilities, Articles and Services	50.00	50.67	70.28	111.60
医疗保健	Medicine and Medical Services	48.50	90.13	151.05	290.16
交通通讯	Transportation and Communications	22.40	62.56	231.86	332.63
文教娱乐用品及服务	Cultural, Education and Recreational Articles and Services	97.50	212.63	292.16	386.44
其他商品及服务	Other Commodities and Services	14.20	31.05	38.52	58.54
按消费性质分	**By Source of Consumption**				
货币性消费	**Consumption Paid by Money**	**689.20**	**995.18**	**1780.32**	**2787.98**
食品	Food	232.90	298.33	595.80	898.36
衣着	Clothing	85.70	90.83	128.58	211.51
居住	Residence	137.90	158.99	274.30	498.82
家庭设备用品及服务	Household Facilities, Articles and Services	50.00	50.67	70.28	111.50
医疗保健	Medicine and Medical Services	48.50	90.13	151.05	290.16
交通通讯	Transportation and Communications	22.40	62.56	231.86	332.63
文教娱乐用品及服务	Cultural, Education and Recreation, Articles and Services	97.50	212.63	292.16	386.44
其他商品及服务	Other Commodities and Services	14.30	31.05	36.29	58.54
实物性消费	**Consumption in kind**	**491.30**	**446.60**	**461.23**	**551.51**
食品	Food	471.80	389.39	417.04	519.15
衣着	Clothing	0.50	0.02	1.55	0.36
居住	Residence	19.10	57.18	42.64	31.93

10-19 牧民家庭平均每人生活消费支出
Per Capita Living Expenditure of Households of Herdsmen

单位：元 (yuan)

项 目	Item	2007	2008
生活消费支出	**Living Expenditure**	**5487.05**	**5764.55**
按消费类别分	**By Category of Consumption**		
食品	Food	1782.52	1992.86
# 主食	Staple Food	310.61	350.06
副食	Non-staple Food	750.43	904.13
其他食品	Other Food	432.19	439.93
衣着	Clothing	482.02	456.37
居住	Residence	547.43	868.96
家庭设备用品及服务	Household Facilities, Articles and Services	240.45	261.33
医疗保健	Medicine and Medical Services	516.26	555.24
交通通讯	Transportation and Communications	1066.29	977.66
文教娱乐用品及服务	Cultural, Education and Recreational Articles and Services	643.02	498.82
其他商品及服务	Other Commodities and Services	209.06	153.31
按消费性质分	**By Source of Consumption**		
货币性消费	**Consumption Paid by Money**	**4953.36**	**5132.11**
食品	Food	1281.28	1411.24
衣着	Clothing	482.02	456.33
居住	Residence	514.98	818.17
家庭设备用品及服务	Household Facilities, Articles and Services	240.45	261.33
医疗保健	Medicine and Medical Services	516.26	555.24
交通通讯	Transportation and Communications	1066.29	977.66
文教娱乐用品及服务	Cultural, Education and Recreation, Articles and Services	643.02	498.82
其他商品及服务	Other Commodities and Services	209.06	153.31
实物性消费	**Consumption in kind**	**533.69**	**632.44**
食品	Food	501.24	581.62
衣着	Clothing		
居住	Residence	32.45	50.79

10-20 农村牧区居民家庭平均每人主要消费品消费量
Per Capita Consumption of Major Consumer Goods in Rural Households

项 目	Item	2007	2008
粮食(公斤)	Grain(kg)	190.86	196.81
蔬菜(公斤)	Fresh Vegetables(kg)	77.74	79.25
食油(公斤)	Edible Oil(kg)	3.79	4.32
猪牛羊肉(公斤)	Pork, Beef and Mutton(kg)	23.62	22.73
家禽(公斤)	Poultry(kg)	2.06	2.66
蛋及制品(公斤)	Eggs and Related Products(kg)	4.38	5.92
水产品(公斤)	Fish and Shrimp(kg)	1.93	1.88
食糖(公斤)	Sugar(kg)	1.05	0.99
酒 (公斤)	Liquor(kg)	14.43	14.50

10-21 农民家庭平均每人主要消费品消费量
Per Capita Consumption of Major Consumer Goods in Households of Peasants

项 目	Item	2007	2008
粮 食(公斤)	Grain(kg)	204.82	201.64
蔬 菜(公斤)	Fresh Vegetables(kg)	80.66	83.60
食 油(公斤)	Edible Oil(kg)	3.89	4.10
猪牛羊肉(公斤)	Pork, Beef and Mutton(kg)	21.09	20.35
家 禽(公斤)	Poultry(kg)	2.17	2.81
蛋及制品(公斤)	Eggs and Related Products(kg)	4.80	6.45
鱼 虾(公斤)	Fish and Shrimp(kg)	2.10	2.03
食 糖(公斤)	Sugar(kg)	1.02	0.95
酒(公斤)	Liquor(kg)	14.94	15.09

10-22 牧民家庭平均每人主要消费品消费量
Per Capita Consumption of Major Consumer Goods in Households of Herdsmen

项 目	Item	2007	2008
粮 食(公斤)	Grain(kg)	158.92	159.64
蔬 菜(公斤)	Fresh Vegetables(kg)	55.35	45.77
食 油(公斤)	Edible Oil(kg)	3.03	5.99
猪牛羊肉(公斤)	Pork, Beef and Mutton(kg)	43.03	41.11
家 禽(公斤)	Poultry(kg)	1.21	1.48
蛋及制品(公斤)	Eggs and Related Products(kg)	1.13	1.79
鱼 虾(公斤)	Fish and Shrimp(kg)	0.70	0.74
食 糖(公斤)	Sugar(kg)	1.32	1.29
酒(公斤)	Liquor(kg)	10.54	9.96

10-23 农村牧区居民家庭平均每百户耐用消费品年末拥有量
Number of Durable Consumer Goods Owned Per 100 Rural Households at the Year-end

品 名	Item	2007	2008
电话机(部)	Telephone(unit)	43.83	41.21
洗衣机(台)	Washing Machine(unit)	49.00	52.33
家用电冰箱(台)	Refrigerator(unit)	26.00	29.32
摩托车(辆)	Motorcycle(unit)	63.00	63.35
黑白电视机(台)	Black and White TV Set(unit)	9.00	7.72
彩色电视机(台)	Color TV Set(unit)	93.00	94.81
影碟机(台)	Video Disc Player(unit)	22.00	21.60
照相机(架)	Camera(unit)	3.00	2.43

10-24 农民家庭平均每百户耐用消费品年末拥有量
Number of Durable Consumer Goods Owned Per 100 Households of Peasants at the Year-end

品 名	Item	2007	2008
自行车(辆)	Bicycle(unit)	68.00	66.47
电话机(部)	Telephone(unit)	45.00	41.20
洗衣机(台)	Washing Machine(unit)	50.00	53.80
家用电冰箱(台)	Refrigerator(unit)	25.00	28.32
摩托车(辆)	Motorcycle(unit)	56.00	57.17
黑白电视机(台)	Black and White TV Set(unit)	8.00	6.85
彩色电视机(台)	Color TV Set(unit)	94.00	95.92
影碟机(台)	Video Disc Player(unit)	19.00	19.40
照相机(架)	Camera(unit)	2.00	1.14

10-25 牧民家庭平均每百户耐用消费品年末拥有量
Number of Durable Consumer Goods Owned Per 100 Households of Herdsmen at the Year-end

品 名	Item	2007	2008
自行车(辆)	Bicycle(unit)	12	12
电话机(部)	Telephone(unit)	36	41
洗衣机(台)	Washing Machine(unit)	38	40
家用电冰箱(台)	Refrigerator(unit)	34	38
摩托车(辆)	Motorcycle(unit)	118	115
电视机(台)	TV Set(unit)	109	100
#彩色电视机(台)	Color TV Set(unit)	90	85
影碟机(台)	Video Disc Player(unit)	41	40
照相机(架)	Camera(unit)	14	13

10-26 农牧民家庭房屋使用情况
Housing Conditions of Rural Households

项目	Item	2007	2008
牧民家庭	**Households of Herdsmen**		
本年新建购房屋面积(平方米/户)	**Rooms Newly Built Within the Year Per Household Floor Space of Houses(sq.m/househole)**	**2.07**	**3.59**
#砖木结构	Brick and Wood Structure	0.66	0.55
每平方米价值(元)	Value per Square Meter(yuan)	384.28	373.42
年末使用房屋	**Rooms Used at the End of Year**		
居住面积(平方米/人)	Per Capita Floor Space(sq.m/person)	22.47	23.56
#砖木结构	Brick and Wood Structure	14.01	14.47
钢筋混凝土结构	Reinforced Concrete Structures	0.77	1.02
房屋价值(元/平方米)	Value per Room(yuan/sq.m)	261.77	275.48
农民家庭	**Households of Peasants**		
本年新建房屋面积(平方米/户)	**Rooms Newly Built Within the Year Per Capita Floor Space of Houses(sq.m/person)**	**2.01**	**1.28**
#砖木结构	Brick and Wood Structure	1.85	1.16
钢筋混凝土结构	Reinforced Concrete Structure	0.16	0.12
每平方米价值(元)	Value per Square Meter(yuan)	424.34	563.96
年末使用房屋	**Rooms Used at the End of Year**		
居住面积(平方米/人)	Per Capita Floor Space(sq.m/person)	20.79	21.20
#砖木结构	Brick and Wood Structure	13.21	13.57
钢筋混凝土结构	Reinforced Concrete Structures	0.14	0.33
房屋价值(元/平方米)	Value per Room(yuan/sq.m)	202.59	207.76

注：本表为农村抽样调查资料。

a)Data :n this table are obtained from the sample surveys on rural households.

主要统计指标解释

城镇居民家庭全部收入 指被调查城镇居民家庭全部的实际收入，包括经常或固定得到的收入和一次性收入。不包括周转性收入，如提取银行存款、向亲友借款、收回借出款以及其他各种暂收款。

城镇居民家庭可支配收入 指被调查的城镇居民家庭在支付个人所得税、财产税及其他经常性转移支出后所余下的实际收入。

城镇居民家庭消费性支出 指被调查的城镇居民家庭用于日常生活的全部支出，包括购买商品支出和文化生活、服务等非商品性支出。不包括罚没、丢失款和缴纳的各种税款（如个人所得税、牌照税、房产税等），也不包括个体劳动者生产经营过程中发生的各项费用。

城镇居民家庭购买商品支出 指被调查的城镇居民家庭为自用或赠送亲友而购买商品的全部支出，包括从商店、工厂、饮食业、工作单位食堂、集市以及直接从农民手中购买各种商品的开支。商品支出分为以下八类：食品；衣着；家庭设备用品及服务；医疗保健；交通与通信；娱乐、教育、文化服务；居住；杂项商品和服务。

农村牧区居民家庭纯收入 指农村牧区常住居民家庭总收入中，扣除从事生产和非生产经营费用支出、缴纳税款和上交承包集体任务金额以后剩余的，可直接用于进行生产性、非生产性建设投资、生活消费和积蓄的那一部分收入。农村牧区居民家庭纯收入包括从事生产性和非生产性的经营收入，取自在外人口寄回带回和国家财政救济、各种补贴等非经营性收入；既包括货币收入，又包括自产自用的实物收入。但不包括向银行、信用社和向亲友借款等属于借贷性的收入。

农村牧区居民家庭生活消费支出 指农村牧区常住居民家庭用于日常生活的全部开支，是反映和研究农牧民家庭实际生活消费水平高低的重要指标。

城镇居民储蓄存款余额 指某一时点城乡居民存入银行及农村信用社的储蓄金额，包括城镇居民储蓄存款和农牧民个人储蓄存款，不包括居民的手存现金和工矿企业、部队、机关、团体等单位存款。

Explanatory Notes on Main Statistical Indicators

Total Income of Urban Households refers to the total actual income of the sample households, including regular or fixed income and occasional income. The income of a circulating nature such as withdrawal from bank deposits, loans borrowed from relatives or friends, repayment of loans received and various temporary collection of money are excluded.

Disposable Income of Urban Households refers to the income of the sample households which can be used for daily expenses, i. e. . total income minus income tax, property tax and other current transfers.

Expenditure for Consumption of Urban Households refers to total expenditure of the sample households for consumption in daily life, including expenditure for various commodities and expenses for non commodity items such as culture and service, etc. , but excluding fines and confiscation, loss, tax payments(such as income tax, license tax, real estates tax, etc.) And various expenses by individual laborers for business purposes.

Expenditure for Purchases of Commodities of Urban Households refers to total expenses of the sample households for the purchases of commodities, for their own use or as gifts to relatives and friends, from shops, factories, catering trade, canteens, markets and from the peasants. Such expenditure is classified into eight categories: food, clothing, household appliances and services, health care and medical services, transport and communications, recreation, education and cultural services, housing, miscellaneous goods and services.

Net Income of Rural Households refers to the total income of the permanent residents of the rural households during a year after the deduction of the expenses for productive and non-productive business operation, the payment for taxes and the payment for collective units for their contracted tasks, which can then be spent for investments in productive and non-productive construction, for consumption in daily life and for savings deposit. It is a comprehensive indicator to show the actual level of the income of the peasants' household. The net income of the rural households includes not only the income from the productive and non-productive business operation, but also the income from the non business operation, such as the money remitted or brought back by the members of the household who are in other places, the government relief payment and various subsidies. It includes not only the money income, but also the income in kind. But the income from borrowing from banks, friends and relatives is excludes.

Expenditure of Rural Households for Consumption refers to total expenses of rural households on daily life, including expenses on food, clothing, housing, fuel, articles for daily use, and expenses on cultural life and services. This indicator is used to show the actual consumption level of peasants.

The Savings Deposits of Urban and Rural Residents refers to the total value of Savings deposits of urban and rural households in banks and rural credit cooperatives at a given point of time, including the savings deposit of urban residents and the savings deposit of rural residents. The cash in hand by residents and the deposits of organizations such as enterprises, military units, government agencies, institutions, etc. are not included.

2009 NEI MENG GU

十一、城市概况

General Survey of Cities

资料整理：杨力英

Arranged by Yang Liying

11-1 城市社会经济指标(2008年)

Main Social and Economic Indicators of Cities(2008)

指标	Item	2008
年末人口数(万人)	**Population (year-end) (10 000 persons)**	**873.41**
#非农业人口	Non-agricultural Population	605.43
全社会从业者人数(万人)	**Number of Employed Persons(10 000 persons)**	**468.25**
#单位职工人数	Staff and Workers	129.22
按产业分的从业人员	Grouped by Industry	468.25
第一产业	Primary Industry	110.20
第二产业	Secondary Industry	129.23
第三产业	Tertiary Industry	228.82
土地面积(万平方公里)	**Total Area (10 000 sq.km)**	**14.78**
生产总值(亿元)	**Gross Domestic Product (100 million yuan)**	**4441.53**
第一产业	Primary Industry	212.02
第二产业	Secondary Indutry	2013.47
#工业	Industry	1846.97
第三产业	Tertiary Industry	2162.18
生产总值指数(上年=100)	Indices of Gross Domestic Product (Preceding year=100)	118.5
农林牧渔业总产值(当年价格,亿元)	**Gross Agricultural Output Value (at current prices) (100 million yuan)**	**392.73**
年末实有耕地面积(万公顷)	**Area of Cultivated land year-end (10 000 hectares)**	**132.05**
主要农产品产量	**Output of Major Agricultural Products**	
粮食产量(万吨)	Gain (10 000 tons)	408.58
猪牛羊肉产量(万吨)	Pork, Beef and Mutton (10 000 tons)	41.32
水 果(万吨)	Fruits (10 000 tons)	19.90
水产品(万吨)	Aquatic Products (10 000 tons)	2.70
规模以上工业	**Industry of All State-owned & Non-state-owned Industrial Enterprises above Designated Size**	
工业总产值(当年价格,亿元)	Gross Output Value (100 million yuan)	4368.14
工业增加值(当年价，亿元)	Value Added (100 million yuan)	1661.87
工业产品销售收入(亿元)	Sales Revenue (100 millon yuan)	4219.98
工业利润总额(亿元)	Total Profits(100 million yuan)	273.10
运输邮电	**Transportation, Postal and Telecom**	
客运量(发送)(亿人)	Passenger Traffic (100 million persons)	0.77
货运量(发送)(亿吨)	Freight Traffic (100 million tons)	3.82

注：本表数据不包括市辖县统计数。

a)Data in this table don't include the data of county directly under the city.

11-1 续表 continued

指标	Item	2008
邮电业务总量(2000年不变价.亿元)	Revenud of Postal and Telecommunications Services (at 2000 constant prices) (100 million yuan)	104.15
本地网电话机部数(万部)	Number of Telephons Sets(10 000 sets)	262.15
固定资产投资额(亿元)	**Total Investment in Fixed Assets (100 million yuan)**	**2543.52**
社会消费品零售总额(亿元)	**Total Retail Sales of Consumer Goods (100 million yuan)**	**1633.33**
实际利用外资金额(亿美元)	**Amount of Foreign Capital Actually Utilized (USD 100 million)**	**18.30**
在校学生数(万人)	**Student Enrollment (10 000 persons)**	
普通高等学校	Number of Regular Institutes of Higher Education	30.80
中等专业学校	Number of Specialized Secondary Schools	15.21
普通中学	Number of Regular Secondary Schools	65.30
小学	Number of Primary Schools	65.95
成人高等学校	Noumber of Schools Higher Education for Aduals	11.74
医院、卫生院数(个)	**Number of Hospitals (units)**	**529**
医院、卫生院床位数(万张)	**Number of Beds in Hospitals (10 000 units)**	**4.44**
卫生技术人员数(万人)	**Number of Medical Technical Personnel in Hospitals (10 000 persons)**	**4.69**
专业技术人员数(万人)	**Number of Technical Personnel (10 000 persons)**	**33.19**
在岗职工工资总额(亿元)	**Total Wages of Fully Emploged Staff and Workers (100 million yuan)**	**370.89**
年底城乡储蓄存款余额(亿元)	**Outstanding Amount of Savings Deposit in Urban and Rural Areas at year end(100 million yuan)**	**2220.02**
地方财政一般预算收入(亿元)	**Budgetary Reuenue of Local Governments (100 million yuan)**	**261.22**

11-2 城市主要经济指标(2008年)
Main Economic Indicators of Cities(2008)

城市名称	City	土地面积(万平方公里) Total Area (10 000 Sq.km)	年末总人口(万人) Population (year-end) (10 000 persons)	年末非农业人口(万人) Nonagricultural Population (year-end) (10 000 persons)	生产总值(不包括市辖县)(亿元) Gross Domestic Product (100 million yuan)
合 计	**Total**	**68.33**	**2191.22**	**926.62**	**4441.53**
呼和浩特市	Hohhot City	1.72	267.21	105.54	912.39
包头市	Baotou City	2.77	253.22	135.58	1335.88
呼伦贝尔市	Hulunbeier City	25.30	269.88	180.28	105.30
通辽市	Tongliao City	5.95	309.07	119.47	264.50
赤峰市	Chifeng City	9.00	435.10	107.19	306.65
乌兰察布市	Wulanchabu City	5.50	213.19	71.82	75.09
鄂尔多斯市	Erdos City	8.68	159.13	46.89	390.01
巴彦淖尔市	Bayannaoer City	6.44	173.76	62.79	128.10
乌海市	Wuhai City	0.17	48.27	45.01	240.10
满洲里市	Manzhouli City	0.07	16.54	16.54	100.15
扎兰屯市	Zhalantun City	1.68	43.24	16.86	66.51
牙克石市	Yakeshi City	2.76	37.87	36.44	69.72
根河市	Genhe City	1.97	16.31	16.31	20.43
额尔古纳市	Eerguna City	2.80	8.53	7.76	19.11
乌兰浩特市	Wulanhaote City	0.08	31.55	23.64	56.69
阿尔山市	Aershan City	0.74	4.79	4.79	6.26
霍林郭勒市	Huolinguole City	0.06	9.07	7.89	138.56
二连浩特市	Erlianhaote City	0.40	9.40	9.22	32.92
锡林浩特市	Xilinhaote City	1.58	16.65	14.40	103.09
丰镇市	Fengzhen City	0.27	34.07	9.56	70.07

11-2 续表 1 continued

城市名称	City	农业总产值(亿元) Gross Agricultural Output Value (100 million yuan)	不包括市辖县 Counties Excluded	工业总产值(亿元) Gross Industrial Output Value (100 million yuan)	不包括市辖县 Counties Excluded	客运总量(万人) Total Passenger Traffic (10 000 persons)	货运总量(万吨) Total Freight Traffic (10 000 tons)	固定资产投资(亿元) Investment in Fixed Assets (10000 million yuan)	不包括市辖县 Counties Excluded
合 计	**Total**	**1358.24**	**392.73**	**8027.15**	**4368.14**	**48542**	**142736**	**4918.28**	**2543.52**
呼和浩特市	Hohhot City	133.15	30.78	927.64	497.75	5295	9928	622.26	490.99
包头市	Baotou City	91.53	28.40	1932.55	1723.50	20777	40323	1080.06	821.30
呼伦贝尔市	Hulunbeier City	235.44	8.30	389.99	69.05	5694	11988	361.55	44.16
通辽市	Tongliao City	241.84	42.60	936.96	391.30	3243	12469	450.77	189.90
赤峰市	Chifeng City	240.87	57.06	791.67	341.14	3305	9348	506.60	170.87
乌兰察布市	Wulanchabu City	140.53	39.98	464.79	59.03	1900	4879	202.73	39.36
鄂尔多斯市	Erdos City	97.60	3.84	1613.58	307.54	4076	39351	1079.21	228.69
巴彦淖尔市	Bayannaoer City	151.20	39.95	495.02	144.46	2809	3029	335.23	81.17
乌海市	Wuhai City	4.64	4.64	300.84	283.99	794	7533	115.38	115.38
满洲里市	Manzhouli City	3.85	3.85	52.64	52.64	129	3383	63.36	63.36
扎兰屯市	Zhalantun City	37.22	37.22	51.50	51.50	734	846	27.14	27.14
牙克石市	Yakeshi City	30.10	30.10	34.16	34.16	427	3090	25.22	25.22
根河市	Genhe City	9.97	9.97	5.80	5.80	126	390	4.56	4.56
额尔古纳市	Eerguna City	13.59	13.59	6.55	6.55	32	46	5.51	5.51
乌兰浩特市	Wulanhaote City	9.79	9.79	56.39	56.39	198	655	28.56	28.56
阿尔山市	Aershan City	2.65	2.65			38	145	11.37	11.37
霍林郭勒市	Huolinguole City	3.00	3.00	138.00	138.00	38	4200	57.36	57.36
二连浩特市	Erlianhaote City	0.35	0.35	16.93	16.93	57	118	20.08	20.08
锡林浩特市	Xilinhaote City	8.65	8.65	100.79	100.79	356	2970	104.48	104.48
丰镇市	Fengzhen City	18.01	18.01	87.62	87.62	190	480	14.06	14.06

注：工业总产值为规模以上工业企业。

a) The gross industrial output value is covered all state-owned and Non-state-owned industrial enterprises above designated size.

11-2 续表 2 continued

城市名称	City	地方财政一般预算收入(亿元) Budgetary Revenueof Local Governments (100 million yuan)	#不包括市辖县 Counties Excluded	城乡居民年底储蓄余额(亿元) Outstanding Amount of Savings Deposit of Urban and Rural Residents year-end(100 million yuan)	在岗职工人数(万人) Number of Fully-empolyec Staff and Workers (10 000 persons)	#不包括市辖县 Counties Excluded	在岗职工工资总额(亿元) Total Wages of Fully-empolyed Staff and Workers (100 million yuan)	#不包括市辖县 Counties Excluded
合 计	**Total**	**483.67**	**261.22**	**3065.29**	**214.59**	**129.22**	**547.93**	**370.89**
呼和浩特市	Hohhot City	82.25	61.77	640.56	29.73	23.14	93.73	79.25
包头市	Baotou City	96.48	79.79	593.97	32.26	27.88	104.45	92.50
呼伦贝尔市	Hulunbeier City	41.81	3.34	319.30	36.60	4.46	65.35	11.67
通辽市	Tongliao City	41.30	8.11	174.67	22.92	8.70	45.39	16.60
赤峰市	Chifeng City	36.23	13.37	370.70	30.41	12.00	67.62	31.95
乌兰察布市	Wulanchabu City	15.47	2.52	190.85	13.68	5.61	34.46	13.41
鄂尔多斯市	Erdos City	118.20	32.91	323.49	15.01	4.66	54.03	17.85
巴彦淖尔市	Bayannaoer City	23.88	5.62	195.80	14.59	6.32	31.71	14.10
乌海市	Wuhai City	17.97	17.97	143.34	10.17	10.17	28.81	28.81
满洲里市	Manzhouli City	11.33	11.33	71.53	3.17	3.17	8.94	8.94
扎兰屯市	Zhalantun City	1.00	1.00	28.58	2.56	2.56	5.21	5.21
牙克石市	Yakeshi City	1.80	1.80	50.48	2.75	2.75	6.65	6.65
根河市	Genhe City	0.51	0.51	21.33	3.39	3.39	6.37	6.37
额尔古纳市	Eerguna City	0.72	0.72	11.40	2.28	2.28	3.94	3.94
乌兰浩特市	Wulanhaote City	1.52	1.52	50.75	3.60	3.60	8.84	8.84
阿尔山市	Aershan City	0.35	0.35	5.14	0.61	0.61	0.83	0.83
霍林郭勒市	Huolinguole City	7.43	7.43	1.18	1.52	1.52	6.24	6.24
二连浩特市	Erlianhaote City	1.78	1.78	17.12	0.57	0.57	1.88	1.88
锡林浩特市	Xilinhaote City	6.41	6.41	39.60	4.44	4.44	10.83	10.83
丰镇市	Fengzhen City	2.96	2.96	24.57	1.39	1.39	5.02	5.02

11-3 城市公用事业基本情况

Basic Statistics on Urban Public Utilities

项 目	Item	2007	2008
城市及建筑物面积	**Cities Areas and Floor Space of Buildings**		
建成区面积(平方公里)	Developed Areas(sq.km)	886.68	885.42
城市人口密度(人/平方公里)	Population Density of Urban Districts(person/sq.km)	622	649
年末实有房屋建筑面积(万平方米)	Total Floor Space of Buildings(yearend)(10 000 sq.m)	41698.62	45409.03
年末实有住宅建筑面积(万平方米)	Total Floor Space of Residential Buildings (year-end)(10 000 sq.m)	26399.14	28514.68
人均住房面积(平方米)	Capita Buildings Space(sq.m)	30.47	33.34
供水、供气及供热	**Water Supply, Gas Supply and Heating**		
自来水年供水量(万吨)	Annual Supply of Tap Water(10 000 tons)	56251.05	49900.72
#生活用水量	Water Consumption for Residentialuse	13201.44	13194.33
平均每人日生活用水(升)	Per Capita Water Consumption for Residential use(liter)	102.09	85.65
用水普及率(%)	Percentage of Population with Access to Tap Water(%)	81.45	82.03
煤气供气量(万立方米)	Coal Gas Supply(10 000 cu.m)	6999.97	3601.69
#家庭用量	Consumption of Coal Gas for Residential Use	4497.96	3481.00
天然气供气量(万立方米)	Natural Gas Supply(10 000 cu.m)	30528	38134
#家庭用量	Consumption of Natural Gas for Residedtial Use	15865.91	18804.34
液化石油气供气量(吨)	Liquefied Petroleum Gas(ton)	73841.72	72278.85
#家庭用量(吨)	Consumption of Liquefied Gas for Residential use(ton)	50101.87	50345.51
煤气管道长度(公里)	Length of Gas Pipelines(km)	703	461
用气普及率(%)	Percentage of Population with Access to Gas(%)	75.60	74.25
集中供热面积(万平方米)	Heated Area(10 000 sq.m)	16109.90	18447.90
市政工程	**Municipal Engineering**		
铺装道路长度(公里)	Length of Paved Roads(km)	4871.00	5175.00
平均每万人拥有道路长度(公里)	Length of Paved Roads per 10000 Population(km)	6.07	6.05
铺装道路面积(万平方米)	Area of Paved Roads(10 000 sq.m)	9016.00	9776.00
人均铺装道路面积(平方米)	Area of Paved Roads per Population(sq.m)	11.30	12.76
下水道长度(公里)	Length of Sewer Pipelines(km)	5619.00	6269.00
平均每万人拥有下水道(公里)	Length of Sewer Pipelines per 10000 Population(km)	7.00	7.33
公共交通	**Public Traffic**		
公共汽车总数(辆)	Number of Public Transportation Vehicles(unit)	4754	5343
平均每万人拥有(辆)	Number of Public Transportation Vehicles Per 10 000 Population(unit)	7.11	7.50
出租汽车(辆)	Taxi(unit)	37607	36517
城市绿化	**Afforestation in Cities**		
绿地面积(公顷)	Public Green Areas(hectare)	27914	29849
人均绿地面积(平方米)	Public Green Areas per(Population(sq.m)	10.63	11.10
公园动物园个数(个)	Number of Parks and Zoos(unit)	99	105
公园动物园面积(公顷)	Area of Parks and Zoos(hectare)	6668.00	6954.00
环境卫生	**Environmental Sanitation**		
清运垃圾(万吨)	Volume of Garbage Disposal(10 000 tons)	349.93	358.07
清运粪便(万吨)	Disposal of Excrement and Urine(10 000 tons)	96.58	104.29
每万人有公厕(座)	Public Lavatories per 10 000 Population(unit)	5.54	5.12

注：人均拥有指标按城市人口计算。

a)Data on the public utilities per 10 000 population are based on population in urban areas.

11-4 城市面积和房屋建筑及住房(2008年)
Basic Statistics on Building Construction and Housing Condition in Cities(2008)

地 区	Region	建成区面积(平方公里) Deve-loped Areas (sq.km)	征用土地面积(平方公里) Land Put in Requisition for State Constru-ction Projects (sq.km)	市区人口密度(人/平方公里) Population Density of Urban Districts (person/ sq.km)	年末城市实有房屋建筑面积(万平方米) Total Floor Space of Buildings (year-end) (10 000 sq.m)	年末城市实有住宅建筑面积(万平方米) Total Floor Space of Residential Buildings (year-end) (10 000 sq.m)
合 计	**Total**	**885.42**	**43.69**	**649**	**45409.03**	**28514.68**
呼和浩特市	Hohhot City	154.00	4.21	663	7214.96	3124.97
包头市	Baotou City	180.00		656	7328.69	3954.11
呼伦贝尔市	Hulunbeier City	28.00		2022	5823.85	4033.86
通辽市	Tongliao City	50.50		8857	2873.34	1795.99
赤峰市	Chifeng City	77.00	1.00	1504	5305.00	3448.25
乌兰察布市	Wulanchabu City	35.00		2977	2829.76	2093.58
鄂尔多斯市	Erdos City	71.68	30.09	1144	3543.57	2616.44
巴彦淖尔市	Bayannaoer City	32.47	1.45	454	2694.60	1980.77
乌海市	Wuhai City	37.51		251	1850.41	1436.65
满洲里市	Manzhouli City	27.06		313	890.18	479.76
扎兰屯市	Zhalantun City	19.20		481	534.42	377.63
牙克石市	Yakeshi City	15.70		414	999.93	806.12
根河市	Genhe City	17.50		213	348.69	271.48
额尔古纳市	Eerguna City	10.38		178	303.97	184.94
乌兰浩特市	Wulanhaote City	25.38	3.10	951	777.50	536.20
阿尔山市	Aershan City	10.44		234	128.15	67.02
霍林郭勒市	Huolinguole City	18.00		199	206.85	139.58
二连浩特市	Erlianhaote City	20.20	0.49	5848	279.04	115.27
锡林浩特市	Xilinhaote City	30.40		809	875.32	622.06
丰镇市	Fengzhen City	25.00	3.35	500	600.80	430.00

11-5 城市自来水(2008年)

Basic Statistics on Tap Water Supply in Cities(2008)

地 区	Region	年末自来水生产能力(万吨/日) Production Capacity of Tap Water (year-end) (10 000 tons/day)	年末供水管道长度(公里) Length of Water Supply Pipelines (year-end) (km)	全年供水总量(万吨) Total Annual Volume of Water Supply (10 000 tons)	# 生活用水 For Residential Use	# 生产用水 For Productive Use	用水人口(万人) Number of Residents with Access to Tap Water (10 000 persons)	人均日生活用水量(升) Per Capita Daily Consumption of Tap Water for Residedtial Use(litre)
合 计	**Total**	**311.64**	**7884**	**49901**	**13194**	**19484**	**628.61**	**85.65**
呼和浩特市	Hohhot City	58.70	649	9603	2001	2747	129.77	79.13
包头市	Baotou City	54.20	1484	12140	2793	4543	132.60	84.01
呼伦贝尔市	Hulunbeier City	12.70	135	2107	639	1117	20.30	124.43
通辽市	Tongliao City	29.00	504	5530	1261	2592	39.60	145.77
赤峰市	Chifeng City	37.00	653	4923	1099	2082	44.45	110.88
乌兰察布市	Wulanchabu City	4.80	242	1192	500	380	29.00	61.41
鄂尔多斯市	Erdos City	9.00	653	1331	380	577	53.41	30.26
巴彦淖尔市	Bayannaoer City	4.40	141	1605	963	241	28.00	122.50
乌海市	Wuhai City	48.40	1846	4087	1270	2199	44.09	85.50
满洲里市	Manzhouli City	7.30	377	1620	875	340	22.40	133.44
扎兰屯市	Zhalantun City	1.20	66	352	115	90	6.00	77.63
牙克石市	Yakeshi City	1.60	32	197	96		5.30	86.33
根河市	Genhe City	7.10	44	175	63	52	5.70	50.37
额尔古纳市	Eerguna City	0.17	40	69	22	21	1.64	61.81
乌兰浩特市	Wulanhaote City	5.30	82	912	258	10	19.95	80.41
阿尔山市	Aershan City	0.57	28	60	19	15	1.32	41.25
霍林郭勒市	Huolinguole City	4.60	291	549	339	117	9.00	126.33
二连浩特市	Erlianhaote City	2.10	74	299	28	48	15.79	13.41
锡林浩特市	Xilinhaote City	11.70	433	964	303	376	12.29	93.63
丰镇市	Fengzhen City	11.80	110	2187	171	1938	8.00	70.55

11-6 城市煤气、液化石油气、天然气(2008年)

Basic Statistics on Supply of Gas, Liquefied Petroleum Gas and Natural Gas in Cities(2008)

地区	Region	人工煤气生产能力(万立方米/日) Production Capacity of Coal Gas(10 000 cu.m/day)	管道长度(公里) Length of Gas Pipelines(km)		全年供气总量 Total Gas Supply			用气人口(万人) Population with Access to Gas(10 000 persons)		
			人工煤气 Coal Gas	天然气 Natural Gas	人工煤气(万立方米) Coal Gas (10 000 cu.m)	液化石油气(吨) Liquefied Petroleum Gas(ton)	天然气(万立方米) Natural Gas (10 000 cu.m)	人工煤气 Coal Gas	液化石油气 Liquefied Petroleum Gas	天然气 Natural Gas
合 计	**Total**	**179.00**	**461**	**1505**	**3602**	**72279**	**38134**	**65.71**	**337.44**	**165.88**
呼和浩特市	Hohhot City			650		13566	17210		34.00	90.00
包头市	Baotou City	164.00	317	434	3084	9526	16932	51.94	40.40	57.10
呼伦贝尔市	Hulunbeier City					2800			17.60	
通辽市	Tongliao City			47		3030	368		29.07	7.45
赤峰市	Chifeng City					8789			50.73	
乌兰察布市	Wulanchabu City					4000			26.00	
鄂尔多斯市	Erdos City			250		125	3231		30.00	9.01
巴彦淖尔市	Bayannaoer City			16		15010	2		25.00	0.12
乌海市	Wuhai City	15.00	144	56	518	1600	390	13.77	9.60	1.30
满洲里市	Manzhouli City					4367			18.30	
扎兰屯市	Zhalantun City					850			8.30	
牙克石市	Yakeshi City					1988			8.10	
根河市	Genhe City					612			3.00	
额尔古纳市	Eerguna City					321			3.60	
乌兰浩特市	Wulanhaote City					2902			13.00	
阿尔山市	Aershan City					185			0.60	
霍林郭勒市	Huolinguole City					220			5.65	
二连浩特市	Erlianhaote City					569			2.30	
锡林浩特市	Xilinhaote City			52		1120			9.50	0.90
丰镇市	Fengzhen City					700			2.69	

11-7 城市集中供热(2008年)

Basic Statistics on Heating in Cities(2008)

地 区	Region	供应能力 Heating Capacity		供热总量 Volume Supplied		管道长度(公里) Length of Pipelines(km)		供热面积 (万平方米) Heated Area (10 000 sq.m)
		蒸汽 (吨/小时) Steam (ton/hour)	热水 (兆瓦) Hot Water (mw)	蒸汽 (万吉焦) Steam (10 000 gigajouies)	热水 (万吉焦) Hot Water (10 000 gigajoules)	蒸汽 Steam	热水 Hot Water	
合 计	**Total**	**998**	**19210**	**174**	**13831**	**29**	**4786**	**18447.9**
呼和浩特市	Hohhot City		3502		1929		481	3667.6
包头市	Baotou City	582	5480		2775		1666	4069.2
呼伦贝尔市	Hulunbeier City		453		517		95	622.2
通辽市	Tongliao City		896		700		303	1044.0
赤峰市	Chifeng City	414	2500	169	1736	23	171	2938.5
乌兰察布市	Wulanchabu City		256		518		240	320.0
鄂尔多斯市	Erdos City		1274		788		246	1313.0
巴彦淖尔市	Bayannaoer City		444		300		380	764.0
乌海市	Wuhai City		679		507		304	865.0
满洲里市	Manzhouli City		690		599		311	600.0
扎兰屯市	Zhalantun City		98		195		32	160.0
牙克石市	Yakeshi City		202		439		178	315.0
根河市	Genhe City		91		291		17	77.9
额尔古纳市	Eerguna City		70		103		17	57.0
乌兰浩特市	Wulanhaote City		965		302		50	501.0
阿尔山市	Aershan City		17		90		11	15.0
霍林郭勒市	Huolinguole City		126		583		76	220.0
二连浩特市	Erlianhaote City		394		335		68	171.1
锡林浩特市	Xilinhaote City		1073		1124		140	686.0
丰镇市	Fengzhen City	2		5		6		41.4

11-8 城市市政工程(2008年)

Basic Statistics on Municipal Engineering in Cities(2008)

地 区	Region	年末实有铺装道路长度(公里) Length of Paved Roads (year-end) (km)	年末实有铺装道路面积(万平方米) Area of Paved Roads (year-end) (10 000 sq.m)	城市桥梁(座) Number of Bridges (unit)	城市排水管道长度(公里) Length of Sewer Pipelines (km)	城市污水日处理能力(万吨) Daily Disposal Capacity of Sewage (10 000 tons)	城市路灯(千盏) Number of Street Lights (1000 unit)
合 计	**Total**	**5175**	**9776**	**291**	**6269**	**119.20**	**479**
呼和浩特市	Hohhot City	612	1465	49	849	10.00	135
包头市	Baotou City	1227	1858	31	1599	26.50	49
呼伦贝尔市	Hulunbeier City	179	277	8	154	5.00	8
通辽市	Tongliao City	163	555	7	506	20.00	63
赤峰市	Chifeng City	311	657	30	286	15.00	49
乌兰察布市	Wulanchabu City	170	340	18	191	6.30	32
鄂尔多斯市	Erdos City	600	1497	6	1012	3.00	32
巴彦淖尔市	Bayannaoer City	357	714	9	456	6.00	39
乌海市	Wuhai City	369	531	48	235	6.00	16
满洲里市	Manzhouli City	358	589	8	211	2.00	6
扎兰屯市	Zhalantun City	77	113	28	30	4.00	8
牙克石市	Yakeshi City	54	87	3	44	3.40	5
根河市	Genhe City	40	61	4	9		1
额尔古纳市	Eerguna City	74	76	3	4		1
乌兰浩特市	Wulanhaote City	98	131	2	122	2.00	11
阿尔山市	Aershan City	53	47	7	30		2
霍林郭勒市	Huolinguole City	66	167	11	207	4.00	3
二连浩特市	Erlianhaote City	114	154	2	78		16
锡林浩特市	Xilinhaote City	130	353		169	4.00	3
丰镇市	Fengzhen City	123	104	17	77	2.00	2

11-9 城市公共汽车、出租汽车(2008年)
Basic Statistics on Buses and Taxis in Cities(2008)

地 区	Region	年末实有公共汽车(辆) Public Transportation Vehicles(year-end) (unit)	运客总数 (万人次) Number of Passengers Carried (10 000 Person times)	出租汽车 (辆) Number of Taxis (unit)
合 计	**Total**	**5343**	**63324**	**36517**
呼和浩特市	Hohhot City	1509	25706	4666
包头市	Baotou City	1270	10946	5850
呼伦贝尔市	Hulunbeier City	236	950	2120
通辽市	Tongliao City	221	1320	4256
赤峰市	Chifeng City	501	11952	3507
乌兰察布市	Wulanchabu City	89	1100	2800
鄂尔多斯市	Erdos City	515	3615	1810
巴彦淖尔市	Bayannaoer City	112	1000	
乌海市	Wuhai City	385	3948	953
满洲里市	Manzhouli City	44	220	1252
扎兰屯市	Zhalantun City	70	500	2000
牙克石市	Yakeshi City	38	66	1400
根河市	Genhe City	36	246	289
额尔古纳市	Eerguna City			243
乌兰浩特市	Wulanhaote City	121	304	2142
阿尔山市	Aershan City	14	3	61
霍林郭勒市	Huolinguole City	42	130	478
二连浩特市	Erlianhaote City		252	490
锡林浩特市	Xilinhaote City	123	886	1750
丰镇市	Fengzhen City	17	180	450

11-10 城市园林绿化(2008年)
Basic Statistics on Parks, Gardens and Green Areas in Cities(2008)

地 区	Region	城市园林绿地面积 (公顷) Total Area (hectare)	公共绿地面积 (公顷) Public Green Areas (hectare)	公 园 (个) Number of Parks (unit)	公园面积 (公顷) Area of Parks (hectare)
合 计	**Total**	**26021**	**29849**	**105**	**6954**
呼和浩特市	Hohhot City	5135	5650	20	2755
包头市	Baotou City	6812	7364	17	1335
呼伦贝尔市	Hulunbeier City	881	896	3	484
通辽市	Tongliao City	1591	1732	3	288
赤峰市	Chifeng City	1576	1783	14	140
乌兰察布市	Wulanchabu City	1184	894	2	578
鄂尔多斯市	Erdos City	2120	2237	12	229
巴彦淖尔市	Bayannaoer City	832	1082	9	155
乌海市	Wuhai City	1238	1175	5	236
满洲里市	Manzhouli City	717	836	4	48
扎兰屯市	Zhalantun City	648	2397	1	68
牙克石市	Yakeshi City	476	515	1	66
根河市	Genhe City	326	422	2	27
额尔古纳市	Eerguna City	300	352	1	10
乌兰浩特市	Wulanhaote City	670	691	2	340
阿尔山市	Aershan City	122	310		16
霍林郭勒市	Huolinguole City	304	345	2	19
二连浩特市	Erlianhaote City	223	228	1	28
锡林浩特市	Xilinhaote City	688	690	2	36
丰镇市	Fengzhen City	178	250	4	96

11-11 城市公共卫生(2008年)
Basic Statistics on Urban Sanitation in Cities(2008)

地 区	Region	清扫面积 (万平方米) Area Under Cleaning Program (10 000 sq.m)	生活垃圾清运量 (万吨) Volume of Garbage Disposal (10 000tons)	粪便清运量 (万吨) Volume of Excrement and Urine Disposal (10 000 tons)	环卫机械总数 (台) Environmental Sanitation Equipment (unit)	公共厕所 (座) Number of Public Lavatories (unit)
合 计	**Total**	**9192**	**358.1**	**104.29**	**1321**	**4383**
呼和浩特市	Hohhot City	2184	40.9	22.00	234	425
包头市	Baotou City	1469	72.0	22.79	226	221
呼伦贝尔市	Hulunbeier City	293	18.0	2.50	75	163
通辽市	Tongliao City	515	20.7	8.80	60	194
赤峰市	Chifeng City	1033	36.6	4.33	65	202
乌兰察布市	Wulanchabu City	198	19.0	6.00	90	330
鄂尔多斯市	Erdos City	1035	18.3	1.31	149	487
巴彦淖尔市	Bayannaoer City	444	14.4	8.00	56	398
乌海市	Wuhai City	525	22.0	18.19	43	575
满洲里市	Manzhouli City	309	18.1	1.85	66	338
扎兰屯市	Zhalantun City	100	9.9	1.00	28	248
牙克石市	Yakeshi City	96	7.9	0.26	29	33
根河市	Genhe City	51	5.0		12	30
额尔古纳市	Eerguna City	58	3.2	1.60	33	8
乌兰浩特市	Wulanhaote City	158	13.9		12	188
阿尔山市	Aershan City	18	2.7	0.50	7	39
霍林郭勒市	Huolinguole City	52	11.0		32	56
二连浩特市	Erlianhaote City	243	6.7	0.82	25	32
锡林浩特市	Xilinhaote City	240	9.0	2.88	23	192
丰镇市	Fengzhen City	171	8.8	1.46	56	224

11-12 城市设施水平(2008年)
Level of Public Facilities in Cities(2008)

地 区	Region	城市人口用水普及率 (%) Percentage of Population with Access to Tap Water(%)	城市用气普及率 (%) Percentage of Population with Access to Gas(%)	每万人拥有公共汽车辆(标台) Number of Public Buses per 10 000 Persons (st.set)	人均拥有铺装道路面积 (平方米) Per Capita Area of Paved Roads (sq.m)	人均公共绿地面积 (平方米) Per Capita Public Green Areas (sq.m)	每万人拥有公共厕所 (座) Number of Public Lavatories per 10 000 Population (unit)
全 区	**All Region**	**82.03**	**74.25**	**7.50**	**12.76**	**11.10**	**5.12**
呼和浩特市	Hohhot City	95.34	91.10	12.92	10.76	15.74	3.64
包头市	Baotou City	78.00	87.91	9.41	10.93	11.21	1.30
呼伦贝尔市	Hulunbeier City	74.36	64.47	7.11	12.04	20.00	6.13
通辽市	Tongliao City	88.53	81.65	3.60	12.41	11.00	4.34
赤峰市	Chifeng City	58.74	67.04	6.65	8.68	5.54	1.68
乌兰察布市	Wulanchabu City	85.29	76.47	2.62	10.00	26.12	10.98
鄂尔多斯市	Erdos City	93.03	67.95	9.16	26.08	8.01	8.58
巴彦淖尔市	Bayannaoer City	92.23	82.74	3.69	23.52	4.64	7.45
乌海市	Wuhai City	100.00	55.95	8.17	12.04	10.66	13.04
满洲里市	Manzhouli City	97.82	79.91	1.92	25.72	9.30	20.48
扎兰屯市	Zhalantun City	40.27	55.70	3.89	7.58	8.19	15.90
牙克石市	Yakeshi City	40.37	61.69	2.06	6.63	5.18	0.87
根河市	Genhe City	76.31	40.16	3.35	8.17	4.69	4.02
额尔古纳市	Eerguna City	36.44	80.00		16.89	8.89	0.94
乌兰浩特市	Wulanhaote City	80.41	52.40	3.43	5.28	13.70	5.96
阿尔山市	Aershan City	41.25	18.75	3.13	14.69	1.25	6.50
霍林郭勒市	Huolinguole City	77.25	48.50	3.61	14.33	2.49	5.54
二连浩特市	Erlianhaote City	100.00	14.57	1.27	9.75	2.72	3.42
锡林浩特市	Xilinhaote City	85.82	72.63	8.59	24.65	2.51	11.53
丰镇市	Fengzhen City	57.14	19.21	0.86	7.43	7.93	6.79

主要统计指标解释

年末自来水生产能力 指年底城建部门管理的自来水厂和自备水源的社会单位取水、净化、送水、出厂输水干管等环节的实际生产能力。

年末供水管道长度 指从送水泵到用户水表之间所有管道的长度。全年供水总量指公用自来水厂和自备水源的社会单位全年的供水总量，包括有效供水量及损失水量。

年末供水总量 指报告期供水企业（单位）供出的全部水量，包括有效供水量及损失水量。

生活用水量 指居民日常生活与公共福利设施的用水量，包括居民、饮食店、旅馆、医院、理发店、浴池、洗衣店、游泳池、商店、学校、机关、部队等单位的用水量。

城市人口用水普及率 指城市用水的非农业人口数(不包括临时人口和流动人口)与城市非农业人口总数之比。计算公式为：

用水普及率=城市用水的非农业人口数/城市非农业人口数×100%

人工煤气生产能力 指城市煤气厂制气、净化、输送等环节的综合实际生产能力。

输气管道长度 指由压缩机、鼓风机、储气罐的出口到用户煤气表之间的全部管道长度。

全年供气总量 指全年售给各类用户的全部煤气量，包括工业用量、家庭用量和其他用量。

城市用气普及率 指使用煤气(包括人工煤气、液化石油气、天然气)的城市非农业人口数(不包括临时人口和流动人口)与城市非农业人口总数之比。计算公式为：

城市煤气普及率=城市用气的非农业人口数/城市非农业人口总数×100%

城市供热能力 指热电厂、热力公司和达到标准的集中采暖锅炉房和城市输送的供热源的设计能力，即每小时向城市输送蒸汽、热水的能力。

城市供热总量 指热电厂、热力公司和达到标准的集中采暖锅炉房向城市输送的全部蒸汽、热水量。

城市供热管道长度 指热电厂、热力公司和达到标准的集中采暖锅炉房管理的集中供热热源到用户之间的全部供气、供热水的管道长度。

年底实有铺装道路长度 指除土路外，路面经过铺装宽度在 3.5 米以上的道路，包括高级、次高级道路和普通道路。

城市桥梁 指城市范围内，修建在河道上的桥梁和道路与道路立交、道路跨越铁路的立交桥及人行天桥。包括永久性桥和半永久性桥，不包括临时性桥、铁路桥、涵洞。

城市下水道总长度 指所有排水总管、干管、支管及暗渠、检查井、连接井进出水口等长度之和。

城市污水日处理能力 指污水处理厂每昼夜处理污水量的设计能力。

年末实有公共汽车 指年底可参加营运的全部车辆数，包括营运车辆数和库存查封未参加营运的车辆。不包括非营运车辆，如架线车、油罐车、工程车、货车及其他专用车辆和借入的客运车辆。

城市园林绿地面积 指城市公共绿地、专用绿地、生产绿地、防护绿地、郊区风景名胜区的全部面积。

公共绿地 指供游览休息的各种公园、动物园、植物园、陵园以及花园、游园和供游览休息用的林荫道绿地、广场绿地，不包括一般栽植的行道树及林荫道的面积。

Explanatory Notes on Main Statistical Indicators

Production Capacity of Tap Water at the Year-end refers to the actual comprehensive production capacity of the waterworks administered by the urban construction department and those owned by enterprises or institutions, taking the capacity of the main links, such as water inflow, purification, conveyance and outflow of the trunk pipelines into account.

Length of Water Supply Pipelines at the Year-end refers to the total length of all the pipelines between the water pumps and the users water meters.

Annual Volume of Water Supply refers to the total volume of water supplied by the public water works and those owned by individual enterprises and institutions during the whole year, including both the effective water supply and loss during the water supply.

Consumption of Water for Residential Use refers to the water consumption of households for daily life and the water consumption of public welfare facilities, including the consumption of restaurants, hotels, hospitals, barber shops, public bathhouses, laundries, swimming pools, shops, schools, institutions, army units and other units.

Percentage of Urban Population with Access to Tap Water refers to the ratio of the urban non-agricultural population (excluding temporary and mobile population) with access to tap water to the total urban non-agricultural population. The formula is:

Percentage of Population with Access to Tap Water = Urban Non-agricultural Population with Access to Tap Water ÷ Urban Non-agricultural Population×100%

Production Capacity of Gasworks Gas refers to the actual comprehensive production capacity of the urban gasworks in gas generation, purification and delivery.

Length of Gas Pipelines refers to the total length of pipelines between the outlet of the compressor, blower or gas tank and the gas meters of users.

Volume of Gas Supply refers to the total volume of gas sold to users in a year, including the volume for industrial use, residential use and other uses.

Percentage of Urban Population with Access to the Gas refers to ratio of the urban non-agricultural population with access to gas(including gas, liquefied petroleum gas and natural gas) to the urban non agricultural population(excluding temporary and mobile population) . The formula is:

Percentage of Population with Access to Gas = Urban Non-agricultural Population with Access to Gas ÷ Urban Non-agricultural Population×100%

Heating Capacity in Urban Area refers to the capacity of hourly supply of steam and hot water to cities by thermal power plants, heating corporations and centralized heating boiler rooms which meet certain standard.

Heating Volume in Urban Area refers to the total volume of steam and hot water supplied to cities every year by thermal power plants, heating corporations and centralized heating boiler rooms which meet certain standard.

Length of Heating Pipelines refers to the total length of pipelines for centralized supply of steam and hot water from the thermal power plants, heating corporations and centralized heating boiler rooms which meet certain standard to the users.

Length of Paved Roads at the Year-end refers to the length of roads with a paved surface, and with a width of more than 3.5 meters, including high quality, medium quality and ordinary roads.

Urban Bridges refer to bridges over river courses, great separated junctions and overpasses in urban areas. Permanent bridges and semi permanent bridges are included. Temporary bridges, railway bridges and culverts are excluded.

Length of Urban Sewage Pipes refers to the total length of general drainage, trunks. Branch and blind drainage, inspection wells, connection wells, inlets and outlets, etc.

Daily Disposal Capacity of Urban Sewage refers to the designed 24-hour capacity of sewage disposal at the sewage treatment works.

Number of Public Vehicles at the Year-end refers to the total number of operational buses available at the year-end, including the year-end operational vehicles and vehicles in stock. Non-operational vehicles such astringing cars, tank cars, machine shop cars, trucks and other special vehicles and the borrowed passenger vehicles are excluded.

Area of Urban Gardens and Green Areas refers to the total area of urban public green land, special green land, production green land, protection green land and suburban scenic spots.

Public Green Area refers to green areas of various parks, zoos, botanical gardens, cemeteries, amusement parks, tree flanked boulevards' Greenland squares for tourism and relaxing. Areas with trees planted along side the streets and boulevards are excluded.

2009 NEI MENG GU

十二、农业

Agriculture

资料整理：范志生　陈　旭　徐蒙生　共　青　李丽萍　秦文忠
刘世友　罗　钢　邱艳丽
Arranged by Fan Zhisheng, Chen Xu, Xu Mengsheng, Gong Qing, Li Liping, Qin Wenzhong, Liu Shiyou, Luo Gang, Qiu Yanli

12-1 农村牧区基层组织和农牧业基本情况(2008年)

Basic Conditions of Rural Grassroots Units, Farming &Animal Husbandry(2008)

指标	Item	总计 Total	农村 Farm Area	牧区 Pastoral Area
农村牧区基层组织情况	**Basic Conditions of Rural Grassroots Units**			
乡镇(苏木)(个)	Number of Township &Town Governments(unit)	601	424	177
#镇(个)	Number of Town Governments(unit)	411	327	84
村委会(嘎查)(个)	Number of Villages' Committees(unit)	11322	8953	2369
农村牧区社会基础设施	**Rural Fundamental Facilities of Society**			
自来水受益村(个)	Number of Villages Benefiting from Pipewater(unit)	5201	4718	483
通汽车村(个)	Number of Villages Automobiles Arriving at(unit)	10752	8662	2090
通电话村(个)	Number of Villages with Telecomm Services(unit)	10836	8716	2120
农村牧区人口与从业人口	**Rural Population &Employment**			
乡村户数(万户)	Number of Rural Households(10 000 households)	353.28	312.46	40.82
乡村人口(万人)	Rural Population(10 000 persons)	1301.46	1151.53	149.93
乡村劳动力资源(万人)	Resource of Rural Laborers(10 000 persons)	778.41	689.68	88.73
乡村从业人员(万人)	Number of Rural Employed Persons(10 000 persons)	688.39	608.68	79.71
男(万人)	Male(10 000 persons)	382.91	338.95	43.95
女(万人)	Female(10 000 persons)	305.48	269.73	35.75
按行业分乡村劳动力	**Rural Employed Persons by Sector**			
农林牧渔业从业人员(万人)	Number of Rural Employee of Farming, Foresting, Animal Husbandry & Fishery(10 000 persons)	526.74	455.78	70.96
#农业从业人员(万人)	Farming(10 000 persons)	439.75	408.92	30.83
牧业从业人员(万人)	Animal Husbandry(10 000 persons)	74.41	35.42	38.99
工业从业人员(万人)	Employed Persons of Industry(10 000 persons)	30.07	28.76	1.31
建筑业从业人员(万人)	Employed Persons of Construction(10 000 persons)	45.88	44.24	1.64
交通运输业、仓储及邮电通信从业人员(万人)	Employed Persons of Transport, Storage, Post &Telecommunication Services(10 000 persons)	14.69	13.96	0.73
批零贸易及餐饮从业人员(万人)	Employed Persons of Wholesale, Retail Trade & Catering Service(10 000 persons)	37.16	34.29	2.87
其他非农行业人员(万人)	Employed Persons of Other Non-agricultural Trades(10 000 persons)	33.84	31.65	2.19
农牧业生产条件	**Productive Condition of Farming & Animal Husbandry**			
年末实有耕地面积(万公顷)	Cultivated Areas at Year-end(10 000 hectares)	714.86		
农作物总播种面积(万公顷)	Total Sown Areas(10 000 hectares)	686.08		
年末草场面积(万公顷)	Areas of Grassland at Year-end(10 000 hectares)	8800.00		
有效灌溉面积(万公顷)	Irrigated Areas(10 000 hectares)	287.13		
农牧业机械总动力(万千瓦)	Total Power of Machinery for Farming &Animal Husbandry(10 000 kw)	2779.44		
化肥施用量(折纯)(万吨)	Consumption of Chemical Fertilizers(10 000 tons)	154.10		
农村牧区用电量(亿千瓦小时)	Electricity Consumed in Rural Area &Pastoral Area(100 Million kwh)	36.50		
主要农牧业生产情况	**Output of Farming &Animal Husbandry**			
粮食总产量(万吨)	Gross Yield of Grain(10 000 tons)	2131.3		
牲畜总增头数(万头只)	Total Number of Livestocks Added(10 000 heads)	5314.84		
肉类总产量(万吨)	Gross Output of Meat(10 000 tons)	219.37		
蔬菜总产量(万吨)	Gross Output of Vegetables(10 000 tons)	1360.84		

12-2 农、林、牧、渔业总产值

Gross Output Value of Farming, Forestry, Animal Husbandry and Fishery

单位:万元 (10 000 yuan)

年份 Year	农林牧渔业总产值 Total	#农业 Farming	#种植业 Plant Products Industry	#林业 Forestry	#畜牧业 Animal Husbandry	#渔业 Fishery
1947	47200	37335	35588	48	9770	47
1949	60100	47780	46217	60	12200	60
1952	120600	96601	94430	844	22914	241
1957	112000	82992	25712	1792	26992	224
1962	170500	116281	100084	2387	50639	1193
1965	194000	129980	109998	4656	58200	1164
1970	240000	158160	140160	9360	72000	480
1975	308300	198545	169256	8016	101122	617
1978	283500	187961	173786	10490	84200	849
1979	315800	206533	189796	11369	97266	632
1980	306844	197403	181340	13460	95199	782
1981	394274	255550	232657	22848	114744	1132
1982	471608	307328	274780	31393	131391	1496
1983	524301	347389	299604	38108	136887	1917
1984	612772	408789	341956	44356	157230	2397
1985	731955	465638	401175	48284	214048	3985
1986	772500	483567	402848	43670	239908	5355
1987	877426	544449	450608	36254	290178	6545
1988	1223765	729359	614262	38582	447432	8392
1989	1267208	763517	639781	39968	453357	10366
1990	1569192	1031256	888314	62298	464131	11507
1991	1640837	1066021	918894	66705	494474	13637
1992	1802705	1156550	1005362	78040	552787	15328
1993	2208047	1420784	1265080	91549	677461	18253
1994	3093195	1892180	1682500	103350	1070005	27659
1995	3735936	2311734	2080477	121176	1271609	31417
1996	4653285	2995270	2731580	139653	1485617	32745
1997	5043396	3142026	2833824	152632	1712322	36416
1998	5343765	3353206	3032350	168785	1773911	47863
1999	5323166	3187204	2852798	210062	1871452	54448
2000	5431645	3083645	2725199	236071	2054581	57349
2001	5559041	3075703	2706529	260696	2162426	60216
2002	5869716	3321447	3043459	288371	2205642	54256
2003	6663815	3359567	2640337	479357	2671028	49373
2004	8513045	4115399	3334515	465808	3746932	59527
2005	9802098	4738918	3837514	397888	4445801	72420
2006	10584953	5422303	4338302	490057	4392499	91053
2007	12764437	6204176	4752347	636860	5596517	109486
2008	15257369	7166075	5683542	727163	6996335	117788

注：本表绝对数按当年价格计算。

a)Data value terms in this table are calculated at current prices.

12-3 主要年份农业总产值指数

Indices of Gross Output Value of Farming, Forestry, Animal Husbandry and Fishery

按可比价格计算。

Indices are calculated at comparable prices。

上年=100 (Preceding year=100)

年 份 Year	农林牧渔业总产值 Total	# 农 业 Farming	# 种 植 业 Plant Products Industry	# 林 业 Forestry	# 畜 牧 业 Animal Husbandry	# 渔 业 Fishery
1979	104.8	102.8	102.8	102.3	108.4	70.5
1980	87.1	81.4	96.3	87.1	96.9	96.3
1981	120.2	123.2	123.2	151.9	112.2	131.1
1982	115.8	115.2	115.2	113.8	111.9	101.6
1983	107.2	106.8	106.8	120.4	99.6	109.7
1984	112.1	110.1	110.1	113.3	105.1	106.7
1985	110.3	113.0	113.0	104.2	113.6	129.5
1986	94.7	88.9	88.9	85.8	104.1	121.6
1987	104.1	103.3	103.3	83.2	104.6	105.6
1988	114.2	120.2	120.2	95.6	109.0	109.6
1989	98.3	91.9	91.9	101.5	108.5	121.6
1990	120.2	133.7	133.7	114.1	102.4	100.8
1991	104.0	101.3	101.3	104.3	108.8	112.8
1992	105.8	106.8	106.7	113.0	105.2	110.0
1993	107.1	123.4	109.1	111.4	104.3	115.7
1994	103.3	99.3	96.7	104.7	108.4	124.7
1995	103.5	99.9	98.1	106.7	110.9	111.7
1996	123.7	131.4	136.0	103.8	114.9	99.7
1997	104.0	98.7	98.0	110.1	112.7	103.9
1998	106.5	108.5	108.8	105.3	103.1	126.2
1999	101.3	97.4	96.7	111.6	106.3	113.6
2000	102.5	100.3	99.9	115.0	104.1	104.8
2001	102.0	99.3	98.7	109.5	104.9	105.5
2002	104.9	106.5	114.1	110.8	102.0	102.2
2003	106.2	94.8	91.6	110.1	122.0	87.2
2004	114.9	109.4	110.5	93.0	126.0	107.4
2005	111.2	110.6	110.2	82.6	115.2	116.0
2006	103.7	107.9	106.1	112.8	97.5	116.1
2007	104.0	100.7	96.3	117.1	106.0	117.9
2008	107.6	108.6	110.9	106.1	106.6	104.1

12-4 年末主要农牧业机械拥有量

Major Machinery for Farming & Animal Husbandry at Year-end

项 目	Item	2007	2008
农牧业机械原值(万元)	Original Value of Machinery for Farming and Animal Husbandry(10 000 yuan)	1436945	2232243
农牧业机械净值(万元)	Net Value of Machinery for Farming & Animal Husbandry (10 000 yuan)	1092205	1634810
农牧业机械总动力(万千瓦)	Total Power of Machinery for Farming & Animal Husbandry (10 000 kw)	2209	2779
大中型农用拖拉机(混合台)	Large & Medium Agricultural Tractors (mixed unit)	170668	451943
大中型农用拖拉机(万千瓦)	Large & Medium Agricultural Tractors(10 000 kw)	420	892
小型拖拉机(台)	Mini -Tractors (unit)	538042	510829
小型拖拉机(万千瓦)	Mini -Tractors (10 000 kw)	625	621
联合收割机(台)	Combine Harvesters (unit)	5527	5566
联合收割机(万千瓦)	Combine Harvesters (10 000 kw)	32	36
农用运输车(万辆)	Trucks for Agricultural Use (10000unit)	8	39
农用运输车(万千瓦)	Trucks for Agricultural Use (10 000 kw)	182	642
排灌用电动机(台)	Electric Motor for Irrigating & Draining (unit)	173595	333138
排灌用电动机(万千瓦)	Electric Motor for Irrigating & Draining (10 000 kw)	127	330
排灌用柴油机(台)	Diesel Engine for Irrigating & Draining (unit)	181681	188978
排灌用柴油机(万千瓦)	Diesel Engine for Irrigating & Draining (10 000 kw)	172	193
大中型拖拉机配套农具(部)	Number of Large & Medium Agricultural Tractor Towing Farm Machinery (unit)	252379	639440
小型拖拉机配套农具(部)	Number of Mini-tractor Towing Farm Machinery (unit)	806243	806373
机动脱粒机(台)	Motorized Threshing Machines (unit)	96012	79043
机动割晒机(台)	Motorized Harvesters (unit)	17012	30425
机引牧草收割机(部)	Towed Harvesters for Grass (unit)	46600	50770
饲料粉碎机(部)	Smashing Machines for Feed (unit)	120453	105943
机动剪毛机(台)	Motorized Sheepshears (unit)	345	342
农 用 水 泵(万台)	Water Pumps for Agricultural Use (10 000 unit)	37	35

12-5 灌溉、化肥施用量、农村牧区用电、水库和治理水土情况

Irrigation, Consumption of Chemical Fertilizers, Electricity Consumption of Rural Area, Number of Reservoirs and Areas of Soil Erosion under Control

项 目	Item	2007	2008
有效灌溉面积(万公顷)	Effective Irrigated Areas(10 000 hectares)	281.66	287.13
# 灌区有效灌溉面积(万公顷)	Effective Irrigated Areas in Irrigation Area(10 000 hectares)	130.17	130.29
节水灌溉面积(万公顷)	Watersaving Irrigated Areas(10 000 hectares)	181.64	200.91
喷灌和滴灌(万公顷)	Jetting Irrigation Dropping Irrigatation(10000 hectares)	52.78	44.86
管道输水(万公顷)	Pipeline Transportation(10 000 hectares)	67.55	86.41
化肥施用量(万吨)	Consumption of Chemical Fertilizers(10 000 tons)	140.29	154.10
氮肥(万吨)	Nitrogenous Fertilizer(10 000 tons)	67.60	73.00
磷肥(万吨)	Phosphate Fertilizer(10 000 tons)	25.20	25.02
钾肥(万吨)	Potash Fertilizer(10 000 tons)	13.46	12.83
复合肥(万吨)	Compound Fertilizer(10 000 tons)	34.03	43.25
农村用电量(万千瓦时)	Electricity Consumption in Rural Area(10 000 kwh)	340982	365014
水库个数(座)	Number of Reservoirs(unit)	489	491
大型水库(座)	Large(unit)	10	10
中型水库(座)	Medium-sized(unit)	76	78
小型水库(座)	Small(unit)	403	403
水库容量(亿立方米)	Capacity of Reservoirs(100 million cu.m)	85.35	76.69
大型水库(亿立方米)	Large(100 million cu.m)	51.46	41.54
中型水库(亿立方米)	Medium-Sized(100 million cu.m)	26.79	27.95
小型水库(亿立方米)	Small(100 million cu.m)	7.10	7.19
治理水土面积(万公顷)	Areas of Soil Erosion under Control(10 000 hectares)	990.17	1024.78

12-6 农牧民家庭平均每户年末固定资产原值
Original Value of Fixed Assets Owned Per Rural Household (End of Year)

单位:元 (yuan)

项 目	Item	2007	2008
年末生产性固定资产原值	**Original Value of Productive Fixed Assets at year-end**	**15359.90**	**16117.65**
役畜、产品畜	Draught Animals, Commodity Animals	3484.19	3777.80
大中型铁木农具	Large and Medium Wood and Iron Farm Tools	931.60	952.06
农林牧渔业机械	Machinery for Farming, Forestry, Animal Husbandry and Fishery	4785.15	5115.06
工业机械	Industrial Machinery	119.77	140.04
运输机械	Transport Machinery	237.11	291.92
生产用房	Building for Productive Purpose	4308.22	4505.56
其他生产用固定资产	Others	1493.86	1335.21

12-7 农牧民家庭平均每百户年末拥有固定资产数量
Number of Fixed Assets Owned Per 100 Rural Households (End of Year)

项 目	Item	2007	2008
汽 车(辆)	Automobiles(unit)	2	2
大中型拖拉机(台)	Large and Medium Tractors(unit)	6	5
小型和手扶拖拉机(台)	Mini - tractors and Walking Tractors(unit)	47	48
机动脱粒机(台)	Motorized Threshing Machines(unit)	3	4
胶 轮 大 车(辆)	Carts with Rubber Tires(unit)	29	29
水 泵(台)	Pumps(unit)	34	35
役 畜(头)	Draught Animals(head)	65	77
产 品 畜(头)	Commodity Animals(head)	236	249

12-8 农民家庭平均每户年末生产性固定资产原值
Original Value of Productive Fixed Assets Owned Per Peasant Household (End of Year)

单位:元 (yuan)

项 目	Item	2007	2008
年末生产性固定资产原值	**Original Value of Productive Fixed Assets at Year-end**	**13128.12**	**13805.56**
役畜、产品畜	Draught Animals, Commodity Animals	3316.47	3610.78
大中型铁木农具	Large and Medium Wood and Iron Farm Tools	843.55	841.92
农林牧渔业机械	Machinery for Farming, Forestry, Animal Husbandry and Fishery	4342.94	4700.42
工业机械	Industrial Machinery	134.09	156.78
运输机械	Transport Machinery	265.46	242.04
生产用房	Building for Productive Purpose	3399.48	3576.68
其他生产用固定资产	Others	826.13	676.94

12-9 农民家庭平均每百户固定资产拥有量
Number of Fixed Assets Owned Per 100 Peasant Households (End of Year)

项 目	Item	2007	2008
汽 车(辆)	Automobiles(unit)	1	1
大中型拖拉机(台)	Large and Medium Tractors(unit)	5	4
小型和手扶拖拉机(台)	Mini - tractors and Walking Tractors(unit)	46	48
机动脱粒机(台)	Motorized Threshing Machines(unit)	3	3
胶 轮 大 车(辆)	Carts with Rubber Tires(unit)	31	32
水 泵(台)	Pumps(unit)	34	35
役 畜(头)	Draught Animals(head)	65	65
产 品 畜(头)	Commodity Animals(head)	79	94

12-10 牧民家庭年末生产性固定资产原值及固定资产拥有量

Original Value and Number of Productive Fixed Assets Owned Herdsman Households (End of Year)

项 目	Item	2007	2008
生产性固定资产原值(平均每户)(元)	**Original Value of Productive Fixed Assets Owned Per Herdsman Household(yuan)**	**34026**	**35455**
役畜、产品畜(元)	Draught Animals, Commodity Animals(yuan)	4887	5175
大中型牧业工具(元)	Large and Medium Animal Husbandry Tools(yuan)	1668	1834
农林牧业机械(元)	Machinery for Farming, Forestry and Animal Husbandry(yuan)	4844	8583
运 输 机 械(元)	Transport Machinery(yuan)		
生产资料拥有量(平均每百户)	**Number of Productive material (Per 100 Households)**		
汽 车(辆)	Automobiles(unit)	6	6
大中型拖拉机(台)	Large and Medium -Tractors(unit)	12	9
小型拖拉机(台)	Mini -Tractors(unit)	52	55
水 泵(台)	Pumps (unit)	32	33

12-11 农业机械化、电气化情况

Basic Statistics on Agricultural Mechanization and Electrification

项 目	Item	2007	2008
农业机械化程度	**Level of Agricultural Mechanization**		
机耕地面积(万公顷)	Areas of Tractor Plowing(10 000 hectares)	518.61	523.33
占耕地面积的比重(%)	Percentage to Cultivated Areas(%)	80.70	81.40
机械播种面积(万公顷)	Areas of Mechine Sowing(10 000 hectares)	464.85	491.40
占农作物总播种面积的比重(%)	Percentage to Total Sown Areas(%)	72.30	69.00
机械收割面积(万公顷)	Areas of Machine Harvesting(10 000 hectares)	175.15	205.69
占农作物总播种面积的比重(%)	Percentage to Total Sown Areas(%)	27.30	30.00
每公顷耕地拥有农业机械总动力(瓦特)	Total Power of Machinery for Per Hectare(w)	2909.13	3888.11
农业电气化情况	**Level of Agricultural Electrification**		
农村用电量(亿千瓦小时)	Electricity Consumption by Rural Area (100 million kwh)	34.10	36.50
平均每公顷耕地用电量(千瓦小时)	Electricity Consumption Per Hectare(kwh)	553.59	510.61
乡村(嘎查)及村以下办水电站个数(个)	Number of Hydroelectric Stations Run by Villiges and Lower Level (unit)	7	3
发 电 量(万千瓦小时)	Number of Generating Electricity(10 000 kwh)	360.00	361.30

12-12 耕地面积、造林面积和播种面积

Cultivated Areas, Afforested Areas and Sown Areas

单位：万公顷 (10 000 hectares)

年 份 Year	年末实有耕地面积 Cultivated Areas at Year end	水 田 Paddy Fields	旱 地 Dry Fields	# 水浇地 Irrigated Fields	当年造林面积 Annual Afforested Hilly Areas	总播种面积 Total Sown Areas	粮食作物播种面积 Sown Areas of Grain Crops	经济作物播种面积 Sown Areas of Industrial Crops
1947	396.7	0.8	395.9	29.5		347.9	318.9	20.4
1948	417.0	0.9	416.1	31.6		372.7	337.2	27.1
1949	433.1	1.4	431.7	32.1		389.6	352.8	28.0
1950	472.6	2.0	470.6	33.5	0.53	423.8	388.8	28.3
1951	506.3	1.8	504.5	39.8	1.66	469.7	416.0	46.2
1952	517.4	1.5	515.9	52.9	4.43	494.9	436.0	49.7
1953	531.9	1.6	530.3	54.3	3.68	477.6	428.7	40.5
1954	531.6	1.1	530.5	55.5	3.93	484.9	437.8	36.6
1955	542.3	1.4	540.9	57.9	3.73	488.6	435.8	41.9
1956	569.9	3.3	566.6	68.0	12.79	531.0	472.9	42.8
1957	571.5	4.3	567.2	64.5	8.27	527.9	463.2	48.6
1958	555.3	9.4	545.9	104.1	37.13	505.5	445.2	40.9
1959	539.3	9.7	529.6	100.1	31.93	487.0	414.2	56.6
1960	602.0	9.8	592.2	108.3	39.10	575.0	486.2	56.1
1961	609.7	7.0	602.7	78.3	7.41	580.0	503.1	43.8
1962	586.7	4.0	582.7	55.4	4.73	544.6	484.7	39.0
1963	554.2	3.6	550.6	56.3	5.23	526.1	471.6	36.4
1964	561.4	3.1	558.3	67.4	15.86	534.2	478.4	39.5
1965	561.5	1.9	559.6	86.9	20.00	528.1	470.9	37.9
1966	548.0	1.7	546.3	110.7	16.32	510.0	449.4	33.7
1967	540.3	1.7	538.6	99.4	15.55	510.2	448.5	35.9
1968	531.2	2.3	528.9	91.5	11.10	497.1	443.4	34.0
1969	534.3	2.9	531.4	87.0	9.61	499.3	445.7	35.7
1970	545.0	2.8	542.2	93.6	11.71	508.4	453.5	35.3
1971	544.1	1.9	542.2	95.1	16.33	503.5	451.0	32.2
1972	542.7	2.1	540.6	100.5	16.20	499.8	444.1	33.9
1973	541.2	1.7	539.5	107.0	18.77	498.9	441.0	35.5
1974	537.7	1.5	536.2	113.1	20.59	496.3	436.1	36.4
1975	534.1	1.5	532.6	124.7	23.68	490.9	429.0	37.7
1976	526.7	2.0	524.7	130.3	26.19	480.7	410.1	42.9
1977	525.1	2.7	522.4	122.8	34.52	478.1	406.5	44.7

12-12 续表 continued

单位：万公顷　　(10 000 hectares)

年 份 Year	年末实有耕地面积 Cultivated Areas at Year-end	水 田 Paddy Fields	旱 地 Dry Fields	# 水浇地 Irrigated Fields	当年造林面积 Annual Afforested Hilly Areas	总播种面积 Total Sown Areas	粮食作物播种面积 Sown Areas of Grain Crops	经济作物播种面积 Sown Areas of Industrial Crops
1978	532.6	1.7	530.9	120.9	29.79	482.4	409.4	44.9
1979	534.7	1.7	533.0	115.2	30.47	488.1	404.2	52.8
1980	525.2	1.5	523.7	106.0	29.81	479.7	388.2	61.1
1981	518.6	1.7	516.9	103.2	38.12	466.2	385.4	55.6
1982	510.9	1.6	509.3	101.1	51.65	464.1	384.3	58.2
1983	506.5	1.7	504.8	100.5	60.94	463.1	383.7	58.5
1984	500.6	1.9	498.7	96.1	69.91	463.1	376.2	63.9
1985	493.0	2.3	490.7	94.2	70.41	454.9	342.2	91.4
1986	489.5	2.7	486.8	97.9	22.63	455.6	358.1	71.6
1987	485.1	2.8	482.3	101.0	24.83	447.4	355.6	64.3
1988	487.1	3.6	483.5	104.3	26.60	455.9	363.6	66.8
1989	491.2	5.1	486.1	110.2	23.70	457.6	372.1	61.9
1990	496.6	7.6	489.0	117.3	29.80	472.2	387.5	62.6
1991	500.5	8.7	491.8	123.6	41.08	476.8	387.9	68.9
1992	508.1	9.5	498.6	127.3	51.82	485.4	392.5	72.4
1993	517.1	7.4	509.7	130.8	39.68	486.8	398.7	67.3
1994	531.0	6.5	524.5	132.1	37.19	492.5	402.7	66.3
1995	549.1	8.4	540.7	135.8	40.25	507.9	414.3	71.3
1996	592.4	9.1	583.3	146.5	43.59	529.1	442.4	64.9
1997	746.3	11.3	735.0	173.5	46.44	583.8	490.6	80.4
1998	722.4	11.3	711.0	171.7	47.78	602.7	503.1	85.9
1999	752.4	11.6	740.8	191.9	53.40	607.7	495.1	97.2
2000	731.7	12.1	719.6	194.6	59.00	591.4	443.6	122.9
2001	709.1	11.1	698.0	195.5	73.19	570.7	438.3	92.4
2002	709.1	11.6	697.5	202.1	90.74	588.7	434.3	104.0
2003	686.3	10.1	676.3	207.9	83.60	574.9	405.1	103.6
2004	711.5	10.9	700.6	244.7	63.09	592.4	418.1	100.0
2005	735.5	9.3	726.2	249.4	38.38	621.6	437.4	104.0
2006	713.3	8.3	525.9	179.1	47.98	659.0	493.7	87.8
2007	714.8	8.3	526.6	179.9	59.01	676.2	510.2	85.7
2008	714.9	8.4	514.4	192.1	71.86	686.1	525.4	110.6

注：2006年以后耕地面积为国土资源厅提供的数据；且耕地面积=水田+旱地+水浇地

a)The Culitiaved Areas after 2006 are Provided by the Bureau of Land and Resource, Culitaved Area=Paddy Field+Dry Field+Irrigated Field

12-13 主要粮食作物播种面积
Sown Areas of Major Grain Crops

单位：万公顷 (10 000 hectares)

年份 Year	农作物总播种面积 Total Sown Area	粮食作物播种面积 Sown Areas of Grain Crops	谷物 Cereal	小麦 Wheat	玉米 Corn	稻谷 Rice	谷子 Millet	莜麦 Sweet-oats	糜黍 Broom Corn Millet	薯类 Tubers	豆类 Beans	#大豆 Soybean
1947	347.9	318.9		22.6	19.1	0.8	61.0	32.0	42.0	15.1		14.7
1948	372.7	337.2		25.0	20.1	0.9	63.8	33.1	46.0	16.2		14.9
1949	389.6	352.8		26.7	22.4	1.4	65.7	35.3	46.7	16.6		16.5
1950	423.8	388.8		29.6	24.7	2.0	73.3	40.3	49.3	17.1		11.7
1951	469.7	416.0		33.9	19.1	1.6	73.5	52.7	56.5	21.8		11.1
1952	494.9	436.0		43.9	22.9	1.5	79.8	60.8	71.5	22.1		15.8
1953	477.6	428.7		47.6	24.4	0.8	77.0	62.0	69.1	21.1		21.7
1954	484.9	437.8		58.0	26.4	1.0	73.3	60.4	70.4	20.6		22.7
1955	488.6	435.8		60.2	31.9	1.4	71.9	64.7	68.8	19.8		26.9
1956	531.0	472.9		60.1	50.6	2.9	88.7	59.6	71.9	21.9		24.2
1957	527.9	463.2		64.0	36.2	4.0	84.7	64.2	68.1	22.4		26.8
1958	505.5	445.2		57.9	57.6	8.9	81.8	55.5	48.1	39.4		21.2
1959	487.0	414.2		59.7	35.1	8.9	68.2	61.4	53.6	27.1		20.5
1960	575.0	486.2		73.7	52.2	8.9	79.1	63.2	66.6	29.6		23.0
1961	580.0	503.1		80.8	48.7	6.3	73.0	67.8	73.2	31.2		23.1
1962	544.6	484.7		67.1	50.1	3.9	79.7	69.7	68.8	26.7		23.5
1963	526.1	471.6		67.1	45.0	3.5	76.8	70.7	66.0	27.1		
1964	534.2	478.4		71.4	47.7	3.4	83.1	71.3	63.4	26.0		26.6
1965	528.1	470.9		72.5	50.1	1.8	85.3	66.3	63.9	24.2		24.4
1966	510.1	449.4		71.4	66.4	1.6	80.3	62.2	55.9	32.2		21.7
1967	510.2	448.5		74.1	62.3		82.2	63.3	52.4	24.4		
1968	497.1	443.4		72.3	56.2		78.1	61.7	55.1	23.7		
1969	499.3	445.7		78.3	53.3		81.1	64.2	45.7	22.5		
1970	508.4	453.5		84.8	52.4		82.1	65.2	53.7	21.8		
1971	503.5	451.0		85.7	63.5		79.7	58.7	50.3	22.9		
1972	499.8	444.1		83.8	61.6		72.3	54.8	53.1	23.6		
1973	498.9	441.0		86.9	59.7		78.0	50.5	51.1	25.6		
1974	496.3	436.1		87.0	66.5		74.7	48.6	45.0	25.6		
1975	490.9	429.0		92.1	70.9		68.5	47.3	40.3	26.9		
1976	480.7	410.1		105.5	70.7		57.2	39.1	34.7	25.3		
1977	478.1	406.5		108.4	65.2		55.9	40.4	31.2	26.6		

12-13 续表 continued

单位：万公顷 (10 000 hectares)

年 份 Year	农作物总播种面积 Total Sown Area	粮食作物播种面积 Sown Areas of Grain Crops	谷 物 Cereal	小 麦 Wheat	玉 米 Corn	稻 谷 Rice	谷 子 Millet	莜 麦 Sweet-oats	糜 黍 Broom Corn Millet	薯 类 Tubers	豆 类 Beans	# 大 豆 Soybean
1978	482.4	409.4		108.6	66.8		56.7	38.6	29.6	29.2		
1979	488.1	404.2		95.2	67.0	1.6	56.4	45.4	37.6	27.7		18.3
1980	479.7	388.2		95.7	65.3	1.5	50.2	47.4	36.0	25.2		17.1
1981	466.2	385.4		90.3	59.2	1.6	53.4	43.8	41.5	23.2		19.4
1982	464.1	384.3		87.8	50.5	1.6	57.0	44.4	39.7	24.3		23.9
1983	463.1	383.7		91.1	49.4	1.7	55.9	45.0	38.2	25.4		21.9
1984	463.1	376.3		93.2	46.4	1.8	51.9	41.4	40.9	24.6		19.3
1985	454.9	342.2		92.7	43.4	2.4	46.3	36.5	31.1	22.7		21.9
1986	455.6	358.1		93.7	54.8	2.7	41.4	34.0	32.4	22.5		26.4
1987	447.4	355.7		92.1	66.0	2.8	38.7	33.8	26.8	22.9		27.5
1988	455.9	363.6		97.4	66.9	3.5	38.5	28.9	26.8	25.3		31.1
1989	457.6	372.1		100.8	69.6	5.3	37.4	26.8	13.0	24.7		31.8
1990	472.2	387.5		115.4	77.4	7.9	35.7	26.5	11.7	24.6		30.1
1991	476.8	387.9		119.2	81.2	8.8	33.4	25.2	11.0	23.9		30.1
1992	485.4	392.5	318.8	133.4	77.5	9.4	28.5	18.7	9.8	25.0	48.7	35.6
1993	486.8	398.7	293.6	118.9	76.2	7.3	25.8	17.2	7.9	26.3	78.8	57.1
1994	492.5	402.7	292.1	103.4	83.7	6.8	23.3	16.9	8.5	25.3	85.3	60.4
1995	507.9	414.3	300.9	101.7	99.2	7.9	23.7	13.7	8.2	35.5	77.9	55.7
1996	529.1	442.4	323.2	109.4	111.6	9.0	25.2	13.0	17.1	41.6	77.6	55.5
1997	583.8	490.6	339.0	116.5	127.9	12.2	25.7	11.3	20.7	46.4	105.2	75.8
1998	602.7	503.1	340.5	109.3	147.1	11.8	22.4	10.2	14.9	50.1	112.5	77.1
1999	607.7	495.1	330.9	93.8	157.2	11.7	20.7	9.3	12.4	58.2	106.0	73.7
2000	591.4	443.6	264.8	61.7	129.8	11.8	16.4	6.2	12.8	65.0	113.7	79.4
2001	570.7	438.3	263.8	51.6	151.9	8.6	17.6	3.3	11.5	56.7	117.9	75.5
2002	588.7	434.3	271.8	46.5	156.2	9.0	17.7	4.5	10.0	58.0	104.6	59.6
2003	574.9	405.1	243.4	31.8	159.1	6.7	14.2	4.4	8.1	53.6	108.2	69.7
2004	592.4	418.1	258.3	41.9	167.6	8.1	12.6	3.8	7.4	52.8	107.0	75.3
2005	621.6	437.4	273.4	46.1	180.6	8.4	12.5	3.9	6.1	56.2	107.7	79.7
2006	659.0	493.7	302.4	48.4	191.6	9.1	14.3	5.0	6.9	59.5	131.8	97.3
2007	676.2	510.2	330.3	56.8	201.2	10.8	13.7	6.4	6.8	62.2	117.6	74.7
2008	686.1	525.4	351.8	45.2	234.0	9.8	14.4	5.8	5.5	69.9	103.7	66.8

12-14 主要经济作物播种面积
Sown Areas of Major Industrial Crops

单位：万公顷 (10 000 hectares)

年份 Year	经济作物播种面积 Sown Areas of Industrial Crops	油料 Oil bearing Crops	葵花籽 Sunflo-wer Seeds	胡麻籽 Flax Seeds	油菜籽 Rape Seeds	甜菜 Beet-roots	烟叶 Tob-acco	麻类 Fiber Crops	蔬菜 Vege-table	果用瓜 Melons (use on Fruit)	其它作物播种面积 Sown Areas of other Crops	# 青饲料 Green fodder
1947	20.4	18.7		7.8	2.3		0.2	0.8	2.3		38.6	
1948	27.1	25.0		8.5	2.4		0.2	1.0	4.7		8.4	
1949	28.0	25.8		9.2	1.9		0.2	1.0	5.0		8.8	
1950	28.3	25.0		9.4	3.4		0.1	0.8	3.7		6.6	
1951	46.2	36.4		14.3	5.0		0.2	0.9	4.2		7.5	
1952	49.7	46.6		17.7	6.9		0.2	1.5	5.1		9.3	
1953	40.5	38.4		17.2	6.0		0.2	1.2	4.7		8.3	
1954	36.7	34.9		17.3	4.8		0.2	0.9	5.6		10.4	
1955	41.9	39.6		21.5	4.8	0.8	0.3	0.9	6.0		11.0	
1956	42.8	39.8		21.6	5.6	1.0	0.3	0.9	6.3		15.3	
1957	48.6	43.1		22.7	5.4	1.4	0.3	1.7	6.6		16.1	
1958	40.9	35.9		18.9	4.6	1.6	0.3	1.6	7.4		19.4	
1959	56.6	48.6		23.8	5.8	2.4	0.4	2.1	8.8		16.1	
1960	56.1	48.1		21.8	8.1	3.7	0.3	2.0	152.0		32.7	
1961	43.8	38.3		16.6	7.3	1.9	0.5	1.9	19.1		33.1	
1962	39.0	34.4		14.3	6.3	0.7	0.5	2.1	12.2		20.8	
1963	36.4	31.8		14.9	4.5	0.8	0.4	2.1	9.5		18.1	
1964	39.5	33.5		14.8	5.1	1.5	0.4	1.9	8.1		16.3	
1965	37.9	31.4		14.7	4.7	1.9	0.3	1.8	7.9		19.3	
1966	33.7	27.8		13.1	4.1	2.2	0.3	1.6	8.2		26.9	
1967	35.9	28.9				2.8					25.8	
1968	34.0	27.4				2.8					19.7	
1969	35.7	38.3				3.1					17.9	
1970	35.3	28.9				2.9					19.6	
1971	32.2	26.7				2.4					20.3	
1972	33.9	27.2				3.6					21.8	
1973	35.5	27.2				4.6					22.4	
1974	36.4	28.4				4.1					23.8	
1975	37.7	28.8				4.7					24.2	
1976	42.9	32.4				5.7					27.7	
1977	44.7	34.2				5.3					26.9	

12-14 续表 continued

单位：万公顷 (10 000 hectares)

年 份 Year	经济作物播种面积 Sown Areas of Industrial Crops	油料 Oil-bearing Crops	葵花籽 Sunflo-wer Seeds	胡麻籽 Flax Seeds	油菜籽 Rape Seeds	甜菜 Beet-roots	烟叶 Tob-acco	麻类 Fiber Crops	蔬菜 Vege-table	果用瓜 Melons (use on Fruit)	其它作物播种面积 Sown Areas of other Crops	#青饲料 Green fodder
1978	44.9	34.8				4.8					28.1	
1979	52.8	41.9	5.7	19.1	7.1	4.5	0.4	1.6	8.9	2.0	31.1	15.3
1980	61.1	52.0	16.3	18.9	7.9	5.6	0.3	1.2	8.5	1.4	30.4	14.0
1981	55.6	46.9	14.3	14.6	8.1	5.7	0.4	0.9	7.3	1.6	25.2	10.4
1982	58.2	49.3	15.0	16.4	7.8	6.1	0.5	0.4	6.8	1.5	21.6	9.7
1983	58.5	49.0	15.4	16.3	6.8	6.1	0.2	0.3	6.7	1.3	20.9	9.6
1984	63.9	54.3	21.5	15.4	6.9	6.1	0.2	0.2	6.1	1.7	23.0	11.8
1985	91.4	76.6	30.1	18.3	8.8	10.0	0.4	0.3	5.8	2.0	21.4	11.4
1986	71.6	60.4	25.8	15.6	6.7	7.5	0.4	0.3	5.7	2.0	26.0	14.4
1987	64.3	54.6	22.3	16.6	6.6	7.5	0.3	0.1	6.4	1.6	27.4	16.7
1988	66.8	53.7	19.0	17.4	7.3	10.3	0.5	0.1	6.1	1.7	25.6	14.6
1989	61.9	51.1	17.7	16.4	4.9	8.2	0.7	0.1	6.3	1.2	23.6	13.0
1990	62.6	51.8	17.2	16.8	6.0	9.5	0.5	0.3	6.4	0.9	22.2	12.4
1991	68.9	55.1	19.7	17.2	7.5	11.9	0.7	0.4	5.9	0.9	20.1	11.2
1992	72.4	58.2	22.6	16.9	9.1	10.8	0.4	0.5	7.8	1.5	20.5	9.8
1993	67.3	50.3	18.3	15.2	7.9	10.9	0.4	0.1	8.2	1.5	20.9	9.5
1994	66.3	53.1	20.7	15.2	10.8	11.8	0.2	0.4	7.1	1.3	23.5	10.6
1995	71.3	55.7	20.7	15.1	13.5	14.0	3.0	0.8	1.3	1.3	9.9	
1996	64.9	50.6	18.9	14.6	11.8	12.7	0.8	0.4	8.8	1.5	21.8	8.4
1997	78.8	49.9	21.6	13.5	11.7	12.6	1.6	0.4	11.8	1.8	14.4	9.8
1998	84.3	56.7	27.1	11.5	15.6	11.7	0.6	0.3	11.5	2.6	15.3	9.3
1999	97.2	68.0	35.1	10.5	17.5	6.6	0.7	0.6	16.4	4.1	15.4	9.0
2000	122.9	87.9	36.3	10.1	29.5	5.9	0.8	0.1	20.9	4.8	25.0	13.1
2001	92.4	60.8	32.0	3.8	19.9	5.8	0.6	0.3	18.2	3.5	40.0	33.3
2002	104.0	68.9	34.5	7.6	22.5	7.1	0.5	0.4	20.8	3.6	50.4	43.8
2003	103.6	72.3	32.8	6.8	28.0	3.7	0.7	0.5	19.2	3.8	66.2	56.5
2004	100.0	67.1	29.5	5.9	27.8	3.6	0.6	0.8	20.4	3.5	74.3	65.5
2005	104.0	69.5	35.6	5.6	25.6	3.8	0.8	1.0	22.1	3.9	80.2	72.2
2006	87.8	59.2	25.7	4.9	23.0	3.0	0.4	0.7	17.2	5.3	77.5	62.4
2007	85.7	53.3	26.3	3.8	15.2	3.0	0.3	0.4	21.8	4.7	80.3	60.1
2008	110.6	70.5	40.8	4.8	22.1	4.9	0.5	0.3	26.0	5.3	50.1	39.0

12-15 主要年份主要农产品产量
Yield of Major Farm Crops in Major Years

单位:万吨 (10 000 tons)

年份 Year	粮食 Grain	谷物 Cereal	小麦 Wheat	玉米 Corn	稻谷 Rice	谷子 Millet	莜麦 Sweet -oats	糜子 Broom Corn Millet	薯类 Tubers	豆类 Beans	#大豆 Soybean
1947	184.5		10.0	19.0	1.2	43.5	16.9	13.0	14.8		6.3
1949	212.5		13.0	24.0	2.0	43.5	18.6	19.2	18.1		8.0
1952	348.5		25.5	28.5	2.5	72.0	33.0	42.7	42.9		12.2
1957	302.5		52.5	34.5	4.2	51.0	32.7	33.8	29.2		14.6
1965	382.0		59.5	81.0	2.8	64.0	35.9	34.6	22.2		16.0
1970	469.5		66.0	101.0		95.0	46.5	42.0	25.0		
1975	519.5		93.5	157.0		71.5	34.0	36.0	37.5		
1978	499.0		88.0	173.5	3.6	60.0	25.0	26.5	42.0		
1980	396.5		82.7	139.2	4.1	39.7	21.3	19.0	30.0		12.4
1981	510.0		99.8	142.6	4.0	59.9	37.8	36.3	37.6		19.3
1982	530.0		126.7	105.9	4.7	71.2	37.2	23.3	41.6		24.3
1983	560.2		120.9	142.9	4.2	79.2	20.9	26.4	41.9		24.3
1984	594.4		144.2	148.3	6.0	73.6	32.5	26.4	49.9		24.3
1985	604.1		148.5	159.8	7.8	78.6	28.6	18.1	48.2		28.8
1986	528.5		130.8	192.7	8.3	38.3	15.9	12.3	36.4		41.0
1987	607.0		125.7	273.3	7.7	52.1	7.3	10.1	33.7		36.7
1988	738.3		163.4	305.5	12.0	46.4	20.9	15.5	61.2		47.5
1989	677.9		187.5	285.1	19.2	31.3	9.0	10.0	42.5		36.9
1990	973.0		261.7	393.1	31.1	59.4	25.3	13.6	61.3		47.7
1991	958.5		280.2	413.7	35.2	45.1	17.0	9.3	46.5		45.1
1992	1046.8	937.4	330.3	435.4	41.4	44.3	13.3	12.4	58.7	50.7	40.0
1993	1108.3	930.9	298.5	453.9	33.0	48.4	12.1	9.2	63.8	113.6	90.1
1994	1083.5	910.4	234.8	482.3	30.5	41.4	10.0	10.7	55.3	117.8	94.0
1995	1055.4	914.1	262.2	518.4	39.6	23.9	8.8	7.3	74.3	67.0	52.5
1996	1535.3	1301.7	318.9	751.5	51.0	49.3	13.4	11.4	124.0	109.6	83.4
1997	1421.0	1188.0	307.9	677.9	70.6	41.1	7.6	11.0	114.4	118.7	97.4
1998	1575.4	1319.9	282.7	839.8	60.3	44.3	10.0	10.8	127.0	128.5	93.8
1999	1428.5	1210.6	273.1	771.4	68.8	29.2	6.4	5.5	110.7	107.2	82.5
2000	1241.9	947.9	181.8	629.2	72.2	15.0	2.7	5.3	184.3	109.7	85.8
2001	1239.1	1016.5	127.1	757.0	56.7	25.7	1.3	5.1	108.8	113.8	83.4
2002	1406.1	1097.7	121.5	821.5	56.0	30.3	3.9	5.3	168.5	139.9	96.4
2003	1360.7	1092.3	79.0	888.7	45.0	21.4	5.9	5.5	174.5	93.9	53.6
2004	1505.4	1180.4	110.5	948.0	54.5	19.9	5.6	5.1	189.8	135.1	103.1
2005	1662.2	1342.1	143.6	1066.2	62.1	23.4	2.8	4.5	156.0	164.1	130.9
2006	1806.7	1486.0	172.2	1134.6	65.3	26.6	7.0	2.9	178.6	142.1	103.7
2007	1811.1	1528.0	175.9	1161.4	81.4	23.1	2.1	5.4	153.9	129.1	85.7
2008	2131.3	1780.0	154.0	1410.7	70.5	30.3	2.6	3.9	195.7	155.7	106.1

12-15 续表 continued

单位：万吨 (10 000 tons)

年 份 Year	油 料 Oil-bearing Crops	葵花籽 Sunflower Seeds	胡麻籽 Flax Seeds	油菜籽 Rape -seeds	甜 菜 Beet-roots	烟 叶 Tobacco	麻 类 Fiber Crops	蔬 菜 Veget-ables	果用瓜 Melons (Use on Fruit)
1947	6.0		1.6	0.7		0.2	0.3	21.1	
1949	9.0		2.5	0.7		0.1	0.4	44.9	
1952	17.5		5.2	2.1	0.1	0.1	0.8	46.4	
1957	13.0		7.5	1.5	22.1	0.2	0.6	66.4	
1965	9.0		4.7	0.9	20.9	0.2	0.5	110.7	
1970	10.5				34.0				
1975	10.5				37.1				
1978	12.5				43.1				
1980	25.0	16.5	4.6	1.8	81.2	0.2	0.4	157.6	9.7
1981	36.5	23.7	4.7	2.2	82.3	0.6	0.4	147.1	17.5
1982	49.0	32.0	8.2	3.0	115.2	0.9	0.2	156.8	16.3
1983	54.0	38.7	5.7	1.5	135.1	0.3	0.1	199.0	19.4
1984	60.0	42.1	8.4	3.0	141.0	0.3	0.1	158.5	23.3
1985	79.5	49.5	10.8	4.6	254.2	0.6	0.3	182.7	33.4
1986	66.0	48.4	7.6	2.2	159.0	0.6	0.2	220.9	36.9
1987	54.0	38.6	6.4	2.2	167.8	0.4	0.1	195.4	34.1
1988	56.5	35.0	10.3	3.2	219.0	0.8	0.1	203.0	36.3
1989	48.6	33.8	6.0	1.7	177.6	0.9	0.1	226.8	30.0
1990	69.4	41.7	11.5	4.4	236.4	0.8	0.7	243.3	22.8
1991	71.8	50.1	10.8	3.3	302.8	1.2	0.8	220.5	27.9
1992	81.4	56.8	11.1	5.5	260.1	0.8	1.4	271.2	50.9
1993	72.6	49.8	9.6	5.7	278.6	1.3	0.2	327.6	44.5
1994	65.0	44.5	8.7	8.3	233.6	0.9	0.9	267.9	121.8
1995	70.2	47.2	8.0	9.5	263.5	0.5	1.5	308.3	40.5
1996	81.4	53.9	11.2	10.5	320.7	1.8	1.0	365.4	49.6
1997	73.1	53.5	8.5	8.9	306.4	4.1	0.6	420.4	61.9
1998	90.3	59.4	10.6	14.1	259.2	1.3	0.3	433.4	84.4
1999	100.9	71.6	7.2	18.5	136.8	1.6		594.9	121.8
2000	116.4	69.1	6.5	30.5	141.3	1.4	0.1	759.9	161.7
2001	80.6	61.0	1.9	13.0	133.1	1.0	0.4	768.7	106.9
2002	108.9	70.4	6.5	28.2	195.0	1.0	1.0	755.3	120.8
2003	102.3	62.6	6.9	25.3	99.4	1.6	1.2	846.8	103.2
2004	103.7	58.9	7.3	31.3	96.3	1.3	1.9	872.8	109.6
2005	122.2	85.3	4.6	28.3	138.3	2.0	2.5	1009.1	156.8
2006	101.1	56.7	5.6	23.5	105.5	2.6	1.7	1171.4	190.8
2007	79.4	48.7	2.5	12.8	118.5	1.6	1.4	1277.5	181.1
2008	117.5	75.6	3.4	20.2	170.0	1.4	2.1	1360.8	210.6

12-16 主要农产品产量及单位面积产量

Yield of Major Farm Crops and Yield of Major Farm Crops Per Hectare

年 份	Item	2007		2008	
		总产量 (万吨) Total Yield (10000 tons)	单位面积产量 (公斤/公顷) Yield Per Hectare (kg/hectare)	总产量 (万吨) Total Yield (10000 tons)	单位面积产量 (公斤/公顷) Yield Per Hectare (kg/hectare)
粮 食	**Grain**	**1811.1**	**3550**	**2131.3**	**4056**
谷 物	Cereal	1528.0	4626	1780.0	5060
#稻 谷	Rice	81.4	7528	70.5	7204
小 麦	Wheat	175.9	3098	154.0	3406
玉 米	Corn	1161.4	5772	1410.7	6029
高 粱	Sorghum	36.8	4744	49.7	4412
谷 子	Millet	23.1	1681	30.3	2109
莜 麦	Sweet Oats	2.1	324	2.6	446
糜 子	Broom Corn Millet	5.4	1893	3.9	1921
荞 麦	Buckwheat	15.7	977	20.5	1751
豆 类	Beans	129.1	1098	155.7	1501
#大 豆	Soybean	85.7	1147	106.1	1588
薯 类	Tubers	153.9	2473	195.7	2798
油 料	**Oil bearing Crops**	**79.4**	**1492**	**117.5**	**1667**
#葵花籽	Sunflower Seeds	48.7	1848	75.6	1855
油菜籽	Rape seeds	12.8	844	20.2	916
胡麻籽	Flax Seeds	2.5	667	3.4	697
甜 菜	**Beetroots**	**118.5**	**39114**	**170.0**	**34920**
棉 花	**Cotton**	**0.4**	**1384**	**0.3**	**1429**
麻 类	**Fiber Crops**	**1.4**	**3260**	**2.2**	**6913**
蔬 菜	**Vegetables**	**1277.5**	**58546**	**1360.8**	**52289**
瓜类(果用瓜)	**Melons (Use on Fruit)**	**181.1**	**38377**	**210.6**	**39911**
水 果	**Fruits**	**25.2**	**5352**	**27.6**	**5259**

12-17 自然灾害面积
Areas Covered by Natural Disaster

单位：万公顷 (10 000 hectares)

项 目	Item	2007	2008
农作物受灾面积	**Areas Covered**	**475.46**	**3725.58**
#旱 灾	Drought	431.38	1809.37
洪涝灾	Flood	13.58	877.86
风雹灾	Windstorm and Hail	19.88	376.12
低温冷冻灾	Freeze Injury	1.88	161.80
病虫害	Plant Diseases and Insect Pests	8.22	500.38
农作物绝收面积	**Areas Without Output**	**215.87**	**1057.77**
#旱 灾	Drought	204.99	461.95
洪涝灾	Flood	4.56	341.85
风雹灾	Windstorm and Hail	4.83	124.21
低温冷冻灾	Freeze Injury	0.42	48.44
病虫害	Plant Diseases and Insect Pests	1.06	81.31

12-18 造林面积和封山育林面积(2008年)
Area of Afforestation and Closing Hill for Afforestation(2008)

单位：万公顷 (10 000 hectares)

地区	Region	造林面积 Area of Afforestation	人工造林 Artificial Afforestation	飞播造林 Afforestation by Plane	无林地和疏林地新封 No forest & woodland to the new closure
总 计	**Total**	**71.86**	**37.73**	**5.74**	**28.39**
呼和浩特市	Hohhot City	6.20	3.07	0.20	2.93
包头市	Baotou City	2.92	0.99		1.93
呼伦贝尔市	Hulunbeier City	2.93	1.95		0.98
兴安盟	Xingan League	3.02	3.02		
通辽市	Tongliao City	8.61	6.20		2.40
赤峰市	Chifeng City	14.19	8.04	0.40	5.75
锡林郭勒盟	Xilinguole League	7.35	1.18	2.00	4.16
乌兰察布市	Wulanchabu City	9.38	5.84		3.53
鄂尔多斯市	Erdos City	10.32	5.46	2.00	2.87
巴彦淖尔市	Bayannaoer City	4.69	1.29	0.67	2.73
乌海市	Wuhai City	0.55	0.07		0.48
阿拉善盟	Alashan League	1.64	0.55	0.47	0.62
内蒙古森工集团		0.07	0.07		

12-19 林业基本情况
Basic Statistics on Forestry

单位：万公顷、个 (10 000 hectares、unit)

项目	Item	2007	2008
造林、封育面积	**Areas of Afforesting and closing hill for afforestation**	**59.01**	**71.86**
人工造林	Artificial Afforestation	29.50	37.73
飞播造林	Afforestation by Plane	4.01	5.74
当年封山育林面积	Area of Closing Hill for Afforestation this Year	25.50	28.39
按六大林业重点工程分	**Classified by Six Key Projects**		
天然林资源保护工程造林、封山育林	Afforestation of Protection of Natural Forest and Closing Hill for Afforestation	12.33	11.97
退耕还林工程造林、封山育林	Afforestation of Returning Land for Farming to Forestry and Closing Hill for Afforestation	7.30	10.14
#退耕地造林	Afforesting on the Returned Farmland	3.49	
京津风沙源治理工程造林、封山育林	Afforestation & Closing Hill for Afforestation of Controlling Sand Sround Beijing & Tianjin	17.18	25.57
"三北"四期防护林工程造林、封山育林	Afforestation & Closing Hill for Afforestation of the Forth Stage of "The Three North Shelter Forest Project"	3.39	7.22
速生丰产用材林基地建设工程	Project of Establishing the Base of Fast-growing and High-yield Timber Forest		
林业系统野生动植物保护和自然保护区建设工程	Project of Protesting Wild Animals and Plants and Setting up Nature Reserve		
自然保护区个数	Number of Nature Reserve	132.00	135.00
#国家级	National Nature Reserve	16.00	17.00
自然保护区面积	Area of Nature Reserve	988.36	1038.41
造林面积按经济成份分	**Afforestation by Sector of the Economy**		
公有经济造林	Aforestation by Publicily-owned	29.59	40.16
国有经济造林	Aforestation by State-owned	7.87	10.60
集体经济造林	Aforestation by Collective-owned	21.72	29.56
非公有经济造林	Aforestation by Non-publicily-owned	29.42	31.69
造林面积按林种分	**Areas of Afforestation classified by sorts of forests**		
用材林	Timber Forest	1.73	2.90
经济林	Economic Forest	1.27	0.99
防护林	Shelter Forest	55.04	67.73
薪炭林	Firewood Forest	0.02	0.23
其他林	Others	0.95	0.00
森林覆盖率(%)	**Forest Cover Rate(%)**	**17.57**	**20.00**

12-20 草原建设及利用情况

Basic Statistics on Construction and Utilization of Grasslands

项 目	Item	2007	2008
草场面积(万公顷)	**Areas of Grasslands(10 000 hectares)**	**8800.00**	**8800.00**
#承包到户面积(万公顷)	Areas Contracted with Households (10 000 hectares)	5788.24	5853.33
草库伦面积(围栏草场面积)(万公顷)	**Areas of Fenced Grasslands(10 000 hectares)**	**2492.47**	**2742.76**
#当年新增面积(万公顷)	Annual Newly Increased Areas (10 000 hectares)	202.87	217.50
人工种草保有面积(万公顷)	**Areas of Grasslands Planted and Surviving (10 000 hectares)**	**127.80**	**137.80**
#当年种草面积(万公顷)	Annual Areas of Planted Grasslands (10 000 hectares)	73.13	71.11
飞机播种面积(万公顷)	Aircraft Sowing(10 000 hectares)	7.38	8.53
当年打草量(万吨)	**Annual Quantity of Harvested Grass(10 000 tons)**	**914.07**	**1190.56**
现有畜棚数(万间)	**Number of Animal Sheds in Present(10 000 units)**		**276.52**
畜棚面积(万平方米)	Areas of Animal Sheds(10 000 sq.m)		6631.92
每平米畜棚拥有牲畜数(只/平方米)	Number of Animals per Square meter in Sheds(head/sq.m)		0.72
现有畜圈数(万座)	**Number of Animal Corrals in Present (10 000 units)**		**219.11**
畜圈面积(万平方米)	Areas of Animal Corrals(10 000 sq.m)		9530.45
每平米畜圈拥有牲畜数(只/平方米)	Number of Animals per Square meter in Corrals(head/sq.m)		1.05
草原利用率	**Utilization Rate of Grasslands**		
草原(可利用草原)载畜量(只/万公顷)	Animal Loading Capacity of Grasslands (head/10 000 hectares)		

注:每平方米畜棚、畜圈拥有牲畜及草原载畜量均按标准羊单位计算;草原载畜量为每万公顷草场饲养牲畜数量。

a) Number of Animals per S.m in Sheds, Number of Animals per S.m Corrals and Animal Loading Capacity of Grasslands are Calculated at standardized sheep; Animal Loading Capacity of Grasslands is the number of animals which per 10000 hectares grassland can load.

12-21 牲畜总头数和总增头数

Total Number of Livestock and Livestock Added

单位:万头(只) (10 000 heads)

项 目	Item	2007 总头数 年中数 Year-middle	2007 总头数 年末数 Year-end	2007 总增头数 Total Number Added of Livestocks	2008 总头数 年中数 Year-middle	2008 总头数 年末数 Year-end	2008 总增头数 Total Number Added of Livestocks
大牲畜和羊合计	**Total Number of Large Animals, Sheep and Goats**	**9813.96**	**5886.90**	**5386.17**	**9506.67**	**5844.13**	**5314.84**
大牲畜	Large Animals	1039.37	822.73	321.71	1063.76	883.20	348.27
牛	Cattles	820.14	617.44	277.56	838.89	676.05	300.83
#良种及改良种乳牛	Fine Breed and Improved Milk Cows	300.54	256.62	100.28	318.91	299.60	114
马	Horses	75.90	69.73	14.52	78.65	70.04	18.13
驴	Donkeys	91.32	87.41	25.58	96.22	90.40	24.27
骡	Mules	40.65	39.71	2.66	38.66	37.89	3.27
骆驼	Camels	11.35	8.45	1.45	11.34	8.82	1.78
羊	**Sheep and Goats**	**8774.60**	**5064.17**	**5064.4**	**8442.92**	**4960.93**	**4966.57**
绵羊	Sheep	5724.05	3165.69	3699.62	5440.98	3120.57	3580.47
#细毛羊及改良羊	Nap Sheep or Improved Sheep	1873.69	1028.24		1854.97	1058.84	
半细毛羊及改良羊	Semi-nap Sheep or Improved Sheep	751.23	440.81		704.06	401.25	
山羊	Goats	3050.54	1898.47	1045.32	3001.94	1840.36	1386.1
猪	**Hogs**	**1040.47**	**637.42**	**728.48**	**1170.55**	**675.28**	**960.08**

注：总增头数是指牧业年度繁殖成活仔畜头数减去期内成幼畜死亡头数。

a) Total Number of Livestoks Added refers to survival number of newborn livestocks in the period subtract death livestocks.

12-22 牲 畜 总 头 数
Total Number of Livestock

单位：万头(只) (10 000 heads)

年 份 Year	年中数 Year-middle				年末数 Year-end			
	合 计 Total	大牲畜 Large Animals	羊 Sheep & Goats	猪 Hogs	合 计 Total	大牲畜 Large Animals	羊 Sheep & Goats	猪 Hogs
1947	931.9	271.0	570.8	90.1	851.8	262.9	510.8	78.1
1948	949.9	286.5	571.6	91.8	869.1	277.9	511.6	79.6
1949	1058.6	313.7	642.6	102.3	968.6	304.3	575.6	88.7
1950	1191.4	343.1	731.8	116.5	1068.4	331.1	636.3	101.0
1951	1418.1	388.0	902.0	128.1	1278.6	372.5	795.0	111.1
1952	1749.9	450.6	1143.2	156.1	1467.6	430.3	902.0	135.3
1953	2105.2	504.5	1434.4	166.3	1844.7	442.5	1235.0	167.2
1954	2428.6	558.4	1672.2	198.0	1959.0	494.7	1292.6	171.7
1955	2501.3	586.9	1724.4	190.0	1912.3	514.7	1232.9	164.7
1956	2635.2	591.6	1874.9	168.7	2094.4	496.9	1451.2	146.3
1957	2438.9	552.7	1713.9	172.3	1809.9	450.5	1210.0	149.4
1958	2674.0	550.7	1879.7	243.6	2184.9	468.1	1505.6	211.2
1959	3070.8	589.0	2244.2	237.6	2576.7	537.2	1833.5	206.0
1960	3315.5	612.9	2431.7	270.9	2709.4	553.5	1921.0	234.9
1961	3305.4	623.4	2494.8	187.2	2671.2	550.5	1958.4	162.3
1962	3497.3	643.3	2621.0	233.0	2801.4	568.1	2031.3	202.0
1963	3981.7	699.7	3005.5	276.5	3242.4	628.3	2374.4	239.7
1964	4282.5	750.1	3242.1	290.3	3315.5	664.6	2399.2	251.7
1965	4488.4	787.9	3388.3	312.2	3606.1	716.2	2619.2	270.7
1966	4012.8	748.5	2969.0	295.3	3231.4	680.4	2295.0	256.0
1967	4164.6	730.0	3140.6	294.0	3469.4	680.9	2531.0	257.5
1968	4150.7	750.2	3067.6	332.9	3288.2	679.8	2349.0	259.4
1969	3844.5	721.7	2823.1	299.7	3213.0	665.1	2311.2	236.7
1970	3865.2	726.4	2840.3	298.5	3319.6	689.1	2356.4	274.1
1971	4032.5	754.3	2922.0	356.2	3419.7	712.2	2363.4	344.1
1972	4197.2	775.6	2985.5	436.1	3478.5	717.2	2372.3	389.0
1973	4317.2	781.3	3092.7	443.2	3654.6	738.2	2519.4	397.0
1974	4425.5	805.8	3160.3	459.4	3707.0	752.3	2532.6	422.1
1975	4628.5	820.3	3307.9	500.3	3757.6	766.8	2638.1	352.7
1976	4465.4	808.4	3058.0	599.0	3649.0	748.7	2397.8	502.5
1977	4428.6	784.1	3056.4	588.1	3643.4	715.3	2394.6	533.5

12-22 续表 continued

单位：万头(只) (10 000 heads)

年份 Year	年中数 Year-middle				年末数 Year-end			
	合计 Total	大牲畜 Large Animals	羊 Sheep & Goats	猪 Hogs	合计 Total	大牲畜 Large Animals	羊 Sheep & Goats	猪 Hogs
1978	4162.3	697.5	2860.5	604.3	3586.5	659.3	2378.1	549.1
1979	4513.4	724.6	3177.6	611.2	3873.1	685.3	2633.2	554.6
1980	4656.8	741.3	3317.0	598.5	3753.3	681.3	2553.4	518.6
1981	4565.6	723.2	3307.2	535.2	3817.2	678.9	2670.0	468.3
1982	4721.9	744.3	3474.0	503.6	3903.9	708.0	2735.0	460.9
1983	4413.6	739.9	3177.9	495.8	3539.8	694.7	2418.0	427.1
1984	4259.5	740.9	3053.7	464.9	3488.3	698.2	2377.3	412.8
1985	4341.8	775.3	3060.7	505.8	3667.4	736.6	2468.4	462.4
1986	4434.5	799.5	3082.7	552.3	3734.5	751.3	2502.2	481.0
1987	4555.2	811.5	3219.9	523.8	3731.0	730.8	2544.7	455.5
1988	4685.9	792.3	3408.8	484.8	4093.8	734.6	2892.8	466.4
1989	5301.5	812.7	3945.0	543.8	4215.4	718.6	3009.5	487.3
1990	5307.5	784.9	3955.2	567.4	4254.4	707.5	3023.9	523.0
1991	5568.2	783.8	4160.0	624.4	4220.5	699.8	2960.9	559.8
1992	5558.0	774.4	4067.4	716.2	4168.4	690.2	2856.7	621.5
1993	5577.9	771.8	3942.1	864.0	4231.9	685.7	2860.3	685.9
1994	5711.3	756.6	4038.9	915.8	4450.7	682.4	3028.1	740.2
1995	6065.7	783.8	4302.5	979.4	4795.0	708.3	3321.0	765.7
1996	6697.7	825.5	4804.3	1067.9	5066.8	734.9	3561.8	770.1
1997	7112.4	840.8	5164.8	1106.8	5180.4	714.0	3656.7	809.7
1998	7387.2	817.8	5383.5	1185.9	5206.3	677.3	3712.9	816.1
1999	7436.2	802.8	5491.6	1141.7	5147.6	667.4	3702.6	777.6
2000	7300.5	803.3	5406.2	1090.9	4912.0	622.1	3551.6	738.3
2001	7135.0	702.3	5427.8	1004.9	4817.6	536.3	3515.9	765.4
2002	7260.1	652.0	5675.2	932.9	5176.9	543.4	3951.7	681.8
2003	7987.6	718.1	6396.1	873.5	5713.3	615.4	4450.1	647.7
2004	9274.4	814.5	7514.7	945.2	6722.9	718.2	5318.5	686.2
2005	10615.3	934.2	8713.0	968.1	6903.5	783.2	5420.0	700.3
2006	11050.5	986.8	9002.6	1061.1	6508.8	786.2	5102.5	620.1
2007	10854.4	1039.4	8774.6	1040.5	6524.3	822.7	5064.2	637.4
2008	10677.7	1063.8	8442.9	1170.5	6519.4	883.2	4960.9	675.3

12-23 大牲畜和羊(年中数)
Total Number of Large Animals, Sheep and Goats(Year-middle)

单位：万头(只) (10 000 heads)

年份 Year	合计 Total	牛 Cattles	马 Horses	驴 Donkeys	骡 Mules	骆驼 Camels	绵羊 Sheep	山羊 Goats
1947	841.8	174.6	48.7	33.7	3.0	11.0	342.6	228.2
1948	858.1	186.7	48.1	37.6	3.2	10.9	348.0	223.6
1949	956.3	208.5	45.3	44.9	3.2	11.8	403.8	238.8
1950	1074.9	232.1	45.0	94.1	3.7	13.2	457.3	274.5
1951	1290.1	262.6	50.5	56.3	4.3	14.3	550.2	351.9
1952	1593.8	307.1	59.7	63.6	4.9	15.3	692.4	450.8
1953	1938.9	348.9	67.0	66.4	5.4	16.8	853.7	580.7
1954	2230.6	385.6	73.8	74.7	6.2	18.1	991.3	680.9
1955	2311.3	394.2	83.5	81.2	7.8	20.2	1030.6	693.8
1956	2466.5	389.0	90.9	82.1	8.5	21.2	1098.8	776.1
1957	2266.6	353.2	94.5	74.6	8.1	22.3	992.5	721.4
1958	2430.4	346.9	95.9	77.5	8.2	22.2	1097.9	781.8
1959	2833.2	380.7	103.1	73.5	8.5	23.2	1281.0	963.2
1960	3044.6	402.8	109.5	66.0	9.0	25.6	1379.0	1052.7
1961	3118.2	415.7	116.3	57.1	8.9	25.4	1417.8	1077.0
1962	3264.3	421.2	125.3	61.1	8.9	26.8	1453.3	1167.7
1963	3705.2	454.2	140.4	68.6	9.3	27.2	1696.3	1309.2
1964	3992.2	476.7	155.6	78.7	10.4	28.7	1875.7	1366.4
1965	4176.2	493.2	166.9	85.3	11.6	30.9	2017.4	1370.9
1966	3717.5	454.3	165.9	88.6	13.4	26.3	1844.2	1124.8
1967	3870.6	436.7	163.0	88.8	16.0	25.5	1952.8	1187.8
1968	3817.8	427.5	180.7	92.2	19.2	30.6	1935.8	1131.8
1969	3544.8	396.9	184.9	86.0	22.4	31.5	1755.1	1068.0
1970	3566.7	390.5	196.7	86.7	23.2	29.3	1815.4	1024.9
1971	3676.3	400.2	205.5	88.8	27.2	32.6	1887.8	1034.2
1972	3761.1	409.8	212.7	90.9	28.8	33.4	1974.6	1010.9
1973	3874.0	410.2	218.9	90.6	30.6	31.0	2119.0	973.7
1974	3966.1	418.1	231.4	93.1	32.3	30.9	2186.8	973.5
1975	4128.2	422.7	239.0	91.2	34.2	33.2	2304.2	1003.7
1976	3866.4	423.2	231.2	84.4	35.2	34.4	2162.4	895.6
1977	3840.5	412.3	224.9	76.3	34.7	35.9	2183.5	872.9

12-23 续表 continued

单位：万头(只) (10 000 heads)

年份 Year	合计 Total	牛 Cattles	马 Horses	驴 Donkeys	骡 Mules	骆驼 Camels	绵羊 Sheep	山羊 Goats
1978	3558.0	358.5	192.8	75.9	34.4	35.9	1986.7	873.8
1979	3902.2	376.2	198.2	78.0	34.1	38.2	2212.4	965.2
1980	4058.3	391.1	196.3	80.9	34.1	38.9	2354.7	962.3
1981	4030.4	381.6	187.7	79.8	33.9	40.2	2408.7	898.5
1982	4218.3	404.2	189.1	75.2	35.0	40.8	2543.8	930.2
1983	3917.8	407.4	185.1	74.3	37.6	35.6	2394.8	783.1
1984	3794.6	404.0	184.2	78.1	40.8	33.8	2273.4	780.3
1985	3836.0	424.0	189.4	85.2	44.6	32.2	2263.2	797.5
1986	3882.2	437.3	192.3	90.8	48.5	30.6	2255.5	827.2
1987	4031.4	445.2	194.2	93.2	51.9	27.0	2365.3	854.6
1988	4201.1	438.4	184.1	91.4	53.8	24.6	2454.1	954.7
1989	4757.7	457.8	180.9	92.1	56.5	25.4	2776.0	1169.0
1990	4740.1	439.8	169.2	93.0	58.2	24.7	2734.3	1220.9
1991	4943.8	434.9	166.8	96.7	61.8	23.6	2847.4	1312.6
1992	4841.9	426.4	164.1	97.6	65.3	21.0	2779.8	1287.7
1993	4713.8	424.2	161.9	100.1	68.0	17.7	2652.3	1289.8
1994	4795.5	415.4	158.2	96.8	69.7	16.6	2694.6	1344.3
1995	5086.3	442.7	158.0	97.6	69.4	16.1	2779.6	1522.9
1996	5629.8	477.2	161.5	100.4	70.1	16.3	3083.4	1720.9
1997	6005.6	488.0	161.3	102.9	72.2	16.5	3285.0	1879.9
1998	6201.3	478.6	149.9	101.8	71.8	15.7	3419.0	1964.5
1999	6294.5	475.2	140.4	100.9	71.6	14.8	3544.0	1947.6
2000	6209.6	490.2	130.5	99.5	69.5	13.6	3537.4	1868.8
2001	6130.1	431.4	108.4	87.9	62.3	12.3	3408.1	2019.7
2002	6327.2	419.6	87.6	80.4	55.5	8.9	3476.8	2198.4
2003	7114.1	499.3	79.2	81.1	49.4	9.1	3974.0	2422.1
2004	8329.2	600.0	74.6	82.9	47.0	10.1	4936.7	2578.0
2005	9647.2	721.9	74.5	84.3	43.0	10.6	5904.3	2808.7
2006	9989.4	780.1	73.5	80.1	41.9	11.2	6054.3	2948.3
2007	9814.0	820.1	75.9	91.3	40.7	11.4	5724.1	3050.5
2008	9506.7	838.9	78.7	96.3	38.7	11.3	5441.0	3001.9

12-24 牲畜增减变化情况(2008年, 年末数)

Number of Newly Increased and Decreased Livestock(End of 2008)

单位:万头(只) (10 000 heads)

项 目	Item	繁殖仔畜 New Born Stocks	成活仔畜 Survival New Born Stocks 头数 Number	成活率(%) Survival Rate	成幼畜死亡 Death Number of Young and Adult Stocks 头数 Number	死亡率(%) Death Rate
大牲畜和羊合计	**Total Number of Large Animals, Sheep and Goats**	**4535.55**	**4425.11**	**97.56**	**65.40**	**1.11**
大牲畜	Large Animals	328.41	319.86	97.40	4.77	0.58
牛	Cattles	276.52	270.20	97.71	3.74	0.61
# 良种及改良种乳牛	Fine Breed and Improved Milk Cows	126.39	121.96	96.49	1.45	0.56
马	Horses	18.03	17.51	97.1	0.48	0.68
驴	Donkeys	28.69	27.07	94.4	0.40	0.46
骡	Mules	3.32	3.27	98.5	0.10	0.25
骆驼	Camels	1.85	1.80	97.5	0.05	0.54
羊	Sheep and Goats	4207.14	4105.25	97.6	60.63	1.20
绵羊	Sheep	3127.27	3057.16	97.8	37.55	1.19
山羊	Goats	1079.88	1048.10	97.1	23.08	1.22
猪	**Hogs**	**770.61**	**744.41**	**96.6**	**13.11**	**2.06**

12-24 续表 continued

单位:万头(只) (10 000 heads)

项 目	Item	自宰自食 killed for Self-use	出卖 Selling	#出卖肉畜 Sold Meat Stocks	出栏率(%) Slaughter Rate	商品率(%) Commodity Rate
大牲畜和羊合计	**Total Number of Large Animals, Sheep and Goats**	**441.74**	**5325.57**	**4918.59**	**91.06**	**100.20**
大牲畜	Large Animals	19.67	403.84	319.89	41.27	115.95
牛	Cattles	16.46	327.66	260.89	44.92	108.92
马	Horses	0.67	27.00	21.59	31.91	148.92
驴	Donkeys	1.90	38.31	29.04	35.40	157.82
骡	Mules	0.36	9.15	6.69	17.74	280.25
骆驼	Camels	0.29	1.72	1.68	23.29	96.89
羊	Sheep and Goats	422.07	4921.73	4598.71	99.14	99.10
绵羊	Sheep	289.89	3639.85	3427.96	117.44	101.66
山羊	Goats	132.18	1281.88	1170.75	68.63	92.48
猪	**Hogs**	**230.33**	**831.22**	**626.06**	**134.35**	**65.21**

12-25 牲畜总增情况(年中数)

Total Number of Newly Increased Livestock(Middle of Year)

单位:万头(只) (10 000 heads)

项目	Item	总增头数 Total Number of Livestocks Added		总增率(%) Growth Rate	
		2007	2008	2007	2008
大牲畜和羊合计	**Total Number of Large Animals, Sheep and Goats**	**5386.17**	**5314.84**	**53.92**	**54.16**
大牲畜	Large Animals	321.77	348.27	32.61	33.51
牛	Cattles	277.56	300.83	35.58	36.68
#良种及改良种乳牛	Fine Breed and Improved Milk Cows	100.28	114.00	34.24	37.93
马	Horses	14.52	18.13	19.76	23.88
驴	Donkeys	25.58	24.27	31.95	26.58
骡	Mules	2.66	3.27	6.34	8.03
骆驼	Camels	1.45	1.78	12.93	15.67
羊	Sheep and Goats	5064.4	4966.57	56.25	56.6
绵羊	Sheep	3699.77	3580.47	61.11	62.55
山羊	Goats	1364.77	1386.10	46.29	73.01
猪	**Hogs**	**776.72**	**960.08**	**73.2**	**150.62**

12-26 牲畜增减变化情况(2008年,年中数)

Number of Newly Increased and Decreased Livestock(Middle of 2008)

单位:万头(只) (10 000 heads)

项目	Item	繁殖成活仔畜 New Born Stocks And Survival New Born Stocks				成幼畜死亡 Death Number of Stocks	
		繁殖仔畜 New Born Stocks	成活仔畜 Survival New Born Stocks	成活率 (%) Surv-ival Rate	繁成率(%) Rate of Breeding and Surviving	头数 Number	死亡率 (%) Death Rate
大牲畜和羊合计	**Total Number of Large Animals, Sheep and Goats**	**5549.95**	**5410.67**	**97.49**	**134.92**	**95.83**	**0.98**
大牲畜	Large Animals	360.88	354.45	98.22	76.23	6.17	0.59
牛	Cattles	311.43	305.87	98.22	78.77	5.05	0.62
#良种及改良种乳牛	Fine Breed and Improved Milk Cows	119.32	115.85	97.09	63.45	1.85	0.62
马	Horses	18.92	18.52	97.87	62.38	0.39	0.52
驴	Donkeys	25.13	24.77	98.58	57.42	0.49	0.54
骡	Mules	3.45	3.39	98.35		0.13	0.32
骆驼	Camels	1.95	1.89	96.89	49.04	0.11	0.99
羊	Sheep and Goats	5189.07	5056.23	97.44	142.62	89.66	1.02
绵羊	Sheep	3728.61	3637.52	97.56	157.84	57.05	1.00
山羊	Goats	1460.47	1418.70	97.14	114.35	32.61	1.07
猪	**Hogs**	**1005.18**	**976.48**	**97.15**	**884.79**	**16.41**	**1.58**

12-27 能繁殖母畜、耕畜及改良畜(2008年, 年中数)

Female Parent Stocks, Plow Stocks and Improved Stock(Middle of 2008)

单位: 万头(只) (10 000 heads)

项 目	Item	能繁殖母畜 Female Parent Stocks	耕 畜 Plow Stocks	良种牲畜 Fine Breed Stocks	改良种牲畜 Improved Stocks
大牲畜和羊合计	**Total Number of Large Animals, Sheep and Goats**	**5458.78**	**150.73**	**3457.07**	**5456.46**
大牲畜	Large Animals	552.18	150.73	300.99	605.56
牛	Cattles	472.00	28.80	256.92	511.33
# 良种及改良种乳牛	Fine Breed and Improved Milk Cows	196.03			
马	Horses	31.39	34.84	14.93	35.85
驴	Donkeys	44.05	55.90	22.69	57.30
骡	Mules		30.42		
骆驼	Camels	4.75	0.77	6.44	1.08
羊	Sheep and Goats	4906.60		3156.08	4850.91
绵羊	Sheep	3223.69		2078.84	3121.06
# 细毛羊及改良羊	Nap Sheep or Improved Sheep	875.15			
半细毛羊及改良羊	Semi nap Sheep or Improved Sheep	261.27			
山羊	Goats	1682.91		1077.24	1729.85
猪	**Hogs**	**117.97**		**320.86**	**731.09**

12-28 能繁殖母畜、耕畜及改良畜(2008年, 年末数)

Female Parent Stocks, Plow Stocks and Improved Stock(End of 2008)

单位:万头(只) (10 000 heads)

项 目	Item	能繁殖母畜 Female Parent Stocks	耕 畜 Plow Stocks	良种牲畜 Fine Breed Stocks	改良种牲畜 Improved Stocks
大牲畜和羊合计	**Total Number of Large Animals,Sheep and Goats**	**4010.25**	**136.98**	**2283.97**	**3140.80**
大牲畜	Large Animals	464.98	136.98	251.38	487.55
牛	Cattles	388.30	23.29	210.80	399.43
马	Horses	29.69	32.79	14.75	36.50
驴	Donkeys	43.13	52.28	20.70	50.98
骡	Mules		28.20		
骆驼	Camels	3.86	0.41	5.13	0.65
羊	Sheep and Goats	3545.27		2032.58	2653.25
绵羊	Sheep	2304.58		1318.25	1640.37
山羊	Goats	1240.69		714.34	1012.88
猪	**Hogs**	**110.36**		**220.96**	**427.10**

12-29 主要畜禽产品产量

Output of Major Livestock and Poultry

项 目	Item	2007	2008
当年出栏肉猪头数(万头)	Annual Number of Sold Fatten Hogs (10 000head)	775.95	856.39
当年出栏和自宰的肉用牛(万头)	Annual Number of Sold and Killed Meat Cattles (10 000head)	253.79	277.35
当年出售和自宰的肉用羊(万只)	Annual Numberof Sold and Killed Mutton Goats and Sheep (10 000head)	4874.94	5020.78
当年肉类总产量(吨)	Annual Output of Meat (ton)	2064581	2193745
# 猪肉产量(吨)	Pork (ton)	603051	680012
牛肉产量(吨)	Beef (ton)	406104	446052
羊肉产量(吨)	Mutton (ton)	808277	813859
奶类产品(吨)	Milks (ton)	9246619	9439247
# 牛 奶(吨)	Cow Millk (ton)	9092979	9349282
山羊毛产量(吨)	Goat Wool (ton)	9567	9790
绵羊毛产量(吨)	Sheep Wool (ton)	95753	96385
山羊绒产量(吨)	Cashmere (ton)	6689	7642
蜂蜜产量(吨)	Honey (ton)	4291	4558
禽蛋产量(吨)	Poultry Eggs (ton)	416889	451377
年末实有家禽(万只)	Number of Poultry at Yearend (10 000 heads)	3997.07	5197.4
年内牛皮产量(万张)	Annual Output of Cattle Skin (10 000unit)	265.47	271.01
绵羊皮产量(万张)	Output of Sheep Skin (10 000unit)	3694.87	3637.85
山羊皮产量(万张)	Output of Goat Skin (10 000unit)	1432.14	1281.66
驼绒产量(吨)	Output of Fine Hair of Camel (ton)	406.00	378.00
出售肉类总量(吨)	Products of Sold Meat (ton)	1794479	1920437
# 出售猪肉(吨)	Pork (ton)	486584	534540
出售牛肉(吨)	Beef (ton)	363185	400901
出售羊肉(吨)	Mutton (ton)	700273	721951
出售牛羊奶数量(吨)	Products of Sold Milk (ton)	8050541	8602984
出售羊毛数量(吨)	Products of Sold Wool of Sheep and Goats (ton)	89006	92122
出售家禽只数(万只)	Number of Sold Poultry (10 000 heads)	8412.08	7966.89
水 产 品(吨)	Aquatic Products (ton)	93565	98212

主要统计指标解释

农林牧渔业总产值 指以货币表现的农、林、牧、渔业全部产品的总量，它反映一定时期内农业生产总规模和总成果。农业总产值的计算方法通常是按农林牧渔业产品及其副产品的产量分别乘以各自单位产品价格求得；少数生产周期较长，当年没有产品或产品产量不易统计的，则采用间接方法匡算其产值；然后将四业产品产值相加即为农业总产值。

粮食产量 指全社会的产量。包括国有经济经营的、集体统一经营的和农民家庭经营的粮食产量，还包括工矿企业办的农场和其他生产单位的产量。粮食除包括稻谷、小麦、玉米、高粱、谷子及其他杂粮外，还包括薯类和豆类。其产量计算方法，豆类按去豆荚后的干豆计算；薯类(包括甘薯和马铃薯，不包括芋头和木薯)1963 年以前按每 4 公斤鲜薯折 1 公斤粮食计算，从 1964 年开始改为按 5 公斤鲜薯折 1 公斤粮食计算。城市郊区作为蔬菜的薯类(如马铃薯等)按鲜品计算，并且不作粮食统计。其他粮食一律按脱粒后的原粮计算。

油料产量 指全部油料作物的生产量。包括花生、油菜籽、芝麻、向日葵籽、胡麻籽(亚麻籽)和其他油料。不包括大豆，木本油料和野生油料。花生以带壳干花生计算。

水产品产量 指人工养殖的水产品和天然生长的水产品的捕捞量。包括海水的鱼类、虾蟹类、贝类和藻类以及内陆水域的鱼类、虾蟹类和贝类，不包括淡水生植物。

猪、牛、羊肉产量 指当年出栏并已屠宰、除去头蹄下水后带骨肉(即胴体重)的重量。

牲畜总增头数 是反映牲畜的总体增长情况、牲畜头数增殖情况和死亡损失情况的一项数量指标，以大畜、小畜和猪分畜种计算。

总增头数=期内繁殖成活仔畜头数—期内成幼畜死亡头数

期末牲畜存栏头数 指调查期末农村各种合作经济组织和国营农场，农民个人，机关、团体、学校、工矿企业，部队等单位以及城镇居民饲养的大牲畜、猪、羊的存栏头数。

耕地面积 指可以用来种植农作物、经常进行耕锄的田地，包括熟地、当年新开荒地、连续撂荒未满三年的耕地和当年的休闲地(轮歇地)，还包括以种植农作物为主并附带种植桑树、茶树、果树和其他林木的土地，以及沿海、沿湖地区已围垦利用的“海涂”、“湖田”等面积。不包括属于专业性的桑园、茶园、果园、果木苗圃、林地、芦苇地、天然或人工草地面积。

农作物播种面积 指实际播种或移植有农作物的面积。凡是实际种植有农作物的面积，不论种植在耕地上还是种植在非耕地上，均包括在农作物播种面积中。在播种季节基本结束后，因遭灾而重新改种和补种的农作物面积，也包括在内。

有效灌溉面积 指具有一定的水源，地块比较平整，灌溉工程或设备已经配套，在一般年景下当年能够进行正常灌溉的耕地面积。

农用化肥施用量 指本年内实际用于农业生产的化肥数量，包括氮肥、磷肥、钾肥和复合肥。化肥施用量要求按折纯量计算数量。折纯量是把氮肥、磷肥、钾肥分别按含氮、含五氧化二磷、含氧化钾的百分之一百成份进行折算后的数量。复合肥按其所含主要成分折算。

农业机械总动力 指主要用于农、林、牧、渔业的各种动力机械的动力总和。包括耕作机械、排灌机械、收获机械、农用运输机械、植物保护机械、牧业机械、林业机械、渔业机械和其他农业机械［内燃机按引擎马力折成瓦(特)计算、电动机按功率折成瓦(特)计算］。不包括专门用于乡、镇、村、组办工业、基本建设、非农业运输、科学试验和教学等非农业生产方面用的动力机械与作业机械。

农林牧渔业劳动力 指全社会直接参加农林牧渔业生产活动的劳动力。

Explanatory Notes on Main Statistical Indicators

Gross Output Value of Farming, Forestry, Animal Husbandry and Fishery refers to the total value of products of farming, forestry, animal husbandry and fishery, which reflects the total scale and result of agricultural production during a given period. Gross output value of agriculture is obtained by first multiplying the output of each product or by product by its price, resulting in the output value of each single item. For a small number of products, annual output of which is not available or difficult to get due to the long production growing process involved, the output value is estimated through an indirect approach. The sum of output value of all products of farming, forestry, animal husbandry, and fishery is then equal to the gross output value of agriculture.

Grain Yield refers to the yield in the whole country including grains produced by state farms, collective units, industrial enterprises and mines. Grain includes rice, wheat, corn, sorghum, millet and other miscellaneous grains as well as tubers and beans. Output of beans refers to dry beans without pods. The output of tubers (sweet potatoes and potatoes, not including taros and cassava) was converted into that of grain at the ratio 4:1, i. e. 4 kilograms of fresh tubers was equivalent to 1 kilogram of grain up to 1963. Since 1964 the ratio for conversion has been 5:1. Tubers supplied as vegetables (such as potatoes) in cities and suburbs are calculated as fresh vegetables and their output is not included in the output of grain . Output of all other grains refers to husked grain.

Yield of Oil-bearing Crops refers to the total yield of oil bearing crops of various kinds, including peanuts, (dry, in shell) rape seeds, sesame, sunflower seeds, flax seeds, and other oil bearing crops, Soybeans, oil bearing woody plants, and wild oil bearing crops are not included.

Output of Aquatic Products refers to catches of both artificially cultured and naturally grown aquatic products, including fish, shrimps, crabs and shellfish in sea and inland water as well as seaweed. Freshwater plants are not included.

Output of pork, Beef, and Mutton refers to the meat of slaughtered hogs, cattle, sheep and goats with head, feet, and offal taken away.

Total Number of Livestock Added is a kind of numeral index which reflects the total statistics of increase, breeding and death of livestock, it is calculated at different kinds of livestock.

Total Number of Livestock Added = Survival Number of Newborn Livestock in the given Period-Death Number of Livestock

Number of Livestock in stock at Beginning(or End) refers to the total number of large animals, pigs, sheep, etc. raised by rural cooperative organizations, state farms, rural individuals, government agencies, schools, industrial and mining enterprises, army, and urban residents at the beginning(or end) of the reference period.

Cultivated Area (Area under cultivation) refers to farmland which is plowed constantly for growing crops, including cultivated land, newly cultivated land in the current year, farmland left without cultivation for less than three years and fallow land in the current year, rotation land, rotation land of grass and crops, farmland with some fruit trees, mulberry trees and other trees and cultivated seashore land, lake land and etc. The land of mulberry fields, tea plantations, orchards, nurseries of young plants, forestland, reed land, natural and manmade grassland and other land are not included in cultivated land.

Sown Area of Crops refers to area of land sown or transplanted with crops regardless of being in cultivated area or non-cultivated area. Area of land re sown due to natural disasters is also included.

Irrigated Area refers to areas that are effectively irrigated, i. e. level land which has water source and complete sets of irrigation facilities to lift and move adequate water for irrigation purpose under normal conditions.

Consumption of Chemical Fertilizers in Agriculture refers to the quantity of chemical fertilizers applied in agriculture in the year, including nitrogenous fertilizer, phosphate fertilizer, potash fertilizer, and compound fertilizer. The consumption of chemical fertilizers is required in calculation to convert the gross weight into weight containing 100% effective component. Compound fertilizer is converted with its major component.

Total Power of Farm Machinery refers to total mechanical power of machinery used in farming, forestry, animal husbandry, and fishery, including ploughing, irrigation and drainage, harvesting, transport, plant protection, stock breeding, forestry and fishery. The power of internal combustion engines is required to convert horsepower into watts and the power of electric motors is required to be converted into watts. Machinery employed for non-agricultural purposes, such as the machines used in township run and village run industry, construction, non agricultural transport, scientific experiments and teaching, is excluded.

Labour Force Engaged in Farming, Forestry, Animal Husbandry and Fishery refers to the total laborers who are directly engaged in production of farming, forestry, animal husbandry and fishery.

2009 NEI MENG GU

十三、工业

Industry

资料整理：梁卫国　刘　洁　马芸芸
Arranged by Liang Weiguo, Liu Jie, Ma Yunyun

13-1 工业企业单位数和工业总产值
Number of Industrial Enterprises and Gross Industrial Output Value by Ownership

项目	Item	2000	2005	2008
企业单位数(个)	**Number of Industrial Enterprises(unit)**	**147769**	**130898**	**123064**
在总计中:	Of the Total:			
国有及国有控股企业	State-owned Enterprises(including enterprises with controlling share hold by the state)	757	525	481
在总计中:	Of the Total:			
轻工业	Light Industry	97464	81391	75844
重工业	Heavy Industry	50305	49507	47220
在总计中:	Of the Total:			
国有企业	State-owned Enterprises	545	353	316
集体企业	Collective-owned Enterprises	3874	1207	2048
个体企业	Individual-owned Enterprises	133421	119446	103271
其他经济类型企业	Enterprises of Other Types of Ownership	9929	9892	17429
# 股份制经济	Share-holding Corporations	371	2382	2781
外商及港澳台商投资企业	Enterprises Funded by Foreigners or by Entrepreneurs from Hong Kong, Macao and Taiwan	90	245	208
工业总产值(亿元)	**Gross Industrial Output Value (100 million yuan)**	**1202.85**	**3861.58**	**9894.76**
在总计中:	Of the Total:			
国有及国有控股企业	State-owned Enterprises(including enterprises with controlling share hold by the state)	636.95	1684.26	3858.96
在总计中:	Of the Total:			
轻工业	Light Industry	464.26	1171.70	2869.48
重工业	Heavy Industry	738.59	2689.88	7025.28
在总计中:	Of the Total:			
国有企业	State-owned Enterprises	245.68	415.17	978.50
集体企业	Collective-owned Enterprises	65.64	60.94	127.60
个体企业	Individual-owned Enterprises	245.29	405.69	908.18
其他经济类型企业	Enterprises of Other Types of Ownership	646.24	2979.78	7880.48
# 股份制经济	Share-holding Corporations	410.35	1927.37	4791.66
外商及港澳台商投资企业	Enterprises Funded by Foreigners or by Entrepreneurs from Hong Kong, Macao and Taiwan	58.10	358.39	916.18

注：工业总产值按核算口径工业总产出计算。

a)The gross industrial output value is calculated at gross industrial output of national accounts .

13-2 工业总产值

Gross Industrial Output Value

本表按当年价计算。
Data in this table are calculated at current prices.

单位：亿元 (100 million yuan)

年份 Year	工业总产值 Total Industry	按轻重工业分 Grouped by Light & Heavy Industry		按经济类型分 Grouped by Ownership			
		轻工业 Light Industry	重工业 Heavy Industry	国有及国有控股企业 State-owned or Controlling Share Hold Industry	集体企业 Collective-owned Industry	个体企业 Individual-Owned Industry	其他经济类型企业 Industry of Other Types of Ownership
1952	1.63	1.06	0.57	0.91	0.01	0.71	
1957	6.33	3.48	2.85	5.23	1.02	0.08	
1962	14.26	7.84	6.42	11.78	2.29	0.18	
1965	26.79	9.61	17.18	24.15	2.60	0.03	
1970	27.80	8.85	18.95	25.16	2.64		
1975	36.89	15.28	21.61	30.22	6.67		
1978	52.96	22.05	30.91	40.89	10.78		
1979	57.40	23.90	33.50	44.32	11.68		
1980	59.39	24.58	34.81	46.23	13.13	0.02	0.01
1981	61.76	28.41	33.35	49.10	12.60	0.04	0.02
1982	73.73	31.45	42.28				
1983	81.53	34.06	47.47	65.76	15.62	0.13	0.03
1984	90.02	36.99	53.03	75.57	17.09	0.35	0.02
1985	112.93	45.78	67.15	91.86	20.38	0.65	0.04
1986	126.46	52.69	73.77	97.87	25.67	2.84	0.07
1987	150.84	64.10	86.74	115.86	30.93	3.94	0.11
1988	193.86	86.41	107.45	144.60	42.21	6.76	0.28
1989	243.13	105.31	137.82	178.22	55.03	9.20	0.68
1990	263.33	108.51	154.82	193.14	57.69	11.55	0.94
1991	304.43	108.98	195.45	233.55	55.15	13.03	2.70
1992	363.72	131.55	234.91	276.33	67.11	15.98	4.30
1993	470.36	141.87	328.49	371.91	70.25	20.77	7.42
1994	522.10	169.98	352.12	392.39	94.14	24.44	11.13
1995	626.52	215.92	410.61	389.89	121.40	63.86	51.37
1996	745.56	293.21	452.35	454.64	145.67	78.81	66.45
1997	872.30	347.20	525.10	505.74	162.26	116.68	87.62
1998	942.08	371.08	571.00	472.70	162.87	176.56	129.95
1999	1055.13	383.65	671.48	559.69	87.03	206.43	201.97
2000	1202.85	464.26	738.59	636.95	65.64	245.29	254.97
2001	1347.19	536.76	810.43	689.16	53.92	269.87	334.24
2002	1535.80	614.38	921.42	767.98	61.46	307.63	398.73
2003	1935.11	754.71	1180.40	849.26	77.44	387.60	620.81
2004	2805.21	893.21	1912.00	1182.28	52.38	358.06	1212.50
2005	3861.58	1171.70	2689.88	1684.26	60.94	405.69	1710.69
2006	5201.12	1506.72	3694.40	1972.38	67.07	477.35	2684.32
2007	7143.37	2069.37	5074.00	2708.92	92.12	655.61	3686.72
2008	9894.76	2869.48	7025.28	3858.96	127.60	908.18	5000.02

注：工业总产值按核算口径工业总产出计算。
a)The gross industrial output value is calculated at gross industrial output of national accounts.

13-3 工业总产值指数

Indices of Gross Industrial Output Value

(上年=100) (preceding year=100)

年份 Year	工业总产值 Total Industry	按轻重工业分 Grouped by Light & Heavy Industry		按经济类型分 Grouped by Ownership			
		轻工业 Light Industry	重工业 Heavy Industry	国有及国有控股企业 State-owned or Controlling Share Hold Industry	集体企业 Collective-owned Industry	个体企业 Individual-Owned Industry	其他经济类型企业 Industry of Other Types of Ownership
1978	116.2	109.0	121.9	114.2	110.1		
1979	106.7	101.5	110.3	108.4	112.9		
1980	104.8	112.3	99.9	104.0	107.5		
1981	100.6	110.9	92.9	102.7	92.8	191.7	300.0
1982	115.1	107.9	121.1	114.9	115.5	200.5	96.7
1983	109.6	108.4	110.5	110.3	106.3	173.2	120.0
1984	108.1	107.4	108.6	108.0	107.1	252.9	87.0
1985	116.6	116.8	116.6	113.9	93.6	444.7	157.5
1986	109.6	112.8	107.2	107.7	146.0	168.3	188.7
1987	112.5	115.6	110.0	111.5	113.5	130.8	136.2
1988	113.9	116.1	112.2	110.7	121.1	152.1	229.2
1989	112.6	107.7	116.7	110.7	117.0	122.1	217.9
1990	104.1	102.8	105.0	104.1	100.7	120.7	134.0
1991	108.1	108.1	108.0	106.4	107.8	138.4	156.1
1992	111.3	108.0	113.5	107.9	118.4	133.8	148.5
1993	113.8	106.0	117.2	105.1	124.5	143.9	272.5
1994	114.0	118.0	113.2	103.7	122.1	142.0	295.0
1995	112.0	115.5	111.0	107.2	97.0	186.8	126.3
1996	111.5	112.5	110.1	101.6	124.6	158.9	161.1
1997	115.0	117.2	112.0	101.5	118.0	127.4	140.0
1998	110.0	109.7	110.4	106.5	86.6	114.8	145.3
1999	111.0	117.2	105.9	109.6	91.3	111.1	123.6
2000	112.0	120.7	106.8	106.7	67.2	125.5	135.6
2001	111.1	114.1	108.6	106.3	76.6	110.3	125.4
2002	114.0	116.8	112.5	115.1	108.4	112.4	137.4
2003	125.0	123.6	125.9	109.1	119.9	108.3	146.1
2004	129.7	127.5	130.8	126.2	68.0	93.1	149.6
2005	130.7	126.0	133.2	134.7	113.4	111.0	133.6
2006	132.1	126.1	134.7	122.6	126.9	115.4	153.9
2007	127.8	122.3	130.1	125.0	129.6	129.9	141.1
2008	123.1	113.7	125.5	117.0	133.5	125.7	136.9

注：本表按可比价格计算，以上年为100。

a)Data in this table are calculated at comparable prices, preceding year=100.

13-4 规模以上工业企业分行业职工人数(2008年)

Number of Staff & Workers in Industrial Enterprises above Designated Size by Industrial Branch(2008)

单位：万人 (10 000 persons)

项 目	Item	2008
总 计	**Total**	**104.58**
按登记注册类型分	**Grouped by Ownership**	
国有	State-owned	13.35
集体	Collective-owned	2.12
其他	Other Ownership	89.11
按行业分	**Grouped by Sector**	
采矿业	**Mining**	**28.36**
煤炭开采和洗选业	Coal Mining & Processing	18.73
石油和天然气开采业	Petroleum & Natural Gas Pumped	0.55
黑色金属矿采选业	Mining & Dressing of Ferrous Metals	4.03
有色金属矿采选业	Mining & Dressing of Nonferrous Metals	3.56
非金属矿采选业	Mining & Dressing of Nonmetal Minerals	1.47
其他采矿业	Mining of Other Mineral	0.02
制造业	**Manufacturing**	**66.17**
农副食品加工业	Processing of Agricultural Side-Line Food	6.34
食品制造业	Food Manufacturing	4.28
饮料制造业	Beverage Manufacturing	2.60
烟草制品业	Tobacco Products	0.21
纺织业	Textile Industry	4.98
纺织服装、鞋、帽制造业	Textile Products, Clothes, Shoes & Hats	0.86
皮革、毛皮、羽毛（绒）及其制品业	Leather, Furs, Down & Related Products	0.24
木材加工及木、竹、藤、棕、草制品业	Timber Processing, Bamboo, Cane, Palm Fiber & Straw Products	1.77
家具制造业	Furniture Manufacturing	0.11
造纸及纸制品业	Paper-making & Paper Products	0.85
印刷业和记录媒介的复制	Printing & Record Pressing	0.22
文教体育用品制造业	Cultural, Educational & Sports Goods	
石油加工、炼焦及核燃料加工业	Petroleum Processing ,Coke Products & Processing of Nuclear Fuel	1.62
化学原料及化学制品制造业	Raw Chemical Materials & Chemical Products	7.27
医药制造业	Medicine Manufacturing	1.80
化学纤维制造业	Chemical Fiber Manufacturing	0.01
橡胶制品业	Rubber Products	0.05
塑料制品业	Plastic Products	0.57
非金属矿物制品业	Nonmetal Mineral Products	6.00
黑色金属冶炼及压延加工业	Smelting & Pressing of Ferrous Metals	10.84
有色金属冶炼及压延加工业	Smelting & Pressing of Nonferrous Metals	5.04
金属制品业	Metal Products	0.93
通用设备制造业	Manufacturing of General-Purpose Equipment	2.13
专用设备制造业	Special Purposes Equipment Manufacturing	4.16
交通运输设备制造业	Transportation Equipment Manufacturing	1.40
电气机械及器材制造业	Electric Equipment & Machinery	0.92
通信设备、计算机及其他电子设备制造业	Manufacturing of Telecoms,Computer & Other Electronic Equipment	0.39
仪器仪表及文化、办公用机械制造业	Instruments, Meters, Cultural & Office Machinery	0.01
工艺品及其他制造业	Handicrafts & Other Production	0.48
废弃资源和废旧材料回收加工业	Recovering of Abandoned Resource & Waste Materical	0.10
电力、燃气及水的生产和供应业	**Production & Supply of Electric Power,Gas & Water**	**10.05**
电力、热力的生产和供应业	Production & Supply of Electric Power & Heating Power	8.76
燃气生产和供应业	Production & Supply of Gas	0.29
水的生产和供应业	Production & Supply of Water	1.00

注：规模以上工业是指全部年主营业务收入500万元及以上的工业法人企业(下同)。

a)Industrial enterprises above designated size refer to the industiral enterprises with an annual operating income of over 5 million yuan(The next table is the same)

13-5 规模以上工业企业工业总产值

Gross Industrial Output Value of Industrial Enterprises above Designated Size

单位：万元 (10 000 yuan)

行 业	Item	2007年工业总产值(现价) Gross Industrial Output Value in 2007 (at current prices)	2008年工业总产值(现价) Gross Industrial Output Value in 2008 (at current prices)
总 计	**Total**	**58129603**	**85768101**
按经济类型分	**Grouped by Ownership**		
在总计中：	Of the Total:		
国有及国有控股企业	State-owned Enterprises(including with controlling share hold by the state)	23273120	33770986
在总计中：	Of the Total:		
集体企业	Collective-owned Enterprises	635966	685266
股份有限公司	Share-holding Corporation	10613600	14175299
外商投资企业	Foreign Funded Enterprises	4982102	6534438
港澳台商投资企业	Enterprises Funded by Entrepreneurs from Hong Kong, Macao and Taiwan	1805354	2297649
按轻重工业分	**Grouped by Light & Heavy Industry**		
轻工业	Light Industry	14178917	18220449
重工业	Heavy Industry	43950686	67547652
按企业规模分	**Grouped by Size of Enterprises**		
大型企业	Large	16171804	24862886
中型企业	Medium-sized	19434823	25395159
小型企业	Small	22522977	35510056
按行业分	**Grouped by Sector**		
煤炭开采和洗选业	Coal Mining and Processing	7401779	13719886
石油和天然气开采业	Petroleum and Natural Gas Pumped	661850	827981
黑色金属矿采选业	Mining and Dressing of Ferrous Metals	1305750	2160443
有色金属矿采选业	Mining and Dressing of Nonferrous Metals	1752356	2159489
非金属矿采选业	Mining and Dressing of Nonmetal Minerals	579463	764519
其他采矿业	Mining of Other Mineral	7822	19568
农副食品加工业	Processing of Agricultural Side-line Food	3856273	5480861
食品制造业	Food Manufacturing	3841298	4873319
饮料制造业	Beverage Manufacturing	847717	1129243

13-5 续表 1 continued

单位：万元 (10 000 yuan)

行 业	Item	2007年工业总产值(现价) Gross Industrial Output Value in 2007 (at current prices)	2008年工业总产值(现价) Gross Industrial Output Value in 2008 (at current prices)
烟草制品业	Tobacco Products	316176	370755
纺织业	Textile Industry	2535685	2874313
纺织服装、鞋、帽制造业	Textile Products, Clothes, Shoes and Hats	129465	211265
皮革、毛皮、羽毛(绒)及其制品业	Leather, Furs, Down & Related Products	57318	156241
木材加工及木、竹、藤、棕、草制品业	Timber Processing, Bamboo, Cane, Palm Fiber & Straw Products	558295	840033
家具制造业	Furniture Manufacturing	75961	97755
造纸及纸制品业	Paper-making and Paper Products	295668	388539
印刷业和记录媒介的复制	Printing and Record Pressing	45208	58482
文教体育用品制造业	Cultural, Educational and Sports Goods		
石油加工、炼焦及核燃料加工业	Petroleum Processing , Coke Products & Processing of Nuclear Fuel	1400851	2435665
化学原料及化学制品制造业	Raw Materials & Chemical Products	3339462	4846739
医药制造业	Medicine Manufacturing	760429	940743
化学纤维制造业	Chemical Fiber Manufacturing	7705	870
橡胶制品业	Rubber Products	12897	16924
塑料制品业	Plastic Products	133178	462602
非金属矿物制品业	Nonmetal Mineral Products	1852060	2841305

13-5 续表 2 continued

单位：万元 (10 000 yuan)

行业	Item	2007年工业总产值(现价) Gross Industrial Output Value in 2007 (at current prices)	2008年工业总产值(现价) Gross Industrial Output Value in 2008 (at current prices)
黑色金属冶炼及压延加工业	Smelting and Pressing of Ferrous Metals	7813175	12835032
有色金属冶炼及压延加工业	Smelting and Pressing of Nonferrous Metals	5806374	8080241
金属制品业	Metal Products	252855	397176
通用设备制造业	Manufacturing of General Purpose Equipment	507174	851574
专用设备制造业	Special Purposes Equipment Manufacturing	1243381	2179128
交通运输设备制造业	Transportation Equipment Manufacturing	1006241	1237809
电气机械及器材制造业	Electric Equipment and Machinery	263813	437518
通信设备、计算机及其他电子设备制造业	Manufacturing of Telecomm ,Computer & Other Electronic Equipment	952771	932503
仪器仪表及文化、办公用机械制造业	Instruments, Meters, Cultural & Office Machinery		2651
工艺品及其他制造业	Handicrafts and Other Production	113015	203332
废弃资源和废旧材料回收加工业	Recovering of Abandoned Resource & Waste Materical	7038	46884
电力、热力的生产和供应业	Production & Supply of Electric Power & Heating Power	7558908	9499489
燃气生产和供应业	Production and Supply of Gas	698864	1245902
水的生产和供应业	Production and Supply of Water	131325	141325

13-6 规模以上工业企业主要经济指标(2008年)

单位:万元

项 目	Item	企业单位数(个) Number of Enterprises (unit)	工业总产值(现价) Gross Industrial Output Value (at current prices)
总 计	**Total**	**3993**	**85768101**
在总计中：	Of the Total:		
亏损企业	Enterprises at Lose	759	10918042
按轻重分	**Grouped by Light & Heavy Industry**		
轻工业	Light Industry	1275	18220449
重工业	Heavy Industry	2718	67547652
按行业分	**Grouped by Sector**		
采矿业	Mining	778	19651885
制造业	Manufacturing	2905	55229499
电力、燃气及水的生产和供应业	Production & Supply of Electric Power,Gas & Water	310	10886716
按企业规模分	**Grouped by Size of Enterprises**		
大型企业	Large	53	24862886
中型企业	Medium sized	468	25395159
小型企业	Small	3472	35510056
按登记注册类型分组	**Grouped by Registration Status**		
内资企业	Domestic-funded Enterprise	3785	76936014
国有企业	State-owned Enterprises	216	7981192
中央企业	Central Enterprises	37	3117551
地方企业	Local Enterprises	179	4863641
集体企业	Collective-owned Enterprises	91	685266
股份合作企业	Cooperative Enterprises	24	681840
联营企业	Joint Ownership Enterprises	4	150956
国有联营企业	State joint Ownership Enterprises	1	140669
集体联营企业	Collective Joint Ownership Enterprises	2	2233
国有与集体联营企业	Joint State Collective Enterprises		
其他联营企业	Other Joint Ownership Enterprises	1	8054
有限责任公司	Limited Liability Corporations	1393	34049496
国有独资公司	Exclusive State-funded Limited Liability Corporations	40	5010875
股份有限公司	Share-holding Corporations Ltd.	192	14175299
私营企业	Private Enterprises	1857	19004698
其他企业	Other Enterprises	8	207268
港澳台商投资企业	Enterprises Funded by Entrepreneurs from Hong Kong, Macao and Taiwan	63	2297649
外商投资企业	Enterprises Funded by Foreigners	145	6534438

Main Indicators of Industrial Enterprises above Designated Size(2008)

(10 000 yuan)

资产合计 Total Assets	流动资产合计 Circulating Funds	流动资产年平均余额 Annual Average Balance of Funds Circulating	固定资产原价 Original Value of Fixed Assets	固定资产净值年平均余额 Annual Average Balance of Net Value of Fixed Assets	流动负债合计 Liquid Liabilities
100892967	**33274924**	**30530697**	**65141704**	**44964683**	**35957287**
23220400	6171822	5898401	17745842	12237649	9830530
12056389	5632675	5387208	5477368	3938706	5572419
88836578	27642249	25143489	59664335	41025978	30384868
24178950	9733723	8158770	10200287	7453723	7502895
43031364	19190808	17801481	21909724	14064403	20056888
33682653	4350393	4570445	33031693	23446557	8397504
29826783	11905290	10358855	16005220	9456728	11751032
36281132	11902790	11156937	22296801	16119911	11636754
34785052	9466844	9014905	26839682	19388044	12569501
90546388	29548360	27062195	59619452	40782827	31849989
21698346	4017495	4244668	20149041	13590827	5876425
5962327	1843972	1655954	4102624	2676071	1532896
15736019	2173523	2588714	16046417	10914757	4343529
300838	162732	151357	132661	84705	147159
1074502	299925	262350	159507	124017	217128
375368	43980	55794	483843	328832	84557
367957	39484	51086	479509	325954	79654
3285	2642	2970	1108	607	2641
4126	1854	1738	3226	2272	2263
40762612	13381993	12162479	25441218	17884765	13409435
10020164	3781271	3061814	6689480	4642363	3029022
15199742	6330239	5391609	8599134	5236008	6830836
10899617	5212504	4699658	4518579	3472403	5181868
235363	99492	94281	135469	61271	102581
2317072	785258	744204	1452664	1146337	989667
8029508	2941307	2724297	4069587	3035519	3117631

13-6 续表

单位:万元

项 目	Item	长期负债合计 Long-term Liabilities	所有者权益 Creditors Equity	实收资本 Total Capital Hold
总 计	**Total**	**23118993**	**37827877**	**20398206**
在总计中：	Of the Total:			
亏损企业	Enterprises at Lose	5617805	6181217	4393650
按轻重分	**Grouped by Light & Heavy Industry**			
轻工业	Light Industry	917214	5477542	2681578
重工业	Heavy Industry	22201778	32350334	17716629
按行业分	**Grouped by Sector**			
采矿业	Mining	2847940	13460417	4647543
制造业	Manufacturing	4565717	17675754	10487996
电力、燃气及水的生产和供应业	Production & Supply of Electric Power,Gas & Water	15705336	6690305	5262667
按企业规模分	**Grouped by Size of Enterprises**			
大型企业	Large	3271676	14474194	6362786
中型企业	Medium-sized	9105429	12962938	7233799
小型企业	Small	10741887	10390745	6801621
按登记注册类型分组	**Grouped by Registration Status**			
内资企业	Domestic funded Enterprise	21141349	33779784	18297384
国有企业	State-owned Enterprises	8617254	5333431	3457181
中央企业	Central Enterprises	1946441	2208531	1350231
地方企业	Local Enterprises	6670813	3124900	2106950
集体企业	Collective-owned Enterprises	11508	135814	62094
股份合作企业	Cooperative Enterprises	270102	584450	140540
联营企业	Joint Ownership Enterprises	211134	79677	70571
国有联营企业	State joint Ownership Enterprises	211125	77178	67900
集体联营企业	Collective Joint Ownership Enterprises		645	400
国有与集体联营企业	Joint State Collective Enterprises			
其他联营企业	Other Joint Ownership Enterprises	9	1854	2271
有限责任公司	Limited Liability Corporations	9130418	16742927	9129313
国有独资公司	Exclusive State-funded Limited Liability Corporations	2625846	4227434	1660402
股分有限公司	Share-holding Corporations Ltd.	1855512	6359583	2984314
私营企业	Private Enterprises	1001198	4455343	2403761
其他企业	Other Enterprises	44223	88559	49610
港澳台商投资企业	Enterprises Funded by Entrepreneurs from Hong Kong, Macao and Taiwan	601255	701156	359020
外商投资企业	Enterprises Funded by Foreigners	1376389	3346936	1741802

continued

(10 000 yuan)

主营业务收入 Revenues of Main Business	主营业务成本 Cost of Main Business	主营业务税金 及附加 Sales Tax and Extra Charges	利润总额 Total Profits	本年应交 增值税 Value Added Tax Payable
84703023	**66174344**	**1236426**	**7714440**	**4419962**
14872869	13587960	101378	-943001	538145
17522818	13972897	400215	812627	493372
67180206	52201447	836211	6901813	3926589
20192792	11962939	435912	4731828	1511346
53651217	45139691	741753	2568205	1940083
10859015	9071714	58761	414407	968533
24854217	19764641	300260	2141850	1300511
27782055	20907639	446986	3232171	1478829
32066751	25502064	489180	2340419	1640622
76417215	59813576	1137294	6920742	4027072
9509148	7559554	233363	278599	803291
3214134	1909334	152053	437760	290333
6295014	5650220	81310	-159161	512958
664712	550369	7620	46359	27326
671052	492466	7381	80000	30681
10592	8028	27	852	16382
				15940
2651	2082	8	40	71
7941	5945	19	812	371
32619815	24577738	479026	4089829	1829302
4750028	3225220	58205	975135	348592
14170769	11558077	140960	1006516	594214
18582618	14926002	267007	1397893	715579
188510	141343	1911	20695	10297
2038987	1687865	12387	146687	67504
6246821	4672903	86745	647011	325386

13-7 国有及国有控股工业企业主要经济指标(2008年)

单位:万元

项 目	Item	企业单位数(个) Number of Enterprises (unit)	工业总产值(现价) Gross Industrial Output Value (at curent prices)
总 计	**Total**	**481**	**33770986**
在总计中:亏损企业	Of the Total: Enterprises at Lose	126	4900633
在总计中：轻工业	Of the Total:Light Industry	97	2415106
重工业	Heavy Industry	384	31355880
在总计中:	Of the Total:		
采矿业	Mining	70	6922466
制造业	Manufacturing	207	17804103
电力、燃气及水的生产和供应业	Production & Supply of Electric Power,Gas & Water	204	9044417
在总计中:	Of the Total:		
大型企业	Large	30	17367205
中型企业	Medium-sized	136	8281003
小型企业	Small	315	8122778

13-7 续表

单位：万元

行 业	Item	长期负债合计 Long-term Liabilities	所有者权益 Creditors Equity
总 计	**Total**	**18260717**	**20678271**
在总计中:亏损企业	Of the Total:Enterprises at Lose	5269004	4858250
在总计中:中央企业	Of the Total:Central Enterprises		
地方企业	Local Enterprises		
在总计中：轻工业	Of the Total:Light Industry	255710	1298019
重工业	Heavy Industry	18005007	19380252
在总计中:	Of the Total:		
采矿业	Mining	1183620	6820888
制造业	Manufacturing	2401861	8266635
电力、燃气及水的生产和供应业	Production & Supply of Electric Power,Gas & Water	14675236	5590748
在总计中:	Of the Total:		
大型企业	Large	2382911	10805022
中型企业	Medium-sized	6193241	6205069
小型企业	Small	9684565	3668180

Main Indicators on Economic Benefit of State-owned and State Holding Majority Shares Industrial Enterprises(2008)

(10 000 yuan)

资产合计 Total Assets	流动资产合计 Circulating Funds	流动资产年平均余额 Annual Average Balance of Circulating Funds	固定资产原价 Original Value of Fixed Assets	固定资产净值年平均余额 Annual Average Balance of Net Value of Fixed Assets	流动负债合计 Liquid Liabilities
61292923	**16295569**	**14996949**	**48145873**	**32388057**	**19142459**
18342733	3833502	3678498	15563116	10608733	6655671
2824423	1260085	1207873	1155032	785212	1265332
58468500	15035484	13789076	46990841	31602845	17877126
10769366	3826932	3027009	5854523	4183038	2588922
19921317	8812478	8022448	11042377	6047210	9089814
30602240	3656160	3947492	31248974	22157809	7463723
21754584	9033983	7609862	12666387	6951912	8493583
19509594	4598373	4592837	15433886	11365335	4746581
20028745	2663214	2794250	20045600	14070810	5902294

continued

(10 000 yuan)

实收资本 Total Capital Hold	主营业务收入 Revenues of Main Business	主营业务成本 Cost of Main Business	主营业务税金及附加 Sales Tax and Extra Charges	利润总额 Total Profits	本年应交增值税 Value Added Tax Payable
12422124	**33752323**	**27065809**	**463530**	**2314203**	**2219059**
3210016	9153426	8314308	66682	-617602	354545
646779	2390870	1729387	180479	55098	114634
11775345	31361454	25336422	283050	2259104	2104426
2588563	6982280	3902676	150046	1791979	620794
5305378	17722956	15519795	260945	414613	685016
4528184	9047088	7643339	52539	107611	913250
5173078	17540266	14055921	165015	1452910	966791
4187910	10835705	8374245	246666	912847	602242
3061136	5376352	4635642	51849	-51555	650026

13-8 规模以上集体工业企业主要经济指标(2008年)

单位:万元

项 目	Item	企业单位数(个) Number of Enterprises (unit)	工业总产值(现价) Gross Industrial Output Value (at current prices)
总计	**Total**	**91**	**685266**
在总计中：亏损企业	Of the Total：Enterprises at Lose	21	85073
在总计中：轻工业	Of the Total：Light Industry	11	56296
重工业	Heavy Industry	80	628970
在总计中：	Of the Total：		
采矿业	Mining	25	194594
制造业	Manufacturing	65	487211
电力、燃气及水的生产和供应业	Production & Supply of Electric Power,Gas & Water	1	3461
在总计中：	Of the Total：		
大型企业	Large		
中型企业	Medium-sized	7	302745
小型企业	Small	84	382520

13-8 续表

单位：万元

项 目	Item	长期负债合计 Long-term Liabilities	所有者权益 Creditors Equity
总 计	**Total**	**11508**	**135814**
在总计中：亏损企业	Of the Total：Enterprises at Lose	204	15823
在总计中：轻工业	Of the Total：Light Industry	3313	7201
重工业	Heavy Industry	8194	128612
在总计中：	Of the Total：		
采矿业	Mining	6591	66408
制造业	Manufacturing	4598	68593
电力、燃气及水的生产和供应业	Production & Supply of Electric Power,Gas & Water	319	813
在总计中：	Of the Total：		
大型企业	Large		
中型企业	Medium-sized	1236	32452
小型企业	Small	10272	103362

Main Indicator on Economic Benefit of Collective-owned Enterprises above Designated Size(2008)

(10 000 yuan)

资产合计 Total Assets	流动资产合计 Circulating Funds	流动资产年平均余额 Annual Average Balance of Circulating Funds	固定资产原价 Original Value of Fixed Assets	固定资产净值年平均余额 Annual Average Balance of Net Value of Fixed Assets	流动负债合计 Liquid Liabilities
300838	**162732**	**151357**	**132661**	**84705**	**147159**
47557	24779	24626	25521	14388	31529
21062	12201	12204	13107	7900	10542
279776	150531	139153	119554	76804	136617
112041	53159	42397	36022	27646	34382
186110	108419	107806	94433	55785	111222
2687	1154	1154	2206	1274	1555
64965	29096	26851	35747	25381	30471
235873	133636	124506	96915	59324	116688

continued

(10 000 yuan)

实收资本 Total Capital Hold	主营业务收入 Revenue of Main Business	主营业务成本 Cost of Main Business	主营业务税金及附加 Sales Tax and Extra Charges	利润总额 Total Profits	本年应交增值税 Value Added Tax Payable
62094	**664712**	**550369**	**7620**	**46359**	**27326**
9873	80233	72941	586	-3652	1865
5689	48820	37135	260	2150	919
56405	615892	513233	7361	44209	26407
29558	192763	119613	5165	37804	11593
31960	468488	428310	2423	8260	15626
576	3461	2445	32	295	107
7590	298243	280832	1520	10253	10824
54504	366469	269537	6100	36106	16502

13-9 规模以上工业企业分行业主要经济指标(2008年)

单位:万元

行业	Item	企业单位数(个) Enterprise (unit)	工业总产值(现价) Gross Industrial Output Value (at current prices)
总计	**Total**	**3993**	**85768101**
采矿业	**Mining**	**778**	**19651885**
煤炭开采和洗选业	Coal Mining & Processing	353	13719886
石油和天然气开采业	Petroleum & Natural Gas Extraction	9	827981
黑色金属矿采选业	Mining & Dressing of Ferrous Metals	188	2160442
有色金属矿采选业	Mining & Dressing of Nonferrous Metals	130	2159489
非金属矿采选业	Mining & Dressing of Nonmetal Minerals	96	764519
其他采矿业	Mining of Other Mineral	2	19568
制造业	**Manufacturing**	**2905**	**55229499**
农副食品加工业	Processing of Agricultural Side-Line Food	508	5480861
食品制造业	Food Manufacturing	147	4873319
饮料制造业	Beverage Manufacturing	118	1129243
烟草制品业	Tobacco Products	2	370755
纺织业	Textile Industry	201	2874313
纺织服装、鞋、帽制造业	Textile Products, Clothes, Shoes & Hats	38	211265
皮革、毛皮、羽毛（绒）及其制品业	Leather, Furs, Down & Related Products	19	156241
木材加工及木、竹、藤、棕、草制品业	Timber Processing, Bamboo, Cane, Palm Fiber & Straw Products	113	840033
家具制造业	Furniture Manufacturing	10	97755
造纸及纸制品业	Paper-making & Paper Products	36	388539
印刷业和记录媒介的复制	Printing & Record Pressing	23	58482
文教体育用品制造业	Cultural, Educational & Sports Goods		
石油加工、炼焦及核燃料加工业	Petroleum Processing , Coke Products & Processing of Nuclear Fuel	39	2435665
化学原料及化学制品制造业	Raw Chemical Materials & Chemical Products	375	4846739
医药制造业	Medicine Manufacturing	74	940743
化学纤维制造业	Chemical Fiber Manufacturing	1	870
橡胶制品业	Rubber Products	4	16924
塑料制品业	Plastic Products	53	462602
非金属矿物制品业	Nonmetal Mineral Products	362	2841305
黑色金属冶炼及压延加工业	Smelting & Pressing of Ferrous Metals	221	12835032
有色金属冶炼及压延加工业	Smelting & Pressing of Nonferrous Metals	172	8080241
金属制品业	Metal Products	79	397176
通用设备制造业	Manufacturing of General-Purpose Equipment	110	851574
专用设备制造业	Special Purposes Equipment Manufacturing	55	2179128
交通运输设备制造业	Transportation Equipment Manufacturing	39	1237809
电气机械及器材制造业	Electric Equipment & Machinery	62	437518
通信设备、计算机及其他电子设备制造业	Manufacturing of Telecommunications, Computer & Other Electronic Equipment	17	932503
仪器仪表及文化、办公用机械制造业	Instruments, Meters, Cultural & Office Machinery	2	2651
工艺品及其他制造业	Handicrafts & Other Production	15	203332
废弃资源和废旧材料回收加工业	Recovering of Abandoned Resource & Waste Materical	10	46884
电力、燃气及水的生产和供应业	**Production & Supply of Electric Power,Gas & Water**	**310**	**10886716**
电力、热力的生产和供应业	Production & Supply of Electric Power & Heating Power	267	9499489
燃气生产和供应业	Production & Supply of Gas	10	1245902
水的生产和供应业	Production & Supply of Water	33	141325

Main Indicators of Industrial Enterprises above Designated Size by Industrial Branch(2008)

(10 000 yuan)

资产合计 Total Assets	流动资产合计 Circulating Funds	流动资产年平均余额 Annual Average Balance of Circulating Funds	固定资产原价 Original Value of Fixed Assets	固定资产净值年平均余额 Annual Average Balance of Net Value of Fixed Assets	流动负债合计 Liquid Liabilities
100892967	**33274924**	**30530697**	**65141704**	**44964683**	**35957287**
24178950	**9733723**	**8158770**	**10200287**	**7453723**	**7502895**
18953862	7602845	6124269	7855938	5473052	5578083
1246062	322348	423268	724724	798960	120397
1659026	864292	672509	578356	439962	873447
1770002	727263	735113	787584	555814	697859
547257	215658	202296	251701	184718	231867
2743	1317	1317	1984	1217	1242
43031364	**19190808**	**17801481**	**21909724**	**14064403**	**20056888**
2333888	1062037	995454	1153767	863795	1060463
2879385	1208375	1079997	1332933	961165	1528431
919048	370022	354839	466804	314438	300211
234140	128939	161313	123380	79581	44724
2569756	1349403	1398194	852889	601668	1266577
138209	92978	90040	36996	26663	71685
95258	42644	38677	52107	47353	26815
307366	139127	134435	200127	144840	152782
84233	30058	27164	30767	23367	44020
286572	132026	124728	166181	125972	159127
56529	22052	20880	39407	28044	25841
1864132	1137357	978594	718152	483857	808764
4822034	1686953	1513906	2832677	2053084	1981922
943496	328513	315133	554300	380334	433922
372	359	205	13	13	28
9983	5906	5123	4407	2551	5248
634279	234998	253277	69317	55033	163428
3022841	1006078	916129	1867698	1388433	1183610
10553846	4428582	4043416	6375044	3196501	5217643
5347741	2028545	1874030	2637514	1915236	2326600
268880	141894	126688	117051	89918	125923
626407	391823	350245	243111	145170	364920
2713623	1646398	1560657	1247715	699658	1540975
1337288	910472	841182	493114	234068	769898
320074	158478	146283	129885	100512	145695
351676	317279	274211	48095	21966	184452
1332	669	664	59	58	615
269126	171799	159341	90563	59049	105868
39851	17047	16678	25651	22078	16703
33682653	**4350393**	**4570445**	**33031693**	**23446557**	**8397504**
32313668	3809050	4104278	32342085	22919724	8009355
724572	269357	204272	277928	222982	158453
644413	271987	261895	411681	303851	229695

13-9 续表

单位：万元

行业	Item	长期负债合计 Long-term Liabilities	所有者权益 Creditors Equity	实收资本 Total Capital Hold
总计	**Total**	**23118993**	**37827877**	**20398206**
采矿业	**Mining**	**2847940**	**13460417**	**4647543**
煤炭开采和洗选业	Coal Mining & Processing	2607167	10550917	3073151
石油和天然气开采业	Petroleum & Natural Gas Extraction		1016270	767880
黑色金属矿采选业	Mining & Dressing of Ferrous Metals	135679	646537	215723
有色金属矿采选业	Mining & Dressing of Nonferrous Metals	66917	993827	453881
非金属矿采选业	Mining & Dressing of Nonmetal Minerals	38006	251538	135468
其他采矿业	Mining of Other Mineral	172	1328	1441
制造业	**Manufacturing**	**4565717**	**17675754**	**10487996**
农副食品加工业	Processing of Agricultural Side-Line Food	99655	1154908	541386
食品制造业	Food Manufacturing	166408	1173289	514386
饮料制造业	Beverage Manufacturing	89552	503447	270218
烟草制品业	Tobacco Products	937	188479	120033
纺织业	Textile Industry	184846	1115618	482402
纺织服装、鞋、帽制造业	Textile Products, Clothes, Shoes & Hats	12951	53256	45273
皮革、毛皮、羽毛（绒）及其制品业	Leather, Furs, Down & Related Products	5249	58476	28077
木材加工及木、竹、藤、棕、草制品业	Timber Processing, Bamboo, Cane, Palm Fiber & Straw Products	30885	121320	96951
家具制造业	Furniture Manufacturing	8247	31966	11858
造纸及纸制品业	Paper-making & Paper Products	3201	120625	102988
印刷业和记录媒介的复制	Printing & Record Pressing	550	29735	18473
文教体育用品制造业	Cultural, Educational & Sports Goods			
石油加工、炼焦及核燃料加工业	Petroleum Processing , Coke Products & Processing of Nuclear Fuel	272091	778715	515515
化学原料及化学制品制造业	Raw Chemical Materials & Chemical Products	739919	1923473	1453847
医药制造业	Medicine Manufacturing	120582	371495	252751
化学纤维制造业	Chemical Fiber Manufacturing	133	211	200
橡胶制品业	Rubber Products	350	4348	3072
塑料制品业	Plastic Products	271271	196948	158565
非金属矿物制品业	Nonmetal Mineral Products	535400	1266200	707335
黑色金属冶炼及压延加工业	Smelting & Pressing of Ferrous Metals	848330	4265765	2966031
有色金属冶炼及压延加工业	Smelting & Pressing of Nonferrous Metals	455207	2423246	1042466
金属制品业	Metal Products	22851	116718	68336
通用设备制造业	Manufacturing of General-Purpose Equipment	29634	219786	160853
专用设备制造业	Special Purposes Equipment Manufacturing	368521	781924	555513
交通运输设备制造业	Transportation Equipment Manufacturing	198421	357497	197394
电气机械及器材制造业	Electric Equipment & Machinery	39601	128641	112448
通信设备、计算机及其他电子设备制造业	Manufacturing of Telecommunications, Computer & Other Electronic Equipment	3358	163762	32853
仪器仪表及文化、办公用机械制造业	Instruments, Meters, Cultural & Office Machinery		616	540
工艺品及其他制造业	Handicrafts & Other Production	50179	112125	18845
废弃资源和废旧材料回收加工业	Recovering of Abandoned Resource & Waste Materical	7390	14568	9386
电力、燃气及水的生产和供应业	**Production & Supply of Electric Power, Gas & Water**	**15705336**	**6690305**	**5262667**
电力、热力的生产和供应业	Production & Supply of Electric Power & Heating Power	15378904	6038806	4940718
燃气生产和供应业	Production & Supply of Gas	190353	375533	163428
水的生产和供应业	Production & Supply of Water	136079	275966	158522

continued

(10 000 yuan)

主营业务收入 Revenues of Main Business	主营业务成本 Cost of Main Business	主营业务税金 及附加 Sales Tax & Extra Charges	利润总额 Total Profits	本年应交 增值税 Value Added Tax Payable
84703023	**66174344**	**1236426**	**7714440**	**4419962**
20192792	**11962939**	**435912**	**4731828**	**1511346**
14559117	8291908	361102	3722604	1140608
816801	347311	18239	187826	107492
2001767	1438224	24463	316607	126676
2085999	1343299	23573	459158	105700
711113	528287	8282	44704	29510
17994	13911	254	929	1360
53651217	**45139691**	**741753**	**2568205**	**1940083**
5288208	4385627	107990	281131	95672
4646759	3773246	17544	55867	162112
1078539	758378	58870	88022	51013
360799	124541	153396	48793	43572
2807231	2210681	43979	168486	56079
204851	157722	485	3777	3589
153499	129449	440	7690	2732
800019	642494	5602	19681	21572
84303	59738	1514	7157	1681
378772	322870	2489	6903	11383
56788	48043	586	2442	2022
2359922	1819523	35701	305578	102382
4696560	3829174	46905	207883	204740
855638	663283	6389	54480	28751
708	737	1	-67	12
12474	10173	143	582	1162
456150	346519	14060	55310	17757
2796635	2282406	34135	214363	142896
12713976	11407751	144778	370925	628104
7821764	6978049	41223	470692	223695
406739	344167	1781	30714	11352
778427	684462	4737	34404	36971
2048477	1817974	6585	5013	36154
1274452	1030088	7194	46622	25430
395890	335789	1844	21241	9483
932445	803108	215	31401	11513
2442	2312	39	40	68
191908	129678	2803	26038	7721
46842	41711	324	3037	464
10859015	**9071714**	**58761**	**414407**	**968533**
9443496	7959825	55587	167754	930112
1276321	1006495	1946	248600	31866
139197	105394	1229	-1946	6555

13-10 国有及国有控股工业企业分行业主要经济指标(2008年)

单位:万元

行 业	Item	企业单位数(个) Number of Enterprise (unit)	工业总产值(现价) Gross Industrial Output Value (at current prices)
总计	**Total**	**481**	**33770986**
采矿业	**Mining**	**70**	**6922466**
煤炭开采和洗选业	Coal Mining & Processing	40	5515720
石油和天然气开采业	Petroleum & Natural Gas Extraction	5	720612
黑色金属矿采选业	Mining & Dressing of Ferrous Metals	4	188597
有色金属矿采选业	Mining & Dressing of Nonferrous Metals	12	205149
非金属矿采选业	Mining & Dressing of Nonmetal Minerals	9	292387
其他采矿业	Mining of Other Mineral		
制造业	**Manufacturing**	**217**	**17804103**
农副食品加工业	Processing of Agricultural Side-Line Food	14	181330
食品制造业	Food Manufacturing	15	1194451
饮料制造业	Beverage Manufacturing	12	177964
烟草制品业	Tobacco Products	2	370755
纺织业	Textile Industry	7	159577
纺织服装、鞋、帽制造业	Textile Products, Clothes, Shoes & Hats	5	34441
皮革、毛皮、羽毛（绒）及其制品业	Leather, Furs, Down & Related Products	1	1413
木材加工及木、竹、藤、棕、草制品业	Timber Processing, Bamboo, Cane, Palm Fiber & Straw Products	1	1638
家具制造业	Furniture Manufacturing		
造纸及纸制品业	Paper-making & Paper Products	1	14837
印刷业和记录媒介的复制	Printing & Record Pressing	5	8762
文教体育用品制造业	Cultural, Educational & Sports Goods		
石油加工、炼焦及核燃料加工业	Petroleum Processing , Coke Products & Processing of Nuclear Fuel	4	1058175
化学原料及化学制品制造业	Raw Chemical Materials & Chemical Products	22	500158
医药制造业	Medicine Manufacturing	8	101205
化学纤维制造业	Chemical Fiber Manufacturing		
橡胶制品业	Rubber Products	1	13146
塑料制品业	Plastic Products	1	19015
非金属矿物制品业	Nonmetal Mineral Products	27	525877
黑色金属冶炼及压延加工业	Smelting & Pressing of Ferrous Metals	5	7413576
有色金属冶炼及压延加工业	Smelting & Pressing of Nonferrous Metals	23	2819654
金属制品业	Metal Products	2	12048
通用设备制造业	Manufacturing of General-Purpose Equipment	19	343280
专用设备制造业	Special Purposes Equipment Manufacturing	15	1926011
交通运输设备制造业	Transportation Equipment Manufacturing	6	835018
电气机械及器材制造业	Electric Equipment & Machinery	7	27973
通信设备、计算机及其他电子设备制造业	Manufacturing of Telecommunications, Computer & Other Electronic Equipment	2	8874
仪器仪表及文化、办公用机械制造业	Instruments, Meters, Cultural & Office Machinery		
工艺品及其他制造业	Handicrafts & Other Production	2	54926
废弃资源和废旧材料回收加工业	Recovering of Abandoned Resource & Waste Materical		
电力、燃气及水的生产和供应业	**Production & Supply of Electric Power,Gas & Water**	**204**	**9044417**
电力、热力的生产和供应业	Production & Supply of Electric Power & Heating Power	181	8875702
燃气生产和供应业	Production & Supply of Gas	2	85845
水的生产和供应业	Production & Supply of Water	21	82870

Main Indicators on Economic Benefit of State-owned and State Holding Majority Shares Industrial Enterprises by Industrial Branch(2008)

(10 000 yuan)

资产合计 Total Assets	流动资产合计 Circulating Funds	流动资产年平均余额 Annual Average Balance of Circulating Funds	固定资产原价 Original Value of Fixed Assets	固定资产净值年平均余额 Annual Average Balance of Net Value of Fixed Assets	流动负债合计 Liquid Liabilities
61292923	**16295569**	**14996949**	**48145873**	**32388057**	**19142459**
10769366	**3826932**	**3027009**	**5854523**	**4183038**	**2588922**
8965552	3279979	2425684	4896402	3212013	2262320
1186634	297070	397525	682804	765068	91063
206656	111739	78463	80422	68104	59728
160610	52716	45584	88154	57854	65960
249914	85428	79753	106742	79999	109852
19921317	**8812478**	**8022448**	**11042377**	**6047210**	**9089814**
466164	200930	186199	112254	73424	182059
952979	408551	358062	250993	183840	567417
197540	76898	79094	135816	72986	60941
234140	128939	161313	123380	79581	44724
70807	44005	49868	37278	27275	42585
58566	43779	42831	16798	9798	46143
657	429	429	228	228	754
3190	1288	1309	2505	1909	2552
15995	6994	6983	13633	8362	4245
19565	3734	2760	18877	14328	10941
776978	424952	328452	403370	227456	254922
1551946	453350	420949	1165104	796437	581376
184133	62427	61301	86687	51516	61880
5959	4611	3743	1584	1314	3364
1533	552	1016	1131	945	263
928789	235095	240258	592798	489881	291291
7239503	2987251	2699387	4812913	2048023	3304744
3170498	1203057	983856	1456977	1023411	1375883
42773	22654	22643	20485	15544	5509
294076	193809	173542	138047	67806	165194
2566790	1543298	1468714	1206880	669314	1462272
877387	624619	602240	327848	109737	499076
65407	26060	20556	28146	25795	33184
11559	3608	6344	14438	1501	3655
184381	111588	100601	74208	46801	84841
30602240	**3656160**	**3947492**	**31248974**	**22157809**	**7463723**
30084619	3449149	3782415	30914080	21900758	7311613
128810	54932	23311	79528	67705	17307
388811	152078	141766	255366	189346	134803

13-10 续表

单位:万元

行 业	Item	长期负债合计 Long-term Liabilities	所有者权益 Creditors Equity
总计	**Total**	**18260717**	**20678271**
采矿业	**Mining**	**1183620**	**6820888**
煤炭开采和洗选业	Coal Mining & Processing	1108865	5530256
石油和天然气开采业	Petroleum & Natural Gas Extraction		986204
黑色金属矿采选业	Mining & Dressing of Ferrous Metals	35094	111834
有色金属矿采选业	Mining & Dressing of Nonferrous Metals	21474	70719
非金属矿采选业	Mining & Dressing of Nonmetal Minerals	18187	121875
其他采矿业	Mining of Other Mineral		
制造业	**Manufacturing**	**2401861**	**8266635**
农副食品加工业	Processing of Agricultural Side-Line Food	18368	265463
食品制造业	Food Manufacturing	22368	361039
饮料制造业	Beverage Manufacturing	7614	128979
烟草制品业	Tobacco Products	937	188479
纺织业	Textile Industry	3631	24591
纺织服装、鞋、帽制造业	Textile Products, Clothes, Shoes & Hats	316	11837
皮革、毛皮、羽毛（绒）及其制品业	Leather, Furs, Down & Related Products		-98
木材加工及木、竹、藤、棕、草制品业	Timber Processing, Bamboo, Cane, Palm Fiber & Straw Products		638
家具制造业	Furniture Manufacturing		
造纸及纸制品业	Paper-making & Paper Products	10	11741
印刷业和记录媒介的复制	Printing & Record Pressing	153	8472
文教体育用品制造业	Cultural, Educational & Sports Goods		
石油加工、炼焦及核燃料加工业	Petroleum Processing , Coke Products & Processing of Nuclear Fuel	114676	405586
化学原料及化学制品制造业	Raw Chemical Materials & Chemical Products	90480	771433
医药制造业	Medicine Manufacturing	41031	81222
化学纤维制造业	Chemical Fiber Manufacturing		
橡胶制品业	Rubber Products		2595
塑料制品业	Plastic Products		1270
非金属矿物制品业	Nonmetal Mineral Products	319079	318019
黑色金属冶炼及压延加工业	Smelting & Pressing of Ferrous Metals	762247	3172512
有色金属冶炼及压延加工业	Smelting & Pressing of Nonferrous Metals	376206	1399048
金属制品业	Metal Products	19049	18216
通用设备制造业	Manufacturing of General-Purpose Equipment	17768	110195
专用设备制造业	Special Purposes Equipment Manufacturing	365986	717151
交通运输设备制造业	Transportation Equipment Manufacturing	169075	201842
电气机械及器材制造业	Electric Equipment & Machinery	22509	9408
通信设备、计算机及其他电子设备制造业	Manufacturing of Telecommunications, Computer & Other Electronic Equipment	422	7396
仪器仪表及文化、办公用机械制造业	Instruments, Meters, Cultural & Office Machinery		
工艺品及其他制造业	Handicrafts & Other Production	49938	49603
废弃资源和废旧材料回收加工业	Recovering of Abandoned Resource & Waste Materical		
电力、燃气及水的生产和供应业	**Production & Supply of Electric Power, Gas & Water**	**14675236**	**5590748**
电力、热力的生产和供应业	Production & Supply of Electric Power & Heating Power	14510171	5392971
燃气生产和供应业	Production & Supply of Gas	76230	35272
水的生产和供应业	Production & Supply of Water	88835	162504

continued

(10 000 yuan)

实收资本 Total Capital Hold	主营业务收入 Revenues of Main Business	主营业务成本 Cost of Main Business	主营业务税金及附加 Sales Tax and Extra Charges	利润总额 Total Profits	本年应交增值税 Value Added Tax Payable
12422124	**33752323**	**27065809**	**463530**	**2314203**	**2219059**
2588563	**6982280**	**3902676**	**150046**	**1791979**	**620794**
1750133	5653696	3180786	126598	1494845	489223
737716	709433	308794	17225	175831	100260
24176	167000	71905	1494	64390	17107
28733	196089	140927	1420	42175	5619
47806	256062	200264	3310	14739	8585
5305378	**17722956**	**15519795**	**260945**	**414613**	**685016**
101484	168426	138353	699	-2753	4218
122376	1201549	983125	7216	-41025	37387
86695	174155	103231	14045	16291	11003
120033	360799	124541	153396	48793	43572
34902	173064	140196	660	27839	2368
12581	32649	25976	23	886	860
50	1413	1130	3	73	7
949	1625	1484	52	-53	56
1600	14113	10392	104	1930	1041
8359	8926	7265	88	-267	785
311177	1051889	825036	24306	51009	17776
680405	489091	406886	3145	5361	22689
64333	93919	63746	2928	9657	4966
1883	10256	8699	110	404	1089
300	19015	16604	22	623	237
184831	546827	429464	14589	47919	31624
2131915	7516587	7039122	21080	108661	361248
613762	2783944	2529032	7869	134127	66569
13441	19796	14611	35	439	278
103783	291605	267195	2368	2959	20616
518056	1801978	1605673	5619	-10182	32362
143067	875698	708796	2306	10559	20654
34028	27311	21804	146	-967	367
3390	8887	7495	93	843	823
11977	49434	39940	45	1489	2422
4528184	**9047088**	**7643339**	**52539**	**107611**	**913250**
4453394	8862241	7488471	51208	107084	909667
21000	104355	90745	640	8455	25
53789	80492	64123	690	-7928	3558

13-11 规模以上集体工业企业分行业主要经济指标(2008年)

单位:万元

行 业	Item	企业单位数(个) Number of Enterprise (unit)	工业总产值(现价) Gross Industrial Output Value (at current prices)
总计	**Total**	**91**	**685266**
采矿业	**Mining**	**25**	**194594**
煤炭开采和洗选业	Coal Mining & Processing	21	158525
石油和天然气开采业	Petroleum & Natural Gas Extraction		
黑色金属矿采选业	Mining & Dressing of Ferrous Metals	3	13677
有色金属矿采选业	Mining & Dressing of Nonferrous Metals	1	22392
非金属矿采选业	Mining & Dressing of Nonmetal Minerals		
其他采矿业	Mining of Other Mineral		
制造业	**Manufacturing**	**65**	**487211**
农副食品加工业	Processing of Agricultural Side-Line Food	6	19096
食品制造业	Food Manufacturing		
饮料制造业	Beverage Manufacturing		
烟草制品业	Tobacco Products		
纺织业	Textile Industry		
纺织服装、鞋、帽制造业	Textile Products, Clothes, Shoes & Hats	2	6065
皮革、毛皮、羽毛（绒）及其制品业	Leather, Furs, Down & Related Products		
木材加工及木、竹、藤、棕、草制品业	Timber Processing, Bamboo, Cane, Palm Fiber & Straw Products		
家具制造业	Furniture Manufacturing		
造纸及纸制品业	Paper-making & Paper Products	1	1611
印刷业和记录媒介的复制	Printing & Record Pressing	1	1451
文教体育用品制造业	Cultural, Educational & Sports Goods		
石油加工、炼焦及核燃料加工业	Petroleum Processing , Coke Products & Processing of Nuclear Fuel		
化学原料及化学制品制造业	Raw Chemical Materials & Chemical Products	10	38840
医药制造业	Medicine Manufacturing	1	28073
化学纤维制造业	Chemical Fiber Manufacturing		
橡胶制品业	Rubber Products		
塑料制品业	Plastic Products		
非金属矿物制品业	Nonmetal Mineral Products	12	44089
黑色金属冶炼及压延加工业	Smelting & Pressing of Ferrous Metals	6	14427
有色金属冶炼及压延加工业	Smelting & Pressing of Nonferrous Metals	5	255086
金属制品业	Metal Products	6	18366
通用设备制造业	Manufacturing of General-Purpose Equipment	7	31576
专用设备制造业	Special Purposes Equipment Manufacturing		
交通运输设备制造业	Transportation Equipment Manufacturing	3	5824
电气机械及器材制造业	Electric Equipment & Machinery	5	22706
通信设备、计算机及其他电子设备制造业	Manufacturing of Telecommunications, Computer & Other Electronic Equipment		
仪器仪表及文化、办公用机械制造业	Instruments, Meters, Cultural & Office Machinery		
工艺品及其他制造业	Handicrafts & Other Production		
废弃资源和废旧材料回收加工业	Recovering of Abandoned Resource & Waste Materical		
电力、燃气及水的生产和供应业	**Production & Supply of Electric Power,Gas & Water**	**1**	**3461**
电力、热力的 生产和供应业	Production & Supply of Electric Power & Heating Power	1	3461
燃气生产和供应业	Production & Supply of Gas		
水的生产和供应业	Production & Supply of Water		

Main Indicators on Economic Benefit of Collective-owned Enterprises above Designated Size by Industrial Branch(2008)

(10 000 yuan)

资产合计 Total Assets	流动资产合计 Circulating Funds	流动资产年平均余额 Annual Average Balance of Circulating Funds	固定资产原价 Original Value of Fixed Assets	固定资产净值年平均余额 Annual Average Balance of Net Value of Fixed Assets	流动负债合计 Liquid Liabilities
300838	**162732**	**151357**	**132661**	**84705**	**147159**
112041	**53159**	**42397**	**36022**	**27646**	**34382**
96103	43343	35613	28604	22525	23885
8454	4628	1595	4436	2826	7695
7484	5189	5189	2983	2294	2802
186110	**108419**	**107806**	**94433**	**55785**	**111222**
10237	4343	4280	6724	5157	4675
1596	676	769	1184	901	959
872	851	474	43	21	764
945	455	805	1609	547	868
27845	15068	14582	12079	6925	19077
7412	5876	5876	3548	1275	3276
25812	16266	14954	17600	9228	16213
15691	10964	11770	7415	2136	10353
35896	9508	13450	26992	20154	14243
11449	8950	8622	3278	1400	9019
27596	19439	18108	6030	3875	15150
3291	1841	1024	1685	1027	3240
17467	14182	13091	6248	3140	13384
2687	**1154**	**1154**	**2206**	**1274**	**1555**
2687	1154	1154	2206	1274	1555

13-11 续表

单位：万元

行业	Item	长期负债合计 Long-term Liabilities	所有者权益 Creditors Equity
总计	**Total**	**11508**	**135814**
采矿业	**Mining**	**6591**	**66408**
煤炭开采和洗选业	Coal Mining & Processing	6589	61018
石油和天然气开采业	Petroleum & Natural Gas Extraction		
黑色金属矿采选业	Mining & Dressing of Ferrous Metals	2	708
有色金属矿采选业	Mining & Dressing of Nonferrous Metals		4681
非金属矿采选业	Mining & Dressing of Nonmetal Minerals		
其他采矿业	Mining of Other Mineral		
制造业	**Manufacturing**	**4598**	**68593**
农副食品加工业	Processing of Agricultural Side-Line Food	2642	2915
食品制造业	Food Manufacturing		
饮料制造业	Beverage Manufacturing		
烟草制品业	Tobacco Products		
纺织业	Textile Industry		
纺织服装、鞋、帽制造业	Textile Products, Clothes, Shoes & Hats		637
皮革、毛皮、羽毛（绒）及其制品业	Leather, Furs, Down & Related Products		
木材加工及木、竹、藤、棕、草制品业	Timber Processing, Bamboo, Cane, Palm Fiber & Straw Products		
家具制造业	Furniture Manufacturing		
造纸及纸制品业	Paper-making & Paper Products		108
印刷业和记录媒介的复制	Printing & Record Pressing		77
文教体育用品制造业	Cultural, Educational & Sports Goods		
石油加工、炼焦及核燃料加工业	Petroleum Processing , Coke Products & Processing of Nuclear Fuel		
化学原料及化学制品制造业	Raw Chemical Materials & Chemical Products	101	8657
医药制造业	Medicine Manufacturing	672	3464
化学纤维制造业	Chemical Fiber Manufacturing		
橡胶制品业	Rubber Products		
塑料制品业	Plastic Products		
非金属矿物制品业	Nonmetal Mineral Products	178	9418
黑色金属冶炼及压延加工业	Smelting & Pressing of Ferrous Metals		5246
有色金属冶炼及压延加工业	Smelting & Pressing of Nonferrous Metals		21652
金属制品业	Metal Products	56	2374
通用设备制造业	Manufacturing of General-Purpose Equipment	181	10682
专用设备制造业	Special Purposes Equipment Manufacturing		
交通运输设备制造业	Transportation Equipment Manufacturing	50	0
电气机械及器材制造业	Electric Equipment & Machinery	720	3363
通信设备、计算机及其他电子设备制造业	Manufacturing of Telecommunications, Computer & Other Electronic Equipment		
仪器仪表及文化、办公用机械制造业	Instruments, Meters, Cultural & Office Machinery		
工艺品及其他制造业	Handicrafts & Other Production		
废弃资源和废旧材料回收加工业	Recovering of Abandoned Resource & Waste Materical		
电力、燃气及水的生产和供应业	**Production & Supply of Electric Power,Gas & Water**	**319**	**813**
电力、热力的生产和供应业	Production & Supply of Electric Power & Heating Power	319	813
燃气生产和供应业	Production & Supply of Gas		
水的生产和供应业	Production & Supply of Water		

continued

(10 000 yuan)

实收资本 Total Capital Hold	主营业务收入 Revenues of Main Business	主营业务成本 Cost of Main Business	主营业务税金及附加 Sales Tax and Extra Charges	利润总额 Total Profits	本年应交增值税 Value Added Tax Payable
62094	**664712**	**550369**	**7620**	**46359**	**27326**
29558	**192763**	**119613**	**5165**	**37804**	**11593**
28076	156893	89019	4903	37451	11316
482	13479	12299	95	833	277
1000	22392	18295	166	-480	
31960	**468488**	**428310**	**2423**	**8260**	**15626**
1402	17828	13232	36	611	154
519	5378	5111	4	-12	34
13	1676	1435	7	96	22
1300	1451	1472	2	-462	12
7554	36459	31435	198	349	1586
2454	22487	15885	211	1916	697
3774	40392	36108	300	1427	1802
2173	15582	13238	305	57	738
4351	251742	244399	620	3926	6834
1446	18585	17317	117	-405	224
2679	33282	29843	406	441	2947
455	4922	4389	106	-611	96
3839	18705	14446	112	925	480
576	**3461**	**2445**	**32**	**295**	**107**
576	3461	2445	32	295	107

13-12 主要工业产品产量

年份 Year	原煤(万吨) Coal (10000 tons)	原盐(万吨) Salt (10000 tons)	发电量(亿千瓦小时) Electricity (100 million kwh)	钢(万吨) Steel (10000 tons)	成品钢材(万吨) Steel Products (10000 tons)	生铁(万吨) Pig Iron (10000 tons)	水泥(万吨) Cement (10000 tons)	木材(万立方米) Timber (10000 cu·m)	平板玻璃(万重量箱) Plate Glass (10000 Weight cases)	小型拖拉机(台) Small Tractors (unit)
1947	35	6.84	0.13					6.47		
1949	46	6.51	0.12					17.47		
1952	75	11.91	0.15					42.71		
1957	217	43.89	0.92			0.02		186.67		
1965	806	8.16	12.55	34	1.76	51.00	3.06	391.36		
1970	1215	63.58	22.01	81	16.02	66.00	11.14	244.43		
1975	1699	38.03	28.26	49	27.44	50.00	57.64	378.65	6.74	361
1978	2194	65.18	37.78	99	36.23	107.00	91.91	378.17	11.83	193
1980	2211	43.00	49.05	133	41.32	138.00	109.85	414.55	23.66	537
1981	2180	45.53	54.50	132	37.71	137.00	104.40	427.15	23.99	370
1982	2382	48.79	58.40	129	54.94	137.00	124.43	448.71	40.75	1365
1983	2487	61.61	60.82	134	60.47	151.00	145.88	480.48	121.60	6196
1984	2740	62.74	69.55	149	74.80	160.00	151.40	478.47	175.53	12118
1985	3204	66.34	80.46	170	100.14	182.00	185.11	502.07	112.84	16025
1986	3292	99.13	111.24	186	106.85	214.00	207.97	626.99	154.54	12045
1987	3410	97.29	126.54	216	130.53	257.00	218.84	596.00	157.41	17073
1988	3734	86.88	138.47	221	137.70	227.00	239.62	594.74	118.82	23780
1989	4382	109.97	153.72	242	157.27	255.00	250.55	527.89	235.32	12488
1990	4762	93.28	169.54	273	175.47	281.00	227.97	525.96	250.20	12464
1991	4923	100.66	189.04	269	179.69	271.00	270.60	483.87	254.92	14520
1992	5039	116.05	222.29	309	210.97	302.00	319.61	494.19	163.64	12852
1993	5514	111.93	235.23	346.11	244.58	329.95	371.50	500.02	341.07	3700
1994	6052	107.09	261.27	335.75	267.11	328.88	312.00	500.00	393.55	4522
1995	7055	76.13	278.54	355.36	257.77	345.78	349.27	504.35	445.42	7903
1996	7317	83.22	324.01	431.95	291.44	428.12	399.84	540.73	388.14	3948
1997	8303	100.00	342.23	453.32	339.94	450.84	465.76	524.15	399.77	5070
1998	7769	148.28	350.41	404.36	342.10	408.74	486.82	486.86	339.49	2881
1999	7071	132.07	380.61	416.30	365.80	424.86	549.70	379.23	390.93	5809
2000	7247	126.68	439.22	423.60	378.91	440.84	630.00	321.65	371.58	8419
2001	8163	136.75	465.50	453.75	388.39	476.06	698.00	280.72	464.33	5266
2002	11471	149.18	517.98	515.58	484.71	556.12	787.22	274.61	752.61	4175
2003	14707	148.72	647.73	576.83	560.36	606.90	947.86	255.35	852.49	1335
2004	21235	161.82	816.75	626.54	604.62	678.46	1282.83	377.75	1074.45	572
2005	25608	215.84	1056.59	805.49	747.77	922.69	1632.25	340.96	1144.59	
2006	29760	206.45	1416.00	861.86	823.97	1108.33	2215.59	350.52	999.52	
2007	35438	246.45	1931.95	1040.36	912.32	1260.09	2871.17	416.66	1395.72	16730
2008	47270	236.81	2136.00	1211.03	1047.34	1256.55	3424.06	342.39	1458.32	17750

注:1)1979年以后化肥产量按折合100%计算。

Output of Major Industrial Products

化 肥 (万吨) Chemical Fertilizer (10000 tons)	机制纸及纸板 (万吨) Machine-made Paper and Paperboards (10000 tons)	合成洗涤剂 (吨) Synthetic Detergents (ton)	糖 (万吨) Sugar (10000 tons)	电视机 (台) Television Sets (unit)	彩色电视机 (台) Color Television Sets (unit)	自行车 (辆) Bicycle (unit)	纱 (吨) Yarn (ton)	布 (万米) Cloth (10000 m)
	0.37		1.83					
0.49	0.69		0.16				104	37
0.88	1.83		4.17				706	238
2.91	1.88		5.80				10267	5562
8.19	3.08	1352	3.28	150			8559	4741
16.65	4.25	2042	4.23	1020			14278	7604
4.00	4.24	2646	6.92	13803		1121	14814	7950
6.22	4.02	2641	10.93	26736		18189	15328	8270
9.54	4.67	3322	9.58	41360		13559	14884	8448
10.16	2.50	4851	12.87	52992	3000	6206	13475	8202
10.81	7.16	6417	17.28	100111	8676	15317	12851	7168
9.81	9.53	7898	17.88	175087	66889	25074	14951	7104
10.16	10.70	8261	20.60	155047	84448	62038	16860	8109
12.13	10.92	11919	17.15	220168	108858	61500	19334	8814
12.84	11.73	19354	15.22	276936	135286	51276	21612	10313
12.18	13.02	16353	19.76	342102	134548	44004	22581	10548
13.48	13.59	11936	16.37	384451	157331	19110	23950	10785
12.50	15.05	9530	23.54	286128	170647	7732	24090	10826
13.44	15.64	10454	29.23	293761	213085	10552	20912	9537
13.03	14.45	11686	26.43	333600	229200	5000	17742	8782
17.92	14.90	13130	18.34	410000	305285	10000	19343	9232
17.35	19.15	17326	17.07	326833	270907	600	19105	8548
20.95	20.14	10588	27.21	228718	170210	2524	18921	8728
16.87	16.03	7730	26.70	156560	115779	1955	19782	8271
21.12	13.76	4240	20.12	34307	34307	1548	18241	7197
43.72	14.27	2252	11.95	127796	125396	1627	18312	6191
35.54	12.19	1929	12.04	518000	518000	504	15718	3287
39.58	14.33	1064	19.67	961388	961388		20523	4078
48.70	18.59	127	18.77	1267016	1267016		23814	5275
50.93	18.92	329	14.74	1342993	1342993		22560	4685
57.87	25.17		10.67	2374871	2374871		22171	4203
65.58	25.74		14.75	2390900	2390900		32194	8337
68.95	19.73	1994	25.88	3337425	3337425		14512	13576
84.30	25.88	263	19.46	8302633	8302633		45580	14810
89.05	35.53		22.37	8667513	8667513		16762	5537

a)The output of chemical fertilizer is calculated on the basis of 100% effective content since 1979.

13-13 主要工业产品产量
Output of Major Industrial Products

项　　目	Item	2007	2008
原 煤(万吨)	Coal(10 000 tons)	35437.94	47269.66
汽 油(万吨)	Gasoline(10 000 tons)	45.93	41.97
柴 油(万吨)	Diesel Oil(10 000 tons)	53.73	42.66
天然气(亿立方米)	Natural Gas(100 million cu.m)	70.47	100.21
原 油(万吨)	Crude Oil(10 000 tons)	167.38	174.94
发电量(亿千瓦小时)	Electricity(100 million kwh)	1931.95	2136.00
食用植物油(万吨)	Edible Vegetable Oil(10 000 tons)	42.20	34.00
罐 头(万吨)	Canned Food(10 000 tons)	0.05	0.04
乳 制 品(万吨)	Dairy Products(10000 tons)	366.97	355.94
液体乳（万吨）	Liquid Dairy(10 000 tons)	319.42	325.71
啤 酒(千升)	Beer(1000 litres)	840468.00	982837.67
白 酒(千升)	Liquor(1000 litres)	285706.00	242945.50
卷 烟(万支)	Cigarettes(10000 pcs)	2150000.00	2225000.00
呢 绒(万米)	Woolen Piece Goods(10 000 m)	832.32	2051.26
服 装(万件)	Garments(10 000 pcs)	2277.70	2684.22
中成药(万吨)	Traditional Chinese Medicine(10 000 tons)	0.59	0.54
化学原料药(万吨)	Chemical Medicine(10 000 tons)	22.88	19.94
胶合板(万立方米)	Plywood(10 000cu·m)	20.39	33.25
纤 维 板(万立方米)	Fiberboard(10 000cu·m)	32.32	33.09
印 染 布(万米)	Printed and Dyed Cloth(10 000 m)		
焦 炭(万吨)	Coke(10 000 tons)	1440.25	1324.44
硫 酸(万吨)	Sulfuric Acid(10 000 tons)	84.41	148.27
烧碱(氢氧化钠)(万吨)	Caustic Soda(10 000 tons)	50.79	94.58
纯碱(无水碳酸钠)(万吨)	Soda Ash(10 000 tons)	80.71	71.76
农用化学肥料(万吨)	Chemical Fertilizer(10 000 tons)	84.30	89.05
氮 肥(万吨)	Nitrogen Fertilizers(10 000 tons)	72.48	74.67
磷 肥(万吨)	Phosphate Fertlizers(10 000 tons)	11.82	14.11

注：a产量包括规模以下工业企业工业产品产量。

a)The output of products includes the products of industrial enterprises below designated size.

13-13 续表 continued

项　　目	Item	2007	2008
合成氨(万吨)	Synthetic Ammonia(10 000 tons)	79.75	73.04
水泥(万吨)	Cement(10 000 tons)	2871.17	3424.06
平板玻璃(万重量箱)	Plate Glass(10 000 weight cases)	1395.72	1458.32
铝(万吨)	Aluminum(10 000 tons)	102.43	127.26
生铁(万吨)	Pig Iron(10 000 tons)	1260.09	1256.55
钢(万吨)	Steel(10 000 tons)	1040.36	1211.03
成品钢材(万吨)	Steel Products(10 000 tons)	912.32	1047.34
载货汽车(辆)	Trucks(unit)	15837	25245
铁路货车(万辆)	Railway Freight Coaches(10 000 units)	0.24	0.32
彩色电视机(万部)	Color Television Sets(10 000 sets)	830.26	866.75
激光视盘机(万台)	Laser Video Disc Player(10 000 sets)		
显示器(万台)	Monitor(10 000 sets)		
铁合金(万吨)	Ferroalloy(10 000 tons)	306.25	303.70
精甲醇(万吨)	Purified Carbinol(10 000 tons)	139.80	103.41
化学农药原药(万吨)	Original Chemical Peoticide(10 000 tons)	2.11	2.85
碳化钙(电石)(万吨)	Calcium Carbide(10 000 tons)	564.46	444.40
铁矿石原矿量(万吨)	Crudeiron Ore(10 000 tons)	5605.80	6638.26
洗煤(万吨)	Washed Coal(10 000 tons)	2385.04	2815.89
硫铁矿石(万吨)	Pyritel Ore(10 000 tons)	46.77	86.05
配混合饲料(万吨)	Forage(10 000 tons)	274.51	348.87
精炼铜(万吨)	Refined Copper(10 000 tons)	9.87	14.60

13-14 主要工业产品生产能力(2008年)

Production Capacity of Major Industrial Products(2008)

产 品 名 称	Item	2008
原煤(万吨)	Coal(10 000tons)	50297.65
焦炭(万吨)	Coke(10 000tons)	1700.89
天然原油(万吨)	Crude Oil(10 000tons)	230.74
炭化钙(电石）(万吨)	Calcium Carbide (10 000tons)	706.46
发电设备容量总计(万千瓦)	Capacity Of Generator (10 000kw)	4698.03
卷烟(万支)	Cigarettes(10 000pieces)	2560000.00
农用氮磷钾化学肥料(万吨)	Chemical Fertilizer(10 000tons)	243.96
化学纤维(吨)	Chemical Fiber(10 000tons)	3800.00
棉布织机(万台)	Looms(10 000sets)	0.57
原铝(万吨)	Aluminum(10 000 tons)	137.20
水泥(万吨)	Cement(10 000tons)	5292.75
平板玻璃(万重量箱)	Plate Glass(10 000weight cases)	1639.64
生铁(万吨)	Pig Iron(10 000tons)	1503.47
钢(万吨)	Steel(10 000tons)	1546.09
钢材(万吨)	Rolled Steel(10 000tons)	1366.30
铁合金(万吨)	Ferroalloy(10 000tons)	427.95
载货汽车(辆)	Truck(unit)	50530.00
移动通信手持机（手机）(万部)	Mobile-phone(10 000units)	500.00
电视机(万台)	Television Sets(10 000sets)	866.75
#彩色电视机(万台)	Color TV Sets(10 000sets)	866.75

主要统计指标解释

工业 指从事自然资源的开采，对采掘品和农产品进行加工和再加工的物质生产部门。具体包括：(1)对自然资源的开采，如采矿、晒盐、森林采伐等(但不包括禽兽捕猎和水产捕捞)(2)对农副产品的加工、再加工，如粮油加工、食品加工、轧花、缫丝、纺织、制革等；(3)对采掘品的加工、再加工，如炼铁、炼钢、化工生产、石油加工、机器制造、木材加工等，以及电力、自来水、煤气的生产和供应等；(4)对工业品的修理、翻新，如机器设备的修理，交通运输工具(包括小卧车)的修理等。

工业统计调查单位 工业统计调查单位分为两类：独立核算法人工业企业和工业活动单位。

(1)**独立核算法人工业企业** 是指从事工业生产经营活动的单位。独立核算法人工业企业应同时具备以下条件：①依法成立，有自己的名称、组织机构和场所，能够承担民事责任；②独立拥有和使用资产，承担负债，有权与其他单位签订合同；③独立核算盈亏，并能够编制资产负债表。

(2)**工业活动单位** 是指在一个场所从事一种或主要从事一种工业生产活动的经济单位。它包括独立核算工业企业按主营业务活动(即工业生产活动)划分的主营业务活动单位和非工业企业所属的工业生产活动单位(即原非独立核算工业生产单位)。工业活动单位，一般应同时具备以下三个条件：①具有一个场所，从事一种或主要从事一种工业活动；②单独组织工业生产、经营或业务活动；③单独核算收入和支出。

轻工业 指主要提供生活消费品和制作手工工具的工业。按其所使用的原料不同，可分为两大类：(1)以农产品为原料的轻工业，是指直接或间接以农产品为基本原料的轻工业。主要包括食品制造、饮料制造、烟草加工、纺织、缝纫、皮革和毛皮制作、造纸以及印刷等工业；(2)以非农产品为原料的轻工业，是指以工业品为原料的轻工业。主要包括文教体育用品、化学药品制造、合成纤维制造、日用化学制品、日用玻璃制品、日用金属制品、手工工具制造、医疗器械制造、文化和办公用机械制造等工业。

重工业 是指为国民经济各部门提供物质技术基础的主要生产资料的工业。按其生产性质和产品用途，可以分为下列三类：(1)采掘(伐)工业，是指对自然资源的开采，包括石油开采、煤炭开采、金属矿开采、非金属矿开采和木材采伐等工业；(2)原材料工业，指向国民经济各部门提供基本材料、动力和燃料的工业。包括金属冶炼及加工、炼焦及焦炭、化学、化工原料、水泥、人造板以及电力、石油和煤炭加工等工业；(3)加工工业，是指对工业原材料进行再加工制造的工业。包括装备国民经济各部门的机械设备制造工业、金属结构、水泥制品等工业，以及为农业提供的生产资料如化肥、农药等工业。

根据上述划分原则，修理业中以重工业产品为修理作业对象的划为重工业，反之划为轻工业。

工业总产值 是以货币表现的工业企业在一定时期内生产的已出售或可供出售工业产品总量，它反映一定时间内工业生产的总规模和总水平。它包括：在本企业内不再进行加工，经检验、包装入库(规定不需包装的产品除外)的成品价值，对外加工费收入，自制半成品、在产品期末期初差额价值。工业总产值采用“工厂法”计算，即以工业企业作为一个整体，按企业工业生产活动的最终成果来计算，企业内部不允许重复计算，不能把企业内部各个车间(分厂)生产的成果相加。但在企业之间、行业之间、地区之间存在着重复计算。

工业增加值 是指工业行业在报告期内以货币表现的工业生产活动的最终成果。

实收资本 指企业实际收到的投资人投入的资本。按投资主体可分为国家资本、集体资本、法人资本、个人资本、港澳台资本和外商资本等。

资产合计 指企业拥有或控制的能以货币计量的经济资源。包括各种财产、债权和其他权利。资产按其流动性划分为流动资产、长期投资、固定资产、无形及递延资产和其他资产。

(1)**流动资产** 指企业可以在一年内或者超过一年的一个生产周期内变现或耗用的资产合计。包括现金及各种存款、短期投资、应收及预付款项、存货等。

(2)**固定资产** 指企业固定资产净值、固定资产清理、在建工程、待处理固定资产损失所占用的资金合计。

(3)**无形资产** 指企业长期使用而没有实物形态的资产。包括专利权、非专利技术、商标权、著作权、土地使用权、商誉等。

负债合计 指企业承担的能以货币计量，将以资产或劳务偿付的债务。负债一般按偿还期长短分为流动负债和长期负债、递延税项等。

(1)**流动负债** 指企业在一年内或者超过一年的一个营业周期内需要偿还的债务合计，其中包括短期借款、应付及预收款项、应付工资、应交税金和应交利润等。

(2)**长期负债** 指企业在一年以上或者超过一年的一个营业周期以上需要偿还的债务合计，其中包括长期借款、应付债务、长期应付款项等。

所有者权益 指企业投资人对企业净资产的所有权。企业净资产等于企业全部资产减去全部负债后的余额，其中包括投资者对企业的最初投入，以及资本公积金、盈余公积金和未分配利润，对股份制企业即为股东权益。

固定资产原价 指企业在建造、购置、安装、改建、扩建、技术改造某项固定资产时所支出的全部货币总额。它一般包括买价、包装费、运杂费和安装费等。

固定资产净值 是指固定资产原价减去历年已提折旧额后的净额。

流动资产 是指可以在一年或者超过一年的一个营业周期内变现或者耗用的资产，包括现金及各种存款、短期投资、应收及预付货款、存货等。

产品销售收入 指企业销售产品和提供劳务等主要经营业务取得的业务总额。

产品销售成本　指企业销售产品和提供劳务等主要经营业务的实际成本。

产品销售税金及附加　指企业销售产品和提供工业性劳务等主要经营业务应负担的城市维护建设税、消费税、资源税和教育费附加。

产品销售利润　指企业销售产品和提供工业性劳务等主要经营业务收入扣除其成本、费用、税金后的利润。

利润总额　指企业实现的利润。

应交增值税　指企业在报告期内应交纳的增值税额。

总资产贡献率　反映企业全部资产的获利能力，是企业经营业绩和管理水平的集中体现，是评价和考核企业盈利能力的核心指标。计算公式为：

总资产贡献率(%)=(利润总额+税金总额+利息支出)/平均资产总额×100%

资产负债率　该指标既反映企业经营风险的大小，也反映企业利用债权人提供的资金从事经营活动的能力。计算公式为：

总资产负债率(%)=负债总额/资产总额×100%

工业成本费用利润率　指在一定时期内实现的利润与成本费用之比，是反映工业生产成本及费用投入的经济效益指标，同时也是反映降低成本的经济效益的指标。
计算公式为：

工业成本费用利润率(%)=利润总额/成本费用总额×100%

工业增加值率　指在一定时期内工业增加值占同期工业总产值的比重，反映降低中间消耗的经济效益。计算公式为：

工业增加值率(%)=工业增加值(现价)/工业总产值(现价)×100%

流动资金周转次数　指在一定时期内流动资产完成的周转次数，反映流动资产的周转速度。计算公式为：

流动资金周转次数=产品销售收入/全部流动资产平均余额

产品销售率　指报告期工业销售产值与同期全部工业总产值之比，是反映工业产品已实现销售的程度，分析工业产销衔接情况，研究工业产品满足社会需求程度的指标。计算公式为：

产品销售率(%)=工业销售产值/工业总产值(现价)×100%

全员劳动生产率　指根据产品的价值量指标计算的平均每一个从业人员在单位时间内的产品生产量。是考核企业经济活动的重要指标，是企业生产技术水平、经营管理水平、职工技术熟练程度和劳动积极性的综合表现。目前我国的全员劳动生产率是将工业企业的工业增加值除以同一时期全部从业人员的平均人数来计算的。计算公式为：

全员劳动生产率=工业增加值/全部从业人员平均人数

为了使各年度的全员劳动生产率数字可以比较，1990年以前各年的全员劳动生产率均按指数换算成1990年不变价格。

单位生产总值能耗　是指某地区总能耗与生产总值之比，也就是每产生万元生产总值所消耗的能源消费量。它是衡量能源利用水平和效率的综合性指标。计算公式是万元生产总值能耗=能源消费量(吨标准煤)/地区生产总值(万元)。

Explanatory Notes on Main Statistical Indicators

Industry refers to the material production sector which is engaged in extraction of natural resources and processing and reprocessing of minerals and agricultural products, including (1) extraction of natural resources, such as mining, salt production, logging (but not including hunting and fishing) ; (2) processing and reprocessing of farm and sideline produces, such as rice husking, flour milling, wine making, oil pressing, cotton ginning, silk reeling, spinning and weaving, and leather making; (3) manufacture of industrial products, such as steel making, iron smelting, chemicals manufacturing, petroleum processing, machine building, timber processing; water and gas production and electricity generation and supply; (4) repairing of industrial products such as the repairing of machinery and means of transport(including cars) .

Units of Industrial Statistics and Inquiry They are classified into two categories (1) corporate industrial enterprises with independent accounting system (2) industrial establishments.

(1) Corporate industrial enterprises with independent accounting system refer to enterprises engaging in industrial production activities, which meet the following requirements: ①They are established legally, having their own names, organizations, location, able to take civil liability; ②They possess and use their assets independently, assume liabilities, and are entitled to sign contracts with other units; ③They are financially independent and compile their own balance sheets.

(2) Industrial establishments refer to economic units which located in one single place and engaged entirely or primarily in one kind of industrial activity, including financially independent industrial enterprises and units engaged in industrial activities under the non industrial enterprises (or financially dependent) . Industrial establishments generally meet the following requirements: ①They have each one location and are engaged in one kind of industrial activity each; ②They operate and manage their industrial production activities separately; ③They have accounts of income and expenditures separately.

Light Industry refers to the industry that produces consumer goods and hand tools. It consists of two categories, depending on the materials used:

(1) Industries using farm products as raw materials. These are branches of light industry which directly or indirectly use farm products as basic raw materials, including the manufacture of food and beverages, tobacco processing, textile, clothing, fur and leather manufacturing, paper making printing, etc.

(2) Industries using non-farm products as raw materials. These are branches of light industry which use manufactured goods as raw materials, including the manufacture of cultural, educational articles and sports goods, chemicals, synthetic fiber, chemical products for daily use, glass products for daily use, metal products for daily use, hand tools, medical apparatus and instruments, and the manufacture of cultural and clerical machinery

Heavy Industry refers to the industry which produces capital goods, and provides various sectors of the national economy with necessary material and technical basis. It consists of the following three branches according to the purpose of production or the use of products:

(1) Mining, quarrying and logging industry refers to the industry that extracts natural resources, including extraction of petroleum, coal, metal and non metal and logging.

(2) Raw materials industry refers to the industry that provides various sectors of the national economy with raw materials, fuels and power. It includes smelting and processing of metals, coking and coke chemistry, chemical materials and building materials such as cement, plywood, and power, petroleum refining and coal dressing.

(3) Manufacturing industry refers to the industry that processes raw materials. It includes machine building industry which equips sectors of the national economy, industries of metal structure and cement products, industries producing means of agricultural production, such as chemical fertilizers and pesticides. According to the above principle of classification, the repairing trades which are engaged primarily in repairing products of heavy industry are classified into heavy industry while these engaged in repairing products of light industry are classified into light industry.

Gross Industrial Output Value is the total volume of industrial products sold or available for sale in value terms which reflects the total achievements and overall scale of industrial production during a given period. It includes the value of the finished products, which are not to be further processed in the enterprises and have been inspected, packed and put in storage, the value of industrial services rendered to other units, and the changes in the value of the semi finished products and products in process between the beginning and closing of the period. The gross industrial output value is calculated with "factory method". No double calculations are to be made within the same enterprise. However, double counting does occur among different enterprises.

Value-added of Industry refers to the final results

of industrial production of the industrial trade in money terms during the reference period.

Capital Obtained refers to capital actually received by the enterprise from investors. It can be further classified by investors as state capital, collective capital, corporate capital, individual capital, capital from Hong Kong, Macao and Taiwan and foreign capital.

Total Assets refer to all economic resources, owned or controlled by enterprises that could be measured in monetary terms, including properties, creditors equity and other economic rights of all forms. Classified by the degree of equitability, total assets include circulating assets, long term investment, fixed assets, intangible assets and deferred assets, and other assets.

(1) Circulating assets (working capital) refer to assets which can be cashed in or spent or consumed in an operating cycle of one year or over one year, including cash, all kinds of deposits, short term investment, receivables, advance payment, stock, etc.

(2) Fixed assets refer to the net value of fixed assets, clearance of fixed assets, project under construction, fixed assets losses in suspense. These are corporations, fund holdings.

(3) Intangible assets refer to the assets without material form used by enterprises over a long time, such as patents, non patent technologies, trade marks, copyright, land use right, business reputation, etc.

Total Liabilities refer to the debts, measured in monetary terms, that enterprises are responsible for repayment in the form of cash, assets or labour. Classified by terms of repayment, liability includes liquid liabilities and long-term liabilities.

(1) Liquid liabilities (also called quick liabilities or immediate liabilities) refer to enterprises' total debt payable within an operating cycle of one year or over one year, including short term loans, payables and advance payments, wages payable, taxes payable and profit payable, etc.

(2) Long term liabilities refers to total debt payable within an operating cycle of one year or over one year, including long term loans, payable liabilities, long term payables, etc.

Creditors' Equity refers to investors' ownership of net assets of the enterprise. It is equal to the total assets of the enterprise minus its total liabilities, including the primary input from investors, capital accumulation fund, surplus accumulation fund and undistributed profit. It is the shareholder's equity in shareholding companies.

Original Value of Fixed Assets refers to the original value of all fixed assets owned by industrial enterprises, calculated at the cost paid at the time of purchase, installation, reconstruction, expansion, and technical innovation and transformation of the said assets, which includes expenses on purchase, package, transportation, and installation, etc.

Net Value of Fixed Assets is obtained by deducting depreciation over years from the original value of fixed assets.

Working Capital (Circulating Assets) refers to assets which can be cashed in or spent or consumed in an operating cycle of one year or over one year, which includes cash, various deposits, short term investment, and receivable payments, and advance payments, stock, etc.

Sales Revenue of Industrial Products refers to the revenue from the sales of products by industrial enterprises and the revenue from services provided and etc.

Sales Cost of Industrial Products refers to the actual cost of products of industrial enterprises and industrial services provided, etc. .

Tax and Extra Charges on Sales of Products refer to the tax on city maintenance and construction, consumption tax, resources tax and extra charges for education, which should be borne by the enterprises in selling products and providing industrial services.

Sales Profit of Products refers to the profit gained by the enterprises by deducting cost, charges and taxes from the business income of the enterprises obtained in selling products and providing industrial services.

Total Profits refer to the profits gained by the enterprises.

Value-added Tax Payable refers to the amount of the value added tax which should be paid by the enterprises in the reporting period.

Ratio of Profits, Taxes and Interests to Average Assets reflects the profit making capability of all assets of the enterprise and is a key indicator manifesting the performance and management and evaluating the profit making potential of the enterprise. It is calculated as follows:

Ratio of profits, taxes and interests to average assets(%) =[(Total profits + total Taxes + interest payment) ÷ average assets] ×100%

Ratio of Debts to Assets reflect both the operation risk and the capability of the enterprise in making use of the capital from the creditors. It is calculated as follows:

Ratio of debts to assets (%) =(Total debts ÷ total assets) ×100%

Ratio of Profits to Total Industrial Costs refers to the ratio of profits realized in a given period to the total costs in the same period, which reflects the economic efficiency of input cost and is calculated as follows:

Ratio of Profits to Total Industrial Cost(%) =(Total

Profits ÷ Total Costs) ×100%

Value-added Rate of Industry refers to the ratio of value added of industry in a given period to the gross output value in the same period, which reflects the economic efficiency of cutting down the intermediate input and is calculated as follows:

Value added Rate of Industry(%) = [Value added of Industry(at current prices)] ÷ [Gross Output Value(at Current Prices)] ×100%

Turnover of Working Capital refers to the number of times of turnover of working capital in a given period of time, which reflects the speed of the turnover of working capital and is calculated as follows:

Turnover of Working Capital (%) =(Sales Revenue of Products) ÷(Average Balance of Total Working Capital) ×100%

Ratio of Sales to Gross Output Value refers to the sales of industrial products to the gross industrial output value during the reference period, and is important in reflecting the linkage between production and sales and the extent of the needs of the society that has been met by the supply of industrial products. It is calculated as follows:

Ratio of Sales to Gross Output Value=Industrial sales ÷ Gross industrial output value (at current prices) ×100%

Overall Labour Productivity of Industrial Enterprises refers to the average output per employed person in industrial enterprises in value terms. At present, the value added and the average number of staff and workers of an industrial enterprise in a given period are used to calculate the overall labour productivity. The formula used is:

Overall Labour Productivity=(Value Added of Industry) ÷(Average Number of Staff and Workers)

For the purpose of comparison of the overall labour productivity among different years, the data on the overall labour productivity of the years prior to 1990 have been adjusted on the basis of 1990 constant prices.

Energy Consumption of 10 000 yuan GDP refers to the ratio of the bobal energy consumption to GDP,means to produce per-10 000 yuan of GDP consuming how much energy. It is a general indicator to show the relationship between utiltity and efficiency of energy . the formula is:

Energy Consumption of 10 000 yuan GDP=Total Energy Consumption (ton of SCE)/GDP (10 000 yuan)

2009 NEI MENG GU

十四、建筑业

Construction

资料整理：胡梅林　李　宇
Arranged by Hu Meilin, Li Yu

14-1 建筑业企业基本情况
Basic Statistics on Construction Enterprises

年份 Year	总计 Total	国有 State-owned	城镇集体 Urban Collective-owned	其他经济 Others
企业单位数(个) Number of Enterprises(unit)				
2000	984	140	211	633
2001	919	112	192	615
2002	726	56	67	603
2003	674	39	31	604
2004	674	18	9	647
2005	676	20	14	642
2006	703	17	7	679
2007	734	18	11	705
2008	790	14	7	769
年末从业人员(万人) Number of Persons Engaged(10 000 persons)				
2000	35.30	9.20	6.68	19.42
2001	39.37	9.40	6.71	23.26
2002	27.68	5.00	1.88	20.80
2003	26.63	2.10	0.67	23.86
2004	27.53	1.69	0.15	25.69
2005	26.35	1.57	0.32	24.26
2006	29.62	2.84	0.14	26.64
2007	38.62	3.88	0.22	34.52
2008	42.8	4.74	0.24	37.82
建筑业总产值(亿元) Gross Output Value (100 million yuan)				
2000	138.80	50.11	21.29	67.40
2001	178.26	61.12	23.96	93.18
2002	220.02	50.53	13.68	155.81
2003	257.66	36.34	9.92	211.40
2004	354.51	29.42	2.44	322.65
2005	381.30	38.78	3.10	339.42
2006	467.00	38.17	2.74	426.09
2007	681.10	76.64	2.53	601.93
2008	780.05	69.9	4.13	706.02

14-2 建筑业企业主要经济指标(2008年)

指 标	Item	合 计 Total
建筑业企业个数(个)	Number of Construction Enterprises(unit)	790
年末从业人员(万人)	Number of Persons Engaged(10 000 persons)	43
自有机械设备净价(万元)	Fixed Machinery and Equipment Owned(net valued)(10 000 yuan)	407141
自有机械设备台数(万台)	Number of Machinery and Equipment Owned(10 000 sets)	12
自有机械设备总功率(万千瓦)	Total Power of Machinery and Equipment Owned(10 000 kw)	236
建筑业总产值(万元)	Gross Output Value of Construction(10 000 yuan)	7800495
建筑工程	Construction Projects	6884063
安装工程	Installation Projests	656018
其他产值	Other	260414
竣工产值	Output of Buildings Completed	5653905
建筑业增加值(万元)	Value Added of Construction(10 000 yuan)	2379325
# 固定资产折旧(万元)	Depreciation of Fixed Assets(10 000 yuan)	68789
应付工资(万元)	Wages Payable(10 000 yuan)	1239283
应付福利费(万元)	Welfare Expenses Payable(10 000 yuan)	102841
工程结算税金及附加(万元)	Taxes and Extra Charges on Project Settle Accounts(10 000 yuan)	330290
管理费用中的税金(万元)	Taxes in Management Expenses(10 000 yuan)	27342
工程结算利润(万元)	Profits of Project Settle Accounts(10 000 yuan)	866291
施工面积(万平方米)	Floor Space of Buildings Under Construction(10 000 sq.m)	5277
竣工面积(万平方米)	Floor Space of Buildings Completed(10 000 sq.m)	3239
利润总额(万元)	Total Profits(10 000 yuan)	534731
税金总额(万元)	Total Tax(10 000 yuan)	357633
劳动生产率	Overall Labor Productivity	
按总产值计算(元/人)	In Terms of Gross Output Value(yuan/person)	112223
按增加值计算(元/人)	In Terms of Value-added(yuan/person)	34231
技术装备率(元/人)	Value of Machines per Laborer(yuan/person)	9512
动力装备率(千瓦/人)	Power of Machines per Laborer(kw/person)	5.50
房屋建筑面积竣工率(%)	Rate of Floor Space of Buildings Completed(%)	61.4
产值利润率(%)	Ratio of Profit to Gross Output Value(%)	6.9
产值利税率(%)	Ratio of Pre-tax Profit to Gross Output Value(%)	11.4

Main Economic Indicators on Construction Enterprises(2008)

内资企业 Domestic Funded Enterprises	#国有 State-owned Enterprises	#集体 Collective-owned Enterprise	#股份合作企业 Share Holding Enterprises	#私营企业 Private Enterprises	港澳台商投资企业 Funded by Entrepreneurs from Hong Kong, Macao and Taiwan	外商投资企业 Foreign Funded Enterprises
789	14	7	7	321		1
43	5	0	0	13		0
407141	30666	498	6853	117695		
12	0	0	0	3		
236	15	0	6	53		
7798399	698974	41277	56787	2448511		2096
6881967	623599	26018	54337	2237556		2096
656018	2171	15259	2450	149394		
260414	73204			61562		
5651808	256165	20728	55396	1833430		2096
2378957	213753	12917	15911	824634		369
68771	4560	177	267	19423		18
1238979	105653	6352	8941	409673		305
102829	11801	597	424	26453		13
330264	40543	1711	4913	90007		27
27340	1876	89	133	5308		2
866246	56040	8313	2126	358127		45
5275	155	16	40	2035		2
3236	70	16	29	1270		2
534726	33544	3908	959	261972		5
357604	42419	1800	5047	95315		29
112240	123844	122592	116943	112151		72034
34240	37873	38362	32765	37771		12667
9518	6470	2087	16484	9152		
5.51	3.14	0.83	14.65	4.11		
61.4	45.1	100.0	71.3	62.4		100.0
6.9	4.8	9.5	1.7	10.7		0.3
11.4	10.9	13.8	10.6	14.6		1.6

14-3 建筑业企业分行业主要经济指标(2008年)

项 目	Item	合 计 Total
建筑业企业个数(个)	Number of Construction Enterprises(unit)	790
年末从业人员(万人)	Number of Persons Engaged(10 000 persons)	42.80
自有机械设备净价(万元)	Fixed Machinery and Equipment Owned(net valued)(10 000 yuan)	407141.3
自有机械设备台数(万台)	Number of Machinery and Equipment Owned(10 000 set)	11.72
自有机械设备总功率(万千瓦)	Total Power of Machinery and Equipment Owned(10 000 kw)	235.50
建筑业总产值(万元)	Gross Output Value of Construction(10 000 yuan)	7800495
建筑工程	Construction Projects	6884063
安装工程	Installation Projests	656018
其他产值	Other	260414
竣工产值	Output of Buildings Completed	5653905
建筑业增加值(万元)	Value Added of Construction(10 000 yuan)	2379325
# 固定资产折旧(万元)	Depreciation of Fixed Assets(10 000 yuan)	68789
应付工资(万元)	Wages Payable(10 000 yuan)	1239283
应付福利费(万元)	Welfare Expenses Payable(10 000 yuan)	102841
工程结算税金及附加(万元)	Taxes and Extra Charges on Project Settle Accounts(10 000 yuan)	330290
管理费用中的税金(万元)	Taxes in Management Expenses(10 000 yuan)	27342
工程结算利润(万元)	Profits of Project Settle Accounts(10 000 yuan)	866291
施工面积(万平方米)	Floor Space of Buildings Under Construction(10 000 sq.m)	5277
竣工面积(万平方米)	Floor Space of Buildings Completed(10 000 sq.m)	3239
利润总额(万元)	Total Profits(10 000 yuan)	534731
税金总额(万元)	Total Tax(10 000 yuan)	357633
劳动生产率	Overall Labor Productivity	
按总产值计算(元/人)	In Terms of Gross Output Value(yuan/person)	112223
按增加值计算(元/人)	In Terms of Value-added(yuan/person)	34231
技术装备率(元/人)	Value of Machines per Laborer(yuan/person)	9512
动力装备率(千瓦/人)	Power of Machines per Laborer(kw/person)	5.5
房屋建筑面积竣工率(%)	Rate of Floor Space of Buildings Completed(%)	61.4
产值利润率(%)	Ratio of Profit to Gross Output Value(%)	6.9
产值利税率(%)	Ratio of Pre-tax Profit to Gross Output Value(%)	11.4

Main Economic Indictors of Construction Enterprises by Branch(2008)

房屋和土木工程建筑业 Housing & Civil Engineering Construction	# 房屋工程建筑 Housing	# 土木工程建筑 Civil Engineering	建筑安装业 Installation of Buildings	建筑装饰业 Decoration of Building	其他建筑业 Other Construction
661	486	175	72	36	21
40.16	29.83	10.33	2.16	0.24	0.24
385732	206391.8	179340.2	15446	1634.5	4328.8
11.21	9	2.21	0.43	0.06	0.02
224.89	141.93	82.96	7.52	1.78	1.31
7416591	4895537	2521054	297638	27615	58652
6725406	4686486	2038920	103469	18528	36661
470105	148726	321379	165243	2178	18492
221081	60325	160756	28926	6908	3499
5347430	3685456	1661973	250006	19363	37106
2255376	1499243	756132	98746	10366	14838
64678	31624	33054	2821	606	685
1171286	826285	345001	52123	6025	9849
97170	68872	28298	4256	556	859
317244	223287	93958	10273	832	1940
25668	14309	11359	1183	118	374
815500	474672	340828	40684	5212	4895
5215	5132	83	63		
3200	3124	76	39		
506987	289300	217687	24904	1974	866
342912	237596	105316	11456	950	2315
112204	102766	136560	115060	80816	121836
34121	31472	40958	38173	30336	30822
9605	6920	17356	7145	6845	17829
5.6	4.76	8.03	3.48	7.47	5.38
61.4	60.9	92.3	62.0		
6.8	5.9	8.6	8.4	7.2	1.5
11.5	10.8	12.8	12.2	10.6	5.4

14-4 建筑施工企业主要财务指标(2008年)

单位:万元

项 目	Item	资产合计 Total Assets	流动资产合计 Total Circulating Assets	#存 货 Stock	长期投资 Longterm Investment
总 计	**Total**	**5946215**	**4210504**	**724514**	**279705**
按企业登记注册类型分	**Grouped by Type of Enterprises Registered**				
内资企业	Domestic Investment	5945150	4209526	724450	279705
国有企业	State-owned	427631	346699	37337	5815
集体企业	Collective-owned	29965	24655	8205	69
私营企业	Private	1972965	1343862	244603	118263
联营企业	Joint-owned				
股份有限公司	Share Holding Company	625903	393337	21377	65035
有限责任公司	Limited-liability Company	2858069	2081281	408816	90508
股份合作企业	Share Holding Cooperative	30618	19694	4111	15
其他企业	Others				
外商投资企业	Foreign Funded	1065	978	64	
港、澳、台商投资企业	Hong kong, Macao & Taiwan Funded				
按行业类别分	**Grouped by Sector**				
房屋和土木工程建筑业	Housing Construction and Civil Engineering Industry	5519000	3882022	678034	267281
建筑安装业	Construction and Installation Industry	332601	267468	35736	7592
建筑装饰业	Construction and Decoration Industry	57922	34776	6522	4537
其他建筑业	Other Construction Industries	36693	26238	4222	295
按隶属关系分	**Grouped by Administrative Relationship**				
中 央	Central	610748	471386	140674	9835
地 方	Local	5335467	3739119	583840	269870
自治区属	Approach to Autonomous Region	463331	358581	14220	14632
盟市属	Approach to Leagues & Cities	1349860	949643	84801	90199
旗县属及以下	Approach to Banners & Counties and under	3522276	2430895	484819	165040
按企业资质等级分	**Grouped by Intelligent Grade of Enterprises**				
# 一 级	First	2087163	1557502	134698	118316
二 级	Second	1928461	1286653	290817	117637
三 级及以下	Third and under	1613290	1113653	220945	43050

Main Financial Indicators on Construction Enterprises With Independent Accounting System(2008)

(10 000 yuan)

固定资产合计 Total Fixed Assets	固定资产原价合计 Original Value of Fixed Assets	# 生产经营用 for Production Use	累计折旧 Accumulative Depreciation	# 本年折旧 Of this Year	在建工程 Under Construction	无形及递延资产合计 Intangible & Deffered Assets	# 无形资产 Intangible	其它资产 others
1237035	**1577603**	**1313776**	**489671**	**68789**	**94784**	**196375**	**176697**	**22596**
1236947	1577254	1313556	489410	68771	94784	196375	176697	22596
51492	84374	75510	37375	4560		23594	18261	30
4437	6045	4221	3182	177	110	681	581	123
435954	489918	409041	112733	19423	41812	58842	56391	16044
145308	151057	121393	41217	6519	34576	19953	18735	2270
589147	835897	694654	293064	37825	15852	93205	82650	3928
10609	9964	8737	1839	267	2434	100	80	200
87	349	220	262	18				
1167997	1481471	1239050	455895	64678	94370	183111	166916	18590
45828	66256	55315	25725	2821	231	7999	5347	3714
13164	16530	8227	3645	606	120	5249	4419	196
10046	13346	11185	4406	685	63	16	16	97
64946	103117	101363	38922	4731		64433	61120	149
1172089	1474487	1212414	450749	64058	94784	131942	115577	22447
78420	121933	109959	57625	7756	1992	11016	9136	683
274003	347855	284965	115678	17646	38633	34956	29028	1060
819667	1004698	817490	277446	38656	54159	85971	77412	20704
312195	439163	393602	174587	22035	35707	95984	85159	3166
481811	578627	487413	153517	19975	37490	26871	23293	15490
420221	519146	393907	143708	24411	21587	32522	27381	3844

14-4 续表 1

单位：万元

项 目	Item	负债合计 Total Liability	流动负债合计 Total Circulating Liability	长期负债合计 Total Longterm Liability	所有者权益合计 Ownership Interest
总 计	**Total**	**3515017**	**3229989**	**285029**	**2431198**
按企业登记注册类型分	**Grouped by Type of Enterprises Registered**				
内资企业	Domestic Investment	3514824	3229795	285029	2430326
国有企业	State-owned	336072	316697	19375	91559
集体企业	Collective-owned	22706	22624	82	7259
私营企业	Private	929674	875927	53747	1043291
联营企业	Joint-owned				
股份有限公司	Share Holding Company	399221	314448	84772	226682
有限责任公司	Limited-liability Company	1809268	1683463	125805	1048801
股份合作企业	Share Holding Cooperative	17885	16637	1248	12733
其他企业	Others				
外商投资企业	Foreign Funded	193	193		872
港、澳、台商投资企业	HK., Macao & Taiwan Funded				
按行业类别分	**Grouped by Sector**				
房屋和土木工程建筑业	Housing Construction and Civil Engineering Industry	3229623	2946492	283131	2289377
建筑安装业	Construction & Installation	234016	232735	1281	98585
建筑装饰业	Construction & Decoration	28458	28179	279	29464
其他建筑业	Other Construction Industries	22921	22584	337	13772
按隶属关系分	**Grouped by Administrative Relationship**				
中 央	Central	507887	458141	49747	102861
地 方	Local	3007130	2771848	235282	2328337
自治区属	Approach to Auto. Region	357598	353584	4014	105733
盟市属	Approach to Leagues & Cities	892788	775183	117605	457072
旗县属及以下	Approach to Counties and under	1756744	1643081	113663	1765532
按企业资质等级分	**Grouped by Intelligent Grade of Enterprises**				
# 一 级	First	1487341	1339859	147482	599822
二 级	Second	977906	898453	79452	950556
三 级及以下	Third and under	786153	760192	25961	827137

continued

(10 000 yuan)

实收资本 Contributed Capital	国家资本 State	集体资本 Collective	法人资本 Institutionnal Units	个人资本 Individuals	港澳台资本 Hong kong, Macao & Taiwan	外商资本 Foreign	工程结算收入 Revenue of Settlement of Projects
1461230	**271435**	**109339**	**304469**	**774874**	**460**	**654**	**7561521**
1460358	271435	109339	304469	774656	460		7560636
65326	65326						651668
6117		4917	1200				43371
532250			123134	409116			2394014
113519	11603	8859	16350	76707			610796
730968	194505	84102	163785	288118	460		3803999
12177		11462		715			56787
872				218		654	885
1366161	252170	99955	277460	735463	460	654	7176962
59936	14367	8910	13627	23032			302444
22518	687	174	12078	9579			29798
12614	4210	300	1304	6800			52316
78649	74061	601	184	3803			708005
1382581	197374	108738	304285	771071	460	654	6853516
78270	44452	5808	5363	22646			729929
282021	96928	23127	46480	114832		654	1326882
1022290	55995	79803	252441	633592	460		4796705
329581	101191	13148	65526	149716			2529044
544511	83426	48013	135053	278019			2516305
543022	43641	48179	103889	346199	460	654	2217415

14-4 续表 2

单位：万元

项 目	Item	工程结算成本 Cost of Settlement of Projects	工程结算税金及附加 Tax and Extra Charges of Settlement of Projects	工程结算利润 Profits of Settlement of Projects
总 计	**Total**	**6335538**	**330290**	**866291**
按企业登记注册类型分	**Grouped by Type of Enterprises Registered**			
内资企业	Domestic Investment	6334725	330264	866246
国有企业	State-owned	553318	40543	56040
集体企业	Collective-owned	33181	1711	8313
私营企业	Private	1936586	90007	358127
联营企业	Joint-owned			
股份有限公司	Share Holding Company	506234	25514	76642
有限责任公司	Limited-liability Company	3255701	167575	365000
股份合作企业	Share Holding Cooperative	49706	4913	2126
其他企业	Others			
外商投资企业	Foreign Funded	813	27	45
港、澳、台商投资企业	Hong kong, Macao & Taiwan Funded			
按行业类别分	**Grouped by Sector**			
房屋和土木工程建筑业	Housing Construction and Civil Engineering Industry	6016406	317244	815500
建筑安装业	Construction and Installation Industry	250440	10273	40684
建筑装饰业	Construction and Decoration Industry	23418	832	5212
其他建筑业	Other Construction Industries	45274	1940	4895
按隶属关系分	**Grouped by Administrative Relationship**			
中 央	Central	653293	23540	30175
地 方	Local	5682245	306750	836117
自治区属	Approach to Autonomous Region	606637	27000	95117
盟市属	Approach to Leagues & Cities	1110035	75877	135735
旗县属及以下	Approach to Banners & Counties and under	3965573	203874	605265
按企业资质等级分	**Grouped by Intelligent Grade of Enterprises**			
#一 级	First	2120146	118822	283865
二 级	Second	2116625	108781	281769
三 级及以下	Third and under	1822654	93495	287464

continued

(10 000 yuan)

其他业务收入 Revenue of Other Business	其他业务利润 Profits of Other Business	管理费用 Manage-ment Expenses	#税金 Taxes	#财产保险费 Premium of Property	财务费用 Financial Expense	#利息支出 Interest Expendi-ture	营业利润 Operating Profits	利润总额 Total Profits
126315	**33788**	**275854**	**27342**	**1351**	**51298**	**39950**	**572927**	**534731**
126315	33788	275813	27340	1351	51300	39950	572922	534726
10835	10174	19829	1876	4	906	1058	45477	33544
399	280	4443	89		166	146	3985	3908
13255	7298	74603	5308	400	22325	19489	268497	261972
3495	986	19592	2099	88	9291	9009	48745	42212
98324	15043	156522	17836	836	18371	10127	205150	192129
8	8	824	133	23	241	121	1069	959
		41	2			0	5	5
123533	32684	253820	25668	1310	49952	39354	544412	506987
2255	898	15242	1183	32	863	286	25478	24904
257	97	2821	118	5	446	276	2043	1974
270	108	3971	374	5	37	34	995	866
62057	6198	25204	1409	91	3307	2835	7861	10525
64259	27590	250650	25933	1260	47991	37115	565066	524206
1747	385	36499	8675	238	1048	706	57954	43141
19659	13000	43637	5161	256	12889	11539	92210	75137
42853	14205	170514	12097	767	34054	24870	414903	405928
17564	12440	72662	12415	304	20482	20101	203161	178181
23645	10342	95593	6933	220	16035	9431	180483	173694
23778	4916	93051	7596	732	12919	9174	186411	179899

14-4 续表 3

单位：万元

项 目	Item	应交所得税 Income Tax Payable	应付利润 Profits Payable	劳动待业保险费 Premium for Employment
总 计	**Total**	**96576**	**261188**	**37853**
按企业登记注册类型分	**Grouped by Type of Enterprises Registered**			
内资企业	Domestic Investment	96576	261188	37853
国有企业	State-owned	2697	14908	3843
集体企业	Collective-owned	693	2603	6
私营企业	Private	53266	129293	5274
联营企业	Joint-owned			
股份有限公司	Share Holding Company	9049	21890	6099
有限责任公司	Limited-liability Company	30678	91743	22468
股份合作企业	Share Holding Cooperative	194	751	163
其他企业	Others			
外商投资企业	Foreign Funded	0	0	
港、澳、台商投资企业	Hong kong, Macao & Taiwan Funded			
按行业类别分	**Grouped by Sector**			
房屋和土木工程建筑业	Housing Construction and Civil Engineering Industry	94742	247342	34919
建筑安装业	Construction and Installation Industry	1212	11792	2612
建筑装饰业	Construction and Decoration Industry	414	1448	186
其他建筑业	Other Construction Industries	208	605	135
按隶属关系分	**Grouped by Administrative Relationship**			
中 央	Central	1001	2610	5478
地 方	Local	95575	258578	32375
自治区属	Approach to Autonomous Region	1516	11416	3840
盟市属	Approach to Leagues & Cities	16145	35305	8003
旗县属及以下	Approach to Banners & Counties and under	77914	211857	20532
按企业资质等级分	**Grouped by Intelligent Grade of Enterprises**			
# 一 级	First	28872	68439	13819
二 级	Second	34028	110782	14633
三 级及以下	Third and under	33570	81887	6786

continued

(10 000 yuan)

本年应付工资总额 Total Wages Payable in the Year	# 主营业务应付工资 Wage Payable of Major Business	本年应付福利费总额 Welfares Payable in the Year	# 主营业务应付 of Major Business	建筑业增加值 Value Added of Construction
1261422	**1239283**	**103889**	**102841**	**2379325**
1261117	1238979	103877	102829	2378957
105664	105653	11801	11801	213753
6352	6352	597	597	12917
412888	409673	26926	26453	824634
108427	106321	10629	10580	205876
618846	602038	53500	52974	1105867
8941	8941	424	424	15911
305	305	13	13	369
1193084	1171286	98172	97170	2255376
52380	52123	4296	4256	98746
6108	6025	562	556	10366
9849	9849	859	859	14838
90906	88309	8988	8977	140305
1170516	1150974	94901	93864	2239020
112184	112084	12657	12644	229954
203403	197204	19805	19362	415462
854929	841686	62439	61858	1593605
430377	424056	41652	41401	835708
429263	427011	35509	35192	793007
386249	372797	26593	26124	717619

主要统计指标解释

建筑业统计单位 指从事房屋、构筑物建造和设备安装活动的法人企业。建筑业法人企业应同时具备的条件是：①依法成立，有自己的名称、组织机构和场所，能够承担民事责任；②独立拥有和使用资产，承担负债，有权与其他单位签订合同；③独立核算盈亏，能够编制资产负债表。

建筑业总产值(即自行完成施工产值) 是以货币表现的建筑安装企业在一定时期内生产的建筑业产品的总和。建筑业总产值包括：

(1)建筑工程产值： 指列入建筑工程预算内的各种工程价值。

(2)安装工程产值：指设备安装工程价值，不包括被安装设备本身价值。

(3)其他产值：建筑业总产值中，除建筑工程、安装工程以外的产值。包括房屋、构筑物修理产值、非标准设备制造产值、总包企业向分包企业收取的管理费以及不能明确划分的施工活动所完成的产值。

a 房屋、构筑物修理产值：指房屋、构筑物修理所完成的价值，但不包括被修理房屋、构筑物本身的价值和生产设备的修理价值。

b 非标准设备制造产值：指加工制造没有定型的、非标准的生产设备的加工费和原材料价值，以及附属加工厂为本企业承建工程制作的非标准设备的价值。

建筑业增加值 指建筑业企业在报告期内以货币表现的建筑业生产经营活动的最终成果。目前建筑业增加值采用分配法(收入法)计算，即从收入的角度出发，根据生产要素在生产过程中应得的收入份额计算。具体计算公式为：

建筑业增加值=本年提取的固定资产折旧+主营业务应付工资+主营业务应付福利费+管理费用中的劳动待业保险金、税金+工程结算税金及附加+工程结算利润

房屋建筑施工面积 指在报告期内施工的全部房屋建筑面积、包括本期新开工的房屋面积、上期施工跨入本期继续施工的房屋面积、上期停缓建在本期恢复施工的房屋面积、本期竣工的房屋面积及本期施工后又停缓建的房屋面积。

房屋建筑竣工面积 指在报告期内房屋建筑按照设计要求全部完工，达到了住人和使用条件，经验收鉴定合格，正式移交使用单位的房屋建筑面积。

自有机械设备年末总台数 指归本企业所有，属于本企业固定资产的生产性机械设备年末总台数。包括施工机械、生产设备、运输设备以及其他设备。

自有机械设备年末总功率 指本企业自有施工机械、生产设备、运输设备以及其他设备等列为在册固定资产的生产性机械设备年末总功率，按设定能力或查定能力计算。包括机械本身的动力和为该机械服务的单独动力设备，如电动机等。计算单位用千瓦，动力换算可按 1 马力=0.735 千瓦折合成千瓦数。电焊机、变压器、锅炉不计算动力。

工程结算收入 指企业承包工程实现的工程价款结算收入，以及向发包单位收取的除工程价款以外的按规定列作营业收入的各种款项，如临时设施费、劳动保险费、施工机械调迁费等以及向发包单位收取的各种索赔款。

工程结算利润 指已结算工程实现的利润，如亏损以“-”号表示。计算公式为：

工程结算利润=工程结算收入-工程结算成本-工程结算税金及附加

企业总收入 指与企业生产经营直接有关的各项收入，包括工程结算收入和其他业务收入。计算公式为：

企业总收入=工程结算收入+其他业务收入

Explanatory Notes on Main Statistical Indicators

Statistical Unit in Construction refers to corporate enterprise engaged in the construction of buildings and structures and in the installation of equipment. A corporate construction enterprise should meet the following requirements: ①being set up in line with relevant legal basis, having its full name, organization and location, and capable of taking civil liabilities; ②independently possessing and using its assets and assuming its liabilities, and entitled to sign contracts with other institutions; ③ making independent accounts of its profits and losses, and capable of compiling its own balance sheet.

Gross Output Value of Construction (Output Value of Projects Under Construction) refers to total of construction products, expressed in money terms, completed by construction and installation enterprises during a given period of time. It includes:

(1) Output value of construction projects, that is the value of projects covered by the project budgets;

(2) Output value of installation projects, that is the value of the installation of equipment, (excluding the value of the equipment to be installed) ;

(3)Other Output value:

a 、Output value of repair of buildings and structures, that is the value created through the repairs of buildings or structures, but does not include the value of buildings or structures being repaired and the value of the repair of production equipment;

b 、Output value of manufactured nonstandard equipment, that is the value of nonstandard production equipment which including raw materials and manufacturing cost made for the construction project, and the equipment manufactured by subsidiary workshops.

Value added of Construction refers to the final result of the activities of production and management of construction in monetary terms in the reference period. At present, the value added of construction is calculated with the income approach. In other words, it is the sum of income of various production factors in the production process. The formula is as follows:

Value added of construction = depreciation of fixed assets in the year + wages payable of the major operation + welfare expenses payable of the major operation + insurance premium and tax for waiting for employment in the administrative expenses + taxes and surcharges on project settlement + profit gained from Project settlement.

Floor Space of Buildings Under Construction refers to floor space of buildings under construction during the reference period, including newly started buildings, buildings started earlier and continued during the reference period, and buildings suspended earlier but restarted during the reference period, buildings completed during the reference period, and buildings under construction , and then suspended during the reference period.

Floor Space of Buildings Completed refers to the floor space of buildings that are completed in the reference period in accordance with the requirements of the design, up to the standard for putting them into use, and have been checked and accepted by concerned departments as qualified ones.

Total Number of Machinery and Equipment Owned by the End of Year refers to the number of machines and equipment owned by the enterprises, and listed as the fixed assets of the enterprises by the end of the year, including machinery and equipment for construction, production and transportation.

Total Power of Machinery and Equipment Owned by the End of Year refers to the total power of machinery and equipment owned by the enterprises, and listed as the fixed assets of the enterprises by the end of the year, including machinery and equipment for construction, production and transportation. The power of the machinery is calculated on basis of the designed or verified capacity, covering the power of the machinery/equipment and the separate power equipment serving the machinery/equipment(such as electric motors) , but excluding welders, transformers and boilers. The unit used for the calculation of power is kilowatt, with horsepower converted to kilowatt by 1 horse power = 0. 735 kilowatt.

Income from Settlement of Projects refers to the income received by the construction enterprise from the contracted project through settlement procedures, and other charges to the contractoree as operational costs in addition to the value of the project, such as temporary facility fee, labour insurance premium, moving cost of construction equipment, as well as various types of claims to the contractee.

Profit from Settlement of Projects refers to profit realized through settled projects. It is calculated with the following formula:

Profit from Settlement of Projects=Income from Settlement of Projects - Cost - Taxes and Other Cost

Total Revenue of Enterprises refers to the sum of income from production and operation of enterprises, including income from settlement of projects and other operational income, namely:

Total Revenue of Enterprises = Income from Settlement of Projects + Other Operational Income

2009
NEI MENG GU

十五、运输和邮电

Transportation，Postal and Telecommunications Services

资料整理：贾金辉
Arranged by Jia Jinhui

15-1 交通运输业基本情况

Basic Conditions of Transportation

指 标	Item	2007	2008
运输线路长度(公里)	**Length of Transportation Routes(km)**		
中央铁路营业里程	Railways in Operation	5040	6256
地方铁路	Local Railways	966	966
公路	Highways	138610	147288
内河	Navigable Inland Waterways	2517	2517
民航	Total Civil Aviation Routes	17701	20029
客运量总计(万人)	**Total Passenger Traffic(10 000 persons)**	**38781**	**44825**
铁路	Railways	3489	3876
公路	Highways	35039	40773
民用航空	Civil Aviation	253	176
旅客周转量总计(亿人公里)	**Total Passenger Kilometers(100 million passenger-km)**	**377.11**	**431.93**
铁路	Railways	134.75	154.77
公路	Highways	219.46	260.16
民用航空	Civil Aviation	22.90	17.00
货运量总计(万吨)	**Total Freight Traffic(10 000 tons)**	**102907**	**133833**
铁路	Railways	29605	39070
公路	Highways	73300	94762
民用航空	Civil Aviation	2	1
货物周转量总计(亿吨公里)	**Total Freight Ton-kilometers(100 million ton-km)**	**2121.40**	**2568.09**
铁路	Railways	1629.40	1911.00
公路	Highways	492.00	656.99
民用航空	Civil Aviation	0.20	0.10
民用汽车拥有量(辆)	**Number of Civil Motor Vehicles Owned(unit)**	**1475382**	**1699901**
# 私人汽车拥有量(辆)	Number of Motor Vehicles Owned by Individuals(unit)	1169393	1352113
载客汽车辆数(辆)	Number of Buses and Cars(unit)	643648	811922
# 私人	Private-owned	489286	637246
载货汽车辆数(辆)	Number of Trucks(unit)	305163	338015
# 私人	Private-owned	200629	225317
民用运输船舶拥有量(艘)	**Number of Civil Transport Vessels(unit)**	**856**	**863**

注：公路部门营运汽车统计口径为全社会营运汽车。

a)The statistical coverage of number of motor vehicles owned by highway departments has extended to motor vehicles of all society.

15-2 主要交通运输工具和线路里程
Major Tools and Length of Transports

年 份 Year	载货汽车 (辆) Trucks (unit)	载客汽车 (辆) Buses and Cars (unit)	铁 路 Railways		飞 机 (架) Number of Civil Aircraft(unit)	铁路正线延展里程(公里) Extention Length of the Trunk Lines(km)	公路线路里程 (公里) Total Length of Highways (km)
			机车(台) Locomotives (unit)	客车(辆) Passenger Coaches (unit)			
1947	76	18				1557	1974
1948	81	25				1557	1872
1949	89	25				1557	2394
1950	227	53				1557	3259
1951	343	78				1557	4037
1952	344	101				1574	4821
1953	617	173				1574	5495
1954	1066	269				1912	6253
1955	1750	391				1912	8325
1956	2459	496				2106	11501
1957	2828	641				2404	13020
1958	3492	797				2644	18020
1959	4100	996				3091	18752
1960	5198	1061				3222	21131
1961	5446	970				3219	21131
1962	5595	1003				3222	22804
1963	5398	1033				3190	22195
1964	5871	1000				3299	22103
1965	6335	1348				3541	25688
1966	7335	1718				3635	25180
1967	6905	1605				3496	24407
1968	7110	1669				3496	25234
1969	7007	1781				3590	25676
1970	8174	2027				3593	27605
1971	9140	2316				3491	31355
1972	11061	2852				3537	34676
1973	14388	3733				3747	29043
1974	15496	4237				3747	30308
1975	19611	5172				3747	31362
1976	23281	6046				3697	33414
1977	25001	6448				3755	36471

15-2 续表 continued

年 份 Year	载货汽车(辆) Trucks (unit)	载客汽车(辆) Buses and Cars (unit)	铁 路 Railways 机 车(台) Locomotives (unit)	铁 路 Railways 客 车(辆) Passenger Coaches (unit)	飞 机(架) Number of Civil Aircraft (unit)	铁路线路里程(公里) Length of the Railway Lines(km)	公路线路里程(公里) Total Length of Highways (km)	民航通航里程(公里) Length of Civil Aviation Routes(km)
1978	29027	7669				3803	37535	
1979	33011	8476				3760	23769	
1980	38647	9969				4361	35016	3734
1981	42482	11842	341	601	16	4379	35856	3734
1982	47125	13254	500	910	16	4360	36828	2933
1983	49674	14087	507	955	18	4360	37939	2933
1984	51663	15405	562	1003	18	4355	37456	7565
1985	57354	19078	532	838	21	4364	38198	7565
1986	66258	23409	627	1121	21	4405	40380	8824
1987	68618	24883	667	1282	19	4821	41984	10005
1988	71856	29940	706	1275	18	4825	42800	23193
1989	77909	32634	691	1339	19	5445	43080	21745
1990	87161	35763	676	1471	19	5596	43274	21431
1991	95489	41081	686	1522	21	5653	43396	20506
1992	103757	47958	661	1473	20	5770	43704	22496
1993	115807	58084	641	1561	19	5800	43789	38976
1994	118985	65374	668	1661	19	5733	44202	51951
1995	131055	85825	759	1802	18	5790	44753	48136
1996	111675	94187	789	1802	18	7588	45744	76116
1997	130350	118978	650	1771	19	7031	49992	66532
1998	142255	144216	745	1694	19	7083	58430	61199
1999	157377	169241	838	1595	13	7331	63824	64426
2000	167004	188154	883	1818	9	7179	67346	40469
2001	180481	241364	865	1886	11	7240	70408	51476
2002	182971	237719	898	1903	11	7475	72673	56890
2003	202306	286481	912	1757	10	7476	74135	78705
2004	240591	341371	892	1753	13	7885	75976	76725
2005	248809	384575	892	1753	15	7689	124465	55218
2006	284285	513375	980	1492	15	7839	128762	20656
2007	305163	643648	1123	1324	15	6683	138610	17701
2008	338015	811922	1715	2033	11	7222	147288	19444

15-3 运输线路长度

Length of Transports Routes

单位：公里 (km)

项 目	Item	2007	2008
铁路延展长度	**Length of Railways Routes**	**8499**	**8859**
中央铁路	Central Railways		
正线延展里程	Extention Length of the Trunk Lines	7792	7824
营业里程	Length of Railways in Operations	5040	6256
# 呼铁局	Huhhot Railway Bureau	1589	2460
哈铁局(内蒙地段)	Harbin Railway Bureau(Section of Inner Mongolia)	1736	2282
沈铁局(内蒙地段)	Shengyang Railway Bureau(Section of Inner Mongolia)	1629	1793
地方铁路线路里程	Local Railways Length of Routes	658	966
公路	**Highways**		
公路里程	Total Length of Highways	138610	147288
等级公路	Expressway and Class I to IV Highway	90823	109645
#高速公路	Expressway	1768	1879
一级公路	First Class	2836	2888
二级公路	Second Class	10778	11582
等外路	Highway Below Class IV	47787	37643
内河	**Inland Rivers**		
航道里程	Length of Navigabe Inland Waterways	2517	2517
民用航空	**Civil Aviation**	**17701**	**20029**
国内航线	Domestic Routes	17701	19444
国际航线	International Routes		585

15-4 民用车辆船舶年末拥有量

Figure of Civil Vehicles and Shipping at the Year-end

项 目	Item	2007		2008	
		合计 Total	#私人 Private-owned	合计 Total	#私人 Private-owned
铁路运输工具	**Tool of Railway Transport**				
中央铁路：机车(台)	Central Railways:Locomotives(unit)	898		1288	
客车(辆)	Passenger Coaches(unit)	1251		2022	
地方铁路：机车(台)	Local Railways:Locomotives(unit)	225		427	
客车(辆)	Passenger Coaches(unit)	73		11	
民用汽车(辆)	**Number of Civil Motor Vehicles(unit)**	**1475382**	**1169393**	**1699901**	**1352113**
#载货汽车(辆)	Number of Trucks(unit)	305163	200629	338015	225317
载客汽车(辆)	Buses and Cars(unit)	643648	489286	811922	637246
轮胎式拖拉机(台)	**Type Tractors(unit)**	**708917**	**708917**	**952159**	**952159**
摩托车(辆)	**Motors(unit)**	**1437574**	**1421984**	**1540229**	**1526150**
#两轮摩托车	Two-wheel Motors	1437574	1421984	1540229	1526150
载货车挂车(辆)	**Trailer(unit)**	**76888**	**33385**	**88467**	**37006**
民用运输船(艘)	**Civil Transport Vessels(unit)**	**856**		**863**	
#机动运输船(艘)	Motor Vessels(unit)	386		340	
非机动船(艘)	Non-motor Vessels(unit)	394		415	
挂浆船(艘)	Vessels with Oar(unit)	76		108	
民航飞机(架)	**Civil Aircraft(unit)**	**15**		**11**	
#通用飞机	General Aircraft	15		11	

15-5 客货运输量

Passenger Traffic and Freight Traffic

年份 Year	客运量 (万人) Passenger Traffic (10 000 persons)	铁路 Railways	公路 Highways	货运量 (万吨) Freight Traffic (10 000 tons)	铁路 Railways	公路 Highways
1949			0.6		0.2	0.2
1950			0.8	0.2		0.2
1951			3.0	396	391	5
1952			16	447	417	30
1953			39	755	526	229
1954			58	1168	694	474
1955			87	1433	496	937
1956			131	2093	622	1471
1957			189	2224	739	1485
1958			181	3390	1039	2351
1959	1238	993	245	6911	2657	4254
1960	1754	1456	298	5986	3289	2697
1961	2022	1723	299	3749	2355	1394
1962	1869	1585	284	2729	1754	975
1963	1416	1118	298	2235	1434	801
1964	1268	914	354	2759	1640	1116
1965	1320	852	468	3614	2060	1554
1966	1463	836	627	4160	2425	1735
1967	1688	978	710	4409	2881	1528
1968	1651	990	661	3284	1889	1395
1969	1546	1046	500	3200	1792	1408
1970	1688	1016	672	4625	2882	1743
1971	1865	1080	785	4964	2749	2215
1972	2223	1164	1059	5387	2859	2528
1973	2338	1199	1139	5477	2668	2709
1974	2364	1161	1203	5453	2604	2849
1975	2599	1324	1275	6325	3190	3135
1976	2588	1300	1288	6487	3114	3373
1977	3017	1564	1453	7399	3529	3870

15-5 续表 continued

年 份 Year	客运量 (万人) Passenger Traffic (10 000 persons)	铁路 Railways	公路 Highways	航空 Civil Aviation	货运量 (万吨) Freight Traffic (10 000 tons)	铁路 Railways	公路 Highways	航空 Civil Aviation
1978	3422	1753	1669		8213	3861	4352	
1979	3470	1689	1781		8046	3924	4122	
1980	4162	1994	2164	4	7653	4142	3511	0.05
1981	4250	2071	2176	3	7305	3989	3316	0.05
1982	4926	2288	2635	3	8314	4317	3997	0.04
1983	5703	2556	3145	2	9103	4542	4561	0.04
1984	6313	2738	3573	2	10149	4957	5192	0.03
1985	6673	2784	3884	5	11588	5510	6078	0.13
1986	7612	2833	4775	4	15348	5638	9710	0.06
1987	8493	2965	5509	19	16979	6065	10914	0.06
1988	9518	3242	6242	34	18533	5296	13237	0.06
1989	9411	2997	6405	9	22515	6678	15837	0.06
1990	10475	2433	8012	30	26676	6909	19767	0.17
1991	9148	2565	6543	40	25678	7027	18651	0.24
1992	10406	2801	7567	38	29126	7198	21928	0.34
1993	11165	3014	8108	43	31708	7587	24121	0.41
1994	15294	3042	12162	90	31386	7812	23573	0.90
1995	18273	2909	15248	116	32732	8347	24384	1.13
1996	18099	2563	15418	118	34321	9435	24885	1.15
1997	19148	2735	16287	126	39008	9960	29047	1.27
1998	20205	2542	17552	111	39564	8227	31336	1.17
1999	21498	2824	18576	98	41652	8747	32903	1.90
2000	23549	3378	20061	110	44629	9648	34979	2.00
2001	24133	2956	21041	136	45970	9816	36145	0.90
2002	25376	2824	22421	132	47879	10639	37239	1.00
2003	23521	2552	20831	138	50046	11513	38532	1.10
2004	28954	3235	25510	209	61259	18560	42697	1.60
2005	32114	3259	28604	251	73082	22060	51020	2.00
2006	35512	3437	31817	258	84137	25157	58978	1.98
2007	38781	3489	35039	253	102907	29605	73300	1.79
2008	44825	3876	40773	176	133833	39070	94762	1.07

15-6 客货周转量
Passenger-kilometers and Freight Ton-kilometers

年份 Year	旅客周转量 (亿人公里) Passenger-kilometers (100 million passenger-km)	铁路 Railways	公路 Highways	航空 Civil Aviation	货物周转量 (亿吨公里) Freight Ton-kilometers (100 milion ton km)	#铁路 Railways	#公路 Highways
1978	31.80	22.38	9.42		224.55	214.96	9.59
1980	43.19	31.84	11.35		174.92	164.78	10.14
1981	45.55	34.33	11.22	0.15	252.36	243.98	8.38
1982	52.06	37.50	14.40	0.16	299.40	288.62	10.78
1983	61.41	43.92	17.36	0.13	348.97	335.57	13.40
1984	70.63	50.29	20.34	0.13	391.94	376.45	15.49
1985	82.53	58.34	23.86	0.32	442.51	424.30	18.20
1986	90.85	62.57	28.03	0.25	470.56	449.30	21.26
1987	100.92	65.55	33.78	1.59	492.62	469.12	23.50
1988	115.69	74.49	37.58	3.62	491.93	466.08	25.85
1989	111.29	68.18	39.84	3.27	579.63	501.93	77.70
1990	99.01	57.54	38.07	3.40	621.90	519.41	102.49
1991	104.90	60.64	40.06	4.20	608.08	505.15	102.93
1992	113.60	69.24	40.26	4.10	655.89	515.18	137.56
1993	152.95	74.44	74.03	4.48	697.86	546.50	151.36
1994	174.86	75.09	89.55	10.22	734.25	586.94	143.85
1995	173.58	71.97	89.85	11.76	785.12	625.56	159.56
1996	167.10	63.79	90.68	12.63	832.66	658.96	170.11
1997	180.27	69.14	97.69	13.43	881.49	695.86	182.18
1998	187.91	76.13	100.44	11.34	844.35	657.08	187.27
1999	205.50	88.00	108.18	9.26	898.80	701.00	197.75
2000	219.10	92.30	116.30	10.50	1041.20	828.60	211.80
2001	225.30	89.70	121.90	13.70	1090.10	869.70	220.30
2002	236.80	92.70	130.70	13.40	1132.00	900.50	231.40
2003	222.06	85.74	122.14	14.18	1218.22	976.18	241.91
2004	290.24	108.63	155.28	26.33	1441.39	1171.39	269.84
2005	323.12	113.22	178.98	30.92	1604.31	1280.75	323.35
2006	354.24	122.20	199.47	26.24	1798.35	1414.03	384.12
2007	377.11	134.75	219.46	22.90	2121.40	1629.40	492.00
2008	431.93	154.77	260.16	17.00	2567.99	1911.00	656.99

15-7 邮电业务基本情况

Basic Conditions of Post and Telecommunications Services

指标	Item	2007	2008
邮电业务总量(万元)	Business Volume of Post and Telecommunications Service(10 000 yuan)	3640097	4576036
邮政业务总量	Business Volume of Post Service	107785	118798
电信业务总量	Business Volume of Telecommunications Service	3532312	4457238
函件(万件)	Number of Letters(10 000 pcs)	4270	4186
包件(万件)	Number of Parcels(10 000 pcs)	128	113
特快专递(万件)	Pieces of Express Mail Services(10 000 pcs)	322	410
报刊期发数(万份)	Number of Newspapers and Magazines Circulation(10 000 copies)	246	224
长途电话(万次)	Number of Long distance Calls(10 000 times)	77033	33071
本地电话年末用户(万户)	Local Telephone Subscribers at Year-end (10 000 subscribers)	525	462
年末市内电话用户(万户)	Local(Urban)Telephone Subscribers at Year-end (10 000 subscribers)	411.4	388.3
#住宅电话用户	Residential Telephone Subscribers	322.4	343.1
年末农村电话用户(万户)	Number of Rural Telephones Subscribers at Year-end (10 000 subscribers)	113.8	67.0
年末移动电话用户(万户)	Number of Mobile Telephones Subscribers at Year-end (10 000 subscribers)	1047.0	1344.4
年末互联网用户(万户)	Number of Subscribers of Internet Service at Year-end (10 000 subscribers)	142.0	139.0
邮电局所(处)	Number of Post &Telecommunications Offices(unit)	1702	1570
邮路总长度(公里)	Length of Postal Routes (km)	61900	67905
#汽车邮路	Highway Routes	43851	43746
铁路邮路	Railway Routes	5946	5836
长话电路(路)	Number of Long-distance Telephone Lines(line)	2837160	3993105
局用交换机容量(万门)	Capacity of Office Telephone Exchanges(10 000 lines)	723.0	729.0
中央国有	Central State-owned	723.0	729.0
地方国有	Local State-owned		
电话机(含移动电话)(万部)	Number of Telephone Sets(10 000 units)	1572.0	1806.4
中央国有	Central State-owned	1572.0	1806.4
地方国有	Local State-owned		

注：邮电业务总量按2000年不变价格计算。

a)The business volume of post and telecommunications is calculated at 2000 constant prices.

15-8 城乡邮电局所和电话机数

Number of Post and Telecommunications Office and Telephones

年 份 Year	邮电局所 (处) Number of Telecommun-ications Offices (unit)	城 市 Urban	乡 村 Rural	每万人口中邮电局所 (处) Number of Post and Telecoms Offices per 10 000 Person (unit)	本地网电话机部数 (万部) Number of Telephone in Local Network (10 000 set)	城 市本地网 Urban	乡 村本地网 Rural	每万人口中电话机数 (部) Number of Telephones per 10 000 persons (set)
1949	114	100	14	0.19	0.04		0.04	0.66
1952	353	330	23	0.49	0.04		0.04	0.56
1957	563	149	414	0.60	1.03	0.90	0.13	18.71
1958	799	308	481	0.82	1.31	1.17	0.14	25.69
1965	951	161	790	0.73	3.33	2.23	1.10	13.88
1970	1111	216	895	0.75	2.07	1.49	0.58	15.13
1975	835	151	684	0.48	2.66	1.98	0.68	14.59
1978	857	163	694	0.48	3.10	2.36	0.74	17.00
1979	1513	206	1307	0.82	5.87	4.16	1.71	31.70
1980	1515	212	1303	0.81	6.04	4.34	1.70	32.19
1981	1519	212	1307	0.80	6.13	4.57	1.56	32.21
1982	1520	218	1302	0.78	6.47	4.97	1.50	33.32
1983	1517	216	1301	0.77	6.98	5.46	1.52	35.44
1984	1545	232	1313	0.78	7.63	6.14	1.49	38.28
1985	1603	232	1371	0.80	8.51	7.00	1.51	42.21
1986	1634	254	1380	0.80	9.07	7.56	1.51	44.45
1987	1615	229	1386	0.78	10.31	8.71	1.60	49.89
1988	1632	236	1396	0.78	12.67	10.98	1.69	60.51
1989	1636	232	1404	0.77	14.70	12.81	1.89	69.27
1990	1638	225	1413	0.76	16.83	14.80	2.03	77.82
1991	1645	230	1415	0.75	18.48	16.34	2.14	84.62
1992	1648	228	1420	0.75	21.18	18.66	2.52	95.98
1993	1651	233	1418	0.74	28.05	25.08	2.97	125.65
1994	1765	247	1518	0.78	62.47	59.51	2.96	276.35
1995	1804	419	1385	0.79	65.89	63.59	2.26	289.94
1996	1831	424	1407	0.80	85.98	85.07	0.91	374.60
1997	1837	407	1430	0.79	105.64	89.44	16.20	454.23
1998	1815	414	1401	1.20	150.08	128.66	21.42	640.05
1999	1739	413	1326	0.74	155.26	127.63	27.63	657.35
2000	1728	417	1311	0.73	206.90	166.35	40.55	872.11
2001	1671	446	1215	0.70	258.00	203.00	55.00	1087.51
2002	1671	521	1150	0.70	311.20	242.60	68.60	1308.64
2003	1678	551	1127	0.71	430.04	345.09	84.95	1807.19
2004	1672	559	1113	0.70	501.96	399.86	102.10	2107.30
2005	1743	600	1143	0.73	541.90	433.98	107.92	2270.78
2006	1711	615	1096	0.72	540.83	425.91	114.86	2260.49
2007	1702	617	1085	0.71	525.22	411.38	113.84	2183.85
2008	1570	516	1054	0.65	462.46	388.32	74.14	1914.05

15-9 邮电业务量
Telecommunications Services

年份 Year	邮电业务总量 (万元) Business Volume of post & Telecommunications (10 000 yuan)	邮政业务总量 Business Volume of Post	电信业务总量 Business Volume of Telecommunications	邮电业务总量指数 (1978年=100) Index of Business Volume of Post & Telecommunications(1978=100)	函件 (万件) Number of Letters (10 000 pcs)	特快专递 (万件) Pieces of Express Mail Services (10 000 pcs)	报刊期发数 (万份) Newspapers & Magazines Circulation (10 000 copies)
1978	7515			100	6658		253
1980	8216			109	7146		329
1985	11471			153	9416		605
1986	11953			159	9589		507
1987	14436			192	9778		596
1988	17119			228	9946	1	515
1989	18652			248	8637	1	342
1990	21194	7373	13821	282	8080		
1991	25096	8126	16970	334	7782	3	419
1992	32195	10093	22102	428	8001	9	412
1993	46809	11866	34943	623	9539	28	560
1994	69688	15317	54371	927	10858	55	567
1995	96552	19031	77521	1284	16728	95	486
1996	128846	21677	107169	1714	10277	153	625
1997	174001	25413	148588	2314	9479	157	650
1998	247762	29003	218759	3295	8521	115	408
1999	391291	34591	356700	5204	8332	100	341
2000	562463	59463	523000	7481	9677	111	395
2001	580521	76007	504515	10956	12249	147	268
2002	903848	80448	823400	17058	14002	167	249
2003	1085474	85115	1000359	20486	22066	205	249
2004	1566250	86250	1480000	20842	6229	230	218
2005	1997246	89351	1907895	26577	3143	251	194
2006	2545460	98860	2446600	33872	4273	272	215
2007	3640097	107785	3532312	48438	4270	322	246
2008	4576036	118798	4457238	60892	4186	410	224

注：邮电业务总量2000年及以前按1990年不变价格计算，2001年以后按2000年价格计算。

a)Business Volume of Post and telecommunications before 2000 is calculated at 1990 constant Prices,and after 2001 it is calculated at 2000 constant Prices.

15-9 续表 1 continued

年份 Year	集邮业务(万元) Philately (10 000 yuan)	长途电话(万次) Number of Long Distance Telephone Calls(10 000 times)	无线寻呼用户(户) Number of Subscribers of Pageing Service (subscriber)	移动电话用户(户) Number of Mobile Telephone Subscribers (subscriber)	国际互联网络用户(户) Number of Subscribers of Internet Service (subscriber)
1978		451			
1980		495			
1985		792			
1986		856			
1987		923	175		
1988	287	1100	558		
1989		1071	1120		
1990	1373	1257	1747		
1991	2149	1722	3799	70	
1992	3959	2615	8246	636	
1993	4829	4856	24549	2298	
1994	4944	7623	52794	8351	
1995	4935	10422	102653	21852	
1996	6248	14349	179383	52388	25
1997	10173	15686	300692	127630	382
1998	11158	17429	420108	258881	1454
1999	10024	19101	530011	533000	10306
2000	7830	21088	780008	1153000	56556
2001	11768	22160	430000	2090000	161420
2002	12527	23358	315000	3172000	330133
2003	7095	23696	104000	4790500	547046
2004	4833	51408	51500	5945700	824000
2005	4996	49600	3000	7123000	1061143
2006	2759	34500	1467	8741300	1432319
2007	5301	77033		10469307	1417322
2008	11303	33071		13444000	1390000

15-9 续表 2 continued

年份 Year	本地电话年末用户(户) Number of Subscribers of Local Telephone at Year-end (subscribers)	城市电话用户 Number of Urban Telephone Subscribers	# 住宅电话 Residential Telephone Subscribers	乡村电话用户 Rural Telephone Subscribers	# 住宅电话 Residential Telephone Subscribers	公用电话(户) Public Telephone (Subscribers)
1978	30991	23561		7430		218
1980	60483	43435		17048		95
1985	86230	71101	733	15129	87	317
1986	97947	82004	2096	15943	156	386
1987	110409	93869	3047	16540	366	436
1988	127372	109781	6484	17591	484	467
1989	147108	128187	24732	18921	398	391
1990	168328	147964	32003	20364	518	278
1991	184856	163414	41193	21442	1785	376
1992	211796	186574	64151	25222	3319	679
1993	280512	250772	118788	29740	6139	1480
1994	440361	409220	265776	31141	10482	2958
1995	658577	635945	441383	22632	10586	6887
1996	859754	850652	615126	9102	3349	11759
1997	1056355	894372	697425	161983	118986	20400
1998	1254391	1040109	845015	214282	172736	32451
1999	1552582	1276323	1027119	276259	236006	41271
2000	2069000	1664000	1339000	405000	358000	48039
2001	2580000	2030000	1620000	550000	490000	70000
2002	3112000	2426000	1884000	686000	616000	74000
2003	4300400	3450900	2607300	849500	765400	168063
2004	5019600	3998600	3223000	1021000	823300	268800
2005	5420000	4340000	3455000	1079000	824000	382600
2006	5408300	4259700	3341200	1148600	1066500	430500
2007	5252301	4113873	3224093	1138428	1050367	408798
2008	4624600	3883200	3431200	741400	670000	350000

15-10 年末邮电局所数及邮递线路

Postal and Telecommunications Services Facilities(Year-end)

年 份 Year	邮电局所(处) Number of Post and Telecommunications Offices (unit)	信筒信箱 (处) Number of Post Boxes (unit)	邮路总长度 (公里) Length of Postal Routes (km)	# 汽车邮路 Highway Routes	# 铁路邮路 Railway Routes	农村投递线路 (公里) Rural Delivery Routes (km)
1978	857		94978	19250	2674	
1980	1515	3220	70944	35115	5740	
1985	1603	3557	59292	36174	6726	117800
1986	1634	3554	60831	37480	7023	110363
1987	1615	3671	60591	36485	7174	111786
1988	1632	3721	59203	35843	7024	110093
1989	1636	3637	63017	36037	7025	116686
1990	1638	3549	64495	36666	6802	109926
1991	1645	3600	67048	37235	6772	108231
1992	1648	3496	66966	37230	6772	107295
1993	1651	3590	66139	36401	6772	105501
1994	1765	3561	67551	39339	7050	101706
1995	1804	3576	68751	41030	6929	102757
1996	1831	3641	68873	43729	6929	104694
1997	1837	3616	71006	45955	6623	103991
1998	1815	3471	69261	44286	5936	107262
1999	1739	3059	64183	43747	5173	107280
2000	1728	3096	63759	43232	5514	106539
2001	1671	4502	72499	42969	5838	111394
2002	1671	3478	62307	42558	5764	111395
2003	1678	3022	62344	42799	5764	111636
2004	1672	5541	57762	43074	5699	110812
2005	1743	8630	60713	43895	6196	109398
2006	1711	8767	58523	44027	5946	109635
2007	1702	2567	61900	43851	5946	111007
2008	1570	2565	67905	43746	5836	111911

15-11 年末电信电路及长途电信线路

Line of Telecommunications Facilities(Year-end)

年 份 Year	长话业务电路 (路) Long Distance Telephone Lines(line)	# 光缆电路 Optical Cable Lines	# 数字电路 Digital Lines	长途光缆线路长度 (公里) Length of Long Distance Optical Cable Lines(km)
1990	1736			
1991	2349	351		309
1992	3191	611	881	309
1993	6593	1663	2154	950
1994	10043	4230	1658	3274
1995	11669	6765	8578	8074
1996	17174	13760	15920	9282
1997	19199	17220	18833	9846
1998	30569	27320	30559	11416
1999	26053		26053	11625
2000	48309		48309	16420
2001	84036		84036	15890
2002	166749		166749	25018
2003	247110		247110	28597
2004	213030		213030	31114
2005	364200		364200	35400
2006	451770		451770	38031
2007	2837160		2837160	34416
2008	3993105		3993105	48146

15-12 邮电通信水平

Level of Postal and Telecommunications Services

指 标	Item	1995	2000	2005	2008
全区邮电通信水平	**Autonomous Regional Level**				
平均每人每年发函件数(件)	Annual Average Number of Letters Mailed per Capita(piece)	4.72	4.09	1.32	1.73
平均每百人每年订报刊数(份)	Annual Average Number of Newspaper and Magazine Subscribed per 100 Persons(copy)	21.39	16.69	8.13	9.28
平均每百人拥有本地网电话机部数(部)	Number of Local Telephone Sets Owned per 100 Persons(set)	2.90	8.75	22.7	19.16
农村邮电通信水平	**Rural Level**				
设有邮电局、所的乡(镇)比重(%)	Percentage of Townships with Post and Telephone Communications Offices(%)		100	100	100
通电话的乡(镇)比重(%)	Percentage of Townships with Telephone Communication(%)	94.20	100	100	100
进入长话自动网的乡(镇)比重(%)	Percentage of Townships with Connected Autoexchange Net of Long Distance Call(%)	37.60	100	100	100

15-13 电信设备年末拥有量

Telecommunications Facilities at the Year-end

年份 Year	长途自动交换机容量(路端) Capacity of Long-distance Telehone Exchanges (circuit)	本地电话局用交换机容量(门) Capacity of Local-office Telehone Exchanges (line)	#中央国有 Central State-owned	#地方国有 Local State-owned	电话机(部) Number of Telephone (set)	#中央国有 Central State-owned	#地方国有 Local State-owned
1978		50830	312180	19550	99636	42726	56910
1980		104050	60450	43600	106473	74235	32238
1985		156280	108230	48050	156929	128360	28569
1986		163960	113930	50030	181936	149191	32745
1987		179070	128820	50250	164123	129670	34453
1988	200	193155	141190	51965	232159	194589	37570
1989	1560	222675	169540	53135	266627	226723	39904
1990	1560	241305	188020	53285	296601	253525	43076
1991	2249	268605	212950	55655	329689	283773	45916
1992	5342	351793	251230	100563	363537	312632	50905
1993	9906	449154	358984	90170	454013	398342	55671
1994	25895	682979	618964	64015	624729	595081	29648
1995	68127	1059151	1029828	29323	854869	838265	16604
1996	70336	1284301	1260288	24013	1100640	1088151	12489
1997	81050	1554614	1226356	328258	1313097	1063609	249488
1998	92200	1889691	1508344	381347	1500674	1200539	300135
1999	94200	2119776	1769500	350276	2086000	1748959	337041
2000	96320	2543000	2122789	420211	3222000	2577600	644400
2001	110000	3034400	3034400		4670000	4670000	
2002	137060	3463000	3463000		6284000	6284000	
2003	68640	3705538	3705538		9090500	9090500	
2004	74000	7224000	7224000		10966000	10966000	
2005	79211	4304500	4304500		12543000	12543000	
2006	158974	4277900	4277900		14149600	14149600	
2007	339509	7230000	7230000		15721608	15721608	
2008	344765	7290000	7290000		18064000	18064000	

主要统计指标解释

铁路营业里程　又称营业长度(包括正式营业和临时营业里程)，指办理客货运输业务的铁路正线总长度。凡是全线或部分建成双线及以上的线路，以第一线的实际长度计算；复线、站线、段管线、岔线和特殊用途线以及不计算运费的联络线都不计算营业里程。铁路营业里程是反映铁路运输业基础设施发展水平的重要指标，也是计算客货周转量、运输密度和机车车辆运用效率等指标的基础资料。

铁路正线延展里程　指正线第一线、第二线、第三线和其他正线建筑里程之和，不包括站线、段管线、岔线及特殊用途线的延展里程。它是作为计算铁路上钢轨、枕木及路基砂石需要量的主要依据。

铁路电气化里程　指在全部铁路营业里程中已安装了供电线路及设备，可以供电力机车牵引列车运行的区段的总里程。

铁路自动、半自动闭塞里程　为保证列车安全运行，在一个区间、同一时间内，一般只允许一列列车运行，这种保证列车在这个区间安全间隔运行的技术方法称为“闭塞”。自动和半自动闭塞里程是指装有列车自动或人工完成闭塞状态的铁路设备里程。自动或半自动闭塞里程占铁路营业里程的比重是反映铁路现代化的重要标志之一。

公路里程　指在一定时期内实际达到《公路工程技术标准 JTJ01-88》规定的等级公路，并经公路主管部门正式验收交付使用的公路里程数。包括大中城市的郊区公路以及通过小城镇街道部分的公路里程和桥梁、渡口的长度，不包括大中城市的街道、厂矿、林区生产用道和农业生产用道的里程。两条或多条公路共同经由同一路段，只计算一次，不得重复计算里程长度。它是反映公路建设发展规模的重要指标，也是计算运输网密度等指标的基础资料。

内河航道里程　也称内河通航里程，指在一定时期内，能通航运输船舶及排筏的天然河流、湖泊水库、运河及通航渠道的长度。包括全年季节性通航累计三个月以上的航道，不包括仅供零散流放竹、木排的河道。它是内河水运网规模、水平和发展情况的主要指标。

民用航空线里程　指民航运输定期班机飞行的航线长度的总和。航线长度按机场之间的距离计算，通常有两种计算方法：一是将每条航线长度相加称为重复计算航线里程；二是将两线或两条以上航线经过同一区段里程，只计算一次航线长度称为不重复计算航线里程，一般常用的是后者，它能确切反映民航运输网的规模，是表明民航事业为国民经济服务和方便人民生活程度的主要指标。

输油(气)管道长度　也称输油(气)里程，指油品(或天然气)的实际输送距离，一般按输油(气)管道的单线长度计算。若包括复线和备用线长度则称为输油(气)管道延展长度，是指管道铺设的实际长度。我们通常使用的是不包括复线的“输油(气)管道里程”，它是反映管道运输发展规模和水平的主要指标。

货(客)运量　指在一定时期内，各种运输工具实际运送的货物(旅客)数量。它是反映运输业为国民经济和人民生活服务的数量指标，也是制定和检查运输生产计划、研究运输发展规模和速度的重要指标。货运按吨计算，客运按人计算。货物不论运输距离长短、货物类别，均按实际重量统计。旅客不论行程远近或票价多少，均按一人一次客运量统计；半价票、小孩票也按一人统计。

货(客)运密度　指在一定时期内某种运输方式在营运线路的某一区段平均每公里线路通过的货物(旅客)运输周转量。计算公式为：

货(客)运密度=货物(旅客)周转量/营业线路长度

货(客)运密度是反映交通运输线路上货物(旅客)运输量运输繁忙程度的主要指标，是平衡运输线路运输能力和通过能力，规划线路建设及改造、配备技术设备，研究运输网布局的重要依据。

货物(旅客)周转量　指在一定时期内，由各种运输工具运送的货物(旅客)数量与其相应运输距离的乘积之总和。它是反映运输业生产总成果的重要指标，也是编制和检查运输生产计划，计算运输效率、劳动生产率以及核算运输单位成本的主要基础资料。计算货物周转量通常按发出站与到达站之间的最短距离，也就是计费距离计算。计算公式为：

货物(旅客)周转量=Σ货物(旅客)运输量×运输距离

铁路货车平均静载重　指铁路货车在始发站静止状态下平均每年装载的货物重量，用以分析货车完成装车时车辆载重力的利用情况。计算公式为：

货车平均静载重=货物发送吨数/装车数

静载重的多少取决于运送货物的性质、种类、车辆的类型和装载技术的高低。根据货车的平均标记载重与静载重进行对比，可以反映货车载重能力的利用程度。计算公式为：

货车载重力利用率(%)=货车平均静载重/货车平均标记载重×100%

铁路货运机车日产量　指在一定时期内，平均每台货运机车在一昼夜内所完成的总重吨公里数，包括载运货物的重量和车辆本身的自重。它从时间和牵引能力两方面反映了机车运用效率。计算公式为：

货运机车平均日产量=货运总重吨公里数/货运机车台日数

邮电业务总量　指以价值量形式表现的邮电通信企业为社会提供各类邮电通信服务的总数量。邮电业务量按专业分类包括函件、包件、汇票、报刊发行、邮政快件、特快专递、邮政储蓄、集邮、公众电报、用户电报、传真、长途电话、出租电路、市话无线寻呼、移动电话、分组交换数据通信、出租代维等。计算方法为各类产品乘以相应的平均单价(不变价)之和，再加上出租电路和设备、代用户维护电话交换机和线路等的服务收入。它综合反映了一定时期邮电业务发展的总成果，是研究邮电业务量构成和发展趋势的重要指标。计算公式为：

邮电业务总量=Σ(各类邮电业务量×不变单价)+出租代维及其他业务收入

无线寻呼电话用户　指携带小型寻呼机、接收市话用户通过无线寻呼中心，在规定范围内向其发出声音、数字或文字显示信息的用户。在寻呼台办理登记手续的无线寻呼用户，每一部寻呼机按一户计算。

移动电话用户 指在移动电话营业部门登记，通过移动电话交换机进入电话网、占有移动电话号码的电话用户。用户数量以实际办理登记手续进入邮电部门移动电话网的户数进行计算，一部或一台移动电话统计为一户。

电话用户 指接入国家公众固定资产电话网，并按固定电话业务进行经营管理的电话用户。1997 年以前，电话用户分为市内电话用户和农村电话用户。市内电话用户是指接入县城及县以上城市电话网上的电话用户；农村电话用户是指接入县邮电局农话台及县以下农村电话交换点，以县城为中心(除市话用户外)联通县、乡(镇)、行政村、村民小组的用户。从 1997 年起，电话用户数分组调整为以用户所在区域划分为“城市电话用户”和“乡村电话用户”与过去的按市内电话和农村电话划分方法不同。而电话用户数、电话机部数统计方法不变。

住宅电话 指话机装在居民住宅里的电话，包括私人付费、公费和免费三个部分。

私人付费电话 指住宅居民自费安装并自己缴纳通话费的电话。

Explanatory Notes on Main Statistical Indicators

Length of Railways in Operation refers to the total length of the trunk line under passenger and freight transportation (including both full operation and temporary operation) . The calculation is based on the actual length of the first line even if this line has a full or partial double track or more tracks, excluding double tracks, station sidings, tracks under the charge of station, branch lines, special purpose lines and the non payable connecting lines, The length of railways in operation is an important indicator to show the development of the infrastructure for the railway transport, and also the essential data to calculate volume of passenger freight transport, traffic density and utilization efficiency of the locomotives and carriages.

Extenuation Length of Trunk Lines refers to the sum of the first, the second, the third lines and other constructed length of the trunk railways, excluding the extenuation length of the station lines, lines under the jurisdiction of depots, sidings and lines for special purpose. It provides important information for the calculation of the needs for rails, sleepers, sand and stone for the construction of railways.

Length of Electrified Railways refers to the length of the section of railways in operation in which the power supply lines and other equipment are installed for the running of electrified locomotives. The proportion of the length of electrified railways to the total length of railways in operation is an important indicator to show the modernization of railways.

Automatic-blocking and Semi-automatic blocking Length of Railways Blocking is a spacing technique by which a section of the railway only allows one train to pass at a time, in order to ensure the traffic safety. Automatic (semiautomatic) blocking length of railways refers to railways installed with equipment to perform automatic or manual blocking of trains, the proportion of automatic/semi automatic blocking length to the total length of railways in operation is an important indicator to show the modernization of railways.

Length of Highways refers to the length of highways which are built in conformity with the grades specified by the highway engineering standard formulated by the Ministry of Communications, and have been formally checked and accepted by departments of highways and put into use. The length of highways includes that of the suburb highways at large and medium sized cities, highways passing through streets at small cities and towns, and also the length of bridges and ferries. It does not include the length of streets in big and medium sized cities and highways built for the production purpose at factories, mines, forest areas and agricultural areas. If two or more highways go the same section of the way, the length of the section is only calculated for once and no duplication is allowed. The length of highways is an important indicator to show the development of the highway construction and to provide essential information to calculate the transport network density.

Length of Navigable Inland Waterways an indicator reflecting the size and development of inland water network, it refers to the length of the natural rivers, lakes, reservoirs, canals, and ditches open to navigation during a given period, which enables the transport by ships and rafts. It includes the channels open to navigation for over an accumulative 3 months in a year, yet this does not include the river courses which are only used to float odd logs and bamboo rafts.

Length of Civil Aviation Routes refers to the length of all routes for regular civil aviation flights. There are usually two ways to calculate the distance between airports connected by the route length: One is to put the length of all air routes together, called duplicated calculation of the length of the routes, the other is not to allow the duplication in calculation when two or more routes passing the same section of aviation routes. The latter is usually used, as it can precisely show the size of the civil aviation network and indicate the extent of civil aviation serving the national economy and the people.

Length of Oil (Gas) Pipelines used as an indicator to show the development, scale and level of the pipeline transportation, it refers to the actual transport distance of oil (or gas) products, and is in general calculated in the length of single pipeline. If the length of the double pipelined and alternate pip-line is included, it is called the extension length of the oil (gas) pipelines, which indicates the actual length of the pipelines built, excluding double pipelines.

Freight (Passenger) Traffic refers to the volume of freight (passenger) transported with various means. Freight transport is calculated in tons and passenger traffic is calculated in the number of persons. Despite the type of freight and traveling distance, the freight transport is calculated in the actual weight of the goods: and despite the traveling distance and ticket price, the passenger traffic is calculated by the principle that one person can be counted only once in one travel. The passenger who travels a half price ticket or a child ticket is also calculated as one person. The freight (passenger) traffic provides a quantitative measure to show how the transport industry serves the national economy and people, and is also an important indicator for planning the transport industry and for studying the development scale and speed of the transport industry.

Freight (Passenger) Traffic Density refers to the freight(passenger) traffic volume carried by a particular means of transportation during a given period through one kilometer of a specific section of transportation route. The formula is as follows.

Freight (Passenger) Traffic Density =[Freight Ton-kilometers (Passenger-kilometers)] ÷(Length of Route in Operation)

Freight (passenger) traffic density reflects the degree of business of freight (passenger) traffic on transportation routes, and therefore provides important information for balancing transport capability, planning construction and upgrading of transport routes and studying the distribution of transport network.

Freight Ton-kilometers (Passenger kilometers) refer to the sum of the products of the volume of transported cargo(passengers) multiplying by the transport distance, usually using ton kilometer and passenger kilometer as units for measurement. Normally, the shortest distance between the departure station and the destination station (i. e, the payable distance) is the basis to calculate the freight Ton kilometers. This is an important indicator to show the total results of the transport industry, to prepare and examine the transport plan and to measure the efficiency, the labour productivity and the unit cost of transport. The formula is as follows:

Freight Ton kilometers(Passenger kilometers) = {Freight (Passenger) Traffic × Distance of Transportation}

Measuring unit: ton kilometer(person kilometer)

Static Load of Freight Cars refers to the average cargo weight as loaded by each freight car under the static condition at the departure station. It is used to show the utilization extent of the loading capacity of the freight cars. The formula is:

Static Load (ton) of Freight Car=(Tonnage of Goods Dispatched) ÷(Number of Freight Cars Loaded)

The static load of freight cars is determined by the nature and type of goods loaded, the type of vehicles, and the technique of loading. The difference between the average marked load and the static load of freight cars reflects the utilization of loading capacity of freight cars. For its calculation the following formula is applied:

Utilization Rate of Capacity of Freight Cars(%) =Σ [(Average Static Load)] ÷(Average Marked Load) ×100%

Average Daily Haul of Freight Locomotives refers to the average total ton kilometers accomplished by each freight transport locomotive over day and night during a given period of time. It includes both the weight of the goods carried and the dead weight of the train itself. It is a comprehensive indicator reflecting the locomotive efficiency in terms of both time and the pulling force.

Average Daily Haul of Freight Transport Locomotive(ton kilometer) = [(Total Ton (Kilometers of Freight)] ÷(Daily Number of Freight Transport Locomotive) .

Business Volume of Post and Telecommunications refers to the total amount of post telecommunications services, expressed in value terms, provided by the post and telecommunications departments for the society. Post and telecommunication services can be classified as letters, parcels, remittance, issue of newspapers and magazines, fast mail service, express mail service, savings deposits, stamps for collection, public and individual telegraph service, facsimiles, long distance telephone service, leasing of telephone lines, urban paging service, mobile telephone service, data transfer and transmission, etc. The accounting approach is to multiply the service products of all types with their average unit price (constant price) to get sum of business value, plus income from other services such as leasing of telephone lines and equipment, maintenance of telephone switchboards and lines on behalf of customers. This indicator reflects the overall results of post and telecommunications service during a given period, and is important to study the composition of business service and the development of post and telecommunications service.

The formula is follows:

Business Volume of Post and Telecommunications = Σ(Transaction of Post and Telecommunication Service × Constant Price) + Income from Leasing, Maintenance and other Services

Subscribers of Paging Services refer to subscribers who carry small size pagers and receive audio signals, digital signals or character signals sent out by telephone through wireless paging center within assigned area. Each pager is counted as a subscriber.

Mobile Telephone Subscribers refer to the persons who own mobile telephone number connected with the mobile telephone communication network and have registered in mobile communication enterprises. The number of subscribers is calculated only when the subscribers who have gone through all the register formalities and entered into the mobile telephone network. One mobile telephone is treated as a subscriber.

Telephones Subscribers refer to subscribers that are connected to the public line telephone network provided with telephone services. Before 1997, telephone subscribers were classified as city subscribers and village subscribers. City subscribers referred to those connected to city telephone networks in county towns and cities, while village subscribers referred to those connected to village telephone stations at and below counties. Since 1997, the classification of telephone subscribers was modified on the basis of physical location of the subscribers as "urban telephone subscribers "and" rural telephone subscribers", which is different from the previous classification of categorizing "local telephones "and "rural telephones", while the definition of total subscribers and total number of telephones remain unchanged.

Household telephone subscribers refer to telephone sets installed in the dwelling units of residents, include 3 types of payment for the service: private payment, public payment and free service.

Private-paid telephone subscribers refer to subscribers of households who pay for the installation and service of telephones.

2009 NEI MENG GU

十六、国内贸易

Domestic Trade

资料整理：王亦兵　柏　丽
Arranged by Wang Yibing,Bai Li

16-1 社会消费品零售总额(按销售单位所在地和行业分)
Total Retail Sale of Consumer Goods by Location of Retailers and by Sector

单位：万元 (10 000 yuan)

年 份 Year	社会消费品零售总额 Total Retail Sales of Consumer Goods	市 City	县 County	县以下 Under County Level
1978	368336	109765	173880	84691
1979	396306	115097	212109	69100
1980	443085	134370	234472	74243
1981	473558	154209	220104	102245
1982	521169	168509	184330	168330
1983	576479	213026	190936	172517
1984	682854	272508	219274	191072
1985	756373	379587	204430	172356
1986	848809	435847	226870	186092
1987	963006	493222	257461	212323
1988	1188967	615424	319333	254210
1989	1256875	674326	333493	249056
1990	1305760	718633	338223	248904
1991	1455207	847989	378809	228409
1992	1686851	978585	421058	287208
1993	2222885	1274436	520515	427934
1994	2656752	1556018	612519	488215
1995	3133114	1787351	764355	581408
1996	3644208	2046368	935855	661985
1997	4171634	2494448	987127	690059
1998	4699727	2834462	1093481	771784
1999	5326021	3274132	1212618	839271
2000	6085451	3782591	1382488	920372
2001	6959858	4408005	1549876	1001977
2002	8253061	5255468	1805237	1192356
2003	9561995	6208135	2036284	1317576
2004	11607118	7720880	2398047	1488191
2005	13441043	8992846	2785634	1662563
2006	15952651	10805915	3262828	1883908
2007	19041084	13025336	3796142	2219606
2008	23633301	16269235	4647278	2716788

16-1 续表 continued

单位：万元 (10 000 yuan)

年 份 Year	批发零售贸易业 Wholesale and Retail Sale Trade	餐饮业 Catering Trade	制造业 Manufacturing	农业生产者 Agriculture	其他行业 Others
1978	324557	9176	18424	4500	11679
1979	349203	9873	19823	4806	12601
1980	377210	12425	26812	11745	14893
1981	395242	13436	32747	12613	19520
1982	429129	15383	40642	16000	20015
1983	468060	17180	49112	18419	23708
1984	540456	21996	64587	28201	27614
1985	639621	26309	83076	43560	34446
1986	717482	31180	83815	51319	42686
1987	822095	37134	84602	60161	50035
1988	1022036	45026	110832	72734	54327
1989	1097906	44454	121209	81943	40349
1990	1154732	46081	126464	93257	41615
1991	1277458	54716	138160	111773	49581
1992	1424440	61275	166494	138677	74718
1993	1812421	274859			135605
1994	2182469	326337			147946
1995	2558304	396339			178471
1996	2972167	472720			199321
1997	3400261	563531			207842
1998	3807265	658848			233614
1999	4284513	786023			255485
2000	4875210	941049			269192
2001	5569681	1102355			287822
2002	6609147	1348192			295722
2003	7640622	1601569			319804
2004	9207247	2026590			373281
2005	10674223	2341242			425578
2006	12637995	2843016			471640
2007	15035816	3574986			430282
2008	18491354	4621594			520353

16-2 限额以上批发和零售业、住宿和餐饮业基本情况（2008年，按登记注册类型分）

Basic Conditions of Enterprises above Designated Size of Wholesale and Retail Sale, Hotels and Catering Trades by Registration(2008)

指 标	Item	法人企业（个）Number of Corporation Unit(unit)	产业活动单位数(个) Number of Active Unit (unit)	从业人数(人) Persons Engaged (person)
总 计	**Total**	**1862**	**4738**	**180963**
一、批发业合计	**Wholesale Trade**	**489**	**1832**	**42924**
内资企业	**Domestic Funded Enterprises**	**485**	**1828**	**42669**
国有企业	State-owned Enterprises	87	448	13292
集体企业	Collective-owned Enterprises	8	28	397
股份合作企业	Cooperative Enterprises	4	4	189
联营企业	Joint Ownership Enterprises			
国有联营公司	State Joint Ownership Enterprises			
集体联营企业	Collective Joint Ownership Enterprises			
国有与集体联营企业	Joint State collective Enterprises			
其他联营企业	Other Joint Ownership Enterprises			
有限责任公司	Limited Liability Corporations	127	344	8069
国有独资企业	State funded Corporations			
其他有限责任公司	Other Limited Liability Corporations	127	344	8069
股份有限公司	Share-holding Corporations Ltd.	27	577	8483
私营企业	Private Enterprises	229	424	11292
私营独资企业	Private-funded Enterprises	18	20	488
私营合伙企业	Private Partnership Enterprises	4	4	156
私营有限责任公司	Private Limited Liability Corporations	192	381	9188
私营股份有限公司	Private Share-holding Corporations Ltd.	15	19	1460
其他企业	Other Enterprises	3	3	947
港、澳、台商投资企业	**Enterprises with Investment from Hong Kong, Macao & Taiwan**	**1**	**1**	**72**
港澳台资合资经营	Joint-venture Enterprises (HK,Macao & Taiwan)	1	1	72
港澳台资合作经营	Cooperative Enterprises (HK,Macao & Taiwan)			
港澳台商独资企业	Sole Investment from HK, Macao & Taiwan			
港澳台商投资股份有限公司	Share-holding Co.,Ltd.from HK, Macao & Taiwan			
外商投资企业	**Enterprises With Foreign Investment**	**3**	**3**	**183**
中外合资经营	Joint venture Enterprises	2	2	175
中外合作经营	Cooperation Enterprises			
外资企业	Enterprises with Sole Foreign Investment	1	1	8
外商投资股份有限公司	Share-holding Co., Ltd.with Foreign Investment			
二、零售业合计	**Retail Trade**	**648**	**2100**	**70425**
内资企业	**Domestic Funded Enterprises**	**646**	**2098**	**70155**
国有企业	State-owned Enterprises	38	701	9613
集体企业	Collective-owned Enterprises	7	20	439
股份合作企业	Cooperative Enterprises	7	7	425
联营企业	Joint Ownership Enterprises			
国有联营公司	State Joint Ownership Enterprises			
集体联营企业	Collective Joint Ownership Enterprises			
国有与集体联营企业	Joint-State-collective Enterprises			
其他联营企业	Other Joint Ownership Enterprises			
有限责任公司	Limited Liability Corporations	183	485	18906
国有独资企业	State funded Corporations			
其他有限责任公司	Other Limited Liability Corporations	183	485	18906
股份有限公司	Share-holding Corporations Ltd.	52	243	5992

16-2 续表 1 continued

指 标	Item	法人企业(个) Number of Corporation Unit (unit)	产业活动单位(个) Number of Active Unit (unit)	从业人数(人) Persons Engaged (person)
私营企业	Private Enterprises	352	603	34343
私营独资企业	Private funded Enterprises	76	84	2535
私营合伙企业	Private Partnership Enterprises	5	5	45
私营有限责任公司	Private Limited Liability Corporations	249	489	28108
私营股份有限公司	Private Share holding Corporations Ltd.	22	25	3655
其他企业	Other Enterprises	7	39	437
港、澳、台商投资企业	**Enterprises with Investment from Hong Kong, Macao & Taiwan**	**1**	**1**	**230**
港澳台资合资经营	Joint-venture Enterprises (HK,Macao & Taiwan)	1	1	230
港澳台资合作经营	Cooperative Enterprises (HK,Macao & Taiwan)			
港澳台商独资企业	Sole Investment from HK, Macao & Taiwan			
港澳台商投资股份有限公司	Share-holding Co.,Ltd.from HK, Macao & Ttaiwan			
外商投资企业	**Enterprises With Foreign Investment**	**1**	**1**	**40**
中外合资经营企业	Joint venture Enterprises			
中外合作经营企业	Cooperation Enterprises			
外资企业	Enterprises with Sole Foreign Investment			
外商投资股份有限公司	Share-holding Co., Ltd.with Foreign Investment	1	1	40
三、住宿业合计	**Hotels**	**306**	**331**	**32745**
内资企业	**Domestic Funded Enterprises**	**299**	**324**	**30966**
国有企业	State owned Enterprises	64	71	9438
集体企业	Collective owned Enterprises	8	8	729
股份合作企业	Cooperative Enterprises	7	7	710
联营企业	Joint Ownership Enterprises	2	2	138
国有联营公司	State Joint Ownership Enterprises	1	1	19
集体联营企业	Collective Joint Ownership Enterprises	1	1	119
国有与集体联营企业	Joint State collective Enterprises			
其他联营企业	Other Joint Ownership Enterprises			
有限责任公司	Limited Liability Corporations	54	66	7701
国有独资企业	State funded Corporations	2	2	642
其他有限责任公司	Other Limited Liability Corporations	52	64	7059
股份有限公司	Share holding Corporations Ltd.	15	15	1041
私营企业	Private Enterprises	143	149	10873
私营独资企业	Private funded Enterprises	48	49	2759
私营合伙企业	Private Partnership Enterprises	9	9	473
私营有限责任公司	Private Limited Liability Corporations	72	72	6010
私营股份有限公司	Private Share holding Corporations Ltd.	14	19	1631
其他企业	Other Enterprises	6	6	336
港、澳、台商投资企业	**Enterprises with Investment from Hong Kong, Macao Taiwan**	**3**	**3**	**961**
港澳台资合资经营	Joint-venture Enterprises (HK,Macao & Taiwan)	2	2	470
港澳台资合作经营	Cooperative Enterprises (HK,Macao & Taiwan)			
港澳台商独资企业	Sole Investment from HK, Macao & Taiwan	1	1	491
港澳台商投资股份有限公司	Share-holding Co.,Ltd.from HK, Macao & Ttaiwan			
外商投资企业	**Enterprises With Foreign Investment**	**4**	**4**	**818**
中外合资经营企业	Joint venture Enterprises	2	2	140
中外合作经营企业	Cooperation Enterprises			
外资企业	Enterprises with Sole Foreign Investment	2	2	678
外商投资股份有限公司	Share-holding Co., Ltd.with Foreign Investment			

16-2 续表 2 continued

指 标	Item	法人企业(个) Number of Corporation Unit (unit)	产业活动单位(个) Number of Active Unit (unit)	从业人数(人) Persons Engaged (person)
四、餐饮业合计	**Catering Trade**	**419**	**475**	**34869**
内资企业	**Domestic Funded Enterprises**	**409**	**461**	**33640**
国有企业	State owned Enterprises	18	18	2409
集体企业	Collective owned Enterprises	1	1	90
股份合作企业	Cooperative Enterprises	3	3	408
联营企业	Joint Ownership Enterprises			
国有联营公司	State Joint Ownership Enterprises			
集体联营企业	Collective Joint Ownership Enterprises			
国有与集体联营企业	Joint State collective Enterprises			
其他联营企业	Other Joint Ownership Enterprises			
有限责任公司	Limited Liability Corporations	90	106	7787
国有独资企业	State funded Corporations			
其他有限责任公司	Other Limited Liability Corporations	90	106	7787
股份有限公司	Share holding Corporations Ltd.	15	22	1364
私营企业	Private Enterprises	255	284	19544
私营独资企业	Private funded Enterprises	91	96	5908
私营合伙企业	Private Partnership Enterprises	19	19	1031
私营有限责任公司	Private Limited Liability Corporations	135	157	11911
私营股份有限公司	Private Share holding Corporations Ltd.	10	12	694
其他企业	Other Enterprises	27	27	2038
港、澳、台商投资企业	**Enterprises with Investment from Hong Kong, Macao Taiwan**	**4**	**4**	**663**
港澳台资合资经营	Joint-venture Enterprises (HK,Macao & Taiwan)	1	1	445
港澳台资合作经营	Cooperative Enterprises (HK,Macao & Taiwan)			
港澳台商独资企业	Sole Investment from HK, Macao & Taiwan	3	3	218
港澳台商投资股份有限公司	Share-holding Co.,Ltd.from HK, Macao & Ttaiwan			
外商投资企业	**Enterprises With Foreign Investment**	**6**	**10**	**566**
中外合资经营企业	Joint venture Enterprises	2	2	53
中外合作经营企业	Cooperation Enterprises			
外资企业	Enterprises with Sole Foreign Investment	3	3	113
外商投资股份有限公司	Share-holding Co., Ltd.with Foreign Investment	1	5	400

16-3 限额以上批发、零售贸易业商品销售总额 (2008年,按行业分)

Total Sales of Enterprise above Designated Size in Wholesale & Retail Trade by Sector(2008)

单位：万元 (10 000 yuan)

指标	Item	销售总额 Total Sales	批发 Whole sale	零售 Retail
总计	**Total**	**21279085**	**14380875**	**6898209**
批发业合计	**Wholesale Trade**	**15501571**	**13850856**	**1650715**
农畜产品	Workstock Products	891897	770015	121882
#谷物、豆及薯类	Cereal,Beans & Tubers	341490	341490	
食品、饮料及烟草制品	Food, Beverages & Tobaccos	1711159	1640358	70801
#米、面制品及食用油	Grains & Edible Oil	77841	77030	811
果品、蔬菜	Fruits & Vegetables	126279	98437	27842
肉、禽、蛋及水产品	Meat,Poultry,Eggs & Aquatic	18267	15221	3046
纺织、服装及日用品	Textile, Garment & Household	32280	25594	6687
#纺织品、针织品及原料	Textile,Kintwear	8043	8043	
服装	Garment	14319	9092	5227
文化、体育用品及器材	Cultural,Sports & Equipment	37385	35904	1482
医药及医疗器材	Medicines & Medical Appliances	209085	188738	20347
矿产品、建材及化工产品	Minerals,Building & Chemicals	11567727	10229759	1337968
#石油及制品	Petroleum & Related Products	3121763	1839184	1282579
煤炭及制品	Coal & Related Products	4978356	4941388	36968
化肥	Chemical Materials	362883	361396	1487
机械设备、五金交电及电子产品	Machinery,Hardware,Electrics	887045	795497	91548
#汽车、摩托车及零配件	Automobile,Motorcycles & Parts	393273	315017	78256
贸易经纪与代理	Trading Brokerage & Agency	20251	20251	
其他	Others	144741	144741	
零售业合计	**Retail Trade**	**5777514**	**530020**	**5247494**
综合零售	Comprehensive Retail	855238	9926	845312
#百货	Consumer Goods	667243	9058	658185
食品、饮料及烟草制品专门零售	Food, Drink & Tobaccos	73116	12833	60283
#粮油	Grains & Edible Oil	53125	12833	40292
纺织、服装及日用品专门零售	Textile , Garment & Household	82142		82142
#纺织品及针织品	Textile & Kintwear Products	17469		17469
服装	Garments	51713		51713
鞋帽	Shoes & Hats	9102		9102
文化、体育用品及器材专门零售	Cultural,Sports Goods	46498	3	46496
#文具用品	Cultural Goods			
体育用品	Sports Goods			
图书	Books	32161	3	32159
报刊	Newspapers & Magazines			
医药及医疗器材专门零售	Medicines & Medical Appliances	74549	11895	62653
汽车、摩托车、燃料及零配件专门零售	Auto,Motorbikes,Fuel & Accessory	4068240	477613	3590628
家用电器及电子产品专门零售	Electronic Products	388965	15754	373211
#计算机、软件及辅助设备	Computers, Software	30570		30570
五金、家具及室内装修材料专门零售	Hardware,Furniture & Home Decoration Material	142308	1494	140814
无店铺及其他零售	Non-Shop Retail & Other Retails	46460	503	45957

16-4 限额以上批发零售贸易业商品分类销售额

Total Sales of Enterprises above Designated Size in Wholesale and Retail Sale by Category of Main Commodities

单位：万元 (10 000 yuan)

项 目	Item	合计 Total		批发 Wholesale		零售 Retail Sale	
		2007	2008	2007	2008	2007	2008
食品类	Food	2373872	2377015	2140147	2181419	233725	195596
#肉禽蛋类	Meat, Poultry and Eggs	43557	45716	12626	7628	30931	38088
饮料类	Beverages	53204	61450	32400	30953	20804	30497
烟酒类	Tobacco and Liquor	1210766	1291413	1180844	1258247	29922	33166
服装、鞋帽类	Garments, Footwear and Hats	392498	503842	10523	2312	381975	501530
针、纺织品类	Knitwear and Textiles	49990	62497	7974	1580	42016	60917
化妆品类	Cosmetics	26251	33667	146		26105	33667
金银珠宝类	Gold, Silver and Jewelry	31589	42715	240	34	31349	42681
日用品类	Articles for Daily Use	116922	155051	7584	9592	109338	145459
#洗涤用品类	Washing Articles	25219	27337	5289	7285	19930	20052
五金、电料类	Hardware and Electrical Materials	17448	28868	1770	619	15678	28249
体育、娱乐用品类	Sports and Recreation Articles	9829	11801	964	963	8865	10838
书报杂志类	Newspapers and Magazines	55584	53058	27810	21741	27774	31317
电子出版物及音像制品类	E journal and Video Products	7059	4529			7059	4529
家用电器和音像器材类	Household Appliances and Video Appliances	332808	382431	34961	25820	297847	356611
中西药品类	Traditional Chinese and Western Medicines	153065	194721	108952	126593	44113	68128
文化、办公用品类	Cultural and Official Goods	81134	90648	19589	12111	61545	78537
家具类	Furniture	18405	39780			18405	39780
通讯器材类	Communication Appliances	38467	33043	10097	4277	28370	28766
煤炭及制品类	Coal and Related Product	3357606	4646482	3344418	4642339	13188	4143
木材及制品类	Wood and Wooden Product	224294	161815	209545	152763	14749	9052
石油及制品类	Petroleum and Related Product	3064129	3923085	1804415	2271299	1259714	1651786
化工材料类	Raw Chemical Materials	387096	368482	386428	367481	668	1001
黑色金属材料类	Ferrous Metals Materials						
有色金属材料类	Nonferrous Metals						
建筑及装潢材料类	Building and Decoration Materials	80751	149462	54471	123062	26280	26400
机电产品设备类	Mechanical and Electrical Products	181835	190633	156076	165390	25759	25243
#农机类	Agricultural Machinery	28623	33146	28601	33146	22	
种子饲料类	Seed and Feedstuff	13216	16980	13216	16980		
棉麻、土畜类	Cotton, Hemp and Local livestock						

16-5 星级住宿业经营情况（2008年）

Business of Star-ranking Hotels （2008）

单位：万元 (10 000 yuan)

指标	Item	营业额 Business Revenue	#客房收入 Revenue from Hotel Rooms	#餐费收入 Revenue from Meals	#商品销售收入 Revenue from Commodities
总　　计	**Total**	**288840**	**134569**	**138172**	**4138**
按国民经济行业分组	**Grouped by Sector**				
旅游饭店	Tourist Hotel	208143	90952	105512	2124
一般旅馆	General Hotel	69965	37086	28867	1645
其他住宿服务	Others	10733	6531	3793	369
按地区分	**By Region**				
呼和浩特市	Hohhot City	103542	45369	52871	690
包　头　市	Baotou City	38441	16882	19360	50
呼伦贝尔市	Hulunbeier City	17140	7215	8126	960
兴　安　盟	Xingan League	5790	3088	1837	
通　辽　市	Tongliao City	21698	9794	10499	274
赤　峰　市	Chifeng City	26321	12652	13179	22
锡林郭勒盟	Xilinguole League	17953	9750	7479	35
乌兰察布市	Wulanchabu City	9487	4158	4482	461
鄂尔多斯市	Erdos City	33136	16375	14490	1513
巴彦淖尔市	Bayannaoer City	837	612	200	
乌　海　市	Wuhai City	10613	6713	3874	
阿 拉 善 盟	Alashan League	3885	1960	1774	133

16-6 餐饮业销售情况(2008年)
Catering Trade(2008)

单位：万元 (10 000 yuan)

指标	Item	营业收入 Business Revenue	# 商品零售额 Retail Sales of Commodities
总 计	**Total**	**4604978**	**4542147**
按限额标准分	**By Size of Enterprises**		
限额以上企业	Above Designated Size	327965	265135
正餐服务	Dinner Services	325357	262645
快餐服务	Fast Food Services	1807	1689
饮料及冷饮服务	Cold/Ice drink,Icecream/Ice Lolly Services		
其他餐饮服务	Others	801	801
限额以下企业	Below Designated Size	4277012	4277012
按地区分	**By Region**		
呼和浩特市	Hohhot City	1284105	1263909
包　头　市	Baotou City	1108240	1103039
呼伦贝尔市	Hulunbeier City	383310	379217
兴　安　盟	Xingan League	109837	109445
通　辽　市	Tongliao City	230405	229419
赤　峰　市	Chifeng City	295099	293924
锡林郭勒盟	Xilinguole League	143804	143441
乌兰察布市	Wulanchabu City	225127	221085
鄂尔多斯市	Erdos City	546694	523139
巴彦淖尔市	Bayannaoer City	146792	145533
乌　海　市	Wuhai City	86306	85335
阿 拉 善 盟	Alashan League	45258	44663

16-7 限额以上批发零售贸易企业资产及负债(2008年,按登记注册类型分)

Assets and Liability of Enterprises above Designated Size in Whole sale and Retail Sale by Registration(2008)

单位：万元 (10 000 yuan)

指 标	Item	资产合计 Total Assets	# 流动资产 Circula-ting Funds	# 固定资产 Fixed Asset	负债合计 Total Liabi-lities
总 计	**Total**	**6491950**	**4278595**	**1186729**	**4460436**
一、批发业合计	**Wholesale Trade**	**4355295**	**2929513**	**727865**	**2958655**
内资企业	**Domestic-Funded Enterprises**	**4346728**	**2926651**	**727806**	**2950176**
国有企业	State-owned	1519988	1064501	287786	911856
集体企业	Collective owned	30764	25396	2370	26815
股份合作企业	Cooperative	36645	28746	1375	32538
联营企业	Joint Ownership				
国有联营公司	State Joint Ownership				
集体联营企业	Collective Joint Ownership				
国有与集体联营企业	Joint State collective				
其他联营企业	Other Joint Ownership				
有限责任公司	Limited Liability Co.	1026993	770345	73600	760602
国有独资企业	State funded				
其他有限责任公司	Other Limited Liability Co.	1026993	770345	73600	760602
股份有限公司	Share holding Co. Ltd.	454157	244088	84575	392187
私营企业	Private Enterprises	1256987	777402	273079	825176
私营独资企业	Private funded	29762	11504	14545	15076
私营合伙企业	Private Partnership	4174	3220	954	3117
私营有限责任公司	Private Limited Liability Co.	1187570	735760	252297	784968
私营股份有限公司	Private Share holding Co. Ltd.	35481	26919	5283	22015
其他企业	Other Enterprises	21194	16173	5021	1003
港、澳、台商投资企业	**Enterprises with Investment from Hong Kong, Macao & Taiwan**	**977**	**966**	**11**	**977**
港澳台资合资经营	Joint-venture	977	966	11	977
港澳台资合作经营	Cooperative				
港澳台商独资企业	Sole Investment				
港澳台商投资股份有限公司	Share-holding Co.Ltd.				
外商投资企业	**Enterprises With Foreign Investment**	**7590**	**1896**	**49**	**7502**
中外合资经营企业	Joint venture	1933	1896	37	1948
中外合作经营企业	Cooperation				
外资企业	Enterprises with Sole	5657		12	5554
外商投资股份有限公司	Share-holding Co. Ltd.				

16-7 续表 continued

单位：万元 (10 000 yuan)

指 标	Item	资产合计 Total Assets	#流动资产 Circulating Funds	#固定资产 Fixed Asset	负债合计 Total Liabilities
二、零售业合计	**Retail Trade**	**2136655**	**1349082**	**458863**	**1501782**
内资企业	**Domestic Funded Enterprises**	**2128244**	**1346551**	**454107**	**1494980**
国有企业	State owned	289941	137574	97763	221149
集体企业	Collective owned	6003	4560	843	6254
股份合作企业	Cooperative	9503	8714	446	8512
联营企业	Joint Ownership				
国有联营公司	State Joint Ownership				
集体联营企业	Collective Joint Ownership				
国有与集体联营企业	Joint State collective				
其他联营企业	Other Joint Ownership				
有限责任公司	Limited Liability Co.	498775	361605	90415	357904
国有独资企业	State funded				
其他有限责任公司	Other Limited Liability Co.	498775	361605	90415	357904
股份有限公司	Share holding Co. Ltd.	270842	163851	50921	246009
私营企业	Private Enterprises	1019743	660845	198019	645502
私营独资企业	Private funded	65528	25163	28908	36108
私营合伙企业	Private Partnership	4602	672	495	2238
私营有限责任公司	Private Limited Liability Co.	906089	603294	161098	576638
私营股份有限公司	Private Share holding Co. Ltd.	43523	31715	7518	30518
其他企业	Other Enterprises	33438	9404	15700	9650
港、澳、台商投资企业	**Enterprises with Investment from Hong Kong, Macao & Taiwan**	**2494**	**719**	**652**	**2861**
港澳台资合资经营	Joint-venture	2494	719	652	2861
港澳台资合作经营	Cooperative				
港澳台商独资企业	Sole Investment				
港澳台商投资股份有限公司	Share-holding Co.Ltd.				
外商投资企业	**Enterprises With Foreign Investment**	**5916**	**1812**	**4104**	**3941**
中外合资经营企业	Joint venture				
中外合作经营企业	Cooperation				
外资企业	Enterprises with Sole				
外商投资股份有限公司	Share-holding Co. Ltd.	5916	1812	4104	3941

16-8 限额以上批发、零售贸易企业资产及负债(2008年,按行业分)

Assets and Liability of Enterprises above Designated Size in Wholesale and Retail by Sector(2008)

单位：万元 (10 000 yuan)

指标	Item	资产合计 Total Assets	#流动资产 Circula-ting Funds	#固定资产 Fixed Asset	负债合计 Total Liabi-lities
总计	**Total**	**6491950**	**4278595**	**1186729**	**4460436**
批发业合计	**Wholesale Trade**	**4355295**	**2929513**	**727865**	**2958655**
农畜产品	Workstock Products	609471	441649	96589	447183
#谷物、豆及薯类	Cereal,Beans & Tubers	544419	412052	77479	422771
食品、饮料及烟草制品	Food, drink & Tobaccos	653196	448512.6	112622	257940
#米、面制品及食用油	Grains & Edible Oil	133661	106153	17188	109422
果品、蔬菜	Fruits & Vegetables	9405	3098	4528	4962
肉、禽、蛋及水产品	Meat,Poultry,Eggs & Aqui- Products	6308	4961	937	4750
纺织、服装及日用品	Textile,Garment & Household Goods	72290	10201	62058	18846
#纺织品、针织品及原料	Textile,Kintwear & Material	6547	4015	2532	3850
服装	Garment	59532	1505	58002	9349
文化、体育用品及器材	Cultural,Sports Goods & Equipment	53524	36333	17191	21405
医药及医疗器材	Medicines & Medical Appliances	101421	84777	11474	76525
矿产品、建材及化工产品	Minerals,Building Materials & Chemicals	2336601	1508564	399054	1682263
#石油及制品	Petroleum & Related Products	399361	137393	123844	322964
煤炭及制品	Coal & Related Products	964274	676762	111667	707011
化肥	Chemical Materials	267590	247098	8783	236827
机械设备、五金交电及电子产品	Machinery, Equipment, Hardware, Electrical Products	473768	364257	19002	422275
#汽车、摩托车及零配件	Motor Vehicles,Motorcycles & Parts	349655	260024	7158	327517
贸易经纪与代理	Trading Brokerage & Agency	11842	5790	157	9886
其他	Others	43182	29429	9718	22333
零售业合计	**Retail Trade**	**2136655**	**1349082**	**458863**	**1501782**
综合零售	Comprehensive Retail	396748	220217	121700	280487
#百货零售	Consumer Goods	258680	133024	83514	175282
食品、饮料及烟草制品	Food, Beverages & Tobaccos Products	54866	36777	12282	39159
#粮油	Grains & Edible Oil	43214	30127	8957	33692
纺织、服装及日用品	Textile , Garment & Household Goods	60725	20363	34626	43180
#纺织品及针织品	Textile & Kintwear Products	11567.5	3041.3	7243	6716.9
服装	Garments	44888	15586	26066	34060
鞋帽	Shoes & Hats	3160	1222	722	1955
文化、体育用品及器材	Cultural,Sports Goods	37562	12413	18637	32056
#文具用品	Cultural Goods				
体育用品	Sports Goods				
图书	Books	30688	7946	17088	28031
报刊	Newspapers & Magazines				
医药及医疗器材	Medicines & Medical Appliances	45188	26763	5723	31662
汽车、摩托车、燃料及零配件	Auto,Motorbikes, Fuel & Spare & Accessory & Parts	1224622	786956	220964	919048
家用电器及电子产品	Household Appliances & Electronic Products	149584	122890	12116	106792
#计算机、软件及辅助设备	Computers, Software & Appliances	11272	9016	1878	7309
五金、家具及室内装修材料	Hardware,Furniture and Interior Decoration Material	128238	97262	24036	23898
无店铺及其他	Non-Shop Retail & Other Retails	39123	25442	8779	25500

16-9 限额以上餐饮企业资产及负债(2008年,按登记注册类型和行业分)

Assets and Liability of Enterprises above Designated Size in Catering Trades by Registration and by Sector(2008)

单位：万元 (10 000 yuan)

指标	Item	资产合计 Total Assets	#流动资产 Circulating Funds	#固定资产 Fixed Asset	负债合计 Total Liabilities
总计	**Total**	**425707**	**150756**	**172148**	**258506**
按登记注册类型分	**By Status of Registration**				
内资企业	**Domestic Funded Enterprises**	**402734**	**144263**	**156264**	**240302**
国有企业	State owned	43801	12098	25049	23790
集体企业	Collective owned	1136	219	760	731
股份合作企业	Cooperative	8418	901	6488	3950
联营企业	Joint Ownership				
国有联营公司	State Joint Ownership				
集体联营企业	Collective Joint Ownership				
国有与集体联营企业	Joint State collective				
其他联营企业	Other Joint Ownership				
有限责任公司	Limited Liability Co.	107868	32707	45011	68851
国有独资企业	State funded Co.				
其他有限责任公司	Other Limited Liability Co.	107868	32707	45011	68851
股份有限公司	Share holding Co. Ltd.	15506	3262	5245	12319
私营企业	Private Enterprises	215818	90836	68861	123423
私营独资企业	Private funded	96274	35912	21262	60397
私营合伙企业	Private Partnership	8481	2808	3624	4052
私营有限责任公司	Private Limited Liability Co.	106115	49462	41989	56096
私营股份有限公司	Private Share holding Co. Ltd.	4949	2654	1986	2879
其他企业	Other .	10188	4241	4850	7238
港、澳、台商投资企业	**Enterprises with Investment from HK , Macao & Taiwan**	**20818**	**5231**	**15393**	**16877**
港澳台资合资经营	Joint-venture Enterprises (HK,Macao & Taiwan)	19786	4595	15192	16118
港澳台资合作经营	Cooperative Enterprises (HK,Macao & Taiwan)				
港澳台商独资企业	Sole Investment from HK, Macao & Taiwan	1032	637	202	759
港澳台商投资股份有限公司	Share-holding Co.,Ltd.from HK, Macao & Ttaiwan				
外商投资企业	**Enterprises With Foreign Investment**	**2155**	**1262**	**491**	**1328**
中外合资经营企业	Joint venture	751	451	205	759
中外合作经营企业	Cooperation				
外资企业	Enterprises with Sole Foreign Investment	971	445	243	498
外商投资股份有限公司	Share-holding Co.Ltd. with Foreign Investment	434	365	44	71
按服务业分	**By Business Categories**				
正餐服务	Dinner Services	423097	149721	171335	256768
快餐服务	Fast Food Services	1978	601	710	1157
饮料及冷饮服务	Cold drink Services				

16-10 限额以上批发零售贸易企业主要财务指标（2008年,按登记注册类型分）

Main Financial Indicators of Enterprises above Designated Size in Wholesale and Retail Sale by Registration(2008)

单位：万元 (10 000 yuan)

指 标	Item	商品销售收入 Sales Revenue	商品销售成本 Cost of Sales	经营费用 Manag-ement Cost	商品销售税金及附加 Sales Tax & Extra Changes	商品销售利润 Total Profits
批发零售贸易业总计	**Total**	**20516170**	**17007088**	**615002**	**153223**	**3348039**
一、 批发业合计	**Wholesale Trades**	**14990161**	**12397952**	**426082**	**109294**	**2484133**
内资企业	**Domestic Funded Enterprises**	**14961296**	**12372112**	**424207**	**109267**	**2481134**
国有企业	State owned	4643818	3555998	87969	43722	1034852
集体企业	Collective owned	46980	43240	1411	47	3693
股份合作企业	Cooperative	33015	29508	1422	362	2755
联营企业	Joint Ownership					
国有联营公司	State Joint Ownership					
集体联营企业	Collective Joint Ownership					
国有与集体联营企业	Joint State collective					
其他联营企业	Other Joint Ownership					
有限责任公司	Limited Liability Co.	3650233	3229789	146291	16432	399672
国有独资企业	State funded Co.					
其他有限责任公司	Other Limited Liability Co.	3650233	3229789	146291	16432	399672
股份有限公司	Share holding Corporations Ltd.	3822233	3110851	62192	32369	679014
私营企业	Private	2736632	2380027	124782	16258	358906
私营独资企业	Private funded	149439	114179	1837	6699	28561
私营合伙企业	Private Partnership	14379	12637	555	26	1717
私营有限责任公司	Private Limited Liability Co.	2329613	2048880	115900	8730	292924
私营股份有限公司	Private Share holding Co. Ltd.	243200	204331	6490	803	35704
其他企业	Other Enterprises	28384	22700	141	77	2243
港、澳、台商企业	**Enterprises from HK, Macao & Taiwan**	**6644**	**5979**	**79**	**15**	**650**
港澳台资合资经营	Joint-venture Enterprises (HK,Macao & Taiwan)	6644	5979	79	15	650
港澳台资合作经营	Cooperative Enterprises (HK,Macao & Taiwan)					
港澳台商独资企业	Sole Investment from HK, Macao & Taiwan					
港澳台商投资股份有限公司	Share-holding Co.,Ltd.from HK, Macao & Ttaiwan					
外商企业	**Enterprises Foreign Investment**	**22222**	**19861**	**1796**	**12**	**2349**
中外合资经营企业	Joint venture	17066	14717	1794	12	2337
中外合作经营企业	Cooperation					
外资企业	Sole Foreign Investment	5156	5145	2	0	11
外商投资股份有限公司	Share-holding Co. Ltd.with Foreign Investment					

16-10 续表 continued

单位：万元 (10 000 yuan)

指 标	Item	商品销售收入 Sales Revenue	商品销售成本 Cost of Sales	经营费用 Manag-ement Cost	商品销售税金及附加 Sales Tax & Extra Changes	商品销售利润 Total Profits
二、零售企业合计	**Retail Sale Trades**	**5526009**	**4609136**	**188920**	**43929**	**863906**
内资企业	**Domestic Funded Enterprises**	**5518165**	**4604331**	**188358**	**43798**	**860998**
国有企业	State owned	1582446	1304023	55585	16980	261427
集体企业	Collective owned	10529	8412	812	41	2076
股份合作企业	Cooperative	16951	11959	457	219	3425
联营企业	Joint Ownership					
国有联营公司	State Joint Ownership					
集体联营企业	Collective Joint Ownership					
国有与集体联营企业	Joint State collective					
其他联营企业	Other Joint Ownership					
有限责任公司	Limited Liability Co.	1120620	960229	43073	7372	151600
国有独资企业	State funded Co.					
其他有限责任公司	Other Limited Liability Co.	1120620	960229	43073	7372	151600
股份有限公司	Share holding Corporations Ltd.	831812	734741	32833	4762	92130
私营企业	Private	1882730	1519518	54217	14273	342924
私营独资企业	Private funded	141842	118586	3913	4257	18920
私营合伙企业	Private Partnership	4897	4243	111	103	551
私营有限责任公司	Private Limited Liability Co.	1645305	1321814	45608	9361	308194
私营股份有限公司	Private Share holding Co. Ltd.	90686	74875	4585	552	15259
其他企业	Other Enterprises	73077	65449	1382	152	7417
港、澳、台商投资企业	**Enterprises with Investment from Hong Kong, Macao & Taiwan**	**2395**	**1945**			**450**
港澳台资合资经营	Joint-venture Enterprises (HK,Macao & Taiwan)	2395	1945			450
港澳台资合作经营	Cooperative Enterprises (HK,Macao & Taiwan)					
港澳台商独资企业	Sole Investment from HK, Macao & Taiwan					
港澳台商投资股份有限公司	Share-holding Co.,Ltd.from HK, Macao & Ttaiwan					
外商投资企业	**Enterprises With Foreign Investment**	**5450**	**2861**	**562**	**131**	**2458**
中外合资经营企业	Joint venture					
中外合作经营企业	Cooperation					
外资企业	Sole Foreign Investment					
外商投资股份有限公司	Share-holding Co. Ltd.with Foreign Investment	5450	2861	562	131	2458

16-11 限额以上批发、零售贸易企业主要财务指标(2008年,按行业分)

Main Financial Indicators of Enterprises above Designated Size in Wholesale and Retail Sale by Sector(2008)

单位：万元 (10 000 yuan)

指 标	Item	商品销售收入 Sales Revenue	商品销售成本 Cost of Sales
总 计	**Total**	**20516170**	**17007088**
批发业合计	**Wholesale Trade**	**14990161**	**12397952**
农畜产品批发	Workstock Products	881260	813654
#谷物、豆及薯类批发	Cereal,Beans & Tubers	336819	316460
食品、饮料及烟草制品批发	Food, Beverages & Tobaccos	1632967	1233616
#米、面制品及食用油批发	Grains & Edible Oil	72791	61942
果品、蔬菜批发	Fruits & Vegetables	126279	116572
肉、禽、蛋及水产品批发	Meat,Poultry,Eggs & Aquatic Products	18267	16870
纺织、服装及日用品批发	Textile Products, Garment & Household Goods	30961	25714
#纺织品、针织品及原料批发	Textile,Kintwear Products & Material	8043	6913
服装批发	Garment	14319	11023
文化、体育用品及器材批发	Cultural,Sports Goods & Equipment	37385	34142
医药及医疗器材批发	Medicines & Medical Appliances	206208	178488
矿产品、建材及化工产品批发	Minerals,Building Materials & Chemical Products	11156053	9242014
#石油及制品批发	Petroleum & Related Products	2720769	2486454
煤炭及制品批发	Coal & Related Products	4971148	3984878
化肥批发	Chemical Materials	359492	334995
机械设备、五金交电及电子产品批发	Machinery, Equipment,Hardware,Communication, Electrical Appliances & Products	883986	736652
#汽车、摩托车及零配件批发	Motor Vehicles,Motorcycles & Parts	393273	326301
贸易经纪与代理	Trading Brokerage & Agency	20851	19209
其他批发	Others	140491	114464
零售业合计	**Retail Trade**	**5526009**	**4609136**
综合零售	Comprehensive Retail	819990	692593
#百货零售	Consumer Goods	637323	539412
食品、饮料及烟草制品专门零售	Special Retail of Food, Beverages & Tobaccos Products	73066	62350
#粮油零售	Grains & Edible Oil	53075	47298
纺织、服装及日用品专门零售	Special Retail of Textile Products, Garment & Household Goods	80493	59988
#纺织品及针织品零售	Textile & Kintwear Products	17379	12423
服装零售	Garments	50145	38183
鞋帽零售	Shoes & Hats	9111	6603
文化、体育用品及器材专门零售	Special Retail of Cultural,Sports Goods and Equipment	45722	34305
#文具用品零售	Cultural Goods		
体育用品零售	Sports Goods		
图书零售	Books	31385	23766
报刊零售	Newspapers & Magazines		
医药及医疗器材专门零售	Special Retail of Medicines & Medical Appliances	71499	53814
汽车、摩托车、燃料及零配件专门零售	Special Retail of Auto,Motorbikes, Fuel & Spare & Accessory & Parts	3879641	3238841
家用电器及电子产品专门零售	Special Retail of Household Appliances & Electronic Products	382533	331592
#计算机、软件及辅助设备零售	Computers, Software & Office Appliances	30689	25282
五金、家具及室内装修材料专门零售	Special Retail of Hardware,Furniture and Interior Decoration Material	126110	98746
无店铺及其他零售	Non-Shop Retail & Other Retails	46956	36907

16-11 续表 continued

单位：万元　　(10 000 yuan)

指 标	Item	经营费用 Management Cost	商品销售税金及附加 Sales Tax & Extra Changes	商品销售利润 Total Profits
总 计	**Total**	**615002**	**153223**	**3348039**
批发业合计	**Wholesale Trade**	**426082**	**109294**	**2484133**
农畜产品批发	Workstock Products	23031	3276	76896
#谷物、豆及薯类批发	Cereal,Beans & Tubers	17148	1634	34481
食品、饮料及烟草制品批发	Food, Beverages & Tobaccos	63932	10963	386127
#米、面制品及食用油批发	Grains & Edible Oil	3051	363	10486
果品、蔬菜批发	Fruits & Vegetables	5521	758	8948
肉、禽、蛋及水产品批发	Meat,Poultry,Eggs & Aquatic Products	305	268	1129
纺织、服装及日用品批发	Textile, Garment & Household Goods	1103	358	4889
#纺织品、针织品及原料批发	Textile,Kintwear Products & Material	237	190	941
服装批发	Garment	436	133	3164
文化、体育用品及器材批发	Cultural,Sports Goods & Equipment	674	543	2700
医药及医疗器材批发	Medicines & Medical Appliances	5258	438	26541
矿产品、建材及化工产品批发	Minerals,Building Materials & Chemical Products	293158	87804	1821075
#石油及制品批发	Petroleum & Related Products	70545	7175	227140
煤炭及制品批发	Coal & Related Products	169973	43804	940317
化肥批发	Chemical Materials	8677	446	24052
机械设备、五金交电及电子产品批发	Machinery, Hardware,Electrical	37126	4037	142919
#汽车、摩托车及零配件批发	Motor Vehicles,Motorcycles & Parts	17757	2785	64187
贸易经纪与代理	Trading Brokerage & Agency	319	44	1598
其他批发	Others	1482	1830	21388
零售业合计	**Retail Trade**	**188920**	**43929**	**863906**
综合零售	Comprehensive Retail	31872	6158	120748
#百货零售	Consumer Goods	20688	4391	93221
食品、饮料及烟草制品专门零售	Special Retail of Food, Beverages & Tobaccos Products	3432	1382	9285
#粮油零售	Grains & Edible Oil	2274	1162	4614
纺织、服装及日用品专门零售	Special Retail of Textile Products, Garment & Household Goods	6068	2155	18191
#纺织品及针织品零售	Textile & Kintwear Products	1427	204	4752
服装零售	Garments	3819	1540	10263
鞋帽零售	Shoes & Hats	390	398	2110
文化、体育用品及器材专门零售	Special Retail of Cultural,Sports Goods and Equipment	2120	1055	10306
#文具用品零售	Cultural Goods			
体育用品零售	Sports Goods			
图书零售	Books	1648	460	7159
报刊零售	Newspapers & Magazines			
医药及医疗器材专门零售	Medicines & Medical Appliances	5117	398	10276
汽车、摩托车、燃料及零配件专门零售	Special Retail of Auto,Motorbikes, Fuel & Spare & Accessory & Parts	120972	29064	612049
家用电器及电子产品专门零售	Special Retail of Household Appliances & Electronic Products	13353	1996	49035
#计算机、软件及辅助设备零售	Computers, Software & Office Appliances	588	126	5281
五金、家具及室内装修材料专门零售	Special Retail of Hardware,Furniture and Interior Decoration Material	3986	1356	25800
无店铺及其他零售	Non-Shop Retail & Other Retails	2001	366	8215

16-12 限额以上星级住宿企业主要财务指标 (2008年,按登记注册类型和行业分)

Main Financial Indicators of Enterprises above Designated Size in Star-ranking Hotel by Registration and by Sector(2008)

单位：万元 (10 000 yuan)

指标	Item	商品销售收入 Sales Revenue	商品销售成本 Cost of Sales	经营费用 Manag-ement Cost	商品销售税金及附加 Sales Tax & Extra Changes	商品销售利润 Total Profits
总 计	**Total**	**289600**	**127989**	**63263**	**13738**	**145105**
按登记注册类型分	**By Status of Registration**					
内资企业	**Domestic Funded Enterprises**	**264491**	**117376**	**60301**	**12612**	**131735**
国有企业	State owned	74181	31049	16800	3947	37243
集体企业	Collective owned	5918	2808	1635	229	2881
股份合作企业	Cooperative	8006	4257	1636	332	3417
联营企业	Joint Ownership	976	331	164	16	629
国有联营公司	State Joint Ownership	380	140	128		240
集体联营企业	Collective Joint Ownership	596	191	36	16	390
国有与集体联营企业	Joint State collective					
其他联营企业	Other Joint Ownership					
有限责任公司	Limited Liability Co.	65916	26524	17292	3198	36189
国有独资企业	State funded Co.	4503	3821	1854	276	401
其他有限责任公司	Other Limited Liability Co.	61413	22703	15438	2922	35789
股份有限公司	Share holding Co.Ltd.	11205	5846	1355	395	4964
私营企业	Private Enterprises	96288	45154	21208	4433	45879
私营独资企业	Private funded	34795	18856	5351	1545	13897
私营合伙企业	Private Partnership	4392	1160	1606	127	3105
私营有限责任公司	Private Limited Liability Co.	46736	20908	11632	2267	23237
私营股份有限公司	Private Share holding Co. Ltd.	10365	4230	2618	494	5641
其他企业	Other	2001	1407	212	62	532
港、澳、台商投资企业	**Enterprises with Investment from HK , Macao & Taiwan**	**15248**	**6675**	**1674**	**695**	**7879**
港澳台资合资经营	Joint-venture Enterprises (HK,Macao & Taiwan)	7458	2781	1674	313	4364
港澳台资合作经营	Cooperative Enterprises (HK,Macao & Taiwan)					
港澳台商独资企业	Sole Investment from HK, Macao & Taiwan	7790	3893		382	3515
港澳台商投资股份有限公司	Share-holding Co.,Ltd.from HK, Macao & Ttaiwan					
外商投资企业	**Enterprises With Foreign Investment**	**9861**	**3939**	**1288**	**431**	**5491**
中外合资经营企业	Joint venture	3701	1428	482	130	2143
中外合作经营企业	Cooperation					
外资企业	Sole Foreign Investment	6161	2511	806	301	3348
外商投资股份有限公司	Share-holding Co. Ltd. with Foreign Investment					
按国民经济行业分	**By Sector**					
旅游饭店	Tourist Hotel	209095	90019	46443	10191	106860
一般旅馆	General Hotel	69627	31720	15633	3091	34074
其他住宿服务	Others	10878	6250	1187	456	4171

16-13 限额以上餐饮企业主要财务指标
(2008年,按登记注册类型和行业分)
Main Financial Indicators of Enterprises above Designated Size in Catering Trades by Registration and by Sector(2008)

单位：万元 (10 000 yuan)

指 标	Item	商品销售收入 Sales Revenue	商品销售成本 Cost of Sales	经营费用 Management Cost	商品销售税金及附加 Sales Tax & Extra Changes	商品销售利润 Total Profits
总 计	**Total**	**324511**	**176733**	**52545**	**15388**	**130709**
按登记注册类型分	**By Status of Registration**					
内资企业	**Domestic Funded Enterprises**	**309243**	**169525**	**47998**	**14751**	**123287**
国有企业	State owned	18424	10677	3152	1025	6722
集体企业	Collective owned	340	141	114	31	168
股份合作企业	Cooperative	2779	3105	60	126	-452
联营企业	Joint Ownership					
国有联营公司	State Joint Ownership					
集体联营企业	Collective Joint Ownership					
国有与集体联营企业	Joint State collective					
其他联营企业	Other Joint Ownership					
有限责任公司	Limited Liability Co.	72885	37303	13479	2980	31077
国有独资企业	State funded Co.					
其他有限责任公司	Other Limited Liability Co.	72885	37303	13479	2980	31077
股份有限公司	Share holding Co.Ltd.	11624	6391	1744	511	4723
私营企业	Private Enterprises	186558	103275	27376	9287	73840
私营独资企业	Private funded	59664	36865	7046	2677	19699
私营合伙企业	Private Partnership	10608	5713	1556	499	4395
私营有限责任公司	Private Limited Liability Co.	109019	56734	17516	5713	46838
私营股份有限公司	Private Share holding Co. Ltd.	7268	3963	1258	398	2908
其他企业	Other	16634	8634	2073	791	7209
港、澳、台商投资企业	**Enterprises with Investment from HK , Macao & Taiwan**	**7816**	**2471**	**3483**	**372**	**4972**
港澳台资合资经营	Joint-venture Enterprises (HK,Macao & Taiwan)	5506	1425	2851	262	3819
港澳台资合作经营	Cooperative Enterprises (HK,Macao & Taiwan)					
港澳台商独资企业	Sole Investment from HK, Macao & Taiwan	2310	1047	632	110	1153
港澳台商投资股份有限公司	Share-holding Co.,Ltd.from HK, Macao & Ttaiwan					
外商投资企业	**Enterprises With Foreign Investment**	**7451**	**4737**	**1064**	**265**	**2450**
中外合资经营企业	Joint venture	812	428	43	36	349
中外合作经营企业	Cooperation					
外资企业	Sole Foreign Investment	1526	895	232	64	567
外商投资股份有限公司	Share-holding Co. Ltd. with Foreign Investment	5114	3415	788	165	1534
按国民经济行业分	**By Sector**					
正餐服务	Dinner Services	321700	175303	51891	15262	129454
快餐服务	Fast Food Services	2008	984	649	97	927
饮料及冷饮服务	Cold drink Services					
其他餐饮服务	Others	802	446	6	30	327

主要统计指标解释

社会消费品零售总额 指国民经济各行业直接售给城乡居民和社会集团的消费品总额。它是反映各行业通过多种商品流通渠道向居民和社会集团供应的生活消费品总量，是研究国内零售市场变动情况、反映经济景气程度的重要指标。

社会消费品零售总额包括：(1)售给城乡居民作为生活用的商品和修建房屋用的建筑材料；(2)售给社会集团的各种办公用品和公用消费品；(3)售给机关、团体、学校、部队、企业、事业单位的职工食堂和旅店(招待所)附设专门供本店旅客食用，不对外营业的食堂的各种食品、燃料；企业、单位和国营农场直接售给本单位职工和职工食堂的自己生产的产品；(4)售给部队干部、战士生活用的粮食、副食品、衣着品、日用品、燃料；(5)售给来华的外国人、华侨、港澳台同胞的消费品；(6)居民自费购买的中、西药品、中药材及医疗用品；(7)报社、出版社直接售给居民和社会集团的报纸、图书、杂志，集邮公司出售的新、旧纪念邮票、特种邮票、首日封、集邮册、集邮工具等；(8)旧货寄售商店自购、自销部分的商品；(9)煤气公司、液化石油气站售给居民和社会集团的煤气灶具和罐装液化石油气；(10)农民售给非农业居民和社会集团的商品。不包括售给国民经济各部门企业、事业单位(包括国有经济的农场)生产经营用的各种原材料、燃料、设备、工具等和售给批发零售贸易业、餐饮业作为转卖用的商品，旧货寄售商店受托寄售卖出的商品，服务业的营业收入，邮局出售邮票的收入，自来水、电力、煤气生产(供应)单位的产品供应收入，也不包括农民之间的商品销售。

批发零售贸易业商品购、销、存总额 指各种登记注册类型的批发、零售贸易业(不包括个体)企业(单位)以本企业(单位)为总体的商品购进、销售、库存总额。

商品购进总额 指从本企业(单位)以外的单位和个人购进(包括从境外直接进口)作为转卖或加工后转卖的商品总额。它反映批发零售贸易业从国内、国外市场上购进商品的总量。商品购进总额包括：(1)从工农业生产者购进的商品；(2)从出版社、报社的出版发行部门购进的图书、杂志和报纸；(3)从各种登记注册类型的批发零售贸易企业(单位)购进的商品；(4)从其他单位购进的商品，如从机关、团体、企业等单位购进的剩余物资，从餐饮业、服务业购进的商品，从海关、市场管理部门购进的缉私和没收的商品，从居民手中收购的废旧商品等；(5)从国(境)外直接进口的商品。不包括企业(单位)为自身经营用和未通过买卖行为而收入的商品以及销售退回、商品升溢等。

商品销售总额 指对本企业(单位)以外的单位和个人出售(包括对境外直接出口)的商品总额。它反映批发零售贸易业在国内市场上销售商品以及出口商品的总量。商品销售总额包括：(1)售给城乡居民和社会集团消费用的商品；(2)售给工业、农业、建筑业、运输邮电业、批发零售贸易业、餐饮业、服务业等作为生产、经营使用的商品；(3)售给批发零售贸易业作为转卖或加工后转卖的商品；(4)对国(境)外直接出口的商品。不包括出售本企业(单位)自用的废旧包装用品；未通过买卖行为付出的商品；经本单位介绍，由买卖双方直接结算，本单位只收取手续费的业务；购货退出的商品以及商品损耗和损失等。

批发零售贸易业库存 指报告期末各种登记注册类型的批发零售贸易企业(单位)已取得所有权的商品。它反映批发零售贸易企业(单位)的商品库存情况和对市场商品供应的保证程度。期末库存包括：(1)存放在批发零售贸易业经营单位(如门市部、批发站、经营处)仓库、货场、货柜和货架中的商品；(2)挑选、整理、包装中的商品；(3)已记入购进而尚未运到本单位的商品，即发货单或银行承兑凭证已到而货未到的部分，(4)寄放他处的商品，如因购货方拒绝承付而暂时存放在购货方的商品和已办完加工成品收回手续而未提回的商品；(5)委托其他单位代销(未作销售或调出)尚未售出的商品；(6)代其他单位购进尚未交付的商品。不包括所有权不属于本单位的商品、拨付除批发零售贸易业以外的其他行业所属独立核算加工厂等加工生产尚未收回成品的商品、代国家物资储备部门保管的商品等。

库存总额采用的计算价格是：农副产品采购单位按购进价计算；批发单位按进货价计算；零售单位按核算价格计算，即按什么价格核算就按什么价格计算。

餐饮业营业收入 指餐饮企业、活动单位或个体户的全部营业额，包括商品零售额和其他服务性收入。其主要反映餐饮企业、活动单位或个体户的经营情况及发展变化趋势。

餐饮业商品零售额 指餐饮企业、活动单位或个体户直接对居民和社会集团零售的各种商品。包括：（1）经烹饪、调制加工后出售的各种食品，如主食、炒菜、凉拌菜等；（2）不经加工直接转卖的各种外购商品，如卷烟、酒、饮料、熟食、水果等；（3）附设非独立核算的销售商品的小卖部出售的各种食品及其他商品。

消费品市场成交额 指从事消费品交易的商品市场的全部商品成交金额。消费品市场包括农副产品市场和工业消费品市场。

Explanatory Notes on Main Statistical Indicators

Total Retail Sales of Consumer Goods refer to the sum of retail sales of consumer goods sold by all sectors of the national economy to urban and rural residents and social groups. This indicator is used to show the supply of consumer goods through various channels to households and institutions, and is very important for the study on changes at the domestic retail market, and on economic cycles

The retail sales of consumer goods include:(1) commodities sold to urban and rural residents for their daily use and building materials sold to them for the construction or repair of houses; (2) office appliances and supplies sold to institutions; (3) food and fuels sold to canteens of institutions, enterprises, schools, military units and to canteens of hotels and hostels that only serve their guests, and commodities produced by enterprises, institutions or state farms and sold directly to their employees or their canteens; (4) grain and non staple food, clothing, daily articles and fuels sold to military personnel; (5) consumer goods sold to foreigners, overseas Chinese, and Chinese compatriots from Taiwan, Hong Kong and Macao during their stay in the mainland of China; (6) Chinese and western medicines, herbs and medical facilities purchased by residents; (7) newspapers, books and magazines directly sold to residents and social groups by publishers, new and old commemorative stamps, special stamps, first day covers, stamp albums and other stamp collection articles sold by stamp companies; (8) consumer goods purchased and then sold by second hand shops; (9) stoves and other heating facilities and liquefied gas sold by gas companies to households and institutions; and (10) commodities sold by farmers to non agricultural residents and social groups . Excluded under this heading are: raw materials, fuels, equipment, tools sold to enterprises, institutions and state farms for production purpose; commodities sold to trade establishments for reselling; commissioned sales at second hand shops; operational income of urban public utilities; stamps sold at post offices; income of water, power, gas production and supply establishments from the supply of their products; and sales of commodities among farmers.

Purchase, Sales and Stock of Commodities by Wholesale and Retail Trade refer to the purchase, sales and stock of commodities by wholesale and retail establishments of different status of registration (excluding individual sellers) .

Total Purchases of Commodities refer to the total value of purchases of commodities by the establishments from other establishments or individuals (including direct import from abroad) for the purpose of re selling, either with or without further processing of the commodities purchased. This indicator is used to show the total value of purchases of commodities by wholesale and retail establishments from domestic and overseas markets. The total purchases include: (1)agricultural and industrial products purchased from producers; (2)books, magazines and newspapers purchased from distribution departments of the publishers;(3)commodities purchased from wholesale and retail establishments of different status of registration; (4)commodities purchased from other units, such as surplus materials purchased from government agencies, enterprises or institutions, commodities purchased from catering and service establishments, confiscated goods purchased from customs authorities or market management agencies, second hand goods and wastes purchased from residents; and (5)commodities directly imported from abroad. Excluded are commodities purchased by establishments (units) for use in their own business operation, commodities obtained without buying or selling procedures, rejected commodities, etc.

Total Sales of Commodities refer to value of commodities sold by the establishments to other establishments and individuals (including direct export) . This indicator is used to show the total value of sales of commodities at domestic markets and export. The total sales include:(1) commodities sold to urban and rural residents and social groups for their consumption; (2) commodities sold to establishments in industry, agriculture, construction, transportation, post and telecommunications, wholesale and retail trades, catering trade and public utility for their production and operation; (3) commodities sold to wholesale and retail establishments for re selling, with or without further processing; and (4) commodities for direct export to other countries. Excluded are selling of waste packaging materials used by the establishments (units) themselves, commodities transferred without buying or selling procedures, commission income from brokerage in transactions whose settlement is directly handled by buyers and sellers, rejected commodities in the purchase, loss in commodities, etc.

Commodity Stock of Wholesale and Retail Enterprises refers to total commodities possessed by wholesale and retail enterprises (units) of various types of registration status at the end of the reference period, which reflects the commodity stock level of various wholesale and retail enterprises and the potential for market supply. It includes:(1) commodities located in storage, garages, counters, and shelves of operating units(such as sale stores, wholesale centers, and operating offices) of wholesale and retail enterprises; (2) commodities in the process of selecting, sorting, and packing; (3) commodities not arrived but recorded as purchase in the account, i. e. . commodities not arrived but payment receipts for the commodities from the sellers or the banks arrived; (4) commodities deposited in other places rather than places mentioned above, for instance: commodities in the hold of purchasers temporarily due to the refusal of payment and commodities not taken back after going through the formalities; (5) commodities entrusted to other units to sell but not sold yet; (6) commodities purchased for other units but not delivered yet. Commodities not included as stock are those not owned by the enterprises (units) , those allocated to financially independent factories rather than wholesale and retail enterprises for processing but not taken back yet, and finally those put in stock by wholesale and retail enterprises on behalf of the state material reserves units.

For the calculation of the value of commodities stock,the value is calculated at purchasing prices in agricultural goods purchasing units and wholesale units, and at the accounting prices in retail units.

Business Income of Catering Industryrefer to the total turnover of catering businesses, establishments or individuals, including retail sales and other services income. It reflects the operational and managerial conditions and development trend of catering businesses, establishment s and individuals in t his sector.

Retail Sales of Commodities in Catering Industryrefer to retail sales to residents and social groups by catering enterprises, establishments and individual, including: (1) various food sold after cooking and processing, such as: staple food, cooked dishes, cold and dressed dishes and so on. (2) re-selling commodities without further processing, such as: cigarettes, liquor, beverage, cooked food, fruit s and son on. (3) various food and other commodities sold in and ascent buffets with dependant accounting system.

Volume of Transaction at Free Markets for Consumer Goods refers to the value of transaction or all goods at the free trade markets for consumer goods, where markets include both free markets for farm and sideline products and for manufactured consumer goods.

2009 NEI MENG GU

十七、对外经济贸易

Foreign Trade and Economic Cooperation

资料整理：钱新源

Arranged by Qian Xinyuan

17-1 对外经济贸易

Foreign Trade and Economic Cooperation

指标	Item	2000	2005	2008
进出口总额(万元人民币)	**Total Imports and Exports (RMB10 000 yuan)**	**1687811**	**4165757**	**6105451**
出口总额	Total Exports	847114	1666408	2446445
进口总额	Total Imports	840697	2499349	3659006
进出口总额(万美元)	**Total Imports and Exports(USD 10 000)**	**203596**	**516190**	**893315**
出口总额	Total Exports	102185	206489	357950
进口总额	Total Imports	101411	309701	535365
外商投资企业进出口额(万美元)	**Total Imports and Exports of Foreign-funded Enterprises(USD 10 000)**	**13597**	**82872**	**146579**
出口总额	Total Exports	11535	41547	90284
进口总额	Total Imports	2062	41325	56295
对外签订利用外资协议(合同)项目(个)	**Number of Projects for Utilization of Foreign Capital in the Signed Agreements & Contracts(unit)**	**127**	**209**	**125**
对外借款	Foreign Loans	32	12	
外商直接投资	Foreign Direct Investments	95	197	125
对外签订利用外资协议(合同)金额(万美元)	**Total Amount of Foreign Capital to Be Utilized in the Signed Agreements & Contracts(USD 10 000)**	**51273**	**161700**	
对外借款	Foreign Loans	25475	23369	
外商直接投资	Foreign Direct Investments	25798	138331	
外商其他投资	Other Foreign Investments			
实际利用外资额(万美元)	**Total Amount of Foreign Capital Actually Used(USD 10 000)**	**54819**	**140007**	**285556**
外债余额（年末）	External Debt(Year-end)	43583	21430	20482
外商直接投资	Foreign Direct Investments	11236	118577	265074
外商其他投资	Other Foreign Investments			
外商投资企业基本情况	**Registered Foreign-funded Enterprises**			
年底登记户数(户)	Number of Registered Enterprises(unit)	874	914	2326
投资总额(万美元)	Total Investment(USD 10 000)	253634	1264645	2215527
注册资本(万美元)	Registered Capital(USD 10 000)	171773	627138	1126548
# 外方	Capital from Foreign Partners	84084	407333	763357
对外经济合作(万美元)	**Economic Cooperation with Foreign Countries & Territories(USD 10 000)**			
合同金额	Contracted Value	5157	18017	18232
# 对外承包工程	Contracted Projects	1730	4613	5233
对外劳务合作	Labor Services	3427	13404	12999
完成营业额	Value of Business Fulfilled	2549	6100	7110
# 对外承包工程	Contracted Projects	404	1986	4481
对外劳务合作	Labor services	2145	4114	2629

17-2 外贸进出口贸易总额

Total Imports and Exports

年份 Year	按人民币计算(万元) RMB 10 000 Yuan			按美元计算(万美元) USD 10 000		
	进出口总额 Total Imports & Exports	出口总额 Total Exports	进口总额 Total Imports	进出口总额 Total Imports & Exports	出口总额 Total Exports	进口总额 Total Imports
1952				1062		1062
1957				1754		1754
1965				333		333
1970				554	158	396
1975				925	394	531
1978	2674	1768	906	1552	1026	526
1980	6555	3970	2585	4397	2663	1734
1981	10676	8100	2576	6008	4558	1450
1982	15733	13881	1852	8173	7211	962
1983	17615	11176	6439	9001	5711	3290
1984	28557	20661	7896	10912	7895	3017
1985	59053	43880	15173	18448	13708	4740
1986	89086	63656	25430	23937	17104	6833
1987	113130	84310	28820	30398	22654	7744
1988	141303	109390	31913	37968	29393	8575
1989	161191	125158	36033	43312	33630	9682
1990	252898	169483	83415	48430	32456	15974
1991	321692	224597	97095	59964	41865	18099
1992	507068	319168	187901	93555	58887	34668
1993	1041650	561843	479807	120283	64878	55405
1994	914685	513373	401312	106128	59565	46563
1995	937671	506785	430886	112310	60840	51470
1996	1038914	569132	469782	124981	68590	56391
1997	1086188	609458	476730	131027	73519	57508
1998	1147173	681635	465538	138581	82343	56238
1999	1330986	750028	580958	160786	90605	70181
2000	1687811	847114	840697	203596	102185	101411
2001	2109035	943996	1165039	254819	114056	140763
2002	2487279	1134776	1352503	300494	137095	163399
2003	2576975	1192581	1384394	311353	144089	167264
2004	3350865	1391710	1959155	404865	168152	236713
2005	4165757	1666408	2499349	516190	206489	309701
2006	4643967	1672155	2971812	594717	214140	380577
2007	5657121	2152965	3504156	774460	294741	479719
2008	6105451	2446445	3659006	893315	357950	535365

注：本表2003年以后数据由呼和浩特海关提供（下同）。

a) Data after 2003 in this table were obtained from the Hohhot Customs statistics.The same as in the following table.

17-3 对外贸易出口总额
Total Amount of Export Commodities

单位:万美元 (USD 10 000)

项目	Item	2007	2008
出口总额	**Total Amount**	**294741**	**357950**
按商品类别分	**By Category of Commodities**		
活动物;动物产品	Live Animals & Animal Products	3753	6103
植物产品	Vegetables, Fruits & Cereals	23342	10222
动植物油脂及分解产品;精制食用油脂;动植物蜡	Animal & Vegetable Oils, Fats & Wax, Refined Edible Oils & Fats	220	37
食品、饮料、酒及醋;烟草及代用品的制品	Food, Beverages, Liquor & Vinegar, Tobacco & Tobacco Substitutes	10003	9029
矿产品	Minerals	2913	4225
化学工业及其相关工业的产品	Chemicals & Related Products	28817	39424
塑料及其制品;橡胶及其制品	Plastics & Related Products,Rubber & Related Products	3770	3803
生皮、皮革、毛皮及制品;鞍具挽具;旅行用品、手提包及类似物品;动物肠线制品	Raw Hides, Leather, Furs & Related Products, Saddle,Travel Articles, Handbags and Similar Containers	1334	2271
木及木制品;木炭;软木及制品;稻草、秸杆、针茅或其他编结材料制品;篮筐及柳条编结品	Wood & Wooden Products, Charcoal, Cork & Related Products, Straws, Plaited Products, Baskets & Wickerwork	2296	1795
木浆及其他纤维状纤维素浆;纸及纸板的废碎品;纸、纸板及其制品	Paper Pulp & Cellulose Pulp, Paper and Waste Paper,Paperboard & Related	369	422
纺织原料及纺织制品	Textile Materials & Products	50568	48484
鞋、帽、伞、杖、鞭及其零件;已加工的羽毛及其制品;人造花;人发制品	Footwear, Headgear, Umbrellas, Canes, Whips, Processed Feather, Artificial Flowers, Wigs	1436	2956
石料石膏水泥石棉云母及类似材料的制品;陶瓷产品;玻璃及其制品	Gypsum, Cement, Asbestos, Mica, Ceramic Glass	3917	6267
天然或养殖珍珠、宝石或半宝石、贵金属、包贵金属及其制品，仿首饰硬币	Pearls, Precious or , Jewelry Metal or Rolled Precious Metal, Artificial Jewelry,Coins	4849	1017
贱金属及其制品	Base Metals & Related Products	116431	170006
机器、机械器具、电气设备及零件;录音机及放声机、电视图象声音的录制和重放设备及零附件	Machinery, Electric Equipment & Accessories, Recorders, Video Recorder & Accessories	16072	19802
车辆、航空器、船舶及有关运输设备	Locomotives, Vehicles, Aircraft, Ship and Related Transportation Equipment	21615	27416
光学、照相、电影、计量、检验、医疗或外科用仪器设备、精密仪器及设备;钟表;乐器;及其零附件	Optical, Photos, Film, Measuring & Medical Instruments & Equipment,Clocks, Musical Instruments,Related Parts & Accessories	906	1341
其他	Others	2130	3330
主要贸易国别、地区（按出口总值排）	**Main Trade Countries or Regions(Ranked by Value)**		
日　本	Japan	44143	57510
蒙　古	Mongolia	18415	28912
韩　国	South Korea	28356	28638
美　国	United States	30474	28338
俄罗斯	Russia	20848	27811
泰　国	Thailand	12858	18470
荷　兰	Netherland	7589	16044
意大利	Italy	16974	13237
印　度	India	12225	12784
中国台湾	Taiwan,China	4687	11654
中国香港	Hong Kong, China	9278	9267
马来西亚	Malaysia	2669	7355
越　南	Vietnam	6757	6649
英　国	United Kingdom	5435	5958
法　国	France	3520	5594

17-4 对外贸易出口主要商品(按出口总值排)

Main Export Commodities of Foreign Trade Ranked by Value

单位：万美元 （USD 10 000）

项 目	Item	2007	2008
铁合金	Ferroalloy	34802	61822
仅热轧，宽≥600mm普通钢铁板材	Steel Plate	23152	24711
针织或钩编的套头衫、开襟衫、马甲及类似品	Pullover, Carligan, Vest	27304	20848
不规则盘卷的其他合金钢热轧条、杆	Alloy	4297	19563
货运机动车辆	Freight Moter Rehicles	16256	15298
宽≥600mm经包、镀或涂层的普通钢铁板材	Steel Plate	7069	11743
其他合金钢条、杆、角材、型材等；空心钻钢	Article Steel	7537	11601
铁道及电车道铺轨用钢铁材料	Steel Materials for Railraod	2904	9667
无缝钢铁管及空心异型材	Seul Pipe	3668	9285
披巾、头巾、围巾、披纱、面纱及类似品	Scarf	6256	8659
抗菌素	Antibiotics	6466	7964
稀土金属、钇、钪及其混合物的化合物	Rare Earth	4066	7879
未锻轧铝	Unwrought Aluminum	408	6246
牵引车、拖拉机	Tractor	2869	5924
非醋方法制作或保藏的番茄	Tomato	4488	4680
动物细毛纱线，非供零售用	Animal fine Wool Yarn	4955	4466
铝箔，厚度不超过0.2毫米	Aluminum Foil	1151	3390
氢、稀有气体及其他非金属	Hydrogen,Rare Gases and Other Nonmetel	1995	3115
碳电极、碳刷等电气设备用石墨或碳精制品	Graphite	1056	3089
硅酸盐水泥、矾土水泥、矿渣水泥等水凝水泥	Cement	1598	3004
已梳的羊毛及动物细毛或粗毛	Wool	4280	2993
碳酸盐；过碳酸盐；含氨基甲酸铵商品碳酸铵	Carbonate	2026	2931
碱金属、碱土金属；稀土金属、钪及钇；汞	Alkali Metal	4692	2907
碳化物，不论是否已有化学定义	Carbide	2693	2762

17-5 对外贸易进口总额及主要商品

Main Import Commodities of Foreign Trade in Amount & Volume

单位：万美元 （USD 10 000）

项目	Item	2007	2008
进口总额	**Total Import Amount**	**479719**	**535365**
按主要商品类别分	**By Categories of Commodities**		
活动物；动物产品	Live Animals & Animal Products	1992	2789
植物产品	Vegetables; Fruits & Cereals	366	295
动植物油脂及分解产品；精制食用油脂；动植物蜡	Animal & Vegetable Oils; Fats & Wax; Refined Edible Oils & Fats	907	4394
食品、饮料、酒及醋；烟草及代用品的制品	Food; Beverages; Liquor & Vinegar; Tobacco & Tobacco Substitutes	908	290
矿产品	Minerals	156857	224856
化学工业及其相关工业的产品	Chemicals & Related Products	54407	57711
塑料及其制品；橡胶及其制品	Plastics & Related Products; Rubber & Related Products	13525	7202
生皮、皮革、毛皮及制品；鞍具挽具；旅行用品、手提包及类似物品；动物肠线制品	Raw Hides; Leather; Furs & Related Products; Saddle;Travel Articles; Handbags & Similar Containers	1495	1795
木及木制品；木炭；软木及制品；稻草 、秸杆、针茅 或其他编结材料制品；篮筐及柳条编结品	Wood & Wooden Products; Charcoal; Cork & Related Products; Straws; Plaited Products; Baskets & Wickerwork	153659	144533
木浆及其他纤维状纤维素浆；纸及纸板的废碎品；纸、纸板及其制品	Paper Pulp & Cellulose Pulp;Paper & Waste Paper;Paperboard & Related	16998	6867
纺织原料及纺织制品	Textile Materials & Products	1386	1398
鞋、帽、伞、杖、鞭及其零件；已加工的羽毛及其制品；人造花；人发制品	Footwear; Headgear; Umbrellas;Canes; Whips; Processed Feather;Artificial Flowers; Wigs		5
石料石膏水泥石棉云母及类似材料的制品；陶瓷产品；玻璃及其制品	Gypsum; Cement; Asbestos; Mica; Ceramic Glass	236	216
天然或养殖珍珠、宝石或半宝石、贵金属、包贵金属及其制品，仿首饰硬币	Natural or Cultivated Pearls; Precious or Semi-Stones; Jewelry of Precious Metal or Rolled Precious Metal;Artificial Jewelry;Coins	547	825
贱金属及其制品	Base Metals & Related Products	11713	16785
机器、机械器具、电气设备及零件；录音机及放声机、电视图象声音的录制和重放设备及零附件	Machinery; Electric Equipment & Accessories; Recorders; Video Recorder & Accessories	53765	56038
车辆、航空器、船舶及有关运输设备	Locomotives; Vehicles; Aircraft; Ship & Related Transportation Equipment	7096	3400
光学、照相、电影、计量、检验、医疗或外科用仪器设备、精密仪器及设备；钟表；乐器；及其零附件	Optical,Photographic, Film; Measuring,Medical,Music Instruments & Equipment;Clocks;Parts & Accessories	3630	3964
其他	Others	232	2002
主要进口商品（按进口总值排）	**Main Import Commodities(Ranked by Value)**		
原　木	Logs	138085	115917
石油原油及从沥青矿物提取的原油	Grude Oil	31858	69944
铁矿砂及其精矿	Iron Ores	21664	56517
铜矿砂及其精矿	Copper Ores	55922	39021
矿物钾肥及化学钾肥	Patash Fertilizer	22300	32002
锯材	Wood Sawn	14888	27127
煤　炭	Coal	9917	24211

17-6 利用外资
Utilization of Foreign Capital

单位：万美元 (USD 10 000)

年 份 Year	实际利用外资额 Total Amount of Foreign Capital Actually Used	外债余额 External Debt	外商直接投资 Direct Foreign Investments	外商其他投资额 Other Foreign Investments
1984	178	178		
1985	530			530
1986	664	230	136	298
1987	1120	468	109	543
1988	961	491	337	133
1989	3050	2415	42	593
1990	2530	1199	1064	267
1991	5532	5422	110	
1992	7910	7300	610	
1993	19213	10713	8093	407
1994	29086	17484	11602	
1995	61801	37696	10605	13500
1996	38355	32931	5424	
1997	44209	29076	8433	6700
1998	44253	31771	9082	3400
1999	40133	30683	9450	
2000	54819	43583	11236	
2001	47342	36466	10876	
2002	58211	35410	22801	
2003	66529	29724	36805	
2004	89664	26921	62743	
2005	140007	21430	118577	
2006	196863	22797	174066	
2007	238780	23891	214889	
2008	285556	20482	265074	

17-7 利用外资(按方式分,2008年)
Utilization of Foreign Capital and Investment(by Pattern 2008)

单位:万美元 (USD 10 000)

指标	Item	实际使用金额 Used Value
总 计	**Total**	**285556**
外债余额（年末）	**External debt(Year-end)**	**20482**
外国政府贷款	Government Loans	11620
国际金融机构贷款	Loans from International Financial Organizations	
国际商业贷款	International Commercial Loans	
贸易信贷	Trade Credit	8862
外商直接投资	**Foreign Direct Investments**	**265074**
合资经营企业	Joint Ventures Enterprises	73222
合作经营企业	Cooperative Operation Enterprises	4751
外资企业	Foreign Investment Enterprises	97508
外商投资股份制企业	Foreign Investment Share Enterprises	89593
合作开发	Cooperative Development	
其 他	Others	
外商其他投资	**Other Foreign Investment**	
对外发行股票	Sale Share	
国际租赁	International Lease	
补偿贸易	Compensation Trade	
加工装配	Processing and Assembly	

17-8 按行业分外商实际直接投资额(2008年)

Actually Used Amount of Foreign Direct Investment by Sector(2008)

单位：万美元 (USD 10 000)

行 业	Sector	2008
总 计	**Total**	**265074**
农、林、牧、渔业	Farming, Forestry, Animal Husbandry & Fishery	1770
采矿业	Mining	6907
制造业	Manufacturing	159467
电力、燃气及水的生产和供应业	Production & Supply of Electric Power, Gas & Water	57560
建筑业	Construction	
交通运输、仓储和邮政业	Transportation, Storage & Postal Services	69
信息传输、计算机服务和软件业	Information Transmission, Computer Service & Computer Software	24
批发和零售业	Wholesale & Retail Trade	9581
住宿和餐饮业	Quarters & Catering	20280
金融业	Banking	
房地产业	Real Estate	4813
租赁和商务服务业	Leasing & Commercial Services	241
科学研究、技术服务和地质勘查业	Scientific Research,Technical Services & Geological Prospecting	2320
水利、环境和公共设施管理业	Water Conservancy, Environment & Public Facilities Administration	2038
居民服务和其他服务业	Resident Services & Other Services	4
教育	Education	
卫生、社会保障和社会福利业	Health Care, Social Security & Social Welfare	
文化、体育和娱乐业	Culture, Sports & Recreational Services	
公共管理和社会组织	Public Administration & Social Organization	
国际组织	International Organizations	

17-9 年末登记外商投资企业行业分布(2008年)
Sector Distribution Registered of Foreign-Funded Enterprises(2008)

行 业	Sector	企业数(户) Number of Registered Enterprises (unit)	投资总额 (万美元) Total Investment (USD 10 000)	注册资本 (万美元) Registeres Capital (USD 10 000)	# 外 方 Capital Invested by Foreign Partner
总 计	**Total**	**2326**	**2215527**	**1126548**	**763357**
农、林、牧、渔业	Farming, Forestry, Animal Husbandry & Fishery	83	70977	44650	33681
采矿业	Mining	83	92834	55254	41539
制造业	Manufacturing	578	687825	414053	298202
电力、燃气及水的生产和供应业	Production & Supply of Electric Power, Gas & Water	56	935889	378568	195463
建筑业	Construction	15	7887	5364	3434
交通运输、仓储和邮政业	Transportation, Storage & Postal Services	17	8646	3460	2329
信息传输、计算机服务和软件业	Information Transmission, Computer Service & Software	301	57330	36423	35998
批发和零售业	Wholesale & Retail Trade	101	106981	63989	46013
住宿和餐饮业	Quarters & Catering	52	58169	28188	24629
金融业	Banking	9	18985	8702	8265
房地产业	Real Estate	34	42442	23826	21293
租赁和商务服务业	Leasing & Commercial Services	31	33799	16290	15317
科学研究、技术服务和地质勘查业	Scientific Research,Tech Services & Geological Prospecting	34	40739	20628	15236
水利、环境和公共设施管理业	Water Conservancy, Environment & Public Facilities Administration	8	34101	14575	13871
居民服务和其他服务业	Resident Services & Other Services	21	5866	4145	2060
教育	Education	4	24	21	6
卫生、社会保障和社会福利业	Health Care, Social Security & Social Welfare	3	7245	5527	3833
文化、体育和娱乐业	Culture, Sports & Recreational Services	10	5788	2885	2189
公共管理和社会组织	Public Administration & Social Organization				
其他行业	Others	886			

17-10 对外经济合作

Economic Cooperation with Foreign Countries or Territories

年 份 Year	合 同 数 (份) Number of Contracts (copy)	合同金额 (万美元) Contracted Value (USD 10 000)	完成营业额 (万美元) Value of Business Fulfilled (USD 10 000)
总 计 Total			
1976-1988	2	613	337
1989	32	11772	6150
1990	99	5572	2787
1991	72	2636	1450
1992	242	8245	4536
1993	143	12281	6755
1994	124	6047	2176
1995	151	6258	4281
1996	164	8532	4636
1997	100	2943	1853
1998	103	4540	2393
1999	102	5298	3173
2000	80	5157	2549
2001	84	5403	2511
2002	110	7440	5092
2003	120	7510	2742
2004	120	55958	6082
2005	92	18017	6100
2006	109	19800	6710
2007	129	22131	8032
2008	120	18232	7110
对外承包工程 Contracted Projects			
1976-1988			
1989	5	938	191
1990	30	2070	1064
1991	3	220	121
1992	4	1003	694
1993	1	3360	1848
1994	3	2296	287
1995	5	756	1083
1996	14	1459	1182
1997	5	434	688
1998	25	1362	718
1999	21	2119	1269
2000	9	1730	404
2001	10	3630	1561
2002	24	5040	2622
2003	16	3366	1385
2004	2	21	735
2005	8	4613	1986
2006	15	13595	4177
2007	3	13645	5057
2008	9	5233	4481
对外劳务合作 Labor Cooperation			
1976-1988	2	613	337
1989	27	10834	5959
1990	60	3507	1723
1991	69	2416	1329
1992	238	7242	3842
1993	142	8921	4907
1994	121	3751	1889
1995	146	5502	3198
1996	150	7073	3454
1997	95	2509	1175
1998	78	3178	1675
1999	81	3178	1903
2000	71	3427	2145
2001	74	1773	950
2002	86	2400	2470
2003	104	4144	1357
2004	118	55937	5347
2005	84	13404	4114
2006	94	6205	2533
2007	126	8486	2975
2008	111	12999	2629

主要统计指标解释

进出口总额　海关进出口总额指实际进出我国国境的货物总金额。包括对外贸易实际进出口货物，来料加工装配进出口货物，国家间、联合国及国际组织无偿援助物资和赠送品，华侨、港澳台同胞和外籍华人捐赠品，租赁期满归承租人所有的租赁货物，进料加工进出口货物，边境地方贸易及边境地区小额贸易进出口货物(边民互市贸易除外)，中外合资经营企业、中外合作经营企业、外商独资企业进出口货物和公用物品，到日离岸价格在规定限额以上的进出口货样和广告品(无商业价值、无使用价值和免费提供出口的除外)，从保税仓库提取在中国境内销售的进口货物，以及其他进出口货物。进出口总额用以观察一个国家在对外贸易方面的总规模。我国规定出口货物按离岸价格统计，进口货物按到岸价格统计。

商品经营单位所在地进、出口额　指所在地海关注册登记的有进出口经营权的企业实际进、出口额。

利用外资　指我国各级政府、部门、企业和其他经济组织通过对外 借款、吸收外商直接投资以及用其他方式筹措的境外现汇、设备、技术等。

对外借款　是我国利用外资的重要部分。指通过对外正式签订借款 协议，从境外筹措的资金 ，包括外国政府贷款、国际金融组织贷款、外国银行商业贷款、出口信贷以及对外发行债券等。1996 年及以前还包括对外发行股票。

外商直接投资　指外国企业和经济组织或个人(包括华侨、港澳台胞以及我国在境外注册的企业)按我国有关政策、法规，用现汇、实物、技术等在我国境内开办外商独资企业、与我国境内的企业或经济组织共同举办中外合资经营企业，合作经营企业或合作开发资源的投资 (包括外商投资收益的再投资)，以及经政府有关部门批准的项目投资总额内企业从境外借入的资金。

外商其他投资　指除对外借款和外商直接投资以外的各种利用外资的形式。包括企业在境内外股票市场公开发行的以外币计价的股票(目前主要是在香港证券市场发行的 H 股和在境内证券市场发行的 B 股)发行价总额，国际租赁进口设备的应付款，补偿贸易中外商提供的进口设备、技术、物料的价款，加工装配贸易中外商提供的进口设备、物料的价款。

对外承包工程　指各对外承包公司以招标议标承包方式承揽的下列业务：(1)承包国外工程建设项目，(2)承包我国对外经援项目，(3)承包我国驻外机构的工程建设项目，(4)承包我国境内利用外资进行建设的工程项目，(5)与外国承包公司合营或联合承包工程项目时我国公司分包部分，(6)对外承包兼营的房屋开发业务。对外承包工程的营业额是以货币表现的本期内完成的对外承包工程的工作量，包括以前年度签订的合同和本年度新签订的合同在报告期内完成的工作量。

对外劳务合作　指以收取工资的形式向业主或承包商提供技术和劳动服务的活动。我国对外承包公司在境外开办的合营企业，中国公司同时又提供劳务的，其劳务部分也纳入劳务合作统计。劳务合作营业额按报告期向雇主提交的结算数(包括工资、加班费和奖金等)统计。

对外设计咨询　指以服务成果向业主收费的技术服务项目。包括承担地形地貌测绘，地质资源勘探与普查，建设区域规划，提供设计文件、图纸、生产工艺技术资料和工程技术经济咨询，工程项目的可行性考察、研究和评估，进行技术指导和培训人员等；也包括承担国(境)内利用外资进行建设的工程项目的上述规定的设计咨询项目的收取外币部分。

Explanatory Notes on Main Statistical Indicators

Total Imports and Exports at Customs refer to the value of commodities imported into and exported from the boundary of China. They include the actual imports and exports through foreign trade, imported and exported goods under the processing and assembling trades and materials, supplies and gifts as aid given gratis between governments and by the United Nation and other international organizations, and contributions donated by over seas Chinese, compatriots in Hong Kong and Macao and Chinese with foreign citizenship, leasing commodities owned by tenant at the expiration of leasing period, the imported and exported commodities processed with imported materials, commodities trading in border areas(excluding mutual exchange goods) , the imported and exported commodities and articles for public use of the Sino foreign joint ventures, cooperative enterprises and ventures exclusively with foreign own investment. Also included are import or export of samples and advertising goods for whose CIF or FOB value are beyond the permitted ceiling (excluding goods of no trading or use value and free commodities for export) , imported goods sold in China from bonded warehouses and other imported or exported goods. The indicator of the total imports and exports at customs can be used to ob serve the total size of external trade in a country. In accordance with the stipulation of the Chinese government, imports are calculated at CIF, while exports are calculated at FOB

Import and Export Value by Location of China's Foreign Trade Managing Units refers to actual value of imports and exports carried out by corporations which have been registered by the local customhouse and are vested with right to run import export business.

Utilization of Foreign Capital refers to remittance, equipment and technology financed from abroad, by loans, foreign direct investment and other forms undertaken by the Chinese governments at all levels by various departments, enterprises and other economic units.

Foreign Borrowings an important part of China's utilization of foreign capital, it refers to funds borrowed from abroad through formal signing o f borrowing agreements with foreign institutions, including loans of foreign governments, loans of international financial institutions, commercial loans of foreign banks, export credit, and funds raised by Chinese bonds (and shares before 1996) issued abroad.

Direct Investment by Foreign Entrepreneurs refers to the investments inside China by foreign enterprises and economic organizations or individuals (including overseas Chinese, compatriots from Hong Kong and Macao, and Chinese enterprises registered abroad) , following the relevant policies and laws of China, for the establishment of ventures exclusively with foreign own investment, Sino-foreign joint ventures and cooperative enterprises or for co operative exploration of resources with enterprises or economic organizations in China. It includes the re investment of the foreign entrepreneurs with the profits gained fro m the investment an d the funds that enterprises borrow from abroad in the total investment of projects which are approved by the relevant department of the government.

Other Investment by Foreign Entrepreneurs refers to all forms of utilization of foreign capitals other than foreign borrowings and foreign direct investment. It includes the total value of stock shares in foreign currencies issued by enterprises at domestic or foreign stock exchanges (now mainly consisting of H shares issued at Hong Kong Security Market and B shares issued at domestic security markets) , rent payable for the imported equipment through international leasing arrangement, cost of imported equipment, technology and materials provided by foreign counterparts in compensation trade and processing and assembly trade.

Contracted Projects with Foreign Countries refer to projects undertaken by Chine se contractors (project contracting companies) through bidding process. They include:(1) overseas civil engineering construction projects financed by foreign investors;(2) overseas projects financed by the Chinese government through its foreign aid programs;(3) construction projects of Chinese diplomatic missions, trade offices and other institutions stationed abroad;(4) construction projects in China financed by foreign investment;(5) subcontracted projects to be taken by Chinese contractors through a joint umbrella project with foreign contractor;(6) housing development projects. The business income from international contracted projects is the work volume of contracted projects completed during the reference period, expressed in monetary terms, including completed work on projects signed in previous years.

Service Cooperation with Foreign Countries refers to the activities of providing technology and labour services to employers or contractors in the forms of receiving salaries and wages. Labour services providing by contractual joint venture s of Chinese international contracting corporations should be included in the statistics of service cooperation with foreign countries. The business income of labour service co-operation is the income in the form of wages and salaries, over time pay, bonuses and other remuneration received from the employers during the reference period.

Overseas Design and Consultation Service refers to projects wit h charges for technical services from overseas operators. It includes geographic and topographic mapping, geological resource prospecting and survey, planning of construction areas, provision of design documents, blueprints, materials on production process and techniques, as well as engineering, technical and economic consultation, and feasibility study, research and evaluation of projects. Also included under this category are the abovementioned services of foreign financed projects in China that are paid in foreign currencies.

2009

NEI MENG GU

十八、旅游

Tourism

资料整理：王秀云
Arranged by Wang Xiuyun

18-1 旅游业基本情况

Basic Statistics on Tourism

指标	Item	2000	2005	2008
旅行社总数(个)	**Total Number of Agencies(unit)**	**88**	**404**	**652**
国际旅行社	International Travel Agencies	25	40	56
国内旅行社	Domestic Travel Agencies	63	364	596
旅行社职工人数(人)	**Number of Staff and Workers of Travel Agencies(person)**	**1075**	**2051**	**6089**
国际旅行社	International Travel Agencies	562	480	640
国内旅行社	Domestic Travel Agencies	513	1571	5449
星级宾馆个数(个)	**Total Number of Stars Hotel(unit)**		**202**	**233**
入境旅游人数(人次)	**Total Number of International Tourists Inbound (person-times)**	**391970**	**1001635**	**1549328**
外国人	Foreigners	384000	995007	1532302
华侨	Overseas Chinese			
港澳同胞	Compatriots from Hong Kong and Macao	2814	5550	11812
台湾同胞	Compatriots from Taiwan	5156	1078	5214
国内居民出境总人数(人次)	**Total Number of Domestic Resident Outbound(person-times)**	**19425**	**25808**	**17988**
#旅行社组织出境游	For Private Purpose	19425	25808	17988
国内旅游人数(万人次)	**Number of Domestic Tourism (10 000 person times)**	**735**	**2062**	**3198**
旅游总收入(亿元人民币)	**Income of Tourism(100 million yuan)**	**42.72**	**208.09**	**468.85**
国际旅游外汇收入 (万美元)	Earnings from International Tourism (USD 10 000)	12645	35207	57700
国内旅游收入(万元人民币)	Earnings from Domestic Tourism (10 000 RMB yuan)	322300	1797200	4295000

18-2 各地区旅行社单位数(2008年末)
Number of Travel Agencies by Region(End of 2008)

地 区	Region	旅行社数(个) Total Number of Travel Agencies (unit)	国际旅行社 International Travel Agencies	国内旅行社 Domestic Travel Agencies
全 区	**Autonomous Regional Total**	**652**	**56**	**596**
呼和浩特市	Hohhot City	175	20	155
包 头 市	Baotou City	87	5	82
呼伦贝尔市	Hulunbeier City	114	14	100
兴 安 盟	Xingan League	29	2	27
通 辽 市	Tongliao City	27	2	25
赤 峰 市	Chifeng City	64	1	63
锡林郭勒盟	Xilinguole League	29	5	24
乌兰察布市	Wulanchabu City	26	1	25
鄂尔多斯市	Erdos City	58	4	54
巴彦淖尔市	Bayannaoer City	21	1	20
乌 海 市	Wuhai City	12		12
阿拉善盟	Alashan League	10	1	9

18-3 各地区星级宾馆个数(2008年末)
Number of Stars Hotels by Region(End of 2008)

单位：个 (unit)

地 区	Region	星级宾馆个数 Total Number of Stars Hotels	五星级 Five Stars	四星级 Four Stars	三星级 Three Stars	二星级 Two Stars	一星级 One Stars
全 区	**Autonomous Regional Total**	**233**	**5**	**15**	**73**	**128**	**12**
呼和浩特市	Hohhot City	33	2	7	12	12	
包 头 市	Baotou City	36	2	2	17	15	
呼伦贝尔市	Hulunbeier City	33		1	16	15	1
兴 安 盟	Xingan League	5				5	
通 辽 市	Tongliao City	17		1	4	11	1
赤 峰 市	Chifeng City	29		2	6	21	
锡林郭勒盟	Xilinguole League	22			3	15	4
乌兰察布市	Wulanchabu City	12			1	11	
鄂尔多斯市	Erdos City	24	1	1	9	10	3
巴彦淖尔市	Bayannaoer City	10				7	3
乌 海 市	Wuhai City	6		1	1	4	
阿拉善盟	Alashan League	6			4	2	

18-4 接待外国旅游人数

Number of Foreign Tourists by Country

国别(地区)	country(district)	2007	2008
入境旅游人数总计(人次)	**Total Number of Entry Tourists(person times)**	**1494500**	**1549328**
外国人(包括外籍华人)	Foreigners(Including Chinese owning foreign nationality)	1474616	1532302
日 本	Japan	44070	36473
菲 律 宾	Philippines	1355	1352
新 加 坡	Sigapore	3440	2211
美 国	United States	9905	10171
加 拿 大	Canada	4152	3942
英 国	United Kingdom	5940	5557
德 国	Federal Republic of Germany	7440	8162
法 国	France	3293	4148
意 大 利	Italy	1844	2363
瑞 士	Switzerland	840	991
荷 兰	Netherlands	325	226
澳 大 利 亚	Australia	4642	4938
新 西 兰	New Zealand	390	409
俄 罗 斯	Russia	608720	615780
蒙 古	Mongolia	734341	787029
华 侨	Overseas Chinese		
港澳台同胞	Chinese Compatriots from Hong Kong, Macao and Taiwan	19884	20026
旅游者平均逗留天数(天)	**Average Days of Tourist Staying(day)**	**2.75**	**2.77**
外国人(包括外籍华人)	Foreigners(Including Chinese owing foreign nationality)	2.73	2.77
华 侨	Overseas Chinese		
港澳台同胞	Chinese Compatriots from Hong Kong, Macao and Taiwan	2.77	3.40

18-5 入境旅游外汇收入
Foreign Exchange Earnings

项 目	Item	2007	2008
旅游外汇收入总额(万美元)	**Foreign Exchange Earnings (USD 10000)**	**54485**	**57718**
长途交通费	Long Distance Transportation	7737	9004
#飞 机	Air	6484	5425
火 车	Railway	654	2539
汽 车	Highway	599	1040
住 宿	Accommodation	7192	6406
餐 饮	Cater	3378	4098
景区游览	Visiting	1907	1674
娱 乐	Entertainment	1035	1385
购 物	Shopping	29694	25396
市内交通	Local Transportation	654	347
邮电通讯	Postal and Communication	981	2039
其 他	Other	1907	7369

18-6 国内旅游情况
Condition of Civil Tourism

项 目	Item	2007	2008
国内旅游总人数(万人次)	**Total of Civil Tourist (10 000 person-times)**	**2908**	**3198**
#城镇居民	Urban Residents	2908	3198
农村居民	Rural Residents		
国内旅游总花费(万元)	**Total Expenditure of Civil Tourist (10 000 yuan)**	**3510100**	**4295000**
#城镇居民	Urban Residents	3510100	4295000
农村居民	Rural Residents		
人均花费(元/天)	Per Capita Expenditure (yuan/day)	410	477

主要统计指标解释

旅游人数　包括入境国际旅游者人数、出境居民人数和国内旅游者人数。

(1)入境国际旅游者人数：指来中国参观、访问、旅行、探亲、访友、休养、考察、参加会议和从事经济、科技、文化、教育、宗教等活动的外国人、华侨、港澳同胞和台湾同胞的人数。不包括外国在我国的常驻机构，如使领馆、通讯社、企业办事处的工作人员；来我国常住的外国专家、留学生以及在岸逗留不过夜人员。

(2)出境居民人数：指大陆居民因公务活动或私人事务短期出境的人数。公务活动出境居民人数包括在国际交通工具上的中国服务员工，因私出境居民人数不包括在国际交通工具上的中国服务员工。

(3)国内旅游者人数：指我国大陆居民和在我国常住1年以上的外国人、华侨、港澳台同胞离开常住地在境内其他地方的旅游设施内至少停留一夜，最长不超过6个月的人数。

国际旅游(外汇)收入　指入境旅游的外国人、华侨、港澳同胞和台湾同胞在中国大陆旅游过程中发生的一切旅游支出，对于国家来说就是国际旅游(外汇)收入。

国际旅行社　指经营对外招徕并接待外国人、华侨、港澳同胞和台湾同胞来中国、归国或回内地旅游业务的旅行社。

国内旅行社　指负责经营招徕、组团、接待国内旅客的旅游业务，以及不对外招徕，负责经营接待国际旅行社或其它涉外部门组织的外国人、华侨、港澳同胞和台湾同胞来中国、归国或回内地的旅游业务的旅行社。

星级饭店　指已评定星级的饭店。

Explanatory Notes on Main Statistical Indicators

Number of Tourists include international tourists entering into China, Chinese residents going abroad and domestic tourists.

(1) International tourists refer to foreigners, overseas Chinese, Chinese compatriots from Hong Kong, Macao and Taiwan coming to China for sightseeing, visits, tours, family reunions, vacations, study tours, conferences and other activities of a business, scientific and technological, cultural, educational and religious nature. It does not include representatives and employees of resident institutions of foreign countries in China such as embassies, consulates, news agencies and offices of foreign companies and organizations, nor does it include long term foreign experts or students residing in China, or persons in transition without spending a night in China.

(2) Chinese residents going abroad refer to Chinese residents going abroad for short terms for either public business or private purposes. Chinese employees working on international transport carriers are included in those going abroad for public business purpose, not in those for private purpose.

(3) Domestic tourists refer to residents of the mainland of China who stay for one night at least, but no more than 6 months at tourist facilities in other places than their permanent residence within the territory of the mainland China, including foreigners, overseas Chinese and Chinese compatriots from Hong Kong, Macao and Taiwan who have resided in China for over one year.

Foreign Exchange Earnings from International Tourism refer to the total expenditures of foreigners, overseas Chinese, Chinese compatriots from Hong Kong, Macao and Taiwan during their stay in the mainland of China, which are earnings of foreign exchange from international tourism from the point of view from China.

International Travel Agencies refer to travel agencies engaged in the promotion, solicitation, organization and reception of tours to the mainland of China by foreigners, overseas Chinese, Chinese compatriots from Hong Kong, Macao and Taiwan.

Domestic Travel Agencies refer to travel agencies engaged in the promotion, solicitation, organization and reception of domestic tourists, and in the reception of foreigners, overseas Chinese, Chinese compatriots from Hong Kong, Macao and Taiwan organized by international travel agencies or other departments concerned, without their own promotion and solicitation programs.

Star-hotels refer to hotels rated with stars.

十九、金融和保险

Banking and Insurance

资料整理：包利军
Arranged by Bao Lijun

19-1 银行业金融机构、人员数(2008年末)

Number of Institutions and Persons Engaged in Finance System(End of 2008)

项 目	Item	机构数(个) Number of Institutions (unit)	年末人数(人) Number of Staff and Workers (person)
总计	**Total**	**4351**	**66106**
中国工商银行	Industrial and Commercial Bank of China	445	10309
中国农业银行	Agricultural Bank of China	602	11699
中国银行	Bank of China	240	4725
国家开发银行	State Development Bank	1	121
中国建设银行	Construction Bank of China	286	8019
中国农业发展银行	Agricultural Development Bank of China	84	1902
交通银行	Bank of Communications	12	600
华夏银行	Hua Xia Bank	5	181
浦发银行	Bank	3	121
中信银行	China Citic Bank	2	128
招商银行	China Merchants Bcmk	4	222
城市商业银行	City Commercial Bank	186	3557
农村信用社	Rural Credit Cooperatives	2199	20754
农村合作银行	Rural Coopeyation Bank	100	755
农村商业银行	Rural Commercial Bank	44	326
农村资金互助社	Rural Fund Cooperation Society	2	13
村镇银行	Rural and Taon Bank	4	76
邮政储蓄银行	Postal Sauings Bank	126	2228
资产管理公司	Asset Management Corporation	3	186
信托投资公司	Trust and Investment Corporation	2	171
贷款公司	Loan Corporation	1	13

19-2 金融机构现金收入(2008年)

Cash Income of Financial Institutions(2008)

单位：万元 (10 000 yuan)

项 目	Item	2008
收入总计	**Total Income**	**189056087**
商品销售收入	Income from Commodity Sales	13485631
服务业收入	Income from Service Trade	5830219
行政税费收入	Income from Taxes and Fees	1864909
城乡个体经营收入	Income from Urban and Rural Individual Business	3587081
储蓄存款收入	Income from Savings Deposits	148243589
其他金融性公司收入	Income from Other Financial Compays	621913
居民归还贷款收入	Income from Repayment of Loans by Residents	4957430
汇兑收入	Income from Remittances	1141532
有价证券收入及其他投资性收入	Income from Securities and Ofher Investmeut Iname	131486
其他收入	Other Income	9192297
# 兑换外币收入	Income from Exchange of Foreign Currencies	62500

19-3 金融机构现金支出(2008年)

Cash Expenditures of Financial Institutions(2008)

单位：万元 (10 000 yuan)

项 目	Item	2008
支出总计	**Total**	**191529793**
工资性及个人其他支出	Wages and Other Personnae Expenditures	8919908
农副产品采购支出	Purchases of Agricultural and Sideline Products	4085829
工矿及其他产品采购支出	Expenditures for Purchases of Industrial and Mineral Products	3857150
行政企业管理与经营费支出	Government and Enterprises Overhead	5905798
城乡个体经营支出	Expenditures for Individual Business	4604202
储蓄存款支出	Expenditure for Savings Deposits	148299311
其他金融性公司支出	Expenditure for Other Financial Compays	614311
居民提取贷款支出	Expenditure for Loans by Residents	4811090
汇兑支出	Expenditure for Remittances	671897
有价证券支出	Expenditure for Securitizes	117559
其他支出	Other Expenditure	9642738

19-4 金融机构现金投放回笼差额

Cash Statistics of Financial Institutions

单位：万元 (10 000 yuan)

年份 Year	现金收入 Cash Income	现金支出 Cash Expenditures	投放 Currency Issuance
1957	96679	100217	3538
1962	143970	152371	8401
1965	145337	149936	4599
1970	176281	179675	3394
1975	248013	266734	18721
1978	298013	321277	23264
1980	418115	462285	44170
1986	1250322	1379167	128845
1987	1602153	1714137	111984
1988	2270253	2481981	211728
1989	2508577	2744153	235576
1990	2847454	3149857	302403
1991	3434787	3772786	337999
1992	4569761	5150855	581094
1993	6802651	7642020	839369
1994	9564614	10546016	981402
1995	13031467	14186247	1154780
1996	15761966	17020632	1258666
1997	34244200	35993800	1749200
1998	41387500	43300600	1913100
1999	34243414	35993245	1749831
2000	41387490	43300578	1913088
2001	49696827	51539283	1842456
2002	58538869	60426223	1887354
2003	75397042	77336143	1939101
2004	96818901	98403367	1584466
2005	115366652	117562936	2196284
2006	142164120	144261481	2097361
2007	177212301	179577080	2364779
2008	189056087	191529793	2473706

19-5 金融机构人民币存、贷款年末余额
Saving Deposits and Loans of Financial Institutions at the Year-end

单位：万元 (10 000 yuan)

年 份 Year	各项存款余额合计 Depoits	# 企业存款 Depoits of Enterprises	# 城乡储蓄存款 Urban and Rural Savings Deposits	各项贷款余额合计 Loans	# 工业贷款 Loans to Industrial Enterprises	# 商业贷款 Loans to Commercial Enterprises	# 农业贷款 Agricultural Loans
1949	140	120		195	92	91	12
1950	1525	635	119	767	75	459	233
1951	4227	1619	219	3312	402	2163	747
1952	9034	3161	397	7089	593	5017	1479
1953	9937	3543	590	16492	1367	13360	1765
1954	12477	4223	1256	33777	2146	29908	1723
1955	17259	4126	1235	40223	2445	36242	1536
1956	15456	6427	2426	40576	3745	30496	6330
1957	19212	5527	3456	45042	3536	36810	4696
1958	50202	14707	5481	66279	12923	48083	5273
1959	62204	11976	7776	140589	49725	86119	4745
1960	83174	14756	10272	177063	85910	84703	6450
1961	76297	19608	5616	173300	59865	105884	7551
1962	66097	31248	3708	140530	37211	93696	9623
1963	63565	27446	4144	107154	25294	73514	8346
1964	86304	19796	5885	98027	25451	72465	111
1965	76946	22060	6913	102246	24133	77336	777
1966	91036	29410	7386	134554	30299	92977	11278
1967	85323	29687	7814	146590	44634	89084	12872
1968	94204	34411	8380	154190	51580	89045	13565
1969	84049	33112	7068	174312	61467	97906	14939
1970	98931	35109	7844	233001	68242	150137	14622
1971	105614	39136	9504	268530	82034	172315	14181
1972	102931	40288	11994	260678	77738	165836	17104
1973	127154	51746	14163	279108	88418	167532	23158
1974	123097	50332	15959	292432	91734	174258	26440
1975	148439	68452	17464	318410	92559	196711	29140
1976	153865	70737	18552	345268	95167	216124	33977
1977	162209	67821	21908	367586	97370	231722	38494

19-5 续表 continued

单位：万元 (10 000 yuan)

年 份 Year	各项存款余额合计 Deposits	# 企业存款 Deposits of Enterp-rises	# 城乡储蓄存款 Urban & Rural Savings Deposits	各项贷款余额合计 Loans	# 工业贷款 Loans to Industrial Enterprises	# 商业贷款 Loans to Commercial Enterprises	# 农业贷款 Agricu-ltural Loans	# 基建贷款 Loans for Capital Constr-uction	# 技改贷款 Loans for Technical Innovation
1978	164678	67214	25307	403314	110930	246495	45889		
1979	206997	75522	33092	436393	120396	256689	52236		
1980	231227	82688	48642	492949	129636	289980	67516		5677
1981	296065	103970	63106	558697	141810	330354	68239		14667
1982	364613	114791	84452	620194	148745	355038	73375	15587	26437
1983	442119	121952	112569	710563	175272	402264	75706	24778	28525
1984	500609	169826	155599	809114	219008	434714	86724	24767	32332
1985	560822	165393	210077	905412	275658	490451	89030	22465	42905
1986	782114	291284	290738	1291351	373446	590163	99373	48935	82523
1987	971166	337985	389691	1520239	436267	689530	114882	93458	188982
1988	1198527	401268	508287	1802119	537013	819194	126932	66132	119188
1989	1360860	382088	679584	2127588	681802	944070	139861	78510	139794
1990	1697712	424678	934355	2729173	869405	1272231	158545	109050	158675
1991	2057796	483906	1193618	3268535	1017327	1447576	188438	229244	201602
1992	2628246	783031	1497165	3951616	1153695	1683779	229783	353655	275853
1993	3505394	773581	2321390	5297191	1379014	2033053	427737	603560	327876
1994	4577562	1135970	3183199	6743662	1617514	2290203	229180	1054354	382402
1995	5663419	1303563	4108239	8198675	1879398	2566713	428884	1535360	466283
1996	7037693	1651490	5053804	10029833	2215841	3025593	510457	2011886	547128
1997	8455291	1993334	6050130	11721737	2518926	3467961	582678	2565495	587911
1998	9966107	2233337	7075160	13187511	2813556	3764324	533490	2885535	652933
1999	10923695	2512228	7976283	13641685	2649791	3794411	614282	3005261	636275
2000	12701349	3041165	8757399	13407383	2313181	3565930	692289	2513615	577427
2001	14987869	3750596	9867305	14707493	2570704	3437091	874092	3041254	594685
2002	17352559	4227073	11381038	16497795	2795982	3402539	1041324	4280175	139797
2003	20909846	5442363	13556610	19241312	3264636	3121745	1136558	5342779	222438
2004	25763691	6900717	16038752	22397621	3330576	2956277	1412981	6897652	302228
2005	32981538	8448175	19735996	25885704	3216173	3465313	1750056	8841665	358323
2006	40365605	10326769	22713442	32051943	4561123	3548955	1921286	11503692	259640
2007	49537024	13645713	25419224	37677360	4953807	3763969	2294291	13216458	188389
2008	63410312	17526198	32116628	45278595	5447082	4196462	3138133	15953891	410905

19-6 金融机构人民币信贷收支

Sources and Uses of Credit Funds of Financial Institutions

单位:万元 (10 000 yuan)

项 目	Item	2008
各 项 存 款	**Deposits**	**63410312**
# 企业存款	Deposits of Enterprises	17526198
财政存款	Treasury Deposits	3436167
机关团体存款	Deposits of Government Agencies and Organizations	4172955
储蓄存款	Savings Deposits	32116628
# 定 期	Fixed Deposits	15985862
农业存款	Agricultural Deposits	1439848
其他类存款	Other Deposits	4678226
各 项 贷 款	**Loans**	**45278595**
短期贷款	Short-term Loans	17762947
工业贷款	Loans to Industrial Enterprises	5447082
商业贷款	Loans to Commercial Enterprises	4196462
建筑业贷款	Loans to Construction Enterprises	336378
农业贷款	Agricultural Loans	3138133
乡镇企业贷款	Loans to Urban Collective Entepises	18057
三资企业贷款	Loans to Sino-foreign Joint Venture and Cooperative Enterprises and Foreign funded Enterprises	68362
私营及个体工商企业贷款	Loans to Private Enterprises and Individuals	587389
其他短期贷款	Other Short-term Loans	3971084
中长期贷款	Medium-term & Long-term Loans	25897216
基本建设贷款	Loans to Capital Construction	15953891
技术改造贷款	Loans to Technical Updates and Transformation	410905
其他中长期贷款	Other Medium-term & Long-term Loans	9532419
融资租赁	Renting by Circulated Fund	24
票据融资	Circulated Fund by Bills	1613998
各项垫款	Money Advanced	4410

19-7 商业银行人民币信贷收支
Sources and Uses of Credit Funds of Commercial Banks

(年末余额)单位：万元 (year-end)(10 000 yuan)

项 目	Item	2008
各项存款	**Deposits**	**47122746**
# 企业存款	Deposits of Enterprises	16210369
机关团体存款	Deposits of Government Agencies and Organizations	3967023
储蓄存款	Savings Deposits	22601029
# 定 期	Fixed Deposits	11524627
农业存款	Agricultural Deposits	64425
其他类存款	Other Deposits	4279900
各项贷款	**Loans**	**30202534**
短期贷款	Short-term Loans	9596313
工业贷款	Loans to Industrial Enterprises	5446882
商业贷款	Loans to Commercial Enterprises	1148387
建筑业贷款	Loans to Construction Enterprises	336378
农业贷款	Agricultural Loans	103860
乡镇企业贷款	Loans to Urban Collective Enterpises	7110
三资企业贷款	Loans to Sino-foreign Joint Venture and Cooperative Enterprises and Foreign funded Enterprises	68362
私营及个体工商 企业贷款	Loans to Private Enterprises and Individuals	444907
其他短期贷款	Other Short-term Loans	2040427
中长期贷款	Medium-term & Long-term Loans	19069836
基本建设贷款	Loans to Capital Construction	11576422
技术改造贷款	Loans to Technical Updates and Transformation	410905
其他中长期贷款	Other Medium-term & Long-term Loans	7082508
票据融资	Circulated Fund by Bills	1533475
各项垫款	Money Advanced	2910

19-8 金融机构法定存款利率
Legal Interest Rates on Deposits of Financial Institutions

单位：年利率% (annual interest rate %)

项目	Item	2007年3月18日 Mar. 18, 2007	2007年5月19日 May. 19, 2007	2007年7月21日 Jul. 21, 2007	2007年8月22日 Aug. 22, 2007	2007年9月15日 Sep. 15, 2007	2007年12月21日 Dec. 21, 2007	2008年12月23日 Dec. 23, 2008
个人人民币储蓄存款	**Household Deposits**							
活期	Demand	0.72	0.72	0.81	0.81	0.81	0.72	0.36
定期	Time							
三个月	3Months	1.98	2.07	2.34	2.61	2.88	3.33	1.71
半年	6Months	2.43	2.61	2.88	3.15	3.42	3.78	1.98
一年	1Year	2.79	3.06	3.33	3.6	3.87	4.14	2.25
二年	2Year	3.33	3.69	3.96	4.23	4.50	4.68	2.79
三年	3Year	3.96	4.41	4.68	4.95	5.22	5.40	3.33
五年	5Year	4.41	4.95	5.22	5.49	5.76	5.85	3.6
企业单位	**Enterprises Deposits**							
活期	Demand	0.72	0.72	0.81	0.81	0.81	0.72	0.36
定期	Tirne							
三个月	3Months	1.98	2.07	2.34	2.61	2.88	3.33	1.71
半年	6Months	2.43	2.61	2.88	3.15	3.42	3.78	1.98
一年	1Year	2.79	3.06	3.33	3.6	3.87	4.14	2.25
二年	2Year	3.33	3.69	3.96	4.23	4.50	4.68	2.79
三年	3Year	3.96	4.41	4.68	4.95	5.22	5.40	3.33
五年	5Year	4.41	4.95	5.22	5.49	5.76	5.85	3.6
大额可转让定期存单	**CDs**							
1个月	1Months							
3个月	3Months	1.98	2.07	2.34	2.61	2.88	3.33	1.71
6个月	6Months	2.43	2.61	2.88	3.15	3.42	3.78	1.98
9个月	9Months							
12个月	12Months	2.79	3.06	3.33	3.6	3.87	4.14	2.25

19-9 金融机构法定贷款利率
Legal Interest Rates on Loans of Financial Institutions

单位：年利率% (annual interest rate%)

项目	Item	2004年10月29日 Oct. 29, 2004	2006年8月19日 Aug. 19, 2006	2007年7月21日 Jul. 21, 2007	2007年8月22日 Aug. 22, 2007	2007年9月15日 Sep. 15, 2007	2007年12月21日 Dec. 21, 2007	2008年12月23日 Dec. 23, 2008
流动资金贷款	**Working Capital Loans**							
一般流动资金	Ordinary							
六个月	6 Months	5.22	5.58	6.03	6.21	6.48	6.57	4.86
一年	1 Year	5.58	6.12	6.84	7.02	7.29	7.47	5.31
个体工商户贷款	Individuals Enterprises							
固定资产投资贷款	**Fixed Asset Investment Loans**							
技术改造贷款	Technical Innovation	c	c	c	c	c	c	c
基本建设贷款	Capital Construdtion							
一年以内及一年	1 Year or Less	5.22-5.58	2.58-6.12	6.84	6.21-7.02	6.48-7.29	6.57-7.47	4.86-5.31
一年以上至三年	1 Year to 3 Years	5.76	6.30	7.02	7.20	7.47	7.56	5.40
三年以上至五年	3 Years to 5 Years	5.85	6.48	7.20	7.38	7.65	7.74	5.76
五年以上	More than 5 Year	6.12	6.84	7.38	7.56	7.83	7.83	5.94

注：c与同档次基本建设贷款相同。

a) "c" Same as interest rates on capital construction loans with corresponding maturity

19-10 上市公司情况
Summary for Number of Listed Companies

单位：个 (unit)

年 份 Year	全区合计 All Region	上交所 Shanghai Stock Exchange	深交所 Shenzhen Stock Exchange	#仅发A股公司 A share Only	#仅发B股公司 B share Only	H股 H share	增发A股公司 A Share Add
1994	1	1		1			
1995	1	1			1		
1996	4	1	3	4			
1997	5	3	2	4	1		
1998	2	2		2			
1999	1	1		1			
2000	5	5		5			
2001	1	1		1			1
2002							2
2003							
2004	2	1		1		1	
2005	1	1		1			
2006							
2007	1		1	1			
2008							

19-11 股票发行筹资情况
Issuing Summary for Stocks

年 份 Year	股票发行量 (万股) Amount Issued (10 000 shares)	A股 A share	B股 B share	A、B股配股 A & B Shares Rights Issued	H股 H share	股票筹资额 (亿元) Raised Capital (100 million yuan)	A股 A share	B股 B share	A、B股配股 A & B Shares Rights Issued	H股 H share
1989	1820	1820				0.5	0.5			
1994	5000	5000				1.95	1.95			
1995	11000		11000			4.38	4.38			
1996	6520	5020		1500		3.46	2.86		0.60	
1997	51800	22200	16600	13000		25.36	10.83	5.61	8.92	
1998	32852	13100	19752	22.72		8.37		14.35		
1999	13095			13095		9.71		9.71		
2000	38230	30800		7430		32.58	24.10		8.48	
2001	44720	43000		1720		33.84	31.57		2.27	
2002	15896	15896				17.95	17.95			
2003	1258			1258		7.84			7.84	
2004	40000	5000			35000	17.78	3.49			14.29
2005	14000	14000				4.68	4.68			
2006										
2007	7800	7800				8	8			
2008						57.21	57.21			

19-12 中资保险公司业务技术指标(2008年)

Economic and Technical Indicators of Insurance Companies Funded With Chinese Capital(2008)

项 目	Item	保险金额 (亿元) Amount Insured (100 million yuan)	保费收入 (万元) Premium (10 000 yuan)	赔款及给付 (万元) Claim and Payment (10 000 yuan)
总 计	**Total**	**36044**	**1413463**	**435220**
财产保险	**Property Insurance**	**13824**	**535948**	**265262**
企业财产险	Enterprise Property Insurance	3741	38881	18123
家庭财产险	Family Property Insurance	243	4605	1043
机动车辆险	Motor Vehicle Insurance	3162	360443	181519
货物运输险	Freight Transport Insurance	237	4029	1444
建筑、安装工程	Construction and Installation Projects	399	5340	1301
其它财产保险	Other Property Insurance	4	502	101
责任险	**Liability Insurance**	**5891**	**10641**	**4428**
产品责任险	Products Liability Insurance	13	385	66
雇主责任险	Employers Liability Insurance	42	1726	1321
公众责任险	Public Liability Insurance	5748	7420	2490
其它责任险	Other Liability Insurance	88	1110	551
信用保险	**Credit Insurance**			
保证保险	**Guarantee Insurance**	**26**	**2245**	**173**
农业保险	**Agriculture Insurance**	**121**	**109262**	**57130**
人身保险	**Life Insurance**	**22220**	**877515**	**169958**
寿险	Life Insurance	1145	791475	139422
健康险	Health Insurance	2157	50043	18517
人身意外伤害险	Unforeseen Human Injury Insurance	18918	35997	12019

19-13 财产保险业务收入与赔付(2008年)

Premiums and Claim & Payment of Property Insurance(2008)

单位：万元 (10 000 yuan)

项 目	Item	保险金额 Amount Insured	保费收入 Promiums	已决赔款 Indrmnity	未决赔款 Loss Assessment of Unsrttled Claims
财产保险	**Property Insurance**	**138242964**	**535948**	**248601**	**57428**
# 企业财产险	Enterprise Property	37412364	38881	17610	5669
家庭财产险	Family Property	2430915	4605	846	373
机动车辆险	Motor Vehicle Insurance	31618957	360443	167805	47202
货物运输保险	Freight Transport Insurance	2371013	4029	1361	533
责任险	Liability Insurance	58914964	10641	4064	2599
# 产品责任险	Products Liability Insurance	128964	385	59	46
雇主责任险	Employers Liability Insurance	421916	1726	1174	430
公众责任险	Public Liability Insurance	57480842	7420	2220	1829
其他责任险	Other Liability Insurance	883242	1110	89	53
保证保险	Guarantee Insurance	260910	2245	152	270
农业保险	Agriculture Insurance	1212267	109262	55593	268
# 种植业险	Planting Insurance	1073344	100016	51846	118
养殖业险	Animal Husbandry Insurance	138923	9246	3747	151

19-14 人身保险业务收入与赔付(2008年)

Premiums and Claim & Payment of Accident in Surance Insurance(2008)

项 目	Item	新保承保人数(万人) New Person of Insurance (10 000 persons)	保费收入(万元) Premiums (10 000 yuan)	赔款(万元) Claim (10 000 yuan)	满期给付(万元) Value of Expiration Payment (10 000 yuan)
总 计	**Total**	**1116**	**858202**	**27928**	**142030**
寿险	Life Insurance	77	791475		139422
# 非分红产品	Non-Share out Bonus Products	28	240925		44568
分红产品	Share out Bonus Products	39	425633		94033
投资连接产品	Products Link to Insvestment	0	6450		21
万能产品	All-purpose Products	9	118467		801
意外伤害保险	Unforeseen Human Injury Insurance	507	35997	12019	
# 一年期以内	Less than one Year	26	1725	168	
一年期	One Year	481	19466	6176	
健康保险	Health Insurance	532	50043	15909	2608
# 一年期(及一年期以内)	One Year(Less than one Year)	510	15960	15909	
一年期以上	Over One Year	22	29574		2608

主要统计指标解释

信贷资金 指金融机构以信用方式积聚和分配的货币资金。金融机构信贷资金的来源有各项存款、对国际金融机构负债、流通中货币、银行自有资金及当年结益等；信贷资金的运用有各项贷款、黄金占款、外汇占款、财政借款及在国际金融机构中的资产等。

存款 指企业、机关、团体或居民根据资金必须收回的原则，把货币资金存入银行或其他信用机构保管并取得一定利息的一种信用活动形式。根据存款对象的不同可划分为企业存款、财政存款、机关团体存款、基本建设存款、城镇储蓄存款、农村存款等科目。它是银行信贷资金的主要来源。

贷款 指银行或其他信用机构根据资金必须归还的原则，按一定利率，为企业、个人等提供资金的一种信用活动形式。我国银行贷款分为流动资金贷款、固定资产贷款、城乡个体工商户贷款以及农业贷款等科目。

中资保险公司 指中国公民、法人或其他组织出资(含外资参股)设立的保险公司。

保险金额 指保险人承担赔偿或者给付保险金责任的最高限额。

保费 指投保人为取得保险人在约定范围内所承担赔偿责任而支付给保险人的费用。

赔款 指保险人根据保险合同的规定，向被保险人支付的赔偿保险责任损失的金额。

给付 包括死伤医疗给付和满期给付。死伤医疗给付是指保险人根据人寿保险及长期健康保险合同的规定，因被保险人在保险期内发生保险责任范围内的保险事故支付给被保险人(或受益人)的金额。满期给付是指被保险人生存期满，保险人按人寿保险合同规定支付给被保险人的满期保险金额。

Explanatory Notes on Main Statistical Indicators

Credit Funds refer to the funds issued as loans by banking institutions. The sources of credit funds of the banking institutions included deposits, Liabilities to international financial institutions, currency in circulation, self-owned funds and current retained profits, etc. The credit funds can be used in forms of loans, gold, foreign exchange, government debt and assets in the international financial institutions.

Deposit is a form of credit by which enterprises, institutions, organizations or households can put money into banks and other credit institutions for safekeeping and interest earning under the principle of free withdrawal. According to different depositors, deposits are divided into enterprise deposits, treasury deposits, deposits of government agencies and organizations, capital construction deposits, urban savings deposits, rural deposits and other deposits. Deposits are major sources of the credit funds of banks.

Loan is a form of credit by which banks and other credit institutions provide funds at certain interest rate to enterprises and individuals in the light of the principle of unconditional repayment. Loans from Chinese banks include circulating capital loans, fixed assets loans, loans to urban and rural individuals engaged in industrial and commercial business and agricultural loans.

Insurance Companies Funded with Chinese Capital refer to insurance companies established with capitals from Chinese citizens, corporate institutions or other organizations (including companies with shares from foreign capital) .

Amount Insured refers to the maximum that the insurant will get for the claim of the case insured.

Premium is the fee paid by the insurant to the insurer to obtain the obligation of compensation from the insurance within the agreed terms.

Settled Claim is the compensation paid by the insurer to the insurant in accordance with the insurance contract.

Payment includes payment for death, injury or medical treatment and mature payment. Payment for death, injury or medical treatment refers to the money paid to the insurant (or the beneficiary) in accordance with the life or health insurance contract when the insurant encounters accidents within the insured period covered in the contract. Mature payment refers to the mature payment to the insurant in accordance with the life insurance contract at the end of the insured period.

2009

NEI MENG GU

二十、教育、科技和文化

Education, Science and Culture

资料整理：毅　茹　邰焱燚
Arranged by Yi Ru, Tai Yanyi

20-1 教育事业基本情况

Basic Statistics on Education

项 目	Item	2007	2008
学校数(所)	**Number of Schools(unit)**		
普通高等学校	Regular Institutions of Higher Education	36	39
普通中等学校	Secondary Schools	1640	1550
#中等专业学校	Specialized Secondary Schools	75	87
中等技术学校	Technical Secondary Schools	73	85
中等师范学校	Teacher Secondary Schools	2	2
普通中学	Regular Secondary Schools	1382	1291
职业中学	Vocational Secondary Schools	183	172
小 学	Primary Schools	4177	3605
幼儿园	Kindergartens	1554	1664
特殊教育	Special Schools	27	27
专任教师(人)	**Number of Full time Teachers(person)**		
普通高等学校	Regular Institutions of Higher Education	19483	20946
普通中等学校	Secondary Schools	108119	108469
#中等专业学校	Specialized Secondary Schools	4447	4750
中等技术学校	Technical Secondary Schools	4291	4607
中等师范学校	Teacher Secondary Schools	156	143
普通中学	Regular Secondary Schools	94491	94811
职业中学	Vocational Secondary Schools	9181	8908
小 学	Primary Schools	115205	115170
幼儿园	Kindergartens	12929	14022
特殊教育	Special Schools	720	757
招生数(人)	**New Student Enrollment(person)**		
普通高等学校	Regular Institutions of Higher Education	99088	107080
普通中等学校	Secondary Schools	545980	553893
#中等专业学校	Specialized Secondary Schools	52359	44497
中等技术学校	Technical Secondary Schools	51594	43657
中等师范学校	Teacher Secondary Schools	765	840
普通中学	Regular Secondary Schools	431339	450034
职业中学	Vocational Secondary Schools	62282	59362
小 学	Primary Schools	260093	250153
幼儿园	Kindergartens	196360	195505
特殊教育	Special Schools	552	709
在校学生(人)	**Student Enrollment(person)**		
普通高等学校	Regular Institutions of Higher Education	284057	316700
普通中等学校	Secondary Schools	1760821	1678260
#中等专业学校	Specialized Secondary Schools	129312	127262
中等技术学校	Technical Secondary Schools	127227	125071
中等师范学校	Teacher Secondary Schools	2085	2191
普通中学	Regular Secondary Schools	1480251	1403360
高 中	Senior Secondary Schools	561400	541084
初 中	Junior Secondary Schools	918851	862276
职业中学	Vocational Secondary Schools	151258	147638
小 学	Primary Schools	1584593	1552708
幼儿园	Kindergartens	290382	306872
特殊教育	Special Schools	3943	4072
毕业生数(人)	**Graduates(person)**		
普通高等学校	Regular Institutions of Higher Education	67204	73554
普通中等学校	Secondary Schools	549122	568507
#中等专业学校	Specialized Secondary Schools	30933	35726
中等技术学校	Technical Secondary Schools	30273	35243
中等师范学校	Teacher Secondary Schools	660	483
普通中学	Regular Secondary Schools	481771	491850
高 中	Senior Secondary Schools	170116	187557
初 中	Junior Secondary Schools	311655	304293
职业中学	Vocational Secondary Schools	36418	40931
小 学	Primary Schools	251506	272053
幼儿园	Kindergartens	161773	158713
特殊教育	Special Schools	294	563

注：1、普通中学的高中学校数包括高级中学和完全中学.

2、毕业生数、招生数、在校学生数包括成人高校附设普通班学生数。

a)Number of senior secondary schools in regular secondary schools include senior secondary schools & whole secondary schools.

b)The number of graduates,new student enrollment and student enrollment studiing in general class belonging to adult university.

20-2 在校学生民族构成
Composition of Student Enrollment by Nationality

单位:人 (person)

项目	Item	2007	2008
普通高等教育	**Regular Institutions of Higher Education**	**284057**	**316700**
蒙古族	Mongolian	71175	86032
其他少数民族	Other Minority Nationality	14511	11797
高等教育中研究生	Postgradate Students Enrollment	9888	10812
蒙古族	Mongolian	2936	3382
其他少数民族	Other Minority Nationality	296	449
中等专业学校	**Specialized Secondary Schools**	**129312**	**127262**
中等技术学校	Technical Schools	127227	125071
蒙古族	Mongolian	26269	18959
其他少数民族	Other Minority Nationality	3291	3174
中等师范学校	Teacher Training Schools Secondary	2085	2191
蒙古族	Mongolian	240	395
其他少数民族	Other Minority Nationality	71	227
普通中学	**Rogular Secondary Schools**	**1480251**	**1403360**
高中	Senior	561400	541084
蒙古族	Mongolian	128678	124768
其他少数民族	Other Minority Nationality	20442	21152
初中	Junior	918851	862276
蒙古族	Mongolian	202185	182544
其他少数民族	Other Minority Nationality	27200	27227
职业中学	**Vocational Secondary Schools**	**151258**	**147638**
蒙古族	Mongalian	22829	22511
其他少数民族	Other Minority Nationality	3485	3173
小学	**Primary Schools**	**1584593**	**1552708**
蒙古族	Mongolian	321562	325134
其他少数民族	Other Minority Nationality	40643	41084

20-3 普通高等学校分类情况(2008年)

Basic Statistics of Colleges and Universities by Different Types(2008)

项 目	Item	学校数 (所) Number (unit)	毕业生数 (人) Graduates (person)	招生数(人) New Student Enrollment (person)	在校学生(人) Student Enrollment (person)
普通高校	**Regular Institutions of Higher Education**	**39**	**73326**	**107080**	**316700**
综合大学	Comprehensive Universities	17	30730	44870	133300
理工院校	Science and Engineering Universities	12	19435	30928	83678
农业大学	Agricultural Universities	1	5581	7345	25332
医药院校	Medicinal Universities	1	2373	3795	12383
师范院校	Normal Universities	2	9175	10203	34098
财经院校	Economics and Finance Universities	3	5153	8973	25046
政法院校	Law Universities	1	524	143	984
体育院校	Physical Universities	1	168	369	948
艺术院校	Arts Universities	1	187	454	931

注：毕业生、在校生数不含成人高校附设普通班学生数。

a)The number of student does not include the number of student who as studing in general class belonging to adult university.

20-3 续表 continued

项 目	Item	教职工合计 (人) Number of Staff and Workers (person)	# 专任教师 Teachers	# 正、副教授 Professors and Asso.Prof.	# 讲 师 Lecturers	# 助教、教员 Assistants and Instructors
普通高校	**Universities and Colleges**	**33230**	**20946**	**7651**	**6637**	**6658**
综合大学	Comprehensive Universities	16413	9944	3725	3170	3049
理工院校	Science and Engineering Universities	7231	5134	1602	1648	1884
农业大学	Agricultural Universities	2548	1534	704	489	341
医药院校	Medicinal Universities	1183	727	250	207	270
师范院校	Normal Universities	3054	1904	747	724	433
财经院校	Economics & Finance Universities	2110	1291	497	258	536
政法院校	Law Universities	288	174	73	60	41
体育院校	Physical Universities	170	144	31	52	61
艺术院校	Arts Universities	233	94	22	29	43

20-4 普通高等院校基本情况(2008年)

Basic Statistics of Colleges and Universities(2008)

项　目	Item	毕业生数(人) Graduates (person)	招生数(人) New Student Enrollment (person)	在校生数(人) Student Enrollment (person)
内蒙古大学	Inner Mongolia University	3548	5177	15987
内蒙古科技大学	Inner Mongolia Science & Technology University	8163	10794	37356
内蒙古工业大学	Inner Mongolia Engineering University	5979	5769	21492
内蒙古农业大学	Inner Mongolia Agriculture University	5581	7345	25332
内蒙古医学院	Inner Mongolia Medicinal College	2373	3795	12383
内蒙古师范大学	Inner Mongolia Normal University	6786	7546	26326
内蒙古民族大学	Inner Mongolia Nationality University	5064	4524	16563
赤峰学院	Chifeng College	2095	2166	8167
内蒙古财经学院	Inner Mongolia Eco & Finance College	3366	5049	15334
呼伦贝尔学院	Hulunbeier College	3433	3262	11204
内蒙古建筑职业技术学院	Hohhot Professional and Technical College	2776	2901	8150
集宁师范高等专科学校	Jining Teacher Training Academy	2389	2657	7772
内蒙古丰州职业学院	Inner Mongolia Fengzhou College	175	803	2291
河套大学	Hetao University	1438	2346	6511
内蒙古民族高等专科学校	Inner Mongolia Nationality Academy	1534	1890	4882
包头职业技术学院	Baotou Pro.& Tech. College	2186	3696	9002
兴安职业技术学院	Xingan Pro. & Tech. College	368	1074	2474
呼和浩特职业学院	Hohhot Vocational College	2899	4030	10466
包头轻工职业技术学院	Baotou Light Industry Professional and Technical College	1997	3043	7391
内蒙古电子信息职业技术学院	Inner Mongolia Electronics Vocational College	2209	3028	7714
内蒙古机电职业技术学院	Inner Mongolia Machinery & Electronics Professional and Technical College	2065	3516	9148
内蒙古化工职业学院	Inner Mongolia Chemical Engineering Vocational College	892	3387	8256
内蒙古商贸职业学院	Inner Mongolia Trade Vocational College	1787	3120	7830
锡林郭勒职业学院	Xilingguole Vocational College	776	1869	4234
内蒙古警察职业学院	Inner Mongolia Police Vocational College	524	143	984
内蒙古体育职业学院	Inner Mongolia Sport Vocational College	168	369	948
乌兰察布职业学院	Wulanchabu Vocational College	543	1543	3896
通辽职业学院	Tongliao Vocational College	694	1983	4240
科尔沁艺术职业学院	Keerqin Arts Vocational College	187	454	931
内蒙古交通职业技术学院	Inner Mongolia Transport Tech College	583	1929	4504
包头钢铁职业技术学院	Baotou Iron and Steel Vocational College	300	1326	3183
乌海职业技术学院	Wuhai Vocational College	448	1171	2797
内蒙古科技职业学院	Inner Mongolia Sci & Tech College		683	1562
内蒙古北方职业技术学院	Inner Mongolia North Tech College		712	1593
赤峰职业技术学院	Chifeng Vocational College		786	1525
包头铁道职业技术学院	Baotou Railway Vocational & Tech College		479	479
内蒙古大学创业学院	Pioneer College of Inner Mongolia University		876	876
内蒙古师范大学鸿德学院	Honder of Inner Mongolia Normal University		1035	1035
内蒙古经贸外语职业学院	Inner Mongolia Trade & Language College		804	1882

注：学生数中不含成人高校附设普通班学生数。

a)The number of student does not include the number of student who was studing in general class belonging toadult university.

20-4 续表 continued

项　目	Item	教职工总数(人) Number of Staff & Workers (person)	#专任教师 Teacher	#中级职称以上教师 Medium over Professional Certification
内蒙古大学	Inner Mongolia University	2566	1359	1089
内蒙古科技大学	Inner Mongolia Science & Technology University	3376	2255	1378
内蒙古工业大学	Inner Mongolia Engineering University	2020	1318	1029
内蒙古农业大学	Inner Mongolia Agriculture University	2548	1534	1193
内蒙古医学院	Inner Mongolia Medicinal College	1183	727	457
内蒙古师范大学	Inner Mongolia Normal University	2257	1417	1152
内蒙古民族大学	Inner Mongolia Nationality University	1793	1004	707
赤峰学院	Chifeng College	1520	890	642
内蒙古财经学院	Inner Mongolia Eco & Finance College	1388	788	567
呼伦贝尔学院	Hulunbeier College	1175	828	532
内蒙古建筑职业技术学院	Hohhot Pro. and Tech. College	553	369	210
集宁师范高等专科学校	Jining Teacher Training Academy	797	487	319
内蒙古丰州职业学院	Inner Mongolia Fengzhou Vocational College	89	50	43
河套大学	Hetao University	983	514	358
内蒙古民族高等专科学校	Inner Mongolia Nationality Academy	500	338	238
包头职业技术学院	Baotou Pro. and Tech. College	882	539	329
兴安职业技术学院	Xingan Pro and Tech College	540	414	315
呼和浩特职业学院	Hohhot Vocational College	1007	614	387
包头轻工职业技术学院	Baotou Light Industry Professional and Technical College	570	425	190
内蒙古电子信息职业技术学院	Inner Mongolia Electronics Vocational College	465	396	261
内蒙古机电职业技术学院	Inner Mongolia Machinery & Electronics Professional and Technical College	616	489	313
内蒙古化工职业学院	Inner Mongolia Chemical Engineering Vocational College	601	486	245
内蒙古商贸职业学院	Inner Mongolia Trade Vocational College	615	456	173
锡林郭勒职业学院	Xilingguole Vocational College	750	423	309
内蒙古警察职业学院	Inner Mongolia Police Vocational College	288	174	133
内蒙古体育职业学院	Inner Mongolia Sport College	173	144	83
乌兰察布职业学院	Wulanchabu Vocational College	506	313	235
通辽职业学院	Tongliao Vocational College	710	455	300
科尔沁艺术职业学院	Keerqin Arts Vocational College	233	94	51
内蒙古交通职业技术学院	Inner Mongolia Tansport Vocational Technological College	472	377	208
包头钢铁职业技术学院	Baotou Iron and Steel Vocational College	338	225	177
乌海职业技术学院	Wuhai Vocational College	216	199	96
内蒙古科技职业学院	Inner Mongolia Science & Technology College	117	67	26
内蒙古北方职业技术学院	Inner Mongolia North Technology College	235	42	
赤峰职业技术学院	Chifeng Vocational College	162	83	61
包头铁道职业技术学院	Baotou Railway Vocational & Tech College	381	244	166
内蒙古大学创业学院	Pioneer College of Inner Mongolia University	326	262	241
内蒙古师范大学鸿德学院	Honder of Inner Mongolia Normal University	175	100	60
内蒙古经贸外语职业学院	Inner Mongolia Trade & Language College	107	47	15

20-5 科技活动基本情况(2008年)

Basic Statistics on Scientific and Technological Activities(2008)

项 目	Item	2008
科技活动	**Scientific and Technological Activities**	
科技活动人员(人)	**Number of Persons Engaged in Scientific and Technological Activities(person)**	**47997**
#科学家与工程师	Scientists and Engineers	34089
研究与试验发展折合全时人员(人年)	**Number of Full-time Persons in Research and Developmeut Activities(person year)**	**18263.8**
#科学家与工程师	Scientists and Engineers	15626.5
科技经费筹集额(万元)	**Funding for Scientific and Technological Activities(10 000 yuan)**	**750416.8**
#政府资金	Government Funds	125198.5
企业资金	Self-raised by Enterprises	516638.6
银行贷款	Bank Loans	73507
科技经费内部支出(万元)	**Expenditures for Scientific and Technological Activities (10 000 yuan)**	**741176.1**
#劳务费	Service Fees	138098
固定资产购建费	Purchases of Fixed Assets	230884
#研究与试验发展经费内部支出	Research and Development Expenses	338950
基础研究	Fundamental Research	6581
应用研究	Applied Research	21647
试验发展	Experimental Development	306685
研究与发展经费支出占生产总值比重(%)	**Proportion of Research and Development Expenses to GDP(%)**	**0.4**
技术成果和国家奖励	**Achievements in Scientific and Technological Research and National Prizes Won**	**108**
自治区科技进步奖(项)	Number of Major Achievements in Science and Technology(item)	107
国家发明奖(项)	Number of National Invention Prizes Awarded(item)	
国家科学技术进步奖(项)	Number of National Scientific and Technological Progress Prizes Awarded(item)	1
技术市场成交额(万元)	**Transaction Value in Technical Market(10 000 yuan)**	**994623**
专 利	**Patent**	
专利申请受理量(件)	Total Patent Applications Examined(item)	2221
发明	Creation and Inventions	695
实用新型	Utility Models	980
外观设计	Designs	546
专利申请批准量(件)	Total Patent Applications Certified(item)	1328
发明	Creation and Inventions	140
实用新型	Utility Models	866
外观设计	Designs	322

20-6 地方国有单位各类专业技术人员
Special Technical Personnel of State-owned Units

单位:人 (person)

年份 Year	合 计 Total	工程技术人员 Engineering	农业技术人员 Agriculture	科学研究人员 Scientific Research	卫生技术人员 Health Care	教学人员 Teaching
1986	298360	50544	16026	1561	43130	137854
1987	344667	58353	17665	1794	44962	166079
1988	385181	66901	18436	1646	47332	158905
1989	428612	71848	18649	1845	49311	175621
1990	442659	75686	19644	1803	51184	180408
1991	453193	78705	20168	1839	53585	184784
1992	461901	79224	20710	2174	54257	187739
1993	454591	77474	18534	2043	54236	192023
1994	463501	77624	19096	2026	54873	199488
1995	471197	78640	18781	1877	56045	205952
1996	476610	78450	18946	1832	56854	214200
1997	477411	77127	19010	1792	60806	218651
1998	476012	74538	18499	1762	60990	223704
1999	504045	78903	19246	1992	65578	242551
2000	509470	77348	19076	2002	68954	250740
2001	497202	69548	18979	2084	69156	257165
2002	486215	64635	18288	1927	68725	260445
2003	514746	68669	22202	2029	72508	274565
2004	532891	65362	26978	2631	80287	286581
2005	534906	62700	27393	2401	81181	291842
2006	536071	59529	27465	1985	81658	300322
2007	553733	70527	27645	2160	82346	303470
2008	559013	67777	32659	2431	86965	302841

20-7 国有各类独立科技机构、人员、经费(2008年)

Number of State-owned Research and Development Institutions, Persons and Funds(2008)

项 目	Item	旗县以上国有科技机构合计 R & D Institutions at & above County Level	自然科学与技术领域 Natural Sciences and Techonology	转制科研机构 Transform Character of Institutions	社会与人文科学领域 Social Sciences & Humanities	科技信息与文献机构 Scientific Technological Information & Literature Institutions	旗县属科技机构 Scientific Institation of County
机构数(个)	Institutions(unit)	132	78	31	11	12	6
从业人员数(人)	Staff & workers(person)	11208	7658	2817	511	222	98
# 从事科技活动人员	Scientific & Tech Activities	7922	5575	1707	442	198	75
# 科学家、工程师	Scientists & Engineers	5709	3967	1268	336	138	25
经费收入总额(万元)	Income(10 000 yuan)	190680	95433	86916	6826	1506	447
# 政府拨款	Government Appropriations	84868	70665	7912	4997	1295	341
经费支出总额(万元)	Expenditures(10 000 yuan)	180146	89565	82930	6197	1454	447
# 科技经费支出额	Service Charge	106004	73880	24838	5941	1346	429
R&D经费支出额	Fands of R&D	43452	29979	9931	3504	38	
固定资产(万元)	Fixed Assets(10 000 yuan)	161351	95583	59311	5293	1165	143
课题数(个)	Number of Topics(unit)	784	586	115	66	17	
课题经费支出(万元)	Funds of Topic(10 000 yuan)	38269	24285	10654	2901	430	
# R&D经费支出	Funds of R&D	27095	19094	5148	2822	32	
课题投入人员(人年)	Persons of Topics(person-year)	3231	2462	532	194	43	
# R&D课题投入	R&D of Topics	2525	1893	455	174	3	
专利申请受理(项)	Number of Patent Applications Accepted(item)	58	46	12			
专利授权(项)	Number of Patent Applications Granted(item)	36	11	24	1		
科技论文(篇)	Science Papers(piece)	979	750	149	63	17	

注：R&D为研究与发展(Research and Development)的缩写。

a) R&D is abridge of Research and Development.

20-8 旗县以上国有独立自然科学与技术领域及转制科研机构、人员、经费(2008年)

Transformed and State-Owned Natural Scientific and Technological Institutions, Staff and Expenditure (2008)

项 目	Item	机构数(个) Institutions (unit)	从业人数(人) Staff & workers (person)	# 从事科技活动 Science & Technology	# 科学家工程师 Scientists & Engineers
总 计	**Total**	**109**	**10475**	**7282**	**5235**
按隶属关系分	**Grouped by Level**				
国务院部门属	Central Government	12	3323	2353	1717
自治区属	Autonomous Region	30	3324	2525	1965
盟市属	Leaguesand Cities	67	3828	2404	1553
按行政地域分	**Grouped by Region**				
呼和浩特市	Hohhot City	45	5383	3970	2993
包 头 市	Baotou City	12	2212	1329	974
呼伦贝尔市	Hulunbeier City	8	396	315	223
兴 安 盟	Xingan League	5	108	65	55
通 辽 市	Tongliao City	5	491	267	177
赤 峰 市	Chifeng City	5	337	292	187
锡林郭勒盟	Xilinguole League	5	254	196	129
乌兰察布市	Wulanchabu City	5	297	173	92
鄂尔多斯市	Erdos City	7	266	198	151
巴彦淖尔市	Bayannaoer City	8	616	380	192
乌 海 市	Wuhai City	1	50	37	24
阿拉善盟	Alashan League	3	65	60	38

20-8 续表 continued

单位：万元 (10 000 yuan)

项 目	Item	经费收入总额 Income	# 政府拨款 Government Appro-priations	经费支出总额 Expendi-tures	# 科技经费 Scientific Charge	固定资产原值 Purchasing Fixed	课题经费支出 Funds of Topics
总 计	**Total**	**182349**	**78576**	**172495**	**98718**	**154893**	**34939**
按隶属关系分	**Grouped by Level**						
国务院部门属	Central Government	83510	29577	81339	37756	84425	15036
自治区属	Autonomous Region	58353	28868	51297	39943	18224	15408
盟市属	Leaguesand Cities	40485	20131	39860	21018	31304	4495
按行政地域分	**Grouped by Region**						
呼和浩特市	Hohhot City	92480	52126	84310	65529	90117	23859
包 头 市	Baotou City	64802	7551	66015	15862	41268	6970
呼伦贝尔市	Hulunbeier City	5611	4503	5417	4259	4019	1180
兴 安 盟	Xingan League	596	596	555	437	1259	219
通 辽 市	Tongliao City	2957	1996	3138	2061	2090	421
赤 峰 市	Chifeng City	2493	2493	2343	2273	1532	508
锡林郭勒盟	Xilinguole League	3824	1283	1909	1463	2230	81
乌兰察布市	Wulanchabu City	1293	1293	1293	1140	486	175
鄂尔多斯市	Erdos City	3640	2353	3374	2126	9393	540
巴彦淖尔市	Bayannaoer City	3831	3715	3445	2940	2079	674
乌 海 市	Wuhai City	302	302	302	283	235	130
阿拉善盟	Alashan League	522	367	396	346	186	182

20-9 大中型工业企业科技活动基本情况

Basic Statistics on Scientific and Technological Activities of Large and Medium-sized Industrial Enterprises

项　目	Item	2007	2008
单位数(个)	**Number of units(units)**	**449**	**531**
#有科技活动单位数	Having Scientific and Technological Activities	94	110
有R&D活动单位数	Having Activivities of R&D	57	57
从业人员年平均人数(人)	**Average of Staff and Workers(person)**	**593813**	**634176**
#科技活动人员	Persons Engaged in Scientific & Technological Activities	24257	29209
科学家和工程师	Scientists and Engineers	17540	19887
R&D人员折合全时人员(人年)	**Persons Engaged in R&D Converted into Full-time Persons(person/year)**	**9546**	**11290**
#科学家和工程师	Scientists and Engineers	7779	9466
科技活动经费筹集额(万元)	**Funds for Scientific and Technological Activities(10 000 yuan)**	**358932**	**576832**
#政府资金	Government Funds	21989	23282
企业资金	Enterprises Funds	304557	481512
金融机构贷款	Bank Loans	17477	60123
其他资金	Other Funds	14909	11916
科技经费内部支出(万元)	**Internal Expenditures of Funds of R&D (10 000 yuan)**	**348260**	**587991**
#劳务费	Labor Wage	64721	103178
固定资产购建费	Expenditures of Purchasing and Fixing Fixed Assets	128955	201368
R&D经费内部支出(万元)	**Inter Expenditures of Funds of R&D(10 000 yuan)**	**193113**	**268366**
#基础研究	Fundamental Research	249	45
应用研究	Applied Research	3336	3046
试验发展	Experiment and Development	188063	263651

20-10 高等学校科技活动基本情况

Basic Statistics on Scientific and Technological Activities of Colleges and Universities

项 目	Item	2007	2008
单位数(个)	**Number of units(unit)**	**27**	**27**
#有科技活动单位数	Units Having Scientific and Technological Activites	26	26
有R&D活动单位数	Units Having Activities of R&D	26	26
科技活动人员(人)	**Persons Engaged in Sci. & Tech. Activities(person)**	**5673**	**6378**
#科学家工程师	Scientists and Engineers	5591	6229
R&D人员全时当量(人年)	**Persons in R&D into Full-time(person/year)**	**2682**	**2908**
#科学家工程师	Scientists and Engineers	2641	2848
基础研究	Fundamental Research	967	1295
应用研究	Applied Research	1313	1367
试验发展	Experiment and Development	402	246
科技经费筹集额(万元)	**Funds for Science and Technology(10 000 yuan)**	**23411**	**28376**
#政府资金	Government Funds	14160	17912
自筹资金	Self-raised		
银行贷款	Bank Loans		
科技经费内部支出额(万元)	**Internal Expenditures of Funds of R&D(10 000 yuan)**	**19923**	**21291**
#劳务费	Labor Expenses	2789	3446
固定资产购建费	Expenditurd of Purchases of Fixed Assets	4138	4644
R&D经费内部支出(万元)	**Inter Expenditures of Funds of R&D(10 000 yuan)**	**12405**	**11657**
#基础研究	Fundamental Research	2388	2995
应用研究	Applied Research	7173	5645
试验发展	Experiment and Development	2844	3017

20-11 科技成果获奖

Number of Achievements in Scientific and Technological Research and National Prizes Won

单位：项 (item)

年 份 Year	国家发明奖 Number of National Invention Prizes Awarded	国家科技进步奖 Number of National Scientific & Technological Prizes Awarded	国家自然科学奖 Number of National Natural Sciences Prizes Awarded	自治区科技进步奖 Number of Autonomous Regional Scientific & Technological Prizes Awarded	一等奖 First Class Prize	二等奖 Second Class Prize	三等奖 Third Class Prize
1983				126	2	32	92
1985	1	4		167	12	36	119
1986				96	8	20	68
1987			1	121	12	35	74
1988	2	3		103	3	22	78
1989		4		102	7	20	75
1990		3		103	5	20	78
1991		2	1	130	6	14	110
1992		4		105	3	15	87
1993	1	3		123	3	18	102
1994				104	4	14	86
1995	1	2		124	7	22	95
1996		3		129	5	21	103
1997		2		115	3	25	87
1998		1		123	4	22	97
1999	1	3	2	142	4	20	118
2000		1		89	5	16	68
2001		1		100	5	20	75
2002				93	4	20	69
2003		1		80	5	18	57
2004		1		83	7	21	55
2005		1		100	8	23	69
2006		1		98	8	24	66
2007		1		100	12	26	62
2008		1		107	14	22	71

20-12 三种专利申请受理量及批准量

Three Types of Patent Applications Examined and Granted

单位：项 (item)

年 份 Year	申请受理量合计 Number of Patent Applications Examined	发 明 Inventions	实用新型 Utility Models	外观设计 Designs	批准量合计 Number of Patent Applications Granted	发 明 Inventions	实用新型 Utility Models	外观设计 Designs
1985	76	42	32	2				
1986	90	31	48	11	17		16	1
1987	154	39	108	7	48	3	36	9
1988	228	46	176	6	63	7	53	3
1989	231	43	179	9	128	10	110	8
1990	347	54	270	23	170	5	158	7
1991	431	86	310	35	153	6	130	17
1992	510	102	366	42	242	14	212	16
1993	601	137	438	26	438	14	381	43
1994	731	124	474	133	337	7	296	34
1995	647	117	449	81	415	8	293	114
1996	859	215	507	137	326	6	265	55
1997	940	244	534	162	372	11	264	97
1998	785	125	519	141	523	12	375	136
1999	971	198	557	216	723	17	521	185
2000	1138	234	602	302	775	60	530	185
2001	1089	185	664	240	743	73	440	230
2002	1202	233	643	326	679	53	428	198
2003	1394	242	716	436	816	82	419	315
2004	1457	286	699	472	831	108	437	286
2005	1455	307	708	440	845	98	452	295
2006	1946	430	915	601	978	108	543	327
2007	2015	565	966	484	1313	120	788	405
2008	2221	695	980	546	1328	140	866	322

20-13 文化艺术和文物事业机构、人员(2008年)

Number of Institutions and Personnel in Culture, Art and Cultural Relics(2008)

机构类别	Category of Institution	机构数(个) Number of Institutions (unit)	从业人数(人) Number of Persons Engaged (person)
文化事业合计	**Culture**	**1271**	**12007**
艺术事业	Art Institutions	135	5515
艺术表演团体	Art Performance Troupes	106	5014
话剧、儿童剧、滑稽剧团	Drama, Children Plays ,Comedy	1	52
歌剧、舞剧、 歌舞剧团	Opera, Ballet and Dance Troupes	4	263
歌舞团、轻音乐团	Song and Dance Troupe, Light Music	13	1307
文工团、文宣队、乌兰牧骑	Cultural and Performance Troupes and Ulanmuchi (equestrain art troupes)	70	2442
戏曲剧团	Local Opera Troupes	12	696
#京剧	Local Beijing Opera Troupes	1	63
曲艺、杂技、木偶、皮影团	Recitation and Ballad, Acrobatics and Circus, Puppet Show, and Shadow Play Troupes	2	120
艺术表演场所	Art Centers	29	501
剧场、影剧院	Theaters and Music Halls	29	501
书场、曲艺场	Storytelling Places, Recitation and Ballad Places		
杂技、马戏场	Acrobatics, Circus Places		
音乐厅	Concert Halls		
图书馆事业	Libraries	113	1755
群众文化事业	Mass Culture	985	3777
群众艺术馆	Mass Art Centers	13	440
文化馆	Cultural Centers	102	1325
文化站	Cultural Stations	870	2012
#乡文化站	Township Cultural Stations	723	1751
艺术教育事业	Culture and Education	6	443
其他文化事业	Other Cultural Units	32	517
艺术创作机构	Art Creation Institutions	7	39
艺术研究机构	Art Research Institutions	9	119
艺术展览机构	Art Exhibition Institutions	4	197
#美术馆	Art Gallery	1	9
其他	Others	12	162
文化艺术经纪与代理业	Brokers and Agents for Cultural and Arts Activities	5	39
文物事业合计	**Cultural Relics**	**118**	**1643**
文物保护管理机构	Agency of Historical Relics Preservation	78	639
文物科研机构	Scientific and Research Historical Relics	1	58
其他文物机构	Other Historical Relics Agency	1	7
博物馆	Museums	36	882
综合性博物馆	Comprehensive Museum	35	874
历史类博物馆	Special Museum	1	8
自然科技类博物馆	Nature Science and Technology Museum		
其他博物馆	Memorial Museum		
文物商店	Cultural Relics Agencies	2	57

20-14 图书、杂志、报纸出版
Books, Magazines and Newspapers Published

项 目	Item	2007	2008
图 书	**Books Published**		
种 数(种)	Number of Publications(kind)	2305	2423
# 蒙 文(种)	Mongol(kind)	920	976
新 出(种)	New Books(kind)	873	1247
亘 印(种)	Republication(kind)	249	1176
总印数(万册)	Total Printed Copies(10 000 copies)	9046.30	6730
总印张数(万印张)	Printed Sheets(10 000 sheets)	62457.04	48609
定价总金额(万元)	Total of Fixed Price(10 000 yuan)	57409.80	50825
杂 志	**Magazines Publised**		
种 数(种)	Number of Publications(kind)	151	149
# 蒙 文(种)	Mongol(kind)	47	47
总印数(万册)	Total Printed Copies(10 000 copies)	1395.00	1229.05
总印张数(万印张)	Printed Sheets(10 000 sheets)	5904.60	5175.57
定价总金额(万元)	Total of Fixed Price(10 000 yuan)	7903.00	6297.65
报 纸	**Newspapers Publised**		
种 数(种)	Number of News Published(kind)	50	61
# 蒙 文(种)	Mongol(kind)	13	13
总印数(万份)	Total Printed Copies(10 000 copies)	27182.00	26364.00
总印张数(万印张)	Printed Signatures(10 000 sheets)	37095.30	62146.30
定价总金额(万元)	Total of Fixed Price(10 000 yuan)	18776.00	17689.00

20-15 广播电视事业

Statistics on Broadcasting and Television Stations

项目	Item	2007	2008
广播	**Broadcasting**		
广播电台(座)	Number of Broadcasting Stations(set)	13	13
调频转播发射台座数(座)	Transmission Stations of Frequency Modulation(set)	490	461
中短波转播发射台座数(座)	Transmission Stations of Short and medium Wave(set)	56	57
广播人口覆盖率(%)	Listener Rating(%)	92.98	94.05
节目套数(套)	Number of Programs(set)	117	119
广播节目全年播出情况	**Annual Statistics on Broadcasting**		
新闻资讯类（小时：分）	News Programs(hour:minute)	100085:44	107046:18
专题服务类（小时：分）	Special Subject Programs(hour:minute)	115619:53	125598:20
综艺类（小时：分）	Programs of Entertainment(hour:minute)	203715:56	203500:19
广播剧类（小时：分）	Radio Play(hour:minute)	16506:13	17268:08
广告类（小时：分）	Programs of Advertisment(hour:minute)	32367:23	31408:57
其他类（小时：分）	Other Programs(hour:minute)	84610:33	86648:44
广播节目全年制作情况	**Annual Statistics on Production of Broadcasting**		
新闻资讯类（小时）	News Programs(hour)	35891	34148
专题服务类（小时）	Special Subject Programs(hour)	65547	70673
综艺类（小时）	Programs of Entertainment(hour)	57468	54969
广播剧类（小时）	Radio Play(hour)	327	1255
广告类（小时）	Programs of Advertisment(hour)	18695	19640
其他类（小时）	Other Programs(hour)	16672	17420
电视	**Television**		
电视台(座)	Number of Television Stations(set)	14	14
电视转播发射台座数(座)	Transmission and Relaying Stations(set)	1656	1532
卫星地球站(座)	Satellits Television Station(set)	1	1
卫星收转站(座)	Satellits Transmission Stations(set)	354797	371095
电视人口覆盖率(%)	Viewer Rating(%)	91.44	92.73
节目套数(套)	Number of Programs(set)	119	119
电视节目全年播出情况	**Annual Statistics on Dissemination of TV Programs**		
新闻资讯类（小时：分）	News Programs(hour:minute)	63492:12	62645:37
专题服务类（小时：分）	Special Subject Programs(hour:minute)	57444:11	60131:15
综艺益智类（小时：分）	Programs of Entertainment(hour:minute)	53437:43	51270:41
影视剧类（小时：分）	Programs of Film and TV Play (hour:minute)	262862:55	267201:35
广告类（小时：分）	Programs of Advertisment(hour:minute)	66842:21	70992:08
其他类（小时：分）	Other Programs(hour:minute)	70458:04	73315:25
电视节目全年制作情况	**Annual Statistics on Production of TV Programs**		
新闻资讯类（小时）	News Programs(hour)	16010	17598
专题服务类（小时）	Special Subject Programs(hour)	12560	14637
综艺益智类（小时）	Programs of Entertainment(hour)	8345	7650
影视剧类（小时）	Programs of Film and TV Play (hour)	48	130
广告类（小时）	Programs of Advertisment(hour)	15145	17011
其他类（小时）	Other Programs(hour)	5050	5802

主要统计指标解释

普通高等学校 指按照国家规定的设置标准和审批程序批准举办，通过国家统一招生考试，招收高中毕业生为主要培养对象，实施高等教育的全日制大学、独立设置的学院和高等专科学校、短期职业大学。

成人高等学校 指按照国家有关规定审批，招收通过全国成人高教统一招生考试的具有高中毕业或同等学历的在职从业人员，利用脱产、半脱产、业余或函授等多种形式对其实施高等学历教育，培养高等教育专科或本科毕业水平的专门人才，修业年限，课程设置和总学时数均按高等学历教育要求付诸实施的学校。包括广播电视大学、职工高等学校、农民高等学校、管理干部学院、教育学院、独立设备的函授学院等。

小学学龄儿童入学率 指调查范围内已入小学学习的学龄儿童占校内外学龄儿童总数(包括弱智儿童，不包括盲聋哑儿童)的比重。计算公式为：

小学学龄儿童入学率=已入学的小学学龄儿童数/校内外小学学龄儿童总数×100%

科技活动 指在自然科学、农业科学、医药科学、工程与技术科学、人文与社会科学领域(简称科学技术领域)中，与科技知识的产生、发展、传播和应用密切相关的有组织的活动。可分为研究与试验发展(R&D)、研究与试验发展成果应用及相关的科技服务三类活动。该定义是联合国教科文组织考虑成员国特别是发展中国家开展科技统计工作的需要，而对科技活动所作的统计界定。

科技活动人员 指直接从事科技活动、以及专门从事科技活动管理和为科技活动提供直接服务，累计的实际工作时间占全年制度工作时间 10%及以上的人员。(1)直接从事科技活动的人员包括：在独立核算的科学研究与技术开发机构、高等学校、各类企业及其他事业单位内设的研究室、实验室、技术开发中心及中试车间(基地)等机构中从事科技活动的研究人员、工程技术人员、技术工人及其它人员；虽不在上述机构工作，但编入科技活动项目(课题)组的人员；科技信息与文献机构中的专业技术人员；从事论文设计的研究生等。(2)专门从事科技活动管理和为科技活动提供直接服务的人员，包括：独立核算的科学研究与技术开发机构、科技信息与文献机构、高等学校、各类企业及其他事业单位主管科技工作的负责人，专门从事科技活动的计划、行政、人事、财务、物资供应、设备维护、图书资料管理等工作的各类人员，但不包括保卫、医疗保健人员、司机、食堂人员、茶炉工、水暖工、清洁工等为科技活动提供间接服务的人员。该指标用来反映投入科技活动人力的规模。

科学家与工程师 指科技活动人员中具有高、中级技术职称(职务)的人员和不具有高、中级技术职称(职务)的大学本科及以上学历人员。该指标用来反映投入科技活动人力的素质。

专业技术人员 指从事专业技术工作和专业技术管理工作的人员，即企事业单位中已经聘任专业技术职务从事专业技术工作和专业技术管理工作的人员，以及未聘任专业技术职务，现在专业技术岗位上工作的人员。包括工程技术人员，农业技术人员，科学研究人员，卫生技术人员，教学人员，经济人员，会计人员，统计人员，翻译人员，图书资料、档案、文博人员，新闻出版人员，律师、公证人员，广播电视播音人员，工艺美术人员，体育人员，艺术人员及企业政治思想工作人员，共十七个专业技术职务类别。用来反映科技人力资源情况。

研究与试验发展(R&D) 指在科学技术领域，为增加知识总量、以及运用这些知识去创造新的应用进行的系统的创造性的活动，包括基础研究、应用研究、试验发展三类活动。国际上通常采用 R&D 活动的规模和强度指标反映一国的科技实力和核心竞争力。

科技活动经费筹集 指从各种渠道筹集到的计划用于科技活动的经费，包括政府资金、企业资金、事业单位资金、金融机构贷款、国外资金和其他资金等。反映各社会经济主体对促进科技进步所做的努力。

专利 是专利权的简称，是对发明人的发明创造经审查合格后，由专利局依据专利法授予发明人和设计人对该项发明创造享有的专有权。包括发明、实用新型和外观设计。反映拥有自主知识产权的科技和设计成果情况。

发明 是专利法及其实施细则所称的发明，指对有关产品、方法或其改进所提出的新的技术方案。

实用新型 是专利法及其实施细则所称的实用新型，指对产品的形状、构造或者其结合所提出的适于实用的新的技术方案。

外观设计 是专利法及其实施细则所称的外观设计，指对产品的形状、图案、色彩或者其结合所作出的富有美感并适于工业上应用的新设计。

文化事业机构 指从事专业文化工作和为专业文化工作服务的独立建制的单位。不包括这些单位另外举办独立核算的其他机构和各部门的业余文化组织。

艺术表演团体 指从事戏曲、音乐、舞蹈、杂技等专业艺术表演，有独立帐户的单位，不包括半工半艺、半农半艺和民间职业剧团。

电影放映单位 指具有放映机器设备、固定或不固定的放映场所与专职或兼职的放映技术人员，经有关部门登记批准，经常为一定的观众对象放映电影的机构。

艺术表演观众人数(人次) 指售票、包场演出或民族地区免费演出的艺术表演观众人次数，不包括彩排审查和内部观摩演出的观看人次数。

Explanatory on Main Statistical Indicators

Regular Institutions of Higher Learning refer to educational establishments set up according to the government evaluation and approval procedures, enrolling graduates from senior secondary schools and providing higher education courses and training for senior professionals. They include fulltime universities, colleges, high professional schools and short-term professional universities.

Institutions of Higher Learning for Adults refer to educational establishments, set up in line with relevant rules approved by the government, enrolling staff and workers with senior secondary school or equivalent education, and providing higher education courses in many forms of full time, pray time, spare time, or correspondence for adults. Professionals thus trained receive a qualification equivalent to graduates studying regular courses at regular universities, colleges and professional colleges. Institutions of higher learning for adults include Radio and TV universities, schools of high education for staff and workers and peasants, colleges for management cadres, pedagogical colleges, independent correspondence colleges.

Enrollment Rate of Primary School age Children refers to the proportion of school age children enrolled at schools to the total number of school age children both in and outside schools (including retarded children, but excluding blind, deaf and mute children) . The formula is: Enrollment Rate of Primary School age Children=(Total Primary School age Children at Schools) ÷(Total Primary School age Children Both at and Outside Schools) ×100%

Scientific and Technological Activities (S&T Activities) refer to organized activities which are closely related with the creation, development, dissemination and application of the scientific and technical knowledge in t he fields of natural sciences, agricultural science, medical science, engineering and technological science, humanities and social sciences (referred to as scientific and technological fields) . S&T activities can be classified in to 3 categories: research and development (R&D) activities, application of R&D results, and related S&T services. This statistical definition is made by UNICHIEF for scientific and technological activities to meet the need of carrying out statistical work in this field for its member countries in particular those developing countries.

Personnel Engaged in S&T Activities refer to personnel directly engaged in S&T activities, in the management of S&T activities, and in providing direct service to S&T activities, who sp end over 10% of the total working hours in a year in S&T activities. (1) Personnel directly engaged in S&T activities include researchers, engineers, technicians and other related personnel engaged in S&T activities in independent-accounting R&D institutions, institutions of higher learning, and in research institutes, laboratories, technology development centers and central experiment workshops under enterprises and institutions. Also included are people working in S&T research project teams, professional and technical personnel working in S&T information archiving institutes, and graduate students working on the design of their thesis. (2) Personnel engaged in the management of S&T activities and in providing direct service to S&T activities include senior management people responsible for S&T activities in independent -accounting R&D institutions, S&T information archiving institutes, institutions of higher learning, and in enterprises and institutions where S&T activities are undertaken. Also included are people responsible for the planning, administration, personnel management, financial management, logistics supply, equipment maintenance, information and library management that are related with S&T activities. People providing indirect services are excluded, such as security, medical service, drivers, plumbers, cleaners and those providing catering and related service. This indicator reflects the size of personnel engaged in S&T activities.

Scientists and Engineers refer to persons engaged in S&T activities who have obtained titles of senior and middle level professional positions, and those without such position but have completed university or higher education. This indicator reflects the quality of personnel engaged in S&T activities.

Professional and Technical Personnel refer to persons engaged in professional and technical work or in the management of professional and technical activities, i. e. , people with professional or technical posit ions who are engaged in professional and technical work or in the management of professional and technical activities, and people without professional or technical positions but are working on professional or technical posts. They include professionals and technicians working in 17 categories of technical occupations including engineering, agriculture, scientific researches, medical service, teaching, economic research and application, accounting, statistics, translation, libraries, archives, cultural and museum service, journalism and publication, lawyers, notarization service, radio and television broadcasting, handicraft and fine arts, sports, performing art, and political workers in enterprises. This indicator reflects the condition of human resources in S&T.

Research and Development (R&D) refers to systematic and creative activities in the field of science and technology aiming at increasing the knowledge and using the knowledge for new application. R&D includes 3 categories of activities: basic research, applied research and experiments and development. The scale and intensity of R&D are widely us ed internationally to reflect the strength of S&T and the core competitiveness of a country in the world.

Funding for S&T Activities refers to funds obtained from various sources for S&T activities, including government funds, self-raised funds by enterprises, self-raised funds by institutions, loans from financial institutions, foreign funds and other funds . This indicator reflects the efforts made by various social economic entities in promoting the development of S&T.

Patent is an abbreviation for the patent right and refers to the exclusive right of ownership by the inventors or designers for the creation or inventions, given from the patent offices after due process of assessment and approval in accordance wit h the Patent Law. Patents are grant ed for inventions, utility model sand designs. This indicator reflects the achievements of S&T and design with in dependent intellectual property.

Inventions refer to the inventions as specified by the patent law and its detailed rules and regulations for implementation. They refer to the new technical proposals to the products or methods or their modifications.

Utility Models refer to the utility models as specified by the patent law and its detailed rules and regulations for implementation. They refer to the practical and new technical proposals on the shape and structure of the product or the combination of both.

Designs refer to the designs as specified by the Patent law and its detailed rules and regulation for implementation. They refer to the aesthetics and industry applicable new designs for the shape, pattern and color of the product, or their combinations.

Cultural Institutions refer to units which have their own organizational system and independent accounting system and specialize in or serve cultural development. They exclude other establishments run by these cultural institutions and amateur cultural groups established by various departments.

Art Troupe refers to the troupe which is engaged in drama, opera, music, dance, acrobatics or other art performance, opens independent accounts with banks and has self supporting accounting system; excluding the troupes which are engaged partly in industrial or agricultural activities, partly in art performance and the professional troupes organized by the people.

Film Projection Units refer to units with film projection equipment, full or part time projectionists, permanent or non permanent places, approved by related administrative departments to show films regularly for certain groups of audience, including those film projection units which have been approved to give commercial shows and run business with independent accounting system as well as those film renting units of the military system.

Number of Spectators at Art performance refers to the number of attendants at commercial shows, completely booked shows or free shows given in minority national areas, and does not include the number of spectators at rehearsals for examination and internal shows for study.

2009

NEI MENG GU

二十一、体育、卫生、社会福利、环境保护和其它

Sports，Public Health，Social Welfare，Environmental Protection and Others

资料整理：毅　茹　邰焱燚　唐子荣
Arranged by Yi Ru, Tai Yanyi,Tang Zirong

21-1 等级运动员分项发展情况(2008年)

Development of Athletes in Grade By Type of Sports(2008)

单位:人 (person)

项 目	Item	合 计 Total	国际级健将 International Master of Sports	国家级运动健将 National Master of Sports	一 级 First Grade Sportsmen	二 级 Second Grade Sportsmen
总 计	**Total**	**940**	**5**	**37**	**81**	**817**
#田 径	Track and Field	351	4	3	21	323
游 泳	Swimming	24			3	21
曲棍球	Hockey					
举重	Weightlifting	11				11
拳 击	Boxing	17		5		12
国际式摔跤	Wrestling	51		2	3	46
跆拳道	Tackwonde	20		2	2	16
柔 道	Judo	21	1		5	15
射 击	Shooting	5			5	
足 球	Football	121				121
篮 球	Basketball	48			4	44
排 球	Volleyball	39			5	34
乒乓球	Table Tennis	22			1	21
铁人三项	Iron Man Three Items	1		1		
网 球	Tennis	50				50
软式网球	Soft Tennis					
速度滑冰	Speed Skating	4				4
越野滑雪	Cross-country Skiing					
冬季两项	Winter Two Items	2				2
航空模型	Aero Model	1				1
武 术	Wu Shu	44			2	42
马 术	Horsemanship	3			3	
围 棋	Encirclement Chess					
国际象棋	Chess	2				2
中国式摔跤	Chinese-style Wrestling	61		22	25	14
射 箭	Archery	8		2	2	4
健 美	Healthy					
健美操	Aerobics	34				34
轮滑	Roller Skating					

21-2 运动员获奖牌情况(2008年)

Medals Won by Athletes(2008)

单位：枚 (piece)

项 目	Item	金 牌 Gold Medal	银 牌 Silver Medal	铜 牌 Copper Medal
总 计	**Total**	**32**	**37**	**50**
国际比赛	International Race	3	5	6
国内比赛	National Race	29	32	44

21-3 等级裁判员分项发展情况(2008年)

Development of Referees in Grades by Type of Sports(2008)

单位:人 (person)

项 目	Item	合 计 Total	国际裁判 International Referees	国家级 National Referees	一 级 First Grade Referees	二 级 Second Grade Referees
总 计	**Total**	**638**		**3**	**51**	**584**
# 田 径	Track and Field	148			22	126
游 泳	Swimming					
体 操	Gymnastics					
举 重	Weightlifting	2			2	
拳 击	Boxing	8		1		7
国际式摔跤	Wrestling	11			2	9
中国式摔跤	Chinese Wrestling	9			3	6
柔道	Judo	6			1	5
跆拳道	Tackwonde	8		1	3	4
射 击	Shooting	1				1
射 箭	Archery	30				30
足 球	Football	13				13
篮 球	Basketball	191				191
排 球	Volleyball	33				33
乒 乓 球	Table Tennis	37				37
羽 毛 球	Badminton	9				9
网 球	Tennis	3				3
毽 球	Shuttlecock	1		1		
速度滑冰	Speed Skating					
台球	Billiards	6				6
武 术	Wu Shu	17			5	12
马 术	Horsemanship					
汽 车	Automobile					
围 棋	Encirclement Chess					
国际象棋	Chess	2			1	1
中国象棋	Chinese Chess	22			7	15
桥 牌	Bridge	2			2	
钓鱼	Fishing	1			1	
马 球	Polo					
无线电测向	Radio Goniometry					
门球	Doorball	47			1	46
体育舞蹈	Physical Dance					
信鸽	Pigeon	13				13
轮 滑	Roller Skating					
健美操	Aerobics	2				2
飞镖	Dart	2			1	1
风筝	Kite	14				14
拔 河	Tug-of-War					

21-4 医疗卫生事业
Basic Statistics of Public Health

项 目	Item	2007	2008
卫生机构(个)	**Health Institutions(unit)**	**7853**	**7423**
# 医院、卫生院	Hospitals	1815	1799
县及县以上医院	Hospitals at County and Higher Levels	478	471
乡镇卫生院	Health Center at Town	1317	1324
疗养院、所	Sanatoriums	8	6
门诊部	Clinics	61	72
社区卫生服务中心（站）	Health Service Center for Community	602	690
妇幼保健所、站	Maternity and Child Care Centers	114	115
疾病预防控制机构	CDC(Center for Disease Control)	140	137
床位(张)	**Beds(unit)**	**73830**	**81407**
# 医院、卫生院	Hospitals	65780	73205
县及县以上医院	Hospitals at County and Higher Levels	52458	58754
乡镇卫生院	Health Center at Town	13120	14400
疗养院、所	Sanatoriums	1217	670
职工人数(人)	**Persons Engaged in Health Institution(person)**	**126155**	**131879**
# 卫生技术人员	Medical Technical Personnel	105790	110042
# 执业医师	Permitted Doctors	40398	41990
助理执业医师	Assistant Permitted Doctors	8005	7816
注册护师、护士	Registered Senior and Junior Nurses	29732	31652
药剂人员	Pharmacists	7530	7799
检验人员	Laboratory Technical	4183	6304
其他技术人员	Other Technical Personnel	4814	5438
管理人员	Managerical Personnel	6725	6714
工勤人员	Logistics Workers	8826	9339

21-5 卫生机构

Number of Health Care Institutions

单位：个 (unit)

年份 Year	总计 Total	医院、卫生院 Hospitals & Public Health Clinic	疗养院所 Sanat-oriums	专科防治所站 Specialized Prevention & Treatment Centers or Stations	疾病预防控制中心 CDC	妇幼保健所站 Maternity & Child Care Centers	每万人口拥有卫生机构数 Number of Health Institutions Per 10000 Population
1947	55	28			1		0.10
1949	78	25	1	4	12		0.13
1952	538	103	9	14	5	93	0.75
1957	2152	136	3	28	59	234	2.30
1965	3820	436	16	18	116	116	2.95
1970	4952	1582	4	4	88	50	3.32
1975	3621	1612	9	8	113	110	2.08
1978	4000	1723	8	26	118	117	2.19
1979	4146	1743	8	34	117	116	2.24
1980	4350	1760	9	39	126	118	2.32
1981	4630	1794	12	42	136	120	2.43
1982	4660	1796	14	43	138	121	2.41
1983	4632	1819	14	45	135	120	2.37
1984	4711	1841	14	53	139	121	2.37
1985	4749	1763	14	55	141	120	2.37
1986	4905	1770	13	57	140	122	2.42
1987	4991	1780	12	60	143	123	2.42
1988	5120	1787	13	61	144	123	2.45
1989	5152	1810	11	62	150	118	2.43
1990	5161	1856	12	64	153	122	2.39
1991	5172	1927	12	66	155	122	2.37
1992	5253	1928	12	61	157	120	2.38
1993	4932	1987	11	64	190	119	2.21
1994	4918	2000	11	65	189	119	2.18
1995	4915	2003	11	64	188	117	2.16
1996	5037	2016	11	53	143	107	2.19
1997	4863	1991	11	63	183	113	2.10
1998	4641	1991	11	63	182	110	1.99
1999	4468	1982	11	63	183	108	1.89
2000	4427	1988	11	63	185	108	1.87
2001	4296	1892	11	61	187	107	1.85
2002	3768	1857	10	58	147	118	1.58
2003	3595	1819	9	57	146	117	1.51
2004	3715	1831	9	54	147	117	1.56
2005	3774	1834	9	54	146	116	1.58
2006	3693	1820	8	51	140	113	1.54
2007	7853	1815	8	54	140	114	3.30
2008	7423	1799	6	54	137	115	3.09

21-6 卫生机构床位

Number of Beds in Health Institutions

单位：张 (unit)

年份 Year	总计 Total	医院、卫生院 Hospitals & Public Health Clinic	疗养院所 Sanat-oriums	专科防治所站 Specialized Prevention & Treatment Centers or Stations	疾病预防控制中心 CDC	妇幼保健所站 Maternity & Child Care Centers	每万人口卫生机构床位数 Number of Public Health Orgon Beds Per 10 000 Population
1947	519	519					0.92
1949	726	639	70				1.05
1952	2890	1274	1567				1.78
1957	7733	5700	194				6.09
1965	23241	15820	1669				12.20
1970	25614	24833	280				16.66
1975	22198	21089	500				21.87
1978	25023	24079	500				24.23
1979	48769	46495	1290				25.11
1980	49630	47271	1295				25.19
1981	51319	47942	1948				25.19
1982	51002	47339	2270				24.44
1983	52436	48739	2217				24.92
1984	52911	49307	2274				24.84
1985	53572	50567	2194				25.20
1986	54726	51566	2053			344	25.41
1987	57651	54354	1933	6		401	26.30
1988	59414	55867	2143	36		421	26.68
1989	60090	56776	1863	88		402	26.75
1990	60727	57558	1871	87		404	26.62
1991	62929	59268	2182	66	4	452	27.14
1992	64446	60730	2182	66	4	514	27.52
1993	65221	60893	2062	97	12	584	27.28
1994	65464	61425	2007	65		500	27.17
1995	66515	61933	2124	144	15	574	27.25
1996	65247	61667	2260	105	4	716	26.86
1997	65387	61918	2260	123		749	26.73
1998	65794	62499	2080	83		766	26.76
1999	66367	62832	2102	147		740	28.10
2000	66903	63156	1984	176		1000	28.24
2001	66682	63071	1884	191	25	1580	28.75
2002	64742	61909	1773	409	54	1944	27.30
2003	65072	60438	1768	224	26	1920	27.37
2004	66699	61155	1757	174	95	2269	28.00
2005	69440	64002	1554	234	77	2422	29.10
2006	70284	64816	1397	253	150	2388	29.38
2007	73830	65780	1217	202		2441	30.76
2008	81407	73205	670	201	24	2600	33.85

注：医院、卫生院2002年以前为医院口径。

a)The Data about Hospitals and Public Health Clinic Refer to Date of Hospitals before 2002.

21-7 卫生机构人员

Number of Persons Engaged in Health Institutions

单位：人 (person)

年份 Year	总计 Total	卫生技术人员 Medical Technical Personnel	#医生 Doctors	#执业医师 Certified Doctors	#助理执业医师 Certified Assistant Doctors	#注册护师、护士 Registered Senior and Junior Nurses	每万人口医生数 Number of Doctors per 10 000 Population
1947	6158	5979	4483			128	8
1949	7529	7204	4736			201	8
1952	12233	10727	6097			552	9
1957	21848	18290	10556			1977	11
1965	40695	33215	18027			4664	14
1970	42097	33333	17101			6490	11
1975	60529	47845	22114			7932	13
1978	75123	59277	26724			8225	15
1979	82855	65615	28417			7949	16
1980	88188	70022	31068			9129	17
1981	98165	77647	32184			10426	17
1982	101637	80450	32975			10969	17
1983	104446	82873	33456			11768	17
1984	107234	85185	34903			12264	18
1985	109210	87130	36467			12598	18
1986	112011	89257	38103			13427	19
1987	115164	91437	37781			14458	18
1988	117779	94095	42794			18605	20
1989	119044	94969	44579			21310	21
1990	121443	96764	41453			22123	19
1991	123935	97984	42520			22797	19
1992	126859	100365	46612			23157	21
1993	127494	99878	47171			23425	21
1994	129101	102220	48962			24575	22
1995	129483	102187	49345			24617	22
1996	130368	103606	50263			25313	22
1997	129306	102983	52438			25953	22
1998	129765	104890	56384			26163	24
1999	125632	101312	51602			25766	22
2000	124362	100688	52299			25726	22
2001	131931	109147	53021			26755	22
2002	120628	100665	48866	39901	8965	25740	21
2003	120264	101073	49304	40241	9063	25555	21
2004	120253	101730	50177	41252	8925	26517	21
2005	121180	102587	50308	41646	8662	27052	21
2006	120571	102336	50409	42116	8293	27601	21
2007	126155	105790	48403	40398	8005	29732	20
2008	131879	110042	49806	41990	7816	31652	21

21-8 社会保障基本情况
Basic Statistics on Social Security

项目	Item	2007	2008
一、社会救济和社会优抚	**Persons Receiving Social Special Relief and Pensions**		
城镇居民最低生活保障人数(万人)	Received Lowest Cost-of-Living in Urban Area(10 000 persons)	80.07	85.06
城镇居民最低生活保障户数(万户)	Housholds(10 000 households)	38.96	42.41
农村居民最低生活保障人数(万人)	Received Lowest Cost-of-Living in Rural Area(10 000 persons)	90.59	113.87
农村居民最低生活保障户数(万户)	Housholds(10 000 households)	54.82	75.79
二、社会福利事业	**Social Welfare**		
收养性福利事业单位(个)	Adopting Social Welfare Institutions(unit)	806	756
优抚类收养性单位	Adopting Institution of Social Special Relief	33	33
福利类收养性单位	Adopting Institution of Social Welfare	773	723
收养性福利事业单位床位数(张)	Number of Beds of Adopting Social Welfare Instiutions(bed)	40898	44230
优抚类收养性单位	Adopting Institution of Social Special Relief	2034	2196
福利类收养性单位	Adopting Institution of Social Welfare	38864	42034
年末收养人数(人)	Number of Persons Adopted at the year-end(person)	31611	34634
优抚类收养性单位	Adopting Institution of Social Special Relief	1194	1301
福利类收养性单位	Adopting Institution of Social Welfare	30417	33333
社会福利事业支出(万元)	Expenditure for Social Welfare(10 000 yuan)	283105	429115
#抚恤、离退休和社会福利救济	Pensions and Relief Funds for Social Welfare	216619	375941
自然灾害生活救助	Life Salvation of Natural Calamity	19733	23399
三、社会福利企业	**Social Welfare Enterprises**		
单位数(个)	Number of Units(unit)	411	288
工作人员(人)	Number of Staff and Works(person)	13596	12885
四、社区服务	**Community Service**		
城镇社区服务设施(个)	Number of Urban Welfare Facilities(uint)	3617	5109
城镇便民利民服务网点(个)	Number of Urban Service Points for Civilian(uint)	23803	24714
五、社会保障	**Social Security**		
参加基本养老保险人数(万人)	People join in Basic Pension Insurance(10 000 persons)	371	389
参加基本养老保险离退休人数(万人)	Retirees join in Basic Pension Insurance(10 000 persons)	97	103
参加失业保险人数(万人)	Contributors of Unemployment Insurance(10 000 persons)	224	226
参加基本医疗保险人数(万人)	Contributors of Basic Medical Insurance(10 000 persons)	353	374
#参加大病统筹的人数(万人)	Contributors of Comprehensive Arrangement for Serious Disease(10 000 persons)	310	304
农村社会养老保险参保人数(万人)	Contributors of Rural Social Pension Insurance(10 000 persons)	56	105
养老、失业、医疗、工伤、生育保险基金收入(亿元)	Revenue of Pension, Unemployment, Medical, Work injury, Meternity insurance Fun(100 million yuan)	199.09	289.36
养老、失业、医疗、工伤、生育保险基金支出(亿元)	Expenses of Pension, Unemployment, Medical, Work injury, Meternity insurance Fun(100 million yuan)	149.75	215.14
#失业保险基金支出(亿元)	Relief Funds of Unemployment(100 million yuan)	2.96	28.23
养老、失业、医疗、工伤、生育保险基金累计节余(亿元)	Balance of Pension, Unemployment, Medical, Work injury, Meternity insurance Fun(100 million yuan)	166.64	241.92

21-9 社会福利事业、企业单位和工作人员

Number of Social Welfare Institutions and Enterprises and Persons Engaged

项　　目	Item	机构(个) Number of Institutions or Enterprises(unit)		工作人员(人) Number of Persons Engaged(person)	
		2007	2008	2007	2008
全区总计	**Autonomous Regional Total**	**1750**	**1650**	**22454**	**21741**
收养性福利事业单位	Adopting Social Welfare Institutions	806	756	4604	4322
优抚类收养性单位	Adopting Institution of Social Special Relief	33	33	659	648
福利类收养性单位	Adopting Institution of Social Welfare	773	723	3945	3674
社会救助单位	Social Salvation Organizations	33	35	401	403
殡葬事业单位	Funeral and Intermert Instiutions	118	124	1918	1928
福利彩票发行单位	Welfare Lottery Ticket	16	16	173	135
慈善团体	Philanthropic Organizations	5	6	20	21
社区服务中心	Community Service Center	361	425	1742	2047
社会福利企业	Social Welfare Enterprises	411	288	13596	12885

21-10 收养性社会福利事业单位基本情况(2008年)

Basic Statistics on Social Welfare Institutions(2008)

项　　目	Item	院数(个) Homes (unit)	工作人员(人) Staff and Workers (person)	床位(张) Beds (unit)	年末收养人数(人) Persons Housed year-end (person)
全区总计	**Autonomous Regional Total**	**756**	**4322**	**44230**	**34634**
优抚类单位	Institution of Social Special Relief	33	648	2196	1301
荣誉军人康复医院	Disable Veteran Hospital	1	67	100	26
复员军人疗养院	Sanatorium of Demobilized Soldier	2	70	290	43
复退军人精神病院	Psychiatric Hospital of Veteran	2	173	320	201
光荣院	Homes for Disabled Veterans	28	338	1486	1031
福利类单位	Institution of Social Welfare	723	3674	42034	33333
社会福利院	Social Welfare Homes	47	786	4678	3484
儿童福利机构	Baby Welfare Homes	5	136	851	511
社会福利医院	Social Welfare Hospitals	4	286	730	474
城镇老年福利机构	Urban Adopting Elderly Units	57	347	3753	2441
农村老年福利机构	Rural Adopting Elderly Units	587	1956	30799	25325
其他老年福利机构	Others	23	163	1223	1098

21-11 享受补助、救济人员情况(2008年)
Persons Receiving Subsidies or Relief Funds(2008)

单位：人、户、人次 (person)(household)(person-time)

项　目	Item	2008
城镇社会救济情况	**Social Relief in Urban Area**	
城镇居民最低生活保障人数	Number of Persons Receiving Lowest Cost-of-Living in Urban Area	850639
城镇居民最低生活保障家庭数	Number of Households Receiving Lowest Cost-of-Living in Urban Area	424133
城镇临时救济人次数	Number of Poor Person-times Receiving Temporary Almsgiving in Urban Area	19243
农村社会救济情况	**Social Relief in Rural Area**	
农村居民最低生活保障人数	Number of Persons Receiving Lowest Cost-of-Living in Rural Area	1138709
农村居民最低生活保障家庭数	Number of Housholds Receiving Lowest Cost-of-Living in Rural Area	757882
农村五保户供养人数	Number of Persons of Rural Guaranteed Five Aspects	92046
农村传统救济人数	Number of Persons Receiving Traditional Relief Funds	32150
农村临时救济人次数	Number of Poor Persons Receiving Temporary Almsgiving in Rural Area	127422

21-12 城镇社区服务设施
Basic Statistics on Urban Welfare Facilities

单位：个，人 (unit)(person)

项　目	Item	2007	2008
城镇社区服务设施数	Number of Urban Welfare Facilities	3617	3393
社区从业人员数	Number of People with Jobs in Community	68250	64461
#安置下岗职工	Unemployed Workers Employed again	14812	18736
社区服务志愿者组织数	Number of Organization of Service Volunteer in Community	4313	4541
社区服务志愿者人数	Number of Service Volunteers in Community	107537	78889
城镇便民利民服务网点数	Urban Service Points for Civilian	23803	24714

21-13 年末离休、退休、退职人员
Number of Retired and Resigned Persons at the Year-end

单位：万人 (10000 persons)

项 目	Item	2007	2008
全区离休、退休、退职人员数	**Number of Retired and Resigned Persons**	**121.8**	**126.68**
# 企业人员	Enterprises	84.14	87.19
事业人员	Institutions	19.6	19.5
机关人员	Agencies & Organization	8.84	7.72
其他	Others	9.22	12.27

21-14 离休、退休、退职保险福利费
Insurance and Welfare for Retired and Resigned Persons

单位：万元 (10000 yuan)

项 目	Item	2007	2008
全区离休、退休、退职人员保险福利费	**Total Regional Social Insurauce and Welfare Fund of Retired and Resigned Persons**	**1520960**	**1704000**
企业人员	Enterprises	901875	1019000
事业人员	Institutions	353541	411700
机关人员	Agencies & Organization	190933	201600
平均每人领取额(元)	Per Capita Funds(yuan)	12486	13451

21-15 工业“三废”排放及治理

Discharge and Treatment of Waste Water, Waste Gas and Solid Wastes by Industry Enterprises

项目		2007	2008
废 水	**Waste Water**		
工业废水排放总量(万吨)	Total Volume of Industrial Waste Water Discharged (10 000 tons)	25020.84	29167.00
工业废水排放达标量(万吨)	Volume of Industrial Waste Water up to the Standards for Discharge(10 000 tons)	18436.98	24092.40
工业废水排放达标率(%)	Percentage of Industrial Waste Water up to the Standards for Discharge(%)	73.69	82.60
废 气	**Waste Gas**		
工业废气排放总量(亿标立方米)	Total Volume of Industrial Waste Gas Diffused (100 Million cu.m)	18199.65	20189.79
工业二氧化硫排放量(万吨)	Volume of Sulphur Dioxide Diffused(10 000 tons)	128.33	125.86
工业二氧化硫排放达标率(%)		83.97	89.50
工业烟尘排放量(万吨)	Volume of Soot Diffused(10 000 tons)	50.40	42.84
工业烟尘排放达标率(%)		69.94	78.72
工业粉尘排放量(万吨)	Volume of Industrial Dust Diffused(10 000 tons)	20.04	20.96
工业粉尘排放达标率(%)		88.58	92.50
固体废物	**Solid Wastes**		
工业固体废物产生量(万吨)	Volume of Industrial Solid Wastes Produced (10 000 tons)	10972.78	10622.08
工业固体废物综合利用量(万吨)	Volume of Industrial Solid Wastes Utilized in a Comprehensive way(10 000 tons)	6224.64	5242.34
工业固体废物综合利用率(%)	Percentage of Industrial Solid Wastes Utilized in a Comprehensive way(%)	56.66	49.28
工业固体废物贮存量(万吨)	Volume of Industrial Solid Wastes Accumulated (10 000 tons)	3172.12	2000.69
工业固体废物处置量(万吨)	Volume of Industrial Solid Wastes Treated (10 000 tons)	1609.09	4137.70
工业固体废物排放量(万吨)	Volume of Industrial Solid Wastes Discharged (10 000 tons)	8.94	39.55
“三废”综合利用产品产值(万元)	Output Value of Products Made from Waste Gas, Waste Water and Solid Wastes(10 000 yuan)	198533.20	218529.00
污染治理	**Pollution Treatment**		
当年安排污染治理项目数(个)	Number of Projects for Pollution Treatment in the Year(unit)	150.00	202.00
污染治理项目本年完成投资额(万元)	Actual Investment in Pollution Treatment in the Year(10 000 yuan)	167487.20	219189.2
# 治理废水	Treatment of Waste Water	38035.20	46063.8
治理废气	Treatment of Waste Gas	121184.80	152410.3
治理固体废物	Treatment of Solid Wastes	6931.90	532
治理噪声	Noise Abatmenet	111.10	126
治理其他	Others	1224.20	20057.1
排污收费及使用	**Fee for Discharging Waste and Fines for Pollution**		
排污费交纳单位(个)	Number of Units Charged levied(unit)	18541.00	16983.00
排污费征收额(万元)	Amount of Pollution Charges(10 000 yuan)	56194.82	70600.00
排污费支出额(万元)	Outlays of Pollution levy Charges(10 000 yuan)		

21-16 分行业“三废”排放及处理情况(2008年)

行 业	Branch	汇总企业数(个) Industrial Enterprises (unit)	工业废水处理量(万吨) Treatment of Waste Water (10 000 tons)
总 计	**Total**	**2280**	**88338.26**
林业	**Forestry**		
畜牧业	**Animal Husbandry**		
采矿业	**Mining**	**360.00**	**5277.80**
煤炭开采和洗选业	Coal Mining & Processing	202	1278.30
石油和天然气开采业	Petroleum & Natural Gas Pumped	4	83.77
黑色金属矿采选业	Mining & Dressing of Ferrous Metals	64	2166.71
有色金属矿采选业	Mining & Dressing of Nonferrous Metals	77	1749.02
非金属矿采选业	Mining & Dressing of Nonmetal Minerals	9	
其他采矿业	Mining of Other Mineral	4	
制造业	**Manufacturing**	**1703.00**	**77297.35**
农副食品加工业	Processing of Agricultural Side-Line Food	170	1102.72
食品制造业	Manufacturing of Food	114	1681.69
饮料制造业	Manufacturing of Beverage	71	764.59
烟草制品业	Tobacco Products	2	18.28
纺织业	Textile Industry	52	170.44
纺织服装、鞋、帽制造业	Textile, Clothes, Shoes & Hats	4	
皮革、毛皮、羽毛(绒)及其制品业	Leather, Furs, Down & Related Products	8	14.79
木材加工及木、竹、藤、棕、草制品业	Timber Processing, Bamboo, Cane, Palm Fiber & Straw Products	22	
造纸及纸制品业	Paper-making & Paper Products	21	3896.73
印刷业和记录媒介的复制	Printing & Record Pressing	2	
石油加工、炼焦及核燃料加工业	Petroleum Processing, Coke Products & Processing of Nuclear Fuel	37	520.83
化学原料及化学制品制造业	Chemical Materials & Products	343	6925.36
医药制造业	Manufacturing of Medicine	44	403.17
塑料制品业	Plastic Products	3	
非金属矿物制品业	Nonmetal Mineral Products	501	183.81
其中：水泥制造		76	67.65
黑色金属冶炼及压延加工业	Smelting & Pressing of Ferrous Metals	161	57074.80
有色金属冶炼及压延加工业	Smelting & Pressing of Nonferrous Metals	39	4254.93
金属制品业	Metal Products	8	15.00
通用设备制造业	General-Purpose Equipment	8	0.55
专用设备制造业	Special Equipment	7	153.82
交通运输设备制造业	Transported Equipment	3	
电气机械及器材制造业	Electric Equipment & Machinery	2	
通信设备、计算机及其他电子设备制造业	Manufacturing of Telecoms, Computer & Other Electronic Equipment	4	47.69
仪器仪表及文化、办公用机械制造业	Instruments, Meters, Cultural & Office Machinery	1	0.50
电力、燃气及水的生产和供应业	**Production & Supply of Electric Power,Gas & Water**	**363.00**	**11921.79**
电力、热力的生产和供应业	Production & Supply of Electric Power	260	5658.96
火力发电		97	6231.03
燃气生产和供应业	Production & Supply of Gas	3	31.07
水的生产和供应业	Production & Supply of Water	3	0.73
房屋和土木工程建筑业	**Housing & Civil Construction**		
铁路运输业	**Railway Transport**		
其他行业	**Other Sectors**	**27**	**140.00**

Emission and Treatment of Waste Gas, Water and Solid by Branch(2008)

工业废水排放量(万吨) Waste Water Discharged (10 000 tons)	工业废水排放达标量(万吨)Waste Water up to Standard for Discharge (10 000tons)	化学需氧量去除量(吨)OCD Removed (ton)	化学需氧量排放量(吨)OCD Discharged (ton)	工业废气排放总量(万标立方米) Waste Gas Diffused (10 000 cu.m)	废气治理设施数(套) Facilities (set)
26918.45	**22676.62**	**367969.36**	**121552.96**	**201891657**	**4402**
5723.60	**3391.97**	**550.26**	**22139.87**	**1680710.00**	**299.00**
3156.63	2727.79	502.57	3967.65	806265	180
19.00		11.21	57.00	123098	12
578.69	538.82	3.37	63.74	410683	28
1968.90	124.98	33.11	18050.93	190894	68
0.35	0.35		0.51	141971	9
0.03	0.03		0.04	7799	2
16442.90	**14563.97**	**364411.73**	**96375.01**	**102320861.00**	**3509.00**
1812.35	1329.38	21790.31	15063.44	704181	152
2152.99	1870.74	27012.38	8649.13	1288621	142
1128.68	791.56	14331.86	11633.64	325431	86
0.88	0.80	55.00	0.54	8322	2
285.59	272.07	315.86	1463.21	256141	47
0.92	0.77		0.24	1641	5
33.01	14.78	75.67	204.86	13833	6
47.71	44.65		48.18	129512	144
3928.59	3568.36	245396.22	49537.51	746819	41
				515	3
112.12	111.99	5550.79	93.09	7196499	135
2203.90	2056.68	11106.31	3885.19	12964812	486
987.65	961.67	18207.80	3323.69	771738	58
0.34			0.01	1486	3
287.95	262.46	175.37	396.78	17759730	692
104.88	98.65	130.00	160.37	11243760	566
2743.20	2624.84	19515.55	1345.60	33738804	630
420.73	409.26	436.17	302.76	14921448	226
16.57	16.34	0.84	20.38	3896	2
1.67	1.26		0.22	18898	6
155.79	111.43	311.60	229.13	186183	58
5.81	5.81		1.68	11104	4
0.97	0.73		2.94	679	2
10.10	9.74		12.42	26808	13
0.50					
9496.27	**9454.21**	**2817.47**	**4993.22**	**213392259.00**	**1451.00**
4483.16	4473.16	763.63	2268.03	108977722	1032
4707.98	4675.92	908.00	2333.68	104357822	402
30.60	30.60	1144.53	120.90	50318	15
274.53	274.53	1.31	270.61	6397	2
68.54	**41.04**	**1227.90**	**538.91**	**99409**	**111**

21-16 续表

行业	Branch	工业二氧化硫去除量(吨) SO2 Removed(ton)	工业二氧化硫排放量(吨) SO2 Emission(ton)
总计	**Total**	**1410866.81**	**1176369.44**
林业	**Forestry**		
畜牧业	**Animal Husbandry**		
采矿业	**Mining**	**2572.83**	**19041.67**
煤炭开采和洗选业	Coal Mining & Processing	522.61	9689.84
石油和天然气开采业	Petroleum & Natural Gas Pumped		2933.00
黑色金属矿采选业	Mining & Dressing of Ferrous Metals	126.58	1744.30
有色金属矿采选业	Mining & Dressing of Nonferrous Metals	1625.00	3377.09
非金属矿采选业	Mining & Dressing of Nonmetal Minerals	298.64	1223.84
其他采矿业	Mining of Other Mineral		73.6
制造业	**Manufacturing**	**499141.56**	**316778.29**
农副食品加工业	Processing of Agricultural Side-Line Food	602.36	6123.77
食品制造业	Manufacturing of Food	180.80	16612.96
饮料制造业	Manufacturing of Beverage	373.51	2661.59
烟草制品业	Tobacco Products	18.34	29.10
纺织业	Textile Industry	57.89	3052.46
纺织服装、鞋、帽制造业	Textile, Clothes, Shoes & Hats	0.28	16.39
皮革、毛皮、羽毛(绒)及其制品业	Leather, Furs, Down & Related Products	1.41	167.31
木材加工及木、竹、藤、棕、草制品业	Timber Processing, Bamboo, Cane, Palm Fiber & Straw Products	0.15	1116.62
造纸及纸制品业	Paper-making & Paper Products	56.36	7480.18
印刷业和记录媒介的复制	Printing & Record Pressing		15.20
石油加工、炼焦及核燃料加工业	Petroleum Processing, Coke Products & Processing of Nuclear Fuel	17163.46	31739.88
化学原料及化学制品制造业	Chemical Materials & Products	10035.48	50934.64
医药制造业	Manufacturing of Medicine	3093.80	5847.07
塑料制品业	Plastic Products	0.38	14.09
非金属矿物制品业	Nonmetal Mineral Products	6382.12	68098.90
其中：水泥制造		5753.99	21000.17
黑色金属冶炼及压延加工业	Smelting & Pressing of Ferrous Metals	67870.22	83443.86
有色金属冶炼及压延加工业	Smelting & Pressing of Nonferrous Metals	387537.60	17998.21
金属制品业	Metal Products		48.73
通用设备制造业	General-Purpose Equipment		144.72
专用设备制造业	Special Equipment		105.82
交通运输设备制造业	Transported Equipment		86.96
电气机械及器材制造业	Electric Equipment & Machinery		8.06
通信设备、计算机及其他电子设备制造业	Manufacturing of Telecoms, Computer & Other Electronic Equipment	13.41	31.60
仪器仪表及文化、办公用机械制造业	Instruments, Meters, Cultural & Office Machinery		
电力、燃气及水的生产和供应业	**Production & Supply of Electric Power,Gas & Water**	**1843948.79**	**1671393.00**
电力、热力的生产和供应业	Production & Supply of Electric Power	914513.32	859410.41
火力发电		929435.47	810942.57
燃气生产和供应业	Production & Supply of Gas		962.87
水的生产和供应业	Production & Supply of Water		77.15
房屋和土木工程建筑业	**Housing & Civil Construction**		
铁路运输业	**Railway Transport**		
其他行业	**Other Sectors**	**393.09**	**1099.22**

continued

工业烟尘去除量(吨) Industrial Soot Removed(ton)	工业烟尘排放量(吨) Industrial Soot Emission (ton)	工业烟尘排放达标量 Volume of Industrial Soot Diffused up to Standard	工业粉尘去除量(吨) Industrial Dust Removed(ton)	工业粉尘排放量(吨) Industrial Dust Diffused(ton)	工业粉尘排放达标量 Volume of Industrial Dust Diff-used up to Standard
23581673.44	**390910.78**	**313280.11**	**2361902.89**	**196504.46**	**183771.97**
61804.01	**11846.13**	**8250.29**	**9583.17**	**13130.02**	**9986.45**
41238.12	4671.62	3354.62	2670.12	9444.32	8132.00
3194.70	330.31	330.31			
4175.93	2533.08	2079.22	4450.34	3540.19	1805.37
9929.67	3688.92	2174.32	56.61	121.21	24.78
3138.69	532.50	230.52	2406.10	24.30	24.30
126.9	89.70	81.3			
2280639.63	**182522.62**	**125639.15**	**3418813.84**	**275368.98**	**263331.79**
20676.90	7283.30	3975.48	167.57	19.82	
203707.97	7011.29	4250.00	618.11	77.22	73.36
18994.69	3331.70	2119.56	1.45		
363.23	322.60	98.50			
14344.40	977.42	251.24			
58.99	8.69	8.69			
814.41	63.18	63.18			
4357.87	776.67	204.05		159.82	159.82
19505.42	1704.70	975.74			
91.97	81.98	81.80			
37202.82	6967.20	4085.90	11437.15	5296.23	3958.25
578302.43	38910.72	15448.45	59145.30	2754.85	2620.78
21535.46	3960.27	3646.32	501.86	26.41	26.41
27.77	4.80	4.04			
183362.24	67332.82	58618.62	1088501.86	102820.50	97676.91
155580.81	8362.48	7189.37	1066946.40	92018.40	89564.63
239833.93	28387.01	19342.61	1101658.29	68361.06	65977.73
781175.00	5149.96	5125.54	88134.39	3767.98	3210.06
51.64	17.88	2.46			
200.31	49.69	45.85	6.21	1.07	1.07
33.98	1716.54	16.29	1693.17	62.15	61.38
376.63	82.20	71.90			
16.80	7.28	7.28			
23.96	12.24	6.28	2.08	3.47	1.39
42295346.68	**365408.73**	**342636.85**	**452.28**	**22.36**	**18.36**
21389936.87	203833.71	185855.14	12.90	4.00	
20905028.95	161242.31	156591.34			
347.15	197.27	188.57	439.38	18.36	18.36
33.71	135.44	1.80			
4492.88	**738.09**	**534.53**		**1.50**	

21-17 火灾、交通事故情况(2008年)
Basic Statistics on Fires and Traffic Accidents(2008)

项　　目	Item	发生(起) Accured (case)	死亡(人) Death (person)	受伤(人) Injuries (person)	财产损失(万元) Property Loss (10 000 yuan)
一、火灾事故情况	**Fires**	**7754**	**47**	**18**	**6748.47**
特　大	Extraordinarily				
重　大	Serious				
较　大	Larger	3	13	1	358.77
一　般	Ordinary	7755	34	17	6389.70
二、交通事故情况	**Traffic Accidents**	**5080**	**1631**	**5473**	**1481.54**
死亡事故	Deaths	1358	1631	884	766.52
伤人事故	Injuries	3392		4589	558.35
财产损失事故	Property Loss	330			156.67

21-18 民间组织管理情况(2008年)
Statistics on Non Governmental Organizations(2008)

单位：个、人　　(unit)(person)

项 目	Item	2008
社团管理	**Mass Organizations**	
年末实有社团数	The Number of Mass Organizations at Year-end	4876
社团负责人	The Number of Leaders of Mass Organizations	7597
# 女性	Female	1450
应建立党组织的社会团体	Mass Organizations Need Setting up Party Organization	908
民办非企业单位	**Nonbusinesses Run by Local People**	
年末实有民办非企业单位	Nonbusinesses Run by Local People at Year-end	2098
民办非企业单位负责人	Leaders of Nonbusinesses	3520
# 女性	Female	909
应建立党组织的民办非企业单位	Nonbusinesses Need Setting up Party Organization	455

主要统计指标解释

等级运动员人数 指经考核正式批准授予等级运动员称号的人数。运动员等级分为国际级运动健将，运动健将、一级运动员、二级运动员、三级运动员、少年级运动员。

等级裁判员人数 指经考核正式批准授予等级裁判员称号的人数。裁判员等级分为国际裁判、国家级裁判、一级裁判、二级裁判、三级裁判。

体育场 指有 400 米跑道(中心含足球场)，有固定道牙，跑道 6 条以上，并有固定看台的室外田径场地。体育场按看台容纳观众人数分为：甲级 25000 人以上，乙级 15000-25000 人，丙级 5000-15000 人，丁级 5000 人以下。

体育馆 指有固定看台，可供篮球、排球、羽毛球、乒乓球、体操等项目训练比赛活动用的室内运动场地。体育馆按看台容纳观众人数分为：甲级 6000 人以上，乙级 4000-6000 人，丙级 2000-4000 人，丁级 2000 人以下。

卫生机构 包括医疗机构、疾病预防控制中心(防疫站)、采供血机构、卫生监督及监测(检验)机构、医学科研和在职培训机构、健康教育所等。医疗机构包括医院、社区卫生服务中心(站)、疗养院、卫生院、门诊部、诊所(卫生所、医务室)、妇幼保健院(所、站)、专科疾病防治院(所、站)、急救中心(站)和临床检验中心。医疗机构分为非赢利性医疗机构和赢利性医疗机构。

医院 包括综合医院、中医医院、中西医结合医院、民族医院、各类专科医院和护理院。

卫生技术人员 指卫生机构中医生、护理人员、药剂人员、检验人员等卫生技术人员。

医生 指在医疗、预防保健机构工作且取得《执业医师证书》的执业医师和执业助理医师。

卫生服务总费用 反映全国当年用于医疗卫生保健服务所消耗的资金总额，用筹资来源法测算。政府预算卫生支出指各级政府用于卫生事业的财政预算拨款。社会卫生支出指政府预算外的卫生资金投入，主要表现为社会医疗保险。其中包括如企事业单位和乡村集体经济单位举办医疗卫生机构设施建设费，企业职工医疗卫生费，行政事业单位负担的职工公费医疗超支部分等。居民个人卫生支出指城乡居民用自己可支配的经济收入支付的各项医疗卫生费用和医疗保险费用。

社会福利事业单位 指集中收养社会孤老、残、幼的机构，包括由民政部门管理的社会福利院、儿童福利院、精神病人福利院和城镇集体举办的福利院及农村集体举办的敬老院以及优抚医院和具有收养能力的社区服务中心等。该指标主要反映我国在社会福利性单位投入的水平。

社会福利事业单位收养人数 包括民政部门管理和城镇、农村集体举办的社会福利事业单位中收养的老人、少年儿童、缺乏生活自理能力的残疾人员和精神病人。

社会福利企业单位 指以安置城镇有一定劳动能力的盲、聋、哑和肢体残疾人员就业为目的，享受国家减免税待遇的国有或集体企业。包括福利工厂、福利商业和服务业、假肢厂和安置农场等单位。

农村五保户 指农村中既无劳动能力，又无经济来源的老、弱、孤、残的农民，其生活由集体供养，实行保吃、保穿、保住、保医、保葬(孤儿保教)，简称“五保”。享受五保待遇的家庭叫五保户。

双扶户 包括被扶持的优抚户和贫困户。主要是对具有一定劳动能力且生活困难的两户给予一定的救济金以扶持其通过生产自救达到脱贫的目的。

基本养老保险

1. 参加保险人数：指报告期末按照国家法律、法规和有关政策规定参加基本养老保险的职工人数。包括不能正常缴费、已中断缴费但未终止保险关系的职工人数。

2. 社会统筹基金收入：指根据国家规定，由纳入基本养老保险范围的单位，按照国家规定的缴费基数和缴费比例缴纳的社会统筹基金， 以及通过其他方式取得的形成基金来源的收入，包括：单位缴纳的社会统筹基金收入、财政补贴收入、利息收入、其他收入。

3. 社会统筹基金支出：指按照国家政策规定的开支范围和开支标准从社会统筹基金中支付给参加基本养老保险的离休、退休、退职人员个人的养老金、丧葬抚恤补助，以及由于保险关系转移、上下级之间调剂资金等原因而发生的支出。包括：基础性养老金、过渡性养老金、离休金、退休金、退职金、补贴、丧葬抚恤补助、其他支出。

4. 社会统筹基金结余：指截止报告期末基本养老保险的社会统筹基金结余金额。包括银行存款、财政专户、债券投资和其他。

基本医疗保险

1. 参加保险人数：指报告期末按国家有关规定参加基本医疗保险的人数。包括参加保险的职工人数和退休人员人数。

2. 社会统筹基金收入：指根据国家有关规定，由纳入基本医疗保险范围的缴费单位， 按国家规定的缴费基数和缴费比例缴纳的社会统筹基金，以及通过其他方式取得的形成基金来源的款项，包括：单位缴纳的社会统筹基金收入、财政补贴收入、利息收入、其他收入。

3. 社会统筹基金支出：指按照国家政策规定的开支范围和开支标准从社会统筹基金中支付给参加基本医疗保险的职工和退休人员的医疗保险待遇支出及其他支出。包括：住院医疗费用支出、门急诊医疗费用支出、其他支出。

4. 社会统筹基金结余：指截止报告期末基本医疗保险的社会统筹基金结余金额。包括银行存款、财政专户、债券投资和其他。

失业保险

1. 参加保险人数：指报告期末按照国家法律、法规和有关政策规定参加了失业保险的城镇企业事业单位的职工及地方政府规定参加失业保险的其他人员的人数。

2. 失业保险金：指为保障失业人员的基本生活而按规定支付的失业保险金金额。保险福利费用总额指各单位在工资以外支付给职工和离休、退休、退职人员个人和用于集体的保险福利费用，不包括用于职工的劳动保护费用，由保险福利费用开支的医务人员工资，集体福利机构工作人员和病伤休息期满6个月以上人员的工资。

保险福利费用总额 指各单位在工资以外支付给职工和离休、退休、退职人员、个人和集体的保险福利费用，不包括用于职工的劳动保护费用，由保险福利费用开支的医务人员工资，具体福利机构工作人员和病伤休息期满 6 个月以上人员的工资。

离休、退休、退职人员 指正式办理了离休、退休、退职手续，并享受相应的离休、退休、退职待遇的人员。

离休、退休、退职人员保险福利费用 包括:

1. 离休金: 指发给离休干部的工资和按 1982 年国务院《关于老干部离职休养制度的几项规定的通知》发给符合规定的离休干部相当于一至两个月标准工资的生活补贴及1988 年增发的生活补贴。

2. 退休金: 指按照国家有关规定发给退休职工的退休费和 1988 年增发的生活补贴。

3. 退职生活费: 指按照 1978 年国务院《关于工人退休、退职的暂行办法》发给退职人员的生活费用和 1988 年增发的生活补贴。

以上离退休、退职人员的离退休金、退职生活费还应包括发给离退休、退职人员的生活补贴和物价补贴。

4. 医疗卫生费: 指离休、退休、退职人员的医疗费、住院费以及住院伙食补助等费用。

5. 其他: 指上述费用以外的其他保险福利费用，如丧葬抚恤救济费、交通费补贴、冬季取暖补贴等。

工业废水排放量 指经过企业厂区所有排放口排到企业外部的工业废水量。包括生产废水、外排的直接冷却水、超标排放的矿井地下水和与工业废水混排的厂区生活污水，不包括外排的间接冷却水(清污不分流的间接冷却水应计算在内)。

工业废水排放达标量 指各项指标都达到国家或地方排放标准的外排工业废水量，包括未经处理外排达标和经过处理后外排达标两部分。

工业废水处理量 指报告期内各种水治理设施实际处理的工业废水量，包括处理后外排和处理后回用的工业废水量和虽经处理但未达到国家或地方排放标准的废水量。如车间和厂排放口均有治理设施，并对同一废水分级处理时，不应重复计算工业废水处理量。

工业废气排放量 指企业厂区内燃料燃烧和生产工艺过程中产生的各种排入空气的含有污染物的气体总量，按标准状态［273K，101325pa］计算。

工业二氧化硫排放量 指企业在燃料燃烧和生产工艺过程中排入大气的二氧化硫数量。 烟尘排放量 指企业厂区内燃料燃烧产生的烟气中夹带的颗粒物数量。

工业粉尘排放量 指企业在生产工艺过程中排放的颗粒物重量，如钢铁企业的耐火材料粉尘、焦化企业的筛焦系统粉尘、烧结机的粉尘、石灰窑的粉尘、建材企业的水泥粉尘等。不包括电厂排入大气的烟尘。

工业固体废物产生量 指企业在生产过程中产生的固体状、半固体状和高浓度液体状废弃物的总量，包括危险废物、冶炼废渣、粉煤灰、炉渣、煤矸石、尾矿、放射性废物和其他废物等；不包括矿山开采的剥离废石和掘进废石(煤矸石和呈酸性或碱性的废石除外)。酸性或碱性废石指采掘的废石其流经水、雨淋水的 PH 值小于 4 或 PH 值大于 10.5 者。

危险废物 指列入国家危险废物名录或根据国家规定的危险废物鉴别标准和鉴别方法认定的，具有爆炸性、易燃性、易氧化性、毒性、腐蚀性、易传染疾病等危险特性之一的废物。

工业固体废物综合利用量 指通过回收、加工、循环、交换等方式，从固体废物中提取或者使其转化为可以利用的资源、能源和其他原材料的固体废物量(包括当年利用往年的工业固体废物累计贮存量)，如用作农业肥料、生产建筑材料、筑路等。综合利用量由原产生固体废物的单位统计。

工业固体废物贮存量 指以综合利用或处置为目的，将固体废物暂时贮存或堆存在专设的贮存设施或专设的集中堆存场所内的数量。专设的固体废物贮存场所或贮存设施必须有防扩散、防流失、防渗漏、防止污染大气、水体的措施。

工业固体废物处置量 指将固体废物焚烧或者最终置于符合环境保护规定要求的场所，并不再回取的工业固体废物量(包括当年处置往年的工业固体废物累计贮存量)。处置方法有填埋(其中危险废物应安全填埋)、焚烧、专业贮存场(库)封场处理、深层灌注、回填矿井等。

工业固体废物排放量 指将所产生的固体废物排到固体废物污染防治设施、场所以外的数量，不包括矿山开采的剥离废石和掘进废石(煤矸石和呈酸性或碱性的废石除外)。

“三废”综合利用产品产值 指利用“三废”(废液、废气、废渣)作为主要原料生产的产品价值(现行价)，已经销售或准备销售的应计算产品价值，留作生产自用的不应计算产品价值。

“三废”综合利用产品利润 指利用“三废”(废液、废气、废渣)生产的产品，销售后所得到的利润。

环境污染与破坏事故 指由于违反环境保护法规的经济、社会活动与行为，以及意外因素的影响或不可抗拒的自然灾害等原因，致使环境受到污染，国家重点保护的野生动植物、自然保护区受到破坏，人体健康受到危害，社会经济和人民财产受到损失，造成不良社会影响的突发性事件。

Explanatory Notes on Main Statistical Indicators

Number of Athletes in Grades refers to the number of athletes who have been given titles through examination. The titles of athletes include international masters of sports, masters of sports, first grade, second grade and third grade sportsmen and young athletes.

Number of Referees in Grades refers to the number of referees who have been given titles after examination. They are classified as international referees, national referees and referees of the first, second and third grades.

Stadiums refer to stadiums for track and field events with six lane 400 meter tracks around soccer fields, permanent track marks and permanent bleachers. Stadiums are classified according to seating capacity. They include: Class A stadiums seating 25000 people each. Class B stadiums seating 15000 to 25000 people each. Class C stadiums seating 5000 to 15000 people each, and Class D stadiums seating fewer than 5000 people.

Gymnasiums refer to indoor sports grounds with permanent seats in which basketball, volleyball. Badminton, table tennis and gymnastics competitions can be held. Gymnasiums are classified according to seating capacity. They include Class A gymnasiums seating over 6000 people. Class B gymnasiums seating 4000 to 6000 people. Class C gymnasiums seating 2000 to 4000 people, and Class D gymnasiums seating fewer than 2000 people.

Medical Organizations include: hospitals, health service centers (stations) of communities, nursing homes, health centers, clinics, clinics (health stations and infirmaries) , maternity and child care agencies (centers and stations) , special disease prevention and curing agencies (centers and stations) , first aid centers (stations) and clinical inspection centers. Medical organizations are grouped by two types: profit- making and non- profit-making medical organizations.

Hospitals include: polyclinics, traditional Chinese medical hospitals, hospitals integrated with traditional Chinese therapeutics and western therapeutics, ethical hospitals, various specialties hospitals and nursing hospitals.

Medical Technical Personnel refers to doctors, assistant nurses, pharmacists, and laboratory technicians working in medical institutions.

Doctors refer to certified physicians and certified assistant physicians with certifications working in medical and health care and prevention agencies.

Total Cost of Health Services reflects the total expenditures on medical and health care services for the whole country, calculated on basis of sources of funding. Health expenditure from government budget refers to budgetary allocation for health undertakings by governments at all levels. Social health expenditure refers to non-government budgetary cap ital input, mainly the health insurance. It includes expenditure on health institutions run by enterprises and rural collective entities, expenditure on medical and health care of employees of enterprises, and excessive health expenditure of government employees that could be covered by the government health care system. Health expenditure on individuals refers to expenditure on health service and health insurance paid by residents from their disposable income.

Social Welfare Institutions refer to institutions taking care of old pople without children, handicapped people and orphans. They include social welfare institutions run by civil affairs departments, children welfare institutions, social welfare institutions for mental patients, collective-owned old peoples homes in rural areas, convalescent homes and community service centers with the capaCity of receiving those people. This indicator reflects the input in social welfare institutions.

Number of People Taken in by Social Welfare Institutions refers to the number of old people, children, totally dependent handicapped people and mental patients taken in by social welfare institutions run by civil affairs departments and those run by collective units in urban and rural areas.

Social Welfare Enterprises are collective-owned enterprises which employ the blind, deaf mute, and other handicapped people who are able to work in cities and towns and enjoy exemption from state taxes, including welfare plants, welfare commercial services, artificial limb plants and farms, etc.

Rural Households with Livelihood Guaranteed in Five Aspects refer to the households in which there are old people without child, orphans and handicapped people who are unable to work and without financial resources in rural areas. They are taken care of by the collective units and their food, clothing, housing, medical care, funeral expenses (or schooling for orphans) are guaranteed to be provided for.

Households in the Poor Household Support Program refer to the households of martyrs and disabled servicemen, and poor households, who are able to work but in poor conditions, receiving government or collective relief funds. In this way, the households can get to work and make them break away from poverty.

Basic Endowment Insurance

1. Number of people participating in the insurance program: by the end of reference period, number of staff

and workers participating in the insurance program in line with national laws, regulations and related policies, including those who can not make regular payment or interrupt payment but not terminate the insurance program.

2. Revenue of social comprehensive funds: according to national provision, payments made by units covered in basic endowment insurance program, and income from other resources, including: income of social comprehensive funds paid by unites, financial subsidies, interest income and others.

3. Expenditure of social comprehensive funds: refer to payment made to those retired and resigned people covered in endowment insurance program in terms of pens ion or compensation within the expenditure scope and standards according to related national policies, and the expenditure occurred due to shift of the insurance relationship or adjustment funds among agencies, including: basic pension, transitional pension, pension for resigned people, pension for retired people, pension for people quitting jobs, subsidies, funeral subsidies and other expenditure.

4. Balance of social comprehensive funds: refer to the balance of basic endowment insurance of social comprehensive funds at the end of the reference period, including: bank savings, special fiscal account, investment in bonds and others.

Basic Medical Care Insurance:

1. Number of people participated in the insurance program: refer to number of people participated in the basic medical care insurance program according to related regulation by the end of reference period, including: number of staff and workers and retired persons participated in this insurance program.

2. Revenue of social comprehensive funds: according to national provision, payments made by units covered in basic medical care insurance program, and income from other resources, including: income of social comprehensive funds paid by unites, financial subsidies, interest income and others.

3. Expenditure of social comprehensive funds: refer to payment made to those retired and resigned people covered in basic medical care insurance within the expenditure scope and standards according to related national policies, including: expenditure on fee-for-service in hospital, expenditure on fee-for-service in clinic and other expenditure.

4. Balance of social comprehensive funds: refer to the balance of medical care insurance of social comprehensive funds at the end of the reference period, including: bank savings, special fiscal account, investment in bonds and others.

Unemployment Insurance

1. Number of people participated in unemployment insurance program: number of staff and workers in urban enterprises or institutions and other people according to local government regulations participated in unemployment insurance program in line with national law, regulations and related policies by the end of the reference period.

2. Sum of Unemployment Insurance: refer to total amount of insurance paid to un-employees to guarantee their basic lives according to related regulations.

Insurance and Welfare Funds refers to labor insurance and welfare fund paid by enterprises, organizations and institutions to their staff and workers as well as retired and resigned persons in addition to their wages and salaries excluding labor protection fees, wages paid to medical workers from insurance and welfare fund and wages paid to staff members working in collective welfare agencies and to people with over 6 months of sick-leave.

Retired or Resigned Personnel refers to the persons who have formally gone through the formalities for their retirement or quitting work and enjoy the corresponding treatments.

Insurance and Welfare Funds for Retired and Resigned Staff and Workers

1. Pensions for retired veteran cadres: They refer to pensions, other subsidies, and additional allowances paid to retired in line with relevant government documents.

2. Pensions for Retirement: They refer to living allowance; other subsidies and additional allowances paid to retired staff and workers in line with the relevant government documents.

3. Resignation Allowances for Living Expenses: They refer to living allowance, and additional allowances subsidies paid to resigned staff and workers in line with relevant government instructions.

It also includes living subsidies and prices subsidies paid to retired and resigned staff and workers.

4. Medical Care Allowance: refer to fee-for-service, cost of medical care and per diem subsidies during hospitalizations of retired and resigned staff and workers.

5. Others: They refer to other expenses, including other types of insurance and welfare fund, fees for funerals, traveling subsidies and heating subsidies during the winter time.

Volume of Industrial Waste Water Discharged refers to the volume of industrial waste water discharged, through all outlets, to the outside of industrial enterprises, including waste water produced, direct cooling water, underground water from mines that does not meet the standard of discharge, and the domestic sewage mixed up with industrial waste water when discharged, but excluding discharged indirect cooling water.

Volume of Treated Industrial Waste Water refers to the volume of industrial waste water after being treated and purified through various water treatment facilities in the reference period, including the volume discharged or recovered after being treated. The volume of waste water that fails to meet the national or local standards after treatment is also included. If there are treatment facilities both at the outlets of workshops and at the outlets of the factory, and the same volume of waste water has been treated twice, duplication should be avoided in the calculation of the volume of treated industrial waste water.

Volume of Waste Industrial Gas Emission refers to waste gas emitted from burning of fuels and from production process in the area of the factory, and is measured by 10000 standard cubic meters each year under normal condition.

Volume of Industrial Sulphur Dioxide Discharged refers to the volume of sulphur dioxide discharged to the air in the process of fuel burning or in the production process.

Volume of Industrial Soot Discharged refers to the volume of solid soot in the smoke discharged in the process of fuel burning in the area of the factory.

Industrial Dust Discharged refers to the total weight of solid dust discharged by industrial enterprises in the production process, such as dust of refractory materials from iron plants, dust from coke screening system or from sintering machines of coking plants, dust from lime kilns, cement dust from building material enterprises, etc. but excluding smoke and dust discharged by power plants.

Volume of Industrial Solid Wastes Produced refers to the total volume of solid, semi solid or high concentration liquid residue produced by industrial enterprises in their production process, including dangerous wastes, residues from melting, slag, powdered coal ash, gangue, chemical residues, tailings, radio active residues and other residues, but excluding stripped or dug stones in mining(except gangue and acid or alkali stones which are stones washed or soaked by water with a pH value smaller than 4 or larger than 10. 5)

Dangerous Wastes refers to the wastes which are listed by the government as the dangerous wastes or the

Profit Obtained from Utilization of Waste Gas, Waste Water and Industrial Solid Wastes refers to profit obtained from selling or own consumption of products made by industrial enterprises using recovered waste water, waste gas or solid wastes as main raw mate-

wastes which are explosive, inflammable, oxidizable, poisonous, corrosive or liable to cause infectious diseases or have other dangerous characteristics specified in accordance with the standards or methods stipulated by the government for identifying the dangerous wastes.

Volume of Industrial Solid Wastes Utilized in a Comprehensive Way refers to the volume of solid wastes from which useful materials can be extracted or which can be changed to be utilizable resources, energy or other materials, including the volume of industrial solid wastes stored up in the previous years and utilized in the current year, such as the solid wastes utilized as fertilizers, building materials, for making roads or for other purpose. Statistical data on utilization of industrial solid wastes are collected by solid wastes producing units.

Volume of Industrial Stored up Solid Wastes refers to the volume of industrial solid wastes temporarily stored up or piled with special facilities or piled in the special sites for purpose of utilization or treatment in future. The special facilities or special sites for the storing up solid wastes should have the measures against spreading or being washed away to other places, permeating the soil or causing air pollution or water contamination.

Volume of Industrial Solid Wastes Treated refers to solid wastes disposed of in a non recoverable place that meet the requirement of environmental protection, such as burying (The dangerous wastes should be buried safely) , burning, piling in designated sites, pouring water into the deep strata, filling of old mines, etc. (including treatment of solid wastes piled up in the previous years) .

Volume of Industrial Solid Wastes Discharged refers to the volume of industrial solid wastes produced and discharged at the places outside the special facilities or special sites for preventing against pollution, excluding stripped or dug stones in mining(except gangue and acid or alkali waste stones) .

Output Value of Products Made from Utilization of Waste Gas, Waste Water and Industrial Solid Wastes refers to the value of products (calculated at current prices) made by industrial enterprises using recovered waste water, waste gas or solid wastes as main raw materials. Only the value of the products which have been sold or are ready to be sold should be included. The value of the products which will be used in the production of the enterprises should not be included.
rials.

Accidents of Environment Pollution and Destruction refer to sudden accidents, due to economic and social behavior or activities in contrast with environment protection legislation, unexpected factors or irresistible natural disasters, that cause the pollution of environment, the destruction of natural protection zones, wild plants and animals, the danger to the health of people, and the loss in the property of the society and people.

2009
NEI MENG GU

二十二、盟市资料

Statistics of Leagues and Cities

资料整理：包利军　包建钢
Arranged by Bao Lijun, Bao Jiangang

22-1 各盟市行政区域土地面积和城市建设(2008年)
Administrative Areas and Construction in Cities by Region(2008)

地 区	Region	行政区域土地面积(万平方公里) Gross Area (10 000 sq.km)	城市面积(平方公里) Areas of City (sq.km)	城市建成区面积(平方公里) Urban Developed Area (sq.km)	公园个数(个) Parks (unit)	公园面积(公顷) Area of Parks (hectare)	建成区绿化覆盖面积(公顷) Green Coverage Developed Area(hectare)
总 计	**Total**	**118.30**	**11801.50**	**885.42**	**105**	**6954**	**27047**
呼和浩特市	Hohhot City	1.72	2054.00	154.00	20	2755	5411
包 头 市	Baotou City	2.77	2591.00	180.00	17	1335	6722
呼伦贝尔市	Hulunbeier City	25.30	2097.80	117.84	12	703	3695
兴 安 盟	Xingan League	5.98	398.00	35.82	2	356	996
通 辽 市	Tongliao City	5.95	635.50	68.50	5	307	2077
赤 峰 市	Chifeng City	9.00	503.00	77.00	14	140	1783
锡林郭勒盟	Xilinguole League	20.26	204.00	50.60	3	64	918
乌兰察布市	Wulanchabu City	5.50	394.20	60.00	6	674	1126
鄂尔多斯市	Erdos City	8.68	502.00	71.68	12	229	2237
巴彦淖尔市	Bayannaoer City	6.44	668.00	32.47	9	155	907
乌 海 市	Wuhai City	0.17	1754.00	37.51	5	236	1175
阿拉善盟	Alashan League	27.02					

22-2 各盟市年末常住人口(2008年)
Number of Population at the Year-end by Region(2008)

地 区	Region	年末常住人口(万人) Total Population(10 000 persons)			出生人口(万人) Birth (10 000 persons)	死亡人口(万人) Death (10 000 persons)
		合 计 Total	男 Male	女 Female		
呼和浩特市	Hohhot City	267.21	138.11	129.10	2.66	1.33
包 头 市	Baotou City	253.22	129.80	123.42	2.27	1.20
呼伦贝尔市	Hulunbeier City	269.88	138.13	131.75	2.55	1.52
兴 安 盟	Xingan League	160.14	82.06	78.08	1.67	0.88
通 辽 市	Tongliao City	309.07	157.37	151.70	3.37	1.63
赤 峰 市	Chifeng City	435.10	223.29	211.81	4.53	2.40
锡林郭勒盟	Xilinguole League	102.71	52.72	49.99	1.04	0.53
乌兰察布市	Wulanchabu City	213.19	110.68	102.51	1.69	1.60
鄂尔多斯市	Erdos City	159.13	82.96	76.17	1.62	0.84
巴彦淖尔市	Bayannaoer City	173.76	88.82	84.94	1.59	1.06
乌 海 市	Wuhai City	48.27	24.79	23.48	0.46	0.24
阿拉善盟	Alashan League	22.05	11.45	10.60	0.20	0.11

22-3 各盟市生产总值(2008年)

Gross Domestic Product by Region(2008)

单位：亿元 (100 million yuan)

地 区	Region	生产总值 Gross Domestic Product	第一产业 Primary Industry	第二产业 Secondary Industry	工 业 Industry	建筑业 Construc -tion	第三产业 Tertiary Industry	人均生产总值(元) Per Capita GDP(yuan)
呼和浩特市	Hohhot City	1316.37	75.16	501.89	413.94	87.95	739.32	49606
包 头 市	Baotou City	1760.00	52.08	1003.93	903.91	100.02	703.99	70004
呼伦贝尔市	Hulunbeier City	632.66	144.01	230.45	194.64	35.81	258.20	23413
兴 安 盟	Xingan League	178.93	67.01	50.26	39.45	10.81	61.66	11166
通 辽 市	Tongliao City	785.60	144.90	411.29	373.39	37.90	229.41	25402
赤 峰 市	Chifeng City	752.39	143.55	375.21	332.08	43.13	233.63	17242
锡林郭勒盟	Xilinguole League	394.15	47.09	250.52	212.63	37.89	96.54	38569
乌兰察布市	Wulanchabu City	434.68	82.27	211.51	186.26	25.25	140.90	20359
鄂尔多斯市	Erdos City	1603.00	57.65	931.43	830.78	100.65	613.92	102128
巴彦淖尔市	Bayannaoer City	439.06	92.66	229.61	195.14	34.47	116.79	25237
乌 海 市	Wuhai City	240.10	2.76	158.88	145.69	13.19	78.46	50036
阿拉善盟	Alashan League	181.79	6.44	136.68	125.90	10.78	38.67	83047

注：本表按当年价格计算。

a)Data in value terms in this table are calculated at current prices.

22-4 各盟市生产总值指数(2008年)

Indices of Gross Domestic Product by Region(2008)

(上年=100) (preceding year=100)

地 区	Region	生产总值 Gross Domestic Product	第一产业 Primary Industry	第二产业 Secondary Industry	工 业 Industry	建筑业 Construc -tion	第三产业 Tertiary Industry	人均生产总值 Per Capita GDP
呼和浩特市	Hohhot City	113.6	107.8	112.2	111.7	114.7	115.1	112.2
包 头 市	Baotou City	119.6	107.5	122.4	123.5	113.0	117.0	117.8
呼伦贝尔市	Hulunbeier City	115.0	108.9	119.6	121.0	113.6	114.8	115.0
兴 安 盟	Xingan League	113.7	108.9	122.0	119.7	132.4	111.7	113.6
通 辽 市	Tongliao City	118.9	108.1	126.1	129.2	108.8	117.6	118.9
赤 峰 市	Chifeng City	118.3	108.8	125.3	126.2	120.3	115.6	118.8
锡林郭勒盟	Xilinguole League	120.8	108.8	126.3	128.6	117.1	116.2	119.2
乌兰察布市	Wulanchabu City	113.6	109.0	114.2	118.6	94.8	114.9	113.8
鄂尔多斯市	Erdos City	122.9	108.3	121.9	127.2	92.8	125.8	119.9
巴彦淖尔市	Bayannaoer City	117.8	108.6	124.2	128.6	107.1	115.3	117.8
乌 海 市	Wuhai City	114.1	107.5	111.0	110.3	119.0	119.9	112.6
阿拉善盟	Alashan League	125.3	108.5	126.1	131.0	97.1	125.8	123.5

注：本表按可比价格计算。

a)The indices in this table are calculated at comparable prices.

22-5 各盟市按三次产业分的年末就业人员(2008年)

Number of Employed Persons at the Year-end by Type of Industry and by Region(2008)

地 区	Region	就业人员(万人) Number of Employed Persons (10 000 persons)				构 成(合计=100) Composition in Percentage(total=100)		
			第一产业 Primary Industry	第二产业 Secondary Industry	第三产业 Tertiary Industry	第一产业 Primary Industry	第二产业 Secondary Industry	第三产业 Tertiary Industry
呼和浩特市	Hohhot City	155.90	43.90	46.50	65.50	28.2	29.8	42.0
包 头 市	Baotou City	133.20	22.40	40.20	70.60	16.8	30.2	53.0
呼伦贝尔市	Hulunbeier City	98.10	51.00	13.50	33.60	52.0	13.8	34.3
兴 安 盟	Xingan League	71.99	49.95	5.60	16.44	69.4	7.8	22.8
通 辽 市	Tongliao City	158.80	90.30	26.90	41.60	56.9	16.9	26.2
赤 峰 市	Chifeng City	230.59	126.71	44.55	59.33	55.0	19.3	25.7
锡林郭勒盟	Xilinguole League	47.90	24.40	5.20	18.30	50.9	10.9	38.2
乌兰察布市	Wulanchabu City	107.60	64.82	11.56	31.22	60.2	10.7	29.0
鄂尔多斯市	Erdos City	91.27	30.09	24.34	36.84	33.0	26.7	40.4
巴彦淖尔市	Bayannaoer City	88.90	49.50	12.50	26.90	55.7	14.1	30.3
乌 海 市	Wuhai City	24.46	1.96	9.34	13.16	8.0	38.2	53.8
阿拉善盟	Alashan League	11.14	3.90	1.99	5.25	35.0	17.9	47.1

22-6 各盟市城镇年末就业人员(2008年)

Number of Employed Persons at the Year-end in Urban Areas by Region(2008)

单位：人 (person)

地 区	Region	合 计 Total	国有单位 State-owned Units	集体单位 Collective-owned Units	其他单位 Units of Other Types of Ownership
呼和浩特市	Hohhot City	623609	206240	10224	85953
包 头 市	Baotou City	665464	124888	24983	179681
呼伦贝尔市	Hulunbeier City	426513	202757	4394	65061
兴 安 盟	Xingan League	178557	89260	4220	17621
通 辽 市	Tongliao City	317671	181600	10038	38755
赤 峰 市	Chifeng City	513602	200436	13078	92695
锡林郭勒盟	Xilinguole League	195228	77111	3922	25617
乌兰察布市	Wulanchabu City	249815	112948	4858	24343
鄂尔多斯市	Erdos City	282578	99693	3414	48125
巴彦淖尔市	Bayannaoer City	244576	102824	5116	40027
乌 海 市	Wuhai City	164971	26997	1332	74719
阿拉善盟	Alashan League	78228	24780	536	16268
直报单位	Units of Direct Reporting	208136	185457	15016	3301

22-6 续表 continued

单位：人 (person)

地 区	Region	# 港澳台商投资单位 Economic Units Funded by Entrepreneurs from H. K,Macao and Taiwan	# 外商投资单位 Foreign Funded Units	私营企业 Private Enterprises	个 体 Self-employed Individuals
呼和浩特市	Hohhot City	2683	4006	205261	115931
包 头 市	Baotou City	3771	5409	176125	159787
呼伦贝尔市	Hulunbeier City	1183	1119	42200	112101
兴 安 盟	Xingan League	622	448	18821	48635
通 辽 市	Tongliao City	459	4195	18508	68770
赤 峰 市	Chifeng City	680	60	94473	112920
锡林郭勒盟	Xilinguole League	128	340	35796	52782
乌兰察布市	Wulanchabu City	458	610	55047	52619
鄂尔多斯市	Erdos City	1609	7329	54515	76831
巴彦淖尔市	Bayannaoer City	1313	1980	39120	57489
乌 海 市	Wuhai City	85	1074	36510	25413
阿拉善盟	Alashan League		232	23669	12975
直报单位	Units of Direct Reporting	1032	1482	4362	

22-7 各盟市登记注册类型年末职工人数(2008年)

Number of Staff and Workers at the Year-end by Status of Registration and by Region(2008)

单位：人 (person)

地 区	Region	合 计 Total	国有单位 State-owned Units	城镇集体单位 Urban Collective-owned Units	其他单位 Units of Other Types of Ownership
呼和浩特市	Hohhot City	297348	205459	10211	81678
包 头 市	Baotou City	322618	123351	24899	174368
呼伦贝尔市	Hulunbeier City	270731	201525	4326	64880
兴 安 盟	Xingan League	108906	87816	4110	16980
通 辽 市	Tongliao City	229158	180473	9948	38737
赤 峰 市	Chifeng City	304064	198321	13060	92683
锡林郭勒盟	Xilinguole League	104852	75837	3836	25179
乌兰察布市	Wulanchabu City	136840	108960	3983	23897
鄂尔多斯市	Erdos City	150051	98719	3414	47918
巴彦淖尔市	Bayannaoer City	145910	101287	4979	39644
乌 海 市	Wuhai City	101659	26648	1326	73685
阿拉善盟	Alashan League	41366	24573	536	16257
直报单位	Units of Direct Reporting	195933	179972	12723	3238

22-8 各盟市登记注册类型女性年末就业人员(2008年)

Number of Female Employed by Registration Status and by Region at the Year-end(2008)

单位：人 (person)

地区	Region	合计 Total	国有单位 State-owned Units	城镇集体单位 Urban Collective-owned Units	其他单位 Units of Other Types of Ownership
呼和浩特市	Hohhot City	132129	87425	4702	40002
包头市	Baotou City	132900	56410	11303	65187
呼伦贝尔市	Hulunbeier City	102312	82841	2010	17461
兴安盟	Xingan League	44518	36671	2000	5847
通辽市	Tongliao City	83411	68659	3737	11015
赤峰市	Chifeng City	107865	81765	4744	21356
锡林郭勒盟	Xilinguole League	42357	31978	1448	8931
乌兰察布市	Wulanchabu City	53251	42511	1576	9164
鄂尔多斯市	Erdos City	59306	42524	1370	15412
巴彦淖尔市	Bayannaoer City	61110	44916	2670	13524
乌海市	Wuhai City	36795	13718	386	22691
阿拉善盟	Alashan League	14318	11022	238	3058
直报单位	Units of Direct Reporting	44737	38384	5108	1245

22-9 各盟市私营企业年末就业人员(2008年)

Number of Employed Persons in Private Enterprises at the Year-end by Region(2008)

单位：户、人 (enterprise, person)

地区	Region	合计 Total			城镇 Urban Areas			乡村 Rural Areas		
		户数 Enterprises	就业人数 Employed Persons	#投资者 Employers	户数 Enterprises	就业人数 Employed Persons	#投资者 Employers	户数 Enterprises	就业人数 Employed Persons	#投资者 Employers
总计	**Total**	**82426**	**984277**	**198858**	**71864**	**804407**	**167906**	**10562**	**179870**	**30952**
呼和浩特市	Hohhot City	18269	215643	45944	17596	205261	44056	673	10382	1888
包头市	Baotou City	14098	233835	36928	11184	176125	27390	2914	57710	9538
呼伦贝尔市	Hulunbeier City	6318	48287	14287	5647	42200	13204	671	6087	1083
兴安盟	Xingan League	2070	22226	4425	1891	18821	4110	179	3405	315
通辽市	Tongliao City	6138	30306	10976	4984	18508	9484	1154	11798	1492
赤峰市	Chifeng City	10204	117088	24512	8073	94473	19270	2131	22615	5242
锡林郭勒盟	Xilinguole League	3324	39088	6787	3086	35796	6105	238	3292	682
乌兰察布市	Wulanchabu City	4210	70042	9511	3873	55047	8645	337	14995	866
鄂尔多斯市	Erdos City	9735	92983	24437	8358	54515	17593	1377	38468	6844
巴彦淖尔市	Bayannaoer City	3467	48748	9337	2673	39120	6549	794	9628	2788
乌海市	Wuhai City	2783	36510	6079	2783	36510	6079			
阿拉善盟	Alashan League	1223	24900	2854	1154	23669	2687	69	1231	167

22-10 各盟市年末个体就业人员(2008年)

Number of Self-Employed Individuals at the Year-end by Region(2008)

单位：户、人 (enterprise, person)

地 区	Region	合 计 Total		城 镇 Urban Areas		乡 村 Rural Areas	
		户 数 Number of Households	就业人数 Number of Employed Individuals	户 数 Number of Households	就业人数 Number of Employed Individuals	户 数 Number of Households	就业人数 Number of Employed Individuals
总 计	**Total**	**582592**	**1097672**	**473841**	**896253**	**108751**	**201419**
呼和浩特市	Hohhot City	63920	125841	57504	115931	6416	9910
包 头 市	Baotou City	61857	185083	55927	159787	5930	25296
呼伦贝尔市	Hulunbeier City	82170	125647	71672	112101	10498	13546
兴 安 盟	Xingan League	30533	58311	24391	48635	6142	9676
通 辽 市	Tongliao City	57867	90579	43915	68770	13952	21809
赤 峰 市	Chifeng City	100263	162916	64649	112920	35614	49996
锡林郭勒盟	Xilinguole League	34984	60414	30707	52782	4277	7632
乌兰察布市	Wulanchabu City	35980	68157	33379	52619	2601	15538
鄂尔多斯市	Erdos City	58989	100488	45521	76831	13468	23657
巴彦淖尔市	Bayannaoer City	31426	79120	23099	57489	8327	21631
乌 海 市	Wuhai City	15775	25413	15775	25413		
阿拉善盟	Alashan League	8828	15703	7302	12975	1526	2728

22-11 各盟市城镇登记年末失业人员

Number of Registered Unemployed Persons at the Year-end in Urban Areas by Region

单位：人 (person)

地 区	Region	1995	2000	2005	2008
总 计	**Total**	**139713**	**126478**	**177483**	**199167**
呼和浩特市	Hohhot City	11781	13120	24465	25555
包 头 市	Baotou City	27205	20412	31972	35739
呼伦贝尔市	Hulunbeier City	25887	29283	24601	27513
兴 安 盟	Xingan League	4079	5564	8539	10724
通 辽 市	Tongliao City	12559	8696	15027	15742
赤 峰 市	Chifeng City	14266	14374	21000	23530
锡林郭勒盟	Xilinguole League	4783	4943	7809	8896
乌兰察布市	Wulanchabu City	11337	9155	14271	16059
鄂尔多斯市	Erdos City	5900	3653	9620	12152
巴彦淖尔市	Bayannaoer City	11511	9562	11074	12387
乌 海 市	Wuhai City	8359	5715	6860	8116
阿拉善盟	Alashan League	2046	2001	2245	2754

22-12 各盟市城镇登记失业率

Registered Unemployment Rate in Urban Areas by Region

单位：% (%)

地区	Region	1995	2000	2005	2006	2007	2008
总 计	**Total**	**3.17**	**3.34**	**4.26**	**4.13**	**4.00**	**4.10**
呼和浩特市	Hohhot City	2.41	3.01	4.29	4.11	3.85	3.85
包 头 市	Baotou City	3.81	3.44	4.14	3.92	3.82	3.90
呼伦贝尔市	Hulunbeier City	4.83	4.24	4.36	4.25	4.09	4.27
兴 安 盟	Xingan League	1.88	2.48	4.30	4.17	4.44	4.46
通 辽 市	Tongliao City	3.14	2.46	4.20	3.95	3.87	3.99
赤 峰 市	Chifeng City	3.13	2.90	4.22	4.20	4.14	4.20
锡林郭勒盟	Xilinguole League	2.77	3.25	4.65	4.27	3.90	4.19
乌兰察布市	Wulanchabu City	3.63	4.01	4.40	4.40	4.12	4.24
鄂尔多斯市	Erdos City	3.13	2.07	3.97	3.98	3.71	4.00
巴彦淖尔市	Bayannaoer City	4.49	3.84	4.25	4.13	4.11	4.20
乌 海 市	Wuhai City	5.12	4.40	4.50	4.50	4.28	4.50
阿拉善盟	Alashan League	4.00	3.46	4.12	3.92	3.99	4.19

22-13 各盟市职工工资总额和指数(2008年)

Total Wages of Staff and Workers and Related Index by Region(2008)

地区	Region	工资总额(万元) Total Wages(10 000 yuan)				指 数(上年=100) Index(preceding year=100)			
		合 计 Total	国有单位 State-owned Units	城镇集体单位 Urban Collect-iveowned Units	其他单位 Units of Other Types of Owner ship	合 计 Total	国有单位 State-owned Units	城镇集体单位 Urban Collect-iveowned Units	其他单位 Units of Other Types of Owner ship
呼和浩特市	Hohhot City	937267	734272	23105	179889	116.1	116.7	124.7	112.7
包 头 市	Baotou City	1044468	441416	51533	551519	118.3	117.6	114.1	119.2
呼伦贝尔市	Hulunbeier City	653451	511896	9823	131731	129.6	131.7	132.2	121.7
兴 安 盟	Xingan League	207682	169701	5658	32323	131.5	132.1	118.6	130.9
通 辽 市	Tongliao City	453850	339271	19223	95357	117.8	115.3	118.0	127.4
赤 峰 市	Chifeng City	676179	459120	24619	192441	117.4	116.2	125.1	119.6
锡林郭勒盟	Xilinguole League	272788	208968	9111	54709	124.1	121.3	137.4	133.6
乌兰察布市	Wulanchabu City	344564	279380	8140	57044	123.6	124.7	155.9	115.1
鄂尔多斯市	Erdos City	540293	375564	10960	153770	107.5	121.6	131.5	82.8
巴彦淖尔市	Bayannaoer City	317099	213777	10726	92597	126.1	125.4	123.0	128.2
乌 海 市	Wuhai City	288069	79412	1603	207054	120.1	113.0	108.9	123.1
阿拉善盟	Alashan League	122307	80627	2065	39615	129.3	134.1	129.2	120.5

22-14 各盟市职工平均工资及指数(2008年)

Average Wage of Staff and Workers and Related Indices by Region(2008)

地区	Region	平均货币工资(元) Average Money Wage(yuan) 合计 Total	国有单位 State-owned Units	城镇集体单位 Urban Collective-owned Units	其他单位 Units of Other Types of Ownership	指数(上年=100)Indices (preceding year=100) 合计 Total	国有单位 State-owned Units	城镇集体单位 Urban Collective-owned Units	其他单位 Units of Other Types of Owner-ship
呼和浩特市	Hohhot City	30872	35589	17872	21326	115.5	116.2	121.4	112.1
包头市	Baotou City	31780	35805	20249	30653	118.3	117.5	119.2	118.6
呼伦贝尔市	Hulunbeier City	23819	25307	20167	19606	121.0	122.5	141.4	113.8
兴安盟	Xingan League	18953	19450	13628	17788	131.5	129.9	137.9	136.5
通辽市	Tongliao City	19740	18799	19029	24240	115.1	114.6	122.2	113.4
赤峰市	Chifeng City	22107	23065	18949	20512	121.1	115.6	136.2	131.4
锡林郭勒盟	Xilinguole League	25534	27703	23689	19855	120.6	120.0	132.6	124.0
乌兰察布市	Wulanchabu City	25131	25748	20586	23145	124.2	126.1	146.3	114.0
鄂尔多斯市	Erdos City	36255	38373	32301	32196	113.9	120.3	130.5	100.3
巴彦淖尔市	Bayannaoer City	20227	21011	21430	18512	124.4	126.9	133.0	118.5
乌海市	Wuhai City	26607	30117	11850	25706	118.8	110.0	105.4	122.6
阿拉善盟	Alashan League	30331	33500	41472	25139	121.5	123.0	166.0	116.0

22-15 各盟市城乡划分全社会固定资产投资(2008年)

Total Investment in Fixed Assets by Channel of Management and by Region(2008)

单位：万元 (10 000 yuan)

地区	Region	总计 Total	城镇 Urban	#房地产开发 Real Estate Development	农村 Rural
呼和浩特市	Hohhot City	6222636	6148767	1770684	73869
包头市	Baotou City	10800593	10768218	1396036	32375
呼伦贝尔市	Hulunbeier City	3615515	3612864	543577	2651
兴安盟	Xingan League	1248700	1223700	207954	25000
通辽市	Tongliao City	4507672	4389024	387889	118648
赤峰市	Chifeng City	5066008	4792090	454754	273918
锡林郭勒盟	Xilinguole League	4325548	4314576	208796	10972
乌兰察布市	Wulanchabu City	2027315	1957225	255083	70090
鄂尔多斯市	Erdos City	10792068	10783135	1498882	8933
巴彦淖尔市	Bayannaoer City	3352326	3289647	322283	62679
乌海市	Wuhai City	1153832	1153832	294687	
阿拉善盟	Alashan League	1060205	1059795	102351	410

注：农村未包括农户投资。

a)Investment in Fixed Assets of Rural don't included investment of Rural Households.

22-16 各盟市按建设性质分的城镇固定资产投资(2008年)

Investment in Capital Construction in Urban Area by Type of Construction and by Region(2008)

单位：万元 (10 000 yuan)

地区	Region	投资额 Investment	#新建 New Construction	#扩建 Expansion	#改建 Reconstruction
呼和浩特市	Hohhot City	4378083	2215863	1418741	206341
包头市	Baotou City	9372182	6289925	886717	1901681
呼伦贝尔市	Hulunbeier City	3069287	2491493	380191	148847
兴安盟	Xingan League	1015746	809210	33107	141452
通辽市	Tongliao City	4001135	2680135	615037	476263
赤峰市	Chifeng City	4337336	3253139	863442	112945
锡林郭勒盟	Xilinguole League	4105780	3341924	618290	87590
乌兰察布市	Wulanchabu City	1702142	1211497	233237	194787
鄂尔多斯市	Erdos City	9284253	7849839	685716	728804
巴彦淖尔市	Bayannaoer City	2967364	1584169	639923	692933
乌海市	Wuhai City	859145	662431	103689	77045
阿拉善盟	Alashan League	957444	313365	502837	137042

注:本表不含房地产开发投资。

a)Data in this tabale indude real estate development.

22-17 各盟市城镇固定资产投资、投产项目和新增固定资产(2008年)

Capital Construction Projects and Put into Use and Newly Increased Fixed Assets by Region(2008)

地区	Region	施工项目(个) Number of Projects under Construction (unit)	全部建成投产项目(个) Number of Projects Completed & Put into Use (unit)	项目建成投产率(%) Rate of Projects Completed and Put into Use(%)	新增固定资产(万元) Newly Increased Fixed Assets (10 000 yuan)	固定资产交付使用率(%) Rate of Fixed Assets Put into Use(%)
呼和浩特市	Hohhot City	786	571	72.65	4344314	99.23
包头市	Baotou City	1764	1371	77.72	6506028	69.42
呼伦贝尔市	Hulunbeier City	764	547	71.60	1112696	36.25
兴安盟	Xingan League	284	176	61.97	399751	39.36
通辽市	Tongliao City	955	776	81.26	3484661	87.09
赤峰市	Chifeng City	1331	1187	89.18	3415155	78.74
锡林郭勒盟	Xilinguole League	1052	601	57.13	3087973	75.21
乌兰察布市	Wulanchabu City	522	466	89.27	1822617	107.08
鄂尔多斯市	Erdos City	939	641	68.26	3120375	33.61
巴彦淖尔市	Bayannaoer City	734	565	76.98	2158365	72.74
乌海市	Wuhai City	177	90	50.85	193478	22.52
阿拉善盟	Alashan League	278	185	66.55	810998	84.70

22-18 各盟市城镇固定资产投资房屋建筑面积(2008年)

Floor Space of Buildings Through Capital Construction by Region(2008)

单位：万平方米　　(10 000 sq.m)

地区	Region	施工面积 Floor Space of Buildings Under Construction	#住宅 Residential Buildings	竣工面积 Floor Space of Buildings Completed	#住宅 Residential Buildings
呼和浩特市	Hohhot City	1186.17	450.02	393.19	158.94
包头市	Baotou City	907.57	200.62	469.02	72.74
呼伦贝尔市	Hulunbeier City	330.24	61.49	136.93	44.05
兴安盟	Xingan League	111.18	44.12	80.92	41.81
通辽市	Tongliao City	320.06	36.25	232.63	27.39
赤峰市	Chifeng City	400.36	156.65	219.02	70.14
锡林郭勒盟	Xilinguole League	313.77	48.83	127.36	31.38
乌兰察布市	Wulanchabu City	191.56	41.86	156.32	38.51
鄂尔多斯市	Erdos City	583.72	144.95	108.06	29.79
巴彦淖尔市	Bayannaoer City	271.05	128.05	112.52	59.88
乌海市	Wuhai City	97.97	1.10	20.95	1.07
阿拉善盟	Alashan League	54.55	34.78	34.16	33.73

注:本表数字不含商品房。

a)Data in this doesn't include commercial house.

22-19 各盟市按构成分的城镇固定资产投资(2008年)

Investment in Innovation by Type of Construction and by Region(2008)

单位：万元　　(10 000 yuan)

地区	Region	投资额 Investment	建筑工程 Construction Projects	安装工程 Installation Projects	设备工器具购置 Purchase of Equipment and Instruments	其他费用 Others
呼和浩特市	Hohhot City	4378083	2737340	203555	1052826	384362
包头市	Baotou City	9372182	4958939	1232538	2182424	998281
呼伦贝尔市	Hulunbeier City	3069287	2138653	137416	631765	161453
兴安盟	Xingan League	1015746	615669	26698	278396	94983
通辽市	Tongliao City	4001135	1688104	385189	1644643	283199
赤峰市	Chifeng City	4337336	2427335	258191	1131817	519993
锡林郭勒盟	Xilinguole League	4105780	2356976	240363	1231034	277407
乌兰察布市	Wulanchabu City	1702142	884732	144602	567351	105457
鄂尔多斯市	Erdos City	9284253	5084521	1138751	2403973	657008
巴彦淖尔市	Bayannaoer City	2967364	1875830	292370	590875	208289
乌海市	Wuhai City	859145	365756	114298	315001	64090
阿拉善盟	Alashan League	957444	750178	92495	104014	10757

22-20 各盟市按资金来源分的城镇固定资产(2008年)

Number of Innovation Projects Under Construction and Put into Use and Newly Increased Fixed Assets by Region(2008)

单位:万元 (10000 yuan)

地区	Region	国家预算内资金 State Budgetary	国内贷款 Domestic Loans	利用外资 Foreign Investment	自筹资金 Fund Raising	其他资金 Others
呼和浩特市	Hohhot City	94600	347162	23020	3050800	122050
包头市	Baotou City	83258	145970	63900	8847886	204112
呼伦贝尔市	Hulunbeier City	256637	115760	70936	2314617	34033
兴安盟	Xingan League	49523	54503	6200	796248	15411
通辽市	Tongliao City	156285	359739	4455	3321987	111300
赤峰市	Chifeng City	123642	262617	50290	3564659	235545
锡林郭勒盟	Xilinguole League	167907	930173	104835	2130716	582188
乌兰察布市	Wulanchabu City	214211	313335	36069	1076475	49935
鄂尔多斯市	Erdos City	619277	466835	35322	7872276	297953
巴彦淖尔市	Bayannaoer City	209238	80349	71608	2760130	23480
乌海市	Wuhai City	68646	181147		568123	8096
阿拉善盟	Alashan League	157141	60406	90	736037	3770

22-21 各盟市农村固定资产投资和房屋建筑面积(2008年)

Investment in Fixed Assets in Rural Area, Floor Space of Buildings by Region(2008)

地区	Region	投资额(万元) Investment (10 000 yuan)	新增固定资产(万元) Newly Increased Fixed Assets (10 000 yuan)	房屋建筑面积(万平方米) Floor Space of Buildings(10 000 sq. m)			
				施工面积 Under Construction	#住宅 Residential Buildings	竣工面积 Completed	#住宅 Residential Buildings
呼和浩特市	Hohhot City	73869	72878	28.00	16.13	28.00	16.13
包头市	Baotou City	32375	20875	0.80		0.80	
呼伦贝尔市	Hulunbeier City	2651	2751	0.78		0.78	
兴安盟	Xingan League	25000	25000	0.84		0.84	
通辽市	Tongliao City	118648	120848	37.00	0.57	37.00	0.57
赤峰市	Chifeng City	273918	279098	15.09	0.45	15.05	0.45
锡林郭勒盟	Xilinguole League	10972	8972	0.50	0.07	0.15	0.02
乌兰察布市	Wulanchabu City	70090	90090	4.50		4.50	
鄂尔多斯市	Erdos City	8933	8433				
巴彦淖尔市	Bayannaoer City	62679	58779	2.30	1.26	1.91	1.26
乌海市	Wuhai City						
阿拉善盟	Alashan League	410					

注:本表数据统计范围为农村范围内建设的计划总投资50万元以上项目。

a)Frame work in this table is construction projects over 500 thousand yuan in rural area.

22-22 各盟市城镇集体单位固定资产投资、新增固定资产和房屋建筑面积(2008年)

Investment in Fixed Assets of Urban Collective-Owned Units and Floor Space of Buildings by Region(2008)

地区	Region	投资额 (万元) Investment (10 000 yuan)	新增固定资产 (万元) Newly Increased Fixed Assets (10 000 yuan)	房屋建筑面积(万平方米) Floor Space of Buildings(10 000 sq. m) 施工面积 Under Construction	#住宅 Residential Buildings	竣工面积 Completed	#住宅 Residential Buildings
呼和浩特市	Hohhot City	116264	63928	134.03	130.78	30.52	28.61
包头市	Baotou City	294639	299649	75.83	27.21	54.86	10.21
呼伦贝尔市	Hulunbeier City	13893	9418	9.83	7.12	6.07	5.78
兴安盟	Xingan League	600	600	0.60		0.60	
通辽市	Tongliao City	35290	9940	3.94		3.86	
赤峰市	Chifeng City	194243	187198	61.52	41.43	47.02	27.23
锡林郭勒盟	Xilinguole League	10422	6794	2.45		1.21	
乌兰察布市	Wulanchabu City	780	780				
鄂尔多斯市	Erdos City	313774	65730	15.69			
巴彦淖尔市	Bayannaoer City	6762	4212	2.22	2.00	0.15	
乌海市	Wuhai City	6481	6700	2.00		2.00	
阿拉善盟	Alashan League	18747	3210				

22-23 各盟市房地产开发企业(单位)个数(2008年)

Number of Enterprises for Real Estate Development by Region(2008)

单位：个 (unit)

地区	Region	企业个数 Number of Enterprises	内资企业 Domestic Funded Enterprises	#国有 State-owned Enterprises	#集体 Collective Owned Enterprises	港、澳、台投资企业 Funded by Entrepreneurs from Hong Kong Macao & Taiwan	外商投资企业 Foreign Funded Enterprises
呼和浩特市	Hohhot City	427	423	5	1	1	3
包头市	Baotou City	315	310	9		4	1
呼伦贝尔市	Hulunbeier City	241	240	9	1	1	
兴安盟	Xingan League	81	81	3	1		
通辽市	Tongliao City	159	159	2			
赤峰市	Chifeng City	159	159				
锡林郭勒盟	Xilinguole League	135	134	1			1
乌兰察布市	Wulanchabu City	109	109				
鄂尔多斯市	Erdos City	381	381	1	1		
巴彦淖尔市	Bayannaoer City	86	86	1	1		
乌海市	Wuhai City	107	107	5			
阿拉善盟	Alashan League	43	43				

22-24 各盟市房地产开发企业(单位)年底从业人员(2008年)

Number of Employed Persons in Enterprises for Real Estate Development by Region(end of 2008)

单位：人 (person)

地区	Region	年末从业人数 Number of Employed Persons	内资企业 Domestic Funded Enterprises	# 国有 State-owned Enterprises	# 集体 Collective-owned Enterprises	港、澳、台投资企业 Funded by Entrepreneurs from Hong Kong Macao and Taiwan	外商投资企业 Foreign Funded Enterprises
呼和浩特市	Hohhot City	6664	6473	269	55	67	124
包头市	Baotou City	9498	9270	298		204	24
呼伦贝尔市	Hulunbeier City	3627	3599	182	11	28	
兴安盟	Xingan League	1507	1507	27	15		
通辽市	Tongliao City	3073	3073	28			
赤峰市	Chifeng City	14593	14593				
锡林郭勒盟	Xilinguole League	2388	2373	3			15
乌兰察布市	Wulanchabu City	1483	1483				
鄂尔多斯市	Erdos City	8723	8723	18	11		
巴彦淖尔市	Bayannaoer City	1853	1853	25	10		
乌海市	Wuhai City	1355	1355	20			
阿拉善盟	Alashan League	835	835				

22-25 各盟市按用途分的房地产开发企业(单位)完成投资额(2008年)

Actually Completed Investment of Enterprises for Real Estate Development by Region and by Use(2008)

单位：万元 (10 000 yuan)

地区	Region	本年完成投资额 Investment Made This Year	住宅 Residential Buildings	# 经济适用房屋 Economical Houses	办公楼 Office Buildings	商业营业用房 Houses for Business Use	其他 Others
呼和浩特市	Hohhot City	1770684	1394940	167116	107290	212324	56130
包头市	Baotou City	1396036	1161665	234788	59580	164790	10001
呼伦贝尔市	Hulunbeier City	543577	386106	29600	4822	70440	82209
兴安盟	Xingan League	207954	170402	16745	1313	31576	4663
通辽市	Tongliao City	387889	241404	9944	3981	90087	52417
赤峰市	Chifeng City	454754	368303	3047	1529	52534	32388
锡林郭勒盟	Xilinguole League	208796	160048	243	2055	35631	11062
乌兰察布市	Wulanchabu City	255083	218013	14678	2550	32349	2171
鄂尔多斯市	Erdos City	1498882	1051877	112680	55363	274602	117040
巴彦淖尔市	Bayannaoer City	322283	278019	42789	1407	17499	25358
乌海市	Wuhai City	294687	260801	47282	5330	19423	9133
阿拉善盟	Alashan League	102351	100351	8728	260	1721	19

22-26 各盟市商品房建筑面积和造价(2008年)
Floor Space of Buildings and Cost in Commercial House by Region(2008)

地 区	Region	施工房屋面积(万平方米) Floor Space of Buildings under Construction (10 000 sq.m)	竣工房屋面积(万平方米) Floor Space of Buildings Completed (10 000 sq.m)	房屋建筑面积竣工率(%) Rate of Floor Space of Buildings Completed (%)	竣工房屋价值(万元) Value of Buildings Completed (10 000 yuan)	竣工房屋造价(元/平方米) Cost of Buildings Completed (yuan/sq.m)
呼和浩特市	Hohhot City	1787.12	252.79	14.14	363150	1437
包头市	Baotou City	1120.01	249.99	22.32	511067	2044
呼伦贝尔市	Hulunbeier City	579.23	154.95	26.75	193504	1249
兴安盟	Xingan League	248.06	79.04	31.86	83160	1052
通辽市	Tongliao City	473.06	130.26	27.54	160051	1229
赤峰市	Chifeng City	350.44	192.09	54.81	305634	1591
锡林郭勒盟	Xilinguole League	229.43	105.31	45.90	115779	1099
乌兰察布市	Wulanchabu City	309.93	172.57	55.68	183776	1065
鄂尔多斯市	Erdos City	1224.48	420.20	34.32	672565	1601
巴彦淖尔市	Bayannaoer City	349.40	71.56	20.48	93577	1308
乌海市	Wuhai City	355.11	125.41	35.32	168704	1345
阿拉善盟	Alashan League	72.81	27.24	37.41	28801	1057

22-27 各盟市商品房屋销售情况(2008年)
Selling of Commercial Houses by Region(2008)

地 区	Region	房屋销售面积(万平方米) Floor Space of Selling House (10 000 sq. m)	#住宅 Residential Buildings	商品房销售额(万元) Total Sales of Commerical Houses (10 000 yuan)	#住宅 Residential Buildings
呼和浩特市	Hohhot City	331.89	308.14	906282	773821
包头市	Baotou City	418.73	337.65	1353379	1008590
呼伦贝尔市	Hulunbeier City	292.77	224.69	750148	439040
兴安盟	Xingan League	65.59	51.30	101265	72347
通辽市	Tongliao City	122.27	105.65	219671	177458
赤峰市	Chifeng City	208.80	188.67	445170	379745
锡林郭勒盟	Xilinguole League	78.45	66.65	142436	116717
乌兰察布市	Wulanchabu City	155.11	141.82	219432	193138
鄂尔多斯市	Erdos City	413.19	368.52	1256235	1057831
巴彦淖尔市	Bayannaoer City	139.88	136.88	243436	231497
乌海市	Wuhai City	136.69	131.59	267530	250076
阿拉善盟	Alashan League	33.01	31.80	45616	41566

22-28 各盟市地方一般预算收支(2008年)

General Budgetary Financial Revenue and Expenditure by Region(2008)

单位：万元 (10 000 yuan)

地 区	Region	地方一般预算收入 General Budgetary Financial Revenue	地方一般预算支出 General Budgetary Financial Expenditure
呼和浩特市	Hohhot City	822459	1331795
包 头 市	Baotou City	964808	1531681
呼伦贝尔市	Hulunbeier City	418148	1360215
兴 安 盟	Xingan League	68391	613473
通 辽 市	Tongliao City	413022	1208961
赤 峰 市	Chifeng City	362316	1525347
锡林郭勒盟	Xilinguole League	273247	776438
乌兰察布市	Wulanchabu City	154672	905169
鄂尔多斯市	Erdos City	1181983	1676779
巴彦淖尔市	Bayannaoer City	238786	804596
乌 海 市	Wuhai City	179748	314745
阿拉善盟	Alashan League	110385	296491

22-29 各盟市地方一般预算收入(2008年)

General Budgetary Financial Revenue by Region(2008)

单位：万元 (10 000 yuan)

地 区	Region	收入合计 Total Revenue	# 增值税 Value-added Tax	# 营业税 Operation Tax	# 企业所得税 Enterprises Income Tax	#契税和耕地占用税 Contract Tax and Tax on The Occupancy of Cultuvated Land
呼和浩特市	Hohhot City	822459	76045	210073	65395	39903
包 头 市	Baotou City	964808	144399	159304	69973	76874
呼伦贝尔市	Hulunbeier City	418148	54324	67071	17549	16862
兴 安 盟	Xingan League	68391	7528	18087	3115	2530
通 辽 市	Tongliao City	413022	49250	58273	18848	16746
赤 峰 市	Chifeng City	362316	53066	78698	33590	15391
锡林郭勒盟	Xilinguole League	273247	37899	62807	15750	5201
乌兰察布市	Wulanchabu City	154672	39653	31048	4625	4306
鄂尔多斯市	Erdos City	1181983	223449	182044	167962	47230
巴彦淖尔市	Bayannaoer City	238786	34892	45419	33716	11951
乌 海 市	Wuhai City	179748	55067	24219	14484	2905
阿拉善盟	Alashan League	110385	26612	21143	7622	1165

22-30 各盟市地方一般预算支出(2008年)

General Budgetary Financial Expenditure by Region(2008)

单位：万元 (10 000 yuan)

地 区	Region	支出合计 Total Expenditure	# 一般公共服务 General Public Services	#科学技术 Science and Technology	# 医疗卫生支出 Expenditure for Medical treatment and Health
呼和浩特市	Hohhot City	1331795	199846	14818	52498
包 头 市	Baotou City	1531681	221665	20895	55737
呼伦贝尔市	Hulunbeier City	1360215	210026	12930	79805
兴 安 盟	Xingan League	613473	80980	5251	23258
通 辽 市	Tongliao City	1208961	182714	10413	57868
赤 峰 市	Chifeng City	1525347	206956	5677	71466
锡林郭勒盟	Xilinguole League	776438	145632	3885	31741
乌兰察布市	Wulanchabu City	905169	108116	6650	41700
鄂尔多斯市	Erdos City	1676779	306252	16431	64452
巴彦淖尔市	Bayannaoer City	804596	112701	4327	33917
乌 海 市	Wuhai City	314745	74663	3310	13388
阿拉善盟	Alashan League	296491	66976	1495	13164

22-30 续表 continued

单位：万元 (10 000 yuan)

地 区	Region	#社会保障和就业 Social Security and Employment	#环境保护 Environment Protection	# 教育支出 Expenditure for Education	# 农林水事务 Expenses of Agriculture, Forestry and Water
呼和浩特市	Hohhot City	140092	45735	181912	196007
包 头 市	Baotou City	265359	53466	184248	99458
呼伦贝尔市	Hulunbeier City	214787	45060	211303	149653
兴 安 盟	Xingan League	91096	37724	117978	101895
通 辽 市	Tongliao City	141928	53052	207871	157811
赤 峰 市	Chifeng City	168350	106692	321913	189975
锡林郭勒盟	Xilinguole League	91266	92969	88108	98485
乌兰察布市	Wulanchabu City	178392	91117	152838	109313
鄂尔多斯市	Erdos City	193577	92268	198981	193197
巴彦淖尔市	Bayannaoer City	120300	39252	105540	152812
乌 海 市	Wuhai City	43803	16955	45770	18142
阿拉善盟	Alashan League	17964	17063	33884	41570

22-31 各盟市金融机构人民币存、贷款余额(2008年末)

Saving Deposits and loans of Financial Institutions by Region(end of 2008)

单位：万元 (10 000 yuan)

地区	Region	金融机构存款 Deposits	# 企业存款 Deposits of Enterprises	# 居民储蓄存款 Urban and Rural Savings Deposits		
					定期 Time	活期 Demand
呼和浩特市	Hohhot City	15660381	5495428	6405628	2783974	3621654
包头市	Baotou City	12019765	3727678	5939716	3160904	2778813
呼伦贝尔市	Hulunbeier City	5151715	992385	3193043	1943818	1249225
兴安盟	Xingan League	1577243	278106	874450	448740	425710
通辽市	Tongliao City	2892459	529654	1746731	809860	936871
赤峰市	Chifeng City	5841052	1020041	3707004	2192812	1514192
锡林郭勒盟	Xilinguole League	2092829	496800	1197374	466565	730809
乌兰察布市	Wulanchabu City	2746190	358535	1908505	1074711	833794
鄂尔多斯市	Erdos City	7842494	2313007	3234886	541630	2693255
巴彦淖尔市	Bayannaoer City	3151015	539473	1957957	779839	1178118
乌海市	Wuhai City	2479856	747930	1433437	686021	747416
阿拉善盟	Alashan League	910755	173484	484443	246070	238373

22-31 续表 continued

单位：万元 (10 000 yuan)

地区	Region	金融机构贷款 Deposits	# 工业短期贷款 Short-term Industrial Loans	# 商业短期贷款 Short-term Commercial Loans	# 农业短期贷款 Short-term Agricultural Loans
呼和浩特市	Hohhot City	9162916	1107789	540434	368174
包头市	Baotou City	6312534	1412355	614033	336067
呼伦贝尔市	Hulunbeier City	2260690	150782	467388	336689
兴安盟	Xingan League	1031238	18378	480183	66730
通辽市	Tongliao City	3238416	534893	755139	270329
赤峰市	Chifeng City	3126919	278392	439457	498702
锡林郭勒盟	Xilinguole League	1874153	52676	69109	161275
乌兰察布市	Wulanchabu City	1719813	85247	91502	184752
鄂尔多斯市	Erdos City	6400795	963369	353875	412530
巴彦淖尔市	Bayannaoer City	2215845	345436	278051	428529
乌海市	Wuhai City	1440969	112561	47038	804
阿拉善盟	Alashan League	854788	288236	36928	73246

22-32 各盟市中资保险公司业务经济技术指标(2008年)

Economic and Technical Indicators of Insurance Companies Funded with Chinese Capital by Region(2008)

单位：亿元 (100 million yuan)

地区	Region	保险金额 Amount Insured	财产保险公司 Property Insurance Co	人身保险公司 Accident in Insurance Co	保费 Premium	财产保险公司 Property Insurance Co	人身保险公司 Accident in Insurance Co
呼和浩特市	Hohhot City	10316.37	4889.31	5427.05	24.86	8.61	16.25
包头市	Baotou City	2368.93	1857.61	511.32	23.55	8.06	15.49
呼伦贝尔市	Hulunbeier City	2758.97	869.07	1889.91	14.45	4.78	9.68
兴安盟	Xingan League	761.72	476.20	285.52	5.45	2.51	2.94
通辽市	Tongliao City	1977.16	1569.15	408.01	10.24	4.77	5.47
赤峰市	Chifeng City	1813.31	1264.38	548.94	17.41	5.50	11.91
锡林郭勒盟	Xilinguole League	549.90	399.33	150.57	4.90	2.10	2.80
乌兰察布市	Wulanchabu City	9566.25	1042.45	8523.80	7.08	2.62	4.47
鄂尔多斯市	Erdos City	2848.49	2036.08	812.41	17.68	10.05	7.63
巴彦淖尔市	Bayannaoer City	2273.32	1555.93	717.38	9.99	4.02	5.98
乌海市	Wuhai City	541.96	329.59	212.37	3.90	1.72	2.18
阿拉善盟	Alashan League	270.45	192.24	78.21	1.83	0.81	1.02

22-32 续表 continued

地区	Region	赔款及给付(万元) Claim and Payment (10 000 yuan)	财产保险公司 Property Insurance Co	人身保险公司 Accident in Insurance Co	机构数(个) Number of Institution (unit)	财产保险公司 Property Insurance Co	人身保险公司 Accident in Insurance Co
呼和浩特市	Hohhot City	71956	40043	31913	144	58	86
包头市	Baotou City	70458	39206	31252	165	101	64
呼伦贝尔市	Hulunbeier City	42014	22482	19532	196	99	97
兴安盟	Xingan League	23163	12962	10201	66	48	18
通辽市	Tongliao City	37723	25944	11779	152	86	66
赤峰市	Chifeng City	51304	32588	18716	260	122	138
锡林郭勒盟	Xilinguole League	17695	9944	7751	114	81	33
乌兰察布市	Wulanchabu City	19777	13949	5828	112	69	43
鄂尔多斯市	Erdos City	53864	43888	9976	175	95	80
巴彦淖尔市	Bayannaoer City	27813	19705	8108	130	67	63
乌海市	Wuhai City	12705	8307	4397	44	28	16
阿拉善盟	Alashan League	6750	5210	1540	19	11	8

22-33 各盟市财产保险业务收入与赔付(2008年)
Insurance Business Income of Property and Claim & Payment by Region(2008)

单位：万元 (10 000 yuan)

地区	Region	保费收入合计 Total Premium	# 企业财产保险 Enterprise Property Insurance	# 机动车辆保险 Motor Vehicle Insurance	# 货物运输保险 Freight Transport Insurance	# 责任保险 Insurance of Duty	# 农业保险 Agriculture Insurance
呼和浩特市	Hohhot City	83714	9653	62384	606	1790	7235
包 头 市	Baotou City	77824	5039	63715	842	1228	4180
呼伦贝尔市	Hulunbeier City	45942	3609	20219	431	1161	18945
兴 安 盟	Xingan League	24402	596	8469	90	340	14681
通 辽 市	Tongliao City	46181	1821	24983	385	982	17356
赤 峰 市	Chifeng City	53342	2538	33094	189	1065	15464
锡林郭勒盟	Xilinguole League	20031	813	14047	32	505	3896
乌兰察布市	Wulanchabu City	24913	1288	15622	116	652	7018
鄂尔多斯市	Erdos City	96800	10632	75637	865	1550	5510
巴彦淖尔市	Bayannaoer City	38920	884	22110	248	831	14371
乌 海 市	Wuhai City	16411	807	14747	18	293	372
阿拉善盟	Alashan League	7468	1328	5415	207	242	234

22-33 续表 continued

单位：万元 (10 000 yuan)

地区	Region	赔款支出合计 Claim and Payment	# 企业财产保险 Enterprise Property Insurance	# 机动车辆保险 Motor venicle Insurance	# 货物运输保险 Frenight Transport Insurance	# 责任保险 Insurance of Duty	# 农业保险 Agriculture Insurance
呼和浩特市	Hohhot City	39105	2267	31973	386	827	3204
包 头 市	Baotou City	38031	2056	32667	103	392	2584
呼伦贝尔市	Hulunbeier City	21602	3061	9844	69	507	7622
兴 安 盟	Xingan League	12543	942	5073	86	190	6171
通 辽 市	Tongliao City	25205	681	12731	168	511	10850
赤 峰 市	Chifeng City	31564	1074	18759	170	522	10919
锡林郭勒盟	Xilinguole League	9424	367	6528	16	189	2153
乌兰察布市	Wulanchabu City	13441	1022	8484	22	189	3677
鄂尔多斯市	Erdos City	42414	4914	33332	153	443	3006
巴彦淖尔市	Bayannaoer City	19032	508	11241	183	326	6659
乌 海 市	Wuhai City	7990	486	7040	23	216	220
阿拉善盟	Alashan League	4912	746	3847	66	115	65

22-34 各盟市人身保险业务收入与赔付(2008年)

Insurance Business Income and Settled Claim & Payment of Accident in Insurance by Region(2008)

单位：万元 (10 000 yuan)

地 区	Region	保费收入 Remium	寿险 Life Insurance Business	意外伤害险 Personal Insurance Accident	健康险 Health Insurance
呼和浩特市	Hohhot City	164880	136548	8284	20049
包 头 市	Baotou City	157670	144937	4085	8648
呼伦贝尔市	Hulunbeier City	98607	91536	4080	2991
兴 安 盟	Xingan League	30052	27792	935	1324
通 辽 市	Tongliao City	56219	51888	2475	1856
赤 峰 市	Chifeng City	120725	113718	3248	3759
锡林郭勒盟	Xilinguole League	28986	26252	1408	1326
乌兰察布市	Wulanchabu City	45909	42698	1931	1280
鄂尔多斯市	Erdos City	80001	70209	4905	4887
巴彦淖尔市	Bayannaoer City	61017	56068	2652	2297
乌 海 市	Wuhai City	22611	20777	1212	621
阿拉善盟	Alashan League	10838	9053	782	1003

22-34 续表 continued

单位：万元 (10 000 yuan)

地 区	Region	赔款支出与给付 Benefit Paidand Expenditare of Payment	寿险 Life Insurance Business	意外伤害险 Personal Accident Insurance	健康险 Health Insuranec
呼和浩特市	Hohhot City	32851	25531	1656	5664
包 头 市	Baotou City	32427	27873	1547	3007
呼伦贝尔市	Hulunbeier City	20412	17761	1444	1207
兴 安 盟	Xingan League	10620	8941	487	1191
通 辽 市	Tongliao City	12518	10371	1075	1072
赤 峰 市	Chifeng City	19739	16345	1258	2136
锡林郭勒盟	Xilinguole League	8271	7168	541	562
乌兰察布市	Wulanchabu City	6336	5106	476	754
鄂尔多斯市	Erdos City	11450	8324	1581	1545
巴彦淖尔市	Bayannaoer City	8781	6701	1210	870
乌 海 市	Wuhai City	4715	4025	415	275
阿拉善盟	Alashan League	1838	1277	329	233

22-35 各盟市居民消费价格分类指数(2008年)
Consumer Price Indices by Category and by Region(2008)

(上年=100) (preceding year=100)

地区	Region	总指数 General Index	食品 Food	衣着 Clothing	家庭设备用品及维修服务 Household Appliances	医疗保健和个人用品 Health Care	交通和通信 Means of Transportation & Communication	娱乐教育文化用品及服务 Recreational, Educational & Cultural Goods	居住 Housing
呼和浩特市	Hohhot City	104.6	115.1	96.3	100.2	101.8	95.7	96.4	105.2
包头市	Baotou City	104.9	112.9	101.7	100.6	100.6	98.5	100.3	105.1
呼伦贝尔市	Hulunbeier City	106.3	114.2	100.4	103.1	103.1	100.4	100.7	105.0
兴安盟	Xingan League	104.9	111.8	99.8	99.3	101.0	100.9	100.7	104.9
通辽市	Tongliao City	104.5	111.6	100.1	99.5	102.1	99.1	99.8	103.3
赤峰市	Chifeng City	105.0	113.5	100.3	100.4	101.6	100.8	99.7	101.8
锡林郭勒盟	Xilinguole League	106.6	114.7	103.4	101.8	104.6	101.3	101.2	104.8
乌兰察布市	Wulanchabu City	106.7	114.8	102.4	102.3	101.3	103.8	101.2	112.3
鄂尔多斯市	Erdos City	104.9	112.0	100.0	99.9	102.5	97.4	99.3	108.4
巴彦淖尔市	Bayannaoer City	106.4	117.1	101.0	100.2	102.1	100.7	98.7	105.1
乌海市	Wuhai City	105.2	113.5	101.3	99.8	102.8	99.0	99.5	104.3
阿拉善盟	Alashan League	106.6	117.1	97.7	103.0	100.2	100.8	99.4	108.9

22-36 各盟市城镇居民家庭基本情况(2008年)
Basic Conditions of Urban Households by Region(2008)

地区	Region	调查户数(户) Number of Households Surveyed (household)	平均每户家庭人口数(人) Average Household Size (person)	平均每户就业人口(人) Average Number of Employed Persons per Household (person)	平均每户就业面(%) Percentage of Employment per Household (%)	平均每一就业者负担人数(人) Number of Persons Supported by Each Employee (person)
呼和浩特市	Hohhot City	500	2.69	1.36	50.2	1.99
包头市	Baotou City	500	2.71	1.40	51.7	1.94
呼伦贝尔市	Hulunbeier City	350	2.80	1.54	55.0	1.82
兴安盟	Xingan League	300	2.93	1.54	52.6	1.90
通辽市	Tongliao City	300	3.00	1.61	53.7	1.86
赤峰市	Chifeng City	300	2.96	1.50	50.7	1.97
锡林郭勒盟	Xilinguole League	300	2.94	1.45	49.3	2.03
乌兰察布市	Wulanchabu City	300	2.86	1.34	46.9	2.13
鄂尔多斯市	Erdos City	300	3.00	1.82	60.7	1.65
巴彦淖尔市	Bayannaoer City	300	2.95	1.65	55.9	1.79
乌海市	Wuhai City	150	2.90	1.53	52.8	1.90
阿拉善盟	Alashan League	100	2.83	1.36	48.1	2.08

22-36 续表 continued

地 区	Region	平均每人实际收入(元) Per Capita Annual Income (yuan)	平均每人可支配收入(元) Per Capita Disposable Income (yuan)	平均每人消费支出(元) Per Capita Annual Living Expenditures for Consumption (yuan)	# 食品支出 Food	平均每人居住面积(平方米) Per Capita Net Living Space in Urban Areas (sq.m)
呼和浩特市	Hohhot City	21228	20269	13150	4129	29.34
包 头 市	Baotou City	22136	20861	16252	5335	30.5
呼伦贝尔市	Hulunbeier City	12900	12099	8599	2906	27.07
兴 安 盟	Xingan League	9620	9385	7716	2126	24.51
通 辽 市	Tongliao City	12178	11721	7845	2465	25.94
赤 峰 市	Chifeng City	11926	11538	8221	2683	28.14
锡林郭勒盟	Xilinguole League	12981	12504	9347	3678	32
乌兰察布市	Wulanchabu City	12200	11749	8844	3098	23.7
鄂尔多斯市	Erdos City	20343	19436	15540	4195	38
巴彦淖尔市	Bayannaoer City	12316	11977	7964	2571	30.18
乌 海 市	Wuhai City	17192	15999	12920	3586	29.76
阿拉善盟	Alashan League	16399	14961	12754	4299	39.89

22-37 各盟市农村牧区居民家庭基本情况(2008年)
Basic Conditions of Rural Households by Region(2008)

地 区	Region	调查户数(户) Number of Households Surveyed (household)	调查户人口(人) Number of Residents Surveyed (person)	平均每户常住人口(人) Average Number of Permanent Residents per Household (person)	平均每户整半劳动力(人) Average Number of Able bodied and Semiable-bodied Laborers per Household (person)	平均每个劳动力负担人口(人) Average Number of Persons Supported by a Laborer (person)
呼和浩特市	Hohhot City	265	942	3.60	2.60	1.40
包 头 市	Baotou City	305	1125	3.70	2.80	1.30
呼伦贝尔市	Hulunbeier City	350	1391	4.00	2.90	1.40
兴 安 盟	Xingan League	490	1876	3.80	2.50	1.60
通 辽 市	Tongliao City	617	2415	3.90	2.80	1.40
赤 峰 市	Chifeng City	915	3321	3.60	2.60	1.40
锡林郭勒盟	Xilinguole League	310	1150	3.70	2.80	1.30
乌兰察布市	Wulanchabu City	387	1194	3.10	2.40	1.30
鄂尔多斯市	Erdos City	300	1035	3.50	2.50	1.40
巴彦淖尔市	Bayannaoer City	632	2090	3.30	2.50	1.30
乌 海 市	Wuhai City	30	87	2.90	2.20	1.30
阿拉善盟	Alashan League	80	308	3.90	2.50	1.60

22-37 续表 continued

地区	Region	平均每人年收入(元) Per Capita Annual Income (yuan)	平均每人纯收入(元) Net Income (yuan)	平均每人现金收入(元) Cash Income (yuan)	平均每人年支出(元) Per Capita Annual Expenditure (yuan)	# 食品支出 Food
呼和浩特市	Hohhot City	11926.40	7051.00	9791.30	8646.70	1500.10
包头市	Baotou City	11262.20	7076.00	9844.00	9090.80	1848.80
呼伦贝尔市	Hulunbeier City	8967.10	5061.00	6332.00	8411.70	1307.70
兴安盟	Xingan League	5087.10	3029.00	3886.00	4542.00	1010.00
通辽市	Tongliao City	7957.70	5009.00	7287.30	7011.60	1390.80
赤峰市	Chifeng City	6969.20	4240.00	5854.60	6098.00	1341.20
锡林郭勒盟	Xilinguole League	9700.60	4870.00	8596.40	8838.60	1510.50
乌兰察布市	Wulanchabu City	5822.30	4061.00	4238.30	4655.00	1296.00
鄂尔多斯市	Erdos City	11468.60	7052.00	8941.10	10752.00	1897.00
巴彦淖尔市	Bayannaoer City	12578.30	6603.00	10204.00	11393.60	1917.00
乌海市	Wuhai City	12439.85	7475.00	10817.82	9632.49	1991.58
阿拉善盟	Alashan League	13071.40	6069.00	12296.60	13466.00	1994.00

22-38 各盟市农牧民人均纯收入(2008年)
Per Capita Annual Net Income of Peasant and Herdsman Households by Region(2008)

单位：元 (yuan)

地区	Region	农牧民人均可支配收入 Annual Per Capita Disposable Income	农牧民人均纯收入 Per Capita Net Income	农民 Peasant	牧民 Herdsman
呼和浩特市	Hohhot City	6733.40	7051.00		
包头市	Baotou City	6865.20	7076.00		
呼伦贝尔市	Hulunbeier City	4467.50	5061.00	4878.00	7040.00
兴安盟	Xingan League	2890.10	3029.00		
通辽市	Tongliao City	4557.40	5009.00		
赤峰市	Chifeng City	3926.40	4240.00	3987.00	4262.00
锡林郭勒盟	Xilinguole League	4385.70	4870.00	4112.00	5800.00
乌兰察布市	Wulanchabu City	3823.40	4061.00		
鄂尔多斯市	Erdos City	6617.40	7052.00		
巴彦淖尔市	Bayannaoer City	5750.10	6603.00	6692.00	4815.00
乌海市	Wuhai City	6734.50	7475.00		
阿拉善盟	Alashan League	5264.80	6069.00		

22-39 各盟市农村基层组织情况(2008年)

Basic Conditions of Rural Grassroots Units by Region(2008)

地区	Region	乡镇数(个) Number of Township & Town Governments (unit)	# 镇数 Town Governments	村民委员会(个) Number of Villagers' Committees (unit)	乡村户数(万户) Number of Households (10 000 households)	乡村人口数(万人) Rural Population (10 000 persons)	乡村从业人员(万人) Number of Rural Employers (10 000 persons)	男 Male	女 Female
呼和浩特市	Hohhot City	40	23	1009	29.95	108.72	59.55	34.44	25.11
包头市	Baotou City	34	28	641	12.33	44.20	25.73	14.31	11.42
呼伦贝尔市	Hulunbeier City	41	32	744	19.71	58.07	39.12	21.08	18.04
兴安盟	Xingan League	39	32	868	28.48	108.36	53.60	31.69	21.91
通辽市	Tongliao City	76	59	2123	60.19	233.90	111.79	61.87	49.91
赤峰市	Chifeng City	119	81	2055	95.78	354.69	179.23	98.64	80.59
锡林郭勒盟	Xilinguole League	49	26	837	11.93	42.48	26.66	14.34	12.32
乌兰察布市	Wulanchabu City	71	40	1362	41.85	145.30	86.26	48.25	38.02
鄂尔多斯市	Erdos City	58	34	780	23.15	91.01	43.80	24.95	18.85
巴彦淖尔市	Bayannaoer City	48	40	650	26.69	104.75	55.70	29.58	26.12
乌海市	Wuhai City	3	3	62	1.39	4.12	2.82	1.58	1.24
阿拉善盟	Alashan League	23	13	191	1.85	5.87	4.13	2.17	1.96

22-40 各盟市乡村年末从业人员(2008年)

Rural Employers Force by Sector at the Year-end by Region(2008)

单位：人 (person)

地区	Region	农林牧渔业 Farming Forestry Animal Husbandry and Fishery	工业 Industry	建筑业 Construction	交通运输业、仓储及邮电通信业 Transportation and Storage	批发零售贸易业餐饮业 Wholesale, Retail Sale - Catering Trades	其他非农行业 Other Non-agricultural Trades
呼和浩特市	Hohhot City	431786	35348	50267	21265	39162	17701
包头市	Baotou City	177817	17539	18544	9753	21461	12188
呼伦贝尔市	Hulunbeier City	293043	22002	17588	20622	29536	8371
兴安盟	Xingan League	472488	11364	14498	4179	25550	7953
通辽市	Tongliao City	848062	49266	91942	20860	78551	29179
赤峰市	Chifeng City	1242251	110340	177552	38934	88435	134776
锡林郭勒盟	Xilinguole League	231505	2827	13919	2005	7414	8923
乌兰察布市	Wulanchabu City	643042	22913	51419	12774	34374	98122
鄂尔多斯市	Erdos City	386770	7182	10232	5146	20611	8079
巴彦淖尔市	Bayannaoer City	485147	19023	9920	8814	22803	11290
乌海市	Wuhai City	18740	2082	2848	1857	1472	1180
阿拉善盟	Alashan League	36793	845	112	660	2230	643

22-41 各盟市农、林、牧、渔业总产值(2008年)

Gross Output Value of Farming, Forestry, Animal Husbandry and Fishery by Region(2008)

单位:万元 (10000 yuan)

地 区	Region	农林牧渔业总产值 Total	农 业 Farming	林 业 Forestry	牧 业 Animal Husbandry	渔 业 Fishery	农林牧渔服务业 Agricultural Services
呼和浩特市	Hohhot City	1331549	398838	23759	883655	10903	14394
包 头 市	Baotou City	915330	324563	5648	567980	3830	13309
呼伦贝尔市	Hulunbeier City	2354402	1232747	234781	798266	50764	37843
兴 安 盟	Xingan League	1114741	605708	49108	436267	7211	16447
通 辽 市	Tongliao City	2418429	1331138	78148	970314	9230	29599
赤 峰 市	Chifeng City	2408720	1193833	123291	1040506	8941	42148
锡林郭勒盟	Xilinguole League	841446	226924	13461	583561	744	16755
乌兰察布市	Wulanchabu City	1405308	613793	50134	708303	3187	29891
鄂尔多斯市	Erdos City	975996	437542	50053	460867	7384	20151
巴彦淖尔市	Bayannaoer City	1512006	955109	63097	453880	14898	25022
乌 海 市	Wuhai City	46363	22164	2361	20417	187	1234
阿拉善盟	Alashan League	107705	51753	7148	45085	505	3214

注:本表绝对数按当年价格计算。

a)Data in value terms in this table are calculated at current prices.

22-42 各盟市造林、耕地及农作物播种面积(2008年)

Afforested Area, Cultivated Area and Sown Area of Farm Crops by Region(2008)

单位：千公顷 (1 000 hectares)

地 区	Region	造林面积 Afforested Area	耕地面积 Cultivated Area	农作物总播种面积 Total Sown Area	#粮食作物播种面积 Sown Area of Grain Crops	有效灌溉面积 Irrigated Area
呼和浩特市	Hohhot City	61.96	568.79	441.40	316.40	190.21
包 头 市	Baotou City	29.23	422.11	304.60	216.00	133.83
呼伦贝尔市	Hulunbeier City	29.28	1143.67	1521.30	1279.00	179.01
兴 安 盟	Xingan League	30.20	796.86	735.90	666.70	259.42
通 辽 市	Tongliao City	86.07	1074.39	1078.30	864.40	623.96
赤 峰 市	Chifeng City	141.90	1008.13	1051.20	829.80	413.67
锡林郭勒盟	Xilinguole League	73.48	238.72	226.30	140.70	24.34
乌兰察布市	Wulanchabu City	93.75	889.04	582.50	449.70	223.56
鄂尔多斯市	Erdos City	103.25	402.86	372.10	224.30	200.64
巴彦淖尔市	Bayannaoer City	46.97	581.49	508.50	244.00	594.10
乌 海 市	Wuhai City	5.45	7.04	7.40	4.60	10.52
阿拉善盟	Alashan League	16.40	27.35	31.40	18.90	

22-43 各盟市农业机械总动力和农村用电量及化肥施用量(2008年)
Total Power of Agricultural Machinery, Electricity Consumed in Rural Area and Consumption of Chemical Fertilizer by Region(2008)

地 区	Region	农业机械总动力(万千瓦) Total Power of Agricultural Machinery (10 000 kw)	农村用电量(万千瓦小时) Electricity Consumed in Rural Area (10 000 kwh)	农药使用量(吨) Consumption of Pesticide (ton)	化肥施用量(折纯量)(吨) Consumption of Chemical Fertilizer (ton)
呼和浩特市	Hohhot City	185.04	29555	316	91840
包头市	Baotou City	136.62	27482	778	66924
呼伦贝尔市	Hulunbeier City	334.56	40014	1166	77231
兴安盟	Xingan League	332.39	15206	1880	132287
通辽市	Tongliao City	502.31	56103	5027	439757
赤峰市	Chifeng City	395.13	100387	1605	243510
锡林郭勒盟	Xilinguole League	107.66	5135	533	10947
乌兰察布市	Wulanchabu City	172.23	20567	714	92786
鄂尔多斯市	Erdos City	244.66	20614	5679	149350
巴彦淖尔市	Bayannaoer City	338.39	37038	1107	217656
乌海市	Wuhai City	7.84	2933	112	7388
阿拉善盟	Alashan League	22.61	9980	219	11304

22-44 各盟市主要农产品产量(2008年)
Yield of Major Farm Crops by Region(2008)

单位：万吨 (10 000 tons)

地 区	Region	粮食 Grain	谷物 Cereal	#小麦 Wheat	#玉米 Corn	豆类 Beans	薯类 Tubers	油料 Oil-bearing Crops
呼和浩特市	Hohhot City	119.4	92.3	4.4	81.8	2.2	24.9	6.2
包头市	Baotou City	100.1	87.7	6.6	78.9	0.1	12.3	3.5
呼伦贝尔市	Hulunbeier City	417.1	255.7	42.6	165.1	102.9	58.6	23.7
兴安盟	Xingan League	250.0	204.5	6.8	159.5	32.4	13.1	5.9
通辽市	Tongliao City	503.0	483.2	4.4	422.0	15.8	4.0	10.5
赤峰市	Chifeng City	350.1	309.4	5.1	226.1	12.1	28.5	14.6
锡林郭勒盟	Xilinguole League	27.6	12.0	5.5	5.1	0.1	15.4	0.6
乌兰察布市	Wulanchabu City	125.1	45.9	3.7	39.8	2.4	76.7	4.8
鄂尔多斯市	Erdos City	131.1	113.6	2.8	107.0	1.0	16.4	7.7
巴彦淖尔市	Bayannaoer City	183.6	180.7	70.8	109.2	0.4	2.4	47.0
乌海市	Wuhai City	3.2	3.1	0.4	2.7	0.0	0.1	0.4
阿拉善盟	Alashan League	15.5	15.4	1.1	13.6	0.0	0.1	1.7

22-45 各盟市大牲畜年中数(2008年)

Number of Large Animals at the Middle of Year by Region(2008)

单位：万头 (10 000 heads)

地 区	Region	大牲畜 Large Animals	牛 Cattle and Buffalos	马 Horses	驴 Donkeys	骡 Mules	骆驼 Camels
呼和浩特市	Hohhot City	79.02	72.43	0.54	3.03	2.90	0.11
包 头 市	Baotou City	43.96	40.43	0.27	1.88	1.06	0.33
呼伦贝尔市	Hulunbeier City	158.52	140.14	16.96	0.83	0.41	0.18
兴 安 盟	Xingan League	65.09	53.25	5.74	5.72	0.39	0.00
通 辽 市	Tongliao City	228.36	167.90	28.05	22.23	10.17	0.01
赤 峰 市	Chifeng City	255.88	174.39	13.77	53.82	13.85	0.05
锡林郭勒盟	Xilinguole League	111.91	100.22	10.24	0.52	0.04	0.88
乌兰察布市	Wulanchabu City	59.67	52.93	1.30	2.11	2.48	0.85
鄂尔多斯市	Erdos City	28.03	21.48	0.81	2.87	2.61	0.27
巴彦淖尔市	Bayannaoer City	24.22	14.38	0.90	2.88	4.61	1.46
乌 海 市	Wuhai City	0.60	0.40	0.00	0.09	0.10	
阿拉善盟	Alashan League	8.49	0.93	0.07	0.24	0.04	7.21

22-46 各盟市大牲畜年末数(2008年)

Number of Large Animals at the Year-end by Region(2008)

单位：万头 (10 000 heads)

地 区	Region	大牲畜 Large Animals	牛 Cattle and Buffalos	马 Horses	驴 Donkeys	骡 Mules	骆驼 Camels
呼和浩特市	Hohhot City	79.65	74.59	0.39	2.19	2.34	0.15
包 头 市	Baotou City	44.61	42.35	0.28	1.14	0.61	0.24
呼伦贝尔市	Hulunbeier City	108.46	98.46	8.68	0.82	0.33	0.17
兴 安 盟	Xingan League	60.35	46.60	6.27	6.78	0.70	
通 辽 市	Tongliao City	210.20	148.89	29.76	22.77	8.77	0.01
赤 峰 市	Chifeng City	186.18	108.55	14.28	48.65	14.65	0.05
锡林郭勒盟	Xilinguole League	82.84	74.06	7.52	0.47	0.04	0.75
乌兰察布市	Wulanchabu City	52.40	46.09	1.23	1.97	2.83	0.28
鄂尔多斯市	Erdos City	27.96	22.11	0.65	2.51	2.57	0.12
巴彦淖尔市	Bayannaoer City	23.04	13.15	0.91	2.85	4.92	1.21
乌 海 市	Wuhai City	0.52	0.36	0.00	0.08	0.08	
阿拉善盟	Alashan League	6.99	0.85	0.07	0.18	0.05	5.85

22-47 各盟市羊和猪年中数(2008年)

Number of Sheep, Goats and Hogs at the Middle of Year by Region(2008)

单位：万只(头) (10 000 heads)

地区	Region	羊 Sheep and Goats	绵羊 Sheep	山羊 Goats	生猪 Hogs
呼和浩特市	Hohhot City	224.54	176.69	47.85	39.46
包头市	Baotou City	265.26	186.60	78.67	41.95
呼伦贝尔市	Hulunbeier City	1184.94	990.47	194.47	103.25
兴安盟	Xingan League	603.91	351.16	252.75	120.54
通辽市	Tongliao City	797.54	362.98	434.56	409.72
赤峰市	Chifeng City	1265.07	769.69	495.37	232.14
锡林郭勒盟	Xilinguole League	1212.88	873.08	339.80	7.23
乌兰察布市	Wulanchabu City	662.67	604.30	58.37	89.44
鄂尔多斯市	Erdos City	1227.56	494.96	732.60	60.67
巴彦淖尔市	Bayannaoer City	819.85	575.05	244.80	60.16
乌海市	Wuhai City	10.51	3.58	6.93	4.38
阿拉善盟	Alashan League	168.19	47.40	120.79	1.59

22-48 各盟市羊和猪年末数(2008年)

Number of Sheep, Goats and Hogs at the Year-end by Region(2008)

单位：万只(头) (10 000 heads)

地区	Region	羊 Sheep and Goats	绵羊 Sheep	山羊 Goats	生猪 Hogs	肉猪出栏头数 Slaughtered Fattened Hogs
呼和浩特市	Hohhot City	137.27	99.97	37.30	28.35	32.13
包头市	Baotou City	163.43	105.84	57.59	26.10	41.79
呼伦贝尔市	Hulunbeier City	595.25	477.77	117.49	34.40	43.84
兴安盟	Xingan League	392.00	229.55	162.45	66.60	85.79
通辽市	Tongliao City	537.07	283.00	254.07	262.50	331.01
赤峰市	Chifeng City	586.94	345.31	241.63	124.75	160.76
锡林郭勒盟	Xilinguole League	622.13	464.16	157.96	5.13	4.75
乌兰察布市	Wulanchabu City	472.93	443.26	29.67	39.50	48.55
鄂尔多斯市	Erdos City	763.52	272.05	491.47	41.42	63.56
巴彦淖尔市	Bayannaoer City	550.16	359.16	191.00	41.17	34.66
乌海市	Wuhai City	8.98	3.61	5.37	3.93	7.87
阿拉善盟	Alashan League	131.25	36.89	94.35	1.45	1.67

22-49 各盟市主要畜产品产量(2008年)
Output of Major Livestock Products by Region(2008)

地区	Region	肉类产量(吨) Output of Meat (ton)	#猪牛羊肉 Output of Pork, Beef and Mutton	猪肉 Pork	牛肉 Beef	羊肉 Mutton	奶类(吨) Milk (ton)	#牛奶 Cow Milk
呼和浩特市	Hohhot City	80834	75780	24231	24655	26894	3051530	3050226
包头市	Baotou City	127231	121825	38688	27251	55886	1460126	1459155
呼伦贝尔市	Hulunbeier City	216016	196360	34164	71382	90814	1331510	1330104
兴安盟	Xingan League	149207	135156	62843	19550	52763	473919	473919
通辽市	Tongliao City	468563	413087	259747	103571	49769	510775	459358
赤峰市	Chifeng City	421712	299714	125642	84820	89252	438769	436614
锡林郭勒盟	Xilinguole League	193632	187214	4753	58296	124165	468441	467778
乌兰察布市	Wulanchabu City	214784	201377	38839	28789	133749	953949	953949
鄂尔多斯市	Erdos City	139028	136301	48940	19543	67818	316925	285773
巴彦淖尔市	Bayannaoer City	156602	149813	32925	7582	109306	413282	413282
乌海市	Wuhai City	10651	9961	7598	338	2025	12013	11993
阿拉善盟	Alashan League	15485	13335	1642	275	11418	8008	7131

22-49 续表 continued

地区	Region	绵羊毛(吨) Sheep Wool (ton)	山羊毛(吨) Goat Wool (ton)	羊绒(吨) Cashmere (ton)	牛皮(万张) Cattle hide (10 000 pieces)	羊皮(万张) Sheep skin (10 000 pieces)	禽蛋(吨) Poultry Eggs (ton)
呼和浩特市	Hohhot City	3879	210	91	14.89	171.91	20051
包头市	Baotou City	2550	111	166	16.21	299.61	24631
呼伦贝尔市	Hulunbeier City	20145	680	448	54.68	577.28	30709
兴安盟	Xingan League	10004	964	688	11.63	413.84	18739
通辽市	Tongliao City	7952	2950	972	51.24	322.55	43604
赤峰市	Chifeng City	17314	1907	1501	48.72	496.44	281089
锡林郭勒盟	Xilinguole League	9067	212	748	35.77	594.79	4484
乌兰察布市	Wulanchabu City	9590	42	74	19.18	839.34	11974
鄂尔多斯市	Erdos City	7667	2228	2155	13.07	428.37	5850
巴彦淖尔市	Bayannaoer City	7634	76	489	5.12	692.49	7616
乌海市	Wuhai City	98	95	13	0.19	12.63	2448
阿拉善盟	Alashan League	485	315	297	0.30	70.28	182

22-50 各盟市规模以上工业企业单位数和工业总产值(2008年)

Number of above Designated Size Industrial Enterprises and Their Gross Output Value by Region(2008)

单位：个、万元　　(unit)(10 000 yuan)

地区	Region	规模以上企业 Enterprises above Designated Size		# 国有及国有控股企业 State-owned Enterprises	
		企业单位数 Number of Enterprises	总产值(当年价格) Gross Output Value (At Current Prices)	企业单位数 Number of Enterprises	总产值(当年价格) Gross Output Value (At Current Prices)
呼和浩特市	Hohhot City	317	9276424	52	3990077
包头市	Baotou City	573	19325539	90	13370861
呼伦贝尔市	Hulunbeier City	346	3899885	64	1376917
兴安盟	Xingan League	112	930320	12	186117
通辽市	Tongliao City	433	9369571	29	2142779
赤峰市	Chifeng City	506	7916716	54	2736290
锡林郭勒盟	Xilinguole League	344	3713803	51	1476768
乌兰察布市	Wulanchabu City	372	4647878	40	1238580
鄂尔多斯市	Erdos City	469	16135800	34	4634045
巴彦淖尔市	Bayannaoer City	231	4950165	19	653330
乌海市	Wuhai City	176	3008357	20	1412646
阿拉善盟	Alashan League	112	2593644	14	552576

22-50 续表 1 continued

单位：个、万元　　(unit)(10 000 yuan)

地区	Region	# 集体企业 Collective-owned Enterprises		# 股份有限公司 Share Holding Enterprises	
		企业单位数 Number of Enterprises	总产值(当年价格) Gross Output Value (At Current Prices)	企业单位数 Number of Enterprises	总产值(当年价格) Gross Output Value (At Current Prices)
呼和浩特市	Hohhot City	6	10463	14	2129222
包头市	Baotou City	33	113017	28	5744205
呼伦贝尔市	Hulunbeier City			13	113849
兴安盟	Xingan League	5	15221	8	49662
通辽市	Tongliao City	12	312052	23	1078188
赤峰市	Chifeng City	16	86411	32	1121262
锡林郭勒盟	Xilinguole League	3	16205	17	573934
乌兰察布市	Wulanchabu City	1	841	9	347612
鄂尔多斯市	Erdos City	14	108663	26	2019159
巴彦淖尔市	Bayannaoer City	1	22392	5	285163
乌海市	Wuhai City			9	166985
阿拉善盟	Alashan League			8	546058

22-50 续表 2 continued

单位：个、万元 (unit)(10 000 yuan)

地 区	Region	# 外商投资企业 Foreign Funded Enterprises		# 港澳台商投资企业 Enterprises Funded by Entrepreneurs from Hong Kong, Macao & Taiwan	
		企业单位数 Number of Enterprises	总产值(当年价格) Gross Output Value (At Current Prices)	企业单位数 Number of Enterprises	总产值(当年价格) Gross Output Value (At Current Prices)
呼和浩特市	Hohhot City	26	1702151	13	1219843
包头市	Baotou City	32	673560	16	122539
呼伦贝尔市	Hulunbeier City	18	255283	8	102864
兴安盟	Xingan League	5	90905	1	7010
通辽市	Tongliao City	14	1091498	4	112509
赤峰市	Chifeng City	6	195532	4	122052
锡林郭勒盟	Xilinguole League	5	65244	4	47186
乌兰察布市	Wulanchabu City	7	32759	1	1191
鄂尔多斯市	Erdos City	17	1966775	7	231442
巴彦淖尔市	Bayannaoer City	9	337431	3	277326
乌海市	Wuhai City	2	36722	2	53687
阿拉善盟	Alashan League	4	86577		

22-50 续表 3 continued

单位：个、万元 (unit)(10 000 yuan)

地 区	Region	轻工业 Enterprises of Light Industry		重工业 Enterprises of Heavy Industry	
		企业单位数 Number of Enterprises	总产值(当年价格) Gross Output Value (At Current Prices)	企业单位数 Number of Enterprises	总产值(当年价格) Gross Output Value (At Current Prices)
呼和浩特市	Hohhot City	151	4940090	166	4336334
包头市	Baotou City	88	912949	485	18412590
呼伦贝尔市	Hulunbeier City	151	1357626	195	2542259
兴安盟	Xingan League	59	469200	53	461120
通辽市	Tongliao City	195	3777805	238	5591767
赤峰市	Chifeng City	127	1360743	379	6555973
锡林郭勒盟	Xilinguole League	175	784784	169	2929019
乌兰察布市	Wulanchabu City	124	1325780	248	3322098
鄂尔多斯市	Erdos City	78	1099100	391	15036699
巴彦淖尔市	Bayannaoer City	110	2061135	121	2889030
乌海市	Wuhai City	5	16843	171	2991514
阿拉善盟	Alashan League	12	114395	100	2479249

22-50 续表 4 continued

单位：个、万元 (unit) (10 000 yuan)

地区	Region	大型企业 Large Enterprises		中型企业 Medium-sized Enterprises		小型企业 Small Enterprises	
		企业单位数 Number of Enterprises	总产值(当年价格) Gross Output Value (At Current Prices)	企业单位数 Number of Enterprises	总产值(当年价格) Gross Output Value (At Current Prices)	企业单位数 Number of Enterprises	总产值(当年价格) Gross Output Value (At Current Prices)
呼和浩特市	Hohhot City	4	2504265	50	4457180	263	2314980
包头市	Baotou City	13	11805803	78	3203466	482	4316271
呼伦贝尔市	Hulunbeier City	3	256219	27	1132925	316	2510742
兴安盟	Xingan League	1	162322	9	253320	102	514677
通辽市	Tongliao City	4	1662933	54	3345505	375	4361133
赤峰市	Chifeng City	9	1978414	65	2246268	432	3692035
锡林郭勒盟	Xilinguole League	1	333577	17	688705	326	2691522
乌兰察布市	Wulanchabu City			31	1418426	341	3229452
鄂尔多斯市	Erdos City	12	4998104	51	4006516	406	7131179
巴彦淖尔市	Bayannaoer City	2	112847	35	2180191	194	2657126
乌海市	Wuhai City	2	573034	25	1114381	149	1320942
阿拉善盟	Alashan League	2	475369	25	1348277	85	769998

22-51 各盟市规模以上工业企业主要指标(2008年)

Main Indicators of Industrial Enterprises above Designed Size by Region(2008)

单位：万元 (10 000 yuan)

地区	Region	工业增加值 Value Added of Industry	资产合计 Total Assets	负债合计 Total Liabilities	主营业务收入 Revenue of main business	利润总额 Total Profits
呼和浩特市	Hohhot City	3301289	8252157	5479357	8767356	251541
包头市	Baotou City	7682973	20763092	13220326	17988642	745340
呼伦贝尔市	Hulunbeier City	1645007	5494813	3421951	3617707	394865
兴安盟	Xingan League	340572	755244	551956	822015	20476
通辽市	Tongliao City	3297554	6078309	3810199	9011982	744585
赤峰市	Chifeng City	2805892	7066199	4007530	7766585	720025
锡林郭勒盟	Xilinguole League	1947863	4375881	2645231	3093488	204642
乌兰察布市	Wulanchabu City	1592361	4996271	3740630	4181160	87230
鄂尔多斯市	Erdos City	7482832	23304736	11628256	16217107	4020987
巴彦淖尔市	Bayannaoer City	1800101	4217727	2791867	4135992	387962
乌海市	Wuhai City	1376866	3650347	2542075	2609591	143763
阿拉善盟	Alashan League	1216226	3127097	2156559	2184111	226345

22-52 各盟市规模以上工业企业主要指标(2008年)
Main Indicators of Industrial Enterprises above Designed Size by Region(2008)

单位：万元　　(10 000 yuan)

地 区	Region	所有者权益 Creditors Equity	利税总额 Total Profits and Taxes	本年应交增值税 Value Added Tax Payable	流动资产合计 Circulating Funds	固定资产合计 Total Fixed Assets
呼和浩特市	Hohhot City	2772800	731135	313878	3104770	3738889
包头市	Baotou City	7542766	1802349	971500	8861932	7845260
呼伦贝尔市	Hulunbeier City	2072862	682301	229117	1833555	3362596
兴安盟	Xingan League	203288	96688	31093	305812	418331
通辽市	Tongliao City	2268110	1181799	354910	1590844	3713374
赤峰市	Chifeng City	3058669	1070390	286445	2034191	3723032
锡林郭勒盟	Xilinguole League	1730651	459224	223005	995484	3161384
乌兰察布市	Wulanchabu City	1255642	289472	177528	965117	3451191
鄂尔多斯市	Erdos City	11676480	5654638	1096990	8208431	10042363
巴彦淖尔市	Bayannaoer City	1425860	585036	154101	1672727	2028843
乌海市	Wuhai City	1108272	413156	232978	1487014	1781576
阿拉善盟	Alashan League	970537	455858	182974	1383530	1263924

22-53 各盟市主要工业产品产量(2008年)
Output of Major Industrial Products by Region(2008)

地 区	Region	白酒(千升) Liquor (1000 litres)	糖(吨) Sugar (ton)	液体乳(万吨) Milk (10000 tons)	卷烟(万支) Cigarettes (10 000 pcs)	布(万米) Cloth (10 000 m)	毛线(吨) Knitting Wool (ton)	呢绒(万米) Woolen Piece Goods (10 000 m)
呼和浩特市	Hohhot City	8703.00		190.51	1625000	4269	263	
包头市	Baotou City	6828.00	18985	34.70		1268		5
呼伦贝尔市	Hulunbeier City	27193.00	17141	0.36				
兴安盟	Xingan League	13170.83	9166	17.30	600000			
通辽市	Tongliao City	87263.00	62522	15.67			175	1646
赤峰市	Chifeng City	8384.02	59555	4.49				421
锡林郭勒盟	Xilinguole League	16252.80		3.80				
乌兰察布市	Wulanchabu City	30902.80	56283	41.46				
鄂尔多斯市	Erdos City	19874.05						6
巴彦淖尔市	Bayannaoer City	15702.00		17.43				
乌海市	Wuhai City	8564.00						
阿拉善盟	Alashan League	108.00						

22-53 续表 1 continued

地区	Region	原盐(万吨) Salt (10 000 tons)	机制纸及纸板(吨) Machine-made Paper and Paperboards (ton)	原油(吨) Crude Oil (ton)	原煤(万吨) Coal (10 000 tons)	发电量(亿千瓦小时) Electricity (100 million kwh)	焦炭(万吨) Coke (10 000 tons)
呼和浩特市	Hohhot City		21768		460.10	381.49	23.36
包头市	Baotou City				241.45	262.78	460.75
呼伦贝尔市	Hulunbeier City		59092	506069	4390.59	136.80	
兴安盟	Xingan League					5.00	
通辽市	Tongliao City				5808.38	165.12	
赤峰市	Chifeng City		103133	149393	2587.11	158.28	
锡林郭勒盟	Xilinguole League	10.98	48807	1003252	4665.52	179.21	
乌兰察布市	Wulanchabu City		40444			230.97	
鄂尔多斯市	Erdos City	5.19	7437		26454.19	418.00	158.87
巴彦淖尔市	Bayannaoer City		74595	90670	117.00	70.00	
乌海市	Wuhai City				1868.85	127.50	392.47
阿拉善盟	Alashan League	220.63			666.59		289.00

22-53 续表 2 continued

地区	Region	钢(万吨) Steel (10 000 tons)	生铁(万吨) Pig Iron (10 000 tons)	成品钢材(万吨) Steel Products (10 000 tons)	水泥(万吨) Cement (10 000 tons)	化肥(万吨) Chemical Fertilizer (10 000 tons)
呼和浩特市	Hohhot City		1.87		328.23	31.39
包头市	Baotou City	1052.73	1081.03	1010.21	272.94	1.95
呼伦贝尔市	Hulunbeier City	1.92			316.91	
兴安盟	Xingan League	38.29	34.76	35.41	87.72	
通辽市	Tongliao City			1.02	268.04	10.81
赤峰市	Chifeng City	118.09			352.27	16.49
锡林郭勒盟	Xilinguole League				224.47	
乌兰察布市	Wulanchabu City				327.93	3.41
鄂尔多斯市	Erdos City		23.79		960.82	0.23
巴彦淖尔市	Bayannaoer City		4.53		91.15	24.77
乌海市	Wuhai City		45.22	0.71	156.80	
阿拉善盟	Alashan League		65.36		36.79	

22-54 各盟市建筑业企业情况(2008年)
Main Indicators on Construction Enterprises by Region(2008)

地区	Region	企业单位数(个) Enterprises (unit)	# 国有 State-owned	# 集体 Collective owned	从业人员(人) Persons Employed (person)	# 国有 State-owned	# 集体 Collective owned	建筑业总产值(万元) Gross Output Value (10 000 yuan)	# 国有 State-owned	# 集体 Collective owned
呼和浩特市	Hohhot City	176	6	2	134586	39430	1410	1686903	494543	17302
包头市	Baotou City	99	2	1	53622	3948	428	1346175	107062	3107
呼伦贝尔市	Hulunbeier City	73			42443			503676		
兴安盟	Xingan League	20			6179			117963		
通辽市	Tongliao City	45	1		19927	1803		483930	43000	
赤峰市	Chifeng City	115		1	79668		90	1020845		350
锡林郭勒盟	Xilinguole League	27	1		6264	80		179644	2788	
乌兰察布市	Wulanchabu City	36			7934			174075		
鄂尔多斯市	Erdos City	97	1		42118	1383		1534134	40762	
巴彦淖尔市	Bayannaoer City	53	3	2	20907	755	311	453379	10819	19017
乌海市	Wuhai City	30			9475			257820		
阿拉善盟	Alashan League	19		1	4904		148	41951		1501

22-55 各盟市房屋建筑面积(2008年)
Floor Space of Building by Region(2008)

单位：万平方米 (10 000 sq.m)

地区	Region	房屋建筑面积 Floor Space of Building Construction			国有 State-owned		集体 Collective-owned	
		施工面积 Floor Space Under Construction	竣工面积 Floor Space Completed	# 住宅 Residential Buildings	施工面积 Floor Space Under Construction	竣工面积 Floor Space Completed	施工面积 Floor Space Under Construction	竣工面积 Floor Space Completed
呼和浩特市	Hohhot City	871.59	375.73	265.84	13.85	13.85		
包头市	Baotou City	1096.58	467.31	352.06	140.66	55.8		
呼伦贝尔市	Hulunbeier City	288.69	225.47	179.06				
兴安盟	Xingan League	147.76	73.14	42.2				
通辽市	Tongliao City	249.79	193.02	162.78				
赤峰市	Chifeng City	896.72	649.77	504.02				
锡林郭勒盟	Xilinguole League	135.29	94.3	70.9				
乌兰察布市	Wulanchabu City	210.56	107.64	68.5				
鄂尔多斯市	Erdos City	540.19	403.78	268.56				
巴彦淖尔市	Bayannaoer City	515.86	429.61	364			14.57	14.57
乌海市	Wuhai City	285.77	190.57	113.01				
阿拉善盟	Alashan League	38.58	28.37	10.43			1.37	1.37

22-56 各盟市城镇自来水情况(2008年)

Basic Statistics on Tap Water Supply in Towns and Cities by Region(2008)

地 区	Region	年末供水管道长度(公里) Length of Water Supply Pipelines (year-end)(km)	全年供水总量(万吨) Total Annual Volume of Water Supply (10 000 tons)	# 生产运营用水 For Productive Use	# 生活用水 For Residential Use	用水人口(万人) Number of Residents with Access to Tap water (10 000 persons)
总 计	**Total**	**7884**	**49901**	**19484**	**13194**	**628.61**
呼和浩特市	Hohhot City	649	9603	2747	2001	129.77
包 头 市	Baotou City	1484	12140	4543	2794	132.60
呼伦贝尔市	Hulunbeier City	693	4519	1620	1810	61.34
兴 安 盟	Xingan League	110	972	25	277	21.27
通 辽 市	Tongliao City	795	6079	2709	1600	48.60
赤 峰 市	Chifeng City	653	4923	2082	1099	44.45
锡林郭勒盟	Xilinguole League	508	1263	424	331	28.08
乌兰察布市	Wulanchabu City	352	3379	2318	671	37.00
鄂尔多斯市	Erdos City	653	1331	577	380	53.41
巴彦淖尔市	Bayannaoer City	141	1605	241	963	28.00
乌 海 市	Wuhai City	1846	4087	2199	1270	44.09
阿拉善盟	Alashan League					

22-57 各盟市城镇煤气、液化石油气、天然气(2008年)

Basic Statistics on Supply of Gas, Liquefied Petroleum Gas and Natural Gas in Towns and Cities by Region(2008)

地 区	Region	煤气供气量(万立方米) Coal Gas Supply (10 000 cu.m)	# 家庭用量 For Residential Use	天然气供气量(万立方米) Natural Gas Supply (10 000 cu.m)	# 家庭用量 For Residential Use	液化石油气供气量(吨) Liquefied Petroleum Gas Supply (ton)	# 家庭用量 For Residential Use
总计	**Total**	**3602**	**3481**	**38133**	**18804**	**72279**	**50346**
呼和浩特市	Hohhot City			17210	2148	13566	11939
包 头 市	Baotou City	3084	3081	16932	15888	9526	8919
呼伦贝尔市	Hulunbeier City					10937	9562
兴 安 盟	Xingan League					3087	2465
通 辽 市	Tongliao City			368	132	3250	3020
赤 峰 市	Chifeng City					8789	7306
锡林郭勒盟	Xilinguole League					1689	1689
乌兰察布市	Wulanchabu City					4700	4080
鄂尔多斯市	Erdos City			3231	247	125	118
巴彦淖尔市	Bayannaoer City			2		15010	
乌 海 市	Wuhai City	518	400	390	390	1600	1248
阿拉善盟	Alashan League						

22-58 各盟市城镇市政工程(2008年)

Basic Statistics on Municipal Engineering in Towns and Cities by Region(2008)

地 区	Region	污水排放量(万吨) Volume of Waste Water Discharged (10 000 tons)	城市污水日处理能力(万吨) Daily Disposal Capacity of Sewage (10 000 tons)	排水管道长度(公里) Length of Sewer Pipelines (km)	生活垃圾清运量(万吨) Volume of Garbage Disposal (10 000 tons)	生活垃圾无害化处理量(万吨) Volume of Garbage Treated (10 000 tons)
总 计	**Total**	**39166**	**119.2**	**6269**	**358.1**	**196.9**
呼和浩特市	Hohhot City	7935	10.0	849	40.9	38.9
包 头 市	Baotou City	9500	26.5	1599	72.0	65.8
呼伦贝尔市	Hulunbeier City	3425	14.4	452	62.1	5.3
兴 安 盟	Xingan League	746	2.0	152	16.6	13.9
通 辽 市	Tongliao City	4925	24.0	713	31.7	
赤 峰 市	Chifeng City	3743	15.0	286	36.6	15.4
锡林郭勒盟	Xilinguole League	973	4.0	247	15.7	8.2
乌兰察布市	Wulanchabu City	2485	8.3	268	27.8	
鄂尔多斯市	Erdos City	1030	3.0	1012	18.3	17.6
巴彦淖尔市	Bayannaoer City	1284	6.0	456	14.4	13.7
乌 海 市	Wuhai City	3120	6.0	235	22.0	18.2
阿拉善盟	Alashan League					

22-59 各盟市年末公路运输线路长度和运量(2008年)

Length of Highways for Transportation Routes and Traffic by Region(End of 2008)

地 区	Region	公路里程(公里) Total Length of Highways (km)	等级路 Expre-ssway & Class I to IV Highway	等外路 Highway Below Class IV	客运量(万人) Passenger Traffic (10 000 persons)	旅客周转量(万人公里) Passenger-Kilometers (10 000 passenger-km)	货运量(万吨) Freight Traffic (10 000 tons)	货物周转量(万吨公里) Freight Ton-Kilometers (10 000 ton-km)
呼和浩特市	Hohhot City	6236	5310	926	4467	385093	8973	634199
包 头 市	Baotou City	6746	5021	1725	13552	478913	19737	1552887
呼伦贝尔市	Hulunbeier City	18714	17068	1646	4815	244366	6492	498345
兴 安 盟	Xingan League	9001	7400	1601	710	81411	1929	174274
通 辽 市	Tongliao City	16491	8926	7565	2603	156838	8985	451494
赤 峰 市	Chifeng City	20951	16522	4429	2941	162324	9043	490424
锡林郭勒盟	Xilinguole League	15586	12271	3315	1992	268408	5379	445335
乌兰察布市	Wulanchabu City	11923	8548	3375	1839	189448	4574	275788
鄂尔多斯市	Erdos City	14585	11161	3424	3963	266420	18602	1529684
巴彦淖尔市	Bayannaoer City	19300	10008	9292	2887	260548	3995	177191
乌 海 市	Wuhai City	766	766		533	58946	5694	106159
阿拉善盟	Alashan League	6989	6644	345	471	48914	1359	234133

22-60 各盟市邮政业务基本情况(2008年)

Basic Conditions of Post Services by Region(2008)

地区	Region	邮政业务总量(万元) Business Volume of Post and Telecommunications (10 000 yuan)	函件(万件) Number of Letters (10 000 Pcs)	报刊期发数(万份) Newspapers and Magazines Circulation (10 000 copies)	邮政局所总数(处) Number of Post and Telecommunications Offices (unit)
呼和浩特市	Hohhot City	16705	1170	29	114
包头市	Baotou City	15243	941	25	114
呼伦贝尔市	Hulunbeier City	14931	270	16	183
兴安盟	Xingan League	5781	149	7	97
通辽市	Tongliao City	7830	249	13	144
赤峰市	Chifeng City	15874	411	25	267
锡林郭勒盟	Xilinguole League	4849	131	11	147
乌兰察布市	Wulanchabu City	8776	253	11	155
鄂尔多斯市	Erdos City	5905	225	13	150
巴彦淖尔市	Bayannaoer City	7656	273	13	139
乌海市	Wuhai City	5813	71	6	32
阿拉善盟	Alashan League	2187	48	3	28

22-61 各盟市社会消费品零售总额(2008年, 按销售单位所在地分)

Total Retail Sale of Consumer Goods by Location of Retailers by Region(2008)

单位：万元 (10 000 yuan)

地区	Region	社会消费品零售总额 Total Retail Sales of Consumer Goods	市 City	县 County	县以下 Under County Level
呼和浩特市	Hohhot City	5331591	4777483	368075	186033
包头市	Baotou City	5157426	4814304	237838	105284
呼伦贝尔市	Hulunbeier City	1895894	1366645	363718	165531
兴安盟	Xingan League	810144	480936	196775	132433
通辽市	Tongliao City	1661990	783675	440812	437503
赤峰市	Chifeng City	2398660	1263397	636760	498503
锡林郭勒盟	Xilinguole League	859371	312884	413146	133341
乌兰察布市	Wulanchabu City	1143654	370669	478852	294133
鄂尔多斯市	Erdos City	2697752	1300017	886602	511133
巴彦淖尔市	Bayannaoer City	907330	291449	397342	218539
乌海市	Wuhai City	507775	507775		
阿拉善盟	Alashan League	261714		227357	34357

22-62 各盟市社会消费品零售总额(2008年, 按行业分)

Total Retail Sale of Consumer Goods by Sector by Region(2008)

单位：万元 (10 000 yuan)

地区	Region	批发零售贸易业 Whole-sale and Retail Sale Trade	住宿和餐饮业 Hotels and Catering Trade	其他行业 Others
呼和浩特市	Hohhot City	3976369	1310621	44601
包头市	Baotou City	3968522	1130299	58605
呼伦贝尔市	Hulunbeier City	1458527	391105	46262
兴安盟	Xingan League	659504	110796	39844
通辽市	Tongliao City	1391760	232835	37395
赤峰市	Chifeng City	2002318	300061	96281
锡林郭勒盟	Xilinguole League	682299	149603	27469
乌兰察布市	Wulanchabu City	882231	215752	45671
鄂尔多斯市	Erdos City	2115423	500282	82047
巴彦淖尔市	Bayannaoer City	724441	144376	38513
乌海市	Wuhai City	418141	87986	1648
阿拉善盟	Alashan League	211817	47879	2018

22-63 各盟市限额以上批发零售贸易、住宿餐饮业法人企业(2008年)

Number of Corporation Units above Designated Size in Wholesale and Retail Sale, Catering Trades (2008)

单位：个 (unit)

地区	Region	合计 Total	批发业 Wholesale Trade	零售业 Retail Trade	住宿业 Hotels	餐饮业 Catering Trade
呼和浩特市	Hohhot City	450	114	134	69	133
包头市	Baotou City	359	108	110	41	100
呼伦贝尔市	Hulunbeier City	128	53	39	20	16
兴安盟	Xingan League	39	12	14	7	6
通辽市	Tongliao City	138	52	51	25	10
赤峰市	Chifeng City	137	37	34	53	13
锡林郭勒盟	Xilinguole League	90	38	16	28	8
乌兰察布市	Wulanchabu City	38	3	7	14	14
鄂尔多斯市	Erdos City	321	35	166	33	87
巴彦淖尔市	Bayannaoer City	63	25	24	2	12
乌海市	Wuhai City	73	8	46	8	11
阿拉善盟	Alashan League	26	4	7	6	9

22-64 各盟市限额以上批发零售贸易、住宿餐饮业产业活动单位(2008年)

Number of Active Units above Designated Size in Wholesale and Retail Sale, Catering Trades (2008)

单位：个 (unit)

地 区	Region	合计 Total	批发业 Wholesale Trade	零售业 Retail Trade	住宿业 Hotels	餐饮业 Catering Trade
呼和浩特市	Hohhot City	685	292	178	74	141
包 头 市	Baotou City	663	268	213	48	134
呼伦贝尔市	Hulunbeier City	776	302	428	30	16
兴 安 盟	Xingan League	146	108	25	7	6
通 辽 市	Tongliao City	457	103	315	25	14
赤 峰 市	Chifeng City	576	385	125	53	13
锡林郭勒盟	Xilinguole League	213	38	139	28	8
乌兰察布市	Wulanchabu City	162	127	7	14	14
鄂尔多斯市	Erdos City	616	100	389	35	92
巴彦淖尔市	Bayannaoer City	249	95	136	2	16
乌 海 市	Wuhai City	132	8	105	8	11
阿拉善盟	Alashan League	63	6	40	7	10

22-65 各盟市限额以上批发零售贸易、住宿餐饮业从业人员(2008年)

Number of Persons Engaged in Enterprises above Designated Size in Wholesale and Retail Sale, Catering Trades (2008)

单位：人 (person)

地 区	Region	合计 Total	批发业 Wholesale Trade	零售业 Retail Trade	住宿业 Hotels	餐饮业 Catering Trade
呼和浩特市	Hohhot City	56738	10021	23639	11657	11421
包 头 市	Baotou City	36831	9267	14087	4975	8502
呼伦贝尔市	Hulunbeier City	13156	2773	7119	1885	1379
兴 安 盟	Xingan League	3465	2067	322	742	334
通 辽 市	Tongliao City	9046	3298	3249	2199	300
赤 峰 市	Chifeng City	13636	6326	2487	4248	575
锡林郭勒盟	Xilinguole League	5560	590	2455	1898	617
乌兰察布市	Wulanchabu City	7282	2694	807	1380	2401
鄂尔多斯市	Erdos City	22058	3434	9248	2421	6955
巴彦淖尔市	Bayannaoer City	8413	2032	4750	137	1494
乌 海 市	Wuhai City	3164	229	1796	658	481
阿拉善盟	Alashan League	1614	193	466	545	410

22-66 各盟市限额以上批发零售贸易业商品销售总额(2008年)

Total Sales of Enterprise above Designated Size in Wholesale and Retail Sale Trades by Region(2008)

单位：万元 (10 000 yuan)

地区	Region	销售总额 Total Sales	批发 Wholesale Trade	零售 Retail Trade
呼和浩特市	Hohhot City	4739222	2755663	1983558
包头市	Baotou City	5857559	4532259	1325300
呼伦贝尔市	Hulunbeier City	1724686	1283593	441093
兴安盟	Xingan League	297725	115443	182283
通辽市	Tongliao City	1198774	705004	493771
赤峰市	Chifeng City	840624	542556	298069
锡林郭勒盟	Xilinguole League	542506	320090	222416
乌兰察布市	Wulanchabu City	313330	229561	83769
鄂尔多斯市	Erdos City	4588494	3260741	1327753
巴彦淖尔市	Bayannaoer City	584766	342704	242062
乌海市	Wuhai City	383379	198297	185081
阿拉善盟	Alashan League	208020	94965	113055

22-67 各盟市限额以上批发零售贸易企业主要财务指标(2008年)

Main Financial Indicators of Enterprises above Designated Size in Wholesale and Retail by Region(2008)

单位：万元 (10 000 yuan)

地区	Region	商品销售收入 Sales Revenue	商品销售成本 Cost of Sales	经营费用 Management Cost	商品销售税金及附加 Sales Tax and Extra Changes	商品销售利润 Total Profits
呼和浩特市	Hohhot City	4348416	3671072	135640	10881	660388
包头市	Baotou City	5667965	4507778	187052	47304	1112883
呼伦贝尔市	Hulunbeier City	1627561	1523501	44914	6944	94782
兴安盟	Xingan League	274093	236880	19225	390	36823
通辽市	Tongliao City	1200499	1062710	35564	9715	129257
赤峰市	Chifeng City	795842	698669	22228	2158	95015
锡林郭勒盟	Xilinguole League	544418	491030	20246	3760	49628
乌兰察布市	Wulanchabu City	312603	272081	17177	721	39801
鄂尔多斯市	Erdos City	4587565	3621643	65299	66780	899941
巴彦淖尔市	Bayannaoer City	583865	497342	39552	1786	84738
乌海市	Wuhai City	383872	274220	6466	2140	107512
阿拉善盟	Alashan League	189473	150163	21639	645	37272

22-68 各盟市限额以上住宿和餐饮企业主要财务指标(2008年)

Main Financial Indicators of Enterprises above Designated Size in Catering Trade by Region(2008)

单位：万元 (10 000 yuan)

地 区	Region	营业收入 Sales Revenue	营业成本 Cost of Sales	营业费用 Management Cost	商品销售税金及附加 Sales Tax and Extra Changes	经营利润 Profits
呼和浩特市	Hohhot City	216077	89121	43666	10893	116063
包 头 市	Baotou City	107654	58727	19773	4686	44241
呼伦贝尔市	Hulunbeier City	28704	12172	8486	1575	13647
兴 安 盟	Xingan League	7438	3152	2401	340	3946
通 辽 市	Tongliao City	25276	11658	4154	539	10407
赤 峰 市	Chifeng City	30607	15768	8410	1539	13300
锡林郭勒盟	Xilinguole League	21347	11254	4258	1132	8961
乌兰察布市	Wulanchabu City	26253	16363	4411	2067	7760
鄂尔多斯市	Erdos City	113930	67941	15115	5045	40945
巴彦淖尔市	Bayannaoer City	7754	3378	2327	368	4008
乌 海 市	Wuhai City	22751	10506	1354	620	11625
阿拉善盟	Alashan League	6320	4682	1454	323	911

22-69 各盟市入境旅游人数和外汇收入(2008年)

Number of Foreign Tourists and Foreign Exchange Earnings by Region(2008)

地 区	Region	入境旅游人数(人次) Total Number of International Tourists Inbound (person-times)	#外国人 Foreigners	旅游外汇收入(万美元) Earnings from International Tourism(USD 10 000)
呼和浩特市	Hohhot City	80693	77594	5259.00
包 头 市	Baotou City	17641	16921	941.00
呼伦贝尔市	Hulunbeier City	637010	636108	24295.00
兴 安 盟	Xingan League	1476	1248	134.00
通 辽 市	Tongliao City	12184	10604	827.00
赤 峰 市	Chifeng City	27259	25400	1836.00
锡林郭勒盟	Xilinguole League	705179	704966	21181.00
乌兰察布市	Wulanchabu City	9259	3719	191.00
鄂尔多斯市	Erdos City	13225	12394	895.00
巴彦淖尔市	Bayannaoer City	27365	26715	938.00
乌 海 市	Wuhai City	87	83	6.00
阿拉善盟	Alashan League	17950	16550	1211.00

22-70 各盟市普通高等学校基本情况(2008年)

Basic Statistics on Higher Education by Region(2008)

地区	Region	学校数(所) Number of Schools (unit)	毕业生数(人) Number of Graduates (person)	招生数(人) New Student Enrollment (person)	在校学生数(人) Student Enrollment (person)	教职工数(人) Number of Staff and Teachers (person)	# 专任教师 Full-time Teachers
总计	**Total**	**39**	**73326**	**107080**	**316700**	**33233**	**20946**
呼和浩特市	Hohhot City	21	42662	61978	184471	17829	11177
包头市	Baotou City	5	12646	19338	57411	5547	3688
呼伦贝尔市	Hulunbeier City	1	3433	3262	11204	1175	828
兴安盟	Xingan League	1	368	1074	2474	540	414
通辽市	Tongliao City	3	5945	6961	21734	2736	1553
赤峰市	Chifeng City	3	2678	4881	14196	2154	1350
锡林郭勒盟	Xilinguole League	1	776	1869	4234	750	423
乌兰察布市	Wulanchabu City	2	2932	4200	11668	1303	800
鄂尔多斯市	Erdos City						
巴彦淖尔市	Bayannaoer City	1	1438	2346	6511	983	514
乌海市	Wuhai City	1	448	1171	2797	216	199
阿拉善盟	Alashan League						

注：毕业生数、招生数、在校学生数包括成人高校附设普通班学生数。

a)Number of graduates and new student enrollment and student enrodment include the number of students of ordinary classes attached adult colleges.

22-71 各盟市成人高等学校基本情况(2008年)

Basic Statistics on Adult Education by Region(2008)

地区	Region	学校数(所) Number of Schools (unit)	毕业生数(人) Number of Graduates (person)	招生数(人) New Student Enrollment (person)	在校学生数(人) Student Enrollment (person)	教职工数(人) Number of Staff and Teachers (person)	# 专任教师 Full-time Teachers
总计	**Total**	**3**	**25247**	**26618**	**69347**	**849**	**400**
呼和浩特市	Hohhot City	1	13683	12060	36645	529	208
包头市	Baotou City	1	5655	6585	13744	98	50
呼伦贝尔市	Hulunbeier City		458	890	1893		
兴安盟	Xingan League		41	125	230		
通辽市	Tongliao City		1601	1423	5362		
赤峰市	Chifeng City		2409	3718	6389		
锡林郭勒盟	Xilinguole League		162	153	495		
乌兰察布市	Wulanchabu City		1090	1080	2992		
鄂尔多斯市	Erdos City	1	124		65	222	142
巴彦淖尔市	Bayannaoer City		24	231	573		
乌海市	Wuhai City			353	959		
阿拉善盟	Alashan League						

注：毕业生数、招生数，在校学生数中包含普通高校附设成人班学生数。

a)Number of graduates and new student enrollment and student enrodment include the number of students of ordinary classes attached adult colleges.

22-72 各盟市中等专业学校基本情况(2008年)

Basic Statistics on Specialized Secondary Schools by Region(2008)

地 区	Region	学校数(所) Number of Schools (unit)	毕业生数(人) Number of Graduates (person)	招生数(人) New Student Enrollment (person)	在校学生数(人) Student Enrollment (person)	教职工数(人) Number of Staff and Teachers (person)	# 专任教师 Full-time Teacher
总 计	**Total**	**87**	**35726**	**44497**	**127262**	**7753**	**4750**
呼和浩特市	Hohhot City	27	9923	13933	39209	1473	775
包 头 市	Baotou City	13	8399	7372	24920	1340	868
呼伦贝尔市	Hulunbeier City	16	4452	5821	15966	1624	988
兴 安 盟	Xingan League	4	581	844	2667	97	62
通 辽 市	Tongliao City	1	392	1000	3600	41	17
赤 峰 市	Chifeng City	6	4109	3921	12144	1148	787
锡林郭勒盟	Xilinguole League		1656	990	2108		
乌兰察布市	Wulanchabu City	5	1256	2901	6374	689	386
鄂尔多斯市	Erdos City	8	2796	3353	9585	726	462
巴彦淖尔市	Bayannaoer City	6	1598	2567	7296	406	245
乌 海 市	Wuhai City	1	564	1795	3393	209	160
阿拉善盟	Alashan League						

22-73 各盟市普通中学基本情况(2008年)

Basic Statistics on Regular Secondary Schools by Region(2008)

地 区	Region	学校数(所) Number of Schools (unit)	毕业生数(人) Number of Graduates (person)			招生数(人) New Student Enrollment (person)		
				初 中 Junior Secondary Schools	高 中 Senior Secondary Schools		初 中 Junior Secondary Schools	高 中 Senior Secondary Schools
总 计	**Total**	**1291**	**491850**	**304293**	**187557**	**450034**	**268407**	**181627**
呼和浩特市	Hohhot City	126	47869	29664	18205	52853	33660	19193
包 头 市	Baotou City	104	47171	29804	17367	49739	32178	17561
呼伦贝尔市	Hulunbeier City	211	51060	32724	18336	42376	23619	18757
兴 安 盟	Xingan League	108	28628	19725	8903	24693	15797	8896
通 辽 市	Tongliao City	190	67795	44552	23243	61131	36559	24572
赤 峰 市	Chifeng City	226	105995	62077	43918	92937	52329	40608
锡林郭勒盟	Xilinguole League	46	19418	11730	7688	17185	11459	5726
乌兰察布市	Wulanchabu City	83	42801	26431	16370	41679	24944	16735
鄂尔多斯市	Erdos City	75	27739	16570	11169	19960	8327	11633
巴彦淖尔市	Bayannaoer City	77	38733	22309	16424	34840	22171	12669
乌 海 市	Wuhai City	28	10703	6455	4248	10650	6700	3950
阿拉善盟	Alashan League	17	3938	2252	1686	1991	664	1327

22-73 续表 continued

地 区	Region	在校学生数(人) Student Enrollment (person)	初 中 Junior Secondary Schools	高 中 Senior Secondary Schools	教职工数(人) Number of Staff and Teachers (person)	# 专任教师 Full-time Teacher
总 计	**Total**	**1403360**	**862276**	**541084**	**123351**	**94811**
呼和浩特市	Hohhot City	154010	97011	56999	11989	8573
包 头 市	Baotou City	142222	89777	52445	11422	8733
呼伦贝尔市	Hulunbeier City	138425	82500	55925	15665	12569
兴 安 盟	Xingan League	76960	50948	26012	8763	6667
通 辽 市	Tongliao City	185874	120003	65871	15707	12765
赤 峰 市	Chifeng City	291625	169905	121720	24078	18719
锡林郭勒盟	Xilinguole League	51453	31591	19862	5287	4099
乌兰察布市	Wulanchabu City	127284	77174	50110	9736	6917
鄂尔多斯市	Erdos City	93850	58129	35721	8753	6312
巴彦淖尔市	Bayannaoer City	98875	58673	40202	7878	6229
乌 海 市	Wuhai City	30879	19139	11740	2719	2153
阿拉善盟	Alashan League	11903	7426	4477	1354	1075

22-74 各盟市职业中学基本情况(2008年)
Basic Statistics on Vocational Secondary Schools by Region(2008)

地 区	Region	学校数(所) Number of Schools (unit)	毕业生数(人) Number of Graduates (person)	招生数(人) New Student Enrollment (person)	在校学生数(人) Student Enrollment (person)	教职工数(人) Number of Staff and Teachers (person)	# 专任教师 Full-time Teacher
总 计	**Total**	**172**	**40931**	**59362**	**147638**	**11935**	**8908**
呼和浩特市	Hohhot City	33	7054	8937	23297	2100	1416
包 头 市	Baotou City	9	1938	3803	9251	1105	776
呼伦贝尔市	Hulunbeier City	14	2055	4815	10247	1076	880
兴 安 盟	Xingan League	10	1935	4892	9138	729	483
通 辽 市	Tongliao City	24	3097	8510	19796	1239	874
赤 峰 市	Chifeng City	35	11023	11695	30682	2494	2006
锡林郭勒盟	Xilinguole League	11	1988	3051	7782	519	387
乌兰察布市	Wulanchabu City	17	5405	4874	15219	1232	935
鄂尔多斯市	Erdos City	7	2043	3037	7184	504	358
巴彦淖尔市	Bayannaoer City	8	3766	5123	13259	757	648
乌 海 市	Wuhai City	1	115	73	268	9	9
阿拉善盟	Alashan League	3	512	552	1515	171	136

22-75 各盟市小学基本情况(2008年)
Basic Statistics on Primary Schools by Region(2008)

地 区	Region	学校数(所) Number of Schools (unit)	毕业生数(人) Number of Graduates (person)	招生数(人) New Student Enrollment (person)	在校学生数(人) Student Enrollment (person)	教职工数(人) Number of Staff and Teachers (person)	# 专任教师 Full-time Teacher
总 计	**Total**	**3605**	**272053**	**250153**	**1552708**	**138962**	**115710**
呼和浩特市	Hohhot City	539	34986	31413	183195	12271	10199
包 头 市	Baotou City	219	32178	24611	157318	10262	8950
呼伦贝尔市	Hulunbeier City	346	23626	19950	133742	15832	13785
兴 安 盟	Xingan League	260	15679	15622	91168	10483	8365
通 辽 市	Tongliao City	685	36624	37476	219260	20415	18297
赤 峰 市	Chifeng City	839	53651	48540	301088	29900	24473
锡林郭勒盟	Xilinguole League	89	11464	11287	67803	5380	4389
乌兰察布市	Wulanchabu City	253	25833	21212	131342	13282	10201
鄂尔多斯市	Erdos City	139	8294	17729	107381	8452	5729
巴彦淖尔市	Bayannaoer City	178	22272	14946	111232	8742	7386
乌 海 市	Wuhai City	37	6757	5428	35051	2777	2389
阿拉善盟	Alashan League	21	689	1939	14128	1166	1007

22-76 各盟市幼儿园基本情况(2008年)
Basic Statistics on Kindergartens by Region(2008)

地 区	Region	园 数 (所) Number of Kindergartens (unit)	幼儿数 (人) Student Enrollment (person)	教职工数 (人) Number of Staff and Teachers (person)	# 教 师 Teachers
总 计	**Total**	**1664**	**306872**	**21893**	**14022**
呼和浩特市	Hohhot City	131	30325	3293	1809
包 头 市	Baotou City	104	23179	2620	1514
呼伦贝尔市	Hulunbeier City	321	34072	2886	1754
兴 安 盟	Xingan League	222	20792	1161	822
通 辽 市	Tongliao City	21	28597	741	507
赤 峰 市	Chifeng City	460	71171	3829	2642
锡林郭勒盟	Xilinguole League	43	12982	879	569
乌兰察布市	Wulanchabu City	64	15107	990	711
鄂尔多斯市	Erdos City	90	32969	2478	1702
巴彦淖尔市	Bayannaoer City	134	24311	1717	1154
乌 海 市	Wuhai City	65	9887	908	563
阿拉善盟	Alashan League	9	3480	391	275

22-77 各盟市文化艺术、文物事业单位数(2008年)
Number of Institutions for Culture, Art and Cultural Relics by Region(2008)

单位：个 (unit)

地区	Region	艺术表演团体 Art Performance Troupes	艺术表演场所 Art Performance Places	文化馆 Cultural Centers	公共图书馆 Public Libraries	博物馆 Museums
总计	**Total**	**106**	**29**	**102**	**113**	**36**
呼和浩特市	Hohhot City	7	1	9	9	2
包头市	Baotou City	6	3	10	10	1
呼伦贝尔市	Hulunbeier City	14	2	13	14	11
兴安盟	Xingan League	6	2	6	7	1
通辽市	Tongliao City	9	6	8	9	3
赤峰市	Chifeng City	10	2	12	14	8
锡林郭勒盟	Xilinguole League	12	1	12	12	
乌兰察布市	Wulanchabu City	13	2	11	12	3
鄂尔多斯市	Erdos City	10	4	8	9	1
巴彦淖尔市	Bayannaoer City	8	5	7	8	3
乌海市	Wuhai City	1	1	3	4	1
阿拉善盟	Alashan League	4		3	4	1
自治区直属	Units Attached to Autonomous Region	6			1	1

22-78 各盟市卫生机构、床位(2008年)
Number of Health Institutions, Beds by Region(2008)

地区	Region	机构数(个) Health Institutions (unit)	#医院、卫生院 Hospital	#疾病预防控制中心 CDC	#妇幼保健所、站 Maternity and Child Care Centers	床位合计(张) Beds Total (unit)	#医院、卫生院 Hospital
总计	**Total**	**7423**	**1799**	**137**	**115**	**81407**	**73205**
呼和浩特市	Hohhot City	789	144	12	12	11472	10128
包头市	Baotou City	1143	117	11	11	11243	10227
呼伦贝尔市	Hulunbeier City	1065	239	36	15	10395	9722
兴安盟	Xingan League	349	112	7	7	4624	3989
通辽市	Tongliao City	521	191	9	8	7141	6548
赤峰市	Chifeng City	805	304	11	13	14235	13590
锡林郭勒盟	Xilinguole League	408	145	14	13	2719	2527
乌兰察布市	Wulanchabu City	757	210	12	12	4626	3799
鄂尔多斯市	Erdos City	482	123	8	9	5170	4806
巴彦淖尔市	Bayannaoer City	655	139	8	8	6612	5243
乌海市	Wuhai City	277	20	5	3	2338	1863
阿拉善盟	Alashan League	172	55	4	4	832	763

22-79 各盟市卫生机构人员(2008年)

Number of Persons Engaged in Health Institutions by Region(2008)

单位：人 (person)

地 区	Region	卫生机构人员 Total	卫生技术人员 Medical Technical Personnel	执业医师、执业助理医师 Doctors	# 执业医师 Physician	注册护师、护士 Registered Senior and Junior Nurses
总 计	**Total**	**131879**	**110042**	**49806**	**41990**	**31652**
呼和浩特市	Hohhot City	17230	13963	6101	5436	4637
包 头 市	Baotou City	18636	15518	6567	6171	5673
呼伦贝尔市	Hulunbeier City	18592	15115	6899	5491	4715
兴 安 盟	Xingan League	8160	6699	2834	2256	1753
通 辽 市	Tongliao City	12643	10775	5379	4497	2682
赤 峰 市	Chifeng City	20352	17354	7644	6123	4012
锡林郭勒盟	Xilinguole League	5290	4456	2152	1916	997
乌兰察布市	Wulanchabu City	8647	6872	3469	2613	1578
鄂尔多斯市	Erdos City	7263	6342	2932	2542	1710
巴彦淖尔市	Bayannaoer City	9682	8351	3744	3173	2484
乌 海 市	Wuhai City	3544	2970	1257	1102	1017
阿拉善盟	Alashan League	1840	1627	828	670	394

22-80 各盟市交通事故(2008年)

Basic Statistics on Traffic Accidents by Region(2008)

地 区	Region	发生数(起) Number of Traffic Accidents (case)	死亡人数(人) Number of Deaths (person)	受伤人数(人) Number of Injuries (person)	直接经济损失(万元) Direct Losses (10 000 yuan)
总 计	**Total**	**5080**	**1631**	**5473**	**1481.54**
呼和浩特市	Hohhot City	796	180	835	230.39
包 头 市	Baotou City	1252	191	1289	179.91
呼伦贝尔市	Hulunbeier City	195	166	181	63.96
兴 安 盟	Xingan League	218	75	271	52.2
通 辽 市	Tongliao City	998	136	1189	212.79
赤 峰 市	Chifeng City	442	212	507	104.19
锡林郭勒盟	Xilinguole League	81	58	95	76.65
乌兰察布市	Wulanchabu City	209	139	184	110.15
鄂尔多斯市	Erdos City	439	164	493	140.31
巴彦淖尔市	Bayannaoer City	205	121	184	64.52
乌 海 市	Wuhai City	66	48	51	21.73
阿拉善盟	Alashan League	80	31	102	81.65
高速公路支队	Expressway Detachment	99	110	92	143.11

22-81 各盟市火灾事故(2008年)
Basic Statistics on Fires by Region(2008)

地 区	Region	发生数(起) Number of Traffic Accidents (case)	死亡人数(人) Number of Deaths (person)	受伤人数(人) Number of Injuries (person)	直接经济损失(万元) Direct Losses (10 000 yuan)
总 计	**Total**	**7754**	**47**	**18**	**6748.47**
呼和浩特市	Hohhot City	1569	7	5	181.87
包 头 市	Baotou City	1618	16	1	1322.69
呼伦贝尔市	Hulunbeier City	670	8	2	1624.14
兴 安 盟	Xingan League	392	6	1	734.6
通 辽 市	Tongliao City	469	1		189.36
赤 峰 市	Chifeng City	1097	1		269.73
锡林郭勒盟	Xilinguole League	230			104.73
乌兰察布市	Wulanchabu City	303	2	3	683.82
鄂尔多斯市	Erdos City	463	4	3	306.64
巴彦淖尔市	Bayannaoer City	472	1		475.55
乌 海 市	Wuhai City	399	1	3	291.68
阿拉善盟	Alashan League	48			466.36
内蒙古森工集团	Inner Mongolia Forest Industy Co.,Ltd	24			97.32

22-82 年末环保系统机构、人员(2008年)
Environmental Protection Agencies and Persons Engaged by Region(2008)

地 区	Region	机构总数(个) Agencies (unit)	人员总数(人) Staff & Workers (person)	# 科研人员 Scientific Research Personnel	# 监测人员 Monitoring Personnel	# 监理人员 Supervising & Administrative Personnel
总 计	**Total**	**369**	**5177**	**156**	**1418**	**1567**
呼和浩特市	Hohhot City	31	681	56	110	181
包 头 市	Baotou City	30	479	25	167	182
呼伦贝尔市	Hulunbeier City	43	434		152	121
兴 安 盟	Xingan League	27	240	4	68	84
通 辽 市	Tongliao City	29	284		89	82
赤 峰 市	Chifeng City	43	616	17	191	203
锡林郭勒盟	Xilinguole League	40	370		117	112
乌兰察布市	Wulanchabu City	39	573		160	276
鄂尔多斯市	Erdos City	38	534		149	117
巴彦淖尔市	Bayannaoer City	18	414	17	52	128
乌 海 市	Wuhai City	7	229		62	31
阿拉善盟	Alashan League	14	70	9	16	10
自治区直属	Directly Under Autonomous Region	10	253	28	85	40

22-83 各盟市县以上国有研究与开发机构及科技信息与文献机构、人员(2008年)

State-owned R & D and Information Literature Institutions at Above County Level & Persons Engaged by Region(2008)

地区	Region	合计 Total Number			自然科学技术领域及转制科研机构 Field of Natural Sciences & Technology,Transformed Institution		
		机构 (个) Institutions (unit)	从业人员 (人) Employees (person)	# 科技活动人员 S&T personnel	机构 (个) Institutions (unit)	从业人员 (人) Employees (person)	# 科技活动人员 S&T personnel
总计	**Total**	**132**	**11208**	**7922**	**109**	**10475**	**7282**
呼和浩特市	Hohhot City	57	5926	4436	45	5383	3970
包头市	Baotou City	13	2230	1346	12	2212	1329
呼伦贝尔市	Hulunbeier City	9	408	326	8	396	315
兴安盟	Xingan League	6	121	76	5	108	65
通辽市	Tongliao City	7	519	293	5	491	267
赤峰市	Chifeng City	5	337	292	5	337	292
锡林郭勒盟	Xilinguole League	5	254	196	5	254	196
乌兰察布市	Wulanchabu City	6	338	209	5	297	173
鄂尔多斯市	Erdos City	9	308	235	7	266	198
巴彦淖尔市	Bayannaoer City	9	636	400	8	616	380
乌海市	Wuhai City	2	62	49	1	50	37
阿拉善盟	Alashan League	4	69	64	3	65	60

22-83 续表 continued

地区	Region	社会、人文科学技术领域 Field of Social Sciences & Humanities			科技信息和文献机构 Scientific Technical Information & Literature Institutions		
		机构 (个) Institutions (unit)	从业人员 (人) Employees (person)	# 科技活动人员 S&T personnel	机构 (个) Institutions (unit)	从业人员 (人) Employees (person)	# 科技活动人员 S&T personnel
总计	**Total**	**11**	**511**	**442**	**12**	**222**	**198**
呼和浩特市	Hohhot City	9	469	402	3	74	64
包头市	Baotou City				1	18	17
呼伦贝尔市	Hulunbeier City				1	12	11
兴安盟	Xingan League				1	13	11
通辽市	Tongliao City	1	10	10	1	18	16
赤峰市	Chifeng City						
锡林郭勒盟	Xilinguole League						
乌兰察布市	Wulanchabu City				1	41	36
鄂尔多斯市	Erdos City	1	32	30	1	10	7
巴彦淖尔市	Bayannaoer City				1	20	20
乌海市	Wuhai City				1	12	12
阿拉善盟	Alashan League				1	4	4

22-84 各盟市旗县以上国有研究与开发机构及科技信息与文献机构科技经费筹集和支出总额(2008年)

Total Funds & Expenditures of State-Owned Research & Development Information & Literature Institutions at above County Level by Region(2008)

单位：万元 (10 000 yuan)

地 区	Region	合 计 Total		自然科学技术领域及转制机构 Field of Natural Sciences & Tech & Trasformed Institution			
		科技经费筹集总额 Scientific Funds	科技经费支出总额 Scientific Expenditures	科技经费筹集总额 Scientific Funds	# 政府拨款 Government Appropriations	科技经费支出总额 Scientific Expenditures	# 资产购建支出 For purchase & Construction of Assets
总 计	**Total**	**116740**	**106004**	**108537**	**78576**	**98718**	**13561**
呼和浩特市	Hohhot City	81051	71735	74158	52126	65529	9245
包 头 市	Baotou City	13172	15924	13101	7551	15862	3256
呼伦贝尔市	Hulunbeier City	4581	4325	4508	4503	4259	170
兴 安 盟	Xingan League	676	495	596	596	437	17
通 辽 市	Tongliao City	2251	2186	2124	1996	2061	480
赤 峰 市	Chifeng City	2493	2273	2493	2493	2273	110
锡林郭勒盟	Xilinguole League	3303	1463	3303	1283	1463	
乌兰察布市	Wulanchabu City	1462	1300	1293	1293	1140	1
鄂尔多斯市	Erdos City	3048	2540	2500	2353	2126	
巴彦淖尔市	Bayannaoer City	3839	3028	3751	3715	2940	280
乌 海 市	Wuhai City	426	361	302	302	283	
阿拉善盟	Alashan League	438	374	410	367	346	2

22-84 续表 continued

单位：万元 (10 000 yuan)

地 区	Region	社会、人文科学技术领域 Field of Social Sciences and Humanities				科技信息和文献机构 Scientific Technical Information and Literature Institutions			
		科技经费筹集总额 Scientific Funds	# 政府拨款 Government Appropriations	科技经费支出总额 Scientific Expenditures	# 资产购建支出 For purchase & Construction of Assets	科技经费筹集总额 scientific Funds	# 政府拨款 Government Appropriations	科技经费支出总额 Scientific Expenditures	# 资产购建支出 For purchase & Construction of Assets
总 计	**Total**	**6772**	**4997**	**5941**	**419**	**1432**	**1295**	**1346**	**16**
呼和浩特市	Hohhot City	6275	4500	5570	406	618	481	636	7
包 头 市	Baotou City					72	72	62	1
呼伦贝尔市	Hulunbeier City					73	73	66	4
兴 安 盟	Xingan League					81	81	59	4
通 辽 市	Tongliao City	58	58	58		69	69	66	
赤 峰 市	Chifeng City								
锡林郭勒盟	Xilinguole League								
乌兰察布市	Wulanchabu City					169	169	160	
鄂尔多斯市	Erdos City	438	438	313	13	110	110	102	
巴彦淖尔市	Bayannaoer City					88	88	88	
乌 海 市	Wuhai City					124	124	78	1
阿拉善盟	Alashan League					28	28	28	

2009 NEI MENG GU

二十三、旗县区资料

Statistics of Banners, Counties and Districts

资料整理：包利军　斯日古楞　崔京英
Arranged by Bao Lijun, Si Riguleng, Cui Jingying

23-1 各旗县(区)按年末总人口排序(2008年)

Banners, Counties and Districts Ranked by Population (Year end of 2008)

单位：人 (person)

位 次 Order	旗县(区)名称	Name of Banners, Counties and Districts	年末总人口 Total Population at the Year-end
1	通辽市科尔沁区	Keerqin District in Tongliao City	857532
2	包头市昆都仑区	Kundulun District in Baotou City	632200
3	赤峰市宁城县	Ningcheng County in Chifeng City	602925
4	赤峰市敖汉旗	Aohan Banner in Chifeng City	598374
5	巴彦淖尔市临河区	Linhe District in Bayannaoer City	557689
6	通辽市科尔沁左翼中旗	Keerqinzuoyizhong Banner in Tongliao City	535424
7	赤峰市松山区	Songshan District in Chifeng City	527445
8	包头市东河区	Donghe District in Baotou City	497200
9	赤峰市翁牛特旗	Wengniute Banner in Chifeng City	478295
10	包头市青山区	Qingshan District in Baotou City	457000
11	通辽市奈曼旗	Naiman Banner in Tongliao City	437311
12	呼伦贝尔市扎兰屯市	Zhalantun City in Hulunbeier City	432354
13	通辽市科尔沁左翼后旗	Keerqinzuoyihou Banner in Tongliao City	402543
14	通辽市开鲁县	Kailu County in Tongliao City	401027
15	兴安盟扎赉特旗	Zhalaite Banner in Xingan League	397924
16	呼和浩特市赛罕区	Saihan District in Hohhot City	393416
17	呼伦贝尔市牙克石市	Yakeshi City in Hulunbeier City	378747
18	呼和浩特市土默特左旗	Tumotezuo Banner in Hohhot City	360806
19	赤峰市巴林左旗	Balinzuo Banner in Chifeng City	357403
20	鄂尔多斯市达拉特旗	Dalate Banner in Erdos City	354274
21	赤峰市红山区	Hongshan District in Chifeng City	351069
22	乌兰察布市商都县	Shangdu County in Wulanchabu City	349088
23	呼和浩特市新城区	Xincheng District in Hohhot City	347768
24	赤峰市喀喇沁旗	Kalaqin Banner in Chifeng City	345913
25	兴安盟科尔沁右翼前旗	Keerqinyouyiqian Banner in Xingan League	341439
26	呼伦贝尔市莫力达瓦达斡尔族自治旗	Molidawadawoer National Autonomous Banner in Hulunbeier City	340896
27	乌兰察布市丰镇市	Fengzhen City in Wulanchabu City	340698
28	巴彦淖尔市乌拉特前旗	Wulateqian Banner in Bayannaoer City	339434
29	呼伦贝尔市阿荣旗	Arong Banner in Hulunbeier City	330807
30	赤峰市元宝山区	Yuanbaoshan District in Chifeng City	324495
31	巴彦淖尔市杭锦后旗	Hangjinhou Banner in Bayannaoer City	323017
32	乌兰察布市兴和县	Xinghe County in Wulanchabu City	321515
33	兴安盟突泉县	Tuquan County in Xingan League	315783
34	兴安盟乌兰浩特市	Wulanhaote City in Xingan League	315492

23-1 续表 1 continued

单位：人 (person)

位次 Order	旗县(区)名称	Name of Banners, Counties and Districts	年末总人口 Total Population at the Year-end
35	通辽市扎鲁特旗	Zhalute Banner in Tongliao City	311758
36	包头市土默特右旗	Tumoteyou Banner in Baotou City	306900
37	乌兰察布市集宁区	Jining District in Wulanchabu City	301875
38	巴彦淖尔市五原县	Wuyuan County in Bayannaoer City	300957
39	赤峰市阿鲁科尔沁旗	Alukeerqin Banner in Chifeng City	300096
40	鄂尔多斯市准格尔旗	Zhungeer Banner in Erdos City	291336
41	呼伦贝尔市鄂伦春自治旗	Elunchun National Autonomous Banner in Hulunbeier City	282172
42	呼伦贝尔市海拉尔区	Hailaer District in Hulunbeier City	265745
43	兴安盟科尔沁右翼中旗	Keerqinyouyizhong Banner in Xingan League	262220
44	赤峰市克什克腾旗	Keshiketeng Banner in Chifeng City	256153
45	乌兰察布市察哈尔右翼前旗	Chahaeryouyiqian Banner in Wulanchabu City	250238
46	乌海市海勃湾区	Haibowan District in Wuhai City	249424
47	乌兰察布市凉城县	Liangcheng County in Wulanchabu City	248700
48	鄂尔多斯市东胜区	Dongsheng District in Erdos City	248311
49	赤峰市林西县	Linxi County in Chifeng City	240193
50	呼和浩特市回民区	Huimin District in Hohhot City	233425
51	乌兰察布市卓资县	Zhuozi County in Wulanchabu City	226593
52	乌兰察布市察哈尔右翼中旗	Chahaeryouyizhong Banner in Wulanchabu City	220872
53	乌兰察布市察哈尔右翼后旗	Chahaeryouyihou Banner in Wulanchabu City	219903
54	乌兰察布市四子王旗	Siziwang Banner in Wulanchabu City	213706
55	锡林郭勒盟太仆寺旗	Taipusi Banner in Xilinguole League	209508
56	呼和浩特市托克托县	Tuoketuo County in Hohhot City	200798
57	呼和浩特市和林格尔县	Helingeer County in Hohhot City	194585
58	呼和浩特市玉泉区	Yuquan District in Hohhot City	192518
59	赤峰市巴林右旗	Balinyou Banner in Chifeng City	182537
60	乌兰察布市化德县	Huade County in Wulanchabu City	177682
61	通辽市库伦旗	Kulun Banner in Tongliao City	176602
62	呼和浩特市武川县	Wuchuan County in Hohhot City	175700
63	包头市固阳县	Guyang County in Baotou City	173200
64	锡林郭勒盟锡林浩特市	Xilinhaote City in Xilinguole League	166485
65	呼伦贝尔市满洲里市	Manzhouli City in Hulunbeier City	165362
66	呼伦贝尔市根河市	Genhe City in Hulunbeier City	163130
67	鄂尔多斯市伊金霍洛旗	Yijinhuoluo Banner in Erdos City	155874
68	包头市九原区	Jiuyuan District in Baotou City	151800

23-1 续表 2 continued

单位：人 (person)

位次 Order	旗县(区)名称	Name of Banners, Counties and Districts	年末总人口 Total Population at the Year-end
69	呼伦贝尔市鄂温克族自治旗	Ewenke National Autonomous Banner in Hulunbeier City	144409
70	呼和浩特市清水河县	Qingshuihe County in Hohhot City	143860
71	阿拉善盟阿拉善左旗	Alashanzuo Banner in Alashan League	142995
72	巴彦淖尔市乌拉特中旗	Wulatezhong Banner in Bayannaoer City	141844
73	鄂尔多斯市杭锦旗	Hangjin Banner in Erdos City	141385
74	乌海市乌达区	Wuda District in Wuhai City	130156
75	巴彦淖尔市磴口县	Dengkou County in Bayannaoer City	122530
76	包头市达尔罕茂明安联合旗	Daerhanmaomingan Union Banner in Baotou City	120400
77	鄂尔多斯市乌审旗	Wushen Banner in Erdos City	104623
78	锡林郭勒盟多伦县	Duolun County in Xilinguole League	103760
79	乌海市海南区	Hainan District in Wuhai City	103120
80	鄂尔多斯市鄂托克旗	Etuoke Banner in Erdos City	95955
81	呼伦贝尔市额尔古纳市	Eerguna City in Hulunbeier City	85265
82	锡林郭勒盟正蓝旗	Zhenglan Banner in Xilinguole League	81450
83	通辽市霍林郭勒市	Huolinguole City in Tongliao City	78892
84	鄂尔多斯市鄂托克前旗	Etuokeqian Banner in Erdos City	75141
85	锡林郭勒盟西乌珠穆沁旗	xiwuzhumuqin Banner in Xilinguole League	74780
86	锡林郭勒盟东乌珠穆沁旗	Dongwuzhumuqin Banner in Xilinguole League	74712
87	锡林郭勒盟正镶白旗	Zhengxiangbai Banner in Xilinguole League	72729
88	锡林郭勒盟苏尼特右旗	Suniteyou Banner in Xilinguole League	69287
89	巴彦淖尔市乌拉特后旗	Wulatehou Banner in Bayannaoer City	64313
90	呼伦贝尔市陈巴尔虎旗	Chenbaerhu Banner in Hulunbeier City	59736
91	兴安盟阿尔山市	Aershan City in Xingan League	47865
92	包头市石拐矿区	Shiguai District in Baotou City	46900
93	锡林郭勒盟阿巴嘎旗	Abaga Banner in Xilinguole League	44514
94	呼伦贝尔市新巴尔虎左旗	Xinbaerhuzuo Banner in Hulunbeier City	41922
95	呼伦贝尔市新巴尔虎右旗	Xinbaerhuyou Banner in Hulunbeier City	34281
96	锡林郭勒盟苏尼特左旗	Sunitezuo Banner in Xilinguole League	33809
97	锡林郭勒盟镶黄旗	Xianghuang Banner in Xilinguole League	30716
98	锡林郭勒盟二连浩特市	Erlianhaote City in Xilinguole League	25639
99	包头市白云鄂博矿区	Baiyun Mineral District in Baotou City	24600
100	阿拉善盟阿拉善右旗	Alashanyou Banner in Alashan League	24565
101	阿拉善盟额济纳旗	Ejina Banner in Alashan League	17135

23-2 各旗县（区）按生产总值排序（2008年）

Banners, Counties and Districts Ranked by Gross Domestic Product(2008)

单位：万元 (10 000 yuan)

位次 Order	旗县(区)名称	Name of Banners, Counties and Districts	生产总值 GDP
1	包头市昆都仑区	Kundulun District in Baotou City	6158986
2	鄂尔多斯市准格尔旗	Zhungeer Banner in Erdos City	3955000
3	鄂尔多斯市东胜区	Dongsheng District in Erdos City	3900100
4	包头市青山区	Qingshan District in Baotou City	3298826
5	通辽市科尔沁区	Keerqin District in Tongliao City	3260602
6	鄂尔多斯市伊金霍洛旗	Yijinhuoluo Banner in Erdos City	2922400
7	呼和浩特市新城区	Xincheng District in Hohhot City	2810214
8	包头市东河区	Donghe District in Baotou City	2362860
9	呼和浩特市赛罕区	Saihan District in Hohhot City	2246738
10	鄂尔多斯市达拉特旗	Dalate Banner in Erdos City	2206595
11	呼和浩特市回民区	Huimin District in Hohhot City	1738884
12	鄂尔多斯市鄂托克旗	Etuoke Banner in Erdos City	1550000
13	阿拉善盟阿拉善左旗	Alashanzuo Banner in Alashan League	1402522
14	呼和浩特市玉泉区	Yuquan District in Hohhot City	1328508
15	通辽市霍林郭勒市	Huolinguole City in Tongliao City	1310107
16	巴彦淖尔市临河区	Linhe District in Bayannaoer City	1281000
17	呼和浩特市托克托县	Tuoketuo County in Hohhot City	1265458
18	赤峰市红山区	Hongshan District in Chifeng City	1183625
19	呼和浩特市土默特左旗	Tumotezuo Banner in Hohhot City	1140094
20	赤峰市元宝山区	Yuanbaoshan District in Chifeng City	1063829
21	鄂尔多斯市乌审旗	Wushen Banner in Erdos City	1060000
22	呼伦贝尔市海拉尔区	Hailaer District in Hulunbeier City	1053094
23	锡林郭勒盟锡林浩特市	Xilinhaote City in Xilinguole League	1030959
24	包头市九原区	Jiuyuan District in Baotou City	1020956
25	包头市土默特右旗	Tumoteyou Banner in Baotou City	1019201
26	呼伦贝尔市满洲里市	Manzhouli City in Hulunbeier City	1001493
27	呼和浩特市和林格尔县	Helingeer County in Hohhot City	979900
28	乌海市海勃湾区	Haibowan District in Wuhai City	931553
29	包头市达尔罕茂明安联合旗	Daerhanmaomingan Union Banner in Baotou City	858800
30	赤峰市松山区	Songshan District in Chifeng City	819042
31	通辽市开鲁县	Kailu County in Tongliao City	798685
32	乌海市海南区	Hainan District in Wuhai City	788054
33	乌兰察布市集宁区	Jining District in Wulanchabu City	750996
34	通辽市扎鲁特旗	Zhalute Banner in Tongliao City	747316

23-2 续表 1 continued

单位：万元 (10 000 yuan)

位次 Order	旗县(区)名称	Name of Banners, Counties and Districts	生产总值 GDP
35	巴彦淖尔市乌拉特前旗	Wulateqian Banner in Bayannaoer City	746100
36	巴彦淖尔市杭锦后旗	Hangjinhou Banner in Bayannaoer City	704700
37	通辽市科尔沁左翼后旗	Keerqinzuoyihou Banner in Tongliao City	704145
38	乌兰察布市丰镇市	Fengzhen City in Wulanchabu City	700744
39	通辽市科尔沁左翼中旗	Keerqinzuoyizhong Banner in Tongliao City	698803
40	乌海市乌达区	Wuda District in Wuhai City	698426
41	呼伦贝尔市牙克石市	Yakeshi City in Hulunbeier City	697243
42	赤峰市敖汉旗	Aohan Banner in Chifeng City	681040
43	赤峰市宁城县	Ningcheng County in Chifeng City	668457
44	呼伦贝尔市扎兰屯市	Zhalantun City in Hulunbeier City	665129
45	通辽市奈曼旗	Naiman Banner in Tongliao City	637994
46	呼伦贝尔市阿荣旗	Arong Banner in Hulunbeier City	620366
47	赤峰市翁牛特旗	Wengniute Banner in Chifeng City	594866
48	赤峰市克什克腾旗	Keshiketeng Banner in Chifeng City	579240
49	兴安盟乌兰浩特市	Wulanhaote City in Xingan League	566898
50	乌兰察布市凉城县	Liangcheng County in Wulanchabu City	550258
51	包头市固阳县	Guyang County in Baotou City	522479
52	赤峰市喀喇沁旗	Kalaqin Banner in Chifeng City	519045
53	巴彦淖尔市乌拉特后旗	Wulatehou Banner in Bayannaoer City	500200
54	呼伦贝尔市莫力达瓦达斡尔族自治旗	Molidawadawoer National Autonomous Banner in Hulunbeier City	472959
55	赤峰市巴林左旗	Balinzuo Banner in Chifeng City	467748
56	巴彦淖尔市五原县	Wuyuan County in Bayannaoer City	465900
57	锡林郭勒盟东乌珠穆沁旗	Dongwuzhumuqin Banner in Xilinguole League	452992
58	乌兰察布市察哈尔右翼前旗	Chahaeryouyiqian Banner in Wulanchabu City	444091
59	包头市石拐矿区	Shiguai District in Baotou City	438430
60	呼伦贝尔市鄂温克族自治旗	Ewenke National Autonomous Banner in Hulunbeier City	434843
61	锡林郭勒盟西乌珠穆沁旗	xiwuzhumuqin Banner in Xilinguole League	402133
62	呼和浩特市武川县	Wuchuan County in Hohhot City	387404
63	锡林郭勒盟正蓝旗	Zhenglan Banner in Xilinguole League	386042
64	巴彦淖尔市乌拉特中旗	Wulatezhong Banner in Bayannaoer City	382400
65	赤峰市阿鲁科尔沁旗	Alukeerqin Banner in Chifeng City	376241
66	乌兰察布市察哈尔右翼后旗	Chahaeryouyihou Banner in Wulanchabu City	351143
67	兴安盟扎赉特旗	Zhalaite Banner in Xingan League	336877
68	兴安盟科尔沁右翼前旗	Keerqinyouyiqian Banner in Xingan League	334781

23-2 续表 2 continued

单位：万元 (10 000 yuan)

位次 Order	旗县(区)名称	Name of Banners, Counties and Districts	生产总值 GDP
69	呼伦贝尔市新巴尔虎右旗	Xinbaerhuyou Banner in Hulunbeier City	334598
70	锡林郭勒盟二连浩特市	Erlianhaote City in Xilinguole League	329233
71	乌兰察布市卓资县	Zhuozi County in Wulanchabu City	320133
72	鄂尔多斯市杭锦旗	Hangjin Banner in Erdos City	314200
73	呼伦贝尔市陈巴尔虎旗	Chenbaerhu Banner in Hulunbeier City	311234
74	巴彦淖尔市磴口县	Dengkou County in Bayannaoer City	310300
75	通辽市库伦旗	Kulun Banner in Tongliao City	308662
76	鄂尔多斯市鄂托克前旗	Etuokeqian Banner in Erdos City	295700
77	锡林郭勒盟多伦县	Duolun County in Xilinguole League	293880
78	乌兰察布市兴和县	Xinghe County in Wulanchabu City	276210
79	乌兰察布市商都县	Shangdu County in Wulanchabu City	275208
80	赤峰市巴林右旗	Balinyou Banner in Chifeng City	274929
81	赤峰市林西县	Linxi County in Chifeng City	271901
82	兴安盟突泉县	Tuquan County in Xingan League	270982
83	呼和浩特市清水河县	Qingshuihe County in Hohhot City	266913
84	乌兰察布市四子王旗	Siziwang Banner in Wulanchabu City	265002
85	呼伦贝尔市鄂伦春自治旗	Elunchun National Autonomous Banner in Hulunbeier City	244407
86	锡林郭勒盟苏尼特右旗	Suniteyou Banner in Xilinguole League	223749
87	乌兰察布市察哈尔右翼中旗	Chahaeryouyizhong Banner in Wulanchabu City	222216
88	锡林郭勒盟苏尼特左旗	Sunitezuo Banner in Xilinguole League	212367
89	兴安盟科尔沁右翼中旗	Keerqinyouyizhong Banner in Xingan League	210104
90	锡林郭勒盟太仆寺旗	Taipusi Banner in Xilinguole League	205776
91	呼伦贝尔市根河市	Genhe City in Hulunbeier City	204286
92	阿拉善盟额济纳旗	Ejina Banner in Alashan League	204162
93	呼伦贝尔市额尔古纳市	Eerguna City in Hulunbeier City	191083
94	乌兰察布市化德县	Huade County in Wulanchabu City	190862
95	锡林郭勒盟镶黄旗	Xianghuang Banner in Xilinguole League	183493
96	阿拉善盟阿拉善右旗	Alashanyou Banner in Alashan League	175116
97	锡林郭勒盟阿巴嘎旗	Abaga Banner in Xilinguole League	169873
98	包头市白云鄂博矿区	Baiyun Mineral District in Baotou City	155931
99	锡林郭勒盟正镶白旗	Zhengxiangbai Banner in Xilinguole League	151442
100	呼伦贝尔市新巴尔虎左旗	Xinbaerhuzuo Banner in Hulunbeier City	150653
101	兴安盟阿尔山市	Aershan City in Xingan League	62645

23-3 各旗县（区）按粮食产量排序（2008年）

Banners, Counties and Districts Ranked by Output of Grain （2008）

单位：吨 (ton)

位次 Order	旗县(区)名称	Name of Banners, Counties and Districts	粮食产量 Output of Grain
1	通辽市科尔沁左翼中旗	Keerqinzuoyizhong Banner in Tongliao City	1832508
2	呼伦贝尔市莫力达瓦达斡尔族自治旗	Molidawadawoer National Autonomous Banner in Hulunbeier City	1223431
3	呼伦贝尔市阿荣旗	Arong Banner in Hulunbeier City	1160531
4	通辽市科尔沁区	Keerqin District in Tongliao City	949375
5	通辽市开鲁县	Kailu County in Tongliao City	855000
6	通辽市科尔沁左翼后旗	Keerqinzuoyihou Banner in Tongliao City	825000
7	包头市土默特右旗	Tumoteyou Banner in Baotou City	721781
8	兴安盟扎赉特旗	Zhalaite Banner in Xingan League	699000
9	呼伦贝尔市扎兰屯市	Zhalantun City in Hulunbeier City	698259
10	赤峰市敖汉旗	Aohan Banner in Chifeng City	650451
11	通辽市奈曼旗	Naiman Banner in Tongliao City	625000
12	兴安盟科尔沁右翼前旗	Keerqinyouyiqian Banner in Xingan League	600000
13	赤峰市松山区	Songshan District in Chifeng City	585022
14	鄂尔多斯市达拉特旗	Dalate Banner in Erdos City	550000
15	赤峰市翁牛特旗	Wengniute Banner in Chifeng City	525518
16	赤峰市宁城县	Ningcheng County in Chifeng City	522386
17	兴安盟突泉县	Tuquan County in Xingan League	505400
18	兴安盟科尔沁右翼中旗	Keerqinyouyizhong Banner in Xingan League	502000
19	巴彦淖尔市乌拉特前旗	Wulateqian Banner in Bayannaoer City	487031
20	巴彦淖尔市临河区	Linhe District in Bayannaoer City	457201
21	巴彦淖尔市杭锦后旗	Hangjinhou Banner in Bayannaoer City	423480
22	巴彦淖尔市五原县	Wuyuan County in Bayannaoer City	420615
23	呼和浩特市土默特左旗	Tumotezuo Banner in Hohhot City	403168
24	通辽市库伦旗	Kulun Banner in Tongliao City	380000
25	呼伦贝尔市牙克石市	Yakeshi City in Hulunbeier City	353001
26	通辽市扎鲁特旗	Zhalute Banner in Tongliao City	350000
27	呼伦贝尔市鄂伦春自治旗	Elunchun National Autonomous Banner in Hulunbeier City	300672
28	鄂尔多斯市杭锦旗	Hangjin Banner in Erdos City	296467
29	赤峰市阿鲁科尔沁旗	Alukeerqin Banner in Chifeng City	295062
30	赤峰市巴林左旗	Balinzuo Banner in Chifeng City	265076
31	巴彦淖尔市乌拉特中旗	Wulatezhong Banner in Bayannaoer City	223769
32	乌兰察布市凉城县	Liangcheng County in Wulanchabu City	208230
33	赤峰市林西县	Linxi County in Chifeng City	205068
34	呼和浩特市托克托县	Tuoketuo County in Hohhot City	202384

23-3 续表 1 continued

单位：吨 (ton)

位次 Order	旗县(区)名称	Name of Banners, Counties and Districts	粮食产量 Output of Grain
35	呼伦贝尔市额尔古纳市	Eerguna City in Hulunbeier City	200499
36	呼和浩特市和林格尔县	Helingeer County in Hohhot City	186136
37	呼和浩特市武川县	Wuchuan County in Hohhot City	157563
38	乌兰察布市四子王旗	Siziwang Banner in Wulanchabu City	151315
39	赤峰市喀喇沁旗	Kalaqin Banner in Chifeng City	150715
40	兴安盟乌兰浩特市	Wulanhaote City in Xingan League	150000
41	呼伦贝尔市陈巴尔虎旗	Chenbaerhu Banner in Hulunbeier City	140584
42	乌兰察布市丰镇市	Fengzhen City in Wulanchabu City	136237
43	阿拉善盟阿拉善左旗	Alashanzuo Banner in Alashan League	133232
44	乌兰察布市兴和县	Xinghe County in Wulanchabu City	133000
45	赤峰市元宝山区	Yuanbaoshan District in Chifeng City	120624
46	乌兰察布市商都县	Shangdu County in Wulanchabu City	120021
47	鄂尔多斯市准格尔旗	Zhungeer Banner in Erdos City	115061
48	赤峰市克什克腾旗	Keshiketeng Banner in Chifeng City	114314
49	鄂尔多斯市乌审旗	Wushen Banner in Erdos City	113974
50	乌兰察布市察哈尔右翼前旗	Chahaeryouyiqian Banner in Wulanchabu City	110850
51	鄂尔多斯市鄂托克前旗	Etuokeqian Banner in Erdos City	110000
52	乌兰察布市察哈尔右翼中旗	Chahaeryouyizhong Banner in Wulanchabu City	109609
53	巴彦淖尔市磴口县	Dengkou County in Bayannaoer City	109467
54	赤峰市巴林右旗	Balinyou Banner in Chifeng City	105055
55	乌兰察布市察哈尔右翼后旗	Chahaeryouyihou Banner in Wulanchabu City	100848
56	锡林郭勒盟太仆寺旗	Taipusi Banner in Xilinguole League	99753
57	乌兰察布市卓资县	Zhuozi County in Wulanchabu City	99726
58	呼和浩特市清水河县	Qingshuihe County in Hohhot City	95234
59	鄂尔多斯市伊金霍洛旗	Yijinhuoluo Banner in Erdos City	91500
60	呼和浩特市赛罕区	Saihan District in Hohhot City	90522
61	包头市固阳县	Guyang County in Baotou City	87415
62	乌兰察布市化德县	Huade County in Wulanchabu City	80170
63	鄂尔多斯市鄂托克旗	Etuoke Banner in Erdos City	79926
64	包头市达尔罕茂明安联合旗	Daerhanmaomingan Union Banner in Baotou City	78534
65	锡林郭勒盟多伦县	Duolun County in Xilinguole League	68122
66	呼伦贝尔市海拉尔区	Hailaer District in Hulunbeier City	60170
67	锡林郭勒盟东乌珠穆沁旗	Dongwuzhumuqin Banner in Xilinguole League	58200
68	包头市九原区	Jiuyuan District in Baotou City	52323

23-3 续表 2 continued

单位：吨 (ton)

位次 Order	旗县(区)名称	Name of Banners, Counties and Districts	粮食产量 Output of Grain
69	赤峰市红山区	Hongshan District in Chifeng City	51234
70	兴安盟阿尔山市	Aershan City in Xingan League	43708
71	呼伦贝尔市鄂温克族自治旗	Ewenke National Autonomous Banner in Hulunbeier City	41877
72	呼和浩特市玉泉区	Yuquan District in Hohhot City	37977
73	鄂尔多斯市东胜区	Dongsheng District in Erdos City	35014
74	呼伦贝尔市新巴尔虎左旗	Xinbaerhuzuo Banner in Hulunbeier City	34587
75	包头市东河区	Donghe District in Baotou City	30645
76	巴彦淖尔市乌拉特后旗	Wulatehou Banner in Bayannaoer City	29994
77	锡林郭勒盟正蓝旗	Zhenglan Banner in Xilinguole League	22469
78	通辽市霍林郭勒市	Huolinguole City in Tongliao City	21825
79	乌海市海南区	Hainan District in Wuhai City	18212
80	呼和浩特市新城区	Xincheng District in Hohhot City	18093
81	阿拉善盟阿拉善右旗	Alashanyou Banner in Alashan League	17392
82	锡林郭勒盟锡林浩特市	Xilinhaote City in Xilinguole League	14600
83	乌兰察布市集宁区	Jining District in Wulanchabu City	10542
84	乌海市海勃湾区	Haibowan District in Wuhai City	8308
85	包头市昆都仑区	Kundulun District in Baotou City	7917
86	锡林郭勒盟二连浩特市	Erlianhaote City in Xilinguole League	7700
87	呼伦贝尔市根河市	Genhe City in Hulunbeier City	6311
88	包头市青山区	Qingshan District in Baotou City	5806
89	乌海市乌达区	Wuda District in Wuhai City	5375
90	包头市石拐矿区	Shiguai District in Baotou City	4887
91	阿拉善盟额济纳旗	Ejina Banner in Alashan League	4518
92	锡林郭勒盟正镶白旗	Zhengxiangbai Banner in Xilinguole League	3955
93	呼和浩特市回民区	Huimin District in Hohhot City	2959
94	呼伦贝尔市满洲里市	Manzhouli City in Hulunbeier City	893
95	锡林郭勒盟苏尼特右旗	Suniteyou Banner in Xilinguole League	500
96	呼伦贝尔市新巴尔虎右旗	Xinbaerhuyou Banner in Hulunbeier City	334
97	锡林郭勒盟西乌珠穆沁旗	xiwuzhumuqin Banner in Xilinguole League	100
98	锡林郭勒盟镶黄旗	Xianghuang Banner in Xilinguole League	14
99	锡林郭勒盟阿巴嘎旗	Abaga Banner in Xilinguole League	
100	锡林郭勒盟苏尼特左旗	Sunitezuo Banner in Xilinguole League	
101	包头市白云鄂博矿区	Baiyun Mineral District in Baotou City	

23-4 各旗县（区）按年末牲畜存栏头数排序（2008年）

Banners, Counties and Districts Ranked by Number of Livestock (Year end of 2008)

单位：万头（只） (10 000 heads)

位次 Order	旗县(区)名称	Name of Banners, Counties and Districts	年末牲畜存栏头数 Number of Livestock at the Year-end
1	鄂尔多斯市达拉特旗	Dalate Banner in Erdos City	209.26
2	通辽市扎鲁特旗	Zhalute Banner in Tongliao City	192.11
3	锡林郭勒盟东乌珠穆沁旗	Dongwuzhumuqin Banner in Xilinguole League	189.13
4	兴安盟科尔沁右翼前旗	Keerqinyouyiqian Banner in Xingan League	178.98
5	巴彦淖尔市临河区	Linhe District in Bayannaoer City	173.66
6	通辽市开鲁县	Kailu County in Tongliao City	166.39
7	呼伦贝尔市阿荣旗	Arong Banner in Hulunbeier City	155.59
8	通辽市科尔沁区	Keerqin District in Tongliao City	153.85
9	通辽市科尔沁左翼中旗	Keerqinzuoyizhong Banner in Tongliao City	153.30
10	赤峰市敖汉旗	Aohan Banner in Chifeng City	150.18
11	通辽市奈曼旗	Naiman Banner in Tongliao City	145.99
12	巴彦淖尔市杭锦后旗	Hangjinhou Banner in Bayannaoer City	142.80
13	兴安盟科尔沁右翼中旗	Keerqinyouyizhong Banner in Xingan League	137.93
14	鄂尔多斯市杭锦旗	Hangjin Banner in Erdos City	134.78
15	鄂尔多斯市鄂托克旗	Etuoke Banner in Erdos City	129.56
16	赤峰市翁牛特旗	Wengniute Banner in Chifeng City	129.13
17	通辽市科尔沁左翼后旗	Keerqinzuoyihou Banner in Tongliao City	126.88
18	巴彦淖尔市乌拉特中旗	Wulatezhong Banner in Bayannaoer City	126.88
19	鄂尔多斯市乌审旗	Wushen Banner in Erdos City	126.10
20	巴彦淖尔市乌拉特前旗	Wulateqian Banner in Bayannaoer City	124.80
21	赤峰市阿鲁科尔沁旗	Alukeerqin Banner in Chifeng City	122.84
22	呼伦贝尔市新巴尔虎右旗	Xinbaerhuyou Banner in Hulunbeier City	122.31
23	呼伦贝尔市莫力达瓦达斡尔族自治旗	Molidawadawoer National Autonomous Banner in Hulunbeier City	118.72
24	兴安盟扎赉特旗	Zhalaite Banner in Xingan League	115.11
25	阿拉善盟阿拉善左旗	Alashanzuo Banner in Alashan League	114.72
26	赤峰市巴林右旗	Balinyou Banner in Chifeng City	108.19
27	巴彦淖尔市五原县	Wuyuan County in Bayannaoer City	103.25
28	锡林郭勒盟西乌珠穆沁旗	xiwuzhumuqin Banner in Xilinguole League	103.22
29	赤峰市巴林左旗	Balinzuo Banner in Chifeng City	96.83
30	锡林郭勒盟阿巴嘎旗	Abaga Banner in Xilinguole League	91.51
31	包头市土默特右旗	Tumoteyou Banner in Baotou City	90.00
32	乌兰察布市四子王旗	Siziwang Banner in Wulanchabu City	80.88
33	赤峰市克什克腾旗	Keshiketeng Banner in Chifeng City	79.88
34	呼伦贝尔市扎兰屯市	Zhalantun City in Hulunbeier City	78.32

23-4 续表 1 continued

单位：万头（只） (10 000 heads)

位次 Order	旗县(区)名称	Name of Banners, Counties and Districts	年末牲畜存栏头数 Number of Livestock at the Year-end
35	鄂尔多斯市鄂托克前旗	Etuokeqian Banner in Erdos City	78.28
36	通辽市库伦旗	Kulun Banner in Tongliao City	77.18
37	乌兰察布市丰镇市	Fengzhen City in Wulanchabu City	74.93
38	呼伦贝尔市新巴尔虎左旗	Xinbaerhuzuo Banner in Hulunbeier City	73.71
39	鄂尔多斯市准格尔旗	Zhungeer Banner in Erdos City	73.60
40	锡林郭勒盟锡林浩特市	Xilinhaote City in Xilinguole League	68.70
41	乌兰察布市兴和县	Xinghe County in Wulanchabu City	68.54
42	鄂尔多斯市伊金霍洛旗	Yijinhuoluo Banner in Erdos City	66.15
43	锡林郭勒盟苏尼特左旗	Sunitezuo Banner in Xilinguole League	65.62
44	乌兰察布市凉城县	Liangcheng County in Wulanchabu City	60.55
45	乌兰察布市察哈尔右翼前旗	Chahaeryouyiqian Banner in Wulanchabu City	60.55
46	乌兰察布市察哈尔右翼中旗	Chahaeryouyizhong Banner in Wulanchabu City	60.01
47	包头市达尔罕茂明安联合旗	Daerhanmaomingan Union Banner in Baotou City	59.25
48	赤峰市松山区	Songshan District in Chifeng City	58.20
49	呼和浩特市土默特左旗	Tumotezuo Banner in Hohhot City	57.23
50	兴安盟突泉县	Tuquan County in Xingan League	53.86
51	呼和浩特市和林格尔县	Helingeer County in Hohhot City	53.73
52	呼伦贝尔市陈巴尔虎旗	Chenbaerhu Banner in Hulunbeier City	52.71
53	赤峰市林西县	Linxi County in Chifeng City	51.65
54	呼伦贝尔市鄂温克族自治旗	Ewenke National Autonomous Banner in Hulunbeier City	50.87
55	锡林郭勒盟苏尼特右旗	Suniteyou Banner in Xilinguole League	49.50
56	赤峰市宁城县	Ningcheng County in Chifeng City	44.73
57	锡林郭勒盟正镶白旗	Zhengxiangbai Banner in Xilinguole League	44.09
58	乌兰察布市商都县	Shangdu County in Wulanchabu City	42.18
59	乌兰察布市卓资县	Zhuozi County in Wulanchabu City	41.26
60	呼和浩特市武川县	Wuchuan County in Hohhot City	39.61
61	巴彦淖尔市磴口县	Dengkou County in Bayannaoer City	38.81
62	包头市固阳县	Guyang County in Baotou City	38.74
63	巴彦淖尔市乌拉特后旗	Wulatehou Banner in Bayannaoer City	38.44
64	乌兰察布市化德县	Huade County in Wulanchabu City	36.53
65	锡林郭勒盟正蓝旗	Zhenglan Banner in Xilinguole League	35.83
66	赤峰市喀喇沁旗	Kalaqin Banner in Chifeng City	33.41
67	乌兰察布市察哈尔右翼后旗	Chahaeryouyihou Banner in Wulanchabu City	33.19
68	呼伦贝尔市鄂伦春自治旗	Elunchun National Autonomous Banner in Hulunbeier City	30.80

23-4 续表 2 continued

单位：万头（只） (10 000 heads)

位 次 Order	旗县(区)名称	Name of Banners, Counties and Districts	年末牲畜存栏头数 Number of Livestock at the Year-end
69	呼和浩特市清水河县	Qingshuihe County in Hohhot City	30.74
70	锡林郭勒盟镶黄旗	Xianghuang Banner in Xilinguole League	30.13
71	呼伦贝尔市牙克石市	Yakeshi City in Hulunbeier City	29.96
72	呼和浩特市托克托县	Tuoketuo County in Hohhot City	29.52
73	呼和浩特市赛罕区	Saihan District in Hohhot City	24.93
74	呼伦贝尔市额尔古纳市	Eerguna City in Hulunbeier City	19.48
75	阿拉善盟阿拉善右旗	Alashanyou Banner in Alashan League	17.97
76	锡林郭勒盟多伦县	Duolun County in Xilinguole League	17.39
77	兴安盟乌兰浩特市	Wulanhaote City in Xingan League	16.64
78	包头市九原区	Jiuyuan District in Baotou City	16.47
79	兴安盟阿尔山市	Aershan City in Xingan League	16.42
80	鄂尔多斯市东胜区	Dongsheng District in Erdos City	15.20
81	赤峰市元宝山区	Yuanbaoshan District in Chifeng City	15.16
82	通辽市霍林郭勒市	Huolinguole City in Tongliao City	14.71
83	呼伦贝尔市海拉尔区	Hailaer District in Hulunbeier City	12.51
84	包头市东河区	Donghe District in Baotou City	11.64
85	锡林郭勒盟太仆寺旗	Taipusi Banner in Xilinguole League	11.58
86	赤峰市红山区	Hongshan District in Chifeng City	7.67
87	呼伦贝尔市满洲里市	Manzhouli City in Hulunbeier City	7.13
88	乌海市海南区	Hainan District in Wuhai City	7.02
89	阿拉善盟额济纳旗	Ejina Banner in Alashan League	6.99
90	乌兰察布市集宁区	Jining District in Wulanchabu City	6.19
91	包头市昆都仑区	Kundulun District in Baotou City	5.66
92	包头市石拐矿区	Shiguai District in Baotou City	5.47
93	呼和浩特市新城区	Xincheng District in Hohhot City	5.37
94	乌海市海勃湾区	Haibowan District in Wuhai City	4.46
95	锡林郭勒盟二连浩特市	Erlianhaote City in Xilinguole League	3.38
96	呼和浩特市玉泉区	Yuquan District in Hohhot City	2.99
97	呼伦贝尔市根河市	Genhe City in Hulunbeier City	2.21
98	乌海市乌达区	Wuda District in Wuhai City	1.94
99	包头市青山区	Qingshan District in Baotou City	1.74
100	呼和浩特市回民区	Huimin District in Hohhot City	1.16
101	包头市白云鄂博矿区	Baiyun Mineral District in Baotou City	0.13

23-5 各旗县（区）按农牧民人均纯收入排序（2008年）

Banners, Counties and Districts Ranked by Net Income of Peasants and Herdsmen （2008）

单位：元 (yuan)

位 次 Order	旗县(区)名称	Name of Banners, Counties and Districts	农牧民人均纯收入 Net Income of Peasants & Herdsmen
1	锡林郭勒盟东乌珠穆沁旗	Dongwuzhumuqin Banner in Xilinguole League	9622
2	包头市昆都仑区	Kundulun District in Baotou City	9567
3	包头市青山区	Qingshan District in Baotou City	9325
4	包头市东河区	Donghe District in Baotou City	9016
5	通辽市霍林郭勒市	Huolinguole City in Tongliao City	9005
6	呼伦贝尔市海拉尔区	Hailaer District in Hulunbeier City	8780
7	呼和浩特市回民区	Huimin District in Hohhot City	8773
8	呼和浩特市玉泉区	Yuquan District in Hohhot City	8618
9	呼和浩特市新城区	Xincheng District in Hohhot City	8601
10	呼伦贝尔市额尔古纳市	Eerguna City in Hulunbeier City	8600
11	呼和浩特市赛罕区	Saihan District in Hohhot City	8495
12	包头市九原区	Jiuyuan District in Baotou City	8361
13	呼和浩特市土默特左旗	Tumotezuo Banner in Hohhot City	7736
14	乌海市海勃湾区	Haibowan District in Wuhai City	7690
15	乌海市乌达区	Wuda District in Wuhai City	7610
16	呼和浩特市托克托县	Tuoketuo County in Hohhot City	7479
17	锡林郭勒盟锡林浩特市	Xilinhaote City in Xilinguole League	7301
18	鄂尔多斯市鄂托克前旗	Etuokeqian Banner in Erdos City	7289
19	鄂尔多斯市伊金霍洛旗	Yijinhuoluo Banner in Erdos City	7262
20	鄂尔多斯市东胜区	Dongsheng District in Erdos City	7241
21	鄂尔多斯市乌审旗	Wushen Banner in Erdos City	7241
22	呼伦贝尔市陈巴尔虎旗	Chenbaerhu Banner in Hulunbeier City	7212
23	锡林郭勒盟西乌珠穆沁旗	xiwuzhumuqin Banner in Xilinguole League	7180
24	鄂尔多斯市准格尔旗	Zhungeer Banner in Erdos City	7155
25	鄂尔多斯市达拉特旗	Dalate Banner in Erdos City	7129
26	赤峰市红山区	Hongshan District in Chifeng City	7105
27	包头市土默特右旗	Tumoteyou Banner in Baotou City	7102
28	乌海市海南区	Hainan District in Wuhai City	7100
29	阿拉善盟额济纳旗	Ejina Banner in Alashan League	7094
30	呼伦贝尔市新巴尔虎左旗	Xinbaerhuzuo Banner in Hulunbeier City	7085
31	鄂尔多斯市鄂托克旗	Etuoke Banner in Erdos City	7058
32	锡林郭勒盟阿巴嘎旗	Abaga Banner in Xilinguole League	7053
33	呼伦贝尔市鄂温克族自治旗	Ewenke National Autonomous Banner in Hulunbeier City	7050
34	巴彦淖尔市杭锦后旗	Hangjinhou Banner in Bayannaoer City	6995

23-5 续表 1 continued

单位：元 (yuan)

位 次 Order	旗县(区)名称	Name of Banners, Counties and Districts	农牧民人均纯收入 Net Income of Peasants & Herdsmen
35	巴彦淖尔市临河区	Linhe District in Bayannaoer City	6995
36	赤峰市元宝山区	Yuanbaoshan District in Chifeng City	6991
37	呼伦贝尔市新巴尔虎右旗	Xinbaerhuyou Banner in Hulunbeier City	6980
38	鄂尔多斯市杭锦旗	Hangjin Banner in Erdos City	6954
39	巴彦淖尔市磴口县	Dengkou County in Bayannaoer City	6913
40	呼和浩特市和林格尔县	Helingeer County in Hohhot City	6701
41	巴彦淖尔市乌拉特前旗	Wulateqian Banner in Bayannaoer City	6680
42	阿拉善盟阿拉善右旗	Alashanyou Banner in Alashan League	6631
43	巴彦淖尔市五原县	Wuyuan County in Bayannaoer City	6576
44	包头市达尔罕茂明安联合旗	Daerhanmaomingan Union Banner in Baotou City	6242
45	通辽市科尔沁区	Keerqin District in Tongliao City	6200
46	锡林郭勒盟二连浩特市	Erlianhaote City in Xilinguole League	5725
47	通辽市开鲁县	Kailu County in Tongliao City	5598
48	乌兰察布市集宁区	Jining District in Wulanchabu City	5595
49	赤峰市松山区	Songshan District in Chifeng City	5494
50	包头市石拐矿区	Shiguai District in Baotou City	5430
51	包头市固阳县	Guyang County in Baotou City	5402
52	阿拉善盟阿拉善左旗	Alashanzuo Banner in Alashan League	5364
53	呼伦贝尔市阿荣旗	Arong Banner in Hulunbeier City	5355
54	呼伦贝尔市莫力达瓦达斡尔族自治旗	Molidawadawoer National Autonomous Banner in Hulunbeier City	5267
55	锡林郭勒盟正蓝旗	Zhenglan Banner in Xilinguole League	5222
56	巴彦淖尔市乌拉特中旗	Wulatezhong Banner in Bayannaoer City	5170
57	呼和浩特市清水河县	Qingshuihe County in Hohhot City	5008
58	乌兰察布市凉城县	Liangcheng County in Wulanchabu City	4940
59	呼伦贝尔市牙克石市	Yakeshi City in Hulunbeier City	4900
60	呼伦贝尔市扎兰屯市	Zhalantun City in Hulunbeier City	4880
61	通辽市扎鲁特旗	Zhalute Banner in Tongliao City	4757
62	乌兰察布市丰镇市	Fengzhen City in Wulanchabu City	4738
63	兴安盟乌兰浩特市	Wulanhaote City in Xingan League	4671
64	锡林郭勒盟苏尼特左旗	Sunitezuo Banner in Xilinguole League	4612
65	通辽市科尔沁左翼后旗	Keerqinzuoyihou Banner in Tongliao City	4451
66	赤峰市宁城县	Ningcheng County in Chifeng City	4424
67	赤峰市克什克腾旗	Keshiketeng Banner in Chifeng City	4406
68	赤峰市巴林左旗	Balinzuo Banner in Chifeng City	4363

23-5 续表 2 continued

单位：元 (yuan)

位 次 Order	旗县(区)名称	Name of Banners, Counties and Districts	农牧民人均纯收入 Net Income of Peasants & Herdsmen
69	通辽市科尔沁左翼中旗	Keerqinzuoyizhong Banner in Tongliao City	4338
70	通辽市库伦旗	Kulun Banner in Tongliao City	4326
71	锡林郭勒盟多伦县	Duolun County in Xilinguole League	4280
72	赤峰市翁牛特旗	Wengniute Banner in Chifeng City	4280
73	赤峰市巴林右旗	Balinyou Banner in Chifeng City	4256
74	呼和浩特市武川县	Wuchuan County in Hohhot City	4228
75	赤峰市喀喇沁旗	Kalaqin Banner in Chifeng City	4194
76	乌兰察布市察哈尔右翼前旗	Chahaeryouyiqian Banner in Wulanchabu City	4189
77	锡林郭勒盟太仆寺旗	Taipusi Banner in Xilinguole League	4101
78	赤峰市敖汉旗	Aohan Banner in Chifeng City	4072
79	锡林郭勒盟镶黄旗	Xianghuang Banner in Xilinguole League	4070
80	巴彦淖尔市乌拉特后旗	Wulatehou Banner in Bayannaoer City	4056
81	乌兰察布市卓资县	Zhuozi County in Wulanchabu City	3952
82	赤峰市林西县	Linxi County in Chifeng City	3935
83	通辽市奈曼旗	Naiman Banner in Tongliao City	3896
84	锡林郭勒盟正镶白旗	Zhengxiangbai Banner in Xilinguole League	3852
85	锡林郭勒盟苏尼特右旗	Suniteyou Banner in Xilinguole League	3814
86	赤峰市阿鲁科尔沁旗	Alukeerqin Banner in Chifeng City	3724
87	呼伦贝尔市鄂伦春自治旗	Elunchun National Autonomous Banner in Hulunbeier City	3715
88	乌兰察布市察哈尔右翼后旗	Chahaeryouyihou Banner in Wulanchabu City	3620
89	乌兰察布市四子王旗	Siziwang Banner in Wulanchabu City	3592
90	乌兰察布市兴和县	Xinghe County in Wulanchabu City	3443
91	乌兰察布市察哈尔右翼中旗	Chahaeryouyizhong Banner in Wulanchabu City	2968
92	乌兰察布市化德县	Huade County in Wulanchabu City	2965
93	乌兰察布市商都县	Shangdu County in Wulanchabu City	2960
94	兴安盟扎赉特旗	Zhalaite Banner in Xingan League	2756
95	兴安盟科尔沁右翼中旗	Keerqinyouyizhong Banner in Xingan League	2751
96	兴安盟科尔沁右翼前旗	Keerqinyouyiqian Banner in Xingan League	2675
97	兴安盟突泉县	Tuquan County in Xingan League	2609
98	包头市白云鄂博矿区	Baiyun Mineral District in Baotou City	
99	呼伦贝尔市满洲里市	Manzhouli City in Hulunbeier City	
100	呼伦贝尔市根河市	Genhe City in Hulunbeier City	
101	兴安盟阿尔山市	Aershan City in Xingan League	

23-6 各旗县（区）按在岗职工平均工资排序（2008年）

Banners, Counties and Districts Ranked by Average Wage of Staff and Workers Employed in（2008）

单位：元 (yuan)

位次 Order	旗县(区)名称	Name of Banners, Counties and Districts	职工平均工资 Average Wage
1	鄂尔多斯市伊金霍洛旗	Yijinhuoluo Banner in Erdos City	42657
2	通辽市霍林郭勒市	Huolinguole City in Tongliao City	40860
3	鄂尔多斯市准格尔旗	Zhungeer Banner in Erdos City	38702
4	鄂尔多斯市东胜区	Dongsheng District in Erdos City	38508
5	乌兰察布市丰镇市	Fengzhen City in Wulanchabu City	36301
6	包头市白云鄂博矿区	Baiyun Mineral District in Baotou City	35758
7	鄂尔多斯市乌审旗	Wushen Banner in Erdos City	35328
8	包头市昆都仑区	Kundulun District in Baotou City	34515
9	鄂尔多斯市鄂托克前旗	Etuokeqian Banner in Erdos City	34476
10	包头市青山区	Qingshan District in Baotou City	33562
11	锡林郭勒盟二连浩特市	Erlianhaote City in Xilinguole League	33106
12	乌海市海勃湾区	Haibowan District in Wuhai City	32158
13	赤峰市元宝山区	Yuanbaoshan District in Chifeng City	31542
14	鄂尔多斯市达拉特旗	Dalate Banner in Erdos City	31123
15	阿拉善盟阿拉善左旗	Alashanzuo Banner in Alashan League	31021
16	包头市九原区	Jiuyuan District in Baotou City	30700
17	鄂尔多斯市杭锦旗	Hangjin Banner in Erdos City	30460
18	乌海市乌达区	Wuda District in Wuhai City	30162
19	包头市达尔罕茂明安联合旗	Daerhanmaomingan Union Banner in Baotou City	29634
20	阿拉善盟阿拉善右旗	Alashanyou Banner in Alashan League	29562
21	乌兰察布市四子王旗	Siziwang Banner in Wulanchabu City	29090
22	乌兰察布市凉城县	Liangcheng County in Wulanchabu City	28811
23	呼伦贝尔市满洲里市	Manzhouli City in Hulunbeier City	28171
24	鄂尔多斯市鄂托克旗	Etuoke Banner in Erdos City	28108
25	锡林郭勒盟正蓝旗	Zhenglan Banner in Xilinguole League	28056
26	巴彦淖尔市乌拉特后旗	Wulatehou Banner in Bayannaoer City	27873
27	呼和浩特市赛罕区	Saihan District in Hohhot City	27669
28	呼和浩特市托克托县	Tuoketuo County in Hohhot City	27388
29	锡林郭勒盟镶黄旗	Xianghuang Banner in Xilinguole League	26967
30	锡林郭勒盟西乌珠穆沁旗	xiwuzhumuqin Banner in Xilinguole League	26857
31	锡林郭勒盟东乌珠穆沁旗	Dongwuzhumuqin Banner in Xilinguole League	26797
32	包头市东河区	Donghe District in Baotou City	26754
33	阿拉善盟额济纳旗	Ejina Banner in Alashan League	26671
34	锡林郭勒盟多伦县	Duolun County in Xilinguole League	26359

23-6 续表 1 continued

单位：元 (yuan)

位次 Order	旗县(区)名称	Name of Banners, Counties and Districts	职工平均工资 Average Wage
35	包头市石拐矿区	Shiguai District in Baotou City	26285
36	乌海市海南区	Hainan District in Wuhai City	26196
37	锡林郭勒盟阿巴嘎旗	Abaga Banner in Xilinguole League	26169
38	乌兰察布市察哈尔右翼前旗	Chahaeryouyiqian Banner in Wulanchabu City	26162
39	呼伦贝尔市新巴尔虎右旗	Xinbaerhuyou Banner in Hulunbeier City	26149
40	呼伦贝尔市海拉尔区	Hailaer District in Hulunbeier City	26024
41	呼伦贝尔市鄂温克族自治旗	Ewenke National Autonomous Banner in Hulunbeier City	25816
42	锡林郭勒盟太仆寺旗	Taipusi Banner in Xilinguole League	25689
43	锡林郭勒盟苏尼特左旗	Sunitezuo Banner in Xilinguole League	25568
44	赤峰市红山区	Hongshan District in Chifeng City	24888
45	包头市固阳县	Guyang County in Baotou City	24712
46	锡林郭勒盟苏尼特右旗	Suniteyou Banner in Xilinguole League	24682
47	乌兰察布市商都县	Shangdu County in Wulanchabu City	24487
48	乌兰察布市察哈尔右翼中旗	Chahaeryouyizhong Banner in Wulanchabu City	24156
49	赤峰市克什克腾旗	Keshiketeng Banner in Chifeng City	24085
50	锡林郭勒盟锡林浩特市	Xilinhaote City in Xilinguole League	23986
51	兴安盟乌兰浩特市	Wulanhaote City in Xingan League	23819
52	乌兰察布市察哈尔右翼后旗	Chahaeryouyihou Banner in Wulanchabu City	23757
53	呼伦贝尔市牙克石市	Yakeshi City in Hulunbeier City	23666
54	赤峰市松山区	Songshan District in Chifeng City	23658
55	乌兰察布市集宁区	Jining District in Wulanchabu City	23568
56	呼伦贝尔市陈巴尔虎旗	Chenbaerhu Banner in Hulunbeier City	23493
57	呼和浩特市玉泉区	Yuquan District in Hohhot City	23263
58	呼伦贝尔市新巴尔虎左旗	Xinbaerhuzuo Banner in Hulunbeier City	23225
59	乌兰察布市化德县	Huade County in Wulanchabu City	22933
60	呼和浩特市回民区	Huimin District in Hohhot City	22622
61	乌兰察布市卓资县	Zhuozi County in Wulanchabu City	22522
62	锡林郭勒盟正镶白旗	Zhengxiangbai Banner in Xilinguole League	22374
63	呼和浩特市新城区	Xincheng District in Hohhot City	22053
64	赤峰市巴林左旗	Balinzuo Banner in Chifeng City	21946
65	呼伦贝尔市鄂伦春自治旗	Elunchun National Autonomous Banner in Hulunbeier City	21863
66	呼伦贝尔市阿荣旗	Arong Banner in Hulunbeier City	21826
67	包头市土默特右旗	Tumoteyou Banner in Baotou City	21785
68	巴彦淖尔市杭锦后旗	Hangjinhou Banner in Bayannaoer City	21389

23-6 续表 2 continued

单位：元 (yuan)

位次 Order	旗县(区)名称	Name of Banners, Counties and Districts	职工平均工资 Average Wage
69	巴彦淖尔市乌拉特前旗	Wulateqian Banner in Bayannaoer City	21152
70	赤峰市敖汉旗	Aohan Banner in Chifeng City	20896
71	呼伦贝尔市扎兰屯市	Zhalantun City in Hulunbeier City	20714
72	呼和浩特市和林格尔县	Helingeer County in Hohhot City	20594
73	呼和浩特市武川县	Wuchuan County in Hohhot City	20533
74	巴彦淖尔市乌拉特中旗	Wulatezhong Banner in Bayannaoer City	20043
75	呼伦贝尔市莫力达瓦达斡尔族自治旗	Molidawadawoer National Autonomous Banner in Hulunbeier City	19780
76	巴彦淖尔市五原县	Wuyuan County in Bayannaoer City	19548
77	巴彦淖尔市临河区	Linhe District in Bayannaoer City	19296
78	通辽市科尔沁区	Keerqin District in Tongliao City	19199
79	呼和浩特市清水河县	Qingshuihe County in Hohhot City	19081
80	呼和浩特市土默特左旗	Tumotezuo Banner in Hohhot City	18880
81	赤峰市阿鲁科尔沁旗	Alukeerqin Banner in Chifeng City	18878
82	通辽市扎鲁特旗	Zhalute Banner in Tongliao City	18765
83	呼伦贝尔市根河市	Genhe City in Hulunbeier City	18518.5
84	赤峰市巴林右旗	Balinyou Banner in Chifeng City	18496
85	赤峰市翁牛特旗	Wengniute Banner in Chifeng City	18275
86	通辽市库伦旗	Kulun Banner in Tongliao City	18223
87	通辽市开鲁县	Kailu County in Tongliao City	18100
88	赤峰市宁城县	Ningcheng County in Chifeng City	17728
89	兴安盟扎赉特旗	Zhalaite Banner in Xingan League	17604
90	乌兰察布市兴和县	Xinghe County in Wulanchabu City	17300
91	呼伦贝尔市额尔古纳市	Eerguna City in Hulunbeier City	17194
92	通辽市科尔沁左翼后旗	Keerqinzuoyihou Banner in Tongliao City	17135
93	赤峰市喀喇沁旗	Kalaqin Banner in Chifeng City	17054
94	赤峰市林西县	Linxi County in Chifeng City	16800
95	兴安盟突泉县	Tuquan County in Xingan League	16715
96	兴安盟科尔沁右翼中旗	Keerqinyouyizhong Banner in Xingan League	16637
97	通辽市奈曼旗	Naiman Banner in Tongliao City	16445
98	巴彦淖尔市磴口县	Dengkou County in Bayannaoer City	16220
99	通辽市科尔沁左翼中旗	Keerqinzuoyizhong Banner in Tongliao City	16136
100	兴安盟科尔沁右翼前旗	Keerqinyouyiqian Banner in Xingan League	15479
101	兴安盟阿尔山市	Aershan City in Xingan League	14510

23-7 各旗县（区）按一般预算收入排序（2008年）

Banners, Counties and Districts Ranked by General Budgetary Financial Revenue(2008)

单位：万元 (10 000 yuan)

位次 Order	旗县(区)名称	Name of Banners, Counties and Districts	一般预算收入 General Budgetary Financial Revenue
1	鄂尔多斯市东胜区	Dongsheng District in Erdos City	329108
2	鄂尔多斯市准格尔旗	Zhungeer Banner in Erdos City	285492
3	鄂尔多斯市伊金霍洛旗	Yijinhuoluo Banner in Erdos City	208082
4	包头市青山区	Qingshan District in Baotou City	151377
5	包头市昆都仑区	Kundulun District in Baotou City	148976
6	呼和浩特市赛罕区	Saihan District in Hohhot City	132213
7	包头市东河区	Donghe District in Baotou City	123869
8	呼伦贝尔市满洲里市	Manzhouli City in Hulunbeier City	113282
9	呼和浩特市新城区	Xincheng District in Hohhot City	103021
10	通辽市科尔沁区	Keerqin District in Tongliao City	93545
11	包头市九原区	Jiuyuan District in Baotou City	87317
12	鄂尔多斯市达拉特旗	Dalate Banner in Erdos City	80653
13	鄂尔多斯市鄂托克旗	Etuoke Banner in Erdos City	79505
14	通辽市霍林郭勒市	Huolinguole City in Tongliao City	74275
15	呼和浩特市土默特左旗	Tumotezuo Banner in Hohhot City	73523
16	乌海市海勃湾区	Haibowan District in Wuhai City	65407
17	锡林郭勒盟锡林浩特市	Xilinhaote City in Xilinguole League	64136
18	呼和浩特市玉泉区	Yuquan District in Hohhot City	61934
19	呼和浩特市回民区	Huimin District in Hohhot City	60688
20	赤峰市红山区	Hongshan District in Chifeng City	59909
21	呼和浩特市托克托县	Tuoketuo County in Hohhot City	59715
22	包头市达尔罕茂明安联合旗	Daerhanmaomingan Union Banner in Baotou City	57105
23	巴彦淖尔市临河区	Linhe District in Bayannaoer City	56185
24	巴彦淖尔市乌拉特后旗	Wulatehou Banner in Bayannaoer City	55382
25	鄂尔多斯市乌审旗	Wushen Banner in Erdos City	54861
26	乌海市海南区	Hainan District in Wuhai City	53144
27	赤峰市元宝山区	Yuanbaoshan District in Chifeng City	49337
28	呼和浩特市和林格尔县	Helingeer County in Hohhot City	48522
29	包头市土默特右旗	Tumoteyou Banner in Baotou City	47843
30	乌海市乌达区	Wuda District in Wuhai City	47000
31	阿拉善盟阿拉善左旗	Alashanzuo Banner in Alashan League	45390
32	锡林郭勒盟西乌珠穆沁旗	xiwuzhumuqin Banner in Xilinguole League	43022
33	巴彦淖尔市乌拉特前旗	Wulateqian Banner in Bayannaoer City	42599
34	赤峰市克什克腾旗	Keshiketeng Banner in Chifeng City	39352

23-7 续表 1 continued

单位：万元 (10 000 yuan)

位次 Order	旗县(区)名称	Name of Banners, Counties and Districts	一般预算收入 General Budgetary Financial Revenue
35	锡林郭勒盟东乌珠穆沁旗	Dongwuzhumuqin Banner in Xilinguole League	36798
36	包头市固阳县	Guyang County in Baotou City	33622
37	呼伦贝尔市海拉尔区	Hailaer District in Hulunbeier City	33379
38	乌兰察布市丰镇市	Fengzhen City in Wulanchabu City	26781
39	呼伦贝尔市鄂温克族自治旗	Ewenke National Autonomous Banner in Hulunbeier City	25858
40	赤峰市松山区	Songshan District in Chifeng City	24453
41	通辽市扎鲁特旗	Zhalute Banner in Tongliao City	22317
42	锡林郭勒盟正蓝旗	Zhenglan Banner in Xilinguole League	22237
43	巴彦淖尔市乌拉特中旗	Wulatezhong Banner in Bayannaoer City	22108
44	赤峰市宁城县	Ningcheng County in Chifeng City	21905
45	乌兰察布市集宁区	Jining District in Wulanchabu City	21809
46	赤峰市敖汉旗	Aohan Banner in Chifeng City	20180
47	通辽市奈曼旗	Naiman Banner in Tongliao City	18942
48	赤峰市巴林左旗	Balinzuo Banner in Chifeng City	18882
49	呼伦贝尔市新巴尔虎右旗	Xinbaerhuyou Banner in Hulunbeier City	18822
50	锡林郭勒盟多伦县	Duolun County in Xilinguole League	17985
51	呼伦贝尔市牙克石市	Yakeshi City in Hulunbeier City	17967
52	锡林郭勒盟二连浩特市	Erlianhaote City in Xilinguole League	17840
53	乌兰察布市凉城县	Liangcheng County in Wulanchabu City	17456
54	鄂尔多斯市杭锦旗	Hangjin Banner in Erdos City	17417
55	赤峰市喀喇沁旗	Kalaqin Banner in Chifeng City	17353
56	赤峰市翁牛特旗	Wengniute Banner in Chifeng City	17117
57	赤峰市巴林右旗	Balinyou Banner in Chifeng City	17005
58	通辽市开鲁县	Kailu County in Tongliao City	16063
59	兴安盟乌兰浩特市	Wulanhaote City in Xingan League	15220
60	包头市石拐矿区	Shiguai District in Baotou City	15014
61	巴彦淖尔市杭锦后旗	Hangjinhou Banner in Bayannaoer City	14519
62	鄂尔多斯市鄂托克前旗	Etuokeqian Banner in Erdos City	13656
63	锡林郭勒盟苏尼特右旗	Suniteyou Banner in Xilinguole League	13567
64	包头市白云鄂博矿区	Baiyun Mineral District in Baotou City	13260
65	通辽市科尔沁左翼后旗	Keerqinzuoyihou Banner in Tongliao City	12814
66	呼伦贝尔市陈巴尔虎旗	Chenbaerhu Banner in Hulunbeier City	12490
67	锡林郭勒盟镶黄旗	Xianghuang Banner in Xilinguole League	11787
68	巴彦淖尔市五原县	Wuyuan County in Bayannaoer City	11722

23-7 续表 2 continued

单位：万元 (10 000 yuan)

位次 Order	旗县(区)名称	Name of Banners, Counties and Districts	一般预算收入 General Budgetary Financial Revenue
69	呼和浩特市武川县	Wuchuan County in Hohhot City	11627
70	通辽市科尔沁左翼中旗	Keerqinzuoyizhong Banner in Tongliao City	11393
71	呼和浩特市清水河县	Qingshuihe County in Hohhot City	11352
72	锡林郭勒盟阿巴嘎旗	Abaga Banner in Xilinguole League	11298
73	赤峰市林西县	Linxi County in Chifeng City	10648
74	呼伦贝尔市阿荣旗	Arong Banner in Hulunbeier City	10591
75	呼伦贝尔市扎兰屯市	Zhalantun City in Hulunbeier City	10027
76	赤峰市阿鲁科尔沁旗	Alukeerqin Banner in Chifeng City	9608
77	乌兰察布市察哈尔右翼前旗	Chahaeryouyiqian Banner in Wulanchabu City	9571
78	阿拉善盟额济纳旗	Ejina Banner in Alashan League	9495
79	乌兰察布市察哈尔右翼后旗	Chahaeryouyihou Banner in Wulanchabu City	9355
80	锡林郭勒盟苏尼特左旗	Sunitezuo Banner in Xilinguole League	9221
81	兴安盟科尔沁右翼前旗	Keerqinyouyiqian Banner in Xingan League	8844
82	锡林郭勒盟正镶白旗	Zhengxiangbai Banner in Xilinguole League	8178
83	乌兰察布市卓资县	Zhuozi County in Wulanchabu City	7651
84	通辽市库伦旗	Kulun Banner in Tongliao City	7502
85	呼伦贝尔市额尔古纳市	Eerguna City in Hulunbeier City	7187
86	巴彦淖尔市磴口县	Dengkou County in Bayannaoer City	7129
87	兴安盟扎赉特旗	Zhalaite Banner in Xingan League	6915
88	呼伦贝尔市新巴尔虎左旗	Xinbaerhuzuo Banner in Hulunbeier City	6617
89	兴安盟科尔沁右翼中旗	Keerqinyouyizhong Banner in Xingan League	6492
90	锡林郭勒盟太仆寺旗	Taipusi Banner in Xilinguole League	6259
91	呼伦贝尔市莫力达瓦达斡尔族自治旗	Molidawadawoer National Autonomous Banner in Hulunbeier City	6019
92	乌兰察布市四子王旗	Siziwang Banner in Wulanchabu City	5675
93	乌兰察布市兴和县	Xinghe County in Wulanchabu City	5498
94	阿拉善盟阿拉善右旗	Alashanyou Banner in Alashan League	5003
95	呼伦贝尔市鄂伦春自治旗	Elunchun National Autonomous Banner in Hulunbeier City	4657
96	乌兰察布市察哈尔右翼中旗	Chahaeryouyizhong Banner in Wulanchabu City	4471
97	呼伦贝尔市根河市	Genhe City in Hulunbeier City	4381
98	乌兰察布市商都县	Shangdu County in Wulanchabu City	3890
99	乌兰察布市化德县	Huade County in Wulanchabu City	3878
100	兴安盟阿尔山市	Aershan City in Xingan League	3535
101	兴安盟突泉县	Tuquan County in Xingan League	2385

23-8 呼和浩特市新城区

指 标	Item	2007	2008	2008 年比上年增长% Increase Rate in 2008 Over 2007(%)
行政区域土地面积(平方公里)	**Area of Administration(Sq.km)**	**700**	**700**	**0.0**
人口和就业	**Population & Employment**			
年末总人口(人)	Total Population Year-end(person)	340853	347768	2.0
# 男性(人)	Male(person)	171140	174624	2.0
# 乡村人口(人)	Rural(person)	48685	48934	0.5
年末总户数(户)	Total Number of Households at the Year-end(Household)	114165	117443	2.9
# 乡村户数(户)	Number of Rural Household(Household)	17095	17129	0.2
出生人口(人)	Births(person)	3297	3139	-4.8
死亡人口(人)	Deaths(person)	801	733	-8.5
全社会就业人员(人)	Employment(person)	229032	259548	13.3
第一产业(人)	Primary Industry(person)	27684	30923	11.7
第二产业(人)	Secondary Industry(person)	61612	75614	22.7
第三产业(人)	Tertiary Industry(person)	139736	153011	9.5
在岗职工人数(人)	Number of Staff & Workers Employed in(person)	10569	10508	-0.6
乡村劳动力(人)	Number of Rural Laborers(person)	34500	35835	3.9
# 农林牧渔业(人)	Farming,Forestry,Animal Husbandry & Fishery(person)	19826	19834	0.0
国民经济综合指标	**Summary Item on the National Economy**			
生产总值(万元)	Gross Domestic Product(10 000 yuan)	2336494	2810214	16.2
第一产业(万元)	Primary Industry(10 000 yuan)	9753	14023	28.2
第二产业(万元)	Secondary Industry(10 000 yuan)	269413	341838	24.6
# 工业(万元)	Industry(10 000 yuan)	155512	164238	12.3
第三产业(万元)	Tertiary Industry(10 000 yuan)	2057328	2454353	15.1
人均生产总值(元)	Per Capita GDP(yuan)	69364	81619	13.7
全社会固定资产投资(万元)	Total Investment in Fixed Assets(10 000 yuan)	893363	949303	6.3
按登记注册类型分	Grouped by Registered Type			
# 国有(万元)	State-owned Enterprises(10 000 yuan)	370345	468565	26.5
集体(万元)	Collective-owned Enterprises(10 000 yuan)	28056	17744	-36.8
有限责任公司(万元)	Limited Liability Corporations(10 000 yuan)	196192	203480	3.7
股份有限公司(万元)	Share Holding Enterprises(10 000 yuan)	122621	18687	-84.8
私营企业(万元)	Private Enterprises(10 000 yuan)	144346	227547	57.6
外商及港澳台投资企业(万元)	Funds from HK,Macao,Taiwan & Foreign(10 000 yuan)	8132	13280	63.3
按城乡渠道分	Grouped by Urban and Rural Area			
城镇(万元)	Urban(10 000 yuan)	893363	949303	6.3
农村(万元)	Rural(10 000 yuan)			
一般预算收入(万元)	General Budgetary Financial Revenue(10 000 yuan)	82684	103021	24.6
一般预算支出(万元)	General Budgetary Financial Expenditures(10 000 yuan)	63678	74641	17.2
城乡居民储蓄存款余额(万元)	Resident Saving Deposit in Urban & Rural(10 000 yuan)			
在岗职工工资总额(万元)	Total Wages of Staff & Workers Empioyed in(10 000 yuan)	21465	23173	8.0
在岗职工平均工资(元)	Average Wage of Staff & Workers Employed in(yuan)	20412	22053	8.0
农牧民人均纯收入(元)	Per Capita Net Income of Peasant & Herdsman(yuan)	7597	8601	13.2
农村牧区经济	**Economic Development in Rural & Pastoral Area**			
耕地面积(公顷)	Cultivated Area(hectare)	10679	10679	0.0
农作物总播种面积(公顷)	Total Sown Area(hectare)	7102	6651	-6.4
# 粮食作物播种面积(公顷)	Sown Area of Grain Crops(hectare)	6397	5960	-6.8
有效灌溉面积(公顷)	Irrigated Area(hectare)	2507	2507	0.0
农牧业机械总动力(万千瓦)	Total Power of Agricultural Machinery(10 000 kw)	4.39	5.30	20.7
化肥施用折纯量(吨)	Consumption of Chemical Fertilizer(ton)	122	129	5.7
农村用电量(万千瓦小时)	Electricity Consumed in Rural Area(10 000 kwh)	903	944	4.5
农林牧渔业总产值(万元)	Gross Output of Farming,Forestry,Animal Husbandry & Fishery(10 000 yuan)	17083	25151	32.5
粮食产量(吨)	Yield of Grain(ton)	16748	18093	8.0
油料产量(吨)	Yield of Oil-bearing Grops(ton)	114	204	78.9
甜菜产量(吨)	Yield of Beetroots(ton)			
猪牛羊肉产量(吨)	Output of Pork, Beef & Mutton(ton)	1224	1413	15.4
# 猪肉产量(吨)	Output of Pork(ton)	517	850	64.4
牛肉产量(吨)	Output of Beef(ton)	247	150	-39.3
羊肉产量(吨)	Output of Mutton(ton)	460	413	-10.2
羊毛产量(吨)	Output of Wool(ton)	51	73	43.1

23-8 Xincheng District in Hohhot City

指 标	Item	2007	2008	2008 年比上年增长% Increase Rate in 2008 Over 2007(%)
年末牲畜存栏头数(万头只)	Total Livestock at the Year-end(10 000 heads)	3.14	5.37	71.0
# 大牲畜(万头只)	Large Animals(10 000 heads)	1.09	1.00	-8.3
羊(万只)	Sheep & Goats(10 000 heads)	1.37	2.61	90.5
猪(万头)	Hogs(10 000 heads)	0.68	1.76	158.8
规模以上工业	**Industrial Enterprises above Designated size**			
工业企业单位数(个)	Number of Industrial Enterprises(unit)	28	31	10.7
# 内资企业(个)	Civil Funded Enterprises(unit)	26	29	11.5
工业总产值(万元)	Gross Industrial Output Value(10 000 yuan)	267984	319116	19.1
内资企业(万元)	Civil Funded Enterprises(10 000 yuan)	266377	317559	19.2
国有企业(万元)	State-owned Enterprises(10 000 yuan)	188780	220859	17.0
集体企业(万元)	Collective-owned Enterprises(10 000 yuan)	508	579	14.0
股份合作企业(万元)	Share Holding Enterprises(10 000 yuan)			
联营企业(万元)	Joint Owned Enterprises(10 000 yuan)			
有限责任公司(万元)	Limited Company(10 000 yuan)	35004	43389	29.9
股份有限公司(万元)	Share Holding Limited Company(10 000 yuan)	2014	1687	16.3
私营企业(万元)	Privately Owned Enterprises(10 000 yuan)	40071	51047	27.4
其他企业(万元)	Enterprises of Other Ownership(10 000 yuan)			
港澳台商投资企业(万元)	Funds from HK,Macao & Taiwan(10 000 yuan)	890	864	1.2
外商投资企业(万元)	Foreign Funded Enterprises(10 000 yuan)	716	693	-3.2
工业企业增加值(万元)	Value Added of Industrial Enterprises(10 000 yuan)	93218	82445	9.1
工业企业资产总计(万元)	Total Assets of Industrial Enterprises(10 000 yuan)	558362	556860	-0.3
工业企业负债合计(万元)	Total Liabilities of Industrial Enterprises(10 000 yuan)	431013	442249	2.6
工业企业产品销售收入(万元)	Sales of Revenue Industrial Enterprises(10 000 yuan)	91093	110747	21.6
工业企业利润总额(万元)	Total Profits of Industrial Enterprises(10 000 yuan)	1983	-6844	
建筑业	**Construction**			
建筑企业单位数(个)	Number of Construction Enterprises(unit)	47	53	12.8
建筑企业从业人员(人)	Number of Employee in Construction Enterprises(person)	47612	80669	69.4
建筑业总产值(万元)	Gross Construction Output Value(10 000 yuan)	548264	720039	31.3
交通运输邮电通信业	**Transportation,Post & Telecommunications**			
公路里程(公里)	Total Length of Highways(km)			
邮电业务总量(万元)	Business Volume of Post & Telecoms(10 000 yuan)			
本地电话用户(户)	Number of Subscribers of Local Telephone(Household)			
国内贸易	**Demestic Trade**			
社会消费品零售总额(万元)	Total Retail Sales of Consumer Goods(10 000 yuan)	1360000	1689792	24.2
# 贸易业(万元)	Wholesale & Retail Sales Trades(10 000 yuan)	1021650	1258760	23.2
餐饮业(万元)	Catering Trade(10 000 yuan)	325442	424507	30.4
科技教育卫生	**Science,Education & Public Health**			
各类专业技术人员(人)	Speccial Technical Personnel(person)	3656	4062	11.1
幼儿园数(所)	Number of Kindergartens(unit)	23	23	0.0
学龄儿童入学率(%)	Percentage of School-Age Children Enrolled(%)	100.0	100.0	0.0
小学学校数(所)	Number of Primary Schools(unit)	47	45	-4.3
小学专任教师数(人)	Number of Full-time Teachers of Primary Schools(person)	1699	1857	9.3
小学在校学生数(人)	Number of Student Enrollment of Primary Schools(person)	34481	35984	4.4
普通中学学校数(所)	Number of Regular Secondary Schools(unit)	24	24	0.0
普通中学专任教师数(人)	Number of Teachers of Secondary Shools(person)	1769	1810	2.3
初中在校学生数(人)	Number of Student in Junior Secondary Schools(person)	16912	18317	8.3
高中在校学生数(人)	Number of Student in Senior Secondary Schools(person)	11948	12964	8.5
卫生机构数(所)	Number of Health Institutions(unit)	22	23	4.5
# 医院(所)	Hospitals(unit)	16	17	6.2
卫生院(所)	Township Hospitals(unit)	2	2	0.0
床位数(张)	Number of Beds(unit)	1506	1526	1.3
# 医院(张)	Hospitals(unit)	1496	1516	1.3
卫生院(张)	Township Hospitals(unit)	10	10	0.0
卫生技术人员(人)	Medical Technical Presonnel(person)	2938	3086	5.0
# 医院(人)	Hospitals(person)	1941	1941	0.0
卫生院(人)	Township Hospitals(person)	24	21	-12.5

23-9 呼和浩特市回民区

指 标	Item	2007	2008	2008 年比上年增长% Increase Rate in 2008 Over 2007(%)
行政区域土地面积(平方公里)	**Area of Administration(Sq.km)**	**175**	**175**	**0.0**
人口和就业	**Population & Employment**			
年末总人口(人)	Total Population Year-end(person)	227951	233425	2.4
# 男性(人)	Male(person)	115230	118319	2.7
# 乡村人口(人)	Rural(person)	33030	29941	-9.4
年末总户数(户)	Total Number of Households at the Year-end(Household)	79130	81290	2.7
# 乡村户数(户)	Number of Rural Household(Household)	9171	8955	-2.4
出生人口(人)	Births(person)	2028	1901	-6.3
死亡人口(人)	Deaths(person)	735	613	-16.6
全社会就业人员(人)	Employment(person)	149532	154167	3.1
第一产业(人)	Primary Industry(person)	5862	5258	-10.3
第二产业(人)	Secondary Industry(person)	52067	52543	0.9
第三产业(人)	Tertiary Industry(person)	91603	96366	5.2
在岗职工人数(人)	Number of Staff & Workers Employed in(person)	9153	11789	28.8
乡村劳动力(人)	Number of Rural Laborers(person)	18511	13770	-25.6
# 农林牧渔业(人)	Farming,Forestry,Animal Husbandry & Fishery(person)	4800	4883	1.7
国民经济综合指标	**Summary Item on the National Economy**			
生产总值(万元)	Gross Domestic Product(10 000 yuan)	1485700	1738884	11.2
第一产业(万元)	Primary Industry(10 000 yuan)	4076	5397	8.1
第二产业(万元)	Secondary Industry(10 000 yuan)	299005	361341	8.0
# 工业(万元)	Industry(10 000 yuan)	206771	250741	7.9
第三产业(万元)	Tertiary Industry(10 000 yuan)	1182619	1372146	12.1
人均生产总值(元)	Per Capita GDP(yuan)	65176	75378	8.6
全社会固定资产投资(万元)	Total Investment in Fixed Assets(10 000 yuan)	575322	613367	6.6
按登记注册类型分	Grouped by Registered Type			
# 国有(万元)	State-owned Enterprises(10 000 yuan)	143716	147408	2.6
集体(万元)	Collective-owned Enterprises(10 000 yuan)	450		
有限责任公司(万元)	Limited Liability Corporations(10 000 yuan)	223775	233150	4.2
股份有限公司(万元)	Share Holding Enterprises(10 000 yuan)	24940	6162	-75.3
私营企业(万元)	Private Enterprises(10 000 yuan)	157097	203764	29.7
外商及港澳台投资企业(万元)	Funds from HK,Macao,Taiwan & Foreign(10 000 yuan)	23744	13690	-42.3
按城乡渠道分	Grouped by Urban and Rural Area			
城镇（万元）	Urban(10 000 yuan)	575322	604482	5.1
农村（万元）	Rural(10 000 yuan)		8885	
一般预算收入(万元)	General Budgetary Financial Revenue(10 000 yuan)	47483	60688	27.8
一般预算支出(万元)	General Budgetary Financial Expenditures(10 000 yuan)	40687	43080	5.9
城乡居民储蓄存款余额(万元)	Resident Saving Deposit in Urban & Rural(10 000 yuan)			
在岗职工工资总额(万元)	Total Wages of Staff & Workers Empioyed in(10 000 yuan)	19819	26669	34.6
在岗职工平均工资(元)	Average Wage of Staff & Workers Employed in(yuan)	21767	22622	3.9
农牧民人均纯收入(元)	Per Capita Net Income of Peasant & Herdsman(yuan)	7935	8773	10.6
农村牧区经济	**Economic Development in Rural & Pastoral Area**			
耕地面积(公顷)	Cultivated Area(hectare)	1221	1192	-2.4
农作物总播种面积(公顷)	Total Sown Area(hectare)	1302	840	-35.5
# 粮食作物播种面积(公顷)	Sown Area of Grain Crops(hectare)	911	680	-25.4
有效灌溉面积(公顷)	Irrigated Area(hectare)	80	62	-22.5
农牧业机械总动力(万千瓦)	Total Power of Agricultural Machinery(10 000 kw)	1.55	0.53	-65.8
化肥施用折纯量(吨)	Consumption of Chemical Fertilizer(ton)	256	188	-26.6
农村用电量(万千瓦小时)	Electricity Consumed in Rural Area(10 000 kwh)	1456	1822	25.1
农林牧渔业总产值(万元)	Gross Output of Farming,Forestry,Animal Husbandry & Fishery(10 000 yuan)	7139	8392	4.1
粮食产量(吨)	Yield of Grain(ton)	2011	2959	47.1
油料产量(吨)	Yield of Oil-bearing Grops(ton)	0	25	
甜菜产量(吨)	Yield of Beetroots(ton)	0		
猪牛羊肉产量(吨)	Output of Pork, Beef & Mutton(ton)	537	1103	105.4
# 猪肉产量(吨)	Output of Pork(ton)	331	485	46.5
牛肉产量(吨)	Output of Beef(ton)	119	300	152.1
羊肉产量(吨)	Output of Mutton(ton)	87	90	3.4
羊毛产量(吨)	Output of Wool(ton)	9	8	-11.1

23-9 Huimin District in Hohhot City

指 标	Item	2007	2008	2008 年比上年增长% Increase Rate in 2008 Over 2007(%)
年末牲畜存栏头数(万头只)	Total Livestock at the Year-end(10 000 heads)	1.31	1.16	-11.5
# 大牲畜(万头只)	Large Animals(10 000 heads)	0.41	0.22	-46.3
羊(万只)	Sheep & Goats(10 000 heads)	0.41	0.40	-2.4
猪(万头)	Hogs(10 000 heads)	0.48	0.53	10.4
规模以上工业	**Industrial Enterprises above Designated size**			
工业企业单位数(个)	Number of Industrial Enterprises(unit)	36	32	-11.1
# 内资企业(个)	Civil Funded Enterprises(unit)	36	29	-19.4
工业总产值(万元)	Gross Industrial Output Value(10 000 yuan)	363295	421003	15.9
内资企业(万元)	Civil Funded Enterprises(10 000 yuan)	253769	301838	18.9
国有企业(万元)	State-owned Enterprises(10 000 yuan)	24351	49399	102.9
集体企业(万元)	Collective-owned Enterprises(10 000 yuan)			
股份合作企业(万元)	Share Holding Enterprises(10 000 yuan)			
联营企业(万元)	Joint Owned Enterprises(10 000 yuan)			
有限责任公司(万元)	Limited Company(10 000 yuan)	77135	30458	-60.5
股份有限公司(万元)	Share Holding Limited Company(10 000 yuan)	67121	90988	35.6
私营企业(万元)	Privately Owned Enterprises(10 000 yuan)	85162	130995	53.8
其他企业(万元)	Enterprises of Other Ownership(10 000 yuan)			
港澳台商投资企业(万元)	Funds from HK,Macao & Taiwan(10 000 yuan)	50641	49483	-2.3
外商投资企业(万元)	Foreign Funded Enterprises(10 000 yuan)	58885	69682	18.3
工业企业增加值(万元)	Value Added of Industrial Enterprises(10 000 yuan)	133257	154218	2.5
工业企业资产总计(万元)	Total Assets of Industrial Enterprises(10 000 yuan)	626274	760673	21.5
工业企业负债合计(万元)	Total Liabilities of Industrial Enterprises(10 000 yuan)	439649	564609	28.4
工业企业产品销售收入(万元)	Sales of Revenue Industrial Enterprises(10 000 yuan)	257253	311598	21.1
工业企业利润总额(万元)	Total Profits of Industrial Enterprises(10 000 yuan)	12725	25217	98.2
建筑业	**Construction**			
建筑企业单位数(个)	Number of Construction Enterprises(unit)	32	37	15.6
建筑企业从业人员(人)	Number of Employee in Construction Enterprises(person)	20214	26299	30.1
建筑业总产值(万元)	Gross Construction Output Value(10 000 yuan)	247945	320240	29.2
交通运输邮电通信业	**Transportation,Post & Telecommunications**			
公路里程(公里)	Total Length of Highways(km)			
邮电业务总量(万元)	Business Volume of Post & Telecoms(10 000 yuan)			
本地电话用户(户)	Number of Subscribers of Local Telephone(Household)			
国内贸易	**Demestic Trade**			
社会消费品零售总额(万元)	Total Retail Sales of Consumer Goods(10 000 yuan)	1211251	1433203	18.3
# 贸易业(万元)	Wholesale & Retail Sales Trades(10 000 yuan)	989674	1145704	15.8
餐饮业(万元)	Catering Trade(10 000 yuan)	219415	278900	27.1
科技教育卫生	**Science,Education & Public Health**			
各类专业技术人员(人)	Speccial Technical Personnel(person)	6972	7561	8.4
幼儿园数(所)	Number of Kindergartens(unit)	28	27	-3.6
学龄儿童入学率(%)	Percentage of School-Age Children Enrolled(%)	100.0	100.0	0.0
小学学校数(所)	Number of Primary Schools(unit)	38	36	-5.3
小学专任教师数(人)	Number of Full-time Teachers of Primary Schools(person)	971	905	-6.8
小学在校学生数(人)	Number of Student Enrollment of Primary Schools(person)	20822	20001	-3.9
普通中学学校数(所)	Number of Regular Secondary Schools(unit)	20	19	-5.0
普通中学专任教师数(人)	Number of Teachers of Secondary Shools(person)	1485	1563	5.3
初中在校学生数(人)	Number of Student in Junior Secondary Schools(person)	14225	14734	3.6
高中在校学生数(人)	Number of Student in Senior Secondary Schools(person)	12206	11916	-2.4
卫生机构数(所)	Number of Health Institutions(unit)	178	194	9.0
# 医院(所)	Hospitals(unit)	17	24	41.2
卫生院(所)	Township Hospitals(unit)	1	1	0.0
床位数(张)	Number of Beds(unit)	3443	3705	7.6
# 医院(张)	Hospitals(unit)	3418	3695	8.1
卫生院(张)	Township Hospitals(unit)	25	10	-60.0
卫生技术人员(人)	Medical Technical Presonnel(person)	3885	4849	24.8
# 医院(人)	Hospitals(person)	3869	4029	4.1
卫生院(人)	Township Hospitals(person)	16	15	-6.2

23-10 呼和浩特市玉泉区

指 标	Item	2007	2008	2008年比上年增长% Increase Rate in 2008 Over 2007(%)
行政区域土地面积(平方公里)	**Area of Administration(Sq.km)**	**258**	**258**	**0.0**
人口和就业	**Population & Employment**			
年末总人口(人)	Total Population Year-end(person)	192052	192518	0.2
#男性(人)	Male(person)	97367	97483	0.1
#乡村人口(人)	Rural(person)	45679	44620	-2.3
年末总户数(户)	Total Number of Households at the Year-end(Household)	71466	72657	1.7
#乡村户数(户)	Number of Rural Household(Household)	13737	13723	-0.1
出生人口(人)	Births(person)	2411	1835	-23.9
死亡人口(人)	Deaths(person)	523	513	-1.9
全社会就业人员(人)	Employment(person)	81110	87010	7.3
第一产业(人)	Primary Industry(person)	14883	14983	0.7
第二产业(人)	Secondary Industry(person)	27484	29414	7.0
第三产业(人)	Tertiary Industry(person)	38743	42613	10.0
在岗职工人数(人)	Number of Staff & Workers Employed in(person)	5738	5822	1.5
乡村劳动力(人)	Number of Rural Laborers(person)	23314	20966	-10.1
#农林牧渔业(人)	Farming,Forestry,Animal Husbandry & Fishery(person)	13545	14883	9.9
国民经济综合指标	**Summary Item on the National Economy**			
生产总值(万元)	Gross Domestic Product(10 000 yuan)	1140536	1328508	14.0
第一产业(万元)	Primary Industry(10 000 yuan)	16760	19698	4.8
第二产业(万元)	Secondary Industry(10 000 yuan)	447584	477946	11.1
#工业(万元)	Industry(10 000 yuan)	331192	361546	17.5
第三产业(万元)	Tertiary Industry(10 000 yuan)	676192	830864	16.0
人均生产总值(元)	Per Capita GDP(yuan)	59383	69091	12.5
全社会固定资产投资(万元)	Total Investment in Fixed Assets(10 000 yuan)	570349	728964	27.8
按登记注册类型分	Grouped by Registered Type			
#国有(万元)	State-owned Enterprises(10 000 yuan)	222855	187629	-15.8
集体(万元)	Collective-owned Enterprises(10 000 yuan)	18168	62895	246.2
有限责任公司(万元)	Limited Liability Corporations(10 000 yuan)	144305	155909	8.0
股份有限公司(万元)	Share Holding Enterprises(10 000 yuan)	37688	62444	65.7
私营企业(万元)	Private Enterprises(10 000 yuan)	144533	256215	77.3
外商及港澳台投资企业(万元)	Funds from HK,Macao,Taiwan & Foreign(10 000 yuan)			
按城乡渠道分	Grouped by Urban and Rural Area			
城镇(万元)	Urban(10 000 yuan)	563749	710514	26.0
农村(万元)	Rural(10 000 yuan)	6600	18450	179.5
一般预算收入(万元)	General Budgetary Financial Revenue(10 000 yuan)	52817	61934	17.3
一般预算支出(万元)	General Budgetary Financial Expenditures(10 000 yuan)	41760	38322	-8.2
城乡居民储蓄存款余额(万元)	Resident Saving Deposit in Urban & Rural(10 000 yuan)			
在岗职工工资总额(万元)	Total Wages of Staff & Workers Empioyed in(10 000 yuan)	12433	13951	12.2
在岗职工平均工资(元)	Average Wage of Staff & Workers Employed in(yuan)	21794	23263	6.7
农牧民人均纯收入(元)	Per Capita Net Income of Peasant & Herdsman(yuan)	7704	8618	11.9
农村牧区经济	**Economic Development in Rural & Pastoral Area**			
耕地面积(公顷)	Cultivated Area(hectare)	5179	5090	-1.7
农作物总播种面积(公顷)	Total Sown Area(hectare)	5213	5092	-2.3
#粮食作物播种面积(公顷)	Sown Area of Grain Crops(hectare)	3778	3742	-1.0
有效灌溉面积(公顷)	Irrigated Area(hectare)	5000	4283	-14.3
农牧业机械总动力(万千瓦)	Total Power of Agricultural Machinery(10 000 kw)	7.90	7.40	-6.3
化肥施用折纯量(吨)	Consumption of Chemical Fertilizer(ton)	1208	1186	-1.8
农村用电量(万千瓦小时)	Electricity Consumed in Rural Area(10 000 kwh)	1043	1036	-0.7
农林牧渔业总产值(万元)	Gross Output of Farming,Forestry,Animal Husbandry & Fishery(10 000 yuan)	29358	34356	3.7
粮食产量(吨)	Yield of Grain(ton)	37927	37977	0.1
油料产量(吨)	Yield of Oil-bearing Grops(ton)	56	38	-32.1
甜菜产量(吨)	Yield of Beetroots(ton)			
猪牛羊肉产量(吨)	Output of Pork, Beef & Mutton(ton)	1079	1463	35.6
#猪肉产量(吨)	Output of Pork(ton)	272	548	101.5
牛肉产量(吨)	Output of Beef(ton)	685	819	19.6
羊肉产量(吨)	Output of Mutton(ton)	122	96	-21.3
羊毛产量(吨)	Output of Wool(ton)	11	11	0.0

23-10 Yuquan District in Hohhot City

指 标	Item	2007	2008	2008 年比上年增长% Increase Rate in 2008 Over 2007(%)
年末牲畜存栏头数(万头只)	Total Livestock at the Year-end(10 000 heads)	2.98	2.99	0.3
#大牲畜(万头只)	Large Animals(10 000 heads)	1.98	1.91	-3.5
羊(万只)	Sheep & Goats(10 000 heads)	0.59	0.59	0.0
猪(万头)	Hogs(10 000 heads)	0.41	0.40	-2.4
规模以上工业	**Industrial Enterprises above Designated size**			
工业企业单位数(个)	Number of Industrial Enterprises(unit)	19	21	10.5
#内资企业(个)	Civil Funded Enterprises(unit)	19	21	10.5
工业总产值(万元)	Gross Industrial Output Value(10 000 yuan)	315408	384591	21.9
内资企业(万元)	Civil Funded Enterprises(10 000 yuan)	315408	304062	-3.6
国有企业(万元)	State-owned Enterprises(10 000 yuan)	243702	193800	-20.5
集体企业(万元)	Collective-owned Enterprises(10 000 yuan)	1679	1455	-13.3
股份合作企业(万元)	Share Holding Enterprises(10 000 yuan)			
联营企业(万元)	Joint Owned Enterprises(10 000 yuan)			
有限责任公司(万元)	Limited Company(10 000 yuan)	5619	32002	469.5
股份有限公司(万元)	Share Holding Limited Company(10 000 yuan)	32928	35363	7.4
私营企业(万元)	Privately Owned Enterprises(10 000 yuan)	31480	41444	31.6
其他企业(万元)	Enterprises of Other Ownership(10 000 yuan)			
港澳台商投资企业(万元)	Funds from HK,Macao & Taiwan(10 000 yuan)			
外商投资企业(万元)	Foreign Funded Enterprises(10 000 yuan)		80529	
工业企业增加值(万元)	Value Added of Industrial Enterprises(10 000 yuan)	235159	235456	17.0
工业企业资产总计(万元)	Total Assets of Industrial Enterprises(10 000 yuan)	275068	312112	13.5
工业企业负债合计(万元)	Total Liabilities of Industrial Enterprises(10 000 yuan)	103460	125549	21.4
工业企业产品销售收入(万元)	Sales of Revenue Industrial Enterprises(10 000 yuan)	307681	367745	19.5
工业企业利润总额(万元)	Total Profits of Industrial Enterprises(10 000 yuan)	48281	38671	-19.9
建筑业	**Construction**			
建筑企业单位数(个)	Number of Construction Enterprises(unit)	17	33	94.1
建筑企业从业人员(人)	Number of Employee in Construction Enterprises(person)	5920	3578	-39.6
建筑业总产值(万元)	Gross Construction Output Value(10 000 yuan)	92190	106383	15.4
交通运输邮电通信业	**Transportation,Post & Telecommunications**			
公路里程(公里)	Total Length of Highways(km)			
邮电业务总量(万元)	Business Volume of Post & Telecoms(10 000 yuan)			
本地电话用户(户)	Number of Subscribers of Local Telephone(Household)			
国内贸易	**Demestic Trade**			
社会消费品零售总额(万元)	Total Retail Sales of Consumer Goods(10 000 yuan)	608841	742818	22.0
#贸易业(万元)	Wholesale & Retail Sales Trades(10 000 yuan)	425516	515806	21.2
餐饮业(万元)	Catering Trade(10 000 yuan)	173635	217012	25.0
科技教育卫生	**Science,Education & Public Health**			
各类专业技术人员(人)	Speccial Technical Personnel(person)	1923	1928	0.3
幼儿园数(所)	Number of Kindergartens(unit)	19	19	0.0
学龄儿童入学率(%)	Percentage of School-Age Children Enrolled(%)	100.0	100.0	0.0
小学学校数(所)	Number of Primary Schools(unit)	43	42	-2.3
小学专任教师数(人)	Number of Full-time Teachers of Primary Schools(person)	1068	1043	-2.3
小学在校学生数(人)	Number of Student Enrollment of Primary Schools(person)	23318	22921	-1.7
普通中学学校数(所)	Number of Regular Secondary Schools(unit)	20	16	-20.0
普通中学专任教师数(人)	Number of Teachers of Secondary Shools(person)	743	426	-42.7
初中在校学生数(人)	Number of Student in Junior Secondary Schools(person)	9238	7237	-21.7
高中在校学生数(人)	Number of Student in Senior Secondary Schools(person)	4729	3493	-26.1
卫生机构数(所)	Number of Health Institutions(unit)	38	47	23.7
#医院(所)	Hospitals(unit)	9	11	22.2
卫生院(所)	Township Hospitals(unit)	3	3	0.0
床位数(张)	Number of Beds(unit)	685	685	0.0
#医院(张)	Hospitals(unit)	670	465	-30.6
卫生院(张)	Township Hospitals(unit)	15	30	100.0
卫生技术人员(人)	Medical Technical Presonnel(person)	1011	683	-32.4
#医院(人)	Hospitals(person)	556	615	10.6
卫生院(人)	Township Hospitals(person)	22	29	31.8

23-11 呼和浩特市赛罕区

指 标	Item	2007	2008	2008年比上年增长% Increase Rate in 2008 Over 2007(%)
行政区域土地面积(平方公里)	**Area of Administration(Sq.km)**	**1025**	**1025**	**0.0**
人口和就业	**Population & Employment**			
年末总人口(人)	Total Population Year-end(person)	383317	393416	2.6
# 男性(人)	Male(person)	194999	199935	2.5
# 乡村人口(人)	Rural(person)	132881	133436	0.4
年末总户数(户)	Total Number of Households at the Year-end(Household)	123923	128806	3.9
# 乡村户数(户)	Number of Rural Household(Household)	43999	44001	0.0
出生人口(人)	Births(person)	4338	4146	-4.4
死亡人口(人)	Deaths(person)	624	652	4.5
全社会就业人员(人)	Employment(person)	119734	121050	1.1
第一产业(人)	Primary Industry(person)	51098	49503	-3.1
第二产业(人)	Secondary Industry(person)	20011	20524	2.6
第三产业(人)	Tertiary Industry(person)	48625	51023	4.9
在岗职工人数(人)	Number of Staff & Workers Employed in(person)	12660	13369	5.6
乡村劳动力(人)	Number of Rural Laborers(person)	85769	73881	-13.9
# 农林牧渔业(人)	Farming,Forestry,Animal Husbandry & Fishery(person)	51098	49503	-3.1
国民经济综合指标	**Summary Item on the National Economy**			
生产总值(万元)	Gross Domestic Product(10 000 yuan)	1841131	2246738	15.1
第一产业(万元)	Primary Industry(10 000 yuan)	108530	132083	8.5
第二产业(万元)	Secondary Industry(10 000 yuan)	418333	510700	12.3
# 工业(万元)	Industry(10 000 yuan)	335365	323500	4.8
第三产业(万元)	Tertiary Industry(10 000 yuan)	1314268	1603955	16.6
人均生产总值(元)	Per Capita GDP(yuan)	48744	57851	11.9
全社会固定资产投资(万元)	Total Investment in Fixed Assets(10 000 yuan)	888467	1236071	39.1
按登记注册类型分	Grouped by Registered Type			
# 国有(万元)	State-owned Enterprises(10 000 yuan)	429253	334134	-22.2
集体(万元)	Collective-owned Enterprises(10 000 yuan)	78329	51755	-33.9
有限责任公司(万元)	Limited Liability Corporations(10 000 yuan)	209137	434895	107.9
股份有限公司(万元)	Share Holding Enterprises(10 000 yuan)	7881	11639	47.7
私营企业(万元)	Private Enterprises(10 000 yuan)	135239	375150	177.4
外商及港澳台投资企业(万元)	Funds from HK,Macao,Taiwan & Foreign(10 000 yuan)	19808	27661	39.6
按城乡渠道分	Grouped by Urban and Rural Area			
城镇（万元）	Urban(10 000 yuan)	888467	1236071	39.1
农村（万元）	Rural(10 000 yuan)			
一般预算收入(万元)	General Budgetary Financial Revenue(10 000 yuan)	95101	132213	39.0
一般预算支出(万元)	General Budgetary Financial Expenditures(10 000 yuan)	78041	108645	39.2
城乡居民储蓄存款余额(万元)	Resident Saving Deposit in Urban & Rural(10 000 yuan)			
在岗职工工资总额(万元)	Total Wages of Staff & Workers Empioyed in(10 000 yuan)	27752	36991	33.3
在岗职工平均工资(元)	Average Wage of Staff & Workers Employed in(yuan)	21942	27669	26.1
农牧民人均纯收入(元)	Per Capita Net Income of Peasant & Herdsman(yuan)	7385	8495	15.0
农村牧区经济	**Economic Development in Rural & Pastoral Area**			
耕地面积(公顷)	Cultivated Area(hectare)	43350	43173	-0.4
农作物总播种面积(公顷)	Total Sown Area(hectare)	29489	28771	-2.4
# 粮食作物播种面积(公顷)	Sown Area of Grain Crops(hectare)	21789	19850	-8.9
有效灌溉面积(公顷)	Irrigated Area(hectare)	20789	20327	-2.2
农牧业机械总动力(万千瓦)	Total Power of Agricultural Machinery(10 000 kw)	21.20	16.30	-23.1
化肥施用折纯量(吨)	Consumption of Chemical Fertilizer(ton)	10032	10125	0.9
农村用电量(万千瓦小时)	Electricity Consumed in Rural Area(10 000 kwh)	5028	5076	1.0
农林牧渔业总产值(万元)	Gross Output of Farming,Forestry,Animal Husbandry & Fishery(10 000 yuan)	190104	239924	11.8
粮食产量(吨)	Yield of Grain(ton)	85482	90522	5.9
油料产量(吨)	Yield of Oil-bearing Grops(ton)	262	927	253.8
甜菜产量(吨)	Yield of Beetroots(ton)			
猪牛羊肉产量(吨)	Output of Pork, Beef & Mutton(ton)	8725	11229	28.7
# 猪肉产量(吨)	Output of Pork(ton)	2729	2756	1.0
牛肉产量(吨)	Output of Beef(ton)	5368	8003	49.1
羊肉产量(吨)	Output of Mutton(ton)	628	470	-25.2
羊毛产量(吨)	Output of Wool(ton)	90	94	4.4

23-11 Saihan District in Hohhot City

指 标	Item	2007	2008	2008年比上年增长% Increase Rate in 2008 Over 2007(%)
年末牲畜存栏头数(万头只)	Total Livestock at the Year-end(10 000 heads)	23.98	24.93	4.0
#大牲畜(万头只)	Large Animals(10 000 heads)	17.84	17.38	-2.6
羊(万只)	Sheep & Goats(10 000 heads)	3.54	3.99	12.7
猪(万头)	Hogs(10 000 heads)	2.60	3.56	36.7
规模以上工业	**Industrial Enterprises above Designated size**			
工业企业单位数(个)	Number of Industrial Enterprises(unit)	33	37	12.1
#内资企业(个)	Civil Funded Enterprises(unit)	30	33	10.0
工业总产值(万元)	Gross Industrial Output Value(10 000 yuan)	777403	942722	21.3
内资企业(万元)	Civil Funded Enterprises(10 000 yuan)	750360	908913	21.1
国有企业(万元)	State-owned Enterprises(10 000 yuan)	50955	202488	297.4
集体企业(万元)	Collective-owned Enterprises(10 000 yuan)	1923	3062	59.2
股份合作企业(万元)	Share Holding Enterprises(10 000 yuan)			
联营企业(万元)	Joint Owned Enterprises(10 000 yuan)			
有限责任公司(万元)	Limited Company(10 000 yuan)	157704	46895	-70.9
股份有限公司(万元)	Share Holding Limited Company(10 000 yuan)	523867	645915	23.3
私营企业(万元)	Privately Owned Enterprises(10 000 yuan)	15911	10553	-33.7
其他企业(万元)	Enterprises of Other Ownership(10 000 yuan)			
港澳台商投资企业(万元)	Funds from HK,Macao & Taiwan(10 000 yuan)	8842	2320	-73.8
外商投资企业(万元)	Foreign Funded Enterprises(10 000 yuan)	18201	31489	73.0
工业企业增加值(万元)	Value Added of Industrial Enterprises(10 000 yuan)	226377	219789	-0.5
工业企业资产总计(万元)	Total Assets of Industrial Enterprises(10 000 yuan)	747994	1221203	63.3
工业企业负债合计(万元)	Total Liabilities of Industrial Enterprises(10 000 yuan)	428089	721195	68.5
工业企业产品销售收入(万元)	Sales of Revenue Industrial Enterprises(10 000 yuan)	808794	991363	22.6
工业企业利润总额(万元)	Total Profits of Industrial Enterprises(10 000 yuan)	26313	-4993	
建筑业	**Construction**			
建筑企业单位数(个)	Number of Construction Enterprises(unit)	38	66	73.7
建筑企业从业人员(人)	Number of Employee in Construction Enterprises(person)	14635	19253	31.6
建筑业总产值(万元)	Gross Construction Output Value(10 000 yuan)	452400	481059	6.3
交通运输邮电通信业	**Transportation,Post & Telecommunications**			
公路里程(公里)	Total Length of Highways(km)			
邮电业务总量(万元)	Business Volume of Post & Telecoms(10 000 yuan)			
本地电话用户(户)	Number of Subscribers of Local Telephone(Household)			
国内贸易	**Demestic Trade**			
社会消费品零售总额(万元)	Total Retail Sales of Consumer Goods(10 000 yuan)	638728	799263	25.1
#贸易业(万元)	Wholesale & Retail Sales Trades(10 000 yuan)	409606	500888	22.3
餐饮业(万元)	Catering Trade(10 000 yuan)	229122	292062	27.5
科技教育卫生	**Science,Education & Public Health**			
各类专业技术人员(人)	Speccial Technical Personnel(person)	4962	4973	0.2
幼儿园数(所)	Number of Kindergartens(unit)	21	22	4.8
学龄儿童入学率(%)	Percentage of School-Age Children Enrolled(%)	100.0	100.0	0.0
小学学校数(所)	Number of Primary Schools(unit)	85	81	-4.7
小学专任教师数(人)	Number of Full-time Teachers of Primary Schools(person)	1695	1877	10.7
小学在校学生数(人)	Number of Student Enrollment of Primary Schools(person)	37528	39264	4.6
普通中学学校数(所)	Number of Regular Secondary Schools(unit)	21	24	14.3
普通中学专任教师数(人)	Number of Teachers of Secondary Shools(person)	1498	1512	0.9
初中在校学生数(人)	Number of Student in Junior Secondary Schools(person)	19303	21153	9.6
高中在校学生数(人)	Number of Student in Senior Secondary Schools(person)	10131	10495	3.6
卫生机构数(所)	Number of Health Institutions(unit)	46	46	0.0
#医院(所)	Hospitals(unit)	22	22	0.0
卫生院(所)	Township Hospitals(unit)	7	7	0.0
床位数(张)	Number of Beds(unit)	2714	2716	0.1
#医院(张)	Hospitals(unit)	2652	2654	0.1
卫生院(张)	Township Hospitals(unit)	42	42	0.0
卫生技术人员(人)	Medical Technical Presonnel(person)	3485	3481	-0.1
#医院(人)	Hospitals(person)	2796	2798	0.1
卫生院(人)	Township Hospitals(person)	45	43	-4.4

23-12 呼和浩特市土默特左旗

指 标	Item	2007	2008	2008 年比上年增长% Increase Rate in 2008 Over 2007(%)
行政区域土地面积(平方公里)	**Area of Administration(Sq.km)**	**2712**	**2712**	**0.0**
人口和就业	**Population & Employment**			
年末总人口(人)	Total Population Year-end(person)	357024	360806	1.1
# 男性(人)	Male(person)	188021	189848	1.0
# 乡村人口(人)	Rural(person)	301306	302923	0.5
年末总户数(户)	Total Number of Households at the Year-end(Household)	107791	110432	2.5
# 乡村户数(户)	Number of Rural Household(Household)	77215	77089	-0.2
出生人口(人)	Births(person)	4235	4347	2.6
死亡人口(人)	Deaths(person)	1005	608	-39.5
全社会就业人员(人)	Employment(person)	188080	191016	1.6
第一产业(人)	Primary Industry(person)	124830	123423	-1.1
第二产业(人)	Secondary Industry(person)	28950	30690	6.0
第三产业(人)	Tertiary Industry(person)	34300	36903	7.6
在岗职工人数(人)	Number of Staff & Workers Employed in(person)	15837	16344	3.2
乡村劳动力(人)	Number of Rural Laborers(person)	160394	164097	2.3
# 农林牧渔业(人)	Farming,Forestry,Animal Husbandry & Fishery(person)	124080	121923	-1.7
国民经济综合指标	**Summary Item on the National Economy**			
生产总值(万元)	Gross Domestic Product(10 000 yuan)	907718	1140094	15.0
第一产业(万元)	Primary Industry(10 000 yuan)	186721	224022	7.0
第二产业(万元)	Secondary Industry(10 000 yuan)	319151	436077	17.7
# 工业(万元)	Industry(10 000 yuan)	241295	358177	26.4
第三产业(万元)	Tertiary Industry(10 000 yuan)	401846	479995	16.2
人均生产总值(元)	Per Capita GDP(yuan)	25572	31765	13.7
全社会固定资产投资(万元)	Total Investment in Fixed Assets(10 000 yuan)	428460	565000	31.9
按登记注册类型分	Grouped by Registered Type			
# 国有(万元)	State-owned Enterprises(10 000 yuan)	146348	112886	-22.9
集体(万元)	Collective-owned Enterprises(10 000 yuan)	1520	500	-67.1
有限责任公司(万元)	Limited Liability Corporations(10 000 yuan)	102476	293624	186.5
股份有限公司(万元)	Share Holding Enterprises(10 000 yuan)	44200	15102	-65.8
私营企业(万元)	Private Enterprises(10 000 yuan)	60619	84109	38.8
外商及港澳台投资企业 (万元)	Funds from HK,Macao,Taiwan & Foreign(10 000 yuan)		28000	
按城乡渠道分	Grouped by Urban and Rural Area			
城镇（万元）	Urban(10 000 yuan)	427170	565000	32.3
农村（万元）	Rural(10 000 yuan)	1290		
一般预算收入(万元)	General Budgetary Financial Revenue(10 000 yuan)	54400	73523	35.2
一般预算支出(万元)	General Budgetary Financial Expenditures(10 000 yuan)	97079	122694	26.4
城乡居民储蓄存款余额(万元)	Resident Saving Deposit in Urban & Rural(10 000 yuan)	141984	180200	26.9
在岗职工工资总额(万元)	Total Wages of Staff & Workers Empioyed in(10 000 yuan)	27157	30813	13.5
在岗职工平均工资(元)	Average Wage of Staff & Workers Employed in(yuan)	16395	18880	15.2
农牧民人均纯收入(元)	Per Capita Net Income of Peasant & Herdsman(yuan)	6713	7736	15.2
农村牧区经济	**Economic Development in Rural & Pastoral Area**			
耕地面积(公顷)	Cultivated Area(hectare)	114472	114479	0.0
农作物总播种面积(公顷)	Total Sown Area(hectare)	76090	76090	0.0
# 粮食作物播种面积(公顷)	Sown Area of Grain Crops(hectare)	61064	56520	-7.4
有效灌溉面积(公顷)	Irrigated Area(hectare)	83088	83088	0.0
农牧业机械总动力(万千瓦)	Total Power of Agricultural Machinery(10 000 kw)	42.50	46.50	9.4
化肥施用折纯量(吨)	Consumption of Chemical Fertilizer(ton)	13540	15333	13.2
农村用电量(万千瓦小时)	Electricity Consumed in Rural Area(10 000 kwh)	7842	8138	3.8
农林牧渔业总产值(万元)	Gross Output of Farming,Forestry,Animal Husbandry & Fishery(10 000 yuan)	327064	400789	8.6
粮食产量(吨)	Yield of Grain(ton)	402063	403168	0.3
油料产量(吨)	Yield of Oil-bearing Grops(ton)	3621	4995	37.9
甜菜产量(吨)	Yield of Beetroots(ton)	20085	59598	196.7
猪牛羊肉产量(吨)	Output of Pork, Beef & Mutton(ton)	16505	19981	21.1
# 猪肉产量(吨)	Output of Pork(ton)	6767	7850	16.0
牛肉产量(吨)	Output of Beef(ton)	6782	8251	21.7
羊肉产量(吨)	Output of Mutton(ton)	2956	3880	31.3
羊毛产量(吨)	Output of Wool(ton)	290	495	70.7

23-12 Tumotezuo Banner in Hohhot City

指 标	Item	2007	2008	2008年比上年增长% Increase Rate in 2008 Over 2007(%)
年末牲畜存栏头数(万头只)	Total Livestock at the Year-end(10 000 heads)	43.96	57.23	30.2
#大牲畜(万头只)	Large Animals(10 000 heads)	23.99	26.79	11.7
羊(万只)	Sheep & Goats(10 000 heads)	15.25	19.96	30.9
猪(万头)	Hogs(10 000 heads)	4.72	10.47	121.8
规模以上工业	**Industrial Enterprises above Designated size**			
工业企业单位数(个)	Number of Industrial Enterprises(unit)	29	36	24.1
#内资企业(个)	Civil Funded Enterprises(unit)	25	32	28.0
工业总产值(万元)	Gross Industrial Output Value(10 000 yuan)	265542	472914	78.1
内资企业(万元)	Civil Funded Enterprises(10 000 yuan)	240348	423473	76.2
国有企业(万元)	State-owned Enterprises(10 000 yuan)			
集体企业(万元)	Collective-owned Enterprises(10 000 yuan)			
股份合作企业(万元)	Share Holding Enterprises(10 000 yuan)			
联营企业(万元)	Joint Owned Enterprises(10 000 yuan)			
有限责任公司(万元)	Limited Company(10 000 yuan)	146224	244810	67.4
股份有限公司(万元)	Share Holding Limited Company(10 000 yuan)		21685	
私营企业(万元)	Privately Owned Enterprises(10 000 yuan)	94124	156978	66.8
其他企业(万元)	Enterprises of Other Ownership(10 000 yuan)			
港澳台商投资企业(万元)	Funds from HK,Macao & Taiwan(10 000 yuan)			
外商投资企业(万元)	Foreign Funded Enterprises(10 000 yuan)	25194	49441	96.2
工业企业增加值(万元)	Value Added of Industrial Enterprises(10 000 yuan)	93737	164433	44.8
工业企业资产总计(万元)	Total Assets of Industrial Enterprises(10 000 yuan)	228626	295744	29.4
工业企业负债合计(万元)	Total Liabilities of Industrial Enterprises(10 000 yuan)	121845	162831	33.6
工业企业产品销售收入(万元)	Sales of Revenue Industrial Enterprises(10 000 yuan)	254125	474595	86.8
工业企业利润总额(万元)	Total Profits of Industrial Enterprises(10 000 yuan)	19076	11271	-40.9
建筑业	**Construction**			
建筑企业单位数(个)	Number of Construction Enterprises(unit)	3	3	0.0
建筑企业从业人员(人)	Number of Employee in Construction Enterprises(person)	511	1390	172.0
建筑业总产值(万元)	Gross Construction Output Value(10 000 yuan)	6200	5035	-18.8
交通运输邮电通信业	**Transportation,Post & Telecommunications**			
公路里程(公里)	Total Length of Highways(km)	1215	1314	8.1
邮电业务总量(万元)	Business Volume of Post & Telecoms(10 000 yuan)	11589	8409	-27.4
本地电话用户(户)	Number of Subscribers of Local Telephone(Household)	35033	30422	-13.2
国内贸易	**Demestic Trade**			
社会消费品零售总额(万元)	Total Retail Sales of Consumer Goods(10 000 yuan)	186813	226829	21.4
#贸易业(万元)	Wholesale & Retail Sales Trades(10 000 yuan)	138157	170311	23.3
餐饮业(万元)	Catering Trade(10 000 yuan)	47314	54953	16.1
科技教育卫生	**Science,Education & Public Health**			
各类专业技术人员(人)	Speccial Technical Personnel(person)	4547	4853	6.7
幼儿园数(所)	Number of Kindergartens(unit)	9	8	-11.1
学龄儿童入学率(%)	Percentage of School-Age Children Enrolled(%)	100.0	100.0	0.0
小学学校数(所)	Number of Primary Schools(unit)	95	120	26.3
小学专任教师数(人)	Number of Full-time Teachers of Primary Schools(person)	1788	1722	-3.7
小学在校学生数(人)	Number of Student Enrollment of Primary Schools(person)	23713	21743	-8.3
普通中学学校数(所)	Number of Regular Secondary Schools(unit)	18	16	-11.1
普通中学专任教师数(人)	Number of Teachers of Secondary Shools(person)	911	850	-6.7
初中在校学生数(人)	Number of Student in Junior Secondary Schools(person)	12396	11248	-9.3
高中在校学生数(人)	Number of Student in Senior Secondary Schools(person)	5756	5214	-9.4
卫生机构数(所)	Number of Health Institutions(unit)	26	26	0.0
#医院(所)	Hospitals(unit)	2	2	0.0
卫生院(所)	Township Hospitals(unit)	16	16	0.0
床位数(张)	Number of Beds(unit)	321	321	0.0
#医院(张)	Hospitals(unit)	160	160	0.0
卫生院(张)	Township Hospitals(unit)	161	161	0.0
卫生技术人员(人)	Medical Technical Presonnel(person)	486	485	-0.2
#医院(人)	Hospitals(person)	184	184	0.0
卫生院(人)	Township Hospitals(person)	209	206	-1.4

23-13 呼和浩特市托克托县

指 标	Item	2007	2008	2008 年比上年增长% Increase Rate in 2008 Over 2007(%)
行政区域土地面积(平方公里)	**Area of Administration(Sq.km)**	**1313**	**1313**	**0.0**
人口和就业	**Population & Employment**			
年末总人口(人)	Total Population Year-end(person)	199921	200798	0.4
# 男性(人)	Male(person)	102102	103181	1.1
# 乡村人口(人)	Rural(person)	151235	149610	-1.1
年末总户数(户)	Total Number of Households at the Year-end(Household)	66597	68759	3.2
# 乡村户数(户)	Number of Rural Household(Household)	39749	39945	0.5
出生人口(人)	Births(person)	2775	2855	2.9
死亡人口(人)	Deaths(person)	2414	1374	-43.1
全社会就业人员(人)	Employment(person)	115678	115449	-0.2
第一产业(人)	Primary Industry(person)	58094	57528	-1.0
第二产业(人)	Secondary Industry(person)	24669	24810	0.6
第三产业(人)	Tertiary Industry(person)	32915	33111	0.6
在岗职工人数(人)	Number of Staff & Workers Employed in(person)	15327	15511	1.2
乡村劳动力(人)	Number of Rural Laborers(person)	88056	87909	-0.2
# 农林牧渔业(人)	Farming,Forestry,Animal Husbandry & Fishery(person)	58094	57528	-1.0
国民经济综合指标	**Summary Item on the National Economy**			
生产总值(万元)	Gross Domestic Product(10 000 yuan)	1122819	1265458	8.5
第一产业(万元)	Primary Industry(10 000 yuan)	97422	110827	1.4
第二产业(万元)	Secondary Industry(10 000 yuan)	839705	961960	8.9
# 工业(万元)	Industry(10 000 yuan)	784946	884560	7.5
第三产业(万元)	Tertiary Industry(10 000 yuan)	185692	192671	10.2
人均生产总值(元)	Per Capita GDP(yuan)	56169	63159	7.4
全社会固定资产投资(万元)	Total Investment in Fixed Assets(10 000 yuan)	310192	406131	30.9
按登记注册类型分	Grouped by Registered Type			
# 国有(万元)	State-owned Enterprises(10 000 yuan)	64930	179425	176.3
集体(万元)	Collective-owned Enterprises(10 000 yuan)	7453	6898	-7.4
有限责任公司(万元)	Limited Liability Corporations(10 000 yuan)	221764	92378	-58.3
股份有限公司(万元)	Share Holding Enterprises(10 000 yuan)			
私营企业(万元)	Private Enterprises(10 000 yuan)	3372	17428	416.8
外商及港澳台投资企业(万元)	Funds from HK,Macao,Taiwan & Foreign(10 000 yuan)	11633	106962	819.5
按城乡渠道分	Grouped by Urban and Rural Area			
城镇（万元）	Urban(10 000 yuan)	305552	405839	32.8
农村（万元）	Rural(10 000 yuan)	4640	292	-93.7
一般预算收入(万元)	General Budgetary Financial Revenue(10 000 yuan)	49551	59715	20.5
一般预算支出(万元)	General Budgetary Financial Expenditures(10 000 yuan)	79498	94830	19.3
城乡居民储蓄存款余额(万元)	Resident Saving Deposit in Urban & Rural(10 000 yuan)	116017	138064	19.0
在岗职工工资总额(万元)	Total Wages of Staff & Workers Empioyed in(10 000 yuan)	39606	42481	7.3
在岗职工平均工资(元)	Average Wage of Staff & Workers Employed in(yuan)	25840	27388	6.0
农牧民人均纯收入(元)	Per Capita Net Income of Peasant & Herdsman(yuan)	6353	7479	17.7
农村牧区经济	**Economic Development in Rural & Pastoral Area**			
耕地面积(公顷)	Cultivated Area(hectare)	42793	42982	0.4
农作物总播种面积(公顷)	Total Sown Area(hectare)	50416	51060	1.3
# 粮食作物播种面积(公顷)	Sown Area of Grain Crops(hectare)	35762	35712	-0.1
有效灌溉面积(公顷)	Irrigated Area(hectare)	33255	36230	8.9
农牧业机械总动力(万千瓦)	Total Power of Agricultural Machinery(10 000 kw)	24.90	31.74	27.5
化肥施用折纯量(吨)	Consumption of Chemical Fertilizer(ton)	32227	32397	0.5
农村用电量(万千瓦小时)	Electricity Consumed in Rural Area(10 000 kwh)	5173	5335	3.1
农林牧渔业总产值(万元)	Gross Output of Farming,Forestry,Animal Husbandry & Fishery(10 000 yuan)	170686	197455	2.5
粮食产量(吨)	Yield of Grain(ton)	201667	202384	0.4
油料产量(吨)	Yield of Oil-bearing Grops(ton)	5533	5489	-0.8
甜菜产量(吨)	Yield of Beetroots(ton)	18380	18975	3.2
猪牛羊肉产量(吨)	Output of Pork, Beef & Mutton(ton)	9403	9872	5.0
# 猪肉产量(吨)	Output of Pork(ton)	3818	4149	8.7
牛肉产量(吨)	Output of Beef(ton)	3005	3076	2.4
羊肉产量(吨)	Output of Mutton(ton)	2580	2647	2.6
羊毛产量(吨)	Output of Wool(ton)	896	818	-8.7

23-13 Tuoketuo County in Hohhot City

指 标	Item	2007	2008	2008 年比上年增长% Increase Rate in 2008 Over 2007(%)
年末牲畜存栏头数(万头只)	Total Livestock at the Year-end(10 000 heads)	27.47	29.52	7.5
# 大牲畜(万头只)	Large Animals(10 000 heads)	10.43	11.63	11.5
羊(万只)	Sheep & Goats(10 000 heads)	15.17	15.83	4.4
猪(万头)	Hogs(10 000 heads)	1.87	2.06	10.2
规模以上工业	**Industrial Enterprises above Designated size**			
工业企业单位数(个)	Number of Industrial Enterprises(unit)	23	24	4.3
# 内资企业(个)	Civil Funded Enterprises(unit)	19	21	10.5
工业总产值(万元)	Gross Industrial Output Value(10 000 yuan)	1581721	1765832	11.6
内资企业(万元)	Civil Funded Enterprises(10 000 yuan)	1327172	1474071	11.1
国有企业(万元)	State-owned Enterprises(10 000 yuan)	3353	3876	15.6
集体企业(万元)	Collective-owned Enterprises(10 000 yuan)			
股份合作企业(万元)	Share Holding Enterprises(10 000 yuan)	3025	3243	7.2
联营企业(万元)	Joint Owned Enterprises(10 000 yuan)			
有限责任公司(万元)	Limited Company(10 000 yuan)	1215561	1349437	11.0
股份有限公司(万元)	Share Holding Limited Company(10 000 yuan)			
私营企业(万元)	Privately Owned Enterprises(10 000 yuan)	105233	117517	11.7
其他企业(万元)	Enterprises of Other Ownership(10 000 yuan)			
港澳台商投资企业(万元)	Funds from HK,Macao & Taiwan(10 000 yuan)	220855	257987	16.8
外商投资企业(万元)	Foreign Funded Enterprises(10 000 yuan)	33694	33773	0.2
工业企业增加值(万元)	Value Added of Industrial Enterprises(10 000 yuan)	741044	826917	5.0
工业企业资产总计(万元)	Total Assets of Industrial Enterprises(10 000 yuan)	2118856	2326139	9.8
工业企业负债合计(万元)	Total Liabilities of Industrial Enterprises(10 000 yuan)	1582729	1783180	12.7
工业企业产品销售收入(万元)	Sales of Revenue Industrial Enterprises(10 000 yuan)	1532401	1712287	11.7
工业企业利润总额(万元)	Total Profits of Industrial Enterprises(10 000 yuan)	381534	224518	-41.2
建筑业	**Construction**			
建筑企业单位数(个)	Number of Construction Enterprises(unit)	6	7	16.7
建筑企业从业人员(人)	Number of Employee in Construction Enterprises(person)	2144	1628	-24.1
建筑业总产值(万元)	Gross Construction Output Value(10 000 yuan)	25293	27008	6.8
交通运输邮电通信业	**Transportation,Post & Telecommunications**			
公路里程(公里)	Total Length of Highways(km)	931	931	0.0
邮电业务总量(万元)	Business Volume of Post & Telecoms(10 000 yuan)	2327	1852	-20.4
本地电话用户(户)	Number of Subscribers of Local Telephone(Household)	24438	21751	-11.0
国内贸易	**Demestic Trade**			
社会消费品零售总额(万元)	Total Retail Sales of Consumer Goods(10 000 yuan)	150089	182331	21.5
# 贸易业(万元)	Wholesale & Retail Sales Trades(10 000 yuan)	140014	167695	19.8
餐饮业(万元)	Catering Trade(10 000 yuan)	10075	14636	45.3
科技教育卫生	**Science,Education & Public Health**			
各类专业技术人员(人)	Speccial Technical Personnel(person)	4039	4071	0.8
幼儿园数(所)	Number of Kindergartens(unit)	8	8	0.0
学龄儿童入学率(%)	Percentage of School-Age Children Enrolled(%)	100.0	100.0	0.0
小学学校数(所)	Number of Primary Schools(unit)	73	44	-39.7
小学专任教师数(人)	Number of Full-time Teachers of Primary Schools(person)	750	764	1.9
小学在校学生数(人)	Number of Student Enrollment of Primary Schools(person)	14317	13820	-3.5
普通中学学校数(所)	Number of Regular Secondary Schools(unit)	6	6	0.0
普通中学专任教师数(人)	Number of Teachers of Secondary Shools(person)	664	725	9.2
初中在校学生数(人)	Number of Student in Junior Secondary Schools(person)	9274	9485	2.3
高中在校学生数(人)	Number of Student in Senior Secondary Schools(person)	4778	5066	6.0
卫生机构数(所)	Number of Health Institutions(unit)	12	12	0.0
# 医院(所)	Hospitals(unit)	2	2	0.0
卫生院(所)	Township Hospitals(unit)	9	9	0.0
床位数(张)	Number of Beds(unit)	230	241	4.8
# 医院(张)	Hospitals(unit)	153	161	5.2
卫生院(张)	Township Hospitals(unit)	77	80	3.9
卫生技术人员(人)	Medical Technical Presonnel(person)	445	449	0.9
# 医院(人)	Hospitals(person)	182	189	3.8
卫生院(人)	Township Hospitals(person)	180	178	-1.1

23-14 呼和浩特市和林格尔县

指 标	Item	2007	2008	2008 年比上年增长% Increase Rate in 2008 Over 2007(%)
行政区域土地面积（平方公里）	**Area of Administration(Sq.km)**	**3401**	**3401**	**0.0**
人口和就业	**Population & Employment**			
年末总人口(人)	Total Population Year-end(person)	190950	194585	1.9
# 男性(人)	Male(person)	101103	102811	1.7
# 乡村人口(人)	Rural(person)	152066	156460	2.9
年末总户数(户)	Total Number of Households at the Year-end(Household)	59493	62418	4.9
# 乡村户数(户)	Number of Rural Household(Household)	39087	40762	4.3
出生人口(人)	Births(person)	3269	3085	-5.6
死亡人口(人)	Deaths(person)	417	350	-16.1
全社会就业人员(人)	Employment(person)	105573	105435	-0.1
第一产业(人)	Primary Industry(person)	64708	64336	-0.6
第二产业(人)	Secondary Industry(person)	18886	18906	0.1
第三产业(人)	Tertiary Industry(person)	21979	22193	1.0
在岗职工人数(人)	Number of Staff & Workers Employed in(person)	18434	18523	0.5
乡村劳动力(人)	Number of Rural Laborers(person)	77134	82918	7.5
# 农林牧渔业(人)	Farming,Forestry,Animal Husbandry & Fishery(person)	64708	64336	-0.6
国民经济综合指标	**Summary Item on the National Economy**			
生产总值(万元)	Gross Domestic Product(10 000 yuan)	919892	979900	2.1
第一产业(万元)	Primary Industry(10 000 yuan)	117933	136266	3.0
第二产业(万元)	Secondary Industry(10 000 yuan)	602884	604932	-2.5
# 工业(万元)	Industry(10 000 yuan)	541121	543132	-2.8
第三产业(万元)	Tertiary Industry(10 000 yuan)	199075	238702	16.3
人均生产总值(元)	Per Capita GDP(yuan)	48691	50833	0.0
全社会固定资产投资(万元)	Total Investment in Fixed Assets(10 000 yuan)	512087	593267	15.9
按登记注册类型分	Grouped by Registered Type			
# 国有(万元)	State-owned Enterprises(10 000 yuan)	336022	368965	9.8
集体(万元)	Collective-owned Enterprises(10 000 yuan)			
有限责任公司(万元)	Limited Liability Corporations(10 000 yuan)	68654	217602	217.0
股份有限公司(万元)	Share Holding Enterprises(10 000 yuan)	3900		
私营企业(万元)	Private Enterprises(10 000 yuan)		5900	
外商及港澳台投资企业 (万元)	Funds from HK,Macao,Taiwan & Foreign(10 000 yuan)	103411		
按城乡渠道分	Grouped by Urban and Rural Area			
城镇（万元）	Urban(10 000 yuan)	496098	537972	8.4
农村（万元）	Rural(10 000 yuan)	15989	47636	197.9
一般预算收入(万元)	General Budgetary Financial Revenue(10 000 yuan)	36502	48522	32.9
一般预算支出(万元)	General Budgetary Financial Expenditures(10 000 yuan)	69827	94155	34.8
城乡居民储蓄存款余额(万元)	Resident Saving Deposit in Urban & Rural(10 000 yuan)	97451	123773	27.0
在岗职工工资总额(万元)	Total Wages of Staff & Workers Empioyed in(10 000 yuan)	31152	38261	22.8
在岗职工平均工资(元)	Average Wage of Staff & Workers Employed in(yuan)	17608	20594	17.0
农牧民人均纯收入(元)	Per Capita Net Income of Peasant & Herdsman(yuan)	5873	6701	14.1
农村牧区经济	**Economic Development in Rural & Pastoral Area**			
耕地面积(公顷)	Cultivated Area(hectare)	105842	105890	0.0
农作物总播种面积(公顷)	Total Sown Area(hectare)	70961	70103	-1.2
# 粮食作物播种面积(公顷)	Sown Area of Grain Crops(hectare)	51464	48358	-6.0
有效灌溉面积(公顷)	Irrigated Area(hectare)	18012	21480	19.3
农牧业机械总动力(万千瓦)	Total Power of Agricultural Machinery(10 000 kw)	32.76	33.50	2.3
化肥施用折纯量(吨)	Consumption of Chemical Fertilizer(ton)	8139	8505	4.5
农村用电量(万千瓦小时)	Electricity Consumed in Rural Area(10 000 kwh)	4196	4228	0.8
农林牧渔业总产值(万元)	Gross Output of Farming,Forestry,Animal Husbandry & Fishery(10 000 yuan)	206573	244624	4.9
粮食产量(吨)	Yield of Grain(ton)	182455	186136	2.0
油料产量(吨)	Yield of Oil-bearing Grops(ton)	4295	5387	25.4
甜菜产量(吨)	Yield of Beetroots(ton)			
猪牛羊肉产量(吨)	Output of Pork, Beef & Mutton(ton)	16164	19731	22.1
# 猪肉产量(吨)	Output of Pork(ton)	2404	7505	212.2
牛肉产量(吨)	Output of Beef(ton)	4004	2356	-41.2
羊肉产量(吨)	Output of Mutton(ton)	9756	9870	1.2
羊毛产量(吨)	Output of Wool(ton)	1207	1357	12.4

23-14 Helingeer County in Hohhot City

指 标	Item	2007	2008	2008 年比上年增长% Increase Rate in 2008 Over 2007(%)
年末牲畜存栏头数(万头只)	Total Livestock at the Year-end(10 000 heads)	47.79	53.73	12.4
#大牲畜(万头只)	Large Animals(10 000 heads)	14.23	15.96	12.1
羊(万只)	Sheep & Goats(10 000 heads)	30.65	34.02	11.0
猪(万头)	Hogs(10 000 heads)	2.91	3.75	28.7
规模以上工业	**Industrial Enterprises above Designated size**			
工业企业单位数(个)	Number of Industrial Enterprises(unit)	20	26	30.0
#内资企业(个)	Civil Funded Enterprises(unit)	16	21	31.2
工业总产值(万元)	Gross Industrial Output Value(10 000 yuan)	1556813	1598473	2.7
内资企业(万元)	Civil Funded Enterprises(10 000 yuan)	544773	602325	10.6
国有企业(万元)	State-owned Enterprises(10 000 yuan)			
集体企业(万元)	Collective-owned Enterprises(10 000 yuan)			
股份合作企业(万元)	Share Holding Enterprises(10 000 yuan)			
联营企业(万元)	Joint Owned Enterprises(10 000 yuan)			
有限责任公司(万元)	Limited Company(10 000 yuan)	100317	111971	11.6
股份有限公司(万元)	Share Holding Limited Company(10 000 yuan)		55571	
私营企业(万元)	Privately Owned Enterprises(10 000 yuan)	444456	434783	-2.2
其他企业(万元)	Enterprises of Other Ownership(10 000 yuan)			
港澳台商投资企业(万元)	Funds from HK,Macao & Taiwan(10 000 yuan)			
外商投资企业(万元)	Foreign Funded Enterprises(10 000 yuan)	1012040	996148	-1.6
工业企业增加值(万元)	Value Added of Industrial Enterprises(10 000 yuan)	503631	488908	-8.3
工业企业资产总计(万元)	Total Assets of Industrial Enterprises(10 000 yuan)	756173	962861	27.3
工业企业负债合计(万元)	Total Liabilities of Industrial Enterprises(10 000 yuan)	338371	602358	78.0
工业企业产品销售收入(万元)	Sales of Revenue Industrial Enterprises(10 000 yuan)	1488855	1514472	1.7
工业企业利润总额(万元)	Total Profits of Industrial Enterprises(10 000 yuan)	93017	-80680	
建筑业	**Construction**			
建筑企业单位数(个)	Number of Construction Enterprises(unit)	2	2	0.0
建筑企业从业人员(人)	Number of Employee in Construction Enterprises(person)	113	113	0.0
建筑业总产值(万元)	Gross Construction Output Value(10 000 yuan)	2713	2853	5.2
交通运输邮电通信业	**Transportation,Post & Telecommunications**			
公路里程(公里)	Total Length of Highways(km)	650	860	32.3
邮电业务总量(万元)	Business Volume of Post & Telecoms(10 000 yuan)	7680	7589	-1.2
本地电话用户(户)	Number of Subscribers of Local Telephone(Household)	23400	24300	3.8
国内贸易	**Demestic Trade**			
社会消费品零售总额(万元)	Total Retail Sales of Consumer Goods(10 000 yuan)	82069	107621	31.1
#贸易业(万元)	Wholesale & Retail Sales Trades(10 000 yuan)	61438	80566	31.1
餐饮业(万元)	Catering Trade(10 000 yuan)	19214	25196	31.1
科技教育卫生	**Science,Education & Public Health**			
各类专业技术人员(人)	Speccial Technical Personnel(person)	2563	2663	3.9
幼儿园数(所)	Number of Kindergartens(unit)	2	4	100.0
学龄儿童入学率(%)	Percentage of School-Age Children Enrolled(%)	99.8	99.8	0.0
小学学校数(所)	Number of Primary Schools(unit)	78	71	-9.0
小学专任教师数(人)	Number of Full-time Teachers of Primary Schools(person)	657	651	-0.9
小学在校学生数(人)	Number of Student Enrollment of Primary Schools(person)	11416	10573	-7.4
普通中学学校数(所)	Number of Regular Secondary Schools(unit)	6	4	-33.3
普通中学专任教师数(人)	Number of Teachers of Secondary Shools(person)	615	585	-4.9
初中在校学生数(人)	Number of Student in Junior Secondary Schools(person)	7329	6978	-4.8
高中在校学生数(人)	Number of Student in Senior Secondary Schools(person)	4383	4143	-5.5
卫生机构数(所)	Number of Health Institutions(unit)	17	17	0.0
#医院(所)	Hospitals(unit)	1	1	0.0
卫生院(所)	Township Hospitals(unit)	13	13	0.0
床位数(张)	Number of Beds(unit)	246	246	0.0
#医院(张)	Hospitals(unit)	120	120	0.0
卫生院(张)	Township Hospitals(unit)	117	117	0.0
卫生技术人员(人)	Medical Technical Presonnel(person)	437	434	-0.7
#医院(人)	Hospitals(person)	110	112	1.8
卫生院(人)	Township Hospitals(person)	236	236	0.0

23-15 呼和浩特市清水河县

指 标	Item	2007	2008	2008 年比上年增长% Increase Rate in 2008 Over 2007(%)
行政区域土地面积(平方公里)	**Area of Administration(Sq.km)**	**2859**	**2859**	**0.0**
人口和就业	**Population & Employment**			
年末总人口(人)	Total Population Year-end(person)	141942	143860	1.4
# 男性(人)	Male(person)	73735	74777	1.4
# 乡村人口(人)	Rural(person)	96956	104354	7.6
年末总户数(户)	Total Number of Households at the Year-end(Household)	42075	43572	3.6
# 乡村户数(户)	Number of Rural Household(Household)	25119	25845	2.9
出生人口(人)	Births(person)	5405	2083	-61.5
死亡人口(人)	Deaths(person)	581	501	-13.8
全社会就业人员(人)	Employment(person)	58711	59229	0.9
第一产业(人)	Primary Industry(person)	34965	36458	4.3
第二产业(人)	Secondary Industry(person)	11968	7238	-39.5
第三产业(人)	Tertiary Industry(person)	11778	15533	31.9
在岗职工人数(人)	Number of Staff & Workers Employed in(person)	7647	7775	1.7
乡村劳动力(人)	Number of Rural Laborers(person)	48826	53739	10.1
# 农林牧渔业(人)	Farming,Forestry,Animal Husbandry & Fishery(person)	34965	36458	4.3
国民经济综合指标	**Summary Item on the National Economy**			
生产总值(万元)	Gross Domestic Product(10 000 yuan)	220976	266913	15.0
第一产业(万元)	Primary Industry(10 000 yuan)	47712	52230	2.4
第二产业(万元)	Secondary Industry(10 000 yuan)	84103	108833	21.7
# 工业(万元)	Industry(10 000 yuan)	56265	73033	24.2
第三产业(万元)	Tertiary Industry(10 000 yuan)	89161	105850	15.4
人均生产总值(元)	Per Capita GDP(yuan)	16062	18678	10.7
全社会固定资产投资(万元)	Total Investment in Fixed Assets(10 000 yuan)	125302	109749	-12.4
按登记注册类型分	Grouped by Registered Type			
# 国有(万元)	State-owned Enterprises(10 000 yuan)	87369	49323	-43.5
集体(万元)	Collective-owned Enterprises(10 000 yuan)		150	
有限责任公司(万元)	Limited Liability Corporations(10 000 yuan)	33473	2610	-92.2
股份有限公司(万元)	Share Holding Enterprises(10 000 yuan)			
私营企业(万元)	Private Enterprises(10 000 yuan)	4360	10600	143.1
外商及港澳台投资企业 (万元)	Funds from HK,Macao,Taiwan & Foreign(10 000 yuan)			
按城乡渠道分	Grouped by Urban and Rural Area			
城镇（万元）	Urban(10 000 yuan)	119560	109749	-8.2
农村（万元）	Rural(10 000 yuan)	5742		
一般预算收入(万元)	General Budgetary Financial Revenue(10 000 yuan)	8363	11352	35.7
一般预算支出(万元)	General Budgetary Financial Expenditures(10 000 yuan)	30679	42596	38.8
城乡居民储蓄存款余额(万元)	Resident Saving Deposit in Urban & Rural(10 000 yuan)	92158	110085	19.5
在岗职工工资总额(万元)	Total Wages of Staff & Workers Empioyed in(10 000 yuan)	13739	14782	7.6
在岗职工平均工资(元)	Average Wage of Staff & Workers Employed in(yuan)	17857	19081	6.9
农牧民人均纯收入(元)	Per Capita Net Income of Peasant & Herdsman(yuan)	4364	5008	14.8
农村牧区经济	**Economic Development in Rural & Pastoral Area**			
耕地面积(公顷)	Cultivated Area(hectare)	65324	65377	0.1
农作物总播种面积(公顷)	Total Sown Area(hectare)	60964	66740	9.5
# 粮食作物播种面积(公顷)	Sown Area of Grain Crops(hectare)	45373	44431	-2.1
有效灌溉面积(公顷)	Irrigated Area(hectare)	3178	3178	0.0
农牧业机械总动力(万千瓦)	Total Power of Agricultural Machinery(10 000 kw)	7.70	9.00	16.9
化肥施用折纯量(吨)	Consumption of Chemical Fertilizer(ton)	10925	11013	0.8
农村用电量(万千瓦小时)	Electricity Consumed in Rural Area(10 000 kwh)	823	872	6.0
农林牧渔业总产值(万元)	Gross Output of Farming,Forestry,Animal Husbandry & Fishery(10 000 yuan)	83573	88212	6.5
粮食产量(吨)	Yield of Grain(ton)	92593	95234	2.9
油料产量(吨)	Yield of Oil-bearing Grops(ton)	8962	20198	125.4
甜菜产量(吨)	Yield of Beetroots(ton)			
猪牛羊肉产量(吨)	Output of Pork, Beef & Mutton(ton)	6579	8814	34.0
# 猪肉产量(吨)	Output of Pork(ton)	1632	2211	35.5
牛肉产量(吨)	Output of Beef(ton)	301	375	24.6
羊肉产量(吨)	Output of Mutton(ton)	4646	6228	34.1
羊毛产量(吨)	Output of Wool(ton)	494	602	21.9

23-15 Qingshuihe County in Hohhot City

指 标	Item	2007	2008	2008年比上年增长% Increase Rate in 2008 Over 2007(%)
年末牲畜存栏头数(万头只)	Total Livestock at the Year-end(10 000 heads)	28.01	30.74	9.7
#大牲畜(万头只)	Large Animals(10 000 heads)	2.28	2.33	2.2
羊(万只)	Sheep & Goats(10 000 heads)	22.70	24.80	9.3
猪(万头)	Hogs(10 000 heads)	3.03	3.61	19.1
规模以上工业	**Industrial Enterprises above Designated size**			
工业企业单位数(个)	Number of Industrial Enterprises(unit)	15	14	-6.7
#内资企业(个)	Civil Funded Enterprises(unit)	14	13	-7.1
工业总产值(万元)	Gross Industrial Output Value(10 000 yuan)	96102	120950	25.9
内资企业(万元)	Civil Funded Enterprises(10 000 yuan)	92643	117927	27.3
国有企业(万元)	State-owned Enterprises(10 000 yuan)			
集体企业(万元)	Collective-owned Enterprises(10 000 yuan)	2495	3052	22.3
股份合作企业(万元)	Share Holding Enterprises(10 000 yuan)			
联营企业(万元)	Joint Owned Enterprises(10 000 yuan)			
有限责任公司(万元)	Limited Company(10 000 yuan)	24180	28480	17.8
股份有限公司(万元)	Share Holding Limited Company(10 000 yuan)	45628	58595	28.4
私营企业(万元)	Privately Owned Enterprises(10 000 yuan)	20340	27800	36.7
其他企业(万元)	Enterprises of Other Ownership(10 000 yuan)			
港澳台商投资企业(万元)	Funds from HK,Macao & Taiwan(10 000 yuan)			
外商投资企业(万元)	Foreign Funded Enterprises(10 000 yuan)	3459	3023	-12.6
工业企业增加值(万元)	Value Added of Industrial Enterprises(10 000 yuan)	45128	58410	24.9
工业企业资产总计(万元)	Total Assets of Industrial Enterprises(10 000 yuan)	82754	93424	12.9
工业企业负债合计(万元)	Total Liabilities of Industrial Enterprises(10 000 yuan)	54923	54578	-0.6
工业企业产品销售收入(万元)	Sales of Revenue Industrial Enterprises(10 000 yuan)	87352	113822	30.3
工业企业利润总额(万元)	Total Profits of Industrial Enterprises(10 000 yuan)	3434	8587	150.1
建筑业	**Construction**			
建筑企业单位数(个)	Number of Construction Enterprises(unit)	1	1	0.0
建筑企业从业人员(人)	Number of Employee in Construction Enterprises(person)	225	185	-17.8
建筑业总产值(万元)	Gross Construction Output Value(10 000 yuan)	1945	1925	-1.0
交通运输邮电通信业	**Transportation,Post & Telecommunications**			
公路里程(公里)	Total Length of Highways(km)	729	729	0.0
邮电业务总量(万元)	Business Volume of Post & Telecoms(10 000 yuan)	3933	4082	3.8
本地电话用户(户)	Number of Subscribers of Local Telephone(Household)	9989	12137	21.5
国内贸易	**Demestic Trade**			
社会消费品零售总额(万元)	Total Retail Sales of Consumer Goods(10 000 yuan)	21725	25975	19.6
#贸易业(万元)	Wholesale & Retail Sales Trades(10 000 yuan)	18522	22412	21.0
餐饮业(万元)	Catering Trade(10 000 yuan)	3070	3563	16.1
科技教育卫生	**Science,Education & Public Health**			
各类专业技术人员(人)	Speccial Technical Personnel(person)	3037	3219	6.0
幼儿园数(所)	Number of Kindergartens(unit)	3	3	0.0
学龄儿童入学率(%)	Percentage of School-Age Children Enrolled(%)	100.0	100.0	0.0
小学学校数(所)	Number of Primary Schools(unit)	102	78	-23.5
小学专任教师数(人)	Number of Full-time Teachers of Primary Schools(person)	727	688	-5.4
小学在校学生数(人)	Number of Student Enrollment of Primary Schools(person)	9180	8253	-10.1
普通中学学校数(所)	Number of Regular Secondary Schools(unit)	8	7	-12.5
普通中学专任教师数(人)	Number of Teachers of Secondary Shools(person)	390	418	7.2
初中在校学生数(人)	Number of Student in Junior Secondary Schools(person)	6326	5981	-5.5
高中在校学生数(人)	Number of Student in Senior Secondary Schools(person)	2708	2533	-6.5
卫生机构数(所)	Number of Health Institutions(unit)	18	18	0.0
#医院(所)	Hospitals(unit)	1	1	0.0
卫生院(所)	Township Hospitals(unit)	14	14	0.0
床位数(张)	Number of Beds(unit)	198	249	25.8
#医院(张)	Hospitals(unit)	118	141	19.5
卫生院(张)	Township Hospitals(unit)	80	108	35.0
卫生技术人员(人)	Medical Technical Presonnel(person)	353	358	1.4
#医院(人)	Hospitals(person)	91	104	14.3
卫生院(人)	Township Hospitals(person)	102	83	-18.6

23-16 呼和浩特市武川县

指 标	Item	2007	2008	2008年比上年增长% Increase Rate in 2008 Over 2007(%)
行政区域土地面积(平方公里)	**Area of Administration(Sq.km)**	**4885**	**4885**	**0.0**
人口和就业	**Population & Employment**			
年末总人口(人)	Total Population Year-end(person)	174452	175700	0.7
# 男性(人)	Male(person)	92489	93301	0.9
# 乡村人口(人)	Rural(person)	131477	131008	-0.4
年末总户数(户)	Total Number of Households at the Year-end(Household)	53575	55156	3.0
# 乡村户数(户)	Number of Rural Household(Household)	34673	34529	-0.4
出生人口(人)	Births(person)	1887	1595	-15.5
死亡人口(人)	Deaths(person)	500	282	-43.6
全社会就业人员(人)	Employment(person)	87343	87795	0.5
第一产业(人)	Primary Industry(person)	65293	62438	-4.4
第二产业(人)	Secondary Industry(person)	8480	9782	15.4
第三产业(人)	Tertiary Industry(person)	13570	15575	14.8
在岗职工人数(人)	Number of Staff & Workers Employed in(person)	8782	8422	-4.1
乡村劳动力(人)	Number of Rural Laborers(person)	75561	76096	0.7
# 农林牧渔业(人)	Farming,Forestry,Animal Husbandry & Fishery(person)	65293	62438	-4.4
国民经济综合指标	**Summary Item on the National Economy**			
生产总值(万元)	Gross Domestic Product(10 000 yuan)	297151	387404	23.0
第一产业(万元)	Primary Industry(10 000 yuan)	32508	57045	56.5
第二产业(万元)	Secondary Industry(10 000 yuan)	183335	232882	20.9
# 工业(万元)	Industry(10 000 yuan)	149041	198582	28.0
第三产业(万元)	Tertiary Industry(10 000 yuan)	81308	97477	15.7
人均生产总值(元)	Per Capita GDP(yuan)	17093	22128	22.1
全社会固定资产投资(万元)	Total Investment in Fixed Assets(10 000 yuan)	235288	291360	23.8
按登记注册类型分	Grouped by Registered Type			
# 国有(万元)	State-owned Enterprises(10 000 yuan)	60921	113861	86.9
集体(万元)	Collective-owned Enterprises(10 000 yuan)	3670	500	-86.4
有限责任公司(万元)	Limited Liability Corporations(10 000 yuan)	100	49171	49071.0
股份有限公司(万元)	Share Holding Enterprises(10 000 yuan)	162905	97450	-40.2
私营企业(万元)	Private Enterprises(10 000 yuan)	3892	18578	377.3
外商及港澳台投资企业 (万元)	Funds from HK,Macao,Taiwan & Foreign(10 000 yuan)	3700	3500	-5.4
按城乡渠道分	Grouped by Urban and Rural Area			
城镇(万元)	Urban(10 000 yuan)	233288	288678	23.7
农村(万元)	Rural(10 000 yuan)	2000	2682	34.1
一般预算收入(万元)	General Budgetary Financial Revenue(10 000 yuan)	6474	11627	79.6
一般预算支出(万元)	General Budgetary Financial Expenditures(10 000 yuan)	37307	67125	79.9
城乡居民储蓄存款余额(万元)	Resident Saving Deposit in Urban & Rural(10 000 yuan)	82070	98297	19.8
在岗职工工资总额(万元)	Total Wages of Staff & Workers Empioyed in(10 000 yuan)	14312	17472	22.1
在岗职工平均工资(元)	Average Wage of Staff & Workers Employed in(yuan)	16504	20533	24.4
农牧民人均纯收入(元)	Per Capita Net Income of Peasant & Herdsman(yuan)	3080	4228	37.3
农村牧区经济	**Economic Development in Rural & Pastoral Area**			
耕地面积(公顷)	Cultivated Area(hectare)	148667	145595	-2.1
农作物总播种面积(公顷)	Total Sown Area(hectare)	134270	136027	1.3
# 粮食作物播种面积(公顷)	Sown Area of Grain Crops(hectare)	92256	101125	9.6
有效灌溉面积(公顷)	Irrigated Area(hectare)	12330	12663	2.7
农牧业机械总动力(万千瓦)	Total Power of Agricultural Machinery(10 000 kw)	25.37	26.72	5.3
化肥施用折纯量(吨)	Consumption of Chemical Fertilizer(ton)	9700	12964	33.6
农村用电量(万千瓦小时)	Electricity Consumed in Rural Area(10 000 kwh)	2477	2104	-15.1
农林牧渔业总产值(万元)	Gross Output of Farming,Forestry,Animal Husbandry & Fishery(10 000 yuan)	56941	92243	43.5
粮食产量(吨)	Yield of Grain(ton)	52821	157563	198.3
油料产量(吨)	Yield of Oil-bearing Grops(ton)	10470	25050	139.3
甜菜产量(吨)	Yield of Beetroots(ton)			
猪牛羊肉产量(吨)	Output of Pork, Beef & Mutton(ton)	4934	6107	23.8
# 猪肉产量(吨)	Output of Pork(ton)	1594	2101	31.8
牛肉产量(吨)	Output of Beef(ton)	644	863	34.0
羊肉产量(吨)	Output of Mutton(ton)	2696	3143	16.6
羊毛产量(吨)	Output of Wool(ton)	667	631	-5.4

23-16 Wuchuan County in Hohhot City

指 标	Item	2007	2008	2008年比上年增长% Increase Rate in 2008 Over 2007(%)
年末牲畜存栏头数(万头只)	Total Livestock at the Year-end(10 000 heads)	35.57	39.61	11.4
#大牲畜(万头只)	Large Animals(10 000 heads)	2.69	2.43	-9.7
羊(万只)	Sheep & Goats(10 000 heads)	30.89	35.04	13.4
猪(万头)	Hogs(10 000 heads)	1.99	2.14	7.5
规模以上工业	**Industrial Enterprises above Designated size**			
工业企业单位数(个)	Number of Industrial Enterprises(unit)	33	36	9.1
#内资企业(个)	Civil Funded Enterprises(unit)	33	36	9.1
工业总产值(万元)	Gross Industrial Output Value(10 000 yuan)	231756	327250	41.2
内资企业(万元)	Civil Funded Enterprises(10 000 yuan)	231756	327250	41.2
国有企业(万元)	State-owned Enterprises(10 000 yuan)			
集体企业(万元)	Collective-owned Enterprises(10 000 yuan)			
股份合作企业(万元)	Share Holding Enterprises(10 000 yuan)			
联营企业(万元)	Joint Owned Enterprises(10 000 yuan)			
有限责任公司(万元)	Limited Company(10 000 yuan)	68450	66089	-3.4
股份有限公司(万元)	Share Holding Limited Company(10 000 yuan)			
私营企业(万元)	Privately Owned Enterprises(10 000 yuan)	163306	261161	59.9
其他企业(万元)	Enterprises of Other Ownership(10 000 yuan)			
港澳台商投资企业(万元)	Funds from HK,Macao & Taiwan(10 000 yuan)			
外商投资企业(万元)	Foreign Funded Enterprises(10 000 yuan)			
工业企业增加值(万元)	Value Added of Industrial Enterprises(10 000 yuan)	102437	137391	32.5
工业企业资产总计(万元)	Total Assets of Industrial Enterprises(10 000 yuan)	121485	132073	8.7
工业企业负债合计(万元)	Total Liabilities of Industrial Enterprises(10 000 yuan)	69943	75286	7.6
工业企业产品销售收入(万元)	Sales of Revenue Industrial Enterprises(10 000 yuan)	232905	329836	41.6
工业企业利润总额(万元)	Total Profits of Industrial Enterprises(10 000 yuan)	13145	7819	-40.5
建筑业	**Construction**			
建筑企业单位数(个)	Number of Construction Enterprises(unit)	1	2	100.0
建筑企业从业人员(人)	Number of Employee in Construction Enterprises(person)	138	149	8.0
建筑业总产值(万元)	Gross Construction Output Value(10 000 yuan)	213	619	190.6
交通运输邮电通信业	**Transportation,Post & Telecommunications**			
公路里程(公里)	Total Length of Highways(km)	511	651	27.3
邮电业务总量(万元)	Business Volume of Post & Telecoms(10 000 yuan)	2318	2665	15.0
本地电话用户(户)	Number of Subscribers of Local Telephone(Household)	16741	15800	-5.6
国内贸易	**Demestic Trade**			
社会消费品零售总额(万元)	Total Retail Sales of Consumer Goods(10 000 yuan)	46585	56017	20.2
#贸易业(万元)	Wholesale & Retail Sales Trades(10 000 yuan)	35451	41727	17.7
餐饮业(万元)	Catering Trade(10 000 yuan)	10891	14020	28.7
科技教育卫生	**Science,Education & Public Health**			
各类专业技术人员(人)	Speccial Technical Personnel(person)	2342	2358	0.7
幼儿园数(所)	Number of Kindergartens(unit)	19	16	-15.8
学龄儿童入学率(%)	Percentage of School-Age Children Enrolled(%)	100.0	100.0	0.0
小学学校数(所)	Number of Primary Schools(unit)	46	31	-32.6
小学专任教师数(人)	Number of Full-time Teachers of Primary Schools(person)	784	770	-1.8
小学在校学生数(人)	Number of Student Enrollment of Primary Schools(person)	8859	9980	12.7
普通中学学校数(所)	Number of Regular Secondary Schools(unit)	11	11	0.0
普通中学专任教师数(人)	Number of Teachers of Secondary Shools(person)	405	389	-4.0
初中在校学生数(人)	Number of Student in Junior Secondary Schools(person)	5010	5218	4.2
高中在校学生数(人)	Number of Student in Senior Secondary Schools(person)	3935	3558	-9.6
卫生机构数(所)	Number of Health Institutions(unit)	24	24	0.0
#医院(所)	Hospitals(unit)	2	2	0.0
卫生院(所)	Township Hospitals(unit)	19	19	0.0
床位数(张)	Number of Beds(unit)	282	282	0.0
#医院(张)	Hospitals(unit)	179	179	0.0
卫生院(张)	Township Hospitals(unit)	103	103	0.0
卫生技术人员(人)	Medical Technical Presonnel(person)	494	475	-3.8
#医院(人)	Hospitals(person)	159	157	-1.3
卫生院(人)	Township Hospitals(person)	263	246	-6.5

23-17 包头市东河区

指 标	Item	2007	2008	2008年比上年增长% Increase Rate in 2008 Over 2007(%)
行政区域土地面积(平方公里)	**Area of Administration(Sq.km)**	**470**	**470**	**0.0**
人口和就业	**Population & Employment**			
年末总人口(人)	Total Population Year-end(person)	482000	497200	3.2
# 男性(人)	Male(person)	241800	249200	3.1
# 乡村人口(人)	Rural(person)	28600	29300	2.4
年末总户数(户)	Total Number of Households at the Year-end(Household)	175910	180700	2.7
# 乡村户数(户)	Number of Rural Household(Household)			
出生人口(人)	Births(person)	3091	3506	13.4
死亡人口(人)	Deaths(person)	2160	1967	-8.9
全社会就业人员(人)	Employment(person)	213280	283728	33.0
第一产业(人)	Primary Industry(person)	5988	7815	30.5
第二产业(人)	Secondary Industry(person)	67361	68780	2.1
第三产业(人)	Tertiary Industry(person)	139931	207133	48.0
在岗职工人数(人)	Number of Staff & Workers Employed in(person)	49733	47737	-4.0
乡村劳动力(人)	Number of Rural Laborers(person)	13876	23049	66.1
# 农林牧渔业(人)	Farming,Forestry,Animal Husbandry & Fishery(person)			
国民经济综合指标	**Summary Item on the National Economy**			
生产总值(万元)	Gross Domestic Product(10 000 yuan)	1854069	2362860	20.5
第一产业(万元)	Primary Industry(10 000 yuan)	32400	37550	7.1
第二产业(万元)	Secondary Industry(10 000 yuan)	823745	1021023	17.7
# 工业(万元)	Industry(10 000 yuan)	665945	817623	18.1
第三产业(万元)	Tertiary Industry(10 000 yuan)	997924	1304287	23.1
人均生产总值(元)	Per Capita GDP(yuan)	38248	48261	19.3
全社会固定资产投资(万元)	Total Investment in Fixed Assets(10 000 yuan)	1380000	1750000	26.8
按登记注册类型分	Grouped by Registered Type			
# 国有(万元)	State-owned Enterprises(10 000 yuan)	292488	388860	32.9
集体(万元)	Collective-owned Enterprises(10 000 yuan)	42868	39565	-7.7
有限责任公司(万元)	Limited Liability Corporations(10 000 yuan)	640355	689885	7.7
股份有限公司(万元)	Share Holding Enterprises(10 000 yuan)	20450	113938	457.2
私营企业(万元)	Private Enterprises(10 000 yuan)	258015		
外商及港澳台投资企业(万元)	Funds from HK,Macao,Taiwan & Foreign(10 000 yuan)	4300		
按城乡渠道分	Grouped by Urban and Rural Area			
城镇(万元)	Urban(10 000 yuan)	1380000	1750000	26.8
农村(万元)	Rural(10 000 yuan)			
一般预算收入(万元)	General Budgetary Financial Revenue(10 000 yuan)	91607	123869	35.2
一般预算支出(万元)	General Budgetary Financial Expenditures(10 000 yuan)	96328	157083	63.1
城乡居民储蓄存款余额(万元)	Resident Saving Deposit in Urban & Rural(10 000 yuan)			
在岗职工工资总额(万元)	Total Wages of Staff & Workers Empioyed in(10 000 yuan)	111280	133292	19.8
在岗职工平均工资(元)	Average Wage of Staff & Workers Employed in(yuan)	22463	26754	19.1
农牧民人均纯收入(元)	Per Capita Net Income of Peasant & Herdsman(yuan)	7766	9016	16.1
农村牧区经济	**Economic Development in Rural & Pastoral Area**			
耕地面积(公顷)	Cultivated Area(hectare)	9600	9600	0.0
农作物总播种面积(公顷)	Total Sown Area(hectare)	7618	7683	0.9
# 粮食作物播种面积(公顷)	Sown Area of Grain Crops(hectare)	3935	3970	0.9
有效灌溉面积(公顷)	Irrigated Area(hectare)	5974	6751	13.0
农牧业机械总动力(万千瓦)	Total Power of Agricultural Machinery(10 000 kw)	21.50	22.16	3.1
化肥施用折纯量(吨)	Consumption of Chemical Fertilizer(ton)	3965	3975	0.3
农村用电量(万千瓦小时)	Electricity Consumed in Rural Area(10 000 kwh)	2450	2454	0.2
农林牧渔业总产值(万元)	Gross Output of Farming,Forestry,Animal Husbandry & Fishery(10 000 yuan)	54041	63210	15.4
粮食产量(吨)	Yield of Grain(ton)	35000	30645	-12.4
油料产量(吨)	Yield of Oil-bearing Grops(ton)	597	808	35.3
甜菜产量(吨)	Yield of Beetroots(ton)	5748	4739	-17.6
猪牛羊肉产量(吨)	Output of Pork, Beef & Mutton(ton)	4524	6097	34.8
# 猪肉产量(吨)	Output of Pork(ton)	1700	1850	8.8
牛肉产量(吨)	Output of Beef(ton)	2266	3610	59.3
羊肉产量(吨)	Output of Mutton(ton)	558	637	14.2
羊毛产量(吨)	Output of Wool(ton)	28	25	-10.7

23-17 Donghe District in Baotou City

指 标	Item	2007	2008	2008 年比上年增长% Increase Rate in 2008 Over 2007(%)
年末牲畜存栏头数(万头只)	Total Livestock at the Year-end(10 000 heads)	9.20	11.64	26.5
# 大牲畜(万头只)	Large Animals(10 000 heads)	3.81	4.80	26.0
羊(万只)	Sheep & Goats(10 000 heads)	3.86	5.19	34.5
猪(万头)	Hogs(10 000 heads)	1.53	1.65	7.8
规模以上工业	**Industrial Enterprises above Designated size**			
工业企业单位数(个)	Number of Industrial Enterprises(unit)	63	79	25.4
# 内资企业(个)	Civil Funded Enterprises(unit)	57	71	24.6
工业总产值(万元)	Gross Industrial Output Value(10 000 yuan)	1303160	1342556	3.0
内资企业(万元)	Civil Funded Enterprises(10 000 yuan)	1120670	1150282	2.6
国有企业(万元)	State-owned Enterprises(10 000 yuan)	27283	83938	207.7
集体企业(万元)	Collective-owned Enterprises(10 000 yuan)		1170	
股份合作企业(万元)	Share Holding Enterprises(10 000 yuan)			
联营企业(万元)	Joint Owned Enterprises(10 000 yuan)			
有限责任公司(万元)	Limited Company(10 000 yuan)	351977	271759	-22.8
股份有限公司(万元)	Share Holding Limited Company(10 000 yuan)	636111	506995	-20.3
私营企业(万元)	Privately Owned Enterprises(10 000 yuan)	105299	286420	172.0
其他企业(万元)	Enterprises of Other Ownership(10 000 yuan)			
港澳台商投资企业(万元)	Funds from HK,Macao & Taiwan(10 000 yuan)	9055	56681	526.0
外商投资企业(万元)	Foreign Funded Enterprises(10 000 yuan)	173435	135593	-21.8
工业企业增加值(万元)	Value Added of Industrial Enterprises(10 000 yuan)	443448	665323	20.7
工业企业资产总计(万元)	Total Assets of Industrial Enterprises(10 000 yuan)	3000523	2208829	-26.4
工业企业负债合计(万元)	Total Liabilities of Industrial Enterprises(10 000 yuan)	965415	1115775	15.6
工业企业产品销售收入(万元)	Sales of Revenue Industrial Enterprises(10 000 yuan)	1209573	1233625	2.0
工业企业利润总额(万元)	Total Profits of Industrial Enterprises(10 000 yuan)	174914	121357	-30.6
建筑业	**Construction**			
建筑企业单位数(个)	Number of Construction Enterprises(unit)	15	17	13.3
建筑企业从业人员(人)	Number of Employee in Construction Enterprises(person)	7216	10388	44.0
建筑业总产值(万元)	Gross Construction Output Value(10 000 yuan)	157707	167718	6.3
交通运输邮电通信业	**Transportation,Post & Telecommunications**			
公路里程(公里)	Total Length of Highways(km)	151	151	0.0
邮电业务总量(万元)	Business Volume of Post & Telecoms(10 000 yuan)	48552	59976	23.5
本地电话用户(户)	Number of Subscribers of Local Telephone(Household)	74500	61200	-17.9
国内贸易	**Demestic Trade**			
社会消费品零售总额(万元)	Total Retail Sales of Consumer Goods(10 000 yuan)	874595	1081874	23.7
# 贸易业(万元)	Wholesale & Retail Sales Trades(10 000 yuan)	680805	840778	23.5
餐饮业(万元)	Catering Trade(10 000 yuan)	191167	237476	24.2
科技教育卫生	**Science,Education & Public Health**			
各类专业技术人员(人)	Speccial Technical Personnel(person)	13501	11786	-12.7
幼儿园数(所)	Number of Kindergartens(unit)	9	7	-22.2
学龄儿童入学率(%)	Percentage of School-Age Children Enrolled(%)	100.0	100.0	0.0
小学学校数(所)	Number of Primary Schools(unit)	34	47	38.2
小学专任教师数(人)	Number of Full-time Teachers of Primary Schools(person)	1410	1586	12.5
小学在校学生数(人)	Number of Student Enrollment of Primary Schools(person)	27787	28418	2.3
普通中学学校数(所)	Number of Regular Secondary Schools(unit)	28	27	-3.6
普通中学专任教师数(人)	Number of Teachers of Secondary Shools(person)	1927	2018	4.7
初中在校学生数(人)	Number of Student in Junior Secondary Schools(person)	16291	17425	7.0
高中在校学生数(人)	Number of Student in Senior Secondary Schools(person)	11105	11235	1.2
卫生机构数(所)	Number of Health Institutions(unit)	14	16	14.3
# 医院(所)	Hospitals(unit)	13	13	0.0
卫生院(所)	Township Hospitals(unit)	1	3	200.0
床位数(张)	Number of Beds(unit)	2550	2581	1.2
# 医院(张)	Hospitals(unit)	2550	2550	0.0
卫生院(张)	Township Hospitals(unit)		31	
卫生技术人员(人)	Medical Technical Presonnel(person)	2454	2459	0.2
# 医院(人)	Hospitals(person)	2396	2360	-1.5
卫生院(人)	Township Hospitals(person)	58	99	70.7

23-18 包头市昆都仑区

指 标	Item	2007	2008	2008 年比上年增长% Increase Rate in 2008 Over 2007(%)
行政区域土地面积(平方公里)	**Area of Administration(Sq.km)**	**301**	**301**	**0.0**
人口和就业	**Population & Employment**			
年末总人口(人)	Total Population Year-end(person)	618500	632200	2.2
# 男性(人)	Male(person)	310200	316700	2.1
# 乡村人口(人)	Rural(person)	56600	56700	0.2
年末总户数(户)	Total Number of Households at the Year-end(Household)	229930	234050	1.8
# 乡村户数(户)	Number of Rural Household(Household)	20950	21000	0.2
出生人口(人)	Births(person)	3453	5178	50.0
死亡人口(人)	Deaths(person)	1961	1559	-20.5
全社会就业人员(人)	Employment(person)	203493	221385	8.8
第一产业(人)	Primary Industry(person)	11968	12138	1.4
第二产业(人)	Secondary Industry(person)	76884	82105	6.8
第三产业(人)	Tertiary Industry(person)	114641	127142	10.9
在岗职工人数(人)	Number of Staff & Workers Employed in(person)	103892	106742	2.7
乡村劳动力(人)	Number of Rural Laborers(person)	22580	22920	1.5
# 农林牧渔业(人)	Farming,Forestry,Animal Husbandry & Fishery(person)	11668	11828	1.4
国民经济综合指标	**Summary Item on the National Economy**			
生产总值(万元)	Gross Domestic Product(10 000 yuan)	4538293	6158986	24.2
第一产业(万元)	Primary Industry(10 000 yuan)	14572	16800	6.6
第二产业(万元)	Secondary Industry(10 000 yuan)	2622052	3797428	24.9
# 工业(万元)	Industry(10 000 yuan)	2482104	3621928	25.5
第三产业(万元)	Tertiary Industry(10 000 yuan)	1901669	2344758	23.3
人均生产总值(元)	Per Capita GDP(yuan)	73016	98489	23.4
全社会固定资产投资(万元)	Total Investment in Fixed Assets(10 000 yuan)	1635000	2140000	30.9
按登记注册类型分	Grouped by Registered Type			
# 国有(万元)	State-owned Enterprises(10 000 yuan)	159848	275688	72.5
集体(万元)	Collective-owned Enterprises(10 000 yuan)	40906	112792	175.7
有限责任公司(万元)	Limited Liability Corporations(10 000 yuan)	1265346	1254380	-0.9
股份有限公司(万元)	Share Holding Enterprises(10 000 yuan)	55177	18015	-67.4
私营企业(万元)	Private Enterprises(10 000 yuan)	13419		
外商及港澳台投资企业 (万元)	Funds from HK,Macao,Taiwan & Foreign(10 000 yuan)	2714		
按城乡渠道分	Grouped by Urban and Rural Area			
城镇（万元）	Urban(10 000 yuan)	1635000	2140000	30.9
农村（万元）	Rural(10 000 yuan)			
一般预算收入(万元)	General Budgetary Financial Revenue(10 000 yuan)	107223	148976	38.9
一般预算支出(万元)	General Budgetary Financial Expenditures(10 000 yuan)	105387	146042	38.6
城乡居民储蓄存款余额(万元)	Resident Saving Deposit in Urban & Rural(10 000 yuan)	1757241	2121413	20.7
在岗职工工资总额(万元)	Total Wages of Staff & Workers Empioyed in(10 000 yuan)	313829	372365	18.7
在岗职工平均工资(元)	Average Wage of Staff & Workers Employed in(yuan)	29601	34515	16.6
农牧民人均纯收入(元)	Per Capita Net Income of Peasant & Herdsman(yuan)	8135	9567	17.6
农村牧区经济	**Economic Development in Rural & Pastoral Area**			
耕地面积(公顷)	Cultivated Area(hectare)	3049	3049	0.0
农作物总播种面积(公顷)	Total Sown Area(hectare)	1965	1979	0.7
# 粮食作物播种面积(公顷)	Sown Area of Grain Crops(hectare)	1600	1610	0.6
有效灌溉面积(公顷)	Irrigated Area(hectare)	3049	3049	0.0
农牧业机械总动力(万千瓦)	Total Power of Agricultural Machinery(10 000 kw)	1.20	1.29	7.5
化肥施用折纯量(吨)	Consumption of Chemical Fertilizer(ton)	2138	2142	0.2
农村用电量(万千瓦小时)	Electricity Consumed in Rural Area(10 000 kwh)	2430	2350	-3.3
农林牧渔业总产值(万元)	Gross Output of Farming,Forestry,Animal Husbandry & Fishery(10 000 yuan)	23500	27400	15.0
粮食产量(吨)	Yield of Grain(ton)	8800	7917	-10.0
油料产量(吨)	Yield of Oil-bearing Grops(ton)	8	13	62.5
甜菜产量(吨)	Yield of Beetroots(ton)			
猪牛羊肉产量(吨)	Output of Pork, Beef & Mutton(ton)	152	171	12.5
# 猪肉产量(吨)	Output of Pork(ton)	130	141	8.5
牛肉产量(吨)	Output of Beef(ton)	7	11	57.1
羊肉产量(吨)	Output of Mutton(ton)	15	19	26.7
羊毛产量(吨)	Output of Wool(ton)	13	11	-15.4

23-18 Kundulun District in Baotou City

指 标	Item	2007	2008	2008年比上年增长% Increase Rate in 2008 Over 2007(%)
年末牲畜存栏头数(万头只)	Total Livestock at the Year-end(10 000 heads)	5.64	5.66	0.4
#大牲畜(万头只)	Large Animals(10 000 heads)	1.43	1.49	4.2
羊(万只)	Sheep & Goats(10 000 heads)	3.33	3.25	-2.4
猪(万头)	Hogs(10 000 heads)	0.88	0.92	4.5
规模以上工业	**Industrial Enterprises above Designated size**			
工业企业单位数(个)	Number of Industrial Enterprises(unit)	84	82	-2.4
#内资企业(个)	Civil Funded Enterprises(unit)	81	77	-4.9
工业总产值(万元)	Gross Industrial Output Value(10 000 yuan)	5523461	8857236	60.4
内资企业(万元)	Civil Funded Enterprises(10 000 yuan)	5497108	8709490	58.4
国有企业(万元)	State-owned Enterprises(10 000 yuan)	274645	47354	-82.8
集体企业(万元)	Collective-owned Enterprises(10 000 yuan)	61437	76958	25.3
股份合作企业(万元)	Share Holding Enterprises(10 000 yuan)			
联营企业(万元)	Joint Owned Enterprises(10 000 yuan)	11088		
有限责任公司(万元)	Limited Company(10 000 yuan)	1815880	3321400	82.9
股份有限公司(万元)	Share Holding Limited Company(10 000 yuan)	3046751	4562240	49.7
私营企业(万元)	Privately Owned Enterprises(10 000 yuan)	287307	701538	144.2
其他企业(万元)	Enterprises of Other Ownership(10 000 yuan)			
港澳台商投资企业(万元)	Funds from HK,Macao & Taiwan(10 000 yuan)	16735		
外商投资企业(万元)	Foreign Funded Enterprises(10 000 yuan)	9618	147746	1436.1
工业企业增加值(万元)	Value Added of Industrial Enterprises(10 000 yuan)	2473558	3500328	26.0
工业企业资产总计(万元)	Total Assets of Industrial Enterprises(10 000 yuan)	7361602	8591010	16.7
工业企业负债合计(万元)	Total Liabilities of Industrial Enterprises(10 000 yuan)	3676329	5074500	38.0
工业企业产品销售收入(万元)	Sales of Revenue Industrial Enterprises(10 000 yuan)	5980221	8829689	47.6
工业企业利润总额(万元)	Total Profits of Industrial Enterprises(10 000 yuan)	412055	229626	-44.3
建筑业	**Construction**			
建筑企业单位数(个)	Number of Construction Enterprises(unit)	25	30	20.0
建筑企业从业人员(人)	Number of Employee in Construction Enterprises(person)	15201	18753	23.4
建筑业总产值(万元)	Gross Construction Output Value(10 000 yuan)	368774	507467	37.6
交通运输邮电通信业	**Transportation,Post & Telecommunications**			
公路里程(公里)	Total Length of Highways(km)	325	326	0.3
邮电业务总量(万元)	Business Volume of Post & Telecoms(10 000 yuan)	295866	365484	23.5
本地电话用户(户)	Number of Subscribers of Local Telephone(Household)	170917	140536	-17.8
国内贸易	**Demestic Trade**			
社会消费品零售总额(万元)	Total Retail Sales of Consumer Goods(10 000 yuan)	1379695	1720479	24.7
#贸易业(万元)	Wholesale & Retail Sales Trades(10 000 yuan)	1006392	1250009	24.2
餐饮业(万元)	Catering Trade(10 000 yuan)	354981	449661	26.7
科技教育卫生	**Science,Education & Public Health**			
各类专业技术人员(人)	Speccial Technical Personnel(person)	28583	28754	0.6
幼儿园数(所)	Number of Kindergartens(unit)	26	29	11.5
学龄儿童入学率(%)	Percentage of School-Age Children Enrolled(%)	100.0	100.0	0.0
小学学校数(所)	Number of Primary Schools(unit)	40	48	20.0
小学专任教师数(人)	Number of Full-time Teachers of Primary Schools(person)	2215	2371	7.0
小学在校学生数(人)	Number of Student Enrollment of Primary Schools(person)	45728	48518	6.1
普通中学学校数(所)	Number of Regular Secondary Schools(unit)	31	31	0.0
普通中学专任教师数(人)	Number of Teachers of Secondary Shools(person)	2487	2620	5.3
初中在校学生数(人)	Number of Student in Junior Secondary Schools(person)	25879	28532	10.3
高中在校学生数(人)	Number of Student in Senior Secondary Schools(person)	17592	17105	-2.8
卫生机构数(所)	Number of Health Institutions(unit)	36	39	8.3
#医院(所)	Hospitals(unit)	8	8	0.0
卫生院(所)	Township Hospitals(unit)	1	3	200.0
床位数(张)	Number of Beds(unit)	2358	2309	-2.1
#医院(张)	Hospitals(unit)	2117	2254	6.5
卫生院(张)	Township Hospitals(unit)	15	34	126.7
卫生技术人员(人)	Medical Technical Presonnel(person)	3639	3759	3.3
#医院(人)	Hospitals(person)	2919	3155	8.1
卫生院(人)	Township Hospitals(person)	14	47	235.7

23-19 包头市青山区

指 标	Item	2007	2008	2008 年比上年增长% Increase Rate in 2008 Over 2007(%)
行政区域土地面积(平方公里)	**Area of Administration(Sq.km)**	**280**	**280**	**0.0**
人口和就业	**Population & Employment**			
年末总人口(人)	Total Population Year-end(person)	443800	457000	3.0
#男性(人)	Male(person)	222300	228800	2.9
#乡村人口(人)	Rural(person)	37400	38200	2.1
年末总户数(户)	Total Number of Households at the Year-end(Household)	164370	168530	2.5
#乡村户数(户)	Number of Rural Household(Household)			
出生人口(人)	Births(person)	3199	3282	2.6
死亡人口(人)	Deaths(person)	1326	1242	-6.3
全社会就业人员(人)	Employment(person)	225246	247771	10.0
第一产业(人)	Primary Industry(person)	6313	7071	12.0
第二产业(人)	Secondary Industry(person)	98320	104607	6.4
第三产业(人)	Tertiary Industry(person)	120613	136093	12.8
在岗职工人数(人)	Number of Staff & Workers Employed in(person)	95207	95529	0.3
乡村劳动力(人)	Number of Rural Laborers(person)			
#农林牧渔业(人)	Farming,Forestry,Animal Husbandry & Fishery(person)			
国民经济综合指标	**Summary Item on the National Economy**			
生产总值(万元)	Gross Domestic Product(10 000 yuan)	2550739	3298826	21.1
第一产业(万元)	Primary Industry(10 000 yuan)	15091	17450	6.8
第二产业(万元)	Secondary Industry(10 000 yuan)	1305470	1629985	19.4
#工业(万元)	Industry(10 000 yuan)	1144201	1419985	19.7
第三产业(万元)	Tertiary Industry(10 000 yuan)	1230178	1651391	23.2
人均生产总值(元)	Per Capita GDP(yuan)	57288	73242	19.7
全社会固定资产投资(万元)	Total Investment in Fixed Assets(10 000 yuan)	1480000	1930000	30.4
按登记注册类型分	Grouped by Registered Type			
#国有(万元)	State-owned Enterprises(10 000 yuan)	449639	675820	50.3
集体(万元)	Collective-owned Enterprises(10 000 yuan)	1400	28130	1909.3
有限责任公司(万元)	Limited Liability Corporations(10 000 yuan)	821700	915467	11.4
股份有限公司(万元)	Share Holding Enterprises(10 000 yuan)	28660	24660	-14.0
私营企业(万元)	Private Enterprises(10 000 yuan)	104011		
外商及港澳台投资企业(万元)	Funds from HK,Macao,Taiwan & Foreign(10 000 yuan)	22912		
按城乡渠道分	Grouped by Urban and Rural Area			
城镇(万元)	Urban(10 000 yuan)	1480000	1930000	30.4
农村(万元)	Rural(10 000 yuan)			
一般预算收入(万元)	General Budgetary Financial Revenue(10 000 yuan)	120597	151377	25.5
一般预算支出(万元)	General Budgetary Financial Expenditures(10 000 yuan)	115166	148902	29.3
城乡居民储蓄存款余额(万元)	Resident Saving Deposit in Urban & Rural(10 000 yuan)	1121900	1468022	30.9
在岗职工工资总额(万元)	Total Wages of Staff & Workers Empioyed in(10 000 yuan)	280216	328533	17.2
在岗职工平均工资(元)	Average Wage of Staff & Workers Employed in(yuan)	29078	33562	15.4
农牧民人均纯收入(元)	Per Capita Net Income of Peasant & Herdsman(yuan)	7943	9325	17.4
农村牧区经济	**Economic Development in Rural & Pastoral Area**			
耕地面积(公顷)	Cultivated Area(hectare)	2439	2486	1.9
农作物总播种面积(公顷)	Total Sown Area(hectare)	1058	1068	0.9
#粮食作物播种面积(公顷)	Sown Area of Grain Crops(hectare)	1010	1029	1.9
有效灌溉面积(公顷)	Irrigated Area(hectare)	679	679	0.0
农牧业机械总动力(万千瓦)	Total Power of Agricultural Machinery(10 000 kw)	0.34	0.37	8.8
化肥施用折纯量(吨)	Consumption of Chemical Fertilizer(ton)	702	705	0.4
农村用电量(万千瓦小时)	Electricity Consumed in Rural Area(10 000 kwh)	1337	1260	-5.8
农林牧渔业总产值(万元)	Gross Output of Farming,Forestry,Animal Husbandry & Fishery(10 000 yuan)	23898	27900	17.2
粮食产量(吨)	Yield of Grain(ton)	4890	5806	18.7
油料产量(吨)	Yield of Oil-bearing Grops(ton)			
甜菜产量(吨)	Yield of Beetroots(ton)			
猪牛羊肉产量(吨)	Output of Pork, Beef & Mutton(ton)	346	348	0.6
#猪肉产量(吨)	Output of Pork(ton)	320	340	6.2
牛肉产量(吨)	Output of Beef(ton)			
羊肉产量(吨)	Output of Mutton(ton)	26	8	-69.2
羊毛产量(吨)	Output of Wool(ton)	25	22	-12.0

23-19 Qingshan District in Baotou City

指 标	Item	2007	2008	2008 年比上年增长% Increase Rate in 2008 Over 2007(%)
年末牲畜存栏头数(万头只)	Total Livestock at the Year-end(10 000 heads)	1.70	1.74	2.4
#大牲畜(万头只)	Large Animals(10 000 heads)	0.20	0.14	-30.0
羊(万只)	Sheep & Goats(10 000 heads)	1.20	1.25	4.2
猪(万头)	Hogs(10 000 heads)	0.30	0.35	16.7
规模以上工业	**Industrial Enterprises above Designated size**			
工业企业单位数(个)	Number of Industrial Enterprises(unit)	59	69	16.9
#内资企业(个)	Civil Funded Enterprises(unit)	55	64	16.4
工业总产值(万元)	Gross Industrial Output Value(10 000 yuan)	2690325	3958860	47.2
内资企业(万元)	Civil Funded Enterprises(10 000 yuan)	2592854	3862778	49.0
国有企业(万元)	State-owned Enterprises(10 000 yuan)	744477	838206	12.6
集体企业(万元)	Collective-owned Enterprises(10 000 yuan)	16724	19322	15.5
股份合作企业(万元)	Share Holding Enterprises(10 000 yuan)			
联营企业(万元)	Joint Owned Enterprises(10 000 yuan)			
有限责任公司(万元)	Limited Company(10 000 yuan)	1633337	2821191	72.7
股份有限公司(万元)	Share Holding Limited Company(10 000 yuan)	180474	132935	-26.3
私营企业(万元)	Privately Owned Enterprises(10 000 yuan)	17842	51124	186.5
其他企业(万元)	Enterprises of Other Ownership(10 000 yuan)			
港澳台商投资企业(万元)	Funds from HK,Macao & Taiwan(10 000 yuan)	6350	4924	-22.5
外商投资企业(万元)	Foreign Funded Enterprises(10 000 yuan)	91121	91158	0.0
工业企业增加值(万元)	Value Added of Industrial Enterprises(10 000 yuan)	872629	1198485	20.8
工业企业资产总计(万元)	Total Assets of Industrial Enterprises(10 000 yuan)	3594066	4426516	23.2
工业企业负债合计(万元)	Total Liabilities of Industrial Enterprises(10 000 yuan)	2683183	3346337	24.7
工业企业产品销售收入(万元)	Sales of Revenue Industrial Enterprises(10 000 yuan)	2250494	3818113	69.7
工业企业利润总额(万元)	Total Profits of Industrial Enterprises(10 000 yuan)	8490	-13630	
建筑业	**Construction**			
建筑企业单位数(个)	Number of Construction Enterprises(unit)	27	29	7.4
建筑企业从业人员(人)	Number of Employee in Construction Enterprises(person)	14950	12271	-17.9
建筑业总产值(万元)	Gross Construction Output Value(10 000 yuan)	405966	457604	12.7
交通运输邮电通信业	**Transportation,Post & Telecommunications**			
公路里程(公里)	Total Length of Highways(km)	256	256	0.0
邮电业务总量(万元)	Business Volume of Post & Telecoms(10 000 yuan)	41251	49580	20.2
本地电话用户(户)	Number of Subscribers of Local Telephone(Household)	69205	55000	-20.5
国内贸易	**Demestic Trade**			
社会消费品零售总额(万元)	Total Retail Sales of Consumer Goods(10 000 yuan)	1120347	1394832	24.5
#贸易业(万元)	Wholesale & Retail Sales Trades(10 000 yuan)	921003	1126294	22.3
餐饮业(万元)	Catering Trade(10 000 yuan)	175639	248370	41.4
科技教育卫生	**Science,Education & Public Health**			
各类专业技术人员(人)	Speccial Technical Personnel(person)	26023	38501	47.9
幼儿园数(所)	Number of Kindergartens(unit)	15	14	-6.7
学龄儿童入学率(%)	Percentage of School-Age Children Enrolled(%)	100.0	100.0	0.0
小学学校数(所)	Number of Primary Schools(unit)	23	26	13.0
小学专任教师数(人)	Number of Full-time Teachers of Primary Schools(person)	1142	1181	3.4
小学在校学生数(人)	Number of Student Enrollment of Primary Schools(person)	28856	28201	-2.3
普通中学学校数(所)	Number of Regular Secondary Schools(unit)	17	17	0.0
普通中学专任教师数(人)	Number of Teachers of Secondary Shools(person)	1527	1529	0.1
初中在校学生数(人)	Number of Student in Junior Secondary Schools(person)	16460	16968	3.1
高中在校学生数(人)	Number of Student in Senior Secondary Schools(person)	13018	12975	-0.3
卫生机构数(所)	Number of Health Institutions(unit)	22	24	9.1
#医院(所)	Hospitals(unit)	12	13	8.3
卫生院(所)	Township Hospitals(unit)	1	1	0.0
床位数(张)	Number of Beds(unit)	2924	2979	1.9
#医院(张)	Hospitals(unit)	2898	2974	2.6
卫生院(张)	Township Hospitals(unit)	5	5	0.0
卫生技术人员(人)	Medical Technical Presonnel(person)	3976	4780	20.2
#医院(人)	Hospitals(person)	3215	4206	30.8
卫生院(人)	Township Hospitals(person)	4	4	0.0

23-20 包头市九原区

指 标	Item	2007	2008	2008年比上年增长% Increase Rate in 2008 Over 2007(%)
行政区域土地面积(平方公里)	**Area of Administration(Sq.km)**	**734**	**734**	**0.0**
人口和就业	**Population & Employment**			
年末总人口(人)	Total Population Year-end(person)	150200	151800	1.1
# 男性(人)	Male(person)	77630	77600	0.0
# 乡村人口(人)	Rural(person)	52045	52600	1.1
年末总户数(户)	Total Number of Households at the Year-end(Household)	49080	49670	1.2
# 乡村户数(户)	Number of Rural Household(Household)	17348	17533	1.1
出生人口(人)	Births(person)	3320	1899	-42.8
死亡人口(人)	Deaths(person)	1315	568	-56.8
全社会就业人员(人)	Employment(person)	97541	100428	3.0
第一产业(人)	Primary Industry(person)	33995	34357	1.1
第二产业(人)	Secondary Industry(person)	21866	22307	2.0
第三产业(人)	Tertiary Industry(person)	41680	43764	5.0
在岗职工人数(人)	Number of Staff & Workers Employed in(person)	11909	12122	1.8
乡村劳动力(人)	Number of Rural Laborers(person)	24979	25354	1.5
# 农林牧渔业(人)	Farming,Forestry,Animal Husbandry & Fishery(person)	23308	23611	1.3
国民经济综合指标	**Summary Item on the National Economy**			
生产总值(万元)	Gross Domestic Product(10 000 yuan)	843878	1020956	12.9
第一产业(万元)	Primary Industry(10 000 yuan)	54357	63250	7.6
第二产业(万元)	Secondary Industry(10 000 yuan)	356405	444464	12.4
# 工业(万元)	Industry(10 000 yuan)	251605	317364	13.5
第三产业(万元)	Tertiary Industry(10 000 yuan)	433116	513242	14.2
人均生产总值(元)	Per Capita GDP(yuan)	56522	67613	11.6
全社会固定资产投资(万元)	Total Investment in Fixed Assets(10 000 yuan)	655000	760000	16.0
按登记注册类型分	Grouped by Registered Type			
# 国有(万元)	State-owned Enterprises(10 000 yuan)	436009	488330	12.0
集体(万元)	Collective-owned Enterprises(10 000 yuan)	28468	31600	11.0
有限责任公司(万元)	Limited Liability Corporations(10 000 yuan)	54460	62629	15.0
股份有限公司(万元)	Share Holding Enterprises(10 000 yuan)	10088	11400	13.0
私营企业(万元)	Private Enterprises(10 000 yuan)	85031		
外商及港澳台投资企业 (万元)	Funds from HK,Macao,Taiwan & Foreign(10 000 yuan)	8473		
按城乡渠道分	Grouped by Urban and Rural Area			
城镇（万元）	Urban(10 000 yuan)	594654	754655	26.9
农村（万元）	Rural(10 000 yuan)	60346	5345	-91.1
一般预算收入(万元)	General Budgetary Financial Revenue(10 000 yuan)	97209	87317	-10.2
一般预算支出(万元)	General Budgetary Financial Expenditures(10 000 yuan)	125011	112903	-9.7
城乡居民储蓄存款余额(万元)	Resident Saving Deposit in Urban & Rural(10 000 yuan)	311565	389907	25.1
在岗职工工资总额(万元)	Total Wages of Staff & Workers Empioyed in(10 000 yuan)	34423	39517	14.8
在岗职工平均工资(元)	Average Wage of Staff & Workers Employed in(yuan)	26612	30700	15.4
农牧民人均纯收入(元)	Per Capita Net Income of Peasant & Herdsman(yuan)	7425	8361	12.6
农村牧区经济	**Economic Development in Rural & Pastoral Area**			
耕地面积(公顷)	Cultivated Area(hectare)	20127	20127	0.0
农作物总播种面积(公顷)	Total Sown Area(hectare)	14450	14583	0.9
# 粮食作物播种面积(公顷)	Sown Area of Grain Crops(hectare)	8321	8413	1.1
有效灌溉面积(公顷)	Irrigated Area(hectare)	12900	13500	4.7
农牧业机械总动力(万千瓦)	Total Power of Agricultural Machinery(10 000 kw)	17.40	16.80	-3.4
化肥施用折纯量(吨)	Consumption of Chemical Fertilizer(ton)	7146	7177	0.4
农村用电量(万千瓦小时)	Electricity Consumed in Rural Area(10 000 kwh)	5580	5586	0.1
农林牧渔业总产值(万元)	Gross Output of Farming,Forestry,Animal Husbandry & Fishery(10 000 yuan)	115281	134000	14.6
粮食产量(吨)	Yield of Grain(ton)	62800	52323	-16.7
油料产量(吨)	Yield of Oil-bearing Grops(ton)	1940	2403	23.9
甜菜产量(吨)	Yield of Beetroots(ton)	5369	2400	-55.3
猪牛羊肉产量(吨)	Output of Pork, Beef & Mutton(ton)	6360	7255	14.1
# 猪肉产量(吨)	Output of Pork(ton)	3603	3646	1.2
牛肉产量(吨)	Output of Beef(ton)	1957	2804	43.3
羊肉产量(吨)	Output of Mutton(ton)	800	805	0.6
羊毛产量(吨)	Output of Wool(ton)	68	63	-7.4

23-20 Jiuyuan District in Baotou City

指 标	Item	2007	2008	2008 年比上年增长% Increase Rate in 2008 Over 2007(%)
年末牲畜存栏头数(万头只)	Total Livestock at the Year-end(10 000 heads)	16.24	16.47	1.4
#大牲畜(万头只)	Large Animals(10 000 heads)	6.79	6.87	1.2
羊(万只)	Sheep & Goats(10 000 heads)	6.61	6.70	1.4
猪(万头)	Hogs(10 000 heads)	2.84	2.90	2.1
规模以上工业	**Industrial Enterprises above Designated size**			
工业企业单位数(个)	Number of Industrial Enterprises(unit)	22	27	22.7
#内资企业(个)	Civil Funded Enterprises(unit)	21	26	23.8
工业总产值(万元)	Gross Industrial Output Value(10 000 yuan)	404517	476481	17.8
内资企业(万元)	Civil Funded Enterprises(10 000 yuan)	401255	474136	18.2
国有企业(万元)	State-owned Enterprises(10 000 yuan)	92358	106309	15.1
集体企业(万元)	Collective-owned Enterprises(10 000 yuan)	7918	8104	2.3
股份合作企业(万元)	Share Holding Enterprises(10 000 yuan)			
联营企业(万元)	Joint Owned Enterprises(10 000 yuan)	1625	1287	-20.8
有限责任公司(万元)	Limited Company(10 000 yuan)	151013	140799	-6.8
股份有限公司(万元)	Share Holding Limited Company(10 000 yuan)			
私营企业(万元)	Privately Owned Enterprises(10 000 yuan)	148341	217637	46.7
其他企业(万元)	Enterprises of Other Ownership(10 000 yuan)			
港澳台商投资企业(万元)	Funds from HK,Macao & Taiwan(10 000 yuan)			
外商投资企业(万元)	Foreign Funded Enterprises(10 000 yuan)	3262	2345	-28.1
工业企业增加值(万元)	Value Added of Industrial Enterprises(10 000 yuan)	143020	177364	14.9
工业企业资产总计(万元)	Total Assets of Industrial Enterprises(10 000 yuan)	470581	1005540	113.7
工业企业负债合计(万元)	Total Liabilities of Industrial Enterprises(10 000 yuan)	449999	933992	107.6
工业企业产品销售收入(万元)	Sales of Revenue Industrial Enterprises(10 000 yuan)	289962	496799	71.3
工业企业利润总额(万元)	Total Profits of Industrial Enterprises(10 000 yuan)	7399	-11236	
建筑业	**Construction**			
建筑企业单位数(个)	Number of Construction Enterprises(unit)	5	5	0.0
建筑企业从业人员(人)	Number of Employee in Construction Enterprises(person)	513	282	-45.0
建筑业总产值(万元)	Gross Construction Output Value(10 000 yuan)	28527	26884	-5.8
交通运输邮电通信业	**Transportation,Post & Telecommunications**			
公路里程(公里)	Total Length of Highways(km)	471	471	0.0
邮电业务总量(万元)	Business Volume of Post & Telecoms(10 000 yuan)	12158	14468	19.0
本地电话用户(户)	Number of Subscribers of Local Telephone(Household)	35271	24690	-30.0
国内贸易	**Demestic Trade**			
社会消费品零售总额(万元)	Total Retail Sales of Consumer Goods(10 000 yuan)	212770	246553	15.9
#贸易业(万元)	Wholesale & Retail Sales Trades(10 000 yuan)	176611	204678	15.9
餐饮业(万元)	Catering Trade(10 000 yuan)	35892	41814	16.5
科技教育卫生	**Science,Education & Public Health**			
各类专业技术人员(人)	Speccial Technical Personnel(person)	2083	2131	2.3
幼儿园数(所)	Number of Kindergartens(unit)	40	33	-17.5
学龄儿童入学率(%)	Percentage of School-Age Children Enrolled(%)	100.0	100.0	0.0
小学学校数(所)	Number of Primary Schools(unit)	75	34	-54.7
小学专任教师数(人)	Number of Full-time Teachers of Primary Schools(person)	1266	1081	-14.6
小学在校学生数(人)	Number of Student Enrollment of Primary Schools(person)	24700	18217	-26.2
普通中学学校数(所)	Number of Regular Secondary Schools(unit)	15	8	-46.7
普通中学专任教师数(人)	Number of Teachers of Secondary Shools(person)	1027	773	-24.7
初中在校学生数(人)	Number of Student in Junior Secondary Schools(person)	10239	7570	-26.1
高中在校学生数(人)	Number of Student in Senior Secondary Schools(person)	3394	2741	-19.2
卫生机构数(所)	Number of Health Institutions(unit)	15	13	-13.3
#医院(所)	Hospitals(unit)	3	4	33.3
卫生院(所)	Township Hospitals(unit)	10	6	-40.0
床位数(张)	Number of Beds(unit)	344	532	54.7
#医院(张)	Hospitals(unit)	199	450	126.1
卫生院(张)	Township Hospitals(unit)	133	70	-47.4
卫生技术人员(人)	Medical Technical Presonnel(person)	425	413	-2.8
#医院(人)	Hospitals(person)	184	275	49.5
卫生院(人)	Township Hospitals(person)	166	112	-32.5

23-21 包头市石拐矿区

指 标	Item	2007	2008	2008 年比上年增长% Increase Rate in 2008 Over 2007(%)
行政区域土地面积(平方公里)	**Area of Administration(Sq.km)**	**761**	**761**	**0.0**
人口和就业	**Population & Employment**			
年末总人口(人)	Total Population Year-end(person)	51600	46900	-9.1
# 男性(人)	Male(person)	26349	23900	-9.3
# 乡村人口(人)	Rural(person)	13500	12300	-8.9
年末总户数(户)	Total Number of Households at the Year-end(Household)	19182	17450	-9.0
# 乡村户数(户)	Number of Rural Household(Household)	5330	4775	-10.4
出生人口(人)		246	105	-57.3
死亡人口(人)	Deaths(person)	231	201	-13.0
全社会就业人员(人)	Employment(person)	21065	22964	9.0
第一产业(人)	Primary Industry(person)	5048	5394	6.9
第二产业(人)	Secondary Industry(person)	9774	11159	14.2
第三产业(人)	Tertiary Industry(person)	6243	6411	2.7
在岗职工人数(人)	Number of Staff & Workers Employed in(person)	5720	5505	-3.8
乡村劳动力(人)	Number of Rural Laborers(person)	7293	5488	-24.7
# 农林牧渔业(人)	Farming,Forestry,Animal Husbandry & Fishery(person)	4518	3252	-28.0
国民经济综合指标	**Summary Item on the National Economy**			
生产总值(万元)	Gross Domestic Product(10 000 yuan)	303836	438430	22.5
第一产业(万元)	Primary Industry(10 000 yuan)	4000	4513	4.3
第二产业(万元)	Secondary Industry(10 000 yuan)	258248	387619	25.5
# 工业(万元)	Industry(10 000 yuan)	243965	369719	26.4
第三产业(万元)	Tertiary Industry(10 000 yuan)	41588	46298	7.3
人均生产总值(元)	Per Capita GDP(yuan)	58095	89021	30.1
全社会固定资产投资(万元)	Total Investment in Fixed Assets(10 000 yuan)	193000	255000	32.1
按登记注册类型分	Grouped by Registered Type			
# 国有(万元)	State-owned Enterprises(10 000 yuan)	27563	16739	-39.3
集体(万元)	Collective-owned Enterprises(10 000 yuan)	14750		
有限责任公司(万元)	Limited Liability Corporations(10 000 yuan)		50070	
股份有限公司(万元)	Share Holding Enterprises(10 000 yuan)		11949	
私营企业(万元)	Private Enterprises(10 000 yuan)	103235		
外商及港澳台投资企业 (万元)	Funds from HK,Macao,Taiwan & Foreign(10 000 yuan)			
按城乡渠道分	Grouped by Urban and Rural Area			
城镇（万元）	Urban(10 000 yuan)	193000	255000	32.1
农村（万元）	Rural(10 000 yuan)			
一般预算收入(万元)	General Budgetary Financial Revenue(10 000 yuan)	11851	15014	26.7
一般预算支出(万元)	General Budgetary Financial Expenditures(10 000 yuan)	25939	32033	23.5
城乡居民储蓄存款余额(万元)	Resident Saving Deposit in Urban & Rural(10 000 yuan)	53127	65525	23.3
在岗职工工资总额(万元)	Total Wages of Staff & Workers Empioyed in(10 000 yuan)	12291	13837	12.6
在岗职工平均工资(元)	Average Wage of Staff & Workers Employed in(yuan)	21755	26285	20.8
农牧民人均纯收入(元)	Per Capita Net Income of Peasant & Herdsman(yuan)	4790	5430	13.4
农村牧区经济	**Economic Development in Rural & Pastoral Area**			
耕地面积(公顷)	Cultivated Area(hectare)	5827	5814	-0.2
农作物总播种面积(公顷)	Total Sown Area(hectare)	2620	2643	0.9
# 粮食作物播种面积(公顷)	Sown Area of Grain Crops(hectare)	2175	2193	0.8
有效灌溉面积(公顷)	Irrigated Area(hectare)	1140	1140	0.0
农牧业机械总动力(万千瓦)	Total Power of Agricultural Machinery(10 000 kw)	3.80	2.82	-25.8
化肥施用折纯量(吨)	Consumption of Chemical Fertilizer(ton)	878	881	0.3
农村用电量(万千瓦小时)	Electricity Consumed in Rural Area(10 000 kwh)	375	378	0.8
农林牧渔业总产值(万元)	Gross Output of Farming,Forestry,Animal Husbandry & Fishery(10 000 yuan)	6550	7620	14.2
粮食产量(吨)	Yield of Grain(ton)	5500	4887	-11.1
油料产量(吨)	Yield of Oil-bearing Grops(ton)	19	25	31.6
甜菜产量(吨)	Yield of Beetroots(ton)			
猪牛羊肉产量(吨)	Output of Pork, Beef & Mutton(ton)	694	714	2.9
# 猪肉产量(吨)	Output of Pork(ton)	220	225	2.3
牛肉产量(吨)	Output of Beef(ton)	50	79	58.0
羊肉产量(吨)	Output of Mutton(ton)	424	410	-3.3
羊毛产量(吨)	Output of Wool(ton)	40	38	-5.0

23-21 Shiguai District in Baotou City

指 标	Item	2007	2008	2008 年比上年增长% Increase Rate in 2008 Over 2007(%)
年末牲畜存栏头数(万头只)	Total Livestock at the Year-end(10 000 heads)	5.04	5.47	8.5
#大牲畜(万头只)	Large Animals(10 000 heads)	0.08	0.37	362.5
羊(万只)	Sheep & Goats(10 000 heads)	4.73	4.86	2.7
猪(万头)	Hogs(10 000 heads)	0.23	0.24	4.3
规模以上工业	**Industrial Enterprises above Designated size**			
工业企业单位数(个)	Number of Industrial Enterprises(unit)	30	34	13.3
#内资企业(个)	Civil Funded Enterprises(unit)	29	33	13.8
工业总产值(万元)	Gross Industrial Output Value(10 000 yuan)	479091	751672	56.9
内资企业(万元)	Civil Funded Enterprises(10 000 yuan)	476078	745548	56.6
国有企业(万元)	State-owned Enterprises(10 000 yuan)	236416	372475	57.6
集体企业(万元)	Collective-owned Enterprises(10 000 yuan)			
股份合作企业(万元)	Share Holding Enterprises(10 000 yuan)			
联营企业(万元)	Joint Owned Enterprises(10 000 yuan)			
有限责任公司(万元)	Limited Company(10 000 yuan)	5712	15837	177.3
股份有限公司(万元)	Share Holding Limited Company(10 000 yuan)		1120	
私营企业(万元)	Privately Owned Enterprises(10 000 yuan)	233950	356116	52.2
其他企业(万元)	Enterprises of Other Ownership(10 000 yuan)			
港澳台商投资企业(万元)	Funds from HK,Macao & Taiwan(10 000 yuan)			
外商投资企业(万元)	Foreign Funded Enterprises(10 000 yuan)	3013	6124	103.3
工业企业增加值(万元)	Value Added of Industrial Enterprises(10 000 yuan)	228612	357719	25.3
工业企业资产总计(万元)	Total Assets of Industrial Enterprises(10 000 yuan)	229601	374735	63.2
工业企业负债合计(万元)	Total Liabilities of Industrial Enterprises(10 000 yuan)	250527	330863	32.1
工业企业产品销售收入(万元)	Sales of Revenue Industrial Enterprises(10 000 yuan)	462869	771092	66.6
工业企业利润总额(万元)	Total Profits of Industrial Enterprises(10 000 yuan)	-62918	99288	
建筑业	**Construction**			
建筑企业单位数(个)	Number of Construction Enterprises(unit)	1	1	0.0
建筑企业从业人员(人)	Number of Employee in Construction Enterprises(person)	462	502	8.7
建筑业总产值(万元)	Gross Construction Output Value(10 000 yuan)	7330	9439	28.8
交通运输邮电通信业	**Transportation,Post & Telecommunications**			
公路里程(公里)	Total Length of Highways(km)	229	315	37.6
邮电业务总量(万元)	Business Volume of Post & Telecoms(10 000 yuan)	1822	1950	7.0
本地电话用户(户)	Number of Subscribers of Local Telephone(Household)	4196	3662	-12.7
国内贸易	**Demestic Trade**			
社会消费品零售总额(万元)	Total Retail Sales of Consumer Goods(10 000 yuan)	25961	29020	11.8
#贸易业(万元)	Wholesale & Retail Sales Trades(10 000 yuan)	18329	20488	11.8
餐饮业(万元)	Catering Trade(10 000 yuan)	7081	8532	20.5
科技教育卫生	**Science,Education & Public Health**			
各类专业技术人员(人)	Speccial Technical Personnel(person)	2513	2428	-3.4
幼儿园数(所)	Number of Kindergartens(unit)	2	2	0.0
学龄儿童入学率(%)	Percentage of School-Age Children Enrolled(%)	99.7	99.7	0.0
小学学校数(所)	Number of Primary Schools(unit)	9	7	-22.2
小学专任教师数(人)	Number of Full-time Teachers of Primary Schools(person)	204	178	-12.7
小学在校学生数(人)	Number of Student Enrollment of Primary Schools(person)	1757	1607	-8.5
普通中学学校数(所)	Number of Regular Secondary Schools(unit)	3	4	33.3
普通中学专任教师数(人)	Number of Teachers of Secondary Shools(person)	147	180	22.4
初中在校学生数(人)	Number of Student in Junior Secondary Schools(person)	1105	1195	8.1
高中在校学生数(人)	Number of Student in Senior Secondary Schools(person)	282	222	-21.3
卫生机构数(所)	Number of Health Institutions(unit)	24	25	4.2
#医院(所)	Hospitals(unit)	1	1	0.0
卫生院(所)	Township Hospitals(unit)	2	2	0.0
床位数(张)	Number of Beds(unit)	354	354	0.0
#医院(张)	Hospitals(unit)	334	334	0.0
卫生院(张)	Township Hospitals(unit)	15	15	0.0
卫生技术人员(人)	Medical Technical Presonnel(person)	410	312	-23.9
#医院(人)	Hospitals(person)	350	274	-21.7
卫生院(人)	Township Hospitals(person)	8	11	37.5

23-22 包头市白云鄂博矿区

指 标	Item	2007	2008	2008 年比上年增长% Increase Rate in 2008 Over 2007(%)
行政区域土地面积(平方公里)	**Area of Administration(Sq.km)**	**303**	**303**	**0.0**
人口和就业	**Population & Employment**			
年末总人口(人)	Total Population Year-end(person)	24300	24600	1.2
# 男性(人)	Male(person)	12200	12300	0.8
# 乡村人口(人)	Rural(person)			
年末总户数(户)	Total Number of Households at the Year-end(Household)	8440	8520	0.9
# 乡村户数(户)	Number of Rural Household(Household)			
出生人口(人)	Births(person)	138	139	0.7
死亡人口(人)	Deaths(person)	75	80	6.7
全社会就业人员(人)	Employment(person)	13680	13869	1.4
第一产业(人)	Primary Industry(person)	104	105	1.0
第二产业(人)	Secondary Industry(person)	8464	8498	0.4
第三产业(人)	Tertiary Industry(person)	5112	5266	3.0
在岗职工人数(人)	Number of Staff & Workers Employed in(person)	8801	9197	4.5
乡村劳动力(人)	Number of Rural Laborers(person)			
# 农林牧渔业(人)	Farming,Forestry,Animal Husbandry & Fishery(person)			
国民经济综合指标	**Summary Item on the National Economy**			
生产总值(万元)	Gross Domestic Product(10 000 yuan)	122116	155931	20.5
第一产业(万元)	Primary Industry(10 000 yuan)	248	281	4.7
第二产业(万元)	Secondary Industry(10 000 yuan)	93547	117549	19.7
# 工业(万元)	Industry(10 000 yuan)	87594	110349	20.4
第三产业(万元)	Tertiary Industry(10 000 yuan)	28321	38101	23.4
人均生产总值(元)	Per Capita GDP(yuan)	50253	63775	19.7
全社会固定资产投资(万元)	Total Investment in Fixed Assets(10 000 yuan)	90000	163000	81.1
按登记注册类型分	Grouped by Registered Type			
# 国有(万元)	State-owned Enterprises(10 000 yuan)	35884	4387	-87.8
集体(万元)	Collective-owned Enterprises(10 000 yuan)	45212		
有限责任公司(万元)	Limited Liability Corporations(10 000 yuan)		115269	
股份有限公司(万元)	Share Holding Enterprises(10 000 yuan)			
私营企业(万元)	Private Enterprises(10 000 yuan)			
外商及港澳台投资企业 (万元)	Funds from HK,Macao,Taiwan & Foreign(10 000 yuan)			
按城乡渠道分	Grouped by Urban and Rural Area			
城镇 (万元)	Urban(10 000 yuan)	90000	163000	81.1
农村 (万元)	Rural(10 000 yuan)			
一般预算收入(万元)	General Budgetary Financial Revenue(10 000 yuan)	9848	13260	34.6
一般预算支出(万元)	General Budgetary Financial Expenditures(10 000 yuan)	15488	18630	20.3
城乡居民储蓄存款余额(万元)	Resident Saving Deposit in Urban & Rural(10 000 yuan)	43568	57660	32.3
在岗职工工资总额(万元)	Total Wages of Staff & Workers Empioyed in(10 000 yuan)	26046	33198	27.5
在岗职工平均工资(元)	Average Wage of Staff & Workers Employed in(yuan)	29959	35758	19.4
农牧民人均纯收入(元)	Per Capita Net Income of Peasant & Herdsman(yuan)			
农村牧区经济	**Economic Development in Rural & Pastoral Area**			
耕地面积(公顷)	Cultivated Area(hectare)			
农作物总播种面积(公顷)	Total Sown Area(hectare)			
# 粮食作物播种面积(公顷)	Sown Area of Grain Crops(hectare)			
有效灌溉面积(公顷)	Irrigated Area(hectare)			
农牧业机械总动力(万千瓦)	Total Power of Agricultural Machinery(10 000 kw)			
化肥施用折纯量(吨)	Consumption of Chemical Fertilizer(ton)			
农村用电量(万千瓦小时)	Electricity Consumed in Rural Area(10 000 kwh)			
农林牧渔业总产值(万元)	Gross Output of Farming,Forestry,Animal Husbandry & Fishery(10 000 yuan)	442	514	17.9
粮食产量(吨)	Yield of Grain(ton)			
油料产量(吨)	Yield of Oil-bearing Grops(ton)			
甜菜产量(吨)	Yield of Beetroots(ton)			
猪牛羊肉产量(吨)	Output of Pork, Beef & Mutton(ton)	11	79	618.2
# 猪肉产量(吨)	Output of Pork(ton)	2	30	1400.0
牛肉产量(吨)	Output of Beef(ton)	7	47	571.4
羊肉产量(吨)	Output of Mutton(ton)	2	2	0.0
羊毛产量(吨)	Output of Wool(ton)			

23-22 Baiyun Mineral District in Baotou City

指 标	Item	2007	2008	2008 年比上年增长% Increase Rate in 2008 Over 2007(%)
年末牲畜存栏头数(万头只)	Total Livestock at the Year-end(10 000 heads)	0.15	0.13	-13.3
# 大牲畜(万头只)	Large Animals(10 000 heads)	0.05	0.01	-80.0
羊(万只)	Sheep & Goats(10 000 heads)	0.02	0.02	0.0
猪(万头)	Hogs(10 000 heads)	0.08	0.10	25.0
规模以上工业	**Industrial Enterprises above Designated size**			
工业企业单位数(个)	Number of Industrial Enterprises(unit)	5	5	0.0
# 内资企业(个)	Civil Funded Enterprises(unit)	5	5	0.0
工业总产值(万元)	Gross Industrial Output Value(10 000 yuan)	25023	30039	20.0
内资企业(万元)	Civil Funded Enterprises(10 000 yuan)	25023	30039	20.0
国有企业(万元)	State-owned Enterprises(10 000 yuan)			
集体企业(万元)	Collective-owned Enterprises(10 000 yuan)	6324	7463	18.0
股份合作企业(万元)	Share Holding Enterprises(10 000 yuan)			
联营企业(万元)	Joint Owned Enterprises(10 000 yuan)			
有限责任公司(万元)	Limited Company(10 000 yuan)	5341	5420	1.5
股份有限公司(万元)	Share Holding Limited Company(10 000 yuan)			
私营企业(万元)	Privately Owned Enterprises(10 000 yuan)	13358	17156	28.4
其他企业(万元)	Enterprises of Other Ownership(10 000 yuan)			
港澳台商投资企业(万元)	Funds from HK,Macao & Taiwan(10 000 yuan)			
外商投资企业(万元)	Foreign Funded Enterprises(10 000 yuan)			
工业企业增加值(万元)	Value Added of Industrial Enterprises(10 000 yuan)	11331	11592	20.6
工业企业资产总计(万元)	Total Assets of Industrial Enterprises(10 000 yuan)	13963	13619	-2.5
工业企业负债合计(万元)	Total Liabilities of Industrial Enterprises(10 000 yuan)	13034	13465	3.3
工业企业产品销售收入(万元)	Sales of Revenue Industrial Enterprises(10 000 yuan)	23495	23750	1.1
工业企业利润总额(万元)	Total Profits of Industrial Enterprises(10 000 yuan)	64	25	-60.9
建筑业	**Construction**			
建筑企业单位数(个)	Number of Construction Enterprises(unit)	1		
建筑企业从业人员(人)	Number of Employee in Construction Enterprises(person)	160		
建筑业总产值(万元)	Gross Construction Output Value(10 000 yuan)	2480		
交通运输邮电通信业	**Transportation,Post & Telecommunications**			
公路里程(公里)	Total Length of Highways(km)	77	77	0.0
邮电业务总量(万元)	Business Volume of Post & Telecoms(10 000 yuan)	2560	3100	21.1
本地电话用户(户)	Number of Subscribers of Local Telephone(Household)	28745	26500	-7.8
国内贸易	**Demestic Trade**			
社会消费品零售总额(万元)	Total Retail Sales of Consumer Goods(10 000 yuan)	23333	29799	27.7
# 贸易业(万元)	Wholesale & Retail Sales Trades(10 000 yuan)	16174	20464	26.5
餐饮业(万元)	Catering Trade(10 000 yuan)	6929	8877	28.1
科技教育卫生	**Science,Education & Public Health**			
各类专业技术人员(人)	Speccial Technical Personnel(person)	1466	1469	0.2
幼儿园数(所)	Number of Kindergartens(unit)	1	1	0.0
学龄儿童入学率(%)	Percentage of School-Age Children Enrolled(%)	100.0	100.0	0.0
小学学校数(所)	Number of Primary Schools(unit)	3	3	0.0
小学专任教师数(人)	Number of Full-time Teachers of Primary Schools(person)	132	132	0.0
小学在校学生数(人)	Number of Student Enrollment of Primary Schools(person)	2117	2062	-2.6
普通中学学校数(所)	Number of Regular Secondary Schools(unit)	2	2	0.0
普通中学专任教师数(人)	Number of Teachers of Secondary Shools(person)	99	106	7.1
初中在校学生数(人)	Number of Student in Junior Secondary Schools(person)	1070	1113	4.0
高中在校学生数(人)	Number of Student in Senior Secondary Schools(person)	410	447	9.0
卫生机构数(所)	Number of Health Institutions(unit)	10	10	0.0
# 医院(所)	Hospitals(unit)	2	2	0.0
卫生院(所)	Township Hospitals(unit)			
床位数(张)	Number of Beds(unit)	120	122	1.7
# 医院(张)	Hospitals(unit)	120	122	1.7
卫生院(张)	Township Hospitals(unit)			
卫生技术人员(人)	Medical Technical Presonnel(person)	146	151	3.4
# 医院(人)	Hospitals(person)	122	130	6.6
卫生院(人)	Township Hospitals(person)			

23-23 包头市土默特右旗

指 标	Item	2007	2008	2008 年比上年增长% Increase Rate in 2008 Over 2007(%)
行政区域土地面积(平方公里)	**Area of Administration(Sq.km)**	**2368**	**2368**	**0.0**
人口和就业	**Population & Employment**			
年末总人口(人)	Total Population Year-end(person)	310600	306900	-1.2
# 男性(人)	Male(person)	172000	165900	-3.5
# 乡村人口(人)	Rural(person)	220400	214300	-2.8
年末总户数(户)	Total Number of Households at the Year-end(Household)	101700	100520	-1.2
# 乡村户数(户)	Number of Rural Household(Household)	52168	51884	-0.5
出生人口(人)	Births(person)	2801	2840	1.4
死亡人口(人)	Deaths(person)	1559	1515	-2.8
全社会就业人员(人)	Employment(person)	174548	172621	-1.1
第一产业(人)	Primary Industry(person)	112003	107497	-4.0
第二产业(人)	Secondary Industry(person)	22350	20032	-10.4
第三产业(人)	Tertiary Industry(person)	40195	45092	12.2
在岗职工人数(人)	Number of Staff & Workers Employed in(person)	13689	13425	-1.9
乡村劳动力(人)	Number of Rural Laborers(person)	133728	133086	-0.5
# 农林牧渔业(人)	Farming,Forestry,Animal Husbandry & Fishery(person)	91471	91220	-0.3
国民经济综合指标	**Summary Item on the National Economy**			
生产总值(万元)	Gross Domestic Product(10 000 yuan)	765623	1019201	21.7
第一产业(万元)	Primary Industry(10 000 yuan)	179057	208850	7.8
第二产业(万元)	Secondary Industry(10 000 yuan)	259543	370451	26.0
# 工业(万元)	Industry(10 000 yuan)	215780	314951	28.4
第三产业(万元)	Tertiary Industry(10 000 yuan)	327023	439900	24.5
人均生产总值(元)	Per Capita GDP(yuan)	24422	33011	23.6
全社会固定资产投资(万元)	Total Investment in Fixed Assets(10 000 yuan)	650007	845000	30.0
按登记注册类型分	Grouped by Registered Type			
# 国有(万元)	State-owned Enterprises(10 000 yuan)	146609	141883	-3.2
集体(万元)	Collective-owned Enterprises(10 000 yuan)		5000	
有限责任公司(万元)	Limited Liability Corporations(10 000 yuan)	129709	141846	9.4
股份有限公司(万元)	Share Holding Enterprises(10 000 yuan)	8700	29950	244.3
私营企业(万元)	Private Enterprises(10 000 yuan)	339489		
外商及港澳台投资企业 (万元)	Funds from HK,Macao,Taiwan & Foreign(10 000 yuan)	12200		
按城乡渠道分	Grouped by Urban and Rural Area			
城镇（万元）	Urban(10 000 yuan)	613677	822870	34.1
农村（万元）	Rural(10 000 yuan)	36330	22130	-39.1
一般预算收入(万元)	General Budgetary Financial Revenue(10 000 yuan)	39649	47843	20.7
一般预算支出(万元)	General Budgetary Financial Expenditures(10 000 yuan)	83232	112341	35.0
城乡居民储蓄存款余额(万元)	Resident Saving Deposit in Urban & Rural(10 000 yuan)	188843	224534	18.9
在岗职工工资总额(万元)	Total Wages of Staff & Workers Empioyed in(10 000 yuan)	24191	29032	20.0
在岗职工平均工资(元)	Average Wage of Staff & Workers Employed in(yuan)	17692	21785	23.1
农牧民人均纯收入(元)	Per Capita Net Income of Peasant & Herdsman(yuan)	6155	7102	15.4
农村牧区经济	**Economic Development in Rural & Pastoral Area**			
耕地面积(公顷)	Cultivated Area(hectare)	102977	102977	0.0
农作物总播种面积(公顷)	Total Sown Area(hectare)	101120	110279	9.1
# 粮食作物播种面积(公顷)	Sown Area of Grain Crops(hectare)	73304	79424	8.3
有效灌溉面积(公顷)	Irrigated Area(hectare)	91763	91763	0.0
农牧业机械总动力(万千瓦)	Total Power of Agricultural Machinery(10 000 kw)	26.28	37.83	43.9
化肥施用折纯量(吨)	Consumption of Chemical Fertilizer(ton)	29308	31449	7.3
农村用电量(万千瓦小时)	Electricity Consumed in Rural Area(10 000 kwh)	5619	5703	1.5
农林牧渔业总产值(万元)	Gross Output of Farming,Forestry,Animal Husbandry & Fishery(10 000 yuan)	316500	370886	15.8
粮食产量(吨)	Yield of Grain(ton)	677697	721781	6.5
油料产量(吨)	Yield of Oil-bearing Grops(ton)	9876	10711	8.5
甜菜产量(吨)	Yield of Beetroots(ton)	140830	121650	-13.6
猪牛羊肉产量(吨)	Output of Pork, Beef & Mutton(ton)	28782	62188	116.1
# 猪肉产量(吨)	Output of Pork(ton)	9332	20114	115.5
牛肉产量(吨)	Output of Beef(ton)	11117	14073	26.6
羊肉产量(吨)	Output of Mutton(ton)	8333	28001	236.0
羊毛产量(吨)	Output of Wool(ton)	649	586	-9.7

23-23 Tumoteyou Banner in Baotou City

指 标	Item	2007	2008	2008 年比上年增长% Increase Rate in 2008 Over 2007(%)
年末牲畜存栏头数(万头只)	Total Livestock at the Year-end(10 000 heads)	87.67	90.00	2.7
# 大牲畜(万头只)	Large Animals(10 000 heads)	20.21	19.64	-2.8
羊(万只)	Sheep & Goats(10 000 heads)	56.63	58.02	2.5
猪(万头)	Hogs(10 000 heads)	10.83	12.34	13.9
规模以上工业	**Industrial Enterprises above Designated size**			
工业企业单位数(个)	Number of Industrial Enterprises(unit)	34	40	17.6
# 内资企业(个)	Civil Funded Enterprises(unit)	31	37	19.4
工业总产值(万元)	Gross Industrial Output Value(10 000 yuan)	225170	341914	51.8
内资企业(万元)	Civil Funded Enterprises(10 000 yuan)	193000	298267	54.5
国有企业(万元)	State-owned Enterprises(10 000 yuan)	13746	48797	255.0
集体企业(万元)	Collective-owned Enterprises(10 000 yuan)			
股份合作企业(万元)	Share Holding Enterprises(10 000 yuan)			
联营企业(万元)	Joint Owned Enterprises(10 000 yuan)			
有限责任公司(万元)	Limited Company(10 000 yuan)	89649	24149	-73.1
股份有限公司(万元)	Share Holding Limited Company(10 000 yuan)			
私营企业(万元)	Privately Owned Enterprises(10 000 yuan)	89605	225321	151.5
其他企业(万元)	Enterprises of Other Ownership(10 000 yuan)			
港澳台商投资企业(万元)	Funds from HK,Macao & Taiwan(10 000 yuan)	32170	24883	-22.7
外商投资企业(万元)	Foreign Funded Enterprises(10 000 yuan)		18764	
工业企业增加值(万元)	Value Added of Industrial Enterprises(10 000 yuan)	82390	136738	66.0
工业企业资产总计(万元)	Total Assets of Industrial Enterprises(10 000 yuan)	130602	139643	6.9
工业企业负债合计(万元)	Total Liabilities of Industrial Enterprises(10 000 yuan)	78510	86415	10.1
工业企业产品销售收入(万元)	Sales of Revenue Industrial Enterprises(10 000 yuan)	223396	327686	46.7
工业企业利润总额(万元)	Total Profits of Industrial Enterprises(10 000 yuan)	27896	41024	47.1
建筑业	**Construction**			
建筑企业单位数(个)	Number of Construction Enterprises(unit)	6	6	0.0
建筑企业从业人员(人)	Number of Employee in Construction Enterprises(person)	3702	4590	24.0
建筑业总产值(万元)	Gross Construction Output Value(10 000 yuan)	27914	31250	12.0
交通运输邮电通信业	**Transportation,Post & Telecommunications**			
公路里程(公里)	Total Length of Highways(km)	2105	2142	1.8
邮电业务总量(万元)	Business Volume of Post & Telecoms(10 000 yuan)	10522	11048	5.0
本地电话用户(户)	Number of Subscribers of Local Telephone(Household)	24481	24000	-2.0
国内贸易	**Demestic Trade**			
社会消费品零售总额(万元)	Total Retail Sales of Consumer Goods(10 000 yuan)	146455	169809	15.9
# 贸易业(万元)	Wholesale & Retail Sales Trades(10 000 yuan)	120708	138814	15.0
餐饮业(万元)	Catering Trade(10 000 yuan)	21935	25620	16.8
科技教育卫生	**Science,Education & Public Health**			
各类专业技术人员(人)	Speccial Technical Personnel(person)	4800	4903	2.1
幼儿园数(所)	Number of Kindergartens(unit)	2	4	100.0
学龄儿童入学率(%)	Percentage of School-Age Children Enrolled(%)	99.8	100.0	0.2
小学学校数(所)	Number of Primary Schools(unit)	24	26	8.3
小学专任教师数(人)	Number of Full-time Teachers of Primary Schools(person)	955	977	2.3
小学在校学生数(人)	Number of Student Enrollment of Primary Schools(person)	18869	17300	-8.3
普通中学学校数(所)	Number of Regular Secondary Schools(unit)	11	7	-36.4
普通中学专任教师数(人)	Number of Teachers of Secondary Shools(person)	782	693	-11.4
初中在校学生数(人)	Number of Student in Junior Secondary Schools(person)	14382	9275	-35.5
高中在校学生数(人)	Number of Student in Senior Secondary Schools(person)	5865	4301	-26.7
卫生机构数(所)	Number of Health Institutions(unit)	23	24	4.3
# 医院(所)	Hospitals(unit)	4	2	-50.0
卫生院(所)	Township Hospitals(unit)	19	22	15.8
床位数(张)	Number of Beds(unit)	386	731	89.4
# 医院(张)	Hospitals(unit)	200	230	15.0
卫生院(张)	Township Hospitals(unit)	156	156	0.0
卫生技术人员(人)	Medical Technical Presonnel(person)	548	586	6.9
# 医院(人)	Hospitals(person)	268	316	17.9
卫生院(人)	Township Hospitals(person)	280	270	-3.6

23-24 包头市固阳县

指 标	Item	2007	2008	2008年比上年增长% Increase Rate in 2008 Over 2007(%)
行政区域土地面积(平方公里)	**Area of Administration(Sq.km)**	**5025**	**5025**	**0.0**
人口和就业	**Population & Employment**			
年末总人口(人)	Total Population Year-end(person)	174400	173200	-0.7
# 男性(人)	Male(person)	98600	95500	-3.1
# 乡村人口(人)	Rural(person)	129000	126200	-2.2
年末总户数(户)	Total Number of Households at the Year-end(Household)	53620	53360	-0.5
# 乡村户数(户)	Number of Rural Household(Household)	32312	31642	-2.1
出生人口(人)	Births(person)	1480	1388	-6.2
死亡人口(人)	Deaths(person)	702	683	-2.7
全社会就业人员(人)	Employment(person)	110038	109841	-0.2
第一产业(人)	Primary Industry(person)	66236	65329	-1.4
第二产业(人)	Secondary Industry(person)	27163	27810	2.4
第三产业(人)	Tertiary Industry(person)	16639	16702	0.4
在岗职工人数(人)	Number of Staff & Workers Employed in(person)	9881	9355	-5.3
乡村劳动力(人)	Number of Rural Laborers(person)	64623	50390	-22.0
# 农林牧渔业(人)	Farming,Forestry,Animal Husbandry & Fishery(person)	45337	35021	-22.8
国民经济综合指标	**Summary Item on the National Economy**			
生产总值(万元)	Gross Domestic Product(10 000 yuan)	408173	522479	11.4
第一产业(万元)	Primary Industry(10 000 yuan)	64000	74300	7.3
第二产业(万元)	Secondary Industry(10 000 yuan)	263325	351161	11.4
# 工业(万元)	Industry(10 000 yuan)	226130	303861	10.8
第三产业(万元)	Tertiary Industry(10 000 yuan)	80848	97018	14.3
人均生产总值(元)	Per Capita GDP(yuan)	23205	30062	12.8
全社会固定资产投资(万元)	Total Investment in Fixed Assets(10 000 yuan)	460000	600000	30.4
按登记注册类型分	Grouped by Registered Type			
# 国有(万元)	State-owned Enterprises(10 000 yuan)	19643	68465	248.5
集体(万元)	Collective-owned Enterprises(10 000 yuan)	713		
有限责任公司(万元)	Limited Liability Corporations(10 000 yuan)	329570	317282	-3.7
股份有限公司(万元)	Share Holding Enterprises(10 000 yuan)	5600		
私营企业(万元)	Private Enterprises(10 000 yuan)	64630		
外商及港澳台投资企业 (万元)	Funds from HK,Macao,Taiwan & Foreign(10 000 yuan)			
按城乡渠道分	Grouped by Urban and Rural Area			
城镇（万元）	Urban(10 000 yuan)	459203	600000	30.7
农村（万元）	Rural(10 000 yuan)	797		
一般预算收入(万元)	General Budgetary Financial Revenue(10 000 yuan)	29525	33622	13.9
一般预算支出(万元)	General Budgetary Financial Expenditures(10 000 yuan)	54203	80269	48.1
城乡居民储蓄存款余额(万元)	Resident Saving Deposit in Urban & Rural(10 000 yuan)	79301	94447	19.1
在岗职工工资总额(万元)	Total Wages of Staff & Workers Empioyed in(10 000 yuan)	20917	23961	14.6
在岗职工平均工资(元)	Average Wage of Staff & Workers Employed in(yuan)	22090	24712	11.9
农牧民人均纯收入(元)	Per Capita Net Income of Peasant & Herdsman(yuan)	4739	5402	14.0
农村牧区经济	**Economic Development in Rural & Pastoral Area**			
耕地面积(公顷)	Cultivated Area(hectare)	190314	190337	0.0
农作物总播种面积(公顷)	Total Sown Area(hectare)	107927	108064	0.1
# 粮食作物播种面积(公顷)	Sown Area of Grain Crops(hectare)	78677	73565	-6.5
有效灌溉面积(公顷)	Irrigated Area(hectare)	13345	13345	0.0
农牧业机械总动力(万千瓦)	Total Power of Agricultural Machinery(10 000 kw)	30.10	31.10	3.3
化肥施用折纯量(吨)	Consumption of Chemical Fertilizer(ton)	12624	12747	1.0
农村用电量(万千瓦小时)	Electricity Consumed in Rural Area(10 000 kwh)	5653	5674	0.4
农林牧渔业总产值(万元)	Gross Output of Farming,Forestry,Animal Husbandry & Fishery(10 000 yuan)	105000	122850	15.4
粮食产量(吨)	Yield of Grain(ton)	97094	87415	-10.0
油料产量(吨)	Yield of Oil-bearing Grops(ton)	9155	13921	52.1
甜菜产量(吨)	Yield of Beetroots(ton)	11053	4497	-59.3
猪牛羊肉产量(吨)	Output of Pork, Beef & Mutton(ton)	23554	28787	22.2
# 猪肉产量(吨)	Output of Pork(ton)	7070	10855	53.5
牛肉产量(吨)	Output of Beef(ton)	1405	1710	21.7
羊肉产量(吨)	Output of Mutton(ton)	15079	16222	7.6
羊毛产量(吨)	Output of Wool(ton)	745	726	-2.6

23-24 Guyang County in Baotou City

指 标	Item	2007	2008	2008 年比上年增长% Increase Rate in 2008 Over 2007(%)
年末牲畜存栏头数(万头只)	Total Livestock at the Year-end(10 000 heads)	42.82	38.74	-9.5
#大牲畜(万头只)	Large Animals(10 000 heads)	2.25	1.80	-20.0
羊(万只)	Sheep & Goats(10 000 heads)	35.95	32.31	-10.1
猪(万头)	Hogs(10 000 heads)	4.62	4.63	0.2
规模以上工业	**Industrial Enterprises above Designated size**			
工业企业单位数(个)	Number of Industrial Enterprises(unit)	23	30	30.4
#内资企业(个)	Civil Funded Enterprises(unit)	23	30	30.4
工业总产值(万元)	Gross Industrial Output Value(10 000 yuan)	178328	337823	89.4
内资企业(万元)	Civil Funded Enterprises(10 000 yuan)	178328	337823	89.4
国有企业(万元)	State-owned Enterprises(10 000 yuan)		19541	
集体企业(万元)	Collective-owned Enterprises(10 000 yuan)			
股份合作企业(万元)	Share Holding Enterprises(10 000 yuan)			
联营企业(万元)	Joint Owned Enterprises(10 000 yuan)			
有限责任公司(万元)	Limited Company(10 000 yuan)	132636	275756	107.9
股份有限公司(万元)	Share Holding Limited Company(10 000 yuan)	3444		
私营企业(万元)	Privately Owned Enterprises(10 000 yuan)	42248	42526	0.7
其他企业(万元)	Enterprises of Other Ownership(10 000 yuan)			
港澳台商投资企业(万元)	Funds from HK,Macao & Taiwan(10 000 yuan)			
外商投资企业(万元)	Foreign Funded Enterprises(10 000 yuan)			
工业企业增加值(万元)	Value Added of Industrial Enterprises(10 000 yuan)	95673	154761	9.2
工业企业资产总计(万元)	Total Assets of Industrial Enterprises(10 000 yuan)	101367	153519	51.4
工业企业负债合计(万元)	Total Liabilities of Industrial Enterprises(10 000 yuan)	74656	121855	63.2
工业企业产品销售收入(万元)	Sales of Revenue Industrial Enterprises(10 000 yuan)	171586	338785	97.4
工业企业利润总额(万元)	Total Profits of Industrial Enterprises(10 000 yuan)	5858	13763	134.9
建筑业	**Construction**			
建筑企业单位数(个)	Number of Construction Enterprises(unit)	1	1	0.0
建筑企业从业人员(人)	Number of Employee in Construction Enterprises(person)	700	650	-7.1
建筑业总产值(万元)	Gross Construction Output Value(10 000 yuan)	4399	9800	122.8
交通运输邮电通信业	**Transportation,Post & Telecommunications**			
公路里程(公里)	Total Length of Highways(km)	1260	1260	0.0
邮电业务总量(万元)	Business Volume of Post & Telecoms(10 000 yuan)	1775	1882	6.0
本地电话用户(户)	Number of Subscribers of Local Telephone(Household)	9900	8600	-13.1
国内贸易	**Demestic Trade**			
社会消费品零售总额(万元)	Total Retail Sales of Consumer Goods(10 000 yuan)	71942	84017	16.8
#贸易业(万元)	Wholesale & Retail Sales Trades(10 000 yuan)	45450	52000	14.4
餐饮业(万元)	Catering Trade(10 000 yuan)	26426	31711	20.0
科技教育卫生	**Science,Education & Public Health**			
各类专业技术人员(人)	Speccial Technical Personnel(person)	3188	3194	0.2
幼儿园数(所)	Number of Kindergartens(unit)	9	9	0.0
学龄儿童入学率(%)	Percentage of School-Age Children Enrolled(%)	99.9	99.8	-0.1
小学学校数(所)	Number of Primary Schools(unit)	25	14	-44.0
小学专任教师数(人)	Number of Full-time Teachers of Primary Schools(person)	1012	997	-1.5
小学在校学生数(人)	Number of Student Enrollment of Primary Schools(person)	8359	7106	-15.0
普通中学学校数(所)	Number of Regular Secondary Schools(unit)	5	3	-40.0
普通中学专任教师数(人)	Number of Teachers of Secondary Shools(person)	531	502	-5.5
初中在校学生数(人)	Number of Student in Junior Secondary Schools(person)	5949	4662	-21.6
高中在校学生数(人)	Number of Student in Senior Secondary Schools(person)	2423	2325	-4.0
卫生机构数(所)	Number of Health Institutions(unit)	32	32	0.0
#医院(所)	Hospitals(unit)	2	2	0.0
卫生院(所)	Township Hospitals(unit)	17	17	0.0
床位数(张)	Number of Beds(unit)	472	472	0.0
#医院(张)	Hospitals(unit)	198	198	0.0
卫生院(张)	Township Hospitals(unit)	274	274	0.0
卫生技术人员(人)	Medical Technical Presonnel(person)	498	502	0.8
#医院(人)	Hospitals(person)	250	252	0.8
卫生院(人)	Township Hospitals(person)	248	250	0.8

23-25 包头市达尔罕茂明安联合旗

指 标	Item	2007	2008	2008 年比上年增长% Increase Rate in 2008 Over 2007(%)
行政区域土地面积(平方公里)	**Area of Administration(Sq.km)**	**17410**	**17410**	**0.0**
人口和就业	**Population & Employment**			
年末总人口(人)	Total Population Year-end(person)	122000	120400	-1.3
# 男性(人)	Male(person)	64000	64900	1.4
# 乡村人口(人)	Rural(person)	60500	59200	-2.1
年末总户数(户)	Total Number of Households at the Year-end(Household)	37200	36610	-1.6
# 乡村户数(户)	Number of Rural Household(Household)	13260	13501	1.8
出生人口(人)	Births(person)	1229	675	-45.1
死亡人口(人)	Deaths(person)	709	428	-39.6
全社会就业人员(人)	Employment(person)	64781	65400	1.0
第一产业(人)	Primary Industry(person)	37059	34960	-5.7
第二产业(人)	Secondary Industry(person)	8193	8960	9.4
第三产业(人)	Tertiary Industry(person)	19529	21480	10.0
在岗职工人数(人)	Number of Staff & Workers Employed in(person)	6835	6342	-7.2
乡村劳动力(人)	Number of Rural Laborers(person)	44973	38894	-13.5
# 农林牧渔业(人)	Farming,Forestry,Animal Husbandry & Fishery(person)	21299	19409	-8.9
国民经济综合指标	**Summary Item on the National Economy**			
生产总值(万元)	Gross Domestic Product(10 000 yuan)	653417	858800	17.6
第一产业(万元)	Primary Industry(10 000 yuan)	70800	82400	7.6
第二产业(万元)	Secondary Industry(10 000 yuan)	423433	585758	20.5
# 工业(万元)	Industry(10 000 yuan)	349971	494158	22.2
第三产业(万元)	Tertiary Industry(10 000 yuan)	159184	190642	14.1
人均生产总值(元)	Per Capita GDP(yuan)	58524	70858	17.9
全社会固定资产投资(万元)	Total Investment in Fixed Assets(10 000 yuan)	640000	813000	27.0
按登记注册类型分	Grouped by Registered Type			
# 国有(万元)	State-owned Enterprises(10 000 yuan)	268110	277144	3.4
集体(万元)	Collective-owned Enterprises(10 000 yuan)	800		
有限责任公司(万元)	Limited Liability Corporations(10 000 yuan)	133659	21429	-84.0
股份有限公司(万元)	Share Holding Enterprises(10 000 yuan)	36720	149853	308.1
私营企业(万元)	Private Enterprises(10 000 yuan)	110980		
外商及港澳台投资企业 (万元)	Funds from HK,Macao,Taiwan & Foreign(10 000 yuan)			
按城乡渠道分	Grouped by Urban and Rural Area			
城镇（万元）	Urban(10 000 yuan)	640000	808100	26.3
农村（万元）	Rural(10 000 yuan)		4900	
一般预算收入(万元)	General Budgetary Financial Revenue(10 000 yuan)	46497	57105	22.8
一般预算支出(万元)	General Budgetary Financial Expenditures(10 000 yuan)	77869	96984	24.5
城乡居民储蓄存款余额(万元)	Resident Saving Deposit in Urban & Rural(10 000 yuan)	62943	77089	22.5
在岗职工工资总额(万元)	Total Wages of Staff & Workers Empioyed in(10 000 yuan)	16921	19466	15.0
在岗职工平均工资(元)	Average Wage of Staff & Workers Employed in(yuan)	24771	29634	19.6
农牧民人均纯收入(元)	Per Capita Net Income of Peasant & Herdsman(yuan)	5524	6242	13.0
农村牧区经济	**Economic Development in Rural & Pastoral Area**			
耕地面积(公顷)	Cultivated Area(hectare)	74843	73689	-1.5
农作物总播种面积(公顷)	Total Sown Area(hectare)	55120	55480	0.7
# 粮食作物播种面积(公顷)	Sown Area of Grain Crops(hectare)	40970	44016	7.4
有效灌溉面积(公顷)	Irrigated Area(hectare)	13227	13315	0.7
农牧业机械总动力(万千瓦)	Total Power of Agricultural Machinery(10 000 kw)	20.84	19.90	-4.5
化肥施用折纯量(吨)	Consumption of Chemical Fertilizer(ton)	6228	7238	16.2
农村用电量(万千瓦小时)	Electricity Consumed in Rural Area(10 000 kwh)	1632	1828	12.0
农林牧渔业总产值(万元)	Gross Output of Farming,Forestry,Animal Husbandry & Fishery(10 000 yuan)	110745	126769	12.9
粮食产量(吨)	Yield of Grain(ton)	68381	78534	14.8
油料产量(吨)	Yield of Oil-bearing Grops(ton)	1736	6311	263.5
甜菜产量(吨)	Yield of Beetroots(ton)			
猪牛羊肉产量(吨)	Output of Pork, Beef & Mutton(ton)	23577	15475	-34.4
# 猪肉产量(吨)	Output of Pork(ton)	2816	1408	-50.0
牛肉产量(吨)	Output of Beef(ton)	3123	4317	38.2
羊肉产量(吨)	Output of Mutton(ton)	17638	9750	-44.7
羊毛产量(吨)	Output of Wool(ton)	1125	1160	3.1

23-25 Daerhanmaomingan Union Banner in Baotou City

指 标	Item	2007	2008	2008 年比上年增长% Increase Rate in 2008 Over 2007(%)
年末牲畜存栏头数(万头只)	Total Livestock at the Year-end(10 000 heads)	77.95	59.25	-24.0
#大牲畜(万头只)	Large Animals(10 000 heads)	7.15	6.76	-5.5
羊(万只)	Sheep & Goats(10 000 heads)	68.96	50.68	-26.5
猪(万头)	Hogs(10 000 heads)	1.84	1.81	-1.6
规模以上工业	**Industrial Enterprises above Designated size**			
工业企业单位数(个)	Number of Industrial Enterprises(unit)	30	37	23.3
#内资企业(个)	Civil Funded Enterprises(unit)	29	37	27.6
工业总产值(万元)	Gross Industrial Output Value(10 000 yuan)	392532	629131	60.3
内资企业(万元)	Civil Funded Enterprises(10 000 yuan)	391182	629131	60.8
国有企业(万元)	State-owned Enterprises(10 000 yuan)	17672	25007	41.5
集体企业(万元)	Collective-owned Enterprises(10 000 yuan)			
股份合作企业(万元)	Share Holding Enterprises(10 000 yuan)			
联营企业(万元)	Joint Owned Enterprises(10 000 yuan)			
有限责任公司(万元)	Limited Company(10 000 yuan)	101511	116305	14.6
股份有限公司(万元)	Share Holding Limited Company(10 000 yuan)			
私营企业(万元)	Privately Owned Enterprises(10 000 yuan)	271999	487819	79.3
其他企业(万元)	Enterprises of Other Ownership(10 000 yuan)			
港澳台商投资企业(万元)	Funds from HK,Macao & Taiwan(10 000 yuan)			
外商投资企业(万元)	Foreign Funded Enterprises(10 000 yuan)	1350		
工业企业增加值(万元)	Value Added of Industrial Enterprises(10 000 yuan)	198088	299929	55.2
工业企业资产总计(万元)	Total Assets of Industrial Enterprises(10 000 yuan)	262841	508369	93.4
工业企业负债合计(万元)	Total Liabilities of Industrial Enterprises(10 000 yuan)	161624	294406	82.2
工业企业产品销售收入(万元)	Sales of Revenue Industrial Enterprises(10 000 yuan)	398613	594821	49.2
工业企业利润总额(万元)	Total Profits of Industrial Enterprises(10 000 yuan)	52340	102711	96.2
建筑业	**Construction**			
建筑企业单位数(个)	Number of Construction Enterprises(unit)	2	2	0.0
建筑企业从业人员(人)	Number of Employee in Construction Enterprises(person)	576	606	5.2
建筑业总产值(万元)	Gross Construction Output Value(10 000 yuan)	8580	11125	29.7
交通运输邮电通信业	**Transportation,Post & Telecommunications**			
公路里程(公里)	Total Length of Highways(km)	1524	2165	42.1
邮电业务总量(万元)	Business Volume of Post & Telecoms(10 000 yuan)	2895	3590	24.0
本地电话用户(户)	Number of Subscribers of Local Telephone(Household)	13468	13200	-2.0
国内贸易	**Demestic Trade**			
社会消费品零售总额(万元)	Total Retail Sales of Consumer Goods(10 000 yuan)	76375	90496	18.5
#贸易业(万元)	Wholesale & Retail Sales Trades(10 000 yuan)	52994	62288	17.5
餐饮业(万元)	Catering Trade(10 000 yuan)	22317	27042	21.2
科技教育卫生	**Science,Education & Public Health**			
各类专业技术人员(人)	Speccial Technical Personnel(person)	2099	2099	0.0
幼儿园数(所)	Number of Kindergartens(unit)	5	5	0.0
学龄儿童入学率(%)	Percentage of School-Age Children Enrolled(%)	100.0	99.8	-0.2
小学学校数(所)	Number of Primary Schools(unit)	16	14	-12.5
小学专任教师数(人)	Number of Full-time Teachers of Primary Schools(person)	425	447	5.2
小学在校学生数(人)	Number of Student Enrollment of Primary Schools(person)	6369	5888	-7.6
普通中学学校数(所)	Number of Regular Secondary Schools(unit)	7	5	-28.6
普通中学专任教师数(人)	Number of Teachers of Secondary Shools(person)	353	312	-11.6
初中在校学生数(人)	Number of Student in Junior Secondary Schools(person)	3246	3037	-6.4
高中在校学生数(人)	Number of Student in Senior Secondary Schools(person)	1092	1094	0.2
卫生机构数(所)	Number of Health Institutions(unit)	28	28	0.0
#医院(所)	Hospitals(unit)	2	2	0.0
卫生院(所)	Township Hospitals(unit)	21	21	0.0
床位数(张)	Number of Beds(unit)	311	292	-6.1
#医院(张)	Hospitals(unit)	160	160	0.0
卫生院(张)	Township Hospitals(unit)	135	132	-2.2
卫生技术人员(人)	Medical Technical Presonnel(person)	299	316	5.7
#医院(人)	Hospitals(person)	131	159	21.4
卫生院(人)	Township Hospitals(person)	117	110	-6.0

23-26 呼伦贝尔市海拉尔区

指 标	Item	2007	2008	2008 年比上年增长% Increase Rate in 2008 Over 2007(%)
行政区域土地面积(平方公里)	**Area of Administration(Sq.km)**	**1440**	**1440**	**0.0**
人口和就业	**Population & Employment**			
年末总人口(人)	Total Population Year-end(person)	263005	265745	1.0
# 男性(人)	Male(person)	130841	132036	0.9
# 乡村人口(人)	Rural(person)	17656	17896	1.4
年末总户数(户)	Total Number of Households at the Year-end(Household)	79534	80322	1.0
# 乡村户数(户)	Number of Rural Household(Household)	5540	5808	4.8
出生人口(人)	Births(person)	1681	1808	7.6
死亡人口(人)	Deaths(person)	1285	1390	8.2
全社会就业人员(人)	Employment(person)	77700	82763	6.5
第一产业(人)	Primary Industry(person)	9939	10488	5.5
第二产业(人)	Secondary Industry(person)	11161	11298	1.2
第三产业(人)	Tertiary Industry(person)	56600	60977	7.7
在岗职工人数(人)	Number of Staff & Workers Employed in(person)	44441	44611	0.4
乡村劳动力(人)	Number of Rural Laborers(person)	8487	8972	5.7
# 农林牧渔业(人)	Farming,Forestry,Animal Husbandry & Fishery(person)	6293	6690	6.3
国民经济综合指标	**Summary Item on the National Economy**			
生产总值(万元)	Gross Domestic Product(10 000 yuan)	789263	1053094	15.9
第一产业(万元)	Primary Industry(10 000 yuan)	44901	50771	5.0
第二产业(万元)	Secondary Industry(10 000 yuan)	235556	393991	20.2
# 工业(万元)	Industry(10 000 yuan)	195603	346939	22.4
第三产业(万元)	Tertiary Industry(10 000 yuan)	508806	608332	14.4
人均生产总值(元)	Per Capita GDP(yuan)	30199	39833	14.6
全社会固定资产投资(万元)	Total Investment in Fixed Assets(10 000 yuan)	314842	441648	40.3
按登记注册类型分	Grouped by Registered Type			
# 国有(万元)	State-owned Enterprises(10 000 yuan)	107377	279918	160.7
集体(万元)	Collective-owned Enterprises(10 000 yuan)	1000	14200	1320.0
有限责任公司(万元)	Limited Liability Corporations(10 000 yuan)	139905	90280	-35.5
股份有限公司(万元)	Share Holding Enterprises(10 000 yuan)	6500	12050	85.4
私营企业(万元)	Private Enterprises(10 000 yuan)	55380	42200	-23.8
外商及港澳台投资企业 (万元)	Funds from HK,Macao,Taiwan & Foreign(10 000 yuan)	4680	3000	-35.9
按城乡渠道分	Grouped by Urban and Rural Area			
城镇（万元）	Urban(10 000 yuan)	314842	441648	40.3
农村（万元）	Rural(10 000 yuan)			
一般预算收入(万元)	General Budgetary Financial Revenue(10 000 yuan)	22450	33379	48.7
一般预算支出(万元)	General Budgetary Financial Expenditures(10 000 yuan)	57426	84575	47.3
城乡居民储蓄存款余额(万元)	Resident Saving Deposit in Urban & Rural(10 000 yuan)	599173	755366	26.1
在岗职工工资总额(万元)	Total Wages of Staff & Workers Empioyed in(10 000 yuan)	94883	116749	23.0
在岗职工平均工资(元)	Average Wage of Staff & Workers Employed in(yuan)	21700	26024	19.9
农牧民人均纯收入(元)	Per Capita Net Income of Peasant & Herdsman(yuan)	7451	8780	17.8
农村牧区经济	**Economic Development in Rural & Pastoral Area**			
耕地面积(公顷)	Cultivated Area(hectare)	31339	31339	0.0
农作物总播种面积(公顷)	Total Sown Area(hectare)	27572	26945	-2.3
# 粮食作物播种面积(公顷)	Sown Area of Grain Crops(hectare)	16394	18227	11.2
有效灌溉面积(公顷)	Irrigated Area(hectare)	4410	4750	7.7
农牧业机械总动力(万千瓦)	Total Power of Agricultural Machinery(10 000 kw)	8.60	8.50	-1.2
化肥施用折纯量(吨)	Consumption of Chemical Fertilizer(ton)	3300	3456	4.7
农村用电量(万千瓦小时)	Electricity Consumed in Rural Area(10 000 kwh)	764	870	13.9
农林牧渔业总产值(万元)	Gross Output of Farming,Forestry,Animal Husbandry & Fishery(10 000 yuan)	62662	83004	8.4
粮食产量(吨)	Yield of Grain(ton)	23402	60170	157.1
油料产量(吨)	Yield of Oil-bearing Grops(ton)	1626	3169	94.9
甜菜产量(吨)	Yield of Beetroots(ton)			
猪牛羊肉产量(吨)	Output of Pork, Beef & Mutton(ton)	4963	5078	2.3
# 猪肉产量(吨)	Output of Pork(ton)	1885	2000	6.1
牛肉产量(吨)	Output of Beef(ton)	2612	2551	-2.3
羊肉产量(吨)	Output of Mutton(ton)	466	527	13.1
羊毛产量(吨)	Output of Wool(ton)	95	141	48.4

23-26 Hailaer District in Hulunbeier City

指 标	Item	2007	2008	2008 年比上年增长% Increase Rate in 2008 Over 2007(%)
年末牲畜存栏头数(万头只)	Total Livestock at the Year-end(10 000 heads)	10.10	12.51	23.9
# 大牲畜(万头只)	Large Animals(10 000 heads)	5.30	6.82	28.7
羊(万只)	Sheep & Goats(10 000 heads)	3.80	4.17	9.7
猪(万头)	Hogs(10 000 heads)	1.00	1.52	52.0
规模以上工业	**Industrial Enterprises above Designated size**			
工业企业单位数(个)	Number of Industrial Enterprises(unit)	36	45	25.0
# 内资企业(个)	Civil Funded Enterprises(unit)	30	40	33.3
工业总产值(万元)	Gross Industrial Output Value(10 000 yuan)	423741	714212	68.5
内资企业(万元)	Civil Funded Enterprises(10 000 yuan)	320777	579335	80.6
国有企业(万元)	State-owned Enterprises(10 000 yuan)	28310	101219	257.5
集体企业(万元)	Collective-owned Enterprises(10 000 yuan)			
股份合作企业(万元)	Share Holding Enterprises(10 000 yuan)			
联营企业(万元)	Joint Owned Enterprises(10 000 yuan)			
有限责任公司(万元)	Limited Company(10 000 yuan)	157318	267778	70.2
股份有限公司(万元)	Share Holding Limited Company(10 000 yuan)	19823	19098	-3.7
私营企业(万元)	Privately Owned Enterprises(10 000 yuan)	115326	191240	65.8
其他企业(万元)	Enterprises of Other Ownership(10 000 yuan)			
港澳台商投资企业(万元)	Funds from HK,Macao & Taiwan(10 000 yuan)	12262	15275	25.6
外商投资企业(万元)	Foreign Funded Enterprises(10 000 yuan)	90702	119602	31.9
工业企业增加值(万元)	Value Added of Industrial Enterprises(10 000 yuan)	175431	317162	21.8
工业企业资产总计(万元)	Total Assets of Industrial Enterprises(10 000 yuan)	273733	726687	165.5
工业企业负债合计(万元)	Total Liabilities of Industrial Enterprises(10 000 yuan)	183254	611068	233.5
工业企业产品销售收入(万元)	Sales of Revenue Industrial Enterprises(10 000 yuan)	365022	746753	104.6
工业企业利润总额(万元)	Total Profits of Industrial Enterprises(10 000 yuan)	25349	-3485	
建筑业	**Construction**			
建筑企业单位数(个)	Number of Construction Enterprises(unit)	22	23	4.5
建筑企业从业人员(人)	Number of Employee in Construction Enterprises(person)	11486	15085	31.3
建筑业总产值(万元)	Gross Construction Output Value(10 000 yuan)	119052	157729	32.5
交通运输邮电通信业	**Transportation,Post & Telecommunications**			
公路里程(公里)	Total Length of Highways(km)	307	307	0.0
邮电业务总量(万元)	Business Volume of Post & Telecoms(10 000 yuan)	26913	30513	13.4
本地电话用户(户)	Number of Subscribers of Local Telephone(Household)	165370	141430	-14.5
国内贸易	**Demestic Trade**			
社会消费品零售总额(万元)	Total Retail Sales of Consumer Goods(10 000 yuan)	358195	450874	25.9
# 贸易业(万元)	Wholesale & Retail Sales Trades(10 000 yuan)	263984	331017	25.4
餐饮业(万元)	Catering Trade(10 000 yuan)	60769	82402	35.6
科技教育卫生	**Science,Education & Public Health**			
各类专业技术人员(人)	Speccial Technical Personnel(person)	3849	4020	4.4
幼儿园数(所)	Number of Kindergartens(unit)	7	8	14.3
学龄儿童入学率(%)	Percentage of School-Age Children Enrolled(%)	100.0	100.0	0.0
小学学校数(所)	Number of Primary Schools(unit)	18	17	-5.6
小学专任教师数(人)	Number of Full-time Teachers of Primary Schools(person)	1000	1001	0.1
小学在校学生数(人)	Number of Student Enrollment of Primary Schools(person)	16675	16121	-3.3
普通中学学校数(所)	Number of Regular Secondary Schools(unit)	23	23	0.0
普通中学专任教师数(人)	Number of Teachers of Secondary Shools(person)	1580	1620	2.5
初中在校学生数(人)	Number of Student in Junior Secondary Schools(person)	8580	8599	0.2
高中在校学生数(人)	Number of Student in Senior Secondary Schools(person)	13465	13591	0.9
卫生机构数(所)	Number of Health Institutions(unit)	188	111	-41.0
# 医院(所)	Hospitals(unit)	20	20	0.0
卫生院(所)	Township Hospitals(unit)	15	18	20.0
床位数(张)	Number of Beds(unit)	1857	1948	4.9
# 医院(张)	Hospitals(unit)	1806	1834	1.6
卫生院(张)	Township Hospitals(unit)	51	114	123.5
卫生技术人员(人)	Medical Technical Presonnel(person)	2497	2335	-6.5
# 医院(人)	Hospitals(person)	1764	1746	-1.0
卫生院(人)	Township Hospitals(person)	142	168	18.3

23-27 呼伦贝尔市满洲里市

指 标	Item	2007	2008	2008年比上年增长% Increase Rate in 2008 Over 2007(%)
行政区域土地面积(平方公里)	**Area of Administration(Sq.km)**	**732**	**732**	**0.0**
人口和就业	**Population & Employment**			
年末总人口(人)	Total Population Year-end(person)	163441	165362	1.2
#男性(人)	Male(person)	82701	83533	1.0
#乡村人口(人)	Rural(person)			
年末总户数(户)	Total Number of Households at the Year-end(Household)	64535	66112	2.4
#乡村户数(户)	Number of Rural Household(Household)			
出生人口(人)	Births(person)	1104	1215	10.1
死亡人口(人)	Deaths(person)	761	801	5.3
全社会就业人员(人)	Employment(person)	71834	84321	17.4
第一产业(人)	Primary Industry(person)	841	746	-11.3
第二产业(人)	Secondary Industry(person)	16417	16578	1.0
第三产业(人)	Tertiary Industry(person)	54576	66997	22.8
在岗职工人数(人)	Number of Staff & Workers Employed in(person)	31482	31739	0.8
乡村劳动力(人)	Number of Rural Laborers(person)			
#农林牧渔业(人)	Farming,Forestry,Animal Husbandry & Fishery(person)			
国民经济综合指标	**Summary Item on the National Economy**			
生产总值(万元)	Gross Domestic Product(10 000 yuan)	796410	1001493	15.5
第一产业(万元)	Primary Industry(10 000 yuan)	15242	23548	0.8
第二产业(万元)	Secondary Industry(10 000 yuan)	254632	315437	21.8
#工业(万元)	Industry(10 000 yuan)	210388	254278	20.7
第三产业(万元)	Tertiary Industry(10 000 yuan)	526536	662508	13.6
人均生产总值(元)	Per Capita GDP(yuan)	36200	43422	19.4
全社会固定资产投资(万元)	Total Investment in Fixed Assets(10 000 yuan)	435000	633622	45.7
按登记注册类型分	Grouped by Registered Type			
#国有(万元)	State-owned Enterprises(10 000 yuan)	241793	357371	47.8
集体(万元)	Collective-owned Enterprises(10 000 yuan)			
有限责任公司(万元)	Limited Liability Corporations(10 000 yuan)	137137	160231	16.8
股份有限公司(万元)	Share Holding Enterprises(10 000 yuan)	16719	68699	310.9
私营企业(万元)	Private Enterprises(10 000 yuan)	17141	46628	172.0
外商及港澳台投资企业(万元)	Funds from HK,Macao,Taiwan & Foreign(10 000 yuan)	22210	693	-96.9
按城乡渠道分	Grouped by Urban and Rural Area			
城镇（万元）	Urban(10 000 yuan)	435000	633622	45.7
农村（万元）	Rural(10 000 yuan)			
一般预算收入(万元)	General Budgetary Financial Revenue(10 000 yuan)	86150	113282	31.5
一般预算支出(万元)	General Budgetary Financial Expenditures(10 000 yuan)	140877	189090	34.2
城乡居民储蓄存款余额(万元)	Resident Saving Deposit in Urban & Rural(10 000 yuan)	596100	715295	20.0
在岗职工工资总额(万元)	Total Wages of Staff & Workers Empioyed in(10 000 yuan)	69000	89412	29.6
在岗职工平均工资(元)	Average Wage of Staff & Workers Employed in(yuan)	22044	28171	27.8
农牧民人均纯收入(元)	Per Capita Net Income of Peasant & Herdsman(yuan)			
农村牧区经济	**Economic Development in Rural & Pastoral Area**			
耕地面积(公顷)	Cultivated Area(hectare)	1839	1839	0.0
农作物总播种面积(公顷)	Total Sown Area(hectare)	1723	1370	-20.5
#粮食作物播种面积(公顷)	Sown Area of Grain Crops(hectare)	195	170	-12.8
有效灌溉面积(公顷)	Irrigated Area(hectare)	1650	1344	-18.5
农牧业机械总动力(万千瓦)	Total Power of Agricultural Machinery(10 000 kw)		2.00	
化肥施用折纯量(吨)	Consumption of Chemical Fertilizer(ton)	96	96	0.0
农村用电量(万千瓦小时)	Electricity Consumed in Rural Area(10 000 kwh)	100	100	0.0
农林牧渔业总产值(万元)	Gross Output of Farming,Forestry,Animal Husbandry & Fishery(10 000 yuan)	28123	38498	36.9
粮食产量(吨)	Yield of Grain(ton)	1024	893	-12.8
油料产量(吨)	Yield of Oil-bearing Grops(ton)			
甜菜产量(吨)	Yield of Beetroots(ton)			
猪牛羊肉产量(吨)	Output of Pork, Beef & Mutton(ton)	1690	2579	52.6
#猪肉产量(吨)	Output of Pork(ton)	920	1991	116.4
牛肉产量(吨)	Output of Beef(ton)	351	215	-38.7
羊肉产量(吨)	Output of Mutton(ton)	419	373	-11.0
羊毛产量(吨)	Output of Wool(ton)	90	90	0.4

23-27 Manzhouli City in Hulunbeier City

指 标	Item	2007	2008	2008年比上年增长% Increase Rate in 2008 Over 2007(%)
年末牲畜存栏头数(万头只)	Total Livestock at the Year-end(10 000 heads)	6.77	7.13	5.3
#大牲畜(万头只)	Large Animals(10 000 heads)	0.33	0.34	3.0
羊(万只)	Sheep & Goats(10 000 heads)	3.02	3.57	18.2
猪(万头)	Hogs(10 000 heads)	3.42	3.22	-5.8
规模以上工业	**Industrial Enterprises above Designated size**			
工业企业单位数(个)	Number of Industrial Enterprises(unit)	65	69	6.2
#内资企业(个)	Civil Funded Enterprises(unit)	59	64	8.5
工业总产值(万元)	Gross Industrial Output Value(10 000 yuan)	303631	526573	73.4
内资企业(万元)	Civil Funded Enterprises(10 000 yuan)	280728	491790	75.2
国有企业(万元)	State-owned Enterprises(10 000 yuan)	114965	91179	-20.7
集体企业(万元)	Collective-owned Enterprises(10 000 yuan)			
股份合作企业(万元)	Share Holding Enterprises(10 000 yuan)			
联营企业(万元)	Joint Owned Enterprises(10 000 yuan)			
有限责任公司(万元)	Limited Company(10 000 yuan)	62114	159767	157.2
股份有限公司(万元)	Share Holding Limited Company(10 000 yuan)	3855	12025	211.9
私营企业(万元)	Privately Owned Enterprises(10 000 yuan)	99794	222170	122.6
其他企业(万元)	Enterprises of Other Ownership(10 000 yuan)		6649	-
港澳台商投资企业(万元)	Funds from HK,Macao & Taiwan(10 000 yuan)	18100	27160	50.1
外商投资企业(万元)	Foreign Funded Enterprises(10 000 yuan)	4803	7623	58.7
工业企业增加值(万元)	Value Added of Industrial Enterprises(10 000 yuan)	127153	145049	33.8
工业企业资产总计(万元)	Total Assets of Industrial Enterprises(10 000 yuan)	393064	612469	55.8
工业企业负债合计(万元)	Total Liabilities of Industrial Enterprises(10 000 yuan)	241281	427609	77.2
工业企业产品销售收入(万元)	Sales of Revenue Industrial Enterprises(10 000 yuan)	257020	515905	100.7
工业企业利润总额(万元)	Total Profits of Industrial Enterprises(10 000 yuan)	4530	2795	-38.3
建筑业	**Construction**			
建筑企业单位数(个)	Number of Construction Enterprises(unit)	10	10	0.0
建筑企业从业人员(人)	Number of Employee in Construction Enterprises(person)	2051	2902	41.5
建筑业总产值(万元)	Gross Construction Output Value(10 000 yuan)	101234	459532	353.9
交通运输邮电通信业	**Transportation,Post & Telecommunications**			
公路里程(公里)	Total Length of Highways(km)	214	367	71.5
邮电业务总量(万元)	Business Volume of Post & Telecoms(10 000 yuan)	15246	18928	24.2
本地电话用户(户)	Number of Subscribers of Local Telephone(Household)	35000	35872	2.5
国内贸易	**Demestic Trade**			
社会消费品零售总额(万元)	Total Retail Sales of Consumer Goods(10 000 yuan)	357782	447134	25.0
#贸易业(万元)	Wholesale & Retail Sales Trades(10 000 yuan)	306582	380063	24.0
餐饮业(万元)	Catering Trade(10 000 yuan)	51200	67071	31.0
科技教育卫生	**Science,Education & Public Health**			
各类专业技术人员(人)	Speccial Technical Personnel(person)	3523	3847	9.2
幼儿园数(所)	Number of Kindergartens(unit)	6	7	16.7
学龄儿童入学率(%)	Percentage of School-Age Children Enrolled(%)	100.0	100.0	0.0
小学学校数(所)	Number of Primary Schools(unit)	14	14	0.0
小学专任教师数(人)	Number of Full-time Teachers of Primary Schools(person)	884	851	-3.7
小学在校学生数(人)	Number of Student Enrollment of Primary Schools(person)	12096	11110	-8.2
普通中学学校数(所)	Number of Regular Secondary Schools(unit)	13	13	0.0
普通中学专任教师数(人)	Number of Teachers of Secondary Shools(person)	1034	1111	7.4
初中在校学生数(人)	Number of Student in Junior Secondary Schools(person)	9331	9258	-0.8
高中在校学生数(人)	Number of Student in Senior Secondary Schools(person)	4678	4685	0.1
卫生机构数(所)	Number of Health Institutions(unit)	20	20	0.0
#医院(所)	Hospitals(unit)	8	9	12.5
卫生院(所)	Township Hospitals(unit)	1	1	0.0
床位数(张)	Number of Beds(unit)	838	818	-2.4
#医院(张)	Hospitals(unit)	690	768	11.3
卫生院(张)	Township Hospitals(unit)	10	10	0.0
卫生技术人员(人)	Medical Technical Presonnel(person)	1478	1653	11.8
#医院(人)	Hospitals(person)	962	1123	16.7
卫生院(人)	Township Hospitals(person)	19	19	0.0

23-28 呼伦贝尔市扎兰屯市

指 标	Item	2007	2008	2008 年比上年增长% Increase Rate in 2008 Over 2007(%)
行政区域土地面积(平方公里)	**Area of Administration(Sq.km)**	**16800**	**16800**	**0.0**
人口和就业	**Population & Employment**			
年末总人口(人)	Total Population Year-end(person)	432237	432354	0.0
# 男性(人)	Male(person)	222022	222150	0.1
# 乡村人口(人)	Rural(person)	298578	298925	0.1
年末总户数(户)	Total Number of Households at the Year-end(Household)	140345	145317	3.5
# 乡村户数(户)	Number of Rural Household(Household)	86813	90661	4.4
出生人口(人)	Births(person)	3989	3211	-19.5
死亡人口(人)	Deaths(person)	1681	1924	14.5
全社会就业人员(人)	Employment(person)	155395	166024	6.8
第一产业(人)	Primary Industry(person)	105490	113465	7.6
第二产业(人)	Secondary Industry(person)	15467	16536	6.9
第三产业(人)	Tertiary Industry(person)	34438	36023	4.6
在岗职工人数(人)	Number of Staff & Workers Employed in(person)	24785	25586	3.2
乡村劳动力(人)	Number of Rural Laborers(person)	117136	120693	3.0
# 农林牧渔业(人)	Farming,Forestry,Animal Husbandry & Fishery(person)	106770	109930	3.0
国民经济综合指标	**Summary Item on the National Economy**			
生产总值(万元)	Gross Domestic Product(10 000 yuan)	494888	665129	24.5
第一产业(万元)	Primary Industry(10 000 yuan)	180598	227635	18.3
第二产业(万元)	Secondary Industry(10 000 yuan)	158740	242227	37.7
# 工业(万元)	Industry(10 000 yuan)	144550	217160	35.1
第三产业(万元)	Tertiary Industry(10 000 yuan)	155550	195267	18.8
人均生产总值(元)	Per Capita GDP(yuan)	11390	15386	35.1
全社会固定资产投资(万元)	Total Investment in Fixed Assets(10 000 yuan)	141682	271386	91.5
按登记注册类型分	Grouped by Registered Type			
# 国有(万元)	State-owned Enterprises(10 000 yuan)	49026	68928	40.6
集体(万元)	Collective-owned Enterprises(10 000 yuan)			
有限责任公司(万元)	Limited Liability Corporations(10 000 yuan)	60152	100933	67.8
股份有限公司(万元)	Share Holding Enterprises(10 000 yuan)	24603	73555	199.0
私营企业(万元)	Private Enterprises(10 000 yuan)			
外商及港澳台投资企业(万元)	Funds from HK,Macao,Taiwan & Foreign(10 000 yuan)	6800	22700	233.8
按城乡渠道分	Grouped by Urban and Rural Area			
城镇(万元)	Urban(10 000 yuan)	137508	204204	48.5
农村(万元)	Rural(10 000 yuan)	4174	67182	1509.5
一般预算收入(万元)	General Budgetary Financial Revenue(10 000 yuan)	7848	10027	27.8
一般预算支出(万元)	General Budgetary Financial Expenditures(10 000 yuan)	69504	112088	61.3
城乡居民储蓄存款余额(万元)	Resident Saving Deposit in Urban & Rural(10 000 yuan)	231993	285793	23.2
在岗职工工资总额(万元)	Total Wages of Staff & Workers Empioyed in(10 000 yuan)	40398	52110	29.0
在岗职工平均工资(元)	Average Wage of Staff & Workers Employed in(yuan)	16443	20714	26.0
农牧民人均纯收入(元)	Per Capita Net Income of Peasant & Herdsman(yuan)	3586	4880	36.1
农村牧区经济	**Economic Development in Rural & Pastoral Area**			
耕地面积(公顷)	Cultivated Area(hectare)	215255	226524	5.2
农作物总播种面积(公顷)	Total Sown Area(hectare)	210028	208590	-0.7
# 粮食作物播种面积(公顷)	Sown Area of Grain Crops(hectare)	152681	162329	6.3
有效灌溉面积(公顷)	Irrigated Area(hectare)	8990	28800	220.4
农牧业机械总动力(万千瓦)	Total Power of Agricultural Machinery(10 000 kw)	50.30	58.00	15.3
化肥施用折纯量(吨)	Consumption of Chemical Fertilizer(ton)	34306	34652	1.0
农村用电量(万千瓦小时)	Electricity Consumed in Rural Area(10 000 kwh)	3926	4396	12.0
农林牧渔业总产值(万元)	Gross Output of Farming,Forestry,Animal Husbandry & Fishery(10 000 yuan)	285058	372157	20.2
粮食产量(吨)	Yield of Grain(ton)	622345	698259	12.2
油料产量(吨)	Yield of Oil-bearing Grops(ton)	74631	50288	-32.6
甜菜产量(吨)	Yield of Beetroots(ton)	1024	29900	2819.9
猪牛羊肉产量(吨)	Output of Pork, Beef & Mutton(ton)	33635	36087	7.3
# 猪肉产量(吨)	Output of Pork(ton)	5994	8216	37.1
牛肉产量(吨)	Output of Beef(ton)	5636	11553	105.0
羊肉产量(吨)	Output of Mutton(ton)	22005	16318	-25.8
羊毛产量(吨)	Output of Wool(ton)	3986	4793	20.2

23-28 Zhalantun City in Hulunbeier City

指 标	Item	2007	2008	2008年比上年增长% Increase Rate in 2008 Over 2007(%)
年末牲畜存栏头数(万头只)	Total Livestock at the Year-end(10 000 heads)	82.42	78.32	-5.0
#大牲畜(万头只)	Large Animals(10 000 heads)	11.41	14.50	27.1
羊(万只)	Sheep & Goats(10 000 heads)	64.94	57.70	-11.1
猪(万头)	Hogs(10 000 heads)	6.07	6.12	0.8
规模以上工业	**Industrial Enterprises above Designated size**			
工业企业单位数(个)	Number of Industrial Enterprises(unit)	39	48	23.1
#内资企业(个)	Civil Funded Enterprises(unit)	35	44	25.7
工业总产值(万元)	Gross Industrial Output Value(10 000 yuan)	341691	514957	50.7
内资企业(万元)	Civil Funded Enterprises(10 000 yuan)	286288	452657	58.1
国有企业(万元)	State-owned Enterprises(10 000 yuan)	18429	17013	-7.7
集体企业(万元)	Collective-owned Enterprises(10 000 yuan)			
股份合作企业(万元)	Share Holding Enterprises(10 000 yuan)	9845	18234	85.2
联营企业(万元)	Joint Owned Enterprises(10 000 yuan)			
有限责任公司(万元)	Limited Company(10 000 yuan)	107459	179599	67.1
股份有限公司(万元)	Share Holding Limited Company(10 000 yuan)	35926	53690	49.4
私营企业(万元)	Privately Owned Enterprises(10 000 yuan)	114629	184121	60.6
其他企业(万元)	Enterprises of Other Ownership(10 000 yuan)			
港澳台商投资企业(万元)	Funds from HK,Macao & Taiwan(10 000 yuan)	2444	5570	127.9
外商投资企业(万元)	Foreign Funded Enterprises(10 000 yuan)	52959	56730	7.1
工业企业增加值(万元)	Value Added of Industrial Enterprises(10 000 yuan)	127306	185154	29.8
工业企业资产总计(万元)	Total Assets of Industrial Enterprises(10 000 yuan)	202259	222358	9.9
工业企业负债合计(万元)	Total Liabilities of Industrial Enterprises(10 000 yuan)	120251	116012	-3.5
工业企业产品销售收入(万元)	Sales of Revenue Industrial Enterprises(10 000 yuan)	313603	495768	58.1
工业企业利润总额(万元)	Total Profits of Industrial Enterprises(10 000 yuan)	17214	8762	-49.1
建筑业	**Construction**			
建筑企业单位数(个)	Number of Construction Enterprises(unit)	7	9	28.6
建筑企业从业人员(人)	Number of Employee in Construction Enterprises(person)	1691	7901	367.2
建筑业总产值(万元)	Gross Construction Output Value(10 000 yuan)	18160	93256	413.5
交通运输邮电通信业	**Transportation,Post & Telecommunications**			
公路里程(公里)	Total Length of Highways(km)	1557	1559	0.1
邮电业务总量(万元)	Business Volume of Post & Telecoms(10 000 yuan)	12243	12953	5.8
本地电话用户(户)	Number of Subscribers of Local Telephone(Household)	76043	45845	-39.7
国内贸易	**Demestic Trade**			
社会消费品零售总额(万元)	Total Retail Sales of Consumer Goods(10 000 yuan)	168585	210158	24.7
#贸易业(万元)	Wholesale & Retail Sales Trades(10 000 yuan)	145262	181243	24.8
餐饮业(万元)	Catering Trade(10 000 yuan)	20920	26533	26.8
科技教育卫生	**Science,Education & Public Health**			
各类专业技术人员(人)	Speccial Technical Personnel(person)	8784	8840	0.6
幼儿园数(所)	Number of Kindergartens(unit)	94	75	-20.2
学龄儿童入学率(%)	Percentage of School-Age Children Enrolled(%)	100.0	100.0	0.0
小学学校数(所)	Number of Primary Schools(unit)	114	94	-17.5
小学专任教师数(人)	Number of Full-time Teachers of Primary Schools(person)	1939	1825	-5.9
小学在校学生数(人)	Number of Student Enrollment of Primary Schools(person)	18167	17345	-4.5
普通中学学校数(所)	Number of Regular Secondary Schools(unit)	32	28	-12.5
普通中学专任教师数(人)	Number of Teachers of Secondary Shools(person)	1470	1463	-0.5
初中在校学生数(人)	Number of Student in Junior Secondary Schools(person)	14123	12291	-13.0
高中在校学生数(人)	Number of Student in Senior Secondary Schools(person)	6150	5870	-4.6
卫生机构数(所)	Number of Health Institutions(unit)	245	256	4.5
#医院(所)	Hospitals(unit)	12	9	-25.0
卫生院(所)	Township Hospitals(unit)	25	21	-16.0
床位数(张)	Number of Beds(unit)	1435	1136	-20.8
#医院(张)	Hospitals(unit)	1113	797	-28.4
卫生院(张)	Township Hospitals(unit)	322	234	-27.3
卫生技术人员(人)	Medical Technical Presonnel(person)	1368	1499	9.6
#医院(人)	Hospitals(person)	887	843	-5.0
卫生院(人)	Township Hospitals(person)	332	262	-21.1

23-29 呼伦贝尔市牙克石市

指 标	Item	2007	2008	2008年比上年增长% Increase Rate in 2008 Over 2007(%)
行政区域土地面积（平方公里）	**Area of Administration(Sq.km)**	**27590**	**27590**	**0.0**
人口和就业	**Population & Employment**			
年末总人口(人)	Total Population Year-end(person)	381858	378747	-0.8
#男性(人)	Male(person)	194319	191770	-1.3
#乡村人口(人)	Rural(person)	4640	4728	1.9
年末总户数(户)	Total Number of Households at the Year-end(Household)	143398	144727	0.9
#乡村户数(户)	Number of Rural Household(Household)	1654	1604	-3.0
出生人口(人)	Births(person)	1845	1890	2.4
死亡人口(人)	Deaths(person)	2304	2480	7.6
全社会就业人员(人)	Employment(person)	85174	80123	-5.9
第一产业(人)	Primary Industry(person)	34739	30236	-13.0
第二产业(人)	Secondary Industry(person)	14186	11099	-21.8
第三产业(人)	Tertiary Industry(person)	36249	38788	7.0
在岗职工人数(人)	Number of Staff & Workers Employed in(person)	23571	27489	16.6
乡村劳动力(人)	Number of Rural Laborers(person)	3457	3544	2.5
#农林牧渔业(人)	Farming,Forestry,Animal Husbandry & Fishery(person)	2841	3102	9.2
国民经济综合指标	**Summary Item on the National Economy**			
生产总值(万元)	Gross Domestic Product(10 000 yuan)	528577	697243	19.9
第一产业(万元)	Primary Industry(10 000 yuan)	128000	184171	24.8
第二产业(万元)	Secondary Industry(10 000 yuan)	135918	214053	31.0
#工业(万元)	Industry(10 000 yuan)	115101	178725	25.9
第三产业(万元)	Tertiary Industry(10 000 yuan)	264659	299019	12.0
人均生产总值(元)	Per Capita GDP(yuan)	13776	18334	21.0
全社会固定资产投资(万元)	Total Investment in Fixed Assets(10 000 yuan)	140161	252246	80.0
按登记注册类型分	Grouped by Registered Type			
#国有(万元)	State-owned Enterprises(10 000 yuan)	29190	152938	423.9
集体(万元)	Collective-owned Enterprises(10 000 yuan)			
有限责任公司(万元)	Limited Liability Corporations(10 000 yuan)	81507	65309	-19.9
股份有限公司(万元)	Share Holding Enterprises(10 000 yuan)	6611	2703	-59.1
私营企业(万元)	Private Enterprises(10 000 yuan)	18238	6796	-62.7
外商及港澳台投资企业(万元)	Funds from HK,Macao,Taiwan & Foreign(10 000 yuan)	3665	23600	543.9
按城乡渠道分	Grouped by Urban and Rural Area			
城镇（万元）	Urban(10 000 yuan)	140161	252246	80.0
农村（万元）	Rural(10 000 yuan)			
一般预算收入(万元)	General Budgetary Financial Revenue(10 000 yuan)	19729	17967	-8.9
一般预算支出(万元)	General Budgetary Financial Expenditures(10 000 yuan)	70410	109752	55.9
城乡居民储蓄存款余额(万元)	Resident Saving Deposit in Urban & Rural(10 000 yuan)	435250	504817	16.0
在岗职工工资总额(万元)	Total Wages of Staff & Workers Empioyed in(10 000 yuan)	44499	66481	49.4
在岗职工平均工资(元)	Average Wage of Staff & Workers Employed in(yuan)	18976	23666	24.7
农牧民人均纯收入(元)	Per Capita Net Income of Peasant & Herdsman(yuan)	3650	4900	34.2
农村牧区经济	**Economic Development in Rural & Pastoral Area**			
耕地面积(公顷)	Cultivated Area(hectare)	133058	141358	6.2
农作物总播种面积(公顷)	Total Sown Area(hectare)	110232	134562	22.1
#粮食作物播种面积(公顷)	Sown Area of Grain Crops(hectare)	74598	97050	30.1
有效灌溉面积(公顷)	Irrigated Area(hectare)	3360	3770	12.2
农牧业机械总动力(万千瓦)	Total Power of Agricultural Machinery(10 000 kw)	23.20	41.90	80.6
化肥施用折纯量(吨)	Consumption of Chemical Fertilizer(ton)	11247	12723	13.1
农村用电量(万千瓦小时)	Electricity Consumed in Rural Area(10 000 kwh)	1971	2007	1.8
农林牧渔业总产值(万元)	Gross Output of Farming,Forestry,Animal Husbandry & Fishery(10 000 yuan)	200000	301098	30.8
粮食产量(吨)	Yield of Grain(ton)	220892	353001	59.8
油料产量(吨)	Yield of Oil-bearing Grops(ton)	32996	49018	48.6
甜菜产量(吨)	Yield of Beetroots(ton)	5411	17640	226.0
猪牛羊肉产量(吨)	Output of Pork, Beef & Mutton(ton)	20180	17043	-15.5
#猪肉产量(吨)	Output of Pork(ton)	9723	4509	-53.6
牛肉产量(吨)	Output of Beef(ton)	6901	9254	34.1
羊肉产量(吨)	Output of Mutton(ton)	3556	3280	-7.8
羊毛产量(吨)	Output of Wool(ton)	550	585	6.4

23-29 Yakeshi City in Hulunbeier City

指 标	Item	2007	2008	2008年比上年增长% Increase Rate in 2008 Over 2007(%)
年末牲畜存栏头数(万头只)	Total Livestock at the Year-end(10 000 heads)	29.81	29.96	0.5
#大牲畜(万头只)	Large Animals(10 000 heads)	6.84	8.65	26.5
羊(万只)	Sheep & Goats(10 000 heads)	18.06	18.35	1.6
猪(万头)	Hogs(10 000 heads)	4.91	2.96	-39.7
规模以上工业	**Industrial Enterprises above Designated size**			
工业企业单位数(个)	Number of Industrial Enterprises(unit)	31	48	54.8
#内资企业(个)	Civil Funded Enterprises(unit)	29	46	58.6
工业总产值(万元)	Gross Industrial Output Value(10 000 yuan)	228392	341613	49.6
内资企业(万元)	Civil Funded Enterprises(10 000 yuan)	153879	303309	97.1
国有企业(万元)	State-owned Enterprises(10 000 yuan)	23216	35728	53.9
集体企业(万元)	Collective-owned Enterprises(10 000 yuan)			
股份合作企业(万元)	Share Holding Enterprises(10 000 yuan)			
联营企业(万元)	Joint Owned Enterprises(10 000 yuan)			
有限责任公司(万元)	Limited Company(10 000 yuan)	82236	134575	63.6
股份有限公司(万元)	Share Holding Limited Company(10 000 yuan)	7954	13481	69.5
私营企业(万元)	Privately Owned Enterprises(10 000 yuan)	15976	89054	457.4
其他企业(万元)	Enterprises of Other Ownership(10 000 yuan)	24497	30471	24.4
港澳台商投资企业(万元)	Funds from HK,Macao & Taiwan(10 000 yuan)	62512	35774	-42.8
外商投资企业(万元)	Foreign Funded Enterprises(10 000 yuan)	12001	2530	-78.9
工业企业增加值(万元)	Value Added of Industrial Enterprises(10 000 yuan)	95455	127033	23.1
工业企业资产总计(万元)	Total Assets of Industrial Enterprises(10 000 yuan)	208884	298329	42.8
工业企业负债合计(万元)	Total Liabilities of Industrial Enterprises(10 000 yuan)	151190	178899	18.3
工业企业产品销售收入(万元)	Sales of Revenue Industrial Enterprises(10 000 yuan)	159358	292006	83.2
工业企业利润总额(万元)	Total Profits of Industrial Enterprises(10 000 yuan)	10677	20101	88.3
建筑业	**Construction**			
建筑企业单位数(个)	Number of Construction Enterprises(unit)	9	9	0.0
建筑企业从业人员(人)	Number of Employee in Construction Enterprises(person)	8329	7374	-11.5
建筑业总产值(万元)	Gross Construction Output Value(10 000 yuan)	85235	75963	-10.9
交通运输邮电通信业	**Transportation,Post & Telecommunications**			
公路里程(公里)	Total Length of Highways(km)	1898	2068	9.0
邮电业务总量(万元)	Business Volume of Post & Telecoms(10 000 yuan)	12765	14393	12.8
本地电话用户(户)	Number of Subscribers of Local Telephone(Household)	198523	263110	32.5
国内贸易	**Demestic Trade**			
社会消费品零售总额(万元)	Total Retail Sales of Consumer Goods(10 000 yuan)	151655	189769	25.1
#贸易业(万元)	Wholesale & Retail Sales Trades(10 000 yuan)	120883	150766	24.7
餐饮业(万元)	Catering Trade(10 000 yuan)	25038	31798	27.0
科技教育卫生	**Science,Education & Public Health**			
各类专业技术人员(人)	Speccial Technical Personnel(person)	3566	4129	15.8
幼儿园数(所)	Number of Kindergartens(unit)	50	46	-8.0
学龄儿童入学率(%)	Percentage of School-Age Children Enrolled(%)	100.0	100.0	0.0
小学学校数(所)	Number of Primary Schools(unit)	30	28	-6.7
小学专任教师数(人)	Number of Full-time Teachers of Primary Schools(person)	1452	1565	7.8
小学在校学生数(人)	Number of Student Enrollment of Primary Schools(person)	15112	15564	3.0
普通中学学校数(所)	Number of Regular Secondary Schools(unit)	31	29	-6.5
普通中学专任教师数(人)	Number of Teachers of Secondary Shools(person)	1820	1897	4.2
初中在校学生数(人)	Number of Student in Junior Secondary Schools(person)	12619	9633	-23.7
高中在校学生数(人)	Number of Student in Senior Secondary Schools(person)	10939	11015	0.7
卫生机构数(所)	Number of Health Institutions(unit)	241	211	-12.4
#医院(所)	Hospitals(unit)	22	20	-9.1
卫生院(所)	Township Hospitals(unit)	15	15	0.0
床位数(张)	Number of Beds(unit)	2258	2377	5.3
#医院(张)	Hospitals(unit)	1975	2063	4.5
卫生院(张)	Township Hospitals(unit)	146	182	24.7
卫生技术人员(人)	Medical Technical Presonnel(person)	2963	2502	-15.6
#医院(人)	Hospitals(person)	2096	2145	2.3
卫生院(人)	Township Hospitals(person)	192	219	14.1

23-30 呼伦贝尔市额尔古纳市

指 标	Item	2007	2008	2008 年比上年增长% Increase Rate in 2008 Over 2007(%)
行政区域土地面积（平方公里）	**Area of Administration(Sq.km)**	**28000**	**28000**	**0.0**
人口和就业	**Population & Employment**			
年末总人口（人）	Total Population Year-end(person)	85051	85265	0.3
#男性(人)	Male(person)	43370	43438	0.2
#乡村人口(人)	Rural(person)	1936	3090	59.6
年末总户数（户）	Total Number of Households at the Year-end(Household)	32190	32433	0.8
#乡村户数(户)	Number of Rural Household(Household)	508	877	72.6
出生人口（人）	Births(person)	528	508	-3.8
死亡人口（人）	Deaths(person)	277	442	59.6
全社会就业人员（人）	Employment(person)	43124	46234	7.2
第一产业(人)	Primary Industry(person)	23861	23866	0.0
第二产业(人)	Secondary Industry(person)	7178	7506	4.6
第三产业(人)	Tertiary Industry(person)	12085	14862	23.0
在岗职工人数（人）	Number of Staff & Workers Employed in(person)	21398	22754	6.3
乡村劳动力（人）	Number of Rural Laborers(person)	1331	2148	61.4
#农林牧渔业(人)	Farming,Forestry,Animal Husbandry & Fishery(person)	922	1621	75.8
国民经济综合指标	**Summary Item on the National Economy**			
生产总值（万元）	Gross Domestic Product(10 000 yuan)	157553	191083	11.4
第一产业(万元)	Primary Industry(10 000 yuan)	76000	83118	1.0
第二产业(万元)	Secondary Industry(10 000 yuan)	24212	37522	37.9
#工业(万元)	Industry(10 000 yuan)	19474	32005	50.2
第三产业(万元)	Tertiary Industry(10 000 yuan)	57341	70443	15.3
人均生产总值（元）	Per Capita GDP(yuan)	18512	22438	9.5
全社会固定资产投资（万元）	Total Investment in Fixed Assets(10 000 yuan)	40829	55121	35.0
按登记注册类型分	Grouped by Registered Type			
#国有(万元)	State-owned Enterprises(10 000 yuan)	12861	24024	86.8
集体(万元)	Collective-owned Enterprises(10 000 yuan)	9715	3	-100.0
有限责任公司(万元)	Limited Liability Corporations(10 000 yuan)	14233	22622	58.9
股份有限公司(万元)	Share Holding Enterprises(10 000 yuan)	1354	1158	-14.5
私营企业(万元)	Private Enterprises(10 000 yuan)	785	2979	279.5
外商及港澳台投资企业 (万元)	Funds from HK,Macao,Taiwan & Foreign(10 000 yuan)	1640	240	-85.4
按城乡渠道分	Grouped by Urban and Rural Area			
城镇（万元）	Urban(10 000 yuan)	39144	55071	40.7
农村（万元）	Rural(10 000 yuan)	1685	50	-97.0
一般预算收入（万元）	General Budgetary Financial Revenue(10 000 yuan)	2620	7187	174.3
一般预算支出（万元）	General Budgetary Financial Expenditures(10 000 yuan)	31189	49317	58.1
城乡居民储蓄存款余额（万元）	Resident Saving Deposit in Urban & Rural(10 000 yuan)	106031	114024	7.5
在岗职工工资总额（万元）	Total Wages of Staff & Workers Empioyed in(10 000 yuan)	35261	39443	11.9
在岗职工平均工资（元）	Average Wage of Staff & Workers Employed in(yuan)	16353	17194	5.1
农牧民人均纯收入（元）	Per Capita Net Income of Peasant & Herdsman(yuan)	6912	8600	24.4
农村牧区经济	**Economic Development in Rural & Pastoral Area**			
耕地面积（公顷）	Cultivated Area(hectare)	158422	158100	-0.2
农作物总播种面积（公顷）	Total Sown Area(hectare)	106926	122345	14.4
#粮食作物播种面积(公顷)	Sown Area of Grain Crops(hectare)	70812	65708	-7.2
有效灌溉面积（公顷）	Irrigated Area(hectare)			
农牧业机械总动力（万千瓦）	Total Power of Agricultural Machinery(10 000 kw)	15.80	18.31	15.9
化肥施用折纯量（吨）	Consumption of Chemical Fertilizer(ton)	12825	11681	-8.9
农村用电量（万千瓦小时）	Electricity Consumed in Rural Area(10 000 kwh)	1496	1679	12.2
农林牧渔业总产值（万元）	Gross Output of Farming,Forestry,Animal Husbandry & Fishery(10 000 yuan)	122452	135889	-0.9
粮食产量（吨）	Yield of Grain(ton)	224272	200499	-10.6
油料产量（吨）	Yield of Oil-bearing Grops(ton)	54446	71866	32.0
甜菜产量（吨）	Yield of Beetroots(ton)			
猪牛羊肉产量（吨）	Output of Pork, Beef & Mutton(ton)	6959	7050	1.3
#猪肉产量(吨)	Output of Pork(ton)	870	513	-41.0
牛肉产量(吨)	Output of Beef(ton)	3994	4610	15.4
羊肉产量(吨)	Output of Mutton(ton)	2095	1927	-8.0
羊毛产量（吨）	Output of Wool(ton)	310	227	-26.8

23-30 Eerguna City in Hulunbeier City

指 标	Item	2007	2008	2008 年比上年增长% Increase Rate in 2008 Over 2007(%)
年末牲畜存栏头数(万头只)	Total Livestock at the Year-end(10 000 heads)	17.58	19.48	10.8
# 大牲畜(万头只)	Large Animals(10 000 heads)	6.50	7.15	10.0
羊(万只)	Sheep & Goats(10 000 heads)	10.47	11.75	12.2
猪(万头)	Hogs(10 000 heads)	0.62	0.58	-6.5
规模以上工业	**Industrial Enterprises above Designated size**			
工业企业单位数(个)	Number of Industrial Enterprises(unit)	8	8	0.0
# 内资企业(个)	Civil Funded Enterprises(unit)	7	7	0.0
工业总产值(万元)	Gross Industrial Output Value(10 000 yuan)	34100	65516	92.1
内资企业(万元)	Civil Funded Enterprises(10 000 yuan)	22326	34806	55.9
国有企业(万元)	State-owned Enterprises(10 000 yuan)	3525	3365	-4.5
集体企业(万元)	Collective-owned Enterprises(10 000 yuan)	2796	7333	162.3
股份合作企业(万元)	Share Holding Enterprises(10 000 yuan)			
联营企业(万元)	Joint Owned Enterprises(10 000 yuan)			
有限责任公司(万元)	Limited Company(10 000 yuan)	16005		
股份有限公司(万元)	Share Holding Limited Company(10 000 yuan)		19193	
私营企业(万元)	Privately Owned Enterprises(10 000 yuan)			
其他企业(万元)	Enterprises of Other Ownership(10 000 yuan)		4915	
港澳台商投资企业(万元)	Funds from HK,Macao & Taiwan(10 000 yuan)			
外商投资企业(万元)	Foreign Funded Enterprises(10 000 yuan)	11774	30710	160.8
工业企业增加值(万元)	Value Added of Industrial Enterprises(10 000 yuan)	17845	28003	39.1
工业企业资产总计(万元)	Total Assets of Industrial Enterprises(10 000 yuan)	46152	59000	27.8
工业企业负债合计(万元)	Total Liabilities of Industrial Enterprises(10 000 yuan)	38931	45809	17.7
工业企业产品销售收入(万元)	Sales of Revenue Industrial Enterprises(10 000 yuan)	26341	60985	131.5
工业企业利润总额(万元)	Total Profits of Industrial Enterprises(10 000 yuan)	-4050	1429	
建筑业	**Construction**			
建筑企业单位数(个)	Number of Construction Enterprises(unit)	2	3	50.0
建筑企业从业人员(人)	Number of Employee in Construction Enterprises(person)	987	945	-4.3
建筑业总产值(万元)	Gross Construction Output Value(10 000 yuan)	6868	7988	16.3
交通运输邮电通信业	**Transportation,Post & Telecommunications**			
公路里程(公里)	Total Length of Highways(km)	2768	2768	0.0
邮电业务总量(万元)	Business Volume of Post & Telecoms(10 000 yuan)	3834	4249	10.8
本地电话用户(户)	Number of Subscribers of Local Telephone(Household)	22000	20454	-7.0
国内贸易	**Demestic Trade**			
社会消费品零售总额(万元)	Total Retail Sales of Consumer Goods(10 000 yuan)	40436	49902	23.4
# 贸易业(万元)	Wholesale & Retail Sales Trades(10 000 yuan)	33352	41159	23.4
餐饮业(万元)	Catering Trade(10 000 yuan)	5453	6754	23.9
科技教育卫生	**Science,Education & Public Health**			
各类专业技术人员(人)	Speccial Technical Personnel(person)	2740	2980	8.8
幼儿园数(所)	Number of Kindergartens(unit)	13	15	15.4
学龄儿童入学率(%)	Percentage of School-Age Children Enrolled(%)	100.0	100.0	0.0
小学学校数(所)	Number of Primary Schools(unit)	9	9	0.0
小学专任教师数(人)	Number of Full-time Teachers of Primary Schools(person)	494	507	2.6
小学在校学生数(人)	Number of Student Enrollment of Primary Schools(person)	4744	5368	13.2
普通中学学校数(所)	Number of Regular Secondary Schools(unit)	11	11	0.0
普通中学专任教师数(人)	Number of Teachers of Secondary Shools(person)	513	466	-9.2
初中在校学生数(人)	Number of Student in Junior Secondary Schools(person)	3648	2547	-30.2
高中在校学生数(人)	Number of Student in Senior Secondary Schools(person)	1398	1531	9.5
卫生机构数(所)	Number of Health Institutions(unit)	112	115	2.7
# 医院(所)	Hospitals(unit)	7	7	0.0
卫生院(所)	Township Hospitals(unit)	3	3	0.0
床位数(张)	Number of Beds(unit)	419	424	1.2
# 医院(张)	Hospitals(unit)	354	359	1.4
卫生院(张)	Township Hospitals(unit)	60	60	0.0
卫生技术人员(人)	Medical Technical Presonnel(person)	731	705	-3.6
# 医院(人)	Hospitals(person)	401	415	3.5
卫生院(人)	Township Hospitals(person)	56	55	-1.8

23-31 呼伦贝尔市根河市

指标	Item	2007	2008	2008年比上年增长% Increase Rate in 2008 Over 2007(%)
行政区域土地面积(平方公里)	**Area of Administration(Sq.km)**	**19659**	**19659**	**0.0**
人口和就业	**Population & Employment**			
年末总人口(人)	Total Population Year-end(person)	164912	163130	-1.1
#男性(人)	Male(person)	83922	82909	-1.2
#乡村人口(人)	Rural(person)			
年末总户数(户)	Total Number of Households at the Year-end(Household)	54939	55981	1.9
#乡村户数(户)	Number of Rural Household(Household)			
出生人口(人)	Births(person)	666	510	-23.4
死亡人口(人)	Deaths(person)	850	1036	21.9
全社会就业人员(人)	Employment(person)	44806	42287	-5.6
第一产业(人)	Primary Industry(person)	11896	11768	-1.1
第二产业(人)	Secondary Industry(person)	12062	9085	-24.7
第三产业(人)	Tertiary Industry(person)	20848	21434	2.8
在岗职工人数(人)	Number of Staff & Workers Employed in(person)	37218	33937	-8.8
乡村劳动力(人)	Number of Rural Laborers(person)			
#农林牧渔业(人)	Farming,Forestry,Animal Husbandry & Fishery(person)			
国民经济综合指标	**Summary Item on the National Economy**			
生产总值(万元)	Gross Domestic Product(10 000 yuan)	181593	204286	4.0
第一产业(万元)	Primary Industry(10 000 yuan)	44000	60981	-5.3
第二产业(万元)	Secondary Industry(10 000 yuan)	51028	46050	11.4
#工业(万元)	Industry(10 000 yuan)	46708	41260	13.0
第三产业(万元)	Tertiary Industry(10 000 yuan)	86565	97255	6.7
人均生产总值(元)	Per Capita GDP(yuan)	10984	12455	4.8
全社会固定资产投资(万元)	Total Investment in Fixed Assets(10 000 yuan)	35492	45590	28.5
按登记注册类型分	Grouped by Registered Type			
#国有(万元)	State-owned Enterprises(10 000 yuan)	21042	37915	80.2
集体(万元)	Collective-owned Enterprises(10 000 yuan)			
有限责任公司(万元)	Limited Liability Corporations(10 000 yuan)	7550	5175	-31.5
股份有限公司(万元)	Share Holding Enterprises(10 000 yuan)			
私营企业(万元)	Private Enterprises(10 000 yuan)	3900		
外商及港澳台投资企业(万元)	Funds from HK,Macao,Taiwan & Foreign(10 000 yuan)	3000	2500	-16.7
按城乡渠道分	Grouped by Urban and Rural Area			
城镇(万元)	Urban(10 000 yuan)	35492	45590	28.5
农村(万元)	Rural(10 000 yuan)			
一般预算收入(万元)	General Budgetary Financial Revenue(10 000 yuan)	3060	4381	43.2
一般预算支出(万元)	General Budgetary Financial Expenditures(10 000 yuan)	39711	62834	58.2
城乡居民储蓄存款余额(万元)	Resident Saving Deposit in Urban & Rural(10 000 yuan)	181248	213328	17.7
在岗职工工资总额(万元)	Total Wages of Staff & Workers Empioyed in(10 000 yuan)	52673	63719	21.0
在岗职工平均工资(元)	Average Wage of Staff & Workers Employed in(yuan)	14384	18519	28.7
农牧民人均纯收入(元)	Per Capita Net Income of Peasant & Herdsman(yuan)			
农村牧区经济	**Economic Development in Rural & Pastoral Area**			
耕地面积(公顷)	Cultivated Area(hectare)	2168	2168	0.0
农作物总播种面积(公顷)	Total Sown Area(hectare)	2046	2909	42.2
#粮食作物播种面积(公顷)	Sown Area of Grain Crops(hectare)	1320	1818	37.7
有效灌溉面积(公顷)	Irrigated Area(hectare)			
农牧业机械总动力(万千瓦)	Total Power of Agricultural Machinery(10 000 kw)	2.10	1.70	-19.0
化肥施用折纯量(吨)	Consumption of Chemical Fertilizer(ton)	320	324	1.2
农村用电量(万千瓦小时)	Electricity Consumed in Rural Area(10 000 kwh)			
农林牧渔业总产值(万元)	Gross Output of Farming,Forestry,Animal Husbandry & Fishery(10 000 yuan)	75473	99698	6.4
粮食产量(吨)	Yield of Grain(ton)	3915	6311	61.2
油料产量(吨)	Yield of Oil-bearing Grops(ton)	842	1646	95.5
甜菜产量(吨)	Yield of Beetroots(ton)			
猪牛羊肉产量(吨)	Output of Pork, Beef & Mutton(ton)	2587	2490	-3.7
#猪肉产量(吨)	Output of Pork(ton)	1951	875	-55.2
牛肉产量(吨)	Output of Beef(ton)	433	470	8.5
羊肉产量(吨)	Output of Mutton(ton)	203	1145	464.0
羊毛产量(吨)	Output of Wool(ton)	14	22	57.1

23-31 Genhe City in Hulunbeier City

指 标	Item	2007	2008	2008 年比上年增长% Increase Rate in 2008 Over 2007(%)
年末牲畜存栏头数(万头只)	Total Livestock at the Year-end(10 000 heads)	2.12	2.21	4.2
#大牲畜(万头只)	Large Animals(10 000 heads)	0.27	0.26	-3.7
羊(万只)	Sheep & Goats(10 000 heads)	0.77	0.80	3.9
猪(万头)	Hogs(10 000 heads)	1.07	1.15	7.5
规模以上工业	**Industrial Enterprises above Designated size**			
工业企业单位数(个)	Number of Industrial Enterprises(unit)	8	8	0.0
#内资企业(个)	Civil Funded Enterprises(unit)	8	8	0.0
工业总产值(万元)	Gross Industrial Output Value(10 000 yuan)	55755	57952	3.9
内资企业(万元)	Civil Funded Enterprises(10 000 yuan)	55755	57952	3.9
国有企业(万元)	State-owned Enterprises(10 000 yuan)	18932	7834	-58.6
集体企业(万元)	Collective-owned Enterprises(10 000 yuan)			
股份合作企业(万元)	Share Holding Enterprises(10 000 yuan)			
联营企业(万元)	Joint Owned Enterprises(10 000 yuan)			
有限责任公司(万元)	Limited Company(10 000 yuan)			
股份有限公司(万元)	Share Holding Limited Company(10 000 yuan)			
私营企业(万元)	Privately Owned Enterprises(10 000 yuan)			
其他企业(万元)	Enterprises of Other Ownership(10 000 yuan)	36823	50118	36.1
港澳台商投资企业(万元)	Funds from HK,Macao & Taiwan(10 000 yuan)			
外商投资企业(万元)	Foreign Funded Enterprises(10 000 yuan)			
工业企业增加值(万元)	Value Added of Industrial Enterprises(10 000 yuan)	22086	26413	22.9
工业企业资产总计(万元)	Total Assets of Industrial Enterprises(10 000 yuan)	44467	34479	-22.5
工业企业负债合计(万元)	Total Liabilities of Industrial Enterprises(10 000 yuan)	46319	41138	-11.2
工业企业产品销售收入(万元)	Sales of Revenue Industrial Enterprises(10 000 yuan)	39901	52649	31.9
工业企业利润总额(万元)	Total Profits of Industrial Enterprises(10 000 yuan)	2464	5648	129.2
建筑业	**Construction**			
建筑企业单位数(个)	Number of Construction Enterprises(unit)	7	7	0.0
建筑企业从业人员(人)	Number of Employee in Construction Enterprises(person)	791	2379	200.8
建筑业总产值(万元)	Gross Construction Output Value(10 000 yuan)	1039	9696	833.2
交通运输邮电通信业	**Transportation,Post & Telecommunications**			
公路里程(公里)	Total Length of Highways(km)	980	980	0.0
邮电业务总量(万元)	Business Volume of Post & Telecoms(10 000 yuan)	3615	5114	41.5
本地电话用户(户)	Number of Subscribers of Local Telephone(Household)	27395	20557	-25.0
国内贸易	**Demestic Trade**			
社会消费品零售总额(万元)	Total Retail Sales of Consumer Goods(10 000 yuan)	63301	77732	22.8
#贸易业(万元)	Wholesale & Retail Sales Trades(10 000 yuan)	55832	67872	21.6
餐饮业(万元)	Catering Trade(10 000 yuan)	7469	9860	32.0
科技教育卫生	**Science,Education & Public Health**			
各类专业技术人员(人)	Speccial Technical Personnel(person)	7116	4999	-29.7
幼儿园数(所)	Number of Kindergartens(unit)	14	16	14.3
学龄儿童入学率(%)	Percentage of School-Age Children Enrolled(%)	100.0	100.0	0.0
小学学校数(所)	Number of Primary Schools(unit)	14	13	-7.1
小学专任教师数(人)	Number of Full-time Teachers of Primary Schools(person)	950	1010	6.3
小学在校学生数(人)	Number of Student Enrollment of Primary Schools(person)	6925	5963	-13.9
普通中学学校数(所)	Number of Regular Secondary Schools(unit)	14	14	0.0
普通中学专任教师数(人)	Number of Teachers of Secondary Shools(person)	784	867	10.6
初中在校学生数(人)	Number of Student in Junior Secondary Schools(person)	4865	4363	-10.3
高中在校学生数(人)	Number of Student in Senior Secondary Schools(person)	2964	2584	-12.8
卫生机构数(所)	Number of Health Institutions(unit)	99	93	-6.1
#医院(所)	Hospitals(unit)	9	9	0.0
卫生院(所)	Township Hospitals(unit)	6	5	-16.7
床位数(张)	Number of Beds(unit)	780	689	-11.7
#医院(张)	Hospitals(unit)	722	645	-10.7
卫生院(张)	Township Hospitals(unit)	58	41	-29.3
卫生技术人员(人)	Medical Technical Presonnel(person)	1086	1197	10.2
#医院(人)	Hospitals(person)	795	864	8.7
卫生院(人)	Township Hospitals(person)	85	65	-23.5

23-32 呼伦贝尔市阿荣旗

指 标	Item	2007	2008	2008年比上年增长% Increase Rate in 2008 Over 2007(%)
行政区域土地面积(平方公里)	**Area of Administration(Sq.km)**	**12063**	**12063**	**0.0**
人口和就业	**Population & Employment**			
年末总人口(人)	Total Population Year-end(person)	334413	330807	-1.1
#男性(人)	Male(person)	171224	170624	-0.4
#乡村人口(人)	Rural(person)	241027	232076	-3.7
年末总户数(户)	Total Number of Households at the Year-end(Household)	95795	104429	9.0
#乡村户数(户)	Number of Rural Household(Household)	58768	58197	-1.0
出生人口(人)	Births(person)	3088	2995	-3.0
死亡人口(人)	Deaths(person)	1008	1573	56.1
全社会就业人员(人)	Employment(person)	130151	123332	-5.2
第一产业(人)	Primary Industry(person)	93578	85257	-8.9
第二产业(人)	Secondary Industry(person)	9559	10820	13.2
第三产业(人)	Tertiary Industry(person)	27014	27255	0.9
在岗职工人数(人)	Number of Staff & Workers Employed in(person)	18145	18078	-0.4
乡村劳动力(人)	Number of Rural Laborers(person)	112563	113634	1.0
#农林牧渔业(人)	Farming,Forestry,Animal Husbandry & Fishery(person)	85325	85257	-0.1
国民经济综合指标	**Summary Item on the National Economy**			
生产总值(万元)	Gross Domestic Product(10 000 yuan)	490323	620366	13.6
第一产业(万元)	Primary Industry(10 000 yuan)	238906	267638	6.6
第二产业(万元)	Secondary Industry(10 000 yuan)	140662	206977	22.6
#工业(万元)	Industry(10 000 yuan)	100730	166251	36.1
第三产业(万元)	Tertiary Industry(10 000 yuan)	110755	145751	16.3
人均生产总值(元)	Per Capita GDP(yuan)	13435	18651	38.3
全社会固定资产投资(万元)	Total Investment in Fixed Assets(10 000 yuan)	260036	320323	23.2
按登记注册类型分	Grouped by Registered Type			
#国有(万元)	State-owned Enterprises(10 000 yuan)	85610	94137	10.0
集体(万元)	Collective-owned Enterprises(10 000 yuan)			
有限责任公司(万元)	Limited Liability Corporations(10 000 yuan)	148660	116356	-21.7
股份有限公司(万元)	Share Holding Enterprises(10 000 yuan)	13930	17190	23.4
私营企业(万元)	Private Enterprises(10 000 yuan)	11836	19341	63.4
外商及港澳台投资企业(万元)	Funds from HK,Macao,Taiwan & Foreign(10 000 yuan)			
按城乡渠道分	Grouped by Urban and Rural Area			
城镇(万元)	Urban(10 000 yuan)	254006	320323	26.1
农村(万元)	Rural(10 000 yuan)	6030		
一般预算收入(万元)	General Budgetary Financial Revenue(10 000 yuan)	8329	10591	27.2
一般预算支出(万元)	General Budgetary Financial Expenditures(10 000 yuan)	65349	87392	33.7
城乡居民储蓄存款余额(万元)	Resident Saving Deposit in Urban & Rural(10 000 yuan)	108575	124130	14.3
在岗职工工资总额(万元)	Total Wages of Staff & Workers Empioyed in(10 000 yuan)	32295	41829	29.5
在岗职工平均工资(元)	Average Wage of Staff & Workers Employed in(yuan)	16718	21826	30.6
农牧民人均纯收入(元)	Per Capita Net Income of Peasant & Herdsman(yuan)	4430	5355	20.9
农村牧区经济	**Economic Development in Rural & Pastoral Area**			
耕地面积(公顷)	Cultivated Area(hectare)	290497	290497	0.0
农作物总播种面积(公顷)	Total Sown Area(hectare)	290497	290497	0.0
#粮食作物播种面积(公顷)	Sown Area of Grain Crops(hectare)	244503	270383	10.6
有效灌溉面积(公顷)	Irrigated Area(hectare)	42273	43600	3.1
农牧业机械总动力(万千瓦)	Total Power of Agricultural Machinery(10 000 kw)	56.49	59.99	6.2
化肥施用折纯量(吨)	Consumption of Chemical Fertilizer(ton)	16000	15833	-1.0
农村用电量(万千瓦小时)	Electricity Consumed in Rural Area(10 000 kwh)	3586	3718	3.7
农林牧渔业总产值(万元)	Gross Output of Farming,Forestry,Animal Husbandry & Fishery(10 000 yuan)	377054	437556	6.1
粮食产量(吨)	Yield of Grain(ton)	1000576	1160531	16.0
油料产量(吨)	Yield of Oil-bearing Grops(ton)	21920	10300	-53.0
甜菜产量(吨)	Yield of Beetroots(ton)	19496	33914	74.0
猪牛羊肉产量(吨)	Output of Pork, Beef & Mutton(ton)	34373	32888	-4.3
#猪肉产量(吨)	Output of Pork(ton)	8823	7985	-9.5
牛肉产量(吨)	Output of Beef(ton)	5683	11791	107.5
羊肉产量(吨)	Output of Mutton(ton)	19867	13112	-34.0
羊毛产量(吨)	Output of Wool(ton)	5240	6053	15.5

23-32 Arong Banner in Hulunbeier City

指 标	Item	2007	2008	2008年比上年增长% Increase Rate in 2008 Over 2007(%)
年末牲畜存栏头数(万头只)	Total Livestock at the Year-end(10 000 heads)	160.10	155.59	-2.8
#大牲畜(万头只)	Large Animals(10 000 heads)	12.80	15.35	19.9
羊(万只)	Sheep & Goats(10 000 heads)	141.40	130.95	-7.4
猪(万头)	Hogs(10 000 heads)	5.90	9.29	57.5
规模以上工业	**Industrial Enterprises above Designated size**			
工业企业单位数(个)	Number of Industrial Enterprises(unit)	22	22	0.0
#内资企业(个)	Civil Funded Enterprises(unit)	22	22	0.0
工业总产值(万元)	Gross Industrial Output Value(10 000 yuan)	210825	344976	63.6
内资企业(万元)	Civil Funded Enterprises(10 000 yuan)	210825	344976	63.6
国有企业(万元)	State-owned Enterprises(10 000 yuan)	4068	4827	18.7
集体企业(万元)	Collective-owned Enterprises(10 000 yuan)			
股份合作企业(万元)	Share Holding Enterprises(10 000 yuan)			
联营企业(万元)	Joint Owned Enterprises(10 000 yuan)			
有限责任公司(万元)	Limited Company(10 000 yuan)	154173	326833	112.0
股份有限公司(万元)	Share Holding Limited Company(10 000 yuan)			
私营企业(万元)	Privately Owned Enterprises(10 000 yuan)	52584	13316	-74.7
其他企业(万元)	Enterprises of Other Ownership(10 000 yuan)			
港澳台商投资企业(万元)	Funds from HK,Macao & Taiwan(10 000 yuan)			
外商投资企业(万元)	Foreign Funded Enterprises(10 000 yuan)			
工业企业增加值(万元)	Value Added of Industrial Enterprises(10 000 yuan)	70718	115045	29.8
工业企业资产总计(万元)	Total Assets of Industrial Enterprises(10 000 yuan)	60631	129254	113.2
工业企业负债合计(万元)	Total Liabilities of Industrial Enterprises(10 000 yuan)	32707	49713	52.0
工业企业产品销售收入(万元)	Sales of Revenue Industrial Enterprises(10 000 yuan)	202474	336331	66.1
工业企业利润总额(万元)	Total Profits of Industrial Enterprises(10 000 yuan)	1408	14590	936.2
建筑业	**Construction**			
建筑企业单位数(个)	Number of Construction Enterprises(unit)	4	4	0.0
建筑企业从业人员(人)	Number of Employee in Construction Enterprises(person)	2598	3300	27.0
建筑业总产值(万元)	Gross Construction Output Value(10 000 yuan)	31697	50251	58.5
交通运输邮电通信业	**Transportation,Post & Telecommunications**			
公路里程(公里)	Total Length of Highways(km)	2138	2138	0.0
邮电业务总量(万元)	Business Volume of Post & Telecoms(10 000 yuan)	5078	4576	-9.9
本地电话用户(户)	Number of Subscribers of Local Telephone(Household)	109471	132786	21.3
国内贸易	**Demestic Trade**			
社会消费品零售总额(万元)	Total Retail Sales of Consumer Goods(10 000 yuan)	95908	119909	25.0
#贸易业(万元)	Wholesale & Retail Sales Trades(10 000 yuan)	81619	101805	24.7
餐饮业(万元)	Catering Trade(10 000 yuan)	12924	16400	26.9
科技教育卫生	**Science,Education & Public Health**			
各类专业技术人员(人)	Speccial Technical Personnel(person)	5547	5526	-0.4
幼儿园数(所)	Number of Kindergartens(unit)	15	20	33.3
学龄儿童入学率(%)	Percentage of School-Age Children Enrolled(%)	100.0	100.0	0.0
小学学校数(所)	Number of Primary Schools(unit)	79	64	-19.0
小学专任教师数(人)	Number of Full-time Teachers of Primary Schools(person)	1669	1667	-0.1
小学在校学生数(人)	Number of Student Enrollment of Primary Schools(person)	16290	15704	-3.6
普通中学学校数(所)	Number of Regular Secondary Schools(unit)	20	19	-5.0
普通中学专任教师数(人)	Number of Teachers of Secondary Shools(person)	1200	1166	-2.8
初中在校学生数(人)	Number of Student in Junior Secondary Schools(person)	9641	7636	-20.8
高中在校学生数(人)	Number of Student in Senior Secondary Schools(person)	4339	4711	8.6
卫生机构数(所)	Number of Health Institutions(unit)	103	100	-2.9
#医院(所)	Hospitals(unit)	4	4	0.0
卫生院(所)	Township Hospitals(unit)	17	17	0.0
床位数(张)	Number of Beds(unit)	460	465	1.1
#医院(张)	Hospitals(unit)	297	297	0.0
卫生院(张)	Township Hospitals(unit)	143	147	2.8
卫生技术人员(人)	Medical Technical Presonnel(person)	690	720	4.3
#医院(人)	Hospitals(person)	371	359	-3.2
卫生院(人)	Township Hospitals(person)	249	252	1.2

23-33 呼伦贝尔市莫力达瓦达斡尔族自治旗

指 标	Item	2007	2008	2008 年比上年增长% Increase Rate in 2008 Over 2007(%)
行政区域土地面积(平方公里)	**Area of Administration(Sq.km)**	**10500**	**10500**	**0.0**
人口和就业	**Population & Employment**			
年末总人口(人)	Total Population Year-end(person)	338499	340896	0.7
# 男性(人)	Male(person)	174766	176077	0.8
# 乡村人口(人)	Rural(person)	237897	239425	0.6
年末总户数(户)	Total Number of Households at the Year-end(Household)	107775	112669	4.5
# 乡村户数(户)	Number of Rural Household(Household)	60922	64736	6.3
出生人口(人)	Births(person)	4250	3948	-7.1
死亡人口(人)	Deaths(person)	602	1248	107.3
全社会就业人员(人)	Employment(person)	133270	128932	-3.3
第一产业(人)	Primary Industry(person)	105268	110302	4.8
第二产业(人)	Secondary Industry(person)	7762	3475	-55.2
第三产业(人)	Tertiary Industry(person)	20240	15155	-25.1
在岗职工人数(人)	Number of Staff & Workers Employed in(person)	21928	22017	0.4
乡村劳动力(人)	Number of Rural Laborers(person)	120406	117919	-2.1
# 农林牧渔业(人)	Farming,Forestry,Animal Husbandry & Fishery(person)	103390	99507	-3.8
国民经济综合指标	**Summary Item on the National Economy**			
生产总值(万元)	Gross Domestic Product(10 000 yuan)	397401	472959	9.5
第一产业(万元)	Primary Industry(10 000 yuan)	220000	256482	7.4
第二产业(万元)	Secondary Industry(10 000 yuan)	88012	107353	8.0
# 工业(万元)	Industry(10 000 yuan)	59657	76726	13.3
第三产业(万元)	Tertiary Industry(10 000 yuan)	89389	109124	15.8
人均生产总值(元)	Per Capita GDP(yuan)	10496	13923	7.6
全社会固定资产投资(万元)	Total Investment in Fixed Assets(10 000 yuan)	132627	170432	28.5
按登记注册类型分	Grouped by Registered Type			
# 国有(万元)	State-owned Enterprises(10 000 yuan)	90662	119871	32.2
集体(万元)	Collective-owned Enterprises(10 000 yuan)			
有限责任公司(万元)	Limited Liability Corporations(10 000 yuan)	4510	3553	-21.2
股份有限公司(万元)	Share Holding Enterprises(10 000 yuan)	600		
私营企业(万元)	Private Enterprises(10 000 yuan)	17775	41044	130.9
外商及港澳台投资企业 (万元)	Funds from HK,Macao,Taiwan & Foreign(10 000 yuan)	9000	5964	-33.7
按城乡渠道分	Grouped by Urban and Rural Area			
城镇 (万元)	Urban(10 000 yuan)	129108	167946	30.1
农村 (万元)	Rural(10 000 yuan)	3519	2486	-29.4
一般预算收入(万元)	General Budgetary Financial Revenue(10 000 yuan)	4700	6019	28.1
一般预算支出(万元)	General Budgetary Financial Expenditures(10 000 yuan)	64833	102262	57.7
城乡居民储蓄存款余额(万元)	Resident Saving Deposit in Urban & Rural(10 000 yuan)	99604	118682	19.2
在岗职工工资总额(万元)	Total Wages of Staff & Workers Empioyed in(10 000 yuan)	37181	43487	17.0
在岗职工平均工资(元)	Average Wage of Staff & Workers Employed in(yuan)	17049	19780	16.0
农牧民人均纯收入(元)	Per Capita Net Income of Peasant & Herdsman(yuan)	3396	5267	55.1
农村牧区经济	**Economic Development in Rural & Pastoral Area**			
耕地面积(公顷)	Cultivated Area(hectare)	433007	448002	3.5
农作物总播种面积(公顷)	Total Sown Area(hectare)	433007	448002	3.5
# 粮食作物播种面积(公顷)	Sown Area of Grain Crops(hectare)	388007	420560	8.4
有效灌溉面积(公顷)	Irrigated Area(hectare)	44837	42265	-5.7
农牧业机械总动力(万千瓦)	Total Power of Agricultural Machinery(10 000 kw)	43.00	45.00	4.7
化肥施用折纯量(吨)	Consumption of Chemical Fertilizer(ton)	48609	38805	-20.2
农村用电量(万千瓦小时)	Electricity Consumed in Rural Area(10 000 kwh)	5170	4668	-9.7
农林牧渔业总产值(万元)	Gross Output of Farming,Forestry,Animal Husbandry & Fishery(10 000 yuan)	371959	419318	3.5
粮食产量(吨)	Yield of Grain(ton)	1068403	1223431	14.5
油料产量(吨)	Yield of Oil-bearing Grops(ton)	7515	9264	23.3
甜菜产量(吨)	Yield of Beetroots(ton)	544	8482	1459.2
猪牛羊肉产量(吨)	Output of Pork, Beef & Mutton(ton)	37627	22710	-39.6
# 猪肉产量(吨)	Output of Pork(ton)	12052	4989	-58.6
牛肉产量(吨)	Output of Beef(ton)	11862	6239	-47.4
羊肉产量(吨)	Output of Mutton(ton)	13713	11482	-16.3
羊毛产量(吨)	Output of Wool(ton)	2853	2339	-18.0

23-33 Molidawadawoer National Autonomous Banner in Hulunbeier City

指 标	Item	2007	2008	2008 年比上年增长% Increase Rate in 2008 Over 2007(%)
年末牲畜存栏头数(万头只)	Total Livestock at the Year-end(10 000 heads)	159.89	118.72	-25.7
# 大牲畜(万头只)	Large Animals(10 000 heads)	19.76	18.51	-6.3
羊(万只)	Sheep & Goats(10 000 heads)	123.52	94.08	-23.8
猪(万头)	Hogs(10 000 heads)	16.61	6.13	-63.1
规模以上工业	**Industrial Enterprises above Designated size**			
工业企业单位数(个)	Number of Industrial Enterprises(unit)	17	21	23.5
# 内资企业(个)	Civil Funded Enterprises(unit)	16	20	25.0
工业总产值(万元)	Gross Industrial Output Value(10 000 yuan)	130780	175832	34.4
内资企业(万元)	Civil Funded Enterprises(10 000 yuan)	118682	155823	31.3
国有企业(万元)	State-owned Enterprises(10 000 yuan)	5106	12059	136.2
集体企业(万元)	Collective-owned Enterprises(10 000 yuan)	3118		
股份合作企业(万元)	Share Holding Enterprises(10 000 yuan)			
联营企业(万元)	Joint Owned Enterprises(10 000 yuan)			
有限责任公司(万元)	Limited Company(10 000 yuan)			
股份有限公司(万元)	Share Holding Limited Company(10 000 yuan)			
私营企业(万元)	Privately Owned Enterprises(10 000 yuan)	110458	143764	30.2
其他企业(万元)	Enterprises of Other Ownership(10 000 yuan)			
港澳台商投资企业(万元)	Funds from HK,Macao & Taiwan(10 000 yuan)	12098	20009	65.4
外商投资企业(万元)	Foreign Funded Enterprises(10 000 yuan)			
工业企业增加值(万元)	Value Added of Industrial Enterprises(10 000 yuan)	50193	62287	14.8
工业企业资产总计(万元)	Total Assets of Industrial Enterprises(10 000 yuan)	97144	107554	10.7
工业企业负债合计(万元)	Total Liabilities of Industrial Enterprises(10 000 yuan)	53612	64055	19.5
工业企业产品销售收入(万元)	Sales of Revenue Industrial Enterprises(10 000 yuan)	130595	175546	34.4
工业企业利润总额(万元)	Total Profits of Industrial Enterprises(10 000 yuan)	8868	13746	55.0
建筑业	**Construction**			
建筑企业单位数(个)	Number of Construction Enterprises(unit)	3	4	33.3
建筑企业从业人员(人)	Number of Employee in Construction Enterprises(person)	1248	1140	-8.7
建筑业总产值(万元)	Gross Construction Output Value(10 000 yuan)	6855	12957	89.0
交通运输邮电通信业	**Transportation,Post & Telecommunications**			
公路里程(公里)	Total Length of Highways(km)	1732	1732	0.0
邮电业务总量(万元)	Business Volume of Post & Telecoms(10 000 yuan)	6315	6417	1.6
本地电话用户(户)	Number of Subscribers of Local Telephone(Household)	36137	32542	-9.9
国内贸易	**Demestic Trade**			
社会消费品零售总额(万元)	Total Retail Sales of Consumer Goods(10 000 yuan)	96246	120148	24.8
# 贸易业(万元)	Wholesale & Retail Sales Trades(10 000 yuan)	71135	89720	26.1
餐饮业(万元)	Catering Trade(10 000 yuan)	13133	16547	26.0
科技教育卫生	**Science,Education & Public Health**			
各类专业技术人员(人)	Speccial Technical Personnel(person)	6119	5763	-5.8
幼儿园数(所)	Number of Kindergartens(unit)	42	56	33.3
学龄儿童入学率(%)	Percentage of School-Age Children Enrolled(%)	99.8	100.0	0.2
小学学校数(所)	Number of Primary Schools(unit)	56	42	-25.0
小学专任教师数(人)	Number of Full-time Teachers of Primary Schools(person)	1956	1939	-0.9
小学在校学生数(人)	Number of Student Enrollment of Primary Schools(person)	19449	18860	-3.0
普通中学学校数(所)	Number of Regular Secondary Schools(unit)	29	27	-6.9
普通中学专任教师数(人)	Number of Teachers of Secondary Shools(person)	1244	1200	-3.5
初中在校学生数(人)	Number of Student in Junior Secondary Schools(person)	10350	8827	-14.7
高中在校学生数(人)	Number of Student in Senior Secondary Schools(person)	4005	3986	-0.5
卫生机构数(所)	Number of Health Institutions(unit)	29	31	6.9
# 医院(所)	Hospitals(unit)	6	6	0.0
卫生院(所)	Township Hospitals(unit)	19	19	0.0
床位数(张)	Number of Beds(unit)	471	471	0.0
# 医院(张)	Hospitals(unit)	301	301	0.0
卫生院(张)	Township Hospitals(unit)	150	150	0.0
卫生技术人员(人)	Medical Technical Presonnel(person)	807	812	0.6
# 医院(人)	Hospitals(person)	375	375	0.0
卫生院(人)	Township Hospitals(person)	202	202	0.0

23-34 呼伦贝尔市鄂伦春自治旗

指 标	Item	2007	2008	2008 年比上年增长% Increase Rate in 2008 Over 2007(%)
行政区域土地面积(平方公里)	**Area of Administration(Sq.km)**	**59800**	**59800**	**0.0**
人口和就业	**Population & Employment**			
年末总人口(人)	Total Population Year-end(person)	280351	282172	0.6
#男性(人)	Male(person)	143922	145134	0.8
#乡村人口(人)	Rural(person)	61698	62512	1.3
年末总户数(户)	Total Number of Households at the Year-end(Household)	98025	100769	2.8
#乡村户数(户)	Number of Rural Household(Household)	15806	15409	-2.5
出生人口(人)	Births(person)	2565	2231	-13.0
死亡人口(人)	Deaths(person)	979	1109	13.3
全社会就业人员(人)	Employment(person)	74811	74327	-0.6
第一产业(人)	Primary Industry(person)	40162	36146	-10.0
第二产业(人)	Secondary Industry(person)	16673	15172	-9.0
第三产业(人)	Tertiary Industry(person)	17976	23009	28.0
在岗职工人数(人)	Number of Staff & Workers Employed in(person)	14360	17140	19.4
乡村劳动力(人)	Number of Rural Laborers(person)	36612	36189	-1.2
#农林牧渔业(人)	Farming,Forestry,Animal Husbandry & Fishery(person)	31234	33383	6.9
国民经济综合指标	**Summary Item on the National Economy**			
生产总值(万元)	Gross Domestic Product(10 000 yuan)	200266	244407	6.8
第一产业(万元)	Primary Industry(10 000 yuan)	84600	106359	2.3
第二产业(万元)	Secondary Industry(10 000 yuan)	19342	26551	7.7
#工业(万元)	Industry(10 000 yuan)	15979	21879	4.2
第三产业(万元)	Tertiary Industry(10 000 yuan)	96324	111497	10.6
人均生产总值(元)	Per Capita GDP(yuan)	7144	8690	6.5
全社会固定资产投资(万元)	Total Investment in Fixed Assets(10 000 yuan)	29967	46224	54.2
按登记注册类型分	Grouped by Registered Type			
#国有(万元)	State-owned Enterprises(10 000 yuan)	17924	27677	54.4
集体(万元)	Collective-owned Enterprises(10 000 yuan)	5	0	-100.0
有限责任公司(万元)	Limited Liability Corporations(10 000 yuan)	3789	6078	60.4
股份有限公司(万元)	Share Holding Enterprises(10 000 yuan)		3151	
私营企业(万元)	Private Enterprises(10 000 yuan)	362	518	43.1
外商及港澳台投资企业(万元)	Funds from HK,Macao,Taiwan & Foreign(10 000 yuan)	7887	8800	11.6
按城乡渠道分	Grouped by Urban and Rural Area			
城镇(万元)	Urban(10 000 yuan)	28447	46109	62.1
农村(万元)	Rural(10 000 yuan)	1520	115	-92.4
一般预算收入(万元)	General Budgetary Financial Revenue(10 000 yuan)	3232	4657	44.1
一般预算支出(万元)	General Budgetary Financial Expenditures(10 000 yuan)	53699	90973	69.4
城乡居民储蓄存款余额(万元)	Resident Saving Deposit in Urban & Rural(10 000 yuan)	171127	202500	18.3
在岗职工工资总额(万元)	Total Wages of Staff & Workers Empioyed in(10 000 yuan)	21724	38102	75.4
在岗职工平均工资(元)	Average Wage of Staff & Workers Employed in(yuan)	15036	21863	45.4
农牧民人均纯收入(元)	Per Capita Net Income of Peasant & Herdsman(yuan)	2063	3715	80.1
农村牧区经济	**Economic Development in Rural & Pastoral Area**			
耕地面积(公顷)	Cultivated Area(hectare)	189805	188333	-0.8
农作物总播种面积(公顷)	Total Sown Area(hectare)	187502	180839	-3.6
#粮食作物播种面积(公顷)	Sown Area of Grain Crops(hectare)	182279	178324	-2.2
有效灌溉面积(公顷)	Irrigated Area(hectare)			
农牧业机械总动力(万千瓦)	Total Power of Agricultural Machinery(10 000 kw)			
化肥施用折纯量(吨)	Consumption of Chemical Fertilizer(ton)	21709	20955	-3.5
农村用电量(万千瓦小时)	Electricity Consumed in Rural Area(10 000 kwh)	927	1247	34.5
农林牧渔业总产值(万元)	Gross Output of Farming,Forestry,Animal Husbandry & Fishery(10 000 yuan)	146086	173884	5.1
粮食产量(吨)	Yield of Grain(ton)	207295	300672	45.0
油料产量(吨)	Yield of Oil-bearing Grops(ton)	479	504	5.2
甜菜产量(吨)	Yield of Beetroots(ton)			
猪牛羊肉产量(吨)	Output of Pork, Beef & Mutton(ton)	18445	9608	-47.9
#猪肉产量(吨)	Output of Pork(ton)	3483	3694	6.1
牛肉产量(吨)	Output of Beef(ton)	8195	3518	-57.1
羊肉产量(吨)	Output of Mutton(ton)	6767	2396	-64.6
羊毛产量(吨)	Output of Wool(ton)	490	240	-51.0

23-34 Elunchun National Autonomous Banner in Hulunbeier City

指 标	Item	2007	2008	2008 年比上年增长% Increase Rate in 2008 Over 2007(%)
年末牲畜存栏头数(万头只)	Total Livestock at the Year-end(10 000 heads)	31.06	30.80	-0.8
# 大牲畜(万头只)	Large Animals(10 000 heads)	5.60	3.88	-30.7
羊(万只)	Sheep & Goats(10 000 heads)	19.94	22.23	11.5
猪(万头)	Hogs(10 000 heads)	5.51	4.69	-14.9
规模以上工业	**Industrial Enterprises above Designated size**			
工业企业单位数(个)	Number of Industrial Enterprises(unit)	11	12	9.1
# 内资企业(个)	Civil Funded Enterprises(unit)	10	11	10.0
工业总产值(万元)	Gross Industrial Output Value(10 000 yuan)	31606	42815	35.5
内资企业(万元)	Civil Funded Enterprises(10 000 yuan)	31606	31063	-1.7
国有企业(万元)	State-owned Enterprises(10 000 yuan)			
集体企业(万元)	Collective-owned Enterprises(10 000 yuan)			
股份合作企业(万元)	Share Holding Enterprises(10 000 yuan)			
联营企业(万元)	Joint Owned Enterprises(10 000 yuan)			
有限责任公司(万元)	Limited Company(10 000 yuan)	26703	19849	-25.7
股份有限公司(万元)	Share Holding Limited Company(10 000 yuan)			
私营企业(万元)	Privately Owned Enterprises(10 000 yuan)	4903	11214	128.7
其他企业(万元)	Enterprises of Other Ownership(10 000 yuan)			
港澳台商投资企业(万元)	Funds from HK,Macao & Taiwan(10 000 yuan)		11752	
外商投资企业(万元)	Foreign Funded Enterprises(10 000 yuan)			
工业企业增加值(万元)	Value Added of Industrial Enterprises(10 000 yuan)	11609	17103	3.0
工业企业资产总计(万元)	Total Assets of Industrial Enterprises(10 000 yuan)	41047	50759	23.7
工业企业负债合计(万元)	Total Liabilities of Industrial Enterprises(10 000 yuan)	13288	17246	29.8
工业企业产品销售收入(万元)	Sales of Revenue Industrial Enterprises(10 000 yuan)	28806	40441	40.4
工业企业利润总额(万元)	Total Profits of Industrial Enterprises(10 000 yuan)	459	711	54.9
建筑业	**Construction**			
建筑企业单位数(个)	Number of Construction Enterprises(unit)	6	6	0.0
建筑企业从业人员(人)	Number of Employee in Construction Enterprises(person)	660	379	-42.6
建筑业总产值(万元)	Gross Construction Output Value(10 000 yuan)	3549	3703	4.3
交通运输邮电通信业	**Transportation,Post & Telecommunications**			
公路里程(公里)	Total Length of Highways(km)	1214	1214	0.0
邮电业务总量(万元)	Business Volume of Post & Telecoms(10 000 yuan)	8262	8601	4.1
本地电话用户(户)	Number of Subscribers of Local Telephone(Household)	91006	113091	24.3
国内贸易	**Demestic Trade**			
社会消费品零售总额(万元)	Total Retail Sales of Consumer Goods(10 000 yuan)	87493	107563	22.9
# 贸易业(万元)	Wholesale & Retail Sales Trades(10 000 yuan)	67052	81133	21.0
餐饮业(万元)	Catering Trade(10 000 yuan)	15701	21667	38.0
科技教育卫生	**Science,Education & Public Health**			
各类专业技术人员(人)	Speccial Technical Personnel(person)	4139	5583	34.9
幼儿园数(所)	Number of Kindergartens(unit)	31	39	25.8
学龄儿童入学率(%)	Percentage of School-Age Children Enrolled(%)	100.0	100.0	0.0
小学学校数(所)	Number of Primary Schools(unit)	57	44	-22.8
小学专任教师数(人)	Number of Full-time Teachers of Primary Schools(person)	1723	1756	1.9
小学在校学生数(人)	Number of Student Enrollment of Primary Schools(person)	15954	13792	-13.6
普通中学学校数(所)	Number of Regular Secondary Schools(unit)	27	23	-14.8
普通中学专任教师数(人)	Number of Teachers of Secondary Shools(person)	1377	1383	0.4
初中在校学生数(人)	Number of Student in Junior Secondary Schools(person)	10456	9891	-5.4
高中在校学生数(人)	Number of Student in Senior Secondary Schools(person)	6254	5474	-12.5
卫生机构数(所)	Number of Health Institutions(unit)	34	35	2.9
# 医院(所)	Hospitals(unit)	15	14	-6.7
卫生院(所)	Township Hospitals(unit)	8	9	12.5
床位数(张)	Number of Beds(unit)	890	886	-0.4
# 医院(张)	Hospitals(unit)	802	792	-1.2
卫生院(张)	Township Hospitals(unit)	78	72	-7.7
卫生技术人员(人)	Medical Technical Presonnel(person)	1336	1444	8.1
# 医院(人)	Hospitals(person)	1112	1171	5.3
卫生院(人)	Township Hospitals(person)	94	93	-1.1

23-35 呼伦贝尔市鄂温克族自治旗

指 标	Item	2007	2008	2008 年比上年增长% Increase Rate in 2008 Over 2007(%)
行政区域土地面积(平方公里)	**Area of Administration(Sq.km)**	**1911**	**1911**	**0.0**
人口和就业	**Population & Employment**			
年末总人口(人)	Total Population Year-end(person)	143806	144409	0.4
#男性(人)	Male(person)	75188	75405	0.3
#乡村人口(人)	Rural(person)	22772	28444	24.9
年末总户数(户)	Total Number of Households at the Year-end(Household)	49419	49971	1.1
#乡村户数(户)	Number of Rural Household(Household)	6170	8550	38.6
出生人口(人)	Births(person)	1117	1170	4.7
死亡人口(人)	Deaths(person)	683	701	2.6
全社会就业人员(人)	Employment(person)	50587	55131	9.0
第一产业(人)	Primary Industry(person)	14735	16091	9.2
第二产业(人)	Secondary Industry(person)	23083	23156	0.3
第三产业(人)	Tertiary Industry(person)	12769	15884	24.4
在岗职工人数(人)	Number of Staff & Workers Employed in(person)	30664	30560	-0.3
乡村劳动力(人)	Number of Rural Laborers(person)	14397	16931	17.6
#农林牧渔业(人)	Farming,Forestry,Animal Husbandry & Fishery(person)	13283	14275	7.5
国民经济综合指标	**Summary Item on the National Economy**			
生产总值(万元)	Gross Domestic Product(10 000 yuan)	334102	434843	20.7
第一产业(万元)	Primary Industry(10 000 yuan)	46000	50454	-6.2
第二产业(万元)	Secondary Industry(10 000 yuan)	186408	261369	29.5
#工业(万元)	Industry(10 000 yuan)	161852	238935	36.5
第三产业(万元)	Tertiary Industry(10 000 yuan)	101694	123020	14.8
人均生产总值(元)	Per Capita GDP(yuan)	23282	30177	21.1
全社会固定资产投资(万元)	Total Investment in Fixed Assets(10 000 yuan)	371138	430000	15.9
按登记注册类型分	Grouped by Registered Type			
#国有(万元)	State-owned Enterprises(10 000 yuan)	80974	71737	-11.4
集体(万元)	Collective-owned Enterprises(10 000 yuan)			
有限责任公司(万元)	Limited Liability Corporations(10 000 yuan)	279024	187896	-32.7
股份有限公司(万元)	Share Holding Enterprises(10 000 yuan)	1000	114830	11383.0
私营企业(万元)	Private Enterprises(10 000 yuan)	10140	27167	167.9
外商及港澳台投资企业(万元)	Funds from HK,Macao,Taiwan & Foreign(10 000 yuan)		1370	
按城乡渠道分	Grouped by Urban and Rural Area			
城镇（万元）	Urban(10 000 yuan)	371138	429850	15.8
农村（万元）	Rural(10 000 yuan)		150	
一般预算收入(万元)	General Budgetary Financial Revenue(10 000 yuan)	19010	25858	36.0
一般预算支出(万元)	General Budgetary Financial Expenditures(10 000 yuan)	61179	71769	17.3
城乡居民储蓄存款余额(万元)	Resident Saving Deposit in Urban & Rural(10 000 yuan)	127358	154352	21.2
在岗职工工资总额(万元)	Total Wages of Staff & Workers Empioyed in(10 000 yuan)	65734	79480	20.9
在岗职工平均工资(元)	Average Wage of Staff & Workers Employed in(yuan)	25424	25816	1.5
农牧民人均纯收入(元)	Per Capita Net Income of Peasant & Herdsman(yuan)	5738	7050	22.9
农村牧区经济	**Economic Development in Rural & Pastoral Area**			
耕地面积(公顷)	Cultivated Area(hectare)	27913		
农作物总播种面积(公顷)	Total Sown Area(hectare)	27913	29263	4.8
#粮食作物播种面积(公顷)	Sown Area of Grain Crops(hectare)	23403	20084	-14.2
有效灌溉面积(公顷)	Irrigated Area(hectare)			
农牧业机械总动力(万千瓦)	Total Power of Agricultural Machinery(10 000 kw)	9.46	13.95	47.5
化肥施用折纯量(吨)	Consumption of Chemical Fertilizer(ton)	5919	5510	-6.9
农村用电量(万千瓦小时)	Electricity Consumed in Rural Area(10 000 kwh)	60	87	45.0
农林牧渔业总产值(万元)	Gross Output of Farming,Forestry,Animal Husbandry & Fishery(10 000 yuan)	77595	82486	-9.7
粮食产量(吨)	Yield of Grain(ton)	14147	41877	196.0
油料产量(吨)	Yield of Oil-bearing Grops(ton)	895	4422	394.1
甜菜产量(吨)	Yield of Beetroots(ton)	3746	2250	-39.9
猪牛羊肉产量(吨)	Output of Pork, Beef & Mutton(ton)	14152	12549	-11.3
#猪肉产量(吨)	Output of Pork(ton)	2707	3264	20.6
牛肉产量(吨)	Output of Beef(ton)	7340	6598	-10.1
羊肉产量(吨)	Output of Mutton(ton)	4105	2687	-34.5
羊毛产量(吨)	Output of Wool(ton)	1234	805	-34.8

23-35 Ewenke National Autonomous Banner in Hulunbeier City

指 标	Item	2007	2008	2008 年比上年增长% Increase Rate in 2008 Over 2007(%)
年末牲畜存栏头数(万头只)	Total Livestock at the Year-end(10 000 heads)	43.20	50.87	17.8
#大牲畜(万头只)	Large Animals(10 000 heads)	10.18	12.42	22.0
羊(万只)	Sheep & Goats(10 000 heads)	32.35	37.66	16.4
猪(万头)	Hogs(10 000 heads)	0.67	0.79	17.9
规模以上工业	**Industrial Enterprises above Designated size**			
工业企业单位数(个)	Number of Industrial Enterprises(unit)	13	13	0.0
#内资企业(个)	Civil Funded Enterprises(unit)	12	12	0.0
工业总产值(万元)	Gross Industrial Output Value(10 000 yuan)	338214	497973	47.2
内资企业(万元)	Civil Funded Enterprises(10 000 yuan)	332040	489053	47.3
国有企业(万元)	State-owned Enterprises(10 000 yuan)			
集体企业(万元)	Collective-owned Enterprises(10 000 yuan)			
股份合作企业(万元)	Share Holding Enterprises(10 000 yuan)			
联营企业(万元)	Joint Owned Enterprises(10 000 yuan)			
有限责任公司(万元)	Limited Company(10 000 yuan)	322791	471727	46.1
股份有限公司(万元)	Share Holding Limited Company(10 000 yuan)			
私营企业(万元)	Privately Owned Enterprises(10 000 yuan)	9249	17326	87.3
其他企业(万元)	Enterprises of Other Ownership(10 000 yuan)			
港澳台商投资企业(万元)	Funds from HK,Macao & Taiwan(10 000 yuan)			
外商投资企业(万元)	Foreign Funded Enterprises(10 000 yuan)	6174	8920	44.5
工业企业增加值(万元)	Value Added of Industrial Enterprises(10 000 yuan)	157017	233553	37.3
工业企业资产总计(万元)	Total Assets of Industrial Enterprises(10 000 yuan)	1369148	1908102	39.4
工业企业负债合计(万元)	Total Liabilities of Industrial Enterprises(10 000 yuan)	1119286	1470697	31.4
工业企业产品销售收入(万元)	Sales of Revenue Industrial Enterprises(10 000 yuan)	285742	432924	51.5
工业企业利润总额(万元)	Total Profits of Industrial Enterprises(10 000 yuan)	37384	84965	127.3
建筑业	**Construction**			
建筑企业单位数(个)	Number of Construction Enterprises(unit)	3	5	66.7
建筑企业从业人员(人)	Number of Employee in Construction Enterprises(person)	3067	3081	0.5
建筑业总产值(万元)	Gross Construction Output Value(10 000 yuan)	35076	44302	26.3
交通运输邮电通信业	**Transportation,Post & Telecommunications**			
公路里程(公里)	Total Length of Highways(km)	574	870	51.6
邮电业务总量(万元)	Business Volume of Post & Telecoms(10 000 yuan)	4109	4236	3.1
本地电话用户(户)	Number of Subscribers of Local Telephone(Household)	28229	26744	-5.3
国内贸易	**Demestic Trade**			
社会消费品零售总额(万元)	Total Retail Sales of Consumer Goods(10 000 yuan)	46059	57543	24.9
#贸易业(万元)	Wholesale & Retail Sales Trades(10 000 yuan)	36847	46034	24.9
餐饮业(万元)	Catering Trade(10 000 yuan)	9212	11509	24.9
科技教育卫生	**Science,Education & Public Health**			
各类专业技术人员(人)	Speccial Technical Personnel(person)	3186	3187	0.0
幼儿园数(所)	Number of Kindergartens(unit)	18	22	22.2
学龄儿童入学率(%)	Percentage of School-Age Children Enrolled(%)	100.0	100.0	0.0
小学学校数(所)	Number of Primary Schools(unit)	11	11	0.0
小学专任教师数(人)	Number of Full-time Teachers of Primary Schools(person)	871	823	-5.5
小学在校学生数(人)	Number of Student Enrollment of Primary Schools(person)	7544	6783	-10.1
普通中学学校数(所)	Number of Regular Secondary Schools(unit)	14	13	-7.1
普通中学专任教师数(人)	Number of Teachers of Secondary Shools(person)	876	831	-5.1
初中在校学生数(人)	Number of Student in Junior Secondary Schools(person)	5792	4599	-20.6
高中在校学生数(人)	Number of Student in Senior Secondary Schools(person)	2857	2478	-13.3
卫生机构数(所)	Number of Health Institutions(unit)	76	72	-5.3
#医院(所)	Hospitals(unit)	6	6	0.0
卫生院(所)	Township Hospitals(unit)	10	10	0.0
床位数(张)	Number of Beds(unit)	721	710	-1.5
#医院(张)	Hospitals(unit)	613	491	-19.9
卫生院(张)	Township Hospitals(unit)	108	96	-11.1
卫生技术人员(人)	Medical Technical Presonnel(person)	795	873	9.8
#医院(人)	Hospitals(person)	594	551	-7.2
卫生院(人)	Township Hospitals(person)	118	111	-5.9

23-36 呼伦贝尔市新巴尔虎右旗

指 标	Item	2007	2008	2008年比上年增长% Increase Rate in 2008 Over 2007(%)
行政区域土地面积(平方公里)	**Area of Administration(Sq.km)**	**25102**	**25102**	**0.0**
人口和就业	**Population & Employment**			
年末总人口(人)	Total Population Year-end(person)	34232	34281	0.1
#男性(人)	Male(person)	17239	17313	0.4
#乡村人口(人)	Rural(person)	16175	16181	0.0
年末总户数(户)	Total Number of Households at the Year-end(Household)	12077	12294	1.8
#乡村户数(户)	Number of Rural Household(Household)	4953	4961	0.2
出生人口(人)	Births(person)	363	328	-9.6
死亡人口(人)	Deaths(person)	199	174	-12.6
全社会就业人员(人)	Employment(person)	19409	19943	2.8
第一产业(人)	Primary Industry(person)	9721	9595	-1.3
第二产业(人)	Secondary Industry(person)	4642	4465	-3.8
第三产业(人)	Tertiary Industry(person)	5046	5883	16.6
在岗职工人数(人)	Number of Staff & Workers Employed in(person)	7422	6717	-9.5
乡村劳动力(人)	Number of Rural Laborers(person)	13124	13127	0.0
#农林牧渔业(人)	Farming,Forestry,Animal Husbandry & Fishery(person)	9581	9595	0.1
国民经济综合指标	**Summary Item on the National Economy**			
生产总值(万元)	Gross Domestic Product(10 000 yuan)	289632	334598	7.0
第一产业(万元)	Primary Industry(10 000 yuan)	25160	29902	15.3
第二产业(万元)	Secondary Industry(10 000 yuan)	232752	269596	6.5
#工业(万元)	Industry(10 000 yuan)	215559	237382	1.7
第三产业(万元)	Tertiary Industry(10 000 yuan)	31720	35100	6.4
人均生产总值(元)	Per Capita GDP(yuan)	85129	97674	6.3
全社会固定资产投资(万元)	Total Investment in Fixed Assets(10 000 yuan)	147000	462491	214.6
按登记注册类型分	Grouped by Registered Type			
#国有(万元)	State-owned Enterprises(10 000 yuan)	128859	378813	194.0
集体(万元)	Collective-owned Enterprises(10 000 yuan)			
有限责任公司(万元)	Limited Liability Corporations(10 000 yuan)	7165	12216	70.5
股份有限公司(万元)	Share Holding Enterprises(10 000 yuan)	212	9512	4386.8
私营企业(万元)	Private Enterprises(10 000 yuan)	1297		
外商及港澳台投资企业(万元)	Funds from HK,Macao,Taiwan & Foreign(10 000 yuan)	8657	810	-90.6
按城乡渠道分	Grouped by Urban and Rural Area			
城镇(万元)	Urban(10 000 yuan)	146780	462491	215.1
农村(万元)	Rural(10 000 yuan)	220		
一般预算收入(万元)	General Budgetary Financial Revenue(10 000 yuan)	13463	18822	39.8
一般预算支出(万元)	General Budgetary Financial Expenditures(10 000 yuan)	34821	39097	12.3
城乡居民储蓄存款余额(万元)	Resident Saving Deposit in Urban & Rural(10 000 yuan)	25393	28373	11.7
在岗职工工资总额(万元)	Total Wages of Staff & Workers Empioyed in(10 000 yuan)	14893	17817	19.6
在岗职工平均工资(元)	Average Wage of Staff & Workers Employed in(yuan)	19501	26149	34.1
农牧民人均纯收入(元)	Per Capita Net Income of Peasant & Herdsman(yuan)	5965	6980	17.0
农村牧区经济	**Economic Development in Rural & Pastoral Area**			
耕地面积(公顷)	Cultivated Area(hectare)	320	320	0.0
农作物总播种面积(公顷)	Total Sown Area(hectare)	1207	1208	0.1
#粮食作物播种面积(公顷)	Sown Area of Grain Crops(hectare)	526	367	-30.2
有效灌溉面积(公顷)	Irrigated Area(hectare)			
农牧业机械总动力(万千瓦)	Total Power of Agricultural Machinery(10 000 kw)	5.97	2.39	-60.0
化肥施用折纯量(吨)	Consumption of Chemical Fertilizer(ton)	33	36	9.1
农村用电量(万千瓦小时)	Electricity Consumed in Rural Area(10 000 kwh)	154	160	3.9
农林牧渔业总产值(万元)	Gross Output of Farming,Forestry,Animal Husbandry & Fishery(10 000 yuan)	41038	48886	5.9
粮食产量(吨)	Yield of Grain(ton)	492	334	-32.1
油料产量(吨)	Yield of Oil-bearing Grops(ton)			
甜菜产量(吨)	Yield of Beetroots(ton)			
猪牛羊肉产量(吨)	Output of Pork, Beef & Mutton(ton)	17743	12609	-28.9
#猪肉产量(吨)	Output of Pork(ton)	46	11	-76.1
牛肉产量(吨)	Output of Beef(ton)	2265	1007	-55.5
羊肉产量(吨)	Output of Mutton(ton)	15432	11591	-24.9
羊毛产量(吨)	Output of Wool(ton)	2144	1935	-9.7

23-36 Xinbaerhuyou Banner in Hulunbeier City

指 标	Item	2007	2008	2008 年比上年增长% Increase Rate in 2008 Over 2007(%)
年末牲畜存栏头数(万头只)	Total Livestock at the Year-end(10 000 heads)	121.27	122.31	0.9
# 大牲畜(万头只)	Large Animals(10 000 heads)	3.59	3.64	1.4
羊(万只)	Sheep & Goats(10 000 heads)	117.68	118.52	0.7
猪(万头)	Hogs(10 000 heads)	0.08	0.15	87.5
规模以上工业	**Industrial Enterprises above Designated size**			
工业企业单位数(个)	Number of Industrial Enterprises(unit)	11	11	0.0
# 内资企业(个)	Civil Funded Enterprises(unit)	10	10	0.0
工业总产值(万元)	Gross Industrial Output Value(10 000 yuan)	311847	318582	2.2
内资企业(万元)	Civil Funded Enterprises(10 000 yuan)	310775	315176	1.4
国有企业(万元)	State-owned Enterprises(10 000 yuan)			
集体企业(万元)	Collective-owned Enterprises(10 000 yuan)			
股份合作企业(万元)	Share Holding Enterprises(10 000 yuan)			
联营企业(万元)	Joint Owned Enterprises(10 000 yuan)			
有限责任公司(万元)	Limited Company(10 000 yuan)	308475	305640	-0.9
股份有限公司(万元)	Share Holding Limited Company(10 000 yuan)			
私营企业(万元)	Privately Owned Enterprises(10 000 yuan)	2300	9536	314.6
其他企业(万元)	Enterprises of Other Ownership(10 000 yuan)			
港澳台商投资企业(万元)	Funds from HK,Macao & Taiwan(10 000 yuan)			
外商投资企业(万元)	Foreign Funded Enterprises(10 000 yuan)	1072	3406	217.7
工业企业增加值(万元)	Value Added of Industrial Enterprises(10 000 yuan)	214180	235814	1.6
工业企业资产总计(万元)	Total Assets of Industrial Enterprises(10 000 yuan)	850943	608324	-28.5
工业企业负债合计(万元)	Total Liabilities of Industrial Enterprises(10 000 yuan)	123133	164212	33.4
工业企业产品销售收入(万元)	Sales of Revenue Industrial Enterprises(10 000 yuan)	316001	247923	-21.5
工业企业利润总额(万元)	Total Profits of Industrial Enterprises(10 000 yuan)	175230	170017	-3.0
建筑业	**Construction**			
建筑企业单位数(个)	Number of Construction Enterprises(unit)			
建筑企业从业人员(人)	Number of Employee in Construction Enterprises(person)			
建筑业总产值(万元)	Gross Construction Output Value(10 000 yuan)			
交通运输邮电通信业	**Transportation,Post & Telecommunications**			
公路里程(公里)	Total Length of Highways(km)	691	493	-28.7
邮电业务总量(万元)	Business Volume of Post & Telecoms(10 000 yuan)	2469	2600	5.3
本地电话用户(户)	Number of Subscribers of Local Telephone(Household)	4981	4760	-4.4
国内贸易	**Demestic Trade**			
社会消费品零售总额(万元)	Total Retail Sales of Consumer Goods(10 000 yuan)	17205	21497	24.9
# 贸易业(万元)	Wholesale & Retail Sales Trades(10 000 yuan)	13827	17197	24.4
餐饮业(万元)	Catering Trade(10 000 yuan)	3144	4058	29.1
科技教育卫生	**Science,Education & Public Health**			
各类专业技术人员(人)	Speccial Technical Personnel(person)	1120	1135	1.3
幼儿园数(所)	Number of Kindergartens(unit)	4	5	25.0
学龄儿童入学率(%)	Percentage of School-Age Children Enrolled(%)	100.0	100.0	0.0
小学学校数(所)	Number of Primary Schools(unit)	2	2	0.0
小学专任教师数(人)	Number of Full-time Teachers of Primary Schools(person)	214	204	-4.7
小学在校学生数(人)	Number of Student Enrollment of Primary Schools(person)	1667	1805	8.3
普通中学学校数(所)	Number of Regular Secondary Schools(unit)	2	2	0.0
普通中学专任教师数(人)	Number of Teachers of Secondary Shools(person)	127	132	3.9
初中在校学生数(人)	Number of Student in Junior Secondary Schools(person)	1514	1144	-24.4
高中在校学生数(人)	Number of Student in Senior Secondary Schools(person)			
卫生机构数(所)	Number of Health Institutions(unit)	25	33	32.0
# 医院(所)	Hospitals(unit)	2	2	0.0
卫生院(所)	Township Hospitals(unit)	13	13	0.0
床位数(张)	Number of Beds(unit)	154	192	24.7
# 医院(张)	Hospitals(unit)	77	130	68.8
卫生院(张)	Township Hospitals(unit)	48	48	0.0
卫生技术人员(人)	Medical Technical Presonnel(person)	230	306	33.0
# 医院(人)	Hospitals(person)	108	142	31.5
卫生院(人)	Township Hospitals(person)	44	44	0.0

23-37 呼伦贝尔市新巴尔虎左旗

指 标	Item	2007	2008	2008年比上年增长% Increase Rate in 2008 Over 2007(%)
行政区域土地面积(平方公里)	**Area of Administration(Sq.km)**	**22000**	**22000**	**0.0**
人口和就业	**Population & Employment**			
年末总人口(人)	Total Population Year-end(person)	40910	41922	2.5
#男性(人)	Male(person)	20947	21394	2.1
#乡村人口(人)	Rural(person)	18977	19782	4.2
年末总户数(户)	Total Number of Households at the Year-end(Household)	15130	15687	3.7
#乡村户数(户)	Number of Rural Household(Household)	5878	6009	2.2
出生人口(人)	Births(person)	396	312	-21.2
死亡人口(人)	Deaths(person)	220	205	-6.8
全社会就业人员(人)	Employment(person)	19656	20465	4.1
第一产业(人)	Primary Industry(person)	11862	12163	2.5
第二产业(人)	Secondary Industry(person)	1087	1047	-3.7
第三产业(人)	Tertiary Industry(person)	6707	7255	8.2
在岗职工人数(人)	Number of Staff & Workers Employed in(person)	4445	4722	6.2
乡村劳动力(人)	Number of Rural Laborers(person)	12993	13429	3.4
#农林牧渔业(人)	Farming,Forestry,Animal Husbandry & Fishery(person)	10539	10635	0.9
国民经济综合指标	**Summary Item on the National Economy**			
生产总值(万元)	Gross Domestic Product(10 000 yuan)	122089	150653	13.2
第一产业(万元)	Primary Industry(10 000 yuan)	30192	38230	18.8
第二产业(万元)	Secondary Industry(10 000 yuan)	46697	55882	2.5
#工业(万元)	Industry(10 000 yuan)	21225	28115	18.5
第三产业(万元)	Tertiary Industry(10 000 yuan)	45200	56541	20.8
人均生产总值(元)	Per Capita GDP(yuan)	30126	36376	10.8
全社会固定资产投资(万元)	Total Investment in Fixed Assets(10 000 yuan)	212609	261838	23.2
按登记注册类型分	Grouped by Registered Type			
#国有(万元)	State-owned Enterprises(10 000 yuan)	203526	255189	25.4
集体(万元)	Collective-owned Enterprises(10 000 yuan)			
有限责任公司(万元)	Limited Liability Corporations(10 000 yuan)	5397	2180	-59.6
股份有限公司(万元)	Share Holding Enterprises(10 000 yuan)	2464	4048	64.3
私营企业(万元)	Private Enterprises(10 000 yuan)	919	421	-54.2
外商及港澳台投资企业(万元)	Funds from HK,Macao,Taiwan & Foreign(10 000 yuan)	303		
按城乡渠道分	Grouped by Urban and Rural Area			
城镇（万元）	Urban(10 000 yuan)	212609	261838	23.2
农村（万元）	Rural(10 000 yuan)			
一般预算收入(万元)	General Budgetary Financial Revenue(10 000 yuan)	2638	6617	150.8
一般预算支出(万元)	General Budgetary Financial Expenditures(10 000 yuan)	26788	37672	40.6
城乡居民储蓄存款余额(万元)	Resident Saving Deposit in Urban & Rural(10 000 yuan)	19402	20214	4.2
在岗职工工资总额(万元)	Total Wages of Staff & Workers Empioyed in(10 000 yuan)	8792	10965	24.7
在岗职工平均工资(元)	Average Wage of Staff & Workers Employed in(yuan)	19811	23225	17.2
农牧民人均纯收入(元)	Per Capita Net Income of Peasant & Herdsman(yuan)	5995	7085	18.2
农村牧区经济	**Economic Development in Rural & Pastoral Area**			
耕地面积(公顷)	Cultivated Area(hectare)	26000	2000	-92.3
农作物总播种面积(公顷)	Total Sown Area(hectare)	20195	16016	-20.7
#粮食作物播种面积(公顷)	Sown Area of Grain Crops(hectare)	9271	8050	-13.2
有效灌溉面积(公顷)	Irrigated Area(hectare)			
农牧业机械总动力(万千瓦)	Total Power of Agricultural Machinery(10 000 kw)	6.07	7.10	17.0
化肥施用折纯量(吨)	Consumption of Chemical Fertilizer(ton)	897	600	-33.1
农村用电量(万千瓦小时)	Electricity Consumed in Rural Area(10 000 kwh)	412	442	7.3
农林牧渔业总产值(万元)	Gross Output of Farming,Forestry,Animal Husbandry & Fishery(10 000 yuan)	49245	62501	12.4
粮食产量(吨)	Yield of Grain(ton)	8474	34587	308.2
油料产量(吨)	Yield of Oil-bearing Grops(ton)	3575	8000	123.8
甜菜产量(吨)	Yield of Beetroots(ton)			
猪牛羊肉产量(吨)	Output of Pork, Beef & Mutton(ton)	19747	18073	-8.5
#猪肉产量(吨)	Output of Pork(ton)	58	73	25.9
牛肉产量(吨)	Output of Beef(ton)	5919	9179	55.1
羊肉产量(吨)	Output of Mutton(ton)	13770	8821	-35.9
羊毛产量(吨)	Output of Wool(ton)	2354	2217	-5.8

23-37 Xinbaerhuzuo Banner in Hulunbeier City

指 标	Item	2007	2008	2008年比上年增长% Increase Rate in 2008 Over 2007(%)
年末牲畜存栏头数(万头只)	Total Livestock at the Year-end(10 000 heads)	71.78	73.71	2.7
#大牲畜(万头只)	Large Animals(10 000 heads)	8.06	8.32	3.2
羊(万只)	Sheep & Goats(10 000 heads)	63.66	65.30	2.6
猪(万头)	Hogs(10 000 heads)	0.07	0.09	28.6
规模以上工业	**Industrial Enterprises above Designated size**			
工业企业单位数(个)	Number of Industrial Enterprises(unit)	10	9	-10.0
#内资企业(个)	Civil Funded Enterprises(unit)	10	9	-10.0
工业总产值(万元)	Gross Industrial Output Value(10 000 yuan)	34954	48891	40.0
内资企业(万元)	Civil Funded Enterprises(10 000 yuan)	34954	48891	40.0
国有企业(万元)	State-owned Enterprises(10 000 yuan)	996	1326	33.2
集体企业(万元)	Collective-owned Enterprises(10 000 yuan)			
股份合作企业(万元)	Share Holding Enterprises(10 000 yuan)			
联营企业(万元)	Joint Owned Enterprises(10 000 yuan)			
有限责任公司(万元)	Limited Company(10 000 yuan)	32930	46391	40.9
股份有限公司(万元)	Share Holding Limited Company(10 000 yuan)			
私营企业(万元)	Privately Owned Enterprises(10 000 yuan)			
其他企业(万元)	Enterprises of Other Ownership(10 000 yuan)	1028	1174	14.2
港澳台商投资企业(万元)	Funds from HK,Macao & Taiwan(10 000 yuan)			
外商投资企业(万元)	Foreign Funded Enterprises(10 000 yuan)			
工业企业增加值(万元)	Value Added of Industrial Enterprises(10 000 yuan)	19700	28115	18.5
工业企业资产总计(万元)	Total Assets of Industrial Enterprises(10 000 yuan)	153796	187700	22.0
工业企业负债合计(万元)	Total Liabilities of Industrial Enterprises(10 000 yuan)	16870	22878	35.6
工业企业产品销售收入(万元)	Sales of Revenue Industrial Enterprises(10 000 yuan)	34539	47703	38.1
工业企业利润总额(万元)	Total Profits of Industrial Enterprises(10 000 yuan)	8270	9272	12.1
建筑业	**Construction**			
建筑企业单位数(个)	Number of Construction Enterprises(unit)			
建筑企业从业人员(人)	Number of Employee in Construction Enterprises(person)			
建筑业总产值(万元)	Gross Construction Output Value(10 000 yuan)			
交通运输邮电通信业	**Transportation,Post & Telecommunications**			
公路里程(公里)	Total Length of Highways(km)	743	743	0.0
邮电业务总量(万元)	Business Volume of Post & Telecoms(10 000 yuan)	2835	2067	-27.1
本地电话用户(户)	Number of Subscribers of Local Telephone(Household)	5108	5897	15.4
国内贸易	**Demestic Trade**			
社会消费品零售总额(万元)	Total Retail Sales of Consumer Goods(10 000 yuan)	19992	24896	24.5
#贸易业(万元)	Wholesale & Retail Sales Trades(10 000 yuan)	15376	18613	21.1
餐饮业(万元)	Catering Trade(10 000 yuan)	4370	6023	37.8
科技教育卫生	**Science,Education & Public Health**			
各类专业技术人员(人)	Speccial Technical Personnel(person)	1347	1111	-17.5
幼儿园数(所)	Number of Kindergartens(unit)	10	10	0.0
学龄儿童入学率(%)	Percentage of School-Age Children Enrolled(%)	100.0	100.0	0.0
小学学校数(所)	Number of Primary Schools(unit)	3	3	0.0
小学专任教师数(人)	Number of Full-time Teachers of Primary Schools(person)	311	289	-7.1
小学在校学生数(人)	Number of Student Enrollment of Primary Schools(person)	1847	2034	10.1
普通中学学校数(所)	Number of Regular Secondary Schools(unit)	4	4	0.0
普通中学专任教师数(人)	Number of Teachers of Secondary Shools(person)	160	167	4.4
初中在校学生数(人)	Number of Student in Junior Secondary Schools(person)	1502	1045	-30.4
高中在校学生数(人)	Number of Student in Senior Secondary Schools(person)			
卫生机构数(所)	Number of Health Institutions(unit)	30	28	-6.7
#医院(所)	Hospitals(unit)	2	2	0.0
卫生院(所)	Township Hospitals(unit)	11	11	0.0
床位数(张)	Number of Beds(unit)	90	90	0.0
#医院(张)	Hospitals(unit)	39	39	0.0
卫生院(张)	Township Hospitals(unit)	44	44	0.0
卫生技术人员(人)	Medical Technical Presonnel(person)	266	252	-5.3
#医院(人)	Hospitals(person)	111	125	12.6
卫生院(人)	Township Hospitals(person)	89	93	4.5

23-38 呼伦贝尔市陈巴尔虎旗

指 标	Item	2007	2008	2008 年比上年增长% Increase Rate in 2008 Over 2007(%)
行政区域土地面积(平方公里)	**Area of Administration(Sq.km)**	**18600**	**18600**	**0.0**
人口和就业	**Population & Employment**			
年末总人口(人)	Total Population Year-end(person)	59831	59736	-0.2
#男性(人)	Male(person)	30936	30874	-0.2
#乡村人口(人)	Rural(person)	13024	13025	0.0
年末总户数(户)	Total Number of Households at the Year-end(Household)	22145	22735	2.7
#乡村户数(户)	Number of Rural Household(Household)	3592	3597	0.1
出生人口(人)	Births(person)	587	514	-12.4
死亡人口(人)	Deaths(person)	231	279	20.8
全社会就业人员(人)	Employment(person)	27926	29726	6.4
第一产业(人)	Primary Industry(person)	14579	14828	1.7
第二产业(人)	Secondary Industry(person)	7517	8612	14.6
第三产业(人)	Tertiary Industry(person)	5830	6286	7.8
在岗职工人数(人)	Number of Staff & Workers Employed in(person)	15420	15472	0.3
乡村劳动力(人)	Number of Rural Laborers(person)	5843	5911	1.2
#农林牧渔业(人)	Farming,Forestry,Animal Husbandry & Fishery(person)	5677	5775	1.7
国民经济综合指标	**Summary Item on the National Economy**			
生产总值(万元)	Gross Domestic Product(10 000 yuan)	231185	311234	18.7
第一产业(万元)	Primary Industry(10 000 yuan)	52000	60814	4.4
第二产业(万元)	Secondary Industry(10 000 yuan)	97162	151750	27.7
#工业(万元)	Industry(10 000 yuan)	76983	129489	36.2
第三产业(万元)	Tertiary Industry(10 000 yuan)	82023	98670	17.4
人均生产总值(元)	Per Capita GDP(yuan)	38795	52060	18.3
全社会固定资产投资(万元)	Total Investment in Fixed Assets(10 000 yuan)	209778	345694	64.8
按登记注册类型分	Grouped by Registered Type			
#国有(万元)	State-owned Enterprises(10 000 yuan)	94904	81902	-13.7
集体(万元)	Collective-owned Enterprises(10 000 yuan)			
有限责任公司(万元)	Limited Liability Corporations(10 000 yuan)	10600	2860	-73.0
股份有限公司(万元)	Share Holding Enterprises(10 000 yuan)	13500	101969	655.3
私营企业(万元)	Private Enterprises(10 000 yuan)	83174	65693	-21.0
外商及港澳台投资企业(万元)	Funds from HK,Macao,Taiwan & Foreign(10 000 yuan)	7600	93270	1127.2
按城乡渠道分	Grouped by Urban and Rural Area			
城镇（万元）	Urban(10 000 yuan)	209778	345694	64.8
农村（万元）	Rural(10 000 yuan)			
一般预算收入(万元)	General Budgetary Financial Revenue(10 000 yuan)	19010	12490	-34.3
一般预算支出(万元)	General Budgetary Financial Expenditures(10 000 yuan)	31351	40311	28.6
城乡居民储蓄存款余额(万元)	Resident Saving Deposit in Urban & Rural(10 000 yuan)	46358	54596	17.8
在岗职工工资总额(万元)	Total Wages of Staff & Workers Empioyed in(10 000 yuan)	27146	35810	31.9
在岗职工平均工资(元)	Average Wage of Staff & Workers Employed in(yuan)	17863	23493	31.5
农牧民人均纯收入(元)	Per Capita Net Income of Peasant & Herdsman(yuan)	5817	7212	24.0
农村牧区经济	**Economic Development in Rural & Pastoral Area**			
耕地面积(公顷)	Cultivated Area(hectare)	84162	84162	0.0
农作物总播种面积(公顷)	Total Sown Area(hectare)	64103	63450	-1.0
#粮食作物播种面积(公顷)	Sown Area of Grain Crops(hectare)	40692	35955	-11.6
有效灌溉面积(公顷)	Irrigated Area(hectare)			
农牧业机械总动力(万千瓦)	Total Power of Agricultural Machinery(10 000 kw)	14.92	14.66	-1.7
化肥施用折纯量(吨)	Consumption of Chemical Fertilizer(ton)	5078	5367	5.7
农村用电量(万千瓦小时)	Electricity Consumed in Rural Area(10 000 kwh)	1185	1240	4.6
农林牧渔业总产值(万元)	Gross Output of Farming,Forestry,Animal Husbandry & Fishery(10 000 yuan)	85697	98650	3.8
粮食产量(吨)	Yield of Grain(ton)	109355	140584	28.6
油料产量(吨)	Yield of Oil-bearing Grops(ton)	19651	28409	44.6
甜菜产量(吨)	Yield of Beetroots(ton)			
猪牛羊肉产量(吨)	Output of Pork, Beef & Mutton(ton)	16320	14803	-9.3
#猪肉产量(吨)	Output of Pork(ton)	255	356	39.6
牛肉产量(吨)	Output of Beef(ton)	9878	9292	-5.9
羊肉产量(吨)	Output of Mutton(ton)	6187	5155	-16.7
羊毛产量(吨)	Output of Wool(ton)	800	793	-0.9

23-38 Chenbaerhu Banner in Hulunbeier City

指 标	Item	2007	2008	2008 年比上年增长% Increase Rate in 2008 Over 2007(%)
年末牲畜存栏头数(万头只)	Total Livestock at the Year-end(10 000 heads)	50.60	52.71	4.2
#大牲畜(万头只)	Large Animals(10 000 heads)	10.65	11.18	5.0
羊(万只)	Sheep & Goats(10 000 heads)	39.79	41.34	3.9
猪(万头)	Hogs(10 000 heads)	0.15	0.18	20.0
规模以上工业	**Industrial Enterprises above Designated size**			
工业企业单位数(个)	Number of Industrial Enterprises(unit)	11	14	27.3
#内资企业(个)	Civil Funded Enterprises(unit)	11	13	18.2
工业总产值(万元)	Gross Industrial Output Value(10 000 yuan)	127635	206532	61.8
内资企业(万元)	Civil Funded Enterprises(10 000 yuan)	127635	195609	53.3
国有企业(万元)	State-owned Enterprises(10 000 yuan)	109945	143382	30.4
集体企业(万元)	Collective-owned Enterprises(10 000 yuan)			
股份合作企业(万元)	Share Holding Enterprises(10 000 yuan)	15505		
联营企业(万元)	Joint Owned Enterprises(10 000 yuan)			
有限责任公司(万元)	Limited Company(10 000 yuan)		21307	
股份有限公司(万元)	Share Holding Limited Company(10 000 yuan)		5286	
私营企业(万元)	Privately Owned Enterprises(10 000 yuan)		25634	
其他企业(万元)	Enterprises of Other Ownership(10 000 yuan)	2185		
港澳台商投资企业(万元)	Funds from HK,Macao & Taiwan(10 000 yuan)		8523	
外商投资企业(万元)	Foreign Funded Enterprises(10 000 yuan)		2400	
工业企业增加值(万元)	Value Added of Industrial Enterprises(10 000 yuan)	73013	125035	38.0
工业企业资产总计(万元)	Total Assets of Industrial Enterprises(10 000 yuan)	228971	395810	72.9
工业企业负债合计(万元)	Total Liabilities of Industrial Enterprises(10 000 yuan)	134850	152537	13.1
工业企业产品销售收入(万元)	Sales of Revenue Industrial Enterprises(10 000 yuan)	129158	189798	47.0
工业企业利润总额(万元)	Total Profits of Industrial Enterprises(10 000 yuan)	13794	30398	120.4
建筑业	**Construction**			
建筑企业单位数(个)	Number of Construction Enterprises(unit)	1	1	0.0
建筑企业从业人员(人)	Number of Employee in Construction Enterprises(person)	178	177	-0.6
建筑业总产值(万元)	Gross Construction Output Value(10 000 yuan)	1020	2426	137.8
交通运输邮电通信业	**Transportation,Post & Telecommunications**			
公路里程(公里)	Total Length of Highways(km)	193	1066	452.3
邮电业务总量(万元)	Business Volume of Post & Telecoms(10 000 yuan)	3040	3468	14.1
本地电话用户(户)	Number of Subscribers of Local Telephone(Household)	45200	51863	14.7
国内贸易	**Demestic Trade**			
社会消费品零售总额(万元)	Total Retail Sales of Consumer Goods(10 000 yuan)	15072	18770	24.5
#贸易业(万元)	Wholesale & Retail Sales Trades(10 000 yuan)	13810	15777	14.2
餐饮业(万元)	Catering Trade(10 000 yuan)	606	2176	259.1
科技教育卫生	**Science,Education & Public Health**			
各类专业技术人员(人)	Speccial Technical Personnel(person)	1542	1544	0.1
幼儿园数(所)	Number of Kindergartens(unit)	1	1	0.0
学龄儿童入学率(%)	Percentage of School-Age Children Enrolled(%)	100.0	100.0	0.0
小学学校数(所)	Number of Primary Schools(unit)	6	6	0.0
小学专任教师数(人)	Number of Full-time Teachers of Primary Schools(person)	370	360	-2.7
小学在校学生数(人)	Number of Student Enrollment of Primary Schools(person)	3685	3293	-10.6
普通中学学校数(所)	Number of Regular Secondary Schools(unit)	5	5	0.0
普通中学专任教师数(人)	Number of Teachers of Secondary Shools(person)	275	274	-0.4
初中在校学生数(人)	Number of Student in Junior Secondary Schools(person)	2566	2067	-19.4
高中在校学生数(人)	Number of Student in Senior Secondary Schools(person)	114	237	107.9
卫生机构数(所)	Number of Health Institutions(unit)	15	15	0.0
#医院(所)	Hospitals(unit)	5	6	20.0
卫生院(所)	Township Hospitals(unit)	6	6	0.0
床位数(张)	Number of Beds(unit)	187	217	16.0
#医院(张)	Hospitals(unit)	113	138	22.1
卫生院(张)	Township Hospitals(unit)	74	39	-47.3
卫生技术人员(人)	Medical Technical Presonnel(person)	368	382	3.8
#医院(人)	Hospitals(person)	310	217	-30.0
卫生院(人)	Township Hospitals(person)	58	63	8.6

23-39 兴安盟乌兰浩特市

指 标	Item	2007	2008	2008 年比上年增长% Increase Rate in 2008 Over 2007(%)
行政区域土地面积(平方公里)	**Area of Administration(Sq.km)**	**772**	**2728**	**253.4**
人口和就业	**Population & Employment**			
年末总人口(人)	Total Population Year-end(person)	293220	315492	7.6
#男性(人)	Male(person)	145621	156807	7.7
#乡村人口(人)	Rural(person)	63999	75218	17.5
年末总户数(户)	Total Number of Households at the Year-end(Household)	103124	108285	5.0
#乡村户数(户)	Number of Rural Household(Household)	16690	20801	24.6
出生人口(人)	Births(person)	1474	2735	85.5
死亡人口(人)	Deaths(person)	577	1289	123.4
全社会就业人员(人)	Employment(person)	106788	113866	6.6
第一产业(人)	Primary Industry(person)	25645	30120	17.4
第二产业(人)	Secondary Industry(person)	24009	18865	-21.4
第三产业(人)	Tertiary Industry(person)	57134	64881	13.6
在岗职工人数(人)	Number of Staff & Workers Employed in(person)	37602	35985	-4.3
乡村劳动力(人)	Number of Rural Laborers(person)	32127	36979	15.1
#农林牧渔业(人)	Farming,Forestry,Animal Husbandry & Fishery(person)	24479	28896	18.0
国民经济综合指标	**Summary Item on the National Economy**			
生产总值(万元)	Gross Domestic Product(10 000 yuan)	461667	566898	14.5
第一产业(万元)	Primary Industry(10 000 yuan)	42709	56385	14.9
第二产业(万元)	Secondary Industry(10 000 yuan)	185639	247544	20.8
#工业(万元)	Industry(10 000 yuan)	163639	217859	20.7
第三产业(万元)	Tertiary Industry(10 000 yuan)	233319	262969	9.5
人均生产总值(元)	Per Capita GDP(yuan)	15859	18626	9.5
全社会固定资产投资(万元)	Total Investment in Fixed Assets(10 000 yuan)	139082	285571	105.3
按登记注册类型分	Grouped by Registered Type			
#国有(万元)	State-owned Enterprises(10 000 yuan)	71389	104973	47.0
集体(万元)	Collective-owned Enterprises(10 000 yuan)	1240	1996	61.0
有限责任公司(万元)	Limited Liability Corporations(10 000 yuan)	12751	87618	587.1
股份有限公司(万元)	Share Holding Enterprises(10 000 yuan)			
私营企业(万元)	Private Enterprises(10 000 yuan)	48092	72024	49.8
外商及港澳台投资企业(万元)	Funds from HK,Macao,Taiwan & Foreign(10 000 yuan)	2610	4240	62.5
按城乡渠道分	Grouped by Urban and Rural Area			
城镇（万元）	Urban(10 000 yuan)	135962	279071	105.3
农村（万元）	Rural(10 000 yuan)	3120	6500	108.3
一般预算收入(万元)	General Budgetary Financial Revenue(10 000 yuan)	12491	15220	21.8
一般预算支出(万元)	General Budgetary Financial Expenditures(10 000 yuan)	57168	87042	52.3
城乡居民储蓄存款余额(万元)	Resident Saving Deposit in Urban & Rural(10 000 yuan)	366583	507525	38.4
在岗职工工资总额(万元)	Total Wages of Staff & Workers Empioyed in(10 000 yuan)	70411	88445	25.6
在岗职工平均工资(元)	Average Wage of Staff & Workers Employed in(yuan)	18659	23819	27.7
农牧民人均纯收入(元)	Per Capita Net Income of Peasant & Herdsman(yuan)	4320	4671	8.1
农村牧区经济	**Economic Development in Rural & Pastoral Area**			
耕地面积(公顷)	Cultivated Area(hectare)	25838	25841	0.0
农作物总播种面积(公顷)	Total Sown Area(hectare)	22947	33930	47.9
#粮食作物播种面积(公顷)	Sown Area of Grain Crops(hectare)	20250	30240	49.3
有效灌溉面积(公顷)	Irrigated Area(hectare)	8607	19030	121.1
农牧业机械总动力(万千瓦)	Total Power of Agricultural Machinery(10 000 kw)	19.11	35.67	86.6
化肥施用折纯量(吨)	Consumption of Chemical Fertilizer(ton)	9943	10184	2.4
农村用电量(万千瓦小时)	Electricity Consumed in Rural Area(10 000 kwh)	1372	1370	-0.1
农林牧渔业总产值(万元)	Gross Output of Farming,Forestry,Animal Husbandry & Fishery(10 000 yuan)	75773	97889	15.6
粮食产量(吨)	Yield of Grain(ton)	46655	150000	221.5
油料产量(吨)	Yield of Oil-bearing Grops(ton)	560	1595	184.8
甜菜产量(吨)	Yield of Beetroots(ton)	-	740	
猪牛羊肉产量(吨)	Output of Pork, Beef & Mutton(ton)	6131	6364	3.8
#猪肉产量(吨)	Output of Pork(ton)	3505	3283	-6.3
牛肉产量(吨)	Output of Beef(ton)	1635	1672	2.3
羊肉产量(吨)	Output of Mutton(ton)	991	1409	42.2
羊毛产量(吨)	Output of Wool(ton)	187	110	-41.2

23-39 Wulanhaote City in Xingan League

指 标	Item	2007	2008	2008 年比上年增长% Increase Rate in 2008 Over 2007(%)
年末牲畜存栏头数(万头只)	Total Livestock at the Year-end(10 000 heads)	11.07	16.64	50.3
# 大牲畜(万头只)	Large Animals(10 000 heads)	4.56	4.72	3.5
羊(万只)	Sheep & Goats(10 000 heads)	3.93	9.44	140.2
猪(万头)	Hogs(10 000 heads)	2.57	2.48	-3.5
规模以上工业	**Industrial Enterprises above Designated size**			
工业企业单位数(个)	Number of Industrial Enterprises(unit)	36	39	8.3
# 内资企业(个)	Civil Funded Enterprises(unit)	31	34	9.7
工业总产值(万元)	Gross Industrial Output Value(10 000 yuan)	396379	563886	20.7
内资企业(万元)	Civil Funded Enterprises(10 000 yuan)	325922	468258	43.7
国有企业(万元)	State-owned Enterprises(10 000 yuan)	131630	166624	26.6
集体企业(万元)	Collective-owned Enterprises(10 000 yuan)	746	945	26.7
股份合作企业(万元)	Share Holding Enterprises(10 000 yuan)	501	861	71.9
联营企业(万元)	Joint Owned Enterprises(10 000 yuan)			
有限责任公司(万元)	Limited Company(10 000 yuan)	174320	233013	33.7
股份有限公司(万元)	Share Holding Limited Company(10 000 yuan)	8767	10826	23.5
私营企业(万元)	Privately Owned Enterprises(10 000 yuan)	9958	55989	462.3
其他企业(万元)	Enterprises of Other Ownership(10 000 yuan)			
港澳台商投资企业(万元)	Funds from HK,Macao & Taiwan(10 000 yuan)	4729	7010	48.2
外商投资企业(万元)	Foreign Funded Enterprises(10 000 yuan)	65728	88618	34.8
工业企业增加值(万元)	Value Added of Industrial Enterprises(10 000 yuan)	158358	210387	20.7
工业企业资产总计(万元)	Total Assets of Industrial Enterprises(10 000 yuan)	464793	523225	12.6
工业企业负债合计(万元)	Total Liabilities of Industrial Enterprises(10 000 yuan)	335891	393960	17.3
工业企业产品销售收入(万元)	Sales of Revenue Industrial Enterprises(10 000 yuan)	360539	467259	29.6
工业企业利润总额(万元)	Total Profits of Industrial Enterprises(10 000 yuan)	14464	15835	9.5
建筑业	**Construction**			
建筑企业单位数(个)	Number of Construction Enterprises(unit)	14	17	21.4
建筑企业从业人员(人)	Number of Employee in Construction Enterprises(person)	2224	1723	-22.5
建筑业总产值(万元)	Gross Construction Output Value(10 000 yuan)	59806	79176	32.4
交通运输邮电通信业	**Transportation,Post & Telecommunications**			
公路里程(公里)	Total Length of Highways(km)	434	436	0.5
邮电业务收入(万元)	Business Volume of Post & Telecoms(10 000 yuan)	24877	25043	0.7
本地电话用户(户)	Number of Subscribers of Local Telephone(Household)	134185	101273	-24.5
国内贸易	**Demestic Trade**			
社会消费品零售总额(万元)	Total Retail Sales of Consumer Goods(10 000 yuan)	271243	341967	26.1
# 贸易业(万元)	Wholesale & Retail Sales Trades(10 000 yuan)	204343	259768	27.1
餐饮业(万元)	Catering Trade(10 000 yuan)	54720	68854	25.8
科技教育卫生	**Science,Education & Public Health**			
各类专业技术人员(人)	Speccial Technical Personnel(person)	10495	9443	-10.0
幼儿园数(所)	Number of Kindergartens(unit)	66	63	-4.5
学龄儿童入学率(%)	Percentage of School-Age Children Enrolled(%)	100.0	100.0	0.0
小学学校数(所)	Number of Primary Schools(unit)	34	25	-26.5
小学专任教师数(人)	Number of Full-time Teachers of Primary Schools(person)	1352	1383	2.3
小学在校学生数(人)	Number of Student Enrollment of Primary Schools(person)	19445	21079	8.4
普通中学学校数(所)	Number of Regular Secondary Schools(unit)	21	20	-4.8
普通中学专任教师数(人)	Number of Teachers of Secondary Shools(person)	1592	1652	3.8
初中在校学生数(人)	Number of Student in Junior Secondary Schools(person)	14403	13458	-6.6
高中在校学生数(人)	Number of Student in Senior Secondary Schools(person)	12563	12577	0.1
卫生机构数(所)	Number of Health Institutions(unit)	177	172	-2.8
# 医院(所)	Hospitals(unit)	12	11	-8.3
卫生院(所)	Township Hospitals(unit)	3	3	0.0
床位数(张)	Number of Beds(unit)	1623	1656	2.0
# 医院(张)	Hospitals(unit)	1418	1468	3.5
卫生院(张)	Township Hospitals(unit)	32	131	309.4
卫生技术人员(人)	Medical Technical Presonnel(person)	2371	2403	1.3
# 医院(人)	Hospitals(person)	1593	1637	2.8
卫生院(人)	Township Hospitals(person)	35	35	0.0

23-40 兴安盟阿尔山市

指 标	Item	2007	2008	2008年比上年增长% Increase Rate in 2008 Over 2007(%)
行政区域土地面积(平方公里)	**Area of Administration(Sq.km)**	**7409**	**7409**	**0.0**
人口和就业	**Population & Employment**			
年末总人口(人)	Total Population Year-end(person)	48003	47865	-0.3
#男性(人)	Male(person)	24098	24296	0.8
#乡村人口(人)	Rural(person)	5973	6787	13.6
年末总户数(户)	Total Number of Households at the Year-end(Household)	19346	19477	0.7
#乡村户数(户)	Number of Rural Household(Household)	2120	2384	12.5
出生人口(人)	Births(person)	171	321	87.7
死亡人口(人)	Deaths(person)	92	216	134.8
全社会就业人员(人)	Employment(person)	17275	15985	-7.5
第一产业(人)	Primary Industry(person)	10175	8820	-13.3
第二产业(人)	Secondary Industry(person)	877	934	6.5
第三产业(人)	Tertiary Industry(person)	6223	6231	0.1
在岗职工人数(人)	Number of Staff & Workers Employed in(person)	5679	6056	6.6
乡村劳动力(人)	Number of Rural Laborers(person)	3452	2545	-26.3
#农林牧渔业(人)	Farming,Forestry,Animal Husbandry & Fishery(person)	2664	2013	-24.4
国民经济综合指标	**Summary Item on the National Economy**			
生产总值(万元)	Gross Domestic Product(10 000 yuan)	51380	62645	16.7
第一产业(万元)	Primary Industry(10 000 yuan)	14463	15236	3.3
第二产业(万元)	Secondary Industry(10 000 yuan)	6840	11237	46.6
#工业(万元)	Industry(10 000 yuan)	1735	2527	22.0
第三产业(万元)	Tertiary Industry(10 000 yuan)	30077	36172	15.8
人均生产总值(元)	Per Capita GDP(yuan)	10855	13069	15.3
全社会固定资产投资(万元)	Total Investment in Fixed Assets(10 000 yuan)	41245	113674	175.6
按登记注册类型分	Grouped by Registered Type			
#国有(万元)	State-owned Enterprises(10 000 yuan)	19337	90955	370.4
集体(万元)	Collective-owned Enterprises(10 000 yuan)			
有限责任公司(万元)	Limited Liability Corporations(10 000 yuan)	6170	14319	132.1
股份有限公司(万元)	Share Holding Enterprises(10 000 yuan)	7350	7300	-0.7
私营企业(万元)	Private Enterprises(10 000 yuan)	3710	300	-91.9
外商及港澳台投资企业(万元)	Funds from HK,Macao,Taiwan & Foreign(10 000 yuan)			
按城乡渠道分	Grouped by Urban and Rural Area			
城镇(万元)	Urban(10 000 yuan)	40245	112874	180.5
农村(万元)	Rural(10 000 yuan)	1000	800	-20.0
一般预算收入(万元)	General Budgetary Financial Revenue(10 000 yuan)	2029	3535	74.2
一般预算支出(万元)	General Budgetary Financial Expenditures(10 000 yuan)	11795	21131	79.2
城乡居民储蓄存款余额(万元)	Resident Saving Deposit in Urban & Rural(10 000 yuan)	42960	51355	19.5
在岗职工工资总额(万元)	Total Wages of Staff & Workers Empioyed in(10 000 yuan)	6705	8313	24.0
在岗职工平均工资(元)	Average Wage of Staff & Workers Employed in(yuan)	11733	14510	23.7
农牧民人均纯收入(元)	Per Capita Net Income of Peasant & Herdsman(yuan)			
农村牧区经济	**Economic Development in Rural & Pastoral Area**			
耕地面积(公顷)	Cultivated Area(hectare)	16084	16011	-0.5
农作物总播种面积(公顷)	Total Sown Area(hectare)	11842	14552	22.9
#粮食作物播种面积(公顷)	Sown Area of Grain Crops(hectare)	10025	12028	20.0
有效灌溉面积(公顷)	Irrigated Area(hectare)		1760	
农牧业机械总动力(万千瓦)	Total Power of Agricultural Machinery(10 000 kw)	4.86	4.41	-9.1
化肥施用折纯量(吨)	Consumption of Chemical Fertilizer(ton)	2180	2400	10.1
农村用电量(万千瓦小时)	Electricity Consumed in Rural Area(10 000 kwh)	12	15	25.0
农林牧渔业总产值(万元)	Gross Output of Farming,Forestry,Animal Husbandry & Fishery(10 000 yuan)	23972	26537	4.3
粮食产量(吨)	Yield of Grain(ton)	10798	43708	304.8
油料产量(吨)	Yield of Oil-bearing Grops(ton)		1871	
甜菜产量(吨)	Yield of Beetroots(ton)			
猪牛羊肉产量(吨)	Output of Pork, Beef & Mutton(ton)	2342	2211	-5.6
#猪肉产量(吨)	Output of Pork(ton)	332	298	-10.2
牛肉产量(吨)	Output of Beef(ton)	889	919	3.4
羊肉产量(吨)	Output of Mutton(ton)	1121	994	-11.3
羊毛产量(吨)	Output of Wool(ton)	499	511	2.4

23-40 Aershan City in Xingan League

指 标	Item	2007	2008	2008年比上年增长% Increase Rate in 2008 Over 2007(%)
年末牲畜存栏头数(万头只)	Total Livestock at the Year-end(10 000 heads)	14.51	16.42	13.2
#大牲畜(万头只)	Large Animals(10 000 heads)	0.78	0.82	5.1
羊(万只)	Sheep & Goats(10 000 heads)	13.37	15.28	14.3
猪(万头)	Hogs(10 000 heads)	0.36	0.32	-11.1
规模以上工业	**Industrial Enterprises above Designated size**			
工业企业单位数(个)	Number of Industrial Enterprises(unit)			
#内资企业(个)	Civil Funded Enterprises(unit)			
工业总产值(万元)	Gross Industrial Output Value(10 000 yuan)			
内资企业(万元)	Civil Funded Enterprises(10 000 yuan)			
国有企业(万元)	State-owned Enterprises(10 000 yuan)			
集体企业(万元)	Collective-owned Enterprises(10 000 yuan)			
股份合作企业(万元)	Share Holding Enterprises(10 000 yuan)			
联营企业(万元)	Joint Owned Enterprises(10 000 yuan)			
有限责任公司(万元)	Limited Company(10 000 yuan)			
股份有限公司(万元)	Share Holding Limited Company(10 000 yuan)			
私营企业(万元)	Privately Owned Enterprises(10 000 yuan)			
其他企业(万元)	Enterprises of Other Ownership(10 000 yuan)			
港澳台商投资企业(万元)	Funds from HK,Macao & Taiwan(10 000 yuan)			
外商投资企业(万元)	Foreign Funded Enterprises(10 000 yuan)			
工业企业增加值(万元)	Value Added of Industrial Enterprises(10 000 yuan)			
工业企业资产总计(万元)	Total Assets of Industrial Enterprises(10 000 yuan)			
工业企业负债合计(万元)	Total Liabilities of Industrial Enterprises(10 000 yuan)			
工业企业产品销售收入(万元)	Sales of Revenue Industrial Enterprises(10 000 yuan)			
工业企业利润总额(万元)	Total Profits of Industrial Enterprises(10 000 yuan)			
建筑业	**Construction**			
建筑企业单位数(个)	Number of Construction Enterprises(unit)		1	
建筑企业从业人员(人)	Number of Employee in Construction Enterprises(person)		635	
建筑业总产值(万元)	Gross Construction Output Value(10 000 yuan)		2219	
交通运输邮电通信业	**Transportation,Post & Telecommunications**			
公路里程(公里)	Total Length of Highways(km)	582	583	0.2
邮电业务总量(万元)	Business Volume of Post & Telecoms(10 000 yuan)	2993	3016	0.8
本地电话用户(户)	Number of Subscribers of Local Telephone(Household)	16147	12311	-23.8
国内贸易	**Demestic Trade**			
社会消费品零售总额(万元)	Total Retail Sales of Consumer Goods(10 000 yuan)	37611	45218	20.2
#贸易业(万元)	Wholesale & Retail Sales Trades(10 000 yuan)	24869	30299	21.8
餐饮业(万元)	Catering Trade(10 000 yuan)	7471	9049	21.1
科技教育卫生	**Science,Education & Public Health**			
各类专业技术人员(人)	Speccial Technical Personnel(person)	250	820	228.0
幼儿园数(所)	Number of Kindergartens(unit)	2	2	0.0
学龄儿童入学率(%)	Percentage of School-Age Children Enrolled(%)	99.8	100.0	0.2
小学学校数(所)	Number of Primary Schools(unit)	5	6	20.0
小学专任教师数(人)	Number of Full-time Teachers of Primary Schools(person)	262	278	6.1
小学在校学生数(人)	Number of Student Enrollment of Primary Schools(person)	2426	2231	-8.0
普通中学学校数(所)	Number of Regular Secondary Schools(unit)	4	3	-25.0
普通中学专任教师数(人)	Number of Teachers of Secondary Shools(person)	169	165	-2.4
初中在校学生数(人)	Number of Student in Junior Secondary Schools(person)	1158	1127	-2.7
高中在校学生数(人)	Number of Student in Senior Secondary Schools(person)	447	291	-34.9
卫生机构数(所)	Number of Health Institutions(unit)	26	26	0.0
#医院(所)	Hospitals(unit)	4	4	0.0
卫生院(所)	Township Hospitals(unit)	1	1	0.0
床位数(张)	Number of Beds(unit)	519	522	0.6
#医院(张)	Hospitals(unit)	140	140	0.0
卫生院(张)	Township Hospitals(unit)	12	12	0.0
卫生技术人员(人)	Medical Technical Presonnel(person)	279	273	-2.2
#医院(人)	Hospitals(person)	166	170	2.4
卫生院(人)	Township Hospitals(person)	7	7	0.0

23-41 兴安盟科尔沁右翼前旗

指 标	Item	2007	2008	2008 年比上年增长% Increase Rate in 2008 Over 2007(%)
行政区域土地面积(平方公里)	**Area of Administration(Sq.km)**	**19375**	**17428**	**-10.0**
人口和就业	**Population & Employment**			
年末总人口(人)	Total Population Year-end(person)	358797	341439	-4.8
# 男性(人)	Male(person)	185732	176802	-4.8
# 乡村人口(人)	Rural(person)	297710	283271	-4.9
年末总户数(户)	Total Number of Households at the Year-end(Household)	108494	104865	-3.3
# 乡村户数(户)	Number of Rural Household(Household)	85157	82538	-3.1
出生人口(人)	Births(person)	2216	4185	88.9
死亡人口(人)	Deaths(person)	886	1905	115.0
全社会就业人员(人)	Employment(person)	138886	141281	1.7
第一产业(人)	Primary Industry(person)	110865	108900	-1.8
第二产业(人)	Secondary Industry(person)	5873	8247	40.4
第三产业(人)	Tertiary Industry(person)	22148	24134	9.0
在岗职工人数(人)	Number of Staff & Workers Employed in(person)	17901	18348	2.5
乡村劳动力(人)	Number of Rural Laborers(person)	114656	114859	0.2
# 农林牧渔业(人)	Farming,Forestry,Animal Husbandry & Fishery(person)	104685	102645	-1.9
国民经济综合指标	**Summary Item on the National Economy**			
生产总值(万元)	Gross Domestic Product(10 000 yuan)	264077	334781	14.7
第一产业(万元)	Primary Industry(10 000 yuan)	145316	176292	5.6
第二产业(万元)	Secondary Industry(10 000 yuan)	49010	71725	28.2
# 工业(万元)	Industry(10 000 yuan)	37709	53643	23.4
第三产业(万元)	Tertiary Industry(10 000 yuan)	69751	86764	21.4
人均生产总值(元)	Per Capita GDP(yuan)	7383	9562	17.2
全社会固定资产投资(万元)	Total Investment in Fixed Assets(10 000 yuan)	129783	251213	93.6
按登记注册类型分	Grouped by Registered Type			
# 国有(万元)	State-owned Enterprises(10 000 yuan)	68853	142444	106.9
集体(万元)	Collective-owned Enterprises(10 000 yuan)			
有限责任公司(万元)	Limited Liability Corporations(10 000 yuan)	51630	107269	107.8
股份有限公司(万元)	Share Holding Enterprises(10 000 yuan)			
私营企业(万元)	Private Enterprises(10 000 yuan)	8300		
外商及港澳台投资企业 (万元)	Funds from HK,Macao,Taiwan & Foreign(10 000 yuan)			
按城乡渠道分	Grouped by Urban and Rural Area			
城镇（万元）	Urban(10 000 yuan)	128783	249713	93.9
农村（万元）	Rural(10 000 yuan)	1000	1500	50.0
一般预算收入(万元)	General Budgetary Financial Revenue(10 000 yuan)	6021	8844	46.9
一般预算支出(万元)	General Budgetary Financial Expenditures(10 000 yuan)	77242	103580	34.1
城乡居民储蓄存款余额(万元)	Resident Saving Deposit in Urban & Rural(10 000 yuan)	37885	47640	25.7
在岗职工工资总额(万元)	Total Wages of Staff & Workers Empioyed in(10 000 yuan)	22073	28565	29.4
在岗职工平均工资(元)	Average Wage of Staff & Workers Employed in(yuan)	12181	15479	27.1
农牧民人均纯收入(元)	Per Capita Net Income of Peasant & Herdsman(yuan)	2289	2675	16.9
农村牧区经济	**Economic Development in Rural & Pastoral Area**			
耕地面积(公顷)	Cultivated Area(hectare)	185333	167333	-9.7
农作物总播种面积(公顷)	Total Sown Area(hectare)	186648	190368	2.0
# 粮食作物播种面积(公顷)	Sown Area of Grain Crops(hectare)	157490	168030	6.7
有效灌溉面积(公顷)	Irrigated Area(hectare)	54449	49230	-9.6
农牧业机械总动力(万千瓦)	Total Power of Agricultural Machinery(10 000 kw)	42.55	73.81	73.5
化肥施用折纯量(吨)	Consumption of Chemical Fertilizer(ton)	33005	27078	-18.0
农村用电量(万千瓦小时)	Electricity Consumed in Rural Area(10 000 kwh)	3910	3741	-4.3
农林牧渔业总产值(万元)	Gross Output of Farming,Forestry,Animal Husbandry & Fishery(10 000 yuan)	238766	293820	6.5
粮食产量(吨)	Yield of Grain(ton)	491324	600000	22.1
油料产量(吨)	Yield of Oil-bearing Grops(ton)	15888	19642	23.6
甜菜产量(吨)	Yield of Beetroots(ton)	4100	3556	-13.3
猪牛羊肉产量(吨)	Output of Pork, Beef & Mutton(ton)	34133	41335	21.1
# 猪肉产量(吨)	Output of Pork(ton)	8102	13745	69.6
牛肉产量(吨)	Output of Beef(ton)	5875	3495	-40.5
羊肉产量(吨)	Output of Mutton(ton)	20156	24095	19.5
羊毛产量(吨)	Output of Wool(ton)	6096	4646	-23.8

23-41 Keerqinyouyiqian Banner in Xingan League

指 标	Item	2007	2008	2008 年比上年增长% Increase Rate in 2008 Over 2007(%)
年末牲畜存栏头数(万头只)	Total Livestock at the Year-end(10 000 heads)	174.01	178.98	2.9
# 大牲畜(万头只)	Large Animals(10 000 heads)	12.10	14.55	20.2
羊(万只)	Sheep & Goats(10 000 heads)	147.22	152.38	3.5
猪(万头)	Hogs(10 000 heads)	14.69	12.05	-18.0
规模以上工业	**Industrial Enterprises above Designated size**			
工业企业单位数(个)	Number of Industrial Enterprises(unit)	22	23	4.5
# 内资企业(个)	Civil Funded Enterprises(unit)	21	22	4.8
工业总产值(万元)	Gross Industrial Output Value(10 000 yuan)	86378	133800	25.3
内资企业(万元)	Civil Funded Enterprises(10 000 yuan)	84870	133800	57.7
国有企业(万元)	State-owned Enterprises(10 000 yuan)	2859	3779	32.2
集体企业(万元)	Collective-owned Enterprises(10 000 yuan)	2620	4083	55.8
股份合作企业(万元)	Share Holding Enterprises(10 000 yuan)			
联营企业(万元)	Joint Owned Enterprises(10 000 yuan)			
有限责任公司(万元)	Limited Company(10 000 yuan)	28957	48519	67.6
股份有限公司(万元)	Share Holding Limited Company(10 000 yuan)			
私营企业(万元)	Privately Owned Enterprises(10 000 yuan)	50434	77419	53.5
其他企业(万元)	Enterprises of Other Ownership(10 000 yuan)			
港澳台商投资企业(万元)	Funds from HK,Macao & Taiwan(10 000 yuan)			
外商投资企业(万元)	Foreign Funded Enterprises(10 000 yuan)	1508		
工业企业增加值(万元)	Value Added of Industrial Enterprises(10 000 yuan)	31948	47162	25.3
工业企业资产总计(万元)	Total Assets of Industrial Enterprises(10 000 yuan)	88515	78653	-11.1
工业企业负债合计(万元)	Total Liabilities of Industrial Enterprises(10 000 yuan)	60016	69550	15.9
工业企业产品销售收入(万元)	Sales of Revenue Industrial Enterprises(10 000 yuan)	85163	131191	54.0
工业企业利润总额(万元)	Total Profits of Industrial Enterprises(10 000 yuan)	155	-533	
建筑业	**Construction**			
建筑企业单位数(个)	Number of Construction Enterprises(unit)	2	2	0.0
建筑企业从业人员(人)	Number of Employee in Construction Enterprises(person)	137	140	2.2
建筑业总产值(万元)	Gross Construction Output Value(10 000 yuan)	2808	3410	21.4
交通运输邮电通信业	**Transportation,Post & Telecommunications**			
公路里程(公里)	Total Length of Highways(km)	2336	2530	8.3
邮电业务总量(万元)	Business Volume of Post & Telecoms(10 000 yuan)	5115	6327	23.7
本地电话用户(户)	Number of Subscribers of Local Telephone(Household)	27596	25551	-7.4
国内贸易	**Demestic Trade**			
社会消费品零售总额(万元)	Total Retail Sales of Consumer Goods(10 000 yuan)	83311	102240	22.7
# 贸易业(万元)	Wholesale & Retail Sales Trades(10 000 yuan)	75752	93444	23.4
餐饮业(万元)	Catering Trade(10 000 yuan)	4608	5465	18.6
科技教育卫生	**Science,Education & Public Health**			
各类专业技术人员(人)	Speccial Technical Personnel(person)	6258	6464	3.3
幼儿园数(所)	Number of Kindergartens(unit)	8	22	175.0
学龄儿童入学率(%)	Percentage of School-Age Children Enrolled(%)	100.0	100.0	0.0
小学学校数(所)	Number of Primary Schools(unit)	142	78	-45.1
小学专任教师数(人)	Number of Full-time Teachers of Primary Schools(person)	2106	1966	-6.6
小学在校学生数(人)	Number of Student Enrollment of Primary Schools(person)	21438	15787	-26.4
普通中学学校数(所)	Number of Regular Secondary Schools(unit)	28	25	-10.7
普通中学专任教师数(人)	Number of Teachers of Secondary Shools(person)	1558	1409	-9.6
初中在校学生数(人)	Number of Student in Junior Secondary Schools(person)	12249	8890	-27.4
高中在校学生数(人)	Number of Student in Senior Secondary Schools(person)	3084	3120	1.2
卫生机构数(所)	Number of Health Institutions(unit)	32	32	0.0
# 医院(所)	Hospitals(unit)	1	1	0.0
卫生院(所)	Township Hospitals(unit)	28	28	0.0
床位数(张)	Number of Beds(unit)	578	652	12.8
# 医院(张)	Hospitals(unit)	207	207	0.0
卫生院(张)	Township Hospitals(unit)	351	355	1.1
卫生技术人员(人)	Medical Technical Presonnel(person)	1244	1238	-0.5
# 医院(人)	Hospitals(person)	342	342	0.0
卫生院(人)	Township Hospitals(person)	730	730	0.0

23-42 兴安盟科尔沁右翼中旗

指 标	Item	2007	2008	2008年比上年增长% Increase Rate in 2008 Over 2007(%)
行政区域土地面积(平方公里)	**Area of Administration(Sq.km)**	**15613**	**15613**	**0.0**
人口和就业	**Population & Employment**			
年末总人口(人)	Total Population Year-end(person)	257458	262220	1.8
#男性(人)	Male(person)	130231	132804	2.0
#乡村人口(人)	Rural(person)	168991	174021	3.0
年末总户数(户)	Total Number of Households at the Year-end(Household)	64807	65931	1.7
#乡村户数(户)	Number of Rural Household(Household)	40726	41832	2.7
出生人口(人)	Births(person)	2891	2970	2.7
死亡人口(人)	Deaths(person)	1021	1053	3.1
全社会就业人员(人)	Employment(person)	103017	107480	4.3
第一产业(人)	Primary Industry(person)	79888	83089	4.0
第二产业(人)	Secondary Industry(person)	5782	5739	-0.7
第三产业(人)	Tertiary Industry(person)	17347	18652	7.5
在岗职工人数(人)	Number of Staff & Workers Employed in(person)	15663	15812	1.0
乡村劳动力(人)	Number of Rural Laborers(person)	83198	86101	3.5
#农林牧渔业(人)	Farming,Forestry,Animal Husbandry & Fishery(person)	75702	78520	3.7
国民经济综合指标	**Summary Item on the National Economy**			
生产总值(万元)	Gross Domestic Product(10 000 yuan)	165010	210104	16.8
第一产业(万元)	Primary Industry(10 000 yuan)	80356	101064	9.5
第二产业(万元)	Secondary Industry(10 000 yuan)	28871	39496	24.2
#工业(万元)	Industry(10 000 yuan)	19016	24333	16.8
第三产业(万元)	Tertiary Industry(10 000 yuan)	55783	69544	22.2
人均生产总值(元)	Per Capita GDP(yuan)	6448	8086	15.0
全社会固定资产投资(万元)	Total Investment in Fixed Assets(10 000 yuan)	113961	242477	112.8
按登记注册类型分	Grouped by Registered Type			
#国有(万元)	State-owned Enterprises(10 000 yuan)	66635	88785	33.2
集体(万元)	Collective-owned Enterprises(10 000 yuan)	190	600	215.8
有限责任公司(万元)	Limited Liability Corporations(10 000 yuan)	37976	129842	241.9
股份有限公司(万元)	Share Holding Enterprises(10 000 yuan)		6250	
私营企业(万元)	Private Enterprises(10 000 yuan)	5760	12700	120.5
外商及港澳台投资企业(万元)	Funds from HK,Macao,Taiwan & Foreign(10 000 yuan)		1800	
按城乡渠道分	Grouped by Urban and Rural Area			
城镇（万元）	Urban(10 000 yuan)	110961	239977	116.3
农村（万元）	Rural(10 000 yuan)	3000	2500	-16.7
一般预算收入(万元)	General Budgetary Financial Revenue(10 000 yuan)	3133	6492	107.2
一般预算支出(万元)	General Budgetary Financial Expenditures(10 000 yuan)	61026	90701	48.6
城乡居民储蓄存款余额(万元)	Resident Saving Deposit in Urban & Rural(10 000 yuan)	50005	59489	19.0
在岗职工工资总额(万元)	Total Wages of Staff & Workers Empioyed in(10 000 yuan)	19732	25920	31.4
在岗职工平均工资(元)	Average Wage of Staff & Workers Employed in(yuan)	12609	16637	31.9
农牧民人均纯收入(元)	Per Capita Net Income of Peasant & Herdsman(yuan)	2114	2751	30.1
农村牧区经济	**Economic Development in Rural & Pastoral Area**			
耕地面积(公顷)	Cultivated Area(hectare)	129597	129572	0.0
农作物总播种面积(公顷)	Total Sown Area(hectare)	109675	113715	3.7
#粮食作物播种面积(公顷)	Sown Area of Grain Crops(hectare)	91800	97200	5.9
有效灌溉面积(公顷)	Irrigated Area(hectare)	46348	45940	-0.9
农牧业机械总动力(万千瓦)	Total Power of Agricultural Machinery(10 000 kw)	39.76	46.71	17.5
化肥施用折纯量(吨)	Consumption of Chemical Fertilizer(ton)	10059	10614	5.5
农村用电量(万千瓦小时)	Electricity Consumed in Rural Area(10 000 kwh)	2319	3102	33.8
农林牧渔业总产值(万元)	Gross Output of Farming,Forestry,Animal Husbandry & Fishery(10 000 yuan)	137469	176445	11.4
粮食产量(吨)	Yield of Grain(ton)	234663	502000	113.9
油料产量(吨)	Yield of Oil-bearing Grops(ton)	6238	14989	140.3
甜菜产量(吨)	Yield of Beetroots(ton)			
猪牛羊肉产量(吨)	Output of Pork, Beef & Mutton(ton)	31215	31185	-0.1
#猪肉产量(吨)	Output of Pork(ton)	7851	7172	-8.6
牛肉产量(吨)	Output of Beef(ton)	9357	9013	-3.7
羊肉产量(吨)	Output of Mutton(ton)	14007	15000	7.1
羊毛产量(吨)	Output of Wool(ton)	2603	3210	23.3

23-42 Keerqinyouyizhong Banner in Xingan League

指 标	Item	2007	2008	2008 年比上年增长% Increase Rate in 2008 Over 2007(%)
年末牲畜存栏头数(万头只)	Total Livestock at the Year-end(10 000 heads)	145.06	137.93	-4.9
# 大牲畜(万头只)	Large Animals(10 000 heads)	15.82	13.59	-14.1
羊(万只)	Sheep & Goats(10 000 heads)	114.23	111.69	-2.2
猪(万头)	Hogs(10 000 heads)	15.00	12.65	-15.7
规模以上工业	**Industrial Enterprises above Designated size**			
工业企业单位数(个)	Number of Industrial Enterprises(unit)	9	10	11.1
# 内资企业(个)	Civil Funded Enterprises(unit)	8	9	12.5
工业总产值(万元)	Gross Industrial Output Value(10 000 yuan)	25736	40010	25.0
内资企业(万元)	Civil Funded Enterprises(10 000 yuan)	24079	38296	59.0
国有企业(万元)	State-owned Enterprises(10 000 yuan)	4288	4921	14.8
集体企业(万元)	Collective-owned Enterprises(10 000 yuan)	5363	4160	-22.4
股份合作企业(万元)	Share Holding Enterprises(10 000 yuan)			
联营企业(万元)	Joint Owned Enterprises(10 000 yuan)			
有限责任公司(万元)	Limited Company(10 000 yuan)	999	1480	48.1
股份有限公司(万元)	Share Holding Limited Company(10 000 yuan)			
私营企业(万元)	Privately Owned Enterprises(10 000 yuan)	13429	27735	106.5
其他企业(万元)	Enterprises of Other Ownership(10 000 yuan)			
港澳台商投资企业(万元)	Funds from HK,Macao & Taiwan(10 000 yuan)			
外商投资企业(万元)	Foreign Funded Enterprises(10 000 yuan)	1657	1714	3.4
工业企业增加值(万元)	Value Added of Industrial Enterprises(10 000 yuan)	10311	14357	25.0
工业企业资产总计(万元)	Total Assets of Industrial Enterprises(10 000 yuan)	35990	41685	15.8
工业企业负债合计(万元)	Total Liabilities of Industrial Enterprises(10 000 yuan)	18514	20873	12.7
工业企业产品销售收入(万元)	Sales of Revenue Industrial Enterprises(10 000 yuan)	25601	39943	56.0
工业企业利润总额(万元)	Total Profits of Industrial Enterprises(10 000 yuan)	1714	1827	6.6
建筑业	**Construction**			
建筑企业单位数(个)	Number of Construction Enterprises(unit)			
建筑企业从业人员(人)	Number of Employee in Construction Enterprises(person)			
建筑业总产值(万元)	Gross Construction Output Value(10 000 yuan)			
交通运输邮电通信业	**Transportation,Post & Telecommunications**			
公路里程(公里)	Total Length of Highways(km)	1500	1585	5.7
邮电业务总量(万元)	Business Volume of Post & Telecoms(10 000 yuan)	6285	7718	22.8
本地电话用户(户)	Number of Subscribers of Local Telephone(Household)	33898	31125	-8.2
国内贸易	**Demestic Trade**			
社会消费品零售总额(万元)	Total Retail Sales of Consumer Goods(10 000 yuan)	76845	95135	23.8
# 贸易业(万元)	Wholesale & Retail Sales Trades(10 000 yuan)	63363	78330	23.6
餐饮业(万元)	Catering Trade(10 000 yuan)	5794	7524	29.9
科技教育卫生	**Science,Education & Public Health**			
各类专业技术人员(人)	Speccial Technical Personnel(person)	5105	5146	0.8
幼儿园数(所)	Number of Kindergartens(unit)	2	30	1400.0
学龄儿童入学率(%)	Percentage of School-Age Children Enrolled(%)	100.0	100.0	0.0
小学学校数(所)	Number of Primary Schools(unit)	23	23	0.0
小学专任教师数(人)	Number of Full-time Teachers of Primary Schools(person)	1578	1490	-5.6
小学在校学生数(人)	Number of Student Enrollment of Primary Schools(person)	16036	15620	-2.6
普通中学学校数(所)	Number of Regular Secondary Schools(unit)	24	22	-8.3
普通中学专任教师数(人)	Number of Teachers of Secondary Shools(person)	1096	1111	1.4
初中在校学生数(人)	Number of Student in Junior Secondary Schools(person)	11167	9372	-16.1
高中在校学生数(人)	Number of Student in Senior Secondary Schools(person)	3733	3313	-11.3
卫生机构数(所)	Number of Health Institutions(unit)	46	46	0.0
# 医院(所)	Hospitals(unit)	5	5	0.0
卫生院(所)	Township Hospitals(unit)	19	19	0.0
床位数(张)	Number of Beds(unit)	715	732	2.4
# 医院(张)	Hospitals(unit)	450	450	0.0
卫生院(张)	Township Hospitals(unit)	235	231	-1.7
卫生技术人员(人)	Medical Technical Presonnel(person)	1088	1170	7.5
# 医院(人)	Hospitals(person)	518	518	0.0
卫生院(人)	Township Hospitals(person)	400	400	0.0

23-43 兴安盟扎赉特旗

指 标	Item	2007	2008	2008年比上年增长% Increase Rate in 2008 Over 2007(%)
行政区域土地面积(平方公里)	**Area of Administration(Sq.km)**	**11837**	**11837**	**0.0**
人口和就业	**Population & Employment**			
年末总人口(人)	Total Population Year-end(person)	395599	397924	0.6
#男性(人)	Male(person)	205772	206733	0.5
#乡村人口(人)	Rural(person)	305139	305219	0.0
年末总户数(户)	Total Number of Households at the Year-end(Household)	124229	125988	1.4
#乡村户数(户)	Number of Rural Household(Household)	73562	76561	4.1
出生人口(人)	Births(person)	5460	4415	-19.1
死亡人口(人)	Deaths(person)	1982	1807	-8.8
全社会就业人员(人)	Employment(person)	182372	188587	3.4
第一产业(人)	Primary Industry(person)	150914	151522	0.4
第二产业(人)	Secondary Industry(person)	9953	10373	4.2
第三产业(人)	Tertiary Industry(person)	21505	26692	24.1
在岗职工人数(人)	Number of Staff & Workers Employed in(person)	20097	20425	1.6
乡村劳动力(人)	Number of Rural Laborers(person)	157233	162289	3.2
#农林牧渔业(人)	Farming,Forestry,Animal Husbandry & Fishery(person)	145442	145973	0.4
国民经济综合指标	**Summary Item on the National Economy**			
生产总值(万元)	Gross Domestic Product(10 000 yuan)	266712	336877	14.3
第一产业(万元)	Primary Industry(10 000 yuan)	141491	178000	9.5
第二产业(万元)	Secondary Industry(10 000 yuan)	37938	51275	18.4
#工业(万元)	Industry(10 000 yuan)	28866	39275	17.9
第三产业(万元)	Tertiary Industry(10 000 yuan)	87283	107602	19.4
人均生产总值(元)	Per Capita GDP(yuan)	6764	8491	13.6
全社会固定资产投资(万元)	Total Investment in Fixed Assets(10 000 yuan)	105279	213799	103.1
按登记注册类型分	Grouped by Registered Type			
#国有(万元)	State-owned Enterprises(10 000 yuan)	61920	129858	109.7
集体(万元)	Collective-owned Enterprises(10 000 yuan)			
有限责任公司(万元)	Limited Liability Corporations(10 000 yuan)	22455	33080	47.3
股份有限公司(万元)	Share Holding Enterprises(10 000 yuan)		13312	
私营企业(万元)	Private Enterprises(10 000 yuan)	5561	27976	403.1
外商及港澳台投资企业(万元)	Funds from HK,Macao,Taiwan & Foreign(10 000 yuan)			
按城乡渠道分	Grouped by Urban and Rural Area			
城镇（万元）	Urban(10 000 yuan)	100974	202999	101.0
农村（万元）	Rural(10 000 yuan)	4305	10800	150.9
一般预算收入(万元)	General Budgetary Financial Revenue(10 000 yuan)	3881	6915	78.2
一般预算支出(万元)	General Budgetary Financial Expenditures(10 000 yuan)	78917	116290	47.4
城乡居民储蓄存款余额(万元)	Resident Saving Deposit in Urban & Rural(10 000 yuan)	87103	117007	34.3
在岗职工工资总额(万元)	Total Wages of Staff & Workers Empioyed in(10 000 yuan)	24953	35956	44.1
在岗职工平均工资(元)	Average Wage of Staff & Workers Employed in(yuan)	12416	17604	41.8
农牧民人均纯收入(元)	Per Capita Net Income of Peasant & Herdsman(yuan)	2091	2756	31.8
农村牧区经济	**Economic Development in Rural & Pastoral Area**			
耕地面积(公顷)	Cultivated Area(hectare)	315489	315494	0.0
农作物总播种面积(公顷)	Total Sown Area(hectare)	230640	238365	3.3
#粮食作物播种面积(公顷)	Sown Area of Grain Crops(hectare)	203815	226410	11.1
有效灌溉面积(公顷)	Irrigated Area(hectare)	123306	80370	-34.8
农牧业机械总动力(万千瓦)	Total Power of Agricultural Machinery(10 000 kw)	67.75	114.98	69.7
化肥施用折纯量(吨)	Consumption of Chemical Fertilizer(ton)	46872	53454	14.0
农村用电量(万千瓦小时)	Electricity Consumed in Rural Area(10 000 kwh)	3450	3669	6.3
农林牧渔业总产值(万元)	Gross Output of Farming,Forestry,Animal Husbandry & Fishery(10 000 yuan)	232349	290173	10.5
粮食产量(吨)	Yield of Grain(ton)	603269	699000	15.9
油料产量(吨)	Yield of Oil-bearing Grops(ton)	8693	15650	80.0
甜菜产量(吨)	Yield of Beetroots(ton)		3548	
猪牛羊肉产量(吨)	Output of Pork, Beef & Mutton(ton)	39430	39888	1.2
#猪肉产量(吨)	Output of Pork(ton)	27183	30301	11.5
牛肉产量(吨)	Output of Beef(ton)	7049	3181	-54.9
羊肉产量(吨)	Output of Mutton(ton)	5198	6406	23.2
羊毛产量(吨)	Output of Wool(ton)	1408	1748	24.1

23-43 Zhalaite Banner in Xingan League

指 标	Item	2007	2008	2008 年比上年增长% Increase Rate in 2008 Over 2007(%)
年末牲畜存栏头数(万头只)	Total Livestock at the Year-end(10 000 heads)	99.26	115.11	16.0
# 大牲畜(万头只)	Large Animals(10 000 heads)	11.39	19.62	72.3
羊(万只)	Sheep & Goats(10 000 heads)	63.63	63.98	0.6
猪(万头)	Hogs(10 000 heads)	24.24	31.51	30.0
规模以上工业	**Industrial Enterprises above Designated size**			
工业企业单位数(个)	Number of Industrial Enterprises(unit)	19	21	10.5
# 内资企业(个)	Civil Funded Enterprises(unit)	19	21	10.5
工业总产值(万元)	Gross Industrial Output Value(10 000 yuan)	63926	101083	23.1
内资企业(万元)	Civil Funded Enterprises(10 000 yuan)	63926	101083	58.1
国有企业(万元)	State-owned Enterprises(10 000 yuan)	4198	6572	56.6
集体企业(万元)	Collective-owned Enterprises(10 000 yuan)			
股份合作企业(万元)	Share Holding Enterprises(10 000 yuan)			
联营企业(万元)	Joint Owned Enterprises(10 000 yuan)			
有限责任公司(万元)	Limited Company(10 000 yuan)	24934	37321	49.7
股份有限公司(万元)	Share Holding Limited Company(10 000 yuan)		439	
私营企业(万元)	Privately Owned Enterprises(10 000 yuan)	34794	56751	63.1
其他企业(万元)	Enterprises of Other Ownership(10 000 yuan)			
港澳台商投资企业(万元)	Funds from HK,Macao & Taiwan(10 000 yuan)			
外商投资企业(万元)	Foreign Funded Enterprises(10 000 yuan)			
工业企业增加值(万元)	Value Added of Industrial Enterprises(10 000 yuan)	22837	33107	23.1
工业企业资产总计(万元)	Total Assets of Industrial Enterprises(10 000 yuan)	57217	55741	-2.6
工业企业负债合计(万元)	Total Liabilities of Industrial Enterprises(10 000 yuan)	21783	31368	44.0
工业企业产品销售收入(万元)	Sales of Revenue Industrial Enterprises(10 000 yuan)	61802	94145	52.3
工业企业利润总额(万元)	Total Profits of Industrial Enterprises(10 000 yuan)	940	805	-14.4
建筑业	**Construction**			
建筑企业单位数(个)	Number of Construction Enterprises(unit)	1	1	0.0
建筑企业从业人员(人)	Number of Employee in Construction Enterprises(person)	1800	1700	-5.6
建筑业总产值(万元)	Gross Construction Output Value(10 000 yuan)	7714	10575	37.1
交通运输邮电通信业	**Transportation,Post & Telecommunications**			
公路里程(公里)	Total Length of Highways(km)	2140	2162	1.0
邮电业务总量(万元)	Business Volume of Post & Telecoms(10 000 yuan)	7364	9403	27.7
本地电话用户(户)	Number of Subscribers of Local Telephone(Household)	39721	38094	-4.1
国内贸易	**Demestic Trade**			
社会消费品零售总额(万元)	Total Retail Sales of Consumer Goods(10 000 yuan)	104701	127351	21.6
# 贸易业(万元)	Wholesale & Retail Sales Trades(10 000 yuan)	90462	110703	22.4
餐饮业(万元)	Catering Trade(10 000 yuan)	9244	11248	21.7
科技教育卫生	**Science,Education & Public Health**			
各类专业技术人员(人)	Speccial Technical Personnel(person)	5501	6824	24.1
幼儿园数(所)	Number of Kindergartens(unit)	26	34	30.8
学龄儿童入学率(%)	Percentage of School-Age Children Enrolled(%)	100.0	100.0	0.0
小学学校数(所)	Number of Primary Schools(unit)	112	59	-47.3
小学专任教师数(人)	Number of Full-time Teachers of Primary Schools(person)	2087	1956	-6.3
小学在校学生数(人)	Number of Student Enrollment of Primary Schools(person)	18968	18600	-1.9
普通中学学校数(所)	Number of Regular Secondary Schools(unit)	27	27	0.0
普通中学专任教师数(人)	Number of Teachers of Secondary Shools(person)	1508	1399	-7.2
初中在校学生数(人)	Number of Student in Junior Secondary Schools(person)	11467	8428	-26.5
高中在校学生数(人)	Number of Student in Senior Secondary Schools(person)	3605	3327	-7.7
卫生机构数(所)	Number of Health Institutions(unit)	38	38	0.0
# 医院(所)	Hospitals(unit)	5	5	0.0
卫生院(所)	Township Hospitals(unit)	21	21	0.0
床位数(张)	Number of Beds(unit)	595	628	5.5
# 医院(张)	Hospitals(unit)	364	364	0.0
卫生院(张)	Township Hospitals(unit)	221	221	0.0
卫生技术人员(人)	Medical Technical Presonnel(person)	903	906	0.3
# 医院(人)	Hospitals(person)	452	452	0.0
卫生院(人)	Township Hospitals(person)	307	307	0.0

23-44 兴安盟突泉县

指 标	Item	2007	2008	2008 年比上年增长% Increase Rate in 2008 Over 2007(%)
行政区域土地面积(平方公里)	**Area of Administration(Sq.km)**	**4800**	**4800**	**0.0**
人口和就业	**Population & Employment**			
年末总人口(人)	Total Population Year-end(person)	313584	315783	0.7
#男性(人)	Male(person)	160975	162052	0.7
#乡村人口(人)	Rural(person)	236944	239120	0.9
年末总户数(户)	Total Number of Households at the Year-end(Household)	94886	97781	3.1
#乡村户数(户)	Number of Rural Household(Household)	59487	60698	2.0
出生人口(人)	Births(person)	2460	3179	29.2
死亡人口(人)	Deaths(person)	485	1206	148.7
全社会就业人员(人)	Employment(person)	145396	152739	5.1
第一产业(人)	Primary Industry(person)	109363	117051	7.0
第二产业(人)	Secondary Industry(person)	14109	11838	-16.1
第三产业(人)	Tertiary Industry(person)	21924	23850	8.8
在岗职工人数(人)	Number of Staff & Workers Employed in(person)	12256	12280	0.2
乡村劳动力(人)	Number of Rural Laborers(person)	128056	133259	4.1
#农林牧渔业(人)	Farming,Forestry,Animal Husbandry & Fishery(person)	106453	114441	7.5
国民经济综合指标	**Summary Item on the National Economy**			
生产总值(万元)	Gross Domestic Product(10 000 yuan)	223049	270982	14.3
第一产业(万元)	Primary Industry(10 000 yuan)	111340	126140	4.4
第二产业(万元)	Secondary Industry(10 000 yuan)	60980	82331	24.7
#工业(万元)	Industry(10 000 yuan)	44513	57643	21.0
第三产业(万元)	Tertiary Industry(10 000 yuan)	50729	62511	19.8
人均生产总值(元)	Per Capita GDP(yuan)	7118	8611	13.8
全社会固定资产投资(万元)	Total Investment in Fixed Assets(10 000 yuan)	86229	159566	85.0
按登记注册类型分	Grouped by Registered Type			
#国有(万元)	State-owned Enterprises(10 000 yuan)	39168	53080	35.5
集体(万元)	Collective-owned Enterprises(10 000 yuan)			
有限责任公司(万元)	Limited Liability Corporations(10 000 yuan)	1500	800	-46.7
股份有限公司(万元)	Share Holding Enterprises(10 000 yuan)	21366	20055	-6.1
私营企业(万元)	Private Enterprises(10 000 yuan)	21195	78931	272.4
外商及港澳台投资企业(万元)	Funds from HK,Macao,Taiwan & Foreign(10 000 yuan)			
按城乡渠道分	Grouped by Urban and Rural Area			
城镇(万元)	Urban(10 000 yuan)	51078	139066	172.3
农村(万元)	Rural(10 000 yuan)	35151	20500	-41.7
一般预算收入(万元)	General Budgetary Financial Revenue(10 000 yuan)	2457	2385	-2.9
一般预算支出(万元)	General Budgetary Financial Expenditures(10 000 yuan)	59225	88110	48.8
城乡居民储蓄存款余额(万元)	Resident Saving Deposit in Urban & Rural(10 000 yuan)	75073	91435	21.8
在岗职工工资总额(万元)	Total Wages of Staff & Workers Empioyed in(10 000 yuan)	14019	20485	46.1
在岗职工平均工资(元)	Average Wage of Staff & Workers Employed in(yuan)	11452	16715	46.0
农牧民人均纯收入(元)	Per Capita Net Income of Peasant & Herdsman(yuan)	1987	2609	31.3
农村牧区经济	**Economic Development in Rural & Pastoral Area**			
耕地面积(公顷)	Cultivated Area(hectare)	145234	144972	-0.2
农作物总播种面积(公顷)	Total Sown Area(hectare)	132046	144930	9.8
#粮食作物播种面积(公顷)	Sown Area of Grain Crops(hectare)	122700	132780	8.2
有效灌溉面积(公顷)	Irrigated Area(hectare)	59547	56540	-5.0
农牧业机械总动力(万千瓦)	Total Power of Agricultural Machinery(10 000 kw)	24.36	43.75	79.6
化肥施用折纯量(吨)	Consumption of Chemical Fertilizer(ton)	28431	28557	0.4
农村用电量(万千瓦小时)	Electricity Consumed in Rural Area(10 000 kwh)	772	3309	328.6
农林牧渔业总产值(万元)	Gross Output of Farming,Forestry,Animal Husbandry & Fishery(10 000 yuan)	181985	209830	5.8
粮食产量(吨)	Yield of Grain(ton)	468091	505400	8.0
油料产量(吨)	Yield of Oil-bearing Grops(ton)	3389	5153	52.1
甜菜产量(吨)	Yield of Beetroots(ton)		4998	
猪牛羊肉产量(吨)	Output of Pork, Beef & Mutton(ton)	12624	14173	12.3
#猪肉产量(吨)	Output of Pork(ton)	7492	8044	7.4
牛肉产量(吨)	Output of Beef(ton)	1074	1270	18.2
羊肉产量(吨)	Output of Mutton(ton)	4058	4859	19.7
羊毛产量(吨)	Output of Wool(ton)	663	743	12.1

23-44 Tuquan County in Xingan League

指 标	Item	2007	2008	2008 年比上年增长% Increase Rate in 2008 Over 2007(%)
年末牲畜存栏头数(万头只)	Total Livestock at the Year-end(10 000 heads)	53.75	53.86	0.2
#大牲畜(万头只)	Large Animals(10 000 heads)	5.85	7.04	20.3
羊(万只)	Sheep & Goats(10 000 heads)	38.87	39.22	0.9
猪(万头)	Hogs(10 000 heads)	9.04	7.60	-15.9
规模以上工业	**Industrial Enterprises above Designated size**			
工业企业单位数(个)	Number of Industrial Enterprises(unit)	10	15	50.0
#内资企业(个)	Civil Funded Enterprises(unit)	10	15	50.0
工业总产值(万元)	Gross Industrial Output Value(10 000 yuan)	53393	88471	41.4
内资企业(万元)	Civil Funded Enterprises(10 000 yuan)	53393	88471	65.7
国有企业(万元)	State-owned Enterprises(10 000 yuan)	4173	4753	13.9
集体企业(万元)	Collective-owned Enterprises(10 000 yuan)	3018	4097	35.8
股份合作企业(万元)	Share Holding Enterprises(10 000 yuan)			
联营企业(万元)	Joint Owned Enterprises(10 000 yuan)			
有限责任公司(万元)	Limited Company(10 000 yuan)	4382	6126	39.8
股份有限公司(万元)	Share Holding Limited Company(10 000 yuan)	25987	31855	22.6
私营企业(万元)	Privately Owned Enterprises(10 000 yuan)	15833	41640	163.0
其他企业(万元)	Enterprises of Other Ownership(10 000 yuan)			
港澳台商投资企业(万元)	Funds from HK,Macao & Taiwan(10 000 yuan)			
外商投资企业(万元)	Foreign Funded Enterprises(10 000 yuan)			
工业企业增加值(万元)	Value Added of Industrial Enterprises(10 000 yuan)	19024	29996	41.4
工业企业资产总计(万元)	Total Assets of Industrial Enterprises(10 000 yuan)	32367	50182	55.0
工业企业负债合计(万元)	Total Liabilities of Industrial Enterprises(10 000 yuan)	22105	29582	33.8
工业企业产品销售收入(万元)	Sales of Revenue Industrial Enterprises(10 000 yuan)	50782	84994	67.4
工业企业利润总额(万元)	Total Profits of Industrial Enterprises(10 000 yuan)	219	909	315.8
建筑业	**Construction**			
建筑企业单位数(个)	Number of Construction Enterprises(unit)	1	1	0.0
建筑企业从业人员(人)	Number of Employee in Construction Enterprises(person)	1200	2000	66.7
建筑业总产值(万元)	Gross Construction Output Value(10 000 yuan)	9893	22583	128.3
交通运输邮电通信业	**Transportation,Post & Telecommunications**			
公路里程(公里)	Total Length of Highways(km)	1704	1704	0.0
邮电业务总量(万元)	Business Volume of Post & Telecoms(10 000 yuan)	5520	5909	7.0
本地电话用户(户)	Number of Subscribers of Local Telephone(Household)	29762	23924	-19.6
国内贸易	**Demestic Trade**			
社会消费品零售总额(万元)	Total Retail Sales of Consumer Goods(10 000 yuan)	80101	98233	22.6
#贸易业(万元)	Wholesale & Retail Sales Trades(10 000 yuan)	70722	86960	23.0
餐饮业(万元)	Catering Trade(10 000 yuan)	7087	8656	22.1
科技教育卫生	**Science,Education & Public Health**			
各类专业技术人员(人)	Speccial Technical Personnel(person)	5086	5140	1.1
幼儿园数(所)	Number of Kindergartens(unit)	4	71	1675.0
学龄儿童入学率(%)	Percentage of School-Age Children Enrolled(%)	98.9	100.0	1.1
小学学校数(所)	Number of Primary Schools(unit)	92	69	-25.0
小学专任教师数(人)	Number of Full-time Teachers of Primary Schools(person)	1296	1292	-0.3
小学在校学生数(人)	Number of Student Enrollment of Primary Schools(person)	19774	17851	-9.7
普通中学学校数(所)	Number of Regular Secondary Schools(unit)	12	11	-8.3
普通中学专任教师数(人)	Number of Teachers of Secondary Shools(person)	839	931	11.0
初中在校学生数(人)	Number of Student in Junior Secondary Schools(person)	10612	9673	-8.8
高中在校学生数(人)	Number of Student in Senior Secondary Schools(person)	4045	3384	-16.3
卫生机构数(所)	Number of Health Institutions(unit)	47	38	-19.1
#医院(所)	Hospitals(unit)	3	2	-33.3
卫生院(所)	Township Hospitals(unit)	12	12	0.0
床位数(张)	Number of Beds(unit)	387	443	14.5
#医院(张)	Hospitals(unit)	234	267	14.1
卫生院(张)	Township Hospitals(unit)	143	143	0.0
卫生技术人员(人)	Medical Technical Presonnel(person)	684	702	2.6
#医院(人)	Hospitals(person)	317	348	9.8
卫生院(人)	Township Hospitals(person)	165	165	0.0

23-45 通辽市科尔沁区

指 标	Item	2007	2008	2008年比上年增长% Increase Rate in 2008 Over 2007(%)
行政区域土地面积(平方公里)	**Area of Administration(Sq.km)**	**3212**	**3212**	**0.0**
人口和就业	**Population & Employment**			
年末总人口(人)	Total Population Year-end(person)	833616	857532	2.9
# 男性(人)	Male(person)	422447	432684	2.4
# 乡村人口(人)	Rural(person)	436057	433435	-0.6
年末总户数(户)	Total Number of Households at the Year-end(Household)	270430	277464	2.6
# 乡村户数(户)	Number of Rural Household(Household)	137223	136657	-0.4
出生人口(人)	Births(person)	7895	7837	-0.7
死亡人口(人)	Deaths(person)	2472	11944	383.2
全社会就业人员(人)	Employment(person)	361914	363697	0.5
第一产业(人)	Primary Industry(person)	222966	223015	0.0
第二产业(人)	Secondary Industry(person)	52770	53287	1.0
第三产业(人)	Tertiary Industry(person)	86178	87395	1.4
在岗职工人数(人)	Number of Staff & Workers Employed in(person)	92062	99640	8.2
乡村劳动力(人)	Number of Rural Laborers(person)	217787	212053	-2.6
# 农林牧渔业(人)	Farming,Forestry,Animal Husbandry & Fishery(person)	172893	145745	-15.7
国民经济综合指标	**Summary Item on the National Economy**			
生产总值(万元)	Gross Domestic Product(10 000 yuan)	2284798	3260602	19.2
第一产业(万元)	Primary Industry(10 000 yuan)	279971	324000	7.8
第二产业(万元)	Secondary Industry(10 000 yuan)	1378973	1990594	20.9
# 工业(万元)	Industry(10 000 yuan)	1178100	1771472	25.0
第三产业(万元)	Tertiary Industry(10 000 yuan)	625854	946008	21.4
人均生产总值(元)	Per Capita GDP(yuan)	26486	35087	18.5
全社会固定资产投资(万元)	Total Investment in Fixed Assets(10 000 yuan)	1901001	2255058	18.6
按登记注册类型分	Grouped by Registered Type			
# 国有(万元)	State-owned Enterprises(10 000 yuan)	1068091	1066373	-0.2
集体(万元)	Collective-owned Enterprises(10 000 yuan)			
有限责任公司(万元)	Limited Liability Corporations(10 000 yuan)	532197	787049	47.9
股份有限公司(万元)	Share Holding Enterprises(10 000 yuan)	52446	257300	390.6
私营企业(万元)	Private Enterprises(10 000 yuan)	18646	47616	155.4
外商及港澳台投资企业 (万元)	Funds from HK,Macao,Taiwan & Foreign(10 000 yuan)	15400	16885	9.6
按城乡渠道分	Grouped by Urban and Rural Area			
城镇（万元）	Urban(10 000 yuan)	1901001	2177133	14.5
农村（万元）	Rural(10 000 yuan)		77925	
一般预算收入(万元)	General Budgetary Financial Revenue(10 000 yuan)	53691	93545	74.2
一般预算支出(万元)	General Budgetary Financial Expenditures(10 000 yuan)	118415	185048	56.3
城乡居民储蓄存款余额(万元)	Resident Saving Deposit in Urban & Rural(10 000 yuan)	768105	825710	7.5
在岗职工工资总额(万元)	Total Wages of Staff & Workers Empioyed in(10 000 yuan)	161111	194258	20.6
在岗职工平均工资(元)	Average Wage of Staff & Workers Employed in(yuan)	17295	19199	11.0
农牧民人均纯收入(元)	Per Capita Net Income of Peasant & Herdsman(yuan)	5501	6200	12.7
农村牧区经济	**Economic Development in Rural & Pastoral Area**			
耕地面积(公顷)	Cultivated Area(hectare)	137905	140453	1.8
农作物总播种面积(公顷)	Total Sown Area(hectare)	147610	149355	1.2
# 粮食作物播种面积(公顷)	Sown Area of Grain Crops(hectare)	114749	121495	5.9
有效灌溉面积(公顷)	Irrigated Area(hectare)	122791	146302	19.1
农牧业机械总动力(万千瓦)	Total Power of Agricultural Machinery(10 000 kw)	2663.86	2798.22	5.0
化肥施用折纯量(吨)	Consumption of Chemical Fertilizer(ton)	80112	80310	0.2
农村用电量(万千瓦小时)	Electricity Consumed in Rural Area(10 000 kwh)	24384	16919	-30.6
农林牧渔业总产值(万元)	Gross Output of Farming,Forestry,Animal Husbandry & Fishery(10 000 yuan)	467127	540282	7.8
粮食产量(吨)	Yield of Grain(ton)	894509	949375	6.1
油料产量(吨)	Yield of Oil-bearing Grops(ton)	5740	7283	26.9
甜菜产量(吨)	Yield of Beetroots(ton)	1755	1134	-35.4
猪牛羊肉产量(吨)	Output of Pork, Beef & Mutton(ton)	173020	133197	-23.0
# 猪肉产量(吨)	Output of Pork(ton)	120404	97560	-19.0
牛肉产量(吨)	Output of Beef(ton)	46606	31921	-31.5
羊肉产量(吨)	Output of Mutton(ton)	6010	3716	-38.2
羊毛产量(吨)	Output of Wool(ton)	600	612	2.0

23-45 Keerqin District in Tongliao City

指 标	Item	2007	2008	2008年比上年增长% Increase Rate in 2008 Over 2007(%)
年末牲畜存栏头数(万头只)	Total Livestock at the Year-end(10 000 heads)	173.67	153.85	-11.4
#大牲畜(万头只)	Large Animals(10 000 heads)	30.43	32.35	6.3
羊(万只)	Sheep & Goats(10 000 heads)	61.81	42.30	-31.6
猪(万头)	Hogs(10 000 heads)	81.12	79.10	-2.5
规模以上工业	**Industrial Enterprises above Designated size**			
工业企业单位数(个)	Number of Industrial Enterprises(unit)	153	174	13.7
#内资企业(个)	Civil Funded Enterprises(unit)	142	51	-64.1
工业总产值(万元)	Gross Industrial Output Value(10 000 yuan)	3107451	4786829	54.0
内资企业(万元)	Civil Funded Enterprises(10 000 yuan)	2491889	4072017	63.4
国有企业(万元)	State-owned Enterprises(10 000 yuan)	363600	547001	50.4
集体企业(万元)	Collective-owned Enterprises(10 000 yuan)	165336	171999	4.0
股份合作企业(万元)	Share Holding Enterprises(10 000 yuan)			
联营企业(万元)	Joint Owned Enterprises(10 000 yuan)			
有限责任公司(万元)	Limited Company(10 000 yuan)	829400	1877470	126.4
股份有限公司(万元)	Share Holding Limited Company(10 000 yuan)	680253	773301	13.7
私营企业(万元)	Privately Owned Enterprises(10 000 yuan)	453300	702246	54.9
其他企业(万元)	Enterprises of Other Ownership(10 000 yuan)			
港澳台商投资企业(万元)	Funds from HK,Macao & Taiwan(10 000 yuan)	260900	16721	-93.6
外商投资企业(万元)	Foreign Funded Enterprises(10 000 yuan)	354662	698091	96.8
工业企业增加值(万元)	Value Added of Industrial Enterprises(10 000 yuan)	1094990	1586272	32.0
工业企业资产总计(万元)	Total Assets of Industrial Enterprises(10 000 yuan)	1698722	2757064	62.3
工业企业负债合计(万元)	Total Liabilities of Industrial Enterprises(10 000 yuan)	889009	1781145	100.4
工业企业产品销售收入(万元)	Sales of Revenue Industrial Enterprises(10 000 yuan)	3012080	4672319	55.1
工业企业利润总额(万元)	Total Profits of Industrial Enterprises(10 000 yuan)	322944	330596	2.4
建筑业	**Construction**			
建筑企业单位数(个)	Number of Construction Enterprises(unit)	28	39	39.3
建筑企业从业人员(人)	Number of Employee in Construction Enterprises(person)	12034	13786	14.6
建筑业总产值(万元)	Gross Construction Output Value(10 000 yuan)	304956	369939	21.3
交通运输邮电通信业	**Transportation,Post & Telecommunications**			
公路里程(公里)	Total Length of Highways(km)	552	594	7.6
邮电业务总量(万元)	Business Volume of Post & Telecoms(10 000 yuan)	42380	49571	17.0
本地电话用户(户)	Number of Subscribers of Local Telephone(Household)	325644	367141	12.7
国内贸易	**Demestic Trade**			
社会消费品零售总额(万元)	Total Retail Sales of Consumer Goods(10 000 yuan)	595355	751510	26.2
#贸易业(万元)	Wholesale & Retail Sales Trades(10 000 yuan)	531648	696580	31.0
餐饮业(万元)	Catering Trade(10 000 yuan)	52805	53829	1.9
科技教育卫生	**Science,Education & Public Health**			
各类专业技术人员(人)	Speccial Technical Personnel(person)	21465	21516	0.2
幼儿园数(所)	Number of Kindergartens(unit)	13	13	0.0
学龄儿童入学率(%)	Percentage of School-Age Children Enrolled(%)	101.0	101.0	0.0
小学学校数(所)	Number of Primary Schools(unit)	151	128	-15.2
小学专任教师数(人)	Number of Full-time Teachers of Primary Schools(person)	3596	3763	4.6
小学在校学生数(人)	Number of Student Enrollment of Primary Schools(person)	55755	60567	8.6
普通中学学校数(所)	Number of Regular Secondary Schools(unit)	42	43	2.4
普通中学专任教师数(人)	Number of Teachers of Secondary Shools(person)	3657	4130	12.9
初中在校学生数(人)	Number of Student in Junior Secondary Schools(person)	70677	36933	-47.7
高中在校学生数(人)	Number of Student in Senior Secondary Schools(person)	26181	25896	-1.1
卫生机构数(所)	Number of Health Institutions(unit)	49	49	0.0
#医院(所)	Hospitals(unit)	16	16	0.0
卫生院(所)	Township Hospitals(unit)	23	23	0.0
床位数(张)	Number of Beds(unit)	3065	3285	7.2
#医院(张)	Hospitals(unit)	2621	2812	7.3
卫生院(张)	Township Hospitals(unit)	363	383	5.5
卫生技术人员(人)	Medical Technical Presonnel(person)	5405	5328	-1.4
#医院(人)	Hospitals(person)	3708	3699	-0.2
卫生院(人)	Township Hospitals(person)	800	803	0.4

23-46 通辽市霍林郭勒市

指 标	Item	2007	2008	2008年比上年增长% Increase Rate in 2008 Over 2007(%)
行政区域土地面积(平方公里)	**Area of Administration(Sq.km)**	**585**	**585**	**0.0**
人口和就业	**Population & Employment**			
年末总人口(人)	Total Population Year-end(person)	76268	78892	3.4
# 男性(人)	Male(person)	39430	40536	2.8
# 乡村人口(人)	Rural(person)	10676	11881	11.3
年末总户数(户)	Total Number of Households at the Year-end(Household)	23097	26083	12.9
# 乡村户数(户)	Number of Rural Household(Household)	2937	3411	16.1
出生人口(人)	Births(person)	803	908	13.1
死亡人口(人)	Deaths(person)	215	210	-2.3
全社会就业人员(人)	Employment(person)	34192	36524	6.8
第一产业(人)	Primary Industry(person)	4470	4408	-1.4
第二产业(人)	Secondary Industry(person)	14846	15124	1.9
第三产业(人)	Tertiary Industry(person)	14876	16992	14.2
在岗职工人数(人)	Number of Staff & Workers Employed in(person)	12297	15208	23.7
乡村劳动力(人)	Number of Rural Laborers(person)	6405	7823	22.1
# 农林牧渔业(人)	Farming,Forestry,Animal Husbandry & Fishery(person)	4365	4695	7.6
国民经济综合指标	**Summary Item on the National Economy**			
生产总值(万元)	Gross Domestic Product(10 000 yuan)	803345	1310107	24.0
第一产业(万元)	Primary Industry(10 000 yuan)	12500	16100	7.0
第二产业(万元)	Secondary Industry(10 000 yuan)	550730	934786	24.4
# 工业(万元)	Industry(10 000 yuan)	506522	874893	25.1
第三产业(万元)	Tertiary Industry(10 000 yuan)	240115	359221	22.1
人均生产总值(元)	Per Capita GDP(yuan)	105332	166063	20.0
全社会固定资产投资(万元)	Total Investment in Fixed Assets(10 000 yuan)	603270	614063	1.8
按登记注册类型分	Grouped by Registered Type			
# 国有(万元)	State-owned Enterprises(10 000 yuan)	313567	295086	-5.9
集体(万元)	Collective-owned Enterprises(10 000 yuan)			
有限责任公司(万元)	Limited Liability Corporations(10 000 yuan)	121790	172958	42.0
股份有限公司(万元)	Share Holding Enterprises(10 000 yuan)	146877	99353	-32.4
私营企业(万元)	Private Enterprises(10 000 yuan)	19936	31829	59.7
外商及港澳台投资企业(万元)	Funds from HK,Macao,Taiwan & Foreign(10 000 yuan)			
按城乡渠道分	Grouped by Urban and Rural Area			
城镇(万元)	Urban(10 000 yuan)	603270	614063	1.8
农村(万元)	Rural(10 000 yuan)			
一般预算收入(万元)	General Budgetary Financial Revenue(10 000 yuan)	34705	74275	114.0
一般预算支出(万元)	General Budgetary Financial Expenditures(10 000 yuan)	58188	100388	72.5
城乡居民储蓄存款余额(万元)	Resident Saving Deposit in Urban & Rural(10 000 yuan)	108564	118120	8.8
在岗职工工资总额(万元)	Total Wages of Staff & Workers Empioyed in(10 000 yuan)	46646	62406	33.8
在岗职工平均工资(元)	Average Wage of Staff & Workers Employed in(yuan)	37932	40860	7.7
农牧民人均纯收入(元)	Per Capita Net Income of Peasant & Herdsman(yuan)	7894	9005	14.1
农村牧区经济	**Economic Development in Rural & Pastoral Area**			
耕地面积(公顷)	Cultivated Area(hectare)	13090	12717	-2.8
农作物总播种面积(公顷)	Total Sown Area(hectare)	9684	7220	-25.4
# 粮食作物播种面积(公顷)	Sown Area of Grain Crops(hectare)	6615	5506	-16.8
有效灌溉面积(公顷)	Irrigated Area(hectare)	300	300	0.0
农牧业机械总动力(万千瓦)	Total Power of Agricultural Machinery(10 000 kw)	2.40	2.42	0.8
化肥施用折纯量(吨)	Consumption of Chemical Fertilizer(ton)	1502	1563	4.1
农村用电量(万千瓦小时)	Electricity Consumed in Rural Area(10 000 kwh)	491	4016	717.9
农林牧渔业总产值(万元)	Gross Output of Farming,Forestry,Animal Husbandry & Fishery(10 000 yuan)	26037	30064	-4.0
粮食产量(吨)	Yield of Grain(ton)	20227	21825	7.9
油料产量(吨)	Yield of Oil-bearing Grops(ton)	450	1102	144.9
甜菜产量(吨)	Yield of Beetroots(ton)			
猪牛羊肉产量(吨)	Output of Pork, Beef & Mutton(ton)	3913	6409	63.8
# 猪肉产量(吨)	Output of Pork(ton)	1663	1700	2.2
牛肉产量(吨)	Output of Beef(ton)	425	786	84.9
羊肉产量(吨)	Output of Mutton(ton)	1825	3923	115.0
羊毛产量(吨)	Output of Wool(ton)	400	400	0.0

23-46 Huolinguole City in Tongliao City

指 标	Item	2007	2008	2008 年比上年增长% Increase Rate in 2008 Over 2007(%)
年末牲畜存栏头数(万头只)	Total Livestock at the Year-end(10 000 heads)	16.51	14.71	-10.9
#大牲畜(万头只)	Large Animals(10 000 heads)	0.72	0.69	-4.2
羊(万只)	Sheep & Goats(10 000 heads)	15.35	13.49	-12.1
猪(万头)	Hogs(10 000 heads)	0.44	0.52	18.2
规模以上工业	**Industrial Enterprises above Designated size**			
工业企业单位数(个)	Number of Industrial Enterprises(unit)	27	37	37.0
#内资企业(个)	Civil Funded Enterprises(unit)	25	35	40.0
工业总产值(万元)	Gross Industrial Output Value(10 000 yuan)	937044	1381000	47.4
内资企业(万元)	Civil Funded Enterprises(10 000 yuan)	582559	949300	63.0
国有企业(万元)	State-owned Enterprises(10 000 yuan)	2395	90300	3670.4
集体企业(万元)	Collective-owned Enterprises(10 000 yuan)			
股份合作企业(万元)	Share Holding Enterprises(10 000 yuan)			
联营企业(万元)	Joint Owned Enterprises(10 000 yuan)			
有限责任公司(万元)	Limited Company(10 000 yuan)	226081	462300	104.5
股份有限公司(万元)	Share Holding Limited Company(10 000 yuan)	256802	384300	49.6
私营企业(万元)	Privately Owned Enterprises(10 000 yuan)	97281	12400	-87.3
其他企业(万元)	Enterprises of Other Ownership(10 000 yuan)			
港澳台商投资企业(万元)	Funds from HK,Macao & Taiwan(10 000 yuan)			
外商投资企业(万元)	Foreign Funded Enterprises(10 000 yuan)	354485	431700	21.8
工业企业增加值(万元)	Value Added of Industrial Enterprises(10 000 yuan)	448696	638875	22.8
工业企业资产总计(万元)	Total Assets of Industrial Enterprises(10 000 yuan)	1210479	2398100	98.1
工业企业负债合计(万元)	Total Liabilities of Industrial Enterprises(10 000 yuan)	770483	1501900	94.9
工业企业产品销售收入(万元)	Sales of Revenue Industrial Enterprises(10 000 yuan)	897102	1301100	45.0
工业企业利润总额(万元)	Total Profits of Industrial Enterprises(10 000 yuan)	165281	165800	0.3
建筑业	**Construction**			
建筑企业单位数(个)	Number of Construction Enterprises(unit)	6	6	0.0
建筑企业从业人员(人)	Number of Employee in Construction Enterprises(person)	3451	6026	74.6
建筑业总产值(万元)	Gross Construction Output Value(10 000 yuan)	37477	58899	57.2
交通运输邮电通信业	**Transportation,Post & Telecommunications**			
公路里程(公里)	Total Length of Highways(km)	65	65	0.2
邮电业务总量(万元)	Business Volume of Post & Telecoms(10 000 yuan)	8292	14926	80.0
本地电话用户(户)	Number of Subscribers of Local Telephone(Household)	102905	102000	-0.9
国内贸易	**Demestic Trade**			
社会消费品零售总额(万元)	Total Retail Sales of Consumer Goods(10 000 yuan)	114940	140722	22.4
#贸易业(万元)	Wholesale & Retail Sales Trades(10 000 yuan)	80254	96113	19.8
餐饮业(万元)	Catering Trade(10 000 yuan)	34686	37802	9.0
科技教育卫生	**Science,Education & Public Health**			
各类专业技术人员(人)	Speccial Technical Personnel(person)	1663	1724	3.7
幼儿园数(所)	Number of Kindergartens(unit)	5	6	20.0
学龄儿童入学率(%)	Percentage of School-Age Children Enrolled(%)	99.9	100.0	0.1
小学学校数(所)	Number of Primary Schools(unit)	9	7	-22.2
小学专任教师数(人)	Number of Full-time Teachers of Primary Schools(person)	359	378	5.3
小学在校学生数(人)	Number of Student Enrollment of Primary Schools(person)	7101	6761	-4.8
普通中学学校数(所)	Number of Regular Secondary Schools(unit)	7	7	0.0
普通中学专任教师数(人)	Number of Teachers of Secondary Shools(person)	530	548	3.4
初中在校学生数(人)	Number of Student in Junior Secondary Schools(person)	3728	3636	-2.5
高中在校学生数(人)	Number of Student in Senior Secondary Schools(person)	3208	2694	-16.0
卫生机构数(所)	Number of Health Institutions(unit)	6	6	0.0
#医院(所)	Hospitals(unit)	6	2	-66.7
卫生院(所)	Township Hospitals(unit)		2	
床位数(张)	Number of Beds(unit)	350	524	49.7
#医院(张)	Hospitals(unit)	350	426	21.7
卫生院(张)	Township Hospitals(unit)		98	
卫生技术人员(人)	Medical Technical Presonnel(person)	346	354	2.3
#医院(人)	Hospitals(person)	346	354	2.3
卫生院(人)	Township Hospitals(person)			

23-47 通辽市科尔沁左翼中旗

指 标	Item	2007	2008	2008 年比上年增长% Increase Rate in 2008 Over 2007(%)
行政区域土地面积(平方公里)	**Area of Administration(Sq.km)**	**9811**	**9569**	**-2.5**
人口和就业	**Population & Employment**			
年末总人口(人)	Total Population Year-end(person)	537495	535424	-0.4
#男性(人)	Male(person)	273957	272512	-0.5
#乡村人口(人)	Rural(person)	445713	453065	1.6
年末总户数(户)	Total Number of Households at the Year-end(Household)	150785	155107	2.9
#乡村户数(户)	Number of Rural Household(Household)	104382	104690	0.3
出生人口(人)	Births(person)	5494	5199	-5.4
死亡人口(人)	Deaths(person)	993	6446	549.1
全社会就业人员(人)	Employment(person)	244013	252332	3.4
第一产业(人)	Primary Industry(person)	161870	166341	2.8
第二产业(人)	Secondary Industry(person)	26288	28927	10.0
第三产业(人)	Tertiary Industry(person)	55855	57064	2.2
在岗职工人数(人)	Number of Staff & Workers Employed in(person)	26114	25854	-1.0
乡村劳动力(人)	Number of Rural Laborers(person)	206484	215368	4.3
#农林牧渔业(人)	Farming,Forestry,Animal Husbandry & Fishery(person)	158112	164218	3.9
国民经济综合指标	**Summary Item on the National Economy**			
生产总值(万元)	Gross Domestic Product(10 000 yuan)	531023	698803	19.4
第一产业(万元)	Primary Industry(10 000 yuan)	165114	221000	8.3
第二产业(万元)	Secondary Industry(10 000 yuan)	153360	243261	39.4
#工业(万元)	Industry(10 000 yuan)	138087	222535	41.2
第三产业(万元)	Tertiary Industry(10 000 yuan)	212549	234542	11.8
人均生产总值(元)	Per Capita GDP(yuan)	9974	13025	18.5
全社会固定资产投资(万元)	Total Investment in Fixed Assets(10 000 yuan)	146368	302407	106.6
按登记注册类型分	Grouped by Registered Type			
#国有(万元)	State-owned Enterprises(10 000 yuan)	57609	221935	285.2
集体(万元)	Collective-owned Enterprises(10 000 yuan)	350	300	-14.3
有限责任公司(万元)	Limited Liability Corporations(10 000 yuan)	49165	48949	-0.4
股份有限公司(万元)	Share Holding Enterprises(10 000 yuan)	14338	16592	15.7
私营企业(万元)	Private Enterprises(10 000 yuan)	19814	10351	-47.8
外商及港澳台投资企业(万元)	Funds from HK,Macao,Taiwan & Foreign(10 000 yuan)			
按城乡渠道分	Grouped by Urban and Rural Area			
城镇（万元）	Urban(10 000 yuan)	121687	287031	135.9
农村（万元）	Rural(10 000 yuan)	24681	15376	-37.7
一般预算收入(万元)	General Budgetary Financial Revenue(10 000 yuan)	6617	11393	72.2
一般预算支出(万元)	General Budgetary Financial Expenditures(10 000 yuan)	84120	121560	44.5
城乡居民储蓄存款余额(万元)	Resident Saving Deposit in Urban & Rural(10 000 yuan)	57911	75894	31.1
在岗职工工资总额(万元)	Total Wages of Staff & Workers Empioyed in(10 000 yuan)	37721	41718	10.6
在岗职工平均工资(元)	Average Wage of Staff & Workers Employed in(yuan)	14349	16136	12.5
农牧民人均纯收入(元)	Per Capita Net Income of Peasant & Herdsman(yuan)	3720	4338	16.6
农村牧区经济	**Economic Development in Rural & Pastoral Area**			
耕地面积(公顷)	Cultivated Area(hectare)	204890	204890	0.0
农作物总播种面积(公顷)	Total Sown Area(hectare)	220117	246232	11.9
#粮食作物播种面积(公顷)	Sown Area of Grain Crops(hectare)	169341	191027	12.8
有效灌溉面积(公顷)	Irrigated Area(hectare)	152090	154000	1.3
农牧业机械总动力(万千瓦)	Total Power of Agricultural Machinery(10 000 kw)	63.25	112.51	77.9
化肥施用折纯量(吨)	Consumption of Chemical Fertilizer(ton)	53126	73765	38.8
农村用电量(万千瓦小时)	Electricity Consumed in Rural Area(10 000 kwh)	8072	9182	13.8
农林牧渔业总产值(万元)	Gross Output of Farming,Forestry,Animal Husbandry & Fishery(10 000 yuan)	351193	457340	30.4
粮食产量(吨)	Yield of Grain(ton)	782843	1832508	134.1
油料产量(吨)	Yield of Oil-bearing Grops(ton)	22070	51504	133.4
甜菜产量(吨)	Yield of Beetroots(ton)	8741	92805	961.7
猪牛羊肉产量(吨)	Output of Pork, Beef & Mutton(ton)	59594	75405	26.5
#猪肉产量(吨)	Output of Pork(ton)	37147	46277	24.6
牛肉产量(吨)	Output of Beef(ton)	15992	19523	22.1
羊肉产量(吨)	Output of Mutton(ton)	6455	7385	14.4
羊毛产量(吨)	Output of Wool(ton)	1065	2096	96.8

23-47 Keerqinzuoyizhong Banner in Tongliao City

指 标	Item	2007	2008	2008年比上年增长% Increase Rate in 2008 Over 2007(%)
年末牲畜存栏头数(万头只)	Total Livestock at the Year-end(10 000 heads)	150.96	153.30	1.6
# 大牲畜(万头只)	Large Animals(10 000 heads)	33.19	31.31	-5.7
羊(万只)	Sheep & Goats(10 000 heads)	81.02	79.03	-2.5
猪(万头)	Hogs(10 000 heads)	36.75	42.94	16.8
规模以上工业	**Industrial Enterprises above Designated size**			
工业企业单位数(个)	Number of Industrial Enterprises(unit)	31	37	19.4
# 内资企业(个)	Civil Funded Enterprises(unit)	31	36	16.1
工业总产值(万元)	Gross Industrial Output Value(10 000 yuan)	322804	524833	78.6
内资企业(万元)	Civil Funded Enterprises(10 000 yuan)	322804	517826	60.4
国有企业(万元)	State-owned Enterprises(10 000 yuan)	4827	11074	129.4
集体企业(万元)	Collective-owned Enterprises(10 000 yuan)	34291	48999	49.5
股份合作企业(万元)	Share Holding Enterprises(10 000 yuan)	24129	35749	48.2
联营企业(万元)	Joint Owned Enterprises(10 000 yuan)			
有限责任公司(万元)	Limited Company(10 000 yuan)	98915	160822	62.6
股份有限公司(万元)	Share Holding Limited Company(10 000 yuan)	19645	31940	62.6
私营企业(万元)	Privately Owned Enterprises(10 000 yuan)	140997	229242	62.6
其他企业(万元)	Enterprises of Other Ownership(10 000 yuan)			
港澳台商投资企业(万元)	Funds from HK,Macao & Taiwan(10 000 yuan)			
外商投资企业(万元)	Foreign Funded Enterprises(10 000 yuan)		7007	
工业企业增加值(万元)	Value Added of Industrial Enterprises(10 000 yuan)	156866	187004	44.0
工业企业资产总计(万元)	Total Assets of Industrial Enterprises(10 000 yuan)	158809	186536	17.5
工业企业负债合计(万元)	Total Liabilities of Industrial Enterprises(10 000 yuan)	82425	88006	6.8
工业企业产品销售收入(万元)	Sales of Revenue Industrial Enterprises(10 000 yuan)	285742	425555	48.9
工业企业利润总额(万元)	Total Profits of Industrial Enterprises(10 000 yuan)	22900	36172	58.0
建筑业	**Construction**			
建筑企业单位数(个)	Number of Construction Enterprises(unit)	1	1	0.0
建筑企业从业人员(人)	Number of Employee in Construction Enterprises(person)	50	65	30.0
建筑业总产值(万元)	Gross Construction Output Value(10 000 yuan)	2040	2010	-1.5
交通运输邮电通信业	**Transportation,Post & Telecommunications**			
公路里程(公里)	Total Length of Highways(km)	678	678	0.0
邮电业务总量(万元)	Business Volume of Post & Telecoms(10 000 yuan)	9046	11450	26.6
本地电话用户(户)	Number of Subscribers of Local Telephone(Household)	153540	138180	-10.0
国内贸易	**Demestic Trade**			
社会消费品零售总额(万元)	Total Retail Sales of Consumer Goods(10 000 yuan)	106434	133668	25.6
# 贸易业(万元)	Wholesale & Retail Sales Trades(10 000 yuan)	79141	102987	30.1
餐饮业(万元)	Catering Trade(10 000 yuan)	24453	27516	12.5
科技教育卫生	**Science,Education & Public Health**			
各类专业技术人员(人)	Speccial Technical Personnel(person)	7023	7143	1.7
幼儿园数(所)	Number of Kindergartens(unit)	1	1	0.0
学龄儿童入学率(%)	Percentage of School-Age Children Enrolled(%)	100.0	100.0	0.0
小学学校数(所)	Number of Primary Schools(unit)	135	116	-14.1
小学专任教师数(人)	Number of Full-time Teachers of Primary Schools(person)	3014	2976	-1.3
小学在校学生数(人)	Number of Student Enrollment of Primary Schools(person)	31887	29848	-6.4
普通中学学校数(所)	Number of Regular Secondary Schools(unit)	37	34	-8.1
普通中学专任教师数(人)	Number of Teachers of Secondary Shools(person)	1746	1735	-0.6
初中在校学生数(人)	Number of Student in Junior Secondary Schools(person)	18733	15944	-14.9
高中在校学生数(人)	Number of Student in Senior Secondary Schools(person)	5776	5989	3.7
卫生机构数(所)	Number of Health Institutions(unit)	38	38	0.0
# 医院(所)	Hospitals(unit)	3	3	0.0
卫生院(所)	Township Hospitals(unit)	29	29	0.0
床位数(张)	Number of Beds(unit)	513	513	0.0
# 医院(张)	Hospitals(unit)	282	282	0.0
卫生院(张)	Township Hospitals(unit)	223	223	0.0
卫生技术人员(人)	Medical Technical Presonnel(person)	1011	978	-3.3
# 医院(人)	Hospitals(person)	290	274	-5.5
卫生院(人)	Township Hospitals(person)	568	556	-2.1

23-48 通辽市科尔沁左翼后旗

指 标	Item	2007	2008	2008 年比上年增长% Increase Rate in 2008 Over 2007(%)
行政区域土地面积(平方公里)	**Area of Administration(Sq.km)**	**11481**	**11481**	**0.0**
人口和就业	**Population & Employment**			
年末总人口(人)	Total Population Year-end(person)	401697	402543	0.2
# 男性(人)	Male(person)	205972	206165	0.1
# 乡村人口(人)	Rural(person)	335878	338067	0.7
年末总户数(户)	Total Number of Households at the Year-end(Household)	120590	123920	2.8
# 乡村户数(户)	Number of Rural Household(Household)	84246	84622	0.4
出生人口(人)	Births(person)	4478	4471	-0.2
死亡人口(人)	Deaths(person)	1136	3809	235.3
全社会就业人员(人)	Employment(person)	169440	173194	2.2
第一产业(人)	Primary Industry(person)	120444	120371	-0.1
第二产业(人)	Secondary Industry(person)	9437	12422	31.6
第三产业(人)	Tertiary Industry(person)	39559	40401	2.1
在岗职工人数(人)	Number of Staff & Workers Employed in(person)	20699	20772	0.4
乡村劳动力(人)	Number of Rural Laborers(person)	120444	120371	-0.1
# 农林牧渔业(人)	Farming,Forestry,Animal Husbandry & Fishery(person)	107574	109418	1.7
国民经济综合指标	**Summary Item on the National Economy**			
生产总值(万元)	Gross Domestic Product(10 000 yuan)	571729	704145	18.1
第一产业(万元)	Primary Industry(10 000 yuan)	139008	176000	8.0
第二产业(万元)	Secondary Industry(10 000 yuan)	170309	233356	29.0
# 工业(万元)	Industry(10 000 yuan)	143236	199560	32.5
第三产业(万元)	Tertiary Industry(10 000 yuan)	262412	294789	15.1
人均生产总值(元)	Per Capita GDP(yuan)	14296	17511	21.2
全社会固定资产投资(万元)	Total Investment in Fixed Assets(10 000 yuan)	173235	240205	38.7
按登记注册类型分	Grouped by Registered Type			
# 国有(万元)	State-owned Enterprises(10 000 yuan)	75985	141768	86.6
集体(万元)	Collective-owned Enterprises(10 000 yuan)	500		
有限责任公司(万元)	Limited Liability Corporations(10 000 yuan)	45697	37741	-17.4
股份有限公司(万元)	Share Holding Enterprises(10 000 yuan)	1438	600	-58.3
私营企业(万元)	Private Enterprises(10 000 yuan)	46700	59676	27.8
外商及港澳台投资企业(万元)	Funds from HK,Macao,Taiwan & Foreign(10 000 yuan)	2000		
按城乡渠道分	Grouped by Urban and Rural Area			
城镇（万元）	Urban(10 000 yuan)	171194	237952	39.0
农村（万元）	Rural(10 000 yuan)	2041	2253	10.4
一般预算收入(万元)	General Budgetary Financial Revenue(10 000 yuan)	11361	12814	12.8
一般预算支出(万元)	General Budgetary Financial Expenditures(10 000 yuan)	76646	98979	29.1
城乡居民储蓄存款余额(万元)	Resident Saving Deposit in Urban & Rural(10 000 yuan)	66137	87331	32.0
在岗职工工资总额(万元)	Total Wages of Staff & Workers Empioyed in(10 000 yuan)	30950	35863	15.9
在岗职工平均工资(元)	Average Wage of Staff & Workers Employed in(yuan)	14747	17135	16.2
农牧民人均纯收入(元)	Per Capita Net Income of Peasant & Herdsman(yuan)	3661	4451	21.6
农村牧区经济	**Economic Development in Rural & Pastoral Area**			
耕地面积(公顷)	Cultivated Area(hectare)	200148	204637	2.2
农作物总播种面积(公顷)	Total Sown Area(hectare)	202474	204474	1.0
# 粮食作物播种面积(公顷)	Sown Area of Grain Crops(hectare)	195309	185855	-4.8
有效灌溉面积(公顷)	Irrigated Area(hectare)	81720	83050	1.6
农牧业机械总动力(万千瓦)	Total Power of Agricultural Machinery(10 000 kw)	41.15	82.19	99.7
化肥施用折纯量(吨)	Consumption of Chemical Fertilizer(ton)	88588	143820	62.3
农村用电量(万千瓦小时)	Electricity Consumed in Rural Area(10 000 kwh)	4465	5194	16.3
农林牧渔业总产值(万元)	Gross Output of Farming,Forestry,Animal Husbandry & Fishery(10 000 yuan)	230134	286750	6.5
粮食产量(吨)	Yield of Grain(ton)	725166	825000	13.8
油料产量(吨)	Yield of Oil-bearing Grops(ton)	12315	18660	51.5
甜菜产量(吨)	Yield of Beetroots(ton)			
猪牛羊肉产量(吨)	Output of Pork, Beef & Mutton(ton)	30174	35583	17.9
# 猪肉产量(吨)	Output of Pork(ton)	15440	18993	23.0
牛肉产量(吨)	Output of Beef(ton)	11504	12447	8.2
羊肉产量(吨)	Output of Mutton(ton)	3230	4143	28.3
羊毛产量(吨)	Output of Wool(ton)	1120	1486	32.7

23-48 Keerqinzuoyihou Banner in Tongliao City

指 标	Item	2007	2008	2008年比上年增长% Increase Rate in 2008 Over 2007(%)
年末牲畜存栏头数(万头只)	Total Livestock at the Year-end(10 000 heads)	125.40	126.88	1.2
#大牲畜(万头只)	Large Animals(10 000 heads)	40.02	40.29	0.7
羊(万只)	Sheep & Goats(10 000 heads)	62.08	62.49	0.7
猪(万头)	Hogs(10 000 heads)	23.30	24.10	3.4
规模以上工业	**Industrial Enterprises above Designated size**			
工业企业单位数(个)	Number of Industrial Enterprises(unit)	19	27	42.1
#内资企业(个)	Civil Funded Enterprises(unit)	19	27	42.1
工业总产值(万元)	Gross Industrial Output Value(10 000 yuan)	327551	519400	58.6
内资企业(万元)	Civil Funded Enterprises(10 000 yuan)	327551	519400	58.6
国有企业(万元)	State-owned Enterprises(10 000 yuan)	55062	71292	29.5
集体企业(万元)	Collective-owned Enterprises(10 000 yuan)	167628	251010	49.7
股份合作企业(万元)	Share Holding Enterprises(10 000 yuan)	4522		
联营企业(万元)	Joint Owned Enterprises(10 000 yuan)			
有限责任公司(万元)	Limited Company(10 000 yuan)	45792	52940	15.6
股份有限公司(万元)	Share Holding Limited Company(10 000 yuan)	1779	11120	525.1
私营企业(万元)	Privately Owned Enterprises(10 000 yuan)	52768	133038	152.1
其他企业(万元)	Enterprises of Other Ownership(10 000 yuan)			
港澳台商投资企业(万元)	Funds from HK,Macao & Taiwan(10 000 yuan)			
外商投资企业(万元)	Foreign Funded Enterprises(10 000 yuan)			
工业企业增加值(万元)	Value Added of Industrial Enterprises(10 000 yuan)	135786	171257	34.7
工业企业资产总计(万元)	Total Assets of Industrial Enterprises(10 000 yuan)	208466	202127	-3.0
工业企业负债合计(万元)	Total Liabilities of Industrial Enterprises(10 000 yuan)	81504	81509	0.0
工业企业产品销售收入(万元)	Sales of Revenue Industrial Enterprises(10 000 yuan)	320380	511890	59.8
工业企业利润总额(万元)	Total Profits of Industrial Enterprises(10 000 yuan)	11510	15421	34.0
建筑业	**Construction**			
建筑企业单位数(个)	Number of Construction Enterprises(unit)	1	1	0.0
建筑企业从业人员(人)	Number of Employee in Construction Enterprises(person)	2532	87	-96.6
建筑业总产值(万元)	Gross Construction Output Value(10 000 yuan)	10292	8150	-20.8
交通运输邮电通信业	**Transportation,Post & Telecommunications**			
公路里程(公里)	Total Length of Highways(km)	3071	3008	-2.1
邮电业务总量(万元)	Business Volume of Post & Telecoms(10 000 yuan)	8780	10620	21.0
本地电话用户(户)	Number of Subscribers of Local Telephone(Household)	52292	29173	-44.2
国内贸易	**Demestic Trade**			
社会消费品零售总额(万元)	Total Retail Sales of Consumer Goods(10 000 yuan)	115834	138697	19.7
#贸易业(万元)	Wholesale & Retail Sales Trades(10 000 yuan)	97176	115140	18.5
餐饮业(万元)	Catering Trade(10 000 yuan)	18004	21042	16.9
科技教育卫生	**Science,Education & Public Health**			
各类专业技术人员(人)	Speccial Technical Personnel(person)	7636	7640	0.1
幼儿园数(所)	Number of Kindergartens(unit)	2	2	0.0
学龄儿童入学率(%)	Percentage of School-Age Children Enrolled(%)	100.0	100.0	0.0
小学学校数(所)	Number of Primary Schools(unit)	75	66	-12.0
小学专任教师数(人)	Number of Full-time Teachers of Primary Schools(person)	2488	2456	-1.3
小学在校学生数(人)	Number of Student Enrollment of Primary Schools(person)	26878	26681	-0.7
普通中学学校数(所)	Number of Regular Secondary Schools(unit)	20	17	-15.0
普通中学专任教师数(人)	Number of Teachers of Secondary Shools(person)	1504	1455	-3.3
初中在校学生数(人)	Number of Student in Junior Secondary Schools(person)	11423	9893	-13.4
高中在校学生数(人)	Number of Student in Senior Secondary Schools(person)	5987	6056	1.2
卫生机构数(所)	Number of Health Institutions(unit)	39	40	2.6
#医院(所)	Hospitals(unit)	5	5	0.0
卫生院(所)	Township Hospitals(unit)	28	28	0.0
床位数(张)	Number of Beds(unit)	641	616	-3.9
#医院(张)	Hospitals(unit)	256	262	2.3
卫生院(张)	Township Hospitals(unit)	357	323	-9.5
卫生技术人员(人)	Medical Technical Presonnel(person)	1050	1180	12.4
#医院(人)	Hospitals(person)	448	491	9.6
卫生院(人)	Township Hospitals(person)	467	468	0.2

23-49 通辽市开鲁县

指 标	Item	2007	2008	2008 年比上年增长% Increase Rate in 2008 Over 2007(%)
行政区域土地面积（平方公里）	**Area of Administration(Sq.km)**	**4488**	**4488**	**0.0**
人口和就业	**Population & Employment**			
年末总人口(人)	Total Population Year-end(person)	395575	401027	1.4
#男性(人)	Male(person)	202598	205006	1.2
#乡村人口(人)	Rural(person)	315712	314378	-0.4
年末总户数(户)	Total Number of Households at the Year-end(Household)	118912	120505	1.3
#乡村户数(户)	Number of Rural Household(Household)	85188	84106	-1.3
出生人口(人)	Births(person)	3680	3473	-5.6
死亡人口(人)	Deaths(person)	908	1834	102.0
全社会就业人员(人)	Employment(person)	202869	204684	0.9
第一产业(人)	Primary Industry(person)	124331	124499	0.1
第二产业(人)	Secondary Industry(person)	35029	35933	2.6
第三产业(人)	Tertiary Industry(person)	43509	44252	1.7
在岗职工人数(人)	Number of Staff & Workers Employed in(person)	21178	21357	0.8
乡村劳动力(人)	Number of Rural Laborers(person)	170914	193927	13.5
#农林牧渔业(人)	Farming,Forestry,Animal Husbandry & Fishery(person)	124331	124499	0.1
国民经济综合指标	**Summary Item on the National Economy**			
生产总值(万元)	Gross Domestic Product(10 000 yuan)	614048	798685	16.8
第一产业(万元)	Primary Industry(10 000 yuan)	213115	277000	8.2
第二产业(万元)	Secondary Industry(10 000 yuan)	183620	291480	27.0
#工业(万元)	Industry(10 000 yuan)	156514	258998	28.7
第三产业(万元)	Tertiary Industry(10 000 yuan)	217313	230205	16.3
人均生产总值(元)	Per Capita GDP(yuan)	15585	20052	15.5
全社会固定资产投资(万元)	Total Investment in Fixed Assets(10 000 yuan)	250248	438088	75.1
按登记注册类型分	Grouped by Registered Type			
#国有(万元)	State-owned Enterprises(10 000 yuan)	64120	95938	49.6
集体(万元)	Collective-owned Enterprises(10 000 yuan)	145	8260	5596.6
有限责任公司(万元)	Limited Liability Corporations(10 000 yuan)	94907	88975	-6.3
股份有限公司(万元)	Share Holding Enterprises(10 000 yuan)	20250	189700	836.8
私营企业(万元)	Private Enterprises(10 000 yuan)	60401	52608	-12.9
外商及港澳台投资企业(万元)	Funds from HK,Macao,Taiwan & Foreign(10 000 yuan)	150		
按城乡渠道分	Grouped by Urban and Rural Area			
城镇（万元）	Urban(10 000 yuan)	212767	430465	102.3
农村（万元）	Rural(10 000 yuan)	37481	7623	-79.7
一般预算收入(万元)	General Budgetary Financial Revenue(10 000 yuan)	11591	16063	38.6
一般预算支出(万元)	General Budgetary Financial Expenditures(10 000 yuan)	75129	102060	35.8
城乡居民储蓄存款余额(万元)	Resident Saving Deposit in Urban & Rural(10 000 yuan)	102550	133304	30.0
在岗职工工资总额(万元)	Total Wages of Staff & Workers Empioyed in(10 000 yuan)	32888	38856	18.1
在岗职工平均工资(元)	Average Wage of Staff & Workers Employed in(yuan)	15529	18100	16.6
农牧民人均纯收入(元)	Per Capita Net Income of Peasant & Herdsman(yuan)	5128	5598	9.2
农村牧区经济	**Economic Development in Rural & Pastoral Area**			
耕地面积(公顷)	Cultivated Area(hectare)	103388	103715	0.3
农作物总播种面积(公顷)	Total Sown Area(hectare)	125566	126566	0.8
#粮食作物播种面积(公顷)	Sown Area of Grain Crops(hectare)	82878	85378	3.0
有效灌溉面积(公顷)	Irrigated Area(hectare)	83707	103715	23.9
农牧业机械总动力(万千瓦)	Total Power of Agricultural Machinery(10 000 kw)	79.65	80.40	0.9
化肥施用折纯量(吨)	Consumption of Chemical Fertilizer(ton)	24131	24614	2.0
农村用电量(万千瓦小时)	Electricity Consumed in Rural Area(10 000 kwh)	7004	7214	3.0
农林牧渔业总产值(万元)	Gross Output of Farming,Forestry,Animal Husbandry & Fishery(10 000 yuan)	363136	400442	-8.0
粮食产量(吨)	Yield of Grain(ton)	767623	855000	11.4
油料产量(吨)	Yield of Oil-bearing Grops(ton)	4550	3826	-15.9
甜菜产量(吨)	Yield of Beetroots(ton)	4776	9600	101.0
猪牛羊肉产量(吨)	Output of Pork, Beef & Mutton(ton)	56234	64252	14.3
#猪肉产量(吨)	Output of Pork(ton)	44348	50897	14.8
牛肉产量(吨)	Output of Beef(ton)	8151	8605	5.6
羊肉产量(吨)	Output of Mutton(ton)	3735	4750	27.2
羊毛产量(吨)	Output of Wool(ton)	2650	2711	2.3

23-49 Kailu County in Tongliao City

指 标	Item	2007	2008	2008 年比上年增长% Increase Rate in 2008 Over 2007(%)
年末牲畜存栏头数(万头只)	Total Livestock at the Year-end(10 000 heads)	159.85	166.39	4.1
# 大牲畜(万头只)	Large Animals(10 000 heads)	20.61	20.81	1.0
羊(万只)	Sheep & Goats(10 000 heads)	90.12	94.97	5.4
猪(万头)	Hogs(10 000 heads)	49.12	49.61	1.0
规模以上工业	**Industrial Enterprises above Designated size**			
工业企业单位数(个)	Number of Industrial Enterprises(unit)	35	45	28.6
# 内资企业(个)	Civil Funded Enterprises(unit)	35	45	28.6
工业总产值(万元)	Gross Industrial Output Value(10 000 yuan)	377457	616365	63.3
内资企业(万元)	Civil Funded Enterprises(10 000 yuan)	377457	616365	63.3
国有企业(万元)	State-owned Enterprises(10 000 yuan)	11897	20154	69.4
集体企业(万元)	Collective-owned Enterprises(10 000 yuan)			
股份合作企业(万元)	Share Holding Enterprises(10 000 yuan)	111		
联营企业(万元)	Joint Owned Enterprises(10 000 yuan)			
有限责任公司(万元)	Limited Company(10 000 yuan)			
股份有限公司(万元)	Share Holding Limited Company(10 000 yuan)	26054	429454	1548.3
私营企业(万元)	Privately Owned Enterprises(10 000 yuan)	339395	166757	-50.9
其他企业(万元)	Enterprises of Other Ownership(10 000 yuan)			
港澳台商投资企业(万元)	Funds from HK,Macao & Taiwan(10 000 yuan)			
外商投资企业(万元)	Foreign Funded Enterprises(10 000 yuan)			
工业企业增加值(万元)	Value Added of Industrial Enterprises(10 000 yuan)	141570	220095	33.0
工业企业资产总计(万元)	Total Assets of Industrial Enterprises(10 000 yuan)	124272	163249	31.4
工业企业负债合计(万元)	Total Liabilities of Industrial Enterprises(10 000 yuan)	50231	63653	26.7
工业企业产品销售收入(万元)	Sales of Revenue Industrial Enterprises(10 000 yuan)	372819	608576	63.2
工业企业利润总额(万元)	Total Profits of Industrial Enterprises(10 000 yuan)	23325	48465	107.8
建筑业	**Construction**			
建筑企业单位数(个)	Number of Construction Enterprises(unit)	3	3	0.0
建筑企业从业人员(人)	Number of Employee in Construction Enterprises(person)	1413	1463	3.5
建筑业总产值(万元)	Gross Construction Output Value(10 000 yuan)	19356	31507	62.8
交通运输邮电通信业	**Transportation,Post & Telecommunications**			
公路里程(公里)	Total Length of Highways(km)	2987	2021	-32.3
邮电业务总量(万元)	Business Volume of Post & Telecoms(10 000 yuan)	10709	13697	27.9
本地电话用户(户)	Number of Subscribers of Local Telephone(Household)	42449	32602	-23.2
国内贸易	**Demestic Trade**			
社会消费品零售总额(万元)	Total Retail Sales of Consumer Goods(10 000 yuan)	131301	163082	24.2
# 贸易业(万元)	Wholesale & Retail Sales Trades(10 000 yuan)	108625	134159	23.5
餐饮业(万元)	Catering Trade(10 000 yuan)	16085	22115	37.5
科技教育卫生	**Science,Education & Public Health**			
各类专业技术人员(人)	Speccial Technical Personnel(person)	5984	5877	-1.8
幼儿园数(所)	Number of Kindergartens(unit)			
学龄儿童入学率(%)	Percentage of School-Age Children Enrolled(%)	100.0	100.0	0.0
小学学校数(所)	Number of Primary Schools(unit)	138	136	-1.4
小学专任教师数(人)	Number of Full-time Teachers of Primary Schools(person)	2440	2382	-2.4
小学在校学生数(人)	Number of Student Enrollment of Primary Schools(person)	31009	30561	-1.4
普通中学学校数(所)	Number of Regular Secondary Schools(unit)	25	24	-4.0
普通中学专任教师数(人)	Number of Teachers of Secondary Shools(person)	1719	1660	-3.4
初中在校学生数(人)	Number of Student in Junior Secondary Schools(person)	17598	17262	-1.9
高中在校学生数(人)	Number of Student in Senior Secondary Schools(person)	5928	6350	7.1
卫生机构数(所)	Number of Health Institutions(unit)	27	27	0.0
# 医院(所)	Hospitals(unit)	2	2	0.0
卫生院(所)	Township Hospitals(unit)	18	18	0.0
床位数(张)	Number of Beds(unit)	462	501	8.4
# 医院(张)	Hospitals(unit)	182	182	0.0
卫生院(张)	Township Hospitals(unit)	240	274	14.2
卫生技术人员(人)	Medical Technical Presonnel(person)	850	863	1.5
# 医院(人)	Hospitals(person)	381	373	-2.1
卫生院(人)	Township Hospitals(person)	428	421	-1.6

23-50 通辽市库伦旗

指 标	Item	2007	2008	2008年比上年增长% Increase Rate in 2008 Over 2007(%)
行政区域土地面积(平方公里)	**Area of Administration(Sq.km)**	**4650**	**4714**	**1.4**
人口和就业	**Population & Employment**			
年末总人口(人)	Total Population Year-end(person)	177416	176602	-0.5
# 男性(人)	Male(person)	91279	90951	-0.4
# 乡村人口(人)	Rural(person)	133736	137204	2.6
年末总户数(户)	Total Number of Households at the Year-end(Household)	49793	51494	3.4
# 乡村户数(户)	Number of Rural Household(Household)	34738	35591	2.5
出生人口(人)	Births(person)	1614	2155	33.5
死亡人口(人)	Deaths(person)	338	2836	739.1
全社会就业人员(人)	Employment(person)	93514	91750	-1.9
第一产业(人)	Primary Industry(person)	74958	71201	-5.0
第二产业(人)	Secondary Industry(person)	7329	6588	-10.1
第三产业(人)	Tertiary Industry(person)	11227	13961	24.4
在岗职工人数(人)	Number of Staff & Workers Employed in(person)	10386	10342	-0.4
乡村劳动力(人)	Number of Rural Laborers(person)	78237	75746	-3.2
# 农林牧渔业(人)	Farming,Forestry,Animal Husbandry & Fishery(person)	72980	69265	-5.1
国民经济综合指标	**Summary Item on the National Economy**			
生产总值(万元)	Gross Domestic Product(10 000 yuan)	207701	308662	19.5
第一产业(万元)	Primary Industry(10 000 yuan)	70336	97900	8.3
第二产业(万元)	Secondary Industry(10 000 yuan)	67306	110691	36.1
# 工业(万元)	Industry(10 000 yuan)	51412	91602	45.3
第三产业(万元)	Tertiary Industry(10 000 yuan)	70059	100071	16.6
人均生产总值(元)	Per Capita GDP(yuan)	11744	17438	19.4
全社会固定资产投资(万元)	Total Investment in Fixed Assets(10 000 yuan)	105057	131420	25.1
按登记注册类型分	Grouped by Registered Type			
# 国有(万元)	State-owned Enterprises(10 000 yuan)	39463	83128	110.6
集体(万元)	Collective-owned Enterprises(10 000 yuan)	56	2300	4007.1
有限责任公司(万元)	Limited Liability Corporations(10 000 yuan)	15580	20802	33.5
股份有限公司(万元)	Share Holding Enterprises(10 000 yuan)	26500		
私营企业(万元)	Private Enterprises(10 000 yuan)	23458	25190	7.4
外商及港澳台投资企业(万元)	Funds from HK,Macao,Taiwan & Foreign(10 000 yuan)			
按城乡渠道分	Grouped by Urban and Rural Area			
城镇(万元)	Urban(10 000 yuan)	105057	131420	25.1
农村(万元)	Rural(10 000 yuan)			
一般预算收入(万元)	General Budgetary Financial Revenue(10 000 yuan)	5117	7502	46.6
一般预算支出(万元)	General Budgetary Financial Expenditures(10 000 yuan)	45356	63380	39.7
城乡居民储蓄存款余额(万元)	Resident Saving Deposit in Urban & Rural(10 000 yuan)	41187	51391	24.8
在岗职工工资总额(万元)	Total Wages of Staff & Workers Empioyed in(10 000 yuan)	15653	18863	20.5
在岗职工平均工资(元)	Average Wage of Staff & Workers Employed in(yuan)	15075	18223	20.9
农牧民人均纯收入(元)	Per Capita Net Income of Peasant & Herdsman(yuan)	3280	4326	31.9
农村牧区经济	**Economic Development in Rural & Pastoral Area**			
耕地面积(公顷)	Cultivated Area(hectare)	96610	96610	0.0
农作物总播种面积(公顷)	Total Sown Area(hectare)	85325	86325	1.2
# 粮食作物播种面积(公顷)	Sown Area of Grain Crops(hectare)	71146	72146	1.4
有效灌溉面积(公顷)	Irrigated Area(hectare)	7287	7853	7.8
农牧业机械总动力(万千瓦)	Total Power of Agricultural Machinery(10 000 kw)	18.95	20.90	10.3
化肥施用折纯量(吨)	Consumption of Chemical Fertilizer(ton)	28368	26406	-6.9
农村用电量(万千瓦小时)	Electricity Consumed in Rural Area(10 000 kwh)	2212	2159	-2.4
农林牧渔业总产值(万元)	Gross Output of Farming,Forestry,Animal Husbandry & Fishery(10 000 yuan)	113445	157335	8.3
粮食产量(吨)	Yield of Grain(ton)	255108	380000	49.0
油料产量(吨)	Yield of Oil-bearing Grops(ton)	5560	6869	23.5
甜菜产量(吨)	Yield of Beetroots(ton)			
猪牛羊肉产量(吨)	Output of Pork, Beef & Mutton(ton)	19609	35806	82.6
# 猪肉产量(吨)	Output of Pork(ton)	11346	17276	52.3
牛肉产量(吨)	Output of Beef(ton)	5845	12707	117.4
羊肉产量(吨)	Output of Mutton(ton)	2418	5823	140.8
羊毛产量(吨)	Output of Wool(ton)	401	416	3.7

23-50 Kulun Banner in Tongliao City

指 标	Item	2007	2008	2008年比上年增长% Increase Rate in 2008 Over 2007(%)
年末牲畜存栏头数(万头只)	Total Livestock at the Year-end(10 000 heads)	69.92	77.18	10.4
#大牲畜(万头只)	Large Animals(10 000 heads)	18.55	18.79	1.3
羊(万只)	Sheep & Goats(10 000 heads)	36.82	40.50	10.0
猪(万头)	Hogs(10 000 heads)	14.55	17.89	23.0
规模以上工业	**Industrial Enterprises above Designated size**			
工业企业单位数(个)	Number of Industrial Enterprises(unit)	11	13	18.2
#内资企业(个)	Civil Funded Enterprises(unit)	11	13	18.2
工业总产值(万元)	Gross Industrial Output Value(10 000 yuan)	99532	190305	91.2
内资企业(万元)	Civil Funded Enterprises(10 000 yuan)	99532	190305	91.2
国有企业(万元)	State-owned Enterprises(10 000 yuan)	8950	9400	5.0
集体企业(万元)	Collective-owned Enterprises(10 000 yuan)			
股份合作企业(万元)	Share Holding Enterprises(10 000 yuan)			
联营企业(万元)	Joint Owned Enterprises(10 000 yuan)			
有限责任公司(万元)	Limited Company(10 000 yuan)	65060	180905	178.1
股份有限公司(万元)	Share Holding Limited Company(10 000 yuan)			
私营企业(万元)	Privately Owned Enterprises(10 000 yuan)	25522		-100.0
其他企业(万元)	Enterprises of Other Ownership(10 000 yuan)			
港澳台商投资企业(万元)	Funds from HK,Macao & Taiwan(10 000 yuan)			
外商投资企业(万元)	Foreign Funded Enterprises(10 000 yuan)			
工业企业增加值(万元)	Value Added of Industrial Enterprises(10 000 yuan)	35007	59541	48.6
工业企业资产总计(万元)	Total Assets of Industrial Enterprises(10 000 yuan)	73391	98724	34.5
工业企业负债合计(万元)	Total Liabilities of Industrial Enterprises(10 000 yuan)	45921	51387	11.9
工业企业产品销售收入(万元)	Sales of Revenue Industrial Enterprises(10 000 yuan)	97860	188582	92.7
工业企业利润总额(万元)	Total Profits of Industrial Enterprises(10 000 yuan)	9343	13105	40.3
建筑业	**Construction**			
建筑企业单位数(个)	Number of Construction Enterprises(unit)	2	3	50.0
建筑企业从业人员(人)	Number of Employee in Construction Enterprises(person)	230	121	-47.4
建筑业总产值(万元)	Gross Construction Output Value(10 000 yuan)	3801	1295	-65.9
交通运输邮电通信业	**Transportation,Post & Telecommunications**			
公路里程(公里)	Total Length of Highways(km)	1382	1453	5.1
邮电业务总量(万元)	Business Volume of Post & Telecoms(10 000 yuan)	4352	4480	2.9
本地电话用户(户)	Number of Subscribers of Local Telephone(Household)	92050	84700	-8.0
国内贸易	**Demestic Trade**			
社会消费品零售总额(万元)	Total Retail Sales of Consumer Goods(10 000 yuan)	50005	63154	26.3
#贸易业(万元)	Wholesale & Retail Sales Trades(10 000 yuan)	37936	45752	20.6
餐饮业(万元)	Catering Trade(10 000 yuan)	5821	7105	22.1
科技教育卫生	**Science,Education & Public Health**			
各类专业技术人员(人)	Speccial Technical Personnel(person)	3906	3416	-12.5
幼儿园数(所)	Number of Kindergartens(unit)	3	3	0.0
学龄儿童入学率(%)	Percentage of School-Age Children Enrolled(%)	100.0	100.0	0.0
小学学校数(所)	Number of Primary Schools(unit)	19	17	-10.5
小学专任教师数(人)	Number of Full-time Teachers of Primary Schools(person)	1432	1407	-1.7
小学在校学生数(人)	Number of Student Enrollment of Primary Schools(person)	11992	12539	4.6
普通中学学校数(所)	Number of Regular Secondary Schools(unit)	12	13	8.3
普通中学专任教师数(人)	Number of Teachers of Secondary Shools(person)	793	835	5.3
初中在校学生数(人)	Number of Student in Junior Secondary Schools(person)	6378	5934	-7.0
高中在校学生数(人)	Number of Student in Senior Secondary Schools(person)	3262	3469	6.3
卫生机构数(所)	Number of Health Institutions(unit)	16	16	0.0
#医院(所)	Hospitals(unit)	2	2	0.0
卫生院(所)	Township Hospitals(unit)	10	10	0.0
床位数(张)	Number of Beds(unit)	273	299	9.5
#医院(张)	Hospitals(unit)	130	160	23.1
卫生院(张)	Township Hospitals(unit)	139	139	0.0
卫生技术人员(人)	Medical Technical Presonnel(person)	650	495	-23.8
#医院(人)	Hospitals(person)	164	221	34.8
卫生院(人)	Township Hospitals(person)	197	186	-5.6

23-51 通辽市奈曼旗

指 标	Item	2007	2008	2008 年比上年增长% Increase Rate in 2008 Over 2007(%)
行政区域土地面积(平方公里)	**Area of Administration(Sq.km)**	**8120**	**8120**	**0.0**
人口和就业	**Population & Employment**			
年末总人口(人)	Total Population Year-end(person)	441443	437311	-0.9
#男性(人)	Male(person)	226072	232188	2.7
#乡村人口(人)	Rural(person)	373553	371161	-0.6
年末总户数(户)	Total Number of Households at the Year-end(Household)	126769	160691	26.8
#乡村户数(户)	Number of Rural Household(Household)	97910	97311	-0.6
出生人口(人)	Births(person)	3969	4494	13.2
死亡人口(人)	Deaths(person)	952	9076	853.4
全社会就业人员(人)	Employment(person)	234802	241150	2.7
第一产业(人)	Primary Industry(person)	157798	152661	-3.3
第二产业(人)	Secondary Industry(person)	35895	33537	-6.6
第三产业(人)	Tertiary Industry(person)	41109	54952	33.7
在岗职工人数(人)	Number of Staff & Workers Employed in(person)	18449	18725	1.5
乡村劳动力(人)	Number of Rural Laborers(person)	197346	207355	5.1
#农林牧渔业(人)	Farming,Forestry,Animal Husbandry & Fishery(person)	153416	148446	-3.2
国民经济综合指标	**Summary Item on the National Economy**			
生产总值(万元)	Gross Domestic Product(10 000 yuan)	461981	637994	18.0
第一产业(万元)	Primary Industry(10 000 yuan)	121102	162000	8.2
第二产业(万元)	Secondary Industry(10 000 yuan)	158041	260546	45.4
#工业(万元)	Industry(10 000 yuan)	143650	242016	48.0
第三产业(万元)	Tertiary Industry(10 000 yuan)	182838	215448	18.3
人均生产总值(元)	Per Capita GDP(yuan)	10487	14520	18.4
全社会固定资产投资(万元)	Total Investment in Fixed Assets(10 000 yuan)	191439	285893	49.3
按登记注册类型分	Grouped by Registered Type			
#国有(万元)	State-owned Enterprises(10 000 yuan)	87837	136945	55.9
集体(万元)	Collective-owned Enterprises(10 000 yuan)			
有限责任公司(万元)	Limited Liability Corporations(10 000 yuan)	12800	38130	197.9
股份有限公司(万元)	Share Holding Enterprises(10 000 yuan)	66330	38668	-41.7
私营企业(万元)	Private Enterprises(10 000 yuan)	24472	72150	194.8
外商及港澳台投资企业(万元)	Funds from HK,Macao,Taiwan & Foreign(10 000 yuan)			
按城乡渠道分	Grouped by Urban and Rural Area			
城镇(万元)	Urban(10 000 yuan)	179747	262099	45.8
农村(万元)	Rural(10 000 yuan)	11692	23794	103.5
一般预算收入(万元)	General Budgetary Financial Revenue(10 000 yuan)	11773	18942	60.9
一般预算支出(万元)	General Budgetary Financial Expenditures(10 000 yuan)	83805	122800	46.5
城乡居民储蓄存款余额(万元)	Resident Saving Deposit in Urban & Rural(10 000 yuan)	109378	139423	27.5
在岗职工工资总额(万元)	Total Wages of Staff & Workers Empioyed in(10 000 yuan)	25858	30835	19.2
在岗职工平均工资(元)	Average Wage of Staff & Workers Employed in(yuan)	14066	16445	16.9
农牧民人均纯收入(元)	Per Capita Net Income of Peasant & Herdsman(yuan)	3496	3896	11.4
农村牧区经济	**Economic Development in Rural & Pastoral Area**			
耕地面积(公顷)	Cultivated Area(hectare)	131283	131423	0.1
农作物总播种面积(公顷)	Total Sown Area(hectare)	138858	140858	1.4
#粮食作物播种面积(公顷)	Sown Area of Grain Crops(hectare)	114912	115912	0.9
有效灌溉面积(公顷)	Irrigated Area(hectare)	87540	89410	2.1
农牧业机械总动力(万千瓦)	Total Power of Agricultural Machinery(10 000 kw)	43.20	69.57	61.0
化肥施用折纯量(吨)	Consumption of Chemical Fertilizer(ton)	74922	80766	7.8
农村用电量(万千瓦小时)	Electricity Consumed in Rural Area(10 000 kwh)	9355	8343	-10.8
农林牧渔业总产值(万元)	Gross Output of Farming,Forestry,Animal Husbandry & Fishery(10 000 yuan)	187122	226147	-3.0
粮食产量(吨)	Yield of Grain(ton)	572290	625000	9.2
油料产量(吨)	Yield of Oil-bearing Grops(ton)	12990	19147	47.4
甜菜产量(吨)	Yield of Beetroots(ton)		1920	
猪牛羊肉产量(吨)	Output of Pork, Beef & Mutton(ton)	43289	81262	87.7
#猪肉产量(吨)	Output of Pork(ton)	29624	61769	108.5
牛肉产量(吨)	Output of Beef(ton)	10845	12773	17.8
羊肉产量(吨)	Output of Mutton(ton)	2820	6720	138.3
羊毛产量(吨)	Output of Wool(ton)	1661	1150	-30.8

23-51 Naiman Banner in Tongliao City

指 标	Item	2007	2008	2008年比上年增长% Increase Rate in 2008 Over 2007(%)
年末牲畜存栏头数(万头只)	Total Livestock at the Year-end(10 000 heads)	146.76	145.99	-0.5
#大牲畜(万头只)	Large Animals(10 000 heads)	30.32	27.88	-8.0
羊(万只)	Sheep & Goats(10 000 heads)	70.51	65.23	-7.5
猪(万头)	Hogs(10 000 heads)	45.92	52.87	15.1
规模以上工业	**Industrial Enterprises above Designated size**			
工业企业单位数(个)	Number of Industrial Enterprises(unit)	31	38	22.6
#内资企业(个)	Civil Funded Enterprises(unit)	30	36	20.0
工业总产值(万元)	Gross Industrial Output Value(10 000 yuan)	360300	657979	82.6
内资企业(万元)	Civil Funded Enterprises(10 000 yuan)	342479	637625	86.2
国有企业(万元)	State-owned Enterprises(10 000 yuan)	10531	16317	54.9
集体企业(万元)	Collective-owned Enterprises(10 000 yuan)	11413	14922	30.7
股份合作企业(万元)	Share Holding Enterprises(10 000 yuan)		13796	
联营企业(万元)	Joint Owned Enterprises(10 000 yuan)			
有限责任公司(万元)	Limited Company(10 000 yuan)	7602		
股份有限公司(万元)	Share Holding Limited Company(10 000 yuan)	54079	349297	545.9
私营企业(万元)	Privately Owned Enterprises(10 000 yuan)	258854		
其他企业(万元)	Enterprises of Other Ownership(10 000 yuan)		243293	
港澳台商投资企业(万元)	Funds from HK,Macao & Taiwan(10 000 yuan)	17821	20354	14.2
外商投资企业(万元)	Foreign Funded Enterprises(10 000 yuan)			
工业企业增加值(万元)	Value Added of Industrial Enterprises(10 000 yuan)	124500	211079	59.0
工业企业资产总计(万元)	Total Assets of Industrial Enterprises(10 000 yuan)	104336	202073	93.7
工业企业负债合计(万元)	Total Liabilities of Industrial Enterprises(10 000 yuan)	72817	129932	78.4
工业企业产品销售收入(万元)	Sales of Revenue Industrial Enterprises(10 000 yuan)	353820	671917	89.9
工业企业利润总额(万元)	Total Profits of Industrial Enterprises(10 000 yuan)	11221	15972	42.3
建筑业	**Construction**			
建筑企业单位数(个)	Number of Construction Enterprises(unit)	4	4	0.0
建筑企业从业人员(人)	Number of Employee in Construction Enterprises(person)	205	233	13.7
建筑业总产值(万元)	Gross Construction Output Value(10 000 yuan)	13237	25415	92.0
交通运输邮电通信业	**Transportation,Post & Telecommunications**			
公路里程(公里)	Total Length of Highways(km)	2724	2773	1.8
邮电业务总量(万元)	Business Volume of Post & Telecoms(10 000 yuan)	3035	7040	132.0
本地电话用户(户)	Number of Subscribers of Local Telephone(Household)	176500	189012	7.1
国内贸易	**Demestic Trade**			
社会消费品零售总额(万元)	Total Retail Sales of Consumer Goods(10 000 yuan)	106319	135122	27.1
#贸易业(万元)	Wholesale & Retail Sales Trades(10 000 yuan)	81488	96145	18.0
餐饮业(万元)	Catering Trade(10 000 yuan)	24820	38977	57.0
科技教育卫生	**Science,Education & Public Health**			
各类专业技术人员(人)	Speccial Technical Personnel(person)	8012	8036	0.3
幼儿园数(所)	Number of Kindergartens(unit)	2	2	0.0
学龄儿童入学率(%)	Percentage of School-Age Children Enrolled(%)	100.0	100.0	0.0
小学学校数(所)	Number of Primary Schools(unit)	168	161	-4.2
小学专任教师数(人)	Number of Full-time Teachers of Primary Schools(person)	2526	2483	-1.7
小学在校学生数(人)	Number of Student Enrollment of Primary Schools(person)	28760	28403	-1.2
普通中学学校数(所)	Number of Regular Secondary Schools(unit)	23	26	13.0
普通中学专任教师数(人)	Number of Teachers of Secondary Shools(person)	1387	1481	6.8
初中在校学生数(人)	Number of Student in Junior Secondary Schools(person)	18543	17471	-5.8
高中在校学生数(人)	Number of Student in Senior Secondary Schools(person)	8692	8836	1.7
卫生机构数(所)	Number of Health Institutions(unit)	30	30	0.0
#医院(所)	Hospitals(unit)	3	3	0.0
卫生院(所)	Township Hospitals(unit)	21	20	-4.8
床位数(张)	Number of Beds(unit)	593	589	-0.7
#医院(张)	Hospitals(unit)	203	182	-10.3
卫生院(张)	Township Hospitals(unit)	388	381	-1.8
卫生技术人员(人)	Medical Technical Presonnel(person)	1696	1123	-33.8
#医院(人)	Hospitals(person)	288	428	48.6
卫生院(人)	Township Hospitals(person)	645	604	-6.4

23-52 通辽市扎鲁特旗

指 标	Item	2007	2008	2008年比上年增长% Increase Rate in 2008 Over 2007(%)
行政区域土地面积(平方公里)	**Area of Administration(Sq.km)**	**17193**	**17193**	**0.0**
人口和就业	**Population & Employment**			
年末总人口(人)	Total Population Year-end(person)	310000	311758	0.6
#男性(人)	Male(person)	159346	157639	-1.1
#乡村人口(人)	Rural(person)	245107	245553	0.2
年末总户数(户)	Total Number of Households at the Year-end(Household)	91543	104389	14.0
#乡村户数(户)	Number of Rural Household(Household)	61629	63684	3.3
出生人口(人)	Births(person)	2963	3094	4.4
死亡人口(人)	Deaths(person)	673	2299	241.6
全社会就业人员(人)	Employment(person)	155773	158803	1.9
第一产业(人)	Primary Industry(person)	95142	92957	-2.3
第二产业(人)	Secondary Industry(person)	17270	20078	16.3
第三产业(人)	Tertiary Industry(person)	43361	45768	5.6
在岗职工人数(人)	Number of Staff & Workers Employed in(person)	22760	22830	0.3
乡村劳动力(人)	Number of Rural Laborers(person)	115467	112765	-2.3
#农林牧渔业(人)	Farming,Forestry,Animal Husbandry & Fishery(person)	87041	88552	1.7
国民经济综合指标	**Summary Item on the National Economy**			
生产总值(万元)	Gross Domestic Product(10 000 yuan)	502837	747316	20.3
第一产业(万元)	Primary Industry(10 000 yuan)	138165	175000	8.0
第二产业(万元)	Secondary Industry(10 000 yuan)	186422	337323	30.1
#工业(万元)	Industry(10 000 yuan)	167870	314424	33.1
第三产业(万元)	Tertiary Industry(10 000 yuan)	178250	234993	17.1
人均生产总值(元)	Per Capita GDP(yuan)	16221	23971	19.7
全社会固定资产投资(万元)	Total Investment in Fixed Assets(10 000 yuan)	235000	301875	28.5
按登记注册类型分	Grouped by Registered Type			
#国有(万元)	State-owned Enterprises(10 000 yuan)	78750	101128	28.4
集体(万元)	Collective-owned Enterprises(10 000 yuan)	12389	15909	28.4
有限责任公司(万元)	Limited Liability Corporations(10 000 yuan)	42211	54217	28.4
股份有限公司(万元)	Share Holding Enterprises(10 000 yuan)	76400	98140	28.5
私营企业(万元)	Private Enterprises(10 000 yuan)	25250	32481	28.6
外商及港澳台投资企业(万元)	Funds from HK,Macao,Taiwan & Foreign(10 000 yuan)			
按城乡渠道分	Grouped by Urban and Rural Area			
城镇(万元)	Urban(10 000 yuan)	164500	211313	28.5
农村(万元)	Rural(10 000 yuan)	70500	90562	28.5
一般预算收入(万元)	General Budgetary Financial Revenue(10 000 yuan)	13710	22317	62.8
一般预算支出(万元)	General Budgetary Financial Expenditures(10 000 yuan)	80604	108875	35.1
城乡居民储蓄存款余额(万元)	Resident Saving Deposit in Urban & Rural(10 000 yuan)	91500	110788	21.1
在岗职工工资总额(万元)	Total Wages of Staff & Workers Empioyed in(10 000 yuan)	34312	42618	24.2
在岗职工平均工资(元)	Average Wage of Staff & Workers Employed in(yuan)	15190	18765	23.5
农牧民人均纯收入(元)	Per Capita Net Income of Peasant & Herdsman(yuan)	4059	4757	17.2
农村牧区经济	**Economic Development in Rural & Pastoral Area**			
耕地面积(公顷)	Cultivated Area(hectare)	147806	148968	0.8
农作物总播种面积(公顷)	Total Sown Area(hectare)	134720	136720	1.5
#粮食作物播种面积(公顷)	Sown Area of Grain Crops(hectare)	100959	105459	4.5
有效灌溉面积(公顷)	Irrigated Area(hectare)	55930	57800	3.3
农牧业机械总动力(万千瓦)	Total Power of Agricultural Machinery(10 000 kw)	38.92	47.09	21.0
化肥施用折纯量(吨)	Consumption of Chemical Fertilizer(ton)	25092	24482	-2.4
农村用电量(万千瓦小时)	Electricity Consumed in Rural Area(10 000 kwh)	5797	3860	-33.4
农林牧渔业总产值(万元)	Gross Output of Farming,Forestry,Animal Husbandry & Fishery(10 000 yuan)	223820	266683	1.8
粮食产量(吨)	Yield of Grain(ton)	257570	350000	35.9
油料产量(吨)	Yield of Oil-bearing Grops(ton)	10180	10497	3.1
甜菜产量(吨)	Yield of Beetroots(ton)			
猪牛羊肉产量(吨)	Output of Pork, Beef & Mutton(ton)	47635	72291	51.8
#猪肉产量(吨)	Output of Pork(ton)	13564	20150	48.6
牛肉产量(吨)	Output of Beef(ton)	16026	25575	59.6
羊肉产量(吨)	Output of Mutton(ton)	18045	26566	47.2
羊毛产量(吨)	Output of Wool(ton)	2290	2245	-2.0

23-52 Zhalute Banner in Tongliao City

指 标	Item	2007	2008	2008 年比上年增长% Increase Rate in 2008 Over 2007(%)
年末牲畜存栏头数(万头只)	Total Livestock at the Year-end(10 000 heads)	180.05	192.11	6.7
#大牲畜(万头只)	Large Animals(10 000 heads)	22.91	21.06	-8.1
羊(万只)	Sheep & Goats(10 000 heads)	145.81	158.74	8.9
猪(万头)	Hogs(10 000 heads)	11.32	12.30	8.7
规模以上工业	**Industrial Enterprises above Designated size**			
工业企业单位数(个)	Number of Industrial Enterprises(unit)	36	48	33.3
#内资企业(个)	Civil Funded Enterprises(unit)	36	47	30.6
工业总产值(万元)	Gross Industrial Output Value(10 000 yuan)	319829	577790	80.7
内资企业(万元)	Civil Funded Enterprises(10 000 yuan)	319829	573377	79.3
国有企业(万元)	State-owned Enterprises(10 000 yuan)	7714	9078	17.7
集体企业(万元)	Collective-owned Enterprises(10 000 yuan)			
股份合作企业(万元)	Share Holding Enterprises(10 000 yuan)	13198	15656	18.6
联营企业(万元)	Joint Owned Enterprises(10 000 yuan)			
有限责任公司(万元)	Limited Company(10 000 yuan)	115976	122558	5.7
股份有限公司(万元)	Share Holding Limited Company(10 000 yuan)			
私营企业(万元)	Privately Owned Enterprises(10 000 yuan)	182721	415738	127.5
其他企业(万元)	Enterprises of Other Ownership(10 000 yuan)	220	10347	4603.2
港澳台商投资企业(万元)	Funds from HK,Macao & Taiwan(10 000 yuan)			
外商投资企业(万元)	Foreign Funded Enterprises(10 000 yuan)		4413	
工业企业增加值(万元)	Value Added of Industrial Enterprises(10 000 yuan)	153538	221406	35.9
工业企业资产总计(万元)	Total Assets of Industrial Enterprises(10 000 yuan)	94112	157241	67.1
工业企业负债合计(万元)	Total Liabilities of Industrial Enterprises(10 000 yuan)	47429	57671	21.6
工业企业产品销售收入(万元)	Sales of Revenue Industrial Enterprises(10 000 yuan)	302930	543576	79.4
工业企业利润总额(万元)	Total Profits of Industrial Enterprises(10 000 yuan)	12924	35636	175.7
建筑业	**Construction**			
建筑企业单位数(个)	Number of Construction Enterprises(unit)	3	4	33.3
建筑企业从业人员(人)	Number of Employee in Construction Enterprises(person)	850	493	-42.0
建筑业总产值(万元)	Gross Construction Output Value(10 000 yuan)	12944	17804	37.5
交通运输邮电通信业	**Transportation,Post & Telecommunications**			
公路里程(公里)	Total Length of Highways(km)	1175	1188	1.1
邮电业务总量(万元)	Business Volume of Post & Telecoms(10 000 yuan)	8476	10346	22.1
本地电话用户(户)	Number of Subscribers of Local Telephone(Household)	171098	175557	2.6
国内贸易	**Demestic Trade**			
社会消费品零售总额(万元)	Total Retail Sales of Consumer Goods(10 000 yuan)	111576	137035	22.8
#贸易业(万元)	Wholesale & Retail Sales Trades(10 000 yuan)	97745	116033	18.7
餐饮业(万元)	Catering Trade(10 000 yuan)	11989	14452	20.5
科技教育卫生	**Science,Education & Public Health**			
各类专业技术人员(人)	Speccial Technical Personnel(person)	6683	6860	2.6
幼儿园数(所)	Number of Kindergartens(unit)	2	2	0.0
学龄儿童入学率(%)	Percentage of School-Age Children Enrolled(%)	100.0	100.0	0.0
小学学校数(所)	Number of Primary Schools(unit)	53	52	-1.9
小学专任教师数(人)	Number of Full-time Teachers of Primary Schools(person)	2381	2385	0.2
小学在校学生数(人)	Number of Student Enrollment of Primary Schools(person)	22352	21614	-3.3
普通中学学校数(所)	Number of Regular Secondary Schools(unit)	27	24	-11.1
普通中学专任教师数(人)	Number of Teachers of Secondary Shools(person)	1254	1185	-5.5
初中在校学生数(人)	Number of Student in Junior Secondary Schools(person)	9601	9387	-2.2
高中在校学生数(人)	Number of Student in Senior Secondary Schools(person)	5964	5724	-4.0
卫生机构数(所)	Number of Health Institutions(unit)	34	34	0.0
#医院(所)	Hospitals(unit)	4	4	0.0
卫生院(所)	Township Hospitals(unit)	26	26	0.0
床位数(张)	Number of Beds(unit)	389	384	-1.3
#医院(张)	Hospitals(unit)	209	209	0.0
卫生院(张)	Township Hospitals(unit)	180	175	-2.8
卫生技术人员(人)	Medical Technical Presonnel(person)	773	850	10.0
#医院(人)	Hospitals(person)	310	386	24.5
卫生院(人)	Township Hospitals(person)	365	464	27.1

23-53 赤峰市红山区

指 标	Item	2007	2008	2008 年比上年增长% Increase Rate in 2008 Over 2007(%)
行政区域土地面积(平方公里)	**Area of Administration(Sq.km)**	**507**	**507**	**0.0**
人口和就业	**Population & Employment**			
年末总人口(人)	Total Population Year-end(person)	347555	351069	1.0
# 男性(人)	Male(person)	173195	174864	1.0
# 乡村人口(人)	Rural(person)	82459	83006	0.7
年末总户数(户)	Total Number of Households at the Year-end(Household)	125207	128527	2.7
# 乡村户数(户)	Number of Rural Household(Household)	25044	24544	-2.0
出生人口(人)	Births(person)	3341	3236	-3.1
死亡人口(人)	Deaths(person)	742	984	32.6
全社会就业人员(人)	Employment(person)	171766	172854	0.6
第一产业(人)	Primary Industry(person)	24817	25019	0.8
第二产业(人)	Secondary Industry(person)	33696	33521	-0.5
第三产业(人)	Tertiary Industry(person)	113253	114314	0.9
在岗职工人数(人)	Number of Staff & Workers Employed in(person)	49193	49643	0.9
乡村劳动力(人)	Number of Rural Laborers(person)	57658	57675	0.0
# 农林牧渔业(人)	Farming,Forestry,Animal Husbandry & Fishery(person)	24535	24847	1.3
国民经济综合指标	**Summary Item on the National Economy**			
生产总值(万元)	Gross Domestic Product(10 000 yuan)	940455	1183625	16.9
第一产业(万元)	Primary Industry(10 000 yuan)	32011	37909	9.0
第二产业(万元)	Secondary Industry(10 000 yuan)	452155	621666	25.1
# 工业(万元)	Industry(10 000 yuan)	415133	571998	25.5
第三产业(万元)	Tertiary Industry(10 000 yuan)	456289	524050	11.1
人均生产总值(元)	Per Capita GDP(yuan)	27236	33885	15.6
全社会固定资产投资(万元)	Total Investment in Fixed Assets(10 000 yuan)	483384	595567	23.2
按登记注册类型分	Grouped by Registered Type			
# 国有(万元)	State-owned Enterprises(10 000 yuan)	220877	343581	55.6
集体(万元)	Collective-owned Enterprises(10 000 yuan)	3060		
有限责任公司(万元)	Limited Liability Corporations(10 000 yuan)	80733	59235	-26.6
股份有限公司(万元)	Share Holding Enterprises(10 000 yuan)	53287	37904	-28.9
私营企业(万元)	Private Enterprises(10 000 yuan)	99335	400	-99.6
外商及港澳台投资企业(万元)	Funds from HK,Macao,Taiwan & Foreign(10 000 yuan)	9836		
按城乡渠道分	Grouped by Urban and Rural Area			
城镇（万元）	Urban(10 000 yuan)	476623	588067	23.4
农村（万元）	Rural(10 000 yuan)	6761	7500	10.9
一般预算收入(万元)	General Budgetary Financial Revenue(10 000 yuan)	47854	59909	25.2
一般预算支出(万元)	General Budgetary Financial Expenditures(10 000 yuan)	56761	72303	27.4
城乡居民储蓄存款余额(万元)	Resident Saving Deposit in Urban & Rural(10 000 yuan)			
在岗职工工资总额(万元)	Total Wages of Staff & Workers Empioyed in(10 000 yuan)	101590	122141	20.2
在岗职工平均工资(元)	Average Wage of Staff & Workers Employed in(yuan)	20652	24888	20.5
农牧民人均纯收入(元)	Per Capita Net Income of Peasant & Herdsman(yuan)	6587	7105	7.9
农村牧区经济	**Economic Development in Rural & Pastoral Area**			
耕地面积(公顷)	Cultivated Area(hectare)	20700	20696	0.0
农作物总播种面积(公顷)	Total Sown Area(hectare)	12224	12938	5.8
# 粮食作物播种面积(公顷)	Sown Area of Grain Crops(hectare)	10439	10964	5.0
有效灌溉面积(公顷)	Irrigated Area(hectare)	4082	5050	23.7
农牧业机械总动力(万千瓦)	Total Power of Agricultural Machinery(10 000 kw)	6.59	6.91	4.9
化肥施用折纯量(吨)	Consumption of Chemical Fertilizer(ton)	4106	4531	10.4
农村用电量(万千瓦小时)	Electricity Consumed in Rural Area(10 000 kwh)	2295	2351	2.4
农林牧渔业总产值(万元)	Gross Output of Farming,Forestry,Animal Husbandry & Fishery(10 000 yuan)	54320	63621	8.3
粮食产量(吨)	Yield of Grain(ton)	46859	51234	9.3
油料产量(吨)	Yield of Oil-bearing Grops(ton)	200	803	301.5
甜菜产量(吨)	Yield of Beetroots(ton)			
猪牛羊肉产量(吨)	Output of Pork, Beef & Mutton(ton)	4710	7401	57.1
# 猪肉产量(吨)	Output of Pork(ton)	1150	3619	214.7
牛肉产量(吨)	Output of Beef(ton)	2986	3231	8.2
羊肉产量(吨)	Output of Mutton(ton)	574	491	-14.5
羊毛产量(吨)	Output of Wool(ton)	93	60	-35.5

23-53 Hongshan District in Chifeng City

指 标	Item	2007	2008	2008 年比上年增长% Increase Rate in 2008 Over 2007(%)
年末牲畜存栏头数(万头只)	Total Livestock at the Year-end(10 000 heads)	8.00	7.67	-4.1
# 大牲畜(万头只)	Large Animals(10 000 heads)	2.76	2.71	-1.8
羊(万只)	Sheep & Goats(10 000 heads)	4.35	3.59	-17.5
猪(万头)	Hogs(10 000 heads)	0.89	1.37	53.9
规模以上工业	**Industrial Enterprises above Designated size**			
工业企业单位数(个)	Number of Industrial Enterprises(unit)	36	42	16.7
# 内资企业(个)	Civil Funded Enterprises(unit)	32	38	18.8
工业总产值(万元)	Gross Industrial Output Value(10 000 yuan)	1053902	1554066	47.5
内资企业(万元)	Civil Funded Enterprises(10 000 yuan)	828255	1345263	62.4
国有企业(万元)	State-owned Enterprises(10 000 yuan)	201194	230626	14.6
集体企业(万元)	Collective-owned Enterprises(10 000 yuan)			
股份合作企业(万元)	Share Holding Enterprises(10 000 yuan)			
联营企业(万元)	Joint Owned Enterprises(10 000 yuan)			
有限责任公司(万元)	Limited Company(10 000 yuan)	347280	686771	97.8
股份有限公司(万元)	Share Holding Limited Company(10 000 yuan)		7876	
私营企业(万元)	Privately Owned Enterprises(10 000 yuan)	279781	419990	50.1
其他企业(万元)	Enterprises of Other Ownership(10 000 yuan)			
港澳台商投资企业(万元)	Funds from HK,Macao & Taiwan(10 000 yuan)	26820	16562	-38.2
外商投资企业(万元)	Foreign Funded Enterprises(10 000 yuan)	198827	192241	-3.3
工业企业增加值(万元)	Value Added of Industrial Enterprises(10 000 yuan)	340433	485898	28.1
工业企业资产总计(万元)	Total Assets of Industrial Enterprises(10 000 yuan)	1108039	1105802	-0.2
工业企业负债合计(万元)	Total Liabilities of Industrial Enterprises(10 000 yuan)	703899	631355	-10.3
工业企业产品销售收入(万元)	Sales of Revenue Industrial Enterprises(10 000 yuan)	1073989	1550066	44.3
工业企业利润总额(万元)	Total Profits of Industrial Enterprises(10 000 yuan)	19321	-6571	
建筑业	**Construction**			
建筑企业单位数(个)	Number of Construction Enterprises(unit)	34	34	0.0
建筑企业从业人员(人)	Number of Employee in Construction Enterprises(person)	20517	20571	0.3
建筑业总产值(万元)	Gross Construction Output Value(10 000 yuan)	220000	246206	11.9
交通运输邮电通信业	**Transportation,Post & Telecommunications**			
公路里程(公里)	Total Length of Highways(km)	184	184	0.0
邮电业务总量(万元)	Business Volume of Post & Telecoms(10 000 yuan)			
本地电话用户(户)	Number of Subscribers of Local Telephone(Household)	92153	92017	-0.1
国内贸易	**Demestic Trade**			
社会消费品零售总额(万元)	Total Retail Sales of Consumer Goods(10 000 yuan)	476236	416660	-12.5
# 贸易业(万元)	Wholesale & Retail Sales Trades(10 000 yuan)	394306	314375	-20.3
餐饮业(万元)	Catering Trade(10 000 yuan)	73357	91843	25.2
科技教育卫生	**Science,Education & Public Health**			
各类专业技术人员(人)	Speccial Technical Personnel(person)	15802	16137	2.1
幼儿园数(所)	Number of Kindergartens(unit)	45	40	-11.1
学龄儿童入学率(%)	Percentage of School-Age Children Enrolled(%)	100.0	100.0	0.0
小学学校数(所)	Number of Primary Schools(unit)	49	39	-20.4
小学专任教师数(人)	Number of Full-time Teachers of Primary Schools(person)	1858	1862	0.2
小学在校学生数(人)	Number of Student Enrollment of Primary Schools(person)	25893	27214	5.1
普通中学学校数(所)	Number of Regular Secondary Schools(unit)	23	20	-13.0
普通中学专任教师数(人)	Number of Teachers of Secondary Shools(person)	2244	2214	-1.3
初中在校学生数(人)	Number of Student in Junior Secondary Schools(person)	13444	13522	0.6
高中在校学生数(人)	Number of Student in Senior Secondary Schools(person)	21294	17445	-18.1
卫生机构数(所)	Number of Health Institutions(unit)	10	11	10.0
# 医院(所)	Hospitals(unit)	2	2	0.0
卫生院(所)	Township Hospitals(unit)	4	4	0.0
床位数(张)	Number of Beds(unit)	641	756	17.9
# 医院(张)	Hospitals(unit)	570	650	14.0
卫生院(张)	Township Hospitals(unit)	71	86	21.1
卫生技术人员(人)	Medical Technical Presonnel(person)	749	919	22.7
# 医院(人)	Hospitals(person)	529	694	31.2
卫生院(人)	Township Hospitals(person)	160	100	-37.5

23-54 赤峰市元宝山区

指 标	Item	2007	2008	2008 年比上年增长% Increase Rate in 2008 Over 2007(%)
行政区域土地面积(平方公里)	**Area of Administration(Sq.km)**	**952**	**952**	**0.0**
人口和就业	**Population & Employment**			
年末总人口(人)	Total Population Year-end(person)	322718	324495	0.6
#男性(人)	Male(person)	164249	165109	0.5
#乡村人口(人)	Rural(person)	161415	162889	0.9
年末总户数(户)	Total Number of Households at the Year-end(Household)	109389	110168	0.7
#乡村户数(户)	Number of Rural Household(Household)	43383	43682	0.7
出生人口(人)	Births(person)	3605	3347	-7.2
死亡人口(人)	Deaths(person)	1305	1039	-20.4
全社会就业人员(人)	Employment(person)	162009	162942	0.6
第一产业(人)	Primary Industry(person)	38977	39825	2.2
第二产业(人)	Secondary Industry(person)	76947	67366	-12.5
第三产业(人)	summary Item on the National Economy	46085	55751	21.0
在岗职工人数(人)	Number of Staff & Workers Employed in(person)	51562	38599	-25.1
乡村劳动力(人)	Number of Rural Laborers(person)	85988	85830	-0.2
#农林牧渔业(人)	Farming,Forestry,Animal Husbandry & Fishery(person)	38797	39399	1.6
国民经济综合指标	**Summary Item on the National Economy**			
生产总值(万元)	Gross Domestic Product(10 000 yuan)	837392	1063829	19.0
第一产业(万元)	Primary Industry(10 000 yuan)	78407	92834	9.0
第二产业(万元)	Secondary Industry(10 000 yuan)	466845	595659	19.5
#工业(万元)	Industry(10 000 yuan)	431076	550050	19.9
第三产业(万元)	Tertiary Industry(10 000 yuan)	292140	375336	20.2
人均生产总值(元)	Per Capita GDP(yuan)	26014	32874	18.3
全社会固定资产投资(万元)	Total Investment in Fixed Assets(10 000 yuan)	467018	546892	17.1
按登记注册类型分	Grouped by Registered Type			
#国有(万元)	State-owned Enterprises(10 000 yuan)	65419	44716	-31.6
集体(万元)	Collective-owned Enterprises(10 000 yuan)	50878	86870	70.7
有限责任公司(万元)	Limited Liability Corporations(10 000 yuan)	222775	222352	-0.2
股份有限公司(万元)	Share Holding Enterprises(10 000 yuan)	550	9690	1661.8
私营企业(万元)	Private Enterprises(10 000 yuan)	31700	40628	28.2
外商及港澳台投资企业(万元)	Funds from HK,Macao,Taiwan & Foreign(10 000 yuan)			
按城乡渠道分	Grouped by Urban and Rural Area			
城镇(万元)	Urban(10 000 yuan)	415462	496368	19.5
农村(万元)	Rural(10 000 yuan)	51556	50524	-2.0
一般预算收入(万元)	General Budgetary Financial Revenue(10 000 yuan)	41075	49337	20.1
一般预算支出(万元)	General Budgetary Financial Expenditures(10 000 yuan)	90322	78471	-13.1
城乡居民储蓄存款余额(万元)	Resident Saving Deposit in Urban & Rural(10 000 yuan)	393884	487414	23.7
在岗职工工资总额(万元)	Total Wages of Staff & Workers Empioyed in(10 000 yuan)	113848	128094	12.5
在岗职工平均工资(元)	Average Wage of Staff & Workers Employed in(yuan)	23251	31542	35.7
农牧民人均纯收入(元)	Per Capita Net Income of Peasant & Herdsman(yuan)	6109	6991	14.4
农村牧区经济	**Economic Development in Rural & Pastoral Area**			
耕地面积(公顷)	Cultivated Area(hectare)	21816	24643	13.0
农作物总播种面积(公顷)	Total Sown Area(hectare)	16141	26368	63.4
#粮食作物播种面积(公顷)	Sown Area of Grain Crops(hectare)	11355	19160	68.7
有效灌溉面积(公顷)	Irrigated Area(hectare)	9990	12710	27.2
农牧业机械总动力(万千瓦)	Total Power of Agricultural Machinery(10 000 kw)	11.33	11.55	1.9
化肥施用折纯量(吨)	Consumption of Chemical Fertilizer(ton)	7667	8926	16.4
农村用电量(万千瓦小时)	Electricity Consumed in Rural Area(10 000 kwh)	13482	15824	17.4
农林牧渔业总产值(万元)	Gross Output of Farming,Forestry,Animal Husbandry & Fishery(10 000 yuan)	130826	154723	8.9
粮食产量(吨)	Yield of Grain(ton)	103127	120624	17.0
油料产量(吨)	Yield of Oil-bearing Grops(ton)	60	1142	1803.3
甜菜产量(吨)	Yield of Beetroots(ton)	6634	6655	0.3
猪牛羊肉产量(吨)	Output of Pork, Beef & Mutton(ton)	10916	13813	26.5
#猪肉产量(吨)	Output of Pork(ton)	2505	4055	61.9
牛肉产量(吨)	Output of Beef(ton)	6256	7284	16.4
羊肉产量(吨)	Output of Mutton(ton)	2155	2474	14.8
羊毛产量(吨)	Output of Wool(ton)	301	243	-19.3

23-54 Yuanbaoshan District in Chifeng City

指 标	Item	2007	2008	2008年比上年增长% Increase Rate in 2008 Over 2007(%)
年末牲畜存栏头数(万头只)	Total Livestock at the Year-end(10 000 heads)	13.62	15.16	11.3
#大牲畜(万头只)	Large Animals(10 000 heads)	7.59	8.99	18.4
羊(万只)	Sheep & Goats(10 000 heads)	2.77	2.77	0.0
猪(万头)	Hogs(10 000 heads)	3.26	3.40	4.3
规模以上工业	**Industrial Enterprises above Designated size**			
工业企业单位数(个)	Number of Industrial Enterprises(unit)	47	62	31.9
#内资企业(个)	Civil Funded Enterprises(unit)	46	60	30.4
工业总产值(万元)	Gross Industrial Output Value(10 000 yuan)	864500	1104335	27.7
内资企业(万元)	Civil Funded Enterprises(10 000 yuan)	863300	1103090	27.8
国有企业(万元)	State-owned Enterprises(10 000 yuan)	4288	5880	37.1
集体企业(万元)	Collective-owned Enterprises(10 000 yuan)	50396	66588	32.1
股份合作企业(万元)	Share Holding Enterprises(10 000 yuan)	3098	3722	20.1
联营企业(万元)	Joint Owned Enterprises(10 000 yuan)			
有限责任公司(万元)	Limited Company(10 000 yuan)	790800	1005637	27.2
股份有限公司(万元)	Share Holding Limited Company(10 000 yuan)			
私营企业(万元)	Privately Owned Enterprises(10 000 yuan)	13266	18969	43.0
其他企业(万元)	Enterprises of Other Ownership(10 000 yuan)	1452	2294	58.0
港澳台商投资企业(万元)	Funds from HK,Macao & Taiwan(10 000 yuan)			
外商投资企业(万元)	Foreign Funded Enterprises(10 000 yuan)	1200	1245	3.8
工业企业增加值(万元)	Value Added of Industrial Enterprises(10 000 yuan)	379876	486850	20.2
工业企业资产总计(万元)	Total Assets of Industrial Enterprises(10 000 yuan)	1688931	1739808	3.0
工业企业负债合计(万元)	Total Liabilities of Industrial Enterprises(10 000 yuan)	1115872	1102163	-1.2
工业企业产品销售收入(万元)	Sales of Revenue Industrial Enterprises(10 000 yuan)	844711	1077344	27.5
工业企业利润总额(万元)	Total Profits of Industrial Enterprises(10 000 yuan)	49209	99851	102.9
建筑业	**Construction**			
建筑企业单位数(个)	Number of Construction Enterprises(unit)	11	11	0.0
建筑企业从业人员(人)	Number of Employee in Construction Enterprises(person)	21886	9950	-54.5
建筑业总产值(万元)	Gross Construction Output Value(10 000 yuan)	160535	72503	-54.8
交通运输邮电通信业	**Transportation,Post & Telecommunications**			
公路里程(公里)	Total Length of Highways(km)	685	683	-0.3
邮电业务总量(万元)	Business Volume of Post & Telecoms(10 000 yuan)	12668	14418	13.8
本地电话用户(户)	Number of Subscribers of Local Telephone(Household)	59881	57410	-4.1
国内贸易	**Demestic Trade**			
社会消费品零售总额(万元)	Total Retail Sales of Consumer Goods(10 000 yuan)	286932	358540	25.0
#贸易业(万元)	Wholesale & Retail Sales Trades(10 000 yuan)	237617	292327	23.0
餐饮业(万元)	Catering Trade(10 000 yuan)	39525	50552	27.9
科技教育卫生	**Science,Education & Public Health**			
各类专业技术人员(人)	Speccial Technical Personnel(person)	6061	7093	17.0
幼儿园数(所)	Number of Kindergartens(unit)	108	103	-4.6
学龄儿童入学率(%)	Percentage of School-Age Children Enrolled(%)	100.0	100.0	0.0
小学学校数(所)	Number of Primary Schools(unit)	66	67	1.5
小学专任教师数(人)	Number of Full-time Teachers of Primary Schools(person)	2184	2182	-0.1
小学在校学生数(人)	Number of Student Enrollment of Primary Schools(person)	24776	24548	-0.9
普通中学学校数(所)	Number of Regular Secondary Schools(unit)	23	22	-4.3
普通中学专任教师数(人)	Number of Teachers of Secondary Shools(person)	1694	1727	1.9
初中在校学生数(人)	Number of Student in Junior Secondary Schools(person)	16514	15469	-6.3
高中在校学生数(人)	Number of Student in Senior Secondary Schools(person)	11440	11612	1.5
卫生机构数(所)	Number of Health Institutions(unit)	61	73	19.7
#医院(所)	Hospitals(unit)	2	13	550.0
卫生院(所)	Township Hospitals(unit)	10	11	10.0
床位数(张)	Number of Beds(unit)	707	1843	160.7
#医院(张)	Hospitals(unit)	413	1447	250.4
卫生院(张)	Township Hospitals(unit)	179	281	57.0
卫生技术人员(人)	Medical Technical Presonnel(person)	828	1786	115.7
#医院(人)	Hospitals(person)	429	1337	211.7
卫生院(人)	Township Hospitals(person)	214	276	29.0

23-55 赤峰市松山区

指 标	Item	2007	2008	2008年比上年增长% Increase Rate in 2008 Over 2007(%)
行政区域土地面积(平方公里)	**Area of Administration(Sq.km)**	**5618**	**5618**	**0.0**
人口和就业	**Population & Employment**			
年末总人口(人)	Total Population Year-end(person)	519567	527445	1.5
#男性(人)	Male(person)	269628	273753	1.5
#乡村人口(人)	Rural(person)	438177	437183	-0.2
年末总户数(户)	Total Number of Households at the Year-end(Household)	158363	158046	-0.2
#乡村户数(户)	Number of Rural Household(Household)	117122	117590	0.4
出生人口(人)	Births(person)	5785	5629	-2.7
死亡人口(人)	Deaths(person)	4334	810	-81.3
全社会就业人员(人)	Employment(person)	255332	280839	10.0
第一产业(人)	Primary Industry(person)	136972	156743	14.4
第二产业(人)	Secondary Industry(person)	59145	63793	7.9
第三产业(人)	Tertiary Industry(person)	59215	60303	1.8
在岗职工人数(人)	Number of Staff & Workers Employed in(person)	27025	31722	17.4
乡村劳动力(人)	Number of Rural Laborers(person)	209854	231713	10.4
#农林牧渔业(人)	Farming,Forestry,Animal Husbandry & Fishery(person)	135946	155791	14.6
国民经济综合指标	**Summary Item on the National Economy**			
生产总值(万元)	Gross Domestic Product(10 000 yuan)	660905	819042	22.1
第一产业(万元)	Primary Industry(10 000 yuan)	176694	209170	9.0
第二产业(万元)	Secondary Industry(10 000 yuan)	304613	390758	36.2
#工业(万元)	Industry(10 000 yuan)	260403	343533	44.0
第三产业(万元)	Tertiary Industry(10 000 yuan)	179598	219114	13.5
人均生产总值(元)	Per Capita GDP(yuan)	12767	15645	20.7
全社会固定资产投资(万元)	Total Investment in Fixed Assets(10 000 yuan)	577233	566273	-1.9
按登记注册类型分	Grouped by Registered Type			
#国有(万元)	State-owned Enterprises(10 000 yuan)	137466	125380	-8.8
集体(万元)	Collective-owned Enterprises(10 000 yuan)	1768	41618	2254.0
有限责任公司(万元)	Limited Liability Corporations(10 000 yuan)	45555	89900	97.3
股份有限公司(万元)	Share Holding Enterprises(10 000 yuan)	33095	6000	-81.9
私营企业(万元)	Private Enterprises(10 000 yuan)	46008	47555	3.4
外商及港澳台投资企业(万元)	Funds from HK,Macao,Taiwan & Foreign(10 000 yuan)	56800	50647	-10.8
按城乡渠道分	Grouped by Urban and Rural Area			
城镇(万元)	Urban(10 000 yuan)	504746	481131	-4.7
农村(万元)	Rural(10 000 yuan)	72487	85142	17.5
一般预算收入(万元)	General Budgetary Financial Revenue(10 000 yuan)	20276	24453	20.6
一般预算支出(万元)	General Budgetary Financial Expenditures(10 000 yuan)	95072	116132	22.2
城乡居民储蓄存款余额(万元)	Resident Saving Deposit in Urban & Rural(10 000 yuan)	329009	462163	40.5
在岗职工工资总额(万元)	Total Wages of Staff & Workers Empioyed in(10 000 yuan)	54895	69255	26.2
在岗职工平均工资(元)	Average Wage of Staff & Workers Employed in(yuan)	20207	23658	17.1
农牧民人均纯收入(元)	Per Capita Net Income of Peasant & Herdsman(yuan)	4616	5494	19.0
农村牧区经济	**Economic Development in Rural & Pastoral Area**			
耕地面积(公顷)	Cultivated Area(hectare)	122407	122412	0.0
农作物总播种面积(公顷)	Total Sown Area(hectare)	141370	143044	1.2
#粮食作物播种面积(公顷)	Sown Area of Grain Crops(hectare)	110586	104048	-5.9
有效灌溉面积(公顷)	Irrigated Area(hectare)	49674	49675	0.0
农牧业机械总动力(万千瓦)	Total Power of Agricultural Machinery(10 000 kw)	38.64	50.90	31.7
化肥施用折纯量(吨)	Consumption of Chemical Fertilizer(ton)	26142	31141	19.1
农村用电量(万千瓦小时)	Electricity Consumed in Rural Area(10 000 kwh)	13482	13596	0.8
农林牧渔业总产值(万元)	Gross Output of Farming,Forestry,Animal Husbandry & Fishery(10 000 yuan)	299835	351184	8.3
粮食产量(吨)	Yield of Grain(ton)	524810	585022	11.5
油料产量(吨)	Yield of Oil-bearing Grops(ton)	6040	35137	481.7
甜菜产量(吨)	Yield of Beetroots(ton)	100942	130955	29.7
猪牛羊肉产量(吨)	Output of Pork, Beef & Mutton(ton)	33785	41117	21.7
#猪肉产量(吨)	Output of Pork(ton)	17766	22013	23.9
牛肉产量(吨)	Output of Beef(ton)	12366	14388	16.4
羊肉产量(吨)	Output of Mutton(ton)	3653	4716	29.1
羊毛产量(吨)	Output of Wool(ton)	1398	609	-56.4

23-55 Songshan District in Chifeng City

指 标	Item	2007	2008	2008 年比上年增长% Increase Rate in 2008 Over 2007(%)
年末牲畜存栏头数(万头只)	Total Livestock at the Year-end(10 000 heads)	55.59	58.20	4.7
#大牲畜(万头只)	Large Animals(10 000 heads)	19.27	21.26	10.3
羊(万只)	Sheep & Goats(10 000 heads)	21.71	21.68	-0.1
猪(万头)	Hogs(10 000 heads)	14.61	15.26	4.4
规模以上工业	**Industrial Enterprises above Designated size**			
工业企业单位数(个)	Number of Industrial Enterprises(unit)	36	43	19.4
#内资企业(个)	Civil Funded Enterprises(unit)	35	40	14.3
工业总产值(万元)	Gross Industrial Output Value(10 000 yuan)	429427	753022	68.4
内资企业(万元)	Civil Funded Enterprises(10 000 yuan)	405852	658291	62.2
国有企业(万元)	State-owned Enterprises(10 000 yuan)	14191	137618	869.8
集体企业(万元)	Collective-owned Enterprises(10 000 yuan)	2553	6276	145.8
股份合作企业(万元)	Share Holding Enterprises(10 000 yuan)			
联营企业(万元)	Joint Owned Enterprises(10 000 yuan)			
有限责任公司(万元)	Limited Company(10 000 yuan)	97616	68140	-30.2
股份有限公司(万元)	Share Holding Limited Company(10 000 yuan)	16311	22353	37.0
私营企业(万元)	Privately Owned Enterprises(10 000 yuan)	275181	423904	54.0
其他企业(万元)	Enterprises of Other Ownership(10 000 yuan)			
港澳台商投资企业(万元)	Funds from HK,Macao & Taiwan(10 000 yuan)	23575	92684	165.9
外商投资企业(万元)	Foreign Funded Enterprises(10 000 yuan)		2047	
工业企业增加值(万元)	Value Added of Industrial Enterprises(10 000 yuan)	141801	270833	54.4
工业企业资产总计(万元)	Total Assets of Industrial Enterprises(10 000 yuan)	521214	1177062	125.8
工业企业负债合计(万元)	Total Liabilities of Industrial Enterprises(10 000 yuan)	254434	715645	181.3
工业企业产品销售收入(万元)	Sales of Revenue Industrial Enterprises(10 000 yuan)	423547	744176	75.7
工业企业利润总额(万元)	Total Profits of Industrial Enterprises(10 000 yuan)	32209	62252	93.3
建筑业	**Construction**			
建筑企业单位数(个)	Number of Construction Enterprises(unit)	25	25	0.0
建筑企业从业人员(人)	Number of Employee in Construction Enterprises(person)	46442	43228	-6.9
建筑业总产值(万元)	Gross Construction Output Value(10 000 yuan)	226675	233613	3.1
交通运输邮电通信业	**Transportation,Post & Telecommunications**			
公路里程(公里)	Total Length of Highways(km)	1505	1528	1.5
邮电业务总量(万元)	Business Volume of Post & Telecoms(10 000 yuan)			
本地电话用户(户)	Number of Subscribers of Local Telephone(Household)	92600	74389	-19.7
国内贸易	**Demestic Trade**			
社会消费品零售总额(万元)	Total Retail Sales of Consumer Goods(10 000 yuan)	354658	442457	24.8
#贸易业(万元)	Wholesale & Retail Sales Trades(10 000 yuan)	318630	398283	25.0
餐饮业(万元)	Catering Trade(10 000 yuan)	32320	39800	23.1
科技教育卫生	**Science,Education & Public Health**			
各类专业技术人员(人)	Speccial Technical Personnel(person)	10994	11039	0.4
幼儿园数(所)	Number of Kindergartens(unit)	49	46	-6.1
学龄儿童入学率(%)	Percentage of School-Age Children Enrolled(%)	100.0	100.0	0.0
小学学校数(所)	Number of Primary Schools(unit)	110	88	-20.0
小学专任教师数(人)	Number of Full-time Teachers of Primary Schools(person)	2233	2288	2.5
小学在校学生数(人)	Number of Student Enrollment of Primary Schools(person)	33010	33450	1.3
普通中学学校数(所)	Number of Regular Secondary Schools(unit)	27	24	-11.1
普通中学专任教师数(人)	Number of Teachers of Secondary Shools(person)	2142	2097	-2.1
初中在校学生数(人)	Number of Student in Junior Secondary Schools(person)	20773	18925	-8.9
高中在校学生数(人)	Number of Student in Senior Secondary Schools(person)	17022	14947	-12.2
卫生机构数(所)	Number of Health Institutions(unit)	40	40	0.0
#医院(所)	Hospitals(unit)	3	3	0.0
卫生院(所)	Township Hospitals(unit)	28	28	0.0
床位数(张)	Number of Beds(unit)	742	792	6.7
#医院(张)	Hospitals(unit)	233	250	7.3
卫生院(张)	Township Hospitals(unit)	477	488	2.3
卫生技术人员(人)	Medical Technical Presonnel(person)	895	1094	22.2
#医院(人)	Hospitals(person)	238	239	0.4
卫生院(人)	Township Hospitals(person)	552	703	27.4

23-56 赤峰市阿鲁科尔沁旗

指 标	Item	2007	2008	2008 年比上年增长% Increase Rate in 2008 Over 2007(%)
行政区域土地面积(平方公里)	**Area of Administration(Sq.km)**	**14555**	**14555**	**0.0**
人口和就业	**Population & Employment**			
年末总人口(人)	Total Population Year-end(person)	299293	300096	0.3
#男性(人)	Male(person)	152482	152584	0.1
#乡村人口(人)	Rural(person)	251528	251578	0.0
年末总户数(户)	Total Number of Households at the Year-end(Household)	103085	110377	7.1
#乡村户数(户)	Number of Rural Household(Household)	72890	77516	6.3
出生人口(人)	Births(person)	2738	2649	-3.3
死亡人口(人)	Deaths(person)	1344	1391	3.5
全社会就业人员(人)	Employment(person)	150887	157020	4.1
第一产业(人)	Primary Industry(person)	93137	95425	2.5
第二产业(人)	Secondary Industry(person)	15115	16943	12.1
第三产业(人)	Tertiary Industry(person)	42635	44652	4.7
在岗职工人数(人)	Number of Staff & Workers Employed in(person)	20426	20862	2.1
乡村劳动力(人)	Number of Rural Laborers(person)	137904	146358	6.1
#农林牧渔业(人)	Farming,Forestry,Animal Husbandry & Fishery(person)	103775	108263	4.3
国民经济综合指标	**Summary Item on the National Economy**			
生产总值(万元)	Gross Domestic Product(10 000 yuan)	297838	376241	13.3
第一产业(万元)	Primary Industry(10 000 yuan)	80581	95262	8.8
第二产业(万元)	Secondary Industry(10 000 yuan)	99103	138371	21.2
#工业(万元)	Industry(10 000 yuan)	84249	116628	17.7
第三产业(万元)	Tertiary Industry(10 000 yuan)	118154	142608	12.0
人均生产总值(元)	Per Capita GDP(yuan)	9940	12555	13.3
全社会固定资产投资(万元)	Total Investment in Fixed Assets(10 000 yuan)	193945	260718	34.4
按登记注册类型分	Grouped by Registered Type			
#国有(万元)	State-owned Enterprises(10 000 yuan)	87039	138602	59.2
集体(万元)	Collective-owned Enterprises(10 000 yuan)			
有限责任公司(万元)	Limited Liability Corporations(10 000 yuan)	96488	122116	26.6
股份有限公司(万元)	Share Holding Enterprises(10 000 yuan)			
私营企业(万元)	Private Enterprises(10 000 yuan)			
外商及港澳台投资企业(万元)	Funds from HK,Macao,Taiwan & Foreign(10 000 yuan)			
按城乡渠道分	Grouped by Urban and Rural Area			
城镇(万元)	Urban(10 000 yuan)	185102	247084	33.5
农村(万元)	Rural(10 000 yuan)	8843	13634	54.2
一般预算收入(万元)	General Budgetary Financial Revenue(10 000 yuan)	6994	9608	37.4
一般预算支出(万元)	General Budgetary Financial Expenditures(10 000 yuan)	73433	100006	36.2
城乡居民储蓄存款余额(万元)	Resident Saving Deposit in Urban & Rural(10 000 yuan)	83553	102169	22.3
在岗职工工资总额(万元)	Total Wages of Staff & Workers Empioyed in(10 000 yuan)	31966	39384	23.2
在岗职工平均工资(元)	Average Wage of Staff & Workers Employed in(yuan)	15650	18878	20.6
农牧民人均纯收入(元)	Per Capita Net Income of Peasant & Herdsman(yuan)	3186	3724	16.9
农村牧区经济	**Economic Development in Rural & Pastoral Area**			
耕地面积(公顷)	Cultivated Area(hectare)	92506	92665	0.2
农作物总播种面积(公顷)	Total Sown Area(hectare)	125169	119182	-4.8
#粮食作物播种面积(公顷)	Sown Area of Grain Crops(hectare)	97165	100663	3.6
有效灌溉面积(公顷)	Irrigated Area(hectare)	15675	15850	1.1
农牧业机械总动力(万千瓦)	Total Power of Agricultural Machinery(10 000 kw)	32.20	42.97	33.4
化肥施用折纯量(吨)	Consumption of Chemical Fertilizer(ton)	11430	17175	50.3
农村用电量(万千瓦小时)	Electricity Consumed in Rural Area(10 000 kwh)	4118	4606	11.9
农林牧渔业总产值(万元)	Gross Output of Farming,Forestry,Animal Husbandry & Fishery(10 000 yuan)	136739	159478	13.4
粮食产量(吨)	Yield of Grain(ton)	229977	295062	28.3
油料产量(吨)	Yield of Oil-bearing Grops(ton)	6807	6670	-2.0
甜菜产量(吨)	Yield of Beetroots(ton)	4517	3119	-30.9
猪牛羊肉产量(吨)	Output of Pork, Beef & Mutton(ton)	27973	28107	0.5
#猪肉产量(吨)	Output of Pork(ton)	3791	4704	24.1
牛肉产量(吨)	Output of Beef(ton)	11429	13212	15.6
羊肉产量(吨)	Output of Mutton(ton)	12753	10191	-20.1
羊毛产量(吨)	Output of Wool(ton)	2226	2480	11.4

23-56 Alukeerqin Banner in Chifeng City

指 标	Item	2007	2008	2008 年比上年增长% Increase Rate in 2008 Over 2007(%)
年末牲畜存栏头数(万头只)	Total Livestock at the Year-end(10 000 heads)	119.84	122.84	2.5
#大牲畜(万头只)	Large Animals(10 000 heads)	26.74	26.12	-2.3
羊(万只)	Sheep & Goats(10 000 heads)	85.05	89.02	4.7
猪(万头)	Hogs(10 000 heads)	8.05	7.70	-4.3
规模以上工业	**Industrial Enterprises above Designated size**			
工业企业单位数(个)	Number of Industrial Enterprises(unit)	30	35	16.7
#内资企业(个)	Civil Funded Enterprises(unit)	30	35	16.7
工业总产值(万元)	Gross Industrial Output Value(10 000 yuan)	155152	225670	45.5
内资企业(万元)	Civil Funded Enterprises(10 000 yuan)	155152	225670	45.5
国有企业(万元)	State-owned Enterprises(10 000 yuan)	91676	110772	20.8
集体企业(万元)	Collective-owned Enterprises(10 000 yuan)	5118	7337	43.4
股份合作企业(万元)	Share Holding Enterprises(10 000 yuan)			
联营企业(万元)	Joint Owned Enterprises(10 000 yuan)			
有限责任公司(万元)	Limited Company(10 000 yuan)	22743	40597	78.5
股份有限公司(万元)	Share Holding Limited Company(10 000 yuan)	2865	8839	208.5
私营企业(万元)	Privately Owned Enterprises(10 000 yuan)	32750	58125	77.5
其他企业(万元)	Enterprises of Other Ownership(10 000 yuan)			
港澳台商投资企业(万元)	Funds from HK,Macao & Taiwan(10 000 yuan)			
外商投资企业(万元)	Foreign Funded Enterprises(10 000 yuan)			
工业企业增加值(万元)	Value Added of Industrial Enterprises(10 000 yuan)	70153	93728	17.6
工业企业资产总计(万元)	Total Assets of Industrial Enterprises(10 000 yuan)	123797	139651	12.8
工业企业负债合计(万元)	Total Liabilities of Industrial Enterprises(10 000 yuan)	40446	51485	27.3
工业企业产品销售收入(万元)	Sales of Revenue Industrial Enterprises(10 000 yuan)	157797	229234	45.3
工业企业利润总额(万元)	Total Profits of Industrial Enterprises(10 000 yuan)	36630	4172	-88.6
建筑业	**Construction**			
建筑企业单位数(个)	Number of Construction Enterprises(unit)	2	2	0.0
建筑企业从业人员(人)	Number of Employee in Construction Enterprises(person)	1080	1109	2.7
建筑业总产值(万元)	Gross Construction Output Value(10 000 yuan)	6370	10728	68.4
交通运输邮电通信业	**Transportation,Post & Telecommunications**			
公路里程(公里)	Total Length of Highways(km)	2356	2419	2.7
邮电业务总量(万元)	Business Volume of Post & Telecoms(10 000 yuan)	675	727	7.7
本地电话用户(户)	Number of Subscribers of Local Telephone(Household)	29091	29707	2.1
国内贸易	**Demestic Trade**			
社会消费品零售总额(万元)	Total Retail Sales of Consumer Goods(10 000 yuan)	85433	106512	24.7
#贸易业(万元)	Wholesale & Retail Sales Trades(10 000 yuan)	74069	92236	24.5
餐饮业(万元)	Catering Trade(10 000 yuan)	9020	11592	28.5
科技教育卫生	**Science,Education & Public Health**			
各类专业技术人员(人)	Speccial Technical Personnel(person)	6818	7300	7.1
幼儿园数(所)	Number of Kindergartens(unit)	10	12	20.0
学龄儿童入学率(%)	Percentage of School-Age Children Enrolled(%)	100.0	100.0	0.0
小学学校数(所)	Number of Primary Schools(unit)	32	32	0.0
小学专任教师数(人)	Number of Full-time Teachers of Primary Schools(person)	1602	1793	11.9
小学在校学生数(人)	Number of Student Enrollment of Primary Schools(person)	19612	20113	2.6
普通中学学校数(所)	Number of Regular Secondary Schools(unit)	15	15	0.0
普通中学专任教师数(人)	Number of Teachers of Secondary Shools(person)	1116	1236	10.8
初中在校学生数(人)	Number of Student in Junior Secondary Schools(person)	12329	11790	-4.4
高中在校学生数(人)	Number of Student in Senior Secondary Schools(person)	6226	5870	-5.7
卫生机构数(所)	Number of Health Institutions(unit)	33	33	0.0
#医院(所)	Hospitals(unit)	4	4	0.0
卫生院(所)	Township Hospitals(unit)	22	22	0.0
床位数(张)	Number of Beds(unit)	641	795	24.0
#医院(张)	Hospitals(unit)	400	518	29.5
卫生院(张)	Township Hospitals(unit)	211	247	17.1
卫生技术人员(人)	Medical Technical Presonnel(person)	778	841	8.1
#医院(人)	Hospitals(person)	470	527	12.1
卫生院(人)	Township Hospitals(person)	187	194	3.7

23-57 赤峰市巴林左旗

指 标	Item	2007	2008	2008 年比上年增长% Increase Rate in 2008 Over 2007(%)
行政区域土地面积(平方公里)	**Area of Administration(Sq.km)**	**6630**	**6645**	**0.2**
人口和就业	**Population & Employment**			
年末总人口(人)	Total Population Year-end(person)	358594	357403	-0.3
# 男性(人)	Male(person)	182901	181979	-0.5
# 乡村人口(人)	Rural(person)	303560	301341	-0.7
年末总户数(户)	Total Number of Households at the Year-end(Household)	110578	114377	3.4
# 乡村户数(户)	Number of Rural Household(Household)	80228	83078	3.6
出生人口(人)	Births(person)	4020	3612	-10.1
死亡人口(人)	Deaths(person)	1970	1796	-8.8
全社会就业人员(人)	Employment(person)	200100	203149	1.5
第一产业(人)	Primary Industry(person)	133250	133471	0.2
第二产业(人)	Secondary Industry(person)	31783	33257	4.6
第三产业(人)	Tertiary Industry(person)	35067	36421	3.9
在岗职工人数(人)	Number of Staff & Workers Employed in(person)	20450	20281	-0.8
乡村劳动力(人)	Number of Rural Laborers(person)	170220	176871	3.9
# 农林牧渔业(人)	Farming,Forestry,Animal Husbandry & Fishery(person)	128761	109000	-15.3
国民经济综合指标	**Summary Item on the National Economy**			
生产总值(万元)	Gross Domestic Product(10 000 yuan)	417261	467748	13.3
第一产业(万元)	Primary Industry(10 000 yuan)	97065	114600	8.7
第二产业(万元)	Secondary Industry(10 000 yuan)	212949	218844	13.8
# 工业(万元)	Industry(10 000 yuan)	191460	188433	11.3
第三产业(万元)	Tertiary Industry(10 000 yuan)	107247	134304	16.2
人均生产总值(元)	Per Capita GDP(yuan)	11662	13066	13.2
全社会固定资产投资(万元)	Total Investment in Fixed Assets(10 000 yuan)	280571	364700	30.0
按登记注册类型分	Grouped by Registered Type			
# 国有(万元)	State-owned Enterprises(10 000 yuan)	155953	182428	17.0
集体(万元)	Collective-owned Enterprises(10 000 yuan)	8341	2690	-67.7
有限责任公司(万元)	Limited Liability Corporations(10 000 yuan)		31220	
股份有限公司(万元)	Share Holding Enterprises(10 000 yuan)		35295	
私营企业(万元)	Private Enterprises(10 000 yuan)		74888	
外商及港澳台投资企业 (万元)	Funds from HK,Macao,Taiwan & Foreign(10 000 yuan)			
按城乡渠道分	Grouped by Urban and Rural Area			
城镇（万元）	Urban(10 000 yuan)	227530	321860	41.5
农村（万元）	Rural(10 000 yuan)	53041	42840	-19.2
一般预算收入(万元)	General Budgetary Financial Revenue(10 000 yuan)	13809	18882	36.7
一般预算支出(万元)	General Budgetary Financial Expenditures(10 000 yuan)	74096	101999	37.7
城乡居民储蓄存款余额(万元)	Resident Saving Deposit in Urban & Rural(10 000 yuan)	146616	165773	13.1
在岗职工工资总额(万元)	Total Wages of Staff & Workers Empioyed in(10 000 yuan)	35341	45760	29.5
在岗职工平均工资(元)	Average Wage of Staff & Workers Employed in(yuan)	16823	21946	30.5
农牧民人均纯收入(元)	Per Capita Net Income of Peasant & Herdsman(yuan)	3793	4363	15.0
农村牧区经济	**Economic Development in Rural & Pastoral Area**			
耕地面积(公顷)	Cultivated Area(hectare)	102096	102099	0.0
农作物总播种面积(公顷)	Total Sown Area(hectare)	106701	106655	0.0
# 粮食作物播种面积(公顷)	Sown Area of Grain Crops(hectare)	77029	84488	9.7
有效灌溉面积(公顷)	Irrigated Area(hectare)	25315	24763	-2.2
农牧业机械总动力(万千瓦)	Total Power of Agricultural Machinery(10 000 kw)	28.50	33.14	16.3
化肥施用折纯量(吨)	Consumption of Chemical Fertilizer(ton)	14168	12848	-9.3
农村用电量(万千瓦小时)	Electricity Consumed in Rural Area(10 000 kwh)	6884	8359	21.4
农林牧渔业总产值(万元)	Gross Output of Farming,Forestry,Animal Husbandry & Fishery(10 000 yuan)	164711	186340	9.8
粮食产量(吨)	Yield of Grain(ton)	217646	265076	21.8
油料产量(吨)	Yield of Oil-bearing Grops(ton)	4183	5108	22.1
甜菜产量(吨)	Yield of Beetroots(ton)	17485	29688	69.8
猪牛羊肉产量(吨)	Output of Pork, Beef & Mutton(ton)	19261	21108	9.6
# 猪肉产量(吨)	Output of Pork(ton)	9472	11618	22.7
牛肉产量(吨)	Output of Beef(ton)	1944	2014	3.6
羊肉产量(吨)	Output of Mutton(ton)	7845	7476	-4.7
羊毛产量(吨)	Output of Wool(ton)	870	1113	27.9

23-57 Balinzuo Banner in Chifeng City

指 标	Item	2007	2008	2008 年比上年增长% Increase Rate in 2008 Over 2007(%)
年末牲畜存栏头数(万头只)	Total Livestock at the Year-end(10 000 heads)	102.69	96.83	-5.7
# 大牲畜(万头只)	Large Animals(10 000 heads)	9.92	9.84	-0.8
羊(万只)	Sheep & Goats(10 000 heads)	77.73	73.14	-5.9
猪(万头)	Hogs(10 000 heads)	15.04	13.85	-7.9
规模以上工业	**Industrial Enterprises above Designated size**			
工业企业单位数(个)	Number of Industrial Enterprises(unit)	30	43	43.3
# 内资企业(个)	Civil Funded Enterprises(unit)	30	43	43.3
工业总产值(万元)	Gross Industrial Output Value(10 000 yuan)	469630	440888	-6.1
内资企业(万元)	Civil Funded Enterprises(10 000 yuan)	469630	440888	-6.1
国有企业(万元)	State-owned Enterprises(10 000 yuan)	79853	46190	-42.2
集体企业(万元)	Collective-owned Enterprises(10 000 yuan)			
股份合作企业(万元)	Share Holding Enterprises(10 000 yuan)			
联营企业(万元)	Joint Owned Enterprises(10 000 yuan)			
有限责任公司(万元)	Limited Company(10 000 yuan)	69139	70693	2.2
股份有限公司(万元)	Share Holding Limited Company(10 000 yuan)	316147	318807	0.8
私营企业(万元)	Privately Owned Enterprises(10 000 yuan)	4491	5198	15.7
其他企业(万元)	Enterprises of Other Ownership(10 000 yuan)			
港澳台商投资企业(万元)	Funds from HK,Macao & Taiwan(10 000 yuan)			
外商投资企业(万元)	Foreign Funded Enterprises(10 000 yuan)			
工业企业增加值(万元)	Value Added of Industrial Enterprises(10 000 yuan)	165260	155733	8.8
工业企业资产总计(万元)	Total Assets of Industrial Enterprises(10 000 yuan)	262898	435800	65.8
工业企业负债合计(万元)	Total Liabilities of Industrial Enterprises(10 000 yuan)	103161	980175	850.1
工业企业产品销售收入(万元)	Sales of Revenue Industrial Enterprises(10 000 yuan)	374760	425149	13.4
工业企业利润总额(万元)	Total Profits of Industrial Enterprises(10 000 yuan)	83920	99171	18.2
建筑业	**Construction**			
建筑企业单位数(个)	Number of Construction Enterprises(unit)	3	5	66.7
建筑企业从业人员(人)	Number of Employee in Construction Enterprises(person)	1220	2430	99.2
建筑业总产值(万元)	Gross Construction Output Value(10 000 yuan)	22811	24050	5.4
交通运输邮电通信业	**Transportation,Post & Telecommunications**			
公路里程(公里)	Total Length of Highways(km)	1543	1630	5.7
邮电业务总量(万元)	Business Volume of Post & Telecoms(10 000 yuan)	4797	6829	42.4
本地电话用户(户)	Number of Subscribers of Local Telephone(Household)	32759	32945	0.6
国内贸易	**Demestic Trade**			
社会消费品零售总额(万元)	Total Retail Sales of Consumer Goods(10 000 yuan)	110598	137918	24.7
# 贸易业(万元)	Wholesale & Retail Sales Trades(10 000 yuan)	92586	115852	25.1
餐饮业(万元)	Catering Trade(10 000 yuan)	13390	16938	26.5
科技教育卫生	**Science,Education & Public Health**			
各类专业技术人员(人)	Speccial Technical Personnel(person)	8250	8250	0.0
幼儿园数(所)	Number of Kindergartens(unit)	23	22	-4.3
学龄儿童入学率(%)	Percentage of School-Age Children Enrolled(%)	100.0	100.0	0.0
小学学校数(所)	Number of Primary Schools(unit)	98	74	-24.5
小学专任教师数(人)	Number of Full-time Teachers of Primary Schools(person)	2088	2130	2.0
小学在校学生数(人)	Number of Student Enrollment of Primary Schools(person)	22723	21665	-4.7
普通中学学校数(所)	Number of Regular Secondary Schools(unit)	20	17	-15.0
普通中学专任教师数(人)	Number of Teachers of Secondary Shools(person)	1393	1354	-2.8
初中在校学生数(人)	Number of Student in Junior Secondary Schools(person)	15042	15025	-0.1
高中在校学生数(人)	Number of Student in Senior Secondary Schools(person)	8462	8468	0.1
卫生机构数(所)	Number of Health Institutions(unit)	30	30	0.0
# 医院(所)	Hospitals(unit)	2	2	0.0
卫生院(所)	Township Hospitals(unit)	22	24	9.1
床位数(张)	Number of Beds(unit)	653	725	11.0
# 医院(张)	Hospitals(unit)	320	348	8.8
卫生院(张)	Township Hospitals(unit)	313	357	14.1
卫生技术人员(人)	Medical Technical Presonnel(person)	949	966	1.8
# 医院(人)	Hospitals(person)	421	450	6.9
卫生院(人)	Township Hospitals(person)	417	411	-1.4

23-58 赤峰市巴林右旗

指 标	Item	2007	2008	2008 年比上年增长% Increase Rate in 2008 Over 2007(%)
行政区域土地面积(平方公里)	**Area of Administration(Sq.km)**	**9837**	**9837**	**0.0**
人口和就业	**Population & Employment**			
年末总人口(人)	Total Population Year-end(person)	181179	182537	0.7
# 男性(人)	Male(person)	92524	93178	0.7
# 乡村人口(人)	Rural(person)	124586	125257	0.5
年末总户数(户)	Total Number of Households at the Year-end(Household)	64763	66569	2.8
# 乡村户数(户)	Number of Rural Household(Household)	33884	35173	3.8
出生人口(人)	Births(person)	1883	2005	6.5
死亡人口(人)	Deaths(person)	619	648	4.7
全社会就业人员(人)	Employment(person)	80599	81676	1.3
第一产业(人)	Primary Industry(person)	42085	43016	2.2
第二产业(人)	Secondary Industry(person)	7258	7393	1.9
第三产业(人)	Tertiary Industry(person)	31256	31267	0.0
在岗职工人数(人)	Number of Staff & Workers Employed in(person)	17979	18085	0.6
乡村劳动力(人)	Number of Rural Laborers(person)	46169	47670	3.3
# 农林牧渔业(人)	Farming,Forestry,Animal Husbandry & Fishery(person)	42085	43016	2.2
国民经济综合指标	**Summary Item on the National Economy**			
生产总值(万元)	Gross Domestic Product(10 000 yuan)	207237	274929	21.7
第一产业(万元)	Primary Industry(10 000 yuan)	49701	58700	8.7
第二产业(万元)	Secondary Industry(10 000 yuan)	88957	132431	39.2
# 工业(万元)	Industry(10 000 yuan)	68111	99228	37.4
第三产业(万元)	Tertiary Industry(10 000 yuan)	68579	83798	13.0
人均生产总值(元)	Per Capita GDP(yuan)	11507	15114	20.5
全社会固定资产投资(万元)	Total Investment in Fixed Assets(10 000 yuan)	272179	398127	46.3
按登记注册类型分	Grouped by Registered Type			
# 国有(万元)	State-owned Enterprises(10 000 yuan)	151715	321791	112.1
集体(万元)	Collective-owned Enterprises(10 000 yuan)			
有限责任公司(万元)	Limited Liability Corporations(10 000 yuan)	34206	31865	-6.8
股份有限公司(万元)	Share Holding Enterprises(10 000 yuan)	7290	15600	114.0
私营企业(万元)	Private Enterprises(10 000 yuan)			
外商及港澳台投资企业(万元)	Funds from HK,Macao,Taiwan & Foreign(10 000 yuan)			
按城乡渠道分	Grouped by Urban and Rural Area			
城镇（万元）	Urban(10 000 yuan)	269179	395127	46.8
农村（万元）	Rural(10 000 yuan)	3000	3000	0.0
一般预算收入(万元)	General Budgetary Financial Revenue(10 000 yuan)	9700	17005	75.3
一般预算支出(万元)	General Budgetary Financial Expenditures(10 000 yuan)	72933	91068	24.9
城乡居民储蓄存款余额(万元)	Resident Saving Deposit in Urban & Rural(10 000 yuan)	111951	94034	-16.0
在岗职工工资总额(万元)	Total Wages of Staff & Workers Empioyed in(10 000 yuan)	28962	34369	18.7
在岗职工平均工资(元)	Average Wage of Staff & Workers Employed in(yuan)	14722	18496	25.6
农牧民人均纯收入(元)	Per Capita Net Income of Peasant & Herdsman(yuan)	3700	4256	15.0
农村牧区经济	**Economic Development in Rural & Pastoral Area**			
耕地面积(公顷)	Cultivated Area(hectare)	47375	47193	-0.4
农作物总播种面积(公顷)	Total Sown Area(hectare)	61270	58495	-4.5
# 粮食作物播种面积(公顷)	Sown Area of Grain Crops(hectare)	43502	43428	-0.2
有效灌溉面积(公顷)	Irrigated Area(hectare)	10961	10961	0.0
农牧业机械总动力(万千瓦)	Total Power of Agricultural Machinery(10 000 kw)	21.00	27.30	30.0
化肥施用折纯量(吨)	Consumption of Chemical Fertilizer(ton)	7306	7514	2.8
农村用电量(万千瓦小时)	Electricity Consumed in Rural Area(10 000 kwh)	1992	2146	7.7
农林牧渔业总产值(万元)	Gross Output of Farming,Forestry,Animal Husbandry & Fishery(10 000 yuan)	84338	98369	8.9
粮食产量(吨)	Yield of Grain(ton)	77996	105055	34.7
油料产量(吨)	Yield of Oil-bearing Grops(ton)	7152	15562	117.6
甜菜产量(吨)	Yield of Beetroots(ton)	4723	7057	49.4
猪牛羊肉产量(吨)	Output of Pork, Beef & Mutton(ton)	21146	24650	16.6
# 猪肉产量(吨)	Output of Pork(ton)	2189	2750	25.6
牛肉产量(吨)	Output of Beef(ton)	4583	6556	43.1
羊肉产量(吨)	Output of Mutton(ton)	14374	15344	6.7
羊毛产量(吨)	Output of Wool(ton)	1728	1709	-1.1

23-58 Balinyou Banner in Chifeng City

指 标	Item	2007	2008	2008 年比上年增长% Increase Rate in 2008 Over 2007(%)
年末牲畜存栏头数(万头只)	Total Livestock at the Year-end(10 000 heads)	112.01	108.19	-3.4
#大牲畜(万头只)	Large Animals(10 000 heads)	11.69	14.25	21.9
羊(万只)	Sheep & Goats(10 000 heads)	97.44	91.04	-6.6
猪(万头)	Hogs(10 000 heads)	2.88	2.90	0.7
规模以上工业	**Industrial Enterprises above Designated size**			
工业企业单位数(个)	Number of Industrial Enterprises(unit)	13	16	23.1
#内资企业(个)	Civil Funded Enterprises(unit)	13	16	23.1
工业总产值(万元)	Gross Industrial Output Value(10 000 yuan)	166804	232005	39.1
内资企业(万元)	Civil Funded Enterprises(10 000 yuan)	166804	232005	39.1
国有企业(万元)	State-owned Enterprises(10 000 yuan)	5840	5698	-2.4
集体企业(万元)	Collective-owned Enterprises(10 000 yuan)			
股份合作企业(万元)	Share Holding Enterprises(10 000 yuan)			
联营企业(万元)	Joint Owned Enterprises(10 000 yuan)			
有限责任公司(万元)	Limited Company(10 000 yuan)	144462	96174	-33.4
股份有限公司(万元)	Share Holding Limited Company(10 000 yuan)	12955	130133	904.5
私营企业(万元)	Privately Owned Enterprises(10 000 yuan)	3547		
其他企业(万元)	Enterprises of Other Ownership(10 000 yuan)			
港澳台商投资企业(万元)	Funds from HK,Macao & Taiwan(10 000 yuan)			
外商投资企业(万元)	Foreign Funded Enterprises(10 000 yuan)			
工业企业增加值(万元)	Value Added of Industrial Enterprises(10 000 yuan)	48149	80828	45.7
工业企业资产总计(万元)	Total Assets of Industrial Enterprises(10 000 yuan)	81889	95485	16.6
工业企业负债合计(万元)	Total Liabilities of Industrial Enterprises(10 000 yuan)	53275	47102	-11.6
工业企业产品销售收入(万元)	Sales of Revenue Industrial Enterprises(10 000 yuan)	167799	231697	38.1
工业企业利润总额(万元)	Total Profits of Industrial Enterprises(10 000 yuan)	34609	52269	51.0
建筑业	**Construction**			
建筑企业单位数(个)	Number of Construction Enterprises(unit)	8	7	-12.5
建筑企业从业人员(人)	Number of Employee in Construction Enterprises(person)	3321	4361	31.3
建筑业总产值(万元)	Gross Construction Output Value(10 000 yuan)	82005	64012	-21.9
交通运输邮电通信业	**Transportation,Post & Telecommunications**			
公路里程(公里)	Total Length of Highways(km)	1676	1748	4.3
邮电业务总量(万元)	Business Volume of Post & Telecoms(10 000 yuan)	5971	7594	27.2
本地电话用户(户)	Number of Subscribers of Local Telephone(Household)	17778	18000	1.2
国内贸易	**Demestic Trade**			
社会消费品零售总额(万元)	Total Retail Sales of Consumer Goods(10 000 yuan)	72683	90572	24.6
#贸易业(万元)	Wholesale & Retail Sales Trades(10 000 yuan)	47535	63255	33.1
餐饮业(万元)	Catering Trade(10 000 yuan)	20126	25205	25.2
科技教育卫生	**Science,Education & Public Health**			
各类专业技术人员(人)	Speccial Technical Personnel(person)	4860	5117	5.3
幼儿园数(所)	Number of Kindergartens(unit)	18	19	5.6
学龄儿童入学率(%)	Percentage of School-Age Children Enrolled(%)	100.0	100.0	0.0
小学学校数(所)	Number of Primary Schools(unit)	24	23	-4.2
小学专任教师数(人)	Number of Full-time Teachers of Primary Schools(person)	1371	1344	-2.0
小学在校学生数(人)	Number of Student Enrollment of Primary Schools(person)	13478	13369	-0.8
普通中学学校数(所)	Number of Regular Secondary Schools(unit)	18	10	-44.4
普通中学专任教师数(人)	Number of Teachers of Secondary Shools(person)	864	838	-3.0
初中在校学生数(人)	Number of Student in Junior Secondary Schools(person)	7903	6418	-18.8
高中在校学生数(人)	Number of Student in Senior Secondary Schools(person)	5405	5342	-1.2
卫生机构数(所)	Number of Health Institutions(unit)	39	39	0.0
#医院(所)	Hospitals(unit)	5	5	0.0
卫生院(所)	Township Hospitals(unit)	30	30	0.0
床位数(张)	Number of Beds(unit)	523	530	1.3
#医院(张)	Hospitals(unit)	299	303	1.3
卫生院(张)	Township Hospitals(unit)	224	227	1.3
卫生技术人员(人)	Medical Technical Presonnel(person)	650	643	-1.1
#医院(人)	Hospitals(person)	385	382	-0.8
卫生院(人)	Township Hospitals(person)	255	251	-1.6

23-59 赤峰市林西县

指 标	Item	2007	2008	2008 年比上年增长% Increase Rate in 2008 Over 2007(%)
行政区域土地面积(平方公里)	**Area of Administration(Sq.km)**	**3933**	**3933**	**0.0**
人口和就业	**Population & Employment**			
年末总人口(人)	Total Population Year-end(person)	238312	240193	0.8
#男性(人)	Male(person)	120773	121629	0.7
#乡村人口(人)	Rural(person)	188428	188038	-0.2
年末总户数(户)	Total Number of Households at the Year-end(Household)	84410	86528	2.5
#乡村户数(户)	Number of Rural Household(Household)	52600	52500	-0.2
出生人口(人)	Births(person)	2694	2394	-11.1
死亡人口(人)	Deaths(person)	4157	412	-90.1
全社会就业人员(人)	Employment(person)	119323	119869	0.5
第一产业(人)	Primary Industry(person)	62826	62873	0.1
第二产业(人)	Secondary Industry(person)	20913	19310	-7.7
第三产业(人)	Tertiary Industry(person)	35584	37686	5.9
在岗职工人数(人)	Number of Staff & Workers Employed in(person)	21432	19321	-9.8
乡村劳动力(人)	Number of Rural Laborers(person)	90158	92868	3.0
#农林牧渔业(人)	Farming,Forestry,Animal Husbandry & Fishery(person)	62826	62873	0.1
国民经济综合指标	**Summary Item on the National Economy**			
生产总值(万元)	Gross Domestic Product(10 000 yuan)	234372	271901	13.8
第一产业(万元)	Primary Industry(10 000 yuan)	52329	61993	9.0
第二产业(万元)	Secondary Industry(10 000 yuan)	96269	100838	11.3
#工业(万元)	Industry(10 000 yuan)	83827	84291	9.4
第三产业(万元)	Tertiary Industry(10 000 yuan)	85774	109070	18.6
人均生产总值(元)	Per Capita GDP(yuan)	9759	11362	14.2
全社会固定资产投资(万元)	Total Investment in Fixed Assets(10 000 yuan)	162445	210000	29.3
按登记注册类型分	Grouped by Registered Type			
#国有(万元)	State-owned Enterprises(10 000 yuan)	58684	61150	4.2
集体(万元)	Collective-owned Enterprises(10 000 yuan)	350	6000	1614.3
有限责任公司(万元)	Limited Liability Corporations(10 000 yuan)	6370		
股份有限公司(万元)	Share Holding Enterprises(10 000 yuan)	20940	31500	50.4
私营企业(万元)	Private Enterprises(10 000 yuan)	71755	92050	28.3
外商及港澳台投资企业(万元)	Funds from HK,Macao,Taiwan & Foreign(10 000 yuan)			
按城乡渠道分	Grouped by Urban and Rural Area			
城镇(万元)	Urban(10 000 yuan)	148803	190700	28.2
农村(万元)	Rural(10 000 yuan)	13642	19300	41.5
一般预算收入(万元)	General Budgetary Financial Revenue(10 000 yuan)	9384	10648	13.5
一般预算支出(万元)	General Budgetary Financial Expenditures(10 000 yuan)	59272	83665	41.2
城乡居民储蓄存款余额(万元)	Resident Saving Deposit in Urban & Rural(10 000 yuan)	111906	132807	18.7
在岗职工工资总额(万元)	Total Wages of Staff & Workers Empioyed in(10 000 yuan)	30734	32325	5.2
在岗职工平均工资(元)	Average Wage of Staff & Workers Employed in(yuan)	14680	16800	14.4
农牧民人均纯收入(元)	Per Capita Net Income of Peasant & Herdsman(yuan)	3493	3935	12.7
农村牧区经济	**Economic Development in Rural & Pastoral Area**			
耕地面积(公顷)	Cultivated Area(hectare)	79610	79602	0.0
农作物总播种面积(公顷)	Total Sown Area(hectare)	62445	62667	0.4
#粮食作物播种面积(公顷)	Sown Area of Grain Crops(hectare)	45731	41553	-9.1
有效灌溉面积(公顷)	Irrigated Area(hectare)	22506	22498	0.0
农牧业机械总动力(万千瓦)	Total Power of Agricultural Machinery(10 000 kw)	21.57	23.40	8.5
化肥施用折纯量(吨)	Consumption of Chemical Fertilizer(ton)	20507	22949	11.9
农村用电量(万千瓦小时)	Electricity Consumed in Rural Area(10 000 kwh)	7218	7608	5.4
农林牧渔业总产值(万元)	Gross Output of Farming,Forestry,Animal Husbandry & Fishery(10 000 yuan)	88797	106476	10.6
粮食产量(吨)	Yield of Grain(ton)	120361	205068	70.4
油料产量(吨)	Yield of Oil-bearing Grops(ton)	5711	21336	273.6
甜菜产量(吨)	Yield of Beetroots(ton)	156463	228432	46.0
猪牛羊肉产量(吨)	Output of Pork, Beef & Mutton(ton)	17404	18883	8.5
#猪肉产量(吨)	Output of Pork(ton)	5062	7382	45.8
牛肉产量(吨)	Output of Beef(ton)	5998	5389	-10.2
羊肉产量(吨)	Output of Mutton(ton)	6344	6112	-3.7
羊毛产量(吨)	Output of Wool(ton)	1377	1382	0.4

23-59 Linxi County in Chifeng City

指 标	Item	2007	2008	2008 年比上年增长% Increase Rate in 2008 Over 2007(%)
年末牲畜存栏头数(万头只)	Total Livestock at the Year-end(10 000 heads)	54.80	51.65	-5.7
#大牲畜(万头只)	Large Animals(10 000 heads)	10.68	12.33	15.4
羊(万只)	Sheep & Goats(10 000 heads)	35.99	31.18	-13.4
猪(万头)	Hogs(10 000 heads)	8.13	8.14	0.1
规模以上工业	**Industrial Enterprises above Designated size**			
工业企业单位数(个)	Number of Industrial Enterprises(unit)	25	32	28.0
#内资企业(个)	Civil Funded Enterprises(unit)	25	32	28.0
工业总产值(万元)	Gross Industrial Output Value(10 000 yuan)	186960	165060	-11.7
内资企业(万元)	Civil Funded Enterprises(10 000 yuan)	186960	165060	-11.7
国有企业(万元)	State-owned Enterprises(10 000 yuan)	7982	9630	20.6
集体企业(万元)	Collective-owned Enterprises(10 000 yuan)			
股份合作企业(万元)	Share Holding Enterprises(10 000 yuan)	1830		
联营企业(万元)	Joint Owned Enterprises(10 000 yuan)			
有限责任公司(万元)	Limited Company(10 000 yuan)		120149	
股份有限公司(万元)	Share Holding Limited Company(10 000 yuan)			
私营企业(万元)	Privately Owned Enterprises(10 000 yuan)	172116	35281	-79.5
其他企业(万元)	Enterprises of Other Ownership(10 000 yuan)	5032		
港澳台商投资企业(万元)	Funds from HK,Macao & Taiwan(10 000 yuan)			
外商投资企业(万元)	Foreign Funded Enterprises(10 000 yuan)			
工业企业增加值(万元)	Value Added of Industrial Enterprises(10 000 yuan)	81217	55691	-1.0
工业企业资产总计(万元)	Total Assets of Industrial Enterprises(10 000 yuan)	136052	156056	14.7
工业企业负债合计(万元)	Total Liabilities of Industrial Enterprises(10 000 yuan)	66285	87155	31.5
工业企业产品销售收入(万元)	Sales of Revenue Industrial Enterprises(10 000 yuan)	186223	163314	-12.3
工业企业利润总额(万元)	Total Profits of Industrial Enterprises(10 000 yuan)	24654	19341	-21.6
建筑业	**Construction**			
建筑企业单位数(个)	Number of Construction Enterprises(unit)	2	2	0.0
建筑企业从业人员(人)	Number of Employee in Construction Enterprises(person)	599	555	-7.3
建筑业总产值(万元)	Gross Construction Output Value(10 000 yuan)	8580	12960	51.0
交通运输邮电通信业	**Transportation,Post & Telecommunications**			
公路里程(公里)	Total Length of Highways(km)	527	527	0.0
邮电业务总量(万元)	Business Volume of Post & Telecoms(10 000 yuan)	5804	6070	4.6
本地电话用户(户)	Number of Subscribers of Local Telephone(Household)	17835	19540	9.6
国内贸易	**Demestic Trade**			
社会消费品零售总额(万元)	Total Retail Sales of Consumer Goods(10 000 yuan)	91743	114365	24.7
#贸易业(万元)	Wholesale & Retail Sales Trades(10 000 yuan)	72272	89144	23.3
餐饮业(万元)	Catering Trade(10 000 yuan)	14942	20084	34.4
科技教育卫生	**Science,Education & Public Health**			
各类专业技术人员(人)	Speccial Technical Personnel(person)	8460	8610	1.8
幼儿园数(所)	Number of Kindergartens(unit)	28	28	0.0
学龄儿童入学率(%)	Percentage of School-Age Children Enrolled(%)	100.0	100.0	0.0
小学学校数(所)	Number of Primary Schools(unit)	22	22	0.0
小学专任教师数(人)	Number of Full-time Teachers of Primary Schools(person)	955	955	0.0
小学在校学生数(人)	Number of Student Enrollment of Primary Schools(person)	16702	16144	-3.3
普通中学学校数(所)	Number of Regular Secondary Schools(unit)	4	4	0.0
普通中学专任教师数(人)	Number of Teachers of Secondary Shools(person)	826	826	0.0
初中在校学生数(人)	Number of Student in Junior Secondary Schools(person)	10179	9483	-6.8
高中在校学生数(人)	Number of Student in Senior Secondary Schools(person)	5144	5524	7.4
卫生机构数(所)	Number of Health Institutions(unit)	35	37	5.7
#医院(所)	Hospitals(unit)	4	5	25.0
卫生院(所)	Township Hospitals(unit)	12	12	0.0
床位数(张)	Number of Beds(unit)	653	759	16.2
#医院(张)	Hospitals(unit)	435	520	19.5
卫生院(张)	Township Hospitals(unit)	198	209	5.6
卫生技术人员(人)	Medical Technical Presonnel(person)	808	814	0.7
#医院(人)	Hospitals(person)	524	487	-7.1
卫生院(人)	Township Hospitals(person)	141	204	44.7

23-60 赤峰市克什克腾旗

指 标	Item	2007	2008	2008 年比上年增长% Increase Rate in 2008 Over 2007(%)
行政区域土地面积（平方公里）	**Area of Administration(Sq.km)**	**20673**	**20673**	**0.0**
人口和就业	**Population & Employment**			
年末总人口(人)	Total Population Year-end(person)	250940	256153	2.1
# 男性(人)	Male(person)	128576	131789	2.5
# 乡村人口(人)	Rural(person)	196792	201546	2.4
年末总户数(户)	Total Number of Households at the Year-end(Household)	83968	73747	-12.2
# 乡村户数(户)	Number of Rural Household(Household)	60094	57785	-3.8
出生人口(人)	Births(person)	1021	1447	41.7
死亡人口(人)	Deaths(person)	310	717	131.3
全社会就业人员(人)	Employment(person)	119170	138995	16.6
第一产业(人)	Primary Industry(person)	83789	85360	1.9
第二产业(人)	Secondary Industry(person)	10275	13507	31.5
第三产业(人)	Tertiary Industry(person)	25106	40128	59.8
在岗职工人数(人)	Number of Staff & Workers Employed in(person)	12260	12831	4.7
乡村劳动力(人)	Number of Rural Laborers(person)	107863	110602	2.5
# 农林牧渔业(人)	Farming,Forestry,Animal Husbandry & Fishery(person)	76346	84570	10.8
国民经济综合指标	**Summary Item on the National Economy**			
生产总值(万元)	Gross Domestic Product(10 000 yuan)	423971	579240	16.5
第一产业(万元)	Primary Industry(10 000 yuan)	79403	93800	8.7
第二产业(万元)	Secondary Industry(10 000 yuan)	263157	380624	17.8
# 工业(万元)	Industry(10 000 yuan)	235767	340424	15.1
第三产业(万元)	Tertiary Industry(10 000 yuan)	81411	104816	20.6
人均生产总值(元)	Per Capita GDP(yuan)	17030	22841	14.4
全社会固定资产投资(万元)	Total Investment in Fixed Assets(10 000 yuan)	357625	502760	40.6
按登记注册类型分	Grouped by Registered Type			
# 国有(万元)	State-owned Enterprises(10 000 yuan)	47554	70510	48.3
集体(万元)	Collective-owned Enterprises(10 000 yuan)	280	260	-7.1
有限责任公司(万元)	Limited Liability Corporations(10 000 yuan)	260562	313858	20.5
股份有限公司(万元)	Share Holding Enterprises(10 000 yuan)	29710	64732	117.9
私营企业(万元)	Private Enterprises(10 000 yuan)	3052	18057	491.6
外商及港澳台投资企业 (万元)	Funds from HK,Macao,Taiwan & Foreign(10 000 yuan)			
按城乡渠道分	Grouped by Urban and Rural Area			
城镇（万元）	Urban(10 000 yuan)	357270	502760	40.7
农村（万元）	Rural(10 000 yuan)	355		
一般预算收入(万元)	General Budgetary Financial Revenue(10 000 yuan)	28013	39352	40.5
一般预算支出(万元)	General Budgetary Financial Expenditures(10 000 yuan)	80575	110886	37.6
城乡居民储蓄存款余额(万元)	Resident Saving Deposit in Urban & Rural(10 000 yuan)	106981	126619	18.4
在岗职工工资总额(万元)	Total Wages of Staff & Workers Empioyed in(10 000 yuan)	25569	30390	18.9
在岗职工平均工资(元)	Average Wage of Staff & Workers Employed in(yuan)	18508	24085	30.1
农牧民人均纯收入(元)	Per Capita Net Income of Peasant & Herdsman(yuan)	3794	4406	16.1
农村牧区经济	**Economic Development in Rural & Pastoral Area**			
耕地面积(公顷)	Cultivated Area(hectare)	70808	70813	0.0
农作物总播种面积(公顷)	Total Sown Area(hectare)	60960	68541	12.4
# 粮食作物播种面积(公顷)	Sown Area of Grain Crops(hectare)	47729	56765	18.9
有效灌溉面积(公顷)	Irrigated Area(hectare)	2803	2803	0.0
农牧业机械总动力(万千瓦)	Total Power of Agricultural Machinery(10 000 kw)	19.40	23.50	21.1
化肥施用折纯量(吨)	Consumption of Chemical Fertilizer(ton)	4012	5551	38.4
农村用电量(万千瓦小时)	Electricity Consumed in Rural Area(10 000 kwh)	2756	2662	-3.4
农林牧渔业总产值(万元)	Gross Output of Farming,Forestry,Animal Husbandry & Fishery(10 000 yuan)	134740	157156	7.9
粮食产量(吨)	Yield of Grain(ton)	75238	114314	51.9
油料产量(吨)	Yield of Oil-bearing Grops(ton)	2086	6482	210.7
甜菜产量(吨)	Yield of Beetroots(ton)	12749	5657	-55.6
猪牛羊肉产量(吨)	Output of Pork, Beef & Mutton(ton)	26011	22719	-12.7
# 猪肉产量(吨)	Output of Pork(ton)	2916	3959	35.8
牛肉产量(吨)	Output of Beef(ton)	9792	11366	16.1
羊肉产量(吨)	Output of Mutton(ton)	13303	7394	-44.4
羊毛产量(吨)	Output of Wool(ton)	3992	4580	14.7

23-60 Keshiketeng Banner in Chifeng City

指 标	Item	2007	2008	2008 年比上年增长% Increase Rate in 2008 Over 2007(%)
年末牲畜存栏头数(万头只)	Total Livestock at the Year-end(10 000 heads)	73.42	79.88	8.8
# 大牲畜(万头只)	Large Animals(10 000 heads)	18.34	18.10	-1.3
羊(万只)	Sheep & Goats(10 000 heads)	51.25	57.78	12.7
猪(万头)	Hogs(10 000 heads)	3.83	4.00	4.4
规模以上工业	**Industrial Enterprises above Designated size**			
工业企业单位数(个)	Number of Industrial Enterprises(unit)	15	30	100.0
# 内资企业(个)	Civil Funded Enterprises(unit)	15	30	100.0
工业总产值(万元)	Gross Industrial Output Value(10 000 yuan)	483069	717247	48.5
内资企业(万元)	Civil Funded Enterprises(10 000 yuan)	483069	717247	48.5
国有企业(万元)	State-owned Enterprises(10 000 yuan)	15093	20595	36.5
集体企业(万元)	Collective-owned Enterprises(10 000 yuan)			
股份合作企业(万元)	Share Holding Enterprises(10 000 yuan)			
联营企业(万元)	Joint Owned Enterprises(10 000 yuan)			
有限责任公司(万元)	Limited Company(10 000 yuan)	461678	663026	43.6
股份有限公司(万元)	Share Holding Limited Company(10 000 yuan)		17765	
私营企业(万元)	Privately Owned Enterprises(10 000 yuan)	6298	15861	151.8
其他企业(万元)	Enterprises of Other Ownership(10 000 yuan)			
港澳台商投资企业(万元)	Funds from HK,Macao & Taiwan(10 000 yuan)			
外商投资企业(万元)	Foreign Funded Enterprises(10 000 yuan)			
工业企业增加值(万元)	Value Added of Industrial Enterprises(10 000 yuan)	207667	305224	14.0
工业企业资产总计(万元)	Total Assets of Industrial Enterprises(10 000 yuan)	482179	803892	66.7
工业企业负债合计(万元)	Total Liabilities of Industrial Enterprises(10 000 yuan)	235447	359932	52.9
工业企业产品销售收入(万元)	Sales of Revenue Industrial Enterprises(10 000 yuan)	484392	687997	42.0
工业企业利润总额(万元)	Total Profits of Industrial Enterprises(10 000 yuan)	119824	187612	56.6
建筑业	**Construction**			
建筑企业单位数(个)	Number of Construction Enterprises(unit)	4	4	0.0
建筑企业从业人员(人)	Number of Employee in Construction Enterprises(person)	4859	4642	-4.5
建筑业总产值(万元)	Gross Construction Output Value(10 000 yuan)	26422	30079	13.8
交通运输邮电通信业	**Transportation,Post & Telecommunications**			
公路里程(公里)	Total Length of Highways(km)	1432	1432	0.0
邮电业务总量(万元)	Business Volume of Post & Telecoms(10 000 yuan)	1632	2308	41.4
本地电话用户(户)	Number of Subscribers of Local Telephone(Household)	41000	38170	-6.9
国内贸易	**Demestic Trade**			
社会消费品零售总额(万元)	Total Retail Sales of Consumer Goods(10 000 yuan)	95086	118449	24.6
# 贸易业(万元)	Wholesale & Retail Sales Trades(10 000 yuan)	74397	92606	24.5
餐饮业(万元)	Catering Trade(10 000 yuan)	18984	23945	26.1
科技教育卫生	**Science,Education & Public Health**			
各类专业技术人员(人)	Speccial Technical Personnel(person)	6141	6239	1.6
幼儿园数(所)	Number of Kindergartens(unit)	1	1	0.0
学龄儿童入学率(%)	Percentage of School-Age Children Enrolled(%)	100.0	100.0	0.0
小学学校数(所)	Number of Primary Schools(unit)	59	57	-3.4
小学专任教师数(人)	Number of Full-time Teachers of Primary Schools(person)	1189	1244	4.6
小学在校学生数(人)	Number of Student Enrollment of Primary Schools(person)	13383	13811	3.2
普通中学学校数(所)	Number of Regular Secondary Schools(unit)	14	14	0.0
普通中学专任教师数(人)	Number of Teachers of Secondary Shools(person)	922	1030	11.7
初中在校学生数(人)	Number of Student in Junior Secondary Schools(person)	9626	8516	-11.5
高中在校学生数(人)	Number of Student in Senior Secondary Schools(person)	6207	4935	-20.5
卫生机构数(所)	Number of Health Institutions(unit)	28	29	3.6
# 医院(所)	Hospitals(unit)	2	2	0.0
卫生院(所)	Township Hospitals(unit)	21	21	0.0
床位数(张)	Number of Beds(unit)	853	812	-4.8
# 医院(张)	Hospitals(unit)	230	220	-4.3
卫生院(张)	Township Hospitals(unit)	353	322	-8.8
卫生技术人员(人)	Medical Technical Presonnel(person)	700	776	10.9
# 医院(人)	Hospitals(person)	271	265	-2.2
卫生院(人)	Township Hospitals(person)	280	286	2.1

23-61 赤峰市翁牛特旗

指 标	Item	2007	2008	2008 年比上年增长% Increase Rate in 2008 Over 2007(%)
行政区域土地面积(平方公里)	**Area of Administration(Sq.km)**	**11882**	**11882**	**0.0**
人口和就业	**Population & Employment**			
年末总人口(人)	Total Population Year-end(person)	475055	478295	0.7
# 男性(人)	Male(person)	244410	246263	0.8
# 乡村人口(人)	Rural(person)	421276	424825	0.8
年末总户数(户)	Total Number of Households at the Year-end(Household)	137965	145457	5.4
# 乡村户数(户)	Number of Rural Household(Household)	106579	108347	1.7
出生人口(人)	Births(person)	5167	5634	9.0
死亡人口(人)	Deaths(person)	3069	1985	-35.3
全社会就业人员(人)	Employment(person)	217813	219816	0.9
第一产业(人)	Primary Industry(person)	144589	125632	-13.1
第二产业(人)	Secondary Industry(person)	31983	44721	39.8
第三产业(人)	Tertiary Industry(person)	41241	49463	19.9
在岗职工人数(人)	Number of Staff & Workers Employed in(person)	23768	23498	-1.1
乡村劳动力(人)	Number of Rural Laborers(person)	217074	224571	3.5
# 农林牧渔业(人)	Farming,Forestry,Animal Husbandry & Fishery(person)	143773	145898	1.5
国民经济综合指标	**Summary Item on the National Economy**			
生产总值(万元)	Gross Domestic Product(10 000 yuan)	477537	594866	15.4
第一产业(万元)	Primary Industry(10 000 yuan)	181343	214382	8.8
第二产业(万元)	Secondary Industry(10 000 yuan)	179212	235192	22.0
# 工业(万元)	Industry(10 000 yuan)	147221	200244	28.0
第三产业(万元)	Tertiary Industry(10 000 yuan)	116982	145292	15.9
人均生产总值(元)	Per Capita GDP(yuan)	10095	12479	14.5
全社会固定资产投资(万元)	Total Investment in Fixed Assets(10 000 yuan)	417719	391813	-6.2
按登记注册类型分	Grouped by Registered Type			
# 国有(万元)	State-owned Enterprises(10 000 yuan)	22201	60892	174.3
集体(万元)	Collective-owned Enterprises(10 000 yuan)			
有限责任公司(万元)	Limited Liability Corporations(10 000 yuan)	180702	178278	-1.3
股份有限公司(万元)	Share Holding Enterprises(10 000 yuan)	2000		
私营企业(万元)	Private Enterprises(10 000 yuan)	67500	102197	51.4
外商及港澳台投资企业 (万元)	Funds from HK,Macao,Taiwan & Foreign(10 000 yuan)		3000	
按城乡渠道分	Grouped by Urban and Rural Area			
城镇（万元）	Urban(10 000 yuan)	394749	355555	-9.9
农村（万元）	Rural(10 000 yuan)	22970	36258	57.8
一般预算收入(万元)	General Budgetary Financial Revenue(10 000 yuan)	12780	17117	33.9
一般预算支出(万元)	General Budgetary Financial Expenditures(10 000 yuan)	96353	130718	35.7
城乡居民储蓄存款余额(万元)	Resident Saving Deposit in Urban & Rural(10 000 yuan)	146246	170723	16.7
在岗职工工资总额(万元)	Total Wages of Staff & Workers Empioyed in(10 000 yuan)	38332	42514	10.9
在岗职工平均工资(元)	Average Wage of Staff & Workers Employed in(yuan)	15918	18275	14.8
农牧民人均纯收入(元)	Per Capita Net Income of Peasant & Herdsman(yuan)	3683	4280	16.2
农村牧区经济	**Economic Development in Rural & Pastoral Area**			
耕地面积(公顷)	Cultivated Area(hectare)	130585	130585	0.0
农作物总播种面积(公顷)	Total Sown Area(hectare)	106553	130793	22.7
# 粮食作物播种面积(公顷)	Sown Area of Grain Crops(hectare)	76576	97473	27.3
有效灌溉面积(公顷)	Irrigated Area(hectare)	34614	34614	0.0
农牧业机械总动力(万千瓦)	Total Power of Agricultural Machinery(10 000 kw)	31.10	54.88	76.5
化肥施用折纯量(吨)	Consumption of Chemical Fertilizer(ton)	17050	22680	33.0
农村用电量(万千瓦小时)	Electricity Consumed in Rural Area(10 000 kwh)	9813	10597	8.0
农林牧渔业总产值(万元)	Gross Output of Farming,Forestry,Animal Husbandry & Fishery(10 000 yuan)	288363	359750	8.8
粮食产量(吨)	Yield of Grain(ton)	445423	525518	18.0
油料产量(吨)	Yield of Oil-bearing Grops(ton)	25383	37162	46.4
甜菜产量(吨)	Yield of Beetroots(ton)	99941	94017	-5.9
猪牛羊肉产量(吨)	Output of Pork, Beef & Mutton(ton)	31305	40370	29.0
# 猪肉产量(吨)	Output of Pork(ton)	15484	22667	46.4
牛肉产量(吨)	Output of Beef(ton)	6484	8674	33.8
羊肉产量(吨)	Output of Mutton(ton)	9337	9029	-3.3
羊毛产量(吨)	Output of Wool(ton)	1916	2134	11.4

23-61 Wengniute Banner in Chifeng City

指 标	Item	2007	2008	2008 年比上年增长% Increase Rate in 2008 Over 2007(%)
年末牲畜存栏头数(万头只)	Total Livestock at the Year-end(10 000 heads)	122.47	129.13	5.4
#大牲畜(万头只)	Large Animals(10 000 heads)	20.79	23.66	13.8
羊(万只)	Sheep & Goats(10 000 heads)	89.02	92.39	3.8
猪(万头)	Hogs(10 000 heads)	12.66	13.08	3.3
规模以上工业	**Industrial Enterprises above Designated size**			
工业企业单位数(个)	Number of Industrial Enterprises(unit)	34	46	35.3
#内资企业(个)	Civil Funded Enterprises(unit)	33	45	36.4
工业总产值(万元)	Gross Industrial Output Value(10 000 yuan)	320415	449138	40.2
内资企业(万元)	Civil Funded Enterprises(10 000 yuan)	309862	436332	40.8
国有企业(万元)	State-owned Enterprises(10 000 yuan)	12327	12226	-0.8
集体企业(万元)	Collective-owned Enterprises(10 000 yuan)			
股份合作企业(万元)	Share Holding Enterprises(10 000 yuan)	4951	7007	41.5
联营企业(万元)	Joint Owned Enterprises(10 000 yuan)			
有限责任公司(万元)	Limited Company(10 000 yuan)	184041	235251	27.8
股份有限公司(万元)	Share Holding Limited Company(10 000 yuan)	15525	53387	243.9
私营企业(万元)	Privately Owned Enterprises(10 000 yuan)	93018	128461	38.1
其他企业(万元)	Enterprises of Other Ownership(10 000 yuan)			
港澳台商投资企业(万元)	Funds from HK,Macao & Taiwan(10 000 yuan)	10553	12806	21.4
外商投资企业(万元)	Foreign Funded Enterprises(10 000 yuan)			
工业企业增加值(万元)	Value Added of Industrial Enterprises(10 000 yuan)	85082	150644	32.5
工业企业资产总计(万元)	Total Assets of Industrial Enterprises(10 000 yuan)	182770	255711	39.9
工业企业负债合计(万元)	Total Liabilities of Industrial Enterprises(10 000 yuan)	88490	128853	45.6
工业企业产品销售收入(万元)	Sales of Revenue Industrial Enterprises(10 000 yuan)	317624	454030	42.9
工业企业利润总额(万元)	Total Profits of Industrial Enterprises(10 000 yuan)	16982	31434	85.1
建筑业	**Construction**			
建筑企业单位数(个)	Number of Construction Enterprises(unit)	7	7	0.0
建筑企业从业人员(人)	Number of Employee in Construction Enterprises(person)	12409	8369	-32.6
建筑业总产值(万元)	Gross Construction Output Value(10 000 yuan)	116795	69423	-40.6
交通运输邮电通信业	**Transportation,Post & Telecommunications**			
公路里程(公里)	Total Length of Highways(km)	3323	3428	3.2
邮电业务总量(万元)	Business Volume of Post & Telecoms(10 000 yuan)	9017	9148	1.5
本地电话用户(户)	Number of Subscribers of Local Telephone(Household)	30705	29952	-2.5
国内贸易	**Demestic Trade**			
社会消费品零售总额(万元)	Total Retail Sales of Consumer Goods(10 000 yuan)	127247	158805	24.8
#贸易业(万元)	Wholesale & Retail Sales Trades(10 000 yuan)	109425	135685	24.0
餐饮业(万元)	Catering Trade(10 000 yuan)	16767	21968	31.0
科技教育卫生	**Science,Education & Public Health**			
各类专业技术人员(人)	Speccial Technical Personnel(person)	8811	9231	4.8
幼儿园数(所)	Number of Kindergartens(unit)	23	22	-4.3
学龄儿童入学率(%)	Percentage of School-Age Children Enrolled(%)	99.7	100.0	0.3
小学学校数(所)	Number of Primary Schools(unit)	79	75	-5.1
小学专任教师数(人)	Number of Full-time Teachers of Primary Schools(person)	2527	2562	1.4
小学在校学生数(人)	Number of Student Enrollment of Primary Schools(person)	30768	30521	-0.8
普通中学学校数(所)	Number of Regular Secondary Schools(unit)	21	20	-4.8
普通中学专任教师数(人)	Number of Teachers of Secondary Shools(person)	1670	1617	-3.2
初中在校学生数(人)	Number of Student in Junior Secondary Schools(person)	18486	18364	-0.7
高中在校学生数(人)	Number of Student in Senior Secondary Schools(person)	12019	11403	-5.1
卫生机构数(所)	Number of Health Institutions(unit)	35	37	5.7
#医院(所)	Hospitals(unit)	3	3	0.0
卫生院(所)	Township Hospitals(unit)	26	26	0.0
床位数(张)	Number of Beds(unit)	597	640	7.2
#医院(张)	Hospitals(unit)	285	285	0.0
卫生院(张)	Township Hospitals(unit)	309	340	10.0
卫生技术人员(人)	Medical Technical Presonnel(person)	1266	1399	10.5
#医院(人)	Hospitals(person)	507	411	-18.9
卫生院(人)	Township Hospitals(person)	558	481	-13.8

23-62 赤峰市喀喇沁旗

指 标	Item	2007	2008	2008 年比上年增长% Increase Rate in 2008 Over 2007(%)
行政区域土地面积(平方公里)	**Area of Administration(Sq.km)**	**3050**	**3050**	**0.0**
人口和就业	**Population & Employment**			
年末总人口(人)	Total Population Year-end(person)	341773	345913	1.2
# 男性(人)	Male(person)	178099	180238	1.2
# 乡村人口(人)	Rural(person)	302736	303888	0.4
年末总户数(户)	Total Number of Households at the Year-end(Household)	106393	109840	3.2
# 乡村户数(户)	Number of Rural Household(Household)	79652	79878	0.3
出生人口(人)	Births(person)	4066	4651	14.4
死亡人口(人)	Deaths(person)	1627	1249	-23.2
全社会就业人员(人)	Employment(person)	162236	168919	4.1
第一产业(人)	Primary Industry(person)	94238	95024	0.8
第二产业(人)	Secondary Industry(person)	37019	39195	5.9
第三产业(人)	Tertiary Industry(person)	30979	34700	12.0
在岗职工人数(人)	Number of Staff & Workers Employed in(person)	18394	19432	5.6
乡村劳动力(人)	Number of Rural Laborers(person)	163946	162290	-1.0
# 农林牧渔业(人)	Farming,Forestry,Animal Husbandry & Fishery(person)	93313	95047	1.9
国民经济综合指标	**Summary Item on the National Economy**			
生产总值(万元)	Gross Domestic Product(10 000 yuan)	371977	519045	26.6
第一产业(万元)	Primary Industry(10 000 yuan)	57512	67990	8.8
第二产业(万元)	Secondary Industry(10 000 yuan)	236679	355042	42.6
# 工业(万元)	Industry(10 000 yuan)	215217	321120	42.6
第三产业(万元)	Tertiary Industry(10 000 yuan)	77786	96013	14.1
人均生产总值(元)	Per Capita GDP(yuan)	10934	15095	25.3
全社会固定资产投资(万元)	Total Investment in Fixed Assets(10 000 yuan)	280216	405192	44.6
按登记注册类型分	Grouped by Registered Type			
# 国有(万元)	State-owned Enterprises(10 000 yuan)	48470	51393	6.0
集体(万元)	Collective-owned Enterprises(10 000 yuan)	7451	14324	92.2
有限责任公司(万元)	Limited Liability Corporations(10 000 yuan)	102790	106214	3.3
股份有限公司(万元)	Share Holding Enterprises(10 000 yuan)	3526	15100	328.2
私营企业(万元)	Private Enterprises(10 000 yuan)	101713	202567	99.2
外商及港澳台投资企业 (万元)	Funds from HK,Macao,Taiwan & Foreign(10 000 yuan)			
按城乡渠道分	Grouped by Urban and Rural Area			
城镇（万元）	Urban(10 000 yuan)	194940	368977	89.3
农村（万元）	Rural(10 000 yuan)	85276	36215	-57.5
一般预算收入(万元)	General Budgetary Financial Revenue(10 000 yuan)	11761	17353	47.5
一般预算支出(万元)	General Budgetary Financial Expenditures(10 000 yuan)	73229	102288	39.7
城乡居民储蓄存款余额(万元)	Resident Saving Deposit in Urban & Rural(10 000 yuan)	160303	192515	20.1
在岗职工工资总额(万元)	Total Wages of Staff & Workers Empioyed in(10 000 yuan)	31381	34581	10.2
在岗职工平均工资(元)	Average Wage of Staff & Workers Employed in(yuan)	15011	17054	13.6
农牧民人均纯收入(元)	Per Capita Net Income of Peasant & Herdsman(yuan)	3498	4194	19.9
农村牧区经济	**Economic Development in Rural & Pastoral Area**			
耕地面积(公顷)	Cultivated Area(hectare)	46482	43700	-6.0
农作物总播种面积(公顷)	Total Sown Area(hectare)	45916	47279	3.0
# 粮食作物播种面积(公顷)	Sown Area of Grain Crops(hectare)	34163	35172	3.0
有效灌溉面积(公顷)	Irrigated Area(hectare)	15295	12575	-17.8
农牧业机械总动力(万千瓦)	Total Power of Agricultural Machinery(10 000 kw)	17.20	23.70	37.8
化肥施用折纯量(吨)	Consumption of Chemical Fertilizer(ton)	11611	21559	85.7
农村用电量(万千瓦小时)	Electricity Consumed in Rural Area(10 000 kwh)	5740	5859	2.1
农林牧渔业总产值(万元)	Gross Output of Farming,Forestry,Animal Husbandry & Fishery(10 000 yuan)	97593	114092	8.1
粮食产量(吨)	Yield of Grain(ton)	106628	150715	41.3
油料产量(吨)	Yield of Oil-bearing Grops(ton)	395	1684	326.3
甜菜产量(吨)	Yield of Beetroots(ton)	11368	10407	-8.5
猪牛羊肉产量(吨)	Output of Pork, Beef & Mutton(ton)	9003	11513	27.9
# 猪肉产量(吨)	Output of Pork(ton)	5290	6503	22.9
牛肉产量(吨)	Output of Beef(ton)	1320	1622	22.9
羊肉产量(吨)	Output of Mutton(ton)	2393	3388	41.6
羊毛产量(吨)	Output of Wool(ton)	458	579	26.4

23-62 Kalaqin Banner in Chifeng City

指 标	Item	2007	2008	2008 年比上年增长% Increase Rate in 2008 Over 2007(%)
年末牲畜存栏头数(万头只)	Total Livestock at the Year-end(10 000 heads)	35.65	33.41	-6.3
#大牲畜(万头只)	Large Animals(10 000 heads)	7.89	8.09	2.5
羊(万只)	Sheep & Goats(10 000 heads)	21.64	19.04	-12.0
猪(万头)	Hogs(10 000 heads)	6.12	6.28	2.6
规模以上工业	**Industrial Enterprises above Designated size**			
工业企业单位数(个)	Number of Industrial Enterprises(unit)	33	37	12.1
#内资企业(个)	Civil Funded Enterprises(unit)	33	37	12.1
工业总产值(万元)	Gross Industrial Output Value(10 000 yuan)	743991	1096791	47.4
内资企业(万元)	Civil Funded Enterprises(10 000 yuan)	743991	1096791	47.4
国有企业(万元)	State-owned Enterprises(10 000 yuan)	10142	12350	21.8
集体企业(万元)	Collective-owned Enterprises(10 000 yuan)	2696		
股份合作企业(万元)	Share Holding Enterprises(10 000 yuan)			
联营企业(万元)	Joint Owned Enterprises(10 000 yuan)			
有限责任公司(万元)	Limited Company(10 000 yuan)	319693	528787	65.4
股份有限公司(万元)	Share Holding Limited Company(10 000 yuan)	395693	531371	34.3
私营企业(万元)	Privately Owned Enterprises(10 000 yuan)	15767	24283	54.0
其他企业(万元)	Enterprises of Other Ownership(10 000 yuan)			
港澳台商投资企业(万元)	Funds from HK,Macao & Taiwan(10 000 yuan)			
外商投资企业(万元)	Foreign Funded Enterprises(10 000 yuan)			
工业企业增加值(万元)	Value Added of Industrial Enterprises(10 000 yuan)	175741	307320	45.7
工业企业资产总计(万元)	Total Assets of Industrial Enterprises(10 000 yuan)	641622	569666	-11.2
工业企业负债合计(万元)	Total Liabilities of Industrial Enterprises(10 000 yuan)	463423	391450	-15.5
工业企业产品销售收入(万元)	Sales of Revenue Industrial Enterprises(10 000 yuan)	743674	1097181	47.5
工业企业利润总额(万元)	Total Profits of Industrial Enterprises(10 000 yuan)	77787	129033	65.9
建筑业	**Construction**			
建筑企业单位数(个)	Number of Construction Enterprises(unit)	11	10	-9.1
建筑企业从业人员(人)	Number of Employee in Construction Enterprises(person)	5558	4689	-15.6
建筑业总产值(万元)	Gross Construction Output Value(10 000 yuan)	124087	73467	-40.8
交通运输邮电通信业	**Transportation,Post & Telecommunications**			
公路里程(公里)	Total Length of Highways(km)	641	642	0.1
邮电业务总量(万元)	Business Volume of Post & Telecoms(10 000 yuan)	2504	3642	45.4
本地电话用户(户)	Number of Subscribers of Local Telephone(Household)	29583	28832	-2.5
国内贸易	**Demestic Trade**			
社会消费品零售总额(万元)	Total Retail Sales of Consumer Goods(10 000 yuan)	75447	94152	24.8
#贸易业(万元)	Wholesale & Retail Sales Trades(10 000 yuan)	69316	85895	23.9
餐饮业(万元)	Catering Trade(10 000 yuan)	5733	7798	36.0
科技教育卫生	**Science,Education & Public Health**			
各类专业技术人员(人)	Speccial Technical Personnel(person)	5786	5816	0.5
幼儿园数(所)	Number of Kindergartens(unit)	8	9	12.5
学龄儿童入学率(%)	Percentage of School-Age Children Enrolled(%)	100.0	100.0	0.0
小学学校数(所)	Number of Primary Schools(unit)	137	124	-9.5
小学专任教师数(人)	Number of Full-time Teachers of Primary Schools(person)	2215	2345	5.9
小学在校学生数(人)	Number of Student Enrollment of Primary Schools(person)	22278	22414	0.6
普通中学学校数(所)	Number of Regular Secondary Schools(unit)	12	11	-8.3
普通中学专任教师数(人)	Number of Teachers of Secondary Shools(person)	1335	1405	5.2
初中在校学生数(人)	Number of Student in Junior Secondary Schools(person)	9281	10367	11.7
高中在校学生数(人)	Number of Student in Senior Secondary Schools(person)	8809	7430	-15.7
卫生机构数(所)	Number of Health Institutions(unit)	52	52	0.0
#医院(所)	Hospitals(unit)	3	3	0.0
卫生院(所)	Township Hospitals(unit)	17	17	0.0
床位数(张)	Number of Beds(unit)	770	770	0.0
#医院(张)	Hospitals(unit)	240	240	0.0
卫生院(张)	Township Hospitals(unit)	500	500	0.0
卫生技术人员(人)	Medical Technical Presonnel(person)	721	800	11.0
#医院(人)	Hospitals(person)	275	269	-2.2
卫生院(人)	Township Hospitals(person)	305	357	17.0

23-63 赤峰市宁城县

指 标	Item	2007	2008	2008 年比上年增长% Increase Rate in 2008 Over 2007(%)
行政区域土地面积(平方公里)	**Area of Administration(Sq.km)**	**4305**	**4305**	**0.0**
人口和就业	**Population & Employment**			
年末总人口(人)	Total Population Year-end(person)	598116	602925	0.8
# 男性(人)	Male(person)	310851	313657	0.9
# 乡村人口(人)	Rural(person)	521221	522695	0.3
年末总户数(户)	Total Number of Households at the Year-end(Household)	187505	182439	-2.7
# 乡村户数(户)	Number of Rural Household(Household)	138357	138988	0.5
出生人口(人)	Births(person)	7679	7514	-2.1
死亡人口(人)	Deaths(person)	3549	1872	-47.3
全社会就业人员(人)	Employment(person)	276336	272948	-1.2
第一产业(人)	Primary Industry(person)	154633	153212	-0.9
第二产业(人)	Secondary Industry(person)	53318	55258	3.6
第三产业(人)	Tertiary Industry(person)	68385	64478	-5.7
在岗职工人数(人)	Number of Staff & Workers Employed in(person)	29661	29783	0.4
乡村劳动力(人)	Number of Rural Laborers(person)	246534	242978	-1.4
# 农林牧渔业(人)	Farming,Forestry,Animal Husbandry & Fishery(person)	154055	152586	-1.0
国民经济综合指标	**Summary Item on the National Economy**			
生产总值(万元)	Gross Domestic Product(10 000 yuan)	510582	668457	18.0
第一产业(万元)	Primary Industry(10 000 yuan)	143080	169060	9.0
第二产业(万元)	Secondary Industry(10 000 yuan)	205525	292194	21.4
# 工业(万元)	Industry(10 000 yuan)	178611	253306	19.8
第三产业(万元)	Tertiary Industry(10 000 yuan)	161977	207203	21.4
人均生产总值(元)	Per Capita GDP(yuan)	8536	11132	17.5
全社会固定资产投资(万元)	Total Investment in Fixed Assets(10 000 yuan)	351401	468000	33.2
按登记注册类型分	Grouped by Registered Type			
# 国有(万元)	State-owned Enterprises(10 000 yuan)	144558	139148	-3.7
集体(万元)	Collective-owned Enterprises(10 000 yuan)	10510	57800	450.0
有限责任公司(万元)	Limited Liability Corporations(10 000 yuan)	81303	144809	78.1
股份有限公司(万元)	Share Holding Enterprises(10 000 yuan)			
私营企业(万元)	Private Enterprises(10 000 yuan)	95657	126243	32.0
外商及港澳台投资企业 (万元)	Funds from HK,Macao,Taiwan & Foreign(10 000 yuan)			
按城乡渠道分	Grouped by Urban and Rural Area			
城镇 (万元)	Urban(10 000 yuan)	310099	422730	36.3
农村 (万元)	Rural(10 000 yuan)	41302	45270	9.6
一般预算收入(万元)	General Budgetary Financial Revenue(10 000 yuan)	15588	21905	40.5
一般预算支出(万元)	General Budgetary Financial Expenditures(10 000 yuan)	91555	139535	52.4
城乡居民储蓄存款余额(万元)	Resident Saving Deposit in Urban & Rural(10 000 yuan)	297364	386128	29.9
在岗职工工资总额(万元)	Total Wages of Staff & Workers Empioyed in(10 000 yuan)	45750	52384	14.5
在岗职工平均工资(元)	Average Wage of Staff & Workers Employed in(yuan)	15453	17728	14.7
农牧民人均纯收入(元)	Per Capita Net Income of Peasant & Herdsman(yuan)	3814	4424	16.0
农村牧区经济	**Economic Development in Rural & Pastoral Area**			
耕地面积(公顷)	Cultivated Area(hectare)	114472	114472	0.0
农作物总播种面积(公顷)	Total Sown Area(hectare)	94373	95180	0.9
# 粮食作物播种面积(公顷)	Sown Area of Grain Crops(hectare)	77355	78587	1.6
有效灌溉面积(公顷)	Irrigated Area(hectare)	27744	27744	0.0
农牧业机械总动力(万千瓦)	Total Power of Agricultural Machinery(10 000 kw)	26.80	39.62	47.8
化肥施用折纯量(吨)	Consumption of Chemical Fertilizer(ton)	29817	31463	5.5
农村用电量(万千瓦小时)	Electricity Consumed in Rural Area(10 000 kwh)	7731	8999	16.4
农林牧渔业总产值(万元)	Gross Output of Farming,Forestry,Animal Husbandry & Fishery(10 000 yuan)	242794	283842	8.1
粮食产量(吨)	Yield of Grain(ton)	526903	522386	-0.9
油料产量(吨)	Yield of Oil-bearing Grops(ton)	1893	1002	-47.1
甜菜产量(吨)	Yield of Beetroots(ton)	21546	27561	27.9
猪牛羊肉产量(吨)	Output of Pork, Beef & Mutton(ton)	15609	20029	28.3
# 猪肉产量(吨)	Output of Pork(ton)	7781	9776	25.6
牛肉产量(吨)	Output of Beef(ton)	5517	6710	21.6
羊肉产量(吨)	Output of Mutton(ton)	2311	3543	53.3
羊毛产量(吨)	Output of Wool(ton)	447	671	50.1

23-63 Ningcheng County in Chifeng City

指 标	Item	2007	2008	2008年比上年增长% Increase Rate in 2008 Over 2007(%)
年末牲畜存栏头数(万头只)	Total Livestock at the Year-end(10 000 heads)	48.00	44.73	-6.8
# 大牲畜(万头只)	Large Animals(10 000 heads)	13.86	15.90	14.7
羊(万只)	Sheep & Goats(10 000 heads)	23.64	17.81	-24.7
猪(万头)	Hogs(10 000 heads)	10.50	11.02	5.0
规模以上工业	**Industrial Enterprises above Designated size**			
工业企业单位数(个)	Number of Industrial Enterprises(unit)	38	51	34.2
# 内资企业(个)	Civil Funded Enterprises(unit)	38	51	34.2
工业总产值(万元)	Gross Industrial Output Value(10 000 yuan)	436829	650631	48.9
内资企业(万元)	Civil Funded Enterprises(10 000 yuan)	436829	650631	48.9
国有企业(万元)	State-owned Enterprises(10 000 yuan)	17830	21099	18.3
集体企业(万元)	Collective-owned Enterprises(10 000 yuan)	120530	6214	-94.8
股份合作企业(万元)	Share Holding Enterprises(10 000 yuan)			
联营企业(万元)	Joint Owned Enterprises(10 000 yuan)			
有限责任公司(万元)	Limited Company(10 000 yuan)	285309	381898	33.9
股份有限公司(万元)	Share Holding Limited Company(10 000 yuan)		542	
私营企业(万元)	Privately Owned Enterprises(10 000 yuan)			
其他企业(万元)	Enterprises of Other Ownership(10 000 yuan)	13160	240878	1730.4
港澳台商投资企业(万元)	Funds from HK,Macao & Taiwan(10 000 yuan)			
外商投资企业(万元)	Foreign Funded Enterprises(10 000 yuan)			
工业企业增加值(万元)	Value Added of Industrial Enterprises(10 000 yuan)	163792	209906	19.3
工业企业资产总计(万元)	Total Assets of Industrial Enterprises(10 000 yuan)	266719	351793	31.9
工业企业负债合计(万元)	Total Liabilities of Industrial Enterprises(10 000 yuan)	147682	218060	47.7
工业企业产品销售收入(万元)	Sales of Revenue Industrial Enterprises(10 000 yuan)	429488	631282	47.0
工业企业利润总额(万元)	Total Profits of Industrial Enterprises(10 000 yuan)	13780	26933	95.4
建筑业	**Construction**			
建筑企业单位数(个)	Number of Construction Enterprises(unit)	18	18	0.0
建筑企业从业人员(人)	Number of Employee in Construction Enterprises(person)	21122	14158	-33.0
建筑业总产值(万元)	Gross Construction Output Value(10 000 yuan)	150969	143157	-5.2
交通运输邮电通信业	**Transportation,Post & Telecommunications**			
公路里程(公里)	Total Length of Highways(km)	2226	2226	0.0
邮电业务总量(万元)	Business Volume of Post & Telecoms(10 000 yuan)	5088	6182	21.5
本地电话用户(户)	Number of Subscribers of Local Telephone(Household)	55149	54862	-0.5
国内贸易	**Demestic Trade**			
社会消费品零售总额(万元)	Total Retail Sales of Consumer Goods(10 000 yuan)	177527	221422	24.7
# 贸易业(万元)	Wholesale & Retail Sales Trades(10 000 yuan)	158055	197460	24.9
餐饮业(万元)	Catering Trade(10 000 yuan)	19176	23639	23.3
科技教育卫生	**Science,Education & Public Health**			
各类专业技术人员(人)	Speccial Technical Personnel(person)	19806	19931	0.6
幼儿园数(所)	Number of Kindergartens(unit)	34	33	-2.9
学龄儿童入学率(%)	Percentage of School-Age Children Enrolled(%)	100.0	100.0	0.0
小学学校数(所)	Number of Primary Schools(unit)	151	134	-11.3
小学专任教师数(人)	Number of Full-time Teachers of Primary Schools(person)	2674	2737	2.4
小学在校学生数(人)	Number of Student Enrollment of Primary Schools(person)	35008	34657	-1.0
普通中学学校数(所)	Number of Regular Secondary Schools(unit)	42	36	-14.3
普通中学专任教师数(人)	Number of Teachers of Secondary Shools(person)	2113	2018	-4.5
初中在校学生数(人)	Number of Student in Junior Secondary Schools(person)	20133	17607	-12.5
高中在校学生数(人)	Number of Student in Senior Secondary Schools(person)	13529	12288	-9.2
卫生机构数(所)	Number of Health Institutions(unit)	38	40	5.3
# 医院(所)	Hospitals(unit)	4	4	0.0
卫生院(所)	Township Hospitals(unit)	27	27	0.0
床位数(张)	Number of Beds(unit)	1323	1737	31.3
# 医院(张)	Hospitals(unit)	743	1152	55.0
卫生院(张)	Township Hospitals(unit)	580	585	0.9
卫生技术人员(人)	Medical Technical Presonnel(person)	1526	1994	30.7
# 医院(人)	Hospitals(person)	859	1262	46.9
卫生院(人)	Township Hospitals(person)	667	732	9.7

23-64 赤峰市敖汉旗

指 标	Item	2007	2008	2008 年比上年增长% Increase Rate in 2008 Over 2007(%)
行政区域土地面积（平方公里）	**Area of Administration(Sq.km)**	**8294**	**8294**	**0.0**
人口和就业	**Population & Employment**			
年末总人口(人)	Total Population Year-end(person)	594594	598374	0.6
# 男性(人)	Male(person)	308334	310385	0.7
# 乡村人口(人)	Rural(person)	528584	530411	0.3
年末总户数(户)	Total Number of Households at the Year-end(Household)	173777	178176	2.5
# 乡村户数(户)	Number of Rural Household(Household)	139950	139899	0.0
出生人口(人)	Births(person)	5760	5082	-11.8
死亡人口(人)	Deaths(person)	2527	2983	18.0
全社会就业人员(人)	Employment(person)	362843	372863	2.8
第一产业(人)	Primary Industry(person)	214636	220961	2.9
第二产业(人)	Secondary Industry(person)	30569	31381	2.7
第三产业(人)	Tertiary Industry(person)	117638	120521	2.5
在岗职工人数(人)	Number of Staff & Workers Employed in(person)	21326	21337	0.1
乡村劳动力(人)	Number of Rural Laborers(person)	318181	323351	1.6
# 农林牧渔业(人)	Farming,Forestry,Animal Husbandry & Fishery(person)	214636	220961	2.9
国民经济综合指标	**Summary Item on the National Economy**			
生产总值(万元)	Gross Domestic Product(10 000 yuan)	519338	681040	16.6
第一产业(万元)	Primary Industry(10 000 yuan)	186144	219800	8.7
第二产业(万元)	Secondary Industry(10 000 yuan)	195431	280473	19.5
# 工业(万元)	Industry(10 000 yuan)	165620	241537	19.8
第三产业(万元)	Tertiary Industry(10 000 yuan)	137763	180767	22.3
人均生产总值(元)	Per Capita GDP(yuan)	8776	11418	15.7
全社会固定资产投资(万元)	Total Investment in Fixed Assets(10 000 yuan)	389229	451022	15.9
按登记注册类型分	Grouped by Registered Type			
# 国有(万元)	State-owned Enterprises(10 000 yuan)	71865	102846	43.1
集体(万元)	Collective-owned Enterprises(10 000 yuan)	1850		
有限责任公司(万元)	Limited Liability Corporations(10 000 yuan)	90095	138625	53.9
股份有限公司(万元)	Share Holding Enterprises(10 000 yuan)	104961	67890	-35.3
私营企业(万元)	Private Enterprises(10 000 yuan)	28180	60489	114.7
外商及港澳台投资企业(万元)	Funds from HK,Macao,Taiwan & Foreign(10 000 yuan)			
按城乡渠道分	Grouped by Urban and Rural Area			
城镇（万元）	Urban(10 000 yuan)	345807	373850	8.1
农村（万元）	Rural(10 000 yuan)	43422	77172	77.7
一般预算收入(万元)	General Budgetary Financial Revenue(10 000 yuan)	15002	20180	34.5
一般预算支出(万元)	General Budgetary Financial Expenditures(10 000 yuan)	91461	125436	37.1
城乡居民储蓄存款余额(万元)	Resident Saving Deposit in Urban & Rural(10 000 yuan)	197019	240059	21.8
在岗职工工资总额(万元)	Total Wages of Staff & Workers Empioyed in(10 000 yuan)	37471	44586	19.0
在岗职工平均工资(元)	Average Wage of Staff & Workers Employed in(yuan)	17576	20896	18.9
农牧民人均纯收入(元)	Per Capita Net Income of Peasant & Herdsman(yuan)	3557	4072	14.5
农村牧区经济	**Economic Development in Rural & Pastoral Area**			
耕地面积(公顷)	Cultivated Area(hectare)	160512	160558	0.0
农作物总播种面积(公顷)	Total Sown Area(hectare)	194009	187333	-3.4
# 粮食作物播种面积(公顷)	Sown Area of Grain Crops(hectare)	166850	166466	-0.2
有效灌溉面积(公顷)	Irrigated Area(hectare)	32126	32186	0.2
农牧业机械总动力(万千瓦)	Total Power of Agricultural Machinery(10 000 kw)	48.96	58.72	19.9
化肥施用折纯量(吨)	Consumption of Chemical Fertilizer(ton)	41280	60574	46.7
农村用电量(万千瓦小时)	Electricity Consumed in Rural Area(10 000 kwh)	17894	23213	29.7
农林牧渔业总产值(万元)	Gross Output of Farming,Forestry,Animal Husbandry & Fishery(10 000 yuan)	295467	339197	12.6
粮食产量(吨)	Yield of Grain(ton)	496012	650451	31.1
油料产量(吨)	Yield of Oil-bearing Grops(ton)	9631	14012	45.5
甜菜产量(吨)	Yield of Beetroots(ton)	64045	114835	79.3
猪牛羊肉产量(吨)	Output of Pork, Beef & Mutton(ton)	46057	83143	80.5
# 猪肉产量(吨)	Output of Pork(ton)	27873	60441	116.8
牛肉产量(吨)	Output of Beef(ton)	4495	5774	28.5
羊肉产量(吨)	Output of Mutton(ton)	13689	16928	23.7
羊毛产量(吨)	Output of Wool(ton)	4026	3574	-11.2

23-64 Aohan Banner in Chifeng City

指 标	Item	2007	2008	2008年比上年增长% Increase Rate in 2008 Over 2007(%)
年末牲畜存栏头数(万头只)	Total Livestock at the Year-end(10 000 heads)	152.53	150.18	-1.5
#大牲畜(万头只)	Large Animals(10 000 heads)	23.50	24.93	6.1
羊(万只)	Sheep & Goats(10 000 heads)	92.06	87.50	-5.0
猪(万头)	Hogs(10 000 heads)	36.97	37.75	2.1
规模以上工业	**Industrial Enterprises above Designated size**			
工业企业单位数(个)	Number of Industrial Enterprises(unit)	39	69	76.9
#内资企业(个)	Civil Funded Enterprises(unit)	39	69	76.9
工业总产值(万元)	Gross Industrial Output Value(10 000 yuan)	347896	527862	51.7
内资企业(万元)	Civil Funded Enterprises(10 000 yuan)	347896	527862	51.7
国有企业(万元)	State-owned Enterprises(10 000 yuan)	16100	20747	28.9
集体企业(万元)	Collective-owned Enterprises(10 000 yuan)			
股份合作企业(万元)	Share Holding Enterprises(10 000 yuan)			
联营企业(万元)	Joint Owned Enterprises(10 000 yuan)			
有限责任公司(万元)	Limited Company(10 000 yuan)	181127	233901	29.1
股份有限公司(万元)	Share Holding Limited Company(10 000 yuan)	19062	30184	58.3
私营企业(万元)	Privately Owned Enterprises(10 000 yuan)	129631	243030	87.5
其他企业(万元)	Enterprises of Other Ownership(10 000 yuan)	1976		
港澳台商投资企业(万元)	Funds from HK,Macao & Taiwan(10 000 yuan)			
外商投资企业(万元)	Foreign Funded Enterprises(10 000 yuan)			
工业企业增加值(万元)	Value Added of Industrial Enterprises(10 000 yuan)	140797	203237	20.2
工业企业资产总计(万元)	Total Assets of Industrial Enterprises(10 000 yuan)	135058	235473	74.3
工业企业负债合计(万元)	Total Liabilities of Industrial Enterprises(10 000 yuan)	91222	176313	93.3
工业企业产品销售收入(万元)	Sales of Revenue Industrial Enterprises(10 000 yuan)	342541	520605	52.0
工业企业利润总额(万元)	Total Profits of Industrial Enterprises(10 000 yuan)	10253	14529	41.7
建筑业	**Construction**			
建筑企业单位数(个)	Number of Construction Enterprises(unit)	4	8	100.0
建筑企业从业人员(人)	Number of Employee in Construction Enterprises(person)	4544	4958	9.1
建筑业总产值(万元)	Gross Construction Output Value(10 000 yuan)	71758	85231	18.8
交通运输邮电通信业	**Transportation,Post & Telecommunications**			
公路里程(公里)	Total Length of Highways(km)	2407	2407	0.0
邮电业务总量(万元)	Business Volume of Post & Telecoms(10 000 yuan)	9413	12437	32.1
本地电话用户(户)	Number of Subscribers of Local Telephone(Household)	70815	71025	0.3
国内贸易	**Demestic Trade**			
社会消费品零售总额(万元)	Total Retail Sales of Consumer Goods(10 000 yuan)	111214	138809	24.8
#贸易业(万元)	Wholesale & Retail Sales Trades(10 000 yuan)	94506	117060	23.9
餐饮业(万元)	Catering Trade(10 000 yuan)	16346	21368	30.7
科技教育卫生	**Science,Education & Public Health**			
各类专业技术人员(人)	Speccial Technical Personnel(person)	8651	8652	0.0
幼儿园数(所)	Number of Kindergartens(unit)	40	41	2.5
学龄儿童入学率(%)	Percentage of School-Age Children Enrolled(%)	100.0	100.0	0.0
小学学校数(所)	Number of Primary Schools(unit)	140	115	-17.9
小学专任教师数(人)	Number of Full-time Teachers of Primary Schools(person)	2862	2873	0.4
小学在校学生数(人)	Number of Student Enrollment of Primary Schools(person)	39639	39008	-1.6
普通中学学校数(所)	Number of Regular Secondary Schools(unit)	37	35	-5.4
普通中学专任教师数(人)	Number of Teachers of Secondary Shools(person)	1657	2482	49.8
初中在校学生数(人)	Number of Student in Junior Secondary Schools(person)	27305	24937	-8.7
高中在校学生数(人)	Number of Student in Senior Secondary Schools(person)	12817	14502	13.1
卫生机构数(所)	Number of Health Institutions(unit)	41	37	-9.8
#医院(所)	Hospitals(unit)	4	4	0.0
卫生院(所)	Township Hospitals(unit)	28	28	0.0
床位数(张)	Number of Beds(unit)	975	1447	48.4
#医院(张)	Hospitals(unit)	548	800	46.0
卫生院(张)	Township Hospitals(unit)	415	587	41.4
卫生技术人员(人)	Medical Technical Presonnel(person)	1261	1290	2.3
#医院(人)	Hospitals(person)	546	558	2.2
卫生院(人)	Township Hospitals(person)	715	732	2.4

23-65 锡林郭勒盟二连浩特市

指 标	Item	2007	2008	2008 年比上年增长% Increase Rate in 2008 Over 2007(%)
行政区域土地面积(平方公里)	**Area of Administration(Sq.km)**	**4015**	**4015**	**0.0**
人口和就业	**Population & Employment**			
年末总人口(人)	Total Population Year-end(person)	24830	25639	3.3
#男性(人)	Male(person)	12808	13216	3.2
#乡村人口(人)	Rural(person)	1828	1828	0.0
年末总户数(户)	Total Number of Households at the Year-end(Household)	8859	9148	3.3
#乡村户数(户)	Number of Rural Household(Household)	649	649	0.0
出生人口(人)	Births(person)	289	293	1.4
死亡人口(人)	Deaths(person)	29	47	62.1
全社会就业人员(人)	Employment(person)	23522	25421	8.1
第一产业(人)	Primary Industry(person)	1106	1142	3.3
第二产业(人)	Secondary Industry(person)	1799	845	-53.0
第三产业(人)	Tertiary Industry(person)	20617	23434	13.7
在岗职工人数(人)	Number of Staff & Workers Employed in(person)	4872	5673	16.4
乡村劳动力(人)	Number of Rural Laborers(person)	1280	1280	0.0
#农林牧渔业(人)	Farming,Forestry,Animal Husbandry & Fishery(person)	1106	1106	0.0
国民经济综合指标	**Summary Item on the National Economy**			
生产总值(万元)	Gross Domestic Product(10 000 yuan)	255013	329233	19.0
第一产业(万元)	Primary Industry(10 000 yuan)	1668	2058	12.2
第二产业(万元)	Secondary Industry(10 000 yuan)	77960	108562	21.3
#工业(万元)	Industry(10 000 yuan)	60303	87383	22.7
第三产业(万元)	Tertiary Industry(10 000 yuan)	175385	218613	18.5
人均生产总值(元)	Per Capita GDP(yuan)	36081	48251	12.1
全社会固定资产投资(万元)	Total Investment in Fixed Assets(10 000 yuan)	150720	200790	33.2
按登记注册类型分	Grouped by Registered Type			
#国有(万元)	State-owned Enterprises(10 000 yuan)	63853	72720	13.9
集体(万元)	Collective-owned Enterprises(10 000 yuan)			
有限责任公司(万元)	Limited Liability Corporations(10 000 yuan)	31447	18403	-41.5
股份有限公司(万元)	Share Holding Enterprises(10 000 yuan)	1500	12000	700.0
私营企业(万元)	Private Enterprises(10 000 yuan)	53920	97667	81.1
外商及港澳台投资企业(万元)	Funds from HK,Macao,Taiwan & Foreign(10 000 yuan)			
按城乡渠道分	Grouped by Urban and Rural Area			
城镇(万元)	Urban(10 000 yuan)	150720	200790	33.2
农村(万元)	Rural(10 000 yuan)			
一般预算收入(万元)	General Budgetary Financial Revenue(10 000 yuan)	13582	17840	31.4
一般预算支出(万元)	General Budgetary Financial Expenditures(10 000 yuan)	41675	53912	29.4
城乡居民储蓄存款余额(万元)	Resident Saving Deposit in Urban & Rural(10 000 yuan)	144623	171178	18.4
在岗职工工资总额(万元)	Total Wages of Staff & Workers Empioyed in(10 000 yuan)	14338	18781	31.0
在岗职工平均工资(元)	Average Wage of Staff & Workers Employed in(yuan)	29563	33106	12.0
农牧民人均纯收入(元)	Per Capita Net Income of Peasant & Herdsman(yuan)	4112	5725	39.2
农村牧区经济	**Economic Development in Rural & Pastoral Area**			
耕地面积(公顷)	Cultivated Area(hectare)	320	360	12.5
农作物总播种面积(公顷)	Total Sown Area(hectare)	320	360	12.5
#粮食作物播种面积(公顷)	Sown Area of Grain Crops(hectare)	133	170	27.8
有效灌溉面积(公顷)	Irrigated Area(hectare)	320	320	0.0
农牧业机械总动力(万千瓦)	Total Power of Agricultural Machinery(10 000 kw)	0.23	0.44	91.3
化肥施用折纯量(吨)	Consumption of Chemical Fertilizer(ton)	98	98	0.0
农村用电量(万千瓦小时)	Electricity Consumed in Rural Area(10 000 kwh)	202	256	26.7
农林牧渔业总产值(万元)	Gross Output of Farming,Forestry,Animal Husbandry & Fishery(10 000 yuan)	3034	3525	16.2
粮食产量(吨)	Yield of Grain(ton)	1197	7700	543.3
油料产量(吨)	Yield of Oil-bearing Grops(ton)			
甜菜产量(吨)	Yield of Beetroots(ton)			
猪牛羊肉产量(吨)	Output of Pork, Beef & Mutton(ton)	338	658	94.7
#猪肉产量(吨)	Output of Pork(ton)	30	44	46.7
牛肉产量(吨)	Output of Beef(ton)	45	112	148.9
羊肉产量(吨)	Output of Mutton(ton)	263	502	90.9
羊毛产量(吨)	Output of Wool(ton)	28	30	7.1

23-65 Erlianhaote City in Xilinguole League

指 标	Item	2007	2008	2008 年比上年增长% Increase Rate in 2008 Over 2007(%)
年末牲畜存栏头数(万头只)	Total Livestock at the Year-end(10 000 heads)	2.85	3.38	18.6
#大牲畜(万头只)	Large Animals(10 000 heads)	0.16	0.25	56.2
羊(万只)	Sheep & Goats(10 000 heads)	2.69	3.12	16.0
猪(万头)	Hogs(10 000 heads)		0.01	
规模以上工业	**Industrial Enterprises above Designated size**			
工业企业单位数(个)	Number of Industrial Enterprises(unit)	14	18	28.6
#内资企业(个)	Civil Funded Enterprises(unit)	14	18	28.6
工业总产值(万元)	Gross Industrial Output Value(10 000 yuan)	134050	169267	26.3
内资企业(万元)	Civil Funded Enterprises(10 000 yuan)	134050	169267	26.3
国有企业(万元)	State-owned Enterprises(10 000 yuan)	7476	6237	-16.6
集体企业(万元)	Collective-owned Enterprises(10 000 yuan)			
股份合作企业(万元)	Share Holding Enterprises(10 000 yuan)			
联营企业(万元)	Joint Owned Enterprises(10 000 yuan)			
有限责任公司(万元)	Limited Company(10 000 yuan)	22682	24873	9.7
股份有限公司(万元)	Share Holding Limited Company(10 000 yuan)			
私营企业(万元)	Privately Owned Enterprises(10 000 yuan)	103892	138157	33.0
其他企业(万元)	Enterprises of Other Ownership(10 000 yuan)			
港澳台商投资企业(万元)	Funds from HK,Macao & Taiwan(10 000 yuan)			
外商投资企业(万元)	Foreign Funded Enterprises(10 000 yuan)			
工业企业增加值(万元)	Value Added of Industrial Enterprises(10 000 yuan)	55294	79295	20.2
工业企业资产总计(万元)	Total Assets of Industrial Enterprises(10 000 yuan)	36624	67894	85.4
工业企业负债合计(万元)	Total Liabilities of Industrial Enterprises(10 000 yuan)	16960	36240	113.7
工业企业产品销售收入(万元)	Sales of Revenue Industrial Enterprises(10 000 yuan)	132287	167229	26.4
工业企业利润总额(万元)	Total Profits of Industrial Enterprises(10 000 yuan)	8110	7738	-4.6
建筑业	**Construction**			
建筑企业单位数(个)	Number of Construction Enterprises(unit)	1	1	0.0
建筑企业从业人员(人)	Number of Employee in Construction Enterprises(person)	45	9	-80.0
建筑业总产值(万元)	Gross Construction Output Value(10 000 yuan)	1572	1031	-34.4
交通运输邮电通信业	**Transportation,Post & Telecommunications**			
公路里程(公里)	Total Length of Highways(km)	299	320	7.0
邮电业务总量(万元)	Business Volume of Post & Telecoms(10 000 yuan)	7814	7932	1.5
本地电话用户(户)	Number of Subscribers of Local Telephone(Household)	18421	17600	-4.5
国内贸易	**Demestic Trade**			
社会消费品零售总额(万元)	Total Retail Sales of Consumer Goods(10 000 yuan)	91697	114853	25.3
#贸易业(万元)	Wholesale & Retail Sales Trades(10 000 yuan)	73969	97588	31.9
餐饮业(万元)	Catering Trade(10 000 yuan)	14368	15950	11.0
科技教育卫生	**Science,Education & Public Health**			
各类专业技术人员(人)	Speccial Technical Personnel(person)	880	958	8.9
幼儿园数(所)	Number of Kindergartens(unit)	7	9	28.6
学龄儿童入学率(%)	Percentage of School-Age Children Enrolled(%)	100.0	100.0	0.0
小学学校数(所)	Number of Primary Schools(unit)	5	5	0.0
小学专任教师数(人)	Number of Full-time Teachers of Primary Schools(person)	246	255	3.7
小学在校学生数(人)	Number of Student Enrollment of Primary Schools(person)	6607	6568	-0.6
普通中学学校数(所)	Number of Regular Secondary Schools(unit)	4	4	0.0
普通中学专任教师数(人)	Number of Teachers of Secondary Shools(person)	309	303	-1.9
初中在校学生数(人)	Number of Student in Junior Secondary Schools(person)	2410	2671	10.8
高中在校学生数(人)	Number of Student in Senior Secondary Schools(person)	1321	1214	-8.1
卫生机构数(所)	Number of Health Institutions(unit)	6	6	0.0
#医院(所)	Hospitals(unit)	1	1	0.0
卫生院(所)	Township Hospitals(unit)	2	2	0.0
床位数(张)	Number of Beds(unit)	119	319	168.1
#医院(张)	Hospitals(unit)	100	300	200.0
卫生院(张)	Township Hospitals(unit)	4	4	0.0
卫生技术人员(人)	Medical Technical Presonnel(person)	212	256	20.8
#医院(人)	Hospitals(person)	127	158	24.4
卫生院(人)	Township Hospitals(person)	7	7	0.0

23-66 锡林郭勒盟锡林浩特市

指 标	Item	2007	2008	2008年比上年增长% Increase Rate in 2008 Over 2007(%)
行政区域土地面积(平方公里)	**Area of Administration(Sq.km)**	**14592**	**14592**	**0.0**
人口和就业	**Population & Employment**			
年末总人口(人)	Total Population Year-end(person)	163796	166485	1.6
#男性(人)	Male(person)	82280	83493	1.5
#乡村人口(人)	Rural(person)	8455	8293	-1.9
年末总户数(户)	Total Number of Households at the Year-end(Household)	58882	60349	2.5
#乡村户数(户)	Number of Rural Household(Household)	2301	2107	-8.4
出生人口(人)	Births(person)	1700	3447	102.8
死亡人口(人)	Deaths(person)	454	399	-12.1
全社会就业人员(人)	Employment(person)	70107	75319	7.4
第一产业(人)	Primary Industry(person)	5548	12250	120.8
第二产业(人)	Secondary Industry(person)	16691	14116	-15.4
第三产业(人)	Tertiary Industry(person)	47868	48953	2.3
在岗职工人数(人)	Number of Staff & Workers Employed in(person)	41505	44353	6.9
乡村劳动力(人)	Number of Rural Laborers(person)	6636	6571	-1.0
#农林牧渔业(人)	Farming,Forestry,Animal Husbandry & Fishery(person)	5548	5653	1.9
国民经济综合指标	**Summary Item on the National Economy**			
生产总值(万元)	Gross Domestic Product(10 000 yuan)	767243	1030959	24.4
第一产业(万元)	Primary Industry(10 000 yuan)	45129	52304	9.3
第二产业(万元)	Secondary Industry(10 000 yuan)	498386	692805	28.0
#工业(万元)	Industry(10 000 yuan)	446023	596625	25.8
第三产业(万元)	Tertiary Industry(10 000 yuan)	223728	285850	20.1
人均生产总值(元)	Per Capita GDP(yuan)	45292	58912	16.5
全社会固定资产投资(万元)	Total Investment in Fixed Assets(10 000 yuan)	584135	1044807	78.9
按登记注册类型分	Grouped by Registered Type			
#国有(万元)	State-owned Enterprises(10 000 yuan)	380607	434605	14.2
集体(万元)	Collective-owned Enterprises(10 000 yuan)	550	4000	627.3
有限责任公司(万元)	Limited Liability Corporations(10 000 yuan)	81320	259483	219.1
股份有限公司(万元)	Share Holding Enterprises(10 000 yuan)	11665	89360	666.1
私营企业(万元)	Private Enterprises(10 000 yuan)	46158	72514	57.1
外商及港澳台投资企业(万元)	Funds from HK,Macao,Taiwan & Foreign(10 000 yuan)	63835	184845	189.6
按城乡渠道分	Grouped by Urban and Rural Area			
城镇(万元)	Urban(10 000 yuan)	581135	1044807	79.8
农村(万元)	Rural(10 000 yuan)	3000		
一般预算收入(万元)	General Budgetary Financial Revenue(10 000 yuan)	45910	64136	39.7
一般预算支出(万元)	General Budgetary Financial Expenditures(10 000 yuan)	59093	87084	47.4
城乡居民储蓄存款余额(万元)	Resident Saving Deposit in Urban & Rural(10 000 yuan)	323403	396024	22.5
在岗职工工资总额(万元)	Total Wages of Staff & Workers Empioyed in(10 000 yuan)	87090	108272	24.3
在岗职工平均工资(元)	Average Wage of Staff & Workers Employed in(yuan)	20406	23986	17.5
农牧民人均纯收入(元)	Per Capita Net Income of Peasant & Herdsman(yuan)	5815	7301	25.6
农村牧区经济	**Economic Development in Rural & Pastoral Area**			
耕地面积(公顷)	Cultivated Area(hectare)	14990	23180	54.6
农作物总播种面积(公顷)	Total Sown Area(hectare)	15020	19940	32.8
#粮食作物播种面积(公顷)	Sown Area of Grain Crops(hectare)	6757	13390	98.2
有效灌溉面积(公顷)	Irrigated Area(hectare)	2830	4520	59.7
农牧业机械总动力(万千瓦)	Total Power of Agricultural Machinery(10 000 kw)	10.54	13.30	26.2
化肥施用折纯量(吨)	Consumption of Chemical Fertilizer(ton)	1092	1337	22.4
农村用电量(万千瓦小时)	Electricity Consumed in Rural Area(10 000 kwh)	626	976	55.9
农林牧渔业总产值(万元)	Gross Output of Farming,Forestry,Animal Husbandry & Fishery(10 000 yuan)	82805	86453	4.4
粮食产量(吨)	Yield of Grain(ton)	20941	14600	-30.3
油料产量(吨)	Yield of Oil-bearing Grops(ton)	195	100	-48.7
甜菜产量(吨)	Yield of Beetroots(ton)			
猪牛羊肉产量(吨)	Output of Pork, Beef & Mutton(ton)	16231	14984	-7.7
#猪肉产量(吨)	Output of Pork(ton)	224	42	-81.2
牛肉产量(吨)	Output of Beef(ton)	3110	2470	-20.6
羊肉产量(吨)	Output of Mutton(ton)	12897	12472	-3.3
羊毛产量(吨)	Output of Wool(ton)	1208	886	-26.7

23-66 Xilinhaote City in Xilinguole League

指 标	Item	2007	2008	2008年比上年增长% Increase Rate in 2008 Over 2007(%)
年末牲畜存栏头数(万头只)	Total Livestock at the Year-end(10 000 heads)	71.51	68.70	-3.9
#大牲畜(万头只)	Large Animals(10 000 heads)	5.13	6.14	19.7
羊(万只)	Sheep & Goats(10 000 heads)	65.61	61.75	-5.9
猪(万头)	Hogs(10 000 heads)	0.77	0.81	5.2
规模以上工业	**Industrial Enterprises above Designated size**			
工业企业单位数(个)	Number of Industrial Enterprises(unit)	63	79	25.4
#内资企业(个)	Civil Funded Enterprises(unit)	62	78	25.8
工业总产值(万元)	Gross Industrial Output Value(10 000 yuan)	685863	1007889	47.0
内资企业(万元)	Civil Funded Enterprises(10 000 yuan)	680115	997980	46.7
国有企业(万元)	State-owned Enterprises(10 000 yuan)	84675	141100	66.6
集体企业(万元)	Collective-owned Enterprises(10 000 yuan)			
股份合作企业(万元)	Share Holding Enterprises(10 000 yuan)	1233	602	-51.2
联营企业(万元)	Joint Owned Enterprises(10 000 yuan)			
有限责任公司(万元)	Limited Company(10 000 yuan)	185967	344223	85.1
股份有限公司(万元)	Share Holding Limited Company(10 000 yuan)	285539	334873	17.3
私营企业(万元)	Privately Owned Enterprises(10 000 yuan)	122701	177182	44.4
其他企业(万元)	Enterprises of Other Ownership(10 000 yuan)			
港澳台商投资企业(万元)	Funds from HK,Macao & Taiwan(10 000 yuan)			
外商投资企业(万元)	Foreign Funded Enterprises(10 000 yuan)	5748	9909	72.4
工业企业增加值(万元)	Value Added of Industrial Enterprises(10 000 yuan)	429894	573713	25.7
工业企业资产总计(万元)	Total Assets of Industrial Enterprises(10 000 yuan)	1186259	1595601	34.5
工业企业负债合计(万元)	Total Liabilities of Industrial Enterprises(10 000 yuan)	647855	968571	49.5
工业企业产品销售收入(万元)	Sales of Revenue Industrial Enterprises(10 000 yuan)	603157	869507	44.2
工业企业利润总额(万元)	Total Profits of Industrial Enterprises(10 000 yuan)	28798	32424	12.6
建筑业	**Construction**			
建筑企业单位数(个)	Number of Construction Enterprises(unit)	16	16	0.0
建筑企业从业人员(人)	Number of Employee in Construction Enterprises(person)	5889	4977	-15.5
建筑业总产值(万元)	Gross Construction Output Value(10 000 yuan)	107886	149907	38.9
交通运输邮电通信业	**Transportation,Post & Telecommunications**			
公路里程(公里)	Total Length of Highways(km)	1034	1117	8.0
邮电业务总量(万元)	Business Volume of Post & Telecoms(10 000 yuan)	24975	28000	12.1
本地电话用户(户)	Number of Subscribers of Local Telephone(Household)	74000	71100	-3.9
国内贸易	**Demestic Trade**			
社会消费品零售总额(万元)	Total Retail Sales of Consumer Goods(10 000 yuan)	171183	213613	24.8
#贸易业(万元)	Wholesale & Retail Sales Trades(10 000 yuan)	141401	178688	26.4
餐饮业(万元)	Catering Trade(10 000 yuan)	26713	31671	18.6
科技教育卫生	**Science,Education & Public Health**			
各类专业技术人员(人)	Speccial Technical Personnel(person)	2988	3150	5.4
幼儿园数(所)	Number of Kindergartens(unit)	6	6	0.0
学龄儿童入学率(%)	Percentage of School-Age Children Enrolled(%)	100.0	100.0	0.0
小学学校数(所)	Number of Primary Schools(unit)	13	12	-7.7
小学专任教师数(人)	Number of Full-time Teachers of Primary Schools(person)	920	952	3.5
小学在校学生数(人)	Number of Student Enrollment of Primary Schools(person)	16891	16841	-0.3
普通中学学校数(所)	Number of Regular Secondary Schools(unit)	10	9	-10.0
普通中学专任教师数(人)	Number of Teachers of Secondary Shools(person)	1162	1266	9.0
初中在校学生数(人)	Number of Student in Junior Secondary Schools(person)	8128	8403	3.4
高中在校学生数(人)	Number of Student in Senior Secondary Schools(person)	12984	11956	-7.9
卫生机构数(所)	Number of Health Institutions(unit)	23	20	-13.0
#医院(所)	Hospitals(unit)	3	3	0.0
卫生院(所)	Township Hospitals(unit)	9	9	0.0
床位数(张)	Number of Beds(unit)	866	921	6.4
#医院(张)	Hospitals(unit)	700	700	0.0
卫生院(张)	Township Hospitals(unit)	75	77	2.7
卫生技术人员(人)	Medical Technical Presonnel(person)	1194	1137	-4.8
#医院(人)	Hospitals(person)	627	635	1.3
卫生院(人)	Township Hospitals(person)	88	88	0.0

23-67 锡林郭勒盟阿巴嘎旗

指 标	Item	2007	2008	2008 年比上年增长% Increase Rate in 2008 Over 2007(%)
行政区域土地面积(平方公里)	**Area of Administration(Sq.km)**	**27494**	**27494**	**0.0**
人口和就业	**Population & Employment**			
年末总人口(人)	Total Population Year-end(person)	43949	44514	1.3
#男性(人)	Male(person)	22266	22542	1.2
#乡村人口(人)	Rural(person)	19315	18356	-5.0
年末总户数(户)	Total Number of Households at the Year-end(Household)	14762	12666	-14.2
#乡村户数(户)	Number of Rural Household(Household)	5557	5176	-6.9
出生人口(人)	Births(person)	457	404	-11.6
死亡人口(人)	Deaths(person)	172	162	-5.8
全社会就业人员(人)	Employment(person)	19066	18437	-3.3
第一产业(人)	Primary Industry(person)	12432	12141	-2.3
第二产业(人)	Secondary Industry(person)	1168	366	-68.7
第三产业(人)	Tertiary Industry(person)	5466	5930	8.5
在岗职工人数(人)	Number of Staff & Workers Employed in(person)	3167	3137	-0.9
乡村劳动力(人)	Number of Rural Laborers(person)	13269	12665	-4.6
#农林牧渔业(人)	Farming,Forestry,Animal Husbandry & Fishery(person)	12432	11954	-3.8
国民经济综合指标	**Summary Item on the National Economy**			
生产总值(万元)	Gross Domestic Product(10 000 yuan)	125577	169873	19.2
第一产业(万元)	Primary Industry(10 000 yuan)	32454	34969	1.6
第二产业(万元)	Secondary Industry(10 000 yuan)	56107	90044	34.3
#工业(万元)	Industry(10 000 yuan)	37121	63471	36.7
第三产业(万元)	Tertiary Industry(10 000 yuan)	37016	44860	14.8
人均生产总值(元)	Per Capita GDP(yuan)	28878	38162	17.7
全社会固定资产投资(万元)	Total Investment in Fixed Assets(10 000 yuan)	230541	312805	35.7
按登记注册类型分	Grouped by Registered Type			
#国有(万元)	State-owned Enterprises(10 000 yuan)	67464	265355	293.3
集体(万元)	Collective-owned Enterprises(10 000 yuan)			
有限责任公司(万元)	Limited Liability Corporations(10 000 yuan)			
股份有限公司(万元)	Share Holding Enterprises(10 000 yuan)	153415	20000	-87.0
私营企业(万元)	Private Enterprises(10 000 yuan)	9662	27450	184.1
外商及港澳台投资企业(万元)	Funds from HK,Macao,Taiwan & Foreign(10 000 yuan)			
按城乡渠道分	Grouped by Urban and Rural Area			
城镇(万元)	Urban(10 000 yuan)	230541	312805	35.7
农村(万元)	Rural(10 000 yuan)			
一般预算收入(万元)	General Budgetary Financial Revenue(10 000 yuan)	6355	11298	77.8
一般预算支出(万元)	General Budgetary Financial Expenditures(10 000 yuan)	24201	35468	46.6
城乡居民储蓄存款余额(万元)	Resident Saving Deposit in Urban & Rural(10 000 yuan)	35078	40527	15.5
在岗职工工资总额(万元)	Total Wages of Staff & Workers Empioyed in(10 000 yuan)	6669	8031	20.4
在岗职工平均工资(元)	Average Wage of Staff & Workers Employed in(yuan)	21071	26169	24.2
农牧民人均纯收入(元)	Per Capita Net Income of Peasant & Herdsman(yuan)	5560	7053	26.9
农村牧区经济	**Economic Development in Rural & Pastoral Area**			
耕地面积(公顷)	Cultivated Area(hectare)	1080	670	-38.0
农作物总播种面积(公顷)	Total Sown Area(hectare)	11750	8410	-28.4
#粮食作物播种面积(公顷)	Sown Area of Grain Crops(hectare)			
有效灌溉面积(公顷)	Irrigated Area(hectare)	1080	670	-38.0
农牧业机械总动力(万千瓦)	Total Power of Agricultural Machinery(10 000 kw)	4.04	3.74	-7.4
化肥施用折纯量(吨)	Consumption of Chemical Fertilizer(ton)			
农村用电量(万千瓦小时)	Electricity Consumed in Rural Area(10 000 kwh)	30	30	0.0
农林牧渔业总产值(万元)	Gross Output of Farming,Forestry,Animal Husbandry & Fishery(10 000 yuan)	61224	69246	13.1
粮食产量(吨)	Yield of Grain(ton)			
油料产量(吨)	Yield of Oil-bearing Grops(ton)			
甜菜产量(吨)	Yield of Beetroots(ton)			
猪牛羊肉产量(吨)	Output of Pork, Beef & Mutton(ton)	21646	20745	-4.2
#猪肉产量(吨)	Output of Pork(ton)	13	36	176.9
牛肉产量(吨)	Output of Beef(ton)	5454	5870	7.6
羊肉产量(吨)	Output of Mutton(ton)	16179	14839	-8.3
羊毛产量(吨)	Output of Wool(ton)	966	850	-12.0

23-67 Abaga Banner in Xilinguole League

指 标	Item	2007	2008	2008年比上年增长% Increase Rate in 2008 Over 2007(%)
年末牲畜存栏头数(万头只)	Total Livestock at the Year-end(10 000 heads)	93.80	91.51	-2.4
#大牲畜(万头只)	Large Animals(10 000 heads)	7.69	8.69	13.0
羊(万只)	Sheep & Goats(10 000 heads)	86.08	82.81	-3.8
猪(万头)	Hogs(10 000 heads)	0.03	0.01	-66.7
规模以上工业	**Industrial Enterprises above Designated size**			
工业企业单位数(个)	Number of Industrial Enterprises(unit)	15	18	20.0
#内资企业(个)	Civil Funded Enterprises(unit)	15	18	20.0
工业总产值(万元)	Gross Industrial Output Value(10 000 yuan)	61046	119573	95.9
内资企业(万元)	Civil Funded Enterprises(10 000 yuan)	61046	119573	95.9
国有企业(万元)	State-owned Enterprises(10 000 yuan)	11350	65761	479.4
集体企业(万元)	Collective-owned Enterprises(10 000 yuan)	4560	14705	222.5
股份合作企业(万元)	Share Holding Enterprises(10 000 yuan)			
联营企业(万元)	Joint Owned Enterprises(10 000 yuan)			
有限责任公司(万元)	Limited Company(10 000 yuan)	7785	9432	21.2
股份有限公司(万元)	Share Holding Limited Company(10 000 yuan)	9745	11826	21.4
私营企业(万元)	Privately Owned Enterprises(10 000 yuan)	27606	17849	-35.3
其他企业(万元)	Enterprises of Other Ownership(10 000 yuan)			
港澳台商投资企业(万元)	Funds from HK,Macao & Taiwan(10 000 yuan)			
外商投资企业(万元)	Foreign Funded Enterprises(10 000 yuan)			
工业企业增加值(万元)	Value Added of Industrial Enterprises(10 000 yuan)	29484	50636	37.1
工业企业资产总计(万元)	Total Assets of Industrial Enterprises(10 000 yuan)	22868	336667	1372.2
工业企业负债合计(万元)	Total Liabilities of Industrial Enterprises(10 000 yuan)	3190	204875	6322.4
工业企业产品销售收入(万元)	Sales of Revenue Industrial Enterprises(10 000 yuan)	59659	124217	108.2
工业企业利润总额(万元)	Total Profits of Industrial Enterprises(10 000 yuan)	1780	10898	512.2
建筑业	**Construction**			
建筑企业单位数(个)	Number of Construction Enterprises(unit)			
建筑企业从业人员(人)	Number of Employee in Construction Enterprises(person)			
建筑业总产值(万元)	Gross Construction Output Value(10 000 yuan)			
交通运输邮电通信业	**Transportation,Post & Telecommunications**			
公路里程(公里)	Total Length of Highways(km)	1682	1705	1.4
邮电业务总量(万元)	Business Volume of Post & Telecoms(10 000 yuan)	2107	2233	6.0
本地电话用户(户)	Number of Subscribers of Local Telephone(Household)	8145	9289	14.0
国内贸易	**Demestic Trade**			
社会消费品零售总额(万元)	Total Retail Sales of Consumer Goods(10 000 yuan)	35040	42894	22.4
#贸易业(万元)	Wholesale & Retail Sales Trades(10 000 yuan)	26274	31990	21.8
餐饮业(万元)	Catering Trade(10 000 yuan)	7127	9010	26.4
科技教育卫生	**Science,Education & Public Health**			
各类专业技术人员(人)	Speccial Technical Personnel(person)	934	948	1.5
幼儿园数(所)	Number of Kindergartens(unit)	4	3	-25.0
学龄儿童入学率(%)	Percentage of School-Age Children Enrolled(%)	100.0	100.0	0.0
小学学校数(所)	Number of Primary Schools(unit)	4	4	0.0
小学专任教师数(人)	Number of Full-time Teachers of Primary Schools(person)	172	170	-1.2
小学在校学生数(人)	Number of Student Enrollment of Primary Schools(person)	2581	2750	6.5
普通中学学校数(所)	Number of Regular Secondary Schools(unit)	2	2	0.0
普通中学专任教师数(人)	Number of Teachers of Secondary Shools(person)	167	156	-6.6
初中在校学生数(人)	Number of Student in Junior Secondary Schools(person)	1351	1223	-9.5
高中在校学生数(人)	Number of Student in Senior Secondary Schools(person)	257	182	-29.2
卫生机构数(所)	Number of Health Institutions(unit)	17	16	-5.9
#医院(所)	Hospitals(unit)	2	2	0.0
卫生院(所)	Township Hospitals(unit)	11	11	0.0
床位数(张)	Number of Beds(unit)	135	124	-8.1
#医院(张)	Hospitals(unit)	74	76	2.7
卫生院(张)	Township Hospitals(unit)	50	42	-16.0
卫生技术人员(人)	Medical Technical Presonnel(person)	215	235	9.3
#医院(人)	Hospitals(person)	116	127	9.5
卫生院(人)	Township Hospitals(person)	41	49	19.5

23-68 锡林郭勒盟苏尼特左旗

指 标	Item	2007	2008	2008 年比上年增长% Increase Rate in 2008 Over 2007(%)
行政区域土地面积(平方公里)	**Area of Administration(Sq.km)**	**34251**	**34251**	**0.0**
人口和就业	**Population & Employment**			
年末总人口(人)	Total Population Year-end(person)	33700	33809	0.3
# 男性(人)	Male(person)	16885	16903	0.1
# 乡村人口(人)	Rural(person)	16972	17642	3.9
年末总户数(户)	Total Number of Households at the Year-end(Household)	10707	10717	0.1
# 乡村户数(户)	Number of Rural Household(Household)	4866	5029	3.3
出生人口(人)	Births(person)	379	370	-2.4
死亡人口(人)	Deaths(person)	127	140	10.2
全社会就业人员(人)	Employment(person)	16213	17007	4.9
第一产业(人)	Primary Industry(person)	9515	9511	0.0
第二产业(人)	Secondary Industry(person)	1413	1466	3.8
第三产业(人)	Tertiary Industry(person)	5285	6030	14.1
在岗职工人数(人)	Number of Staff & Workers Employed in(person)	2857	2900	1.5
乡村劳动力(人)	Number of Rural Laborers(person)	10875	10875	0.0
# 农林牧渔业(人)	Farming,Forestry,Animal Husbandry & Fishery(person)	9515	9286	-2.4
国民经济综合指标	**Summary Item on the National Economy**			
生产总值(万元)	Gross Domestic Product(10 000 yuan)	157420	212367	21.1
第一产业(万元)	Primary Industry(10 000 yuan)	20870	22418	1.3
第二产业(万元)	Secondary Industry(10 000 yuan)	108057	154163	25.8
# 工业(万元)	Industry(10 000 yuan)	89454	133251	28.0
第三产业(万元)	Tertiary Industry(10 000 yuan)	28493	35786	19.7
人均生产总值(元)	Per Capita GDP(yuan)	43034	55840	20.7
全社会固定资产投资(万元)	Total Investment in Fixed Assets(10 000 yuan)	100239	191286	90.8
按登记注册类型分	Grouped by Registered Type			
# 国有(万元)	State-owned Enterprises(10 000 yuan)	77898	109086	40.0
集体(万元)	Collective-owned Enterprises(10 000 yuan)		104	
有限责任公司(万元)	Limited Liability Corporations(10 000 yuan)	18641	29125	56.2
股份有限公司(万元)	Share Holding Enterprises(10 000 yuan)	3000	5905	96.8
私营企业(万元)	Private Enterprises(10 000 yuan)	700	28156	3922.3
外商及港澳台投资企业(万元)	Funds from HK,Macao,Taiwan & Foreign(10 000 yuan)		18910	
按城乡渠道分	Grouped by Urban and Rural Area			
城镇(万元)	Urban(10 000 yuan)	100239	191286	90.8
农村(万元)	Rural(10 000 yuan)			
一般预算收入(万元)	General Budgetary Financial Revenue(10 000 yuan)	4834	9221	90.8
一般预算支出(万元)	General Budgetary Financial Expenditures(10 000 yuan)	23576	36304	54.0
城乡居民储蓄存款余额(万元)	Resident Saving Deposit in Urban & Rural(10 000 yuan)	22905	28763	25.6
在岗职工工资总额(万元)	Total Wages of Staff & Workers Empioyed in(10 000 yuan)	5824	7325	25.8
在岗职工平均工资(元)	Average Wage of Staff & Workers Employed in(yuan)	20377	25568	25.5
农牧民人均纯收入(元)	Per Capita Net Income of Peasant & Herdsman(yuan)	3506	4612	31.5
农村牧区经济	**Economic Development in Rural & Pastoral Area**			
耕地面积(公顷)	Cultivated Area(hectare)	2000	2200	10.0
农作物总播种面积(公顷)	Total Sown Area(hectare)	2360	2200	-6.8
# 粮食作物播种面积(公顷)	Sown Area of Grain Crops(hectare)			
有效灌溉面积(公顷)	Irrigated Area(hectare)	2000	2200	10.0
农牧业机械总动力(万千瓦)	Total Power of Agricultural Machinery(10 000 kw)	5.80	3.66	-36.9
化肥施用折纯量(吨)	Consumption of Chemical Fertilizer(ton)	17	17	0.0
农村用电量(万千瓦小时)	Electricity Consumed in Rural Area(10 000 kwh)	10	33	220.4
农林牧渔业总产值(万元)	Gross Output of Farming,Forestry,Animal Husbandry & Fishery(10 000 yuan)	36938	37364	1.2
粮食产量(吨)	Yield of Grain(ton)			
油料产量(吨)	Yield of Oil-bearing Grops(ton)			
甜菜产量(吨)	Yield of Beetroots(ton)			
猪牛羊肉产量(吨)	Output of Pork, Beef & Mutton(ton)	13583	13508	-0.6
# 猪肉产量(吨)	Output of Pork(ton)	31	136	338.7
牛肉产量(吨)	Output of Beef(ton)	2623	2949	12.4
羊肉产量(吨)	Output of Mutton(ton)	10929	10423	-4.6
羊毛产量(吨)	Output of Wool(ton)	559	596	6.6

23-68 Sunitezuo Banner in Xilinguole League

指 标	Item	2007	2008	2008 年比上年增长% Increase Rate in 2008 Over 2007(%)
年末牲畜存栏头数(万头只)	Total Livestock at the Year-end(10 000 heads)	67.27	65.62	-2.5
# 大牲畜(万头只)	Large Animals(10 000 heads)	5.57	7.31	31.2
羊(万只)	Sheep & Goats(10 000 heads)	61.63	58.25	-5.5
猪(万头)	Hogs(10 000 heads)	0.07	0.06	-14.3
规模以上工业	**Industrial Enterprises above Designated size**			
工业企业单位数(个)	Number of Industrial Enterprises(unit)	16	16	0.0
# 内资企业(个)	Civil Funded Enterprises(unit)	16	16	0.0
工业总产值(万元)	Gross Industrial Output Value(10 000 yuan)	138290	210160	52.0
内资企业(万元)	Civil Funded Enterprises(10 000 yuan)	138290	210160	52.0
国有企业(万元)	State-owned Enterprises(10 000 yuan)	872	1442	65.4
集体企业(万元)	Collective-owned Enterprises(10 000 yuan)			
股份合作企业(万元)	Share Holding Enterprises(10 000 yuan)			
联营企业(万元)	Joint Owned Enterprises(10 000 yuan)			
有限责任公司(万元)	Limited Company(10 000 yuan)	116098	183455	58.0
股份有限公司(万元)	Share Holding Limited Company(10 000 yuan)	7060	7425	5.2
私营企业(万元)	Privately Owned Enterprises(10 000 yuan)	14260	17838	25.1
其他企业(万元)	Enterprises of Other Ownership(10 000 yuan)			
港澳台商投资企业(万元)	Funds from HK,Macao & Taiwan(10 000 yuan)			
外商投资企业(万元)	Foreign Funded Enterprises(10 000 yuan)			
工业企业增加值(万元)	Value Added of Industrial Enterprises(10 000 yuan)	83842	123469	25.4
工业企业资产总计(万元)	Total Assets of Industrial Enterprises(10 000 yuan)	70543	84404	19.6
工业企业负债合计(万元)	Total Liabilities of Industrial Enterprises(10 000 yuan)	19837	33552	69.1
工业企业产品销售收入(万元)	Sales of Revenue Industrial Enterprises(10 000 yuan)	138290	208710	50.9
工业企业利润总额(万元)	Total Profits of Industrial Enterprises(10 000 yuan)	19766	10759	-45.6
建筑业	**Construction**			
建筑企业单位数(个)	Number of Construction Enterprises(unit)	1		
建筑企业从业人员(人)	Number of Employee in Construction Enterprises(person)	240		
建筑业总产值(万元)	Gross Construction Output Value(10 000 yuan)	2513		
交通运输邮电通信业	**Transportation,Post & Telecommunications**			
公路里程(公里)	Total Length of Highways(km)	1780	1877	5.4
邮电业务总量(万元)	Business Volume of Post & Telecoms(10 000 yuan)	1382	1661	20.2
本地电话用户(户)	Number of Subscribers of Local Telephone(Household)	5958	6405	7.5
国内贸易	**Demestic Trade**			
社会消费品零售总额(万元)	Total Retail Sales of Consumer Goods(10 000 yuan)	22097	27246	23.3
# 贸易业(万元)	Wholesale & Retail Sales Trades(10 000 yuan)	15288	17707	15.8
餐饮业(万元)	Catering Trade(10 000 yuan)	5459	7225	32.4
科技教育卫生	**Science,Education & Public Health**			
各类专业技术人员(人)	Speccial Technical Personnel(person)	874	874	0.0
幼儿园数(所)	Number of Kindergartens(unit)	3	2	-33.3
学龄儿童入学率(%)	Percentage of School-Age Children Enrolled(%)	100.0	100.0	0.0
小学学校数(所)	Number of Primary Schools(unit)	3	3	0.0
小学专任教师数(人)	Number of Full-time Teachers of Primary Schools(person)	170	175	2.9
小学在校学生数(人)	Number of Student Enrollment of Primary Schools(person)	1995	1989	-0.3
普通中学学校数(所)	Number of Regular Secondary Schools(unit)	2	2	0.0
普通中学专任教师数(人)	Number of Teachers of Secondary Shools(person)	117	105	-10.3
初中在校学生数(人)	Number of Student in Junior Secondary Schools(person)	1370	1146	-16.4
高中在校学生数(人)	Number of Student in Senior Secondary Schools(person)			
卫生机构数(所)	Number of Health Institutions(unit)	16	16	0.0
# 医院(所)	Hospitals(unit)	2	2	0.0
卫生院(所)	Township Hospitals(unit)	11	11	0.0
床位数(张)	Number of Beds(unit)	86	87	1.2
# 医院(张)	Hospitals(unit)	53	53	0.0
卫生院(张)	Township Hospitals(unit)	29	29	0.0
卫生技术人员(人)	Medical Technical Presonnel(person)	195	196	0.5
# 医院(人)	Hospitals(person)	95	95	0.0
卫生院(人)	Township Hospitals(person)	57	57	0.0

23-69 锡林郭勒盟苏尼特右旗

指 标	Item	2007	2008	2008 年比上年增长% Increase Rate in 2008 Over 2007(%)
行政区域土地面积(平方公里)	**Area of Administration(Sq.km)**	**22461**	**22461**	**0.0**
人口和就业	**Population & Employment**			
年末总人口(人)	Total Population Year-end(person)	69163	69287	0.2
# 男性(人)	Male(person)	35002	34976	-0.1
# 乡村人口(人)	Rural(person)	23144	22357	-3.4
年末总户数(户)	Total Number of Households at the Year-end(Household)	24582	25184	2.4
# 乡村户数(户)	Number of Rural Household(Household)	6785	6826	0.6
出生人口(人)	Births(person)	653	693	6.1
死亡人口(人)	Deaths(person)	195	394	102.1
全社会就业人员(人)	Employment(person)	33052	30843	-6.7
第一产业(人)	Primary Industry(person)	16722	15462	-7.5
第二产业(人)	Secondary Industry(person)	6127	3874	-36.8
第三产业(人)	Tertiary Industry(person)	10203	11507	12.8
在岗职工人数(人)	Number of Staff & Workers Employed in(person)	7464	7565	1.4
乡村劳动力(人)	Number of Rural Laborers(person)	18884	17845	-5.5
# 农林牧渔业(人)	Farming,Forestry,Animal Husbandry & Fishery(person)	16722	15124	-9.6
国民经济综合指标	**Summary Item on the National Economy**			
生产总值(万元)	Gross Domestic Product(10 000 yuan)	174740	223749	20.8
第一产业(万元)	Primary Industry(10 000 yuan)	15215	16341	1.3
第二产业(万元)	Secondary Industry(10 000 yuan)	110959	148694	26.4
# 工业(万元)	Industry(10 000 yuan)	101070	136215	27.4
第三产业(万元)	Tertiary Industry(10 000 yuan)	48566	58714	15.0
人均生产总值(元)	Per Capita GDP(yuan)	22119	28686	20.8
全社会固定资产投资(万元)	Total Investment in Fixed Assets(10 000 yuan)	110483	204790	85.4
按登记注册类型分	Grouped by Registered Type			
# 国有(万元)	State-owned Enterprises(10 000 yuan)	43223	164325	280.2
集体(万元)	Collective-owned Enterprises(10 000 yuan)			
有限责任公司(万元)	Limited Liability Corporations(10 000 yuan)	8450	2400	-71.6
股份有限公司(万元)	Share Holding Enterprises(10 000 yuan)	21000	1000	-95.2
私营企业(万元)	Private Enterprises(10 000 yuan)	37810	30765	-18.6
外商及港澳台投资企业 (万元)	Funds from HK,Macao,Taiwan & Foreign(10 000 yuan)		6300	
按城乡渠道分	Grouped by Urban and Rural Area			
城镇（万元）	Urban(10 000 yuan)	110483	204790	85.4
农村（万元）	Rural(10 000 yuan)			
一般预算收入(万元)	General Budgetary Financial Revenue(10 000 yuan)	10265	13567	32.2
一般预算支出(万元)	General Budgetary Financial Expenditures(10 000 yuan)	32134	44791	39.4
城乡居民储蓄存款余额(万元)	Resident Saving Deposit in Urban & Rural(10 000 yuan)	65865	79763	21.1
在岗职工工资总额(万元)	Total Wages of Staff & Workers Empioyed in(10 000 yuan)	17085	20696	21.1
在岗职工平均工资(元)	Average Wage of Staff & Workers Employed in(yuan)	20669	24682	19.4
农牧民人均纯收入(元)	Per Capita Net Income of Peasant & Herdsman(yuan)	3222	3814	18.4
农村牧区经济	**Economic Development in Rural & Pastoral Area**			
耕地面积(公顷)	Cultivated Area(hectare)	2300	2280	-0.9
农作物总播种面积(公顷)	Total Sown Area(hectare)	2600	2270	-12.7
# 粮食作物播种面积(公顷)	Sown Area of Grain Crops(hectare)	400	520	30.0
有效灌溉面积(公顷)	Irrigated Area(hectare)	1830	1740	-4.9
农牧业机械总动力(万千瓦)	Total Power of Agricultural Machinery(10 000 kw)	4.49	4.80	6.9
化肥施用折纯量(吨)	Consumption of Chemical Fertilizer(ton)	109	125	14.7
农村用电量(万千瓦小时)	Electricity Consumed in Rural Area(10 000 kwh)	212	229	8.1
农林牧渔业总产值(万元)	Gross Output of Farming,Forestry,Animal Husbandry & Fishery(10 000 yuan)	29259	29522	0.9
粮食产量(吨)	Yield of Grain(ton)	150	500	233.3
油料产量(吨)	Yield of Oil-bearing Grops(ton)	24		
甜菜产量(吨)	Yield of Beetroots(ton)			
猪牛羊肉产量(吨)	Output of Pork, Beef & Mutton(ton)	8439	8393	-0.5
# 猪肉产量(吨)	Output of Pork(ton)	162	183	13.0
牛肉产量(吨)	Output of Beef(ton)	493	697	41.4
羊肉产量(吨)	Output of Mutton(ton)	7784	7513	-3.5
羊毛产量(吨)	Output of Wool(ton)	504	416	-17.5

23-69 Suniteyou Banner in Xilinguole League

指 标	Item	2007	2008	2008 年比上年增长% Increase Rate in 2008 Over 2007(%)
年末牲畜存栏头数(万头只)	Total Livestock at the Year-end(10 000 heads)	48.86	49.50	1.3
# 大牲畜(万头只)	Large Animals(10 000 heads)	1.04	1.23	18.3
羊(万只)	Sheep & Goats(10 000 heads)	47.66	47.99	0.7
猪(万头)	Hogs(10 000 heads)	0.16	0.28	75.0
规模以上工业	**Industrial Enterprises above Designated size**			
工业企业单位数(个)	Number of Industrial Enterprises(unit)	28	35	25.0
# 内资企业(个)	Civil Funded Enterprises(unit)	27	34	25.9
工业总产值(万元)	Gross Industrial Output Value(10 000 yuan)	209897	265334	26.4
内资企业(万元)	Civil Funded Enterprises(10 000 yuan)	208869	264237	26.5
国有企业(万元)	State-owned Enterprises(10 000 yuan)	20720	22926	10.6
集体企业(万元)	Collective-owned Enterprises(10 000 yuan)			
股份合作企业(万元)	Share Holding Enterprises(10 000 yuan)			
联营企业(万元)	Joint Owned Enterprises(10 000 yuan)			
有限责任公司(万元)	Limited Company(10 000 yuan)	58189	67099	15.3
股份有限公司(万元)	Share Holding Limited Company(10 000 yuan)			
私营企业(万元)	Privately Owned Enterprises(10 000 yuan)	129960	174212	34.1
其他企业(万元)	Enterprises of Other Ownership(10 000 yuan)			
港澳台商投资企业(万元)	Funds from HK,Macao & Taiwan(10 000 yuan)			
外商投资企业(万元)	Foreign Funded Enterprises(10 000 yuan)	1028	1097	6.7
工业企业增加值(万元)	Value Added of Industrial Enterprises(10 000 yuan)	94969	125019	25.4
工业企业资产总计(万元)	Total Assets of Industrial Enterprises(10 000 yuan)	142371	207224	45.6
工业企业负债合计(万元)	Total Liabilities of Industrial Enterprises(10 000 yuan)	78126	104941	34.3
工业企业产品销售收入(万元)	Sales of Revenue Industrial Enterprises(10 000 yuan)	207600	251364	21.1
工业企业利润总额(万元)	Total Profits of Industrial Enterprises(10 000 yuan)	6935	16091	132.0
建筑业	**Construction**			
建筑企业单位数(个)	Number of Construction Enterprises(unit)	2	2	0.0
建筑企业从业人员(人)	Number of Employee in Construction Enterprises(person)	99	90	-9.1
建筑业总产值(万元)	Gross Construction Output Value(10 000 yuan)	2409	4111	70.7
交通运输邮电通信业	**Transportation,Post & Telecommunications**			
公路里程(公里)	Total Length of Highways(km)	1540	1620	5.2
邮电业务总量(万元)	Business Volume of Post & Telecoms(10 000 yuan)	4376	3779	-13.6
本地电话用户(户)	Number of Subscribers of Local Telephone(Household)	15000	13000	-13.3
国内贸易	**Demestic Trade**			
社会消费品零售总额(万元)	Total Retail Sales of Consumer Goods(10 000 yuan)	50650	63509	25.4
# 贸易业(万元)	Wholesale & Retail Sales Trades(10 000 yuan)	39899	49838	24.9
餐饮业(万元)	Catering Trade(10 000 yuan)	8623	11396	32.2
科技教育卫生	**Science,Education & Public Health**			
各类专业技术人员(人)	Speccial Technical Personnel(person)	1392	1500	7.8
幼儿园数(所)	Number of Kindergartens(unit)	4	4	0.0
学龄儿童入学率(%)	Percentage of School-Age Children Enrolled(%)	100.0	100.0	0.0
小学学校数(所)	Number of Primary Schools(unit)	8	8	0.0
小学专任教师数(人)	Number of Full-time Teachers of Primary Schools(person)	361	377	4.4
小学在校学生数(人)	Number of Student Enrollment of Primary Schools(person)	5568	5353	-3.9
普通中学学校数(所)	Number of Regular Secondary Schools(unit)	3	3	0.0
普通中学专任教师数(人)	Number of Teachers of Secondary Shools(person)	266	281	5.6
初中在校学生数(人)	Number of Student in Junior Secondary Schools(person)	2499	2358	-5.6
高中在校学生数(人)	Number of Student in Senior Secondary Schools(person)	900	729	-19.0
卫生机构数(所)	Number of Health Institutions(unit)	18	17	-5.6
# 医院(所)	Hospitals(unit)	2	2	0.0
卫生院(所)	Township Hospitals(unit)	12	12	0.0
床位数(张)	Number of Beds(unit)	160	150	-6.2
# 医院(张)	Hospitals(unit)	106	106	0.0
卫生院(张)	Township Hospitals(unit)	39	39	0.0
卫生技术人员(人)	Medical Technical Presonnel(person)	283	265	-6.4
# 医院(人)	Hospitals(person)	133	136	2.3
卫生院(人)	Township Hospitals(person)	70	59	-15.7

23-70 锡林郭勒盟东乌珠穆沁旗

指 标	Item	2007	2008	2008 年比上年增长% Increase Rate in 2008 Over 2007(%)
行政区域土地面积(平方公里)	**Area of Administration(Sq.km)**	**47259**	**47259**	**0.0**
人口和就业	**Population & Employment**			
年末总人口(人)	Total Population Year-end(person)	74034	74712	0.9
# 男性(人)	Male(person)	37796	38051	0.7
# 乡村人口(人)	Rural(person)	30908	30698	-0.7
年末总户数(户)	Total Number of Households at the Year-end(Household)	22914	23402	2.1
# 乡村户数(户)	Number of Rural Household(Household)	7631	7648	0.2
出生人口(人)	Births(person)	1135	958	-15.6
死亡人口(人)	Deaths(person)	333	370	11.1
全社会就业人员(人)	Employment(person)	44423	39524	-11.0
第一产业(人)	Primary Industry(person)	20576	22117	7.5
第二产业(人)	Secondary Industry(person)	8136	3866	-52.5
第三产业(人)	Tertiary Industry(person)	15711	13541	-13.8
在岗职工人数(人)	Number of Staff & Workers Employed in(person)	9628	9375	-2.6
乡村劳动力(人)	Number of Rural Laborers(person)	21705	21904	0.9
# 农林牧渔业(人)	Farming,Forestry,Animal Husbandry & Fishery(person)	20074	20170	0.5
国民经济综合指标	**Summary Item on the National Economy**			
生产总值(万元)	Gross Domestic Product(10 000 yuan)	330754	452992	19.5
第一产业(万元)	Primary Industry(10 000 yuan)	74896	84927	5.6
第二产业(万元)	Secondary Industry(10 000 yuan)	196268	295041	28.3
# 工业(万元)	Industry(10 000 yuan)	154213	236118	29.2
第三产业(万元)	Tertiary Industry(10 000 yuan)	59590	73024	16.0
人均生产总值(元)	Per Capita GDP(yuan)	37524	58545	16.9
全社会固定资产投资(万元)	Total Investment in Fixed Assets(10 000 yuan)	314662	498799	58.5
按登记注册类型分	Grouped by Registered Type			
# 国有(万元)	State-owned Enterprises(10 000 yuan)	134969	186784	38.4
集体(万元)	Collective-owned Enterprises(10 000 yuan)	650		
有限责任公司(万元)	Limited Liability Corporations(10 000 yuan)	91682	185045	101.8
股份有限公司(万元)	Share Holding Enterprises(10 000 yuan)	54852	97878	78.4
私营企业(万元)	Private Enterprises(10 000 yuan)	6009	13292	121.2
外商及港澳台投资企业(万元)	Funds from HK,Macao,Taiwan & Foreign(10 000 yuan)	26500	15800	-40.4
按城乡渠道分	Grouped by Urban and Rural Area			
城镇（万元）	Urban(10 000 yuan)	314662	496680	57.8
农村（万元）	Rural(10 000 yuan)		2119	
一般预算收入(万元)	General Budgetary Financial Revenue(10 000 yuan)	20284	36798	81.4
一般预算支出(万元)	General Budgetary Financial Expenditures(10 000 yuan)	47320	69255	46.4
城乡居民储蓄存款余额(万元)	Resident Saving Deposit in Urban & Rural(10 000 yuan)	73982	107932	45.9
在岗职工工资总额(万元)	Total Wages of Staff & Workers Empioyed in(10 000 yuan)	19788	24461	23.6
在岗职工平均工资(元)	Average Wage of Staff & Workers Employed in(yuan)	20178	26797	32.8
农牧民人均纯收入(元)	Per Capita Net Income of Peasant & Herdsman(yuan)	8583	9622	12.1
农村牧区经济	**Economic Development in Rural & Pastoral Area**			
耕地面积(公顷)	Cultivated Area(hectare)	30840	30840	0.0
农作物总播种面积(公顷)	Total Sown Area(hectare)	32240	29680	-7.9
# 粮食作物播种面积(公顷)	Sown Area of Grain Crops(hectare)	16452	19020	15.6
有效灌溉面积(公顷)	Irrigated Area(hectare)	7730	2150	-72.2
农牧业机械总动力(万千瓦)	Total Power of Agricultural Machinery(10 000 kw)	14.01	15.58	11.2
化肥施用折纯量(吨)	Consumption of Chemical Fertilizer(ton)	3121	3615	15.8
农村用电量(万千瓦小时)	Electricity Consumed in Rural Area(10 000 kwh)	285	309	8.4
农林牧渔业总产值(万元)	Gross Output of Farming,Forestry,Animal Husbandry & Fishery(10 000 yuan)	138314	148246	7.2
粮食产量(吨)	Yield of Grain(ton)	6915	58200	741.6
油料产量(吨)	Yield of Oil-bearing Grops(ton)	24	3600	14900.0
甜菜产量(吨)	Yield of Beetroots(ton)			
猪牛羊肉产量(吨)	Output of Pork, Beef & Mutton(ton)	41178	29545	-28.3
# 猪肉产量(吨)	Output of Pork(ton)	97	178	83.5
牛肉产量(吨)	Output of Beef(ton)	7784	4876	-37.4
羊肉产量(吨)	Output of Mutton(ton)	33297	24491	-26.4
羊毛产量(吨)	Output of Wool(ton)	2623	2164	-17.5

23-70 Dongwuzhumuqin Banner in Xilinguole League

指 标	Item	2007	2008	2008 年比上年增长% Increase Rate in 2008 Over 2007(%)
年末牲畜存栏头数(万头只)	Total Livestock at the Year-end(10 000 heads)	175.72	189.13	7.6
#大牲畜(万头只)	Large Animals(10 000 heads)	6.37	9.23	44.9
羊(万只)	Sheep & Goats(10 000 heads)	169.23	179.66	6.2
猪(万头)	Hogs(10 000 heads)	0.12	0.24	100.0
规模以上工业	**Industrial Enterprises above Designated size**			
工业企业单位数(个)	Number of Industrial Enterprises(unit)	38	45	18.4
#内资企业(个)	Civil Funded Enterprises(unit)	37	43	16.2
工业总产值(万元)	Gross Industrial Output Value(10 000 yuan)	247298	372409	50.6
内资企业(万元)	Civil Funded Enterprises(10 000 yuan)	221296	317527	43.5
国有企业(万元)	State-owned Enterprises(10 000 yuan)	32156	34380	6.9
集体企业(万元)	Collective-owned Enterprises(10 000 yuan)	1000	1500	50.0
股份合作企业(万元)	Share Holding Enterprises(10 000 yuan)			
联营企业(万元)	Joint Owned Enterprises(10 000 yuan)	8236	8054	-2.2
有限责任公司(万元)	Limited Company(10 000 yuan)	48690	109132	124.1
股份有限公司(万元)	Share Holding Limited Company(10 000 yuan)	38343	2800	-92.7
私营企业(万元)	Privately Owned Enterprises(10 000 yuan)	92871	118302	27.4
其他企业(万元)	Enterprises of Other Ownership(10 000 yuan)		43359	
港澳台商投资企业(万元)	Funds from HK,Macao & Taiwan(10 000 yuan)		9880	
外商投资企业(万元)	Foreign Funded Enterprises(10 000 yuan)	26002	45002	73.1
工业企业增加值(万元)	Value Added of Industrial Enterprises(10 000 yuan)	143564	183395	24.9
工业企业资产总计(万元)	Total Assets of Industrial Enterprises(10 000 yuan)	195313	322145	64.9
工业企业负债合计(万元)	Total Liabilities of Industrial Enterprises(10 000 yuan)	114275	209190	83.1
工业企业产品销售收入(万元)	Sales of Revenue Industrial Enterprises(10 000 yuan)	241627	347708	43.9
工业企业利润总额(万元)	Total Profits of Industrial Enterprises(10 000 yuan)	33463	33012	-1.3
建筑业	**Construction**			
建筑企业单位数(个)	Number of Construction Enterprises(unit)	1	1	0.0
建筑企业从业人员(人)	Number of Employee in Construction Enterprises(person)	40	5	-87.5
建筑业总产值(万元)	Gross Construction Output Value(10 000 yuan)	800	270	-66.2
交通运输邮电通信业	**Transportation,Post & Telecommunications**			
公路里程(公里)	Total Length of Highways(km)	2572	2668	3.7
邮电业务总量(万元)	Business Volume of Post & Telecoms(10 000 yuan)	4243	5148	21.3
本地电话用户(户)	Number of Subscribers of Local Telephone(Household)	15951	82290	415.9
国内贸易	**Demestic Trade**			
社会消费品零售总额(万元)	Total Retail Sales of Consumer Goods(10 000 yuan)	78542	111980	42.6
#贸易业(万元)	Wholesale & Retail Sales Trades(10 000 yuan)	56421	78243	38.7
餐饮业(万元)	Catering Trade(10 000 yuan)	19147	29532	54.2
科技教育卫生	**Science,Education & Public Health**			
各类专业技术人员(人)	Speccial Technical Personnel(person)	1306	1789	37.0
幼儿园数(所)	Number of Kindergartens(unit)	3	5	66.7
学龄儿童入学率(%)	Percentage of School-Age Children Enrolled(%)	100.0	100.0	0.0
小学学校数(所)	Number of Primary Schools(unit)	7	7	0.0
小学专任教师数(人)	Number of Full-time Teachers of Primary Schools(person)	403	394	-2.2
小学在校学生数(人)	Number of Student Enrollment of Primary Schools(person)	6584	6990	6.2
普通中学学校数(所)	Number of Regular Secondary Schools(unit)	5	5	0.0
普通中学专任教师数(人)	Number of Teachers of Secondary Shools(person)	341	327	-4.1
初中在校学生数(人)	Number of Student in Junior Secondary Schools(person)	2585	2307	-10.8
高中在校学生数(人)	Number of Student in Senior Secondary Schools(person)	866	610	-29.6
卫生机构数(所)	Number of Health Institutions(unit)	26	24	-7.7
#医院(所)	Hospitals(unit)	3	3	0.0
卫生院(所)	Township Hospitals(unit)	18	17	-5.6
床位数(张)	Number of Beds(unit)	223	227	1.8
#医院(张)	Hospitals(unit)	135	150	11.1
卫生院(张)	Township Hospitals(unit)	70	71	1.4
卫生技术人员(人)	Medical Technical Presonnel(person)	327	353	8.0
#医院(人)	Hospitals(person)	178	204	14.6
卫生院(人)	Township Hospitals(person)	78	86	10.3

23-71 锡林郭勒盟西乌珠穆沁旗

指 标	Item	2007	2008	2008 年比上年增长% Increase Rate in 2008 Over 2007(%)
行政区域土地面积(平方公里)	**Area of Administration(Sq.km)**	**22435**	**22435**	**0.0**
人口和就业	**Population & Employment**			
年末总人口(人)	Total Population Year-end(person)	73185	74780	2.2
#男性(人)	Male(person)	36835	37607	2.1
#乡村人口(人)	Rural(person)	36710	35218	-4.1
年末总户数(户)	Total Number of Households at the Year-end(Household)	21899	22707	3.7
#乡村户数(户)	Number of Rural Household(Household)	9496	9123	-3.9
出生人口(人)	Births(person)	991	1075	8.5
死亡人口(人)	Deaths(person)	536	363	-32.3
全社会就业人员(人)	Employment(person)	37929	40181	5.9
第一产业(人)	Primary Industry(person)	22151	22505	1.6
第二产业(人)	Secondary Industry(person)	5231	3349	-36.0
第三产业(人)	Tertiary Industry(person)	10547	14327	35.8
在岗职工人数(人)	Number of Staff & Workers Employed in(person)	6026	5738	-4.8
乡村劳动力(人)	Number of Rural Laborers(person)	23637	22648	-4.2
#农林牧渔业(人)	Farming,Forestry,Animal Husbandry & Fishery(person)	22651	22137	-2.3
国民经济综合指标	**Summary Item on the National Economy**			
生产总值(万元)	Gross Domestic Product(10 000 yuan)	272003	402133	23.4
第一产业(万元)	Primary Industry(10 000 yuan)	47510	54206	7.6
第二产业(万元)	Secondary Industry(10 000 yuan)	175837	287184	32.7
#工业(万元)	Industry(10 000 yuan)	126131	229872	45.4
第三产业(万元)	Tertiary Industry(10 000 yuan)	48656	60743	19.1
人均生产总值(元)	Per Capita GDP(yuan)	37640	53775	20.8
全社会固定资产投资(万元)	Total Investment in Fixed Assets(10 000 yuan)	470389	673412	43.2
按登记注册类型分	Grouped by Registered Type			
#国有(万元)	State-owned Enterprises(10 000 yuan)	146441	173815	18.7
集体(万元)	Collective-owned Enterprises(10 000 yuan)	420		
有限责任公司(万元)	Limited Liability Corporations(10 000 yuan)	11317	65316	477.1
股份有限公司(万元)	Share Holding Enterprises(10 000 yuan)	279695	413255	47.8
私营企业(万元)	Private Enterprises(10 000 yuan)	32516	21026	-35.3
外商及港澳台投资企业(万元)	Funds from HK,Macao,Taiwan & Foreign(10 000 yuan)			
按城乡渠道分	Grouped by Urban and Rural Area			
城镇（万元）	Urban(10 000 yuan)	470389	673352	43.1
农村（万元）	Rural(10 000 yuan)		60	
一般预算收入(万元)	General Budgetary Financial Revenue(10 000 yuan)	18640	43022	130.8
一般预算支出(万元)	General Budgetary Financial Expenditures(10 000 yuan)	38201	65562	71.6
城乡居民储蓄存款余额(万元)	Resident Saving Deposit in Urban & Rural(10 000 yuan)	54782	72042	31.5
在岗职工工资总额(万元)	Total Wages of Staff & Workers Empioyed in(10 000 yuan)	11718	15539	32.6
在岗职工平均工资(元)	Average Wage of Staff & Workers Employed in(yuan)	19010	26857	41.3
农牧民人均纯收入(元)	Per Capita Net Income of Peasant & Herdsman(yuan)	5698	7180	26.0
农村牧区经济	**Economic Development in Rural & Pastoral Area**			
耕地面积(公顷)	Cultivated Area(hectare)	1890	1890	0.0
农作物总播种面积(公顷)	Total Sown Area(hectare)	4570	3380	-26.0
#粮食作物播种面积(公顷)	Sown Area of Grain Crops(hectare)	25	30	20.0
有效灌溉面积(公顷)	Irrigated Area(hectare)	1890	1890	0.0
农牧业机械总动力(万千瓦)	Total Power of Agricultural Machinery(10 000 kw)	5.68	7.86	38.4
化肥施用折纯量(吨)	Consumption of Chemical Fertilizer(ton)	89	104	16.9
农村用电量(万千瓦小时)	Electricity Consumed in Rural Area(10 000 kwh)	329	344	4.5
农林牧渔业总产值(万元)	Gross Output of Farming,Forestry,Animal Husbandry & Fishery(10 000 yuan)	94956	100036	5.3
粮食产量(吨)	Yield of Grain(ton)	75	100	33.3
油料产量(吨)	Yield of Oil-bearing Grops(ton)			
甜菜产量(吨)	Yield of Beetroots(ton)			
猪牛羊肉产量(吨)	Output of Pork, Beef & Mutton(ton)	38485	29444	-23.5
#猪肉产量(吨)	Output of Pork(ton)		42	
牛肉产量(吨)	Output of Beef(ton)	10386	9174	-11.7
羊肉产量(吨)	Output of Mutton(ton)	28099	20228	-28.0
羊毛产量(吨)	Output of Wool(ton)	1531	1118	-27.0

23-71 xiwuzhumuqin Banner in Xilinguole League

指 标	Item	2007	2008	2008 年比上年增长% Increase Rate in 2008 Over 2007(%)
年末牲畜存栏头数(万头只)	Total Livestock at the Year-end(10 000 heads)	107.68	103.22	-4.1
# 大牲畜(万头只)	Large Animals(10 000 heads)	8.81	9.10	3.3
羊(万只)	Sheep & Goats(10 000 heads)	98.85	94.09	-4.8
猪(万头)	Hogs(10 000 heads)	0.02	0.03	50.0
规模以上工业	**Industrial Enterprises above Designated size**			
工业企业单位数(个)	Number of Industrial Enterprises(unit)	21	23	9.5
# 内资企业(个)	Civil Funded Enterprises(unit)	20	22	10.0
工业总产值(万元)	Gross Industrial Output Value(10 000 yuan)	212126	364131	71.7
内资企业(万元)	Civil Funded Enterprises(10 000 yuan)	197126	336261	70.6
国有企业(万元)	State-owned Enterprises(10 000 yuan)	20047	46463	131.8
集体企业(万元)	Collective-owned Enterprises(10 000 yuan)			
股份合作企业(万元)	Share Holding Enterprises(10 000 yuan)			
联营企业(万元)	Joint Owned Enterprises(10 000 yuan)			
有限责任公司(万元)	Limited Company(10 000 yuan)	8969	45570	408.1
股份有限公司(万元)	Share Holding Limited Company(10 000 yuan)	130077	183484	41.1
私营企业(万元)	Privately Owned Enterprises(10 000 yuan)	38033	60744	59.7
其他企业(万元)	Enterprises of Other Ownership(10 000 yuan)			
港澳台商投资企业(万元)	Funds from HK,Macao & Taiwan(10 000 yuan)	15000	27870	85.8
外商投资企业(万元)	Foreign Funded Enterprises(10 000 yuan)			
工业企业增加值(万元)	Value Added of Industrial Enterprises(10 000 yuan)	120076	216454	39.3
工业企业资产总计(万元)	Total Assets of Industrial Enterprises(10 000 yuan)	186492	321293	72.3
工业企业负债合计(万元)	Total Liabilities of Industrial Enterprises(10 000 yuan)	112753	147791	31.1
工业企业产品销售收入(万元)	Sales of Revenue Industrial Enterprises(10 000 yuan)	212547	373530	75.7
工业企业利润总额(万元)	Total Profits of Industrial Enterprises(10 000 yuan)	40844	51084	25.1
建筑业	**Construction**			
建筑企业单位数(个)	Number of Construction Enterprises(unit)	2	2	0.0
建筑企业从业人员(人)	Number of Employee in Construction Enterprises(person)	626	414	-33.9
建筑业总产值(万元)	Gross Construction Output Value(10 000 yuan)	5005	10249	104.8
交通运输邮电通信业	**Transportation,Post & Telecommunications**			
公路里程(公里)	Total Length of Highways(km)	1176	1308	11.2
邮电业务总量(万元)	Business Volume of Post & Telecoms(10 000 yuan)	1269	4417	248.1
本地电话用户(户)	Number of Subscribers of Local Telephone(Household)	16310	8576	-47.4
国内贸易	**Demestic Trade**			
社会消费品零售总额(万元)	Total Retail Sales of Consumer Goods(10 000 yuan)	57106	72773	27.4
# 贸易业(万元)	Wholesale & Retail Sales Trades(10 000 yuan)	40761	54643	34.1
餐饮业(万元)	Catering Trade(10 000 yuan)	12546	14287	13.9
科技教育卫生	**Science,Education & Public Health**			
各类专业技术人员(人)	Speccial Technical Personnel(person)	1897	1955	3.1
幼儿园数(所)	Number of Kindergartens(unit)	7	5	-28.6
学龄儿童入学率(%)	Percentage of School-Age Children Enrolled(%)	100.0	100.0	0.0
小学学校数(所)	Number of Primary Schools(unit)	4	4	0.0
小学专任教师数(人)	Number of Full-time Teachers of Primary Schools(person)	266	270	1.5
小学在校学生数(人)	Number of Student Enrollment of Primary Schools(person)	4390	4686	6.7
普通中学学校数(所)	Number of Regular Secondary Schools(unit)	2	2	0.0
普通中学专任教师数(人)	Number of Teachers of Secondary Shools(person)	229	261	14.0
初中在校学生数(人)	Number of Student in Junior Secondary Schools(person)	1810	1435	-20.7
高中在校学生数(人)	Number of Student in Senior Secondary Schools(person)	712	328	-53.9
卫生机构数(所)	Number of Health Institutions(unit)	20	19	-5.0
# 医院(所)	Hospitals(unit)	2	2	0.0
卫生院(所)	Township Hospitals(unit)	14	14	0.0
床位数(张)	Number of Beds(unit)	202	198	-2.0
# 医院(张)	Hospitals(unit)	120	120	0.0
卫生院(张)	Township Hospitals(unit)	68	68	0.0
卫生技术人员(人)	Medical Technical Presonnel(person)	324	315	-2.8
# 医院(人)	Hospitals(person)	153	159	3.9
卫生院(人)	Township Hospitals(person)	85	86	1.2

23-72 锡林郭勒盟太仆寺旗

指 标	Item	2007	2008	2008年比上年增长% Increase Rate in 2008 Over 2007(%)
行政区域土地面积(平方公里)	**Area of Administration(Sq.km)**	**3479**	**3479**	**0.0**
人口和就业	**Population & Employment**			
年末总人口(人)	Total Population Year-end(person)	208758	209508	0.4
#男性(人)	Male(person)	108049	108141	0.1
#乡村人口(人)	Rural(person)	133615	102386	-23.4
年末总户数(户)	Total Number of Households at the Year-end(Household)	77541	80956	4.4
#乡村户数(户)	Number of Rural Household(Household)	38790	32212	-17.0
出生人口(人)	Births(person)	3383	2533	-25.1
死亡人口(人)	Deaths(person)	511	815	59.5
全社会就业人员(人)	Employment(person)	94771	82108	-13.4
第一产业(人)	Primary Industry(person)	70160	56014	-20.2
第二产业(人)	Secondary Industry(person)	6696	7117	6.3
第三产业(人)	Tertiary Industry(person)	17915	18977	5.9
在岗职工人数(人)	Number of Staff & Workers Employed in(person)	6559	6435	-1.9
乡村劳动力(人)	Number of Rural Laborers(person)	88316	67018	-24.1
#农林牧渔业(人)	Farming,Forestry,Animal Husbandry & Fishery(person)	70160	55826	-20.4
国民经济综合指标	**Summary Item on the National Economy**			
生产总值(万元)	Gross Domestic Product(10 000 yuan)	171123	205776	13.4
第一产业(万元)	Primary Industry(10 000 yuan)	60080	67538	6.0
第二产业(万元)	Secondary Industry(10 000 yuan)	52626	67453	19.9
#工业(万元)	Industry(10 000 yuan)	43297	55183	19.8
第三产业(万元)	Tertiary Industry(10 000 yuan)	58417	70785	15.9
人均生产总值(元)	Per Capita GDP(yuan)	10043	15472	45.8
全社会固定资产投资(万元)	Total Investment in Fixed Assets(10 000 yuan)	90108	147207	63.4
按登记注册类型分	Grouped by Registered Type			
#国有(万元)	State-owned Enterprises(10 000 yuan)	66515	69603	4.6
集体(万元)	Collective-owned Enterprises(10 000 yuan)			
有限责任公司(万元)	Limited Liability Corporations(10 000 yuan)	6264	9858	57.4
股份有限公司(万元)	Share Holding Enterprises(10 000 yuan)	3519		
私营企业(万元)	Private Enterprises(10 000 yuan)	13810	29246	111.8
外商及港澳台投资企业(万元)	Funds from HK,Macao,Taiwan & Foreign(10 000 yuan)		38500	
按城乡渠道分	Grouped by Urban and Rural Area			
城镇(万元)	Urban(10 000 yuan)	70781	141759	100.3
农村(万元)	Rural(10 000 yuan)	19327	5448	-71.8
一般预算收入(万元)	General Budgetary Financial Revenue(10 000 yuan)	5273	6259	18.7
一般预算支出(万元)	General Budgetary Financial Expenditures(10 000 yuan)	42211	65494	55.2
城乡居民储蓄存款余额(万元)	Resident Saving Deposit in Urban & Rural(10 000 yuan)	72943	92000	26.1
在岗职工工资总额(万元)	Total Wages of Staff & Workers Empioyed in(10 000 yuan)	15370	16523	7.5
在岗职工平均工资(元)	Average Wage of Staff & Workers Employed in(yuan)	23391	25689	9.8
农牧民人均纯收入(元)	Per Capita Net Income of Peasant & Herdsman(yuan)	3410	4101	20.3
农村牧区经济	**Economic Development in Rural & Pastoral Area**			
耕地面积(公顷)	Cultivated Area(hectare)	58200	58200	0.0
农作物总播种面积(公顷)	Total Sown Area(hectare)	63290	74297	17.4
#粮食作物播种面积(公顷)	Sown Area of Grain Crops(hectare)	35106	51412	46.4
有效灌溉面积(公顷)	Irrigated Area(hectare)	11750	17390	48.0
农牧业机械总动力(万千瓦)	Total Power of Agricultural Machinery(10 000 kw)	18.77	18.24	-2.8
化肥施用折纯量(吨)	Consumption of Chemical Fertilizer(ton)	2965	3077	3.8
农村用电量(万千瓦小时)	Electricity Consumed in Rural Area(10 000 kwh)	705	731	3.7
农林牧渔业总产值(万元)	Gross Output of Farming,Forestry,Animal Husbandry & Fishery(10 000 yuan)	101756	106143	4.3
粮食产量(吨)	Yield of Grain(ton)	32837	99753	203.8
油料产量(吨)	Yield of Oil-bearing Grops(ton)	1764	1435	-18.7
甜菜产量(吨)	Yield of Beetroots(ton)	2554	14213	456.5
猪牛羊肉产量(吨)	Output of Pork, Beef & Mutton(ton)	8631	4266	-50.6
#猪肉产量(吨)	Output of Pork(ton)	1370	702	-48.8
牛肉产量(吨)	Output of Beef(ton)	1916	2251	17.5
羊肉产量(吨)	Output of Mutton(ton)	5345	1313	-75.4
羊毛产量(吨)	Output of Wool(ton)	910	305	-66.5

23-72 Taipusi Banner in Xilinguole League

指 标	Item	2007	2008	2008 年比上年增长% Increase Rate in 2008 Over 2007(%)
年末牲畜存栏头数(万头只)	Total Livestock at the Year-end(10 000 heads)	15.25	11.58	-24.1
#大牲畜(万头只)	Large Animals(10 000 heads)	4.22	5.40	28.0
羊(万只)	Sheep & Goats(10 000 heads)	10.32	4.95	-52.0
猪(万头)	Hogs(10 000 heads)	0.71	1.23	73.2
规模以上工业	**Industrial Enterprises above Designated size**			
工业企业单位数(个)	Number of Industrial Enterprises(unit)	22	24	9.1
#内资企业(个)	Civil Funded Enterprises(unit)	22	23	4.5
工业总产值(万元)	Gross Industrial Output Value(10 000 yuan)	67654	84973	25.6
内资企业(万元)	Civil Funded Enterprises(10 000 yuan)	67654	83452	23.4
国有企业(万元)	State-owned Enterprises(10 000 yuan)	4328	5206	20.3
集体企业(万元)	Collective-owned Enterprises(10 000 yuan)			
股份合作企业(万元)	Share Holding Enterprises(10 000 yuan)			
联营企业(万元)	Joint Owned Enterprises(10 000 yuan)			
有限责任公司(万元)	Limited Company(10 000 yuan)	25791	40030	55.2
股份有限公司(万元)	Share Holding Limited Company(10 000 yuan)			
私营企业(万元)	Privately Owned Enterprises(10 000 yuan)	37535	38216	1.8
其他企业(万元)	Enterprises of Other Ownership(10 000 yuan)			
港澳台商投资企业(万元)	Funds from HK,Macao & Taiwan(10 000 yuan)			
外商投资企业(万元)	Foreign Funded Enterprises(10 000 yuan)		1521	
工业企业增加值(万元)	Value Added of Industrial Enterprises(10 000 yuan)	27023	34797	20.1
工业企业资产总计(万元)	Total Assets of Industrial Enterprises(10 000 yuan)	39981	83275	108.3
工业企业负债合计(万元)	Total Liabilities of Industrial Enterprises(10 000 yuan)	19802	47310	138.9
工业企业产品销售收入(万元)	Sales of Revenue Industrial Enterprises(10 000 yuan)	66695	83504	25.2
工业企业利润总额(万元)	Total Profits of Industrial Enterprises(10 000 yuan)	1737	2054	18.2
建筑业	**Construction**			
建筑企业单位数(个)	Number of Construction Enterprises(unit)	3	3	0.0
建筑企业从业人员(人)	Number of Employee in Construction Enterprises(person)	936	569	-39.2
建筑业总产值(万元)	Gross Construction Output Value(10 000 yuan)	4263	8177	91.8
交通运输邮电通信业	**Transportation,Post & Telecommunications**			
公路里程(公里)	Total Length of Highways(km)	1294	1292	-0.2
邮电业务总量(万元)	Business Volume of Post & Telecoms(10 000 yuan)	3358	3678	9.5
本地电话用户(户)	Number of Subscribers of Local Telephone(Household)	15000	12000	-20.0
国内贸易	**Demestic Trade**			
社会消费品零售总额(万元)	Total Retail Sales of Consumer Goods(10 000 yuan)	58692	73021	24.4
#贸易业(万元)	Wholesale & Retail Sales Trades(10 000 yuan)	46208	59956	29.8
餐饮业(万元)	Catering Trade(10 000 yuan)	10766	10210	-5.2
科技教育卫生	**Science,Education & Public Health**			
各类专业技术人员(人)	Speccial Technical Personnel(person)	2331	2677	14.8
幼儿园数(所)	Number of Kindergartens(unit)	1	1	0.0
学龄儿童入学率(%)	Percentage of School-Age Children Enrolled(%)	100.0	100.0	0.0
小学学校数(所)	Number of Primary Schools(unit)	20	20	0.0
小学专任教师数(人)	Number of Full-time Teachers of Primary Schools(person)	716	713	-0.4
小学在校学生数(人)	Number of Student Enrollment of Primary Schools(person)	8722	8195	-6.0
普通中学学校数(所)	Number of Regular Secondary Schools(unit)	11	10	-9.1
普通中学专任教师数(人)	Number of Teachers of Secondary Shools(person)	533	541	1.5
初中在校学生数(人)	Number of Student in Junior Secondary Schools(person)	4844	4788	-1.2
高中在校学生数(人)	Number of Student in Senior Secondary Schools(person)	2411	2483	3.0
卫生机构数(所)	Number of Health Institutions(unit)	16	16	0.0
#医院(所)	Hospitals(unit)	2	2	0.0
卫生院(所)	Township Hospitals(unit)	11	11	0.0
床位数(张)	Number of Beds(unit)	179	203	13.4
#医院(张)	Hospitals(unit)	115	135	17.4
卫生院(张)	Township Hospitals(unit)	42	46	9.5
卫生技术人员(人)	Medical Technical Presonnel(person)	300	299	-0.3
#医院(人)	Hospitals(person)	155	157	1.3
卫生院(人)	Township Hospitals(person)	78	71	-9.0

23-73 锡林郭勒盟镶黄旗

指 标	Item	2007	2008	2008 年比上年增长% Increase Rate in 2008 Over 2007(%)
行政区域土地面积(平方公里)	**Area of Administration(Sq.km)**	**5144**	**5144**	**0.0**
人口和就业	**Population & Employment**			
年末总人口(人)	Total Population Year-end(person)	30312	30716	1.3
# 男性(人)	Male(person)	15137	15317	1.2
# 乡村人口(人)	Rural(person)	12534	15400	22.9
年末总户数(户)	Total Number of Households at the Year-end(Household)	10773	11000	2.1
# 乡村户数(户)	Number of Rural Household(Household)	3585	3983	11.1
出生人口(人)	Births(person)	364	347	-4.7
死亡人口(人)	Deaths(person)	105	97	-7.6
全社会就业人员(人)	Employment(person)	15060	17954	19.2
第一产业(人)	Primary Industry(person)	8436	8819	4.5
第二产业(人)	Secondary Industry(person)	2118	1526	-28.0
第三产业(人)	Tertiary Industry(person)	4506	7609	68.9
在岗职工人数(人)	Number of Staff & Workers Employed in(person)	2651	2676	0.9
乡村劳动力(人)	Number of Rural Laborers(person)	9424	10884	15.5
# 农林牧渔业(人)	Farming,Forestry,Animal Husbandry & Fishery(person)	8436	8590	1.8
国民经济综合指标	**Summary Item on the National Economy**			
生产总值(万元)	Gross Domestic Product(10 000 yuan)	122425	183493	22.1
第一产业(万元)	Primary Industry(10 000 yuan)	16716	18495	4.3
第二产业(万元)	Secondary Industry(10 000 yuan)	75462	126285	28.7
# 工业(万元)	Industry(10 000 yuan)	66120	115773	33.8
第三产业(万元)	Tertiary Industry(10 000 yuan)	30247	38713	22.2
人均生产总值(元)	Per Capita GDP(yuan)	40789	60134	20.5
全社会固定资产投资(万元)	Total Investment in Fixed Assets(10 000 yuan)	102357	135412	32.3
按登记注册类型分	Grouped by Registered Type			
# 国有(万元)	State-owned Enterprises(10 000 yuan)	44808	55088	22.9
集体(万元)	Collective-owned Enterprises(10 000 yuan)		1100	
有限责任公司(万元)	Limited Liability Corporations(10 000 yuan)	10586	11953	12.9
股份有限公司(万元)	Share Holding Enterprises(10 000 yuan)	27779	33219	19.6
私营企业(万元)	Private Enterprises(10 000 yuan)	19184	34052	77.5
外商及港澳台投资企业 (万元)	Funds from HK,Macao,Taiwan & Foreign(10 000 yuan)			
按城乡渠道分	Grouped by Urban and Rural Area			
城镇 (万元)	Urban(10 000 yuan)	96659	132433	37.0
农村 (万元)	Rural(10 000 yuan)	5698	2979	-47.7
一般预算收入(万元)	General Budgetary Financial Revenue(10 000 yuan)	5837	11787	101.9
一般预算支出(万元)	General Budgetary Financial Expenditures(10 000 yuan)	20223	30730	52.0
城乡居民储蓄存款余额(万元)	Resident Saving Deposit in Urban & Rural(10 000 yuan)	18293	24252	32.6
在岗职工工资总额(万元)	Total Wages of Staff & Workers Empioyed in(10 000 yuan)	5709	7208	26.3
在岗职工平均工资(元)	Average Wage of Staff & Workers Employed in(yuan)	21528	26967	25.3
农牧民人均纯收入(元)	Per Capita Net Income of Peasant & Herdsman(yuan)	3400	4070	19.7
农村牧区经济	**Economic Development in Rural & Pastoral Area**			
耕地面积(公顷)	Cultivated Area(hectare)	1940	1940	0.0
农作物总播种面积(公顷)	Total Sown Area(hectare)	4430	3142	-29.1
# 粮食作物播种面积(公顷)	Sown Area of Grain Crops(hectare)	119	92	-22.7
有效灌溉面积(公顷)	Irrigated Area(hectare)	420	420	0.0
农牧业机械总动力(万千瓦)	Total Power of Agricultural Machinery(10 000 kw)	2.46	3.05	24.0
化肥施用折纯量(吨)	Consumption of Chemical Fertilizer(ton)	7	7	0.0
农村用电量(万千瓦小时)	Electricity Consumed in Rural Area(10 000 kwh)	6	8	29.0
农林牧渔业总产值(万元)	Gross Output of Farming,Forestry,Animal Husbandry & Fishery(10 000 yuan)	26533	29186	10.0
粮食产量(吨)	Yield of Grain(ton)	15	14	-6.7
油料产量(吨)	Yield of Oil-bearing Grops(ton)	16	17	6.2
甜菜产量(吨)	Yield of Beetroots(ton)			
猪牛羊肉产量(吨)	Output of Pork, Beef & Mutton(ton)	6700	6570	-1.9
# 猪肉产量(吨)	Output of Pork(ton)	7	13	85.7
牛肉产量(吨)	Output of Beef(ton)	1465	995	-32.1
羊肉产量(吨)	Output of Mutton(ton)	5228	5562	6.4
羊毛产量(吨)	Output of Wool(ton)	822	750	-8.8

23-73 Xianghuang Banner in Xilinguole League

指 标	Item	2007	2008	2008年比上年增长% Increase Rate in 2008 Over 2007(%)
年末牲畜存栏头数(万头只)	Total Livestock at the Year-end(10 000 heads)	31.22	30.13	-3.5
# 大牲畜(万头只)	Large Animals(10 000 heads)	1.05	1.34	27.6
羊(万只)	Sheep & Goats(10 000 heads)	30.16	28.77	-4.6
猪(万头)	Hogs(10 000 heads)	0.01	0.02	100.0
规模以上工业	**Industrial Enterprises above Designated size**			
工业企业单位数(个)	Number of Industrial Enterprises(unit)	22	27	22.7
# 内资企业(个)	Civil Funded Enterprises(unit)	22	27	22.7
工业总产值(万元)	Gross Industrial Output Value(10 000 yuan)	123106	210973	71.4
内资企业(万元)	Civil Funded Enterprises(10 000 yuan)	123106	210973	71.4
国有企业(万元)	State-owned Enterprises(10 000 yuan)	2892	1930	-33.3
集体企业(万元)	Collective-owned Enterprises(10 000 yuan)			
股份合作企业(万元)	Share Holding Enterprises(10 000 yuan)			
联营企业(万元)	Joint Owned Enterprises(10 000 yuan)			
有限责任公司(万元)	Limited Company(10 000 yuan)	20688	52059	151.6
股份有限公司(万元)	Share Holding Limited Company(10 000 yuan)			
私营企业(万元)	Privately Owned Enterprises(10 000 yuan)	99526	156984	57.7
其他企业(万元)	Enterprises of Other Ownership(10 000 yuan)			
港澳台商投资企业(万元)	Funds from HK,Macao & Taiwan(10 000 yuan)			
外商投资企业(万元)	Foreign Funded Enterprises(10 000 yuan)			
工业企业增加值(万元)	Value Added of Industrial Enterprises(10 000 yuan)	59195	101622	25.8
工业企业资产总计(万元)	Total Assets of Industrial Enterprises(10 000 yuan)	49211	83490	69.7
工业企业负债合计(万元)	Total Liabilities of Industrial Enterprises(10 000 yuan)	3011	7458	147.7
工业企业产品销售收入(万元)	Sales of Revenue Industrial Enterprises(10 000 yuan)	122032	210250	72.3
工业企业利润总额(万元)	Total Profits of Industrial Enterprises(10 000 yuan)	23151	27843	20.3
建筑业	**Construction**			
建筑企业单位数(个)	Number of Construction Enterprises(unit)			
建筑企业从业人员(人)	Number of Employee in Construction Enterprises(person)			
建筑业总产值(万元)	Gross Construction Output Value(10 000 yuan)			
交通运输邮电通信业	**Transportation,Post & Telecommunications**			
公路里程(公里)	Total Length of Highways(km)	683	763	11.7
邮电业务总量(万元)	Business Volume of Post & Telecoms(10 000 yuan)	1421	1724	21.3
本地电话用户(户)	Number of Subscribers of Local Telephone(Household)	4600	6610	43.7
国内贸易	**Demestic Trade**			
社会消费品零售总额(万元)	Total Retail Sales of Consumer Goods(10 000 yuan)	16409	20269	23.5
# 贸易业(万元)	Wholesale & Retail Sales Trades(10 000 yuan)	14231	17820	25.2
餐饮业(万元)	Catering Trade(10 000 yuan)	1414	1685	19.2
科技教育卫生	**Science,Education & Public Health**			
各类专业技术人员(人)	Speccial Technical Personnel(person)	1451	1425	-1.8
幼儿园数(所)	Number of Kindergartens(unit)	1	1	0.0
学龄儿童入学率(%)	Percentage of School-Age Children Enrolled(%)	100.0	100.0	0.0
小学学校数(所)	Number of Primary Schools(unit)	2	2	0.0
小学专任教师数(人)	Number of Full-time Teachers of Primary Schools(person)	110	109	-0.9
小学在校学生数(人)	Number of Student Enrollment of Primary Schools(person)	1636	1818	11.1
普通中学学校数(所)	Number of Regular Secondary Schools(unit)	2	2	0.0
普通中学专任教师数(人)	Number of Teachers of Secondary Shools(person)	109	119	9.2
初中在校学生数(人)	Number of Student in Junior Secondary Schools(person)	788	710	-9.9
高中在校学生数(人)	Number of Student in Senior Secondary Schools(person)	312	333	6.7
卫生机构数(所)	Number of Health Institutions(unit)	9	8	-11.1
# 医院(所)	Hospitals(unit)	2	2	0.0
卫生院(所)	Township Hospitals(unit)	3	3	0.0
床位数(张)	Number of Beds(unit)	102	96	-5.9
# 医院(张)	Hospitals(unit)	70	70	0.0
卫生院(张)	Township Hospitals(unit)	16	16	0.0
卫生技术人员(人)	Medical Technical Presonnel(person)	233	229	-1.7
# 医院(人)	Hospitals(person)	119	119	0.0
卫生院(人)	Township Hospitals(person)	48	48	0.0

23-74 锡林郭勒盟正镶白旗

指 标	Item	2007	2008	2008 年比上年增长% Increase Rate in 2008 Over 2007(%)
行政区域土地面积(平方公里)	**Area of Administration(Sq.km)**	**6215**	**6215**	**0.0**
人口和就业	**Population & Employment**			
年末总人口(人)	Total Population Year-end(person)	72087	72729	0.9
# 男性(人)	Male(person)	37156	37414	0.7
# 乡村人口(人)	Rural(person)	52556	52516	-0.1
年末总户数(户)	Total Number of Households at the Year-end(Household)	23971	25052	4.5
# 乡村户数(户)	Number of Rural Household(Household)	13946	13981	0.3
出生人口(人)	Births(person)	781	1064	36.2
死亡人口(人)	Deaths(person)	355	250	-29.6
全社会就业人员(人)	Employment(person)	34773	36431	4.8
第一产业(人)	Primary Industry(person)	26423	26739	1.2
第二产业(人)	Secondary Industry(person)	1973	1661	-15.8
第三产业(人)	Tertiary Industry(person)	6377	8031	25.9
在岗职工人数(人)	Number of Staff & Workers Employed in(person)	3788	4219	11.4
乡村劳动力(人)	Number of Rural Laborers(person)	27771	26953	-2.9
# 农林牧渔业(人)	Farming,Forestry,Animal Husbandry & Fishery(person)	26423	26408	-0.1
国民经济综合指标	**Summary Item on the National Economy**			
生产总值(万元)	Gross Domestic Product(10 000 yuan)	103713	151442	20.5
第一产业(万元)	Primary Industry(10 000 yuan)	23873	29151	11.1
第二产业(万元)	Secondary Industry(10 000 yuan)	41090	75686	33.1
# 工业(万元)	Industry(10 000 yuan)	32149	62840	33.4
第三产业(万元)	Tertiary Industry(10 000 yuan)	38750	46605	15.0
人均生产总值(元)	Per Capita GDP(yuan)	14467	20831	19.4
全社会固定资产投资(万元)	Total Investment in Fixed Assets(10 000 yuan)	62171	105684	70.0
按登记注册类型分	Grouped by Registered Type			
# 国有(万元)	State-owned Enterprises(10 000 yuan)	35028	30894	-11.8
集体(万元)	Collective-owned Enterprises(10 000 yuan)			
有限责任公司(万元)	Limited Liability Corporations(10 000 yuan)	4773	52545	1000.9
股份有限公司(万元)	Share Holding Enterprises(10 000 yuan)	5300	1050	-80.2
私营企业(万元)	Private Enterprises(10 000 yuan)	17070	20595	20.7
外商及港澳台投资企业(万元)	Funds from HK,Macao,Taiwan & Foreign(10 000 yuan)		600	
按城乡渠道分	Grouped by Urban and Rural Area			
城镇(万元)	Urban(10 000 yuan)	35412	105684	198.4
农村(万元)	Rural(10 000 yuan)	26759		
一般预算收入(万元)	General Budgetary Financial Revenue(10 000 yuan)	6989	8178	17.0
一般预算支出(万元)	General Budgetary Financial Expenditures(10 000 yuan)	28181	35772	26.9
城乡居民储蓄存款余额(万元)	Resident Saving Deposit in Urban & Rural(10 000 yuan)	31499	52000	65.1
在岗职工工资总额(万元)	Total Wages of Staff & Workers Empioyed in(10 000 yuan)	7877	11136	41.4
在岗职工平均工资(元)	Average Wage of Staff & Workers Employed in(yuan)	19095	22374	17.2
农牧民人均纯收入(元)	Per Capita Net Income of Peasant & Herdsman(yuan)	3212	3852	19.9
农村牧区经济	**Economic Development in Rural & Pastoral Area**			
耕地面积(公顷)	Cultivated Area(hectare)	14150	14150	0.0
农作物总播种面积(公顷)	Total Sown Area(hectare)	14610	13414	-8.2
# 粮食作物播种面积(公顷)	Sown Area of Grain Crops(hectare)	5665	5641	-0.4
有效灌溉面积(公顷)	Irrigated Area(hectare)	4550	4920	8.1
农牧业机械总动力(万千瓦)	Total Power of Agricultural Machinery(10 000 kw)	6.99	8.14	16.5
化肥施用折纯量(吨)	Consumption of Chemical Fertilizer(ton)	345	348	0.9
农村用电量(万千瓦小时)	Electricity Consumed in Rural Area(10 000 kwh)	220	250	13.6
农林牧渔业总产值(万元)	Gross Output of Farming,Forestry,Animal Husbandry & Fishery(10 000 yuan)	38818	50261	29.5
粮食产量(吨)	Yield of Grain(ton)	3441	3955	14.9
油料产量(吨)	Yield of Oil-bearing Grops(ton)	1	265	26400.0
甜菜产量(吨)	Yield of Beetroots(ton)			
猪牛羊肉产量(吨)	Output of Pork, Beef & Mutton(ton)	9091	12327	35.6
# 猪肉产量(吨)	Output of Pork(ton)	140	148	5.7
牛肉产量(吨)	Output of Beef(ton)	3379	4982	47.4
羊肉产量(吨)	Output of Mutton(ton)	5572	7197	29.2
羊毛产量(吨)	Output of Wool(ton)	1097	1090	-0.6

23-74 Zhengxiangbai Banner in Xilinguole League

指 标	Item	2007	2008	2008 年比上年增长% Increase Rate in 2008 Over 2007(%)
年末牲畜存栏头数(万头只)	Total Livestock at the Year-end(10 000 heads)	52.96	44.09	-16.7
# 大牲畜(万头只)	Large Animals(10 000 heads)	5.20	5.73	10.2
羊(万只)	Sheep & Goats(10 000 heads)	47.63	38.23	-19.7
猪(万头)	Hogs(10 000 heads)	0.13	0.13	0.0
规模以上工业	**Industrial Enterprises above Designated size**			
工业企业单位数(个)	Number of Industrial Enterprises(unit)	17	21	23.5
# 内资企业(个)	Civil Funded Enterprises(unit)	17	21	23.5
工业总产值(万元)	Gross Industrial Output Value(10 000 yuan)	56924	111500	95.9
内资企业(万元)	Civil Funded Enterprises(10 000 yuan)	56924	111500	95.9
国有企业(万元)	State-owned Enterprises(10 000 yuan)	4037	4577	13.4
集体企业(万元)	Collective-owned Enterprises(10 000 yuan)			
股份合作企业(万元)	Share Holding Enterprises(10 000 yuan)			
联营企业(万元)	Joint Owned Enterprises(10 000 yuan)			
有限责任公司(万元)	Limited Company(10 000 yuan)	12591	34180	171.5
股份有限公司(万元)	Share Holding Limited Company(10 000 yuan)	5082	16033	215.5
私营企业(万元)	Privately Owned Enterprises(10 000 yuan)	35214	56710	61.0
其他企业(万元)	Enterprises of Other Ownership(10 000 yuan)			
港澳台商投资企业(万元)	Funds from HK,Macao & Taiwan(10 000 yuan)			
外商投资企业(万元)	Foreign Funded Enterprises(10 000 yuan)			
工业企业增加值(万元)	Value Added of Industrial Enterprises(10 000 yuan)	22232	47791	34.2
工业企业资产总计(万元)	Total Assets of Industrial Enterprises(10 000 yuan)	38402	40712	6.0
工业企业负债合计(万元)	Total Liabilities of Industrial Enterprises(10 000 yuan)	26576	22805	-14.2
工业企业产品销售收入(万元)	Sales of Revenue Industrial Enterprises(10 000 yuan)	59092	105012	77.7
工业企业利润总额(万元)	Total Profits of Industrial Enterprises(10 000 yuan)	2210	3799	71.9
建筑业	**Construction**			
建筑企业单位数(个)	Number of Construction Enterprises(unit)	1	1	0.0
建筑企业从业人员(人)	Number of Employee in Construction Enterprises(person)	15	30	100.0
建筑业总产值(万元)	Gross Construction Output Value(10 000 yuan)	2591	4900	89.1
交通运输邮电通信业	**Transportation,Post & Telecommunications**			
公路里程(公里)	Total Length of Highways(km)	700	807	15.3
邮电业务总量(万元)	Business Volume of Post & Telecoms(10 000 yuan)	2450	2560	4.5
本地电话用户(户)	Number of Subscribers of Local Telephone(Household)	7963	10219	28.3
国内贸易	**Demestic Trade**			
社会消费品零售总额(万元)	Total Retail Sales of Consumer Goods(10 000 yuan)	25518	31123	22.0
# 贸易业(万元)	Wholesale & Retail Sales Trades(10 000 yuan)	20503	25026	22.1
餐饮业(万元)	Catering Trade(10 000 yuan)	4017	4948	23.2
科技教育卫生	**Science,Education & Public Health**			
各类专业技术人员(人)	Speccial Technical Personnel(person)	1455	1867	28.3
幼儿园数(所)	Number of Kindergartens(unit)	2	2	0.0
学龄儿童入学率(%)	Percentage of School-Age Children Enrolled(%)	100.0	100.0	0.0
小学学校数(所)	Number of Primary Schools(unit)	3	3	0.0
小学专任教师数(人)	Number of Full-time Teachers of Primary Schools(person)	204	225	10.3
小学在校学生数(人)	Number of Student Enrollment of Primary Schools(person)	3590	3322	-7.5
普通中学学校数(所)	Number of Regular Secondary Schools(unit)	1	1	0.0
普通中学专任教师数(人)	Number of Teachers of Secondary Shools(person)	194	218	12.4
初中在校学生数(人)	Number of Student in Junior Secondary Schools(person)	1324	1387	4.8
高中在校学生数(人)	Number of Student in Senior Secondary Schools(person)	512	339	-33.8
卫生机构数(所)	Number of Health Institutions(unit)	12	12	0.0
# 医院(所)	Hospitals(unit)	2	2	0.0
卫生院(所)	Township Hospitals(unit)	7	7	0.0
床位数(张)	Number of Beds(unit)	145	143	-1.4
# 医院(张)	Hospitals(unit)	107	107	0.0
卫生院(张)	Township Hospitals(unit)	28	26	-7.1
卫生技术人员(人)	Medical Technical Presonnel(person)	219	209	-4.6
# 医院(人)	Hospitals(person)	126	124	-1.6
卫生院(人)	Township Hospitals(person)	36	29	-19.4

23-75 锡林郭勒盟正蓝旗

指 标	Item	2007	2008	2008 年比上年增长% Increase Rate in 2008 Over 2007(%)
行政区域土地面积(平方公里)	**Area of Administration(Sq.km)**	**10278**	**10278**	**0.0**
人口和就业	**Population & Employment**			
年末总人口(人)	Total Population Year-end(person)	80908	81450	0.7
#男性(人)	Male(person)	41046	41265	0.5
#乡村人口(人)	Rural(person)	52170	52170	0.0
年末总户数(户)	Total Number of Households at the Year-end(Household)	26968	28718	6.5
#乡村户数(户)	Number of Rural Household(Household)	13044	13044	0.0
出生人口(人)	Births(person)	1340	1347	0.5
死亡人口(人)	Deaths(person)	445	520	16.9
全社会就业人员(人)	Employment(person)	38854	41498	6.8
第一产业(人)	Primary Industry(person)	21927	23231	5.9
第二产业(人)	Secondary Industry(person)	3857	7914	105.2
第三产业(人)	Tertiary Industry(person)	13070	10353	-20.8
在岗职工人数(人)	Number of Staff & Workers Employed in(person)	7873	7880	0.1
乡村劳动力(人)	Number of Rural Laborers(person)	38911	28901	-25.7
#农林牧渔业(人)	Farming,Forestry,Animal Husbandry & Fishery(person)	21929	21929	0.0
国民经济综合指标	**Summary Item on the National Economy**			
生产总值(万元)	Gross Domestic Product(10 000 yuan)	301673	386042	12.0
第一产业(万元)	Primary Industry(10 000 yuan)	29714	38406	15.4
第二产业(万元)	Secondary Industry(10 000 yuan)	234200	301218	5.8
#工业(万元)	Industry(10 000 yuan)	185240	288265	31.9
第三产业(万元)	Tertiary Industry(10 000 yuan)	37759	46418	17.9
人均生产总值(元)	Per Capita GDP(yuan)	37535	47554	11.3
全社会固定资产投资(万元)	Total Investment in Fixed Assets(10 000 yuan)	490351	119530	-75.6
按登记注册类型分	Grouped by Registered Type			
#国有(万元)	State-owned Enterprises(10 000 yuan)	455131	87552	-80.8
集体(万元)	Collective-owned Enterprises(10 000 yuan)		120	
有限责任公司(万元)	Limited Liability Corporations(10 000 yuan)	19440	9312	-52.1
股份有限公司(万元)	Share Holding Enterprises(10 000 yuan)	100	13106	13006.0
私营企业(万元)	Private Enterprises(10 000 yuan)	15680	9440	-39.8
外商及港澳台投资企业 (万元)	Funds from HK,Macao,Taiwan & Foreign(10 000 yuan)			
按城乡渠道分	Grouped by Urban and Rural Area			
城镇（万元）	Urban(10 000 yuan)	393035	117930	-70.0
农村（万元）	Rural(10 000 yuan)	97316	1600	-98.4
一般预算收入(万元)	General Budgetary Financial Revenue(10 000 yuan)	18975	22237	17.2
一般预算支出(万元)	General Budgetary Financial Expenditures(10 000 yuan)	41967	47202	12.5
城乡居民储蓄存款余额(万元)	Resident Saving Deposit in Urban & Rural(10 000 yuan)	52657	61575	16.9
在岗职工工资总额(万元)	Total Wages of Staff & Workers Empioyed in(10 000 yuan)	18328	21884	19.4
在岗职工平均工资(元)	Average Wage of Staff & Workers Employed in(yuan)	23280	28056	20.5
农牧民人均纯收入(元)	Per Capita Net Income of Peasant & Herdsman(yuan)	4019	5222	29.9
农村牧区经济	**Economic Development in Rural & Pastoral Area**			
耕地面积(公顷)	Cultivated Area(hectare)	19130	18450	-3.6
农作物总播种面积(公顷)	Total Sown Area(hectare)	20680	18453	-10.8
#粮食作物播种面积(公顷)	Sown Area of Grain Crops(hectare)	9646	10250	6.3
有效灌溉面积(公顷)	Irrigated Area(hectare)	4210	5310	26.1
农牧业机械总动力(万千瓦)	Total Power of Agricultural Machinery(10 000 kw)	10.36	12.33	19.0
化肥施用折纯量(吨)	Consumption of Chemical Fertilizer(ton)	196	306	56.1
农村用电量(万千瓦小时)	Electricity Consumed in Rural Area(10 000 kwh)	612	1221	99.5
农林牧渔业总产值(万元)	Gross Output of Farming,Forestry,Animal Husbandry & Fishery(10 000 yuan)	59258	71069	19.9
粮食产量(吨)	Yield of Grain(ton)	15505	22469	44.9
油料产量(吨)	Yield of Oil-bearing Grops(ton)	227	399	75.8
甜菜产量(吨)	Yield of Beetroots(ton)			
猪牛羊肉产量(吨)	Output of Pork, Beef & Mutton(ton)	11177	19627	75.6
#猪肉产量(吨)	Output of Pork(ton)	366	269	-26.5
牛肉产量(吨)	Output of Beef(ton)	7948	15543	95.6
羊肉产量(吨)	Output of Mutton(ton)	2863	3815	33.3
羊毛产量(吨)	Output of Wool(ton)	898	822	-8.5

23-75 Zhenglan Banner in Xilinguole League

指 标	Item	2007	2008	2008 年比上年增长% Increase Rate in 2008 Over 2007(%)
年末牲畜存栏头数(万头只)	Total Livestock at the Year-end(10 000 heads)	38.34	35.83	-6.5
# 大牲畜(万头只)	Large Animals(10 000 heads)	14.01	14.88	6.2
羊(万只)	Sheep & Goats(10 000 heads)	24.12	20.77	-13.9
猪(万头)	Hogs(10 000 heads)	0.21	0.18	-14.3
规模以上工业	**Industrial Enterprises above Designated size**			
工业企业单位数(个)	Number of Industrial Enterprises(unit)	17	17	0.0
# 内资企业(个)	Civil Funded Enterprises(unit)	16	16	0.0
工业总产值(万元)	Gross Industrial Output Value(10 000 yuan)	387440	581172	50.0
内资企业(万元)	Civil Funded Enterprises(10 000 yuan)	377194	573456	52.0
国有企业(万元)	State-owned Enterprises(10 000 yuan)	1979		-100.0
集体企业(万元)	Collective-owned Enterprises(10 000 yuan)			
股份合作企业(万元)	Share Holding Enterprises(10 000 yuan)		840	
联营企业(万元)	Joint Owned Enterprises(10 000 yuan)			
有限责任公司(万元)	Limited Company(10 000 yuan)	368285	538090	46.1
股份有限公司(万元)	Share Holding Limited Company(10 000 yuan)	4712	15838	236.1
私营企业(万元)	Privately Owned Enterprises(10 000 yuan)	2218	18688	742.6
其他企业(万元)	Enterprises of Other Ownership(10 000 yuan)			
港澳台商投资企业(万元)	Funds from HK,Macao & Taiwan(10 000 yuan)			
外商投资企业(万元)	Foreign Funded Enterprises(10 000 yuan)	10246	7716	-24.7
工业企业增加值(万元)	Value Added of Industrial Enterprises(10 000 yuan)	176635	270394	25.7
工业企业资产总计(万元)	Total Assets of Industrial Enterprises(10 000 yuan)	1102238	1100975	-0.1
工业企业负债合计(万元)	Total Liabilities of Industrial Enterprises(10 000 yuan)	821727	792772	-3.5
工业企业产品销售收入(万元)	Sales of Revenue Industrial Enterprises(10 000 yuan)	127444	142115	11.5
工业企业利润总额(万元)	Total Profits of Industrial Enterprises(10 000 yuan)	5801	1801	-69.0
建筑业	**Construction**			
建筑企业单位数(个)	Number of Construction Enterprises(unit)	1	1	0.0
建筑企业从业人员(人)	Number of Employee in Construction Enterprises(person)	30	8	-73.3
建筑业总产值(万元)	Gross Construction Output Value(10 000 yuan)	2900	1000	-65.5
交通运输邮电通信业	**Transportation,Post & Telecommunications**			
公路里程(公里)	Total Length of Highways(km)	1126	1215	7.9
邮电业务总量(万元)	Business Volume of Post & Telecoms(10 000 yuan)	803	2810	249.9
本地电话用户(户)	Number of Subscribers of Local Telephone(Household)	9582	10159	6.0
国内贸易	**Demestic Trade**			
社会消费品零售总额(万元)	Total Retail Sales of Consumer Goods(10 000 yuan)	36950	46080	24.7
# 贸易业(万元)	Wholesale & Retail Sales Trades(10 000 yuan)	27086	33321	23.0
餐饮业(万元)	Catering Trade(10 000 yuan)	7300	10096	38.3
科技教育卫生	**Science,Education & Public Health**			
各类专业技术人员(人)	Speccial Technical Personnel(person)	1266	1436	13.4
幼儿园数(所)	Number of Kindergartens(unit)	2	2	0.0
学龄儿童入学率(%)	Percentage of School-Age Children Enrolled(%)	100.0	100.0	0.0
小学学校数(所)	Number of Primary Schools(unit)	6	7	16.7
小学专任教师数(人)	Number of Full-time Teachers of Primary Schools(person)	289	280	-3.1
小学在校学生数(人)	Number of Student Enrollment of Primary Schools(person)	3967	3770	-5.0
普通中学学校数(所)	Number of Regular Secondary Schools(unit)	4	3	-25.0
普通中学专任教师数(人)	Number of Teachers of Secondary Shools(person)	250	230	-8.0
初中在校学生数(人)	Number of Student in Junior Secondary Schools(person)	1720	1534	-10.8
高中在校学生数(人)	Number of Student in Senior Secondary Schools(person)	425	257	-39.5
卫生机构数(所)	Number of Health Institutions(unit)	19	19	0.0
# 医院(所)	Hospitals(unit)	2	2	0.0
卫生院(所)	Township Hospitals(unit)	14	13	-7.1
床位数(张)	Number of Beds(unit)	173	168	-2.9
# 医院(张)	Hospitals(unit)	88	88	0.0
卫生院(张)	Township Hospitals(unit)	75	70	-6.7
卫生技术人员(人)	Medical Technical Presonnel(person)	223	224	0.4
# 医院(人)	Hospitals(person)	107	106	-0.9
卫生院(人)	Township Hospitals(person)	68	70	2.9

23-76 锡林郭勒盟多伦县

指 标	Item	2007	2008	2008 年比上年增长% Increase Rate in 2008 Over 2007(%)
行政区域土地面积(平方公里)	**Area of Administration(Sq.km)**	**3871**	**3871**	**0.0**
人口和就业	**Population & Employment**			
年末总人口(人)	Total Population Year-end(person)	102223	103760	1.5
# 男性(人)	Male(person)	52866	53540	1.3
# 乡村人口(人)	Rural(person)	69298	67979	-1.9
年末总户数(户)	Total Number of Households at the Year-end(Household)	36576	39402	7.7
# 乡村户数(户)	Number of Rural Household(Household)	19491	19482	0.0
出生人口(人)	Births(person)	1667	1764	5.8
死亡人口(人)	Deaths(person)	524	643	22.7
全社会就业人员(人)	Employment(person)	53551	54411	1.6
第一产业(人)	Primary Industry(person)	36425	33651	-7.6
第二产业(人)	Secondary Industry(person)	3191	6457	102.4
第三产业(人)	Tertiary Industry(person)	13935	14303	2.6
在岗职工人数(人)	Number of Staff & Workers Employed in(person)	4949	4901	-1.0
乡村劳动力(人)	Number of Rural Laborers(person)	43521	42826	-1.6
# 农林牧渔业(人)	Farming,Forestry,Animal Husbandry & Fishery(person)	36425	33322	-8.5
国民经济综合指标	**Summary Item on the National Economy**			
生产总值(万元)	Gross Domestic Product(10 000 yuan)	201471	293880	22.5
第一产业(万元)	Primary Industry(10 000 yuan)	40210	50087	13.3
第二产业(万元)	Secondary Industry(10 000 yuan)	114020	183367	5.8
# 工业(万元)	Industry(10 000 yuan)	64146	121267	40.8
第三产业(万元)	Tertiary Industry(10 000 yuan)	47241	60426	21.6
人均生产总值(元)	Per Capita GDP(yuan)	19968	28534	20.7
全社会固定资产投资(万元)	Total Investment in Fixed Assets(10 000 yuan)	607202	681521	12.2
按登记注册类型分	Grouped by Registered Type			
# 国有(万元)	State-owned Enterprises(10 000 yuan)	59149	98121	65.9
集体(万元)	Collective-owned Enterprises(10 000 yuan)			
有限责任公司(万元)	Limited Liability Corporations(10 000 yuan)	52858	42850	-18.9
股份有限公司(万元)	Share Holding Enterprises(10 000 yuan)	483520	519690	7.5
私营企业(万元)	Private Enterprises(10 000 yuan)	11675	20860	78.7
外商及港澳台投资企业 (万元)	Funds from HK,Macao,Taiwan & Foreign(10 000 yuan)			
按城乡渠道分	Grouped by Urban and Rural Area			
城镇 (万元)	Urban(10 000 yuan)	607202	678521	11.7
农村 (万元)	Rural(10 000 yuan)		3000	
一般预算收入(万元)	General Budgetary Financial Revenue(10 000 yuan)	16221	17985	10.9
一般预算支出(万元)	General Budgetary Financial Expenditures(10 000 yuan)	51325	56735	10.5
城乡居民储蓄存款余额(万元)	Resident Saving Deposit in Urban & Rural(10 000 yuan)	59342	70689	19.1
在岗职工工资总额(万元)	Total Wages of Staff & Workers Empioyed in(10 000 yuan)	10065	12932	28.5
在岗职工平均工资(元)	Average Wage of Staff & Workers Employed in(yuan)	20655	26359	27.6
农牧民人均纯收入(元)	Per Capita Net Income of Peasant & Herdsman(yuan)	3419	4280	25.2
农村牧区经济	**Economic Development in Rural & Pastoral Area**			
耕地面积(公顷)	Cultivated Area(hectare)	50670	50670	0.0
农作物总播种面积(公顷)	Total Sown Area(hectare)	53730	50719	-5.6
# 粮食作物播种面积(公顷)	Sown Area of Grain Crops(hectare)	30444	40187	32.0
有效灌溉面积(公顷)	Irrigated Area(hectare)	5870	6700	14.1
农牧业机械总动力(万千瓦)	Total Power of Agricultural Machinery(10 000 kw)	12.33	16.53	34.1
化肥施用折纯量(吨)	Consumption of Chemical Fertilizer(ton)	1834	1913	4.3
农村用电量(万千瓦小时)	Electricity Consumed in Rural Area(10 000 kwh)	729	747	2.5
农林牧渔业总产值(万元)	Gross Output of Farming,Forestry,Animal Husbandry & Fishery(10 000 yuan)	73765	84349	14.3
粮食产量(吨)	Yield of Grain(ton)	33072	68122	106.0
油料产量(吨)	Yield of Oil-bearing Grops(ton)	263	575	118.6
甜菜产量(吨)	Yield of Beetroots(ton)			
猪牛羊肉产量(吨)	Output of Pork, Beef & Mutton(ton)	11637	11616	-0.2
# 猪肉产量(吨)	Output of Pork(ton)	3059	2960	-3.2
牛肉产量(吨)	Output of Beef(ton)	8051	8377	4.0
羊肉产量(吨)	Output of Mutton(ton)	527	279	-47.1
羊毛产量(吨)	Output of Wool(ton)	145	114	-21.4

23-76 Duolun County in Xilinguole League

指 标	Item	2007	2008	2008 年比上年增长% Increase Rate in 2008 Over 2007(%)
年末牲畜存栏头数(万头只)	Total Livestock at the Year-end(10 000 heads)	14.40	17.39	20.8
#大牲畜(万头只)	Large Animals(10 000 heads)	10.22	13.52	32.3
羊(万只)	Sheep & Goats(10 000 heads)	2.07	1.74	-15.9
猪(万头)	Hogs(10 000 heads)	2.11	2.13	0.9
规模以上工业	**Industrial Enterprises above Designated size**			
工业企业单位数(个)	Number of Industrial Enterprises(unit)	16	21	31.2
#内资企业(个)	Civil Funded Enterprises(unit)	16	19	18.8
工业总产值(万元)	Gross Industrial Output Value(10 000 yuan)	113723	216424	90.3
内资企业(万元)	Civil Funded Enterprises(10 000 yuan)	113723	206988	82.0
国有企业(万元)	State-owned Enterprises(10 000 yuan)	4078	13788	238.1
集体企业(万元)	Collective-owned Enterprises(10 000 yuan)			
股份合作企业(万元)	Share Holding Enterprises(10 000 yuan)	954		
联营企业(万元)	Joint Owned Enterprises(10 000 yuan)			
有限责任公司(万元)	Limited Company(10 000 yuan)	4212	6001	42.5
股份有限公司(万元)	Share Holding Limited Company(10 000 yuan)	1674	1656	-1.1
私营企业(万元)	Privately Owned Enterprises(10 000 yuan)	102805	185543	80.5
其他企业(万元)	Enterprises of Other Ownership(10 000 yuan)			
港澳台商投资企业(万元)	Funds from HK,Macao & Taiwan(10 000 yuan)		9436	
外商投资企业(万元)	Foreign Funded Enterprises(10 000 yuan)			
工业企业增加值(万元)	Value Added of Industrial Enterprises(10 000 yuan)	54868	106582	38.6
工业企业资产总计(万元)	Total Assets of Industrial Enterprises(10 000 yuan)	46534	132202	184.1
工业企业负债合计(万元)	Total Liabilities of Industrial Enterprises(10 000 yuan)	15466	69727	350.8
工业企业产品销售收入(万元)	Sales of Revenue Industrial Enterprises(10 000 yuan)	114072	216387	89.7
工业企业利润总额(万元)	Total Profits of Industrial Enterprises(10 000 yuan)	5624	7497	33.3
建筑业	**Construction**			
建筑企业单位数(个)	Number of Construction Enterprises(unit)	1		
建筑企业从业人员(人)	Number of Employee in Construction Enterprises(person)	103		
建筑业总产值(万元)	Gross Construction Output Value(10 000 yuan)	815		
交通运输邮电通信业	**Transportation,Post & Telecommunications**			
公路里程(公里)	Total Length of Highways(km)	818	894	9.3
邮电业务总量(万元)	Business Volume of Post & Telecoms(10 000 yuan)	2956	5615	90.0
本地电话用户(户)	Number of Subscribers of Local Telephone(Household)	12000	12000	0.0
国内贸易	**Demestic Trade**			
社会消费品零售总额(万元)	Total Retail Sales of Consumer Goods(10 000 yuan)	44467	55736	25.3
#贸易业(万元)	Wholesale & Retail Sales Trades(10 000 yuan)	36815	45933	24.8
餐饮业(万元)	Catering Trade(10 000 yuan)	5851	7761	32.6
科技教育卫生	**Science,Education & Public Health**			
各类专业技术人员(人)	Speccial Technical Personnel(person)	1559	1527	-2.1
幼儿园数(所)	Number of Kindergartens(unit)	3	3	0.0
学龄儿童入学率(%)	Percentage of School-Age Children Enrolled(%)	100.0	100.0	0.0
小学学校数(所)	Number of Primary Schools(unit)	15	14	-6.7
小学专任教师数(人)	Number of Full-time Teachers of Primary Schools(person)	521	469	-10.0
小学在校学生数(人)	Number of Student Enrollment of Primary Schools(person)	5579	5521	-1.0
普通中学学校数(所)	Number of Regular Secondary Schools(unit)	3	3	0.0
普通中学专任教师数(人)	Number of Teachers of Secondary Shools(person)	291	292	0.3
初中在校学生数(人)	Number of Student in Junior Secondary Schools(person)	3607	3629	0.6
高中在校学生数(人)	Number of Student in Senior Secondary Schools(person)	1392	1431	2.8
卫生机构数(所)	Number of Health Institutions(unit)	13	13	0.0
#医院(所)	Hospitals(unit)	2	2	0.0
卫生院(所)	Township Hospitals(unit)	8	8	0.0
床位数(张)	Number of Beds(unit)	129	151	17.1
#医院(张)	Hospitals(unit)	103	103	0.0
卫生院(张)	Township Hospitals(unit)	18	31	72.2
卫生技术人员(人)	Medical Technical Presonnel(person)	240	261	8.8
#医院(人)	Hospitals(person)	130	150	15.4
卫生院(人)	Township Hospitals(person)	53	58	9.4

23-77 乌兰察布市集宁区

指 标	Item	2007	2008	2008 年比上年增长% Increase Rate in 2008 Over 2007(%)
行政区域土地面积(平方公里)	**Area of Administration(Sq.km)**	**418**	**418**	**0.0**
人口和就业	**Population & Employment**			
年末总人口(人)	Total Population Year-end(person)	298887	301875	1.0
#男性(人)	Male(person)	152260	153475	0.8
#乡村人口(人)	Rural(person)	55102	51283	-6.9
年末总户数(户)	Total Number of Households at the Year-end(Household)	108896	100247	-7.9
#乡村户数(户)	Number of Rural Household(Household)	17204	16302	-5.2
出生人口(人)	Births(person)	2694	2488	-7.6
死亡人口(人)	Deaths(person)	585	496	-15.2
全社会就业人员(人)	Employment(person)	132503	131888	-0.5
第一产业(人)	Primary Industry(person)	13128	13100	-0.2
第二产业(人)	Secondary Industry(person)	34854	34762	-0.3
第三产业(人)	Tertiary Industry(person)	84521	84026	-0.6
在岗职工人数(人)	Number of Staff & Workers Employed in(person)	56581	56040	-1.0
乡村劳动力(人)	Number of Rural Laborers(person)	27230	29114	6.9
#农林牧渔业(人)	Farming,Forestry,Animal Husbandry & Fishery(person)	16360	18376	12.3
国民经济综合指标	**Summary Item on the National Economy**			
生产总值(万元)	Gross Domestic Product(10 000 yuan)	608086	750996	15.7
第一产业(万元)	Primary Industry(10 000 yuan)	18932	23266	13.4
第二产业(万元)	Secondary Industry(10 000 yuan)	257206	331846	15.2
#工业(万元)	Industry(10 000 yuan)	199391	267253	20.5
第三产业(万元)	Tertiary Industry(10 000 yuan)	332548	395884	16.1
人均生产总值(元)	Per Capita GDP(yuan)	20344	24878	18.3
全社会固定资产投资(万元)	Total Investment in Fixed Assets(10 000 yuan)	324440	393622	21.3
按登记注册类型分	Grouped by Registered Type			
#国有(万元)	State-owned Enterprises(10 000 yuan)	166085	168984	1.7
集体(万元)	Collective-owned Enterprises(10 000 yuan)			
有限责任公司(万元)	Limited Liability Corporations(10 000 yuan)	19800	7600	-61.6
股份有限公司(万元)	Share Holding Enterprises(10 000 yuan)			
私营企业(万元)	Private Enterprises(10 000 yuan)	138555	212130	53.1
外商及港澳台投资企业(万元)	Funds from HK,Macao,Taiwan & Foreign(10 000 yuan)		4908	
按城乡渠道分	Grouped by Urban and Rural Area			
城镇(万元)	Urban(10 000 yuan)	324440	393622	21.3
农村(万元)	Rural(10 000 yuan)			
一般预算收入(万元)	General Budgetary Financial Revenue(10 000 yuan)	18638	21809	17.0
一般预算支出(万元)	General Budgetary Financial Expenditures(10 000 yuan)	59104	99972	69.1
城乡居民储蓄存款余额(万元)	Resident Saving Deposit in Urban & Rural(10 000 yuan)		798489	
在岗职工工资总额(万元)	Total Wages of Staff & Workers Empioyed in(10 000 yuan)	109156	134106	22.9
在岗职工平均工资(元)	Average Wage of Staff & Workers Employed in(yuan)	19035	23568	23.8
农牧民人均纯收入(元)	Per Capita Net Income of Peasant & Herdsman(yuan)	4892	5595	14.4
农村牧区经济	**Economic Development in Rural & Pastoral Area**			
耕地面积(公顷)	Cultivated Area(hectare)	7850	7850	0.0
农作物总播种面积(公顷)	Total Sown Area(hectare)	6000	5891	-1.8
#粮食作物播种面积(公顷)	Sown Area of Grain Crops(hectare)	3400	3552	4.5
有效灌溉面积(公顷)	Irrigated Area(hectare)	1330	1333	0.2
农牧业机械总动力(万千瓦)	Total Power of Agricultural Machinery(10 000 kw)	6.77	8.50	25.6
化肥施用折纯量(吨)	Consumption of Chemical Fertilizer(ton)	1910	1930	1.0
农村用电量(万千瓦小时)	Electricity Consumed in Rural Area(10 000 kwh)	1610	1680	4.3
农林牧渔业总产值(万元)	Gross Output of Farming,Forestry,Animal Husbandry & Fishery(10 000 yuan)	29099	39982	14.7
粮食产量(吨)	Yield of Grain(ton)	8317	10542	26.8
油料产量(吨)	Yield of Oil-bearing Grops(ton)	1000	1249	24.9
甜菜产量(吨)	Yield of Beetroots(ton)	4500	5940	32.0
猪牛羊肉产量(吨)	Output of Pork, Beef & Mutton(ton)	1899	2201	15.9
#猪肉产量(吨)	Output of Pork(ton)	581	983	69.2
牛肉产量(吨)	Output of Beef(ton)	561	1026	82.9
羊肉产量(吨)	Output of Mutton(ton)	757	192	-74.6
羊毛产量(吨)	Output of Wool(ton)	81	64	-21.0

23-77 Jining District in Wulanchabu City

指 标	Item	2007	2008	2008 年比上年增长% Increase Rate in 2008 Over 2007(%)
年末牲畜存栏头数(万头只)	Total Livestock at the Year-end(10 000 heads)	6.55	6.19	-5.5
#大牲畜(万头只)	Large Animals(10 000 heads)	1.76	1.76	0.0
羊(万只)	Sheep & Goats(10 000 heads)	3.05	2.64	-13.4
猪(万头)	Hogs(10 000 heads)	1.74	1.80	3.4
规模以上工业	**Industrial Enterprises above Designated size**			
工业企业单位数(个)	Number of Industrial Enterprises(unit)	44	54	22.7
#内资企业(个)	Civil Funded Enterprises(unit)	39	49	25.6
工业总产值(万元)	Gross Industrial Output Value(10 000 yuan)	442909	590267	18.6
内资企业(万元)	Civil Funded Enterprises(10 000 yuan)	422030	566946	18.5
国有企业(万元)	State-owned Enterprises(10 000 yuan)	289953	301256	1.8
集体企业(万元)	Collective-owned Enterprises(10 000 yuan)	685	841	12.4
股份合作企业(万元)	Share Holding Enterprises(10 000 yuan)	4644		-100.0
联营企业(万元)	Joint Owned Enterprises(10 000 yuan)			0.0
有限责任公司(万元)	Limited Company(10 000 yuan)	75717	157688	56.4
股份有限公司(万元)	Share Holding Limited Company(10 000 yuan)	34337	28807	-9.8
私营企业(万元)	Privately Owned Enterprises(10 000 yuan)	26695	78354	89.1
其他企业(万元)	Enterprises of Other Ownership(10 000 yuan)			0.0
港澳台商投资企业(万元)	Funds from HK,Macao & Taiwan(10 000 yuan)	10823	0	-100.0
外商投资企业(万元)	Foreign Funded Enterprises(10 000 yuan)	10056	23321	67.8
工业企业增加值(万元)	Value Added of Industrial Enterprises(10 000 yuan)	160210	213101	15.0
工业企业资产总计(万元)	Total Assets of Industrial Enterprises(10 000 yuan)	610479	607797	-0.4
工业企业负债合计(万元)	Total Liabilities of Industrial Enterprises(10 000 yuan)	439440	337617	-23.2
工业企业产品销售收入(万元)	Sales of Revenue Industrial Enterprises(10 000 yuan)	451894	592067	31.0
工业企业利润总额(万元)	Total Profits of Industrial Enterprises(10 000 yuan)	-4999	20160	
建筑业	**Construction**			
建筑企业单位数(个)	Number of Construction Enterprises(unit)	20	19	-5.0
建筑企业从业人员(人)	Number of Employee in Construction Enterprises(person)	4169	5412	29.8
建筑业总产值(万元)	Gross Construction Output Value(10 000 yuan)	95638	105008	9.8
交通运输邮电通信业	**Transportation,Post & Telecommunications**			
公路里程(公里)	Total Length of Highways(km)	245	194	-20.8
邮电业务总量(万元)	Business Volume of Post & Telecoms(10 000 yuan)	13158	13246	0.7
本地电话用户(户)	Number of Subscribers of Local Telephone(Household)	69504	82480	18.7
国内贸易	**Demestic Trade**			
社会消费品零售总额(万元)	Total Retail Sales of Consumer Goods(10 000 yuan)	216205	266315	23.2
#贸易业(万元)	Wholesale & Retail Sales Trades(10 000 yuan)	133957	169564	26.6
餐饮业(万元)	Catering Trade(10 000 yuan)	76834	91525	19.1
科技教育卫生	**Science,Education & Public Health**			
各类专业技术人员(人)	Speccial Technical Personnel(person)	1540	1587	3.1
幼儿园数(所)	Number of Kindergartens(unit)	7	11	57.1
学龄儿童入学率(%)	Percentage of School-Age Children Enrolled(%)	100.0	100.0	0.0
小学学校数(所)	Number of Primary Schools(unit)	30	31	3.3
小学专任教师数(人)	Number of Full-time Teachers of Primary Schools(person)	1399	1495	6.9
小学在校学生数(人)	Number of Student Enrollment of Primary Schools(person)	24374	25123	3.1
普通中学学校数(所)	Number of Regular Secondary Schools(unit)	19	20	5.3
普通中学专任教师数(人)	Number of Teachers of Secondary Shools(person)	2446	2346	-4.1
初中在校学生数(人)	Number of Student in Junior Secondary Schools(person)	15199	15644	2.9
高中在校学生数(人)	Number of Student in Senior Secondary Schools(person)	20796	21848	5.1
卫生机构数(所)	Number of Health Institutions(unit)	22	21	-4.5
#医院(所)	Hospitals(unit)	5	5	0.0
卫生院(所)	Township Hospitals(unit)	5	6	20.0
床位数(张)	Number of Beds(unit)	1342	1344	0.1
#医院(张)	Hospitals(unit)	1085	1145	5.5
卫生院(张)	Township Hospitals(unit)	48	56	16.7
卫生技术人员(人)	Medical Technical Presonnel(person)	2897	2887	-0.3
#医院(人)	Hospitals(person)	1580	1534	-2.9
卫生院(人)	Township Hospitals(person)	72	74	2.8

23-78 乌兰察布市丰镇市

指 标	Item	2007	2008	2008 年比上年增长% Increase Rate in 2008 Over 2007(%)
行政区域土地面积(平方公里)	**Area of Administration(Sq.km)**	**2704**	**2704**	**0.0**
人口和就业	**Population & Employment**			
年末总人口(人)	Total Population Year-end(person)	336749	340698	1.2
#男性(人)	Male(person)	174905	176890	1.1
#乡村人口(人)	Rural(person)	231057	245108	6.1
年末总户数(户)	Total Number of Households at the Year-end(Household)	124510	126159	1.3
#乡村户数(户)	Number of Rural Household(Household)	49776	48858	-1.8
出生人口(人)	Births(person)	3733	4530	21.4
死亡人口(人)	Deaths(person)	331	509	53.8
全社会就业人员(人)	Employment(person)	168700	168388	-0.2
第一产业(人)	Primary Industry(person)	65321	65272	-0.1
第二产业(人)	Secondary Industry(person)	34025	34089	0.2
第三产业(人)	Tertiary Industry(person)	69354	69027	-0.5
在岗职工人数(人)	Number of Staff & Workers Employed in(person)	13550	13850	2.2
乡村劳动力(人)	Number of Rural Laborers(person)	77438	72604	-6.2
#农林牧渔业(人)	Farming,Forestry,Animal Husbandry & Fishery(person)	40503	38676	-4.5
国民经济综合指标	**Summary Item on the National Economy**			
生产总值(万元)	Gross Domestic Product(10 000 yuan)	558412	700744	13.7
第一产业(万元)	Primary Industry(10 000 yuan)	87322	104291	4.8
第二产业(万元)	Secondary Industry(10 000 yuan)	308342	405421	17.3
#工业(万元)	Industry(10 000 yuan)	281857	381015	21.2
第三产业(万元)	Tertiary Industry(10 000 yuan)	162748	191031	11.9
人均生产总值(元)	Per Capita GDP(yuan)	16585	20568	14.5
全社会固定资产投资(万元)	Total Investment in Fixed Assets(10 000 yuan)	200063	140552	-29.7
按登记注册类型分	Grouped by Registered Type			
#国有(万元)	State-owned Enterprises(10 000 yuan)	165561	101641	-38.6
集体(万元)	Collective-owned Enterprises(10 000 yuan)			
有限责任公司(万元)	Limited Liability Corporations(10 000 yuan)	24772	27005	9.0
股份有限公司(万元)	Share Holding Enterprises(10 000 yuan)	6100	8320	36.4
私营企业(万元)	Private Enterprises(10 000 yuan)	1000		
外商及港澳台投资企业(万元)	Funds from HK,Macao,Taiwan & Foreign(10 000 yuan)			
按城乡渠道分	Grouped by Urban and Rural Area			
城镇（万元）	Urban(10 000 yuan)	200063	140552	-29.7
农村（万元）	Rural(10 000 yuan)			
一般预算收入(万元)	General Budgetary Financial Revenue(10 000 yuan)	26860	26781	-0.3
一般预算支出(万元)	General Budgetary Financial Expenditures(10 000 yuan)	65177	77682	19.2
城乡居民储蓄存款余额(万元)	Resident Saving Deposit in Urban & Rural(10 000 yuan)	257536	245684	-4.6
在岗职工工资总额(万元)	Total Wages of Staff & Workers Empioyed in(10 000 yuan)	42818	50233	17.3
在岗职工平均工资(元)	Average Wage of Staff & Workers Employed in(yuan)	31677	36301	14.6
农牧民人均纯收入(元)	Per Capita Net Income of Peasant & Herdsman(yuan)	4141	4738	14.4
农村牧区经济	**Economic Development in Rural & Pastoral Area**			
耕地面积(公顷)	Cultivated Area(hectare)	50910	50133	-1.5
农作物总播种面积(公顷)	Total Sown Area(hectare)	50006	50006	0.0
#粮食作物播种面积(公顷)	Sown Area of Grain Crops(hectare)	42672	42740	0.2
有效灌溉面积(公顷)	Irrigated Area(hectare)	5400	5400	0.0
农牧业机械总动力(万千瓦)	Total Power of Agricultural Machinery(10 000 kw)	13.62	8.60	-36.9
化肥施用折纯量(吨)	Consumption of Chemical Fertilizer(ton)	11708	12985	10.9
农村用电量(万千瓦小时)	Electricity Consumed in Rural Area(10 000 kwh)	1186	1899	60.1
农林牧渔业总产值(万元)	Gross Output of Farming,Forestry,Animal Husbandry & Fishery(10 000 yuan)	144806	180081	14.6
粮食产量(吨)	Yield of Grain(ton)	69246	136237	96.7
油料产量(吨)	Yield of Oil-bearing Grops(ton)	1000	1553	55.3
甜菜产量(吨)	Yield of Beetroots(ton)			
猪牛羊肉产量(吨)	Output of Pork, Beef & Mutton(ton)	20502	22277	8.7
#猪肉产量(吨)	Output of Pork(ton)	3641	4106	12.8
牛肉产量(吨)	Output of Beef(ton)	1049	2111	101.2
羊肉产量(吨)	Output of Mutton(ton)	15812	16060	1.6
羊毛产量(吨)	Output of Wool(ton)	890	820	-7.9

23-78 Fengzhen City in Wulanchabu City

指 标	Item	2007	2008	2008年比上年增长% Increase Rate in 2008 Over 2007(%)
年末牲畜存栏头数(万头只)	Total Livestock at the Year-end(10 000 heads)	75.25	74.93	-0.4
#大牲畜(万头只)	Large Animals(10 000 heads)	5.67	5.78	1.9
羊(万只)	Sheep & Goats(10 000 heads)	66.12	65.49	-1.0
猪(万头)	Hogs(10 000 heads)	3.46	3.66	5.8
规模以上工业	**Industrial Enterprises above Designated size**			
工业企业单位数(个)	Number of Industrial Enterprises(unit)	36	39	8.3
#内资企业(个)	Civil Funded Enterprises(unit)	35	39	11.4
工业总产值(万元)	Gross Industrial Output Value(10 000 yuan)	650795	876168	17.6
内资企业(万元)	Civil Funded Enterprises(10 000 yuan)	583135	876168	25.4
国有企业(万元)	State-owned Enterprises(10 000 yuan)	160546	172878	3.6
集体企业(万元)	Collective-owned Enterprises(10 000 yuan)	10582		-100.0
股份合作企业(万元)	Share Holding Enterprises(10 000 yuan)	7084		-100.0
联营企业(万元)	Joint Owned Enterprises(10 000 yuan)			0.0
有限责任公司(万元)	Limited Company(10 000 yuan)	205471	352905	34.8
股份有限公司(万元)	Share Holding Limited Company(10 000 yuan)	182892		-100.0
私营企业(万元)	Privately Owned Enterprises(10 000 yuan)	176561	350385	48.3
其他企业(万元)	Enterprises of Other Ownership(10 000 yuan)			0.0
港澳台商投资企业(万元)	Funds from HK,Macao & Taiwan(10 000 yuan)			0.0
外商投资企业(万元)	Foreign Funded Enterprises(10 000 yuan)	67660		-100.0
工业企业增加值(万元)	Value Added of Industrial Enterprises(10 000 yuan)	250329	340500	21.0
工业企业资产总计(万元)	Total Assets of Industrial Enterprises(10 000 yuan)	344063	1004295	191.9
工业企业负债合计(万元)	Total Liabilities of Industrial Enterprises(10 000 yuan)	303623	905009	198.1
工业企业产品销售收入(万元)	Sales of Revenue Industrial Enterprises(10 000 yuan)	702625	872921	24.2
工业企业利润总额(万元)	Total Profits of Industrial Enterprises(10 000 yuan)	4204	5609	33.4
建筑业	**Construction**			
建筑企业单位数(个)	Number of Construction Enterprises(unit)	2	3	50.0
建筑企业从业人员(人)	Number of Employee in Construction Enterprises(person)	374	105	-71.9
建筑业总产值(万元)	Gross Construction Output Value(10 000 yuan)	4580	8922	94.8
交通运输邮电通信业	**Transportation,Post & Telecommunications**			
公路里程(公里)	Total Length of Highways(km)	248	367	48.0
邮电业务总量(万元)	Business Volume of Post & Telecoms(10 000 yuan)	5620	5800	3.2
本地电话用户(户)	Number of Subscribers of Local Telephone(Household)	42107	43210	2.6
国内贸易	**Demestic Trade**			
社会消费品零售总额(万元)	Total Retail Sales of Consumer Goods(10 000 yuan)	107713	137249	27.4
#贸易业(万元)	Wholesale & Retail Sales Trades(10 000 yuan)	82960	104631	26.1
餐饮业(万元)	Catering Trade(10 000 yuan)	17646	23852	35.2
科技教育卫生	**Science,Education & Public Health**			
各类专业技术人员(人)	Speccial Technical Personnel(person)	842	897	6.5
幼儿园数(所)	Number of Kindergartens(unit)	3	2	-33.3
学龄儿童入学率(%)	Percentage of School-Age Children Enrolled(%)	100.0	100.0	0.0
小学学校数(所)	Number of Primary Schools(unit)	31	27	-12.9
小学专任教师数(人)	Number of Full-time Teachers of Primary Schools(person)	1524	1561	2.4
小学在校学生数(人)	Number of Student Enrollment of Primary Schools(person)	14931	13788	-7.7
普通中学学校数(所)	Number of Regular Secondary Schools(unit)	9	11	22.2
普通中学专任教师数(人)	Number of Teachers of Secondary Shools(person)	1166	1100	-5.7
初中在校学生数(人)	Number of Student in Junior Secondary Schools(person)	6923	7189	3.8
高中在校学生数(人)	Number of Student in Senior Secondary Schools(person)	4502	4320	-4.0
卫生机构数(所)	Number of Health Institutions(unit)	38	38	0.0
#医院(所)	Hospitals(unit)	3	3	0.0
卫生院(所)	Township Hospitals(unit)	17	17	0.0
床位数(张)	Number of Beds(unit)	463	463	0.0
#医院(张)	Hospitals(unit)	315	315	0.0
卫生院(张)	Township Hospitals(unit)	128	128	0.0
卫生技术人员(人)	Medical Technical Presonnel(person)	562	562	0.0
#医院(人)	Hospitals(person)	266	266	0.0
卫生院(人)	Township Hospitals(person)	109	109	0.0

23-79 乌兰察布市卓资县

指 标	Item	2007	2008	2008年比上年增长% Increase Rate in 2008 Over 2007(%)
行政区域土地面积(平方公里)	**Area of Administration(Sq.km)**	**3119**	**3119**	**0.0**
人口和就业	**Population & Employment**			
年末总人口(人)	Total Population Year-end(person)	226144	226593	0.2
#男性(人)	Male(person)	120457	120840	0.3
#乡村人口(人)	Rural(person)	189246	183824	-2.9
年末总户数(户)	Total Number of Households at the Year-end(Household)	83553	85664	2.5
#乡村户数(户)	Number of Rural Household(Household)	31812	31628	-0.6
出生人口(人)	Births(person)	3175	2703	-14.9
死亡人口(人)	Deaths(person)	1018	1008	-1.0
全社会就业人员(人)	Employment(person)	150080	149680	-0.3
第一产业(人)	Primary Industry(person)	67048	66738	-0.5
第二产业(人)	Secondary Industry(person)	24358	24378	0.1
第三产业(人)	Tertiary Industry(person)	58674	58564	-0.2
在岗职工人数(人)	Number of Staff & Workers Employed in(person)	6127	6222	1.6
乡村劳动力(人)	Number of Rural Laborers(person)	65173	64918	-0.4
#农林牧渔业(人)	Farming,Forestry,Animal Husbandry & Fishery(person)	47950	46520	-3.0
国民经济综合指标	**Summary Item on the National Economy**			
生产总值(万元)	Gross Domestic Product(10 000 yuan)	258058	320133	11.0
第一产业(万元)	Primary Industry(10 000 yuan)	48546	57873	5.0
第二产业(万元)	Secondary Industry(10 000 yuan)	128776	157228	7.9
#工业(万元)	Industry(10 000 yuan)	108818	139030	13.3
第三产业(万元)	Tertiary Industry(10 000 yuan)	80736	105032	18.6
人均生产总值(元)	Per Capita GDP(yuan)	11413	14128	14.8
全社会固定资产投资(万元)	Total Investment in Fixed Assets(10 000 yuan)	150009	130620	-12.9
按登记注册类型分	Grouped by Registered Type			
#国有(万元)	State-owned Enterprises(10 000 yuan)	60686	35052	-42.2
集体(万元)	Collective-owned Enterprises(10 000 yuan)			
有限责任公司(万元)	Limited Liability Corporations(10 000 yuan)	79011	59871	-24.2
股份有限公司(万元)	Share Holding Enterprises(10 000 yuan)		34160	
私营企业(万元)	Private Enterprises(10 000 yuan)	9412	1537	-83.7
外商及港澳台投资企业(万元)	Funds from HK,Macao,Taiwan & Foreign(10 000 yuan)	900		
按城乡渠道分	Grouped by Urban and Rural Area			
城镇(万元)	Urban(10 000 yuan)	149509	128030	-14.4
农村(万元)	Rural(10 000 yuan)	500	2590	418.0
一般预算收入(万元)	General Budgetary Financial Revenue(10 000 yuan)	7042	7651	8.6
一般预算支出(万元)	General Budgetary Financial Expenditures(10 000 yuan)	42019	59336	41.2
城乡居民储蓄存款余额(万元)	Resident Saving Deposit in Urban & Rural(10 000 yuan)	100373	102459	2.1
在岗职工工资总额(万元)	Total Wages of Staff & Workers Empioyed in(10 000 yuan)	10565	13447	27.3
在岗职工平均工资(元)	Average Wage of Staff & Workers Employed in(yuan)	17814	22522	26.4
农牧民人均纯收入(元)	Per Capita Net Income of Peasant & Herdsman(yuan)	3277	3952	20.6
农村牧区经济	**Economic Development in Rural & Pastoral Area**			
耕地面积(公顷)	Cultivated Area(hectare)	44010	43510	-1.1
农作物总播种面积(公顷)	Total Sown Area(hectare)	40556	42246	4.2
#粮食作物播种面积(公顷)	Sown Area of Grain Crops(hectare)	32502	31195	-4.0
有效灌溉面积(公顷)	Irrigated Area(hectare)	6330	6308	-0.3
农牧业机械总动力(万千瓦)	Total Power of Agricultural Machinery(10 000 kw)	8.64	8.40	-2.8
化肥施用折纯量(吨)	Consumption of Chemical Fertilizer(ton)	2177	2971	36.5
农村用电量(万千瓦小时)	Electricity Consumed in Rural Area(10 000 kwh)	725	795	9.7
农林牧渔业总产值(万元)	Gross Output of Farming,Forestry,Animal Husbandry & Fishery(10 000 yuan)	78211	99727	13.5
粮食产量(吨)	Yield of Grain(ton)	46051	99726	116.6
油料产量(吨)	Yield of Oil-bearing Grops(ton)	951	8256	768.1
甜菜产量(吨)	Yield of Beetroots(ton)	2850	2925	2.6
猪牛羊肉产量(吨)	Output of Pork, Beef & Mutton(ton)	12582	17743	41.0
#猪肉产量(吨)	Output of Pork(ton)	3272	3589	9.7
牛肉产量(吨)	Output of Beef(ton)	1657	2235	34.9
羊肉产量(吨)	Output of Mutton(ton)	7653	7919	3.5
羊毛产量(吨)	Output of Wool(ton)	787	767	-2.5

23-79 Zhuozi County in Wulanchabu City

指 标	Item	2007	2008	2008 年比上年增长% Increase Rate in 2008 Over 2007(%)
年末牲畜存栏头数(万头只)	Total Livestock at the Year-end(10 000 heads)	40.56	41.26	1.7
# 大牲畜(万头只)	Large Animals(10 000 heads)	5.71	5.69	-0.4
羊(万只)	Sheep & Goats(10 000 heads)	31.06	31.76	2.3
猪(万头)	Hogs(10 000 heads)	3.79	3.81	0.5
规模以上工业	**Industrial Enterprises above Designated size**			
工业企业单位数(个)	Number of Industrial Enterprises(unit)	27	34	25.9
# 内资企业(个)	Civil Funded Enterprises(unit)	27	33	22.2
工业总产值(万元)	Gross Industrial Output Value(10 000 yuan)	244616	317950	15.2
内资企业(万元)	Civil Funded Enterprises(10 000 yuan)	244616	316759	14.9
国有企业(万元)	State-owned Enterprises(10 000 yuan)	10857	14244	16.4
集体企业(万元)	Collective-owned Enterprises(10 000 yuan)			0.0
股份合作企业(万元)	Share Holding Enterprises(10 000 yuan)		5147	0.0
联营企业(万元)	Joint Owned Enterprises(10 000 yuan)			0.0
有限责任公司(万元)	Limited Company(10 000 yuan)	95589	108191	7.8
股份有限公司(万元)	Share Holding Limited Company(10 000 yuan)	10785	12233	6.4
私营企业(万元)	Privately Owned Enterprises(10 000 yuan)	127385	176944	18.2
其他企业(万元)	Enterprises of Other Ownership(10 000 yuan)			0.0
港澳台商投资企业(万元)	Funds from HK,Macao & Taiwan(10 000 yuan)			0.0
外商投资企业(万元)	Foreign Funded Enterprises(10 000 yuan)			0.0
工业企业增加值(万元)	Value Added of Industrial Enterprises(10 000 yuan)	90056	110710	8.0
工业企业资产总计(万元)	Total Assets of Industrial Enterprises(10 000 yuan)	392700	499643	27.2
工业企业负债合计(万元)	Total Liabilities of Industrial Enterprises(10 000 yuan)	346263	412515	19.1
工业企业产品销售收入(万元)	Sales of Revenue Industrial Enterprises(10 000 yuan)	244433	311832	27.6
工业企业利润总额(万元)	Total Profits of Industrial Enterprises(10 000 yuan)	-6751	-10096	
建筑业	**Construction**			
建筑企业单位数(个)	Number of Construction Enterprises(unit)	2	2	0.0
建筑企业从业人员(人)	Number of Employee in Construction Enterprises(person)	459	551	20.0
建筑业总产值(万元)	Gross Construction Output Value(10 000 yuan)	5991	5611	-6.3
交通运输邮电通信业	**Transportation,Post & Telecommunications**			
公路里程(公里)	Total Length of Highways(km)	784	802	2.3
邮电业务总量(万元)	Business Volume of Post & Telecoms(10 000 yuan)	1745	1955	12.0
本地电话用户(户)	Number of Subscribers of Local Telephone(Household)	13802	13425	-2.7
国内贸易	**Demestic Trade**			
社会消费品零售总额(万元)	Total Retail Sales of Consumer Goods(10 000 yuan)	58069	69087	19.0
# 贸易业(万元)	Wholesale & Retail Sales Trades(10 000 yuan)	43298	52281	20.7
餐饮业(万元)	Catering Trade(10 000 yuan)	13285	15424	16.1
科技教育卫生	**Science,Education & Public Health**			
各类专业技术人员(人)	Speccial Technical Personnel(person)	540	581	7.6
幼儿园数(所)	Number of Kindergartens(unit)	12	16	33.3
学龄儿童入学率(%)	Percentage of School-Age Children Enrolled(%)	100.0	100.0	0.0
小学学校数(所)	Number of Primary Schools(unit)	20	19	-5.0
小学专任教师数(人)	Number of Full-time Teachers of Primary Schools(person)	671	649	-3.3
小学在校学生数(人)	Number of Student Enrollment of Primary Schools(person)	7672	8404	9.5
普通中学学校数(所)	Number of Regular Secondary Schools(unit)	8	8	0.0
普通中学专任教师数(人)	Number of Teachers of Secondary Shools(person)	819	810	-1.1
初中在校学生数(人)	Number of Student in Junior Secondary Schools(person)	7480	6765	-9.6
高中在校学生数(人)	Number of Student in Senior Secondary Schools(person)	2247	2115	-5.9
卫生机构数(所)	Number of Health Institutions(unit)	22	22	0.0
# 医院(所)	Hospitals(unit)	1	1	0.0
卫生院(所)	Township Hospitals(unit)	17	17	0.0
床位数(张)	Number of Beds(unit)	241	241	0.0
# 医院(张)	Hospitals(unit)	116	116	0.0
卫生院(张)	Township Hospitals(unit)	117	117	0.0
卫生技术人员(人)	Medical Technical Presonnel(person)	316	312	-1.3
# 医院(人)	Hospitals(person)	88	82	-6.8
卫生院(人)	Township Hospitals(person)	106	108	1.9

23-80 乌兰察布市化德县

指 标	Item	2007	2008	2008 年比上年增长% Increase Rate in 2008 Over 2007(%)
行政区域土地面积(平方公里)	**Area of Administration(Sq.km)**	**2527**	**2527**	**0.0**
人口和就业	**Population & Employment**			
年末总人口(人)	Total Population Year-end(person)	175621	177682	1.2
#男性(人)	Male(person)	86102	91054	5.8
#乡村人口(人)	Rural(person)	134851	151723	12.5
年末总户数(户)	Total Number of Households at the Year-end(Household)	67141	67492	0.5
#乡村户数(户)	Number of Rural Household(Household)	37269	37108	-0.4
出生人口(人)	Births(person)	3619	1598	-55.8
死亡人口(人)	Deaths(person)	308	204	-33.8
全社会就业人员(人)	Employment(person)	79742	79274	-0.6
第一产业(人)	Primary Industry(person)	48725	48526	-0.4
第二产业(人)	Secondary Industry(person)	5871	5762	-1.9
第三产业(人)	Tertiary Industry(person)	25146	24986	-0.6
在岗职工人数(人)	Number of Staff & Workers Employed in(person)	6271	6119	-2.4
乡村劳动力(人)	Number of Rural Laborers(person)	54629	50565	-7.4
#农林牧渔业(人)	Farming,Forestry,Animal Husbandry & Fishery(person)	44864	45269	0.9
国民经济综合指标	**Summary Item on the National Economy**			
生产总值(万元)	Gross Domestic Product(10 000 yuan)	150241	190862	14.7
第一产业(万元)	Primary Industry(10 000 yuan)	31652	45020	20.5
第二产业(万元)	Secondary Industry(10 000 yuan)	88289	112402	14.5
#工业(万元)	Industry(10 000 yuan)	81476	105000	16.1
第三产业(万元)	Tertiary Industry(10 000 yuan)	30299	33440	10.2
人均生产总值(元)	Per Capita GDP(yuan)	8556	10742	15.6
全社会固定资产投资(万元)	Total Investment in Fixed Assets(10 000 yuan)	50854	80301	57.9
按登记注册类型分	Grouped by Registered Type			
#国有(万元)	State-owned Enterprises(10 000 yuan)	19984	15381	-23.0
集体(万元)	Collective-owned Enterprises(10 000 yuan)			
有限责任公司(万元)	Limited Liability Corporations(10 000 yuan)	28050	4957	-82.3
股份有限公司(万元)	Share Holding Enterprises(10 000 yuan)			
私营企业(万元)	Private Enterprises(10 000 yuan)	2820	4963	76.0
外商及港澳台投资企业(万元)	Funds from HK,Macao,Taiwan & Foreign(10 000 yuan)		55000	
按城乡渠道分	Grouped by Urban and Rural Area			
城镇(万元)	Urban(10 000 yuan)	32788	80301	144.9
农村(万元)	Rural(10 000 yuan)	18056		
一般预算收入(万元)	General Budgetary Financial Revenue(10 000 yuan)	3094	3878	25.3
一般预算支出(万元)	General Budgetary Financial Expenditures(10 000 yuan)	41355	51604	24.8
城乡居民储蓄存款余额(万元)	Resident Saving Deposit in Urban & Rural(10 000 yuan)	65303	75790	16.1
在岗职工工资总额(万元)	Total Wages of Staff & Workers Empioyed in(10 000 yuan)	10759	14184	31.8
在岗职工平均工资(元)	Average Wage of Staff & Workers Employed in(yuan)	18026	22933	27.2
农牧民人均纯收入(元)	Per Capita Net Income of Peasant & Herdsman(yuan)	2350	2965	26.2
农村牧区经济	**Economic Development in Rural & Pastoral Area**			
耕地面积(公顷)	Cultivated Area(hectare)	55500	44496	-19.8
农作物总播种面积(公顷)	Total Sown Area(hectare)	44729	42070	-5.9
#粮食作物播种面积(公顷)	Sown Area of Grain Crops(hectare)	28486	29877	4.9
有效灌溉面积(公顷)	Irrigated Area(hectare)	2690	2694	0.1
农牧业机械总动力(万千瓦)	Total Power of Agricultural Machinery(10 000 kw)	11.58	11.00	-5.0
化肥施用折纯量(吨)	Consumption of Chemical Fertilizer(ton)	2386	1830	-23.3
农村用电量(万千瓦小时)	Electricity Consumed in Rural Area(10 000 kwh)	667	837	25.5
农林牧渔业总产值(万元)	Gross Output of Farming,Forestry,Animal Husbandry & Fishery(10 000 yuan)	50901	76761	24.2
粮食产量(吨)	Yield of Grain(ton)	10530	80170	661.3
油料产量(吨)	Yield of Oil-bearing Grops(ton)	750	2045	172.7
甜菜产量(吨)	Yield of Beetroots(ton)	6750	69750	933.3
猪牛羊肉产量(吨)	Output of Pork, Beef & Mutton(ton)	14486	14865	2.6
#猪肉产量(吨)	Output of Pork(ton)	2811	2968	5.6
牛肉产量(吨)	Output of Beef(ton)	1738	1735	-0.2
羊肉产量(吨)	Output of Mutton(ton)	9937	10162	2.3
羊毛产量(吨)	Output of Wool(ton)	960	960	0.0

23-80 Huade County in Wulanchabu City

指 标	Item	2007	2008	2008 年比上年增长% Increase Rate in 2008 Over 2007(%)
年末牲畜存栏头数(万头只)	Total Livestock at the Year-end(10 000 heads)	34.13	36.53	7.0
#大牲畜(万头只)	Large Animals(10 000 heads)	3.25	3.31	1.8
羊(万只)	Sheep & Goats(10 000 heads)	26.83	29.14	8.6
猪(万头)	Hogs(10 000 heads)	4.05	4.08	0.7
规模以上工业	**Industrial Enterprises above Designated size**			
工业企业单位数(个)	Number of Industrial Enterprises(unit)	24	30	25.0
#内资企业(个)	Civil Funded Enterprises(unit)	24	30	25.0
工业总产值(万元)	Gross Industrial Output Value(10 000 yuan)	213938	298108	18.7
内资企业(万元)	Civil Funded Enterprises(10 000 yuan)	213938	298108	18.7
国有企业(万元)	State-owned Enterprises(10 000 yuan)	3876	5469	21.3
集体企业(万元)	Collective-owned Enterprises(10 000 yuan)			0.0
股份合作企业(万元)	Share Holding Enterprises(10 000 yuan)			0.0
联营企业(万元)	Joint Owned Enterprises(10 000 yuan)			0.0
有限责任公司(万元)	Limited Company(10 000 yuan)			0.0
股份有限公司(万元)	Share Holding Limited Company(10 000 yuan)	3152	4280	16.4
私营企业(万元)	Privately Owned Enterprises(10 000 yuan)	206910	228360	5.1
其他企业(万元)	Enterprises of Other Ownership(10 000 yuan)			0.0
港澳台商投资企业(万元)	Funds from HK,Macao & Taiwan(10 000 yuan)			0.0
外商投资企业(万元)	Foreign Funded Enterprises(10 000 yuan)			0.0
工业企业增加值(万元)	Value Added of Industrial Enterprises(10 000 yuan)	70329	91535	16.0
工业企业资产总计(万元)	Total Assets of Industrial Enterprises(10 000 yuan)	105263	114543	8.8
工业企业负债合计(万元)	Total Liabilities of Industrial Enterprises(10 000 yuan)	55250	47855	-13.4
工业企业产品销售收入(万元)	Sales of Revenue Industrial Enterprises(10 000 yuan)	3580	3840	7.3
工业企业利润总额(万元)	Total Profits of Industrial Enterprises(10 000 yuan)	2064	3909	89.4
建筑业	**Construction**			
建筑企业单位数(个)	Number of Construction Enterprises(unit)	2	2	0.0
建筑企业从业人员(人)	Number of Employee in Construction Enterprises(person)	230	304	32.2
建筑业总产值(万元)	Gross Construction Output Value(10 000 yuan)	5748	6403	11.4
交通运输邮电通信业	**Transportation,Post & Telecommunications**			
公路里程(公里)	Total Length of Highways(km)	790	745	-5.7
邮电业务总量(万元)	Business Volume of Post & Telecoms(10 000 yuan)	1921	2757	43.5
本地电话用户(户)	Number of Subscribers of Local Telephone(Household)	20047	16451	-17.9
国内贸易	**Demestic Trade**		0	
社会消费品零售总额(万元)	Total Retail Sales of Consumer Goods(10 000 yuan)	39045	52771	35.2
#贸易业(万元)	Wholesale & Retail Sales Trades(10 000 yuan)	33439	44565	33.3
餐饮业(万元)	Catering Trade(10 000 yuan)	3988	5782	45.0
科技教育卫生	**Science,Education & Public Health**			
各类专业技术人员(人)	Speccial Technical Personnel(person)	507	542	6.9
幼儿园数(所)	Number of Kindergartens(unit)	12	12	0.0
学龄儿童入学率(%)	Percentage of School-Age Children Enrolled(%)	100.0	100.0	0.0
小学学校数(所)	Number of Primary Schools(unit)	16	14	-12.5
小学专任教师数(人)	Number of Full-time Teachers of Primary Schools(person)	614	604	-1.6
小学在校学生数(人)	Number of Student Enrollment of Primary Schools(person)	7592	7191	-5.3
普通中学学校数(所)	Number of Regular Secondary Schools(unit)	5	3	-40.0
普通中学专任教师数(人)	Number of Teachers of Secondary Shools(person)	537	351	-34.6
初中在校学生数(人)	Number of Student in Junior Secondary Schools(person)	4135	3830	-7.4
高中在校学生数(人)	Number of Student in Senior Secondary Schools(person)	2553	2603	2.0
卫生机构数(所)	Number of Health Institutions(unit)	26	26	0.0
#医院(所)	Hospitals(unit)	2	2	0.0
卫生院(所)	Township Hospitals(unit)	11	11	0.0
床位数(张)	Number of Beds(unit)	252	252	0.0
#医院(张)	Hospitals(unit)	140	140	0.0
卫生院(张)	Township Hospitals(unit)	93	93	0.0
卫生技术人员(人)	Medical Technical Presonnel(person)	340	348	2.4
#医院(人)	Hospitals(person)	136	164	20.6
卫生院(人)	Township Hospitals(person)	77	88	14.3

23-81 乌兰察布市商都县

指 标	Item	2007	2008	2008 年比上年增长% Increase Rate in 2008 Over 2007(%)
行政区域土地面积(平方公里)	**Area of Administration(Sq.km)**	**4304**	**4304**	**0.0**
人口和就业	**Population & Employment**			
年末总人口(人)	Total Population Year-end(person)	346985	349088	0.6
#男性(人)	Male(person)	179012	179876	0.5
#乡村人口(人)	Rural(person)	290146	293541	1.2
年末总户数(户)	Total Number of Households at the Year-end(Household)	128145	124666	-2.7
#乡村户数(户)	Number of Rural Household(Household)	50492	48331	-4.3
出生人口(人)	Births(person)	4446	3619	-18.6
死亡人口(人)	Deaths(person)	276	748	171.0
全社会就业人员(人)	Employment(person)	177137	166929	-5.8
第一产业(人)	Primary Industry(person)	100128	100031	-0.1
第二产业(人)	Secondary Industry(person)	16874	16751	-0.7
第三产业(人)	Tertiary Industry(person)	60135	60147	0.0
在岗职工人数(人)	Number of Staff & Workers Employed in(person)	9468	8739	-7.7
乡村劳动力(人)	Number of Rural Laborers(person)	104016	98440	-5.4
#农林牧渔业(人)	Farming,Forestry,Animal Husbandry & Fishery(person)	78472	81676	4.1
国民经济综合指标	**Summary Item on the National Economy**			
生产总值(万元)	Gross Domestic Product(10 000 yuan)	227314	275208	10.3
第一产业(万元)	Primary Industry(10 000 yuan)	64325	85410	9.7
第二产业(万元)	Secondary Industry(10 000 yuan)	84218	100538	6.8
#工业(万元)	Industry(10 000 yuan)	73675	89289	8.5
第三产业(万元)	Tertiary Industry(10 000 yuan)	78771	89260	13.9
人均生产总值(元)	Per Capita GDP(yuan)	6552	7884	12.5
全社会固定资产投资(万元)	Total Investment in Fixed Assets(10 000 yuan)	82037	120079	46.4
按登记注册类型分	Grouped by Registered Type			
#国有(万元)	State-owned Enterprises(10 000 yuan)	28207	36071	27.9
集体(万元)	Collective-owned Enterprises(10 000 yuan)			
有限责任公司(万元)	Limited Liability Corporations(10 000 yuan)	45980	46150	0.4
股份有限公司(万元)	Share Holding Enterprises(10 000 yuan)	550	18000	3172.7
私营企业(万元)	Private Enterprises(10 000 yuan)	6660	17058	156.1
外商及港澳台投资企业(万元)	Funds from HK,Macao,Taiwan & Foreign(10 000 yuan)			
按城乡渠道分	Grouped by Urban and Rural Area			
城镇(万元)	Urban(10 000 yuan)	50990	36918	-27.6
农村(万元)	Rural(10 000 yuan)	31047	83161	167.9
一般预算收入(万元)	General Budgetary Financial Revenue(10 000 yuan)	5017	3890	-22.5
一般预算支出(万元)	General Budgetary Financial Expenditures(10 000 yuan)	49672	63717	28.3
城乡居民储蓄存款余额(万元)	Resident Saving Deposit in Urban & Rural(10 000 yuan)	105860	100168	-5.4
在岗职工工资总额(万元)	Total Wages of Staff & Workers Empioyed in(10 000 yuan)	16562	21465	29.6
在岗职工平均工资(元)	Average Wage of Staff & Workers Employed in(yuan)	17548	24487	39.5
农牧民人均纯收入(元)	Per Capita Net Income of Peasant & Herdsman(yuan)	2051	2960	44.3
农村牧区经济	**Economic Development in Rural & Pastoral Area**			
耕地面积(公顷)	Cultivated Area(hectare)	154320	154329	0.0
农作物总播种面积(公顷)	Total Sown Area(hectare)	85505	82733	-3.2
#粮食作物播种面积(公顷)	Sown Area of Grain Crops(hectare)	59782	60953	2.0
有效灌溉面积(公顷)	Irrigated Area(hectare)	2800	14377	413.5
农牧业机械总动力(万千瓦)	Total Power of Agricultural Machinery(10 000 kw)	19.02	18.27	-3.9
化肥施用折纯量(吨)	Consumption of Chemical Fertilizer(ton)	9798	9108	-7.0
农村用电量(万千瓦小时)	Electricity Consumed in Rural Area(10 000 kwh)	3051	3669	20.3
农林牧渔业总产值(万元)	Gross Output of Farming,Forestry,Animal Husbandry & Fishery(10 000 yuan)	106961	146023	18.7
粮食产量(吨)	Yield of Grain(ton)	25354	120021	373.4
油料产量(吨)	Yield of Oil-bearing Grops(ton)	466	4626	892.7
甜菜产量(吨)	Yield of Beetroots(ton)	60255	111606	85.2
猪牛羊肉产量(吨)	Output of Pork, Beef & Mutton(ton)	18021	18350	1.8
#猪肉产量(吨)	Output of Pork(ton)	3661	4212	15.1
牛肉产量(吨)	Output of Beef(ton)	3371	2645	-21.5
羊肉产量(吨)	Output of Mutton(ton)	10989	11493	4.6
羊毛产量(吨)	Output of Wool(ton)	891	852	-4.4

23-81 Shangdu County in Wulanchabu City

指 标	Item	2007	2008	2008年比上年增长% Increase Rate in 2008 Over 2007(%)
年末牲畜存栏头数(万头只)	Total Livestock at the Year-end(10 000 heads)	37.81	42.18	11.6
#大牲畜(万头只)	Large Animals(10 000 heads)	3.43	3.46	0.9
羊(万只)	Sheep & Goats(10 000 heads)	30.69	35.21	14.7
猪(万头)	Hogs(10 000 heads)	3.70	3.51	-5.1
规模以上工业	**Industrial Enterprises above Designated size**			
工业企业单位数(个)	Number of Industrial Enterprises(unit)	20	29	45.0
#内资企业(个)	Civil Funded Enterprises(unit)	20	29	45.0
工业总产值(万元)	Gross Industrial Output Value(10 000 yuan)	153970	195718	14.6
内资企业(万元)	Civil Funded Enterprises(10 000 yuan)	153970	195718	14.6
国有企业(万元)	State-owned Enterprises(10 000 yuan)	4283	6580	25.4
集体企业(万元)	Collective-owned Enterprises(10 000 yuan)			0.0
股份合作企业(万元)	Share Holding Enterprises(10 000 yuan)			0.0
联营企业(万元)	Joint Owned Enterprises(10 000 yuan)			0.0
有限责任公司(万元)	Limited Company(10 000 yuan)	7341	7543	1.4
股份有限公司(万元)	Share Holding Limited Company(10 000 yuan)			0.0
私营企业(万元)	Privately Owned Enterprises(10 000 yuan)	142346	181594	13.5
其他企业(万元)	Enterprises of Other Ownership(10 000 yuan)			0.0
港澳台商投资企业(万元)	Funds from HK,Macao & Taiwan(10 000 yuan)			0.0
外商投资企业(万元)	Foreign Funded Enterprises(10 000 yuan)			0.0
工业企业增加值(万元)	Value Added of Industrial Enterprises(10 000 yuan)	56505	70435	6.8
工业企业资产总计(万元)	Total Assets of Industrial Enterprises(10 000 yuan)	50519	50486	-0.1
工业企业负债合计(万元)	Total Liabilities of Industrial Enterprises(10 000 yuan)	22711	23398	3.0
工业企业产品销售收入(万元)	Sales of Revenue Industrial Enterprises(10 000 yuan)	154212	190258	23.4
工业企业利润总额(万元)	Total Profits of Industrial Enterprises(10 000 yuan)	1754	3592	104.8
建筑业	**Construction**			
建筑企业单位数(个)	Number of Construction Enterprises(unit)	1	1	0.0
建筑企业从业人员(人)	Number of Employee in Construction Enterprises(person)	190	70	-63.2
建筑业总产值(万元)	Gross Construction Output Value(10 000 yuan)	5800	6000	3.4
交通运输邮电通信业	**Transportation,Post & Telecommunications**			
公路里程(公里)	Total Length of Highways(km)	781	1055	35.1
邮电业务总量(万元)	Business Volume of Post & Telecoms(10 000 yuan)	1812	2045	12.9
本地电话用户(户)	Number of Subscribers of Local Telephone(Household)	29047	32500	11.9
国内贸易	**Demestic Trade**			
社会消费品零售总额(万元)	Total Retail Sales of Consumer Goods(10 000 yuan)	129466	140530	8.5
#贸易业(万元)	Wholesale & Retail Sales Trades(10 000 yuan)	112851	121626	7.8
餐饮业(万元)	Catering Trade(10 000 yuan)	14380	16744	16.4
科技教育卫生	**Science,Education & Public Health**			
各类专业技术人员(人)	Speccial Technical Personnel(person)	840	867	3.2
幼儿园数(所)	Number of Kindergartens(unit)	5	4	-20.0
学龄儿童入学率(%)	Percentage of School-Age Children Enrolled(%)	100.0	100.0	0.0
小学学校数(所)	Number of Primary Schools(unit)	30	30	0.0
小学专任教师数(人)	Number of Full-time Teachers of Primary Schools(person)	1065	1026	-3.7
小学在校学生数(人)	Number of Student Enrollment of Primary Schools(person)	15800	13881	-12.1
普通中学学校数(所)	Number of Regular Secondary Schools(unit)	13	13	0.0
普通中学专任教师数(人)	Number of Teachers of Secondary Shools(person)	1033	993	-3.9
初中在校学生数(人)	Number of Student in Junior Secondary Schools(person)	9258	9276	0.2
高中在校学生数(人)	Number of Student in Senior Secondary Schools(person)	4291	3041	-29.1
卫生机构数(所)	Number of Health Institutions(unit)	21	21	0.0
#医院(所)	Hospitals(unit)	2	2	0.0
卫生院(所)	Township Hospitals(unit)	19	19	0.0
床位数(张)	Number of Beds(unit)	326	326	0.0
#医院(张)	Hospitals(unit)	220	220	0.0
卫生院(张)	Township Hospitals(unit)	106	106	0.0
卫生技术人员(人)	Medical Technical Presonnel(person)	488	492	0.8
#医院(人)	Hospitals(person)	271	274	1.1
卫生院(人)	Township Hospitals(person)	139	149	7.2

23-82 乌兰察布市兴和县

指 标	Item	2007	2008	2008 年比上年增长% Increase Rate in 2008 Over 2007(%)
行政区域土地面积(平方公里)	**Area of Administration(Sq.km)**	**3518**	**3518**	**0.0**
人口和就业	**Population & Employment**			
年末总人口(人)	Total Population Year-end(person)	317286	321515	1.3
#男性(人)	Male(person)	164954	166983	1.2
#乡村人口(人)	Rural(person)	199601	204736	2.6
年末总户数(户)	Total Number of Households at the Year-end(Household)	105797	107135	1.3
#乡村户数(户)	Number of Rural Household(Household)	51450	50886	-1.1
出生人口(人)	Births(person)	4487	4826	7.6
死亡人口(人)	Deaths(person)	217	619	185.3
全社会就业人员(人)	Employment(person)	189630	188892	-0.4
第一产业(人)	Primary Industry(person)	93021	92781	-0.3
第二产业(人)	Secondary Industry(person)	23451	23087	-1.6
第三产业(人)	Tertiary Industry(person)	73158	73024	-0.2
在岗职工人数(人)	Number of Staff & Workers Employed in(person)	9051	9602	6.1
乡村劳动力(人)	Number of Rural Laborers(person)	112175	110875	-1.2
#农林牧渔业(人)	Farming,Forestry,Animal Husbandry & Fishery(person)	74503	73085	-1.9
国民经济综合指标	**Summary Item on the National Economy**			
生产总值(万元)	Gross Domestic Product(10 000 yuan)	223767	276210	11.4
第一产业(万元)	Primary Industry(10 000 yuan)	68078	80733	4.4
第二产业(万元)	Secondary Industry(10 000 yuan)	76949	95324	9.9
#工业(万元)	Industry(10 000 yuan)	60171	80677	19.7
第三产业(万元)	Tertiary Industry(10 000 yuan)	78740	100153	18.0
人均生产总值(元)	Per Capita GDP(yuan)	7054	8591	12.4
全社会固定资产投资(万元)	Total Investment in Fixed Assets(10 000 yuan)	150080	181903	21.2
按登记注册类型分	Grouped by Registered Type			
#国有(万元)	State-owned Enterprises(10 000 yuan)	53077	36672	-30.9
集体(万元)	Collective-owned Enterprises(10 000 yuan)			
有限责任公司(万元)	Limited Liability Corporations(10 000 yuan)	6465	6911	6.9
股份有限公司(万元)	Share Holding Enterprises(10 000 yuan)	8400	8000	-4.8
私营企业(万元)	Private Enterprises(10 000 yuan)	66158	103620	56.6
外商及港澳台投资企业(万元)	Funds from HK,Macao,Taiwan & Foreign(10 000 yuan)			
按城乡渠道分	Grouped by Urban and Rural Area			
城镇(万元)	Urban(10 000 yuan)	97678	168861	72.9
农村(万元)	Rural(10 000 yuan)	52402	13042	-75.1
一般预算收入(万元)	General Budgetary Financial Revenue(10 000 yuan)	8507	5498	-35.4
一般预算支出(万元)	General Budgetary Financial Expenditures(10 000 yuan)	45388	58444	28.8
城乡居民储蓄存款余额(万元)	Resident Saving Deposit in Urban & Rural(10 000 yuan)	116987	112278	-4.0
在岗职工工资总额(万元)	Total Wages of Staff & Workers Empioyed in(10 000 yuan)	14606	16611	13.7
在岗职工平均工资(元)	Average Wage of Staff & Workers Employed in(yuan)	16137	17300	7.2
农牧民人均纯收入(元)	Per Capita Net Income of Peasant & Herdsman(yuan)	2707	3443	27.2
农村牧区经济	**Economic Development in Rural & Pastoral Area**			
耕地面积(公顷)	Cultivated Area(hectare)	102000	64340	-36.9
农作物总播种面积(公顷)	Total Sown Area(hectare)	69952	69359	-0.8
#粮食作物播种面积(公顷)	Sown Area of Grain Crops(hectare)	46667	53120	13.8
有效灌溉面积(公顷)	Irrigated Area(hectare)	24810	24810	0.0
农牧业机械总动力(万千瓦)	Total Power of Agricultural Machinery(10 000 kw)	13.66	14.10	3.2
化肥施用折纯量(吨)	Consumption of Chemical Fertilizer(ton)	7237	7710	6.5
农村用电量(万千瓦小时)	Electricity Consumed in Rural Area(10 000 kwh)	2155	2370	10.0
农林牧渔业总产值(万元)	Gross Output of Farming,Forestry,Animal Husbandry & Fishery(10 000 yuan)	113424	136608	11.2
粮食产量(吨)	Yield of Grain(ton)	38555	133000	245.0
油料产量(吨)	Yield of Oil-bearing Grops(ton)	3054	8000	162.0
甜菜产量(吨)	Yield of Beetroots(ton)	10000	25760	157.6
猪牛羊肉产量(吨)	Output of Pork, Beef & Mutton(ton)	26203	27412	4.6
#猪肉产量(吨)	Output of Pork(ton)	4513	5206	15.4
牛肉产量(吨)	Output of Beef(ton)	4053	4631	14.3
羊肉产量(吨)	Output of Mutton(ton)	17637	17575	-0.4
羊毛产量(吨)	Output of Wool(ton)	99	1000	910.1

23-82 Xinghe County in Wulanchabu City

指 标	Item	2007	2008	2008 年比上年增长% Increase Rate in 2008 Over 2007(%)
年末牲畜存栏头数(万头只)	Total Livestock at the Year-end(10 000 heads)	65.06	68.54	5.3
# 大牲畜(万头只)	Large Animals(10 000 heads)	7.73	7.32	-5.3
羊(万只)	Sheep & Goats(10 000 heads)	51.39	55.22	7.5
猪(万头)	Hogs(10 000 heads)	5.94	6.01	1.2
规模以上工业	**Industrial Enterprises above Designated size**			
工业企业单位数(个)	Number of Industrial Enterprises(unit)	13	18	38.5
# 内资企业(个)	Civil Funded Enterprises(unit)	13	18	38.5
工业总产值(万元)	Gross Industrial Output Value(10 000 yuan)	132549	184882	18.6
内资企业(万元)	Civil Funded Enterprises(10 000 yuan)	132549	184882	18.6
国有企业(万元)	State-owned Enterprises(10 000 yuan)	4839	8186	25.4
集体企业(万元)	Collective-owned Enterprises(10 000 yuan)			0.0
股份合作企业(万元)	Share Holding Enterprises(10 000 yuan)		6130	0.0
联营企业(万元)	Joint Owned Enterprises(10 000 yuan)	8644		-100.0
有限责任公司(万元)	Limited Company(10 000 yuan)	34822	36722	2.7
股份有限公司(万元)	Share Holding Limited Company(10 000 yuan)			0.0
私营企业(万元)	Privately Owned Enterprises(10 000 yuan)	84244	133844	26.2
其他企业(万元)	Enterprises of Other Ownership(10 000 yuan)			0.0
港澳台商投资企业(万元)	Funds from HK,Macao & Taiwan(10 000 yuan)			0.0
外商投资企业(万元)	Foreign Funded Enterprises(10 000 yuan)			0.0
工业企业增加值(万元)	Value Added of Industrial Enterprises(10 000 yuan)	44336	61438	14.0
工业企业资产总计(万元)	Total Assets of Industrial Enterprises(10 000 yuan)	97282	135623	39.4
工业企业负债合计(万元)	Total Liabilities of Industrial Enterprises(10 000 yuan)	53088	64474	21.4
工业企业产品销售收入(万元)	Sales of Revenue Industrial Enterprises(10 000 yuan)	124062	177939	43.4
工业企业利润总额(万元)	Total Profits of Industrial Enterprises(10 000 yuan)	2732	3163	15.8
建筑业	**Construction**			
建筑企业单位数(个)	Number of Construction Enterprises(unit)	1	1	0.0
建筑企业从业人员(人)	Number of Employee in Construction Enterprises(person)	489	159	-67.5
建筑业总产值(万元)	Gross Construction Output Value(10 000 yuan)	4990	5750	15.2
交通运输邮电通信业	**Transportation,Post & Telecommunications**			
公路里程(公里)	Total Length of Highways(km)	1284	1300	1.2
邮电业务总量(万元)	Business Volume of Post & Telecoms(10 000 yuan)	1578	1430	-9.4
本地电话用户(户)	Number of Subscribers of Local Telephone(Household)	14602	15820	8.3
国内贸易	**Demestic Trade**			
社会消费品零售总额(万元)	Total Retail Sales of Consumer Goods(10 000 yuan)	76200	99060	30.0
# 贸易业(万元)	Wholesale & Retail Sales Trades(10 000 yuan)	71778	93454	30.2
餐饮业(万元)	Catering Trade(10 000 yuan)	2765	4294	55.3
科技教育卫生	**Science,Education & Public Health**			
各类专业技术人员(人)	Speccial Technical Personnel(person)	758	821	8.3
幼儿园数(所)	Number of Kindergartens(unit)	1	1	0.0
学龄儿童入学率(%)	Percentage of School-Age Children Enrolled(%)	100.0	100.0	0.0
小学学校数(所)	Number of Primary Schools(unit)	26	25	-3.8
小学专任教师数(人)	Number of Full-time Teachers of Primary Schools(person)	999	963	-3.6
小学在校学生数(人)	Number of Student Enrollment of Primary Schools(person)	14082	13911	-1.2
普通中学学校数(所)	Number of Regular Secondary Schools(unit)	5	7	40.0
普通中学专任教师数(人)	Number of Teachers of Secondary Shools(person)	581	528	-9.1
初中在校学生数(人)	Number of Student in Junior Secondary Schools(person)	6074	7377	21.5
高中在校学生数(人)	Number of Student in Senior Secondary Schools(person)	2600	1764	-32.2
卫生机构数(所)	Number of Health Institutions(unit)	24	24	0.0
# 医院(所)	Hospitals(unit)	2	2	0.0
卫生院(所)	Township Hospitals(unit)	13	13	0.0
床位数(张)	Number of Beds(unit)	220	231	5.0
# 医院(张)	Hospitals(unit)	122	164	34.4
卫生院(张)	Township Hospitals(unit)	98	100	2.0
卫生技术人员(人)	Medical Technical Presonnel(person)	424	436	2.8
# 医院(人)	Hospitals(person)	194	222	14.4
卫生院(人)	Township Hospitals(person)	112	120	7.1

23-83 乌兰察布市凉城县

指 标	Item	2007	2008	2008 年比上年增长% Increase Rate in 2008 Over 2007(%)
行政区域土地面积(平方公里)	**Area of Administration(Sq.km)**	**3451**	**3451**	**0.0**
人口和就业	**Population & Employment**			
年末总人口(人)	Total Population Year-end(person)	246038	248700	1.1
#男性(人)	Male(person)	131125	132273	0.9
#乡村人口(人)	Rural(person)	183025	210354	14.9
年末总户数(户)	Total Number of Households at the Year-end(Household)	90385	90908	0.6
#乡村户数(户)	Number of Rural Household(Household)	52492	51059	-2.7
出生人口(人)	Births(person)	3570	3615	1.3
死亡人口(人)	Deaths(person)	399	930	133.1
全社会就业人员(人)	Employment(person)	191434	190217	-0.6
第一产业(人)	Primary Industry(person)	80542	80182	-0.4
第二产业(人)	Secondary Industry(person)	29864	29312	-1.8
第三产业(人)	Tertiary Industry(person)	81028	80723	-0.4
在岗职工人数(人)	Number of Staff & Workers Employed in(person)	8781	8262	-5.9
乡村劳动力(人)	Number of Rural Laborers(person)	108236	100503	-7.1
#农林牧渔业(人)	Farming,Forestry,Animal Husbandry & Fishery(person)	77190	74818	-3.1
国民经济综合指标	**Summary Item on the National Economy**			
生产总值(万元)	Gross Domestic Product(10 000 yuan)	432415	550258	13.6
第一产业(万元)	Primary Industry(10 000 yuan)	95782	106125	3.0
第二产业(万元)	Secondary Industry(10 000 yuan)	222153	299513	20.5
#工业(万元)	Industry(10 000 yuan)	187114	258048	23.5
第三产业(万元)	Tertiary Industry(10 000 yuan)	114479	144620	10.0
人均生产总值(元)	Per Capita GDP(yuan)	17578	22125	14.2
全社会固定资产投资(万元)	Total Investment in Fixed Assets(10 000 yuan)	132697	220244	66.0
按登记注册类型分	Grouped by Registered Type			
#国有(万元)	State-owned Enterprises(10 000 yuan)	63860	100677	57.7
集体(万元)	Collective-owned Enterprises(10 000 yuan)			
有限责任公司(万元)	Limited Liability Corporations(10 000 yuan)	44837	28226	-37.0
股份有限公司(万元)	Share Holding Enterprises(10 000 yuan)	20800	19295	-7.2
私营企业(万元)	Private Enterprises(10 000 yuan)	3200	63051	1870.3
外商及港澳台投资企业(万元)	Funds from HK,Macao,Taiwan & Foreign(10 000 yuan)		452	
按城乡渠道分	Grouped by Urban and Rural Area			
城镇(万元)	Urban(10 000 yuan)	131437	174292	32.6
农村(万元)	Rural(10 000 yuan)	1260	45952	3547.0
一般预算收入(万元)	General Budgetary Financial Revenue(10 000 yuan)	21546	17456	-19.0
一般预算支出(万元)	General Budgetary Financial Expenditures(10 000 yuan)	53554	67690	26.4
城乡居民储蓄存款余额(万元)	Resident Saving Deposit in Urban & Rural(10 000 yuan)	152843	126758	-17.1
在岗职工工资总额(万元)	Total Wages of Staff & Workers Empioyed in(10 000 yuan)	18850	23700	25.7
在岗职工平均工资(元)	Average Wage of Staff & Workers Employed in(yuan)	21125	28811	36.4
农牧民人均纯收入(元)	Per Capita Net Income of Peasant & Herdsman(yuan)	4161	4940	18.7
农村牧区经济	**Economic Development in Rural & Pastoral Area**			
耕地面积(公顷)	Cultivated Area(hectare)	60600	60600	0.0
农作物总播种面积(公顷)	Total Sown Area(hectare)	60600	60600	0.0
#粮食作物播种面积(公顷)	Sown Area of Grain Crops(hectare)	48045	50872	5.9
有效灌溉面积(公顷)	Irrigated Area(hectare)	16700	16667	-0.2
农牧业机械总动力(万千瓦)	Total Power of Agricultural Machinery(10 000 kw)	12.58	13.60	8.1
化肥施用折纯量(吨)	Consumption of Chemical Fertilizer(ton)	14983	15530	3.7
农村用电量(万千瓦小时)	Electricity Consumed in Rural Area(10 000 kwh)	1651	1932	17.0
农林牧渔业总产值(万元)	Gross Output of Farming,Forestry,Animal Husbandry & Fishery(10 000 yuan)	156687	181071	8.7
粮食产量(吨)	Yield of Grain(ton)	204262	208230	1.9
油料产量(吨)	Yield of Oil-bearing Grops(ton)	5175	2600	-49.8
甜菜产量(吨)	Yield of Beetroots(ton)	39329	41645	5.9
猪牛羊肉产量(吨)	Output of Pork, Beef & Mutton(ton)	22187	24378	9.9
#猪肉产量(吨)	Output of Pork(ton)	4088	4668	14.2
牛肉产量(吨)	Output of Beef(ton)	2915	3874	32.9
羊肉产量(吨)	Output of Mutton(ton)	15184	15836	4.3
羊毛产量(吨)	Output of Wool(ton)	787	799	1.5

23-83 Liangcheng County in Wulanchabu City

指 标	Item	2007	2008	2008 年比上年增长% Increase Rate in 2008 Over 2007(%)
年末牲畜存栏头数(万头只)	Total Livestock at the Year-end(10 000 heads)	59.30	60.55	2.1
#大牲畜(万头只)	Large Animals(10 000 heads)	9.31	9.32	0.1
羊(万只)	Sheep & Goats(10 000 heads)	45.86	47.02	2.5
猪(万头)	Hogs(10 000 heads)	4.13	4.21	1.9
规模以上工业	**Industrial Enterprises above Designated size**			
工业企业单位数(个)	Number of Industrial Enterprises(unit)	8	23	187.5
#内资企业(个)	Civil Funded Enterprises(unit)	8	23	187.5
工业总产值(万元)	Gross Industrial Output Value(10 000 yuan)	355899	660481	36.2
内资企业(万元)	Civil Funded Enterprises(10 000 yuan)	355899	660481	36.2
国有企业(万元)	State-owned Enterprises(10 000 yuan)	1985	2831	21.3
集体企业(万元)	Collective-owned Enterprises(10 000 yuan)			0.0
股份合作企业(万元)	Share Holding Enterprises(10 000 yuan)	7332	25545	89.2
联营企业(万元)	Joint Owned Enterprises(10 000 yuan)			0.0
有限责任公司(万元)	Limited Company(10 000 yuan)	338131	493601	23.5
股份有限公司(万元)	Share Holding Limited Company(10 000 yuan)		366788	0.0
私营企业(万元)	Privately Owned Enterprises(10 000 yuan)	8450	71717	268.1
其他企业(万元)	Enterprises of Other Ownership(10 000 yuan)			0.0
港澳台商投资企业(万元)	Funds from HK,Macao & Taiwan(10 000 yuan)			0.0
外商投资企业(万元)	Foreign Funded Enterprises(10 000 yuan)			0.0
工业企业增加值(万元)	Value Added of Industrial Enterprises(10 000 yuan)	152886	242922	28.0
工业企业资产总计(万元)	Total Assets of Industrial Enterprises(10 000 yuan)	981600	1030752	5.0
工业企业负债合计(万元)	Total Liabilities of Industrial Enterprises(10 000 yuan)	832540	846121	1.6
工业企业产品销售收入(万元)	Sales of Revenue Industrial Enterprises(10 000 yuan)	353934	628006	77.4
工业企业利润总额(万元)	Total Profits of Industrial Enterprises(10 000 yuan)	17903	35478	98.2
建筑业	**Construction**			
建筑企业单位数(个)	Number of Construction Enterprises(unit)	2	2	0.0
建筑企业从业人员(人)	Number of Employee in Construction Enterprises(person)	435	200	-54.0
建筑业总产值(万元)	Gross Construction Output Value(10 000 yuan)	7010	8183	16.7
交通运输邮电通信业	**Transportation,Post & Telecommunications**			
公路里程(公里)	Total Length of Highways(km)	1248	1272	1.9
邮电业务总量(万元)	Business Volume of Post & Telecoms(10 000 yuan)	1652	1238	-25.1
本地电话用户(户)	Number of Subscribers of Local Telephone(Household)	22358	18199	-18.6
国内贸易	**Demestic Trade**			
社会消费品零售总额(万元)	Total Retail Sales of Consumer Goods(10 000 yuan)	72032	86168	19.6
#贸易业(万元)	Wholesale & Retail Sales Trades(10 000 yuan)	61815	73150	18.3
餐饮业(万元)	Catering Trade(10 000 yuan)	6850	9000	31.4
科技教育卫生	**Science,Education & Public Health**			
各类专业技术人员(人)	Speccial Technical Personnel(person)	84	102	21.4
幼儿园数(所)	Number of Kindergartens(unit)	2	7	250.0
学龄儿童入学率(%)	Percentage of School-Age Children Enrolled(%)	100.0	100.0	0.0
小学学校数(所)	Number of Primary Schools(unit)	40	22	-45.0
小学专任教师数(人)	Number of Full-time Teachers of Primary Schools(person)	907	903	-0.4
小学在校学生数(人)	Number of Student Enrollment of Primary Schools(person)	11843	10486	-11.5
普通中学学校数(所)	Number of Regular Secondary Schools(unit)	8	8	0.0
普通中学专任教师数(人)	Number of Teachers of Secondary Shools(person)	746	721	-3.4
初中在校学生数(人)	Number of Student in Junior Secondary Schools(person)	6587	6426	-2.4
高中在校学生数(人)	Number of Student in Senior Secondary Schools(person)	4339	4340	0.0
卫生机构数(所)	Number of Health Institutions(unit)	24	24	0.0
#医院(所)	Hospitals(unit)	1	1	0.0
卫生院(所)	Township Hospitals(unit)	19	19	0.0
床位数(张)	Number of Beds(unit)	256	260	1.6
#医院(张)	Hospitals(unit)	134	134	0.0
卫生院(张)	Township Hospitals(unit)	114	115	0.9
卫生技术人员(人)	Medical Technical Presonnel(person)	312	347	11.2
#医院(人)	Hospitals(person)	109	146	33.9
卫生院(人)	Township Hospitals(person)	98	123	25.5

23-84 乌兰察布市察哈尔右翼前旗

指 标	Item	2007	2008	2008 年比上年增长% Increase Rate in 2008 Over 2007(%)
行政区域土地面积(平方公里)	**Area of Administration(Sq.km)**	**2430**	**2430**	**0.0**
人口和就业	**Population & Employment**			
年末总人口(人)	Total Population Year-end(person)	247285	250238	1.2
#男性(人)	Male(person)	127797	129160	1.1
#乡村人口(人)	Rural(person)	187757	207217	10.4
年末总户数(户)	Total Number of Households at the Year-end(Household)	91080	94200	3.4
#乡村户数(户)	Number of Rural Household(Household)	40220	40952	1.8
出生人口(人)	Births(person)	2667	3470	30.1
死亡人口(人)	Deaths(person)	226	514	127.4
全社会就业人员(人)	Employment(person)	122138	121310	-0.7
第一产业(人)	Primary Industry(person)	68371	68125	-0.4
第二产业(人)	Secondary Industry(person)	19481	19124	-1.8
第三产业(人)	Tertiary Industry(person)	34286	34061	-0.7
在岗职工人数(人)	Number of Staff & Workers Employed in(person)	9211	7168	-22.2
乡村劳动力(人)	Number of Rural Laborers(person)	80204	89973	12.2
#农林牧渔业(人)	Farming,Forestry,Animal Husbandry & Fishery(person)	70952	77773	9.6
国民经济综合指标	**Summary Item on the National Economy**			
生产总值(万元)	Gross Domestic Product(10 000 yuan)	345036	444091	16.5
第一产业(万元)	Primary Industry(10 000 yuan)	64550	86691	12.7
第二产业(万元)	Secondary Industry(10 000 yuan)	185096	245671	18.3
#工业(万元)	Industry(10 000 yuan)	183928	215741	13.5
第三产业(万元)	Tertiary Industry(10 000 yuan)	95390	111729	15.9
人均生产总值(元)	Per Capita GDP(yuan)	13952	17747	14.6
全社会固定资产投资(万元)	Total Investment in Fixed Assets(10 000 yuan)	160018	176067	10.0
按登记注册类型分	Grouped by Registered Type			
#国有(万元)	State-owned Enterprises(10 000 yuan)	15275	18867	23.5
集体(万元)	Collective-owned Enterprises(10 000 yuan)			
有限责任公司(万元)	Limited Liability Corporations(10 000 yuan)	61574	133500	116.8
股份有限公司(万元)	Share Holding Enterprises(10 000 yuan)	55620	10100	-81.8
私营企业(万元)	Private Enterprises(10 000 yuan)	27549		
外商及港澳台投资企业(万元)	Funds from HK,Macao,Taiwan & Foreign(10 000 yuan)			
按城乡渠道分	Grouped by Urban and Rural Area			
城镇(万元)	Urban(10 000 yuan)	158192	173269	9.5
农村(万元)	Rural(10 000 yuan)	1826	2807	53.7
一般预算收入(万元)	General Budgetary Financial Revenue(10 000 yuan)	9116	9571	5.0
一般预算支出(万元)	General Budgetary Financial Expenditures(10 000 yuan)	44569	67502	51.5
城乡居民储蓄存款余额(万元)	Resident Saving Deposit in Urban & Rural(10 000 yuan)	124928	105881	-15.2
在岗职工工资总额(万元)	Total Wages of Staff & Workers Empioyed in(10 000 yuan)	13944	18530	32.9
在岗职工平均工资(元)	Average Wage of Staff & Workers Employed in(yuan)	19421	26162	34.7
农牧民人均纯收入(元)	Per Capita Net Income of Peasant & Herdsman(yuan)	3774	4189	11.0
农村牧区经济	**Economic Development in Rural & Pastoral Area**			
耕地面积(公顷)	Cultivated Area(hectare)	73150	65467	-10.5
农作物总播种面积(公顷)	Total Sown Area(hectare)	43333	41332	-4.6
#粮食作物播种面积(公顷)	Sown Area of Grain Crops(hectare)	25333	25999	2.6
有效灌溉面积(公顷)	Irrigated Area(hectare)	19550	20026	2.4
农牧业机械总动力(万千瓦)	Total Power of Agricultural Machinery(10 000 kw)	12.06	14.50	20.2
化肥施用折纯量(吨)	Consumption of Chemical Fertilizer(ton)	3597	5940	65.1
农村用电量(万千瓦小时)	Electricity Consumed in Rural Area(10 000 kwh)	1505	1789	18.9
农林牧渔业总产值(万元)	Gross Output of Farming,Forestry,Animal Husbandry & Fishery(10 000 yuan)	105631	150776	21.6
粮食产量(吨)	Yield of Grain(ton)	42774	110850	159.2
油料产量(吨)	Yield of Oil-bearing Grops(ton)	250	2000	700.0
甜菜产量(吨)	Yield of Beetroots(ton)	170000	180000	5.9
猪牛羊肉产量(吨)	Output of Pork, Beef & Mutton(ton)	21859	24477	12.0
#猪肉产量(吨)	Output of Pork(ton)	4018	4432	10.3
牛肉产量(吨)	Output of Beef(ton)	3080	4293	39.4
羊肉产量(吨)	Output of Mutton(ton)	14761	15722	6.5
羊毛产量(吨)	Output of Wool(ton)	730	600	-17.8

23-84 Chahaeryouyiqian Banner in Wulanchabu City

指 标	Item	2007	2008	2008 年比上年增长% Increase Rate in 2008 Over 2007(%)
年末牲畜存栏头数(万头只)	Total Livestock at the Year-end(10 000 heads)	56.47	60.55	7.2
# 大牲畜(万头只)	Large Animals(10 000 heads)	6.73	6.73	0.0
羊(万只)	Sheep & Goats(10 000 heads)	44.24	48.33	9.2
猪(万头)	Hogs(10 000 heads)	5.51	5.49	-0.4
规模以上工业	**Industrial Enterprises above Designated size**			
工业企业单位数(个)	Number of Industrial Enterprises(unit)	42	44	4.8
# 内资企业(个)	Civil Funded Enterprises(unit)	41	44	7.3
工业总产值(万元)	Gross Industrial Output Value(10 000 yuan)	471397	707832	25.1
内资企业(万元)	Civil Funded Enterprises(10 000 yuan)	466308	707832	25.1
国有企业(万元)	State-owned Enterprises(10 000 yuan)	5029	4449	-6.1
集体企业(万元)	Collective-owned Enterprises(10 000 yuan)			0.0
股份合作企业(万元)	Share Holding Enterprises(10 000 yuan)			0.0
联营企业(万元)	Joint Owned Enterprises(10 000 yuan)			0.0
有限责任公司(万元)	Limited Company(10 000 yuan)	59127	154428	87.2
股份有限公司(万元)	Share Holding Limited Company(10 000 yuan)	109167	160867	23.6
私营企业(万元)	Privately Owned Enterprises(10 000 yuan)	292986	388088	16.2
其他企业(万元)	Enterprises of Other Ownership(10 000 yuan)			0.0
港澳台商投资企业(万元)	Funds from HK,Macao & Taiwan(10 000 yuan)	5089		-100.0
外商投资企业(万元)	Foreign Funded Enterprises(10 000 yuan)			0.0
工业企业增加值(万元)	Value Added of Industrial Enterprises(10 000 yuan)	159604	202798	18.0
工业企业资产总计(万元)	Total Assets of Industrial Enterprises(10 000 yuan)	187576	206414	10.0
工业企业负债合计(万元)	Total Liabilities of Industrial Enterprises(10 000 yuan)	120001	142990	19.2
工业企业产品销售收入(万元)	Sales of Revenue Industrial Enterprises(10 000 yuan)	465680	695295	49.3
工业企业利润总额(万元)	Total Profits of Industrial Enterprises(10 000 yuan)	8589	15965	85.9
建筑业	**Construction**			
建筑企业单位数(个)	Number of Construction Enterprises(unit)	1	1	0.0
建筑企业从业人员(人)	Number of Employee in Construction Enterprises(person)	178	150	-15.7
建筑业总产值(万元)	Gross Construction Output Value(10 000 yuan)	2413	2969	23.0
交通运输邮电通信业	**Transportation,Post & Telecommunications**			
公路里程(公里)	Total Length of Highways(km)	720	798	10.8
邮电业务总量(万元)	Business Volume of Post & Telecoms(10 000 yuan)	1581	1720	8.8
本地电话用户(户)	Number of Subscribers of Local Telephone(Household)	20147	12985	-35.5
国内贸易	**Demestic Trade**			
社会消费品零售总额(万元)	Total Retail Sales of Consumer Goods(10 000 yuan)	44837	57600	28.5
# 贸易业(万元)	Wholesale & Retail Sales Trades(10 000 yuan)	28364	38234	34.8
餐饮业(万元)	Catering Trade(10 000 yuan)	6407	7588	18.4
科技教育卫生	**Science,Education & Public Health**			
各类专业技术人员(人)	Speccial Technical Personnel(person)	981	957	-2.4
幼儿园数(所)	Number of Kindergartens(unit)	9	10	11.1
学龄儿童入学率(%)	Percentage of School-Age Children Enrolled(%)	100.0	100.0	0.0
小学学校数(所)	Number of Primary Schools(unit)	29	24	-17.2
小学专任教师数(人)	Number of Full-time Teachers of Primary Schools(person)	909	792	-12.9
小学在校学生数(人)	Number of Student Enrollment of Primary Schools(person)	15400	11574	-24.8
普通中学学校数(所)	Number of Regular Secondary Schools(unit)	7	7	0.0
普通中学专任教师数(人)	Number of Teachers of Secondary Shools(person)	642	560	-12.8
初中在校学生数(人)	Number of Student in Junior Secondary Schools(person)	6692	6677	-0.2
高中在校学生数(人)	Number of Student in Senior Secondary Schools(person)	2954	2571	-13.0
卫生机构数(所)	Number of Health Institutions(unit)	25	24	-4.0
# 医院(所)	Hospitals(unit)	1	1	0.0
卫生院(所)	Township Hospitals(unit)	20	17	-15.0
床位数(张)	Number of Beds(unit)	201	221	10.0
# 医院(张)	Hospitals(unit)	80	80	0.0
卫生院(张)	Township Hospitals(unit)	120	146	21.7
卫生技术人员(人)	Medical Technical Presonnel(person)	409	410	0.2
# 医院(人)	Hospitals(person)	138	146	5.8
卫生院(人)	Township Hospitals(person)	183	165	-9.8

23-85 乌兰察布市察哈尔右翼中旗

指 标	Item	2007	2008	2008 年比上年增长% Increase Rate in 2008 Over 2007(%)
行政区域土地面积(平方公里)	**Area of Administration(Sq.km)**	**4200**	**4200**	**0.0**
人口和就业	**Population & Employment**			
年末总人口(人)	Total Population Year-end(person)	219038	220872	0.8
#男性(人)	Male(person)	116135	116734	0.5
#乡村人口(人)	Rural(person)	153014	159928	4.5
年末总户数(户)	Total Number of Households at the Year-end(Household)	74210	78824	6.2
#乡村户数(户)	Number of Rural Household(Household)	42113	42329	0.5
出生人口(人)	Births(person)	2442	2955	21.0
死亡人口(人)	Deaths(person)	898	1201	33.7
全社会就业人员(人)	Employment(person)	124762	124032	-0.6
第一产业(人)	Primary Industry(person)	77614	77028	-0.8
第二产业(人)	Secondary Industry(person)	10046	9987	-0.6
第三产业(人)	Tertiary Industry(person)	37102	37017	-0.2
在岗职工人数(人)	Number of Staff & Workers Employed in(person)	5811	5783	-0.5
乡村劳动力(人)	Number of Rural Laborers(person)	89152	91381	2.5
#农林牧渔业(人)	Farming,Forestry,Animal Husbandry & Fishery(person)	76629	74671	-2.6
国民经济综合指标	**Summary Item on the National Economy**			
生产总值(万元)	Gross Domestic Product(10 000 yuan)	170235	222216	17.6
第一产业(万元)	Primary Industry(10 000 yuan)	52030	80404	29.8
第二产业(万元)	Secondary Industry(10 000 yuan)	52947	67836	15.1
#工业(万元)	Industry(10 000 yuan)	44447	58189	17.4
第三产业(万元)	Tertiary Industry(10 000 yuan)	65258	73976	11.9
人均生产总值(元)	Per Capita GDP(yuan)	7773	10061	17.5
全社会固定资产投资(万元)	Total Investment in Fixed Assets(10 000 yuan)	120637	161994	34.3
按登记注册类型分	Grouped by Registered Type			
#国有(万元)	State-owned Enterprises(10 000 yuan)	88422	126299	42.8
集体(万元)	Collective-owned Enterprises(10 000 yuan)			
有限责任公司(万元)	Limited Liability Corporations(10 000 yuan)	22030		
股份有限公司(万元)	Share Holding Enterprises(10 000 yuan)		25197	
私营企业(万元)	Private Enterprises(10 000 yuan)	7460		
外商及港澳台投资企业(万元)	Funds from HK,Macao,Taiwan & Foreign(10 000 yuan)			
按城乡渠道分	Grouped by Urban and Rural Area			
城镇(万元)	Urban(10 000 yuan)	97858	160994	64.5
农村(万元)	Rural(10 000 yuan)	22679	1000	-95.6
一般预算收入(万元)	General Budgetary Financial Revenue(10 000 yuan)	3425	4471	30.5
一般预算支出(万元)	General Budgetary Financial Expenditures(10 000 yuan)	42593	62735	47.3
城乡居民储蓄存款余额(万元)	Resident Saving Deposit in Urban & Rural(10 000 yuan)	59844	62276	4.1
在岗职工工资总额(万元)	Total Wages of Staff & Workers Empioyed in(10 000 yuan)	10687	13826	29.4
在岗职工平均工资(元)	Average Wage of Staff & Workers Employed in(yuan)	18395	24156	31.3
农牧民人均纯收入(元)	Per Capita Net Income of Peasant & Herdsman(yuan)	2269	2968	30.8
农村牧区经济	**Economic Development in Rural & Pastoral Area**			
耕地面积(公顷)	Cultivated Area(hectare)	87920	87918	0.0
农作物总播种面积(公顷)	Total Sown Area(hectare)	62286	61526	-1.2
#粮食作物播种面积(公顷)	Sown Area of Grain Crops(hectare)	50685	54121	6.8
有效灌溉面积(公顷)	Irrigated Area(hectare)	15240	14230	-6.6
农牧业机械总动力(万千瓦)	Total Power of Agricultural Machinery(10 000 kw)	16.08	17.00	5.7
化肥施用折纯量(吨)	Consumption of Chemical Fertilizer(ton)	4632	5600	20.9
农村用电量(万千瓦小时)	Electricity Consumed in Rural Area(10 000 kwh)	3512	3612	2.8
农林牧渔业总产值(万元)	Gross Output of Farming,Forestry,Animal Husbandry & Fishery(10 000 yuan)	82446	137467	28.4
粮食产量(吨)	Yield of Grain(ton)	21508	109609	409.6
油料产量(吨)	Yield of Oil-bearing Grops(ton)	655	3528	438.6
甜菜产量(吨)	Yield of Beetroots(ton)			
猪牛羊肉产量(吨)	Output of Pork, Beef & Mutton(ton)	19140	19597	2.4
#猪肉产量(吨)	Output of Pork(ton)	2693	2603	-3.3
牛肉产量(吨)	Output of Beef(ton)	2657	2824	6.3
羊肉产量(吨)	Output of Mutton(ton)	13790	14170	2.8
羊毛产量(吨)	Output of Wool(ton)	1055	990	-6.2

23-85 Chahaeryouyizhong Banner in Wulanchabu City

指 标	Item	2007	2008	2008 年比上年增长% Increase Rate in 2008 Over 2007(%)
年末牲畜存栏头数(万头只)	Total Livestock at the Year-end(10 000 heads)	58.09	60.01	3.3
# 大牲畜(万头只)	Large Animals(10 000 heads)	5.23	4.35	-16.8
羊(万只)	Sheep & Goats(10 000 heads)	50.06	52.66	5.2
猪(万头)	Hogs(10 000 heads)	2.81	2.99	6.4
规模以上工业	**Industrial Enterprises above Designated size**			
工业企业单位数(个)	Number of Industrial Enterprises(unit)	19	22	15.8
# 内资企业(个)	Civil Funded Enterprises(unit)	19	22	15.8
工业总产值(万元)	Gross Industrial Output Value(10 000 yuan)	102373	126545	12.1
内资企业(万元)	Civil Funded Enterprises(10 000 yuan)	102373	126545	12.1
国有企业(万元)	State-owned Enterprises(10 000 yuan)	11256	2337	-28.3
集体企业(万元)	Collective-owned Enterprises(10 000 yuan)			0.0
股份合作企业(万元)	Share Holding Enterprises(10 000 yuan)		13696	0.0
联营企业(万元)	Joint Owned Enterprises(10 000 yuan)			0.0
有限责任公司(万元)	Limited Company(10 000 yuan)	24162	47013	50.1
股份有限公司(万元)	Share Holding Limited Company(10 000 yuan)	13097	16978	18.6
私营企业(万元)	Privately Owned Enterprises(10 000 yuan)	53858	46500	-7.3
其他企业(万元)	Enterprises of Other Ownership(10 000 yuan)			0.0
港澳台商投资企业(万元)	Funds from HK,Macao & Taiwan(10 000 yuan)			0.0
外商投资企业(万元)	Foreign Funded Enterprises(10 000 yuan)			0.0
工业企业增加值(万元)	Value Added of Industrial Enterprises(10 000 yuan)	41080	45859	8.0
工业企业资产总计(万元)	Total Assets of Industrial Enterprises(10 000 yuan)	199860	474021	137.2
工业企业负债合计(万元)	Total Liabilities of Industrial Enterprises(10 000 yuan)	135874	376816	177.3
工业企业产品销售收入(万元)	Sales of Revenue Industrial Enterprises(10 000 yuan)	101816	121529	19.4
工业企业利润总额(万元)	Total Profits of Industrial Enterprises(10 000 yuan)	4411	8952	102.9
建筑业	**Construction**			
建筑企业单位数(个)	Number of Construction Enterprises(unit)	1	1	0.0
建筑企业从业人员(人)	Number of Employee in Construction Enterprises(person)	210	53	-74.8
建筑业总产值(万元)	Gross Construction Output Value(10 000 yuan)	2800	4969	77.5
交通运输邮电通信业	**Transportation,Post & Telecommunications**			
公路里程(公里)	Total Length of Highways(km)	1047	1147	9.6
邮电业务总量(万元)	Business Volume of Post & Telecoms(10 000 yuan)	2428	2590	6.7
本地电话用户(户)	Number of Subscribers of Local Telephone(Household)	24389	24724	1.4
国内贸易	**Demestic Trade**			
社会消费品零售总额(万元)	Total Retail Sales of Consumer Goods(10 000 yuan)	41137	48131	17.0
# 贸易业(万元)	Wholesale & Retail Sales Trades(10 000 yuan)	34080	39736	16.6
餐饮业(万元)	Catering Trade(10 000 yuan)	4355	5693	30.7
科技教育卫生	**Science,Education & Public Health**			
各类专业技术人员(人)	Speccial Technical Personnel(person)	841	891	5.9
幼儿园数(所)	Number of Kindergartens(unit)	2	2	0.0
学龄儿童入学率(%)	Percentage of School-Age Children Enrolled(%)	100.0	99.7	-0.3
小学学校数(所)	Number of Primary Schools(unit)	24	24	0.0
小学专任教师数(人)	Number of Full-time Teachers of Primary Schools(person)	782	777	-0.6
小学在校学生数(人)	Number of Student Enrollment of Primary Schools(person)	7900	6823	-13.6
普通中学学校数(所)	Number of Regular Secondary Schools(unit)	3	3	0.0
普通中学专任教师数(人)	Number of Teachers of Secondary Shools(person)	680	691	1.6
初中在校学生数(人)	Number of Student in Junior Secondary Schools(person)	5248	5252	0.1
高中在校学生数(人)	Number of Student in Senior Secondary Schools(person)	2988	2704	-9.5
卫生机构数(所)	Number of Health Institutions(unit)	30	30	0.0
# 医院(所)	Hospitals(unit)	2	2	0.0
卫生院(所)	Township Hospitals(unit)	25	25	0.0
床位数(张)	Number of Beds(unit)	199	189	-5.0
# 医院(张)	Hospitals(unit)	85	85	0.0
卫生院(张)	Township Hospitals(unit)	102	97	-4.9
卫生技术人员(人)	Medical Technical Presonnel(person)	292	299	2.4
# 医院(人)	Hospitals(person)	113	125	10.6
卫生院(人)	Township Hospitals(person)	93	124	33.3

23-86 乌兰察布市察哈尔右翼后旗

指 标	Item	2007	2008	2008 年比上年增长% Increase Rate in 2008 Over 2007(%)
行政区域土地面积(平方公里)	**Area of Administration(Sq.km)**	**3803**	**3803**	**0.0**
人口和就业	**Population & Employment**			
年末总人口(人)	Total Population Year-end(person)	217877	219903	0.9
# 男性(人)	Male(person)	112007	112837	0.7
# 乡村人口(人)	Rural(person)	168828	182221	7.9
年末总户数(户)	Total Number of Households at the Year-end(Household)	82252	78898	-4.1
# 乡村户数(户)	Number of Rural Household(Household)	28610	29326	2.5
出生人口(人)	Births(person)	3835	2561	-33.2
死亡人口(人)	Deaths(person)	535	607	13.5
全社会就业人员(人)	Employment(person)	93890	93318	-0.6
第一产业(人)	Primary Industry(person)	51002	50897	-0.2
第二产业(人)	Secondary Industry(person)	13107	13057	-0.4
第三产业(人)	Tertiary Industry(person)	29781	29364	-1.4
在岗职工人数(人)	Number of Staff & Workers Employed in(person)	8862	8916	0.6
乡村劳动力(人)	Number of Rural Laborers(person)	57431	57893	0.8
# 农林牧渔业(人)	Farming,Forestry,Animal Husbandry & Fishery(person)	44591	44286	-0.7
国民经济综合指标	**Summary Item on the National Economy**			
生产总值(万元)	Gross Domestic Product(10 000 yuan)	279399	351143	13.3
第一产业(万元)	Primary Industry(10 000 yuan)	50639	72714	12.9
第二产业(万元)	Secondary Industry(10 000 yuan)	159063	201435	14.5
# 工业(万元)	Industry(10 000 yuan)	141369	181678	16.5
第三产业(万元)	Tertiary Industry(10 000 yuan)	69667	76994	11.1
人均生产总值(元)	Per Capita GDP(yuan)	12823	15968	12.4
全社会固定资产投资(万元)	Total Investment in Fixed Assets(10 000 yuan)	100636	138461	37.6
按登记注册类型分	Grouped by Registered Type			
# 国有(万元)	State-owned Enterprises(10 000 yuan)	30396	54580	79.6
集体(万元)	Collective-owned Enterprises(10 000 yuan)	400		
有限责任公司(万元)	Limited Liability Corporations(10 000 yuan)	29240	54780	87.3
股份有限公司(万元)	Share Holding Enterprises(10 000 yuan)	22000	24196	10.0
私营企业(万元)	Private Enterprises(10 000 yuan)	4300		
外商及港澳台投资企业 (万元)	Funds from HK,Macao,Taiwan & Foreign(10 000 yuan)			
按城乡渠道分	Grouped by Urban and Rural Area			
城镇（万元）	Urban(10 000 yuan)	100636	138461	37.6
农村（万元）	Rural(10 000 yuan)			
一般预算收入(万元)	General Budgetary Financial Revenue(10 000 yuan)	8054	9355	16.2
一般预算支出(万元)	General Budgetary Financial Expenditures(10 000 yuan)	43221	59486	37.6
城乡居民储蓄存款余额(万元)	Resident Saving Deposit in Urban & Rural(10 000 yuan)	104442	91510	-12.4
在岗职工工资总额(万元)	Total Wages of Staff & Workers Empioyed in(10 000 yuan)	16367	20599	25.9
在岗职工平均工资(元)	Average Wage of Staff & Workers Employed in(yuan)	18794	23757	26.4
农牧民人均纯收入(元)	Per Capita Net Income of Peasant & Herdsman(yuan)	3053	3620	18.6
农村牧区经济	**Economic Development in Rural & Pastoral Area**			
耕地面积(公顷)	Cultivated Area(hectare)	50600	50595	0.0
农作物总播种面积(公顷)	Total Sown Area(hectare)	48667	44267	-9.0
# 粮食作物播种面积(公顷)	Sown Area of Grain Crops(hectare)	34667	32667	-5.8
有效灌溉面积(公顷)	Irrigated Area(hectare)	2500	8000	220.0
农牧业机械总动力(万千瓦)	Total Power of Agricultural Machinery(10 000 kw)	11.70	11.97	2.3
化肥施用折纯量(吨)	Consumption of Chemical Fertilizer(ton)	4025	4198	4.3
农村用电量(万千瓦小时)	Electricity Consumed in Rural Area(10 000 kwh)	1404	2112	50.4
农林牧渔业总产值(万元)	Gross Output of Farming,Forestry,Animal Husbandry & Fishery(10 000 yuan)	81885	120552	25.1
粮食产量(吨)	Yield of Grain(ton)	20872	100848	383.2
油料产量(吨)	Yield of Oil-bearing Grops(ton)	155	1873	1108.4
甜菜产量(吨)	Yield of Beetroots(ton)	15438		
猪牛羊肉产量(吨)	Output of Pork, Beef & Mutton(ton)	15385	12203	-20.7
# 猪肉产量(吨)	Output of Pork(ton)	2808	3074	9.5
牛肉产量(吨)	Output of Beef(ton)	2634	1581	-40.0
羊肉产量(吨)	Output of Mutton(ton)	9953	7548	-24.2
羊毛产量(吨)	Output of Wool(ton)	732	755	3.1

23-86 Chahaeryouyihou Banner in Wulanchabu City

指 标	Item	2007	2008	2008 年比上年增长% Increase Rate in 2008 Over 2007(%)
年末牲畜存栏头数(万头只)	Total Livestock at the Year-end(10 000 heads)	28.78	33.19	15.3
#大牲畜(万头只)	Large Animals(10 000 heads)	1.71	1.74	1.8
羊(万只)	Sheep & Goats(10 000 heads)	25.19	29.49	17.1
猪(万头)	Hogs(10 000 heads)	1.88	1.96	4.3
规模以上工业	**Industrial Enterprises above Designated size**			
工业企业单位数(个)	Number of Industrial Enterprises(unit)	33	44	33.3
#内资企业(个)	Civil Funded Enterprises(unit)	33	44	33.3
工业总产值(万元)	Gross Industrial Output Value(10 000 yuan)	359217	510084	19.6
内资企业(万元)	Civil Funded Enterprises(10 000 yuan)	359217	510084	19.6
国有企业(万元)	State-owned Enterprises(10 000 yuan)	4865	6264	14.8
集体企业(万元)	Collective-owned Enterprises(10 000 yuan)			0.0
股份合作企业(万元)	Share Holding Enterprises(10 000 yuan)			0.0
联营企业(万元)	Joint Owned Enterprises(10 000 yuan)			0.0
有限责任公司(万元)	Limited Company(10 000 yuan)	82829	96038	7.6
股份有限公司(万元)	Share Holding Limited Company(10 000 yuan)	58213	57659	-1.0
私营企业(万元)	Privately Owned Enterprises(10 000 yuan)	213310	350124	32.1
其他企业(万元)	Enterprises of Other Ownership(10 000 yuan)			0.0
港澳台商投资企业(万元)	Funds from HK,Macao & Taiwan(10 000 yuan)			0.0
外商投资企业(万元)	Foreign Funded Enterprises(10 000 yuan)			0.0
工业企业增加值(万元)	Value Added of Industrial Enterprises(10 000 yuan)	128648	162748	26.0
工业企业资产总计(万元)	Total Assets of Industrial Enterprises(10 000 yuan)	619723	695604	12.2
工业企业负债合计(万元)	Total Liabilities of Industrial Enterprises(10 000 yuan)	391828	473475	20.8
工业企业产品销售收入(万元)	Sales of Revenue Industrial Enterprises(10 000 yuan)	375512	568025	51.3
工业企业利润总额(万元)	Total Profits of Industrial Enterprises(10 000 yuan)	6652	6859	3.1
建筑业	**Construction**			
建筑企业单位数(个)	Number of Construction Enterprises(unit)	3	3	0.0
建筑企业从业人员(人)	Number of Employee in Construction Enterprises(person)	427	844	97.7
建筑业总产值(万元)	Gross Construction Output Value(10 000 yuan)	12930	18200	40.8
交通运输邮电通信业	**Transportation,Post & Telecommunications**			
公路里程(公里)	Total Length of Highways(km)	910	1121	23.2
邮电业务总量(万元)	Business Volume of Post & Telecoms(10 000 yuan)	1704	2260	32.6
本地电话用户(户)	Number of Subscribers of Local Telephone(Household)	23109	7244	-68.7
国内贸易	**Demestic Trade**			
社会消费品零售总额(万元)	Total Retail Sales of Consumer Goods(10 000 yuan)	69604	102061	46.6
#贸易业(万元)	Wholesale & Retail Sales Trades(10 000 yuan)	56643	80293	41.8
餐饮业(万元)	Catering Trade(10 000 yuan)	10404	17610	69.3
科技教育卫生	**Science,Education & Public Health**			
各类专业技术人员(人)	Speccial Technical Personnel(person)	650	687	5.7
幼儿园数(所)	Number of Kindergartens(unit)	3	2	-33.3
学龄儿童入学率(%)	Percentage of School-Age Children Enrolled(%)	100.0	100.0	0.0
小学学校数(所)	Number of Primary Schools(unit)	14	14	0.0
小学专任教师数(人)	Number of Full-time Teachers of Primary Schools(person)	642	645	0.5
小学在校学生数(人)	Number of Student Enrollment of Primary Schools(person)	12084	9260	-23.4
普通中学学校数(所)	Number of Regular Secondary Schools(unit)	3	3	0.0
普通中学专任教师数(人)	Number of Teachers of Secondary Shools(person)	559	560	0.2
初中在校学生数(人)	Number of Student in Junior Secondary Schools(person)	5749	5709	-0.7
高中在校学生数(人)	Number of Student in Senior Secondary Schools(person)	1090	1016	-6.8
卫生机构数(所)	Number of Health Institutions(unit)	25	25	0.0
#医院(所)	Hospitals(unit)	2	2	0.0
卫生院(所)	Township Hospitals(unit)	18	18	0.0
床位数(张)	Number of Beds(unit)	208	221	6.2
#医院(张)	Hospitals(unit)	110	130	18.2
卫生院(张)	Township Hospitals(unit)	88	92	4.5
卫生技术人员(人)	Medical Technical Presonnel(person)	358	377	5.3
#医院(人)	Hospitals(person)	140	157	12.1
卫生院(人)	Township Hospitals(person)	114	144	26.3

23-87 乌兰察布市四子王旗

指 标	Item	2007	2008	2008年比上年增长% Increase Rate in 2008 Over 2007(%)
行政区域土地面积(平方公里)	**Area of Administration(Sq.km)**	**24016**	**24016**	**0.0**
人口和就业	**Population & Employment**			
年末总人口(人)	Total Population Year-end(person)	210646	213706	1.5
#男性(人)	Male(person)	110296	111773	1.3
#乡村人口(人)	Rural(person)	149027	150165	0.8
年末总户数(户)	Total Number of Households at the Year-end(Household)	70234	70169	-0.1
#乡村户数(户)	Number of Rural Household(Household)	38339	38771	1.1
出生人口(人)	Births(person)	3042	2872	-5.6
死亡人口(人)	Deaths(person)	302	448	48.3
全社会就业人员(人)	Employment(person)	111511	110898	-0.5
第一产业(人)	Primary Industry(person)	80981	80723	-0.3
第二产业(人)	Secondary Industry(person)	7179	6928	-3.5
第三产业(人)	Tertiary Industry(person)	23351	23247	-0.4
在岗职工人数(人)	Number of Staff & Workers Employed in(person)	6105	6139	0.6
乡村劳动力(人)	Number of Rural Laborers(person)	95335	96378	1.1
#农林牧渔业(人)	Farming,Forestry,Animal Husbandry & Fishery(person)	84391	84410	0.0
国民经济综合指标	**Summary Item on the National Economy**			
生产总值(万元)	Gross Domestic Product(10 000 yuan)	220161	265002	10.3
第一产业(万元)	Primary Industry(10 000 yuan)	69689	80236	3.7
第二产业(万元)	Secondary Industry(10 000 yuan)	79185	97886	10.8
#工业(万元)	Industry(10 000 yuan)	67512	86676	15.7
第三产业(万元)	Tertiary Industry(10 000 yuan)	71286	86880	15.5
人均生产总值(元)	Per Capita GDP(yuan)	10454	12400	12.4
全社会固定资产投资(万元)	Total Investment in Fixed Assets(10 000 yuan)	100120	121408	21.3
按登记注册类型分	Grouped by Registered Type			
#国有(万元)	State-owned Enterprises(10 000 yuan)	24504	9366	-61.8
集体(万元)	Collective-owned Enterprises(10 000 yuan)			
有限责任公司(万元)	Limited Liability Corporations(10 000 yuan)	17460	34793	99.3
股份有限公司(万元)	Share Holding Enterprises(10 000 yuan)			
私营企业(万元)	Private Enterprises(10 000 yuan)	38026	20841	-45.2
外商及港澳台投资企业(万元)	Funds from HK,Macao,Taiwan & Foreign(10 000 yuan)	9800		
按城乡渠道分	Grouped by Urban and Rural Area			
城镇（万元）	Urban(10 000 yuan)	94988	116248	22.4
农村（万元）	Rural(10 000 yuan)	5132	5160	0.5
一般预算收入(万元)	General Budgetary Financial Revenue(10 000 yuan)	4979	5675	14.0
一般预算支出(万元)	General Budgetary Financial Expenditures(10 000 yuan)	59408	79929	34.5
城乡居民储蓄存款余额(万元)	Resident Saving Deposit in Urban & Rural(10 000 yuan)	113795	90048	-20.9
在岗职工工资总额(万元)	Total Wages of Staff & Workers Empioyed in(10 000 yuan)	14840	17858	20.3
在岗职工平均工资(元)	Average Wage of Staff & Workers Employed in(yuan)	24312	29090	19.7
农牧民人均纯收入(元)	Per Capita Net Income of Peasant & Herdsman(yuan)	3109	3592	15.5
农村牧区经济	**Economic Development in Rural & Pastoral Area**			
耕地面积(公顷)	Cultivated Area(hectare)	109700	109700	0.0
农作物总播种面积(公顷)	Total Sown Area(hectare)	83337	82422	-1.1
#粮食作物播种面积(公顷)	Sown Area of Grain Crops(hectare)	62276	64557	3.7
有效灌溉面积(公顷)	Irrigated Area(hectare)	20030	22020	9.9
农牧业机械总动力(万千瓦)	Total Power of Agricultural Machinery(10 000 kw)	28.89	29.70	2.8
化肥施用折纯量(吨)	Consumption of Chemical Fertilizer(ton)	8305	8455	1.8
农村用电量(万千瓦小时)	Electricity Consumed in Rural Area(10 000 kwh)	1485	1491	0.4
农林牧渔业总产值(万元)	Gross Output of Farming,Forestry,Animal Husbandry & Fishery(10 000 yuan)	114238	136282	11.2
粮食产量(吨)	Yield of Grain(ton)	88350	151315	71.3
油料产量(吨)	Yield of Oil-bearing Grops(ton)	4195	12030	186.8
甜菜产量(吨)	Yield of Beetroots(ton)			
猪牛羊肉产量(吨)	Output of Pork, Beef & Mutton(ton)	17045	21906	28.5
#猪肉产量(吨)	Output of Pork(ton)	2683	2999	11.8
牛肉产量(吨)	Output of Beef(ton)	1003	1834	82.9
羊肉产量(吨)	Output of Mutton(ton)	13359	17073	27.8
羊毛产量(吨)	Output of Wool(ton)	2125	2025	-4.7

23-87 Siziwang Banner in Wulanchabu City

指 标	Item	2007	2008	2008年比上年增长% Increase Rate in 2008 Over 2007(%)
年末牲畜存栏头数(万头只)	Total Livestock at the Year-end(10 000 heads)	81.22	80.88	-0.4
#大牲畜(万头只)	Large Animals(10 000 heads)	2.77	2.94	6.1
羊(万只)	Sheep & Goats(10 000 heads)	76.55	75.96	-0.8
猪(万头)	Hogs(10 000 heads)	1.90	1.97	3.7
规模以上工业	**Industrial Enterprises above Designated size**			
工业企业单位数(个)	Number of Industrial Enterprises(unit)	31	35	12.9
#内资企业(个)	Civil Funded Enterprises(unit)	31	33	6.5
工业总产值(万元)	Gross Industrial Output Value(10 000 yuan)	122449	179842	21.6
内资企业(万元)	Civil Funded Enterprises(10 000 yuan)	122449	170404	20.4
国有企业(万元)	State-owned Enterprises(10 000 yuan)	3889	4688	10.2
集体企业(万元)	Collective-owned Enterprises(10 000 yuan)			0.0
股份合作企业(万元)	Share Holding Enterprises(10 000 yuan)			0.0
联营企业(万元)	Joint Owned Enterprises(10 000 yuan)			0.0
有限责任公司(万元)	Limited Company(10 000 yuan)	7356	9429	14.8
股份有限公司(万元)	Share Holding Limited Company(10 000 yuan)			0.0
私营企业(万元)	Privately Owned Enterprises(10 000 yuan)	111204	156287	20.3
其他企业(万元)	Enterprises of Other Ownership(10 000 yuan)			0.0
港澳台商投资企业(万元)	Funds from HK,Macao & Taiwan(10 000 yuan)			0.0
外商投资企业(万元)	Foreign Funded Enterprises(10 000 yuan)		9438	0.0
工业企业增加值(万元)	Value Added of Industrial Enterprises(10 000 yuan)	43084	50316	21.0
工业企业资产总计(万元)	Total Assets of Industrial Enterprises(10 000 yuan)	115061	177095	53.9
工业企业负债合计(万元)	Total Liabilities of Industrial Enterprises(10 000 yuan)	69277	110360	59.3
工业企业产品销售收入(万元)	Sales of Revenue Industrial Enterprises(10 000 yuan)	114333	168877	47.7
工业企业利润总额(万元)	Total Profits of Industrial Enterprises(10 000 yuan)	5360	11243	109.8
建筑业	**Construction**			
建筑企业单位数(个)	Number of Construction Enterprises(unit)	1	1	0.0
建筑企业从业人员(人)	Number of Employee in Construction Enterprises(person)	165	86	-47.9
建筑业总产值(万元)	Gross Construction Output Value(10 000 yuan)	2058	2060	0.1
交通运输邮电通信业	**Transportation,Post & Telecommunications**			
公路里程(公里)	Total Length of Highways(km)	1521	1681	10.5
邮电业务总量(万元)	Business Volume of Post & Telecoms(10 000 yuan)	1547	1985	28.3
本地电话用户(户)	Number of Subscribers of Local Telephone(Household)	22798	11500	-49.6
国内贸易	**Demestic Trade**			
社会消费品零售总额(万元)	Total Retail Sales of Consumer Goods(10 000 yuan)	68615	84679	23.4
#贸易业(万元)	Wholesale & Retail Sales Trades(10 000 yuan)	52244	64693	23.8
餐饮业(万元)	Catering Trade(10 000 yuan)	14840	18236	22.9
科技教育卫生	**Science,Education & Public Health**			
各类专业技术人员(人)	Speccial Technical Personnel(person)	608	643	5.8
幼儿园数(所)	Number of Kindergartens(unit)	4	7	75.0
学龄儿童入学率(%)	Percentage of School-Age Children Enrolled(%)	100.0	100.0	0.0
小学学校数(所)	Number of Primary Schools(unit)	24	23	-4.2
小学专任教师数(人)	Number of Full-time Teachers of Primary Schools(person)	814	786	-3.4
小学在校学生数(人)	Number of Student Enrollment of Primary Schools(person)	8959	10901	21.7
普通中学学校数(所)	Number of Regular Secondary Schools(unit)	4	5	25.0
普通中学专任教师数(人)	Number of Teachers of Secondary Shools(person)	592	562	-5.1
初中在校学生数(人)	Number of Student in Junior Secondary Schools(person)	4869	6085	25.0
高中在校学生数(人)	Number of Student in Senior Secondary Schools(person)	4228	3788	-10.4
卫生机构数(所)	Number of Health Institutions(unit)	29	29	0.0
#医院(所)	Hospitals(unit)	1	1	0.0
卫生院(所)	Township Hospitals(unit)	26	26	0.0
床位数(张)	Number of Beds(unit)	251	251	0.0
#医院(张)	Hospitals(unit)	148	148	0.0
卫生院(张)	Township Hospitals(unit)	78	78	0.0
卫生技术人员(人)	Medical Technical Presonnel(person)	480	464	-3.3
#医院(人)	Hospitals(person)	175	197	12.6
卫生院(人)	Township Hospitals(person)	153	158	3.3

23-88 鄂尔多斯市东胜区

指 标	Item	2007	2008	2008 年比上年增长% Increase Rate in 2008 Over 2007(%)
行政区域土地面积(平方公里)	**Area of Administration(Sq.km)**	**2512**	**2512**	**0.0**
人口和就业	**Population & Employment**			
年末总人口(人)	Total Population Year-end(person)	243429	248311	2.0
# 男性(人)	Male(person)	122873	125041	1.8
# 乡村人口(人)	Rural(person)	33965	32267	-5.0
年末总户数(户)	Total Number of Households at the Year-end(Household)	75081	77874	3.7
# 乡村户数(户)	Number of Rural Household(Household)	11790	11659	-1.1
出生人口(人)	Births(person)	3140	2723	-13.3
死亡人口(人)	Deaths(person)	404	406	0.5
全社会就业人员(人)	Employment(person)	224689	250387	11.4
第一产业(人)	Primary Industry(person)	25003	23140	-7.5
第二产业(人)	Secondary Industry(person)	81979	90139	10.0
第三产业(人)	Tertiary Industry(person)	117707	137108	16.5
在岗职工人数(人)	Number of Staff & Workers Employed in(person)	56678	46363	-18.2
乡村劳动力(人)	Number of Rural Laborers(person)	23284	23140	-0.6
# 农林牧渔业(人)	Farming,Forestry,Animal Husbandry & Fishery(person)	15569	16843	8.2
国民经济综合指标	**Summary Item on the National Economy**			
生产总值(万元)	Gross Domestic Product(10 000 yuan)	2900100	3900100	24.6
第一产业(万元)	Primary Industry(10 000 yuan)	19515	21000	1.4
第二产业(万元)	Secondary Industry(10 000 yuan)	1146100	1539000	20.1
# 工业(万元)	Industry(10 000 yuan)	954600	1316600	22.8
第三产业(万元)	Tertiary Industry(10 000 yuan)	1734485	2340100	28.1
人均生产总值(元)	Per Capita GDP(yuan)	75720	95357	16.8
全社会固定资产投资(万元)	Total Investment in Fixed Assets(10 000 yuan)	1882170	2286895	21.5
按登记注册类型分	Grouped by Registered Type			
# 国有(万元)	State-owned Enterprises(10 000 yuan)	636552	659243	3.6
集体(万元)	Collective-owned Enterprises(10 000 yuan)			
有限责任公司(万元)	Limited Liability Corporations(10 000 yuan)	420391	550109	30.9
股份有限公司(万元)	Share Holding Enterprises(10 000 yuan)	107627	57878	-46.2
私营企业(万元)	Private Enterprises(10 000 yuan)	674032	1019665	51.3
外商及港澳台投资企业(万元)	Funds from HK,Macao,Taiwan & Foreign(10 000 yuan)	43568		
按城乡渠道分	Grouped by Urban and Rural Area			
城镇（万元）	Urban(10 000 yuan)	1873661	2286895	22.1
农村（万元）	Rural(10 000 yuan)	8509		
一般预算收入(万元)	General Budgetary Financial Revenue(10 000 yuan)	217333	329108	51.4
一般预算支出(万元)	General Budgetary Financial Expenditures(10 000 yuan)	204710	313774	53.3
城乡居民储蓄存款余额(万元)	Resident Saving Deposit in Urban & Rural(10 000 yuan)	1201617	1442383	20.0
在岗职工工资总额(万元)	Total Wages of Staff & Workers Empioyed in(10 000 yuan)	196019	178536	-8.9
在岗职工平均工资(元)	Average Wage of Staff & Workers Employed in(yuan)	35533	38508	8.4
农牧民人均纯收入(元)	Per Capita Net Income of Peasant & Herdsman(yuan)	6287	7241	15.2
农村牧区经济	**Economic Development in Rural & Pastoral Area**			
耕地面积(公顷)	Cultivated Area(hectare)	32388	31976	-1.3
农作物总播种面积(公顷)	Total Sown Area(hectare)	12636	10867	-14.0
# 粮食作物播种面积(公顷)	Sown Area of Grain Crops(hectare)	8607	7867	-8.6
有效灌溉面积(公顷)	Irrigated Area(hectare)	1605	1243	-22.6
农牧业机械总动力(万千瓦)	Total Power of Agricultural Machinery(10 000 kw)	14.95	14.99	0.3
化肥施用折纯量(吨)	Consumption of Chemical Fertilizer(ton)	1482	1461	-1.4
农村用电量(万千瓦小时)	Electricity Consumed in Rural Area(10 000 kwh)	891	939	5.4
农林牧渔业总产值(万元)	Gross Output of Farming,Forestry,Animal Husbandry & Fishery(10 000 yuan)	33047	38365	12.9
粮食产量(吨)	Yield of Grain(ton)	33827	35014	3.5
油料产量(吨)	Yield of Oil-bearing Grops(ton)	754	511	-32.2
甜菜产量(吨)	Yield of Beetroots(ton)	114	391	243.0
猪牛羊肉产量(吨)	Output of Pork, Beef & Mutton(ton)	3496	3518	0.6
# 猪肉产量(吨)	Output of Pork(ton)	1384	1743	25.9
牛肉产量(吨)	Output of Beef(ton)	659	637	-3.3
羊肉产量(吨)	Output of Mutton(ton)	1453	1138	-21.7
羊毛产量(吨)	Output of Wool(ton)	78	100	28.2

23-88 Dongsheng District in Erdos City

指 标	Item	2007	2008	2008 年比上年增长% Increase Rate in 2008 Over 2007(%)
年末牲畜存栏头数(万头只)	Total Livestock at the Year-end(10 000 heads)	17.22	15.20	-11.7
# 大牲畜(万头只)	Large Animals(10 000 heads)	1.15	0.75	-34.8
羊(万只)	Sheep & Goats(10 000 heads)	14.26	12.85	-9.9
猪(万头)	Hogs(10 000 heads)	1.81	1.60	-11.6
规模以上工业	**Industrial Enterprises above Designated size**			
工业企业单位数(个)	Number of Industrial Enterprises(unit)	100	116	16.0
# 内资企业(个)	Civil Funded Enterprises(unit)	81	104	28.4
工业总产值(万元)	Gross Industrial Output Value(10 000 yuan)	1968622	3075382	56.2
内资企业(万元)	Civil Funded Enterprises(10 000 yuan)	1368423	2207655	61.3
国有企业(万元)	State-owned Enterprises(10 000 yuan)	651468	836365	28.4
集体企业(万元)	Collective-owned Enterprises(10 000 yuan)		30327	
股份合作企业(万元)	Share Holding Enterprises(10 000 yuan)	3100		
联营企业(万元)	Joint Owned Enterprises(10 000 yuan)			
有限责任公司(万元)	Limited Company(10 000 yuan)	558765	859640	53.8
股份有限公司(万元)	Share Holding Limited Company(10 000 yuan)	21041	236475	1023.9
私营企业(万元)	Privately Owned Enterprises(10 000 yuan)	87943	244847	178.4
其他企业(万元)	Enterprises of Other Ownership(10 000 yuan)	46106		
港澳台商投资企业(万元)	Funds from HK,Macao & Taiwan(10 000 yuan)	40207	28832	-28.3
外商投资企业(万元)	Foreign Funded Enterprises(10 000 yuan)	559992	838896	49.8
工业企业增加值(万元)	Value Added of Industrial Enterprises(10 000 yuan)	857372	1206127	32.4
工业企业资产总计(万元)	Total Assets of Industrial Enterprises(10 000 yuan)	4202600	5967370	42.0
工业企业负债合计(万元)	Total Liabilities of Industrial Enterprises(10 000 yuan)	2292800	3544047	54.6
工业企业产品销售收入(万元)	Sales of Revenue Industrial Enterprises(10 000 yuan)	2163500	3938493	82.0
工业企业利润总额(万元)	Total Profits of Industrial Enterprises(10 000 yuan)	579800	1083282	86.8
建筑业	**Construction**			
建筑企业单位数(个)	Number of Construction Enterprises(unit)	55	60	9.1
建筑企业从业人员(人)	Number of Employee in Construction Enterprises(person)	59013	64573	9.4
建筑业总产值(万元)	Gross Construction Output Value(10 000 yuan)	1134304	1193454	5.2
交通运输邮电通信业	**Transportation,Post & Telecommunications**			
公路里程(公里)	Total Length of Highways(km)	1088	1088	0.0
邮电业务总量(万元)	Business Volume of Post & Telecoms(10 000 yuan)	90489	106246	17.4
本地电话用户(户)	Number of Subscribers of Local Telephone(Household)	77531	80928	4.4
国内贸易	**Demestic Trade**			
社会消费品零售总额(万元)	Total Retail Sales of Consumer Goods(10 000 yuan)	1046471	1320029	26.1
# 贸易业(万元)	Wholesale & Retail Sales Trades(10 000 yuan)	940114	1150096	22.3
餐饮业(万元)	Catering Trade(10 000 yuan)	93600	145953	55.9
科技教育卫生	**Science,Education & Public Health**			
各类专业技术人员(人)	Speccial Technical Personnel(person)	14041	14045	0.0
幼儿园数(所)	Number of Kindergartens(unit)	11	20	81.8
学龄儿童入学率(%)	Percentage of School-Age Children Enrolled(%)	100.0	100.0	0.0
小学学校数(所)	Number of Primary Schools(unit)	25	24	-4.0
小学专任教师数(人)	Number of Full-time Teachers of Primary Schools(person)	1252	1178	-5.9
小学在校学生数(人)	Number of Student Enrollment of Primary Schools(person)	27843	29586	6.3
普通中学学校数(所)	Number of Regular Secondary Schools(unit)	14	14	0.0
普通中学专任教师数(人)	Number of Teachers of Secondary Shools(person)	1527	1527	0.0
初中在校学生数(人)	Number of Student in Junior Secondary Schools(person)	14574	14960	2.6
高中在校学生数(人)	Number of Student in Senior Secondary Schools(person)	14352	14671	2.2
卫生机构数(所)	Number of Health Institutions(unit)	29	33	13.8
# 医院(所)	Hospitals(unit)	15	20	33.3
卫生院(所)	Township Hospitals(unit)	7	6	-14.3
床位数(张)	Number of Beds(unit)	2470	2650	7.3
# 医院(张)	Hospitals(unit)	1956	2156	10.2
卫生院(张)	Township Hospitals(unit)	58	50	-13.8
卫生技术人员(人)	Medical Technical Presonnel(person)	2456	2656	8.1
# 医院(人)	Hospitals(person)	2386	2590	8.5
卫生院(人)	Township Hospitals(person)	70	66	-5.7

23-89 鄂尔多斯市达拉特旗

指 标	Item	2007	2008	2008年比上年增长% Increase Rate in 2008 Over 2007(%)
行政区域土地面积(平方公里)	**Area of Administration(Sq.km)**	**8192**	**8192**	**0.0**
人口和就业	**Population & Employment**			
年末总人口(人)	Total Population Year-end(person)	348546	354274	1.6
#男性(人)	Male(person)	181519	183494	1.1
#乡村人口(人)	Rural(person)	166086	157004	-5.5
年末总户数(户)	Total Number of Households at the Year-end(Household)	125000	134230	7.4
#乡村户数(户)	Number of Rural Household(Household)	58708	55504	-5.5
出生人口(人)	Births(person)	4096	4778	16.7
死亡人口(人)	Deaths(person)	852	2494	192.7
全社会就业人员(人)	Employment(person)	205032	216451	5.6
第一产业(人)	Primary Industry(person)	79166	75503	-4.6
第二产业(人)	Secondary Industry(person)	38546	41826	8.5
第三产业(人)	Tertiary Industry(person)	87320	99122	13.5
在岗职工人数(人)	Number of Staff & Workers Employed in(person)	19869	19439	-2.2
乡村劳动力(人)	Number of Rural Laborers(person)	108507	100668	-7.2
#农林牧渔业(人)	Farming,Forestry,Animal Husbandry & Fishery(person)	79166	75503	-4.6
国民经济综合指标	**Summary Item on the National Economy**			
生产总值(万元)	Gross Domestic Product(10 000 yuan)	1599627	2206595	19.2
第一产业(万元)	Primary Industry(10 000 yuan)	169019	204050	9.8
第二产业(万元)	Secondary Industry(10 000 yuan)	864757	1314371	20.6
#工业(万元)	Industry(10 000 yuan)	756362	1205321	24.6
第三产业(万元)	Tertiary Industry(10 000 yuan)	565851	688174	19.9
人均生产总值(元)	Per Capita GDP(yuan)	46364	73861	18.7
全社会固定资产投资(万元)	Total Investment in Fixed Assets(10 000 yuan)	1178285	1280193	8.6
按登记注册类型分	Grouped by Registered Type			
#国有(万元)	State-owned Enterprises(10 000 yuan)	305245	341910	12.0
集体(万元)	Collective-owned Enterprises(10 000 yuan)			
有限责任公司(万元)	Limited Liability Corporations(10 000 yuan)	318921	361930	13.5
股份有限公司(万元)	Share Holding Enterprises(10 000 yuan)	220950	119301	-46.0
私营企业(万元)	Private Enterprises(10 000 yuan)	84000	272549	224.5
外商及港澳台投资企业(万元)	Funds from HK,Macao,Taiwan & Foreign(10 000 yuan)	9200	138564	1406.1
按城乡渠道分	Grouped by Urban and Rural Area			
城镇(万元)	Urban(10 000 yuan)	1134665	1255201	10.6
农村(万元)	Rural(10 000 yuan)	43620	24992	-42.7
一般预算收入(万元)	General Budgetary Financial Revenue(10 000 yuan)	51209	80653	57.5
一般预算支出(万元)	General Budgetary Financial Expenditures(10 000 yuan)	91417	144323	57.9
城乡居民储蓄存款余额(万元)	Resident Saving Deposit in Urban & Rural(10 000 yuan)	207414	265573	28.0
在岗职工工资总额(万元)	Total Wages of Staff & Workers Empioyed in(10 000 yuan)	52258	60499	15.8
在岗职工平均工资(元)	Average Wage of Staff & Workers Employed in(yuan)	26367	31123	18.0
农牧民人均纯收入(元)	Per Capita Net Income of Peasant & Herdsman(yuan)	6198	7129	15.0
农村牧区经济	**Economic Development in Rural & Pastoral Area**			
耕地面积(公顷)	Cultivated Area(hectare)	120640	120651	0.0
农作物总播种面积(公顷)	Total Sown Area(hectare)	115179	114933	-0.2
#粮食作物播种面积(公顷)	Sown Area of Grain Crops(hectare)	76943	77600	0.9
有效灌溉面积(公顷)	Irrigated Area(hectare)	88340	93220	5.5
农牧业机械总动力(万千瓦)	Total Power of Agricultural Machinery(10 000 kw)	45.66	63.10	38.2
化肥施用折纯量(吨)	Consumption of Chemical Fertilizer(ton)	31917	32137	0.7
农村用电量(万千瓦小时)	Electricity Consumed in Rural Area(10 000 kwh)	17487	18769	7.3
农林牧渔业总产值(万元)	Gross Output of Farming,Forestry,Animal Husbandry & Fishery(10 000 yuan)	286905	333373	13.0
粮食产量(吨)	Yield of Grain(ton)	557039	550000	-1.3
油料产量(吨)	Yield of Oil-bearing Grops(ton)	11796	10000	-15.2
甜菜产量(吨)	Yield of Beetroots(ton)	127441	85000	-33.3
猪牛羊肉产量(吨)	Output of Pork, Beef & Mutton(ton)	38431	32431	-15.6
#猪肉产量(吨)	Output of Pork(ton)	9491	7783	-18.0
牛肉产量(吨)	Output of Beef(ton)	5007	3335	-33.4
羊肉产量(吨)	Output of Mutton(ton)	23933	21313	-10.9
羊毛产量(吨)	Output of Wool(ton)	673	2479	268.4

23-89 Dalate Banner in Erdos City

指 标	Item	2007	2008	2008 年比上年增长% Increase Rate in 2008 Over 2007(%)
年末牲畜存栏头数(万头只)	Total Livestock at the Year-end(10 000 heads)	194.03	209.26	7.8
#大牲畜(万头只)	Large Animals(10 000 heads)	7.63	8.38	9.8
羊(万只)	Sheep & Goats(10 000 heads)	181.03	194.19	7.3
猪(万头)	Hogs(10 000 heads)	5.37	6.69	24.6
规模以上工业	**Industrial Enterprises above Designated size**			
工业企业单位数(个)	Number of Industrial Enterprises(unit)	42	49	16.7
#内资企业(个)	Civil Funded Enterprises(unit)	41	48	17.1
工业总产值(万元)	Gross Industrial Output Value(10 000 yuan)	1412431	2479017	75.5
内资企业(万元)	Civil Funded Enterprises(10 000 yuan)	1400974	2461900	75.7
国有企业(万元)	State-owned Enterprises(10 000 yuan)		38031	
集体企业(万元)	Collective-owned Enterprises(10 000 yuan)			
股份合作企业(万元)	Share Holding Enterprises(10 000 yuan)			
联营企业(万元)	Joint Owned Enterprises(10 000 yuan)			
有限责任公司(万元)	Limited Company(10 000 yuan)	1199946	1786367	48.9
股份有限公司(万元)	Share Holding Limited Company(10 000 yuan)	26820	52855	97.1
私营企业(万元)	Privately Owned Enterprises(10 000 yuan)	174208	584647	235.6
其他企业(万元)	Enterprises of Other Ownership(10 000 yuan)			
港澳台商投资企业(万元)	Funds from HK,Macao & Taiwan(10 000 yuan)			
外商投资企业(万元)	Foreign Funded Enterprises(10 000 yuan)	11457	17117	49.4
工业企业增加值(万元)	Value Added of Industrial Enterprises(10 000 yuan)	645362	1095363	28.7
工业企业资产总计(万元)	Total Assets of Industrial Enterprises(10 000 yuan)	1415044	2733501	93.2
工业企业负债合计(万元)	Total Liabilities of Industrial Enterprises(10 000 yuan)	977714	1743534	78.3
工业企业产品销售收入(万元)	Sales of Revenue Industrial Enterprises(10 000 yuan)	1390333	2461074	77.0
工业企业利润总额(万元)	Total Profits of Industrial Enterprises(10 000 yuan)	130247	414420	218.2
建筑业	**Construction**			
建筑企业单位数(个)	Number of Construction Enterprises(unit)	8	11	37.5
建筑企业从业人员(人)	Number of Employee in Construction Enterprises(person)	8137	6669	-18.0
建筑业总产值(万元)	Gross Construction Output Value(10 000 yuan)	1615862	1669280	3.3
交通运输邮电通信业	**Transportation,Post & Telecommunications**			
公路里程(公里)	Total Length of Highways(km)	1837	1934	5.3
邮电业务总量(万元)	Business Volume of Post & Telecoms(10 000 yuan)	14500	15851	9.3
本地电话用户(户)	Number of Subscribers of Local Telephone(Household)	37639	37568	-0.2
国内贸易	**Demestic Trade**			
社会消费品零售总额(万元)	Total Retail Sales of Consumer Goods(10 000 yuan)	213569	260125	21.8
#贸易业(万元)	Wholesale & Retail Sales Trades(10 000 yuan)	173292	210100	21.2
餐饮业(万元)	Catering Trade(10 000 yuan)	30397	37417	23.1
科技教育卫生	**Science,Education & Public Health**			
各类专业技术人员(人)	Speccial Technical Personnel(person)	7832	6249	-20.2
幼儿园数(所)	Number of Kindergartens(unit)	43	21	-51.2
学龄儿童入学率(%)	Percentage of School-Age Children Enrolled(%)	100.0	100.0	0.0
小学学校数(所)	Number of Primary Schools(unit)	21	22	4.8
小学专任教师数(人)	Number of Full-time Teachers of Primary Schools(person)	794	890	12.1
小学在校学生数(人)	Number of Student Enrollment of Primary Schools(person)	16235	19472	19.9
普通中学学校数(所)	Number of Regular Secondary Schools(unit)	20	15	-25.0
普通中学专任教师数(人)	Number of Teachers of Secondary Shools(person)	1059	1019	-3.8
初中在校学生数(人)	Number of Student in Junior Secondary Schools(person)	15620	10922	-30.1
高中在校学生数(人)	Number of Student in Senior Secondary Schools(person)	9887	9647	-2.4
卫生机构数(所)	Number of Health Institutions(unit)	29	27	-6.9
#医院(所)	Hospitals(unit)	3	4	33.3
卫生院(所)	Township Hospitals(unit)	20	20	0.0
床位数(张)	Number of Beds(unit)	712	688	-3.4
#医院(张)	Hospitals(unit)	436	447	2.5
卫生院(张)	Township Hospitals(unit)	240	231	-3.8
卫生技术人员(人)	Medical Technical Presonnel(person)	833	833	0.0
#医院(人)	Hospitals(person)	442	442	0.0
卫生院(人)	Township Hospitals(person)	323	279	-13.6

23-90 鄂尔多斯市准格尔旗

指 标	Item	2007	2008	2008 年比上年增长% Increase Rate in 2008 Over 2007(%)
行政区域土地面积（平方公里）	**Area of Administration(Sq.km)**	**7535**	**7535**	**0.0**
人口和就业	**Population & Employment**			
年末总人口(人)	Total Population Year-end(person)	285433	291336	2.1
#男性(人)	Male(person)	150275	151490	0.8
#乡村人口(人)	Rural(person)	147900	135154	-8.6
年末总户数(户)	Total Number of Households at the Year-end(Household)	114281	129445	13.3
#乡村户数(户)	Number of Rural Household(Household)	47404	48118	1.5
出生人口(人)	Births(person)	3222	3392	5.3
死亡人口(人)	Deaths(person)	1281	1261	-1.6
全社会就业人员(人)	Employment(person)	161101	173255	7.5
第一产业(人)	Primary Industry(person)	47062	43741	-7.1
第二产业(人)	Secondary Industry(person)	52480	57270	9.1
第三产业(人)	Tertiary Industry(person)	61559	72244	17.4
在岗职工人数(人)	Number of Staff & Workers Employed in(person)	22034	21437	-2.7
乡村劳动力(人)	Number of Rural Laborers(person)	85767	79326	-7.5
#农林牧渔业(人)	Farming,Forestry,Animal Husbandry & Fishery(person)	47062	43749	-7.0
国民经济综合指标	**Summary Item on the National Economy**			
生产总值(万元)	Gross Domestic Product(10 000 yuan)	3000267	3955000	21.8
第一产业(万元)	Primary Industry(10 000 yuan)	54812	60800	4.6
第二产业(万元)	Secondary Industry(10 000 yuan)	1818910	2535700	23.4
#工业(万元)	Industry(10 000 yuan)	1517563	2224800	29.5
第三产业(万元)	Tertiary Industry(10 000 yuan)	1126545	1358500	20.0
人均生产总值(元)	Per Capita GDP(yuan)	99347	127993	17.7
全社会固定资产投资(万元)	Total Investment in Fixed Assets(10 000 yuan)	1983327	2144700	8.1
按登记注册类型分	Grouped by Registered Type			
#国有(万元)	State-owned Enterprises(10 000 yuan)	175556	92327	-47.4
集体(万元)	Collective-owned Enterprises(10 000 yuan)	17240	4830	-72.0
有限责任公司(万元)	Limited Liability Corporations(10 000 yuan)	942032	873806	-7.2
股份有限公司(万元)	Share Holding Enterprises(10 000 yuan)	409386	618251	51.0
私营企业(万元)	Private Enterprises(10 000 yuan)	281591	356337	26.5
外商及港澳台投资企业(万元)	Funds from HK,Macao,Taiwan & Foreign(10 000 yuan)		890	
按城乡渠道分	Grouped by Urban and Rural Area			
城镇（万元）	Urban(10 000 yuan)	1961802	2054191	4.7
农村（万元）	Rural(10 000 yuan)	21525	90509	320.5
一般预算收入(万元)	General Budgetary Financial Revenue(10 000 yuan)	230183	285492	24.0
一般预算支出(万元)	General Budgetary Financial Expenditures(10 000 yuan)	249482	279554	12.1
城乡居民储蓄存款余额(万元)	Resident Saving Deposit in Urban & Rural(10 000 yuan)	414000	630700	52.3
在岗职工工资总额(万元)	Total Wages of Staff & Workers Empioyed in(10 000 yuan)	80098	82965	3.6
在岗职工平均工资(元)	Average Wage of Staff & Workers Employed in(yuan)	35997	38702	7.5
农牧民人均纯收入(元)	Per Capita Net Income of Peasant & Herdsman(yuan)	6288	7155	13.8
农村牧区经济	**Economic Development in Rural & Pastoral Area**			
耕地面积(公顷)	Cultivated Area(hectare)	83970	83765	-0.2
农作物总播种面积(公顷)	Total Sown Area(hectare)	71878	71915	0.1
#粮食作物播种面积(公顷)	Sown Area of Grain Crops(hectare)	38990	39429	1.1
有效灌溉面积(公顷)	Irrigated Area(hectare)	11177	20270	81.4
农牧业机械总动力(万千瓦)	Total Power of Agricultural Machinery(10 000 kw)	42.34	43.44	2.6
化肥施用折纯量(吨)	Consumption of Chemical Fertilizer(ton)	8128	9097	11.9
农村用电量(万千瓦小时)	Electricity Consumed in Rural Area(10 000 kwh)	3097	3482	12.4
农林牧渔业总产值(万元)	Gross Output of Farming,Forestry,Animal Husbandry & Fishery(10 000 yuan)	92216	102842	8.5
粮食产量(吨)	Yield of Grain(ton)	107708	115061	6.8
油料产量(吨)	Yield of Oil-bearing Grops(ton)	3146	5005	59.1
甜菜产量(吨)	Yield of Beetroots(ton)	2063	2500	21.2
猪牛羊肉产量(吨)	Output of Pork, Beef & Mutton(ton)	11924	17580	47.4
#猪肉产量(吨)	Output of Pork(ton)	4277	9265	116.6
牛肉产量(吨)	Output of Beef(ton)	1344	496	-63.1
羊肉产量(吨)	Output of Mutton(ton)	6303	7819	24.1
羊毛产量(吨)	Output of Wool(ton)	753	734	-2.5

23-90 Zhungeer Banner in Erdos City

指 标	Item	2007	2008	2008 年比上年增长% Increase Rate in 2008 Over 2007(%)
年末牲畜存栏头数(万头只)	Total Livestock at the Year-end(10 000 heads)	75.07	73.60	-2.0
#大牲畜(万头只)	Large Animals(10 000 heads)	1.99	1.80	-9.5
羊(万只)	Sheep & Goats(10 000 heads)	65.78	65.66	-0.2
猪(万头)	Hogs(10 000 heads)	7.30	6.14	-15.9
规模以上工业	**Industrial Enterprises above Designated size**			
工业企业单位数(个)	Number of Industrial Enterprises(unit)	131	130	-0.8
#内资企业(个)	Civil Funded Enterprises(unit)	131	130	-0.8
工业总产值(万元)	Gross Industrial Output Value(10 000 yuan)	2125865	3700208	74.1
内资企业(万元)	Civil Funded Enterprises(10 000 yuan)	2123491	3637869	71.3
国有企业(万元)	State-owned Enterprises(10 000 yuan)	134246	178692	33.1
集体企业(万元)	Collective-owned Enterprises(10 000 yuan)	6001	21341	255.6
股份合作企业(万元)	Share Holding Enterprises(10 000 yuan)	363836	541340	48.8
联营企业(万元)	Joint Owned Enterprises(10 000 yuan)			
有限责任公司(万元)	Limited Company(10 000 yuan)		1805766	
股份有限公司(万元)	Share Holding Limited Company(10 000 yuan)	1557649	115559	-92.6
私营企业(万元)	Privately Owned Enterprises(10 000 yuan)		975171	
其他企业(万元)	Enterprises of Other Ownership(10 000 yuan)	61759		-100.0
港澳台商投资企业(万元)	Funds from HK,Macao & Taiwan(10 000 yuan)	2374	62339	2525.9
外商投资企业(万元)	Foreign Funded Enterprises(10 000 yuan)			
工业企业增加值(万元)	Value Added of Industrial Enterprises(10 000 yuan)	1203163	1900991	37.2
工业企业资产总计(万元)	Total Assets of Industrial Enterprises(10 000 yuan)	4097143	6002344	46.5
工业企业负债合计(万元)	Total Liabilities of Industrial Enterprises(10 000 yuan)	1733359	2665317	53.8
工业企业产品销售收入(万元)	Sales of Revenue Industrial Enterprises(10 000 yuan)	2291241	3793265	65.6
工业企业利润总额(万元)	Total Profits of Industrial Enterprises(10 000 yuan)	573101	979405	70.9
建筑业	**Construction**			
建筑企业单位数(个)	Number of Construction Enterprises(unit)	7	8	14.3
建筑企业从业人员(人)	Number of Employee in Construction Enterprises(person)	2846	2968	4.3
建筑业总产值(万元)	Gross Construction Output Value(10 000 yuan)	43919	36040	-17.9
交通运输邮电通信业	**Transportation,Post & Telecommunications**			
公路里程(公里)	Total Length of Highways(km)	1873	1873	0.0
邮电业务总量(万元)	Business Volume of Post & Telecoms(10 000 yuan)	28121	31500	12.0
本地电话用户(户)	Number of Subscribers of Local Telephone(Household)	59000	60000	1.7
国内贸易	**Demestic Trade**			
社会消费品零售总额(万元)	Total Retail Sales of Consumer Goods(10 000 yuan)	326075	400006	22.7
#贸易业(万元)	Wholesale & Retail Sales Trades(10 000 yuan)	229020	267200	16.7
餐饮业(万元)	Catering Trade(10 000 yuan)	79274	107000	35.0
科技教育卫生	**Science,Education & Public Health**			
各类专业技术人员(人)	Speccial Technical Personnel(person)	7386	7462	1.0
幼儿园数(所)	Number of Kindergartens(unit)	10	14	40.0
学龄儿童入学率(%)	Percentage of School-Age Children Enrolled(%)	100.0	100.0	0.0
小学学校数(所)	Number of Primary Schools(unit)	38	34	-10.5
小学专任教师数(人)	Number of Full-time Teachers of Primary Schools(person)	1240	1103	-11.0
小学在校学生数(人)	Number of Student Enrollment of Primary Schools(person)	20489	23067	12.6
普通中学学校数(所)	Number of Regular Secondary Schools(unit)	16	15	-6.2
普通中学专任教师数(人)	Number of Teachers of Secondary Shools(person)	1343	1251	-6.9
初中在校学生数(人)	Number of Student in Junior Secondary Schools(person)	14466	17217	19.0
高中在校学生数(人)	Number of Student in Senior Secondary Schools(person)	5447	5844	7.3
卫生机构数(所)	Number of Health Institutions(unit)	225	229	1.8
#医院(所)	Hospitals(unit)	3	3	0.0
卫生院(所)	Township Hospitals(unit)	21	22	4.8
床位数(张)	Number of Beds(unit)	1466	1502	2.5
#医院(张)	Hospitals(unit)	1016	1028	1.2
卫生院(张)	Township Hospitals(unit)	386	404	4.7
卫生技术人员(人)	Medical Technical Presonnel(person)	1131	1280	13.2
#医院(人)	Hospitals(person)	694	724	4.3
卫生院(人)	Township Hospitals(person)	126	242	92.1

23-91 鄂尔多斯市鄂托克前旗

指 标	Item	2007	2008	2008年比上年增长% Increase Rate in 2008 Over 2007(%)
行政区域土地面积(平方公里)	**Area of Administration(Sq.km)**	**12180**	**12180**	**0.0**
人口和就业	**Population & Employment**			
年末总人口(人)	Total Population Year-end(person)	74226	75141	1.2
# 男性(人)	Male(person)	38040	38421	1.0
# 乡村人口(人)	Rural(person)	36455	37706	3.4
年末总户数(户)	Total Number of Households at the Year-end(Household)	26369	27584	4.6
# 乡村户数(户)	Number of Rural Household(Household)	10138	11011	8.6
出生人口(人)	Births(person)	959	944	-1.6
死亡人口(人)	Deaths(person)	653	382	-41.5
全社会就业人员(人)	Employment(person)	44384	44975	1.3
第一产业(人)	Primary Industry(person)	26015	24535	-5.7
第二产业(人)	Secondary Industry(person)	5328	6047	13.5
第三产业(人)	Tertiary Industry(person)	13041	14393	10.4
在岗职工人数(人)	Number of Staff & Workers Employed in(person)	4320	4417	2.2
乡村劳动力(人)	Number of Rural Laborers(person)	27995	26256	-6.2
# 农林牧渔业(人)	Farming,Forestry,Animal Husbandry & Fishery(person)	25715	23638	-8.1
国民经济综合指标	**Summary Item on the National Economy**			
生产总值(万元)	Gross Domestic Product(10 000 yuan)	228845	295700	18.7
第一产业(万元)	Primary Industry(10 000 yuan)	50102	58800	10.6
第二产业(万元)	Secondary Industry(10 000 yuan)	78403	114300	25.7
# 工业(万元)	Industry(10 000 yuan)	52859	83800	37.7
第三产业(万元)	Tertiary Industry(10 000 yuan)	100340	122600	18.0
人均生产总值(元)	Per Capita GDP(yuan)	33903	43801	18.7
全社会固定资产投资(万元)	Total Investment in Fixed Assets(10 000 yuan)	184842	405115	119.2
按登记注册类型分	Grouped by Registered Type			
# 国有(万元)	State-owned Enterprises(10 000 yuan)	99846	127450	27.6
集体(万元)	Collective-owned Enterprises(10 000 yuan)			
有限责任公司(万元)	Limited Liability Corporations(10 000 yuan)	7200	51641	617.2
股份有限公司(万元)	Share Holding Enterprises(10 000 yuan)	15993		
私营企业(万元)	Private Enterprises(10 000 yuan)	1940	26133	1247.1
外商及港澳台投资企业(万元)	Funds from HK,Macao,Taiwan & Foreign(10 000 yuan)			
按城乡渠道分	Grouped by Urban and Rural Area			
城镇（万元）	Urban(10 000 yuan)	182169	400494	119.8
农村（万元）	Rural(10 000 yuan)	2673	4621	72.9
一般预算收入(万元)	General Budgetary Financial Revenue(10 000 yuan)	9370	13656	45.7
一般预算支出(万元)	General Budgetary Financial Expenditures(10 000 yuan)	39959	65691	64.4
城乡居民储蓄存款余额(万元)	Resident Saving Deposit in Urban & Rural(10 000 yuan)	35850	47034	31.2
在岗职工工资总额(万元)	Total Wages of Staff & Workers Empioyed in(10 000 yuan)	10458	15097	44.4
在岗职工平均工资(元)	Average Wage of Staff & Workers Employed in(yuan)	24053	34476	43.3
农牧民人均纯收入(元)	Per Capita Net Income of Peasant & Herdsman(yuan)	6318	7289	15.4
农村牧区经济	**Economic Development in Rural & Pastoral Area**			
耕地面积(公顷)	Cultivated Area(hectare)	27496	27677	0.7
农作物总播种面积(公顷)	Total Sown Area(hectare)	27223	27677	1.7
# 粮食作物播种面积(公顷)	Sown Area of Grain Crops(hectare)	14687	15600	6.2
有效灌溉面积(公顷)	Irrigated Area(hectare)	27496	27677	0.7
农牧业机械总动力(万千瓦)	Total Power of Agricultural Machinery(10 000 kw)	12.12	17.74	46.4
化肥施用折纯量(吨)	Consumption of Chemical Fertilizer(ton)	3570	3176	-11.0
农村用电量(万千瓦小时)	Electricity Consumed in Rural Area(10 000 kwh)	2487	3549	42.7
农林牧渔业总产值(万元)	Gross Output of Farming,Forestry,Animal Husbandry & Fishery(10 000 yuan)	85096	101214	15.7
粮食产量(吨)	Yield of Grain(ton)	115398	110000	-4.7
油料产量(吨)	Yield of Oil-bearing Grops(ton)	554	2969	435.9
甜菜产量(吨)	Yield of Beetroots(ton)	-	100	
猪牛羊肉产量(吨)	Output of Pork, Beef & Mutton(ton)	15484	12661	-18.2
# 猪肉产量(吨)	Output of Pork(ton)	1955	3555	81.8
牛肉产量(吨)	Output of Beef(ton)	3058	1442	-52.8
羊肉产量(吨)	Output of Mutton(ton)	10471	7664	-26.8
羊毛产量(吨)	Output of Wool(ton)	1357	1434	5.7

23-91 Etuokeqian Banner in Erdos City

指 标	Item	2007	2008	2008 年比上年增长% Increase Rate in 2008 Over 2007(%)
年末牲畜存栏头数(万头只)	Total Livestock at the Year-end(10 000 heads)	82.28	78.28	-4.9
# 大牲畜(万头只)	Large Animals(10 000 heads)	3.68	3.68	0.0
羊(万只)	Sheep & Goats(10 000 heads)	73.74	69.25	-6.1
猪(万头)	Hogs(10 000 heads)	4.86	5.35	10.1
规模以上工业	**Industrial Enterprises above Designated size**			
工业企业单位数(个)	Number of Industrial Enterprises(unit)	9	11	22.2
# 内资企业(个)	Civil Funded Enterprises(unit)	9	11	22.2
工业总产值(万元)	Gross Industrial Output Value(10 000 yuan)	79861	138494	73.4
内资企业(万元)	Civil Funded Enterprises(10 000 yuan)	79861	138494	73.4
国有企业(万元)	State-owned Enterprises(10 000 yuan)	4764	6687	40.4
集体企业(万元)	Collective-owned Enterprises(10 000 yuan)			
股份合作企业(万元)	Share Holding Enterprises(10 000 yuan)			
联营企业(万元)	Joint Owned Enterprises(10 000 yuan)			
有限责任公司(万元)	Limited Company(10 000 yuan)			
股份有限公司(万元)	Share Holding Limited Company(10 000 yuan)	75097	131807	75.5
私营企业(万元)	Privately Owned Enterprises(10 000 yuan)			
其他企业(万元)	Enterprises of Other Ownership(10 000 yuan)			
港澳台商投资企业(万元)	Funds from HK,Macao & Taiwan(10 000 yuan)			
外商投资企业(万元)	Foreign Funded Enterprises(10 000 yuan)			
工业企业增加值(万元)	Value Added of Industrial Enterprises(10 000 yuan)	38759	67811	51.0
工业企业资产总计(万元)	Total Assets of Industrial Enterprises(10 000 yuan)	46184	92299	99.9
工业企业负债合计(万元)	Total Liabilities of Industrial Enterprises(10 000 yuan)	29598	71430	141.3
工业企业产品销售收入(万元)	Sales of Revenue Industrial Enterprises(10 000 yuan)	76313	115774	51.7
工业企业利润总额(万元)	Total Profits of Industrial Enterprises(10 000 yuan)	565	819	45.0
建筑业	**Construction**			
建筑企业单位数(个)	Number of Construction Enterprises(unit)	4	4	0.0
建筑企业从业人员(人)	Number of Employee in Construction Enterprises(person)	1516	2045	34.9
建筑业总产值(万元)	Gross Construction Output Value(10 000 yuan)	19549	32946	68.5
交通运输邮电通信业	**Transportation,Post & Telecommunications**			
公路里程(公里)	Total Length of Highways(km)	1570	1769	12.7
邮电业务总量(万元)	Business Volume of Post & Telecoms(10 000 yuan)	3375	4490	33.0
本地电话用户(户)	Number of Subscribers of Local Telephone(Household)	4359	4110	-5.7
国内贸易	**Demestic Trade**			
社会消费品零售总额(万元)	Total Retail Sales of Consumer Goods(10 000 yuan)	55096	65196	18.3
# 贸易业(万元)	Wholesale & Retail Sales Trades(10 000 yuan)	42089	50879	20.9
餐饮业(万元)	Catering Trade(10 000 yuan)	10790	11603	7.5
科技教育卫生	**Science,Education & Public Health**			
各类专业技术人员(人)	Speccial Technical Personnel(person)	1641	1342	-18.2
幼儿园数(所)	Number of Kindergartens(unit)	10	3	-70.0
学龄儿童入学率(%)	Percentage of School-Age Children Enrolled(%)	100.0	100.0	0.0
小学学校数(所)	Number of Primary Schools(unit)	7	7	0.0
小学专任教师数(人)	Number of Full-time Teachers of Primary Schools(person)	334	297	-11.1
小学在校学生数(人)	Number of Student Enrollment of Primary Schools(person)	4688	4401	-6.1
普通中学学校数(所)	Number of Regular Secondary Schools(unit)	5	4	-20.0
普通中学专任教师数(人)	Number of Teachers of Secondary Shools(person)	367	338	-7.9
初中在校学生数(人)	Number of Student in Junior Secondary Schools(person)	2644	2562	-3.1
高中在校学生数(人)	Number of Student in Senior Secondary Schools(person)	1811	1735	-4.2
卫生机构数(所)	Number of Health Institutions(unit)	40	41	2.5
# 医院(所)	Hospitals(unit)	2	2	0.0
卫生院(所)	Township Hospitals(unit)	9	9	0.0
床位数(张)	Number of Beds(unit)	253	283	11.9
# 医院(张)	Hospitals(unit)	150	150	0.0
卫生院(张)	Township Hospitals(unit)	88	113	28.4
卫生技术人员(人)	Medical Technical Presonnel(person)	290	268	-7.6
# 医院(人)	Hospitals(person)	100	99	-1.0
卫生院(人)	Township Hospitals(person)	99	101	2.0

23-92 鄂尔多斯市鄂托克旗

指 标	Item	2007	2008	2008 年比上年增长% Increase Rate in 2008 Over 2007(%)
行政区域土地面积(平方公里)	**Area of Administration(Sq.km)**	**20064**	**20064**	**0.0**
人口和就业	**Population & Employment**			
年末总人口(人)	Total Population Year-end(person)	94720	95955	1.3
# 男性(人)	Male(person)	48650	49062	0.8
# 乡村人口(人)	Rural(person)	37132	36625	-1.4
年末总户数(户)	Total Number of Households at the Year-end(Household)	35434	36640	3.4
# 乡村户数(户)	Number of Rural Household(Household)	11749	11638	-0.9
出生人口(人)	Births(person)	1168	1137	-2.7
死亡人口(人)	Deaths(person)	764	375	-50.9
全社会就业人员(人)	Employment(person)	81307	84111	3.4
第一产业(人)	Primary Industry(person)	23955	22652	-5.4
第二产业(人)	Secondary Industry(person)	32532	33787	3.9
第三产业(人)	Tertiary Industry(person)	24820	27672	11.5
在岗职工人数(人)	Number of Staff & Workers Employed in(person)	18411	16873	-8.4
乡村劳动力(人)	Number of Rural Laborers(person)	28006	25564	-8.7
# 农林牧渔业(人)	Farming,Forestry,Animal Husbandry & Fishery(person)	24330	22652	-6.9
国民经济综合指标	**Summary Item on the National Economy**			
生产总值(万元)	Gross Domestic Product(10 000 yuan)	1103330	1550000	18.9
第一产业(万元)	Primary Industry(10 000 yuan)	34097	38900	7.7
第二产业(万元)	Secondary Industry(10 000 yuan)	864616	1249300	18.5
# 工业(万元)	Industry(10 000 yuan)	719355	1100200	24.0
第三产业(万元)	Tertiary Industry(10 000 yuan)	204617	261800	22.7
人均生产总值(元)	Per Capita GDP(yuan)	90068	124498	17.0
全社会固定资产投资(万元)	Total Investment in Fixed Assets(10 000 yuan)	1204716	1330730	10.5
按登记注册类型分	Grouped by Registered Type			
# 国有(万元)	State-owned Enterprises(10 000 yuan)	478200	683687	43.0
集体(万元)	Collective-owned Enterprises(10 000 yuan)			
有限责任公司(万元)	Limited Liability Corporations(10 000 yuan)	372173	145175	-61.0
股份有限公司(万元)	Share Holding Enterprises(10 000 yuan)	210308	131590	-37.4
私营企业(万元)	Private Enterprises(10 000 yuan)	119770	181840	51.8
外商及港澳台投资企业(万元)	Funds from HK,Macao,Taiwan & Foreign(10 000 yuan)	6000	67348	1022.5
按城乡渠道分	Grouped by Urban and Rural Area			
城镇(万元)	Urban(10 000 yuan)	1200021	1324930	10.4
农村(万元)	Rural(10 000 yuan)	4695	5800	23.5
一般预算收入(万元)	General Budgetary Financial Revenue(10 000 yuan)	46316	79505	71.7
一般预算支出(万元)	General Budgetary Financial Expenditures(10 000 yuan)	85282	121268	42.2
城乡居民储蓄存款余额(万元)	Resident Saving Deposit in Urban & Rural(10 000 yuan)	167171	241917	44.7
在岗职工工资总额(万元)	Total Wages of Staff & Workers Empioyed in(10 000 yuan)	52555	47359	-9.9
在岗职工平均工资(元)	Average Wage of Staff & Workers Employed in(yuan)	27835	28108	1.0
农牧民人均纯收入(元)	Per Capita Net Income of Peasant & Herdsman(yuan)	6187	7058	14.1
农村牧区经济	**Economic Development in Rural & Pastoral Area**			
耕地面积(公顷)	Cultivated Area(hectare)	16592	16933	2.1
农作物总播种面积(公顷)	Total Sown Area(hectare)	16324	16933	3.7
# 粮食作物播种面积(公顷)	Sown Area of Grain Crops(hectare)	11714	12297	5.0
有效灌溉面积(公顷)	Irrigated Area(hectare)	16592	16933	2.1
农牧业机械总动力(万千瓦)	Total Power of Agricultural Machinery(10 000 kw)	20.43	22.13	8.3
化肥施用折纯量(吨)	Consumption of Chemical Fertilizer(ton)	2873	2432	-15.3
农村用电量(万千瓦小时)	Electricity Consumed in Rural Area(10 000 kwh)	710	737	3.8
农林牧渔业总产值(万元)	Gross Output of Farming,Forestry,Animal Husbandry & Fishery(10 000 yuan)	59699	70419	14.8
粮食产量(吨)	Yield of Grain(ton)	80109	79926	-0.2
油料产量(吨)	Yield of Oil-bearing Grops(ton)	1585	3021	90.6
甜菜产量(吨)	Yield of Beetroots(ton)			
猪牛羊肉产量(吨)	Output of Pork, Beef & Mutton(ton)	15590	10790	-30.8
# 猪肉产量(吨)	Output of Pork(ton)	1029	2410	134.2
牛肉产量(吨)	Output of Beef(ton)	1353	1481	9.5
羊肉产量(吨)	Output of Mutton(ton)	13208	6899	-47.8
羊毛产量(吨)	Output of Wool(ton)	765	833	8.9

23-92 Etuoke Banner in Erdos City

指 标	Item	2007	2008	2008 年比上年增长% Increase Rate in 2008 Over 2007(%)
年末牲畜存栏头数(万头只)	Total Livestock at the Year-end(10 000 heads)	130.37	129.56	-0.6
#大牲畜(万头只)	Large Animals(10 000 heads)	2.05	1.75	-14.6
羊(万只)	Sheep & Goats(10 000 heads)	126.74	125.96	-0.6
猪(万头)	Hogs(10 000 heads)	1.58	1.85	17.1
规模以上工业	**Industrial Enterprises above Designated size**			
工业企业单位数(个)	Number of Industrial Enterprises(unit)	46	69	50.0
#内资企业(个)	Civil Funded Enterprises(unit)	43	66	53.5
工业总产值(万元)	Gross Industrial Output Value(10 000 yuan)	1309867	2127624	62.4
内资企业(万元)	Civil Funded Enterprises(10 000 yuan)	754910	1317660	74.5
国有企业(万元)	State-owned Enterprises(10 000 yuan)	19096	23080	20.9
集体企业(万元)	Collective-owned Enterprises(10 000 yuan)	10863	10792	-0.7
股份合作企业(万元)	Share Holding Enterprises(10 000 yuan)			
联营企业(万元)	Joint Owned Enterprises(10 000 yuan)			
有限责任公司(万元)	Limited Company(10 000 yuan)	6425	8850	37.7
股份有限公司(万元)	Share Holding Limited Company(10 000 yuan)	160649	431175	168.4
私营企业(万元)	Privately Owned Enterprises(10 000 yuan)	557877	843763	51.2
其他企业(万元)	Enterprises of Other Ownership(10 000 yuan)			
港澳台商投资企业(万元)	Funds from HK,Macao & Taiwan(10 000 yuan)			
外商投资企业(万元)	Foreign Funded Enterprises(10 000 yuan)	554957	809964	46.0
工业企业增加值(万元)	Value Added of Industrial Enterprises(10 000 yuan)	637255	1042535	27.0
工业企业资产总计(万元)	Total Assets of Industrial Enterprises(10 000 yuan)	1727805	2920238	69.0
工业企业负债合计(万元)	Total Liabilities of Industrial Enterprises(10 000 yuan)	865101	1687255	95.0
工业企业产品销售收入(万元)	Sales of Revenue Industrial Enterprises(10 000 yuan)	1259109	2078855	65.1
工业企业利润总额(万元)	Total Profits of Industrial Enterprises(10 000 yuan)	132574	264648	99.6
建筑业	**Construction**			
建筑企业单位数(个)	Number of Construction Enterprises(unit)	4	4	0.0
建筑企业从业人员(人)	Number of Employee in Construction Enterprises(person)	1131	565	-50.0
建筑业总产值(万元)	Gross Construction Output Value(10 000 yuan)	22291	34341	54.1
交通运输邮电通信业	**Transportation,Post & Telecommunications**			
公路里程(公里)	Total Length of Highways(km)	1995	2549	27.8
邮电业务总量(万元)	Business Volume of Post & Telecoms(10 000 yuan)	30500	33030	8.3
本地电话用户(户)	Number of Subscribers of Local Telephone(Household)	32387	22536	-30.4
国内贸易	**Demestic Trade**			
社会消费品零售总额(万元)	Total Retail Sales of Consumer Goods(10 000 yuan)	167415	200049	19.5
#贸易业(万元)	Wholesale & Retail Sales Trades(10 000 yuan)	104381	124116	18.9
餐饮业(万元)	Catering Trade(10 000 yuan)	58257	75933	30.3
科技教育卫生	**Science,Education & Public Health**			
各类专业技术人员(人)	Speccial Technical Personnel(person)	2946	3009	2.1
幼儿园数(所)	Number of Kindergartens(unit)	11	13	18.2
学龄儿童入学率(%)	Percentage of School-Age Children Enrolled(%)	100.0	100.0	0.0
小学学校数(所)	Number of Primary Schools(unit)	8	9	12.5
小学专任教师数(人)	Number of Full-time Teachers of Primary Schools(person)	611	620	1.5
小学在校学生数(人)	Number of Student Enrollment of Primary Schools(person)	7637	9039	18.4
普通中学学校数(所)	Number of Regular Secondary Schools(unit)	7	9	28.6
普通中学专任教师数(人)	Number of Teachers of Secondary Shools(person)	578	630	9.0
初中在校学生数(人)	Number of Student in Junior Secondary Schools(person)	5972	4590	-23.1
高中在校学生数(人)	Number of Student in Senior Secondary Schools(person)	1815	1694	-6.7
卫生机构数(所)	Number of Health Institutions(unit)	140	142	1.4
#医院(所)	Hospitals(unit)	6	5	-16.7
卫生院(所)	Township Hospitals(unit)	13	13	0.0
床位数(张)	Number of Beds(unit)	509	540	6.1
#医院(张)	Hospitals(unit)	401	400	-0.2
卫生院(张)	Township Hospitals(unit)	108	140	29.6
卫生技术人员(人)	Medical Technical Presonnel(person)	326	453	39.0
#医院(人)	Hospitals(person)	263	385	46.4
卫生院(人)	Township Hospitals(person)	63	68	7.9

23-93 鄂尔多斯市杭锦旗

指 标	Item	2007	2008	2008 年比上年增长% Increase Rate in 2008 Over 2007(%)
行政区域土地面积(平方公里)	**Area of Administration(Sq.km)**	**18903**	**18903**	**0.0**
人口和就业	**Population & Employment**			
年末总人口(人)	Total Population Year-end(person)	138880	141385	1.8
# 男性(人)	Male(person)	72500	73438	1.3
# 乡村人口(人)	Rural(person)	65000	62730	-3.5
年末总户数(户)	Total Number of Households at the Year-end(Household)	51888	53798	3.7
# 乡村户数(户)	Number of Rural Household(Household)	20775	20541	-1.1
出生人口(人)	Births(person)	957	2079	117.2
死亡人口(人)	Deaths(person)	318	721	126.7
全社会就业人员(人)	Employment(person)	76232	81052	6.3
第一产业(人)	Primary Industry(person)	46942	50896	8.4
第二产业(人)	Secondary Industry(person)	14970	15174	1.4
第三产业(人)	Tertiary Industry(person)	14320	14982	4.6
在岗职工人数(人)	Number of Staff & Workers Employed in(person)	11675	10282	-11.9
乡村劳动力(人)	Number of Rural Laborers(person)	51676	50816	-1.7
# 农林牧渔业(人)	Farming,Forestry,Animal Husbandry & Fishery(person)	42805	46273	8.1
国民经济综合指标	**Summary Item on the National Economy**			
生产总值(万元)	Gross Domestic Product(10 000 yuan)	298142	314200	2.0
第一产业(万元)	Primary Industry(10 000 yuan)	68892	80700	6.5
第二产业(万元)	Secondary Industry(10 000 yuan)	129258	112600	-15.4
# 工业(万元)	Industry(10 000 yuan)	100932	79600	-21.1
第三产业(万元)	Tertiary Industry(10 000 yuan)	99992	120900	20.2
人均生产总值(元)	Per Capita GDP(yuan)	21608	30533	7.5
全社会固定资产投资(万元)	Total Investment in Fixed Assets(10 000 yuan)	200657	300418	49.7
按登记注册类型分	Grouped by Registered Type			
# 国有(万元)	State-owned Enterprises(10 000 yuan)	73157	146613	100.4
集体(万元)	Collective-owned Enterprises(10 000 yuan)			
有限责任公司(万元)	Limited Liability Corporations(10 000 yuan)	126500	33298	-73.7
股份有限公司(万元)	Share Holding Enterprises(10 000 yuan)		119821	
私营企业(万元)	Private Enterprises(10 000 yuan)	1000		
外商及港澳台投资企业 (万元)	Funds from HK,Macao,Taiwan & Foreign(10 000 yuan)			
按城乡渠道分	Grouped by Urban and Rural Area			
城镇（万元）	Urban(10 000 yuan)	200657	300418	49.7
农村（万元）	Rural(10 000 yuan)			
一般预算收入(万元)	General Budgetary Financial Revenue(10 000 yuan)	12807	17417	36.0
一般预算支出(万元)	General Budgetary Financial Expenditures(10 000 yuan)	51534	107042	107.7
城乡居民储蓄存款余额(万元)	Resident Saving Deposit in Urban & Rural(10 000 yuan)	101803	73257	-28.0
在岗职工工资总额(万元)	Total Wages of Staff & Workers Empioyed in(10 000 yuan)	21104	31313	48.4
在岗职工平均工资(元)	Average Wage of Staff & Workers Employed in(yuan)	20332	30460	49.8
农牧民人均纯收入(元)	Per Capita Net Income of Peasant & Herdsman(yuan)	5995	6954	16.0
农村牧区经济	**Economic Development in Rural & Pastoral Area**			
耕地面积(公顷)	Cultivated Area(hectare)	64812	64812	0.0
农作物总播种面积(公顷)	Total Sown Area(hectare)	58696	62057	5.7
# 粮食作物播种面积(公顷)	Sown Area of Grain Crops(hectare)	33338	35598	6.8
有效灌溉面积(公顷)	Irrigated Area(hectare)	41892	42903	2.4
农牧业机械总动力(万千瓦)	Total Power of Agricultural Machinery(10 000 kw)	40.00	26.00	-35.0
化肥施用折纯量(吨)	Consumption of Chemical Fertilizer(ton)	20024	20546	2.6
农村用电量(万千瓦小时)	Electricity Consumed in Rural Area(10 000 kwh)	2930	3415	16.6
农林牧渔业总产值(万元)	Gross Output of Farming,Forestry,Animal Husbandry & Fishery(10 000 yuan)	115035	131906	11.6
粮食产量(吨)	Yield of Grain(ton)	228819	296467	29.6
油料产量(吨)	Yield of Oil-bearing Grops(ton)	48625	59335	22.0
甜菜产量(吨)	Yield of Beetroots(ton)	2951	96	-96.7
猪牛羊肉产量(吨)	Output of Pork, Beef & Mutton(ton)	14461	14592	0.9
# 猪肉产量(吨)	Output of Pork(ton)	1828	1522	-16.7
牛肉产量(吨)	Output of Beef(ton)	441	536	21.5
羊肉产量(吨)	Output of Mutton(ton)	12192	12534	2.8
羊毛产量(吨)	Output of Wool(ton)	480	479	-0.2

23-93 Hangjin Banner in Erdos City

指标	Item	2007	2008	2008年比上年增长% Increase Rate in 2008 Over 2007(%)
年末牲畜存栏头数(万头只)	Total Livestock at the Year-end(10 000 heads)	144.10	134.78	-6.5
#大牲畜(万头只)	Large Animals(10 000 heads)	1.20	1.31	9.2
羊(万只)	Sheep & Goats(10 000 heads)	141.10	132.00	-6.4
猪(万头)	Hogs(10 000 heads)	1.80	1.47	-18.3
规模以上工业	**Industrial Enterprises above Designated size**			
工业企业单位数(个)	Number of Industrial Enterprises(unit)	19	17	-10.5
#内资企业(个)	Civil Funded Enterprises(unit)	19	16	-15.8
工业总产值(万元)	Gross Industrial Output Value(10 000 yuan)	187223	120617	-35.6
内资企业(万元)	Civil Funded Enterprises(10 000 yuan)	187223	120000	-35.9
国有企业(万元)	State-owned Enterprises(10 000 yuan)	12690	6087	-52.0
集体企业(万元)	Collective-owned Enterprises(10 000 yuan)			
股份合作企业(万元)	Share Holding Enterprises(10 000 yuan)			
联营企业(万元)	Joint Owned Enterprises(10 000 yuan)			
有限责任公司(万元)	Limited Company(10 000 yuan)		23300	
股份有限公司(万元)	Share Holding Limited Company(10 000 yuan)	174533	51720	-70.4
私营企业(万元)	Privately Owned Enterprises(10 000 yuan)		38893	
其他企业(万元)	Enterprises of Other Ownership(10 000 yuan)			
港澳台商投资企业(万元)	Funds from HK,Macao & Taiwan(10 000 yuan)			
外商投资企业(万元)	Foreign Funded Enterprises(10 000 yuan)		617	
工业企业增加值(万元)	Value Added of Industrial Enterprises(10 000 yuan)	78900	54600	-27.2
工业企业资产总计(万元)	Total Assets of Industrial Enterprises(10 000 yuan)	172843	277272	60.4
工业企业负债合计(万元)	Total Liabilities of Industrial Enterprises(10 000 yuan)	123623	194723	57.5
工业企业产品销售收入(万元)	Sales of Revenue Industrial Enterprises(10 000 yuan)	85289	84962	-0.4
工业企业利润总额(万元)	Total Profits of Industrial Enterprises(10 000 yuan)	4852	-480	
建筑业	**Construction**			
建筑企业单位数(个)	Number of Construction Enterprises(unit)	2	2	0.0
建筑企业从业人员(人)	Number of Employee in Construction Enterprises(person)	367	357	-2.7
建筑业总产值(万元)	Gross Construction Output Value(10 000 yuan)	8075	4083	-49.4
交通运输邮电通信业	**Transportation,Post & Telecommunications**			
公路里程(公里)	Total Length of Highways(km)	1652	1652	0.0
邮电业务总量(万元)	Business Volume of Post & Telecoms(10 000 yuan)	2390	6219	160.2
本地电话用户(户)	Number of Subscribers of Local Telephone(Household)	8929	9239	3.5
国内贸易	**Demestic Trade**			
社会消费品零售总额(万元)	Total Retail Sales of Consumer Goods(10 000 yuan)	107021	125207	17.0
#贸易业(万元)	Wholesale & Retail Sales Trades(10 000 yuan)	74633	84666	13.4
餐饮业(万元)	Catering Trade(10 000 yuan)	29161	38302	31.3
科技教育卫生	**Science,Education & Public Health**			
各类专业技术人员(人)	Speccial Technical Personnel(person)	3530	3358	-4.9
幼儿园数(所)	Number of Kindergartens(unit)	11	10	-9.1
学龄儿童入学率(%)	Percentage of School-Age Children Enrolled(%)	100.0	100.0	0.0
小学学校数(所)	Number of Primary Schools(unit)	15	12	-20.0
小学专任教师数(人)	Number of Full-time Teachers of Primary Schools(person)	511	731	43.1
小学在校学生数(人)	Number of Student Enrollment of Primary Schools(person)	5480	6182	12.8
普通中学学校数(所)	Number of Regular Secondary Schools(unit)	6	6	0.0
普通中学专任教师数(人)	Number of Teachers of Secondary Shools(person)	510	799	56.7
初中在校学生数(人)	Number of Student in Junior Secondary Schools(person)	5458	4248	-22.2
高中在校学生数(人)	Number of Student in Senior Secondary Schools(person)	1595	1514	-5.1
卫生机构数(所)	Number of Health Institutions(unit)	17	17	0.0
#医院(所)	Hospitals(unit)	2	2	0.0
卫生院(所)	Township Hospitals(unit)	12	12	0.0
床位数(张)	Number of Beds(unit)	365	365	0.0
#医院(张)	Hospitals(unit)	250	250	0.0
卫生院(张)	Township Hospitals(unit)	115	115	0.0
卫生技术人员(人)	Medical Technical Presonnel(person)	387	415	7.2
#医院(人)	Hospitals(person)	301	305	1.3
卫生院(人)	Township Hospitals(person)	86	105	22.1

23-94 鄂尔多斯市乌审旗

指 标	Item	2007	2008	2008年比上年增长% Increase Rate in 2008 Over 2007(%)
行政区域土地面积(平方公里)	**Area of Administration(Sq.km)**	**11645**	**11645**	**0.0**
人口和就业	**Population & Employment**			
年末总人口(人)	Total Population Year-end(person)	103066	104623	1.5
#男性(人)	Male(person)	53270	53973	1.3
#乡村人口(人)	Rural(person)	55001	52792	-4.0
年末总户数(户)	Total Number of Households at the Year-end(Household)	35982	37848	5.2
#乡村户数(户)	Number of Rural Household(Household)	17711	16462	-7.1
出生人口(人)	Births(person)	1542	1386	-10.1
死亡人口(人)	Deaths(person)	416	813	95.4
全社会就业人员(人)	Employment(person)	68952	70952	2.9
第一产业(人)	Primary Industry(person)	39425	35417	-10.2
第二产业(人)	Secondary Industry(person)	10967	12583	14.7
第三产业(人)	Tertiary Industry(person)	18560	22952	23.7
在岗职工人数(人)	Number of Staff & Workers Employed in(person)	6329	6384	0.9
乡村劳动力(人)	Number of Rural Laborers(person)	39369	38724	-1.6
#农林牧渔业(人)	Farming,Forestry,Animal Husbandry & Fishery(person)	31162	29926	-4.0
国民经济综合指标	**Summary Item on the National Economy**			
生产总值(万元)	Gross Domestic Product(10 000 yuan)	700082	1060000	24.5
第一产业(万元)	Primary Industry(10 000 yuan)	58767	63851	2.5
第二产业(万元)	Secondary Industry(10 000 yuan)	540099	838477	27.2
#工业(万元)	Industry(10 000 yuan)	459910	740723	29.7
第三产业(万元)	Tertiary Industry(10 000 yuan)	101216	157672	23.7
人均生产总值(元)	Per Capita GDP(yuan)	72925	108163	22.6
全社会固定资产投资(万元)	Total Investment in Fixed Assets(10 000 yuan)	709571	1043240	47.0
按登记注册类型分	Grouped by Registered Type			
#国有(万元)	State-owned Enterprises(10 000 yuan)	400724	701914	75.2
集体(万元)	Collective-owned Enterprises(10 000 yuan)	4447	2383	-46.4
有限责任公司(万元)	Limited Liability Corporations(10 000 yuan)	119186	96962	-18.6
股份有限公司(万元)	Share Holding Enterprises(10 000 yuan)	157000	162682	3.6
私营企业(万元)	Private Enterprises(10 000 yuan)	5955	5594	-6.1
外商及港澳台投资企业(万元)	Funds from HK,Macao,Taiwan & Foreign(10 000 yuan)	11791	14686	24.6
按城乡渠道分	Grouped by Urban and Rural Area			
城镇(万元)	Urban(10 000 yuan)	707882	1038937	46.8
农村(万元)	Rural(10 000 yuan)	1689	4303	154.8
一般预算收入(万元)	General Budgetary Financial Revenue(10 000 yuan)	30187	54861	81.7
一般预算支出(万元)	General Budgetary Financial Expenditures(10 000 yuan)	60812	104688	72.2
城乡居民储蓄存款余额(万元)	Resident Saving Deposit in Urban & Rural(10 000 yuan)	67757	91389	34.9
在岗职工工资总额(万元)	Total Wages of Staff & Workers Empioyed in(10 000 yuan)	14288	22370	56.6
在岗职工平均工资(元)	Average Wage of Staff & Workers Employed in(yuan)	23147	35328	52.6
农牧民人均纯收入(元)	Per Capita Net Income of Peasant & Herdsman(yuan)	6289	7241	15.1
农村牧区经济	**Economic Development in Rural & Pastoral Area**			
耕地面积(公顷)	Cultivated Area(hectare)	39135	39444	0.8
农作物总播种面积(公顷)	Total Sown Area(hectare)	39135	39444	0.8
#粮食作物播种面积(公顷)	Sown Area of Grain Crops(hectare)	17651	17982	1.9
有效灌溉面积(公顷)	Irrigated Area(hectare)	37499	39294	4.8
农牧业机械总动力(万千瓦)	Total Power of Agricultural Machinery(10 000 kw)	32.96	41.94	27.2
化肥施用折纯量(吨)	Consumption of Chemical Fertilizer(ton)	4743	4729	-0.3
农村用电量(万千瓦小时)	Electricity Consumed in Rural Area(10 000 kwh)	1806	1393	-22.9
农林牧渔业总产值(万元)	Gross Output of Farming,Forestry,Animal Husbandry & Fishery(10 000 yuan)	100936	116231	12.0
粮食产量(吨)	Yield of Grain(ton)	117880	113974	-3.3
油料产量(吨)	Yield of Oil-bearing Grops(ton)	1254	1078	-14.0
甜菜产量(吨)	Yield of Beetroots(ton)			
猪牛羊肉产量(吨)	Output of Pork, Beef & Mutton(ton)	29187	39587	35.6
#猪肉产量(吨)	Output of Pork(ton)	14270	21021	47.3
牛肉产量(吨)	Output of Beef(ton)	6733	11209	66.5
羊肉产量(吨)	Output of Mutton(ton)	8184	7357	-10.1
羊毛产量(吨)	Output of Wool(ton)	4347	1984	-54.4

23-94 Wushen Banner in Erdos City

指 标	Item	2007	2008	2008 年比上年增长% Increase Rate in 2008 Over 2007(%)
年末牲畜存栏头数(万头只)	Total Livestock at the Year-end(10 000 heads)	131.70	126.10	-4.3
# 大牲畜(万头只)	Large Animals(10 000 heads)	13.75	8.90	-35.3
羊(万只)	Sheep & Goats(10 000 heads)	103.53	102.70	-0.8
猪(万头)	Hogs(10 000 heads)	14.42	14.50	0.6
规模以上工业	**Industrial Enterprises above Designated size**			
工业企业单位数(个)	Number of Industrial Enterprises(unit)	21	25	19.0
# 内资企业(个)	Civil Funded Enterprises(unit)	17	21	23.5
工业总产值(万元)	Gross Industrial Output Value(10 000 yuan)	981977	1617008	64.7
内资企业(万元)	Civil Funded Enterprises(10 000 yuan)	719332	1178817	63.9
国有企业(万元)	State-owned Enterprises(10 000 yuan)	2009	1586	-21.1
集体企业(万元)	Collective-owned Enterprises(10 000 yuan)			
股份合作企业(万元)	Share Holding Enterprises(10 000 yuan)			
联营企业(万元)	Joint Owned Enterprises(10 000 yuan)			
有限责任公司(万元)	Limited Company(10 000 yuan)	63730	35834	-43.8
股份有限公司(万元)	Share Holding Limited Company(10 000 yuan)	606081	1083185	78.7
私营企业(万元)	Privately Owned Enterprises(10 000 yuan)	47512	58212	22.5
其他企业(万元)	Enterprises of Other Ownership(10 000 yuan)			
港澳台商投资企业(万元)	Funds from HK,Macao & Taiwan(10 000 yuan)	64890	140271	116.2
外商投资企业(万元)	Foreign Funded Enterprises(10 000 yuan)	197755	297920	50.7
工业企业增加值(万元)	Value Added of Industrial Enterprises(10 000 yuan)	451860	713723	30.2
工业企业资产总计(万元)	Total Assets of Industrial Enterprises(10 000 yuan)	621184	793793	27.8
工业企业负债合计(万元)	Total Liabilities of Industrial Enterprises(10 000 yuan)	356946	389536	9.1
工业企业产品销售收入(万元)	Sales of Revenue Industrial Enterprises(10 000 yuan)	958945	1611860	68.1
工业企业利润总额(万元)	Total Profits of Industrial Enterprises(10 000 yuan)	120340	278345	131.3
建筑业	**Construction**			
建筑企业单位数(个)	Number of Construction Enterprises(unit)	4	4	0.0
建筑企业从业人员(人)	Number of Employee in Construction Enterprises(person)	1242	1312	5.6
建筑业总产值(万元)	Gross Construction Output Value(10 000 yuan)	25258	24420	-3.3
交通运输邮电通信业	**Transportation,Post & Telecommunications**			
公路里程(公里)	Total Length of Highways(km)	1805	1850	2.5
邮电业务总量(万元)	Business Volume of Post & Telecoms(10 000 yuan)	7839	8930	13.9
本地电话用户(户)	Number of Subscribers of Local Telephone(Household)	8237	8737	6.1
国内贸易	**Demestic Trade**			
社会消费品零售总额(万元)	Total Retail Sales of Consumer Goods(10 000 yuan)	107408	130174	21.2
# 贸易业(万元)	Wholesale & Retail Sales Trades(10 000 yuan)	72728	84055	15.6
餐饮业(万元)	Catering Trade(10 000 yuan)	31662	42534	34.3
科技教育卫生	**Science,Education & Public Health**			
各类专业技术人员(人)	Speccial Technical Personnel(person)	2249	2263	0.6
幼儿园数(所)	Number of Kindergartens(unit)	4	5	25.0
学龄儿童入学率(%)	Percentage of School-Age Children Enrolled(%)	100.0	100.0	0.0
小学学校数(所)	Number of Primary Schools(unit)	17	14	-17.6
小学专任教师数(人)	Number of Full-time Teachers of Primary Schools(person)	529	527	-0.4
小学在校学生数(人)	Number of Student Enrollment of Primary Schools(person)	6594	5305	-19.5
普通中学学校数(所)	Number of Regular Secondary Schools(unit)	9	9	0.0
普通中学专任教师数(人)	Number of Teachers of Secondary Shools(person)	562	558	-0.7
初中在校学生数(人)	Number of Student in Junior Secondary Schools(person)	5031	4338	-13.8
高中在校学生数(人)	Number of Student in Senior Secondary Schools(person)	1624	1474	-9.2
卫生机构数(所)	Number of Health Institutions(unit)	18	18	0.0
# 医院(所)	Hospitals(unit)	2	2	0.0
卫生院(所)	Township Hospitals(unit)	13	13	0.0
床位数(张)	Number of Beds(unit)	290	317	9.3
# 医院(张)	Hospitals(unit)	120	129	7.5
卫生院(张)	Township Hospitals(unit)	142	143	0.7
卫生技术人员(人)	Medical Technical Presonnel(person)	260	277	6.5
# 医院(人)	Hospitals(person)	87	98	12.6
卫生院(人)	Township Hospitals(person)	118	125	5.9

23-95 鄂尔多斯市伊金霍洛旗

指 标	Item	2007	2008	2008 年比上年增长% Increase Rate in 2008 Over 2007(%)
行政区域土地面积(平方公里)	**Area of Administration(Sq.km)**	**5565**	**5565**	**0.0**
人口和就业	**Population & Employment**			
年末总人口(人)	Total Population Year-end(person)	151603	155874	2.8
# 男性(人)	Male(person)	79333	80906	2.0
# 乡村人口(人)	Rural(person)	72270	66436	-8.1
年末总户数(户)	Total Number of Households at the Year-end(Household)	57349	64090	11.8
# 乡村户数(户)	Number of Rural Household(Household)	23231	22187	-4.5
出生人口(人)	Births(person)	2335	2723	16.6
死亡人口(人)	Deaths(person)	1114	655	-41.2
全社会就业人员(人)	Employment(person)	133854	137625	2.8
第一产业(人)	Primary Industry(person)	38386	34459	-10.2
第二产业(人)	Secondary Industry(person)	50786	54535	7.4
第三产业(人)	Tertiary Industry(person)	44682	48631	8.8
在岗职工人数(人)	Number of Staff & Workers Employed in(person)	19985	24350	21.8
乡村劳动力(人)	Number of Rural Laborers(person)	49262	46668	-5.3
# 农林牧渔业(人)	Farming,Forestry,Animal Husbandry & Fishery(person)	38386	34459	-10.2
国民经济综合指标	**Summary Item on the National Economy**			
生产总值(万元)	Gross Domestic Product(10 000 yuan)	2003806	2922400	24.7
第一产业(万元)	Primary Industry(10 000 yuan)	44532	48500	2.7
第二产业(万元)	Secondary Industry(10 000 yuan)	1029329	1678300	24.2
# 工业(万元)	Industry(10 000 yuan)	858464	1494200	30.6
第三产业(万元)	Tertiary Industry(10 000 yuan)	929945	1195600	26.1
人均生产总值(元)	Per Capita GDP(yuan)	126224	181798	23.1
全社会固定资产投资(万元)	Total Investment in Fixed Assets(10 000 yuan)	1505474	1720839	14.3
按登记注册类型分	Grouped by Registered Type			
# 国有(万元)	State-owned Enterprises(10 000 yuan)	718402	701906	-2.3
集体(万元)	Collective-owned Enterprises(10 000 yuan)	916	12144	1225.8
有限责任公司(万元)	Limited Liability Corporations(10 000 yuan)	408349	265817	-34.9
股份有限公司(万元)	Share Holding Enterprises(10 000 yuan)	135335	562762	315.8
私营企业(万元)	Private Enterprises(10 000 yuan)	179175	49292	-72.5
外商及港澳台投资企业 (万元)	Funds from HK,Macao,Taiwan & Foreign(10 000 yuan)	4247	2258	-46.8
按城乡渠道分	Grouped by Urban and Rural Area			
城镇（万元）	Urban(10 000 yuan)	1488849	1699789	14.2
农村（万元）	Rural(10 000 yuan)	16625	21050	26.6
一般预算收入(万元)	General Budgetary Financial Revenue(10 000 yuan)	118885	208082	75.0
一般预算支出(万元)	General Budgetary Financial Expenditures(10 000 yuan)	131403	201380	53.3
城乡居民储蓄存款余额(万元)	Resident Saving Deposit in Urban & Rural(10 000 yuan)	461205	642625	39.3
在岗职工工资总额(万元)	Total Wages of Staff & Workers Empioyed in(10 000 yuan)	76026	102155	34.4
在岗职工平均工资(元)	Average Wage of Staff & Workers Employed in(yuan)	38582	42657	10.6
农牧民人均纯收入(元)	Per Capita Net Income of Peasant & Herdsman(yuan)	6301	7262	15.3
农村牧区经济	**Economic Development in Rural & Pastoral Area**			
耕地面积(公顷)	Cultivated Area(hectare)	35263	35264	0.0
农作物总播种面积(公顷)	Total Sown Area(hectare)	34033	33867	-0.5
# 粮食作物播种面积(公顷)	Sown Area of Grain Crops(hectare)	18565	19270	3.8
有效灌溉面积(公顷)	Irrigated Area(hectare)	26270	22450	-14.5
农牧业机械总动力(万千瓦)	Total Power of Agricultural Machinery(10 000 kw)	27.00	29.60	9.6
化肥施用折纯量(吨)	Consumption of Chemical Fertilizer(ton)	4027	6912	71.6
农村用电量(万千瓦小时)	Electricity Consumed in Rural Area(10 000 kwh)	5527	11915	115.6
农林牧渔业总产值(万元)	Gross Output of Farming,Forestry,Animal Husbandry & Fishery(10 000 yuan)	75167	81647	5.7
粮食产量(吨)	Yield of Grain(ton)	98068	91500	-6.7
油料产量(吨)	Yield of Oil-bearing Grops(ton)	683	450	-34.1
甜菜产量(吨)	Yield of Beetroots(ton)	336	111	-67.0
猪牛羊肉产量(吨)	Output of Pork, Beef & Mutton(ton)	14207	9906	-30.3
# 猪肉产量(吨)	Output of Pork(ton)	4480	5002	11.7
牛肉产量(吨)	Output of Beef(ton)	1821	480	-73.6
羊肉产量(吨)	Output of Mutton(ton)	7906	4424	-44.0
羊毛产量(吨)	Output of Wool(ton)	750	549	-26.8

23-95 Yijinhuoluo Banner in Erdos City

指 标	Item	2007	2008	2008年比上年增长% Increase Rate in 2008 Over 2007(%)
年末牲畜存栏头数(万头只)	Total Livestock at the Year-end(10 000 heads)	65.80	66.15	0.5
# 大牲畜(万头只)	Large Animals(10 000 heads)	1.29	1.40	8.2
羊(万只)	Sheep & Goats(10 000 heads)	60.30	60.95	1.1
猪(万头)	Hogs(10 000 heads)	4.21	3.80	-9.7
规模以上工业	**Industrial Enterprises above Designated size**			
工业企业单位数(个)	Number of Industrial Enterprises(unit)	53	56	5.7
# 内资企业(个)	Civil Funded Enterprises(unit)	52	55	5.8
工业总产值(万元)	Gross Industrial Output Value(10 000 yuan)	1518167	2765408	82.2
内资企业(万元)	Civil Funded Enterprises(10 000 yuan)	1513920	2763150	82.5
国有企业(万元)	State-owned Enterprises(10 000 yuan)	22250	34772	56.3
集体企业(万元)	Collective-owned Enterprises(10 000 yuan)	10054	46203	359.5
股份合作企业(万元)	Share Holding Enterprises(10 000 yuan)	3050	17881	486.3
联营企业(万元)	Joint Owned Enterprises(10 000 yuan)			
有限责任公司(万元)	Limited Company(10 000 yuan)	1415295	2509083	77.3
股份有限公司(万元)	Share Holding Limited Company(10 000 yuan)			
私营企业(万元)	Privately Owned Enterprises(10 000 yuan)			
其他企业(万元)	Enterprises of Other Ownership(10 000 yuan)	63271	155211	145.3
港澳台商投资企业(万元)	Funds from HK,Macao & Taiwan(10 000 yuan)	4247	2258	-46.8
外商投资企业(万元)	Foreign Funded Enterprises(10 000 yuan)			
工业企业增加值(万元)	Value Added of Industrial Enterprises(10 000 yuan)	775500	1405706	27.2
工业企业资产总计(万元)	Total Assets of Industrial Enterprises(10 000 yuan)	2246265	4467310	98.9
工业企业负债合计(万元)	Total Liabilities of Industrial Enterprises(10 000 yuan)	686517	1297895	89.1
工业企业产品销售收入(万元)	Sales of Revenue Industrial Enterprises(10 000 yuan)	1563038	2908786	86.1
工业企业利润总额(万元)	Total Profits of Industrial Enterprises(10 000 yuan)	638701	1328892	108.1
建筑业	**Construction**			
建筑企业单位数(个)	Number of Construction Enterprises(unit)	3	4	33.3
建筑企业从业人员(人)	Number of Employee in Construction Enterprises(person)	865	1348	55.8
建筑业总产值(万元)	Gross Construction Output Value(10 000 yuan)	40500	41650	2.8
交通运输邮电通信业	**Transportation,Post & Telecommunications**			
公路里程(公里)	Total Length of Highways(km)	1764	1909	8.2
邮电业务总量(万元)	Business Volume of Post & Telecoms(10 000 yuan)	2181	2639	21.0
本地电话用户(户)	Number of Subscribers of Local Telephone(Household)	36700	41508	13.1
国内贸易	**Demestic Trade**			
社会消费品零售总额(万元)	Total Retail Sales of Consumer Goods(10 000 yuan)	158327	196966	24.4
# 贸易业(万元)	Wholesale & Retail Sales Trades(10 000 yuan)	120666	150213	24.5
餐饮业(万元)	Catering Trade(10 000 yuan)	33155	41535	25.3
科技教育卫生	**Science,Education & Public Health**			
各类专业技术人员(人)	Speccial Technical Personnel(person)	5324	6453	21.2
幼儿园数(所)	Number of Kindergartens(unit)	13	14	7.7
学龄儿童入学率(%)	Percentage of School-Age Children Enrolled(%)	100.0	100.0	0.0
小学学校数(所)	Number of Primary Schools(unit)	19	17	-10.5
小学专任教师数(人)	Number of Full-time Teachers of Primary Schools(person)	1045	705	-32.5
小学在校学生数(人)	Number of Student Enrollment of Primary Schools(person)	8777	10382	18.3
普通中学学校数(所)	Number of Regular Secondary Schools(unit)	9	7	-22.2
普通中学专任教师数(人)	Number of Teachers of Secondary Shools(person)	895	663	-25.9
初中在校学生数(人)	Number of Student in Junior Secondary Schools(person)	6832	4954	-27.5
高中在校学生数(人)	Number of Student in Senior Secondary Schools(person)	2407	2442	1.5
卫生机构数(所)	Number of Health Institutions(unit)	33	32	-3.0
# 医院(所)	Hospitals(unit)	1	1	0.0
卫生院(所)	Township Hospitals(unit)	15	15	0.0
床位数(张)	Number of Beds(unit)	366	369	0.8
# 医院(张)	Hospitals(unit)	112	112	0.0
卫生院(张)	Township Hospitals(unit)	153	153	0.0
卫生技术人员(人)	Medical Technical Presonnel(person)	357	489	37.0
# 医院(人)	Hospitals(person)	316	343	8.5
卫生院(人)	Township Hospitals(person)	41	72	75.6

23-96 巴彦淖尔市临河区

指 标	Item	2007	2008	2008年比上年增长% Increase Rate in 2008 Over 2007(%)
行政区域土地面积(平方公里)	**Area of Administration(Sq.km)**	**2354**	**2354**	**0.0**
人口和就业	**Population & Employment**			
年末总人口(人)	Total Population Year-end(person)	550563	557689	1.3
#男性(人)	Male(person)	274217	277494	1.2
#乡村人口(人)	Rural(person)	246028	306540	24.6
年末总户数(户)	Total Number of Households at the Year-end(Household)	162422	164825	1.5
#乡村户数(户)	Number of Rural Household(Household)	60574	60256	-0.5
出生人口(人)	Births(person)	5203	5092	-2.1
死亡人口(人)	Deaths(person)	3369	3391	0.7
全社会就业人员(人)	Employment(person)	281097	286320	1.9
第一产业(人)	Primary Industry(person)	115005	114389	-0.5
第二产业(人)	Secondary Industry(person)	31455	32178	2.3
第三产业(人)	Tertiary Industry(person)	134637	139753	3.8
在岗职工人数(人)	Number of Staff & Workers Employed in(person)	63927	63187	-1.2
乡村劳动力(人)	Number of Rural Laborers(person)	157581	145062	-7.9
#农林牧渔业(人)	Farming,Forestry,Animal Husbandry & Fishery(person)	118005	106389	-9.8
国民经济综合指标	**Summary Item on the National Economy**			
生产总值(万元)	Gross Domestic Product(10 000 yuan)	1077553	1281000	19.6
第一产业(万元)	Primary Industry(10 000 yuan)	233963	212000	8.7
第二产业(万元)	Secondary Industry(10 000 yuan)	452783	598000	27.2
#工业(万元)	Industry(10 000 yuan)	376700	518000	31.9
第三产业(万元)	Tertiary Industry(10 000 yuan)	390807	471000	16.6
人均生产总值(元)	Per Capita GDP(yuan)	19755	23973	19.2
全社会固定资产投资(万元)	Total Investment in Fixed Assets(10 000 yuan)	649960	811673	24.9
按登记注册类型分	Grouped by Registered Type			
#国有(万元)	State-owned Enterprises(10 000 yuan)	392384	358832	-8.6
集体(万元)	Collective-owned Enterprises(10 000 yuan)			
有限责任公司(万元)	Limited Liability Corporations(10 000 yuan)	122685	210964	72.0
股份有限公司(万元)	Share Holding Enterprises(10 000 yuan)	13518	8883	-34.3
私营企业(万元)	Private Enterprises(10 000 yuan)	60323	127192	110.9
外商及港澳台投资企业(万元)	Funds from HK,Macao,Taiwan & Foreign(10 000 yuan)	61050	104332	70.9
按城乡渠道分	Grouped by Urban and Rural Area			
城镇(万元)	Urban(10 000 yuan)	542859	781457	44.0
农村(万元)	Rural(10 000 yuan)	107101	30216	-71.8
一般预算收入(万元)	General Budgetary Financial Revenue(10 000 yuan)	43873	56185	28.1
一般预算支出(万元)	General Budgetary Financial Expenditures(10 000 yuan)	87624	119430	36.3
城乡居民储蓄存款余额(万元)	Resident Saving Deposit in Urban & Rural(10 000 yuan)	755389	945090	25.1
在岗职工工资总额(万元)	Total Wages of Staff & Workers Employed in(10 000 yuan)	114688	141044	23.0
在岗职工平均工资(元)	Average Wage of Staff & Workers Employed in(yuan)	16483	19296	17.1
农牧民人均纯收入(元)	Per Capita Net Income of Peasant & Herdsman(yuan)	5998	6995	16.6
农村牧区经济	**Economic Development in Rural & Pastoral Area**			
耕地面积(公顷)	Cultivated Area(hectare)	127111	127111	0.0
农作物总播种面积(公顷)	Total Sown Area(hectare)	102937	103543	0.6
#粮食作物播种面积(公顷)	Sown Area of Grain Crops(hectare)	53143	56750	6.8
有效灌溉面积(公顷)	Irrigated Area(hectare)	127111	127111	0.0
农牧业机械总动力(万千瓦)	Total Power of Agricultural Machinery(10 000 kw)	62.07	59.01	-4.9
化肥施用折纯量(吨)	Consumption of Chemical Fertilizer(ton)	52262	51835	-0.8
农村用电量(万千瓦小时)	Electricity Consumed in Rural Area(10 000 kwh)	8159	8285	1.5
农林牧渔业总产值(万元)	Gross Output of Farming,Forestry,Animal Husbandry & Fishery(10 000 yuan)	396548	399467	7.7
粮食产量(吨)	Yield of Grain(ton)	404872	457201	12.9
油料产量(吨)	Yield of Oil-bearing Grops(ton)	86100	95452	10.9
甜菜产量(吨)	Yield of Beetroots(ton)	108964	23969	-78.0
猪牛羊肉产量(吨)	Output of Pork, Beef & Mutton(ton)	70397	64900	-7.8
#猪肉产量(吨)	Output of Pork(ton)	20944	19103	-8.8
牛肉产量(吨)	Output of Beef(ton)	2539	1787	-29.6
羊肉产量(吨)	Output of Mutton(ton)	46914	44010	-6.2
羊毛产量(吨)	Output of Wool(ton)	1653	1654	0.1

23-96 Linhe District in Bayannaoer City

指 标	Item	2007	2008	2008 年比上年增长% Increase Rate in 2008 Over 2007(%)
年末牲畜存栏头数(万头只)	Total Livestock at the Year-end(10 000 heads)	180.83	173.66	-4.0
# 大牲畜(万头只)	Large Animals(10 000 heads)	7.55	6.97	-7.7
羊(万只)	Sheep & Goats(10 000 heads)	156.35	153.24	-2.0
猪(万头)	Hogs(10 000 heads)	16.93	13.44	-20.6
规模以上工业	**Industrial Enterprises above Designated size**			
工业企业单位数(个)	Number of Industrial Enterprises(unit)	75	80	6.7
# 内资企业(个)	Civil Funded Enterprises(unit)	72	77	6.9
工业总产值(万元)	Gross Industrial Output Value(10 000 yuan)	1032480	1444606	39.9
内资企业(万元)	Civil Funded Enterprises(10 000 yuan)	953213	1262749	32.5
国有企业(万元)	State-owned Enterprises(10 000 yuan)	198858	250192	25.8
集体企业(万元)	Collective-owned Enterprises(10 000 yuan)			
股份合作企业(万元)	Share Holding Enterprises(10 000 yuan)			
联营企业(万元)	Joint Owned Enterprises(10 000 yuan)			
有限责任公司(万元)	Limited Company(10 000 yuan)	278636	394009	41.4
股份有限公司(万元)	Share Holding Limited Company(10 000 yuan)	121241	127107	4.8
私营企业(万元)	Privately Owned Enterprises(10 000 yuan)	354478	491441	38.6
其他企业(万元)	Enterprises of Other Ownership(10 000 yuan)			
港澳台商投资企业(万元)	Funds from HK,Macao & Taiwan(10 000 yuan)	43444	136019	213.1
外商投资企业(万元)	Foreign Funded Enterprises(10 000 yuan)	35823	45838	28.0
工业企业增加值(万元)	Value Added of Industrial Enterprises(10 000 yuan)	370841	490000	40.0
工业企业资产总计(万元)	Total Assets of Industrial Enterprises(10 000 yuan)	980800	1254904	27.9
工业企业负债合计(万元)	Total Liabilities of Industrial Enterprises(10 000 yuan)	822335	1034947	25.9
工业企业产品销售收入(万元)	Sales of Revenue Industrial Enterprises(10 000 yuan)	679528	950208	39.8
工业企业利润总额(万元)	Total Profits of Industrial Enterprises(10 000 yuan)	61936	83960	35.6
建筑业	**Construction**			
建筑企业单位数(个)	Number of Construction Enterprises(unit)	37	38	2.7
建筑企业从业人员(人)	Number of Employee in Construction Enterprises(person)	11949	17910	49.9
建筑业总产值(万元)	Gross Construction Output Value(10 000 yuan)	272015	371779	36.7
交通运输邮电通信业	**Transportation,Post & Telecommunications**			
公路里程(公里)	Total Length of Highways(km)	1064		
邮电业务总量(万元)	Business Volume of Post & Telecoms(10 000 yuan)	73876	90933	23.1
本地电话用户(户)	Number of Subscribers of Local Telephone(Household)	90890	89486	-1.5
国内贸易	**Domestic Trade**			
社会消费品零售总额(万元)	Total Retail Sales of Consumer Goods(10 000 yuan)	305806	382942	25.2
# 贸易业(万元)	Wholesale & Retail Sales Trades(10 000 yuan)	220605	279979	26.9
餐饮业(万元)	Catering Trade(10 000 yuan)	66998	81198	21.2
科技教育卫生	**Science,Education & Public Health**			
各类专业技术人员(人)	Special Technical Personnel(person)	17986	18885	5.0
幼儿园数(所)	Number of Kindergartens(unit)	35	36	2.9
学龄儿童入学率(%)	Percentage of School-Age Children Enrolled(%)	100.0	100.0	0.0
小学学校数(所)	Number of Primary Schools(unit)	45	36	-20.0
小学专任教师数(人)	Number of Full-time Teachers of Primary Schools(person)	2072	2117	2.2
小学在校学生数(人)	Number of Student Enrollment of Primary Schools(person)	35923	34137	-5.0
普通中学学校数(所)	Number of Regular Secondary Schools(unit)	18	18	0.0
普通中学专任教师数(人)	Number of Teachers of Secondary Shools(person)	1570	1556	-0.9
初中在校学生数(人)	Number of Student in Junior Secondary Schools(person)	15934	18669	17.2
高中在校学生数(人)	Number of Student in Senior Secondary Schools(person)	12521	9331	-25.5
卫生机构数(所)	Number of Health Institutions(unit)	335	520	55.2
# 医院(所)	Hospitals(unit)	9	9	0.0
卫生院(所)	Township Hospitals(unit)	25	19	-24.0
床位数(张)	Number of Beds(unit)	2569	2960	15.2
# 医院(张)	Hospitals(unit)	1743	1947	11.7
卫生院(张)	Township Hospitals(unit)	538	405	-24.7
卫生技术人员(人)	Medical Technical Presonnel(person)	3688	3960	7.4
# 医院(人)	Hospitals(person)	1873	1987	6.1
卫生院(人)	Township Hospitals(person)	535	319	-40.4

23-97 巴彦淖尔市五原县

指 标	Item	2007	2008	2008 年比上年增长% Increase Rate in 2008 Over 2007(%)
行政区域土地面积(平方公里)	**Area of Administration(Sq.km)**	**2493**	**2493**	**0.0**
人口和就业	**Population & Employment**			
年末总人口(人)	Total Population Year-end(person)	288646	300957	4.3
# 男性(人)	Male(person)	147705	152861	3.5
# 乡村人口(人)	Rural(person)	202916	229341	13.0
年末总户数(户)	Total Number of Households at the Year-end(Household)	82596	84345	2.1
# 乡村户数(户)	Number of Rural Household(Household)	49028	49022	0.0
出生人口(人)	Births(person)	2728	2748	0.7
死亡人口(人)	Deaths(person)	1766	1830	3.6
全社会就业人员(人)	Employment(person)	162577	162819	0.1
第一产业(人)	Primary Industry(person)	116433	116543	0.1
第二产业(人)	Secondary Industry(person)	17268	17281	0.1
第三产业(人)	Tertiary Industry(person)	28876	28995	0.4
在岗职工人数(人)	Number of Staff & Workers Employed in(person)	11050	10239	-7.3
乡村劳动力(人)	Number of Rural Laborers(person)	133352	131835	-1.1
# 农林牧渔业(人)	Farming,Forestry,Animal Husbandry & Fishery(person)	106932	102931	-3.7
国民经济综合指标	**Summary Item on the National Economy**			
生产总值(万元)	Gross Domestic Product(10 000 yuan)	387920	465900	13.2
第一产业(万元)	Primary Industry(10 000 yuan)	161108	148400	8.6
第二产业(万元)	Secondary Industry(10 000 yuan)	114448	180500	17.0
# 工业(万元)	Industry(10 000 yuan)	80500	117800	23.6
第三产业(万元)	Tertiary Industry(10 000 yuan)	112364	137000	14.1
人均生产总值(元)	Per Capita GDP(yuan)	13632	16798	13.3
全社会固定资产投资(万元)	Total Investment in Fixed Assets(10 000 yuan)	282945	327589	15.8
按登记注册类型分	Grouped by Registered Type			
# 国有(万元)	State-owned Enterprises(10 000 yuan)	131855	173824	31.8
集体(万元)	Collective-owned Enterprises(10 000 yuan)	650	1000	53.8
有限责任公司(万元)	Limited Liability Corporations(10 000 yuan)	101291	86943	-14.2
股份有限公司(万元)	Share Holding Enterprises(10 000 yuan)	5590	1170	-79.1
私营企业(万元)	Private Enterprises(10 000 yuan)	43559	60632	39.2
外商及港澳台投资企业 (万元)	Funds from HK,Macao,Taiwan & Foreign(10 000 yuan)		802	
按城乡渠道分	Grouped by Urban and Rural Area			
城镇（万元）	Urban(10 000 yuan)	222088	211304	-4.9
农村（万元）	Rural(10 000 yuan)	60857	116285	91.1
一般预算收入(万元)	General Budgetary Financial Revenue(10 000 yuan)	12236	11722	-4.2
一般预算支出(万元)	General Budgetary Financial Expenditures(10 000 yuan)	49033	73362	49.6
城乡居民储蓄存款余额(万元)	Resident Saving Deposit in Urban & Rural(10 000 yuan)	230656	259488	12.5
在岗职工工资总额(万元)	Total Wages of Staff & Workers Employed in(10 000 yuan)	16517	20039	21.3
在岗职工平均工资(元)	Average Wage of Staff & Workers Employed in(yuan)	15043	19548	29.9
农牧民人均纯收入(元)	Per Capita Net Income of Peasant & Herdsman(yuan)	5375	6576	22.3
农村牧区经济	**Economic Development in Rural & Pastoral Area**			
耕地面积(公顷)	Cultivated Area(hectare)	133471	134427	0.7
农作物总播种面积(公顷)	Total Sown Area(hectare)	131613	131567	0.0
# 粮食作物播种面积(公顷)	Sown Area of Grain Crops(hectare)	58020	59633	2.8
有效灌溉面积(公顷)	Irrigated Area(hectare)	133471	134427	0.7
农牧业机械总动力(万千瓦)	Total Power of Agricultural Machinery(10 000 kw)	69.77	75.59	8.3
化肥施用折纯量(吨)	Consumption of Chemical Fertilizer(ton)	57781	56592	-2.1
农村用电量(万千瓦小时)	Electricity Consumed in Rural Area(10 000 kwh)	5362	5362	0.0
农林牧渔业总产值(万元)	Gross Output of Farming,Forestry,Animal Husbandry & Fishery(10 000 yuan)	269412	276217	8.6
粮食产量(吨)	Yield of Grain(ton)	381267	420615	10.3
油料产量(吨)	Yield of Oil-bearing Grops(ton)	140102	158826	13.4
甜菜产量(吨)	Yield of Beetroots(ton)	319365	279105	-12.6
猪牛羊肉产量(吨)	Output of Pork, Beef & Mutton(ton)	26611	26035	-2.2
# 猪肉产量(吨)	Output of Pork(ton)	10474	10359	-1.1
牛肉产量(吨)	Output of Beef(ton)	482	815	69.1
羊肉产量(吨)	Output of Mutton(ton)	15655	14861	-5.1
羊毛产量(吨)	Output of Wool(ton)	1250	1252	0.2

23-97 Wuyuan County in Bayannaoer City

指 标	Item	2007	2008	2008 年比上年增长% Increase Rate in 2008 Over 2007(%)
年末牲畜存栏头数(万头只)	Total Livestock at the Year-end(10 000 heads)	108.68	103.25	-5.0
#大牲畜(万头只)	Large Animals(10 000 heads)	2.52	2.34	-7.1
羊(万只)	Sheep & Goats(10 000 heads)	96.41	91.06	-5.5
猪(万头)	Hogs(10 000 heads)	9.74	9.86	1.2
规模以上工业	**Industrial Enterprises above Designated size**			
工业企业单位数(个)	Number of Industrial Enterprises(unit)	22	18	-18.2
#内资企业(个)	Civil Funded Enterprises(unit)	22	18	-18.2
工业总产值(万元)	Gross Industrial Output Value(10 000 yuan)	192080	279081	45.3
内资企业(万元)	Civil Funded Enterprises(10 000 yuan)	192080	279081	45.3
国有企业(万元)	State-owned Enterprises(10 000 yuan)			
集体企业(万元)	Collective-owned Enterprises(10 000 yuan)			
股份合作企业(万元)	Share Holding Enterprises(10 000 yuan)			
联营企业(万元)	Joint Owned Enterprises(10 000 yuan)			
有限责任公司(万元)	Limited Company(10 000 yuan)	112399	221550	97.1
股份有限公司(万元)	Share Holding Limited Company(10 000 yuan)	4534		
私营企业(万元)	Privately Owned Enterprises(10 000 yuan)	75147	57531	-23.4
其他企业(万元)	Enterprises of Other Ownership(10 000 yuan)			
港澳台商投资企业(万元)	Funds from HK,Macao & Taiwan(10 000 yuan)			
外商投资企业(万元)	Foreign Funded Enterprises(10 000 yuan)			
工业企业增加值(万元)	Value Added of Industrial Enterprises(10 000 yuan)	69773	94000	30.0
工业企业资产总计(万元)	Total Assets of Industrial Enterprises(10 000 yuan)	171709	120359	-29.9
工业企业负债合计(万元)	Total Liabilities of Industrial Enterprises(10 000 yuan)	114825	70827	-38.3
工业企业产品销售收入(万元)	Sales of Revenue Industrial Enterprises(10 000 yuan)	154709	211514	36.7
工业企业利润总额(万元)	Total Profits of Industrial Enterprises(10 000 yuan)	8339	1217	-85.4
建筑业	**Construction**			
建筑企业单位数(个)	Number of Construction Enterprises(unit)	4	5	25.0
建筑企业从业人员(人)	Number of Employee in Construction Enterprises(person)	930	1377	48.1
建筑业总产值(万元)	Gross Construction Output Value(10 000 yuan)	9713	33466	244.5
交通运输邮电通信业	**Transportation,Post & Telecommunications**			
公路里程(公里)	Total Length of Highways(km)	2507	2624	4.7
邮电业务总量(万元)	Business Volume of Post & Telecoms(10 000 yuan)	12873	15332	19.1
本地电话用户(户)	Number of Subscribers of Local Telephone(Household)	39681	30158	-24.0
国内贸易	**Domestic Trade**			
社会消费品零售总额(万元)	Total Retail Sales of Consumer Goods(10 000 yuan)	91561	113994	24.5
#贸易业(万元)	Wholesale & Retail Sales Trades(10 000 yuan)	81665	101652	24.5
餐饮业(万元)	Catering Trade(10 000 yuan)	7025	9877	40.6
科技教育卫生	**Science,Education & Public Health**			
各类专业技术人员(人)	Special Technical Personnel(person)	4670	4670	0.0
幼儿园数(所)	Number of Kindergartens(unit)	37	35	-5.4
学龄儿童入学率(%)	Percentage of School-Age Children Enrolled(%)	100.0	100.0	0.0
小学学校数(所)	Number of Primary Schools(unit)	46	24	-47.8
小学专任教师数(人)	Number of Full-time Teachers of Primary Schools(person)	1119	975	-12.9
小学在校学生数(人)	Number of Student Enrollment of Primary Schools(person)	19231	18226	-5.2
普通中学学校数(所)	Number of Regular Secondary Schools(unit)	13	7	-46.2
普通中学专任教师数(人)	Number of Teachers of Secondary Shools(person)	1037	916	-11.7
初中在校学生数(人)	Number of Student in Junior Secondary Schools(person)	11106	9459	-14.8
高中在校学生数(人)	Number of Student in Senior Secondary Schools(person)	6429	5403	-16.0
卫生机构数(所)	Number of Health Institutions(unit)	62	195	214.5
#医院(所)	Hospitals(unit)	5	4	-20.0
卫生院(所)	Township Hospitals(unit)	20	19	-5.0
床位数(张)	Number of Beds(unit)	748	887	18.6
#医院(张)	Hospitals(unit)	447	474	6.0
卫生院(张)	Township Hospitals(unit)	253	284	12.3
卫生技术人员(人)	Medical Technical Presonnel(person)	893	917	2.7
#医院(人)	Hospitals(person)	474	393	-17.1
卫生院(人)	Township Hospitals(person)	204	193	-5.4

23-98 巴彦淖尔市磴口县

指 标	Item	2007	2008	2008 年比上年增长% Increase Rate in 2008 Over 2007(%)
行政区域土地面积(平方公里)	**Area of Administration(Sq.km)**	**4167**	**4167**	**0.0**
人口和就业	**Population & Employment**			
年末总人口(人)	Total Population Year-end(person)	123980	122530	-1.2
# 男性(人)	Male(person)	63210	62318	-1.4
# 乡村人口(人)	Rural(person)	55906	68014	21.7
年末总户数(户)	Total Number of Households at the Year-end(Household)	39005	38929	-0.2
# 乡村户数(户)	Number of Rural Household(Household)	16300	15590	-4.4
出生人口(人)	Births(person)	1172	1119	-4.5
死亡人口(人)	Deaths(person)	759	745	-1.8
全社会就业人员(人)	Employment(person)	66687	66886	0.3
第一产业(人)	Primary Industry(person)	44397	44214	-0.4
第二产业(人)	Secondary Industry(person)	6722	6587	-2.0
第三产业(人)	Tertiary Industry(person)	15568	16085	3.3
在岗职工人数(人)	Number of Staff & Workers Employed in(person)	11588	11473	-1.0
乡村劳动力(人)	Number of Rural Laborers(person)	40637	39527	-2.7
# 农林牧渔业(人)	Farming,Forestry,Animal Husbandry & Fishery(person)	29425	30175	2.5
国民经济综合指标	**Summary Item on the National Economy**			
生产总值(万元)	Gross Domestic Product(10 000 yuan)	254191	310300	16.7
第一产业(万元)	Primary Industry(10 000 yuan)	50480	52900	8.4
第二产业(万元)	Secondary Industry(10 000 yuan)	153950	192100	21.5
# 工业(万元)	Industry(10 000 yuan)	128700	168609	26.5
第三产业(万元)	Tertiary Industry(10 000 yuan)	49761	65300	10.5
人均生产总值(元)	Per Capita GDP(yuan)	20518	25592	16.7
全社会固定资产投资(万元)	Total Investment in Fixed Assets(10 000 yuan)	180465	231848	28.5
按登记注册类型分	Grouped by Registered Type			
# 国有(万元)	State-owned Enterprises(10 000 yuan)	82477	66382	-19.5
集体(万元)	Collective-owned Enterprises(10 000 yuan)			
有限责任公司(万元)	Limited Liability Corporations(10 000 yuan)	27108	23184	-14.5
股份有限公司(万元)	Share Holding Enterprises(10 000 yuan)	52059	123800	137.8
私营企业(万元)	Private Enterprises(10 000 yuan)	13921	8870	-36.3
外商及港澳台投资企业(万元)	Funds from HK,Macao,Taiwan & Foreign(10 000 yuan)	4900	7350	50.0
按城乡渠道分	Grouped by Urban and Rural Area			
城镇（万元）	Urban(10 000 yuan)	144483	223043	54.4
农村（万元）	Rural(10 000 yuan)	35982	8805	-75.5
一般预算收入(万元)	General Budgetary Financial Revenue(10 000 yuan)	7587	7129	-6.0
一般预算支出(万元)	General Budgetary Financial Expenditures(10 000 yuan)	32973	42746	29.6
城乡居民储蓄存款余额(万元)	Resident Saving Deposit in Urban & Rural(10 000 yuan)	97816	109553	12.0
在岗职工工资总额(万元)	Total Wages of Staff & Workers Employed in(10 000 yuan)	16008	18801	17.4
在岗职工平均工资(元)	Average Wage of Staff & Workers Employed in(yuan)	13418	16220	20.9
农牧民人均纯收入(元)	Per Capita Net Income of Peasant & Herdsman(yuan)	5610	6913	23.2
农村牧区经济	**Economic Development in Rural & Pastoral Area**			
耕地面积(公顷)	Cultivated Area(hectare)	40029	40079	0.1
农作物总播种面积(公顷)	Total Sown Area(hectare)	27620	33206	20.2
# 粮食作物播种面积(公顷)	Sown Area of Grain Crops(hectare)	14073	14526	3.2
有效灌溉面积(公顷)	Irrigated Area(hectare)	38797	38857	0.2
农牧业机械总动力(万千瓦)	Total Power of Agricultural Machinery(10 000 kw)	17.15	25.99	51.5
化肥施用折纯量(吨)	Consumption of Chemical Fertilizer(ton)	10112	12203	20.7
农村用电量(万千瓦小时)	Electricity Consumed in Rural Area(10 000 kwh)	1014	1191	17.5
农林牧渔业总产值(万元)	Gross Output of Farming,Forestry,Animal Husbandry & Fishery(10 000 yuan)	76138	80241	5.4
粮食产量(吨)	Yield of Grain(ton)	100234	109467	9.2
油料产量(吨)	Yield of Oil-bearing Grops(ton)	16850	29656	76.0
甜菜产量(吨)	Yield of Beetroots(ton)	3441	1875	-45.5
猪牛羊肉产量(吨)	Output of Pork, Beef & Mutton(ton)	7447	8939	20.0
# 猪肉产量(吨)	Output of Pork(ton)	2563	4052	58.1
牛肉产量(吨)	Output of Beef(ton)	394	411	4.3
羊肉产量(吨)	Output of Mutton(ton)	4490	4476	-0.3
羊毛产量(吨)	Output of Wool(ton)	309	308	-0.3

23-98 Dengkou County in Bayannaoer City

指 标	Item	2007	2008	2008 年比上年增长% Increase Rate in 2008 Over 2007(%)
年末牲畜存栏头数(万头只)	Total Livestock at the Year-end(10 000 heads)	38.69	38.81	0.3
#大牲畜(万头只)	Large Animals(10 000 heads)	3.59	3.65	1.7
羊(万只)	Sheep & Goats(10 000 heads)	31.58	32.33	2.4
猪(万头)	Hogs(10 000 heads)	3.52	2.84	-19.3
规模以上工业	**Industrial Enterprises above Designated size**			
工业企业单位数(个)	Number of Industrial Enterprises(unit)	20	15	-25.0
#内资企业(个)	Civil Funded Enterprises(unit)	17	12	-29.4
工业总产值(万元)	Gross Industrial Output Value(10 000 yuan)	330595	394367	19.3
内资企业(万元)	Civil Funded Enterprises(10 000 yuan)	216010	229375	6.2
国有企业(万元)	State-owned Enterprises(10 000 yuan)	9611	16141	67.9
集体企业(万元)	Collective-owned Enterprises(10 000 yuan)			
股份合作企业(万元)	Share Holding Enterprises(10 000 yuan)			
联营企业(万元)	Joint Owned Enterprises(10 000 yuan)			
有限责任公司(万元)	Limited Company(10 000 yuan)	119478	79833	-33.2
股份有限公司(万元)	Share Holding Limited Company(10 000 yuan)	38063	40529	6.5
私营企业(万元)	Privately Owned Enterprises(10 000 yuan)	48858	92872	90.1
其他企业(万元)	Enterprises of Other Ownership(10 000 yuan)			
港澳台商投资企业(万元)	Funds from HK,Macao & Taiwan(10 000 yuan)			
外商投资企业(万元)	Foreign Funded Enterprises(10 000 yuan)	114585	164992	44.0
工业企业增加值(万元)	Value Added of Industrial Enterprises(10 000 yuan)	123000	162000	30.2
工业企业资产总计(万元)	Total Assets of Industrial Enterprises(10 000 yuan)	116146	137183	18.1
工业企业负债合计(万元)	Total Liabilities of Industrial Enterprises(10 000 yuan)	57928	61202	5.7
工业企业产品销售收入(万元)	Sales of Revenue Industrial Enterprises(10 000 yuan)	303482	384081	26.6
工业企业利润总额(万元)	Total Profits of Industrial Enterprises(10 000 yuan)	5834	1925	-67.0
建筑业	**Construction**			
建筑企业单位数(个)	Number of Construction Enterprises(unit)	1	1	0.0
建筑企业从业人员(人)	Number of Employee in Construction Enterprises(person)	1320	336	-74.5
建筑业总产值(万元)	Gross Construction Output Value(10 000 yuan)	5210	8829	69.5
交通运输邮电通信业	**Transportation,Post & Telecommunications**			
公路里程(公里)	Total Length of Highways(km)	1561	1778	13.9
邮电业务总量(万元)	Business Volume of Post & Telecoms(10 000 yuan)	4807	5124	6.6
本地电话用户(户)	Number of Subscribers of Local Telephone(Household)	45000	41000	-8.9
国内贸易	**Domestic Trade**			
社会消费品零售总额(万元)	Total Retail Sales of Consumer Goods(10 000 yuan)	48704	60149	23.5
#贸易业(万元)	Wholesale & Retail Sales Trades(10 000 yuan)	37560	45733	21.8
餐饮业(万元)	Catering Trade(10 000 yuan)	8388	10243	22.1
科技教育卫生	**Science,Education & Public Health**			
各类专业技术人员(人)	Special Technical Personnel(person)	3410	3426	0.5
幼儿园数(所)	Number of Kindergartens(unit)	8	8	0.0
学龄儿童入学率(%)	Percentage of School-Age Children Enrolled(%)	100.0	100.0	0.0
小学学校数(所)	Number of Primary Schools(unit)	27	24	-11.1
小学专任教师数(人)	Number of Full-time Teachers of Primary Schools(person)	549	581	5.8
小学在校学生数(人)	Number of Student Enrollment of Primary Schools(person)	8130	7155	-12.0
普通中学学校数(所)	Number of Regular Secondary Schools(unit)	8	8	0.0
普通中学专任教师数(人)	Number of Teachers of Secondary Shools(person)	405	428	5.7
初中在校学生数(人)	Number of Student in Junior Secondary Schools(person)	4650	3660	-21.3
高中在校学生数(人)	Number of Student in Senior Secondary Schools(person)	2247	2449	9.0
卫生机构数(所)	Number of Health Institutions(unit)	35	120	242.9
#医院(所)	Hospitals(unit)	2	2	0.0
卫生院(所)	Township Hospitals(unit)	7	8	14.3
床位数(张)	Number of Beds(unit)	302	409	35.4
#医院(张)	Hospitals(unit)	212	222	4.7
卫生院(张)	Township Hospitals(unit)	50	67	34.0
卫生技术人员(人)	Medical Technical Presonnel(person)	380	385	1.3
#医院(人)	Hospitals(person)	212	212	0.0
卫生院(人)	Township Hospitals(person)	33	37	12.1

23-99 巴彦淖尔市乌拉特前旗

指 标	Item	2007	2008	2008年比上年增长% Increase Rate in 2008 Over 2007(%)
行政区域土地面积(平方公里)	**Area of Administration(Sq.km)**	**7476**	**7476**	**0.0**
人口和就业	**Population & Employment**			
年末总人口(人)	Total Population Year-end(person)	336825	339434	0.8
#男性(人)	Male(person)	172894	174087	0.7
#乡村人口(人)	Rural(person)	228809	243467	6.4
年末总户数(户)	Total Number of Households at the Year-end(Household)	105994	107736	1.6
#乡村户数(户)	Number of Rural Household(Household)	59145	58783	-0.6
出生人口(人)	Births(person)	3183	3099	-2.6
死亡人口(人)	Deaths(person)	2061	2064	0.1
全社会就业人员(人)	Employment(person)	165450	166094	0.4
第一产业(人)	Primary Industry(person)	117620	117884	0.2
第二产业(人)	Secondary Industry(person)	17171	16155	-5.9
第三产业(人)	Tertiary Industry(person)	30659	32055	4.6
在岗职工人数(人)	Number of Staff & Workers Employed in(person)	27894	27781	-0.4
乡村劳动力(人)	Number of Rural Laborers(person)	147431	132349	-10.2
#农林牧渔业(人)	Farming,Forestry,Animal Husbandry & Fishery(person)	107726	90120	-16.3
国民经济综合指标	**Summary Item on the National Economy**			
生产总值(万元)	Gross Domestic Product(10 000 yuan)	569765	746100	16.2
第一产业(万元)	Primary Industry(10 000 yuan)	168089	193900	8.6
第二产业(万元)	Secondary Industry(10 000 yuan)	245863	364000	20.9
#工业(万元)	Industry(10 000 yuan)	209800	301100	24.5
第三产业(万元)	Tertiary Industry(10 000 yuan)	155813	188200	15.8
人均生产总值(元)	Per Capita GDP(yuan)	16937	22709	16.3
全社会固定资产投资(万元)	Total Investment in Fixed Assets(10 000 yuan)	288438	400676	38.9
按登记注册类型分	Grouped by Registered Type			
#国有(万元)	State-owned Enterprises(10 000 yuan)	120632	145984	21.0
集体(万元)	Collective-owned Enterprises(10 000 yuan)	981	2500	154.8
有限责任公司(万元)	Limited Liability Corporations(10 000 yuan)	28210	11625	-58.8
股份有限公司(万元)	Share Holding Enterprises(10 000 yuan)	32314	19800	-38.7
私营企业(万元)	Private Enterprises(10 000 yuan)	94801	204481	115.7
外商及港澳台投资企业(万元)	Funds from HK,Macao,Taiwan & Foreign(10 000 yuan)	11500	4650	-59.6
按城乡渠道分	Grouped by Urban and Rural Area			
城镇（万元）	Urban(10 000 yuan)	255947	383603	49.9
农村（万元）	Rural(10 000 yuan)	32491	17073	-47.5
一般预算收入(万元)	General Budgetary Financial Revenue(10 000 yuan)	29700	42599	43.4
一般预算支出(万元)	General Budgetary Financial Expenditures(10 000 yuan)	75199	101568	35.1
城乡居民储蓄存款余额(万元)	Resident Saving Deposit in Urban & Rural(10 000 yuan)	255469	300955	17.8
在岗职工工资总额(万元)	Total Wages of Staff & Workers Employed in(10 000 yuan)	45928	59351	29.2
在岗职工平均工资(元)	Average Wage of Staff & Workers Employed in(yuan)	16268	21152	30.0
农牧民人均纯收入(元)	Per Capita Net Income of Peasant & Herdsman(yuan)	5456	6680	22.4
农村牧区经济	**Economic Development in Rural & Pastoral Area**			
耕地面积(公顷)	Cultivated Area(hectare)	148782	149950	0.8
农作物总播种面积(公顷)	Total Sown Area(hectare)	136894	137161	0.2
#粮食作物播种面积(公顷)	Sown Area of Grain Crops(hectare)	65621	65695	0.1
有效灌溉面积(公顷)	Irrigated Area(hectare)	113593	114761	1.0
农牧业机械总动力(万千瓦)	Total Power of Agricultural Machinery(10 000 kw)	67.59	73.59	8.9
化肥施用折纯量(吨)	Consumption of Chemical Fertilizer(ton)	30805	31270	1.5
农村用电量(万千瓦小时)	Electricity Consumed in Rural Area(10 000 kwh)	11863	11970	0.9
农林牧渔业总产值(万元)	Gross Output of Farming,Forestry,Animal Husbandry & Fishery(10 000 yuan)	277172	297108	10.7
粮食产量(吨)	Yield of Grain(ton)	444314	487031	9.6
油料产量(吨)	Yield of Oil-bearing Grops(ton)	130873	145169	10.9
甜菜产量(吨)	Yield of Beetroots(ton)	178555	68397	-61.7
猪牛羊肉产量(吨)	Output of Pork, Beef & Mutton(ton)	29426	28832	-2.0
#猪肉产量(吨)	Output of Pork(ton)	8597	8671	0.9
牛肉产量(吨)	Output of Beef(ton)	667	1118	67.6
羊肉产量(吨)	Output of Mutton(ton)	20162	19043	-5.6
羊毛产量(吨)	Output of Wool(ton)	1416	1414	-0.1

23-99 Wulateqian Banner in Bayannaoer City

指 标	Item	2007	2008	2008 年比上年增长% Increase Rate in 2008 Over 2007(%)
年末牲畜存栏头数(万头只)	Total Livestock at the Year-end(10 000 heads)	129.94	124.80	-4.0
# 大牲畜(万头只)	Large Animals(10 000 heads)	1.76	1.31	-25.6
羊(万只)	Sheep & Goats(10 000 heads)	120.19	118.71	-1.2
猪(万头)	Hogs(10 000 heads)	7.99	4.78	-40.2
规模以上工业	**Industrial Enterprises above Designated size**			
工业企业单位数(个)	Number of Industrial Enterprises(unit)	33	27	-18.2
# 内资企业(个)	Civil Funded Enterprises(unit)	31	25	-19.4
工业总产值(万元)	Gross Industrial Output Value(10 000 yuan)	482709	769958	59.5
内资企业(万元)	Civil Funded Enterprises(10 000 yuan)	454835	710273	56.2
国有企业(万元)	State-owned Enterprises(10 000 yuan)			
集体企业(万元)	Collective-owned Enterprises(10 000 yuan)	2100		
股份合作企业(万元)	Share Holding Enterprises(10 000 yuan)			
联营企业(万元)	Joint Owned Enterprises(10 000 yuan)			
有限责任公司(万元)	Limited Company(10 000 yuan)	89599	60786	-32.2
股份有限公司(万元)	Share Holding Limited Company(10 000 yuan)	158773		
私营企业(万元)	Privately Owned Enterprises(10 000 yuan)	204363	649487	217.8
其他企业(万元)	Enterprises of Other Ownership(10 000 yuan)			
港澳台商投资企业(万元)	Funds from HK,Macao & Taiwan(10 000 yuan)			
外商投资企业(万元)	Foreign Funded Enterprises(10 000 yuan)	27874	59685	114.1
工业企业增加值(万元)	Value Added of Industrial Enterprises(10 000 yuan)	182632	290000	30.1
工业企业资产总计(万元)	Total Assets of Industrial Enterprises(10 000 yuan)	750090	936893	24.9
工业企业负债合计(万元)	Total Liabilities of Industrial Enterprises(10 000 yuan)	552057	701440	27.1
工业企业产品销售收入(万元)	Sales of Revenue Industrial Enterprises(10 000 yuan)	452688	655622	44.8
工业企业利润总额(万元)	Total Profits of Industrial Enterprises(10 000 yuan)	45915	61753	34.5
建筑业	**Construction**			
建筑企业单位数(个)	Number of Construction Enterprises(unit)	7	6	-14.3
建筑企业从业人员(人)	Number of Employee in Construction Enterprises(person)	624	828	32.7
建筑业总产值(万元)	Gross Construction Output Value(10 000 yuan)	12096	24300	100.9
交通运输邮电通信业	**Transportation,Post & Telecommunications**			
公路里程(公里)	Total Length of Highways(km)	2968	3116	5.0
邮电业务总量(万元)	Business Volume of Post & Telecoms(10 000 yuan)	14073	17760	26.2
本地电话用户(户)	Number of Subscribers of Local Telephone(Household)	56966	27276	-52.1
国内贸易	**Domestic Trade**			
社会消费品零售总额(万元)	Total Retail Sales of Consumer Goods(10 000 yuan)	102829	128536	25.0
# 贸易业(万元)	Wholesale & Retail Sales Trades(10 000 yuan)	86107	86235	0.1
餐饮业(万元)	Catering Trade(10 000 yuan)	11269	13861	23.0
科技教育卫生	**Science,Education & Public Health**			
各类专业技术人员(人)	Special Technical Personnel(person)	7171	7214	0.6
幼儿园数(所)	Number of Kindergartens(unit)	34	32	-5.9
学龄儿童入学率(%)	Percentage of School-Age Children Enrolled(%)	100.0	100.0	0.0
小学学校数(所)	Number of Primary Schools(unit)	54	36	-33.3
小学专任教师数(人)	Number of Full-time Teachers of Primary Schools(person)	1361	1339	-1.6
小学在校学生数(人)	Number of Student Enrollment of Primary Schools(person)	23150	21279	-8.1
普通中学学校数(所)	Number of Regular Secondary Schools(unit)	19	17	-10.5
普通中学专任教师数(人)	Number of Teachers of Secondary Shools(person)	1145	1195	4.4
初中在校学生数(人)	Number of Student in Junior Secondary Schools(person)	9324	8806	-5.6
高中在校学生数(人)	Number of Student in Senior Secondary Schools(person)	9963	9093	-8.7
卫生机构数(所)	Number of Health Institutions(unit)	71	256	260.6
# 医院(所)	Hospitals(unit)	4	4	0.0
卫生院(所)	Township Hospitals(unit)	21	21	0.0
床位数(张)	Number of Beds(unit)	791	836	5.7
# 医院(张)	Hospitals(unit)	390	388	-0.5
卫生院(张)	Township Hospitals(unit)	313	289	-7.7
卫生技术人员(人)	Medical Technical Presonnel(person)	1176	1284	9.2
# 医院(人)	Hospitals(person)	442	493	11.5
卫生院(人)	Township Hospitals(person)	427	383	-10.3

23-100 巴彦淖尔市乌拉特中旗

指 标	Item	2007	2008	2008 年比上年增长% Increase Rate in 2008 Over 2007(%)
行政区域土地面积(平方公里)	**Area of Administration(Sq.km)**	**23096**	**23096**	**0.0**
人口和就业	**Population & Employment**			
年末总人口(人)	Total Population Year-end(person)	139823	141844	1.4
# 男性(人)	Male(person)	71264	72212	1.3
# 乡村人口(人)	Rural(person)	86493	102293	18.3
年末总户数(户)	Total Number of Households at the Year-end(Household)	47656	49309	3.5
# 乡村户数(户)	Number of Rural Household(Household)	23365	23356	0.0
出生人口(人)	Births(person)	1321	1295	-2.0
死亡人口(人)	Deaths(person)	856	862	0.7
全社会就业人员(人)	Employment(person)	67317	69723	3.6
第一产业(人)	Primary Industry(person)	42595	42526	-0.2
第二产业(人)	Secondary Industry(person)	9218	8912	-3.3
第三产业(人)	Tertiary Industry(person)	15504	18285	17.9
在岗职工人数(人)	Number of Staff & Workers Employed in(person)	10010	8948	-10.6
乡村劳动力(人)	Number of Rural Laborers(person)	61882	59595	-3.7
# 农林牧渔业(人)	Farming,Forestry,Animal Husbandry & Fishery(person)	42595	42526	-0.2
国民经济综合指标	**Summary Item on the National Economy**			
生产总值(万元)	Gross Domestic Product(10 000 yuan)	261136	382400	19.9
第一产业(万元)	Primary Industry(10 000 yuan)	83415	100400	8.3
第二产业(万元)	Secondary Industry(10 000 yuan)	141653	225100	28.9
# 工业(万元)	Industry(10 000 yuan)	115400	194900	31.3
第三产业(万元)	Tertiary Industry(10 000 yuan)	36068	56900	13.1
人均生产总值(元)	Per Capita GDP(yuan)	18699	27872	20.2
全社会固定资产投资(万元)	Total Investment in Fixed Assets(10 000 yuan)	300951	458490	52.3
按登记注册类型分	Grouped by Registered Type			
# 国有(万元)	State-owned Enterprises(10 000 yuan)	151050	195005	29.1
集体(万元)	Collective-owned Enterprises(10 000 yuan)	3650		
有限责任公司(万元)	Limited Liability Corporations(10 000 yuan)	120045	215109	79.2
股份有限公司(万元)	Share Holding Enterprises(10 000 yuan)			
私营企业(万元)	Private Enterprises(10 000 yuan)	9228	45204	389.9
外商及港澳台投资企业(万元)	Funds from HK,Macao,Taiwan & Foreign(10 000 yuan)	16978		
按城乡渠道分	Grouped by Urban and Rural Area			
城镇（万元）	Urban(10 000 yuan)	295738	451628	52.7
农村（万元）	Rural(10 000 yuan)	2863	6862	139.7
一般预算收入(万元)	General Budgetary Financial Revenue(10 000 yuan)	12318	22108	79.5
一般预算支出(万元)	General Budgetary Financial Expenditures(10 000 yuan)	53433	73842	38.2
城乡居民储蓄存款余额(万元)	Resident Saving Deposit in Urban & Rural(10 000 yuan)	91699	112029	22.2
在岗职工工资总额(万元)	Total Wages of Staff & Workers Employed in(10 000 yuan)	15296	19224	25.7
在岗职工平均工资(元)	Average Wage of Staff & Workers Employed in(yuan)	15193	20043	31.9
农牧民人均纯收入(元)	Per Capita Net Income of Peasant & Herdsman(yuan)	4159	5170	24.3
农村牧区经济	**Economic Development in Rural & Pastoral Area**			
耕地面积(公顷)	Cultivated Area(hectare)	66871	65552	-2.0
农作物总播种面积(公顷)	Total Sown Area(hectare)	68029	68105	0.1
# 粮食作物播种面积(公顷)	Sown Area of Grain Crops(hectare)	35130	36723	4.5
有效灌溉面积(公顷)	Irrigated Area(hectare)	46348	45029	-2.8
农牧业机械总动力(万千瓦)	Total Power of Agricultural Machinery(10 000 kw)	24.51	24.40	-0.4
化肥施用折纯量(吨)	Consumption of Chemical Fertilizer(ton)	6289	6593	4.8
农村用电量(万千瓦小时)	Electricity Consumed in Rural Area(10 000 kwh)	5283	5392	2.1
农林牧渔业总产值(万元)	Gross Output of Farming,Forestry,Animal Husbandry & Fishery(10 000 yuan)	131778	140048	10.3
粮食产量(吨)	Yield of Grain(ton)	186833	223769	19.8
油料产量(吨)	Yield of Oil-bearing Grops(ton)	60586	58759	-3.0
甜菜产量(吨)	Yield of Beetroots(ton)	11179	4433	-60.3
猪牛羊肉产量(吨)	Output of Pork, Beef & Mutton(ton)	13056	12679	-2.9
# 猪肉产量(吨)	Output of Pork(ton)	2543	1935	-23.9
牛肉产量(吨)	Output of Beef(ton)	328	361	10.1
羊肉产量(吨)	Output of Mutton(ton)	10185	10383	1.9
羊毛产量(吨)	Output of Wool(ton)	1276	1276	0.0

23-100 Wulatezhong Banner in Bayannaoer City

指 标	Item	2007	2008	2008 年比上年增长% Increase Rate in 2008 Over 2007(%)
年末牲畜存栏头数(万头只)	Total Livestock at the Year-end(10 000 heads)	124.18	126.88	2.2
#大牲畜(万头只)	Large Animals(10 000 heads)	0.63	0.89	41.3
羊(万只)	Sheep & Goats(10 000 heads)	121.34	124.19	2.3
猪(万头)	Hogs(10 000 heads)	2.21	1.80	-18.6
规模以上工业	**Industrial Enterprises above Designated size**			
工业企业单位数(个)	Number of Industrial Enterprises(unit)	24	37	54.2
#内资企业(个)	Civil Funded Enterprises(unit)	23	35	52.2
工业总产值(万元)	Gross Industrial Output Value(10 000 yuan)	278362	494725	77.7
内资企业(万元)	Civil Funded Enterprises(10 000 yuan)	267498	428591	60.2
国有企业(万元)	State-owned Enterprises(10 000 yuan)	0	0	0.0
集体企业(万元)	Collective-owned Enterprises(10 000 yuan)	9215	22392	143.0
股份合作企业(万元)	Share Holding Enterprises(10 000 yuan)			
联营企业(万元)	Joint Owned Enterprises(10 000 yuan)			
有限责任公司(万元)	Limited Company(10 000 yuan)	195446	343747	75.9
股份有限公司(万元)	Share Holding Limited Company(10 000 yuan)	35265	47899	35.8
私营企业(万元)	Privately Owned Enterprises(10 000 yuan)	27572	14553	-47.2
其他企业(万元)	Enterprises of Other Ownership(10 000 yuan)			
港澳台商投资企业(万元)	Funds from HK,Macao & Taiwan(10 000 yuan)			
外商投资企业(万元)	Foreign Funded Enterprises(10 000 yuan)	10864	66134	508.7
工业企业增加值(万元)	Value Added of Industrial Enterprises(10 000 yuan)	115355	175000	40.8
工业企业资产总计(万元)	Total Assets of Industrial Enterprises(10 000 yuan)	168277	691908	311.2
工业企业负债合计(万元)	Total Liabilities of Industrial Enterprises(10 000 yuan)	113793	425598	274.0
工业企业产品销售收入(万元)	Sales of Revenue Industrial Enterprises(10 000 yuan)	269599	473108	75.5
工业企业利润总额(万元)	Total Profits of Industrial Enterprises(10 000 yuan)	17435	22398	28.5
建筑业	**Construction**			
建筑企业单位数(个)	Number of Construction Enterprises(unit)	2	2	0.0
建筑企业从业人员(人)	Number of Employee in Construction Enterprises(person)	180	116	-35.6
建筑业总产值(万元)	Gross Construction Output Value(10 000 yuan)	2314	4937	113.4
交通运输邮电通信业	**Transportation,Post & Telecommunications**			
公路里程(公里)	Total Length of Highways(km)	3704	3917	5.8
邮电业务总量(万元)	Business Volume of Post & Telecoms(10 000 yuan)	1869	2052	9.8
本地电话用户(户)	Number of Subscribers of Local Telephone(Household)	19833	17636	-11.1
国内贸易	**Domestic Trade**			
社会消费品零售总额(万元)	Total Retail Sales of Consumer Goods(10 000 yuan)	57976	71891	24.0
#贸易业(万元)	Wholesale & Retail Sales Trades(10 000 yuan)	50306	62388	24.0
餐饮业(万元)	Catering Trade(10 000 yuan)	6067	8046	32.6
科技教育卫生	**Science,Education & Public Health**			
各类专业技术人员(人)	Special Technical Personnel(person)	2016	2090	3.7
幼儿园数(所)	Number of Kindergartens(unit)	16	12	-25.0
学龄儿童入学率(%)	Percentage of School-Age Children Enrolled(%)	100.0	100.0	0.0
小学学校数(所)	Number of Primary Schools(unit)	13	11	-15.4
小学专任教师数(人)	Number of Full-time Teachers of Primary Schools(person)	598	577	-3.5
小学在校学生数(人)	Number of Student Enrollment of Primary Schools(person)	7088	7053	-0.5
普通中学学校数(所)	Number of Regular Secondary Schools(unit)	6	6	0.0
普通中学专任教师数(人)	Number of Teachers of Secondary Shools(person)	416	418	0.5
初中在校学生数(人)	Number of Student in Junior Secondary Schools(person)	3426	2209	-35.5
高中在校学生数(人)	Number of Student in Senior Secondary Schools(person)	1191	1154	-3.1
卫生机构数(所)	Number of Health Institutions(unit)	47	134	185.1
#医院(所)	Hospitals(unit)	2	2	0.0
卫生院(所)	Township Hospitals(unit)	12	16	33.3
床位数(张)	Number of Beds(unit)	321	361	12.5
#医院(张)	Hospitals(unit)	147	147	0.0
卫生院(张)	Township Hospitals(unit)	114	117	2.6
卫生技术人员(人)	Medical Technical Presonnel(person)	478	481	0.6
#医院(人)	Hospitals(person)	189	184	-2.6
卫生院(人)	Township Hospitals(person)	123	114	-7.3

23-101 巴彦淖尔市乌拉特后旗

指 标	Item	2007	2008	2008 年比上年增长% Increase Rate in 2008 Over 2007(%)
行政区域土地面积(平方公里)	**Area of Administration(Sq.km)**	**24925**	**24925**	**0.0**
人口和就业	**Population & Employment**			
年末总人口(人)	Total Population Year-end(person)	63554	64313	1.2
# 男性(人)	Male(person)	32818	33143	1.0
# 乡村人口(人)	Rural(person)	23858	31177	30.7
年末总户数(户)	Total Number of Households at the Year-end(Household)	22343	22937	2.7
# 乡村户数(户)	Number of Rural Household(Household)	6649	6644	-0.1
出生人口(人)	Births(person)	601	587	-2.3
死亡人口(人)	Deaths(person)	389	391	0.5
全社会就业人员(人)	Employment(person)	31540	32396	2.7
第一产业(人)	Primary Industry(person)	17081	15499	-9.3
第二产业(人)	Secondary Industry(person)	7458	7246	-2.8
第三产业(人)	Tertiary Industry(person)	7001	9651	37.9
在岗职工人数(人)	Number of Staff & Workers Employed in(person)	10187	10710	5.1
乡村劳动力(人)	Number of Rural Laborers(person)	18207	18145	-0.3
# 农林牧渔业(人)	Farming,Forestry,Animal Husbandry & Fishery(person)	15542	15499	-0.3
国民经济综合指标	**Summary Item on the National Economy**			
生产总值(万元)	Gross Domestic Product(10 000 yuan)	430185	500200	23.7
第一产业(万元)	Primary Industry(10 000 yuan)	17361	19600	8.3
第二产业(万元)	Secondary Industry(10 000 yuan)	367500	426300	27.5
# 工业(万元)	Industry(10 000 yuan)	308700	409300	28.9
第三产业(万元)	Tertiary Industry(10 000 yuan)	45324	54300	14.4
人均生产总值(元)	Per Capita GDP(yuan)	68493	101051	23.2
全社会固定资产投资(万元)	Total Investment in Fixed Assets(10 000 yuan)	303381	426170	40.5
按登记注册类型分	Grouped by Registered Type			
# 国有(万元)	State-owned Enterprises(10 000 yuan)	81801	212963	160.3
集体(万元)	Collective-owned Enterprises(10 000 yuan)			
有限责任公司(万元)	Limited Liability Corporations(10 000 yuan)	221580	213207	-3.8
股份有限公司(万元)	Share Holding Enterprises(10 000 yuan)			
私营企业(万元)	Private Enterprises(10 000 yuan)			
外商及港澳台投资企业(万元)	Funds from HK,Macao,Taiwan & Foreign(10 000 yuan)			
按城乡渠道分	Grouped by Urban and Rural Area			
城镇(万元)	Urban(10 000 yuan)	303381	426170	40.5
农村(万元)	Rural(10 000 yuan)			
一般预算收入(万元)	General Budgetary Financial Revenue(10 000 yuan)	41593	55382	33.2
一般预算支出(万元)	General Budgetary Financial Expenditures(10 000 yuan)	64977	77764	19.7
城乡居民储蓄存款余额(万元)	Resident Saving Deposit in Urban & Rural(10 000 yuan)	49511	64134	29.5
在岗职工工资总额(万元)	Total Wages of Staff & Workers Employed in(10 000 yuan)	20544	29705	44.6
在岗职工平均工资(元)	Average Wage of Staff & Workers Employed in(yuan)	20407	27873	36.6
农牧民人均纯收入(元)	Per Capita Net Income of Peasant & Herdsman(yuan)	3076	4056	31.9
农村牧区经济	**Economic Development in Rural & Pastoral Area**			
耕地面积(公顷)	Cultivated Area(hectare)	6722	6716	-0.1
农作物总播种面积(公顷)	Total Sown Area(hectare)	6100	6316	3.5
# 粮食作物播种面积(公顷)	Sown Area of Grain Crops(hectare)	4209	4059	-3.6
有效灌溉面积(公顷)	Irrigated Area(hectare)	5217	5211	-0.1
农牧业机械总动力(万千瓦)	Total Power of Agricultural Machinery(10 000 kw)	5.47	5.94	8.6
化肥施用折纯量(吨)	Consumption of Chemical Fertilizer(ton)	2588	2595	0.3
农村用电量(万千瓦小时)	Electricity Consumed in Rural Area(10 000 kwh)	1178	1187	0.8
农林牧渔业总产值(万元)	Gross Output of Farming,Forestry,Animal Husbandry & Fishery(10 000 yuan)	24452	25807	9.9
粮食产量(吨)	Yield of Grain(ton)	29460	29994	1.8
油料产量(吨)	Yield of Oil-bearing Grops(ton)	2070	4069	96.6
甜菜产量(吨)	Yield of Beetroots(ton)	1064		
猪牛羊肉产量(吨)	Output of Pork, Beef & Mutton(ton)	3846	4240	10.2
# 猪肉产量(吨)	Output of Pork(ton)	281	303	7.8
牛肉产量(吨)	Output of Beef(ton)	23	52	126.1
羊肉产量(吨)	Output of Mutton(ton)	3542	3885	9.7
羊毛产量(吨)	Output of Wool(ton)	133	132	-0.8

23-101 Wulatehou Banner in Bayannaoer City

指 标	Item	2007	2008	2008年比上年增长% Increase Rate in 2008 Over 2007(%)
年末牲畜存栏头数(万头只)	Total Livestock at the Year-end(10 000 heads)	40.31	38.44	-4.6
#大牲畜(万头只)	Large Animals(10 000 heads)	1.03	1.31	27.2
羊(万只)	Sheep & Goats(10 000 heads)	38.96	36.96	-5.1
猪(万头)	Hogs(10 000 heads)	0.32	0.17	-46.9
规模以上工业	**Industrial Enterprises above Designated size**			
工业企业单位数(个)	Number of Industrial Enterprises(unit)	29	29	0.0
#内资企业(个)	Civil Funded Enterprises(unit)	27	27	0.0
工业总产值(万元)	Gross Industrial Output Value(10 000 yuan)	740769	976346	31.8
内资企业(万元)	Civil Funded Enterprises(10 000 yuan)	702266	834256	18.8
国有企业(万元)	State-owned Enterprises(10 000 yuan)	0	22702	0.0
集体企业(万元)	Collective-owned Enterprises(10 000 yuan)			
股份合作企业(万元)	Share Holding Enterprises(10 000 yuan)			
联营企业(万元)	Joint Owned Enterprises(10 000 yuan)			
有限责任公司(万元)	Limited Company(10 000 yuan)	683144	792817	16.1
股份有限公司(万元)	Share Holding Limited Company(10 000 yuan)			
私营企业(万元)	Privately Owned Enterprises(10 000 yuan)	19122	18737	-2.0
其他企业(万元)	Enterprises of Other Ownership(10 000 yuan)			
港澳台商投资企业(万元)	Funds from HK,Macao & Taiwan(10 000 yuan)	32292	141307	337.6
外商投资企业(万元)	Foreign Funded Enterprises(10 000 yuan)	6211	783	-87.4
工业企业增加值(万元)	Value Added of Industrial Enterprises(10 000 yuan)	285459	400000	35.0
工业企业资产总计(万元)	Total Assets of Industrial Enterprises(10 000 yuan)	666338	874425	31.2
工业企业负债合计(万元)	Total Liabilities of Industrial Enterprises(10 000 yuan)	293439	384442	31.0
工业企业产品销售收入(万元)	Sales of Revenue Industrial Enterprises(10 000 yuan)	757869	887737	17.1
工业企业利润总额(万元)	Total Profits of Industrial Enterprises(10 000 yuan)	227591	198319	-12.9
建筑业	**Construction**			
建筑企业单位数(个)	Number of Construction Enterprises(unit)			
建筑企业从业人员(人)	Number of Employee in Construction Enterprises(person)			
建筑业总产值(万元)	Gross Construction Output Value(10 000 yuan)			
交通运输邮电通信业	**Transportation,Post & Telecommunications**			
公路里程(公里)	Total Length of Highways(km)	1100	1100	0.0
邮电业务总量(万元)	Business Volume of Post & Telecoms(10 000 yuan)	871	1036	18.9
本地电话用户(户)	Number of Subscribers of Local Telephone(Household)	7210	6150	-14.7
国内贸易	**Domestic Trade**			
社会消费品零售总额(万元)	Total Retail Sales of Consumer Goods(10 000 yuan)	27725	34379	24.0
#贸易业(万元)	Wholesale & Retail Sales Trades(10 000 yuan)	22612	23042	1.9
餐饮业(万元)	Catering Trade(10 000 yuan)	4618	8031	73.9
科技教育卫生	**Science,Education & Public Health**			
各类专业技术人员(人)	Special Technical Personnel(person)	2131	2211	3.8
幼儿园数(所)	Number of Kindergartens(unit)	1	1	0.0
学龄儿童入学率(%)	Percentage of School-Age Children Enrolled(%)	100.0	100.0	0.0
小学学校数(所)	Number of Primary Schools(unit)	7	5	-28.6
小学专任教师数(人)	Number of Full-time Teachers of Primary Schools(person)	349	348	-0.3
小学在校学生数(人)	Number of Student Enrollment of Primary Schools(person)	3339	3135	-6.1
普通中学学校数(所)	Number of Regular Secondary Schools(unit)	3	3	0.0
普通中学专任教师数(人)	Number of Teachers of Secondary Shools(person)	231	225	-2.6
初中在校学生数(人)	Number of Student in Junior Secondary Schools(person)	1208	1292	7.0
高中在校学生数(人)	Number of Student in Senior Secondary Schools(person)	513	576	12.3
卫生机构数(所)	Number of Health Institutions(unit)	32	67	109.4
#医院(所)	Hospitals(unit)	2	2	0.0
卫生院(所)	Township Hospitals(unit)	9	10	11.1
床位数(张)	Number of Beds(unit)	176	220	25.0
#医院(张)	Hospitals(unit)	118	118	0.0
卫生院(张)	Township Hospitals(unit)	58	66	13.8
卫生技术人员(人)	Medical Technical Presonnel(person)	255	256	0.4
#医院(人)	Hospitals(person)	94	100	6.4
卫生院(人)	Township Hospitals(person)	85	71	-16.5

23-102 巴彦淖尔市杭锦后旗

指 标	Item	2007	2008	2008 年比上年增长% Increase Rate in 2008 Over 2007(%)
行政区域土地面积(平方公里)	**Area of Administration(Sq.km)**	**1767**	**1767**	**0.0**
人口和就业	**Population & Employment**			
年末总人口(人)	Total Population Year-end(person)	319595	323017	1.1
# 男性(人)	Male(person)	160998	162696	1.1
# 乡村人口(人)	Rural(person)	208159	241060	15.8
年末总户数(户)	Total Number of Households at the Year-end(Household)	93923	96074	2.3
# 乡村户数(户)	Number of Rural Household(Household)	51843	51204	-1.2
出生人口(人)	Births(person)	3020	2949	-2.4
死亡人口(人)	Deaths(person)	1956	1964	0.4
全社会就业人员(人)	Employment(person)	144460	147277	2.0
第一产业(人)	Primary Industry(person)	97778	102058	4.4
第二产业(人)	Secondary Industry(person)	13860	12399	-10.5
第三产业(人)	Tertiary Industry(person)	32822	32820	0.0
在岗职工人数(人)	Number of Staff & Workers Employed in(person)	13605	13572	-0.2
乡村劳动力(人)	Number of Rural Laborers(person)	121498	119033	-2.0
# 农林牧渔业(人)	Farming,Forestry,Animal Husbandry & Fishery(person)	97182	97507	0.3
国民经济综合指标	**Summary Item on the National Economy**			
生产总值(万元)	Gross Domestic Product(10 000 yuan)	578825	704700	16.3
第一产业(万元)	Primary Industry(10 000 yuan)	175707	199400	8.6
第二产业(万元)	Secondary Industry(10 000 yuan)	241247	310100	22.4
# 工业(万元)	Industry(10 000 yuan)	174400	251100	27.3
第三产业(万元)	Tertiary Industry(10 000 yuan)	161871	195200	14.8
人均生产总值(元)	Per Capita GDP(yuan)	18330	24171	16.5
全社会固定资产投资(万元)	Total Investment in Fixed Assets(10 000 yuan)	352922	466308	32.1
按登记注册类型分	Grouped by Registered Type			
# 国有(万元)	State-owned Enterprises(10 000 yuan)	143795	172592	20.0
集体(万元)	Collective-owned Enterprises(10 000 yuan)	300		
有限责任公司(万元)	Limited Liability Corporations(10 000 yuan)	12465	66104	430.3
股份有限公司(万元)	Share Holding Enterprises(10 000 yuan)	56934	84749	48.9
私营企业(万元)	Private Enterprises(10 000 yuan)	139428	135377	-2.9
外商及港澳台投资企业 (万元)	Funds from HK,Macao,Taiwan & Foreign(10 000 yuan)			
按城乡渠道分	Grouped by Urban and Rural Area			
城镇（万元）	Urban(10 000 yuan)	339473	453553	33.6
农村（万元）	Rural(10 000 yuan)	13449	12755	-5.2
一般预算收入(万元)	General Budgetary Financial Revenue(10 000 yuan)	15539	14519	-6.6
一般预算支出(万元)	General Budgetary Financial Expenditures(10 000 yuan)	56509	81136	43.6
城乡居民储蓄存款余额(万元)	Resident Saving Deposit in Urban & Rural(10 000 yuan)	187959	221379	17.8
在岗职工工资总额(万元)	Total Wages of Staff & Workers Employed in(10 000 yuan)	22406	28937	29.1
在岗职工平均工资(元)	Average Wage of Staff & Workers Employed in(yuan)	16364	21389	30.7
农牧民人均纯收入(元)	Per Capita Net Income of Peasant & Herdsman(yuan)	5666	6995	23.5
农村牧区经济	**Economic Development in Rural & Pastoral Area**			
耕地面积(公顷)	Cultivated Area(hectare)	84874	85030	0.2
农作物总播种面积(公顷)	Total Sown Area(hectare)	83344	83348	0.0
# 粮食作物播种面积(公顷)	Sown Area of Grain Crops(hectare)	49629	50348	1.4
有效灌溉面积(公顷)	Irrigated Area(hectare)	84874	85030	0.2
农牧业机械总动力(万千瓦)	Total Power of Agricultural Machinery(10 000 kw)	46.01	74.13	61.1
化肥施用折纯量(吨)	Consumption of Chemical Fertilizer(ton)	56359	56568	0.4
农村用电量(万千瓦小时)	Electricity Consumed in Rural Area(10 000 kwh)	3650	3650	0.0
农林牧渔业总产值(万元)	Gross Output of Farming,Forestry,Animal Husbandry & Fishery(10 000 yuan)	288696	293119	8.1
粮食产量(吨)	Yield of Grain(ton)	406502	423480	4.2
油料产量(吨)	Yield of Oil-bearing Grops(ton)	21865	36775	68.2
甜菜产量(吨)	Yield of Beetroots(ton)	8005	755	-90.6
猪牛羊肉产量(吨)	Output of Pork, Beef & Mutton(ton)	43104	42472	-1.5
# 猪肉产量(吨)	Output of Pork(ton)	13716	12664	-7.7
牛肉产量(吨)	Output of Beef(ton)	2067	3212	55.4
羊肉产量(吨)	Output of Mutton(ton)	27321	26596	-2.7
羊毛产量(吨)	Output of Wool(ton)	1674	1674	0.0

23-102 Hangjinhou Banner in Bayannaoer City

指 标	Item	2007	2008	2008 年比上年增长% Increase Rate in 2008 Over 2007(%)
年末牲畜存栏头数(万头只)	Total Livestock at the Year-end(10 000 heads)	155.70	142.80	-8.3
# 大牲畜(万头只)	Large Animals(10 000 heads)	8.34	8.19	-1.8
羊(万只)	Sheep & Goats(10 000 heads)	134.44	123.60	-8.1
猪(万头)	Hogs(10 000 heads)	12.92	11.01	-14.8
规模以上工业	**Industrial Enterprises above Designated size**			
工业企业单位数(个)	Number of Industrial Enterprises(unit)	25	25	0.0
# 内资企业(个)	Civil Funded Enterprises(unit)	25	25	0.0
工业总产值(万元)	Gross Industrial Output Value(10 000 yuan)	396389	591083	49.1
内资企业(万元)	Civil Funded Enterprises(10 000 yuan)	396389	591083	49.1
国有企业(万元)	State-owned Enterprises(10 000 yuan)	2233	5765	158.2
集体企业(万元)	Collective-owned Enterprises(10 000 yuan)	0	0	0.0
股份合作企业(万元)	Share Holding Enterprises(10 000 yuan)	5339		
联营企业(万元)	Joint Owned Enterprises(10 000 yuan)			
有限责任公司(万元)	Limited Company(10 000 yuan)	147779	217489	47.2
股份有限公司(万元)	Share Holding Limited Company(10 000 yuan)	63029	69628	10.5
私营企业(万元)	Privately Owned Enterprises(10 000 yuan)	178009	298201	67.5
其他企业(万元)	Enterprises of Other Ownership(10 000 yuan)			
港澳台商投资企业(万元)	Funds from HK,Macao & Taiwan(10 000 yuan)			
外商投资企业(万元)	Foreign Funded Enterprises(10 000 yuan)			
工业企业增加值(万元)	Value Added of Industrial Enterprises(10 000 yuan)	137300	207000	35.2
工业企业资产总计(万元)	Total Assets of Industrial Enterprises(10 000 yuan)	186935	202057	8.1
工业企业负债合计(万元)	Total Liabilities of Industrial Enterprises(10 000 yuan)	108534	113411	4.5
工业企业产品销售收入(万元)	Sales of Revenue Industrial Enterprises(10 000 yuan)	374541	573722	53.2
工业企业利润总额(万元)	Total Profits of Industrial Enterprises(10 000 yuan)	11643	18397	58.0
建筑业	**Construction**			
建筑企业单位数(个)	Number of Construction Enterprises(unit)	2	2	0.0
建筑企业从业人员(人)	Number of Employee in Construction Enterprises(person)	288	340	18.1
建筑业总产值(万元)	Gross Construction Output Value(10 000 yuan)	9116	10067	10.4
交通运输邮电通信业	**Transportation,Post & Telecommunications**			
公路里程(公里)	Total Length of Highways(km)	1701	1701	0.0
邮电业务总量(万元)	Business Volume of Post & Telecoms(10 000 yuan)	12914	15626	21.0
本地电话用户(户)	Number of Subscribers of Local Telephone(Household)	29448	33980	15.4
国内贸易	**Domestic Trade**			
社会消费品零售总额(万元)	Total Retail Sales of Consumer Goods(10 000 yuan)	92425	115439	24.9
# 贸易业(万元)	Wholesale & Retail Sales Trades(10 000 yuan)	77574	92956	19.8
餐饮业(万元)	Catering Trade(10 000 yuan)	11245	13120	16.7
科技教育卫生	**Science,Education & Public Health**			
各类专业技术人员(人)	Special Technical Personnel(person)	3110	3259	4.8
幼儿园数(所)	Number of Kindergartens(unit)	7	6	-14.3
学龄儿童入学率(%)	Percentage of School-Age Children Enrolled(%)	100.0	100.0	0.0
小学学校数(所)	Number of Primary Schools(unit)	70	39	-44.3
小学专任教师数(人)	Number of Full-time Teachers of Primary Schools(person)	1263	1221	-3.3
小学在校学生数(人)	Number of Student Enrollment of Primary Schools(person)	17495	15237	-12.9
普通中学学校数(所)	Number of Regular Secondary Schools(unit)	13	13	0.0
普通中学专任教师数(人)	Number of Teachers of Secondary Shools(person)	913	955	4.6
初中在校学生数(人)	Number of Student in Junior Secondary Schools(person)	11048	10143	-8.2
高中在校学生数(人)	Number of Student in Senior Secondary Schools(person)	6051	5481	-9.4
卫生机构数(所)	Number of Health Institutions(unit)	84	200	138.1
# 医院(所)	Hospitals(unit)	2	3	50.0
卫生院(所)	Township Hospitals(unit)	18	19	5.6
床位数(张)	Number of Beds(unit)	684	939	37.3
# 医院(张)	Hospitals(unit)	286	390	36.4
卫生院(张)	Township Hospitals(unit)	338	326	-3.6
卫生技术人员(人)	Medical Technical Presonnel(person)	890	1089	22.4
# 医院(人)	Hospitals(person)	347	384	10.7
卫生院(人)	Township Hospitals(person)	209	182	-12.9

23-103 乌海市海勃湾区

指 标	Item	2007	2008	2008年比上年增长% Increase Rate in 2008 Over 2007(%)
行政区域土地面积(平方公里)	**Area of Administration(Sq.km)**	**529**	**529**	**0.0**
人口和就业	**Population & Employment**			
年末总人口(人)	Total Population Year-end(person)	241000	249424	3.5
# 男性(人)	Male(person)	123000	126184	2.6
# 乡村人口(人)	Rural(person)	18351	20186	10.0
年末总户数(户)	Total Number of Households at the Year-end(Household)	85614	86937	1.5
# 乡村户数(户)	Number of Rural Household(Household)	5720	6824	19.3
出生人口(人)	Births(person)	2635	2498	-5.2
死亡人口(人)	Deaths(person)	1234	1372	11.2
全社会就业人员(人)	Employment(person)	91474	123592	35.1
第一产业(人)	Primary Industry(person)	12239	8685	-29.0
第二产业(人)	Secondary Industry(person)	34070	40173	17.9
第三产业(人)	Tertiary Industry(person)	45165	74734	65.5
在岗职工人数(人)	Number of Staff & Workers Employed in(person)	52141	31580	-39.4
乡村劳动力(人)	Number of Rural Laborers(person)	13278	14404	8.5
# 农林牧渔业(人)	Farming,Forestry,Animal Husbandry & Fishery(person)	7036	8280	17.7
国民经济综合指标	**Summary Item on the National Economy**			
生产总值(万元)	Gross Domestic Product(10 000 yuan)	744185	931553	14.3
第一产业(万元)	Primary Industry(10 000 yuan)	7330	8543	7.7
第二产业(万元)	Secondary Industry(10 000 yuan)	403613	513872	11.9
# 工业(万元)	Industry(10 000 yuan)	362561	455124	9.8
第三产业(万元)	Tertiary Industry(10 000 yuan)	333242	409138	17.1
人均生产总值(元)	Per Capita GDP(yuan)	31746	37989	9.3
全社会固定资产投资(万元)	Total Investment in Fixed Assets(10 000 yuan)	290554	513958	76.9
按登记注册类型分	Grouped by Registered Type			
# 国有(万元)	State-owned Enterprises(10 000 yuan)	97936	175687	79.4
集体(万元)	Collective-owned Enterprises(10 000 yuan)			
有限责任公司(万元)	Limited Liability Corporations(10 000 yuan)	162284	283912	74.9
股份有限公司(万元)	Share Holding Enterprises(10 000 yuan)	9270	8080	-12.8
私营企业(万元)	Private Enterprises(10 000 yuan)	8665	42498	390.5
外商及港澳台投资企业 (万元)	Funds from HK,Macao,Taiwan & Foreign(10 000 yuan)			
按城乡渠道分	Grouped by Urban and Rural Area			
城镇（万元）	Urban(10 000 yuan)	290554	513958	76.9
农村（万元）	Rural(10 000 yuan)			
一般预算收入(万元)	General Budgetary Financial Revenue(10 000 yuan)	26421	65407	147.6
一般预算支出(万元)	General Budgetary Financial Expenditures(10 000 yuan)	45698	62728	37.3
城乡居民储蓄存款余额(万元)	Resident Saving Deposit in Urban & Rural(10 000 yuan)	580291	822737	41.8
在岗职工工资总额(万元)	Total Wages of Staff & Workers Empioyed in(10 000 yuan)	116738	101508	-13.0
在岗职工平均工资(元)	Average Wage of Staff & Workers Employed in(yuan)	22475	32158	43.1
农牧民人均纯收入(元)	Per Capita Net Income of Peasant & Herdsman(yuan)	6680	7690	15.1
农村牧区经济	**Economic Development in Rural & Pastoral Area**			
耕地面积(公顷)	Cultivated Area(hectare)	1892	2193	15.9
农作物总播种面积(公顷)	Total Sown Area(hectare)	2056	2362	14.9
#粮食作物播种面积（公顷）	Sown Area of Grain Crops(hectare)	1329	1239	-6.8
有效灌溉面积（公顷）	Irrigated Area(hectare)	1892	1892	0.0
农牧业机械总动力(万千瓦)	Total Power of Agricultural Machinery(10 000 kw)	6.09	3.29	-46.0
化肥施用折纯量(吨)	Consumption of Chemical Fertilizer(ton)	2528	2528	0.0
农村用电量(万千瓦小时)	Electricity Consumed in Rural Area(10 000 kwh)	1410	1410	0.0
农林牧渔业总产值(万元)	Gross Output of Farming,Forestry,Animal Husbandry & Fishery(10 000 yuan)	11700	14381	11.8
粮食产量(吨)	Yield of Grain(ton)	8133	8308	2.2
油料产量(吨)	Yield of Oil-bearing Grops(ton)	767	1485	93.6
甜菜产量(吨)	Yield of Beetroots(ton)			
猪牛羊肉产量(吨)	Output of Pork, Beef & Mutton(ton)	2432	3588	47.5
# 猪肉产量(吨)	Output of Pork(ton)	1728	2760	59.7
牛肉产量(吨)	Output of Beef(ton)	157	226	43.9
羊肉产量(吨)	Output of Mutton(ton)	547	602	10.1
羊毛产量(吨)	Output of Wool(ton)	41	42	2.4

23-103 Haibowan District in Wuhai City

指 标	Item	2007	2008	2008 年比上年增长% Increase Rate in 2008 Over 2007(%)
年末牲畜存栏头数(万头只)	Total Livestock at the Year-end(10 000 heads)	4.42	4.46	0.9
# 大牲畜(万头只)	Large Animals(10 000 heads)	0.19	0.19	0.0
羊(万只)	Sheep & Goats(10 000 heads)	2.48	2.52	1.6
猪(万头)	Hogs(10 000 heads)	1.75	1.75	0.0
规模以上工业	**Industrial Enterprises above Designated size**			
工业企业单位数(个)	Number of Industrial Enterprises(unit)	40	41	2.5
# 内资企业(个)	Civil Funded Enterprises(unit)	40	41	2.5
工业总产值(万元)	Gross Industrial Output Value(10 000 yuan)	695974	1075643	27.3
内资企业(万元)	Civil Funded Enterprises(10 000 yuan)	695974	1075643	27.3
国有企业(万元)	State-owned Enterprises(10 000 yuan)	212712	545143	78.2
集体企业(万元)	Collective-owned Enterprises(10 000 yuan)			
股份合作企业(万元)	Share Holding Enterprises(10 000 yuan)	628	2365	138.3
联营企业(万元)	Joint Owned Enterprises(10 000 yuan)			
有限责任公司(万元)	Limited Company(10 000 yuan)	111515	10001	-45.5
股份有限公司(万元)	Share Holding Limited Company(10 000 yuan)	16432	26018	29.2
私营企业(万元)	Privately Owned Enterprises(10 000 yuan)	354687	492116	19.4
其他企业(万元)	Enterprises of Other Ownership(10 000 yuan)			
港澳台商投资企业(万元)	Funds from HK,Macao & Taiwan(10 000 yuan)			
外商投资企业(万元)	Foreign Funded Enterprises(10 000 yuan)			
工业企业增加值(万元)	Value Added of Industrial Enterprises(10 000 yuan)	358850	426924	9.8
工业企业资产总计(万元)	Total Assets of Industrial Enterprises(10 000 yuan)	777274	895779	15.2
工业企业负债合计(万元)	Total Liabilities of Industrial Enterprises(10 000 yuan)	647924	724384	11.8
工业企业产品销售收入(万元)	Sales of Revenue Industrial Enterprises(10 000 yuan)	686988	573926	-16.5
工业企业利润总额(万元)	Total Profits of Industrial Enterprises(10 000 yuan)	138592	49037	-64.6
建筑业	**Construction**			
建筑企业单位数(个)	Number of Construction Enterprises(unit)	26	31	19.2
建筑企业从业人员(人)	Number of Employee in Construction Enterprises(person)	8340	8165	-2.1
建筑业总产值(万元)	Gross Construction Output Value(10 000 yuan)	179066	227067	26.8
交通运输邮电通信业	**Transportation,Post & Telecommunications**			
公路里程(公里)	Total Length of Highways(km)	468	468	0.0
邮电业务总量(万元)	Business Volume of Post & Telecoms(10 000 yuan)	2984	3342	12.0
本地电话用户(户)	Number of Subscribers of Local Telephone(Household)	87700	108537	23.8
国内贸易	**Demestic Trade**			
社会消费品零售总额(万元)	Total Retail Sales of Consumer Goods(10 000 yuan)	273400	343532	25.7
# 贸易业(万元)	Wholesale & Retail Sales Trades(10 000 yuan)	218500	271583	24.3
餐饮业(万元)	Catering Trade(10 000 yuan)	54776	70427	28.6
科技教育卫生	**Science,Education & Public Health**			
各类专业技术人员(人)	Speccial Technical Personnel(person)	14263	14531	1.9
幼儿园数(所)	Number of Kindergartens(unit)	10	14	40.0
学龄儿童入学率(%)	Percentage of School-Age Children Enrolled(%)	100.0	100.0	0.0
小学学校数(所)	Number of Primary Schools(unit)	17	17	0.0
小学专任教师数(人)	Number of Full-time Teachers of Primary Schools(person)	1107	1121	1.3
小学在校学生数(人)	Number of Student Enrollment of Primary Schools(person)	19493	18442	-5.4
普通中学学校数(所)	Number of Regular Secondary Schools(unit)	14	16	14.3
普通中学专任教师数(人)	Number of Teachers of Secondary Shools(person)	1219	1273	4.4
初中在校学生数(人)	Number of Student in Junior Secondary Schools(person)	10540	10658	1.1
高中在校学生数(人)	Number of Student in Senior Secondary Schools(person)	8210	8482	3.3
卫生机构数(所)	Number of Health Institutions(unit)	145	174	20.0
# 医院(所)	Hospitals(unit)	11	9	-18.2
卫生院(所)	Township Hospitals(unit)	2	2	0.0
床位数(张)	Number of Beds(unit)	1167	1329	13.9
# 医院(张)	Hospitals(unit)	971	1066	9.8
卫生院(张)	Township Hospitals(unit)	26	33	26.9
卫生技术人员(人)	Medical Technical Presonnel(person)	1480	1992	34.6
# 医院(人)	Hospitals(person)	888	1293	45.6
卫生院(人)	Township Hospitals(person)	21	22	4.8

23-104 乌海市海南区

指 标	Item	2007	2008	2008年比上年增长% Increase Rate in 2008 Over 2007(%)
行政区域土地面积(平方公里)	**Area of Administration(Sq.km)**	**1005**	**1005**	**0.0**
人口和就业	**Population & Employment**			
年末总人口(人)	Total Population Year-end(person)	105000	103120	-1.8
# 男性(人)	Male(person)	56000	54152	-3.3
# 乡村人口(人)	Rural(person)	12665	14059	11.0
年末总户数(户)	Total Number of Households at the Year-end(Household)	36988	35744	-3.4
# 乡村户数(户)	Number of Rural Household(Household)	4547	4723	3.9
出生人口(人)	Births(person)	1073	996	-7.2
死亡人口(人)	Deaths(person)	640	522	-18.4
全社会就业人员(人)	Employment(person)	66635	55154	-17.2
第一产业(人)	Primary Industry(person)	3560	7390	107.6
第二产业(人)	Secondary Industry(person)	35866	27858	-22.3
第三产业(人)	Tertiary Industry(person)	27209	19906	-26.8
在岗职工人数(人)	Number of Staff & Workers Employed in(person)	29538	9102	-69.2
乡村劳动力(人)	Number of Rural Laborers(person)	10586	9300	-12.1
# 农林牧渔业(人)	Farming,Forestry,Animal Husbandry & Fishery(person)	8314	6864	-17.4
国民经济综合指标	**Summary Item on the National Economy**			
生产总值(万元)	Gross Domestic Product(10 000 yuan)	609612	788054	14.1
第一产业(万元)	Primary Industry(10 000 yuan)	9496	11573	6.9
第二产业(万元)	Secondary Industry(10 000 yuan)	438678	574076	11.3
# 工业(万元)	Industry(10 000 yuan)	399289	526539	11.5
第三产业(万元)	Tertiary Industry(10 000 yuan)	161438	202405	21.9
人均生产总值(元)	Per Capita GDP(yuan)	56835	75731	17.6
全社会固定资产投资(万元)	Total Investment in Fixed Assets(10 000 yuan)	278741	415873	49.2
按登记注册类型分	Grouped by Registered Type			
# 国有(万元)	State-owned Enterprises(10 000 yuan)	35318	34902	-1.2
集体(万元)	Collective-owned Enterprises(10 000 yuan)			
有限责任公司(万元)	Limited Liability Corporations(10 000 yuan)	180281	305953	69.7
股份有限公司(万元)	Share Holding Enterprises(10 000 yuan)	10360	16596	60.2
私营企业(万元)	Private Enterprises(10 000 yuan)	35100	29596	-15.7
外商及港澳台投资企业 (万元)	Funds from HK,Macao,Taiwan & Foreign(10 000 yuan)			
按城乡渠道分	Grouped by Urban and Rural Area			
城镇（万元）	Urban(10 000 yuan)	278741	415873	49.2
农村（万元）	Rural(10 000 yuan)			
一般预算收入(万元)	General Budgetary Financial Revenue(10 000 yuan)	18576	53144	186.1
一般预算支出(万元)	General Budgetary Financial Expenditures(10 000 yuan)	38941	58199	49.5
城乡居民储蓄存款余额(万元)	Resident Saving Deposit in Urban & Rural(10 000 yuan)	176494	246103	39.4
在岗职工工资总额(万元)	Total Wages of Staff & Workers Empioyed in(10 000 yuan)	64984	25164	-61.3
在岗职工平均工资(元)	Average Wage of Staff & Workers Employed in(yuan)	22165	26196	18.2
农牧民人均纯收入(元)	Per Capita Net Income of Peasant & Herdsman(yuan)	6200	7100	14.5
农村牧区经济	**Economic Development in Rural & Pastoral Area**			
耕地面积(公顷)	Cultivated Area(hectare)	2942	2798	-4.9
农作物总播种面积(公顷)	Total Sown Area(hectare)	2847	2969	4.3
# 粮食作物播种面积(公顷)	Sown Area of Grain Crops(hectare)	2201	2592	17.8
有效灌溉面积(公顷)	Irrigated Area(hectare)	2622	2664	1.6
农牧业机械总动力(万千瓦)	Total Power of Agricultural Machinery(10 000 kw)	3.58	3.01	-15.9
化肥施用折纯量(吨)	Consumption of Chemical Fertilizer(ton)	2559	2833	10.7
农村用电量(万千瓦小时)	Electricity Consumed in Rural Area(10 000 kwh)	1060	870	-17.9
农林牧渔业总产值(万元)	Gross Output of Farming,Forestry,Animal Husbandry & Fishery(10 000 yuan)	17128	19483	6.9
粮食产量(吨)	Yield of Grain(ton)	14419	18212	26.3
油料产量(吨)	Yield of Oil-bearing Grops(ton)	237	356	50.2
甜菜产量(吨)	Yield of Beetroots(ton)		120	
猪牛羊肉产量(吨)	Output of Pork, Beef & Mutton(ton)	3570	4824	35.1
# 猪肉产量(吨)	Output of Pork(ton)	2483	3586	44.4
牛肉产量(吨)	Output of Beef(ton)	35	103	194.3
羊肉产量(吨)	Output of Mutton(ton)	1052	1135	7.9
羊毛产量(吨)	Output of Wool(ton)	127	127	0.0

23-104 Hainan District in Wuhai City

指 标	Item	2007	2008	2008 年比上年增长% Increase Rate in 2008 Over 2007(%)
年末牲畜存栏头数(万头只)	Total Livestock at the Year-end(10 000 heads)	7.40	7.02	-5.1
#大牲畜(万头只)	Large Animals(10 000 heads)	0.23	0.21	-8.7
羊(万只)	Sheep & Goats(10 000 heads)	5.66	5.63	-0.5
猪(万头)	Hogs(10 000 heads)	1.50	1.19	-20.7
规模以上工业	**Industrial Enterprises above Designated size**			
工业企业单位数(个)	Number of Industrial Enterprises(unit)	58	60	3.4
#内资企业(个)	Civil Funded Enterprises(unit)	56	58	3.6
工业总产值(万元)	Gross Industrial Output Value(10 000 yuan)	737431	857897	8.1
内资企业(万元)	Civil Funded Enterprises(10 000 yuan)	721287	826175	7.2
国有企业(万元)	State-owned Enterprises(10 000 yuan)	10679	7912	-12.9
集体企业(万元)	Collective-owned Enterprises(10 000 yuan)			
股份合作企业(万元)	Share Holding Enterprises(10 000 yuan)	5784	1808	-34.3
联营企业(万元)	Joint Owned Enterprises(10 000 yuan)	143409	140669	-0.8
有限责任公司(万元)	Limited Company(10 000 yuan)	310824	377027	10.1
股份有限公司(万元)	Share Holding Limited Company(10 000 yuan)	53895	68962	14.0
私营企业(万元)	Privately Owned Enterprises(10 000 yuan)	122108	136637	5.8
其他企业(万元)	Enterprises of Other Ownership(10 000 yuan)	74588	93160	12.8
港澳台商投资企业(万元)	Funds from HK,Macao & Taiwan(10 000 yuan)			
外商投资企业(万元)	Foreign Funded Enterprises(10 000 yuan)	16144	31722	48.2
工业企业增加值(万元)	Value Added of Industrial Enterprises(10 000 yuan)	377577	491955	11.6
工业企业资产总计(万元)	Total Assets of Industrial Enterprises(10 000 yuan)	1337819	1404111	5.0
工业企业负债合计(万元)	Total Liabilities of Industrial Enterprises(10 000 yuan)	710368	932030	31.2
工业企业产品销售收入(万元)	Sales of Revenue Industrial Enterprises(10 000 yuan)	761849	928064	21.8
工业企业利润总额(万元)	Total Profits of Industrial Enterprises(10 000 yuan)	-3173	82756	
建筑业	**Construction**			
建筑企业单位数(个)	Number of Construction Enterprises(unit)	2	3	50.0
建筑企业从业人员(人)	Number of Employee in Construction Enterprises(person)	202	230	13.9
建筑业总产值(万元)	Gross Construction Output Value(10 000 yuan)	2886	2868	-0.6
交通运输邮电通信业	**Transportation,Post & Telecommunications**			
公路里程(公里)	Total Length of Highways(km)	192	204	6.4
邮电业务总量(万元)	Business Volume of Post & Telecoms(10 000 yuan)	693	1130	63.1
本地电话用户(户)	Number of Subscribers of Local Telephone(Household)	29751	16500	-44.5
国内贸易	**Demestic Trade**			
社会消费品零售总额(万元)	Total Retail Sales of Consumer Goods(10 000 yuan)	52340	62688	19.8
#贸易业(万元)	Wholesale & Retail Sales Trades(10 000 yuan)	47050	55792	18.6
餐饮业(万元)	Catering Trade(10 000 yuan)	5290	6896	30.4
科技教育卫生	**Science,Education & Public Health**			
各类专业技术人员(人)	Speccial Technical Personnel(person)	2971	3090	4.0
幼儿园数(所)	Number of Kindergartens(unit)	14	24	71.4
学龄儿童入学率(%)	Percentage of School-Age Children Enrolled(%)	100.0	100.0	0.0
小学学校数(所)	Number of Primary Schools(unit)	12	10	-16.7
小学专任教师数(人)	Number of Full-time Teachers of Primary Schools(person)	593	602	1.5
小学在校学生数(人)	Number of Student Enrollment of Primary Schools(person)	7978	8162	2.3
普通中学学校数(所)	Number of Regular Secondary Schools(unit)	11	7	-36.4
普通中学专任教师数(人)	Number of Teachers of Secondary Shools(person)	330	317	-3.9
初中在校学生数(人)	Number of Student in Junior Secondary Schools(person)	3910	3889	-0.5
高中在校学生数(人)	Number of Student in Senior Secondary Schools(person)	141	0	-100.0
卫生机构数(所)	Number of Health Institutions(unit)	81	90	11.1
#医院(所)	Hospitals(unit)	3	3	0.0
卫生院(所)	Township Hospitals(unit)	2	2	0.0
床位数(张)	Number of Beds(unit)	323	462	43.0
#医院(张)	Hospitals(unit)	222	230	3.6
卫生院(张)	Township Hospitals(unit)	0	29	
卫生技术人员(人)	Medical Technical Presonnel(person)	444	450	1.4
#医院(人)	Hospitals(person)	330	343	3.9
卫生院(人)	Township Hospitals(person)	13	21	61.5

23-105 乌海市乌达区

指 标	Item	2007	2008	2008 年比上年增长% Increase Rate in 2008 Over 2007(%)
行政区域土地面积(平方公里)	**Area of Administration(Sq.km)**	**220**	**220**	**0.0**
人口和就业	**Population & Employment**			
年末总人口(人)	Total Population Year-end(person)	131000	130156	-0.6
#男性(人)	Male(person)	68000	67564	-0.6
#乡村人口(人)	Rural(person)	6157	6927	12.5
年末总户数(户)	Total Number of Households at the Year-end(Household)	46507	46319	-0.4
#乡村户数(户)	Number of Rural Household(Household)	2119	2309	9.0
出生人口(人)	Births(person)	1086	1146	5.5
死亡人口(人)	Deaths(person)	568	506	-10.9
全社会就业人员(人)	Employment(person)	58891	65911	11.9
第一产业(人)	Primary Industry(person)	6100	3610	-40.8
第二产业(人)	Secondary Industry(person)	36015	25298	-29.8
第三产业(人)	Tertiary Industry(person)	16776	37003	120.6
在岗职工人数(人)	Number of Staff & Workers Employed in(person)	21771	20801	-4.5
乡村劳动力(人)	Number of Rural Laborers(person)	5233	5299	1.3
#农林牧渔业(人)	Farming,Forestry,Animal Husbandry & Fishery(person)	4215	3596	-14.7
国民经济综合指标	**Summary Item on the National Economy**			
生产总值(万元)	Gross Domestic Product(10 000 yuan)	544209	698426	13.8
第一产业(万元)	Primary Industry(10 000 yuan)	6354	7440	7.9
第二产业(万元)	Secondary Industry(10 000 yuan)	403455	507002	7.3
#工业(万元)	Industry(10 000 yuan)	383696	481387	6.7
第三产业(万元)	Tertiary Industry(10 000 yuan)	134400	183984	32.8
人均生产总值(元)	Per Capita GDP(yuan)	41267	53487	15.0
全社会固定资产投资(万元)	Total Investment in Fixed Assets(10 000 yuan)	139854	224001	60.2
按登记注册类型分	Grouped by Registered Type			
#国有(万元)	State-owned Enterprises(10 000 yuan)	37258	77555	108.2
集体(万元)	Collective-owned Enterprises(10 000 yuan)			
有限责任公司(万元)	Limited Liability Corporations(10 000 yuan)	69804	125804	80.2
股份有限公司(万元)	Share Holding Enterprises(10 000 yuan)	1460	880	-39.7
私营企业(万元)	Private Enterprises(10 000 yuan)	17102	16962	-0.8
外商及港澳台投资企业(万元)	Funds from HK,Macao,Taiwan & Foreign(10 000 yuan)	10000	2100	-79.0
按城乡渠道分	Grouped by Urban and Rural Area			
城镇(万元)	Urban(10 000 yuan)	139854	224001	60.2
农村(万元)	Rural(10 000 yuan)			
一般预算收入(万元)	General Budgetary Financial Revenue(10 000 yuan)	16673	47000	181.9
一般预算支出(万元)	General Budgetary Financial Expenditures(10 000 yuan)	38363	54432	41.9
城乡居民储蓄存款余额(万元)	Resident Saving Deposit in Urban & Rural(10 000 yuan)	276461	364597	31.9
在岗职工工资总额(万元)	Total Wages of Staff & Workers Empioyed in(10 000 yuan)	49743	63681	28.0
在岗职工平均工资(元)	Average Wage of Staff & Workers Employed in(yuan)	23146	30162	30.3
农牧民人均纯收入(元)	Per Capita Net Income of Peasant & Herdsman(yuan)	6560	7610	16.0
农村牧区经济	**Economic Development in Rural & Pastoral Area**			
耕地面积(公顷)	Cultivated Area(hectare)	1899	2056	8.3
农作物总播种面积(公顷)	Total Sown Area(hectare)	2059	2070	0.5
#粮食作物播种面积(公顷)	Sown Area of Grain Crops(hectare)	1197	779	-34.9
有效灌溉面积(公顷)	Irrigated Area(hectare)	1824	1981	8.6
农牧业机械总动力(万千瓦)	Total Power of Agricultural Machinery(10 000 kw)	2.96	1.46	-50.7
化肥施用折纯量(吨)	Consumption of Chemical Fertilizer(ton)	1606	2027	26.2
农村用电量(万千瓦小时)	Electricity Consumed in Rural Area(10 000 kwh)	759	653	-14.0
农林牧渔业总产值(万元)	Gross Output of Farming,Forestry,Animal Husbandry & Fishery(10 000 yuan)	9783	12500	13.9
粮食产量(吨)	Yield of Grain(ton)	7461	5375	-28.0
油料产量(吨)	Yield of Oil-bearing Grops(ton)	676	1759	160.2
甜菜产量(吨)	Yield of Beetroots(ton)			
猪牛羊肉产量(吨)	Output of Pork, Beef & Mutton(ton)	1845	1549	-16.0
#猪肉产量(吨)	Output of Pork(ton)	872	1252	43.6
牛肉产量(吨)	Output of Beef(ton)	16	9	-43.8
羊肉产量(吨)	Output of Mutton(ton)	258	288	11.6
羊毛产量(吨)	Output of Wool(ton)	20	24	20.0

23-105 Wuda District in Wuhai City

指 标	Item	2007	2008	2008 年比上年增长% Increase Rate in 2008 Over 2007(%)
年末牲畜存栏头数(万头只)	Total Livestock at the Year-end(10 000 heads)	1.85	1.94	4.9
# 大牲畜(万头只)	Large Animals(10 000 heads)	0.11	0.12	9.1
羊(万只)	Sheep & Goats(10 000 heads)	0.92	0.84	-8.7
猪(万头)	Hogs(10 000 heads)	0.82	0.99	20.7
规模以上工业	**Industrial Enterprises above Designated size**			
工业企业单位数(个)	Number of Industrial Enterprises(unit)	59	59	0.0
# 内资企业(个)	Civil Funded Enterprises(unit)	58	58	0.0
工业总产值(万元)	Gross Industrial Output Value(10 000 yuan)	751202	906407	10.3
内资企业(万元)	Civil Funded Enterprises(10 000 yuan)	749076	904166	10.3
国有企业(万元)	State-owned Enterprises(10 000 yuan)	270806	427105	28.9
集体企业(万元)	Collective-owned Enterprises(10 000 yuan)			
股份合作企业(万元)	Share Holding Enterprises(10 000 yuan)			
联营企业(万元)	Joint Owned Enterprises(10 000 yuan)			
有限责任公司(万元)	Limited Company(10 000 yuan)	160663	152557	-2.5
股份有限公司(万元)	Share Holding Limited Company(10 000 yuan)	95211	61801	-17.6
私营企业(万元)	Privately Owned Enterprises(10 000 yuan)	222396	262703	9.1
其他企业(万元)	Enterprises of Other Ownership(10 000 yuan)			
港澳台商投资企业(万元)	Funds from HK,Macao & Taiwan(10 000 yuan)	2126	2241	2.7
外商投资企业(万元)	Foreign Funded Enterprises(10 000 yuan)			
工业企业增加值(万元)	Value Added of Industrial Enterprises(10 000 yuan)	383609	457987	6.5
工业企业资产总计(万元)	Total Assets of Industrial Enterprises(10 000 yuan)	1128247	1230888	9.1
工业企业负债合计(万元)	Total Liabilities of Industrial Enterprises(10 000 yuan)	836549	817904	-2.2
工业企业产品销售收入(万元)	Sales of Revenue Industrial Enterprises(10 000 yuan)	723939	810461	12.0
工业企业利润总额(万元)	Total Profits of Industrial Enterprises(10 000 yuan)	-48385	138352	
建筑业	**Construction**			
建筑企业单位数(个)	Number of Construction Enterprises(unit)	2	3	50.0
建筑企业从业人员(人)	Number of Employee in Construction Enterprises(person)	2798	2056	-26.5
建筑业总产值(万元)	Gross Construction Output Value(10 000 yuan)	20249	29064	43.5
交通运输邮电通信业	**Transportation,Post & Telecommunications**			
公路里程(公里)	Total Length of Highways(km)	94	94	0.0
邮电业务总量(万元)	Business Volume of Post & Telecoms(10 000 yuan)	1023	1340	31.0
本地电话用户(户)	Number of Subscribers of Local Telephone(Household)	30646	24963	-18.5
国内贸易	**Demestic Trade**			
社会消费品零售总额(万元)	Total Retail Sales of Consumer Goods(10 000 yuan)	80237	101555	26.6
# 贸易业(万元)	Wholesale & Retail Sales Trades(10 000 yuan)	70406	90766	28.9
餐饮业(万元)	Catering Trade(10 000 yuan)	8234	10663	29.5
科技教育卫生	**Science,Education & Public Health**			
各类专业技术人员(人)	Speccial Technical Personnel(person)	3670	4308	17.4
幼儿园数(所)	Number of Kindergartens(unit)	10	27	170.0
学龄儿童入学率(%)	Percentage of School-Age Children Enrolled(%)	100.0	100.0	0.0
小学学校数(所)	Number of Primary Schools(unit)	10	10	0.0
小学专任教师数(人)	Number of Full-time Teachers of Primary Schools(person)	725	666	-8.1
小学在校学生数(人)	Number of Student Enrollment of Primary Schools(person)	8841	8447	-4.5
普通中学学校数(所)	Number of Regular Secondary Schools(unit)	6	7	16.7
普通中学专任教师数(人)	Number of Teachers of Secondary Shools(person)	636	563	-11.5
初中在校学生数(人)	Number of Student in Junior Secondary Schools(person)	4783	4592	-4.0
高中在校学生数(人)	Number of Student in Senior Secondary Schools(person)	3600	3258	-9.5
卫生机构数(所)	Number of Health Institutions(unit)	77	88	14.3
# 医院(所)	Hospitals(unit)	3	2	-33.3
卫生院(所)	Township Hospitals(unit)	6		
床位数(张)	Number of Beds(unit)	700	556	-20.6
# 医院(张)	Hospitals(unit)	700	318	-54.6
卫生院(张)	Township Hospitals(unit)			
卫生技术人员(人)	Medical Technical Presonnel(person)	753	737	-2.1
# 医院(人)	Hospitals(person)	464	316	-31.9
卫生院(人)	Township Hospitals(person)	34	0	-100.0

23-106 阿拉善盟阿拉善左旗

指 标	Item	2007	2008	2008 年比上年增长% Increase Rate in 2008 Over 2007(%)
行政区域土地面积(平方公里)	**Area of Administration(Sq.km)**	**80412**	**80412**	**0.0**
人口和就业	**Population & Employment**			
年末总人口(人)	Total Population Year-end(person)	142051	142995	0.7
#男性(人)	Male(person)	72570	72968	0.5
#乡村人口(人)	Rural(person)	46002	46284	0.6
年末总户数(户)	Total Number of Households at the Year-end(Household)	55483	56223	1.3
#乡村户数(户)	Number of Rural Household(Household)	13496	14563	7.9
出生人口(人)	Births(person)	1224	1206	-1.5
死亡人口(人)	Deaths(person)	494	533	7.9
全社会就业人员(人)	Employment(person)	81859	96244	17.6
第一产业(人)	Primary Industry(person)	31600	31108	-1.6
第二产业(人)	Secondary Industry(person)	19413	32800	69.0
第三产业(人)	Tertiary Industry(person)	30846	32336	4.8
在岗职工人数(人)	Number of Staff & Workers Employed in(person)	31440	31936	1.6
乡村劳动力(人)	Number of Rural Laborers(person)	33620	33392	-0.7
#农林牧渔业(人)	Farming,Forestry,Animal Husbandry & Fishery(person)	30387	29933	-1.5
国民经济综合指标	**Summary Item on the National Economy**			
生产总值(万元)	Gross Domestic Product(10 000 yuan)	826588	1402522	30.8
第一产业(万元)	Primary Industry(10 000 yuan)	32615	41600	9.6
第二产业(万元)	Secondary Industry(10 000 yuan)	613095	1100843	35.0
#工业(万元)	Industry(10 000 yuan)	534100	1012447	40.6
第三产业(万元)	Tertiary Industry(10 000 yuan)	180878	260079	22.7
人均生产总值(元)	Per Capita GDP(yuan)	58459	98407	25.2
全社会固定资产投资(万元)	Total Investment in Fixed Assets(10 000 yuan)	752033	977805	30.0
按登记注册类型分	Grouped by Registered Type			
#国有(万元)	State-owned Enterprises(10 000 yuan)	422588	343454	-18.7
集体(万元)	Collective-owned Enterprises(10 000 yuan)	3078	1050	-65.9
有限责任公司(万元)	Limited Liability Corporations(10 000 yuan)	21607	148437	587.0
股份有限公司(万元)	Share Holding Enterprises(10 000 yuan)	167732	177850	6.0
私营企业(万元)	Private Enterprises(10 000 yuan)	89910	96377	7.2
外商及港澳台投资企业(万元)	Funds from HK,Macao,Taiwan & Foreign(10 000 yuan)		24650	
按城乡渠道分	Grouped by Urban and Rural Area			
城镇(万元)	Urban(10 000 yuan)	739741	976806	32.0
农村(万元)	Rural(10 000 yuan)	12292	999	-91.9
一般预算收入(万元)	General Budgetary Financial Revenue(10 000 yuan)	27881	45390	62.8
一般预算支出(万元)	General Budgetary Financial Expenditures(10 000 yuan)	88811	123278	38.8
城乡居民储蓄存款余额(万元)	Resident Saving Deposit in Urban & Rural(10 000 yuan)	297304	390560	31.4
在岗职工工资总额(万元)	Total Wages of Staff & Workers Employed in(10 000 yuan)	72518	95630	31.9
在岗职工平均工资(元)	Average Wage of Staff & Workers Employed in(yuan)	25308	31021	22.6
农牧民人均纯收入(元)	Per Capita Net Income of Peasant & Herdsman(yuan)	4527	5364	18.5
农村牧区经济	**Economic Development in Rural & Pastoral Area**			
耕地面积(公顷)	Cultivated Area(hectare)	23654	26297	11.2
农作物总播种面积(公顷)	Total Sown Area(hectare)	23548	24119	2.4
#粮食作物播种面积(公顷)	Sown Area of Grain Crops(hectare)	14864	16344	10.0
有效灌溉面积(公顷)	Irrigated Area(hectare)	23980	24180	0.8
农牧业机械总动力(万千瓦)	Total Power of Agricultural Machinery(10 000 kw)	19.38	10.00	-48.4
化肥施用折纯量(吨)	Consumption of Chemical Fertilizer(ton)	8420	9405	11.7
农村用电量(万千瓦小时)	Electricity Consumed in Rural Area(10 000 kwh)	8166	9245	13.2
农林牧渔业总产值(万元)	Gross Output of Farming,Forestry,Animal Husbandry & Fishery(10 000 yuan)	52671		
粮食产量(吨)	Yield of Grain(ton)	115124	133232	15.7
油料产量(吨)	Yield of Oil-bearing Grops(ton)	16381	16174	-1.3
甜菜产量(吨)	Yield of Beetroots(ton)	118		
猪牛羊肉产量(吨)	Output of Pork, Beef & Mutton(ton)	8439	9355	10.9
#猪肉产量(吨)	Output of Pork(ton)	538	498	-7.4
牛肉产量(吨)	Output of Beef(ton)	239	262	9.6
羊肉产量(吨)	Output of Mutton(ton)	7662	8595	12.2
羊毛产量(吨)	Output of Wool(ton)	687	668	-2.8

23-106 Alashanzuo Banner in Alashan League

指 标	Item	2007	2008	2008年比上年增长% Increase Rate in 2008 Over 2007(%)
年末牲畜存栏头数(万头只)	Total Livestock at the Year-end(10 000 heads)	114.44	114.72	0.2
#大牲畜(万头只)	Large Animals(10 000 heads)	4.54	4.42	-2.6
羊(万只)	Sheep & Goats(10 000 heads)	109.20	109.68	0.4
猪(万头)	Hogs(10 000 heads)	0.70	0.62	-11.4
规模以上工业	**Industrial Enterprises above Designated size**			
工业企业单位数(个)	Number of Industrial Enterprises(unit)	66	73	10.6
#内资企业(个)	Civil Funded Enterprises(unit)	64	70	9.4
工业总产值(万元)	Gross Industrial Output Value(10 000 yuan)	1126489	2182377	93.7
内资企业(万元)	Civil Funded Enterprises(10 000 yuan)	1097015	2098405	91.3
国有企业(万元)	State-owned Enterprises(10 000 yuan)	149051	244491	64.0
集体企业(万元)	Collective-owned Enterprises(10 000 yuan)	2481	12728	413.0
股份合作企业(万元)	Share Holding Enterprises(10 000 yuan)	419		0.0
联营企业(万元)	Joint Owned Enterprises(10 000 yuan)			
有限责任公司(万元)	Limited Company(10 000 yuan)	122514	83721	-31.7
股份有限公司(万元)	Share Holding Limited Company(10 000 yuan)	307038	1480228	382.1
私营企业(万元)	Privately Owned Enterprises(10 000 yuan)	506374	266338	-47.4
其他企业(万元)	Enterprises of Other Ownership(10 000 yuan)	9138	10899	19.3
港澳台商投资企业(万元)	Funds from HK,Macao & Taiwan(10 000 yuan)	8014	83021	936.0
外商投资企业(万元)	Foreign Funded Enterprises(10 000 yuan)	21460	951	-95.6
工业企业增加值(万元)	Value Added of Industrial Enterprises(10 000 yuan)	510800	981147	41.8
工业企业资产总计(万元)	Total Assets of Industrial Enterprises(10 000 yuan)	1639010	2208554	34.7
工业企业负债合计(万元)	Total Liabilities of Industrial Enterprises(10 000 yuan)	1083869	1368456	26.3
工业企业产品销售收入(万元)	Sales of Revenue Industrial Enterprises(10 000 yuan)	1156767	1180790	2.1
工业企业利润总额(万元)	Total Profits of Industrial Enterprises(10 000 yuan)	62062	68187	9.9
建筑业	**Construction**			
建筑企业单位数(个)	Number of Construction Enterprises(unit)	6	11	83.3
建筑企业从业人员(人)	Number of Employee in Construction Enterprises(person)	3292	4082	24.0
建筑业总产值(万元)	Gross Construction Output Value(10 000 yuan)	30041	34057	13.4
交通运输邮电通信业	**Transportation,Post & Telecommunications**			
公路里程(公里)	Total Length of Highways(km)	2739	2902	6.0
邮电业务总量(万元)	Business Volume of Post & Telecoms(10 000 yuan)	43718		
本地电话用户(户)	Number of Subscribers of Local Telephone(Household)	79032		
国内贸易	**Domestic Trade**			
社会消费品零售总额(万元)	Total Retail Sales of Consumer Goods(10 000 yuan)	156025	187308	20.0
#贸易业(万元)	Wholesale & Retail Sales Trades(10 000 yuan)	128496	155161	20.8
餐饮业(万元)	Catering Trade(10 000 yuan)	27529	32147	16.8
科技教育卫生	**Science,Education & Public Health**			
各类专业技术人员(人)	Special Technical Personnel(person)	8319		
幼儿园数(所)	Number of Kindergartens(unit)	5	5	0.0
学龄儿童入学率(%)	Percentage of School-Age Children Enrolled(%)	100.0	100.0	0.0
小学学校数(所)	Number of Primary Schools(unit)	20	20	0.0
小学专任教师数(人)	Number of Full-time Teachers of Primary Schools(person)	719	704	-2.1
小学在校学生数(人)	Number of Student Enrollment of Primary Schools(person)	10102	11476	13.6
普通中学学校数(所)	Number of Regular Secondary Schools(unit)	13	13	0.0
普通中学专任教师数(人)	Number of Teachers of Secondary Shools(person)	899	871	-3.1
初中在校学生数(人)	Number of Student in Junior Secondary Schools(person)	7749	6027	-22.2
高中在校学生数(人)	Number of Student in Senior Secondary Schools(person)	4005	3749	-6.4
卫生机构数(所)	Number of Health Institutions(unit)	46	70	52.2
#医院(所)	Hospitals(unit)	9	10	11.1
卫生院(所)	Township Hospitals(unit)	29	29	0.0
床位数(张)	Number of Beds(unit)	504	578	14.7
#医院(张)	Hospitals(unit)	367	405	10.4
卫生院(张)	Township Hospitals(unit)	91	119	30.8
卫生技术人员(人)	Medical Technical Presonnel(person)	1057	1090	3.1
#医院(人)	Hospitals(person)	614	631	2.8
卫生院(人)	Township Hospitals(person)	202	202	0.0

23-107 阿拉善盟阿拉善右旗

指 标	Item	2007	2008	2008 年比上年增长% Increase Rate in 2008 Over 2007(%)
行政区域土地面积(平方公里)	**Area of Administration(Sq.km)**	**75226**	**75226**	**0.0**
人口和就业	**Population & Employment**			
年末总人口(人)	Total Population Year-end(person)	24590	24565	-0.1
# 男性(人)	Male(person)	12334	12323	-0.1
# 乡村人口(人)	Rural(person)	7972	7972	0.0
年末总户数(户)	Total Number of Households at the Year-end(Household)	9200	9284	0.9
# 乡村户数(户)	Number of Rural Household(Household)	2325	2325	0.0
出生人口(人)	Births(person)	172	160	-7.0
死亡人口(人)	Deaths(person)	96	98	2.1
全社会就业人员(人)	Employment(person)	12732	13435	5.5
第一产业(人)	Primary Industry(person)	3689	3862	4.7
第二产业(人)	Secondary Industry(person)	3969	4017	1.2
第三产业(人)	Tertiary Industry(person)	5074	5556	9.5
在岗职工人数(人)	Number of Staff & Workers Employed in(person)	4635	4643	0.2
乡村劳动力(人)	Number of Rural Laborers(person)	5236	5033	-3.9
# 农林牧渔业(人)	Farming,Forestry,Animal Husbandry & Fishery(person)	3357	3683	9.7
国民经济综合指标	**Summary Item on the National Economy**			
生产总值(万元)	Gross Domestic Product(10 000 yuan)	125070	175116	22.0
第一产业(万元)	Primary Industry(10 000 yuan)	10702	13382	7.4
第二产业(万元)	Secondary Industry(10 000 yuan)	81073	120747	24.8
# 工业(万元)	Industry(10 000 yuan)	72820	113201	30.0
第三产业(万元)	Tertiary Industry(10 000 yuan)	33295	40987	19.8
人均生产总值(元)	Per Capita GDP(yuan)	48250	67097	21.2
全社会固定资产投资(万元)	Total Investment in Fixed Assets(10 000 yuan)	67418	71096	5.5
按登记注册类型分	Grouped by Registered Type			
# 国有(万元)	State-owned Enterprises(10 000 yuan)	33086	46015	39.1
集体(万元)	Collective-owned Enterprises(10 000 yuan)			
有限责任公司(万元)	Limited Liability Corporations(10 000 yuan)	21087	17632	-16.4
股份有限公司(万元)	Share Holding Enterprises(10 000 yuan)	5050		
私营企业(万元)	Private Enterprises(10 000 yuan)	6500	1939	-70.2
外商及港澳台投资企业(万元)	Funds from HK,Macao,Taiwan & Foreign(10 000 yuan)			
按城乡渠道分	Grouped by Urban and Rural Area			
城镇（万元）	Urban(10 000 yuan)	58885	64089	8.8
农村（万元）	Rural(10 000 yuan)	8533	7007	-17.9
一般预算收入(万元)	General Budgetary Financial Revenue(10 000 yuan)	4088	5003	22.4
一般预算支出(万元)	General Budgetary Financial Expenditures(10 000 yuan)	31822	36159	13.6
城乡居民储蓄存款余额(万元)	Resident Saving Deposit in Urban & Rural(10 000 yuan)	42802	47877	11.9
在岗职工工资总额(万元)	Total Wages of Staff & Workers Employed in(10 000 yuan)	11749	13785	17.3
在岗职工平均工资(元)	Average Wage of Staff & Workers Employed in(yuan)	24631	29562	20.0
农牧民人均纯收入(元)	Per Capita Net Income of Peasant & Herdsman(yuan)	5538	6631	19.7
农村牧区经济	**Economic Development in Rural & Pastoral Area**			
耕地面积(公顷)	Cultivated Area(hectare)	3140	3140	0.0
农作物总播种面积(公顷)	Total Sown Area(hectare)	2678	2688	0.4
# 粮食作物播种面积(公顷)	Sown Area of Grain Crops(hectare)	1743	1902	9.1
有效灌溉面积(公顷)	Irrigated Area(hectare)			
农牧业机械总动力(万千瓦)	Total Power of Agricultural Machinery(10 000 kw)	1.72	1.34	-22.1
化肥施用折纯量(吨)	Consumption of Chemical Fertilizer(ton)	542	607	12.0
农村用电量(万千瓦小时)	Electricity Consumed in Rural Area(10 000 kwh)	469	425	-9.4
农林牧渔业总产值(万元)	Gross Output of Farming,Forestry,Animal Husbandry & Fishery(10 000 yuan)	17740	21871	7.4
粮食产量(吨)	Yield of Grain(ton)	14607	17392	19.1
油料产量(吨)	Yield of Oil-bearing Grops(ton)	460	414	-10.0
甜菜产量(吨)	Yield of Beetroots(ton)			
猪牛羊肉产量(吨)	Output of Pork, Beef & Mutton(ton)	2567	2437	-5.1
# 猪肉产量(吨)	Output of Pork(ton)	208	181	-13.0
牛肉产量(吨)	Output of Beef(ton)	2	2	0.0
羊肉产量(吨)	Output of Mutton(ton)	2357	2254	-4.4
羊毛产量(吨)	Output of Wool(ton)	100	108	8.0

23-107 Alashanyou Banner in Alashan League

指 标	Item	2007	2008	2008年比上年增长% Increase Rate in 2008 Over 2007(%)
年末牲畜存栏头数(万头只)	Total Livestock at the Year-end(10 000 heads)	17.95	17.97	0.1
#大牲畜(万头只)	Large Animals(10 000 heads)	1.59	1.30	-18.2
羊(万只)	Sheep & Goats(10 000 heads)	16.31	16.10	-1.3
猪(万头)	Hogs(10 000 heads)	0.06	0.58	866.7
规模以上工业	**Industrial Enterprises above Designated size**			
工业企业单位数(个)	Number of Industrial Enterprises(unit)	18	19	5.6
#内资企业(个)	Civil Funded Enterprises(unit)	18	19	5.6
工业总产值(万元)	Gross Industrial Output Value(10 000 yuan)	133059	193403	45.4
内资企业(万元)	Civil Funded Enterprises(10 000 yuan)	133059	193403	45.4
国有企业(万元)	State-owned Enterprises(10 000 yuan)			
集体企业(万元)	Collective-owned Enterprises(10 000 yuan)			
股份合作企业(万元)	Share Holding Enterprises(10 000 yuan)	636	4544	614.5
联营企业(万元)	Joint Owned Enterprises(10 000 yuan)			
有限责任公司(万元)	Limited Company(10 000 yuan)	28237	117579	316.4
股份有限公司(万元)	Share Holding Limited Company(10 000 yuan)			
私营企业(万元)	Privately Owned Enterprises(10 000 yuan)	104186	71280	-31.6
其他企业(万元)	Enterprises of Other Ownership(10 000 yuan)			
港澳台商投资企业(万元)	Funds from HK,Macao & Taiwan(10 000 yuan)			
外商投资企业(万元)	Foreign Funded Enterprises(10 000 yuan)			
工业企业增加值(万元)	Value Added of Industrial Enterprises(10 000 yuan)	66320	105201	31.5
工业企业资产总计(万元)	Total Assets of Industrial Enterprises(10 000 yuan)	119182	140716	18.1
工业企业负债合计(万元)	Total Liabilities of Industrial Enterprises(10 000 yuan)	79189	81816	3.3
工业企业产品销售收入(万元)	Sales of Revenue Industrial Enterprises(10 000 yuan)	121767	192381	58.0
工业企业利润总额(万元)	Total Profits of Industrial Enterprises(10 000 yuan)	7450	16129	116.5
建筑业	**Construction**			
建筑企业单位数(个)	Number of Construction Enterprises(unit)	1	1	0.0
建筑企业从业人员(人)	Number of Employee in Construction Enterprises(person)	376	68	-81.9
建筑业总产值(万元)	Gross Construction Output Value(10 000 yuan)	948	532	-43.9
交通运输邮电通信业	**Transportation,Post & Telecommunications**			
公路里程(公里)	Total Length of Highways(km)	1730	1772	2.4
邮电业务总量(万元)	Business Volume of Post & Telecoms(10 000 yuan)	1773	2107	18.9
本地电话用户(户)	Number of Subscribers of Local Telephone(Household)	4498	3807	-15.4
国内贸易	**Domestic Trade**			
社会消费品零售总额(万元)	Total Retail Sales of Consumer Goods(10 000 yuan)	21641	26082	20.5
#贸易业(万元)	Wholesale & Retail Sales Trades(10 000 yuan)	17784	19419	9.2
餐饮业(万元)	Catering Trade(10 000 yuan)	3857	4645	20.4
科技教育卫生	**Science,Education & Public Health**			
各类专业技术人员(人)	Special Technical Personnel(person)	899	981	9.1
幼儿园数(所)	Number of Kindergartens(unit)	2	2	0.0
学龄儿童入学率(%)	Percentage of School-Age Children Enrolled(%)	100.0	100.0	0.0
小学学校数(所)	Number of Primary Schools(unit)	6	5	-16.7
小学专任教师数(人)	Number of Full-time Teachers of Primary Schools(person)	173	179	3.5
小学在校学生数(人)	Number of Student Enrollment of Primary Schools(person)	1571	1471	-6.4
普通中学学校数(所)	Number of Regular Secondary Schools(unit)	2	2	0.0
普通中学专任教师数(人)	Number of Teachers of Secondary Shools(person)	101	108	6.9
初中在校学生数(人)	Number of Student in Junior Secondary Schools(person)	823	802	-2.6
高中在校学生数(人)	Number of Student in Senior Secondary Schools(person)	476	431	-9.5
卫生机构数(所)	Number of Health Institutions(unit)	13	14	7.7
#医院(所)	Hospitals(unit)	3	3	0.0
卫生院(所)	Township Hospitals(unit)	7	8	14.3
床位数(张)	Number of Beds(unit)	102	102	0.0
#医院(张)	Hospitals(unit)	55	57	3.6
卫生院(张)	Township Hospitals(unit)	47	40	-14.9
卫生技术人员(人)	Medical Technical Presonnel(person)	222	216	-2.7
#医院(人)	Hospitals(person)	104	105	1.0
卫生院(人)	Township Hospitals(person)	118	68	-42.4

23-108 阿拉善盟额济纳旗

指 标	Item	2007	2008	2008 年比上年增长% Increase Rate in 2008 Over 2007(%)
行政区域土地面积(平方公里)	**Area of Administration(Sq.km)**	**114606**	**114606**	**0.0**
人口和就业	**Population & Employment**			
年末总人口(人)	Total Population Year-end(person)	17240	17135	-0.6
# 男性(人)	Male(person)	8723	8632	-1.0
# 乡村人口(人)	Rural(person)	4256	4436	4.2
年末总户数(户)	Total Number of Households at the Year-end(Household)	6602	6803	3.0
# 乡村户数(户)	Number of Rural Household(Household)	1389	1583	14.0
出生人口(人)	Births(person)	148	132	-10.8
死亡人口(人)	Deaths(person)	68	219	222.1
全社会就业人员(人)	Employment(person)	10901	12023	10.3
第一产业(人)	Primary Industry(person)	3654	3941	7.9
第二产业(人)	Secondary Industry(person)	2677	2811	5.0
第三产业(人)	Tertiary Industry(person)	4570	5271	15.3
在岗职工人数(人)	Number of Staff & Workers Employed in(person)	4656	4787	2.8
乡村劳动力(人)	Number of Rural Laborers(person)	3285	3214	-2.2
# 农林牧渔业(人)	Farming,Forestry,Animal Husbandry & Fishery(person)	2842	3177	11.8
国民经济综合指标	**Summary Item on the National Economy**			
生产总值(万元)	Gross Domestic Product(10 000 yuan)	140056	204162	22.1
第一产业(万元)	Primary Industry(10 000 yuan)	7645	9416	5.8
第二产业(万元)	Secondary Industry(10 000 yuan)	71865	114490	17.8
# 工业(万元)	Industry(10 000 yuan)	58703	102632	26.9
第三产业(万元)	Tertiary Industry(10 000 yuan)	60546	80256	28.1
人均生产总值(元)	Per Capita GDP(yuan)	81239	119149	46.7
全社会固定资产投资(万元)	Total Investment in Fixed Assets(10 000 yuan)	105525	110305	4.5
按登记注册类型分	Grouped by Registered Type			
# 国有(万元)	State-owned Enterprises(10 000 yuan)	51210	33002	-35.6
集体(万元)	Collective-owned Enterprises(10 000 yuan)			
有限责任公司(万元)	Limited Liability Corporations(10 000 yuan)	41764	66423	59.0
股份有限公司(万元)	Share Holding Enterprises(10 000 yuan)	2390	3880	62.3
私营企业(万元)	Private Enterprises(10 000 yuan)	8061	7000	-13.2
外商及港澳台投资企业 (万元)	Funds from HK,Macao,Taiwan & Foreign(10 000 yuan)			
按城乡渠道分	Grouped by Urban and Rural Area			
城镇(万元)	Urban(10 000 yuan)	100910	104205	3.3
农村(万元)	Rural(10 000 yuan)	4615	6100	32.2
一般预算收入(万元)	General Budgetary Financial Revenue(10 000 yuan)	8152	9495	16.5
一般预算支出(万元)	General Budgetary Financial Expenditures(10 000 yuan)	36606	38447	5.0
城乡居民储蓄存款余额(万元)	Resident Saving Deposit in Urban & Rural(10 000 yuan)	36402	46001	26.4
在岗职工工资总额(万元)	Total Wages of Staff & Workers Employed in(10 000 yuan)	10312	12893	25.0
在岗职工平均工资(元)	Average Wage of Staff & Workers Employed in(yuan)	23183	26671	15.0
农牧民人均纯收入(元)	Per Capita Net Income of Peasant & Herdsman(yuan)	5792	7094	22.5
农村牧区经济	**Economic Development in Rural & Pastoral Area**			
耕地面积(公顷)	Cultivated Area(hectare)	5937	5937	0.0
农作物总播种面积(公顷)	Total Sown Area(hectare)	5200	4669	-10.2
# 粮食作物播种面积(公顷)	Sown Area of Grain Crops(hectare)	657	670	2.0
有效灌溉面积(公顷)	Irrigated Area(hectare)	5937	4883	-17.8
农牧业机械总动力(万千瓦)	Total Power of Agricultural Machinery(10 000 kw)	2.63	2.29	-12.9
化肥施用折纯量(吨)	Consumption of Chemical Fertilizer(ton)	2381	1292	-45.7
农村用电量(万千瓦小时)	Electricity Consumed in Rural Area(10 000 kwh)	302	310	2.5
农林牧渔业总产值(万元)	Gross Output of Farming,Forestry,Animal Husbandry & Fishery(10 000 yuan)	14157	17437	5.8
粮食产量(吨)	Yield of Grain(ton)	4364	4518	3.5
油料产量(吨)	Yield of Oil-bearing Grops(ton)			
甜菜产量(吨)	Yield of Beetroots(ton)			
猪牛羊肉产量(吨)	Output of Pork, Beef & Mutton(ton)	1624	1542	-5.0
# 猪肉产量(吨)	Output of Pork(ton)	1056	963	-8.8
牛肉产量(吨)	Output of Beef(ton)	10	10	0.0
羊肉产量(吨)	Output of Mutton(ton)	558	569	2.0
羊毛产量(吨)	Output of Wool(ton)	30	24	-20.0

23-108 Ejina Banner in Alashan League

指 标	Item	2007	2008	2008 年比上年增长% Increase Rate in 2008 Over 2007(%)
年末牲畜存栏头数(万头只)	Total Livestock at the Year-end(10 000 heads)	6.41	6.99	9.0
#大牲畜(万头只)	Large Animals(10 000 heads)	1.08	1.27	17.6
羊(万只)	Sheep & Goats(10 000 heads)	5.09	5.47	7.5
猪(万头)	Hogs(10 000 heads)	0.18	0.25	38.9
规模以上工业	**Industrial Enterprises above Designated size**			
工业企业单位数(个)	Number of Industrial Enterprises(unit)	11	11	0.0
#内资企业(个)	Civil Funded Enterprises(unit)	11	11	0.0
工业总产值(万元)	Gross Industrial Output Value(10 000 yuan)	103178	179294	73.8
内资企业(万元)	Civil Funded Enterprises(10 000 yuan)	103178	179294	73.8
国有企业(万元)	State-owned Enterprises(10 000 yuan)	1355	4248	213.6
集体企业(万元)	Collective-owned Enterprises(10 000 yuan)			
股份合作企业(万元)	Share Holding Enterprises(10 000 yuan)			
联营企业(万元)	Joint Owned Enterprises(10 000 yuan)			
有限责任公司(万元)	Limited Company(10 000 yuan)			
股份有限公司(万元)	Share Holding Limited Company(10 000 yuan)	101823	175046	71.9
私营企业(万元)	Privately Owned Enterprises(10 000 yuan)			
其他企业(万元)	Enterprises of Other Ownership(10 000 yuan)			
港澳台商投资企业(万元)	Funds from HK,Macao & Taiwan(10 000 yuan)			
外商投资企业(万元)	Foreign Funded Enterprises(10 000 yuan)			
工业企业增加值(万元)	Value Added of Industrial Enterprises(10 000 yuan)	55403	99132	29.1
工业企业资产总计(万元)	Total Assets of Industrial Enterprises(10 000 yuan)	88552	143273	61.8
工业企业负债合计(万元)	Total Liabilities of Industrial Enterprises(10 000 yuan)	55630	92861	66.9
工业企业产品销售收入(万元)	Sales of Revenue Industrial Enterprises(10 000 yuan)	80501	132980	65.2
工业企业利润总额(万元)	Total Profits of Industrial Enterprises(10 000 yuan)	3575	18370	413.8
建筑业	**Construction**			
建筑企业单位数(个)	Number of Construction Enterprises(unit)	1	1	0.0
建筑企业从业人员(人)	Number of Employee in Construction Enterprises(person)	196	476	142.9
建筑业总产值(万元)	Gross Construction Output Value(10 000 yuan)	13162	11858	-9.9
交通运输邮电通信业	**Transportation,Post & Telecommunications**			
公路里程(公里)	Total Length of Highways(km)	2686	2723	1.4
邮电业务总量(万元)	Business Volume of Post & Telecoms(10 000 yuan)	4145	4974	20.0
本地电话用户(户)	Number of Subscribers of Local Telephone(Household)	3800	4315	13.6
国内贸易	**Domestic Trade**			
社会消费品零售总额(万元)	Total Retail Sales of Consumer Goods(10 000 yuan)	37216	48324	29.8
#贸易业(万元)	Wholesale & Retail Sales Trades(10 000 yuan)	29350	37238	26.9
餐饮业(万元)	Catering Trade(10 000 yuan)	7866	11086	40.9
科技教育卫生	**Science,Education & Public Health**			
各类专业技术人员(人)	Special Technical Personnel(person)	644	826	28.3
幼儿园数(所)	Number of Kindergartens(unit)	3	2	-33.3
学龄儿童入学率(%)	Percentage of School-Age Children Enrolled(%)	100.0	100.0	0.0
小学学校数(所)	Number of Primary Schools(unit)	2	1	-50.0
小学专任教师数(人)	Number of Full-time Teachers of Primary Schools(person)	191	124	-35.1
小学在校学生数(人)	Number of Student Enrollment of Primary Schools(person)	1249	1181	-5.4
普通中学学校数(所)	Number of Regular Secondary Schools(unit)	2	2	0.0
普通中学专任教师数(人)	Number of Teachers of Secondary Shools(person)	112	114	1.8
初中在校学生数(人)	Number of Student in Junior Secondary Schools(person)	607	597	-1.6
高中在校学生数(人)	Number of Student in Senior Secondary Schools(person)	369	297	-19.5
卫生机构数(所)	Number of Health Institutions(unit)	10	10	0.0
#医院(所)	Hospitals(unit)	3	3	0.0
卫生院(所)	Township Hospitals(unit)	5	5	0.0
床位数(张)	Number of Beds(unit)	161	161	0.0
#医院(张)	Hospitals(unit)	110	110	0.0
卫生院(张)	Township Hospitals(unit)	41	41	0.0
卫生技术人员(人)	Medical Technical Presonnel(person)	168	165	-1.8
#医院(人)	Hospitals(person)	111	136	22.5
卫生院(人)	Township Hospitals(person)	30	29	-3.3

2009 NEI MENG GU

二十四、企业资料

Statistics of Enterprises

资料整理：马芸芸　李　宇　王亦兵　梅长华　欧　青　张晓春
秦吉春　蔡雨成

Arranged by Ma Yunyun，Li Yu,Wang Yibing,Mei Changhua,Ou Qing,
Zhang Xiaochun,Qin Jichun，Cai Yucheng

24-1 全区资产总计最大的100家大中型工业企业(2008年)

Autonomous Regional Top 100 Large-scale and Medium-scale Industrial Enterprises of Total Assets(2008)

位次 Order	企业名称	Name of Enterprise	资产总计 (万元) Total Assets (10 000 yuan)
1	内蒙古包钢钢联股份有限公司	Inner Mongolia Baotou Steel Union Co.,Ltd	4416438
2	包头钢铁（集团）有限责任公司	Baotou Iron & Steel (Group) Co.,Ltd	2791413
3	神华能源神东煤炭分公司	ShenHua Energy ShenDong Coal Branch	2022995
4	内蒙古伊泰煤炭股份有限公司	Inner Mongolia Yi Tai Coal Industry Co.,Ltd	1753314
5	内蒙古大唐国际托克托发电有限责任公司	Datang International Tuoketuo Power Plant	1553534
6	华能伊敏煤电有限责任公司	Yiminhe HuaNeng Coal & Electricity Co.,Ltd	1488593
7	内蒙古第一机械制造(集团)有限公司	Inner Mongolia No.1 Machinery Co.,Ltd	1471827
8	神华准格尔能源有限责任公司	ShenHua Group Zhungeer Energy Co.,Ltd	1398586
9	神华能源万利煤炭分公司	ShenHua Energy WanLi Coal Branch	1073426
10	鄂尔多斯电力冶金股份有限公司	Erdos Electric Power Metallurgy Co.,Ltd	1046110
11	内蒙古伊东煤炭集团有限责任公司	Inner Mongolia Yi Dong Coal Group Co.,Ltd	1000000
12	内蒙古岱海发电有限责任公司	Inner Mongolia DaiHai Elactric Power Co.,Ltd	945768
13	内蒙古霍煤鸿骏铝电有限责任公司	Huolinhe Hong Jun Aluminium & Power Co.,Ltd	883393
14	内蒙古平庄煤业集团有限责任公司	Inner Mongolia Pingzhuang Coal Industry Co.,Ltd	762076
15	内蒙古伊利实业集团股份有限公司	Inner Mongolia YiLi Industrial Group Co.,Ltd	761200
16	通辽霍林河坑口发电有限责任公司	Tongliao Huolinhe Mine-Mouth Power Co.,Ltd	741407
17	内蒙古蒙牛乳业（集团）股份有限公司	MengNiu Milk Industry(Group) Co.,Ltd	715206
18	内蒙古北方重工集团有限公司	Inner Mongolia North Industry Group Co.,Ltd	703792
19	包头铝业有限公司	Baotou Aluminium Industry Co.,Ltd	702968
20	内蒙古伊泰集团有限公司	Inner Mongolia YiTai Group Co.,Ltd	698626
21	元宝山发电有限责任公司	Yuanbaoshan Electric Power Co.,Ltd	697674
22	内蒙古鄂尔多斯羊绒制品股份有限公司	Inner Mongolia Erdos Cashmere Share-Holding Co.,Ltd	696064
23	东方希望包头稀土铝业有限责任公司	East Hope Baotou Rare-earth & Al Industry Co.,Ltd	620583
24	内蒙古京隆发电有限责任公司	Inner Mongolia JingLong Power Plant Co.,Ltd	615001
25	包头北方奔驰重型汽车有限公司	Baotou North Benz Heavy-duty Automobile Co.,Ltd	586100
26	内蒙古东达蒙古王集团公司	Dongda MongoliaKing Group Co.,Ltd	547345
27	大庆油田有限责任公司呼伦贝尔分公司	Daqing Oilfield Co.,Ltd Hulunbeier Branch	542001
28	内蒙古乌兰水泥集团	Inner Mongolia Wu Lan Cement Co.,Ltd	524889
29	内蒙古华电包头发电有限公司	Inner Mongolia Huadian Baotou Power Plant Co.,Ltd	507495
30	内蒙古太西煤集团股份有限公司	Inner Mongolia Taixi Coal Group Co.,Ltd	500763
31	内蒙古亿利化学工业有限公司	Inner Mongolia YiLi Chemical Industry Co.,Ltd	488396
32	内蒙古满世煤炭集团有限责任公司	ManShi Coal Group Co.,Ltd	463845
33	内蒙古庆华集团庆华煤化有限责任公司	QingHua Group QingHua Coal Chemical Industry Co.,Ltd	441030

24-1 续表 1 continued

位次 Order	企业名称	Name of Enterprise	资产总计(万元) Total Assets (10 000 yuan)
34	中盐吉兰泰氯碱化工有限公司	Jilantai Chorine-Alkai Chemical Co.,Ltd	425752
35	内蒙古国华准格尔发电有限责任公司	GuoHua Zhungeer Power Plant Co.,Ltd	417810
36	内蒙古包钢稀土高科技股份有限公司	Baotou Iron & Steel Rare-earth High-tech Co.,Ltd	405450
37	内蒙古霍林河露天煤业股份有限公司	Inner Mongolia Huolinhe Coal Industry Co.,Ltd	398880
38	通辽发电总厂	Tongliao General Power Plant	387833
39	通辽梅花生物科技有限公司	Tongliao Meihua Bio-technology Co.,Ltd	385920
40	扎赉诺尔煤业有限责任公司	Zhalainuoer Coal Industry Co.,Ltd	359660
41	中国神华能源股份公司金烽煤炭分公司	ShenHua Energy JinFeng Coal Branch	359119
42	中国石油华北油田公司二连分公司	Erlian Branch of North Oilfield Petroleum China	343517
43	通辽电业局	Tongliao Electric Power Bureau	333030
44	神华集团乌达矿业有限责任公司	Shenhua Group Wuda Mining Industry Co.,Ltd	330097
45	内蒙古双欣资源集团有限公司	Inner Mongolia ShuangXin Resources Group Co.,Ltd	327569
46	神华蒙西煤化股份有限公司	ShenHua MengXi Coal & Chemical Co.,Ltd	312799
47	包头铝业（集团）有限责任公司	Baotou Aluminium Industry (Group) Co.,Ltd	309883
48	内蒙古能源发电投资有限公司锡林热电厂	Xilin Heat & Power Plant	309688
49	神华亿利能源有限责任公司	ShenHua YiLi Energy Co.,Ltd	302880
50	包头东华热电有限公司	Baotou Donghua thermoelectric Co., Ltd.	297959
51	内蒙古能源发电投资有限公司准大发电厂	ZhunDa Power Plant	294485
52	内蒙古大中矿业有限责任公司	Inner Mongolia Dazhong Mining Industry Co.,Ltd	293399
53	内蒙古蒙泰煤电集团有限公司	Inner Monglia MengTai Coal & Elec Group Co.,Ltd	292668
54	神华宝日希勒能源有限公司	ShenHua Baorixile Energy Co.,Ltd	289585
55	内蒙古鲁能大雁能源集团有限责任公司	Inner Mongolia LuNeng Dayan Energy Group Co.,Ltd	284913
56	东方希望包头热电有限责任公司	East Hope Baotou Heat & Power Industry Co.,Ltd	283959
57	神华集团海勃湾矿业有限责任公司	ShenHua Group Haibowan Mining Industry Co.,Ltd	281912
58	创维电子（内蒙古）有限公司	Skyworth Electronics (Inner Mongolia) Co., Ltd.	277753
59	中国石油呼和浩特石化分公司	Petroleum China Hohhot Branch	277562
60	包头明天科技股份有限公司	Baotou Tomorrow Technology Share-Holding Co.,Ltd	271185
61	内蒙古蒙西水泥股份有限公司	Inner Mongolia Meng Xi Cement Co.,Ltd	270521
62	内蒙古伊泰京粤酸刺沟矿业有限责任公司	YiTai JingYue Suncigou Mining Industry Co.,Ltd	269372
63	包头华资实业股份有限公司	Baotou HuaZi Industry Share-Holding Co.,Ltd	266698
64	中海石油天野化工股份有限公司	TianYe Chemical Industry Co.,Ltd	258181
65	神华集团包头矿业有限责任公司	ShenHua Baotou Mining Industry Co.,Ltd	255372

24-1 续表 2 continued

位次 Order	企业名称	Name of Enterprise	资产总计 (万元) Total Assets (10 000 yuan)
66	鄂尔多斯市乌兰煤炭集团有限责任公司	Erdos City Wulan Coal Group Co.,Ltd	240021
67	内蒙古海吉氯碱化工股份有限责任公司	Inner Mongolia Haiji Chorine-Alkai Chemical Co.,Ltd	235596
68	包头北方创业股份有限公司	Baotou North ChuangYe Share-Holding Co., Ltd	232225
69	内蒙古鄂尔多斯联合化工有限公司	Inner Mongolia Erdos United Chemical Co.,Ltd	230510
70	巴彦淖尔西部铜业有限公司	Bayannaoer Westen Copper Industry Co.,Ltd	229624
71	神华北电胜利能源有限公司	ShenHua North Electric Shengli Energy Co.,Ltd	228218
72	呼和浩特中燃城市燃气发展有限公司	Burning in Hohhot City Gas Development Co., Ltd.	226153
73	内蒙古西水创业股份有限公司	Inner Mongolia West Water Venture Co., Ltd.	223835
74	中电投霍林河煤电集团铝业股份有限公司	Huolinhe Coal & Elec Group Alu Industry Co.,Ltd	223763
75	呼和浩特市自来水公司	Hohhot City Piped Water Corporation	222172
76	赤峰远建钢铁实业有限责任公司	ChiFeng Yuanjian Iron & Steel Industry Co.,Ltd	220437
77	乌海化工股份有限公司	Wuhai Chemical Industry Co.,Ltd	219415
78	神东天隆集团有限公司	Shen Dong Tianlong Group Co.,Ltd	219253
79	内蒙古北方重型汽车股份有限公司	North Heavy-duty Automobile Share-Holding Co.,Ltd	214593
80	内蒙古鹿王羊绒有限公司	Inner Mongolia King Deer Cashmere Group	210821
81	赤峰金峰铜业有限公司	Chifeng JinFeng Copper Industry Co.,Ltd	205462
82	中盐吉兰泰盐化集团有限公司	Jilantai Salt & Chemical Industry Group	202345
83	乌海市君正能源化工有限责任公司	Wuhai Junzheng Energy Chemical Industry Co., Ltd.	195340
84	内蒙古华业特钢股份有限公司	Inner Mongolia Huaye Special Steel Co.,Ltd	183358
85	中核北方核燃料元件公司	Zhonghe North Nuclear Fuel Element Co.,Ltd	182535
86	巴彦淖尔紫金有色金属有限公司	Bayannaoer Zijin Colour Metal Co.,Ltd	182515
87	内蒙古昆明卷烟有限责任公司	Inner Mongolia KunMing Cigarette Co.,Ltd	181303
88	内蒙古华宁热电有限公司	Inner Mongolia HuaNing Heat&Power Co.,Ltd	174775
89	赤峰富龙热电股份有限公司	Chifeng Fu Lung Thermoelectric Co.,Ltd	173695
90	联邦制药(内蒙古)有限公司	United Laboratorier (Inner Mongolia) Co.,Ltd	165661
91	赤峰市电业局	Chifeng City Electric Power Bureau	164480
92	内蒙古中煤蒙发运销有限责任公司	Inner Monglia MengFa Transport&Selling Co.,Ltd	161469
93	内蒙古阜丰生物科技有限公司	Inner Mongolia Fu Feng Bio. Technology Co., Ltd.	161418
94	赤峰市白音诺尔铅锌矿	Chifeng City Baiyinnuoer Lead and Zinc Mineral	157944
95	乌兰浩特钢铁有限责任公司	Baotou Daan Iron and Steel Company Ltd.	153958
96	赤峰热电厂	Chifeng City Heat and Power Plant	151869
97	石药集团中润制药（内蒙古）有限公司	ZhongRun Medicine(Inner Mongolia)Co.,Ltd	150918
98	准格尔旗弓家塔宝平湾煤炭有限责任公司	Zhungeer Banner Gongjiatabaopingwan Coal Co.,Ltd	146233
99	内蒙古兴业集团股份有限公司	Inner Mongolia XingYe Group Co.,Ltd	144893
100	内蒙古黄岗矿业有限责任公司	Huanggang Mining Industry Co.,Ltd	143776

24-2 全区工业总产值最大的100家大中型工业企业(2008年)

Autonomous Regional Top 100 Large-scale and Medium-scale Industrial Enterprise of Gross Output Value(2008)

位次 Order	企 业 名 称	Name of Enterprise	工业总产值 (万元) Gross Industrial Output Value (10 000 yuan)
1	内蒙古包钢钢联股份有限公司	Inner Mongolia Baotou Steel Union Co.,Ltd	4178897
2	包头钢铁（集团）有限责任公司	Baotou Iron & Steel (Group) Co.,Ltd	3184398
3	内蒙古第一机械制造(集团)有限公司	Inner Mongolia No.1 Machinery Co.,Ltd	1192619
4	中国神华能源股份有限公司神东煤炭分公司	ShenHua Energy ShenDong Coal Branch	1174371
5	内蒙古大唐国际托克托发电有限责任公司	Datang Tuoketuo Power Generation Company	924714
6	通辽梅花生物科技有限公司	Tongliao Meihua Bio-technology Co.,Ltd	912706
7	内蒙古蒙牛乳业（集团）股份有限公司	MengNiu Milk Industry (Group) Co.,Ltd	833196
8	内蒙古伊利实业集团股份有限公司	Inner Mongolia YiLi Industrial Group Co.,Ltd	825002
9	内蒙古伊泰煤炭股份有限公司	Inner Mongolia YiTai Coal Industry Co.,Ltd	799997
10	神华准格尔能源有限责任公司	ShenHua Group Zhungeer Energy Co.,Ltd	751158
11	东方希望包头稀土铝业有限责任公司	EastHope Baotou Rare-earth & Al Industry Co.,Ltd	729640
12	鄂尔多斯电力冶金股份有限公司	Erdos Electric Power Metallurgy Co.,Ltd	625094
13	包头北方奔驰重型汽车有限公司	Baotou North Benz Heavy-duty Auto. Co.,Ltd	589287
14	内蒙古伊东煤炭集团有限责任公司	Inner Mongolia Yi Dong Coal Group Co.,Ltd	536926
15	创维电子（内蒙古）有限公司	Skyworth Electronics (Inner Mongolia) Co.,Ltd	534949
16	赤峰金峰铜业有限公司	Chifeng JinFeng Copper Industry Co.,Ltd	531371
17	中国石油呼和浩特石化分公司	Petroleum China Hohhot Branch	508382
18	内蒙古北方重工集团有限公司	Inner Mongolia North Industry Group Co.,Ltd	501872
19	包头铝业有限公司	Baotou Aluminium Industry Co.,Ltd	460695
20	赤峰远建钢铁实业有限责任公司	ChiFeng Yuanjian Iron & Steel Industry Co.,Ltd	457777
21	内蒙古霍煤鸿骏铝电有限责任公司	Huolinhe Coal Hong Jun Alu. & Power Co.,Ltd	430829
22	内蒙古岱海发电有限责任公司	Inner Mongolia DaiHai Elactric Power Co.,Ltd	420882
23	内蒙古平庄煤业集团有限责任公司	Inner Mongolia Pingzhuang Coal Industry Co.,Ltd	406143
24	中国神华能源股份公司金烽煤炭分公司	ShenHua Energy JinFeng Coal Branch	402205
25	华能伊敏煤电有限责任公司	Yiminhe HuaNeng Coal & Electricity Co.,Ltd	398597
26	内蒙古霍林河露天煤业股份有限公司	Inner Mongolia Huolinhe Coal Industry Co.,Ltd	384254
27	神华能源万利煤炭分公司	ShenHua Energy Wan Li Coal Branch	362225
28	金河生物科技股份有限公司	JinHe Bio-Technology Co.,Ltd	337685
29	中国石油华北油田公司二连分公司	Erlian Branch of North Oilfield Petroleum China	333577
30	神华集团包头矿业有限责任公司	ShenHua Baotou Mining Industry Co.,Ltd	333532
31	内蒙古TCL王牌电器有限公司	TCL King Electric Appliance Co.,Ltd	327056
32	通辽金锣食品有限责任公司	Tongliao JinLuo Foods Co.,Ltd	306519
33	神华集团乌达矿业有限责任公司	ShenHua Group Wuda Mining Industry Co.,Ltd	297970

24-2 续表 1 continued

位次 Order	企业名称	Name of Enterprise	工业总产值 (万元) Gross Industrial Output Value (10 000 yuan)
34	内蒙古东达蒙古王集团公司	Dongda MongoliaKing Group Co.,Ltd	285846
35	神华蒙西煤化股份有限公司	ShenHua MengXi Coal & Chemical Co.,Ltd	285795
36	内蒙古庆华集团庆华煤化有限责任公司	QingHua Group QingHua Coal Chemical Co.,Ltd	280688
37	鄂尔多斯市乌兰煤炭集团有限责任公司	Erdos City Wulan Coal Group Co.,Ltd	277942
38	内蒙古满世煤炭集团有限责任公司	ManShi Coal Group Co.,Ltd	275200
39	神华集团海勃湾矿业有限责任公司	ShenHua Group Haibowan Mining Industry Co.,Ltd	275064
40	内蒙古昆明卷烟有限责任公司	Inner Mongolia KunMing Cigarette Co.,Ltd	268731
41	内蒙古阜丰生物科技有限公司	Inner Mongolia Fu Feng Bio. Technology Co., Ltd.	268430
42	内蒙古蒙泰煤电集团有限公司	Inner Monglia MengTai Coal & Elec Group Co.,Ltd	268150
43	中电投霍林河煤电集团铝业股份有限公司	Huolinhe Coal & Elec Group Alu Industry Co.,Ltd	254889
44	石药集团中润制药（内蒙古）有限公司	ZhongRun Medicine(Inner Mongolia)Co.,Ltd	253112
45	巴彦淖尔紫金有色金属有限公司	Bayannaoer Zijin Colour Metal Co.,Ltd	249628
46	九星控股集团通辽铜业有限公司	JiuXing Group Tongliao Copper Industry Co.,Ltd	247770
47	内蒙古太西煤集团股份有限公司	Inner Mongolia Taixi Coal Group Co.,Ltd	246875
48	元宝山发电有限责任公司	Yuanbaoshan Electric Power Co.,Ltd	245172
49	内蒙古中煤蒙发运销有限责任公司	Inner Monglia MengFa Transport&Selling Co.,Ltd	239142
50	大庆油田有限责任公司呼伦贝尔分公司	Daqing Oilfield Co.,Ltd Hulunbeier Branch	233553
51	中盐吉兰泰盐化集团有限公司	Jilantai Salt & Chemical Industry Group	228494
52	内蒙古伊泰集团有限公司	Inner Mongolia YiTai Group Co.,Ltd	225725
53	内蒙古银都矿业有限责任公司	Inner Mongolia Silver mining Industry Co.,Ltd	224882
54	神东天隆集团有限公司	Shen Dong TianLong Group Co.,Ltd	219190
55	内蒙古西蒙煤炭有限责任公司	Inner Mongolia Ximeng Coal Co.,Ltd	212537
56	通辽电业局	Tongliao Electric Power Bureau	211136
57	内蒙古华业特钢股份有限公司	Inner Mongolia Huaye Special Steel Co.,Ltd	208052
58	内蒙古亿利化学工业有限公司	Inner Mongolia YiLi Chemical Industry Co.,Ltd	204880
59	内蒙古包钢稀土高科技股份有限公司	Baotou Iron & Steel Rare-earth High-tech Co.,Ltd	199484
60	通辽市昊宇金属材料有限公司	Tongliao HaoYu Metallic Material Co.,Ltd	197153
61	内蒙古晟纳吉光伏材料有限公司	ShengNaJi Solar Cell Material Co.,Ltd	189874
62	赤峰金剑铜业有限责任公司	Chifeng City JinJian Copper Industry Co.,Ltd	183644
63	包头北方创业股份有限公司	Baotou North ChuangYe Share-Holding Co., Ltd	179950
64	内蒙古蒙西水泥股份有限公司	Inner Mongolia Meng Xi Cement Co.,Ltd	172662
65	赤峰市电业局	Chifeng City Electric Power Bureau	170955

24-2 续表 2 continued

位次 Order	企业名称	Name of Enterprise	工业总产值(万元) Gross Output Value (10 000 yuan)
56	准格尔旗弓家塔宝平湾煤炭有限责任公司	Zhungeer Gongjiatabaopingwan Coal Co.,Ltd	170808
57	乌兰浩特钢铁有限责任公司	Wulanhaote Iron & Steel Co.,Ltd	162322
58	赤峰中色库博红烨锌业有限公司	Chifeng City Kubo HongYe Zinc Smelt Co.,Ltd	156483
59	神华乌海煤焦化有限责任公司	ShenHua Wuhai Coal&Coking Co.,Ltd	151497
70	内蒙古大中矿业有限责任公司	Inner Mongolia Dazhong Mining Industry Co.,Ltd	147936
71	内蒙古北方重型汽车股份有限公司	North Heavy-duty Auto. Share-Holding Co.,Ltd	144570
72	包头大安钢铁有限责任公司	Baotou DaAn Iron&Steel Co.,Ltd	143672
73	巴彦淖尔市飞尚铜业有限公司	Bayannaoer FeiShang Copper Industry Co.,Ltd	141307
74	伊利实业集团乌兰察布乳品厂	Wulanchabu Dairy Plant	139702
75	巴林左旗南塔锌业有限公司	Balinzuo Banner Nan Ta Zinc Smelt Co.,Ltd	139098
76	内蒙古塞飞亚集团有限责任公司	Inner Mongolia Saifeiya Group Co.,Ltd	138504
77	内蒙古华电包头发电有限公司	Huadian Baotou Power Plant Co.,Ltd	137178
78	内蒙古国华准格尔发电有限责任公司	Inner Mongolia GuoHua Zhungeer Power Co.,Ltd	135887
79	内蒙古阿拉善左旗泰升煤炭有限公司	Alashanzuo Banner Taisheng Coal Co.,Ltd	135681
80	内蒙古鹿王羊绒有限公司	Inner Mongolia King deer Cashmere Group	135593
81	包头华鼎铜业发展有限公司	Baotou HuaDing Copper Industry Co.,Ltd	132800
82	明拓集团有限公司	MingTuo Group Co.,Ltd	132203
83	内蒙古黄岗矿业有限责任公司	Huanggang Mining Industry Co.,Ltd	131872
84	神华宝日希勒能源有限公司	Shenhua Baorixile energy Co.,Ltd	130552
85	巴彦淖尔西部铜业有限公司	Bayannaoer Westen Copper Industry Co.,Ltd	130037
86	内蒙古利牛生物化工有限责任公司	Inner Mongolia Liniu Bio-Chemical Co.,Ltd	129578
87	乌海市天信精洗煤有限责任公司	Wuhai TianXin Thorough Washing Coal Co.,Ltd	128085
88	通辽发电总厂	Tongliao General Power Plant	123894
89	中海石油天野化工股份有限公司	TianYe Chemical Industry Co.,Ltd	122220
90	东方希望包头热电有限责任公司	EastHope Baotou Heat&Power Co.,Ltd	119250
91	内蒙古乌拉山化肥有限责任公司	Inner Mongolia Wulashan Fertilizer Co.,Ltd	114478
92	内蒙古利民煤焦有限责任公司	Inner Mongolia LiMin Coa&Coke Co.,Ltd	112501
93	太西煤集团乌斯太焦化有限责任公司	Taixi Coal Group Wusitai Coking Co.,Ltd	110840
94	乌海市君正化工有限责任公司	Wuhai City Junzheng Chemical Industry Co., Ltd.	109638
95	内蒙古双欣资源集团有限公司	ShuangXin Resources Group Co.,Ltd	108299
96	内蒙古兆旺羊绒制品有限责任公司	Inner Mongolia ZhaoWang Cashmere Co.,Ltd	105028
97	内蒙古源源能源集团有限责任公司	Inner Mongolia YuanYuan Energy Group Co.,Ltd	104288
98	内蒙古黄河工贸集团万腾钢铁有限责任公司	Yellow River Wanteng Iron & Steel Co., Ltd.	103785
99	内蒙古三爱富氟化工有限公司	Inner Mongolia SanAiFu Fluorine Chemical Co.,Ltd	103543
100	包头华美稀土高科有限公司	Baotou Huamei Rare-earth Hi-tech Co.,Ltd	103165

24-3 全区工业主营业务收入最大的100家大中型工业企业(2008年)
Autonomous Regional Top 100 Large-scale and Medium-scale Industrial Enterprises of Main Business Revenue(2008)

位次 Order	企业名称	Name of Enterprise	主营业务收入(万元) Revenues of Main Business (10 000 yuan)
1	内蒙古包钢钢联股份有限公司	Inner Mongolia Baotou Steel Union Co.,Ltd	4412373
2	包头钢铁（集团）有限责任公司	Baotou Iron & Steel (Group) Co.,Ltd	3056341
3	内蒙古电力（集团）有限责任公司	Inner Mongolia Electric Power (Group) Co.,Ltd	2830087
4	神华能源神东煤炭分公司	ShenHua Energy ShenDong Coal Branch	1159755
5	内蒙古第一机械制造(集团)有限公司	Inner Mongolia No.1 Machinery (Group) Co.,Ltd	1120006
6	内蒙古伊泰煤炭股份有限公司	Inner Mongolia Yi Tai Coal Industry Co.,Ltd	928709
7	大唐国际托克托发电有限责任公司	Datang International Tuoketuo Power Plant	924714
8	通辽梅花生物科技有限公司	Tongliao Meihua Bio-technology Co.,Ltd	881202
9	神华准格尔能源有限责任公司	ShenHua Group Zhungeer Energy Co.,Ltd	852040
10	内蒙古伊利实业集团股份有限公司	Inner Mongolia YiLi Industrial Group Co.,Ltd	814877
11	内蒙古蒙牛乳业（集团）股份有限公司	MengNiu Milk Industry (Group) Co.,Ltd	789970
12	内蒙古伊泰集团有限公司	Inner Mongolia YiTai Group Co.,Ltd	696395
13	东方希望包头稀土铝业有限责任公司	EastHope Baotou Rare-earth & Al Industry Co.,Ltd	646648
14	包头北方奔驰重型汽车有限公司	Baotou North Benz Heavy-duty Auto. Co.,Ltd	638820
15	鄂尔多斯电力冶金股份有限公司	Erdos Electric Power Metallurgy Co.,Ltd	612480
16	内蒙古伊东煤炭集团有限责任公司	Inner Mongolia Yi Dong Coal Group Co.,Ltd	536781
17	创维电子（内蒙古）有限公司	Skyworth Electronics (Inner Mongolia) Co., Ltd.	535313
18	赤峰金峰铜业有限公司	Chifeng City Jin Feng Copper Industry Co.,Ltd	531371
19	中国石油呼和浩特石化分公司	Petroleum China Hohhot Branch	527776
20	赤峰远建钢铁实业有限责任公司	ChiFeng Yuanjian Iron & Steel Industry Co.,Ltd	452778
21	内蒙古北方重工集团有限公司	Inner Mongolia North Industry Group Co.,Ltd	435045
22	包头铝业有限公司	Baotou Aluminium Industry Co.,Ltd	432498
23	内蒙古岱海发电有限责任公司	Inner Mongolia DaiHai Elactric Power Co.,Ltd	420882
24	中国神华能源股份公司金烽煤炭分公司	ShenHua Energy JinFeng Coal Branch	420765
25	内蒙古霍煤鸿骏铝电有限责任公司	Huolinhe Hong Jun Aluminium & Power Co.,Ltd	402709
26	内蒙古平庄煤业集团有限责任公司	Inner Mongolia Pingzhuang Coal Industry Co.,Ltd	398882
27	内蒙古满世煤炭集团有限责任公司	ManShi Coal Group Co.,Ltd	391421
28	内蒙古霍林河露天煤业股份有限公司	Inner Mongolia Huolinhe Coal Industry Co.,Ltd	380878
29	神华能源万利煤炭分公司	ShenHua Energy WanLi Coal Branch	375600
30	神华集团包头矿业有限责任公司	ShenHua Baotou Mining Industry Co.,Ltd	354817
31	华能伊敏煤电有限责任公司	Yiminhe HuaNeng Coal & Electricity Co.,Ltd	339994
32	内蒙古TCL王牌电器有限公司	TCL King Electric Appliance Co.,Ltd	327056
33	金河生物科技股份有限公司	JinHe Bio-Technology Co.,Ltd	327031

24-3 续表 1 continued

位次 Order	企业名称	Name of Enterprise	主营业务收入（万元） Revenues of Main Business (10 000 yuan)
34	中国石油华北油田公司二连分公司	Erlian Branch of North Oilfield Petroleum China	319963
35	内蒙古蒙泰煤电集团有限公司	MengTai Coal & Electricity Group Co.,Ltd	318150
36	神华集团乌达矿业有限责任公司	ShenHua Group Wuda Mining Industry Co.,Ltd	312030
37	神华集团海勃湾矿业有限责任公司	ShenHua Group Haibowan Mining Industry Co.,Ltd	299780
38	通辽金锣食品有限责任公司	Tongliao JinLuo Foods Co.,Ltd	288691
39	内蒙古东达蒙古王集团公司	Dongda MongoliaKing Group Co.,Ltd	283503
40	鄂尔多斯市乌兰煤炭集团有限责任公司	Erdos City Wu Lan Coal Group Co.,Ltd	277942
41	庆华集团庆华煤化有限责任公司	QingHua Group QingHua Coal Chemical Co.,Ltd	265885
42	内蒙古昆明卷烟有限责任公司	Inner Mongolia Kunming Cigarette Co.,Ltd	264701
43	神华蒙西煤化股份有限公司	ShenHua MengXi Coal & Chemical Co.,Ltd	261139
44	神东天隆集团有限公司	Shen Dong TianLong Group Co.,Ltd	246022
45	元宝山发电有限责任公司	Yuanbaoshan Electric Power Co.,Ltd	245172
46	中电投霍林河煤电集团铝业股份有限公司	Huolinhe Coal & Elec Aluminium Industry Co.,Ltd	244185
47	九星控股集团通辽铜业有限公司	JiuXing Group Tongliao Copper Industry Co.,Ltd	243430
48	内蒙古包钢稀土高科技股份有限公司	Baotou Iron & Steel Rare-earth High-tech Co.,Ltd	243096
49	内蒙古阜丰生物科技有限公司	Inner Mongolia Fu Feng Biological Tech. Co., Ltd	241101
50	内蒙古中煤蒙发运销有限责任公司	Inner Monglia MengFa Transport & Selling Co.,Ltd	239142
51	内蒙古太西煤集团股份有限公司	Inner Mongolia Taixi Coal Group Co.,Ltd	236323
52	大庆油田有限责任公司呼伦贝尔分公司	Daqing Oilfield Co.,Ltd Hulunbeier Branch	233553
53	内蒙古西蒙煤炭有限责任公司	Inner Mongolia Ximeng Coal Co.,Ltd	227809
54	石药集团中润制药（内蒙古）有限公司	ZhongRun Medicine(Inner Mongolia)Co.,Ltd	225705
55	内蒙古银都矿业有限责任公司	Inner Mongolia Silver mining industry Co.,Ltd	222065
56	巴彦淖尔紫金有色金属有限公司	Bayannaoer Zijin Colour Metal Co.,Ltd	215382
57	通辽电业局	Tongliao City Electric Power Bureau	211136
58	内蒙古亿利化学工业有限公司	Inner Mongolia YiLi Chemical Industry Co.,Ltd	204614
59	中盐吉兰泰盐化集团有限公司	Jilantai Salt & Chemical Industry Group	196220
60	内蒙古华业特钢股份有限公司	Inner Mongolia Huaye Special Steel Co.,Ltd	194886
61	内蒙古晟纳吉光伏材料有限公司	ShengNaJi Solar Cell Material Co.,Ltd	184745
62	通辽市昊宇金属材料有限公司	Tongliao HaoYu Metallic Material Co.,Ltd	182655
63	内蒙古鄂尔多斯羊绒制品股份有限公司	Erdos Cashmere Product Share-Holding Co.,Ltd	175727
64	包头北方创业股份有限公司	Baotou North Chuangye Share-Holding Co.,Ltd	169667
65	赤峰金剑铜业有限责任公司	Chifeng City JinJian Copper Industry Co.,Ltd	169597

24-3 续表 2 continued

位次 Order	企业名称	Name of Enterprise	主营业务收入（万元） Revenues of Main Business (10 000 yuan)
66	准格尔旗弓家塔宝平湾煤炭有限责任公司	Zhungeer Gongjiatabaopingwan Coal Co.,Ltd	159852
67	神华乌海煤焦化有限责任公司	ShenHua Wuhai Coal&Coking Co.,Ltd	158522
68	乌兰浩特钢铁有限责任公司	Wulanhaote Iron & Steel Co.,Ltd	158335
69	内蒙古蒙西水泥股份有限公司	Inner Mongolia Meng Xi Cement Co.,Ltd	152913
70	赤峰中色库博红烨锌业有限公司	Chifeng City Kubo HongYe Zinc Smelt Co.,Ltd	149703
71	赤峰市电业局	Chifeng City Electric Power Bureau	149597
72	内蒙古北方重型汽车股份有限公司	North Heavy-duty Automobile Co.,Ltd	144139
73	伊利实业集团乌兰察布乳品厂	Inner Mongolia Yili Wulanchabu Dairy Plant	137454
74	内蒙古华电包头发电有限公司	Inner Mongolia Huadian Baotou Power Co.,Ltd	136686
75	内蒙古国华准格尔发电有限责任公司	GuoHua Zhungeer Power Plant Co.,Ltd	136528
76	内蒙古塞飞亚集团有限责任公司	Inner Mongolia Saifeiya Group Co.,Ltd	135530
77	内蒙古特弘煤电集团有限责任公司	Inner Mongolia Tehong Coal Power Co., Ltd.	134619
78	内蒙古大中矿业有限责任公司	Inner Mongolia Dazhong Mining Industry Co.,Ltd	131727
79	巴彦淖尔西部铜业有限公司	Bayannaoer Westen Copper Industry Co.,Ltd	131375
80	中海石油天野化工股份有限公司	TianYe Chemical Industry Co.,Ltd	131374
81	巴林左旗南塔锌业有限公司	Balinzuo Banner Nan Ta Zinc Smelt Co.,Ltd	130752
82	内蒙古利牛生物化工有限责任公司	Inner Mongolia Liniu Bio-Chemical Co.,Ltd	128057
83	内蒙古阿拉善左旗泰升煤炭有限公司	Alashanzuo Banner Taisheng Coa Co.,Ltd	126545
84	通辽发电总厂	Tongliao General Power Plant	123894
85	内蒙古乌兰水泥集团	Inner Mongolia WuLan Cement Group	123354
86	包头华鼎铜业发展有限公司	Baotou HuaDing Copper Industry Co.,Ltd	122535
87	巴彦淖尔市飞尚铜业有限公司	Bayannaoer FeiShang Copper Industry Co.,Ltd	119346
88	神华宝日希勒能源有限公司	ShenHua Baorixile Energy Co.,Ltd	118542
89	乌海市天信精洗煤有限责任公司	Wuhai TianXin Thorough Washing Coal Co.,Ltd	117798
90	内蒙古黄岗矿业有限责任公司	Huanggang Mining Industry Co.,Ltd	115283
91	包头华美稀土高科有限公司	Baotou Huamei Rare-earth Hi-tech Co.,Ltd	114680
92	中核北方核燃料元件公司	Zhonghe North Nuclear Fuel Element Co.,Ltd	109554
93	黄河工贸集团万腾钢铁有限责任公司	Yellow River Wanteng Iron & Steel Co., Ltd.	108058
94	内蒙古兆旺羊绒制品有限责任公司	Inner Mongolia ZhaoWang Cashmere Co.,Ltd	107663
95	内蒙古双欣资源集团有限公司	ShuangXin Resources Group Co.,Ltd	106719
96	太西煤集团乌斯太焦化有限责任公司	Taixi Coal Group Wusitai Coking Co.,Ltd	106220
97	包头大安钢铁有限责任公司	Baotou DaAn Iron&Steel Co.,Ltd	106056
98	内蒙古利民煤焦有限责任公司	Inner Mongolia LiMin Coa&Coke Co.,Ltd	104451
99	乌海市君正化工有限责任公司	Wuhai City Junzheng Chemical Industry Co., Ltd.	101308
100	赤峰宝山能源(集团)有限公司	ChiFeng Baoshan Energy (Group) Co.,Ltd	101239

24-4 全区实现利税总额最大的100家大中型工业企业(2008年)

Autonomous Regional Top 100 Large-scale and Medium-scale Industrial Enterprises of Profit and Taxes(2008)

位次 Order	企业名称	Name of Enterprise	利税总额 (万元) Profit & Taxes (10 000 yuan)
1	神华能源神东煤炭分公司	ShenHua Energy ShenDong Coal Branch	827993
2	内蒙古伊泰煤炭股份有限公司	Inner Mongolia Yi Tai Coal Industry Co.,Ltd	486885
3	内蒙古大唐国际托克托发电有限责任公司	Datang International Tuoketuo Power Plant	321387
4	内蒙古包钢钢联股份有限公司	Inner Mongolia Baotou Steel Union Co.,Ltd	293377
5	神华准格尔能源有限责任公司	ShenHua Group Zhungeer Energy Co.,Ltd	266899
6	鄂尔多斯电力冶金股份有限公司	Erdos Electric Power Metallurgy Co.,Ltd	195981
7	包头钢铁（集团）有限责任公司	Baotou Iron & Steel (Group) Co.,Ltd	194060
8	大庆油田有限责任公司呼伦贝尔分公司	Daqing Oilfield Co.,Ltd Hulunbeier Branch	188878
9	内蒙古昆明卷烟有限责任公司	Inner Mongolia Kunming Cigarette Co.,Ltd	181046
10	神华能源万利煤炭分公司	ShenHua Energy WanLi Coal Branch	178974
11	内蒙古伊泰集团有限公司	Inner Mongolia YiTai Group Co.,Ltd	177012
12	神华集团乌达矿业有限责任公司	ShenHua Group Wuda Mining Industry Co.,Ltd	174416
13	通辽梅花生物科技有限公司	Tongliao Meihua Bio-technology Co.,Ltd	155948
14	庆华集团庆华煤化有限责任公司	QingHua Group QingHua Coal Chemical Co.,Ltd	149811
15	华能伊敏煤电有限责任公司	Yiminhe HuaNeng Coal & Electricity Co.,Ltd	143007
16	准格尔旗弓家塔宝平湾煤炭有限责任公司	Zhungeer Gongjiatabaopingwan Coal Co.,Ltd	139988
17	鄂尔多斯市乌兰煤炭集团有限责任公司	Wulanhaote Iron & Steel Co.,Ltd	139395
18	内蒙古平庄煤业集团有限责任公司	Inner Mongolia Pingzhuang Coal Industry Co.,Ltd	135564
19	神东天隆集团有限公司	Shen Dong TianLong Group Co.,Ltd	134634
20	内蒙古霍林河露天煤业股份有限公司	Inner Mongolia Huolinhe Coal Industry Co.,Ltd	131720
21	内蒙古银都矿业有限责任公司	Inner Mongolia Silver mining industry Co.,Ltd	118737
22	内蒙古伊东煤炭集团有限责任公司	Inner Mongolia Yi Dong Coal Group Co.,Ltd	104414
23	神华集团包头矿业有限责任公司	ShenHua Baotou Mining Industry Co.,Ltd	104369
24	赤峰金峰铜业有限公司	Chifeng City Jin Feng Copper Industry Co.,Ltd	96999
25	内蒙古蒙泰煤电集团有限公司	MengTai Coal & Electricity Group Co.,Ltd	91372
26	内蒙古中煤蒙发运销有限责任公司	Inner Monglia MengFa Transport&Selling Co.,Ltd	88716
27	内蒙古东达蒙古王集团公司	Dongda MongoliaKing Group Co.,Ltd	80665
28	内蒙古大中矿业有限责任公司	Inner Mongolia Dazhong Mining Industry Co.,Ltd	79671
29	中国神华能源股份公司金烽煤炭分公司	ShenHua Energy JinFeng Coal Branch	74551
30	东方希望包头稀土铝业有限责任公司	East Hope Baotou Rare-earth & Al Co.,Ltd	72148
31	内蒙古黄岗矿业有限责任公司	Huanggang Mining Industry Co.,Ltd	70593
32	中国石油华北油田公司二连分公司	Erlian Branch of North Oilfield Petroleum China	70576
33	通辽电业局	Tongliao City Electric Power Bureau	66500

24-4 续表 1 continued

位次 Order	企业名称	Name of Enterprise	利税总额 (万元) Profit & Taxes (10 000 yuan)
34	内蒙古太西煤集团股份有限公司	Inner Mongolia Taixi Coal Group Co.,Ltd	66163
35	红云烟草集团乌兰浩特卷烟厂	HongYun Tobacco Wulanhot Cigarette Factory	64715
36	内蒙古霍煤鸿骏铝电有限责任公司	Huolinhe Hong Jun Aluminium & Power Co.,Ltd	64420
37	内蒙古满世煤炭集团有限责任公司	ManShi Coal Group Co.,Ltd	62847
38	巴彦淖尔西部铜业有限公司	Bayannaoer Westen Copper Industry Co., Ltd	60279
39	内蒙古亿利化学工业有限公司	Inner Mongolia YiLi Chemical Industry Co.,Ltd	56478
40	巴林左旗南塔锌业有限公司	Balinzuo Banner Nan Ta Zinc Smelt Co.,Ltd	54048
41	内蒙古岱海发电有限责任公司	Inner Mongolia DaiHai Electric Power Co.,Ltd	50908
42	达茂旗石宝铁矿集团有限责任公司	Damaoqi shibao Steel Mine Group Co.,Ltd	50355
43	神华蒙西煤化股份有限公司	ShenHua MengXi Coal & Chemical Co.,Ltd	47033
44	神华宝日希勒能源有限公司	ShenHua Baorixile Energy Co.,Ltd	44939
45	内蒙古东升庙矿业有限责任公司	Dongshengmiao Mining Industry Co.,Ltd	44418
46	内蒙古蒙西水泥股份有限公司	Inner Mongolia Meng Xi Cement Co.,Ltd	44274
47	内蒙古玉龙矿业股份有限公司	Inner Mongolia Yulong Mining Co., Ltd.	40743
48	伊旗昊达煤炭有限责任公司	Yijinhuoluo HaoDa Coal Group Co.,Ltd	39824
49	内蒙古双利矿业有限公司	Inner Mongolia Shuangli Ming Industrial Co.,Ltd	34835
50	乌海市君正能源化工有限责任公司	Wuhai Junzheng Energy Chemical Co., Ltd.	34822
51	创维电子（内蒙古）有限公司	Skyworth Electronics (Inner Mongolia) Co., Ltd.	34158
52	内蒙古包钢稀土高科技股份有限公司	Baotou Iron & Steel Rare-earth High-tech Co.,Ltd	33998
53	鄂旗棋盘井矿业有限责任公司	Qipanjing Mining Industry Co.,Ltd	33772
54	万城商务东升庙有限责任公司	Wancheng Business Dongshengmiao Ltd.	33704
55	乌拉特后旗紫金矿业有限公司	Wulatehou Banner Zijin Mining Industry Co.,Ltd	33283
56	内蒙古宝利煤炭有限公司	Inner Mongolia BaoLi Coal Co., Ltd.	32603
57	荣成华泰汽车鄂尔多斯市分公司	Rongcheng Huatai Auto. Erdos City Branch	32490
58	明拓集团有限公司	MingTuo Group Co.,Ltd	31336
59	乌海市天信精洗煤有限责任公司	Wuhai TianXin Thorough Washing Coal Co., Ltd.	30698
60	内蒙古华业特钢股份有限公司	Inner Mongolia Huaye Special Steel Co.,Ltd	29200
61	神华北电胜利能源有限公司	ShenHua North Electric Shengli Energy Co.,Ltd	28293
62	内蒙古亿利冀东水泥有限责任公司	Inner Mongolia YiLi JiDong Cement Co.,Ltd	27407
63	内蒙古河套酒业集团股份有限公司	He Tao Liquor Industry Group Co.,Ltd	27003
64	太西煤集团常山多元合金有限公司	Taixi Coal Group ChangShan Multi Alloy Co.,Ltd	25326
65	内蒙古第一机械制造(集团)有限公司	Inner Mongolia No.1 Machinery (Group) Co.,Ltd	24991

24-4 续表 2 continued

位次 Order	企业名称	Name of Enterprise	利税总额 (万元) Profit and Taxes (10 000yuan)
66	内蒙古鄂尔多斯羊绒制品股份有限公司	Erdos Cashmere Product Share-Holding Co.,Ltd	24531
67	内蒙古阜丰生物科技有限公司	Inner Mongolia Fu Feng Bio. Tech.Co., Ltd.	23622
68	内蒙古利民煤焦有限责任公司	Inner Mongolia LiMin Coa&Coke Co.,Ltd	23496
69	乌海市华资煤焦有限公司	WuHai HuaZi Coal&Coke Co.,Ltd	23114
70	内蒙古国华准格尔发电有限责任公司	GuoHua Zhungeer Power Plant Co.,Ltd	22390
71	中电投霍林河煤电集团铝业股份有限公司	Huolinhe Coal & Elec Group Al Industry Co.,Ltd	21907
72	内蒙古蒙牛乳业科尔沁有限责任公司	MengNiu Milk Industry Kerchin Co.,Ltd	21519
73	赤峰市电业局	Chifeng City Electric Power Bureau	21480
74	内蒙古华电包头发电有限公司	Baotou Power Plant Co.,Ltd	21189
75	通辽发电总厂	Tongliao General Power Plant	21171
76	内蒙古西蒙煤炭有限责任公司	Inner Mongolia Ximeng Coal Co.,Ltd	19838
77	内蒙古李家塔煤矿	Inner Mongolia Lijiata Coal Mine	19191
78	太西煤集团兰山煤业有限责任公司	TaiXi Coal Group LanShan Coal Industry Co.,Ltd	18705
79	内蒙古冀东水泥有限责任公司	Inner Mongolia Jidong Cement Co.,Ltd	18121
80	中盐吉兰泰盐化集团吉兰泰碱厂	Jilantai Salt & Soda Plant	17940
81	中盐吉兰泰盐化集团有限公司	Jilantai Salt & Chemical Industry Group	17897
82	巴彦淖尔紫金有色金属有限公司	Bayannaoer Zijin Colour Metal Co.,Ltd	17877
83	内蒙古三维资源集团有限公司	Inner Mongolia SanWei Resource Group Co.,Ltd	17872
84	中石油呼和浩特石化分公司	Petroleum China Hohhot Branch	17299
85	包头大安钢铁有限责任公司	Baotou DaAn Iron&Steel Co.,Ltd	17285
86	内蒙古双欣资源集团有限公司	ShuangXin Heat-energy Group Co.,Ltd	17197
87	伊利集团乌兰察布乳品厂	Yili Industrial Wulanchabu Dairy Plant	17182
88	东方希望包头热电有限责任公司	EastHope Baotou Heat&Power Co.,Ltd	16786
89	包钢汇辰板材剪切股份有限公司	Baotou Steel HuiChen Sheet Metal Shearing Co.,Ltd	16690
90	包头东华热电有限公司	Baotou Donghua thermoelectric Co., Ltd.	16581
91	赤峰大井子矿业有限公司	Chifeng City Dajingzi Ming Industrial Co.,Ltd	16522
92	锡林郭勒苏尼特碱业有限责任公司	Xilingol League Sunnite Soda Industry Co.,Ltd	16283
93	内蒙古晨宏力煤业集团	Inner Mongolia ChenHongLi Coal Industry Group	16102
94	石药集团中润制药（内蒙古）有限公司	ZhongHe Medicine(Inner Mongolia)Co.,Ltd	15875
95	燕京啤酒(包头雪鹿)股份公司	YanJing Beer (BaoTou XueLu) Co.,Ltd	15726
96	呼和浩特中燃城市燃气发展有限公司	Burning in Hohhot City Gas Development Co., Ltd.	15287
97	海拉尔蒙西水泥有限公司	Hailaer City MengXi Cement Co.,Ltd	15175
98	鄂托克前旗长城煤矿有限责任公司	Etuoke Great Wall Coal Mine Co.,Ltd	15026
99	赤峰宝山能源(集团)有限公司	ChiFeng Baoshan Energy (Group) Co.,Ltd	15010
100	包头北方奔驰重型汽车有限公司	Baotou North Benz Heavy Automobile Co.,Ltd	14665

24-5 全区实现利润最大的100家大中型工业企业(2008年)

Autonomous Regional Top 100 Large-scale and Medium-scale Industrial Enterprises of Total Profit(2008)

位次 Order	企业名称	Name of Enterprise	利润总额 (万元) Total Profit (10 000yuan)
1	神华能源神东煤炭分公司	ShenHua Energy ShenDong Coal Branch	676818
2	内蒙古伊泰煤炭股份有限公司	Inner Mongolia YiTai Coal Industry Co.,Ltd	384586
3	内蒙古大唐国际托克托发电有限责任公司	Datang International Tuoketuo Power Plant	231563
4	神华准格尔能源有限责任公司	ShenHua Group Zhungeer Energy Co.,Ltd	211573
5	大庆油田有限责任公司呼伦贝尔分公司	Daqing Oilfield Co.,Ltd Hulunbeier Branch	159092
6	内蒙古伊泰集团有限公司	Inner Mongolia YiTai Group Co.,Ltd	143374
7	神华能源万利煤炭分公司	ShenHua Energy Wan Li Coal Branch	137082
8	神华集团乌达矿业有限责任公司	ShenHua Group Wuda Mining Industry Co.,Ltd	132100
9	庆华集团庆华煤化有限责任公司	QingHua Group QingHua Coal Chemical Co.,Ltd	120036
10	通辽梅花生物科技有限公司	Tongliao Meihua Bio-technology Co.,Ltd	118978
11	准格尔旗弓家塔宝平湾煤炭有限责任公司	Zhungeer Gongjiatabaopingwan Coal Co.,Ltd	116690
12	神东天隆集团有限公司	Shen Dong Tianlong Group Co.,Ltd	110506
13	鄂尔多斯市乌兰煤炭集团有限责任公司	Erdos City Wu Lan Coal Group Co.,Ltd	109863
14	内蒙古包钢钢联股份有限公司	Inner Mongolia Baotou Steel Union Co.,Ltd	105992
15	内蒙古银都矿业有限责任公司	Inner Mongolia Silver mining industry Co.,Ltd	103782
16	鄂尔多斯电力冶金股份有限公司	Erdos Electric Power Metallurgy Co.,Ltd	96214
17	神华集团包头矿业有限责任公司	ShenHua Baotou Mining Industry Co.,Ltd	90011
18	内蒙古霍林河露天煤业股份有限公司	Inner Mongolia Huolinhe Coal Industry Co.,Ltd	88001
19	华能伊敏煤电有限责任公司	Yiminhe HuaNeng Coal & Electricity Co.,Ltd	86876
20	内蒙古平庄煤业集团有限责任公司	Inner Mongolia Pingzhuang Coal Industry Co.,Ltd	81468
21	赤峰金峰铜业有限公司	Chifeng City Jin Feng Copper Industry Co.,Ltd	78002
22	内蒙古伊东煤炭集团有限责任公司	Inner Mongolia Yi Dong Coal Group Co.,Ltd	72550
23	内蒙古大中矿业有限责任公司	Inner Mongolia Dazhong Mining Industry Co.,Ltd	66691
24	内蒙古蒙泰煤电集团有限公司	MengTai Coal&Electricity Group Co.,Ltd	58858
25	内蒙古中煤蒙发运销有限责任公司	Inner Monglia MengFa Transport&Selling Co.,Ltd	58717
26	内蒙古黄岗矿业有限责任公司	Huanggang Mining Industry Co.,Ltd	56767
27	内蒙古霍煤鸿骏铝电有限责任公司	Huolinhe Hong Jun Aluminium & Power Co.,Ltd	51892
28	巴彦淖尔西部铜业有限公司	Bayannaoer Westen Copper Industry Co.,Ltd	48353
29	东方希望包头稀土铝业有限责任公司	East Hope Baotou Rare-earth & Al Industry Co.,Ltd	46489
30	神华蒙西煤化股份有限公司	ShenHua MengXi Coal & Chemical Co.,Ltd	44557
31	巴林左旗南塔锌业有限公司	Balinzuo Banner Nan Ta Zinc Smelt Co.,Ltd	42018
32	包头市达茂旗石宝铁矿集团有限责任公司	Damaoqi shibao Steel Mine Group Co.,Ltd	40615
33	内蒙古满世煤炭集团有限责任公司	ManShi Coal Group Co.,Ltd	40461

24-5 续表 1 continued

位次 Order	企业名称	Name of Enterprise	利润总额 (万元) Total Profit (10 000yuan)
34	内蒙古东达蒙古王集团公司	Dongda Mongolia King Group Co.,Ltd	40026
35	内蒙古东升庙矿业有限责任公司	Dongshengmiao Mining Industry Co.,Ltd	38643
36	内蒙古昆明卷烟有限责任公司	Inner Mongolia Kunming Cigarette Co.,Ltd	35548
37	内蒙古玉龙矿业股份有限公司	Inner Mongolia Yulong Mining Co., Ltd.	34886
38	伊旗昊达煤炭有限责任公司	Yijinhuoluo HaoDa CoalGroup Co.,Ltd	33245
39	内蒙古亿利化学工业有限公司	Inner Mongolia YiLi Chemical Industry Co.,Ltd	31866
40	中国神华能源股份公司金烽煤炭分公司	ShenHua Energy JinFeng Coal Branch	31232
41	内蒙古蒙西水泥股份有限公司	Inner Mongolia Meng Xi Cement Co.,Ltd	29523
42	荣成华泰汽车鄂尔多斯市分公司	Rongcheng Huatai Auto. Erdos City Branch	28694
43	内蒙古双利矿业有限公司	Inner Mongolia Shuangli Ming Industrial Co.,Ltd	28461
44	乌拉特后旗紫金矿业有限公司	Wulatehou Banner Zijin Mining Industry Co.,Ltd	27867
45	万城商务东升庙有限责任公司	Wancheng Business Dongshengmiao Ltd.	27771
46	乌海市君正能源化工有限责任公司	Wuhai Junzheng Energy Chemical Co., Ltd.	26904
47	通辽电业局	Tongliao City Electric Power Bureau	26795
48	创维电子（内蒙古）有限公司	Skyworth Electronics (Inner Mongolia) Co., Ltd.	26739
49	鄂旗棋盘井矿业有限责任公司	Qipanjing Mining Industry Co.,Ltd	25915
50	神华宝日希勒能源有限公司	ShenHua Baorixile Energy Co.,Ltd	24777
51	内蒙古岱海发电有限责任公司	Inner Mongolia DaiHai Electric Power Co.,Ltd	21044
52	内蒙古包钢稀土高科技股份有限公司	Baotou Iron & Steel Rare-earth High-tech Co.,Ltd	19133
53	内蒙古蒙牛乳业科尔沁有限责任公司	MengNiu Milk Industry (Group) Co.,Ltd	18180
54	内蒙古华业特钢股份有限公司	Inner Mongolia Huaye Special Steel Co.,Ltd	18178
55	内蒙古太西煤集团股份有限公司	Inner Mongolia Taixi Coal Group Co.,Ltd	17462
56	内蒙古鄂尔多斯羊绒制品股份有限公司	Erdos Cashmere Product Share-Holding Co.,Ltd	16928
57	东方希望包头热电有限责任公司	East Hope Baotou Heat & Power Industry Co.,Ltd	16786
58	内蒙古阜丰生物科技有限公司	Inner Mongolia Fu Feng Bio. Tech.Co., Ltd.	16679
59	乌海市华资煤焦有限公司	WuHai HuaZi Coal&Coke Co.,Ltd	15807
60	神华北电胜利能源有限公司	ShenHua North Electric Shengli Energy Co.,Ltd	15706
61	明拓集团有限公司	MingTuo Group Co.,Ltd	15694
62	内蒙古宝利煤炭有限公司	Inner Mongolia BaoLi Coal Co., Ltd.	15643
63	内蒙古利民煤焦有限责任公司	Inner Mongolia LiMin Coa&Coke Co.,Ltd	15031
64	太西煤集团兰山煤业有限责任公司	TaiXi Coal Group LanShan Coal Co.,Ltd	14800
65	内蒙古西蒙煤炭有限责任公司	Inner Mongolia Ximeng Coal Co.,Ltd	14776

24-5 续表 2 continued

位次 Order	企业名称	Name of Enterprise	利润总额 (万元) Total Profit (10 000 yuan)
66	内蒙古李家塔煤矿	Inner Mongolia Lijiata Coal Mine	14672
67	内蒙古亿利冀东水泥有限责任公司	Inner Mongolia YiLi JiDong Cement Co.,Ltd	14625
68	内蒙古河套酒业集团股份有限公司	He Tao Liquor Industry Group Co.,Ltd	13971
69	鄂托克前旗长城煤矿有限责任公司	Etuoke Great Wall Coal Mine Co.,Ltd	13929
70	赤峰大井子矿业有限公司	Chifeng City Dajingzi Ming Industrial Co.,Ltd	13545
71	红云烟草集团乌兰浩特卷烟厂	HongYun Tobacco Group Wulanhot Cigarette Factory	13245
72	中盐吉兰泰盐化集团有限公司吉兰泰碱厂	Jilantai Salt & Chemical Group Iilantai Soda Plant	13030
73	呼和浩特中燃城市燃气发展有限公司	Burning in Hohhot City Gas Development Co., Ltd.	12710
74	赤峰市电业局	Chifeng City Electric Power Bureau	12695
75	包钢汇辰板材剪切股份有限公司	Baotou Steel HuiChen Sheet Metal Shearing Co., Ltd	12190
76	内蒙古冀东水泥有限责任公司	Inner Mongolia Jidong Cement Co.,Ltd	12105
77	赤峰宝山能源(集团)有限公司	ChiFeng Baoshan Energy (Group) Co.,Ltd	11910
78	中电投霍林河煤电集团铝业股份有限公司	Huolinhe Coal & Elec Group Alu Industry Co.,Ltd	11620
79	西乌珠穆沁旗跃进煤矿有限公司	Xiwuzhumuqin YueYin Coal Mine Co.,Ltd	10606
80	内蒙古金陶股份有限责任公司	Inner Mongolia JinTao Co.,Ltd	10486
81	兴业集团锡林矿业有限公司	Xingye Group XiLin Mining Industry Co.,Ltd	10380
82	巴彦淖尔紫金有色金属有限公司	Bayannaoer Zijin Colour Metal Co.,Ltd	10198
83	石药集团中润制药（内蒙古）有限公司	Shiyao Zhongrun Pharmaceutical Co.,Ltd	10054
84	包头东华热电有限公司	Baotou Donghua thermoelectric Co., Ltd.	10016
85	中盐吉兰泰盐化集团有限公司	Jilantai Salt & Chemical Industry Group	9952
86	乌海市天信精洗煤有限责任公司	Wuhai City TianXin Thorough Washing Coal Co., Ltd	9898
87	赤峰市碾子沟矿业有限责任公司	Nianzigou Mining Industry Co.,Ltd	9820
88	乌海市温明煤焦有限责任公司	Wuhai WenMing Coal&Coke Co.,Ltd	9596
89	内蒙古利牛生物化工有限责任公司	Inner Mongolia Liniu Bio-Chemical Industry Co.,Ltd	9295
90	中海石油天野化工股份有限公司	TianYe Chemical Industry Co.,Ltd	9135
91	巴彦淖尔市大兴羊绒制品有限公司	Bayannaoer DaXing Cashmere Product Co.,Ltd	9120
92	内蒙古双河羊绒集团有限公司	Shuang He Cashmere Group Co.,Ltd	9023
93	新巴尔虎右旗新鑫矿业有限责任公司	Xinbaerhuyou XinXin Mining Industry Co.,Ltd	8895
94	内蒙古黑牛王矿业有限责任公司	Inner Mongolia HeiNiuWang Mining Industry Co.,Ltd	8681
95	内蒙古春雪羊绒有限公司	Inner Mongolia Chun Xue Cashmere Co.,Ltd	8639
96	鄂尔多斯市同源化工有限责任公司	Erdos City TongYuan Chemical Industry Co.,Ltd	8518
97	伊利实业集团乌兰察布乳品厂	Inner Mongolia YiLi Industrial Group Co.,Ltd	8353
98	伊旗纳林陶亥镇油坊渠煤矿	Nalintaohai Town YouFangQu Coal Mine	8325
99	内蒙古伊泰京粤酸刺沟矿业有限责任公司	YiTai JingYue Suncigou Mining Industry Co.,Ltd	8316
100	内蒙古双欣资源集团有限公司	Inner Mongolia ShuangXin Resources Group Co.,Ltd	8286

24-6 全区施工产值最大的50家建筑企业(2008年)

The Autonomous Regional 50 Construction Enterprises by Gross Output Value of Construction(2008)

位次 Order	企业名称	Name of Enterprise	施工产值 (万元) Gross Output Value (10 000 yuan)
1	中国第二冶金建设有限责任公司	The 2nd Metallurgical Construction Co.,Ltd	308866
2	内蒙古兴泰建筑有限责任公司	Inner Mongolia XingTai Construction Co.,Ltd	233490
3	中铁六局集团呼铁建设有限公司	China Railway Sixth Group Huhhot Railway Cons. Co.,Ltd	205293
4	内蒙古自治区公路工程局	Inner Mongolia highway Engineering Bureau	189768
5	内蒙古送变电有限责任公司	Inner Mongolia Transmission & Transformation Co., Ltd	150000
6	中铁十九局集团第四工程有限公司	Railway 19th Bureau of the Fourth Engineering Co.,Ltd	134197
7	包头兴业集团股份有限公司	XingYe Group Co.Ltd BaoTou Inner Mongolia	114500
8	内蒙古东源水利市政工程公司	Dong Yuan Water & Municipal Engineering Co.,Ltd	108298
9	鄂尔多斯东方路桥股份有限公司	Erdos City DongFang Road & Bridge Co.,Ltd	107424
10	包头市第一建筑工程股份有限公司	Baotou City No.1 Construction Engineering Co.,Ltd	100175
11	鄂尔多斯新大地建设股份有限公司	Erdos City Xindadi Construction Co., Ltd.	92181
12	内蒙古第一电力建工有限责任公司	Inner Mongolia No.1 Electric Power Cons. Co.,Ltd	71345
13	赤峰宏基建筑(集团)有限公司	Chifeng City HongJi Construction(Group) Co.,Ltd	71056
14	内蒙古广厦建安工程有限责任公司	Guang Sha Cons. & Installation Engineering Co.,Ltd	70823
15	内蒙古黄河辽河工程局股份有限公司	Inner Mongolia Yellow & Liao River Eng. Bureau	65972
16	内蒙古第二电力建工有限责任公司	Inner Mongolia No.2 Electric Power Construction Co.	63887
17	鄂尔多斯大华建筑集团有限责任公司	Erdos City Dahua Construction (Group) Co.	62000
18	中国森工集团森天建设有限公司	Forest Industry Sentian Group Co., Ltd.	61526
19	内蒙古鑫隆有限公司	Inner Mongolia Xinlong Ltd.	59673
20	内蒙古天骄公路工程有限责任公司	Tianjiao Highway Engineering Co., Ltd.	59600
21	内蒙古第三建工有限公司	Inner Mongolia No.3 Construction Co.	59000
22	内蒙古煤炭建设工程集团总公司	Inner Mongolia Coal Construction Co.	56132
23	内蒙古经纬建设有限公司	Inner Mongolia Jing Wei Construction Co.,Ltd	55477
24	呼市建筑工程有限责任公司	Hohhot City Construction Engineering Co.,Ltd	54861
25	内蒙古第三电力建工有限责任公司	Inner Mongolia No.3 Electric Power Construction Co.	54032

24-6 续表 continued

位次 Order	企 业 名 称	Name of Enterprise	施工产值 (万元) Gross Output Value (10 000 yuan)
26	内蒙古第二建设股份有限公司	Inner Mongolia No.2 Construction Co.,Ltd	51641
27	内蒙古曙光工程建设有限责任公司	Inner Mongolia Dawn Construction Co., Ltd.	51308
28	巨华集团大华建筑安装有限公司	Juhua Group Dahua Cons. & Inst. Co.,Ltd	49213
29	内蒙古鄂尔多斯市五鑫建筑有限公司	Erdos City Wuxin Construction Engineering Co.,Ltd	48000
30	赤峰宝昌建筑工程有限公司	Chifeng Baochang Construction Engineering Co.,Ltd	45800
31	内蒙古世龙股份有限公司	Inner Mongolia Dragon World Co., Ltd.	45783
32	呼伦贝尔天成建安工程有限责任公司	Hulunbeier Tiancheng Cons. & Inst. Co.,Ltd	45298
33	包头市公路工程股份有限公司	Baotou City Highway Engineering Co.	45182
34	通辽市交通工程局	Tongliao City Traffic Engineering Bureau	43000
35	赤峰鑫盛隆建筑工程有限责任公司	Chifeng City Construction Co.,Ltd	42770
36	内蒙古世辰建工集团有限责任公司	Inner Mongolia, ShiChen Cons. Group Co., Ltd.	42762
37	呼伦贝尔道路桥梁建筑有限责任公司	Hulunbeier City Road & Bridge Construction Co.,Ltd	42157
38	锡林郭勒汇通路桥有限责任公司	Xilinguole City Huitong Road & Bridge Co.,Ltd	41738
39	内蒙古荣联路桥工程有限责任公司	Inner Mongolia Ronglian Road & Bridge Co.,Ltd	41500
40	鄂尔多斯金威建筑路桥有限责任公司	Erdos Jinwei Road and Bridge Cons. Co. Ltd.	40800
41	中铁十六局集团铁运工程有限公司	Railway 16th Bureau Rail Transport Eng. Co., Ltd.	40762
42	内蒙古平源建工集团有限公司	Inner Mongolia PingYuan Cons. Engneering Co.,Ltd	40000
43	鄂尔多斯市东联建筑集团有限责任公司	Erdos City DongLian Construction (Group) Co.,Ltd	39552
44	呼伦贝尔金马建筑工程有限责任公司	Hulunbeier Jinma Construction Engineering Co.,Ltd	38231
45	包钢凯捷建设工程有限公司	Baotou Iron & Steel Kaijie Construction Co.	36030
46	内蒙古鑫安建筑安装工程有限责任公司	Inner Mongolia Xinan Cons. & Inst. Co.,Ltd	36000
47	赤峰宏远建筑(集团)有限责任公司	Chifeng City Hongyuan Construction (Group) Co.	35612
48	内蒙古长城建筑安装有限责任公司	Inner Mongolia Greatwall Cons. & Inst. Co.,Ltd	33772
49	赤峰建设建筑有限责任公司	Chifeng City JianShe Construction Engineering Co.,Ltd	33035
50	内蒙古联手路桥有限责任公司	Inner Mongolia Lianshou Road & Bridge Co.,Ltd	32788

24-7 全区商品销售总额最大的50家批发零售贸易企业(2008年)

Autonomous Regional 50 Top Wholesale & Retail Enteprises of Sales Volume(2008)

位次 Order	企 业 名 称	Name of Enterprise	商品销售总额(万元) Sales Volume (10 000 yuan)
1	神华能源东胜结算部	Shenhua Coal Dongsheng Department of Settlement	2481668
2	包钢集团鹿畅达物流有限责任公司	Baotou Steel Group Luchangda Logistics Co., Ltd.	1496498
3	中国石油华北销售呼和浩特分公司	Petro-China North Hottot Sales Co.	568341
4	中国石油内蒙古呼和浩特市分公司	Petro-China Hohhot Sales Co.	546748
5	中石油满洲里国际事业有限公司	Petro-China Manzhouli International Co., Ltd.	529732
6	中国石油内蒙古鄂尔多斯分公司	Petro-China Erdos City Sales Co.	468694
7	中国石油内蒙古通辽销售分公司	Petro-China Tongliao Sales Co.	423428
8	中国石油有限责任公司赤峰分公司	Petro-China Chifeng Sales Co.	364351
9	中国石油呼伦贝尔销售分公司	Petro-China Hulunbeier Sales Co.	352557
10	呼和浩特美通商贸有限公司	Hohhot Meitong Trade Co., Ltd.	343326
11	中石油包头销售分公司	Petro-China Baotou City Sales Co.	296616
12	神华能源包头煤炭销售分公司	ShenHua Energy Baotou Coal Branch	266610
13	内盟古铁鑫煤化有限公司	Inner Mongolia Tie Xin Coal&Chemical Co.,Ltd	256233
14	中石油巴彦淖尔分公司	Petro-China Bayannaoer City Sales Co.	223560
15	内蒙古烟草呼和浩特市分公司	Huhhot Tobacco Branch Co.	217414
16	中石油锡林郭勒销售分公司	Petro-China Xilinguole City Sales Co.	217215
17	中石油乌兰察布销售公司	Petro-China Xilinguole City Sales Co.	214056
18	内蒙古亿利能源股份有限公司	Inner Mongolia Yili Energy (Group) Co.,Ltd	203029
19	包头宁鹿石油有限公司	Baotou City Ninglu Petroleum Sales Co.	195593
20	内蒙古烟草包头市分公司	Inner Mongolia Tobacco Co.Baotou Branch	176806
21	中石油乌海销售分公司	Petro-China Wuhai City Sales Co.	176112
22	内蒙古民族商场有限责任公司	Inner Mongolia National Commercial Co.,Ltd	173350
23	中石油司兴安销售分公司	Petro-China Wuhai City Sales Co.	156168
24	伊泰集团东兴发运站	Inner Mongolia YiTai Dongxing Shipping Station	155440
25	内蒙古乾方钢铁资源有限责任公司	Inner Mongolia Qianfang Steel Resources Co., Ltd.	147230

24-7 续表 continued

位次 Order	企业名称	Name of Enterprise	商品销售总额(万元) Sales Volume (10 000 yuan)
26	内蒙古西蒙煤炭有限责任公司	Inner Mongolia Ximeng Coal Co.,Ltd.	145809
27	包钢集团国际贸易经济有限公司	Baotou Steel Group International Trade Co., Ltd.	128059
28	包头市华银工程机械有限公司	Baotou Huayin Construction Machinery Co., Ltd.	127815
29	金邦钢铁青山分公司	Jinbang Iron & Steel Qingshan Branch	127245
30	内蒙古包头东宝煤炭物流配送中心	Baotou DongBao Coal and Material Issue Centre	124168
31	内蒙古烟草赤峰市分公司	Inner Mongolia Tobacco Chifeng Branch	123842
32	内蒙古烟草鄂尔多斯分公司	Inner Mongolia Tobacco Erdos Branch	117752
33	大唐托克托电力燃料有限公司	Datang Tuoketuo electricity and fuel Ltd.	112996
34	满洲里盛世华强贸易有限公司	Manzhouli Huaqiang Trading Co., Ltd.	111249
35	包头市安畅贸易有限公司	Baotou City Anchang Trading Co., Ltd.	111028
36	准格尔伊东煤炭包头分公司	Zhungeer Yi Dong Coal Group Baotou Branch	108328
37	中国石油阿拉善销售分公司	Petro-China Alashan League Sales Co.	100471
38	集通铁路神通煤炭有限责任公司	Jitong Railway Shengtong Coal Co., Ltd.	98530
39	内蒙古金铭煤业有限公司	Inner Mongolia Jinming Coal Co., Ltd.	95335
40	包头市通港钢材建材有限公司	Baotou Tonggang Steel Building Materials Co., Ltd.	89811
41	内蒙古新宝源煤业有限责任公司	Inner Monglia Xinbaoyuan Coal Co.,Ltd	89446
42	内蒙古烟草通辽分公司	Inner Mongolia Tobacco Tongliao Branch	88365
43	内蒙古百川钢铁有限公司	Inner Monglia Baichuan Iron & Steel Company Ltd.	87245
44	乌兰察布市烟草专卖局(公司)	Wulanchabu City Tobacco Monopoly Bureau	87177
45	满洲里京铁经贸有限公司	Manzhouli Jingtie Trading Co., Ltd.	86627
46	中国石化西北公司内蒙古分公司	Petro & Chemical of China Inner Mongolia Branch	85788
47	内蒙古烟草巴彦淖尔市分公司	Inner Mongolia Tobacco Bayannaoer Branch	84991
48	包头西北汽车商城有限公司	Baotou North-West Auto. Commercial Center	82841
49	包头王府井百货有限责任公司	Baotou Wangfujing Department Store Co., Ltd.	78787
50	内蒙古维多利商厦有限公司	Inner Mongolia Victoria Shopping Center Co., Ltd.	78064

24-8 全区企业集团按营业收入排序(2008年)
Arranging in Main Business Revenue of Enterprise Groups(2008)

位次 Order	企业名称	Name of Enterprise	营业收入(万元) Revenues of Main Business (10 000 yuan)
1	包钢（集团）公司	Baotou Iron & Steel (Group) Co.,Ltd	4326406
2	内蒙古电力（集团）有限责任公司	Inner Mongolia Electric Power (Group) Co.,Ltd	3044777
3	内蒙古蒙牛乳业（集团）股份有限公司	MengNiu Milk Industry (Group) Co.,Ltd	2379660
4	内蒙古伊利实业集团股份有限公司	Inner Mongolia YiLi Industrial Group Co.,Ltd	2165859
5	内蒙古伊泰集团有限公司	Inner Mongolia YiTai Coal Industry Co.,Ltd	1631809
6	北方联合电力有限责任公司	Northern Electric Power Co., Ltd.	1481383
7	中电投蒙东能源集团有限责任公司	Mengdong Energy Co., Ltd.	1265019
8	内蒙古第一机械制造(集团)有限公司	Inner Mongolia No.1 Machinery (Group) Co.,Ltd	1151917
9	神华准格尔能源有限责任公司	ShenHua Zhungeer Energy Co.,Ltd	852040
10	内蒙古蒙电华能热电股份有限公司	Meng Dian Hua Neng Group	728781
11	包头北方奔驰重型汽车有限责任公司	Baotou North Benz Heavy Automobile Co.,Ltd	658362
12	东方希望包头稀土铝业有限责任公司	EastHope Baotou Rare-earth & Al Industry Co.,Ltd	654884
13	内蒙古北方重工业集团有限公司	Inner Mongolia North Industry Group Co.,Ltd	628252
14	内蒙古汇能煤电集团有限公司	Huineng Coal & Electricity Group Co.,Ltd	606964
15	包头铝业（集团）有限责任公司	Baotou Aluminium Industry (Group) Corp.,Ltd	539927
16	内蒙古伊东煤炭集团有限责任公司	Inner Mongolia Yi Dong Coal Group Co.,Ltd	536781
17	内蒙古大唐国际托克托发电有限责任公司	Datang International Tuoketuo Power Plant	517268
18	神东天隆集团有限责任公司	Shen Dong Tianlong Group Co.,Ltd	487589
19	内蒙古满世煤炭集团有限责任公司	ManShi Coal Co.,Ltd	470852
20	亿利资源集团有限公司	Elion Resource Group Co.,Ltd	453492
21	内蒙古平庄煤业（集团）有限责任公司	Inner Mongolia Pingzhuang Coal (Group) Co., Ltd	451324
22	内蒙古博源控股集团有限公司	Inner Mongolia Boyuan Investment Group Co., Ltd.	358904
23	内蒙古庆华集团有限公司	Inner Mongolia QingHua Group Co.,Ltd	357794
24	华能伊敏煤电有限责任公司	Yiminhe HuaNeng Coal & Electricity Co.,Ltd	339844
25	鄂尔多斯市乌兰煤炭集团有限责任公司	Erdos City Wulan Coal Group Co.,Ltd	312098
26	神华集团乌达矿业有限责任公司	Shenhua Group Wuda Mining Industry Co.,Ltd	312030
27	神华集团海勃湾矿业有限公司	ShenHua Group Haibowan Mining Industry Co.,Ltd	306187
28	内蒙古蒙泰煤电集团有限公司	Meng Tai Coal & Electricity Co.,Ltd	271418
29	内蒙古铁鑫煤化集团有限公司	Tie Xin Coal Chemical Group Co.,Ltd	267834
30	内蒙古兴泰置业集团有限公司	Inner Mongolia Xingtai home buyers Holdings Ltd.	264886
31	内蒙古昆明卷烟有限责任公司	Inner Mongolia KunMing Cigarette Co.,Ltd	259701
32	中国内蒙古森林工业集团有限责任公司	Inner Mongolia Forest Industry Group Co., Ltd.	253646
33	内蒙古太西煤集团股份有限公司	Inner Mongolia Taixi Coal Group Co.,Ltd	236323
34	内蒙古君正能源化工股份有限公司	Inner Mongolia Junzheng Energy-chemical Co., Ltd.	228123
35	内蒙古黄河工贸集团有限责任公司	Yellow River Industry Co., Ltd.	208343
36	包头北方创业股份有限公司	Baotou North Chuangye Share-Holding Co.,Ltd	204930

24-8 续表 continued

位次 Order	企业名称	Name of Enterprise	营业收入(万元) Revenues of Main Business (10 000 yuan)
37	内蒙古华业特钢股份有限公司	Inner Mongolia Huaye Special Steel Co.,Ltd	194886
38	金河集团实业有限公司	Inner Mongolia Jinhe Group Industry Co.,Ltd	187031
39	内蒙古蒙西高新技术集团有限公司	Inner Mongolia Mengxi High-tech Group Co., Ltd.	163889
40	鄂尔多斯市东方路桥集团股份有限公司	Erdos City DongFang Road & Bridge Co.,Ltd	140946
41	石药集团中润制药（内蒙古）有限公司	ZhongRun Medicine(Inner Mongolia)Co.,Ltd	132705
42	巴彦淖尔西部铜业有限公司	Bayannaoer Westen Copper Industry Co.,Ltd	131374
43	中盐吉兰泰盐化集团有限公司	Jilantai Salt & Chemical Industry Group	131014
44	内蒙古乌兰水泥集团有限公司	Inner Mongolia Wu Lan Cement Co.,Ltd	123354
45	内蒙古东达蒙古王集团有限公司	Dongda Mongolia King Cashmere Group Co.,Ltd	122352
46	神华宝日希勒能源有限公司	ShenHua Baorixile Energy Co.,Ltd	118542
47	内蒙古河套投资有限责任公司	He Tao Investment Group Co.,Ltd	104952
48	内蒙古三联化工集团	Sanlian Chemical Industry(Group) Co.,Ltd	104504
49	内蒙古鹿王羊绒有限公司	Inner Mongolia King Deer Cashmere Group	92659
50	锡林郭勒电业局	Xilinguole City Electric Power Bureau	90326
51	内蒙古乌拉山化肥有限责任公司	Inner Mongolia Wulashan Fertilizer Co.,Ltd	88533
52	内蒙古奈伦（集团）股份有限公司	Inner Mongolia Nailun (Group) Co., Ltd.	82820
53	内蒙古金宇集团股份有限公司	Inner Mongolia Jinyu Group Co., Ltd.	81501
54	内蒙古东升庙矿业有限责任公司	Dongshengmiao Mining Industry Co.,Ltd	73119
55	赤峰九天建化（集团）有限责任公司	Chifeng construction of nine days (Group) Co., Ltd.	73080
56	内蒙古星光煤炭集团有限责任公司	Inner Mongolia XingGuang Coal Group Co.,Ltd	69204
57	内蒙古巨华集团	Inner Mongolia Juhua Group Co.,Ltd	55349
58	内蒙古海神煤炭集团有限责任公司	Inner Mongolia Haishen Coal Group Co.,Ltd	45716
59	内蒙古三维资源集团有限公司	Inner Mongolia SanWei Resource Group Co.,Ltd	44465
60	内蒙古新华发行集团股份有限公司	Inner Mongolia, Xinhua Publishing Group Ltd.	41714
61	内蒙古晨宏力集团	Inner Mongolia Chenhongli Group	37065
62	赤峰富龙公用（集团）有限责任公司	Chifeng Fulong Public (Group) Co., Ltd	35451
63	包头明天科技股份有限公司	Baotou Tomorrow Tech.Share-Holding Co.,Ltd	32799
64	神华集团包头矿业有限责任公司	ShenHua Baotou Mining Industry Co.,Ltd	28740

24-9 全区企业集团按资产排序(2008年)

Autonomous Regional Enterprise Groups Ranked by Total Assets(2008)

位次 Order	企 业 名 称	Name of Enterprise	年末资产总计(万元) Total Assets at Yearend (10 000 yuan)
1	包钢（集团）公司	Baotou Iron & Steel (Group) Co.,	7066820
2	北方联合电力有限责任公司	Northern Electric Power Co., Ltd.	6443009
3	内蒙古电力（集团）有限责任公司	Inner Mongolia Electric Power (Group) Co.,Ltd	4029610
4	中电投蒙东能源集团有限责任公司	Mengdong Energy Co., Ltd.	3068028
5	内蒙古伊泰集团有限公司	Inner Mongolia YiTai Coal Industry Co.,Ltd	2525443
6	亿利资源集团有限公司	Elion Resource Group Co.,Ltd	2326679
7	内蒙古第一机械制造(集团)有限公司	Inner Mongolia No.1 Machinery (Group) Co.,Ltd	1739513
8	华能伊敏煤电有限责任公司	Yiminhe HuaNeng Coal & Electricity Co.,Ltd	1460403
9	神华准格尔能源有限责任公司	ShenHua Group Zhungeer Energy Co.,Ltd	1436935
10	内蒙古伊利实业集团股份有限公司	Inner Mongolia YiLi Industrial Group Co.,Ltd	1398586
11	内蒙古大唐国际托克托发电有限责任公司	Datang International Tuoketuo Power Plant	1178049
12	内蒙古蒙牛乳业（集团）股份有限公司	MengNiu Milk Industry (Group) Co.,Ltd	1106294
13	内蒙古北方重工业集团有限公司	Inner Mongolia North Industry Group Co.,Ltd	1023992
14	中国内蒙古森林工业集团有限责任公司	Inner Mongolia Forest Industry Group Co., Ltd.	964452
15	包头铝业（集团）有限责任公司	Baotou Aluminium Industry (Group) Corp.,Ltd	932906
16	内蒙古伊东煤炭集团有限责任公司	Inner Mongolia Yi Dong Coal Group Co.,Ltd	869486
17	内蒙古平庄煤业（集团）有限责任公司	Pingzhuang Coal Industry (Group) Co.,Ltd	832800
18	内蒙古博源控股集团有限公司	Inner Mongolia BoYuan Investment Group Co.,Ltd	794519
19	内蒙古庆华集团有限公司	Inner Mongolia Qing Hua Group	769324
20	中盐吉兰泰盐化集团有限公司	Jilantai Salt & Chemical Industry Group	768478
21	内蒙古汇能煤电集团有限公司	Huineng Coal & Electricity Group Co.,Ltd	727396
22	东方希望包头稀土铝业有限责任公司	East Hope Baotou Rare-earth & Al Co.,Ltd	679272
23	包头北方奔驰重型汽车有限责任公司	Baotou North Benz Heavy-duty Auto. Co.,Ltd	620583
24	内蒙古东达蒙古王集团有限公司	Dongda MongoliaKing Group Co.,Ltd	586100
25	内蒙古满世煤炭集团有限责任公司	ManShi Coal Transport Group Co.,Ltd	544120
26	内蒙古乌兰水泥集团有限公司	Inner Mongolia Wu Lan Cement Co.,Ltd	538887
27	内蒙古奈伦（集团）股份有限公司	Inner Mongolia Nailun (Group) Co., Ltd.	524889
28	内蒙古太西煤集团股份有限公司	Inner Mongolia Taixi Coal Group Co.,Ltd	515262
29	鄂尔多斯市东方路桥集团股份有限公司	Erdos City DongFang Road & Bridge Co.,Ltd	500763
30	神东天隆集团有限责任公司	Shen Dong TianLong Group Co.,Ltd	455629
31	内蒙古兴泰置业集团有限公司	Inner Mongolia Xingtai home buyers Holdings Ltd.	438505
32	内蒙古巨华集团	Inner Mongolia Ju Hua Group	369948
33	内蒙古蒙西高新技术集团有限公司	Inner Mongolia Mengxi High-tech Group Co., Ltd.	368166
34	内蒙古自治区民航机场集团有限责任公司	Civil Aviation Airport Group Co.,Ltd	367671
35	神华集团乌达矿业有限责任公司	ShenHua Group Wuda Mining Industry Co.,Ltd	353289
36	赤峰富龙公用（集团）有限责任公司	Chifeng Fu Lung common (Group) Co.,Ltd	330097

24-9 续表 continued

位次 Order	企业名称	Name of Enterprise	年末资产总计（万元）Total Assets at Yearend (10 000 yuan)
37	赤峰富龙公用（集团）有限责任公司	Chifeng Fulong Public (Group) Co., Ltd	317077
38	内蒙古蒙泰煤电集团有限公司	MengTai Coal & Electric Group Co.,Ltd	292668
39	神华宝日希勒能源有限公司	ShenHua Baorixile Energy Co.,Ltd	289584
40	内蒙古君正能源化工股份有限公司	Junzheng the energy-jun Chemical Co., Ltd.	280982
41	包头草原糖业集团	Baotou Grassland Sugar Industry Group Co., Ltd	272281
42	包头明天科技股份有限公司	Baotou Tomorrow Tech. Share-Holding Co.,Ltd	262358
43	神华集团包头矿业有限责任公司	ShenHua Baotou Mining Industry Co.,Ltd	249187
44	内蒙古黄河工贸集团有限责任公司	Yellow River Industry & Trade (Group) Co., Ltd	248606
45	鄂尔多斯市乌兰煤炭集团有限责任公司	Erdos City Wu Lan Coal Group Co.,Ltd	240020
46	包头北方创业股份有限公司	Baotou North Chuangye Share-Holding Co.,Ltd	231932
47	巴彦淖尔西部铜业有限公司	Bayannaoer Westen Copper Industry Co.,Ltd	229624
48	神华集团海勃湾矿业有限公司	Shenhua Group Haibowan Mining Industry Co.,Ltd	227709
49	包头市恒通（集团）有限责任公司	Baotou City Heng Tong (Group) Co., Ltd	201169
50	内蒙古华业特钢股份有限公司	Inner Mongolia Huaye Special Steel Co.,Ltd	188010
51	内蒙古昆明卷烟有限责任公司	Inner Mongolia KunMing Cigarette Co.,Ltd	181146
52	锡林郭勒电业局	Wuhai City Electric Power Bureau	161285
53	内蒙古河套投资有限责任公司	He Tao Liquor Industry Group Co.,Ltd	160450
54	石药集团中润制药（内蒙古）有限公司	ZhongRun Medicine(Inner Mongolia)Co.,Ltd	150918
55	内蒙古鹿王羊绒有限公司	Inner Mongolia King deer Cashmere Group	148591
56	内蒙古乌拉山化肥有限责任公司	Inner Mongolia Wulashan Fertilizer Co.,Ltd	133728
57	内蒙古东升庙矿业有限责任公司	Dongshengmiao Mining Industry Co.,Ltd	130391
58	内蒙古金宇集团股份有限公司	Inner Mongolia Jinyu Group Co., Ltd.	124252
59	内蒙古晨宏力集团	Inner Mongolia Chenhongli Group	118264
60	内蒙古三维资源集团有限公司	Inner Mongolia SanWei Resource Group Co.,Ltd	107529
61	内蒙古星光煤炭集团有限责任公司	Inner Mongolia Xing Guang Coal Group Co.,Ltd	97649
62	金河集团实业有限公司	Inner Mongolia Jinhe Group Industry Co.,Ltd	84216
63	内蒙古新华发行集团股份有限公司	Inner Mongolia, Xinhua Publishing Group Ltd.	80138
64	内蒙古仕奇集团有限责任公司	Inner Mongolia ShiQi Group Co., Ltd	75544

24-10 上市公司发展基本情况(2008年)

上市公司名称	Name of Listed Companies
内蒙古蒙电华能热电股份有限公司(内蒙华电)	Inner Mongolia Meng Dian Hua Neng Co.,Ltd
鄂尔多斯羊绒制品股份有限公司(鄂绒B股)	Inner Mongolia Erdos Cashmere Products Co.,Ltd
鄂尔多斯羊绒制品股份有限公司(鄂尔多斯A股)	Inner Mongolia Erdos Cashmere Products Co.,Ltd
内蒙古伊利实业股份有限公司(*ST伊利)	Inner Mongolia YiLi Industrial Group Co.,Ltd
赤峰富龙热电股份有限公司(富龙热电)	Chifeng FuLong Thermal Power Co.,Ltd
内蒙古远兴能源股份有限公司(远兴能源)	Inner Mongolia Yuan Xing Energy Co.,Ltd
内蒙古平庄能源股份有限公司(平庄能源)	Inner Mongolia PingZhuang Energy Co.,Ltd
包头明天科技股份有限公司(明天科技)	Baotou Tomorrow Technology Co.,Ltd
内蒙古伊泰煤炭股份有限公司(伊泰B股)	Inner Mongolia Yi Tai Coal Industry Co.,Ltd
内蒙古包钢稀土(集团)高科技股份有限公司	Inner Mongolia Baotou Steel Rare-earthgroup) Hi-tech Co.,Ltd
包头华资实业股份有限公司(华资实业)	Baotou Hua Zi Industry Sale-Holding Co.,Ltd
内蒙古金宇集团股份有限公司(金宇集团)	Inner Mongolia Jin Yu Group Co.,Ltd
北方重型股份有限公司(北方股份)	North Heavy-duty Automobile Co.,Ltd
内蒙古亿利能源股份有限公司(亿利能源)	Inner Mongolia YiLi Energy Co.,Ltd
内蒙古西水创业股份有限公司(西水股份)	Xishui Strong Year Co.,Ltd Inner Mongolia
内蒙古兰太实业股份有限公司(兰太实业)	Inner Mongolia LanTai Industrial Co.,Ltd
内蒙古包钢钢联股份有限公司(包钢股份)	Inner Mongolia Baotou Steel Union Co.,Ltd
内蒙古时代科技股份有限公司(时代科技)	Inner Mongolia ShiDai Science and Technological Co.,Ltd
包头北方创业股份有限公司(北方创业)	Baotou Beifang Chuangye Co.,Ltd
内蒙古霍林河露天煤业股份有限公司	Inner Mongolia Huolinhe Opencut Coal Industry Co., Ltd

Inner Mongolia Autonomous Regional Development of Listed Companies(2008)

股票类别	Classification of Shares	行业划分	Classification of Industries
上证A股	A Shares of Shanghai Stock Exchange	电力、煤气及水的生产和供应业	Production & Supply of Elec. Power Gas & Water
上证B股	B Shares of Shanghai Stock Exchange	纺织、服装、皮毛	Textile Clothes and Furs
上证A股	A Shares of Shanghai Stock Exchange		
上证A股	A Shares of Shanghai Stock Exchange	食品、饮料	Foodstuff, Drinks
深证A股	A Shares of Shenzhen Stock Exchange	电力、煤气及水的生产和供应业	Production & Supply of Elec. Power Gas & Water
深证A股	A Shares of Shenzhen Stock Exchange	石油、化学、塑胶、塑料	Petroleum, Chemical, Synthetic Resin Plastics
深证A股	A Shares of Shenzhen Stock Exchange	食品、饮料	Foodstuff, Drinks
上证A股	A Shares of Shanghai Stock Exchange	石油、化学、塑胶、塑料	Petroleum, Chemical, Synthetic Resin Plastics
上证B股	B Shares of Shanghai Stock Exchange	采掘业	Mining
上证A股	A Shares of Shanghai Stock Exchange	金属、非金属	Metal and Nonmetal
上证A股	A Shares of Shanghai Stock Exchange	食品、饮料	Foodstuff, Drinks
上证A股	A Shares of Shanghai Stock Exchange	医药、生物制品	Biological Pharmacy
上证A股	A Shares of Shanghai Stock Exchange	机械、设备、仪表	Machinery, Equipment and Meter
上证A股	A Shares of Shanghai Stock Exchange	石油、化学、塑胶、塑料	Petroleum, Chemical, Synthetic Resin Plastics
上证A股	A Shares of Shanghai Stock Exchange	金属、非金属	Metal and Nonmetal
上证A股	A Shares of Shanghai Stock Exchange	石油、化学、塑胶、塑料	Petroleum, Chemical, Synthetic Resin Plastics
上证A股	A Shares of Shanghai Stock Exchange	金属、非金属	Metal and Nonmetal
深证A股	A Shares of Shenzhen Stock Exchange	机械、设备、仪表	Machinery, Equipment and Meter
上证A股	A Shares of Shanghai Stock Exchange	机械、设备、仪表	Machinery, Equipment and Meter
深证A股	A Shares of Shenzhen Stock Exchange	采掘业	Mining

24-10 续表 1

上市公司名称	Name of Listed Companies
总 计	**Total**
内蒙古蒙电华能热电股份有限公司(内蒙华电)	Inner Mongolia Meng Dian Hua Neng Co.,Ltd
鄂尔多斯羊绒制品股份有限公司(鄂绒B股)	Inner Mongolia Erdos Cashmere Products Co.,Ltd
鄂尔多斯羊绒制品股份有限公司(鄂尔多斯A股)	Inner Mongolia Erdos Cashmere Products Co.,Ltd
内蒙古伊利实业股份有限公司(*ST伊利)	Inner Mongolia YiLi Industrial Group Co.,Ltd
内蒙古伊利实业股份有限公司(*ST伊利)	Inner Mongolia YiLi Industrial Group Co.,Ltd
赤峰富龙热电股份有限公司(富龙热电)	Chifeng FuLong Thermal Power Co.,Ltd
内蒙古远兴能源股份有限公司(远兴能源)	Inner Mongolia Yuan Xing Energy Co.,Ltd
内蒙古远兴能源股份有限公司(远兴能源)	Inner Mongolia Yuan Xing Energy Co.,Ltd
内蒙古平庄能源股份有限公司(平庄能源)	Inner Mongolia PingZhuang Energy Co.,Ltd
包头明天科技股份有限公司(明天科技)	Baotou Tomorrow Technology Co.,Ltd
包头明天科技股份有限公司(明天科技)	Baotou Tomorrow Technology Co.,Ltd
内蒙古伊泰煤炭股份有限公司(伊泰B股)	Inner Mongolia Yi Tai Coal Industry Co.,Ltd
内蒙古包钢稀土(集团)高科技股份有限公司	Inner Mongolia Baotou Steel Rare-earth (group) Hi-tech Co.,Ltd
包头华资实业股份有限公司(华资实业)	Baotou Hua Zi Industry Co.,Ltd
内蒙古金宇集团股份有限公司(金宇集团)	Inner Mongolia JinYu Group Co.,Ltd
北方重型股份有限公司(北方股份)	North Heavy duty Automobile Co.,Ltd
内蒙古亿利能源股份有限公司(亿利能源)	Inner Mongolia YiLi Energy Co.,Ltd
内蒙古亿利能源股份有限公司(亿利能源)	Inner Mongolia YiLi Energy Co.,Ltd
内蒙古西水创业股份有限公司(西水股份)	Xishui Strong Year Co.,Ltd Inner Mongolia
内蒙古兰太实业股份有限公司(兰太实业)	Inner Mongolia LanTai Industrial Co.,Ltd
内蒙古包钢钢联股份有限公司(包钢股份)	Inner Mongolia Baotou Steel Union Co.,Ltd
内蒙古时代科技股份有限公司(时代科技)	Inner Mongolia ShiDai Science and Technological Co.,Ltd
包头北方创业股份有限公司(北方创业)	Baotou Beifang Chuangye Co.Ltd
包头北方创业股份有限公司(北方创业)	Baotou Beifang Chuangye Co.Ltd
内蒙古霍林河露天煤业股份有限公司	Inner Mongolia Huolinhe Opencut Coal Industry Co., Ltd

continued

2008年末股本结构(万股) Composition of Capital at the End of 2008 (10 000 shares)		股票发行情况 Issuing Summary for Stocks			
总股本 Total Issued Capital	流通股 Negotiable Shares	发行日期 Issuing Date	发行价格(元/股) Price of Issuing (yuan/share)	发行量(万股) Amount Issued (10 000 shares)	股票发行筹资额(亿元) Raised Capital (100 million yuan)
198122	57294	1994-03-30	3.90	5000	1.95
42000	42000	1995-09-25	3.98	11000	4.38
61200	19200	2001-03-26	16.80	8000	13.44
79932	72775	1996-01-25	5.98	1800	1.02
		2002-08-28	16.85	增发A股4896	8.25
38068	20073	1996-08-01	5.88	1370	0.81
51188	29090	1997-01-13	5.11	6500	3.32
		2008-04-08	15.16	4288	6.33
101431	39136	1997-05-19	5.66	4000	2.16
33653	33544	1997-06-13	5.28	3700	1.95
		2002-06-06	8.82	增发A股11000	9.70
73200	33200	1997-07-18	3.38	16600	5.24
80735	41285	1997-08-28	4.43	8000	3.40
48493	22102	1998-11-02	4.30	5600	3.01
28081	26218	1998-12-02	6.83	3500	2.39
17000	6600	2000-06-09	8.00	5500	4.40
60129	9966	2000-07-04	8.88	5800	5.15
		2008-10-22	11.20	42749	47.88
32000	30128	2000-07-13	6.38	6000	3.83
35912	18268	2000-11-30	7.88	6000	4.52
642337	272038	2001-02-14	5.18	35000	17.57
32182	22977	1996-09-20	6.48	1850	1.20
17323	9459	2004-04-26	7.20	5000	3.49
		2008-06-06	7.24	4323	3.00
85044	15698	2007-04-18	9.80	7800	7.64

24-10 续表 2

上市公司名称	Name of Listed Companies
总 计	**Total**
内蒙古蒙电华能热电股份有限公司(内蒙华电)	Inner Mongolia Meng Dian Hua Neng Co.,Ltd
鄂尔多斯羊绒制品股份有限公司(鄂绒B股)	Inner Mongolia Erdos Cashmere Products Co.,Ltd
鄂尔多斯羊绒制品股份有限公司(鄂尔多斯A股)	Inner Mongolia Erdos Cashmere Products Co.,Ltd
内蒙古伊利实业股份有限公司(*ST伊利)	Inner Mongolia YiLi Industrial Group Co.,Ltd
赤峰富龙热电股份有限公司(富龙热电)	Chifeng FuLong Thermal Power Co.,Ltd
内蒙古远兴能源股份有限公司(远兴能源)	Inner Mongolia Yuan Xing Energy Co.,Ltd
内蒙古平庄能源股份有限公司(平庄能源)	Inner Mongolia PingZhuang Energy Co.,Ltd
包头明天科技股份有限公司(明天科技)	Baotou Tomorrow Technology Co.,Ltd
内蒙古伊泰煤炭股份有限公司(伊泰B股)	Inner Mongolia Yi Tai Coal Industry Co.,Ltd
内蒙古包钢稀土(集团)高科技股份有限公司	Inner Mongolia Baotou Steel Rare-earth (group) Hi-tech Co.,Ltd
包头华资实业股份有限公司(华资实业)	Baotou Hua Zi Industry Co.,Ltd
内蒙古金宇集团股份有限公司(金宇集团)	Inner Mongolia Jin Yu Group Co.,Ltd
北方重型股份有限公司(北方股份)	North Heavy-duty Automobile Co.,Ltd
内蒙古亿利能源股份有限公司(亿利能源)	Inner Mongolia YiLi Energy Co.,Ltd
内蒙古西水创业股份有限公司(西水股份)	Xishui Strong Year Co.,Ltd Inner Mongolia
内蒙古兰太实业股份有限公司(兰太实业)	Inner Mongolia LanTai Industrial Co.,Ltd
内蒙古包钢钢联股份有限公司(包钢股份)	Inner Mongolia Baotou Steel Union Co.,Ltd
内蒙古时代科技股份有限公司(时代科技)	Inner Mongolia ShiDai Science and Technological Co.,Ltd
包头北方创业股份有限公司(北方创业)	Baotou Beifang Chuangye Co.Ltd
内蒙古霍林河露天煤业股份有限公司	Inner Mongolia Huolinhe Opencut Coal Industry Co., Ltd

continued

股票上市情况 Listed Summary for Stocks		股票配售情况 Distribution of Stocks				股票筹资总额(亿元) Total Raised Capital (100 million yuan)
上市日期 Listed Date	上市价格(元/股) Listed Price Per Share (yuan/share)	配股时间 Date of Distribution	配股价格(元/股) Price of Distribution Per Share (yuan/share)	配股比例 Proportion of Distribution	配股筹资额(亿元) Raised Capital Owing to Distribution (100 million yuan)	
1994-05-20	5.18	1996-11-25	4.00	10：3	0.60	24.53
		1998-12-17	5.00	10：8	3.74	
1995-10-20	USD0.518		6.88	10000股(share)	6.88	3.47
2001-04-26						13.01
1996-03-12	9.00	1997-04-12	6.80	10：3	2.04	25.15
		1998-11-08	15.00	10：3	2.86	
1996-08-29	10.32	1998-05-11	8.00	10：4	3.51	6.44
		2001-05-03	13.20	10：3	2.27	
1997-01-31	11.80	1998-08-07	8.60	10：3	3.35	12.83
1997-06-06	15.49	1999-08-31	8.00	10：3	2.50	22.37
		2003-10-01	6.43	10：7	7.84	
1997-07-04	8.18	1999-12-10	14.23	10：3	3.43	14.72
1997-08-08	USD0.4073					4.87
1997-09-24	7.38	2000-03-08	7.60	10：3	2.98	6.31
1998-12-10	7.80	2000-09-28	15.00	10：3	3.50	6.26
1999-01-15	13.68	2000-12-29	17.00	10：3	2.00	4.31
2000-06-30	15.70					4.26
2000-07-25	18.18					52.85
2000-07-31	12.12					3.66
2000-12-22	17.78					4.53
2004-11-10						87.31
1996-10-08	10.68	1998-12-11	4.28	10.：2.5	0.89	3.56
2004-05-18	10.00					6.45
2007-04-18	9.80					7.30

24-10 续表 3

上市公司名称	Name of Listed Companies
总 计	**Total**
内蒙古蒙电华能热电股份有限公司(内蒙华电)	Inner Mongolia Meng Dian Hua Neng Co.,Ltd
鄂尔多斯羊绒制品股份有限公司(鄂绒B、A股)	Inner Mongolia Erdos Cashmere Products Co.,Ltd
内蒙古伊利实业股份有限公司(*ST伊利)	Inner Mongolia YiLi Industrial Group Co.,Ltd
赤峰富龙热电股份有限公司(富龙热电)	Chifeng FuLong Thermal Power Co.,Ltd
内蒙古远兴能源股份有限公司(远兴能源)	Inner Mongolia Yuan Xing Energy Co.,Ltd
内蒙古平庄能源股份有限公司(平庄能源)	Inner Mongolia PingZhuang Energy Co.,Ltd
包头明天科技股份有限公司(明天科技)	Baotou Tomorrow Technology Co.,Ltd
内蒙古伊泰煤炭股份有限公司(伊泰B股)	Inner Mongolia Yi Tai Coal Industry Co.,Ltd
内蒙古包钢稀土(集团)高科技股份有限公司	Inner Mongolia Baotou Steel Rare-earth (group) Hi-tech Co.,Ltd
包头华资实业股份有限公司(华资实业)	Baotou Hua Zi Industry Sale-Holding Co.,Ltd
内蒙古金宇集团股份有限公司(金宇集团)	Inner Mongolia Jin Yu Group Co.,Ltd
北方重型股份有限公司(北方股份)	North Heavy-duty Automobile Co.,Ltd
内蒙古亿利能源股份有限公司(亿利能源)	Inner Mongolia YiLi Energy Co.,Ltd
内蒙古西水创业股份有限公司(西水股份)	Xishui Strong Year Co.,Ltd Inner Mongolia
内蒙古兰太实业股份有限公司(兰太实业)	Inner Mongolia LanTai Industrial Co.,Ltd
内蒙古包钢钢联股份有限公司(包钢股份)	Inner Mongolia Baotou Steel Union Co.,Ltd
内蒙古时代科技股份有限公司(时代科技)	Inner Mongolia ShiDai Science and Technological Co.,Ltd
包头北方创业股份有限公司(北方创业)	Baotou Beifang Chuangye Co.,Ltd
内蒙古霍林河露天煤业股份有限公司	Inner Mongolia Huolinhe Opencut Coal Industry Co., Ltd

continued

主营业务收入(万元) Main Business Revenue(10 000 yuan)		利润总额(万元) Total Profit(10 000 yuan)		净利润(万元) Net Profit(10 000 yuan)	
2007	2008	2007	2008	2007	2008
610078	632334	39562	-56616	37542	-61409
665584	938514	84797	83453	82010	81381
1920844	2153812	10639	-195564	-456	-173671
54227	31562	1853	-13653	905	-13733
134029	198663	19730	17628	14217	12848
133632	261857	40185	90404	19861	67803
64127	22922	1018	-19946	1016	-19946
465459	872704	189489	377036	166125	309389
189644	273894	51506	26612	40287	22903
35281	15430	4136	-15443	4123	-14639
70218	81391	13407	10279	9651	7859
127257	159166	2925	4702	2012	3182
167781	216664	1932	-13026	1232	-10709
51881	56640	3753	3190	3579	2848
77773	89064	8034	6439	5601	5589
2677296	4352057	194184	105988	174645	92034
27855	26775	4392	2246	3888	2162
169770	200531	3198	5867	2980	5275
254974	380878	57549	88001	49213	74338

24-10 续表 4

上市公司名称	Name of Listed Companies
总 计	**Total**
内蒙古蒙电华能热电股份有限公司(内蒙华电)	Inner Mongolia Meng Dian Hua Neng Co.,Ltd
鄂尔多斯羊绒制品股份有限公司(鄂绒B、A股)	Inner Mongolia Erdos Cashmere Products Co.,Ltd
内蒙古伊利实业股份有限公司(*ST伊利)	Inner Mongolia YiLi Industrial Group Co.,Ltd
赤峰富龙热电股份有限公司(富龙热电)	Chifeng FuLong Thermal Power Co.,Ltd
内蒙古远兴能源股份有限公司(远兴能源)	Inner Mongolia Yuan Xing Energy Co.,Ltd
内蒙古平庄能源股份有限公司(平庄能源)	Inner Mongolia PingZhuang Energy Co.,Ltd
包头明天科技股份有限公司(明天科技)	Baotou Tomorrow Technology Co.,Ltd
内蒙古伊泰煤炭股份有限公司(伊泰B股)	Inner Mongolia Yi Tai Coal Industry Co.,Ltd
内蒙古包钢稀土(集团)高科技股份有限公司	Inner Mongolia Baotou Steel Rare-earth (group) Hi-tech Co.,Ltd
包头华资实业股份有限公司(华资实业)	Baotou Hua Zi Industry Sale-Holding Co.,Ltd
内蒙古金宇集团股份有限公司(金宇集团)	Inner Mongolia Jin Yu Group Co.,Ltd
北方重型股份有限公司(北方股份)	North Heavy-duty Automobile Co.,Ltd
内蒙古亿利能源股份有限公司(亿利能源)	Inner Mongolia YiLi Energy Co.,Ltd
内蒙古西水创业股份有限公司(西水股份)	Xishui Strong Year Co.,Ltd Inner Mongolia
内蒙古兰太实业股份有限公司(兰太实业)	Inner Mongolia LanTai Industrial Co.,Ltd
内蒙古包钢钢联股份有限公司(包钢股份)	Inner Mongolia Baotou Steel Union Co.,Ltd
内蒙古时代科技股份有限公司(时代科技)	Inner Mongolia ShiDai Science and Technological Co.,Ltd
包头北方创业股份有限公司(北方创业)	Baotou Beifang Chuangye Co.,Ltd
内蒙古霍林河露天煤业股份有限公司	Inner Mongolia Huolinhe Opencut Coal Industry Co., Ltd

continued

总资产(万元) Total Assets(10 000 yuan)		股东权益(万元) Shareholder's Eguity(10 000 yuan)		资产负债率(%) Assets-Liability Ratio(%)	
2007	2008	2007	2008	2007	2008
2370121	2326679	631790	534441	0.7	0.8
1373584	1572487	537674	601008	0.6	0.6
1017390	1178049	470723	322757	0.5	0.7
252863	238096	135063	121679	0.5	0.5
363372	456632	106281	220669	0.7	0.5
337194	375608	176309	244112	0.5	0.4
253122	262358	185359	165169	0.3	0.4
1219627	1838123	481636	741272	0.6	0.6
370262	577490	191417	221439	0.5	0.6
359708	236482	265663	170836	0.3	0.3
129521	124252	70854	72347	0.5	0.4
231791	261745	69996	71818	0.7	0.7
640461	1108376	201582	569896	0.7	0.5
489449	223599	385599	146932	0.2	0.3
192334	221401	91164	98347	0.5	0.6
3361840	4389931	1407469	1435281	0.6	0.7
86218	86634	59966	74814	0.3	0.1
164841	231932	66582	93780	0.6	0.6
352454	398880	212694	238946	0.4	0.4

24-10 续表 5

上市公司名称	Name of Listed Companies
总计	**Total**
内蒙古蒙电华能热电股份有限公司(内蒙华电)	Inner Mongolia Meng Dian Hua Neng Co.,Ltd
鄂尔多斯羊绒制品股份有限公司(鄂绒B、A股)	Inner Mongolia Erdos Cashmere Products Co.,Ltd
内蒙古伊利实业股份有限公司(*ST伊利)	Inner Mongolia YiLi Industrial Group Co.,Ltd
赤峰富龙热电股份有限公司(富龙热电)	Chifeng FuLong Thermal Power Co.,Ltd
内蒙古远兴能源股份有限公司(远兴能源)	Inner Mongolia Yuan Xing Energy Co.,Ltd
内蒙古平庄能源股份有限公司(平庄能源)	Inner Mongolia PingZhuang Energy Co.,Ltd
包头明天科技股份有限公司(明天科技)	Baotou Tomorrow Technology Co.,Ltd
内蒙古伊泰煤炭股份有限公司(伊泰B股)	Inner Mongolia Yi Tai Coal Industry Co.,Ltd
内蒙古包钢稀土(集团)高科技股份有限公司	Inner Mongolia Baotou Steel Rare-earth (group) Hi-tech Co.,Ltd
包头华资实业股份有限公司(华资实业)	Baotou Hua Zi Industry Sale-Holding Co.,Ltd
内蒙古金宇集团股份有限公司(金宇集团)	Inner Mongolia Jin Yu Group Co.,Ltd
北方重型股份有限公司(北方股份)	North Heavy-duty Automobile Co.,Ltd
内蒙古亿利能源股份有限公司(亿利能源)	Inner Mongolia YiLi Energy Co.,Ltd
内蒙古西水创业股份有限公司(西水股份)	Xishui Strong Year Co.,Ltd Inner Mongolia
内蒙古兰太实业股份有限公司(兰太实业)	Inner Mongolia LanTai Industrial Co.,Ltd
内蒙古包钢钢联股份有限公司(包钢股份)	Inner Mongolia Baotou Steel Union Co.,Ltd
内蒙古时代科技股份有限公司(时代科技)	Inner Mongolia ShiDai Science and Technological Co.,Ltd
包头北方创业股份有限公司(北方创业)	Baotou Beifang Chuangye Co.,Ltd
内蒙古霍林河露天煤业股份有限公司	Inner Mongolia Huolinhe Opencut Coal Industry Co., Ltd

continued

每股收益(元) Profit Per Share(yuan)		每股净资产(元) Net Assets Per Share(yuan)		净资产收益率(%) Ratio of Net Assets' Per Profit(%)	
2007	2008	2007	2008	2007	2008
0.10	-0.40	2.13	1.65	0.05	-0.24
0.50	0.40	3.28	3.54	0.15	0.11
-0.04	-2.30	6.32	3.49	0.00	-0.61
0.02	-0.35	3.45	3.11	0.00	-0.11
0.24	0.21	1.36	2.52	0.19	0.08
0.17	0.67	1.68	2.41	0.11	0.28
0.03	-0.59	5.50	4.91	0.01	-0.12
2.22	4.25	4.96	9.01	0.41	0.47
0.76	0.21	3.76	2.03	0.20	0.10
0.14	-0.30	8.74	3.51	0.02	-0.09
0.33	0.26	2.48	2.54	0.13	0.10
0.15	0.22	3.89	4.04	0.04	0.05
0.17	-0.34	5.07	8.26	0.01	-0.02
0.20	0.08	23.94	4.52	0.01	0.02
0.16	0.17	2.56	2.65	0.06	0.06
0.36	0.14	2.19	2.23	0.12	0.06
0.17	0.08	2.31	1.83	0.07	0.04
0.19	0.23	3.91	4.87	0.05	0.04
0.74	0.85	3.16	2.77	0.22	0.31

2009 NEI MENG GU

二十五、附录

Appendix

资料整理：张　晶　杨力英
Arranged by Zhang Jing, Yang Liying

25-1 内蒙古自治区国民经济主要指标占全国的比重(2008年)

Inner Mongolia Main Indicators of National Economy as Percentage of Whole Nation(2008)

指标	Item	全国 Whole Nation	内蒙古 Inner Mongolia	内蒙古所占比重(%) Percentage (%)
土地面积(万平方公里)	Land Area(10 000 sq.km)	960.0	118.3	12.3
年末总人口数(万人)	Population at the Year-end(10 000 persons)	132802.0	2413.7	1.8
社会就业人员(万人)	Employment(10 000 persons)	77480.0	1103.3	1.4
生产总值(当年价)(亿元)	Gross Domestic Product(current pirces) (100 million yuan)	300670.0	7761.8	2.4
第一产业	Primary Industry	34000.0	907.0	2.7
第二产业	Secondray industry	146183.0	4271.0	2.6
# 工业	Industry	129112.0	3798.6	2.5
第三产业	Tertiary Industry	120487.0	2583.8	2.0
规模以上工业企业单位数(个)	Number of Industry above Designated Size (unit)	358821	3993	1.1
规模以上工业利润总额(亿元)	Total Profits of Industry(100 million yuan)	24066.0	771.4	3.2
能源生产总量(万吨标准煤)	Total Production of Energy(10000 tons of SCE)	260000.0	33440.9	12.9
能源消费总量(万吨标准煤)	Total Consumption of Energy(10000 tons of SCE)	285000.0	16268.2	5.7
农林牧渔业总产值(当年价)(亿元)	Gross Output Value of Farming, Forestry, Animal Husbandry & Fishery (current prices)(100 million yuan)	58002.2	1525.7	2.6
农业	Farming	28044.2	716.6	2.6
林业	Forestry	2152.9	72.7	3.4
牧业	Animal Husbandry	20583.6	699.6	3.4
渔业	Fishery	5203.4	11.8	0.2
工农业主要产品产量	Output of Major Farm & Industrial Products			
粗钢(万吨)	Steel(10 000 tons)	50092.0	1211.0	2.4
原煤(亿吨)	Coal(100 million tons)	27.93	4.73	16.9
发电量(亿千瓦小时)	Electricity(10 000 million Kwh)	34668.8	2136.0	6.2
汽车(万辆)	Motor Vehicles(10 000 vehicles)	934.6	3.0	0.3
粮食(万吨)	Grain(10 000 ton)	52870.9	2131.3	4.0
油料(万吨)	Oil-bearing Crops(10 000 tons)	2952.8	117.5	4.0
货物运输总量(亿吨)	Total Freight Traffic(100 milion tons)	258.74	9.9	3.8
客运总量(亿人次)	Total Passenger Traffic(100 million Person-times)	286.79	2.0	0.7
邮电业务总量(亿元)	Total Business Revenue of Postal & Telecommunication Services(100 million yuan)	23841.3	457.6	1.9
社会消费品零售总额(亿元)	Retail Sales of Consumer Goods (100 million yuan)	108487.7	2363.3	2.2
海关进出口总额(亿美元)	Total Imports and Exports(USD 100 million)	25616.3	89.3	0.3
全社会固定资产投资(亿元)	Total Investment in Fixed Assets (100 million yuan)	172291.1	5604.7	3.3
# 城镇	Urban	148167.2	5320.6	3.6
农村牧区	Rural	24123.9	147.1	0.6
房地产开发	Real Estate Development	30579.8	736.1	2.4
地方财政收入(亿元)	Local Financial Revenue(100 million yuan)	28644.9	650.6	2.3
年末城乡居民储蓄余额(亿元)	Year-end Saving Deposits of Urban & Rural Residents(100 million yuan)	221503.0	3211.7	1.4

25-2 西部地区国民经济和社会发展主要指标(2008年)

指标	Item	内蒙古 Inner Mongolia	广西 Guangxi	重庆 Chongqing
土地面积(万平方公里)	Land Area(10 000 sq.km)	118.3	23.7	8.2
年末总人口(万人)	Population at the Year-end(10 000 persons)	2414	4816	2839
人口自然增长率(‰)	Natural Growth Rate of Population(‰)	4.27	8.70	3.80
人口密度(人/平方公里)	Population Density (persons/sq.km)	20.4	203.2	346.2
在岗职工人数(万人)	Staff and Workers at Post(10 000 persons)	240.9	272.2	229.6
生产总值(亿元)	Gross Domestic Product(100 million yuan)	7761.8	7171.6	5096.7
第一产业	Primary Industry	907.0	1453.9	575.4
第二产业	Secondray industry	4271.0	3037.7	2433.3
# 工业	Industry	3798.6	2627.4	2036.4
第三产业	Tertiary Industry	2583.8	2679.9	2088.0
人均生产总值(元)	Per Capita GDP(yuan)	32214	14966	2256
生产总值指数(上年=100)	Indices of Gross Domestic Product (preceding year=100)	117.2	112.8	114.3
第一产业	Primary Industry	107.5	105.1	106.8
第二产业	Secondray industry	120.5	117.4	118.0
# 工业	Industry	123.1	118.6	119.8
第三产业	Tertiary Industry	115.5	111.7	112.4
全社会固定资产投资(亿元)	Total Investment in Fixed Assets (100 million yuan)	5604.67	3750.70	3979.59
# 城镇	Urban	5448.9	3320.2	3715.9
农村牧区	Rural	147.5	430.5	263.7
房地产开发	Real Estate Development	736.1	621.6	991.0
全社会固定资产投资指数(上年=100)	Indices of Gross Total Investment in Fixed Assets(preceding year=100)	127.2	127.2	128.0
# 城镇	Urban	127.1	127.4	127.2
农村牧区	Rural	125.2	125.5	139.0
房地产开发	Real Estate Development	147.0	115.9	116.6
地方财政一般预算收入(亿元)	Local Financial General Budgetary Revenue (100 million yuan)	650.64	518.70	577.24
地方财政一般预算支出(亿元)	Local Financial General Budgetary Expenditures (100 million yuan)	1455.48	1287.10	1010.69
金融机构人民币存款余额(亿元)	RMB Deposit Balance(100 million yuan)	6341.03	7075.02	8021.95
# 储蓄存款余额	Saving Deposits of Urban and Rural Residents	3211.66	3851.95	3988.96
金融机构人民币贷款余额(亿元)	RMB Loan Balance(100 million yuan)	4527.86	5066.68	6320.81
粮食产量(万吨)	Grain(10 000 tons)	2131.30	1394.70	1153.20
油料产量(万吨)	Oil-bearing Crops(10 000 tons)	117.54	37.50	35.68
糖料产量(万吨)	Sugar(10 000 tons)	170.00	8215.60	11.20
肉类总产量(万吨)	Output of Meat(10 000 tons)	219.37	350.80	177.40
# 猪肉	Pork	64.70	218.40	140.65
牛肉	Beef	43.10	12.50	5.19
羊肉	Mutton	84.80	2.90	1.80
奶类产量(万吨)	Milk(10 000 tons)	934.90	7.50	7.78
规模以上工业增加值(亿元)	Value Added of Industry(100 million yuan)	3450.3	1976.4	1829.6
规模以上工业增加值指数(上年=100)	Indices of Value Added of Industry (preceding year=100)	124.5	122.6	121.6
规模以上工业企业主营业务收入(亿元)	Revenue of Industry above Designated	7503.9	4859.8	4790.0
规模以上工业产品税金总额(亿元)	Total Tax above Designated Size	424.84	247.4	226.5
规模以上工业产品利润总额(亿元)	Total profit above Designated Size	614.7	169.9	232.3

注：1.本表数据来源于各地区2008年统计公报初步统计数。
2.本表规模以上工业企业主要经济指标为2008年1-11月快报数据（下表同）。

Main Indicators of National Economic and Social Development of Western Region(2008)

四川 Sichuan	贵州 Guizhou	云南 Yunnan	西藏 Tibet	陕西 Shaanxi	甘肃 Gansu	青海 Qinghai	宁夏 Ningxia	新疆 Xinjiang
48.5	17.6	39.4	122.8	20.6	45.4	72.1	5.2	166.0
8138	3793	4543	287	3762	2628	554	618	2131
2.39	6.72	6.32	10.30	4.08	6.54	8.35	9.69	11.17
167.8	215.5	115.3	2.3	182.6	57.9	7.7	118.8	12.8
528.9	199.8	286.7	18.1	332.1	188.2	44.6	54.7	239.2
12506.3	3333.4	5700.1	395.9	6851.3	3176.1	961.5	1098.5	4203.4
2366.2	547.9	1020.9	60.5	753.7	463.0	105.6	120.0	691.1
5790.1	1408.7	2451.1	115.8	3842.1	1471.4	529.4	581.2	2086.7
4922.8	1242.6	2057.0	29.7	3294.0	1221.7	442.9	490.1	1790.7
4350.0	1376.8	2228.1	219.6	2255.5	1241.7	326.6	397.3	1425.6
1242	327	397	1426	18246	12110	17389	17892	19893
109.5	110.2	111.0	110.1	115.6	110.1	112.7	112.2	111.0
103.0	106.5	107.6	106.0	107.6	107.1	103.9	107.2	106.4
112.9	108.9	111.4	107.9	118.8	108.4	116.5	114.3	113.9
115.1	109.7	112.5	108.7		109.5	119.5	114.1	115.1
108.3	112.9	112.1	112.4	113.0	113.2	110.0	111.0	109.7
7106.63	1858.32	3435.83	303.33	4601.46	1697.66	582.56	828.66	2226.33
6340.5	1603.2	3106.2	265.4	4273.5	1495.6	513.4	735.5	1974.5
766.1	255.1	329.6	38.0	328.0	202.0	69.2	93.1	251.9
1430.2	307.8	557.6	13.0	749.2	170.7	50.4	117.4	222.1
129.5	124.8	126.0	112.5	132.8	132.5	119.4	138.1	125.0
125.7	124.4	127.1	115.8	132.9	127.0	115.7	139.4	124.3
	127.8	118.4	93.7	131.9	152.0	157.5	129.2	131.4
107.8	123.3	131.9	157.0	140.0	127.3	147.3	126.1	131.9
1041.67	349.53	613.63	24.88	591.28	264.94	71.56	95.02	361.05
2965.45	1048.57	1470.70	380.66	1435.56	965.38	363.83	323.08	1056.14
18661.00	4737.00	8418.94	829.02	10790.87	4728.82	1389.58	1590.58	5399.34
9647.00	2237.10	3793.78	185.36	5485.24	2461.90	580.47	794.06	2550.95
11163.40	3569.30	6594.33	219.32	6056.82	2731.89	1033.90	1402.56	2826.53
3140.00	1158.00	1518.59	95.03	1111.00	888.50	101.80	329.24	930.50
249.94	68.39	30.38	6.03	49.46	53.54	35.22	13.56	56.85
116.30	71.80			0.30	20.09		0.05	438.88
591.52	161.46	288.29	23.72	99.30	79.10	25.51	23.57	115.30
436.24	134.60	219.58	1.21	73.47	42.92	8.74	8.45	22.29
28.68	10.22	26.12	14.19	7.59	14.77	7.28	6.83	32.42
24.00	3.04	11.47	8.18	7.40	15.35	8.67	5.88	46.00
66.61	4.27	97.32	52.44	182.30	34.69	27.23	89.22	142.32
4939.3	1051.3	1803.6	26.3	2988.1	1135.2	438.8	485.1	1727.4
117.9	110.1	112.6	108.9	121.0	109.5	121.5	115.1	115.5
12347.7	2576.0	4412.7	39.8	6238.4	3359.7	973.8	1203.4	3930.3
637.7	235.5	623.5	4.3	446.5	168.0	64.2	60.5	322.4
647.6	153.1	289.1	6.0	797.2	72.4	178.8	34.0	782.94

a)Data in the table are obtained from erery regional statistical bulletin in Western Region, and are the preliminary statistics.

b)The main indicators on economicbenefit in the table are from Jon-Non 2008(Same as next table.

25-2 续表

指 标	Item	内蒙古 Inner Mongolia	广 西 Guangxi	重 庆 Chongqing
原煤产量(万吨)	Coal(10 000 tons)	47269.70	499.10	4132.37
发电量(亿千瓦时)	Electricity(100 million Kwh)	2136.00	859.70	420.87
粗钢(万吨)	Stee(10 000 tons)	1211.03	785.80	352.45
生铁(万吨)	Pig Iron(10 000 tons)	1256.6	689.9	329.6
成品钢材(万吨)	Steel Products(10 000 tons)	1047.3	941.5	447.9
水泥(万吨)	Cement(10 000 tons)	3424.1	5110.8	3135.3
化肥(万吨)	Chemical Fertilizer(10 000 tons)	89.1	84.3	154.4
汽车(万辆)	Motor Vehicles(10 000 vehicles)	3.0	70.2	76.9
建筑业增加值(亿元)	Construction(100 million yuan)	472.4	410.4	396.9
建筑业增加值指数(上年=100)	(preceding year=100)	103.7	110.6	109.1
建筑业施工面积(万平方米)	Floor Space under Construction(10 000 sq.m)	5168.8	8302.9	15435.2
建筑业竣工面积(万平方米)	Floor Space Completed(10 000 sq.m)	2985.0	2888.5	5805.9
交通运输货运量(万吨)	Total Freight Troffic(10 000 tons)	133833	83123	63763
# 铁路	Railway	39070	8041	2203
公路	Highway	94762	64884	54589
交通运输客运量(万人次)	Passenger Traffic(10 000 persons-times)	44825	63608	106732
# 铁路	Railway	3876	2623	2474
公路	Highway	40773	60645	102680
邮电业务总量(亿元)	Business Volume of Postal and Telecommun -ication Services(100 million yuan)	457.60	601.18	424.75
社会消费品零售总额(亿元)	Retail Sales of Goods(100 million yuan)	2363.3	2338.4	2064.1
对外贸易进出口总额(亿美元)	Total Imports and Exports(USD 100 million)	89.3	132.8	95.2
# 出口总额	Imports	35.8	73.5	57.2
实际外商直接投资额(亿美元)	Actually Foreign Direct Investment	26.51	9.71	27.29
国际旅游人数(万人次)	International Tourists(10 000 person-times)	154.9	201.0	87.2
国际旅游外汇收入(亿美元)	Foreign Exchange Earning from International Tourism(USD 100 million)	5.77	6.02	4.50
在校学生数(万人)	Student Enrolment(10 000 persons)			
普通高等学校	Colleges and Universities	31.67	48.42	45.00
普通中学	Secondary Schools	140.34	287.64	190.75
小学	Primary Schools	155.27	444.81	224.39
广播人口覆盖率(%)	Listener Rating(%)	94.05	91.50	92.88
电视人口覆盖率(%)	Viewer Rating(%)	92.73	94.50	96.42
卫生机构个数(个)	Number of Health Care Institutions(unit)	7423	10427	6265
卫生机构床位数(万张)	Beds of Health Care Institutions(10 000 beds)	8.14	10.97	8.20
执业医师和助理医师数(万人)	Doctors(10 000 persons)	4.98	6.07	3.93
在岗职工平均工资(元)	Annual Average Wages of Staff and Wokrers at Post(yuan)	26114	25660	26985
城镇居民人均可支配收入(元)	Urban Households Per Capita Average Disposable Income(yuan)	14433	14146	14368
城镇居民人均消费性支出(元)	Urban Households Per Capita Expen -ditures for Consumptiom(yuan)	10829	9627	11147
农村居民人均纯收入(元)	Rural Huseholds Per Capita Average Net Income(yuan)	4656	3690	4126
农村居民人均生活消费支出(元)	Rural Households Per Capita Living Expen -ditures for Consumption(yuan)	3618	2985	2885

continued

四川 Sichuan	贵州 Guizhou	云南 Yunnan	西藏 Tibet	陕西 Shanxi	甘肃 Gansu	青海 Qinghai	宁夏 Ningxia	新疆 Xinjiang
9677.01	11798.46	8657.43		24264.22	3976.98	1294.09	4295.45	6766.8
1255.61	1192.08	1036.44	15.99	823.87	690.22	318.73	466.15	486.84
1370.24	345.64	901.31		304.95	475.72	115.07		535.6
1425.2	331.0	1155.2		298.0	550.8	92.3	32.8	499.4
1577.2	337.5	834.6		501.0	577.3	113.6	33.2	566.5
6066.9	2048.9	3863.8	166.6	3608.6	1560.3	457.8	884.8	1663.8
367.5	262.2	335.1		136.5	71.34	243.9	109.2	158.4
7.7		4.3		26.8	0.9			0.25
867.3	166.2	394.1	86.1	548.1	249.8	86.6	91.1	296.0
100.4	103.4	105.5	107.6	115.2	115.9	104.3	115.0	107.1
24373.8	4118.7	6575.7	254.3	7457.1	3815.7	390.0	1664.2	4114.0
8637.1	1120.1	3138.3	63.3	2574.3	1022.9	157.5	733.2	1861.0
114719	32692	44682	737	83493	23741	9115	26162	46087
7915	6683	5224	26	22615	5512	2310	4400	6048
103068	25272	39119	711	60713	18201	6805	21762	40039
204733	40725	33906	6856	76028	45966	9424	11868	32793
5939	3199	2110	70	5218	1911	407	457	1287
196055	36019	31157	6786	70566	43962	8996	11363	31506
931.00	368.18	567.30	41.73	651.88	279.85	69.95	96.17	379.47
4800.8	1014.9	1718.5	129.1	2256.1	990.1	252.8	285.2	1025.7
220.4	33.7	96.1	7.7	83.7	60.9	6.9	18.8	222.2
131.1	19.0	49.9	7.1	54.1	16.0	4.2	12.6	193.0
33.40	1.49	7.77	0.23	13.70	1.28	2.20	0.62	1.90
70.0	39.5	250.2	6.8	125.7	8.3	3.0	1.2	36.3
1.54	1.17	10.08	0.31	6.60	0.16	0.10	0.03	1.36
99.10	26.75	34.77	2.99	83.97	33.19	5.58	7.29	24.13
502.60	263.25	259.48	18.44	288.87	203.85	31.53	13.72	148.35
648.80	469.79	451.04	31.18	286.48	268.96	53.82	68.87	201.20
96.00	86.10	93.13	88.80	94.89	91.95	88.50	92.90	93.50
97.10	91.80	94.34	89.90	96.24	91.94	94.00	96.80	93.50
20738	5848	9249	1326	8812	10534	1582	1629	6739
21.20	8.31	12.78	0.71	12.52	6.67	1.91	2.10	9.67
12.00	3.88	5.73	0.42	5.79	3.62	1.17	1.14	4.35
25038	24602	24030	47280	25942	24017	30983	30719	24687
12633	11759	13250	12482	12858	10969	11640	12932	11432
9679	8349	9077	8324	9772	8309	8193	9558	8669
4121	2797	3103	3176	3136	2724	3061	3681	3503
3128	2166	2991	2200	2979	2401	2897	3095	2692

西部概况

中国西部地区包括内蒙古、广西、重庆、四川、云南、贵州、西藏、陕西、甘肃、宁夏、青海和新疆等 12 个省、市、自治区。其土地面积 687.1 万平方公里，占全国陆地面积的 71.6%；2008 年末人口总数 3.65 亿人，占全国总人数的 27.5%；全年实现国内生产总值 58257 亿元，占全国的 17.8%。

西部地区拥有辽阔的疆域，丰富的自然资源和人力资源，具有极大的开发潜力，是我国国民经济长期持续发展的重要后备基地。

西部地区是我国的四条主要河流，即长江、黄河、珠江、雅鲁藏布江的发源地和主要流域所在地，水能蕴藏量达 5.57 亿千瓦，占全国水能蕴藏量的 82.5%，目前已开发利用的尚不足 1%，开发潜力十分可观，全国规划中的十大水电基地有 7 个分布在西部。西部地区的地质条件复杂，矿产资源极为丰富。在全国已探明的 140 多种矿产资源中，西部地区有 120 多种，其中煤炭储量占全国的 39.4%，石油储量占 27.8%，天然气储量占 87.5%，一些稀有金属的储量名列全国乃至世界前茅。如内蒙古稀土储量居世界之首，煤炭储量居全国第一，特别是新探明的内蒙古鄂尔多斯盆地苏里格天然气田，是迄今我国发现的几个为数不多的世界级陆上特大整装气田。

西部是我国目前自然风貌保持最完好的地区，旅游资源得天独厚。气势恢宏的秦兵马俑，享誉世界的敦煌莫高窟，人间仙境九寨沟、黄龙寺，驰名中外的长江三峡，独具魅力的内蒙古草原文化旅游。可以预见，在不久的将来，旅游产业将作为西部地区的支柱产业而焕发出勃勃生机。

西部地区地广人稀，经济发展相对缓慢，剩余劳动力较多，每年都有大量劳动力向外转移，劳动力供给丰富，成本低廉，具有人力资源方面的独特优势。

西部地区边境线漫长，与周边国家交流频繁，是中国向西、向北和向南亚国家开放的门户地区，具有特殊的区位优势。西部地区有 20 多个少数民族与邻国属同一民族，各民族族缘关系悠久，语言文字相通，习俗相近，很多民族有着共同的宗教信仰，与周边各国有着传统的经济文化联系，在资源结构和经济技术结构方面与周边国家存在很强的互补性。西部地区在历史上曾出现过“丝绸之路”时期的开放繁荣，随着国家对外开放由东向西推进，西部将发展成为我国对外开放的“前沿”地区。

新中国成立 50 多年来，中国西部地区经济社会有了较大的发展，积累了较强的经济技术基础。“三线”建设时期，由于国家的重点投入，西部各省、市、自治区建立起了 2000 多个大中型企业，形成了一批专业化程度高，幅射能力强的行业，培养了一批专业技术人才，积累了较强的技术力量，不少领域的技术水平领先于全国甚至全世界，从而确立了西部地区在全国工业布局中的重要地位。此外，西部各省、市、自治区还依托本地资源优势，大力发展特色工业，使西部地区在电力、有色金属采选、航空航天、冶炼及压延加工业，通讯设备制造、煤炭、烟草加工等行业形成优势。

西部地区在中国历史上有过耀眼的辉煌。如今，西部又面临着前所未有的机遇。随着西部大开发进军号角的奏响，西部地区各项事业的发展必将进入一个崭新的阶段。

General Introduction of Western Region

The western region embraces six provinces of Shanxi, Gansu, Qinghai, Sichuan, Yunnan and Guizhou, five autonomous regions of Inner Mongolia, Guangxi, Ningxia, Xinjiang and Tibet, and Chongqing Municipality that is directly under the administration of the Central Government. The region, covering 6. 87 million square km, takes up 71. 6 percent of the country's total land areas. In 2008, there are 0. 36 billion persons living in the region, which is home to 27. 5 percent of the nation's total population. In 2008 GDP of the western region was 58257 billion yuan, contributing 17.8 percent of the national GDP.

The region enjoys vast territory, rich natural resources and plentiful labor power. With tremendous developing potential, the region is the key reserve base for sustainable development of national economy.

As the source and main valley of four major rivers in China: Yangtze, Yellow, Pearl and Yarlung Zangbo Rivers, hydropower capacity of the western region amounts 0. 56 billion kw, accounting for 82. 5 percent of national total. However, developed and utilized hydropower is less than 1 percent. 7 of 10 hydropower bases in plan are located in the region for substantial developing potential. Physical features are very complicated, abundant mineral resources are contained in the region. Among 140 sorts of surveyed mineral resources, more than 120 sorts of mineral resources have been found in the western region. Of this total, coal is as much as 39. 4 percent of national total; petroleum, 27. 8 percent; and natural gas, 87. 5 percent. Capacities of some rare metals are top in China, even in the world. Such as in Inner Mongolia, the reserve of rare-earth is the first in the world, the coal reserves is the second in China. Recently discovered natural gas field in Sulige Erdos of Inner Mongolia is a few world level super scale whole field of natural gas in China. Natural appearances of the region are preserved best in China at present, so that it is rich in tourism resources. It is famous for grand Majesty Terra-cotta Army. World-famous Macao Grottoes, wonderland Jiuzhai-Huanglong, well-known the Three Gorges, and Mongolian grassland cultural tourism. It can be foreseen that tourism will be the pillar industry of the western region and is to be vigorous in the future. With vast territory and low population density, the region's economic development is relatively slow. There are many spare labor forces, and most of them transfer to outside every year. It has the unique advantage on labor power for rich supply and low cost.

The region has long boundary. Exchanges with neighboring countries are frequent. As the door opening to west, to north and to South Asia, the western region enjoys special territorial advantage. More than 20 minority nationalities in the western region are part of the same tribe as the citizen of neighboring countries.

With long history of relationship, they share the same language and character, and close custom. Most of minority nationalities believe the same religion, and traditional economic and cultural relations with neighboring countries are kept well for a long time. So complementarities with neighboring countries in the structures of resources, economy and technology are available. The western region was booming in the period of the silk Road. While the opening police is carried out from east to west, the western region is bound to be another foreland area opening to outside.

Since the foundation of PRC, the social and economic development of the region has advanced greatly, and laid tough basis of economy and technology. During the Period of constructing remote regions away from the coastal areas, with the emphasized input by the state, more than 2000 large and medium sized enterprises had been set up in every province (municipality, autonomous region) . A batch of industries of high specialty and strong influence has been formed. Lots of competent persons of specialized techniques have been brought up. Technical level in some fields is at the top of the state even of the world. The western region is regarded as the important role in the national industrial distribution. Besides, in support of rich resources, provinces (municipalities, autonomous regions) of the region made great efforts to develop characteristic industry, forming advanced industries of electricity, nonferrous metals mining and dressing, aviation and aerospace technology, smelting and pressing, communication facility manufacturing, coal and tobacco processing.

The western region once was brilliant in history. Today the region faces unprecedented opportunity. While westward bound is brought into effect, development of all causes in the region will enter a new phase.

中国统计出版社最新图书简目

(仅供参考,以最后出书为准)

统计资料

中国统计年鉴-2009
中国统计摘要-2009
国际统计年鉴-2009
2009中国发展报告
中国第三产业统计年鉴-2009
中国区域经济统计年鉴-2009
长江和珠江三角洲及港澳特别行政区统计年鉴-2009
中国社会统计年鉴-2009
中国城市统计年鉴-2008
中国劳动统计年鉴-2009
中国人口和就业统计年鉴-2009
中国工业经济统计年鉴-2009
中国建筑业统计年鉴-2009
中国房地产统计年鉴-2009
中国能源统计年鉴-2009
中国商品交易市场统计年鉴-2009
中国贸易外经统计年鉴-2009
中国基本单位统计年鉴-2009
中国民政统计年鉴-2009
中国农村统计年鉴-2009
中国农产品价格调查年鉴-2009
中国建制镇统计资料-2009
中国教育经费统计年鉴-2008
中国农村贫困监测报告-2009
中国高技术产业统计年鉴-2009
中国科学技术协会统计年鉴-2009
工业企业科技活动资料-2009
全国农产品成本收益资料汇编-2009
中国棉花年鉴-2007/2008
中国城市(镇)生活与价格年鉴-2009
中国县(市)社会经济调查年鉴-2009
中国农村住户调查年鉴-2009(中、英文)
中国农村全面建设小康监测报告-2009
中国国内生产总值核算历史资料(1952-2004)
中国季度国内生产总值核算历史资料(1992-2005)
中国零售和餐饮业连锁企业统计年鉴-2009
大中型批发零售和住宿餐饮企业统计年鉴-2009
2005年中国1%人口抽样调查系列资料
第二次全国残疾人抽样调查资料系列

2009年省级综合统计年鉴系列

北京 天津 河北 山西 内蒙古 辽宁 吉林 黑龙江 上海 江苏 浙江 安徽 福建 江西 山东
河南 湖北 湖南 广东 广西 海南 重庆 四川 贵州 云南 西藏 陕西 甘肃 青海 宁夏
新疆 新疆生产建设兵团

2009年市(县)级综合统计年鉴系列

石家庄 唐山 邯郸 太原 大同 长治 阳泉 晋城 朔州 晋中 运城 忻州 临汾 呼和浩特
包头 沈阳 大连 长春 吉林市 四平 延吉 哈尔滨 齐齐哈尔 黑龙江垦区 上海浦东新区
苏州 无锡 常州 徐州 南通 盐城 镇江 江阴 丹阳 杭州 宁波 绍兴 台州 舟山 温州
金华 嘉兴 衢州 安庆 福州 福州经济技术开发区 厦门经济特区 南昌 上饶
济南 青岛 潍坊 东营 郑州 洛阳 三门峡 南阳 武汉 宜昌 十堰 荆州 黄冈 长沙 广州
东莞 惠州 深圳 桂林 南宁 柳州 来宾 河池 海口 成都 贵阳 昆明 西安 庆阳 银川
乌鲁木齐 吐鲁番

“十一五”规划教材

非参数统计
医学统计学
概率论与数理统计
统计学
现代金融投资统计分析
多元统计分析
经济计量学教程
应用时间序列分析
统计指数理论及应用
统计数据处理概论
质量管理统计方法
社会统计学
多元统计分析实验
企业经营管理统计
市场调查与预测
统计学原理(非统计专业使用)
统计学:从数据到结论
国民经济核算教程(国民经济统计学)
概率论与数理统计(经济、管理类专业使用)

重点图书

新中国六十年
挑大学选专业2010—高考志愿填报指南
挑大学选专业2010—考研择校指南